자유란 무엇인가

Das Denken der Freiheit, Hegels *Grundlinien der Philosophie des Rechts*
by Klaus Vieweg
ⓒ 2012 Wilhelm Fink Verlag, München

자유란 무엇인가

헤겔 법철학과 현대

클라우스 피베크 지음 | 정대성 옮김

도서출판 길

지은이 **클라우스 피베크**(Klaus Vieweg, 1953~)는 동독에서 태어나 예나 대학과 베를린 훔볼트 대학에서 공부했다. 전체주의화된 사회주의 동독 체제에서의 삶은 자유를 철학의 주제로 삼는 계기가 되었지만, 그렇다고 자유주의적 자유에 심취하지 않았다. 특히 통독 이후에 등장한 신자유주의적 자유가 세계를 어떻게 황폐화시키는지를 목격하면서 헤겔의 자유 개념에 입각한 사회정치철학을 전개한다. 통일 이후 서독 지역과 서유럽의 여러 대학들에서 초빙연구원으로 활동하면서 서유럽의 지식인들, 예컨대 디터 헨리히(Dieter Henrich)와 오토 푀겔러(Otto Pöggeler) 같은 철학자들과 지적 교류를 다져나갔다. 2000년부터 예나 대학에서 독일관념론, 특히 헤겔 철학 전공 교수로 재직하고 있다. 아울러 미국, 이탈리아, 일본 등 세계 유수의 대학과 연구소에서 방문교수를 역임했다.
저서로 『헤겔의 정신현상학』(*Hegels Phänomenologie des Geistes*, 2008), 『낭만주의의 현실적 유효성』(*Die Aktualität der Romantik*, 2012), 『현대의 형성』(*Die Bildung der Moderne*, 2013), 『실천이성의 건축술』(*Zur Architektonik praktischer Vernunft: Hegel in Transformation*, 2014), 『자유로운 예술의 시작으로서의 예술의 종말』(*Das Ende der Kunst als Anfang freier Kunst*, 2015) 등 다수가 있으며, 현재 방대한 분량의 헤겔 평전을 완성하여 출판을 앞두고 있다.

옮긴이 **정대성**(鄭大聖)은 1964년 전남 고흥에서 태어나 연세대 철학과를 졸업했다. 같은 대학교 대학원에서 석사학위를 받았으며, 독일 보쿰 대학에서 「주체성에서 상호주체성으로」로 박사학위를 받았다. 독일관념론 시기의 철학 및 현대 사회정치철학과 관련한 논문들을 썼으며, 근대 한국 철학의 담론 양상을 분석하는 데 관심을 가지고 연구하고 있다. 주요 논문으로 「반성문화에 대한 청년헤겔의 비판」, 「평등 자유주의적 정의이념의 철학적 함의와 그 한계에 대해」, 「자유주의와 공화주의를 넘어서」, 「서양철학의 수용과 언어의 문제: 이규호의 언어철학을 중심으로」 등이 있다. 저서로 『세상을 바꾼 철학자들』(공저, 동녘 2015), 『교육독립선언』(공저, 현암사, 2017) 등이 있으며, 역서로는 『청년헤겔의 신학론집』(헤겔, 인간사랑, 2005/그린비, 2018), 『비판, 규범, 유토피아』(세일라 벤하비브, 울력, 2007), 『헤겔』(찰스 테일러, 그린비, 2014), 『언어, 의미 그리고 철학』(게오르크 W. 베르트람, 박이정, 2015), 『사회적 존재의 존재론 2·3·4』(게오르크 루카치, 공역, 아카넷, 2018) 등이 있다. 연세대 언어정보연구원 HK연구교수를 거쳐, 현재 연세대 근대한국학연구소 HK교수로 있다.

자유란 무엇인가
헤겔 법철학과 현대

2019년 5월 20일 제1판 제1쇄 인쇄
2019년 5월 31일 제1판 제1쇄 발행

지은이 | 클라우스 피베크
옮긴이 | 정대성
펴낸이 | 박우정

기획 | 이승우
편집 | 이남숙
전산 | 한향림

펴낸곳 | 도서출판 길
주소 | 06032 서울 강남구 도산대로 25길 16 우리빌딩 201호
전화 | 02) 595-3153   팩스 | 02) 595-3165
등록 | 1997년 6월 17일 제113호

한국어판 ⓒ 도서출판 길, 2019. Printed in Seoul, Korea
ISBN: 978-89-6445-209-7 93100

나는 이 책을
비틀스 멤버인
존 레논, 폴 매카트니, 조지 해리슨,
링고 스타에게 헌정한다.

그들 노래의 많은 제목이 이 책 여러 장에서 모토로 사용되었다.
리버풀 출신의 이 예술가들의 음악 덕분에
나는 20세기 어려운 시기를 버틸 수 있었다.
—「예스터데이」(Yesterday)는
지난 세기를 대표하는 노래로 여길 수 있다.
그리고 이들은 자유의 사상으로 들어가는 문을 열었다.
그 노래 중 하나가 자유의 세계를 노래하는
라 마르세예즈(프랑스 국가)와 더불어 시작하기 때문만은 아니다.
그들에게 감사를 드린다. 자 이제 사유를 시작하자!

감사의 글

이 자리를 빌려 오랫동안 나의 우정 어린 학문적 동료로 함께한 디터 헨리히(Dieter Henrich)와 볼프강 벨슈(Wolfgang Welsch)에게 감사를 전한다. 이들이 없었다면, 이들의 격려가 없었다면 이 책이 나올 수 없었을 것이다.

나에게 끊임없이 실질적 자극을 준, 2001년 이후 계속되고 있는 헤겔 연구 동아리의 논쟁자들에게도 감사드린다. 랄프 보이탄(Ralf Beuthan), 브래디 보만(Brady Bowman), 세실리아 무라토리(Cecilia Muratori), 토마소 피에리니(Tommaso Pierini), 크리스티안 슈판(Christian Spahn), 크라우디아 비르싱(Clauidia Wirsing) 그리고 폴코 찬더(Folko Zander)가 이들이다. 이들 중 몇몇은 이제 다른 장소에서, 다른 나라에서, 예컨대 이탈리아와 한국, 그리고 미국에서 가르치고 있다. 나는 이들의 학문적 도정이 최고가 되기를 바라며, 생산적 대화가 지속되기를 희망한다. 또한 나는 확실히 이들로부터 철학과 헤겔 연구에서 새로운 자극을 얻고 있다. 이러한 사실은 유행 철학이 상대적으로 방해를 받지 않으면서 '비철학적 행패'를 부리고 있는 우리 시대의 나에게 중요하다.

한스 프리드리히 풀다(Hans Friedrich Fulda), 안톤 프리드리히 코흐

(Anton Friedrich Koch) 그리고 프리드리케 시크(Friedrike Schick) 등과 같은 헤겔 전문가들이 비판적 독해를 해줌으로써 이 책의 원고를 수정하고 완성하는 데 엄청난 도움을 받았다. 개별적인, 하지만 중요한 몇몇 국면에서 충고를 해준 사람들에게 감사드린다. 게오르크 슈페르버(Georg Sperber, Ebrach), 제임스 비저스(James Vigus, München/London), 게오르크 잔스(Georg Sans, Rom), 미하엘 볼프(Michael Wolff, Bielefeld), 클라우스-아더 샤이어(Claus-Arthur Scheier, Braunschweig), 헤르타 나글-도케탈(Herta Nagl-Docekel, Wien), 피에를루이지 발렌차(Pierluigi Valenza, Rom), 주세페 바니에르(Giuseppe Varnier, Siena), 악셀 엑커(Axel Ecker, Utzberg), 대니얼 제임스(Daniel James, Berlin)가 이들이며, 또한 예나 대학 학제 간 프로젝트인 "자유로의 도야"(Bildung zur Freiheit)의 동료인 안드레아스 브라운(Andreas Braune), 미하엘 드라이어(Michael Dreyer), 에버하르트 아이헨호퍼(Eberhard Eichenhofer), 카이 호프만(Kai Hoffmann) 그리고 미하엘 빙클러(Michael Winkler) 등이 이들이다. 그리고 클라우스 뒤징(Klaus Düsing), 미하엘 포르스터(Michael Forster), 레이먼드 게스(Raymond Geuss), 로버트 피핀(Robert Pippin) 그리고 루트비히 지프(Ludwig Siep) 등과의 대화에서 다양한 종류의 흥미로운 사유를 마주할 수 있었다.

수고의 중요한 부분을 철저하게 교정하고 주의 깊게 문체를 검토해준 크라우디아 비르싱에게 진심으로 감사드리며, 교정을 읽어주고 기계장치를 작동시켜 준 아나 베레스(Anna Berres), 로라 도스트만(Laura Dostmann), 수잔 뒤르(Suzanne Dür), 모리츠 게겐바흐(Moritz Gegenbach), 요하네스 코른기벨(Johannes Korngiebel)과 케빈 로테르(Kevin Rother) 등에게도 감사드린다.

휴식과 영감을 제공한 이 땅의 두 진주 같은 세련된 도시 시애틀과 교토는 이 책이 성공적으로 나오는 데 기여했다. 워싱턴 주의 레이니어 산, 퓨젓사운드 만, 캐스케이드 산을 바라보면서, 그리고 이 에메랄드 도시, 잠들지 않은 거대도시 시애틀을 바라보면서, 그리고 시애틀의 두 창조물(마이크로소프트와 스타벅스 커피)의 열렬한 지지를 받으며 작업을 할 수 있었다. 그리고 교토의 옛 왕궁과 매혹적인 불교사원에 깊은 인상을 받으면서 작업했다. 이 책의 상당 부분은 이 두 도시에서 이뤄졌다. 훔볼트 재단의 지속적이고 친절한 지원과 일본학문진흥재단에도 감사드린다. 이 두 재단은 미국과 일본의 저 아름다운 도시에서 오랫동안 체류하며 연구할 수 있게 지원해 주었다. 이곳에서 친절하게 맞아준 동료이자 친구인 리처드 그레이(Richard T. Gray, Seattle)와 오하시 료스케(大橋涼介, Kyoto)에게 특별히 감사드린다. 멕시코시티, 나폴리, 상하이 등에서 이 책의 몇몇 부분에 대해 강의한 후 토론이 있었는데, 여기서 다양한 논증을 정교화하도록 자극을 받았으며, 이탈리아·스페인·오스트레일리아·뉴질랜드·아르헨티나 그리고 브라질 등에서 강연 후에 가진 논쟁 역시도 그러했다.

기르고 있는 두 마리의 고양이는 글쓰기를 위해 필요한 안락함을 제공해 주었다. 페르시아산 민첸과 프란시스가 이들이다. 이들이 책상에 앉아서 그르렁거릴 때, 이는 저자의 사유 과정과 도약에 동의한다는 신호였다. 책표지 디자인을 하는 데 딸인 올리비아가 미하엘 뮐러와 함께 큰 힘을 주었다. 이에 대해 진심으로 고마움을 전한다. 사랑하는 아내 바바라, 종종 인내심 없는 나에 대한, 특히 어려운 시기에 그녀의 인내와 이해는 특별한 것이었고, 뭐라 말할 수 없을 만큼 가치 있는 것이었다.

마지막으로 현대의 가장 위대한 자유사상가 헤겔에게 감사드린다.

클라우스 피베크(Klaus Vieweg)
2011년 여름, 시애틀

차례

자유여, 만세! 물처럼 투명한 사상의 부활

여기, 저기 그리고 어느 곳에서나
(Here, There and Everywhere)

어느 때나
(Any Time at All)

철학은 근저에 놓여 있는 이성적인 것을 발굴하고 정초해야 한다. 그리고 철학은 '자기 시대의 사상'을 정식화하고, '스스로 사유하는 시대정신'을 재현하며, 이 정신에 맞는 표현을 찾아야 한다. 철학은 자기 시대, 자기 세계를 사상으로 파악하고 개념화해야 한다. 21세기 시작과 더불어 인류는 엄청나고 복잡한 도전에 직면했으며, 전혀 새로운 상황을 진지하게 받아들여야 한다. 21세기 첫 10년은 이미 세계경제가 위험 부담이 큰 영역에서, 위험한 샛길에서 움직이고 있다는 것을 보여 주었다. 이 사실은 전 지구적인 경제적·재정적 위기로만 발현되는 것이 아니다. 그 외에도 많은 지역에서 사회적·정치적 관계 역시 대혼란에 처해 있다. 환경 훼손과 기후변화는 삶의 토대를 급속하게 위협하고 있다. 정신적 빈곤과 표피만을 드러내는 저속한 문화의 홍수가 현대의 매체 세계를 뒤덮고 있다. 쓰나미처럼 강력하고 거의 조망할 수 없는 정보홍수가 오늘의 세계를 삼켜버리고 있다. 사람들은 종종 스스로를 규정하는, 혹은 자기 자신에게 자신의 법칙을 부여하는 자유로운 행위자가 아니라, 낯선 자에 의해 조종받는 '기계의 톱니바퀴'(Hegel)라는 느낌을 갖는다. 전 지구화는 인간에 대해 모든 것을 규정하는 운명의 힘이라도 되듯이 어떤 사람들에게는 축복과 이윤을, 다른 사람들에게는 상실과 폐허를 가져다주면서 배회하는 것 같다. 인류는 이러한 과정을 충분히 통제하지 못하고 있으며, 자기가 불러낸 괴물을 통제할 수 없는 마법사의 제자와 같은 모양을 취하고 있다. 인류는 여러 방면에서 화산에서 춤추고 있으며, 자신을 심하게 손상할 수 있는 혹은 완전히 없앨 수 있는 위험을 알리고 있다. 지난 세계경제의 위기와 후쿠시마는 이러한 사실을 예증적으로 보여준다. 지식의 폭발적 성장과 인터넷과 다양한 에너지원의 발굴에 이르는 매혹적인 기술혁신에도 불구하고, 또한 많은 나라들에서의 삶의 수준의 개선과 민주적 구조의 확산에도 불구하고, 그리고 기술적·정치적·사회복지적·문화적 측면에서 이뤄진 의심의 여지없는 엄청난 진보에도 불구하고 문제 상황은 아주 복잡하게 얽혀 있다. 그리고 간단한 해답조차 찾을 수 없는 상황이다.

우리는 아직도 현대의 시작에, 자유로운 세계 사회를 구성하기 위한 시작점에 서 있다. 모든 세계 중 최선의 세계를 예고하고, 흠 없고 아름다운 세계를 만들려고 시도한다면 우리는 무엇보다도 가장 참을 수 없고 가장 비인간적인 상태에 관심을 기울여야 한다. 말하자면 오늘날 세계 인구 가운데 10억 명 이상이 유감스럽게도 계속되는 기아와 영양실조에 허덕이고 있으며, 5초당 한 명씩 영양결핍으로 죽어간다는 사실을 우리는 주목하지 않으면 안 된다. 세계 인구의 1/6은 심각한 가난 속에서 살아간다. 이에 반해 반대쪽에서는 2005년 현재 전 세계의 대부호 691명이 총 2조 2,000억 달러의 부를 소유하고 있다. 매년 300억 달러만 있으면 전 세계 기아를 극복하는 데 충분하지만, 1조 2,000억 달러가 군비에 지출되며, 2008년 국제 금융위기에서 사라진 돈은 약 2조 2,000억 달러에 이른다. 그리고 그에 더해 은행과 기업과 통화체계 등을 구제하기 위해 투입된 돈은 수천억 달러가 넘는다. 이 문제가 합리적으로, 가까운 시기에 해결될 수 없을 것이라는 주장은 말도 안 된다. 이를 하인리히 하이네(Heinrich Heine)의 말로 표현하면, 지금의 부는 모든 인간 자손들에게 충분하며, 모든 사람에게 인간다운 삶을 보장할 수 있을 만큼 충분하다.

자연적 삶의 조건의 파괴는 오늘날 그 크기가 엄청나며, 삶의 이 조건은 '성장'이라는 천박한 우상에 희생당했다. 그런데 성장을 언급할 때 그 가치척도의 기준에 대해 질문하지 않을 수 없다. 도대체 성장이란 무엇인가? 성장은 삶의 조건을 개선하는 데 기여하는가? 점증하는 빈곤, 점증하는 불안, 점증하는 군비 무장, 점증하는 사막, 점증하는 쓰레기더미, 혹은 점증하는 바다의 기름오염 등의 관점에서 보면 성장 그 자체는 결코 득이 되지 않는다. 오늘날 세계는 점증하는 치명적인 문젯거리들로 골머리를 앓고 있으며, 그것은 바벨탑의 오만함에 비견된다. 시장은 스스로를 통제하고 치유한다는 말을 주문처럼 외우는 성장 전도사들과 시장근본주의자들은 금융체계에서 예측할 수 없는 '자본의 범죄'에 직면하여 이를 어떻게 설명할지 위기에 놓여 있다. 확실히 자유방임 자본주의는 좌초했으며, 칭송을 듣던, 통제를 덜 받던 전 지구적 금융체계는 안이 썩은, 급박한 수리를 필요로 하는 '고철체계'로 드러났다.[1] 하지만 이러한 재난에도 불구하고 시장근본주의 경제학자들과 분석가들로 이뤄진 군대는 여전히 열광적으로 자신들의 구상에 붙들려 있다. 그러나 적어도 헤겔 이래로 사람들은 — 비록 시장이 자유로운 공동체를 위한 무시할 수 없는 토대 중 하나이긴 하지만 — 이 시장은 자신의 본성으로부터서는 결코 합리적 구조를 발생시킬 수 없고, 오히려 규제되고 합리적으로 형성되어야 한다는 사실을 이해할 수 있었고, 이해할 수 있게 되었다. 즉 시장은 적절한 질서의 테두리를 필요로 한다는 사실이 강조되기 시작했다. 지금까지 지속된 성장논리인 고르디우스의 매듭(난제)은 마침내 격퇴되어야 했다. 그리고 특히 지난 10년간 광범위하게 시작된 **이성에 대한 공격**(Al Gore)은 일관되고 창조적인 방어 전략을 필요로 했고, 그 핵심에는 생태적으로뿐 아니라 사회적으로도 지속가능한 정의사회

---

1 Joseph Stiglitz, *Im freien Fall: Vom Versagen der Märkte zur Neuordnung der Weltwirtschaft*, München 2010; Nouriel Roubini/Stephen Mihm, *Das Ende der Weltwirtschaft und ihre Zukunft*, Frankfurt/New York 2010.

에 대한, 그리고 그에 상응하는 세계질서에 대한 새로운 구상이 놓여 있다. 음울한 그림들, 몰락의 시나리오 그리고 묵시적 방식으로 상황의 극화뿐만 아니라 이론적으로 유지될 수 없는 마르크스주의적·사회주의적 공동소유의 환상은 도움이 되지 않는다. 그런 공동소유의 실현은 자유의 공동체를 방해할 뿐이다. 왜냐하면 규제 불필요 신화의 난파와 월스트리트의 붕괴가 자유사회로의 도정이 좌초되었음을 의미하지는 않기 때문이다. (세계 금융위기가 한창이던 때) 『뉴욕 타임스』에 '**월스트리트에 선 헤겔**'이라는 표제 아래 헤겔의 실천철학이 소개된 적이 있다. 2010년 10월 5일자 기사에서 헤겔의 현대성 이론은 특별한 존중을 받았다. "그의 실천철학의 주된 주제는 현대의 개인주의와 현대적 삶의 본질적 제도가 만나는 바로 그 지점을 분석하는 것이었다."[2]

오늘날 우리는 인간으로서는 결코 수용할 수 없는 긴 항목을 만들 수 있다. 하지만 적어도 오늘날 세계 상황에서 가장 큰 스캔들인 점증하는 빈부 격차 및 엄청난 생태적 손실을 가져오는, 수백만의 참을 수 없는 비인간적 삶의 조건의 증가만으로도 실천철학은 해야 할 일을 찾을 수 있을 것이다. 말하자면 실천철학은 시대를 훨씬 더 근본적으로 사유하면서 파악해야 하는 과제, 현대의 '인륜적 세계'의 상태, 즉 현대의 세계 도시의 체제를 새롭게 개념화해야 할 과제, 특히 자유 개념의 내용을 더 정확하게 규정하는 과제를 떠안는다. 철학은 이를 위해 여전히 다음의 질문에 답해야 한다. **자유로운, 책임 있는 그리고 인간적인 행위를 위한 기준과 원리는 무엇인가? 현대에 정의의 척도는 무엇인가?**

이러한 과업을 성공적으로 수행하기 위해 —— 이 저작은 바로 이 문제를 다룰 것이다 —— 헤겔의 『법철학』(*Grundlinien der Philosophie des Rechts*)을 새롭게 재구성하는 것은 아주 중요하다. 헤겔의 『법철학』은 현대에 등장한 자유로운 행위에 관한 철학으로서 이론적으로 내용이 풍부한 기획이었다.[3] 첫째, 『법철학』에 대한 디터 헨리히(Dieter Henrich)의 평

---

2 Richard J. Bernstein, Hegel on Wall Street, *New York Times* 5. Oktober 2010.

가, 즉 '헤겔의 가장 유명하고 영향력 있는 책'이라는 평가는 여전히 유효하다. 그리고 사람들은 이 책이야말로 (부당하게도) 가장 많이 헐뜯기고 가장 많이 비난받는 책이라고 덧붙일 수 있을 것이다. 둘째, 지난 몇 년간 사람들은 정당하게도 헤겔 르네상스, 헤겔의 부활, 철학에서 헤겔로의 전회, 헤겔의 귀환 등을 말한다. ──에른스트 뵈켄푀르데(Ernst Böckenförde)는 오도 마크바르트(Odo Marquard)를 이어받아 다음과 같이 말한다. "헤겔에게 다시 돌아갈 만하다." 이러한 말은 특히 실천철학에 해당한다. 이때 다른 철학적 방향을 취하는 사람들도 헤겔의 사유에 커다란 관심을 보였다. (미국에서는 분석철학과 실용주의자들에게 헤겔이 관심의 대상이 되었다.) 세계의 많은 나라들에서, 예를 들어 브라질, 멕시코, 콜롬비아에서 이탈리아를 거쳐 중국, 한국 그리고 일본에 이르기까지, 그리고 사회학이나 법학과 같은 학문 영역에서 헤겔의 실천철학은 주목의 대상이 되었다.

어떤 의미에서 헤겔에의 의존이 반(反)시대적인 것일 수도 있다. 하지만 바로 이 '낡음'이 철학의 핵심이기도 하다. 왜냐하면 철학은, 프리드리히 니체(Friedrich Nietzche)가 적확하게 정식화했듯이, 반시대적이어야 하기 때문이다. "말하자면 언제나 시간 안에 있었던 것, 그리고 지금은 이전보다 더 시간 안에 있고 시간 안에 있어야 하는 것 ──즉 진리를 말하는 것이 아직도 반시대적인 것으로 간주되는 한." 다른 말로 하면 우리

---

3 이러한 사실은 헤겔의 실천철학에 대한 로버트 피핀(Robert Pippin)의 최근의 연구가 잘 보여 준다. Robert B. Pippin, *Hegel's Practical Philosophy. Rational Agency as Ethical Life*, Cambridge 2008, der Band *Aktualität und Grenzen der praktischen Philosophie Hegels* von Ludwig Siep(2010) und Studie, *L'effectif et le rationnel: Hegel et l'esprit objectif* von Jean-François Kervégan(2008). 하지만 한스 프리드리히 풀다(Hans Friedrich Fulda)의 글과 헤겔에 기댄 현대의 인륜법 연구들은 이러한 현실적 힘을 확실히 보여 준다. 이것은 악셀 호네트(Axel Honneth)의 *Das Rechte der Freiheit. Grundriss einer demokratischen Sittlichkeit*(Berlin 2011)과 마하엘 크반테(Michael Quante)의 *Die Wirklichkeit des Geistes. Studien zu Hegel*(Berlin 2011)에도 해당되는 말이다. 이 두 책은 본 저서가 탈고된 이후에야 출판되었다.

시대에 반시대적이라 함은 "시대에 대항해서 그리고 이를 통해 시대를 향해서, 그리고 바라건대 다가올 시대를 위해 — 일하는 것이다."[4] 헤겔은 이에 대해 즉각 그리고 즐거운 마음으로 동의할 것이다. 철학은 "자기 시대를 사상으로"[5] 파악한다.

* *

> 자유는 정신의 최고 규정이다.
> —헤겔

> 모든 법체제의 목적은 자유이다.
> —헤겔

이 연구의 목적은 헤겔 실천철학의 주된 작품으로 진입하는 것이고, 실천적 세계, 곧 인간의 사회적·정치적 삶에 대한 **이론적으로 가장 중요하고 가장 논란의 여지가 있는** 철학적 이론을 새롭게 해석하는 것이다. 헤겔의 그 책은 플라톤의 『국가』, 아리스토텔레스의 『정치학』, 홉스의 『리바이어던』, 루소의 『사회계약론』, 칸트의 실천이성에 대한 구상과 같은 반열에 놓여 있다. 이 작품의 중심에는 자유의 사상이 놓여 있고, 개념적 사유를 통해 자유가 어떤 방식으로 실천적 우주의 근거로 규정되는지의 질문이 놓여 있다. 그의 이 사상은 헤겔의 자유의 관념론의 **지속적 현실성과 현대성**을 보여 주며, 그의 **관념론이 모더니즘**임을 보여 준다.[6]

이 사유건축물은 오늘날 엄청나게 중요한데, 그 중요성을 드러내는 작

---

4 Friedrich Nietzsche, *Unzeitgemässe Betrachtungen*, in: Friedrich Nietzsche, *Werke in drei Bänden*, Bd.1, München 1966, S. 207, 210.

5 RPh 26.

6 Robert B. Pippin, *Idealism as Modernism: Hegelian Variations*, Cambridge 1997.

업은 헤겔의 글의 본질적인 철학적 내용을 다시 현재화하고 재현한다는 의미에서 특별한 주의를 요한다. 이를 위해 논란의 여지없이 『법철학』의 현실성을 드러내는 글과 연구를 참고할 것이다. 예컨대 헤겔 실천철학의 전체 기획에 대해 서술한 책들(R. Pippin, L. Siep, J.-F. Kervégan, A. Honneth 등의 연구)을 살필 것이다. 풀다와 헨리히의 헤겔 해석은 접근하기 어려운 헤겔 사유의 풍경을 측정하거나 전체 지형을 권리와 자유의 체계로 그려나가는 철학적 지리학을 구상할 때 컴퍼스의 기능을 수행할 것이다. 더 나아가 현실적으로 중요한 철학적 주제를 다루는 글들도 참고할 것이다. 예컨대 자아와 자유의 관계, 자유의지의 개념, 자연주의와 인간적 원리(W. Welsch, W. Singer, P. Bieri) 등이 그것이다. 인격체 개념에서 육체의 의미와 육체와 영혼의 관계(A. Nuzzo, M. Wolff), 자연 형성으로서의 지속성(U. Grober), 법률, 강제 그리고 폭력(J. Derrida), 저작권과 현대 형벌이론의 기둥으로서의 헤겔의 형벌 개념(W. Bauer, M. Pawlik, G. Mohr, V. Hösle), 현대의 행위 개념과 도덕과 인륜의 필연적 구별(L. Siep, A. Wood, A. Honneth, M. Quante), 가족에 대한 오늘날의 이해(S. Brauer, N. Waszek), 실천철학에서 국민경제의 중요성(J. Stiglitz, M. Roubini), 헤겔 인륜법 이론의 현대성과 그의 국가 이념(H. F. Fulda, R. Pippin, R. P. Horstmann) 및 헤겔의 자유의 철학에 대한 논리적 정초(D. Henrich, K. Düsing, M. Wolff, A. F. Koch, T. Pierini, G. Sans) 등이 이에 속한다. 영미권의 헤겔 연구의 르네상스를 이끈 사람들의 작품도 참고하였다(R. Brandom, M. Forster, S. Houlgate, F. Neuhouser, T. Pinkard, R. Pippin, A. Wood).

새롭게 현재화되는 데 기여한 이 모든 주제 영역과 관련한 목록은 인격체의 기본권과 새로운 인격체 이론, 주체성과 상호주체성의 단계, 이를 관통하고 있는 자유를 향한 그리고 이 자유를 권리의 체계로, 권리 단계의 체계로 계속 규정하는 도야(교육, 형성)의 문제(소유권, 동물의 권리, 아동권, 주체적 자유권, 사회적 권리, 교육권, 정치적 권리 등) 등으로부터 결과론과 의무론적 윤리, 판단논리와 도덕의 형식주의(F. Schick, D. James), 위급권(/긴급권)과 저항권, 빈부의 문제(T. Pogge), '극단으로 찢긴 인류적 공동체'로서의 시민사회와 이 사회에 대한 필연적 규제의 문제, 시장 근본주의에 대한 비판(J. Stiglitz, R. Guess), 시장질서와 시장의 합리적 형성, 자율적 행정, 즉 협동적 정체성 사상과 '작은 국가'로서의 도시라는 생각, 권력분립의 혁신적 구상(L. Siep), 안녕(/복리)과 사회적 국가 이론, 정의의 이념, 교육지배적(epistokratisch) 국가관, 국가질서에서 생활형식의 다양성(D. Borchers), 여론의 두 얼굴, 그리고 감시국가와 경찰국가에 대한 비판 등을 거쳐 세계화의 문제와 각 나라의 부 및 국제법 등에 이르기까지 형성되어 있다. 헤겔의 자유의 사상은 이론적으로 내용이 풍부하고 논증적인 토대를 제시하고 있다. 여기 나열한 이 주제들은 **내적인 이성근거들**에 대한 서술을 포함하는데, 즉 근거를 대상의 사상 속에서, 이 대상의 개념에서 바라본다(§3, A, 44).

『법철학』을 혁신적으로 해명하고자 하는 이 시도, 혹은 그의 이 저서 전체를 그 현재적 유효성의 관점에서 해석하고자 하는 이 시도는 모든 결론과 모든 문단에서 이 저작을 평가하는 문제와 관련하여 헤겔의 다음과 같은 명시적 요청을 고려할 것이다. 즉 (이 저작의) 사유 과정은 '**논리적 정신에 의지하는 것으로**' 이해되어야 하며, 이때 논리학은 사유의 학문으로 이해되어야 한다는 요청을 고려할 것이다. '논리적 정신'의 본성, 헤겔이 '사변적 인식방식'이라 일컫은 이러한 방식의 **철학적 논증**을 그는 자신의 『논리학』(*Wissenschaft der Logik*)에서 상세히 다루었다. 헤겔은 자신의 저서가 논리적인 것(헤겔은 이를 '개념적·사변적인 것'이라고 부르기도 한다)에 정초하여 해석되어야 한다고 강하게 주장하고 있음에도 불구하고 "오늘날까지 거의 이뤄지고 있지 않으며" 부분적인 성공만 거두고 있다.[7] 하지만 적절한 해석은 이 논리적 정초가 어느 정도까지는 성공하였으며, 실천철학의 논리적 토대가 가능하기나 한지를 검토하는 의미에서 이뤄져야 한다. 피핀은 개념의 논리학과 자유의 논리학 사이에는 불가분의 관계가 있음을 여러 번 강조했다.[8] 다음의 핵심적 문구는 헤

---

7 Hans Friedrich Fulda, *Georg Wilhelm Friedrich Hegel*, München 2003, S. 197.

겔의 요구를 명확하게 보여 준다. "전체와 이 전체의 각 부분들의 형성은 **논리학의 정신**에 의존한다. 나는 무엇보다도 이 측면에서도 이 책이 이해되고 판단되기를 원한다."[9] 헤겔이 분명하게 말하고 있는 이 소망은 고려되어야 하는데, 개별 문단에만 국한되어서는 안 되고, 논리적 정초가 사유 과정 전체의 입증의 핵심으로 해명되어야 한다. 이 연구서의 핵심은 바로 이 작업을 하는 것이다.

헨리히는 역사적 발전조건을 포함하고 있는 헤겔의 사회이론과 국가이론의 중요성을 강조하는 가운데, 헤겔의 작품은 그 어느 것과 **비교할 수 없이** 뛰어나다고 말한다. 21세기는 『법철학』에 대한 형언할 수 없이 거칠고 조야한 전설 및 진부한 해석을 버리고, **자기규정과 자유에 대한 물같이 투명한 사상의 재생**이라는 의미에서 헤겔의 현대적인 자유의지와 정의의 철학에, 그의 자유의 사상에 귀 기울여야 할 것이다.

---

8 Pippin, *Hegel's Practical Philosophy*, a.a.O., S. 8, 20.
9 RPh 12f. 강조는 필자.

1. 갈피를 못 잡은 헤겔 해석
—난리가 난 「서설」

나쁜 아이

(Bad Boy)

1. 현실적인 것의 이성성—이성적인 것의 현실성

에두아르트 간스(Eduard Gans)는 자신이 편집한 헤겔 작품 서문에서
예언적인 방식으로 헤겔『법철학』의 영향사를 예견했다. 그는 한편으로
『법철학』의 실체적 가치와 다른 한편으로는 이 책의 인정과 확산 사이
에 진기한 불균형이 있을 것으로 진단했다.[1] 이 책은 극단적으로 다른 평
가를 받았는데, 이런 평가의 전면에 형언할 수 없이 잘못된 해석과 악의
적이고 이해할 수 없는 밀고가 들어 있다. 이 후자에 대한 예로서 야코프
프리드리히 프리스(Jacob Friedrich Fries)와 그의 비평을 보기만 해도 된
다. "헤겔의 형이상학적 독버섯은 학문의 정원에서가 아니라 비굴함이
라는 거름덩어리에서 자랐다. (……) 그가 칭찬을 받는다면, 그것은 청
중이 학문적으로 미숙하고 사려가 없기 때문이다."[2] 별로 알려지지 않은

---

1 Eduard Gans, *Vorrede zu Georg Wilhelm Friedrich Hegel's Grundlinien der Philosophie des Rechts, oder Naturrecht und Staatswissenschaft im Grundrisse*, Berlin 1833, S. 3.
2 *Hegel in Berichten seiner Zeitgenossen*, hg. v. Günther Nicolin, Hamburg 1970, S. 221. "인민, 자유, 형제애 그리고 통일 등, 이들 추상에 대한 프리스의 생각 없는

한 비평가는 헤겔의 기획에 대해 다음과 같은 프로토콜을 남겨두었다. "하지만 그러한 유의 철학은 회의석상에 올라온 모든 의제를 타협한 것이다. 세계에 자유주의적 원칙이 지배할 경우 그 철학은 그것을 가르칠 것이다. 하지만 전제주의가 우세할 경우 그 철학은 그것을 방어할 것이다."[3] 이미 19세기에 정식화된 이런 비상식적 어투와 악의적 비판은 헤아릴 수 없이 많으며, 종종 검증도 없이 여기에 덧붙여진다.

오늘날도 「서설」은 '헤겔 실천철학의 정치적 보수주의'를 선언한 '저 널리즘적 불행'이자 '철학적 팸플릿'이라고 비난받는다.[4] 「서설」에 나오는 특별히 자극적인 유명한 문구 "이성적인 것은 현실적인 것이다. 그리고 현실적인 것은 이성적인 것이다"라는 비록 지속적인 헤겔 연구를 통해 그 마법에서 벗어나 있기는 하지만, 여전히 몇몇 짤막한 해명이 필요하다. 부분적으로는 철학에 새롭게 도입된 헤겔의 어려운 용어 사용법은 단번에 해명할 수 없으며,『논리학』과『엔치클로페디』(Enzyklopädie)에 의지하지 않고서는 해명이 어렵다. 지탄을 받는 저 문장은 헤겔의 언어 사용법을 알고자 하는 노력이 없으면 곧바로 순수한 변명으로 전락하여 거기 있는 모든 것을 잘못 해석하게 된다. (『법철학』의 이 문구의 첫 번째 부분에 대해서는 이미 수많은 해명이 있었다.) "어떤 철학적 문장도 그만큼 특정한 정부의 감사와 또한 특정한 자유주의자들의 분노를 동시에 불러들

<hr />

열정은 휘황찬란하지만 속 빈 장광설에 불과하다"(Karl Rosenkranz, *Georg Wilhelm Friedrich Hegels Leben*, Darmstadt 1844, Nachdruck Hamburg 1977, S. 334).

3 카를 하인츠 일팅(Karl Heinz Ilting)이 다음의 책에서 인용한 내용을 재인용하였다. Karl Heinz Ilting, *Hegel, Vorlesungen über Rechtsphilosophie*, Bd. 1, S. 91.

4 Herbert Schnädelbach, *Hegels praktische Philosophie*, Frankfurt a. M. 2000, S. 327~32. 확실히 헤겔은 예를 들어 프리스의 말과는 전혀 다른 사유를 보여 주기도 한다. 이때 확신에 찬 인신공격과 이론적으로 적절한 비판을 구별해야 한다. 프리스는 사상과 개념의 발전에 대한 학문을 지지하는 대신 '징벌의 감정'을 선호하며, 마음과 우정, 그리고 열광 등이 잡탕으로 섞여 흘러넘친 직접적 지각과 우연적 상상력을 선호한다. 이렇듯 인륜적 세계는 사념과 자의의 주관적 우연에 양도된다. 어쨌거나 헤겔의 구상에서 볼 때 프리스가 주장하는 민족주의와 반유대주의의 입장은 헤겔체계에서 배제된다.

인 것은 없었다."⁵ 이에 따르면 "헤겔은 캄프츠(Kamptz)*류의 자의적 경찰행정도 이성적인 것으로 설명할 것이다. 왜냐하면 그것은 현실적으로 있었기 때문이다."⁶ 루돌프 하임(Rudolf Haym)은 이를 점잖게 "복고적인 프로이센의 국가 철학"이라고 말한다. 그런 '해석들'은 헤겔의 사유양식과 서술양식을 알려는 노력을 전혀 보여 주지 않는다. 여기서 특히 문제가 되는 것은 "현실적인 것" 내지 "현실"의 의미와 "현상 세계와 현실 사이의 엄청난 차이"에 대한 이해이다.⁷ 헤겔도 간스도 본질적 해명을 시도했지만, 헤겔에 대한 이런 비난은 순수한 무지로부터 발생했고, 발생하고 있다. 헤겔은 『엔치클로페디』에서 문제의 이 부분에 대한 적대뿐 아니라 칭찬에 대해 반응한다. 여기서 그는 현존재, 즉 존립하고 있는 것은 "부분적으로는 현상이고 또 부분적으로는 현실이다"라고 강조한다. "하지만 내가 현실이라고 말했다면 어떤 의미에서 이 표현을 사용했는지를 스스로 생각해야 할 것이다. 왜냐하면 나는 『논리학』에서 현실 개념을 자세히 다뤘고, 이 현실을 실존의 우연적인 것과 구별하였을 뿐 아니라 더 나아가 현존재, 실존 그리고 다른 규정과도 정확하게 구별하였기 때문이다."⁸ 유사한 방식으로 간스는 이 문장이 "참으로 이성적인 것은 그 본성에 맞게 존재하기 위해 언제나 세계를 상상적으로 구상하여

---

5 Friedrich Engels, *Ludwig Feuerbach und der Ausgang der klassischen deutschen Philosophie*, in: Karl Marx/Friedrich Engels, Werke(MEW), Bd. 21, Berlin 1962, S. 266.

* 카를 알베르트 폰 캄프츠(Karl Albert von Kamptz, 1769~1849): 독일의 재판관. 나폴레옹과의 전쟁에서 패전한 이후 프로이센을 재건하는 과정에서 경찰총장을 맡아 강력한 보수주의 정책을 실행에 옮겼다. 언론의 자유를 강력하게 반대했으며, 수많은 책을 불살랐다. 이를 통해 그는 자유를 사랑하는 많은 사상가들과 문인들의 공공의 적이 되었다. ― 옮긴이

6 다음의 책에서 재인용하였다. *Hegel in Berichten seiner Zeitgenossen*, hg. v. Günther Nicolin, Hamburg 1970, Dokument 315, S. 205.

7 GdPh 19, 111.

8 Enz §6. 이 외에 하이데거 해석에서 현존재와 실존 사이의 차이를 구별하는 것도 헤겔의 이 문제를 이해하는 데 매우 중요하다.

현재를 획득한다"[9]는 것을 의미할 뿐이라고 강조한다. —"모든 것이 다 현실적으로 실존하는 것은 아니다"(Str 923). 자유롭게 사유함은 —「서설」에 따르면— 주어진 것이 국가라는 외적인 실정적 권위에 의해 지탱되든, 사람들의 의견의 일치에 의해 지탱되든, 혹은 내적인 감정과 마음의 권위를 통해 지탱되든 상관없이 이 "주어진 것에 머물지 않음"(RPh 14)이다. 현대적 공동체라는 현실적인 것은 본질적으로 자기 안에 이성적인 것이 형성되어 있다. 현상으로 나타나 있는 현실적인 것은 '사상을 간직한 것'이다. 유명한 하이네의 경구는 헤겔의 관심사와 일치하는데, 후에 헤겔의 몇몇 강의록에서 인상적으로 확인되었다. "내가 언젠가 '존재하는 모든 것은 이성적이다'는 말에 불만을 표했을 때 그는 웃으며 다음과 같이 말했다. '그것은 '이성적인 모든 것은 존재해야 한다'는 것을 뜻할 수도 있다네.'"[10] 카를 루트비히 미슐레(Karl Ludwig Michelet, 1801∼93)는 '대중의 오해'와 관련하여 헤겔의 경구를 정확하게 다음의 문장으로 '번역했다.' "현실적으로 올바른 모든 것은 이성적이고", "이성적으로 올바른 모든 것은 현실적이다."[11] 헤겔의 관심사는 현실적인 것이 이성적으로 되는 것, 그리고 이성적인 것이 현실적으로 되는 것을 개시하는 것이다.

미리 말하자면 '법'(/권리, Recht)이라는 용어는 헤겔에게서 법률적 의미의 좁은 틀에 갇히지 않은 폭넓은 의미를 갖는다. 왜냐하면 결정적으로 중요한 한 부분에서 법(/권리)은 "자유의 모든 규정의 현존재"(Enz §486)를 포함한다고 말하기 때문이다. 어떠한 경우에도 실정법에서 말

---

9 Gans, *Vorrede*, S. 6.

10 Heinrich Heine. 다음의 글에서 재인용하였다. *Hegel in Berichten seiner Zeitgenossen*, hg. v. Günther Nicolin, Hamburg 1970, Dokument 363. 이 남겨진 글 중 인상적인 두 부분은 여기에 덧붙여져 있다고 한다. "이성적으로 있는 것은 현실적으로 되고, 현실적인 것은 이성적으로 된다"(Bl 51).; "현실적으로 존재하는 것은 이성적이다. 그러나 실존하는 모든 것이 다 현실적이지는 않다"(Str 923).

11 Karl Ludwig Michelet, *Naturrecht oder Rechts-Philosophie als die praktische Philosophie enthaltend Rechts-, Sitten und Gesellschaftslehre*, Bd. 1, Leipzig 1870, IV.

하는 법이나 오늘날 사용하는 법의 개념과 혼동해서는 안 된다.[12]* 일견 그것은 용어상으로 자격(Berechtigung)이나 자격 있음(Berechtigtsein) 등으로 옮겨 쓸 수도 있을 것 같다. 어떤 것에 합법적으로, 올바르게 귀속되는 것은 이 어떤 것에 귀속된다. 변론의 의미에서 전유가 일어나고, 어떤 것이 '올바르고 공정한' 어떤 것으로 자신에게 간주된다. 영어 'bill' (법안, 청구서)에서는 이런 내용이 계속 발견된다. 법(/권리)의 초석은 정당성(Legitimation)인데, 이 말은 어떤 사물(/사태)이 '참'되거나 올바르다고 말할 수 있고, 또 그것을 타당한 것이라고 요청할 수 있음을 의미한다. 그리고 정당성의 기준은 그 사물의 개념 속에 놓여 있다. 따라서 예를 들어 노예 상태의 인간은 참된 인간 개념과 인간의 자유와 상치되며, 그 노예는 "무한한 가치를 가진, 무한한 자격을 가진"[13] 인간으로 인정되지 않는다(Enz §163, Z). '규칙들과 제도들, 심정들과 입장들이 자유로운,

---

12 Hans Friedrich Fulda, *Georg Wilhelm Friedrich Hegel*, München 2003, S. 197~200.
*   여기서 말하는 법(/권리, Recht)은 실천적 삶 전체를 포괄하는 영역에서 '올바름'을 의미한다. 일상에서 자주 사용되는 'du hast Recht'는 '너는 권리를 갖는다', '너는 법을 갖는다'로 직역할 수 있지만, 사실은 '네가 옳아'를 의미한다. 그런데 '올바름'은 실천적 삶의 각 영역에서 다르게 표현된다. 예컨대 도덕 영역에서 그 올바름은 선을, 계약에서는 계약의 준수를, 국가 영역에서는 국가기관의 정상적 운용을 의미한다. 그래서 계약을 준수하지 않은 자에게 "그는 옳지 않아"(Er hat kein Recht)라고 표현할 수 있다. '남녀에도 법도가 있고', '친구 사이에도 법도가 있고', '가정에도 법도가 있고', '사회에도 법도가 있고', '국가에도 법도가 있다'와 같은 우리말 용법이 있는데, 이 말들은 우리의 실천적 삶의 각 영역에서 특정한 행위를 올바른 것으로 평가하는 어떤 '법'이 있다는 것을 의미한다. 이 '법도'라는 말이 헤겔의 법(/권리)의 용법에 가장 가깝다고 생각한다. 그런 점에서 그의 법철학은 좁은 의미의 법을 다루는 철학이 아니라 실천철학이라고 하는 것이 더 정확한 표현일 것이다. 그래서 헤겔 법철학의 목차가 1. 추상법, 2. 도덕성, 3. 인륜성인데, 'Recht'의 의미를 살리기 위해 각각 1. 추상법, 2. 도덕법, 3. 인륜법으로 번역하였다. ─옮긴이
13 노예 법(/권리)이라는 말은 언제나 있을 수 없다. 왜냐하면 그 법이 법률에 어긋나기 때문만이 아니라 무의미하고 무가치하기 때문이다. "'노예'라는 말과 '권리'(/법)라는 말은 서로 모순적이다. 그것들은 서로를 배제한다"(Jean Jacques Rousseau, *Der Gesellschaftsvertrag*, Leipzig 1984, S. 46).

스스로를 의욕하는 의지의 대리자들로 서술할 수 있는' 경우에야, 이를 올바름(/법, 권리)이라 말할 수 있다.[14]

그러므로 어떤 상태가 개념적 사유 위에 정초될 때에야 비로소 그 상태는 올바른(/법적) 상태로, 자유로운 상태로 서술할 자격이 있다. 따라서 단순히 추종하거나 순응하는 것이 아니라 앎이, 즉 **실천적 세계에 대한 철학적 학문** 혹은 **인륜적 우주에 대한 인식**이 요청된다(RPh 26). 내용을 앎의 체계의 형식으로, 즉 그 자체로 일관성 있는 전체 앎의 구조 형식으로 사유하고 서술함으로써 논리적으로 정초되고 정당화되어야 한다고 요구하는데, 이런 요구는 학을 원하는 저런 요청에서 결합된다. 사유를 통해 정당화되지 않은 것, 사상을 통한 강한 시험을 견디지 못한 것은 어떤 것이라도 인정될 수 없다. (프로이센 국가처럼) 소여된 것이 아니라 이성이 법(/권리)을 정당화해야 하는 척도이자 시금석이며 법정이다. ─사상을 통해 정당화되지 않은 것은 어떤 것이라도 인정될 수 없다(RPh 27).「서설」에 등장하는 이성에 대한 헤겔의 이해는 이런 의미에서 해석해야 할 것이다. 왜냐하면 철학에서 중요한 것은 이성적인 것을 비판적으로 캐묻는 것, 현재하는 것과 현실적인 것을 붙잡는 것이며, 또한 개념적으로 인식하는 것이다(RPh 24~28).

법(/권리)의 이성은 인식할 수 있으며, 따라서 "참으로 법적인 것"(Bl 46)은 개념으로 가져와야 하고, 개념 속에서 포착되어야 한다. 이러한 사실이 자명하지는 않지만, 중요한 결과를 낳는다. 왜냐하면 헤겔 철학의 확고한 전체 내용은 '개념'에 대한 그의 이해에서 주제화되기 때문이다. 특히 그때나 지금이나『법철학』을 이해하는 데 있어 괴물 같은, 떨쳐버리고 싶은 형이상학적 부담으로 작용하는 그의 **새로운** 논리학은 바로 '개념'에 대한 그의 이해에서 잘 드러난다. 여기서 중요한 점은 해석의 업무를 수행하는 데 있어 이 논리학을 떨쳐내려는 시도가 종종 있다

---

14   Ludwig Siep, *Praktische Philosophie im Deutschen Idealismus*, Frankfurt a.M. 1992, S. 76.

는 것이다. ──특히 분석적 혈통의 논리학이 강단 철학을 점령하고 지배하는 시기에 그러한 시도가 많았다. 그러나 헤겔은 법철학의 계기들 전체와 이 계기들의 형성이 '논리적 정신에 의존한다'고 강력히 주장했다. 이때 그의 작업은 실용적 절차나 역사적 인식의 문제가 아니며, 현존하는 질료를 단순히 분류하는 것도 아니다. 반대로 그의 작업에서는 이성의 내적 근거의 발견, 사태의 내재적 논리, 개념 자체, 그리고 개념 규정의 진전과 산출 등이 중요한 주제이다(§33, 31). 이때 실천철학의 근저에 놓여 있는 **개념의 논리학**(「개념론」)은 **자기규정의 논리학**으로, 자유에 대한 형이상학적·존재론적 이론으로,[15] 인식론과 존재론의 이원론을 넘어서는 형이상학으로[16] 읽혀야 한다. 자유의 이론은 헤겔의 전체 체계의 토대를 이룬다.[17]

다른 구상에 대한 헤겔의 격렬한 비판의 핵심은 그 구상들이 '아쉽게도 사상의 도야를 결여'하고 있다는 것이다. 이런 결핍은 철학의 본래적 걸림돌로서, 이미 말했듯이 실천적 세계를 위해서도 요청해야 하는 진리에 대한 학문적 인식을 무시함을 의미한다. 당시의 그리고 오늘날의 몇몇 구상에 따르면, 인륜적 세계는 인식행위에서 원리적으로 배제되었으며, 진리조차도 인식될 수 없다고 한다. 이성과 진리는 하나의 **금지된 도시**로 판정받았으며, 사유하는 이성은 고소되었고, 위신은 추락했으며, 저주받고 있다(RPh 22). 이에 반해 헤겔은 이런 시도들을 천박하다고 비판한다. "예부터 **가장 굴욕적이고 치욕적인 것**으로 간주되었던 것, 즉 진

---

15 헤겔의 자유론에 대한 탁월한 연구로는 Tommaso Pierini, *Der Begriff des Zwecks in Hegels Wissenschaft der Logik*, München 2007 참조.

16 이에 대해서는 다음을 참조하라. Fulda, Spekulative Logik als die 'eigentliche Metaphysik', Zu Hegels Verwandlung des neutzeitlichen Metaphysikverständnisses, in: *Hegels Transformationen der Metaphysik*, hg. v. Detlev Pätzold/Arjo Vanderjagt, Köln 1991. a.a.O. u. ders., Hegels Logik der Idee und ihre epistemologische Bedeutung, in: Hegels Erbe, hg. v. Christoph Halbig, Michael Quante, Ludwig Siep, Frankfurt a.M. 2005.

17 Pippin, *Hegel's Practical Philosophy*, S. 20.

리인식의 부정이 우리 시대에 **정신의 최고의 승리**로 고양되었다. (……) 참된 것을 알 수 없고, 단지 현상적인 것, 시간적인 것, 우연적인 것만을, 즉 허망한 것만을 인식할 수 있다는 것, 바로 이런 허망함이 철학에서 널리 퍼져 있으며, (……) 기염을 토하고 있다."[18] 학문, 객관성, 진리 그리고 이성 등의 포기에 환호하고 더 나아가 열광하는 것, 이것이 20세기의 특정한 철학적 유행에 대한 적확한 주석처럼 보인다. 그 외에 20세기의 지적 오솔길은 이성과 체계, 그리고 진리 등의 죽음을 알리는 무수한 부고로 도배되어 있으며, 형이상학에 대한 장송곡과 조사,[19] 그리고 형이상학 이후의 시대의 외침 등으로 우글거린다. 말하자면 20세기 이전의 철학은 난파선의 파편들로 덮여 있는 철학이라는 행복한 섬의 해안가에 비유되며, 이 해안가의 피난처에서는 항해할 만한 것을 발견할 수 없다.[20] 철학의 다양한 지대에서는 전체는 비진리라는 소리가 들려오며, 진리와 이성, 그리고 객관적 지식 등의 폭정은 철퇴를 맞아야 하고, 대신 개연성, 합의 그리고 불일치 등이 중심에 서야 한다고 한다. '모든 지식은 상대적이다'라는 도그마는 "상대적인 것을 절대자의 자리에 (……) 정립함"(§3)으로 정식화되는데, 이는 오늘날 부분적으로 복음으로 부상했다. 그리고 이 도그마는 자칭 고대의 극복자들이 그 의지와 의도와 달리 완고한 근본주의적 형이상학자임을 폭로하였다. 왜냐하면 상대성은 상대주의자들의 도그마, 그들의 '성스러운' 명제에도 적용되기 때문이다. 말하자면 '모든 지식은 상대적이다'라는 그들의 주장도 상대적이다.

헤겔에 따르면 '참된 것은 인식될 수 없다'라는 주장은 철학이 아니라 '철학인 체하는 것'에 속한다(RPh 18). 해리 G. 프랑크푸르트(Harry G. Frankfurt)는 철학의 진리요청은 불가피하며, 지식에 어떤 한계를 설정하는 것, 그리고 개연성과 상대성을 칭송하는 어떤 철학에 대해서도 반대

---

18 Enz §10, 402f.

19 이에 대해서 특히 도움을 주는 글은 다음과 같다. Hans Friedrich Fulda, Spekulative Logik als die 'eigentliche Metaphysik', a.a.O.

20 Hegel, *Differenz des Fichteschen und Schellingschen Systems der Philosophie*, 2, S. 18.

하면서 다음과 같이 아주 강렬한 방식으로 자신의 입장을 선언한다. "진리는 인식될 수 없다는 유행하는 견해는 개소리에 불과하다."[21] 테오도어 고틀리프 폰 히펠(Theodor Gottlieb von Hippel)은 지성의 국경수비대에 큰 소리로 외쳤다. "이제 차단기를 올려라!"[22]

오늘날 유행하는 철학의 관점에서 볼 때 헤겔에 의존하는 것은 시대착오적인 것으로 비칠 수 있다. 그리고 상대성, 개연성, 경계, 실용(사용) 그리고 익숙함 등과 같은 사상에 열광하는 사람들의 관점에서 볼 때도 그렇다. 철학을 분석적 계산으로, 규칙을 이끌어내는 학문적 언술로 축소하는 것, 혹은 '형이상학 이후' 시기의 선언에 입각해서 볼 때 더욱 그렇다. 실천철학은 '형이상학에서 자유로워야' 한다고 하며, 오명을 뒤집어 쓴 형이상학적 자유 개념의 자리에 실용적 혹은 경험적 자유이해가 들어서야 한다고 한다.[23] 지난 200년 동안 헤겔의 『법철학』은 기껏해야 역사적 먼지에 파묻혀 있는 하나의 문예 수집물로 간주된다. 진리, 전체성, 객관성 등과 같은 형이상학적 공룡은 이미 극복되고 이미 소멸한 것으로 간주된다. 그리고 이 공룡을 추종하는 자들은 소수의 무감각한 자들 내지 깨우칠 수 없는 자들로서 터무니없는 이방인 내지 마지막 유니콘에 비교된다. 그러나 오늘날 참으로 강력한 상대주의라는 묵시적 기사들에게 스티븐 스필버그가 한 말을 다소 바꿔 다음과 같이 말할 수 있을 것이다. **헤겔주의자들이 아직 몇 명 살아 있다!** 그리고 죽은 개 취급을 받은 헤겔은 놀라울 정도로 싱싱하게 즐기고 있으며, 여전히 날카로운 이빨을 가지고 있다.

헤겔은 자신의 작품의 많은 곳에서 앞에서 말한 현재 유행하는 사유가

---

21 Harry G. Frankfurt, *Bullshit*, Frankfurt 2006, S. 39. 동일한 의미에서 헤겔은 「서문」에서 지배적인 '시대정신'에 대항하여 날카롭고 적확하게 논박한다.

22 Theodor Gottlieb von Hippel, *Lebensläufe nach aufsteigender Linie nebst Beylagen A. B. C.* Berlin 1778~1781 — 튀빙겐에서 횔덜린과 헤겔의 우정 소설.

23 John Dewey, *Human Nature and Conduct. An Introduction to Social Psychology*, New York 1992, Daniel C. Dennett, *Ellenbogenfreiheit. Die wünschenswerten Formen von Freiheit*, Weinheim 1994.

의지하고 있는, 회의를 허용하지 않는 퇴락한 심급과 진행 방식을 공격했다. 말하자면 그는 예감, 사념, 느낌, 익숙함, 모든 종류의 직접적 양심, 그리고 요청과 단순한 주장과 확신 등과 같은 사유양식, 또한 순수한 경험과 분석적 오성 등을 모두 날카롭게 비판했다. 만약 모든 각각의 의견과 입장, 모든 전망 등이 어떤 한계도 없이 '올바르다'고 선포된다면 이로부터 약속된 자유가 아니라 진정한 전제가, 즉 '모든 사상의 무차별적 획일성이라는 폭정'이 생겨날 것이다. 헤겔은 "진리인식 등을 바보스럽고 심지어 불경스러운 자만"이라고 설명하는 것, 그리고 개념의 요구를 "학문적이어야 할 노력의 많은 부분"에 불편한 것으로 간주하는 것에 격렬하게 저항했다(RPh 22). 이런 철학함은 로마황제의 전제주의와 유사하게 "모든 사상과 질료를 평준화하며, 따라서 참된 것의 본질이나 인류적 공동체의 법칙 등도 한갓 의견과 확신에 불과하게 된다"(RPh 23). 사유와 진리의 한계를 설정하고 그 경계를 감시하는 사람들, 말하자면 오성의 지지자들은 '현상'에 대한 인식, 개연성과 오류 가능성에 대한 인식에 기초하여 축소된 지식의 영역, 말하자면 일종의 간접적 지식을 추천한다. 지식과 진리를 요청하는 것, 더 나아가 절대자를 요청하는 것은 "주제 넘는" 것으로(Enz §386), 구름 위에 새들의 집을 새롭게 만드는 것(즉 말도 안 되는 짓거리)으로 간주되고, 근거를 가진 지식의 포기는 심지어 철학적 겸손으로 칭송된다. 오늘날 많은 경우 이러한 태도는 헤겔적 사유에 대한 비난으로 응집된다. 즉 헤겔적 사유는 너무 많은 것을 요구한다고!

철학사에서 가장 성공적이고 아름다운 은유 중 하나인 '미네르바의 부엉이는 황혼이 깃들어서야 날기 시작한다'는 말조차도 헤겔에 대한 공격의 초점이 된다. 이 문구에 대한 비판적 해석에 따르면 헤겔에게서 철학은 ― 이 얼마나 놀라운 평가인가 ― 언제나 너무 늦게 나타나며, 시대의 한 형태에 대한 지적인 파악은 그 시대의 실질적 소멸을 전제하며, 여명이라는 말 대신에 황혼이라는 말을 사용한다고 한다.[24] 한편으로 이것은 헤겔의 의도를 전혀 잘못 해석하는 것이다. 헤겔은 이 표현으로

(현대의 세계와 같은) 하나의 사태연관이나 상태가 '소멸'된 이후가 아니라 자신의 특정한 발전 단계에 도달해야 비로소 일관성 있는 인식이 가능해진다는 생각을 표명하고 있다. 씨앗을 아는 것만으로는 나무에 대해 충분히 안다고 할 수 없으며, 방금 막 형성된 정치 형태는 발전된 모습에 대한 지식을 아직 함유하고 있다고 할 수 없다는 것이다. 다른 한편 헤겔은 자신의 시대가 현대라는 말에 적합한 현대 세계의 시작을 대변한다고 생각한다. 헤겔은 현대의 이런 근본 모형, 특히 자유라는 핵심 개념이 막 형성되어서 학문의 부엉이가 날 수 있게 된 이 시기에 이 세계에 대한 철학적 이론이 제시되어야 한다고 말한다. 프랑스 혁명에 대한 그의 해석이 이를 뒷받침한다.[25] 헌법이 처음으로 법(/권리)에 기초해 세워졌고, 인간은 머리로, 즉 사상으로 서게 되었으며[즉 이성, 사유에 기초해서 세계를 만들었으며], 이런 장엄한 일출의 순간에야 비로소 인간은 사상이 정신적 세계를 지배해야 한다는 인식에 도달했다는 것이다.[26] 현대 세계는 개념적으로 파악되어야 한다. 왜냐하면 이 세계는 역사의 '황혼', 즉 가장 높은 자유의 단계를 표현하는 시기이기 때문이다. 이제야 비로소 모든 특수 주체의 개별적 자유를 자유로운 공동체에서 실현할 수 있는 토대가 성립하기 시작했다. 따라서 여명과 황혼의 상은 결코 서로 배타적이지 않다. 오히려 그 반대이다. 프랑스 혁명은 헤겔에게서 역사의 마지막 단계라는 의미에서 역사의 황혼을 표현하며, 가장 새로운 시기, 즉 인간의 고유한 실존이 막 시작되었다는 의미에서 여명을 표현하기도 했다.[27] 자유의 사상은 이제 사람들의 머릿속으로, 그리고 세계 안으로 들어와 형태를 취하기 시작했으며, 자유로운 공동체, 합리적 국가가 구상되고 구축할 수 있게 되었다. 『법철학』의 맥락에서 미네르바(/아테나)는

---

24 Schnädelbach, *Hegels praktische Philosophie*, S. 333.
25 이에 대한 고전적 연구는 Joachim Ritter, *Hegel und die französische Revolution*, Frankfurt a.M. 1989에 있다.
26 PhilG 12, 529.
27 이에 대해서는 이 책 제8장 9를 보라.

'스스로를 알고 의지하는 신적인 것'으로, 도시(폴리스, 국가)와 앎의 신으로 서 있다. 사족으로 덧붙이자면 헤겔 사유의 결정적 발걸음이 시작된 예나 대학의 교수평의회실은 오귀스트 로댕의 작품 「미네르바」가 전시되어 있다.

헤겔은 개념적 사유, 검증 가능한 지식을 강하게 주장했으며, 학문과 진리를 집요하게 고집했다. 바로 여기에 헤겔 철학에 대한 반론과 이의 제기를 할 때는 헤겔의 눈과 같은 높이의 수준에서 이뤄질 필요가 있다. 크반테에 따르면 "우리가 헤겔 철학에서 발견하는 분석적 깊이에 한참 모자라는 수많은 이론이 있다. (……) 우리가 보다 만족스러운 사상의 맹아를 제공하는 대안적 이론을 갖지 않는 한, 우리는 헤겔의『법철학』을 인격적 자율과 의지의 자유에 대한 중요하고 실제적인 이론으로 간주해야 할 것이다."[28] 헤겔의『법철학』이후로 그 폭과 깊이에 있어서 이에 필적할 만한 상대자가 나타나지 않았으며, 이런 지적인 힘으로 현대의 자유를 해명하는, 이와 비교할 만한 통찰이 지금까지 무대에 등장하지 않았다.[29]

2. 채석장과 진기한 진열장으로서의 헤겔 철학
—20세기의 잘못된 해석과 재생을 위한 시도들

헤겔『법철학』은 다양한 방식으로 이후의 사상사에 영향을 끼쳤다. 여기서는 이러한 영향사의 개별적 사안에 대해 자세히 다룰 수는 없고, 몇몇 경향만 간략하게 다루고자 한다.[30] 20세기 전반부에 정치적으로 매우

---

28 Michael Quante, *Die Wirklichkeit des Geistes*, a. a.O., S. 327.

29 간스는『법철학』비평에서 바로 이러한 의미에서 다음과 같이 말한다. "그러나 체계들은 체계들을 통해서만 반박할 수 있다. 그리고 너희가 우리에게 어떤 학문적인 것도 제시하지 못하는 한 우리는 우리가 가지고 있는 것에 머무르지 않을 수 없다"(Ilting, *Hegel: Vorlesungen über Rechtsphilosophie* 1, S. 597).

다른 입장에 서 있는 사상가 두 명의 진술을 여기 소개하고자 한다. 에른스트 카시러(Ernst Cassirer)에 따르면 "어떤 다른 철학적 체계도 헤겔의 국가론보다 파시즘과 제국주의를 준비하는 것은 없다."[31] 이에 반해 나치즘에 봉사한 카를 슈미트(Carl Schmitt)는 하필이면 1933년에 헤겔 철학의 죽음과 히틀러로의 권력이양이 맞아떨어졌다고 주장함으로써, (의도치 않게) 헤겔을 방어하는 글을 썼다. "이날(1933년 1월 30일) 이후로 우리는 '헤겔이 죽었다'고 말할 수 있다."[32] 이에 동조하여 나치의 이데올로그인 알프레트 로젠베르크(Alfred Rosenberg)는 헤겔의 보편적 자유 개념을 공격하는데, 여기서 헤겔은 철저히 모든 "국민적·민족적 사유"의 적대자로 등장한다.[33] 이 헤겔은 이미 19세기 독일의 풍습(여기에는 프리스에게 나타나는 반유대주의도 포함된다[34])과 민족주의를 '독일의 어리석음'으로 비꼬는 인물로 그려진다.

제2차 세계대전 이후 헤겔의 실천철학이 많은 주목을 받기는 했지만, 인륜적 세계와 인간의 정치적 삶에 대한 헤겔의 이해가 학문적으로 두드러지게 성과를 내지는 않았다. 하지만 그의 많은 사상이 독일의 기본법에, 현실헌법에 철저하게 '이식'되었다. 예를 들어 헤겔이 고안한 사회적 국가의 이념이 그렇다. 그의 사상의 내용과 이 내용의 인정 및 확산 사이에 존립하는, 이미 언급한 그런 부조화가 여전히 강하게 유지되고 있다. 헤겔을 전체주의의 선구자로 ── 헤겔에서 히틀러와 스탈린까

---

30 이에 대해서는 다음을 보라. *The Hegel Myths and Legends*, hg. v. John Bartley Stewart, Evanston 1996; Manfred Riedel, *Zwischen Tradition und Revolution. Studien zu Hegels Rechtsphilosophie*, Frankfurt a. M. 1982.

31 Ernst Cassirer, *Vom Mythos des Staates*, Zürich 1949, S. 356.

32 Carl Schmitt, *Staat, Bewegung, Volk*, Hamburg 1933, S. 32.

33 이에 대해서는 다음을 보라. Domenico Losurdo, *Hegel und das deutsche Erbe*, Köln 1989, S. 508ff.

34 자신의 글 Über die Gefährdung des Wohlstands und Charakters der Deutschen durch die Juden(1816, 유대인에 의한 독일의 복지와 특성의 위협에 대해)에서 유대인은 동물과 비교되며, 그들의 옷에 표식을 해야 한다고 주장한다.

1. 갈피를 못 잡은 헤겔 해석 **39**

지 — 보는 것이 유지될 수 없는 주장인 것처럼, 헤겔에 대해 마르크스주의의 선구자로 평가하는 것도 거의 들어맞지 않는다. 그럼에도 불구하고 헤겔이 권력국가의 이데올로그라고 하는 하임-포퍼류의 편견은 여전히 살아 있다. 이 전통에 따르면 헤겔 철학은 '개별자는 아무것도 아니고 국가는 전체'라고 하는 주장을 다소 누그러진 형태로나마 계속 유지하고 있다. 예를 들어 헤겔『법철학』에 대한 헤르베르트 슈네델바흐(Herbert Schnädelbach)의 주석서에서는 — 헤겔을 프로이센 왕정복고의 주창자로 간주하는 루돌프 하임에 의존하여 — 헤겔의 국가철학을 구조적 보수주의, 순응주의, '사변적·규범적 역사주의'로 규정한다.[35] 무엇보다 놀라운 것은 헤겔에 대한 태도가 너무나 오만하다는 것이며, 헤겔『법철학』의 몇몇 중심적인 사상에 대해 아주 개략적으로 그림을 그리고서 아주 쉽게 비판해 버린다는 것이다.[36] 전체적으로 보면 헤겔에 대한 비방문의 성격이 짙은 그 연구 말미에 슈네델바흐의 '헤겔과의 마지막 춤'이 나타난다. "우리는 헤겔에서 칸트로 되돌아왔다."[37] 이에 반해 이 책은 헤겔의 실천철학에 대한 이러한 이해에 대한 재반론으로 기획되었다. **여기에서는 칸트로부터, 그리고 칸트와 더불어 헤겔로 계속 진행된다.**

호네트는 헤겔의 『법철학』을 다시 소생시키기 위해 쓴 아주 긴장감 넘치는 『무규정성의 고통』(*Leiden an der Unbestimmtheit*)에서 부지중에 악명 높은 진부함에 빠지고 말았다. 왜냐하면 그는 헤겔이 "칸트적 의미에서

---

35 Schnädelbach, *Hegels praktische Philosophie*, S. 332, 177, 351f.

36 『논리학』에서의 정초 작업은 슈네델바흐에 의해 거의 주목받지 않는다. 도덕법 구상의 핵심이 되는 '판단론', 혹은 국가를 세 추론의 체계로 보는 헤겔의 생각은 전혀 심도 있게 검토되지 않는다.

37 Schnädelbach, *Hegels praktische Philosophie*, S. 353. 작은 예로 도덕법에서 인륜법으로의 이행을 다룬 그의 문제투성이 글을 제시할 수 있을 것이다. 여기서 그는 이 이행이 전체 책에서 가장 빈약하고 그럴듯하지 않은 논리로 이루어져 있다고 평가한다. 하지만 슈네델바흐는 에른스트 투겐트하트(Ernst Tugendhat)와 루트비히 지프(Ludwig Siep)의 유명한 논쟁을 논증적으로 숙고하기는커녕 다루지도 않으며, 헤겔이 '상당히 통명스럽고 권위적인 목소리'를 낸다고 비난하며, 근거도 없이 헤겔과의 '마지막 춤'(Kehraus mit Hegel)에 몰두한다(S. 244f.).

가 아닌 모든 국가시민의 개인적 자율을 인민주권의 원리로 이해하고자 하는 명백한 경향을 갖는다"고 말하기 때문이다.[38] 호네트는 헤겔의 실천철학의 '눈에 띄는 현실성의 상실'을 — 오히려 현재 유행하고 있는 철학의 맥락에서의 인기 상실이라는 말이 더 맞을 것이다 — 헤겔의 실천철학의 논리적 논증구조에서 본다. 그의 논리적 논증구조가 "오늘날 우리에게 더 이상 이해 불가능한 정신이라는 존재론적 개념에 근거하고 있다"[39]는 것이다. 여기서 '우리'가 누구인지, 그리고 검증된 '이해 불가능성'에 대해 좀 더 자세하게 설명해 주었으면 좋을 뻔했다. 그렇지 않을 경우 '우리'가 누구인지에 대한 철저한 '무규정성의 고통'이 생겨날 것이다. '자명하게' '우리'에 의해 헤겔적 표준에서 벗어날 수 있게 하는 "합리성에 대한 형이상학 이후(nachmetaphysisch)의 표준"이라는 말 속에는 곧바로 하나의 신성한 원리가 전제된다. 아마도 오늘날은 오히려 정반대의 사실이 시도되어야 할지 모른다. 즉 오늘날은 전설적 영웅과도 같은 탈형이상학(postmetaphysisch)자들로부터 헤겔의 사유를 보호하려는 시도가 있어야 할 것이다. 여담으로 말하자면, 헤겔을 비판하는 데 언제나 주요 증인으로 호출되는 칸트에게도 '형이상학이 **장차** 어떻게 가능할 것인가'가 중심 문제였다.

마지막으로, 호네트는 헤겔의 텍스트를 박물관에 있어야 할 작품으로, 이념창고에 있어야 할 것으로 강등하는 것 같으며, "헤겔의 전체 이론을 재구성하려는 무익한 시도를 하기보다는 그 텍스트를 빛나는 몇몇 이념을 간직한 일종의 채석장으로 다루는 것이 유익하다고 보는 것 같다."[40] 이른바 '실체주의적 국가 개념'도, '논리학의 작용적 지시들'도 설명의 역할을 해서는 안 되며, 헤겔의 국가 개념도 정신 개념도 재생할 수 없는 것으로 간주해야 할 것 같다.[41] 여기 이 연구는 (시시포스의 행위라고 비웃

---

38 Honneth, *Leiden an der Unbestimmtheit*, Stuttgart 2001, S. 11.
39 Ebd., S. 11f.
40 Ebd., S. 12.
41 Ebd., S. 13f.

음을 살 위험을 감수하고서라도) 호네트가 표현한 이런 '무익한' 길을 걷고 자 하며, 헤겔의 이 고전 텍스트가 벙어리가 아님을 보이고자 한다.[42] 이 연구는 헤겔의 사유양식 전체를 정당한 것으로 평가하려는 최근의 노력 에 기여하고자 한다.

헤겔 『법철학』의 철학적 실체는 실천철학인데, 이 실천철학은 자신 의 고유한 **철학적** 내용을 빼앗겨서도 안 되고 빼앗길 수도 없으며, 하나 의 '규범이론'으로 강등되어서도 안 되고, 강등될 수도 없다. 호네트는 '과감한 헛간 청소'에서 헤겔사상의 공정한 재구축을 의도하면서 그 텍 스트에 대한 새롭고 주목할 만한 통찰을 제시하고 있다. 대단한 업적으 로 평가받을 이 재생 작업은 『법철학』의 사변적 실체를 진지하게 다룰 수 있으며, 헤겔의 핵심 사상을 정조준할 수 있다. 하지만 호네트는 논리 적 · 형이상학적 요소를 (오늘날 종종 그렇듯이) 처음부터 배제함으로써[43] 적절한 해석을 수행하지 못했다. 이러한 사실은 이미 그의 서론에서 분 명히 밝혀졌다. 그는 헛간에서 현실화되어야 할 두 개의 값어치 있는 골 동품을 발견했다. 하나는 객관정신의 개념이고, 다른 하나는 인륜성 개 념의 도입 근거들이다. 우선 '헤겔의 전 체계를 하나로 묶어서는 안 된 다'는 주장과 더불어 형이상학이라는 유령이 일소되어야 하고, 철학은 철학적 사회이론으로 축소되어야 한다고 한다.[44] 하지만 헤겔 연구는 정 신의 '형이상학적' 개념 없이는 법(/권리)이나 자유와 같은 중심 개념의 이론적 배경과 인륜성에 대한 파악이 의미 있게 재구성될 수 없다는 것 을 보여 주었다. 이러한 사실은 이미 §§5~7에서, 그리고 거기서 도출된 보편성, 특수성, 개별성 등과 같은 핵심적인 '형이상학적' 개념에서 분명

---

42 Ebd., S. 10. 그의 새로운 책 『자유권』(*Das Recht der Freiheit*)에서 호네트는 헤겔의 『법철학』에 대한 흥미로운 방향 전환을 한다.

43 논리적 토대에 대한 문제에서 호네트와 유사한 입장은 프레더릭 노이하우저 (Frederick Neuhouser)의 *Foundations of Hegel's Social Theory: Actualizing Freedom*, Cambridge 2000에서 찾아볼 수 있다.

44 Ebd., S. 15ff.

해진다. 어떤 철학도 그 개념 없이는 작동될 수 없다.

헤겔 철학의 신경중추인 『논리학』의 내용을 '부드럽게 세척하여' 지워버리고자 하는 현대의 유명한 자유의 철학의 모든 시도는 이 자유의 관념론이 간직하고 있는, 여전히 탁월한 지적 내용을 결여하고 있다. 헤겔 사후 200여 년이 지났지만 어떤 것도 이를 능가하지 못한다. 독일관념론이라는 '초신성'에(D. Henrich), 특히 헤겔에 의지하는 자들이 아니라 완고하고 과도한 허영으로 헤겔과 같은 리그에서 뛰고 있다고 생각하는 자들은 주제 넘는 짓을 하는 것 같다. 의지의 자유에 관한 오늘날의 논쟁에 대해 말하자면 그것들은 형이상학적인, 즉 철학적·논리적 기초공사가 불가피하다는 사실이 명백하게 드러난다.

이 책에서 다룰 문제의식은 "헤겔 기획의 연속성"[45]이다. 나의 이 연구서는 헤겔의 『법철학』이 결코 '망각된 책들의 공동묘지'가 아니라, 우리 시대, 현대 세계를 이해하기 위한 결정적 요소들을 간직하고 있음을 증명하고자 한다. 그리고 나는 또 이 고전이 현대를 실천적인 의도로 개념화하려는 시도, 자유 개념을 그 중심에 두고 있는 사유, 자기규정과 정의에 대한 현대철학의 이론, 합리적이고 보편적이고 자유로운 의도를 가진 사유, 그리고 현실적인 자유의 철학임을 밝히고자 한다.

헛간에 온 것을 진심으로 환영한다!

---

45 Pippin, *Hegel's Practical Philosophy*, S. 281.

2. 자유의지와 자유로운 행위의 철학
—그 근본노선과 개요

> 헤겔의 가장 유명하고 영향력 있는 책인
> 『법철학』은 『논리학』과 그 논리적 장치를
> 그 논의에 투사하지 않고서는 이해할 수 없다.
> —D. 헨리히

1. 실천적 우주

> 우주를 가로질러
> (Across The Universe)

『법철학』의 원제목인 『법철학 강요 혹은 자연법과 국가법 개요』[1]가 보여 주듯이 헤겔은 자유의지의 건축물을 서술하고자 한다. "법(/권리)에 대한 학문은 자유의지를 자신의 원리와 시초로 삼는다"(Wan 7). 나의 이 연구는 이 사상의 건물을 이루고 있는 '화강석 기초', 기둥들, 그리고 그 담과 벽들, 그리고 마지막으로 그 천장과 마감돌들을 재구성하고자 기획되었다. 이로써 헤겔의 보편적 실천철학을 새롭게 이해하기 위한 문이 열릴 것이며,[2] 그 사상적 풍부함을 **논리적 토대의 관점에서** 개시할 수 있

---

1 이 책의 초판이 어떤 상황에서 이뤄졌는지에 대해서는 다음을 보라. Ilting, *Hegel: Vorlesungen über Rechtsphilosophie*, 1, S. 73ff.; Manfred Riedel, *Materialien zu Hegels Rechtsphilosophie* Bd. I., Frankfurt a.M. 1975, S. 12ff.
2 "전통적으로 실천철학이라 불리는 것이 (……) 헤겔에서는 전체적으로 객관정신

게 될 것이다. 헤겔이 "자유의 철학을 구축하는 데 있어서 논리적 이론을 수단으로 시도했다는 사실은 헤겔의 이론에 무게를 부여한다. 말하자면 그의 작품은 논리적 연관이 전개되기를 요청한다."[3] 따라서 헨리히의 이런 평가와 유사하게 피핀은 논리학을 고려할 수밖에 없는 필연성을 다음과 같이 강조한다. "헤겔의 실천철학에 대한 어떤 적절한 취급방식도 이 요청을 무시할 수 없다."[4] 장-프랑수아 케르베강(Jena-François Kervégan) 역시 논리적·사변적 절차가 해석학적 본성의 예기치 못한 가능성을 개시하며, 여기서 중요한 문제는 헤겔의 법철학을 정치철학의 테두리 안에서 이론적 입장의 선언으로서가 아니라, 그의 체계인 『논리학』을 그 중심에 가지고 있는 '엔치클로페디'의 요소로 읽어야 한다는 사실을 강조한다.[5] 사유 과정의 조정체계인 『논리학』의 이런 역할을 고려하지 않을 경우 『법철학』의 미묘한 내용들은 해명되지 않은 채 머물 것이며, 헤겔의 글들을 이렇게 해석할 때 그 증거가 제시되어야 할 것이다. 이러한 사실은 이미 헤겔이 그의 『법철학』에서 말하고 있다.

나는 사변적 지식의 본성에 대해 나의 『논리학』에서 이미 전개하였다. 따라서 나는 이 강요에서 진행 방식과 방법에 대해 여기저기서 간단하게 언급하고 지나갈 것이다. 그래서 대상의 구체적이고 다양한 속성을 드러내는 문제와 관련하여 이 강요는 전체 항목과 개별 세목에서 논리적 진행 과정을 증명하고 부각시키는 일에 소홀하였다. 한편으로 이러한 일은 이 강요가 『논리학』에서 다룬 학적 방법에 익숙하다는 전제를 하고 있기에

의 이름을 달고 나온다." Manfred Riedel, *Bürgerliche Gesellschaft und Staat*, Neuwied und Berlin 1970, S. 7f.

3　Dieter Henrich, *Hegels Grundoperation. Eine Einleitung in die Wissenschaft der Logik*, in: hg. v. Guzzoni, Ute u. a., Hamburg 1976, S. 230.

4　Pippin, *Hegel's Practical Philosophy*, S. 8.

5　Jean-François, Kervégan, *L'effectif et le rationnel: Hegel et l'esprit objectif*, Paris 2007, S. 7. 그는 다른 곳에서 다음과 같이 강조한다. "객관정신의 이론은 의심의 여지없이 『논리학』 없이 이해할 수 없다"(S. 14).

불필요할 수도 있고, 다른 한편 이 강요 전체와 그 목차의 형성이 논리적 정신에 의지하고 있음이 자연스럽게 드러나고 있다. 나는 무엇보다도 이러한 측면에서 이 책이 이해되고 판단되기를 바란다(RPh 12f.).

　주제 측면에서 중요한 것은 진행 과정의 근본 특징을 자유의 이념 및 자유의지의 이념의 규정이라는 차원에서 재구성하는 것이다. 이성법의 단계들, 자유의 논리, 철학적 행위이론의 초석 등이 『법철학』의 중심주제이다. "내적으로 규정된 개념으로서의 의지는 본질적으로 활동이자 행위이다."[6] 헤겔은 실천적 세계를 개념적으로 파악하기 위한 전체 기획을 '법철학'으로 명명하며, 이는 자신의 기획의 본질을 이루는 자유의 관념론의 주된 부분을 이룬다. 헤겔은 원래 '강의를 위한 입문서'인 일종의 강요를 기획했는데, 이 강요는 『엔치클로페디』(1817)에서 약술한 주된 개념을 보다 체계적으로 상술하는 책을 말한다.[7] **주석을 간직하고 있는 이 입문서**는 강요이자 개요로 집필하고자 하는 이런 생각에 집중하고 있다. 하지만 이 사유의 건축물은 **논리적 정박** 외에도 우리 시대에 **현실성과 매혹적 중요성을 가져다준다. 이렇듯 이 실천철학을 그 논리적 심층구조의 빛 아래서 다시 현실화해야 한다**는 요청이 제기된다.

　이 연구서는 『법철학』(이 저작은 헤겔이 강의록 옆에 손으로 쓴 글들을 포함한다[8])과 이에 상응하는 『엔치클로페디』의 부분들(객관정신) 외에 지금까지 출판된 헤겔 법철학 강의록들, 그의 강의를 받아쓴 노트들과 이것들을 추후에 베낀 노트들도 모두 참고했다. 이것들은 다음과 같다. 1817/18 겨울학기: 반넨만(Wan), 1818/19 겨울학기: 호마이어(Hom), 1819/20 겨울학기: 링기어(Rin), 블루밍턴(Bl), 1821/22 겨울학기: 킬 (Kiel), 1822/23 겨울학기: 호토(Ho),[9] 하이세(Hey), 1824/25: 그리스하

6　의지는 "스스로를 이념으로 서술하기 위해 자신의 내적 규정을 외적 현존으로 번역한다." Hegel, *Philosophische Enzyklopädie für die Oberklasse*, 4, 57.

7　RPh, Vorrede 11f. 참조.

8　주어캄프(Suhrkamp) 판에는 헤겔이 작성한 이 노트들이 포함되어 있다.

임(Gr), 1831 겨울학기: 슈트라우스(Str).[10] 간스가 『법철학』(1833)을 묶으면서 첨부한 「추가」(Zusätze)와 마찬가지로 이 텍스트들도 완전히 '신뢰할 만한' 것으로 간주할 수는 없지만, 그렇다고 이 텍스트들이 순수주의에 붙들려 '불확실함'이라는 보편적 의심에 내몰려서도 안 된다. 바로 이 텍스트들은 『법철학』을 보다 정확하고 포괄적으로 이해할 수 있게 하는 무시할 수 없는 창고 역할을 한다. 이들 노트에는 중요한 사상이 흐르고 있으며, 정교화하고, 좀 더 상세하게 설명하고 있으며, 아주 풍부하고, 많은 경우 좀 더 구체적으로 설명하고 있다. 또한 헤겔이 출판을 위해 적절하지 않은 것으로 간주한 입장들과 그가 수업시간에 말한 변론들이 발견된다. 몇몇 의미 있는 예를 들어 보자. 위급권(/긴급권)과 저항권, 공리주의 및 벤담과의 연관, 조합으로서 그리고 '작은 국가'로서의 도시, 부유한 천민, 소외된 인륜법으로서의 시민사회, 입법부의 역할 등이 그것이다. 또한 당연히 현실적인 해석을 통해 당시의 법률질서, 프로이센 보통법(Allgemeine Landrecht, ALR) 그리고 오늘날 독일 헌법인 기본법 등을 서로 비교하면서 고찰할 수 있을 것이다.

하지만 여기서 이 책이 중점을 두는 것은 모든 세세한 내용에 대한 미시적 해석이 아니라 현대 실천철학의 위대한 이 작품에 대한 총체적 해석이다. 이 연구서는 '지침서이자 컴퍼스'(Kant)로서 이 자유철학의 정신적 풍경의 방향을 지시하는 데 기여할 것이다. 완전히 장 파울(Jean Paul)*의 의미에서 지도에 쉽게 표시할 수 없는 이 이념들의 정글을 계속

---

9 아마도 레오폴트 폰 헤닝이 1823/24 겨울학기에 헤겔의 강의를 노트한 이 메모를 일팅이 *Hegel: Vorlesung über Hegels Rechtsphilosophie*(Bd. 3)으로 편집했는데, 이에 따라서 인용할(Ilting, Bd. 3, S. 84) 것이다.

10 이들 노트와 그 편집자들에 대한 보다 상세한 정보는 부록을 보라.

* 장 파울(1763~1825, 본명은 Johann Paul Friedrich Richter): 헤겔 시대 낭만주의의 대표적 문인으로, 레싱(계몽주의)과 괴테(고전주의)에 비견되는 당대 최고의 문필가이다. 그는 아이러니와 유머 등을 사용하여 비속한 현실을 묘사했는데, 헤겔은 그의 이런 시도를 '바로크적 수집'에 불과하다고 혹평했다. 장 파울은 독일 서부의 오버프랑켄 산악 지역에서 많은 문학적 영감을 받았는데, 현재 이른바

탐험할 수 있도록 표지가 있어야 한다. 그런 여행을 위해 이런 지도는 반드시 있어야 할 것으로 보인다. 이 여행은 함정들, 낭떠러지들, 아주 복잡하게 얽힌 사변적 거미줄들, 치명적 독성을 가진 어휘의 뱀들 등이 잠복해 있는, 길 없는 지역의 위험한 탐험 여행에 비교된다. 헤겔의 이 '정글북'으로의, 그리고 종종 쉽게 이해할 수 없는 그의 이념의 세계로의 그런 발견의 여정은 인내와 시간, 다소간의 영민함 등을 요구하며, 또한 아마도 영화 「스타트렉」에 나오는 USS-엔터프라이즈와 같은 우주선도 필요할 것이다. 이 우주선에서는 스폭이라 하는 뾰족한 귀를 가진, 교활하면서 날카로운 논리 마니아가 지휘권을 행사한다. 간단히 말하자면 헤겔의 『법철학』을 해명하는 일은 엄청난 노력을 요하는 철학적 작업이다.

텍스트의 유형(강의를 위한 준비글, 문단 형식의 글쓰기), 종종 너무나 짧은 단정적 서술들, 그리고 아무런 해명도 없이 다른 저작(『논리학』, 『엔치클로페디』, 『정신현상학』 등)에서 따온 글 등으로 인해 이 책에서의 헤겔의 사유도정을 밝히는 데 심각한 어려움에 부딪힌다. 이 연구서는 특징, 강요 혹은 요강 등을 해명하기 위한 이런 논증적 과정의 결정적 국면의 추적을 목표로 하는데, 이 추적은 포괄적인 이념사적 맥락,[11] 헤겔의 다른 저작들과의 상세한 연관 그리고 해석을 둘러싼 다양한 논쟁에 대한 상세한 설명 등에 대한 명시적 단념을 포함한다. 이 연구서의 주석에서는 논증연쇄의 중요한 측면과 항목을 포괄적으로 해명하고 있는 관련 문헌을 소개하고 있다.

헤겔의 이 저작은 다음과 같은 기본 구조를 가지고 있다. 「서설」에 이어서 나오는 「서론」(§§1~33)은 우선 법철학의 개념과 전체 프로그램에

'장 파울 길'이 180킬로미터에 걸쳐 조성되어 있다. 그의 문학작품이나 편지 등에는 이 지역의 풍경을 소개하는 장면이 자주 등장한다. 관광객들을 위해 장 파울에 얽힌 표지들이 곳곳에 설치되어 그의 문학적 숨결을 느끼게 한다. 『거인』, 『미학입문』 등의 저작을 남겼다. ― 옮긴이

11   이에 대해서는 Fulda, *Hegel* 참조.

대해(§§1~4), 그다음 자유의지 개념의 핵심 규정들에 대해 본래의 취지에 맞게 해명한다. 여기서 자유와 법(/권리) 개념의 산출과 상호연관이 다뤄진다.[12] 그다음에 3개의 장이 나온다. **자유의지와 행위에 대한 철학적 이론**(자유이론[13])은 a) 인격적 행위, b) 도덕적 행위 그리고 c) 인륜적 행위로 전개된다. 의지주체와 행위주체의 자기규정은 **인격체**에서 **도덕적 주체**를 거쳐 **인륜적 주체**로 이행해 가며, 이에 상응하여 자유의지의 논리적 진행 과정은 의지의 **즉자존재**(추상법/추상적 권리)에서 **대자존재**(도덕법)를 거쳐 **즉자대자존재**(인륜법)로 나타난다. 헤겔은 대체로 이렇게 삼분법을 사용하는데, 이 삼분법 각자의 전개는 **보편적 문법**에 따른다. 그때마다 새롭게 출현하는 증축 단계를 위해 건축술적 계획이 수립되고, 주 동기와 근본 정조를 알려 주는 서곡이 작곡된다. 헤겔은 의지의 개념을 『법철학』이라는 미로를 통과할 수 있게 하는 일종의 가늠자로 제시한다.

> 우리는 "**추상적인 것**, 즉 **의지 개념**으로부터 시작하여, 그다음 여전히 **추상적인** 의지가 **형식적 법**(/권리)의 영역으로 **외적으로** 현존하게 되는 과정을 추적하며, 더 나아가 외적 현존에서 **자기 내 반성된** 의지로, 즉 **도덕법** 영역으로 이행한다. 그리고 마침내 우리는 셋째로 추상적인 **이 두 추상적** 계기를 자기 안에서 **통일하는**, 따라서 **구체적인** 인륜적 의지로 나아간다"(Enz §408, Z, 170).

제1부: 추상법(/추상적 권리)

이 장은 형식적·추상적 법/권리, **형식적·법적 행위**, 말하자면 직접적 자유의지와 외적으로 객체화된 자유의지에 대한 철학적 교설을 포괄

---

12 헤겔에게 전형적인 진행 방법에 대해서는 예컨대 『엔치클로페디』와 『미학』의 서론을 참고하라. 이것은 일종의 서곡 혹은 서설이며, 사유 과정의 노선을 스케치하고 있다.

13 Pippin, *Hegel's Practical Philosophy*, S. 4.

한다. 바로 이 자유의지의 중심에 자유로운 존재는 인격으로 서 있고, 인정을 발견한다. 여기서 **인격성**, 혹은 **인격적 자유**에 대한 철학적으로 중대한 이론이 구상된다.

제2부: 도덕법
여기서 자유의지는 특수한 내적 주체성으로 나타난다. 여기서 다뤄지는 주제는 스스로를 도덕적 주체로 규정하고 인정을 발견하는 자유로운 이성존재의 **도덕적 행위**이다. 제2부는 **도덕적 행위와 도덕적 주체의 자유에 대한 철학적 이론**을 포함한다.

제3부: 인륜법
이 부분은 철학적 국가론을 정점으로 하는 **인륜적 행위 이론**을 다룬다. 이 이론은 공동체의 정신적이고 제도적인 토대를 다루는 철학이며, 그 결말에 역사철학을 포함하고 있다. 자유의 개념은 자기의식의 내용으로, 그리고 '세계의 작품'으로 되며, 의지의 주체는 생활공동체의 구성원으로 규정하는데, 이 공동체에서 그 구성원은 국가의 시민으로, 그리고 세계의 시민으로 규정한다. 저자인 헤겔은 혁신적인 사회철학과 역사철학을 제공하며, 사회적 자기규정과 정치적 자기규정 및 **인륜적 주체의 자유**에 대한 철학적 구상을 제공한다.

이러한 단계를 밟아가는 가운데 법론, 윤리학, 사회철학, 정치철학, 역사철학 등 실천철학의 고전적 문제 영역이 등장하고 다뤄진다. 그럼에도 불구하고 우리는 완전히 새로운 체계적 개념과 중요한 점에서 변화된 용어들(예를 들어 '법/권리'(Recht) 개념의 사용이나 도덕법과 인륜법의 구별, 그리고 시민사회와 국가의 구별 등)을 마주하게 되며, 또한 헤겔의 의미에서 **논리적 정신**으로부터 자유의 단계가 위로 올라가는 기획을 마주하게 될 것이다. 예컨대 법론과 윤리학의 문제항목은 제3부이자 결론부에 해당하는 **인륜법**의 맥락에서 새롭게 수용되고 전혀 다른 맥락에서 다시 포괄적으로 해명된다. 이 저작의 주된 목적은 **정신적·실천적 우주**, 즉 문화적 세계의 **원리들에 대한 개념적 인식**이며, 실천적, 즉 인륜적·문화적 세계가 자신의 가장 깊은 곳에서 간직하고 있는 것, 즉 **자유**를 드러내는 것이다.

2. 헤겔의 「서론」: 근본사상의 윤곽: 의지, 자유 그리고 권리(/법)

우리는 해낼 수 있어요

(We Can Work It Out)

a) §§1~4

이미 언급했듯이 『법철학』의 첫 부분 §§1~4은 전체 프로그램과 방법적 절차에 대한 원리적 시사점을 다루고 있다. **법의 이념**, 법의 개념과 그 실현, 참으로 법적인 것에 대한 인식(Bl 46) 등이 이 저작의 **유일한** 주제가 된다고 설명하고 있다. 헤겔적 의미에서 법(/권리, Recht)은 포괄적으로 **자유의 모든 규정의 현존재**, 즉 자유의지의 **현존재**로 간주된다(Enz §486). 자유는 의지의 실체이자 의지의 규정(본분)을 이루며, 법(/권리)체계는 '실현된 자유의 왕국'(§4)을 대표하며, 법(/권리)은 "자유의 실재" (Enz §91, Z)이다. 이로써 『법철학』의 핵심 주제는 **실천적 자유**가 된다. '법'(/권리)이라는 용어를 이렇게 사용할 때 그것은 실정법(das positive Recht)과 엄청난 차이가 난다(§3). 이 두 법(/권리)은 그 질료적 내용에서 차이가 난다. 실정법에서 우리는 최고의 국가권력에 의해 제시되고 만들어진, 특수한 국가에서나 타당한 법을 본다. "자유의 법칙(/법률)은 언제나 실정적 측면, 말하자면 실재성, 외면성, 우연성 등을 그 현상 속에 가지고 있다."[14] 이에 반해 헤겔의 개념은 '즉자대자적인 법'(/권리)(PhG

---

14 PhRel 17, 195.

317), 즉 이성법을 포괄한다. 따라서 실정법은 유효함을 지니며, 시간·공간적으로 그때그때 제한된 맥락에서 준수되기를 요청한다. 하지만 그것은 또한 이성에 적합한 규정뿐 아니라 이성에 적합하지 않은, 자유에 반하는 항목도 포함한다. 이런 혼합은 모든 국가의 법에 다 나타난다.[15] 이성법이 『법철학』의 주제라고 하는 다음의 언급은 그의 이 저작의 해석을 위한 필수불가결한 전제이다. "이성은 현실의 형태와는 매우 다른 국가의 이상, 말하자면 법체제(헌법)의 이상을 기획한다"(Wan 270). 『법철학』은 따라서 법(/권리)에 대한 학문적 작업을 목표로 하며, 행위의 자유, 정의, 국가의 헌법과 제도 등에 대한 보편적 원리들을 형성하고자 한다. 현존하는 국가가 필요로 하는 실정법전은 철학적 법의 체계적 전개와 더불어 구상되어 있지 않다. '법'(/권리)이라는 용어는 이념형적으로 규정된 이성법의 방식으로 사용되며, 실정법은 그중 한자리에서 주제화된다(§§211~214, '법률로서의 법'). 어쨌거나 '국가'라는 범주를 미리 사용하여 말하자면 '국가학'이라는 용어의 사용은 자의적으로 생겨나는 것이 아니며, 이성법(헤겔적 의미에서 '자연법')과 국가학은 동일하다.

따라서 『법철학』의 부제로 달려 있는 「자연법과 국가법 개요」는 먼저 국가라는 핵심 개념의 해명을 시사하며, 둘째, 대개 '자연법'론으로 표시한 법철학에 대한 당시의 이해를 수용하고 있음을 보여 준다. 중요한 두 장소에서 저자는 자연법에 대한 현대적 전통(Hobbes, Rousseau, Kant, Fichte)의 시각을 법철학의 이름으로 해명한다. §3에서 자연법은 철학적 법과 등치되며,[16] 자연법은 '본성적으로' 인간의 가장 내적인 본질인 이성에 근거하고 있다고 한다.[17] 이성법이라는 이런 언어 사용과 달리 『엔치클로페디』§502는 '자연법'의 또 다른 측면을 보여 준다. 말하자면 이 자연법은 직접적인 자연의 방식으로 현존하는 법으로서, 이 법과 더불어

15 Wan 269~270; Hegel, *Über die englische Reformbill*, 11, S. 88~89 참조. 전제주의는 철저하게 실정법의 요소일 수 있지만, 법의 본성을 벗어나 있다(§3).
16 Wan 270 참조.
17 Fulda, *Hegel*, S. 200. 이에 대한 더 나아간 설명은 S. 200~03.

자연법이 유효하게 적용되는 자연 상태가 꾸며지며, 이에 반해 사회 상태에서는 자연적 권리(자연법)의 희생이 요구된다. 그러나 이런 방식으로 꾸며진 허구의 자연 상태는 무법(/무권리)과 폭력 행위의 상태로 묘사되지 않으면 안 되는데, 왜냐하면 자연법은 강자의 법이자 불평등의 법이기 때문이다.[18] 허구의 자연 상태는 이성적 의지의 상태로 간주되어서는 안 된다. 자연 상태에 기초한 계약이론에서 사회와 국가는 개별적 인격체를 위한 단순한 수단으로 강등된다.[19] 법 상태에서도 자유는 제약되거나 희생되어서는 안 되고, 다만 자연적 자의만이 제약되거나 희생되어야 한다. 말하자면 사회와 국가가 아니라 무법(/무권리)과 자의성이 자유를 제한한다. 법(/권리)의 이성성 혹은 인간으로부터 나온, 그리고 그 안에서 인간이 스스로 규정한 법 원리의 이성성을 학문적으로 서술해야 한다는 요청이 제기된다. "법의 사상은 누구나 자연스럽게 가지고 있는 것이 아니다. 오히려 올바른 사유는 사태를 알고 인식하는 것이고, 따라서 우리의 인식은 과학적이어야 한다."[20]

§4에서는 정신, 자유, 의지, 행위, 법(/권리) 그리고 세계 등의 개념의 연관이 설명되며, 『법철학』은 체계의 전체 건축물에서 정신철학의 한 단계에 위치하게 된다. 무조건 고려되어야 하는 전제는 출발점, 즉 자유의지를 확고히 하는 것이며, 자유의지에 대한 해명은 부당하게도 몇몇 사람에 의해 형이상학적 가설로 치부되지만 엄청난 영향력을 가진 함의를 지닌다.

---

18 "자연법이라는 표현은 (……) 두 가지 의미를 함의한다. 법(/권리)이 **직접적인 자연의 방식**으로 현존하는 법인지, 아니면 사태의 본성, 즉 **개념**을 통해 규정된다고 생각하는지에 따라서 다른 의미를 갖는다. 전자의 의미는 과거에 일상적으로 받아들여진 의미이다. 따라서 **자연 상태**가 허구로 꾸며지며, (……) 이에 반해 사회와 국가의 상태는 오히려 자유의 억압 및 자연적 권리(자연법)의 희생을 요청하며, 또 그렇게 될 수밖에 없다고 한다." 사회에서는 "자연 상태의 자의와 폭력 행위", 즉 무법(/무권리)적 자의와 폭력 행위가 제약되고 지양되어야 한다(Enz §502).
19 GdPh 19, 108. 이런 단점은 지금까지도 모든 계약론에 나타나고 있다.
20 RPh 17, Z.

b) 실천적 이념─의지함과 행위의 이념

헤겔이 말하는 **이념**(Idee)은 사유의 자기관계로 이해되는 아리스토텔레스의 노에시스(noesis)와 연결된다.[21] 이념은 헤겔의 일원론적 관념론의 유일한 주제인데, 그의 철학의 토대는 '사유의 사유'인 『논리학』에 있다(Enz §19). 다른 곳에서 우리는 "사유는 자기 자신을 사유한다. 그 대상은 활동하는 자로서 사유라고 하는 보편자이다."[22] 『법철학』 §1은 헤겔 철학 전체 건축물의 이런 초석, 즉 이념을 법의 이념의 형식으로 포함하고 있다. 여기서 헤겔 이념론의 전체 내용을 드러내는 것은 주제 넘는 일이다. 하지만 대논리학과 소논리학에 나타난 핵심규정들은 법 이념과 국가 이념의 이해를 위한 전제들을 보여 준다. 아르키메데스의 기점은 실천적 이념, 행위의 이념, 의지의 이념, 선의 이념 등의 논리에서 발견되며(사실 이 모든 특징이 사용된다), 실천철학, 따라서 법철학은 이것에 의존한다. 이념은 일자이며, 이러한 의미에서 **관념론적 일원론**[23]이라는 말을 할 수 있다. **하나의** 이념은 "자신을 특정한 이념의 체계로 분절하며" (Enz §213), 이렇게 분절된 법의 이념, 국가의 이념은 다시 그 하나의 이념으로 되돌아간다. 헤겔이 사용하는 '법으로서의 이념', '국가의 형식으로 있는 이념' 등과 같은 말의 용법은 적절해 보인다. 칸트와 달리 헤

---

21 Dieter Henrich, *Selbstverhältnisse. Gedanken und Auslegungen zu den Grundfragen der klassischen deutschen Philosophie*, Stuttgart 1982. 헤겔은 이념을 또한 '아리스토텔레스적 개념'으로, 즉 자기로 되돌아오는 '무한자'로 표시한다(GdPh 19, 379). "아리스토텔레스 철학의 주된 계기는 사유와 사유된 것이 하나라는 것이다. (……) 사유는 사유의 사유이나"(Ebd., 162f.). 누스(nous)는 "사상의 사상이며, 사상의 사유이다. 이 안에서 주관적인 것과 객관적인 것의 통일이 언표되며, 이것은 가장 탁월한 것이다." 헤겔에 따르면, 이러한 사실은 "아리스토텔레스 형이상학의 지고의 정점이며, 있을 수 있는 최고의 사변적인 것이다"(Ebd., 219). 『엔치클로페디』의 마지막 문장은 아리스토텔레스를 비실재론자로 보는 탁월한 평가를 표현하고 있으며, '사유의 사유라는 사상'을 드러내고 있다.

22 PhRel 16, 67. 절대 이념은 "자기 자신을 사유하는 이념이다"(Enz §236) ─ 그것은 **"자기를 사유하는 이념"**(Enz §574)이다.

23 유일한 실체, 즉 이념은 개념의 형식으로 파악되어야 하며, 모든 사태연관은 내적으로 연결되어 있으며, 전체(즉 일자)의 계기들이다.

겔은 이념을 개념과 객체성의 절대적 통일로 정의하며, §1에 따르면 법의 이념은 법의 개념과 그 실현을 재현한다. 이념은 단순히 비현실적이거나 규제적인 것을 지칭하는 말이 아니며, 이것이 칸트와 다른 점이다. "이념이 현상의 관점에서 보면 **초월적으로** 존재한다는 이유로, 그리고 이념은 감각세계에서 어떤 경쟁 대상도 가질 수 없다는 이유로 이 이념이 진리의 가치를 가지지 않는다고 한다면, 이는 기이한 오해에 불과하다. 이것은 이념은 현상의 구성요소가 아니고 객체세계라는 **참되지 않은** 존재의 구성요소가 아니기에 이 이념에는 객관적 타당성이 없다고 말하는 것에 불과하다"(WdL 6, 463).* 헤겔에 따르면, 개념을 통하지 않고 정립된 현실은 그저 잠정적 현존재이며, 본질 없는 현상이고, 우연적인 것, 자의적인 것, 단순한 사념, 따라서 궁극적으로 참되지 않은 것이다. 『논리학』은 이러한 사실을 국가라는 '전체'의 예를 들어서 설득력 있게 예시한다. 여기서 국가는 개념과 그 실재의 통일이 해체될 경우 더 이상 전체라는 말을 할 수 없는 그런 대상이다(WdL 6, 464). 헤겔은 여기서 후기 로마제국의 몰락을 다루는데, 이 제국을 개념과 현실의 통일과는 대립된 상으로 제시한다. 이 제국의 '영혼'은 '객체세계'에 대해 경악하여 객체세계를 버리고, 사유의 내적 자유로, 말하자면 스토아주의적 사상과 피론주의적 사상이라는 외딴 영역으로 도피한다. 공화국은 총체적 원자주의와 개인주의(총체적 황제의 원리와 로마의 사법)로 찢겨나간다. '보편적 삶'은 더 이상 가능하지 않았고, 국가는 더 이상 '권력을 가진 개념'이 아니었다. 실천적 무관심의 형태로 등장하는, 참되지 않은 이런 현존의 특성과 관련하여 말하자면 그것은 하나의 참되지 않은 형태, 회의주의의 세계, 혹은 **실제적 회의주의** 등으로 표시할 수 있다. 죽은 법률의 지배, 인륜적인 것의 파괴, 정치적 삶의 부패 등, 개인과 보편자, 사적인 것과 공

---

* 이 말은 '이념이 객관적 타당성을 갖지 못하는 이유는 객관적 타당성을 갖고 있지 않기 때문이다'를 의미하는 것으로, 헤겔은 이념이 객관적 타당성을 갖지 못한다고 주장하는 자의 논리가 일종의 동어반복에 불과하다는 것을 보여 준다. ― 옮긴이

적인 것 사이의 총체적 분열이 이런 질서를 특징짓고 있다. 따라서 여전히 하나의 국가가 있기는 했지만 더 이상 이성적인 국가는 현존하지 않았다.

자기와의 동일성 혹은 동등성이라는 이념은 자기규정의 활동적 과정이며, 행위의 원리나 자유의 원리 없이는 충분히 설명할 수 없는 주체의 역학이다. 이러한 역동적 자기규정이 전개되는 가운데 주체성의 사상이 발생했으며, 이 주체성의 사상과 더불어 자유가 이 주체성의 본질적 규정 중 하나로 전개되었다. 특히 이 문제는 **의지함**(Das Wollen, Enz) 내지 **선의 이념**(Die Idee des Guten, WdL)에서 다뤄진다. 이념은 실천적 활동으로, 스스로 움직이는 활동적인, 규정을 정립하는 개념으로 등장하며, 세계를 자신의 고유한 목적에 따라 규정할 수 있고 개념에 적합한 것으로 만들 수 있다(Enz §225). 따라서 이념은 본질적으로 **실천적 이념**으로서, 의지함으로서, 그리고 행위로서 사유되어야 한다. 이념을 말할 경우 불가피하게 실천적 수행 혹은 자유로운 행동이라는 이러한 차원이 거론된다. "이념은 개념이 이 이념 안에서 도달하게 되는 자유를 위해 자기 안에 **가장 완고한** 대립도 가진다"(WdL 6, 468). 따라서 자유는 이념의 근본 규정으로 간주되며, 단적으로 이념에, 절대적 이념에, 헤겔의 전체 구상에 결정적 중요성을 가진다.[24] 아리스토텔레스라고 하는 '철학적 보고'에 대한 자신의 해석에서만 헤겔이 사유의 사유로서의 사유, 주체와 객체의 통일, '소여된 존재'와 '산출된 존재'의 통일 등을 주장하는 것은 아니다. 헤겔은 **소여된 것의 실재론**의 한계뿐 아니라 **주관적·관념론적 구조주의**의 일면성도, 말하자면 **소여된 것의 신화**와 **구성의 신화**를 모두 넘어간다.[25] 『엔치클로페디』 결론에는 다음과 같이 쓰여 있다. "사태의 본

<hr>

24   이에 대한 결정적으로 중요한 점들을 해명하는 논문으로는 Hegels Logik der Idee und ihre epistemologische Bedeutung(Hans Friedrich Fulda, a.a.O.)이 있다.

25   "참된 것은 주체적인 것과 객체적인 것의 통일이며, 따라서 일자도 아니고 타자도 아니며, 일자이면서 타자이다"(GdPh 19, 163). 여기서 중요한 것은 사상의 수용(수용됨)과 산출(산출됨), 즉 사유라고 하는 인식 활동의 수용(수용됨)과 산출(산

성인 개념이 스스로 전진하며 전개되어 간다는 사실과 이러한 운동이 그와 똑같은 정도로 인식의 활동이라는 사실"이 이념에서 서로 통합된다(Enz §577).

이 단계에서 습득된 규정은 '이념은 고요한 자기 동등성에 머물러 있을 수 없다'는 '치명적' 결과를 가지며, 이념에는 필연적으로 무한한 부정성이 속하기 때문에 이념은 자기 자신을 **형식 논리적 특성**하에서 자신의 **고유한** 과정의 단 **하나의** 단계로 드러낸다. 이념은 자신과의 지속적 동일성 속에서 스스로를 해방하고 개시하는 것으로, 혹은 열어젖히거나(auf-schliessen) 자신으로부터 매조지하는(결단하는, ent-schliessen) 것으로, 자기를 자신으로부터 자유롭게 방임하는 것으로 취해져야 한다. 이러한 사실은 이념의 두 번째 단계로의 이행(지금까지의 의미에서의 이행이 아니다)을 명백히 한다. 여기서 '이념의 절대적 자유', '절대적 해방'이 등장한다. 이 이념은 '절대적 진리 안에서 자기 자신을 **결단하는** 이념이며, 첫 번째 규정함과 타자존재의 계기, 말하자면 자연으로서의 자신을 자유롭게 자기 자신으로부터 방임할 수 있는 계기이다(Enz §244). 이념은 자신의 이 타자존재로부터, 자신의 이 대립으로부터 언제나 자기에게 회귀하며 —— 이러한 대립 속에서 이념은 **자신을 자기 자신과 결합하며, 타자 속에서 자신으로 머무는 자로 드러낸다** —— 따라서 이념은 **자유롭다.** 이 **결합**(Zusammen-Schliessen)은 실천적 차원을 강조하며, 결합은 **정신**의 본래성(세 번째 단계의 이념)을 이룬다. 이런 실천적 요소들, 즉 의지함과 행위의 계기는 특히 객관정신의 형식으로 등장한다. 객관정신은『논리학』의 의지함과 행위의 이념, 즉 실천적 이념을 논하는 곳에 상응하며, 따라서 논리적 의지 이념을 토대로 한다.『법철학』의 객관정신을 이러한 방식으로 다룸으로써 비로소 자유가 이념의 내적 규정이라는 사실이 명

출됨)의 통일이다. "이렇듯 아리스토텔레스는 실재론자가 아니다"(Ebd., 217f.). 헤겔의 전체 사유를 실재론이라고 보는 것은 그의 철학의 핵심 내용을 빠뜨리는 것이다.

백하게 드러난다. 자유로움이라는 이러한 규정이 없는 의지는 공허한 말에 불과하며, 의지만이 이 술어(자유)를 가지며, 자유는 의지의 패러다임에서만 사유될 수 있다. '정신의 형상'을 띠는 실천적 이념은 **자유의지의 철학**인『법철학』의 주제가 된다.[26]

3. 정신과 자유―정신철학의 일부로서의『법철학』과 전체 체계에서의 그 위치

자유의지 개념의 **기원과 생성**은 법(/권리)을 다루는 글 밖에 있다. (자유의지, 자유로운 정신이라는) 이 '전제'의 근본 특징은『엔치클로페디』의「주관정신」에, 즉 객관정신을 다루는『법철학』의 바로 앞에 있는 단계에서 해명된다. 시초인 이 '전제'는 직접적 확신의 지위를 갖는 것이 아니며, 단순한 요청도, 순수한 확신도 아니며, 또는 정의상 어떤 정당화도 필요하지 않는 최고의 원리도 아니다. 오히려 그것은 앞선 논증의 결과일 뿐이다. 여기에 당연히 아직 충분하지 않은 최초의 발생적 정당화가 놓여 있다. 즉 자유의지의 개념은 '**생성에 따라서**'만 정당화된다. "의지는 자유롭다는 것, 그리고 의지와 자유는 무엇인가"를 정당화하는 문제가 두 번째 단계에 따라 나와야 한다. 이 연역은 "전체의 연관에서만 일어날" 수 있다(§4, Z, 48). 전진은 근거로의 후퇴의 형식으로 정당화되며, 이는 잘 알려져 있듯이 헤겔이 원환운동이라고 표현한 것이다.

『법철학』, 즉 자유의지의 철학 혹은 객관정신의 철학의 시초는 주관정신의 철학의 마감돌 위에 서 있다. 이러한 사실은 전체 전제에 대해 모두 설명할 필요 없이 적어도 **정신과 자연**의 핵심 개념이 어떤 핵심적 내용으로 이뤄져 있는지에 대한 간단한 설명을 요구한다.[27] 그 해명은『엔

---

26 자유는 자기 안에 다른 모든 규정을 간직한 객관정신의 유일한 규정이다. Hegel, *Philosophische Enzyklopädie für die Oberklasse*, 4, 58.

치클로페디』§§381~384에서 잘 드러나는데, 거기서 정신은 '**대자존재에 도달한 이념**'으로 설명하며, 개념은 이 이념의 객체이자 주체이며(Enz §381), 따라서 이념의 한 단계, 스스로 발생해 가는 이념 과정의 한 단계이다. 이념을 사유의 자기관계이자 역동적 자기규정으로 이해함으로써 비로소 유한자, 관계 속에 있는 것 등을 무화하지 않으면서도 넘어설 수 있다. 이러한 원리와 더불어서만 상대주의의 올무에 빠지지 않을 수 있다. 말하자면 주체(사유)와 객체(사유)의 **완전한** 동일성을 보여 주는 유일한 관계는 **자기규정의 형식으로 있는 이념의 자기관계**에, **사유의 사유에** 놓여 있다. 이러한 의미에서 헤겔은 자신의 요청을 (섹스투스 엠피리쿠스의 'apolytos'의 의미에서) '절대적'이라고 표시한다. 정신과 더불어 이념의 자기규정의 이 도정에서 결정적인 단계에 도달한다. 대자화됨, 혹은 참다운 무한성에서는 한계가 한계를 벗어버리고, 특수성 일반과 부정태가 긍정적으로 남아 있다. 그런데 이 대자화됨 혹은 참다운 무한성을 범주적으로 표현하면 그것은 자유이다. **정신의 본질은** 그때그때의 타자로부터 독립해 있다는 의미에서, 자기 자신에 머묾이라는 의미에서 그리고 자기를 자기 자신과 관계시키는 활동이라는 의미에서 **자유**(Bl 61)이다. 말하자면 정신의 본질은 "자신과의 동일성으로서의 개념의 절대적 부정성"(Enz §382)이다. 따라서 정신은 자신의 자유를 산출하는 자이다"(Enz §382, Z). 요한 고틀리프 피히테(Johann Gottlieb Fichte)에 따르면, "자기로 복귀한 활동 일반", 말하자면 나임(Ichheit), 혹은 주체성은 이성 존재의 특성이다.[28]

자유를 실천철학적 관점에서, 그리고 **실천적인 것의 철학**을 위한 앎의 연관에서 '타자 속에서 자기 자신으로 머묾'(Bei-sich-selbst-Sein im Anderen)*이라고 정의하기 위해 다음과 같은 진술을 도입한다. "무지한

---

27 풀다의 헤겔 철학 입문에 나온 '정신'에 대한 설명은 본질적인 측면을 잘 짚어주고 있다.

28 Fichte, *Grundlage des Naturrechts nach Principien der Wissenschaftslehre(1796)*, GA I, 3, 329.

자는 자유롭지 않다. 왜냐하면 그는 자기 위에, 자기 외부에 있는, 자신이 의존하고 있는 하나의 낯선 세계와 마주해 있기 때문이다. 이때 그는 이 낯선 세계를 자기를 위해 존재하는 것으로 만들지 못하며, 그렇게 함으로써 그 세계를 자기의 세계로 삼지도 못한다."[29] 그리고 또 다른 자리에서 그는 명료하게 다음과 같이 말한다. "개념과 자유는 철학의 주제이자 영혼이다"(Enz §384).

「정신론」에서 중요한 점은 — 이미 시사한 바와 같이 — 이념의 자기 규정이라는 세 번째 주 단락이다. 첫 번째 단락은 이념의 자기 내 존재로서의 논리학을 다루고, 두 번째 단락은 자기 외부의 타자존재로 있는 이념인 자연의 생성을 다루는데, 여기서 개념은 완벽하게 외적인 자신의 객체를 가진다(Enz §381). 이 '첫 번째 자연'은 스스로를 생성해 가는 과정에서 지양되며, 이념은 자연으로부터 복귀하여 마침내 자신과 동등하게 되고, 따라서 자기 자신의 근거로 — 즉 정신으로 — 나아간다. 보편자-특수자-개별자라는 논리적 구조로 정초되어 있는 정신의 패러다임을 여기서는 간략하게 서술할 것이다. 정신의 이 패러다임은 『법철학』 전체 과정을 거치는 동안 지속적으로 나타날 텐데, 점점 더 복잡한 방식으로 등장하게 될 것이다.

---

* 헤겔은 자유를 합성어인 'Bei-sich-selbst-Sein im Anderen'으로 표시한다. 독일어에서 'Er ist bei sich'라는 표현은 '그는 자기 자신에 머문다'는 말로 직역하는데, 이 말은 '그는 정신이 똑바로 박혀 있다', '그는 제정신이다' 등을 의미한다. 이에 반해 'Er ist außer sich'(그는 자기 밖에 있다)는 '그는 제정신이 아니다'를 의미한다. 더 나아가 그 표현은 '그는 자유롭다', '그는 평화롭다' 등으로 의미를 확대할 수 있다. 한 사람이 자유로운 이유는 그가 타자에 의해 규제되는 상태에 있는 것이 아니라 자기 스스로 규정을 세우고 그 규정에 따르기 때문이다. 즉 자기규정은 주체가 비록 타자에 둘러싸여 있다고 하더라도 자기 자신에 머물 때 발생한다. 그래서 헤겔은 "정신이 자기 자신에 머물 때, 즉 자기 현존(self-presence)의 상황에 있을 때 이것을 자유"라고 말한다. ─ 옮긴이

29 Ästh 13, 135f.

첫 번째 계기: 주관적 정신과 이론적인 것의 논리

추상적 부정성은 (자연이 아니라) 자연적인 것의 외면성의 부정, 말하자면 자기 외부 존재의 지양을 의미한다. 이때 이 지양은 (이념의 자기 외부 존재로서의 자연인) 자연과 원리적으로 구별된다. 절대적 가능성(가능태, 잠재력)으로서의 정신은 모든 외적인 것과 자기 자신의 외면성을 추상하고 무시할 수 있으며, 그것들로부터 자신을 떼어낼 수 있고, 모든 다른 것을 배제한 독립된 상태에서 단순히 자기 자신과만 관계할 수 있으며, 자기동일자로 있으면서 오직 자기 자신에만 머물 수 있다. 이러한 사실은 자연적인 것-유한한 것에 비교되는 정신의 이상적 특성, 정신의 한계 없는 무한성을 보여 주며, 추상적인 방식으로 자기를 위해 존재하는 자기 내 보편자의 형식적·추상적 규정을 드러내며, 자기를 규정하는 자로, **주체적인 자로, 인식하는 자로** 서술되는 주관적 정신(Enz §382), 즉 개념(Enz §387)을 의미한다. 주관정신의 세 단계, 즉 철학적 인간학, 현상학 그리고 심리학이 진행되는 과정에서 '정신의 자연규정'(즉 정신의 본성에 대한 규정)은 그 **'개념 규정'**에서 변형을 경험한다.

두 번째 계기: 객관정신―실천적인 것의 논리

정신은 동시에 첫 번째 추상적 부정성의 지양이며, 두 번째 부정으로서 자신의 보편성의 분절(특수화)이고, 첫 번째 계기에 함축적으로 있었던 것을 끄집어내어 정립함이고, 규정을 실재로서 이끌어내어 정립함이다. 정신의 이러한 구별함, 규정함, 분절함(energeia, actus) 등은 용어상으로 **세계라는 객관적 작품을 향한** 활동, 표현, 계시, 현실화 등으로 표시할 수 있다. 이러한 사실은 정신의 자기 내 분열, 정신의 '개별화'(Ver-Einzelung), 정신의 개별성의 무한성 등을 포함한다. 정신은 자연적인 것 (즉 이념의 자기 외부 존재)의 이러한 지양 속에서 자기 안에 '자연의 전체 내용'(Enz §381, Z)을 '보존하며', 이 자연적인 것을 자신의 작품으로 정립한다. 정신은 **실천적 세계를 자신의 세계로** 구성하며, 의지의 자유를 발판으로 삼고 있는 이 현실은 **정신의 객관적 기호로** 간주되며, 그 최고 단계인 국가는 현실 속에서 서술되는 이성의 '상형문자'로 간주된다(Enz §279, Z). 정신을 이러한 방식으로 이해할 수 있게 하는 끈은 샤를 몽테스키외(Charles Montesquieu)의 『법의 정신』(1748)이었다. 우리는 객관정신에서 자유를 '유한성의 토대'에서 고찰해야 하며, 자유의 법적·인륜적 현실을 고찰해야 한다. 여기서 정신은 자신이 자연적인 것으로 전제한 타자에 대립하여 부정적으로 정립된다.[30] 이것은 정신 개념의 두 번째 단계인 객관정신, 말하자면 이성법을 이 연구의 주된 대상으로 요약하고 있다.

세 번째 계기: 절대정신─절대 이념의 논리

정신의 통일은 앞의 두 계기가 동일함을 의미한다. 정신의 통일은 보편성으로 되돌아온 특수성인 개별성에 놓여 있다. 이 개별성은 개념 그 자체이기도 하다. 이 개념은 정신에 의해 정립된 차이 가운데서도 자기 자신으로 머무르며, 예술과 종교와 철학에서 각각 등장하는 **직관하는 정신, 표상하는 정신 그리고 사유하는 정신**의 절대적 동일성을 획득하며, 이로써 자기 자신으로(즉 자신의 근거로 내지 논리학의 시초로) 되돌아오고, 그 안에서 이념의 원환을 마감한다. 따라서 여기서 이뤄지는 운동은 '원환을 그리며', '둥그런 것'이 된다. 절대적 이념은 궁극적으로 보편적, 활동적, 무한한 절대정신으로서 자신의 자기규정에서 그 정체를 드러낸다. 정신이 자신을 '자기 안에서 특수하게 분열시키고 부정하지만, 이 특수성과 부정은 정신을 통해 정립된 것으로서 지양하며, 자신을 자기 타자와 자유로운 보편성 속에서 결합하면서 자기 자신과 결합한다. 이 이상성과 무한한 부정성은 정신의 **주체성**이라는 심오한 개념을 구성한다.' 헤겔 사유양식의 핵심 요소는 자기규정, 자유, 주체성 등이다.

헤겔의 마지막 강의의 마지막 문장은 그의 마지막 철학적 언명이기도

---

30 energeia(현실태), dynamis(가능태) 그리고 entelechia(목적)의 통일은 특징적이게 도 주체성의 패러다임과 결합해 있다. Fulda, *Hegel*, S. 169.

한데, 이 문장에서 그는 자유의 원리를 다시 한 번 정신의 가장 내적인 것이자 최고의 것으로 명확히 한다. 자유는 "가장 내적인 것이며, 이 자유로부터 정신세계의 전체 건축물이 솟아오른다"(Str 925). 객관정신의 철학의 일부분인『법철학』과 관련하여 간스는 이러한 사실을 아주 분명하게 표현한다. 전체 작품은 "자유의 철강으로 구축되었는데", 이 철강은 전체 작품의 '기본 요소이자 유일한 질료'이다.[31] 피핀은 이 강의의 원리를 다음의 요점에 맞춰 들춰낸다. 우리는 "헤겔의 실천철학(그리고 실로 그의 철학 전체)을 자유의 철학으로 읽어야 한다."[32] 정신은 자신을 무엇인가로 만들어가는 바로 그런 것일 뿐이며, 자기 자신의 작품으로서만 존재하고, 자기를 자기 자신으로부터 산출한다. 그리고 정신은 자기 개념에 적합하지 않은 모든 것에서 자신을 해방시킴으로써, 세계를 자신의 개념에 적합한 방식으로 형성하고 변형함으로써 그리고 자신의 척도에 따라 형태를 구성함으로써 자유를 불러일으킨다. 그리고 자신이 만든 그런 형태에서 정신은 편안함을 가질 수 있고, 자기 자신에 머물 수 있으며, 따라서 자유로울 수 있다.『엔치클로페디』§385는 정신의 이런 근본 구조와 발전 형식을 요약하고 있다. 우리 주제와 관련하여 주관정신의 마지막에 등장하는 결과는 아주 중요하다. 왜냐하면 여기가 동시에 객관정신의 철학인『법철학』의 직접적 출발지점이기 때문이다.

4. 자유로운 정신—이론이성과 실천이성의 이분법의 극복

a) 유한한 정신으로서의 자유로운 정신

자유로운 정신과 관련하여 우리는 지금 유한한 정신의 두 단계인 주관정신과 객관정신을 잇는 다리 위에 서 있다. 헤겔의 이해에 따르면 이 유

---

31   Gans, *Vorrede*, a. a. O., S. 6.
32   Pippin, *Hegel's Practical Philosophy*, S. 92.

한한 정신은 자신이 이 유한성을 지양할 수 있는 것, 건너갈 수 있는 것, 자신의 밖을 지시할 수 있는 것 등으로 간직하며, 스스로를 유한자로 만드는 정신이다. 하지만 동시에 이 유한한 정신은 정신으로서의 자신의 지위에 무한히 머문다. 여기서 주관적인 것을 소여된 외적 객체와 (예컨대 특수한 인간학적 욕구, 외적인 자연사물 그리고 다른 의지 등과) 연관시키는 관계를 생각해 볼 수 있다. 그러한 관계가 형성될 때 이성성은 **외적으로 현상함**(Enz §483)이라는 측면을 자기 안에 간직하며, 그와 더불어 여기에는 개념과 이 실재에 내재한 여전히 부적합하고 불충분한 부분이 남아 있다. 정신은 자연을 자신의 세계로 정립하고, 이 자연을 '친근한 것'(Zu-Handene)으로, '제2의 자연'으로 변환하지만, 동시에 정신은 그 안에서 자연을 '현존하는 것'(Vor-Handene)으로 전제한다. 따라서 외적인 것인 이 타자는 정신에 의해 '이상화'(Idealisierung)를 '겪게 되며', 어느 정도는 정신에 포박되고, 따라서 마침내 다시 정신에 의해 자유롭게 '방임'된다 ─ 절대정신의 형식인 예술과 종교와 철학에서.

따라서 정신은 모순 속에서, 혹은 분열 내지 파열 속에서 발견되며, **유한한 무한자** 속에 놓여 있다. 헤겔은 유한한 정신에서 '이중적 형태'(BI 49), 즉 이성적인 것과 외적-우연적인 것의 결합을 본다. 여기서 외적-우연적인 것은 자연 속에서 '서로 외적으로 있는 것'(Außer-einander-sein)으로서 고립된 특수성의 형식, 말하자면 실천적 원자론의 형식을 가진다. 자유로운 존재, 즉 인간은 제1자연과 제2자연에서 동시에 존립하는 이런 이중적 존재의 대표자로서 절대적 자유라는 물에서 유영하면서 동시에 우연이라는 땅에서도 거(居)하는 **양서류**로 살아간다. 인식의 나무를 먹은 인간은 바로 그 때문에 무한하지만, 인간에게 생명나무에 접근이 금지됨으로써 그는 유한하다.* "동물들은 자신과, 그리고 자기 주변

---

* 에덴동산 한가운데에는 선악을 알게 하는 나무와 생명나무가 있었는데, 아담은 신이 금지한 선악을 알게 하는 나무의 열매를 먹음으로써 선과 악을 분별하는 인식의 능력을 갖게 되었다. 신에게만 부여된 인식의 능력이 인간에게도 주어졌다는 점에서 인식행위는 인간의 신적 특성을 보여 준다. 하지만 신이 금지한 행위를

의 사물들과 평화롭게 산다. 하지만 인간의 정신적 본성은 분열과 파열을 몰고 오며, 그런 모순 속에서 그는 씨름한다."[33] 인간은 **사유**할 수 있기 때문에, 인간이라는 이 자연-존재는 지금까지 유일하게 알려진 '정신의 거주지'로, '유일하게 가능한 정신의 자연현존'[34]으로, 절대정신의 '수행장소'로 기능하며, 혹은 은유적으로 말하자면 삶의 **근무일**과 **휴일**을 결합할 수 있는 존재이다.[35]

이런 특수한 개별성의 최고 형식, 말하자면 모순과 분열의 극단적 형식으로서의 원자적 이기성이라는 최고 형식은 악이다. 바로 이 악의 문제에서 『법철학』은 아주 중요한 전환점을 가지게 될 것이다(Enz §386). 헤겔은 여기서 **무법**(/올바르지 않음, Unrecht)으로부터 **비도덕성**을 거쳐 **시장경쟁**의 파괴적 측면과 **전쟁**에 이르기까지 단순한 자의의 부정적 결과의 형태로 나타나는 '비이성'과 우연성이 도처에서 지배하는 것에 대해 특별한 관심을 두며, 이런 현상을 결코 무시하지 않는다. 하지만 그는 자의를 해방하는 심급으로가 아니라 자유의지[36]의 일면적이고 불충분하지만 필연적인 술어로 이해한다. 『법철학』 말미에 나오는 세계사에 대한 간단한 서술은 바로 이러한 사실을 보여 준다. '신적 비극', 즉 인륜적인 것에서의 비극이라는 의미로 발생하는 정신의 이러한 형태는 객관정신과 법의 한계를 보여 주며, 아리스토텔레스의 **이론적 삶**(bios theoretikos)

했기에 또 다른 나무인 생명나무에 접근하는 것이 금지되었다. 그로 인해 인간의 삶은 유한해졌다. 저자는 「창세기」에 나오는 이 이야기를 비유로 들어 정신적 존재인 인간이 무한하면서도 유한한 이유를 설명하고 있다. ─옮긴이

33 Ästh 14, 135. "**인간과 자연의 통일**은 아주 사랑스럽고 듣기 좋은 표현이다. 올바르게 말해서 그 표현은 인간과 자기 본성과의 통일이다. 하지만 자기의 참된 본성(자연)은 자유, 즉 **자유로운 정신성이다**"(PhRel 16, 267).

34 Ästh 14, 21.

35 Hegel, *Einleitung zur Enzyklopädie-Vorlesung*(22. Oktober 1818), Bd. 10, S. 412 참조.

36 "자의(Willkür)는 종종 자유(Freiheit)와 같은 의미로 사용된다. 그런데 자의는 그저 비이성적 자유에 불과하며, 의지의 이성에서 나오지 않은 선택과 자기규정일 뿐이다"(Ästh 13, 136).

의 사상과 결합하여 보다 높은 형식인 절대정신, 즉 예술과 종교와 철학의 형태로 등장하는 절대정신을 지시해 준다. "사유하고 시를 짓는 가운데 자유롭고자 하지만, 세계는 나의 행위를 충분히 제약하네"(Schiller).* 「국가」 장의 마지막 부분의 주제인 세계사에서 우리는 격정, 이해관계, 목적, 재능 있는 자와 덕스러운 자들, 폭력, 불법, 외적인 우연 및 패륜 등, 이러한 것들의 내적 특수성이 아주 큰 차원에서 역동적으로 수행되는 연극을 본다. 이 연극에서는 인륜적 전체조차도 (……) 온전히 우연에 노출되어 있다(Enz §340). 개별자의 차원과 공동체 차원에서 나타나는 정의와 부정의, 덕과 패륜, 죄와 무죄, 행운과 불운 등은 이 영역에서 특정한 의미와 가치를 가지며, 거기서 그것들 자체의 판단과 **불충분한** 정의를 발견한다(Enz §345).

　이러한 측면의 최고의 구성체인 바로 이 현대 세계에서 이 측면들이 특히 두드러진다. 왜냐하면 이 시기에는 자유라는 원리가 가장 타당한 것으로 간주되기에 자의(Willkür)라는 복수의 여신도 역시 해방되어야 하기 때문이다. 기술은 엄청난 발전과 혁명적 변화를 가져왔으며, 이와 더불어 인류의 자기 파멸을 가능하게 할 만한 수단 역시 만들어졌다. 현대 문명을 떠받치고 있는 산업의 정신은 생태적 균형을 엄청나게 훼손하고 있으며, 삶의 조건을 근본적으로 공격하고 있다. 사적 소유는 자유의 필연적 보증자이기도 하지만, 동시에 수용할 수 없는 불평등의 근거이기도 하다. 현대 공동체의 존립 토대인 시장과 시민사회는 특히 시장 근본주의 때문에 이 행성에 수십억 명의 빈자와 굶주린 자들, 슬럼가와 빈민 지역, 세계경제 위기를 통한 엄청난 부의 파괴 등을 가져왔다. 자연 출생자가 교양 있는 부유한 환경에서 성장하는지 아니면 찢어지게 가난한 지역에서 성장하는지는 우연의 문제인데, 이 문제는 자유로운 존재로 성장해 가는 문제와 무관하지 않다. 한갓 자의를 산출하는 비이성의 이

---

*　이 구절은 실러가 아니라 괴테의 연극 「토르콰토 타소」(Torquato Tasso)에 나오는 글귀이다. ─ 옮긴이

런 활동의 흔적은 특히 주목하여 추적해야 한다. 이를 위해서는 우연에 대한 헤겔의 논리적 파악을 자세히 살펴볼 필요가 있다. 물론 이 문제는 지금까지 실천철학의 맥락에서 충분히 다뤄지지 않았다.

b) 이론정신과 실천정신의 통일로서의 자유로운 정신

자유에 대한 더 나아간 새로운 차원은 이론적인 것과 실천적인 것의 통일이라는 생각, 그리고 이에 대한 독창적인 해명에 있다. 여기서 헤겔은 우리 맥락과 관련하여 중요한 사유의 단초를 피히테의 초기『지식론』(1794)에서 이끌어 오며, 그의 철학을 특히 이론철학과 실천철학의 원리를 구상하는 데 참조한다. 한편으로는 주어진 대상의 방향을 정립하는 문제와 관련이 있다. "**자아는 자기 자신을 비아를 통해 규정된 자로 정립한다.**" 다른 한편 자아를 통해 주어진 것을 규정하는 문제와 관련이 있다. "**자아는 자기 자신을 비아를 규정하는 자로 정립한다.**"[37] 『정신현상학』의「즉자대자적으로 실재하는 '개별성'(Individualität)」의 절 및「주관정신」의 마지막 단락은 이론이성과 실천이성의 이원론을 해소하기 위한 헤겔적 구상을 보여 준다.『정신현상학』에서 즉자대자적으로 실재하는 개별성은 이성적 자기의식의 상이한 두 갈래의 규정을 지양함으로써 형성된다. 관찰하는 이론이성과 활동적인 실천이성이 그 두 규정인데, 반대 방향을 취하고 있는 이 두 규정은 각각 필연적이면서도 일면적인 것으로 드러난다. 여기서 (개체성) 개별성의 운동은 보편자의 실재로 경험된다.[38]

관찰하는 이론이성에서 개별성의 근원적 비자립성은 자립성으로 변환된다. 실증적-소여된 것, 자연-필연적인 것으로 그저 단순히 받아들이는 것, 즉 "스스로를 규정된 것으로 발견하는 것"(Enz §455)은 ― '우

---

37 Fichte, *Grundlegung der gesammten Wissenschaftslehre(1794/95)*, GA I, 2, 385.

38 Klaus Vieweg, *Das geistige Tierreich oder das schlaue Füchslein ― Zur Einheit von theoretischer und praktischer Vernunft in Hegels Phänomenologie des Geistes*, Hegel-Studien Beiheft, Hamburg 2008.

리는 대상으로 향해야 한다' — 자아 자체를 통한 내용의 규정으로, 자연필연성의 부정으로 드러난다. 무능은 목적정립의 힘을 통해 권력으로 자신의 정체를 드러내며, 예속은 지배로 드러난다. 이에 반해 세계에 대한 활동적·실천적 태도는 비자립적인 것으로, 필연성에 복종하는 것으로 드러나며, 쾌락과 덕이 아무런 관계가 없다는 추정은 치명적 세계 진행의 낯선 필연으로, 우연으로 뒤집힌다.

이론이성과 실천이성이라는 이 두 형식에서 자율과 타율은 서로 전복된다. 여기서 두 측면이 갖고 있는 결함이 노출되면서 새로운 형태의 개별성으로, 말하자면 유희하는, 인위적-자기확신에 찬 주체성으로 나아간다. 정신의 근본 구조는 여기서 이제 분명하게 드러난다. 절차적 자기규정성, 내지 스스로를 전개해 가는 자기관계로서의 자유가 바로 그것이다. 하지만 단순하고 직접적인 이런 통일성 — 즉 정신적 동물의 왕국 — 역시 스핑크스만을, 말하자면 정신성과 동물성의 혼합 구조만을 표현하기는 하지만, 그것은 이원론을 극복하기 위한 하나의 발걸음이기도 하다. 모든 것을 규정하는, 한갓 소여된 자연이라는 실재론적 전제, 즉 **소여된 것의 신화**라는 의미에서의 총체적 자연주의는 이미 이 단계에서 유지될 수 없다. 왜냐하면 동물은 이미 자연발생적 관념론자들로 두각을 드러내기 때문이다. 이를 동물의 지혜라고 할 수 있다.[39] 실천적 개별성은 세계를 자기의 세계로 알며, 이 세계에서 자기 자신을 드러내고 발견한다. 하지만 자연이 작품으로 되는 이 세계에 (『법철학』에 중요한) 한 가지 문제, 즉 여기서는 행동과 객체화를 향한 중대한 발걸음이 수행된다는 문제가 놓여 있다.[40] 개별성은 작품을 창조하는 행동으로, 작품 창조자가 되기는 하지만, 아직 작품의 대가(Werk-Meister)로 되지는 않는다.[41] 행동을 통해 산출된 구별의 결과로 작품들은 가치를 요구하는데,

39 Klaus Vieweg, The Wisdom of the Animals, in: *Wisdom and Academic Education*, hg. v. Filip Bükens, Tilburg 2006 참조.
40 행동함은 "주체성을 객체성으로 번역함"을 포함한다(Rin 58).
41 Klaus Vieweg, *Das geistige Tierreich*, a.a.O.

여기서 가치의 척도는 아직 존재하지 않는다. 하나의 작품은 ─ 체결된 계약, 창조된 제도 혹은 만들어진 헌법 등 ─ 아직 성공적인 것 혹은 적합한 것으로 간주할 수 없는데, 왜냐하면 수행자는 이 작품을 자신의 행동의 결과로 돌릴 뿐이기 때문이다. 이론적 정신에 대한 『엔치클로페디』의 상세한 해명에서 헤겔은 지성의 어두운 측면으로서의 밤처럼 어두운 동굴이라는 말을 사용하는데, 이와 유사하게 헤겔은 여기서 **의지의 무규정성**에 근거하고 있는 **행동의 어두운 측면**, 즉 비이성의 원천을 바라본다. 이러한 과정은 이미 여기서 가능성의 밤으로부터, 잠재적인 것의 무한한 웅덩이로부터 그리고 자의의 영역으로부터 현실적 현존재로 '이행하는 것'(번역하는 것, Über-Setzen)으로 서술된다. 이론적 정신이 칠흑 같은 동굴에 침잠해 있는 상들의 왕국을 자유롭게 다루지 못하는 것처럼, 실천적 정신의 어두움(행위의 어두운 측면)에서도 모든 자유로운 현존재의 맹아뿐 아니라 자의적인 것의 위력이라는 판도라의 상자 역시 존재한다. 상상력이나 순수한 의지에서뿐 아니라 자의적 결단에서도 비이성적인 것, 악한 것 그리고 자율성의 파괴 등과 같은 것들의 무한한 가능성이 수면 아래 잠들어 있다. 하지만 이성이 아니라 이성의 그릇됨이 이런 괴물을 낳는다. 왜냐하면 상상력뿐 아니라 자의적 행동 역시 아직 진리의 단계에 도달하지 못했기 때문에, 그리고 이것들은 필연적이지만 아직 불충분한 이정표이기 때문이다. 그리고 자유로운 존재는 인식과 의지적 행동의 형태로 나타나는 **원죄**로 인해 순수함과 무행위의 왕국으로부터, 동물의 동산으로부터, 낙원으로부터 쫓겨난다. 왜냐하면 그는 **자신의 결단으로** 규칙을 위반했기 때문이다.

이 개별성은 유한한, 덧없는 **세계라는 작품**에서 자신의 완성과 충족을 보지 못하며, 자신의 소멸을 볼 뿐이다. 자기의식은 자신의 공허한 개념과 실재의 부적합함을 경험하며, 이런 공허한 부정성을 부정함으로써만 진리에 이를 수 있다. 따라서 이 **작품**의 근본적 모순은 한편으로 거기서 우연성과 자의가 표현된다는 사실, 따라서 그 작품은 개념으로부터 사라진 현실을 서술한다는 사실에 놓여 있다. 다른 한편 소멸 역시 덧없는 작품과 더불어 사라진다. 이성적 자기의식은 자신의 유한한 작품에서 자기 내부를 반추하며, 행동의 우연성에 대한 경험에 **대립하여** 개념과 자신의 확신을 주장한다(PhG 303f.). 따라서 지(知), 말하자면 절대자에 대한 최고의 표현양식을 가진 정신만이 진리의 작품으로 혹은 참된 작품으로 간주할 수 있으며(사유의 사유), 이와 더불어 우리는 다시 일원론적 관념론의 가장 깊숙한 내면에 당도하게 된다.

아직 특수한 개별적 자기의식은 먼저 형식적 지식으로 나아가지 않을 수 없으며, 그다음 반성과 오성으로 추동해 간다.[42] 오성과 반성은 자신의 사명을 명제의 형태로 이뤄진 보편적 사유법칙으로 제시하는데, 이 법칙은 직접적으로 타당하다고 하지만, 사실 매개되었다는 것이 증명되지 않았을 뿐이다. 반성을 비반성적인 것, 직접적인 것으로 이처럼 되돌리는 행위는 실천적 법칙으로 주어지며, 따라서 스스로를 판단하는 심급으로 이해하는 형식적 지의 행동으로부터 발생한다. 추상적 공식, 즉 **이론적 '올바름'과 실천적 '적합함'** 사이의 이원론은 (오성은 여기까지만 도달한다) 스스로 해체를 경험해야 한다.[43] 한갓 반성하는 개인은 즉자대자적으로 타당한 보편자(한갓 오성의 공동체가 아니다)로서의 법(/권리), 정의를 다시 지시하게 되며, 『엔치클로페디』 §173에 따라 말하자면, 개념으로서의 개별자를 다시 지시한다. 개념을 만족시키는 것만이 옳거나 혹은 정의로우며, 개념에 대한 반항은 정의롭지 않은 것에 놓여 있다.[44] **법, 정의에 대한 철학적 이론**, 즉 본래적 의미에서의 법학으로 드러나는 **자유의지와 자유로운 행위의 철학**은, 헤겔의 『법철학』이 보여 주고 있듯이, **개념석으로 파악하는 사유**에 기초해야 한다. 사유는 자유의지에 붙들려 있어야 한다.[45] 왜냐하면 사유 없이는 자유의지를 말할 수 없기 때문이다. 이

---

42 『법철학』의 「추상법」 부분과 Enz §§25, 79, 80을 참조하라.

43 이에 대해서는 『정신현상학』의 「법칙을 부여하는 이성」과 「법칙을 심사하는 이성」을 참고하라.

44 풀다는 피히테와 '단적으로 옳은 것'(schlechthin Rechten)이라는 그의 사상을 상기시킨다(Fulda, *Hegel*, S. 199).

자유의지는 살아 있는 존재가 이성적인 한에서, 이 존재가 사유할 수 있는 한에서만 이 존재에게 귀속된다.

『엔치클로페디』와 『법철학』에서 이러한 생각은 이론적인 것과 실천적인 것의 관계 문제로 다시 수용되고, 새로운 관점에서 개념적으로 정교하게 된다. 이 문제는 정확한 해명을 필요로 하는데, 왜냐하면 그것은 『법철학』의 첫 부분뿐 아니라 그 전체를 이해하기 위한 결정적 전제로 작용하기 때문이다. 『법철학』 §§4~5의 「추가」와 「주석」에서 헤겔은 인식능력과 의지능력의 구분이 잘못되었음을 반복적으로 강조한다. 왜냐하면 그런 이원론은 의지의 본성을 드러내지 못하기 때문이다. 이론적인 것과 실천적인 것이 구별되기는 하지만 분리될 수는 없으며, 사유에서뿐 아니라 의지에서도 두 계기는 발견되며, 이 두 계기는 "서로서로 통합된다"(Enz §443, Z). 사유 없이 의지함이 없으며, 의지함 없이 사유는 없다.[46] "지성과 의지의 구별은 이 둘을 서로 분리된 고정된 실존으로 여기며, 따라서 지성 없는 의지함, 혹은 의지 없는 지성의 활동이 있을 수 있다는 잘못을 종종 범하고 만다"(Enz §445). 의지의 본분은 내적인 것, 즉 표상함과 사유함에서 시작한다. 우리는 생각함으로써 실제적으로 활동한다. 『정신현상학』과 연관하여 이행함(Über-Setzen)은 '타자로 됨'(변화함, Ver-Andern) 혹은 서로 돌변함의 형식으로 두 방향에서 일어난다.

첫째, 객체를 전제하는 이론적 정신에서는 이 객체의 특정한 것이 주체로 **넘어가며**, 개별 대상으로부터 고유한 것(Eigene, 그것의 고유성)이 취해져서 나의 것(나의 '소유', Eigentum)이 된다. 여기서 외견상 낯선 것으로 보이는 소여물, 특수성 그리고 우연성 등이 보편성과 이성성의 형식으로 변형된다. 다채로운 색상의 세계, 삶이라는 황금나무는 이론이라

---

45 자유나 법에 대한 이해의 토대를 감정, 직관 혹은 표상 등과 같은 것에서 찾으려는 다른 종류의 시도는 헤겔에 따르면 너무 근시안적이며, 실천이성의 문제를 충분히 규정할 수 없다.

46 "생각하지 않았던 자는 자유롭지 않다 — 자유롭지 않은 자는 생각하지 않았다" (§5, A).

는 잿빛으로 변화한다. 주관적인 것과 객관적인 것의 통일이 산출되는 한, 이런 주관적 형태, 즉 이론적인 것에 객체성이 부여된다. "호기심, 충동 혹은 인식에 대한 열망 등은 철학적 통찰의 가장 낮은 단계에서 가장 높은 단계에 이르기까지 부자유한 관계를 지양하고 세계를 표상과 사유 속에서 자기 것으로 만들고자 하는 갈망으로부터서만 산출된다."[47]

둘째, "**행위의 자유**는 의지의 이성이 현실을 요구한다는 사실에 근거하여 전도된 방식으로 진행된다."[48] 따라서 실천적 정신은 주관적인 개별성으로부터 시작하며, 나로부터[49] 그리고 나의 목적으로부터 출발한다. 행동으로의 이러한 결단, 어떤 것을 원천적으로 정립하는 행위, 그리고 동기부여의 행위의 결과로 인해 구별, 차이, 비동일성 등의 규정 내지 구성이, 말하자면 내부 주관적인 것에서 외부 객관적인 것으로의 이행이 수행된다. 닫혀 있던 것이 열리고 풀리며, 차단이 해제된다. 여기서 자기 자신의 규정성을 이제 정신의 흔적을 간직한, 주체성의 직인을 간직한 세계라는 작품이 생겨난다. 규정되지 않은 것, 아무런 채색도 되지 않은 것으로부터 다채로운 그림의 세계가 생겨난다. 하지만 순수한 비규정성이라는 출발지점에 이미 절대적 추상, 보편성, 순수사유가 놓여 있었다. 여기서 다시 주체성과 객체성의 통일이 산출된다.

주관적인 것과 객관적인 것이 처음에 그저 분리된 채 주어져 있으며, 이 양자의 통일은 언제나 나중에야 산출될 수 있다는 가정에 이미 기만적 결론이 놓여 있다. 하지만 사실상 이 양자는 이미 통일을 이루고 있다. 한갓 이론에서는 주체가 객체를 — 이 객체는 완전히 정신에 의해 구성되었다고 할 수는 없다 — 완전하게 장악할 수 없다. 편협하게 이해된 실천적인 것에서 주체는 아직 참다운 객체에 도달하지 못하며, 내용과 형식은 서로 분리된 채 머물러 있다. 한편으로 이론주의(예컨대 구성

---

47 Ästh 13, 135.

48 Ebd., 136, 강조는 저자.

49 "주체로 표상된 사유는 사유하는 자이며, 실존하는 주체를 사유하는 자로 표현할 때 그 가장 단순한 표현은 나(자아)이다"(Enz §20).

주의) 그리고 다른 한편으로 실천주의(예컨대 실용주의)의 사유형식은 언제나 한 측면만을 붙들고 있으며, 그래서 일방적이다. 왜냐하면 그들은 언제나 한 측면만을 파악하기 때문이다. 그럼에도 또한 헤겔을 구성주의자나 실용주의자로 해석하는 것은 처음부터 확신을 주는 전략으로 보이지 않는다.

이미 이전에 (Enz §468부터) 헤겔은 사유와 의지의 연관성을 공표했더랬다. 이론적 정신, 즉 **지성은 최고 단계인 사유에서 의지로 규정된다.** 개념적으로 파악하는 사유를 통해 직접성이 마지막으로 부정된다. 지성에게 내용은 이제 지성 자신을 통해 **규정되고,** 사유는 내용상 **자기 자신에 머물며,** 따라서 **자유롭다.** "내용이 존재하게 될 때 지성은 그 내용을 자기 것으로 아는데, 이렇듯 자신을 내용의 규정자로 아는 지성은 **의지이다**" (Enz §468). 지성의 최고 단계인 사유에서 지성은 지성을 통해 정립된, 지성에 의해 규정된 내용을 갖는다. 그런 사유는 명시적으로 **자유로운** 개념적 활동으로 간주되며, 내용상 **자유로운** 사유로 간주된다. 이런 개념적 사유는 스스로를 규정하는 자로, 규정자로 알며, 그런 한에서 동시에 **의지이다.** 사유는 이렇듯 필연적으로 의지로 한 발 더 나아가 규정되며, 사유는 풀고(결단하고) 개시하며, 근원적 분할(즉 판단)이라는 의미에서 강제로 분리된다.* 여기서도 역시 신경을 집중시키는 체계의 두 요점에 함축된 것이 등장한다. 즉 '자유롭게 사유하고자 하는 결단'과 더불어

---

* 저자는 독일어의 특성을 활용하여 다양하게 글쓰기를 하고 있다. 이것이 이 저작의 번역을 어렵게 하는 한 가지 요인이다. 여기서 특히 'schliessen'(마치다, 닫다) 동사와 여기서 나온 'Schluss'(끝, 추론, 결론 등) 명사를 포함한 개념의 다양한 변용이 나타난다. 본문에서 '풀다'로 번역한 독일어 'ent-schlossen'은 '닫힌 것을 떼어내다'의 의미이며, 일상적으로 '결단하다'의 의미로 사용된다. '개시하다'로 번역한 독일어 'auf-geschlossen'은 '닫힌 것을 열다'는 의미인데, 일반적으로 '시작하다, 개시하다'를 의미한다. '근원적 분할'로 번역한 'Ur-Teilung'은 '판단'이라는 'Urteil'의 한 유형으로, 사실 판단한다는 것은 원초적으로 '나눈다', '분할하다'를 의미한다. 독일어의 이런 글쓰기를 우리말로 정확히 전달하기는 사실상 불가능하며, 다소의 의역을 통해 이를 보충할 수 있을 뿐이다. ― 옮긴이

철학함은 시작되며, 『논리학』 마지막 부분에 스스로 자유롭게 방임하도록 결단한 이념의 '절대적 해방'이 놓여 있다. 이제 정신의 학문에서 개념은 자기 자신을 통해 자신의 고유한 해방을 수행하며, **스스로를 규정한**다.[50] 의지로서의 실천적 정신은 "자신을 자기 안에서 종결하는 자로, 그리고 자신을 자신으로부터 충족하는 자로 안다"(Enz §469). 이 정신은 자기 스스로에게 내용을 부여하고, 자신을 규정하기 때문에 이 정신은 자유로우며, 자신의 (독특한) 규정성을 위한 자유를 갖는다. 정신은 의지의 단계에서 현실적이고 객체적이다. "의지는 스스로에게 내용을 부여하는 자로서 자기 자신에 머무르며, 그래서 자유롭다. 이것이 의지에 대한 특정한 개념이다"(Enz §469). 헤겔은 아주 분명한 방식으로 사유와 의지의 관계에 대한 자신의 통찰을 제시한다. "이 개념, 즉 자유는 본질적으로 사유로서만 존재한다. 객관정신이 되려는 의지의 도정은 스스로를 사유하는 의지로 고양하는 길이다. 말하자면 이 의지는 스스로를 사유하는 자로서만 가질 수 있는 내용을 스스로에게 부여한다"(Enz §469). 그리고 내가 사유할 때 나는 자유와 의지의 자유를 사유하지 않을 수 없다. 『엔치클로페디』의 「실천적 정신」은 자유의지의 구성적 계기들, 즉 자유로운 행위의 요소들(실천적 감정, 욕구, 경향, 자의 등)을 분석하고 있으며, 또한 자기규정의 사상과 주관정신에서 객관정신으로의 이행, 특히 자유의지를 현실적으로 주제화하고 있는 법철학으로의 이행을 다룬다.

이론적 정신과 실천적 정신이 가지고 있는 '이중적 일면성'(Enz §443)은 **자유로운 정신**, 자유의지 안에서 극복되고자 하는데, 바로 이 의지에서 실천적 정신과 이론적 정신, 실천이성과 이론이성은 계기로 드러난다. 자유의지는 여기서 개별자로, 나(자아, Ich)로 머무는데, 무엇보다 우선은 자신을 통해 정립된 **직접적 개별자**로, 하지만 자유의 **보편적** 규정으로 순화된 개별자로(Enz §481), 즉 **사유하는 의지**로, 사유하는 자로, **주체**로서의 사유로 머문다. 『법철학』의 시작과 그 고유한 대상은 이와 더

---

50   Enz §§168, 244; WdL 6, 573.

불어 발생했다. 의지는 스스로를 생각함으로써 이 의지(나, 자아)는 자신의 개념을 알며, 이로써 그것은 "자유로운 지성으로서의 의지"(Enz §481), 자기 자신을 사유하는 주체이다.[51] 지(앎)의 지위를 갖는 이 개별적 의지는 스스로를 자신의 규정성으로, 자신의 두 번째 자연(본성)인 **외적으로 현존하는 세계**로 정립하고, 스스로를 **객체화**하며, 따라서 객관정신으로 간주할 수 있다.[52] 자유는 정신의 **유일한** 규정을 재현하며, 이 자유라는 규정 속에서 다른 더 나아간 모든 규정이 보유되고 서로 결합된다.[53]

사유는 자기 자신을 의지로, '의지하는 지성'으로 규정한다(Enz §473, Z). 의지로 **현실화**된 정신, 즉 의지의 형태를 한 정신은 "자신을 자기로부터 자기 안에서 종결하는 자로, 그리고 자신을 자신으로부터 충족하는 자로 안다. 말하자면 이 정신은 자유를 자신의 사명으로, 자신의 내용이자 목적으로, 그리고 자신의 현존으로 만든다"(Enz §469). 자유라는 개념은 본질적으로 사유로 존재할 뿐인데, 이 개념의 전개에 나타나는 이런 절차적 역동성을 헤겔은 "스스로를 단계적으로 객관정신으로 구성하는 의지의 도정으로, 스스로를 사유하는 의지로 고양하는 과정으로 제시한다. 이때 의지는 자신이 스스로를 사유하는 자로서**만** 가질 수 있는"(Enz §469) 내용을 자기 자신에게 부여하는 방식으로 나타난다. 실천적 정신을 다루는 이 책에서 헤겔은 특히 『법철학』에서 중요한 범주들

---

51 "하지만 나(자아)는 그 자체 추상적인 것으로서 순수한 자기관계이다. (……) 나는 그런 한에서 완전히 추상적인 보편자라는 실존이며, 추상적으로 자유로운 자이다. 따라서 나(자아)는 주체로서의 사유이다"(Enz §20).

52 객관정신으로서의 정신은 "자신의 자유를 알며, 자신의 **주체성**이 진실로 **절대적 객체성**을 구성함을 인식하며, 자신을 단순히 **자기 내에** 머무는 이념으로 파악하는 것이 아니라, 외적으로 **현존하는** 자유의 세계로 산출한다"(Enz §444, Z). 헤겔에 나타나는 '제2의 자연'의 문제는 다음을 참조하라. Claudio Cesa, L seconda natura tra Kant e Hegel, in: *Natura*, hg. v. D. Giovanozzi/M. Veneziani, Roma 2008.

53 Hegel, *Philosophische Enzyklopädie für die Oberklasse*, 4, 58.

에 대해 해명한다. 예컨대 경향성, 충동, 열정(Leidenschaft), 관심, 자의 혹은 지복 등이 그런 범주이며, a) 직접적 의지, b) 충동, 경향성, 열정, 관심, c) 지복 등의 단계를 거친다. 이런 값진 통찰들은 『법철학』의 상응하는 위치를 해명할 때 아주 중요한 참고사항이 될 것이다. 이미 말한 의지의 도정은 마침내 특수성의, 말하자면 존재하는 그리고 지양된 특수한 규정의 진리에, 또한 특별한 개별성의, 말하자면 자의라는 추상적 개별성의 진리에 당도한다. 즉 그 도정은 보편성, 말하자면 의지의 보편적 규정 그 자체에, 자유의지의 자유로운 의지함에, 여기서 **자유**와 동의어로 사용되는 **자기규정**에 당도한다.

이원론으로부터 자유의 일원론으로 이행하는 필연성에 대한 이 긴 여정은 특히 『법철학』의 첫 부분을 이해하는 데 도움을 준다. 헤겔『법철학』의 첫 음절은 어쨌거나 사유와 의지의 통일, 즉 **순수하게 사유하고자 하는 결단***을 보여 준다. 『법철학』은 **의지를 순수하게 사유하는** 것에서 시작한다. 시작은 언제나 어렵다. ──사람들은 시작이 어렵기는 하지만 이미 반이라고 말하기도 한다. 고대의 주요 사상가도 그렇게 생각했다. 이제 첫 부분을 해명하기 위해 자유의지의 계기들을 살펴보자(§§5~32). 그런데 헤겔의 이 작품은 §35와 더불어서야 시작된다. 「서론」은 도입부의 성격을 띠며, (『엔치클로페디』와 비교해서) 개념에 들어가기 위한 사전 정지 작업 형식을 띠며, 자유의지의 철학에 대한, 혹은 **실천적 세계의 철학적 사유에 대한 시초의 근거**를 처음으로 범주적으로 설명하는 부분이다.

---

* 원서에는 'den Entschluss, rein denken zu wollen'으로 되어 있는데, 여기서 사유함(denken)과 의지함(wollen)이 결합되어 있는 것에 주목하라. ──옮긴이

5. 의지의 근본 구조—세 가지 근본 요소: §§5~7

그것은 운명을 의미하지

(That Means A Lot)

'법학의 원리이자 시초'(Ho 213)가 되는 자유의지 개념의 근본규정은 헤겔의 혁신적 논리학에 기대서만 의미 있고 철저하게 드러낼 수 있다.[54] 헤겔은 체계의 불가피성을 천명하고 그런 체계를 세우려는 야망을 드러내는데, 피핀은 그 시도의 진가를 인정했다. 이러한 사실은 특히 헤겔『법철학』의 가장 **결정적인 세 단락**인 §5, §6, §7에 잘 드러난다.[55] 헤겔의 『법철학』을 형이상학적 (즉 논리적) '오염'으로부터 해방하고자 하는 시도는 핵심적인 이 중요한 부분에서 좌초하며, 그런 모험은 『법철학』만의 지적 힘을 '해체'할 뿐이다. 헤겔의 실천철학은 자기 사유의 형이상학적 전제 없이는 적절하게 해명할 수 없으며, 이러한 사실은 이미 그의 사유의 시초에 드러난다.[56] 『법철학』은 본질적으로 『논리학』에서 구상한 「존재론」에서 「본질론」으로 그리고 마침내 「개념론」으로 나아가는 이론에 의존한다. 그리고 「개념론」에서 개념의 자기규정은 이념으로까지 진행된다. 여기서는 헤겔이 『법철학』의 다양한 결정적 지점에서 말하고 있는 이러한 연관에 대한 해명에 관심을 집중하고 있으며, 특히 '개념' 논리에서 '판단'과 '추리'(추론) 논리를 거쳐 '객체성'과 '삶'의 규정으로, 그리고 이로부터 '이념'에 이르기까지의 도정에 주의하고 있다. 「개념론」에 있는 이 범주적 도구 전체는 적합한 해석을 위한 본질적 조건으로

---

54 보편자, 특수자, 개별자의 규정과 이들의 연관은 "궁극적으로 헤겔의 『논리학』과의 연관에서만 (⋯⋯) 이해할 수 있다." Schmidt am Busch, Hans Christoph, *Anerkennung als Prinzip kritischer Theorie*(미간행 교수자격논문 2010), S. 156.

55 Pippin, *Hegel's Practical Philosophy*, S. 20, 강조는 저자.

56 이와 다른 입장의 대표적 작품은 다음과 같다. Neuhouser, *Foundations of Hegel's Social Theory*, a.a.O., Honneth, *Leiden an Unbestimmtheit*, a.a.O., S. 12.

제시되어야 한다. 왜냐하면 실천철학의 이런 논리적 차원을 무시하거나 과소평가할 경우 헤겔의 자유 사유의 핵심으로 들어가기 힘들기 때문이다. 헤겔의 '통합적 이론'을 빛나는 개별 이념의 채석장 정도로 읽으려는, 이미 언급한 노력은 대성당을 창고 정도로 사용하려는, 성전을 '돌과 통나무들'의 창고로 강등하려는 모험에 비견될 뿐이다. 물론 대성당에서 보석과 사용 가능한 부분을 떼어내 사용할 수 있지만, 전체의 '정신'은 돌이킬 수 없이 사라지고 만다. 그런 과정이 합리적 재구성으로 묘사되거나 근거에 맞춰 이뤄진 것이라고 말한다면,[57] 이때 당연히 우리는 '합리적인 것' 내지 '근거'의 정확한 규정이 무엇인지 다시 물어볼 수 있다. 왜냐하면 이 용어들과 더불어 과거의 좋은 형이상학이 다시 뒷문으로 들어오기 때문이다. 이에 반해 헤겔은 (모호한 합리(Ratio)가 아니라) 논리와 이성이라는 정문을 통한 장엄한 입장을 선택하여 자신이 '논리적' 혹은 '이성적'이라고 이해한 것을 포괄적으로 서술하였다. 의지의 개념, 혹은 의지의 실체는 순수한 자유이며, 이성적인 것으로 간주되는 의지의 모든 규정은 자유의 전개이다. ── "의지가 사유할 경우에만 이 의지는 이성적이다."[58] 자유의지 개념은 §§5~7 단락에서 그리고 헨리히의 노트에서 스케치한 논리적인 근본 모형(보편자-특수자-개별자)에 의존하여 다음과 같이 전개된다.

의지의 규정들

1. 보편성(A)	2. 특수성(B)
동등성(평등), 무차별	구별, 차이
동일성	비동일성
보편적 개념(WdL)	특수한 개념(WdL)

3. 개별성(E)

동일성과 비동일성의 동일성

개별자(WdL)

§5 자유의지 개념의 계기 α(보편성—A)

이 출발점, 즉 보편적 개념은 주관정신의 마지막 점에서 기인한다. 나(자아), 자신을 통해 정립된 직접적 개별성, 보편성으로 고양된('순화된') 개별성, **주체**로서의 사유.[59] 나의 순수한 직접성(나임, Ichheit)은 총체적 추상으로부터, 모든 특정한 내용과 모든 '제약'을 도외시하고 출발한다. '나'라는 것은 순수한 자기관계, 사유하는 자기지시로서 이제 범주적으로 고정된다. 즉 자유의지는 **자기사유**로, 나는 **자기 자신에 대한 순수한 사유**로 고정된다.[60] 또 다른 곳에서 '의지에 내재한 이런 이론적인 것'은 **보편자**로, 올바른 것이라는 의미에서의 '**법**'(/권리)으로 묘사된다.[61] 자유로운 지성으로, 사유하는 나라는 존재로 표현되는 의지의 이 최초의 (그래서 앞으로 더 나아간 규정을 갖게 될) 계기를 『법철학』과 『논리학』은 거의 같은 말로 특징짓는다. 나(자아)는 "**우선** 자기관계하는 이러한 순수한 통일체이다. 그리고 이러한 사실은 직접적으로 드러나는 것이 아니라, 나는 모든 규정과 내용에서 추상된다는 사실에 의해, 그리고 자신과의 무한한 동등함(평등)이라는 자유로 후퇴함으로써 드러난다. 이런 것이 바로 보편성이다." 자유의 첫 번째 단계는 동일성으로, 즉 "자기와의 통일체로, 혹은 모든 규정된 존재를 자기 안에서 해체된 채 보유하는 그

---

57 Jürgen Habermas, *Die Freiheit, die wir meinen, Der Tagespiegel*, 14. 11. 2004 참조.

58 PhRel 16, 133.

59 "주체로 표상된 사유는 사유하는 자이며, 실존하는 주체를 사유하는 자로 표현할 때 그 가장 단순한 표현은 나(자아)이다. (……) 하지만 나는 그 자체 추상적인 것으로서 순수한 자기관계이며, 이 안에서는 표상함, 감각함 등에서 그리고 자연, 능력, 경험 등과 같은 모든 상태나 특수성에서 떨어져 나와 있다. 그런 한에서 나는 철저히 **추상적인** 보편성이라는 실존이며, 추상적으로 **자유로운 자**이다. 따라서 나는 주체로서의 사유이다. 그리고 나는 동시에 언제나 나의 감각들, 표상들, 특정한 상태들 속에서 존재하기에 사상이라는 것은 언제나 현재하며, 범주로서 이 모든 규정을 관통한다"(Enz §20, 70, 74f.).

60 "그러므로 우리는 의지와 지성은 서로 다른 종류의 것이며, 의지는 사유 없이도 이성적이라는 일상적 관념을 포기해야 한다. 이렇듯 이러한 내용이 사유에 속한다는 사실은 신에 의해 이미 상기되었다"(PhRel 16, 133~134).

61 Ebd., 277.

런 통일체"로 주제화된다(WdL 6, 253). '절대적 추상'의 형태로 있는 사유, '추상적 자유' 그리고 '순수한 나' 등과 같은 말은 이런 생각을 드러내는 또 다른 표지들로 사용된다.[62] 여기에 '근원적으로 고유한 것'(Ur-Eigene, 원소유), 사유하는 자아의 근원적 고유성이 놓여 있다.[63] **이런 무규정성은 단 하나의 (추상적) 규정성이다.**[64] 절대자는 여기서 자기와의 단순한 동일성이다. 이 절대적 동일성은 이 단계에서 자신의 규정에, 자신의 유일한 규정에 머문다. 여기서는 동일성이라는 규정성이 절대자에게 부가된다(WdL 6, 188~192). 이런 순수한 사유에서 나는 나 자신을 하나의 보편자로 의지하며, 여기서 모든 특수함을 배제하고, 모든 규정을 내 안의 **가능성**들로 취한다. 그러나 이 첫 번째 계기는 "그 자체로 규정되어 있지 않은 것이 아니다. 그리고 추상적인 것, 혹은 일면적인 것으로 존재하는 것, 이것이 바로 그것의 규정성을 이룬다"(§6).[65] 여기서 우리는 잠깐 더 머물러야 한다. 왜냐하면 이 문제는 **실천에 대한 헤겔 논리의 근본 논의**, 그의 실천철학의 **결정적 논거**를 함유하고 있기 때문이다. 이 중심 사상은 특별하게 부각되어야 하며, 그것만이 무규정성으로서의 보편성

---

62 WdL 5, 192; RPh §5 참조.

63 자아, 즉 나라는 것(Ichheit)은 나의 존재를 포함하며, 나는 '회의 그 자체'이다. 헤겔은 이러한 사실을 데카르트적 성찰을 해명하는 가운데 다음과 같이 분명하게 말한다. "나는 모든 것을 의심할 수 있지만, 나 자신의 존재를 의심할 수는 없다. 왜냐하면 나는 의심하는 자이기 때문이다. (……) 나는 [여기서] 직접적 자기관계이다. 존재는 내 안에 있다"(PhRel 16, 122f.). 이 문단에 상응하는 『법철학』의 문단을 우리는 §5의 「추가」에서 볼 수 있다. 그는 계속해서 다음과 같이 말한다. "나는 모든 것에서 떨어져 나올 수 있다. 그러나 나는 사유로부터 떨어져 나올 수는 없다. 왜냐하면 떨어져 나옴, 즉 추상함이라는 것 자체가 이미 사유이며, 보편자의 활동이고, 단순한 자기관계이기 때문이다. 추상함 그 자체에 이미 존재가 있다. 말하자면 나는 존재한다(Ich bin). 그리고 내 안에 이미 존재(Bin)를 함유한다(PhRel 16, 123).

64 의지의 개념은 아직 덜 규정된, 혹은 더 규정될 수 있는 개념이다.

65 헤겔 철학의 이런 핵심적 사상은 『논리학』 첫 부분에서 이미 발견된다. 존재의 무규정성은 그 자체 존재의 규정성을 이룬다(WdL 5, 82). 하지만 "여기서 **더 나아간** 규정은 없다"(Enz §86, 강조는 저자). 따라서 그것은 덜 규정된 매개의 형식이다.

으로부터 특수성으로의 논리적 이행의 기회를 개시한다. 의지는 먼저 순수한 보편자로, 무규정자로, 무조건적인 것으로 현상한다. 여기서 중요한 것은 "나를 특징짓는 모든 규정으로부터 떨어져 나올 수 있는, 즉 **추상할 수 있는 추상적 가능성이다**"(§5).[66] 모든 내용은 열려 있고 묶여 있지 않으며, 나를 고정할 필요는 없으며, 이런 점에서 부정적 자유의 의미에서 나는 자유롭다. 절대자를 규정한다는 것은 부정적 결과에 이르며, 여기서 절대자는 공허한 것으로 존재한다(WdL 6, 187). 그렇게 이해된 나라는 존재는 자신이 아닌 모든 것을 원할 수 있다. 이러한 사실은 모든 실천적 현존을 해명하기 위한, 아직 닫혀 있는 보물창고('맹아')라는 말을 가능하게 한다. 나는 잠재적 '원동자'(원작자, Ur-Heber, dynamis, potentia), 즉 무조건적이고 무규정적인 자극 부여자로 등장한다. 자아가 일련의 소여물(환경)을 스스로 포착할 수 있는 한 자아는 자유롭다(Kant). "**이성적 존재란 자기 자신을 스스로 정립하는 자라고 한다면, 이 존재는 그 최종 근거를 자기 자신 안에 두는 활동으로 간주해야 한다.**"[67] 그러한 나(자아)는 자기도 부정할 수 있으며, 이런 가능성을 가진 존재만이 자유로운 자로 간주할 수 있고, 그러한 경우에만 자유롭게 의지함이라는 말을 할 수 있다.[68]

이 나라는 존재(Ich-Sein)는 바로 무한한 가능성, 순수한 비결정성, 불교의 공허, 피론주의의 무판단, 그리고 (피히테적) 자아의 의미에서 아직 결정되지 않음이라는 부정성 등을 의미한다. §5에 드러난 몇몇 함의에서는 회의주의와의, 특히 그 현대의 사촌인, '자아주의'(Ichismus)라 할

---

66 자살은 극단적인 형식일 것이다. "부정적 절대자, 즉 순수한 자유는 죽음의 현상이다. 그리고 죽을 수 있다는 사실을 통해 주체는 자유로 증명되고, 단적으로 모든 강제를 넘어 고양된다"(Hegel, *Naturrechtsaufsatz*, 2, 479). ― "인간만이 모든 것을 떨어뜨려 버릴 수 있다. 심지어 삶까지도"(§5, Z).

67 Fichte, *Grundlage des Naturrechts*, GA I, 3, 329.

68 여기서 인간이 지금까지 알려진 유일한 그런 존재이기는 하지만, 그렇다고 여기서 이 존재가 인간인지는 확실하지 않다. '법률/칙'은 "인간에게만이 아니라 모든 이성적 존재에게 타당해야 한다"(Kant, GMS, IV, 408).

수 있는 주관적 관념론과의 연관이 보인다. 철학함의 시초에서처럼 여기 실천철학의 시초에서도 피론주의와 초월적(선험적) 관념론이 철학의 시초 문제에 아주 중요하다는 사실이 분명히 드러난다.[69] 이 철학들의 관점에서 헤겔은 초월주의에 이미 함의된, 하지만 아직 충분히 드러나지 않은 이론이성과 실천이성의 통일을 주장한다. 의지와 사유는 분리될 수 없으며, 엄격한 의지 개념은 필연적으로 사유를 포함한다. "의지는 자신이 사유하고 있는 한에서만 합리적이다."[70] 의지는 자유로운 개념으로서의 사유이다(Enz §468). 자아와 그 유아론적 측면을 드러내는 규정을[71] 헤겔은 힌두-불교적 · 피론주의적 · 피히테적 사유양식을 특징짓는 데 사용한다. 그런 사유의 특성을 드러내는 개념은 다음과 같다. 보편성, **홀로 있음으로서의 만유일체**(All-Einheit als Allein-heit), 순수한 자기 확신, 절대적 추상과 부정성, 순수한 무규정성과 공허, 중립성과 비결정성, 그 자체 다루기 힘든 원자로서의 자아, 유일한 자아의 고독이라는 형식으로 존재하는 '원자론', 그리고 '절대적 부정 작용'의 완성으로서의 '원자론'(Ho 112). **순수한 상태의 사유는 의지되며,** 모든 다른 것은 무의 심연으로 사라진다. 그러나 이와 더불어 이 알파의 계기에는 작용함이라는 차원이 결여되며, 순수하게 '이론적인 것'에 고착된다("현존하는 것을 그대로 두고서 그 자체로 인식하고자 한다." §4, A). 의지의 형식은 의지에 의해서 정립되는 것이 아니며, 따라서 자유는 순수하게 부정적으로 그리고 공허하게 머물며, 더 나아간 규정성 없이 (더 나아간) 그 규정성을 방어하고 무화하는 **절대적 가능성**으로 머문다. 불가피한 이 첫 번째 발걸음, 즉 자기 자신에 대한 순수사유에서 외견상 모든 규정성은 도외시되며, 따라서 모

---

69 Klaus Vieweg, Der Anfang der Philosophie — Hegels Aufhebung des Pyrrhonismus, in: *Das Interesse des Denkens*, hg. v. Wolfgang Welsch/Klaus Vieweg, München 2003.
70 PhRel 16, 133.
71 Klaus Vieweg, Solus ipse — Skeptizismus und Solipsismus, in: Klaus Vieweg, *Skepsis und Freiheit. Hegel über den Skeptizismus zwischen Philosophie und Literatur*, München 2007.

든 특수성은 말소된다. 그런데 자유라는 배타적인 것이 바로 이런 무차별성, 비결정성, 비분할 상태에 그 본질이 있다고 한다면 우리는 주체성 없는 실체, 내재적 부정성 없는 긍정성, 근원적 분할 없는 신적인 것, 그리고 움직임도 없고 의지도 없으며 활동도 없는 그런 절대자를 마주하게 된다. 광신주의와 근본주의는 그러한 유의 오성의 자유, 즉 공허한 자유에 근거한다. 이러한 사실은 이론적·종교적 근본주의뿐 아니라 실천적(행동적) 근본주의에도 해당한다. 모든 차이와 특수성, 그리고 모든 질서를 폭력적으로 분쇄하고자 하는 파괴와 경악이라는 복수의 여신은 바로 이 후자의 근본주의를 각인한다. **당시의 모든 규정성에 대한 이런 파괴**와 더불어 모든 특수한 것, 홀로 있는 것 혹은 독특한 것 등은 불순한 것으로, 고귀한 통일성에서 분리된 쓰레기로 간주할 수밖에 없다.[72] 자유의 이 부정적, '이론적' 측면은 자유에 대한 필연적인('생각하지 않은 사람은 자유롭지 않다'), 하지만 일면적이고 불충분한 규정, 말하자면 오성의 자유이다. 순수한 자기사유는 모든 규정을 도외시할 수 있는 절대적 가능성과 모든 내용에서 도피할 수 있는 충동을 함의한다. 그것은 **순수 무규정성**을 낳는다.

§6 자유의지의 계기 β―특수한 개념(특수성―B)

나(자아)는 (규정의 첫 번째 계기의 원리적 일면성으로 인해) 동시에 무규정성에서 벗어나는 것으로, 닫혀 있음을 여는 것으로, **어떤 내용이나 대상**(아직 이 규정 이상으로 더 나아가지 않았음에 주의하라)의 규정성을 개시하고, 구별하고, 판단하고(Ur-Teilen), 규정하고, 정립하는 것으로 사유되어야 한다. 의지는 논리적 필연성으로 보편성으로부터 걸어나와 특수성으로 나아간다. 우리는 지금 「개념론」에 나오는 **판단(Urteil)**을, 즉 **특수성**의 형식으로 등장하는 개념을 다루고 있다. 이때 판단은 "우선 개념의 참

---

72 §5에서 모든 규정성과 차이에 대한 파괴를 말하고 있다. 이에 대해서는 『정신현상학』의 「절대적 자유와 경악」을 비교해 보라.

다운 특수성"(Enz §166)인데, 왜냐하면 여기서 근원적 일자인 개념이 자기 자신을 통해 근원적으로 분할(Teilung)하기 때문이다. 특수한 의지작용에서 근원적으로 **하나의** 의지가 구별되어 나오며, 하나(일자)가 개시되고, **주창자**(Auf-Heber)로서의 나는 계속해서 이제는 현실적인 **원작자**(Ur-Heber)로, 원인 제공자 그리고 유발자(energeia, actus) 등으로 간주할 수 있다. 귀속, 원인자 등과 같은 요소는 이 공리에 의존한다. 이런 결단의 수행이 받아들여지는 한, 나(자아)는 **행위자로서, 행위하는 나로서** 묘사할 수 있다. 자기 자신을[73] 하나의 규정된 것('개시됨'으로서의 '결단함')으로 정립함으로써 나는 (「존재론」에 나오듯이) **현존재**, 유한자가 된다.[74] 여기서 나(자아)의 **특수함**(Besonderung, 이것은 구별함, 분리함, 분열시킴, 모순, 판단 등의 논리적 형식이다), 즉 특수성의 혹은 현존재의 계기, 혹은 차이의 영역이 분명하게 드러난다.[75] "자기 자신을 하나의 규정된 것으로 정립함으로써 나는 현존재로 진입한다"(§6). 현존재라는 논리적 범주를 철저히 분석함으로써 다수의 자아, **다수의 개인**을 위한 근거, 말하자면 **상호주관성**을 위한 근거가 단적으로 정립된다. 이미 이 지점에서 헤겔에게는 상호주관성의 논리가 나올 수 없다는 테제(M. Theunissen)는 유지될 수 없다.[76] 현존재와 어떤 것(Etwas)은 타자를 위한 존재이며, 타자존재는 어떤 것의 고유한 계기이다(Enz §§91~92).[77] 따라서 대자존재는 첫

---

73 이것은 '많은 하나들의 정립'을 함축한다(Enz §97).

74 헤겔은 '현존재'를 부정을 가진 혹은 규정성을 가진 존재로 이해한다(Enz §89). "현존재(Dasein)는 이런 자기 규정성 안에서 **자기 반성된 것**으로서 **현존하는 것**, 즉 **어떤 것**(Etwas)이다. 어떤 것은 유한하고 변화될 수 있는 것으로 간주된다(Enz §92).

75 PhRel 16, 68.

76 헤겔의 자연철학은 유에 대한 고찰, 개인의 다수성에 대한 고찰과 더불어 끝난다. 이 '자연적 측면'은 정신 영역에서도 그 중요성을 가진다. 정신 영역에서 개별적 자기(자아)들은 특수자로 존재한다. 이러한 사실을 알게 해준 크리스티안 슈판(Christian Spahn)에게 감사한다.

77 "다른 것(타자)은 어떤 것(Etwas)에 마주하고 있는 것으로서 그 자체로 어떤 것이며, 우리 언어로 하자면 다른 **어떤 것**(etwas Anderes)이다. 이와 마찬가지로 또한

째, '자기 내 구별이 없음', 즉 일자(Eins)를 포함하며, 따라서 타자의 배제를 포함하며, 존재자로서 서로를 배제하는, 그 속에서 유한자와 특수자인 '많은 일자의 정립'을 포함한다. 이것이 '일자의 자기분산'이다.[78]

§5에서 의지는 구별 없음이라는 의미에서, 그리고 지고의 추상이라는 의미에서 '자아의 순수한 무규정성'으로, '자아의 순수한 자기반성'으로, '자기 자신에 대한 순수 사유'로 등장한다. 하지만 이 무규정성, 직접성, 무구별성 그리고 추상 등을 매개로 획득된 추상적 부정성 등은 바로 첫 번째 계기의 규정성을 구성한다. 두 번째 계기는 첫 번째 계기에 이미 포함되어 있다. 그것은 "**규정된 것**, 일면적인 것일 뿐이다. 즉 그것은 모든 규정성의 추상이기 때문에 규정성 **없이**는 존재하지 않는다. 그리고 추상적인 것, 일면적인 것으로 존재한다는 것은 자신의 규정성, 결핍성 그리고 유한성을 구성한다"(§6). 그러므로 대자존재에게 (현존재의 사유의 논리적 귀결로서) 동시에 "일자의 자기구별, 일자의 반발, 즉 많은 일자들의 정립"(Enz §97)이 귀속되지 않을 수 없고, 이 다자들은 존재자들이다.[79] 이와 병행하여 §6은 자아의 무구별적 무규정성에서 구별로의 이

첫 번째 어떤 것은 동일하게 어떤 것으로 규정된 타자에 마주하고 있는 것으로서 그 자체로 하나의 다른 것(타자)이다." 헤겔은 이 동일성과 관련하여 양자를 라틴어 표기인 *aliud-aliud*(다른-다른, Enz §92, Z)로 표시한다. (말하자면 어떤 것의 동일성은 타자의 부정을 통해 정립되지, 그 자체로 정립되지 않는다. 따라서 타자는 어떤 것의 동일성의 불가피한 조건이다. ― 옮긴이)

78 여기서 다뤄지는 문제는 스스로를 다수자로 정립하는 일자의 자기 구별이다. 반발은 "다수의 일자들의 **부정적 태도**로서 본질적으로 그들 서로간의 **관계**"(Enz §98)이다. 이 상호간의 (처음에는 규정되지 않은) 관계는 나중에 인정으로 더 진척된 규정을 갖는다. 그러나 이미 여기서 자아들의 상호주관성을 말하고 있으며, 더 나아가 정치 영역에서의 원자론에 대한 헤겔의 비판을 접할 수 있다(Enz §97); WdL 5, 193.

79 대자적으로 존재하는 것은 부정태의 자기관계로서 일자, 즉 "자기 안에 구별이 없는 것, 따라서 타자를 자기로부터 **배제하는 것**"(Enz §96)이다. '대자존재의 그다음 예'로서 헤겔은 자아(나)를 든다. 나는 "무한한, 동시에 부정적인 자기관계의 표현"(Enz §96, Z)이다. 이와 더불어 통일성(일자)이면서 차이(다수성, 특수성)가 형성된다.

행, 그것도 특수한 개인들의 상호배제 형식의 구별로의 이행을 분명하게 한다. 헤겔은 주체의 다수성을 논리적으로 정초하는데, 이것 역시 그의 철학의 강점을 보여 준다. 『법철학』은 ─ 상호인격성으로부터 상호국가성에 이르기까지 ─ 상호주관성의 점증적 상승이라는 특징적 사유를 전개한다. 인정 개념은 그러한 사유의 토대로서 §§5~7에 이미 함축적으로 내재해 있다.[80]

의지가 현존재로 된다[즉 '의지는 존재하게 된다', 혹은 '존재하는 것은 의지의 산물이다']라는 사실이 부각되어야 하며, 자유는 의지의 규정성[자유는 의지의 구체적 모습]으로, 의지의 내용이자 목적으로, 그리고 의지의 현존재로 된다(Enz §469). 자유는 '세상의 실존 영역'(Enz §482)으로 진입하며, 그 최고 단계인 인륜법의 형태에까지 진입한다. 개별자가 이 특수한 영역과 삶의 형식에서 '현실적으로 자유로울 수 있기'(Enz §469) 위하여 이 형식들은 자유의 사상의 기초 위에 형성되고 구성되어야 하며, 자유의 규정과 현존재로 간주될 수 있어야 한다.

이 베타(β)의 계기는 ─ 헤겔은 이 계기를 특히 강조한다 ─ '또한'이라는 의미의 **단순 첨가가 아니다**("어떤 다른 것도 부가되지 않는다." ─ BI 61). '외적인 것'을 그렇게 단순히 부가한다는 것은 자유로운 무규정성으로만 머물러 있는 낯선 '자연'(본성)을 주장함을 함축한다. 따라서 추상적 자아는 **자기에 대해** 참된 것이어야 하고 원리적으로 **세계를 갖지 않은 것**, 혹은 **자연을 갖지 않은 것**이어야 하기 때문에 여기서 이미 자유는 문제가 있으며, 여기에 낯선 규정성이 관련을 맺고 있으며, 따라서 자기 입법이 좌절되고 말 것이다. 초월철학적 모델에 대한, 특히 피히테의 초기 『지식론』에 대한 비판의 근본 방향은 바로 여기에 있다. 헤겔은 α와 β의 계기들을 묘사할 때 이러한 생각의 단초를 따라가고 있으며, 범주들의 유도 혹은 연역에 대한 피히테적 요청을 중요하게 간주하기는 하지

---

80 이에 대해서는 다음을 보라. Folko Zander, *Anerkennung als Moment von Hegels Freiheitsbegriff*(미간행).

만, 여기서 그는 무규정성과 규정성, 자율과 타율, 자아와 비아 등의 정형화된 이원론을 진단해 낸다(§6).[81] 여기서 이런 이원론은 자연('독립적 비아'), 즉 세계를 자유의 개념으로 통합할 수 없다. 자연에 대한 일방적인 지배적 태도와 이에서 귀결하는 자아의 무세계성(자아를 추상적 자아로만 취했을 때 이 무세계성이 나타난다) 등과 결합해 있는 이런 모호함은 피히테의 다음과 같은 아주 격한 표현에 암시되어 있다. "나(자아)는 내 머리를 위협적인 바위산 쪽으로, 휘몰아치는 태풍을 향해, 그리고 화염 속에서 뿌지직 소리를 내며 흘러가는 구름 쪽으로 대담하게 높이 치켜들고 (……) 너희의 그 위력에도 불구하고 나는, (……) 나의 의지는 오로지 확고한 계획을 가지고서 대담하고 냉철하게 우주의 잔해들 위를 떠다녀야 한다."[82] 자연과의 불화 속에 있는 이성, 그리고 이성의 지배 ── 이렇듯 피히테는 일면적인 데카르트적 입장을 가지고 있다 ── 는 점점 더 강력하게 되며, 마침내 이성이 승리하게 된다고 한다.[83] 헤겔은 새로운 자연이해와 더불어[84] β를 α로부터 논리적으로 엄격하게 추론할 수 없는 이원론을 극복한다.

부정적인 것은 두 번째 문장에서 단순히 덧붙여지는 것이 아니라(§6), **첫 번째 계기로부터 논리적으로 드러나며, 이 첫 번째 계기에 이미 내재해** 있다. 헤겔『논리학』의 핵심인 내적 부정성 개념은 자아와 관련해서도

---

81 피히테의 자아(Ich)는 초기『지식론』에서 진실로 자유롭고 자발적인 활동으로 등장하지 않는다. 왜냐하면 그 자아는 외부의 자극을 통해 규정되며, 자극의 본성은 인식되지 않은 외부로, 자아는 처음부터 제약된 것으로 머물러 있고, 따라서 이렇듯 자아는 결코 참된 자유에 이를 수 없기 때문이다(Enz §60, Z, 2).

82 Fichte, *Einige Vorlesungen über die Bestimmung des Gelehrten*, GA I, 3, 50.

83 Ebd., S. 45.

84 Dieter Wandschneider, Elementare Formen des Psychischen. Eine systemtheoretische Skizze im Anschluss an Hegels Deutung des Organismus, *A Noiva do Espirito: Natureza em Hegel*. Fortaleza 2009; Klaus Vieweg, Zum Stellenwert der Natur in Hegels praktischer Philosophie, *Nach der Natur ──After Nature. Limbus. Australisch-deutsches Jahrbuch für germanistische Literatur-und Kulturwissenschaft*, hg. v. F.-J. Deiters et al., Freiburg/Berlin/Wien 2010.

사유되어야 한다. 첫 번째 계기는 이미 그런 부정성의 계기를 품고 있으며, 자신이 배제하고 있는 것을 함축하고 있다. 그 계기는 순수한, 참된 무한성과 보편성이 아니며, 전체 개념도 아니다. 오히려 그것의 규정성은 **규정되지 않은 것 그리고 추상적인 것이라는 지위**를 가지며, 자아는 모든 것으로부터 추상될 수 있지만, 사유로부터는 추상될 수 없는데, 왜냐하면 추상함 그 자체가 사유함이며, 따라서 추상된 것은 우선 이 계기의 **유일한** 규정성이기 때문이다. 따라서 자아는 규정 없이 있지 않으며, 공허하지 않고, 무색의 빛이 아니며, 영원한 무결정 상태가 아니다. 무규정성이 오히려 규정성을 형성한다. 따라서 무한성과 유한성, 직접성과 매개성 등은 일방적인, 하지만 논리적으로 결합되어 있는 두 계기로 드러나며, 두 번째 계기는 첫 번째 계기에서 엄격하게 생겨난다. 순수한 추상은 '**무규정성이라는 규정성**'을 갖는다. 추정된 이 무규정성은 하나의 규정성으로 간주되어야 하는데, 왜냐하면 그것은 규정된 것에 마주 서 있어야 하기 때문이다.[85] 보편자는 **공허한** 통일을 표시하는 것이 아니라 자기 자신을 나누는 통일로, 자기 대립으로 이해되어야 한다. 보편자는 고유하고 특이한 방식으로 '해방되고' '해체되어' 자립성을 획득한 자신의 계기로 분절(특수화)된다. 이것은 『법철학』의 사유 과정에서 탁월한 중요성을 가진다. 특수성의 원리의 중요성은 경향성이나 욕구, 소유, 도덕법과 시민사회 등과 같은 아직도 논의의 여지가 있는 문제를 명료하게 부각한다.

보편성과 특수성의 통일이 사유되어야 한다. α와 β라는 두 계기를 (논리적 유도 없이) 그저 각자 독립적인 것으로 확고히 한다면 이것은 그 자체로 형이상학적인 어떤 것도 드러낼 수 없으며, 철저하게 표상(순수한 관념)에 순응하는 것에 불과할 것이다. 그런데 우리가 철학적 논증을 목적으로 하는 것이 아니라 (그저 아무것이나 생각하는) 표상을 위해 모든 사람의 자기의식에 기댄다면, 자아라는 말의 두 의미는 다음을 밝혀준다.

---

85   WdL6, 280~296(*B. Der besondere Begriff*).

즉 자기의식에게는 자아가 그 자체 자기(Selbstigkeit)로서 모든 것을 의지하고 모든 결합을 포기할 수 있는 것으로 나타난다. 자아는 나의 것(그의 것, 자기의 것)으로부터도 추상할 수 있다. "나는 나에게 '나는 ─ 세계에서 도피해 있는 나 ─ (모든 차이가 소멸해 버린) 이 순수한 빛으로 있다'고 말한다"(Bl 59). 동시에 혹은 '또한' 자아는 그것에 특수한 자기(나)를 첨가하며, 그 속에서 자아는 하나의 이것(Dieses)으로서 특수한 어떤 것이고자 하며, 따라서 일회적으로 그리고 아무런 혼동 없이 독특하게 존재한다. 무규정성 **더하기** 규정성, 동일성 그리고 **또한** 차이, 보편성 **그리고** 특수성 등, 한쪽에 다른 쪽이 '우연히 마주하게 되는'(widerfährt) 이런 병렬적 배치, 혹은 양자의 단순한 부가적 배치로부터 무한성과 유한성, 무제약성과 제약성 등의 이원론이 생겨난다. 특히 건조한 오성의 통상적 방법은 그 계기들의 일면성과 논리적 연결성을 고려하지 않은 채 놓아둔다. 오성은 유한한 사유규정을 추상적 보편성으로 산출하지만, "자기 대상과 분리되고 추상적인 방식으로 관계를 맺으며"(Enz §80), 확고한 규정과 이 규정들을 다른 규정과 구별하는 문제에서 아무런 일도 하지 않는다. 따라서 오성은 이성으로 올라가야 하며, 자신의 계기들의 통일을 논리적으로 사유할 수 있는 곳으로, 보편성과 특수성의, 동일성과 비동일성의 근거로 나아가야 한다.

§7 두 계기의, 두 개념 규정의 논리적 통일─근거로서의, 개념 자체로서의 개별성(E)

"앎(지)의 직접성이든 앎의 매개든 간에 이 둘은 모두 일면적 추상이다." 참된 사변적 사유 ─ 개념적 파악(Begreifen) ─ 는 한쪽 편을 배제하지 않고 양자를 자기 안에서 통일한다.[86] "하늘에 혹은 자연에 혹은 정

---

86 『논리학』의 전개 과정을 살펴보면, 우선 세 번째 단계, 즉 **개념**(Begriff)은 참된 것, 좀 더 자세히 말하자면 **존재**(Sein)와 **본질**(Wesen)의 진리이다. 그런데 이 진리는 자기 자신을 고립된 채 확고히 하는 존재와 본질 각자에게는 참되지 않은 것으로 고찰할 수 있다. 왜냐하면 **존재**는 우선 **직접적인 것**일 뿐이며, **본질**은 우선 **매개된 것**

신에 혹은 직접성을 매개로 함유하고 있지 않은 것이 있는 곳에는 아무 것도 없다"(WdL 5, 66).[87] **개별성**(헤겔은 이를 '주체성'이라고도 표현한다) 에서 그 두 개념 규정들은 통일성과 자신들의 근거를 가지며, 여기서 이 두 규정은 계기들일 뿐이며, **'서로 결합된 것'**(Zusammen-Geschlossene)일 뿐이다. 그리고 **근원적 나눔**(Ur-Teilung, 판단)은 **결합**(Zusammen-Schluss) 으로, 따라서 판단(Urteil)은 추론(Schluss)으로 이행한다. 개별성은 자기 내 반성된, 이를 통해 보편성으로 돌아간 특수성, 부정성의 부정성, 자아 의 참된 자기규정성 등으로 간주되는데, 이때 자아는 스스로를 규정하 고 제약하며, 따라서 하나의 특수자이지만, 그 속에서 자기와 동일하게 머물러 있고, (추론의 논리적 형식에 입각해서) '자기를 자기와만 **결합**'한 다.[88] 자기규정에 대한 헤겔의 이해는 바로 여기에 의지한다. 즉 "자아는 자기 자신과 부정성의 관계인 한에서 자기를 규정하며", 동시에 자아는 "이러한 자기관계로서 (자기관계라는) 이 규정성에 무관심하다"(§7). 자 아는 자기를 확정하지만, 이런 확정에 무관심하다. 그리고 자아는 이 확 정을 자기 것으로, 자아를 불가피하게 구속하지는 않는, 그리고 자아를 다시 해체할 수도 있는 그런 순수한 가능성(dynamis)[89]으로 안다. 자신을 자기 실존의 분리와 이런 방식으로 구별할 수 있는 존재는 자유로운 존 재로, 이성적 존재로 간주할 수 있다. **자유는 의지의 근본 특성이다.** 헤겔 은 다시 한 번 알파의 계기와 베타의 계기가 쉽게 받아들여지지만, 감마 의 계기는 사변적이고 참된 것으로서, 개별성으로서, 단적인 개념으로서 잘 받아들여지지 않는다는 점을 강조한다.[90] A, B 그리고 E를 독자적으

일 뿐이기 때문이다. (……) 따라서 개념은 자기 자신을 통해 그리고 자기 자신과 더불어 매개된 것이면서 동시에 참으로 직접적인 것으로 드러난다"(Enz §83, Z).

87 PhRel 16, 156.

88 "사유하는 자, 활동하는 보편자 그리고 직접적 주체 등은 동일한 나이며, 무한한 의식이자 유한한 자기의식이다. 나는 이 두 측면의 관계이고, 저항과 함께함의 통 일이고, 두 측면의 결합을 힘쓰는 자이다"(PhRel 16, 68~69).

89 가능성의 범주에 대해서는 WdL, 6, 202~217, Enz §§143~147을 참조하라.

90 Enz §160ff. 참조.

로 취할 경우 일면적 추상일 뿐이며, 개념은 그들의 이상적 통일을 이루게 된다.

> 따라서 개념은 한편으로 자기 자신을 통해 규정성과 **특수함**을 부정하지만, 다른 한편으로 보편자의 부정으로서의 이 특수성을 다시금 **지양하는 보편자**이다. 왜냐하면 보편자는 그 자체로 이 보편자의 특수한 측면일 뿐인 특수자 속에서 어떤 절대적 타자로 오는 것이 아니며, 따라서 특수자 속에서 보편자로서의 자기와의 통일을 산출하기 때문이다. 이렇듯 자기에게 돌아오는 개념은 무한한 부정이다. 이 부정은 타자에 대한 부정이 아니라 개념을 자기관계하는 확고한 통일로 붙드는 자기규정에 대한 부정이다. 이렇듯 참된 **개별성**은 자신의 특수성 속에서 자신을 자신과만 결합하는 보편성이다(Ästh 13, 149).

자아의 자기규정으로서의 의지에서 개별성(E)은 보편자(A)와 특수자(B)의 통일로 사유되어야 하는데, 바로 이 의지는 사변적 사유에 의해서만 포착될 수 있으며 『논리학』은 자기관계하는 부정성으로서의 무한성이라는 핵심 사상의 증거를 요청한다.

> 나(자아)는 보편자이다. 그러나 의지로서의 나는 나의 자유 안에, 나의 보편성 안에, 나의 자기규정이라는 보편성 안에 존재하며, 나의 의지는 이성적이다. 이렇듯 의지를 규정하는 것은 보편적 규정함이며, 순수한 개념에 따른 규정함이다. 이성적 의지는 우연적 의지와 매우 구별되며, (……) 이성적 의지는 자기 개념에 따라 스스로를 규정하고, 의지의 실체인 개념은 순수한 자유이고, 이성적인 의지의 모든 규정은 자유의 전개들이다(PhRel 16, 133).

그런 개별성 혹은 주체성의 형식으로 있는 의지함의 개념은 헤겔에게 『법철학』의 절대적 원리로, 동시에 현대 세계의 핵심지점으로 간주된다.

"절대적 원리 ── 우리 시대의 계기로서"(§26, A), 자유의지는 이런 의미에서 절대적으로 혹은 '신성하게' 이해되어야 한다. 하지만 그것은 결코 초월적인 것으로, 전지한 것으로, 혹은 현자의 돌로 이해되어서는 안 되고, 참된 것의 규정성으로 이해되어야 한다. "개념의 관점은 절대적 관념론의 관점이다"(Enz §160). 개념은 이미 말한 의미에서 절대자(신적인 것)를 표현한다는 사실이 강조될 것이다. 헤겔은 모든 것을 '신격화'했는데, 특히 국가를 그렇게 했다는 강한, 하지만 거의 숙고되지 않은 외침에 대해 선입견 없는 독자라면 헤겔의 텍스트에서 의지의 자유에 대한 감동적이고 강력한 주장을, 자유로운 개념적 지식에 대한 주장을, 자유에 대한 현대적 사유를 발견하게 될 것이다. 의지 개념의 내용을 구성하는 유일한 것은 자유이다.[91]

6. 근본 모형의 진전된 규정: §§8~28

6.1 특수성 ── 규정성과 자의

간단한 휴지와 §7에서 §8로의 필연적 이행, 즉 특수성에 대한 더 나아간 규정(§8)은 논리학을 고려할 때만 설명할 수 있다. 개념구조로 이뤄진 초석을 다진 후에 **개념**은 **판단**으로 나아간다(Enz §§163~171). 판단에서 우리는 개념의 정립된 특수성을 가지는데, 그것도 대상의 규정으로 가진다.[92] 헤겔에 따르면, 대상에 대한 개념적 이해는 그 대상에 내재한, 그 대상에 거하는 개념을 의식한다는 의미이며, 여기서 중요한 문제

---

91 **감마 계기**에서 통일의 결정적 요소는 자아는 "자신의 한계 속에서, 이 타자 속에서 자신에게 머묾에 놓여 있으며, 또한 자아는 스스로를 규정함으로써 그럼에도 불구하고 자기 자신에게 머물며, (자신에 머물면서도) 보편자로 유지되는 데 그치지 않는다는 사실에 놓여 있다"(§7, Z).

92 '금은 철이다'는 판단으로 간주되는 데 반해, '카이사르는 프랑스에 있었다'는 단순한 문장으로만 간주된다.

는 개념과 실재, 개념과 현실의 관계이다. 대자적으로 존재하는 것으로서 자기 자신과만 동일한, 하지만 서로 동일하지 않게 정립된 자신의 계기의 상이한 관계는 판단에 놓여 있다(Enz 8, §166). 만약 우리가 어떤 대상을 평가(Be-Urteilung)하기 시작한다면 우리는 그 대상을 그 개념을 통해 정립된 특정한 규정에서 고찰하며, 그런 한에서 **그런 모든 대상은 사물로서 하나의 판단이다.**[93] 그 대상들은 개별자로서 보편자, 혹은 개별화된 보편자이다. 헤겔은 이를 생명과 정신의 유한성이 '**자신들의 판단으로 떨어짐**'(Fallen)[94]이라고 말한다. 이 판단에서 "그것들은 그들 자신에 의해 분리된 타자를 동시에 자신의 부정태로 자신 안에 가지고 있으며, 따라서 곤란한 모순으로 존재한다"(Enz §472). 종교적 표상인 악마라는 존재는 근원적 통일을 분리하는 자로서 **인식함**을 통해 산출된 악을 대표한다. 이때 악은 빛을 가지고 오는 자로서의 역할을 하는 악마[악마 루시퍼는 빛의 아들이다]를 통해서, 또한 원죄를 **인식**의 나무라는 금지된 비용의 형식으로 이야기함으로써 구체적 형태를 띠게 된다. 후자는 정당하

---

93 헤겔은 모든 대상을 사물로서 실존하는 판단으로 간주한다. 왜냐하면 이러한 '근원적 나누기'(Ur-Teilung)에서 문제가 되는 것은 사물 자체의 동일성과 규정성이기 때문이다('식물의 판단': Enz §166, Z 참조). 이런 의미에서 대상은 근원토대(Urgrund)가 '구별된 것', '분리된 것'이다. 대상의 근원적 통일에 대한 야코프 뵈메(Jakob Böhme)의 착상에 대해서는 다음을 보라. Jakob Böhme, *Mysterium Magnum*, Sämtl. Schriften, Stuttgart 1958, Bd. 7, S. 204f. (§38): "왜냐하면 악은 고통과 움직임을 만들고, 선은 존재와 힘을 만들기 때문이다. 그리고 불과 빛이 단 하나의 존재이듯이 두 존재가 단 하나의 존재라면, 그것은 강력한 두 개의 구별된 것으로 나눠져 있기는 하지만, 완전히 분리된 것은 아니다. 왜냐하면 하나는 다른 것에 거주하고 있기는 하지만 그 다른 것을 파악하지 못하기 때문이다. 하나는 다른 것을 부인한다. 왜냐하면 그것은 그 다른 것이 아니기 때문이다."

94 원죄(Sündenfall), 루시퍼와 아담의 배반(Abfallen), 선과 악의 구별 및 '분리'(Entzweien)와 연관된다. [원죄나 배반 등의 독일어 단어에 모두 '떨어짐'(Fall)이라는 단어가 속해 있음에 주목하라.] 이에 대해서는 다음을 보라. Cecilia Muratori, Il Figlio caduto e l'origine del male. Una lettura del §568 dell' Enciclopedia, in: *L'assoluto e il divino. La teologia cristiana di Hegel*, hg. von Tommaso Pierini, Georg Sans, Pierluigi Valenza, Klaus Vieweg, *Archivio di Filosofia*, Pisa/Roma 2011.

게도 악의 원천으로 간주되는데, 왜냐하면 "앎(지), **의식은 분리를 정립하**는 행위이며, 부정태이자 판단, 즉 근원적 나누기이기 때문이다."[95] 아담은 원래 금지된 행위를 함으로써, 이를 통해 신적인 존재('첫 번째 인간')가 된다. 그래서 신은 말한다. "아담이 우리들 중 하나처럼 되었다."[96] 신은 "공허한 통일체"로가 아니라 **"스스로를 분리하는 통일체, 대립된 것의 통일체**"로 표상할 수 있을 뿐이다.[97] '스스로를 사유하는 이념'이라는 일원론적 근본원리와 관련해서도 헤겔은 분명하게 "이념의 자기 판단"(근원적 분할)(Enz §577)이라고 말한다. 이런 내적인 구별은 삶, 특히 정신의 특징이며, 이런 "부정성, 주체성, 나, 자유 등은 악한 것과 고통의 원리들이다"(Enz §472). 이에 반해 비유기적 자연에서 개념은 자신의 현존재에 **대립하지 않은 채** 등장한다(Enz §472). §8을 시작하면서 판단의 논리적 형식의 계기들은 유효하게 된다. 즉 유한성, 내용의 특수성, 주어-술어-동일성 그리고 계사(Kopula) 등의 문제.[98] 그다음 「도덕법」 장은 선과 악의 문제에 대한, 그리고 도덕적 행위의 **평가**(Be-Urteilung)라는 주제에 대한 좀 더 진전된 설명을 담고 있다.

a) 특수성에 대한 진전된 해명, 특히 다음의 문제, 즉 자아가 분리 속에

---

95 PhRel 17, 257.

96 "동물, 돌, 식물 등은 악하지 않다. 악은 인식의 범위 내에서야 비로소 현존한다" (PhRel 17, 257f.). 인식함, 구별함, 고찰함 등은 그 자체 악이며, 자유는 본질적 계기로서 자기 안에 (선과 악으로의) 분리, 분열을 가지며, 가능한 악한 것('질병'이나 '손실' 등)과 가능한 화해('건강', '치료', '화해' 등)의 원천이다. 아담과 관련해서 헤겔은 신과 동등한 이 아담 아래에서 두 번째 아담, 즉 그리스도가 이해된다는 보다 고차적인 설명을 한다. 이에 대해서는 다음을 보라. Hegel, *Vorlesungen. Ausgewählte Nachschriften und Manuskripte*, Hamburg 1983, Band 5: *Vorlesungen über die Philosophie der Religion*, hg. von Walter Jaeschke, S. 139. 또한 Cecilia Muratori, *Der erste deutsche Philosoph*, (Dissertation Jena/Urbino 2009), Teil 3.2.1 참조.

97 GdPh 20, 100, 강조는 저자.

98 Enz §§168~171.

서도 자신에게 붙어 있을 수 있는지, 있다면 어떻게 그럴 수 있는지, 그리고 자아가 어떻게 특수자로 있으면서 보편성을 보유할 수 있는지의 문제에 대한 답변을 주의해서 볼 필요가 있다. 특정한 규정성이 주체와 객체(직접적인 외적 실존)의 형식적 대립으로 이해되는 한, 이제 형식적 의지를 외부 세계를 **자기 앞에서 찾아낸** 자기의식이라고 말할 수 있게 된다(§8). 이와 더불어 주체와 객체는 이 단계에서 더 진척되어 규정된다. 이제 자아는 자기의식의 지위를 가지며, 대상은 소여된 외부 세계의 지위를 갖는다. 헤겔은 특정한 규정성 속에서 자기 자신에게로 돌아온 개별성을 주체와 객체의 통일로(§7) 이해하는데, 이 통일을 그는 **주관적 목적을 활동**[99]**과 수단**을 매개로 하여 객체로 번역하는 과정이라고 말한다. 의지규정 각각을 의지의 고유한 규정으로 취할 때 그것들은 동시에 의지함의 내용이며, 내적인 그리고 현실화될 수 있는 목적이다. 여기서 헤겔이 『논리학』에서 구상한 「**목적론**」이 작용하고 있음을 알 수 있다.[100] 자유 개념은 자유가 완수되고, 객체화되고 구별되어야 하는 목적으로 간주되는데, 개념의 이러한 완수, 객체화, 구별 등은 자기 안에 내포되어 있는 규정인 계기를 정립하는 형태로 수행되면서 개념의 발전을 규정한다(§8, A). 의지의 이 규정은 내용으로서 한편으로 '상상하는', 따라서 아직 개념적으로 사유하지 않은 의지함의 내적·주관적 목적이며,[101] 다른 한편 실현된 목적이다(§9).

---

99 "의지는 내적으로 규정하는 개념으로서 본질적으로 **활동**과 행위이다. 그것은 자신을 이념으로 서술하기 위해 자신의 내적 규정을 외적 현존으로 번역한다" (Hegel, *Philosophische Enzyklopädie für die Oberklasse*, 4, 57).

100 Pierini, *Theorie der Freiheit*, a.a.O. 참조.

101 이에 대해서는 다음을 보라. Klaus Vieweg, *Religion und absolutes Wissen. Der Übergang von der Vorstellung zum Begriff*, in: Klaus Vieweg/Wolfgang Welsch, *Hegels Phänomenologie des Geistes. Ein kooperativer Kommentar zu einem Schlüsselwerk der Moderne*, Berlin 2008; ders., The Gentle Force over the Pictures. Hegels on Imagination, in: *Inventions of the Imagination*, ed. Richard T. Gray et al., Seattle 2011.

b) 상이한 의지규정의 내용은 그 최초의 시작 단계에서 **직접적인 것으**로 파악되어야 한다. 왜냐하면 그 내용은 우선 타자와 관계하고 있으며, 따라서 자유로움과 자유롭지 않음 사이의 모순으로 떨어지기 때문이다. 의지는 이처럼 처음에 즉자적으로 자유로운 것으로서만, 자기 "개념에 붙들린 의지"(§10)로서만 머문다. 의지는 자기규정의 참된 관계가 구성되는 한에서, 즉 **의지가 자기 자신을 대상으로, 목적으로 가질 경우**, 말하자면 애초에 **즉자적으로만** 있다가 **대자적으로** 있게 될 때에만 의지는 비로소 참으로 자유로울 수 있다. **즉자**에서 **대자**로의 운동은 의지의 규정에 내재해 있으며, 그것은 결코 어떤 능력을 주어진 질료에 적용하는 문제가 아니다(§10). 헤겔은 아주 구체적인 직관적 예를 들어 이 문제를 설명한다. 아이는 그 가능성에서 볼 때, 그 개념에서 볼 때 즉자적으로 인간이다. 그러나 아이는 온전한 성숙함, 온전한 권리능력, 모든 시민적 권리를 획득해 감으로써 현실적 인간, 말하자면 자립적 자아가 되어야 한다. "즉자적으로 이성적인 인간은 자신을 생산함으로써, 자신으로부터 벗어남으로써, 하지만 자기 내부에서 자기가 대자적으로 되어야 한다는 것을 스스로 형성함으로써 자신을 극복해야 한다"(§10, Z).[102]

c) 처음에 즉자적 자유의지는 **직접적이고 자연스러운 의지이다**(§11). 이 자연적 의지의 분화된, 특수한 규정은 주체(나, 자기의식)에게 **직접적이고 자연적으로 현존하는** 내용으로 — 즉 충동, 욕구, 경향 등으로 — 등장한다.[103] 여기서 직접성과 자연성은 동일한 것으로 간주된다. "자연

---

102 피히테는 이것을 **"형성 가능함"**(Bildsamkeit)이라고 명명한다. 인간의 "당위적 모습은 형성되어야 한다. 그리고 인간은 대자적인 존재이어야 하기 때문에 자기 자신을 통해 형성되어야 한다"(*Grundlage des Naturrechts*, GA I, 3, 379).

103 충동과 욕구 등의 규정에 대해서는 다음을 보라. Enz §§359~360. "실천적 규정의 감정이면서 동시에 실현되지 않은 내적인 것이지만, 동시에 실재에 본질적이라고 하는 모순의 감정이 곧 **충동**(Trieb)이다." **"욕망**(Begierde)은 충동의 **개별적** 규정이다. 외적 현존이 이 욕망에 적합한지 적합하지 않은지를 통해 감정은 **유쾌하기도 하고 불쾌하기도** 하다. 충동과 욕망은 자연성에 붙들린 실천적 정신으로

적 의지가 욕망이듯이, 자연적 의식은 감각적 의식이다." 자아는 "자신의 자연성과 특수성에 따라 의지하는데", 그런 의지를 "감각적 지(앎)와 감각적 의지함"이라고 할 수 있다.[104] 이렇듯 의지는 이 의지에 의해서도 무화되지 않는 자연에 의해 규정된다. 그런데 주체는 **이러한 직접적 행위 자극(Handlungsimpulse)을** 유보할 수 있다. 그리고 이러한 사실은 가능성의 다양한 공간을 개시하며, 다른 선택의 가능성을 함축하고 있다. 자의(Volition, 선택의 자유)는 자연적으로 주어진 직접적 내용을 선택할 수 있지만, 반드시 선택해야 하는 것은 아니다. "**선택을 수행하는** 나는 이제부터 자연이 나에게 부여하고 싶은 어떤 동기를 전혀 고려하지 않기로 결단한다."[105] 이것은 많은 특수한 규정의 잠재성, 즉 열정의 잠재성을 표현한다. 여기서 살아 있는 전체 관심이 **하나의** 내용에만 놓여 있는 한, 의지는 의지규정의 **하나의** 특수성에 집중하며, 그것에 제한된다. 헤겔은 이를 '주체의 생동성'이라고 말한다. 이런 생동성은 "그 자체 주체의 목적과 그 실행 속에"(Enz §475) 있다. 여기서 **특수성과 부등성(불평등)**의 계기가 주제가 되며, 나중에 이 계기는 '소유', '도덕법', 그리고 시민사회와 **외적 국법**의 테두리에서 등장하는 '복지'와 '욕구 체계' 등을 다루는 맥락에서 더 진전되어 규정된다. 그리고 여기서 그 계기는 **특수자 영역**의 최고 단계에 도달한다. 그러나 나는 이 내용을 나의 것으로 귀속시켜야 한다. 하지만 나의 이 갈망과 경향성은 나의 의지함을 매개로 해서만 발생한다. 나는 나의 최초의 직접적 자극과 반성적 관계를 가지게 되며, 바로 여기에 기초하여 결단이 일어난다. 그러나 그 내용은 직접성, 즉 소여된 것과 발견된 것의 지위에 여전히 붙박여 있다. 그것은 이성성의 지위를 아직 갖지 못하며, 아직도 자기 내에 갇혀 있는 유한한 의지일 뿐이다. 따라서 이 특수한 경향성은 자연적이지만, 나에 의해 우연히 정

서, 여기서 실천적 정신은 의존적인 부자유스러운 존재이다"(Hegel, *Philosophische Enzyklopädie für die Oberklasse*, 4, 58).

104 PhRel 16, 253.

105 Fichte, *Einige Vorlesungen über die Bestimmung des Gelehrten*, GA I, 3, 46.

립되고, 따라서 나의 의지에 의존한다(§5). 내가 바로 이것에 필연적으로 경도하는 것은 아니지만, 나는 이 특수한 경도에 책임이 있으며, 이것을 자연으로, 신경계의 격정으로 전이하거나 전가할 수 없다.[106] 충동, 경향성, 욕구, 열정 등의 내용은 **형식적-법적 의무와 권리, 도덕적 의무와 권리, 인륜적 의무와 권리** 등을 다루는 곳에 각각 자신의 자리를 차지하고 있다(Enz §474). 이미 여기서 실천적인 문제에 대한 사변철학의 삼각구조가 등장한다. 형식적 법, 도덕법 그리고 인륜법이 그것이다.

d) 종결과 결단(Beschluss und Entschluss) —— 특정한 개인의 의지로서의 의지

직접적 행위동력을 유보할 가능성과 반성에 의지하는 결단('선택') 이후에 행위라는 효과가 자유로운 의지함의 세 번째 계기로 등장한다. 직접적으로 발견되는 자연적 의지 내용 전체는 다양한 충동이나 욕구로 나타나며, '특수자의 다양성'으로 나타난다(§12, A). 이러한 충동 각자는 "다른 충동과 함께 **도대체가** 나의 것으로, 그리고 동시에 만족의 대상과 방식을 다양하게 갖는 (……) 하나의 보편자이자 무규정자"(§12)로 취해질 수도 있다. 이런 이중적 무규정성에 놓여 있는 의지는 스스로를 개별성으로 이해하며(§7), 이로써 이 의지는 개시하고(**auf**-schliessend), 종결하고(**be**schliessend), 결정하고(**ent**scheidend), 결단하는(**ent**-schliessend) 행위라는 효과를 갖는다는 의미에서 **현실적** 의지가 된다(§12). 여기서 '현실'(Wirklichkeit)은 『논리학』의 의미에서 이해되어야 한다. 그것은 타자가 아니라 자기 자신의 가능성의 표현이라는 형식을 띤 현존재이며, 내

---

106 "충동은 자연적인 것이지만, 내가 그 충동을 이 내 안으로 정립한 것은 나의 의지에 의존한다. 따라서 나의 의지는 충동이 자연적이라는 사실에 의지할 수 없다"(§11, Z). 이에 대해서는 다음을 보라. Robert Pippin, *Hegel's Practical Philosophy: the Realization of Freedom*, in: *The Cambridge Companion to German Idealism*, hg. v. Karl Ameriks, Cambridge 2000, S. 188f.; Terry Pinkard, *German Philosophy 1760-1860. The Legacy of Idealism*, Cambridge 2002, S. 280ff.

적인 것과 외적인 것의 통일로서 이해된다. 그것은 내적 가능성(아이에게 현재하는 이성)이 실현된 것이다. 아이 안에 존립하는 이성성은 형성(도 야)을 통해 현실이 되며, 외적인 것은 자신의 고유한 내적인 것으로 이해 된다. 이렇듯 현실은 의식적으로 아리스토텔레스의 사상과 결합되어 이 해되지, 결코 '직접적으로 현재하는 것이라는 통속적 의미의 현실'로, '직 접적으로 현존하는 것'으로 이해해서는 안 된다'(Enz §143, Z).[107] 오히려 현실적인 것은 스스로를 표현한다. "즉 그것은 외면성을 띤 **그것 자신**이 며, **그 외면성** 속에서만 존립한다. 말하자면 그것은 자신을 자신과 구별 하면서 규정하는 운동으로서만 존립하는 **그것 자신**이다"(WdL 6, 201).

개별적 주체는 행위의 **원동자**로, 동기와 원인을 유발하는 행위자로 전 진한다. 그에게는 어떤 것이 마주해 올 뿐 아니라 그는 그 어떤 것을 자 신으로부터 정립하는 주도권을 갖는다. 이것이 바로 행위를 자유로운 존 재의 활동으로 보는 핵심 규정이다. 무규정성, 중립적인 것, 결정되지 않 은 것 등은 이제 사라진다. "**개별성**의 계기는 개념의 계기들을 **우선** 구 별로 정립한다"(Enz §165). 이렇듯 헤겔은 『논리학』에 기대고 있다. **구 별, 분리, 혹은 차이의 정립** 등과 더불어 우리는 최초의 근원적 부분이라 는 의미에서 **근원적 나눔**(판단, Ur-Teilung)에,[108] 따라서 **판단의 논리적 형 식**에, "개념의 참다운 특수성에 이른다. 왜냐하면 그것은 동일한 것이 **보 편성**으로 머물러 있으면서 동시에 특정한 규정성, 구별로 등장하기 때 문이다"(Enz §166). "모든 현존의 근원적 씨앗"(§12), 즉 산출될 수 있는 가능성의 근거와 원동자 등은 바로 이 '분리'에 놓여 있다. 직접적인 바

---

107 헤겔은 어떤 곳에서 직접적인 것의 형식을 구별한다. 무반성적 직접성으로서의 존재, 존재와 반성의 직접적 통일로서의 실존, 그리고 '저런 통일의 피정립존재' 로서의(이 존재의 외면성이 자신의 힘이다), 자기표현으로서의 현실적인 것이 그것이다(Enz §142).

108 Cecilia Muratori, *Der erste deutsche Philosoph*, a. a. O., insbesondere Anhang 2 (*Die Teuflische Kraft des Göttlichen Urteils. Zur Hegelschen Interpretation einer spekulativen Vorstellung Jakob Böhmes*) 참조.

로 이 의지와 더불어 우리는 의지함의 특수한 개별성을 알게 된다.[109] 나, 자유, 주체성 등은 부정성으로 취해질 수 있으며, '악함과 고통의 원리들', 찢어짐과 소외의 원리들이다. 나라는 존재(Ichheit)는 번민과 고통의 근거로 현상한다(Enz §472). 폐쇄된 것이 이제 개시되고, 최초의 부분이라는 의미에서 단일(통일)성은 분리된다. 우리는 여기서 **매조지함**(Ent-Schliessen), 즉 **결단**(Entschluss)을 말하고 있으며, 또한 '처음의' 행위에서, 주체에 의해 야기되고 자극을 받아 주도하게 된 상황에서 수행함을 말하고 있다.

여기서 다루는 것은 우선 **추상적** 종결(§§6, 12, 13), 특정한 자아의 **형식적** 의지함인데, 여기서 이 자아는 자신의 규정행위의 결과로 자신을 유한자로서 타자와 구별하고, 그런 한에서 무규정성과 가능성을 규정성과 현실성으로 '옮겨놓는'다. 사유하는 이성의 형식으로서의 나의 의지함은 자신을 유한자로 개시한다는 것, 그리고 의지의 내용을 행위로 수행한다는 것을 의미한다. 이에 반해 특수한 규정의 수행을 피하고자 하는 의지는 ─ 예컨대 아름다운 영혼, 아름다운 심정 ─ 유한성을 약화하고 무시하며, 이로써 (그것이 무한하게 존재하고 싶어 하는 한) 단순한 유한자로 강등되며, 유한자와 무한자의 (이미 극복된) 이원론을 복원한다. 여기서는 참다운 의지함과 행위가 아니라 공허한 열망과 동경이 드러날 뿐이다.[110]

e) 의지한 것을 행할 수 있음 ─ 자유의지의 필연적인, 하지만 충분하지 않은 계기로서의 자의

그리고 우연은
조각가의 손에서 생명을 얻게 되는

---

109 Enz §§471~472 참조.
110 이 문제는 앞으로 계속 자주 다루게 될 것이다. 특히 칸트를 다루는 곳에서, 그리고 아이러니를 다루는 곳에서 이 문제는 다시 등장한다.

자연의 돌과 무엇이 다르던가?

신의 섭리는 우연을 부여한다,

인간이 그것에 형태를 부여하도록 하기 위해.

─실러, 『돈 카를로스』

Und was

Ist Zufall anders als der rohe Stein,

Der Leben annimmt unter Bildners Hand?

Den Zufall gibt die Vorsehung ─Zum Zwecke

Muss ihn der Mensch gestalten.

─Friedrich Schiller, *Don Carlos*

유한한 의지에서 우리는 무한한 자아를 가지는데(§5), 이 자아는 내용 위에 서 있으며, 동시에 이 자아가 내적·외적 자연규정에 묶여 있는 한 형식적으로만 무한자로 머물러 있다(§§6, 11). 반성하는 자아에게는 내용이 단지 **가능적** 내용으로만 머물며, 따라서 그것은 나의 것일 수 있거나 아닐 수도 있다. 여기서 헤겔은 다시 가능성과 현실성의 논리적 관계에 의존한다. 즉 가능성은 현실성의 첫 번째 계기로 간주되며, 현실성은 우선 가능성으로 존재한다. 가능적인 것과 구별되는 현실적인 것은 그저 외적으로 구체적인 것, 비본질적인 직접적인 것, 우연적인 것일 뿐이며, 가능성 역시 한갓된 우연으로 머문다.[111] 따라서 선택될 수 있는 가능적 대상이나 객체의 스펙트럼이 다양하다는 것, 대안이 다양한 영역을 갖는다는 것, 그리고 이렇게도 혹은 다르게도 의지할 수 있다는 것 등이 생겨난다. 자아는 여기서 어쨌거나 자신을 이런 혹은 저런 내용으로 (서로 다

---

111 Enz §§144~145 참조. 우연에 대한 헤겔의 이해에 대해서는 디터 헨리히의 탁월한 다음의 논문을 보라. Hegels Theorie über den Zufall, in: Dieter Henrich, *Hegel im Kontext*, Frankfurt 1971.

르게) 규정하고 선택할 수 있는 **가능성**으로 머문다. 포르투나(Fortura, 마키아벨리에서 우연)가 작용하고 있다고 하더라도 그것은 자신을 이런 혹은 저런 내용의 지배자로 '분리해 내는'(즉 결정하는, ent-scheiden) (즉 분리(Scheidung), 구별함(Unter-scheidung), 떼어냄 등을 수행할 수 있는) 자아의 **선택**에 놓여 있다. 자아는 결코 자연법칙에 순종하는 낙하하는 돌이 아니며, 한곳에만 고정되는 자석이 아니다(§14; Kiel 49). 완전히 추상적인, 한갓된 특수한 개별적 의지는 특수성과 관계하며, **경향 사이에서** 반성하고 **선택**한다. 이 무시할 수 없는, 그리고 객관정신의 전체 영역에 각인되어 있는 자유의지의 이 계기는 **자의**(Willkür) 영역, '자의의 지배적 작용'(Kiel 50)을 지시한다. "자의는 대립되는 규정 사이에서의 선택작용이다."[112] 의시는 여기서 모순으로 존립하는데, 왜냐하면 a) 모든 것을 추상하는 반성의 독립성이 (내적 혹은 외적으로) 소여된 내용에 의존하지 않을 수 없으며, b) 의지는 무실하고 극복되어야 하는, 따라서 만족에 결코 도달할 수 없는 그런 특수성으로 현실화되기 때문이다. "자의로서의 의지는 직접적으로만 자기규정하는 부정성으로서 자기 안에서 반성하며, 이로써 그것은 그 자체로(대자적으로) 자유롭다"(Enz §478).

자의는 선택의 계기와 관련이 있는 의지작용으로서, 그런 과정은 자의에서 형식적으로, 즉 자기 자신(즉 자아의 무규정성)으로부터서만 출발하고 바로 그 자기에 의해 규정되면서 촉발된다. 바로 이 과정의 촉발은 자아에 부과되는 기능으로서 **의지의 불가피한 규정요소**이다. 그러나 자의는 완전한 의지와 관련이 없다. 왜냐하면 의지가 아직 사유하지 않은 채 규정하고 결단하는 한, 즉 여전히 이런 혹은 저런 의지인 한, 그것은 참다운 의지가 아니기 때문이다.[113] 행성들, 돌들 혹은 식물들은 그들 본성의 필연성에서, 그들의 진리에서 벗어날 수 없다. 반면 이성적 존재는 "보편적인 정신적 본성의 필연성에 관여할 수 있고, 이 본성에서 벗

112   Hegel, *Naturrechtsaufsatz*, 2, 464.
113   PhRel 17, 254f.

어나 자기만의 특수한 입장을 유지할 수 있으며, 심지어 비진리의 입장도 붙잡을 수 있다."[114] 이러한 사실은 "주체의 자유에 놓여 있다." 왜냐하면 자유는 "자의를 자기 안에 품고 있으며, 자신의 필연성으로부터, 자신의 법칙으로부터 떨어져 나와 자신의 규정에 반하여 일을 할 수 있기 때문이다."[115] 그런데 그때그때 나타나는 자유로운 자기규정이라는 형식적 요소는 '자연적 의지'로서, 그리고 그 자체로 이성적이지 않은 자유로 간주된다. 왜냐하면 자기규정이 여기서는 의지의 이성으로부터 이뤄지지 않기 때문이다.[116] **사유하면서** 규정된 의지만이 단적으로 자유로운 것으로 간주할 수 있으며, 자의에는 사유가 결여되어 있고, 자의는 무지를 안고 있다. 현실적이고 내용이 풍부한 자유와 달리 자의는 **아직 내용이 없는**(형식적인) 자유, **한갓 가능적인** 자유일 뿐이다(Enz §158 Z).[117] 직접적·자연적 의지(욕망, 경향성)로서의 주관적 자의는 '형성되지 않은 채' 머물러 있으며, 의지가 사유와 진리에 기초해서 결단할 경우에만 자유의지라고 말할 수 있다. "사유 그 자체는 자유다. 사유를 비방하면서 자유를 말하는 사람은 자신이 말하는 것이 뭔지를 모른다. (……) 의지는 사유하는 것으로서만 자유롭다."[118] 직접적 지와 느낌은 실천철학의 정초 과정을 위한 불충분한 심급이다. 그것에 기초하고 있는 사람은 한갓된 개별적 특수성에 갇혀 있으며, 다른 것과의 모든 공동성을 파괴하며,

---

114 PhRel 16, 14.

115 Ebd.

116 Ästh 13, 136.

117 Peter Bieri, *Das Handwerk der Freiheit. Über die Entdeckung des eigenen Willens*, München 2001. "결정적인 것은 숙고를 통한 의지 형성이다. 숙고의 결과로 어떤 특정한 것을 하고자 하는 의지가 형성된다"(S. 61). "자연적 의지는 아직 **특정한 이것**이 아니라 직접적인 것을 의지하는 욕망의, 경향성의 의지이다. 왜냐하면 자연적 의지는 이성적 의지가 아니기 때문이다"(PhRel 17, 255). 자의에서 의지는 형식적·비이성적 자유로 머물며, 직접적 의지로 머문다. — "직접적 지(감각적 지)와 느낌 자체가 원리로 될 경우 내용을 규정하는 행위는 자의로 떨어진다"(PhRel 17, 374).

118 GdPh 20, 307f.

순수한 주관주의의 결과로 **객관성, 사태**, 즉자대자적으로 보편적인 것 등과 작별을 고한다.[119]

규정성은 특수한 개별적 자기의 한갓된 자의에 놓일 수 없고, 여기서 등장하지 않을 수 없는 '내용의 형태'를 자기 자신의 공적에 따라 가진다. 헤겔은 여기서, 특히 실천적인 것에 대한 결정적 요점을 본다. 즉 "심정과 행위의 정당화를 위해서는 근거가 필요하며",[120] 개념적 사유만이 이 근거들과 필요한 객관성을 구성할 수 있다는 것이 그것이다.

다른 곳에서는 이성적 의지와 우연적 의지를 다음과 같이 구별한다. "이성적 의지는 **개념에 따라** 규정되며", 이 개념은 자유이다. 우연적 의지는 우연적 충동과 경향성에 따라서만 규정된다.[121] 선택은 시초의 한갓된 **우연적** 선택으로부터 **표상하는, 의식적** 선택과 **영리하고 계산적·반**

---

119 PhRel 17, 375. 자유(혹은 종교)를 느낌에 정초하는 시도는 "근거들이 없을 경우에만 성공을 거둔다. (……) 왜냐하면 자신의 느낌에 의존하여 나아감으로써 우리 사이의 공동성이 파괴되기 때문이다. 이에 반해 사상, 개념에 기초하여 우리는 보편자, 즉 이성성에 토대하게 된다. 여기서 우리는 사태의 본성을 우리 앞에 가지게 되며, 그것에 대해 우리는 서로 이해할 수 있게 된다. 왜냐하면 우리는 사태에 복종하며, 이 사태는 우리 모두에게 공동의 것이기 때문이다." 느낌에서 우리들 각자는 공동의 것을 떠나 우리 자신을 "우연의 영역으로" 이끌어가며, 모두는 사태를 자신의 개별적 특수성으로 삼는다. "어떤 사람이 '당신은 그러한 느낌을 가져야 한다'라고 요청할 때 다른 사람은 '나는 그런 느낌을 한 번도 **가진** 적이 없으며, 나는 지금도 그렇지 않다'라고 대답할 수 있다." 우리는 "권리, 자유, 인륜성 등에 대한 느낌을 가지고 있지만, 그 내용이 이런 참된 것이라는 사실은 느낌의 공로가 아니다." 그것은 오히려 "사상의 발전"에서 기인한다. 선(좋은 것)의 규정을 '느낌의 계산 위에' 쓰는 것은 하나의 기만이다. "느낌은 내용을 완전히 우연적인 것으로 정립하는 형식이다. 왜냐하면 나의 자의가 자연에 의해 정립될 수 있듯이 그 내용은 나의 선호에 의해 정립되기 때문이다." 그 내용은 개념을 통해 정립되지 않고, 따라서 한갓된 특수자, 제약된 것에 불과하다(PhRel 16, 128ff.). 자유가 느낌으로서만 존립해야 한다면 그것은 '사상 없음'으로, '행위 없음'으로 사라져버리며, 규정된 모든 내용을 상실한다(PhRel 16, 132 참조). 자유로운 행위자는 자신의 느낌에 참된 내용을 줘야 하는데, 느낌 자체는 주관적인, 우연적인 존재가 거하는 지점일 뿐이다(Ebd., 313).

120 PhRel 17, 374.

121 PhRel 16, 133.

성적·오성적 선택을 거쳐 마침내 **사유하는** 선택으로까지, 자유의지에까지 상승한다. 자의에서는 한갓된 선택이 강조되는 데 반해, 의지에서는 우리의 선택에 규범적 내용을 부여할 수 있는 힘이 강조된다.[122] 도야된 의지는 **이성적 자기입법**으로서의 자기규정을 목표로 한다.

자아의 가능적·무규정적 자유는 내적·외적 내용을 통해 객관적 규정에 이율배반적으로 마주해 서 있다. 자의는 이렇듯 "한갓 자연적 충동을 통해 규정된 의지와 즉자대자적으로 자유로운 의지 사이에 존립하는 반성의 중심"(§15)으로 현상한다.[123] 목적으로 고착된 내용은 동시에 가능한 것으로서만 파악되기 때문에 자의는 **실천적 영역에서 등장하는 우연성으로, 의지함의 형식으로 등장하는 우연**으로 현상한다(§14).[124]

헤겔은 우연적인 것을 논리적으로 다루고자 하는 동기에서 "구름이 다양하게 형태를 변화시키고 무리짓는 것"을 상기시킬 뿐 아니라, "실질적 영역에서 우연성의 적절한 지위"를 요청한다(Enz §145, Z). 그런데 자신을 이러저러한 모습으로 규정할 수 있는 능력은 "자기 개념에 적합한 자유의지의 본질적 계기를 서술하기는 하지만 그 자체 결코 자유가 아니며, [단지] 형식적 자유일 뿐이다"(Enz §145, Z). 우연적인 것이 (매개되거나 정립된 것이 아닌)[125] 직접적 현실인 한에서 그것은 어떤 근거도 서술하지 않으며, 그것이 매개되어 있는 한에서만 근거를 갖는다. 여기서 현실적인 것은 자신의 반대나 대립자로 있는 가능적인 것으로서만 규정된

---

122 Terry Pinkard, Der sich selbst vollbringende Skeptizismus und das Leben in der Moderne, *Skepsis und literarische Imagination*, hg. v. Bernd Hüppauf/Klaus Vieweg, München 2003, S. 59 참조.

123 "정신은 충동에의 침잠으로부터 **보편성**으로 고양되어야 하며, 따라서 특수성에 갇혀 있는 충동은 그 자체로 절대자로 간주되어서는 안 되고, 그 규정들은 **총체성의 계기**로서만 자신의 위치와 가치를 보유한다"(Hegel, *Philosophische Enzyklopädie für die Oberklasse*, 4, 58).

124 자의의 형식을 띤 의지는 "주관적이고 우연적인 의지로서만 현실적"이다(Enz §478).

125 그런 직접적 현실은 가능성에 귀속되지만, 그것은 우연적이고 근거가 없는 것이다(6, 206).

다.[126] 우연적인 것은 "자신의 존재의 근거를 자기 자체에 갖는 것이 아니라 다른 존재에서 갖는다"(Enz §145, Z). 우연성은 주변적 무게를 갖는 것이 아니다. 그것은 주관적 표상에만 속하는 것이 아니다. 우연적 사태에 필연성을 부여하려는 목표를 가지고서 선험적으로 구성하는 행위 역시 분명히 수용되지 않는다. 자의는 우연의 형식을 하고 있는 의지를 대변하며, 의지는 자의의 형태를 하고 있는 우연성을 지양된 계기로 간직한다(Enz §145, Z).

자의의 기본 형태는 자아와 세계의 대조이다. 여기서 자아는 명령하는, 그리고 자신의 욕구와 경향성에 의해 각인되어 있으며, 세계는 "끝없이 흘러가는, 스스로 변하면서 엉키는 우연성"으로 존재한다. 바로 이런 대조가 우리의 세계관계의 근본 특징이다.[127] 이러한 특징을 보여 주는 몇몇 간단한 예를 언급해 보자. a) 정원에서 나는 배고픔의 욕구를 느낀다. 나는 거기서 사과나 배 등 우연히 주어진 내용을 선택할 수 있다. b) 나는 지금 레스토랑에 앉아 있고 배가 고파서 고기와 야채 중에서 어느 것을 고를 수 있다. c) 추운 겨울에 나는 외투를 사러 가서 면 재킷이나 밍크옷 혹은 악어가죽옷을 고를 수 있다. d) 목이 말라서 나는 커피를 산다. 나는 친환경농법으로 재배되고 사회적 기준에 맞게 재배된 첫 번째 커피를 고를 수도 있고, 이런 특징을 전혀 갖추지 않은 두 번째 커피를 고를 수도 있다. 당연히 보다 복잡한 예를 들 수도 있지만, 여기서 중요한 것은 **순수한 선택행위**와 **자유로운 결정행위**의 차이를 말하는 것이다. b), c), d)에서 이미 반성과 사유가, 그리고 자유의지의 방향이 **진짜 내용**에 기울어 있음을 볼 수 있다. 왜냐하면 이 경우들은 이성적 선택의 기회 외에 비이성적 선발의 가능성도 보여 주며, 따라서 자유로운 행동을 그르칠 수 있기 때문이다.

우연성이 자신의 특수한 권리를 가진다는 사실, 그리고 우연적인 것은

---

126 우연은 "그 모순적 대립이 가능한 어떤 것(Etwas)이다"(KrV A459/B 487).

127 Ästh 14, 211.

정신적 세계에서 효력을 갖는다는 사실을 헤겔은 언어에서, 예술과 (실정)법의 형태에서 본다(Enz §145, Z). 특수성과 우연성은 그리스 종교와 로마 예술형식에 나오는 모험의 예에서 살펴볼 수 있다. 그 예에서 자아는 자신이 마주한 것에, 자신이 우연히 마주친 것에 양도된다는 의미에서의 모험과 방랑을 보여 준다. 낭만주의에서 자의의 근본 모형은 우연한 목적을 가진 행위하는 어떤 인물이 우연한 세계에 우연히 진입하며, 이와 더불어 우연한 충돌이 발생한다는 형식을 가진다. 헤겔은 모험의 방식으로 등장하는 그런 우연성의 근본 유형을 기사도에서 보는데, 여기서 명예나 용기는 우연한 행위원칙을 서술할 뿐이며, 더 나아가 거기에는 기사적 행위에 대한 어떤 확고한 원칙도, 어떤 확고한 척도도 없다.[128] "말하자면 법(/권리)과 법칙(/법률)은 여기서 아직 즉자대자적으로 확고한, 언제나 법칙과 그 필연적 내용에 따라 성취되는 상태와 목적으로서가 아니라 단지 주관적 착상으로만 드러난다. 따라서 이러저러한 경우에 무엇이 법이고 무법인지 관여하고 판단하는 것은 은연중에 철저히 우연적인 주체성의 척도에 내맡겨져 있다."[129] 인물의 특수성, 의지하는 심정의 우연성 그리고 상황의 특수성(환경의 우연성) 사이의 긴장 속에 있는 이런 기사도적인 것의 결과로서 모험에서는 보편적 행위 대신 특수한 목적 내지 자의와 기만이 등장한다. 그런 행위는 희극에서 혹은 아이러니에서 해체된다. 세르반테스의 돈키호테는 그런 행위를 예술적으로 아주 성공적으로 표현하고 있으며, 우연성의 요소와 경계를 상징한다.

　그 내용 측면에서 참된 것이 아니라 그와는 전혀 다른 것을 결정할 수 있는데, 그런 결정이 나의 선호에 달려 있기 때문에 여기에 완전한 선호

---

128 돈키호테는 '지나간 기사도에 대한 학문'에서 그런 규범을 정립하고자 하지만 아이러니로 빠진다. 기사는 법률에 정통해야 하고, 정의를 알아야 하며, 식물박사, 천문박사, 신학자, 수영선수이어야 하고, 마음이 따뜻하고, 신과 여인에게 신실해야 하며, 남성다워야 하고, 자신의 사상에 순정을 바쳐야 하고, 진리의 전사이어야 한다(Miguel de Cervantes Saavedra, *Don Quijote*, Düsseldorf 2003, S. 677f.).

129 Ästh 14, 216.

성이 드러난다. 규정들은 감성, 상상력, 반성 그리고 오성에 의해 우연히 산출된다. 여기서 자유는 자의라는 순수한 특수성과 동등하게 정립되고, 따라서 자유의 개념은 정확하게 정의할 수 없는데, 바로 여기에 불충분함이 놓여 있다. 여기서는 **"자유란 자기가 원하는 것을 할 수 있는 것"**(§15)이라는 의견이 지배한다. 롤링스톤스의 리더 믹 재거(Mick Jagger)는 "나는 자유로워서, 내가 원하는 것을 할 수 있어"라고 노래한다. 헤겔은 그런 진술을 사상의 형성이 완전히 결여된 것으로, 오늘날 예기치 않게 성행하는 표피적 오성으로 간주한다. "자의를 종종 자유라고 말한다. 그러나 자의는 비이성적 자유일 뿐이다. 즉 그것은 의지의 이성으로부터 나온 선택과 자기규정이 아니라 우연적 충동으로부터 그리고 이 충동의 감각적인 것과 외적인 것에의 의존성으로부터 나온 선택과 자기규정이다."[130] 자의는 '결핍된 자유'로 묘사할 수 있다. 말하자면 의지적 자기규정이 이미 주어져 있는 경향성과 행위자극 중 하나에 의해 이끌리는 경우, 그리고 의지의 주체가 자기 자신의 계기로 개념적으로 파악할 수 있는 것과 관계하지 않는다면 그것은 자의이다.[131] 자유를 자의로 축소할 때 자의, 즉 사념적 자유의 모든 '한계들'은 강제로, 마음대로 부리는 것으로, 제한으로, 간섭으로, 혹은 억압으로 등장한다.

6.2 결정론과 자의론—의지의 자유에 대한 공격들

주체의 태도와 관련하여 '그저 둠'이라는 측면과 '저항함'의 측면을 구별할 수 있다. 주관적 측면과 대상적 측면이라는 여전히 존립하는 분리의 결과로 두 개의 대립적 입장, 즉 자의론(주관주의)과 결정론(운명주의)이 전개된다. 주관적 측면이란 자유에 대한 의지의 (아직 지(/앎)가 아닌) 추상적 확신을, 대상적 측면이란 소여된 내용을 말한다. "이 양자는

---

130 Ästh 13, 136.

131 Axel Honneth, "Georg Wilhelm Friedrich Hegel, Grundlinien der Philosophie des Rechts(1821)" in, *Geschichte des politischen Denkens. Ein Handbuch*, hg. v. Manfred Brocker. Frankfurt a.M. 2007, S. 407.

옳지만, 일면적이다"(Kiel 50). 주관주의는 형식적 자기활동성에, 강요에 얽매이지 않음과 강요의 배제에, 단순한 구별능력과 선택능력에 의지한다. 데이비드 흄(David Hume)은 자의론(Voluntarismus), 즉 무차별의 자유를 비판적으로 분석하는 가운데 이에 대한 교훈적 예를 제시한다. 『인간 본성에 대한 논고』에서 흄은 [구속되어 있지 않다는 느낌에 의존하는] '감각적 비구속성'을 기만적인 것으로 진단하는데, 그 이유는 그것이 (비구속성이 거의 확인되지 않은) 하나의 행위에 대한 심사숙고와 행위의 고유한 수행 사이의 혼동에 기초해 있기 때문이다. 인지적 형태의 이런 논증은 실천적·철학적 반론을 불러온다. 즉 이런 무차별적 자유는 행위자에게 행위의 본질적 원인으로 간주될 수 없고, 무규정적이고 임의적으로 남아 있기 때문에 그런 자유의 결과로 어떤 행위도 그에게 현실적으로 귀속될 수 없다는 것이다. 행위가 선하다고 하더라도 그것이 그에게 명예가 되지 않으며, 행위가 나쁘더라도 그의 치욕이 되지 않는다. 신적 인격과 마찬가지로 인간적 인격도 그것에 책임이 없다. 따라서 자유의 가설에 따르면 인간이 가장 끔찍한 범죄를 저지른 이후에도 그는 태어난 순간만큼이나 순수하다.[132]

신은 앞에 말한 의미에서 의지하는, 전혀 구속되지 않은 존재이다. 이 신은 (논리적 진리나 규정성을 전혀 가지지 않기 때문에) 선이나 악에 대해, 이것이나 저것에 대해 우연히 결정할 수 있을 뿐이다. 신에 대한 이런 가정은 결코 신의 자유라는 사상일 수 없고, 그저 신의 자의라는 주제를 말하고 있을 뿐이다. 바뤼흐 스피노자(Baruch Spinoza)의 눈에 신의 이런 자의는 '무지의 도피처'였다. 흄은 자신의 정의에서 자유를 자의의 위치에서 다루고 있다. 왜냐하면 그에게서 "자유가 필연성을 지양한다는 사실을 통해 그것은 결국 원인성도 지양하며, 따라서 우연과 동일한 사태가 되고"[133] 말기 때문이다. 흄은 자유와 우연이 동일한 의미라고 명시적으

---

132 David Hume, *Ein Traktat über die menschliche Natur*, Hamburg 1978, Bd. II, S. 145~49.

로 요청하며, "(인간의 의지함의) 자유 혹은 우연성론"이라고 말한다.[134] 자유를 이렇듯 자의와 혼동하는 것은 헤겔의 사유를 자극했으며, 이로부터 흄의 필연성 개념에 대한 비판을 수행케 했다.

자의론적 모델은 — 이미 시사했듯이 — 필연성에 대한 내용적으로 적절한 객관적 규정, '필연성의 끈들'(Hume)을 가지고 있지 않다. 자아가 자의적으로 의욕한 이것이 그에게 실제적으로도 적합한지의 문제는 여전히 남아 있다. "직접적 지와 느낌이 (……) 원리로 될 때 (……) 내용을 **규정하는 행위**는 **자의**로 떨어진다."[135] 자기임, 즉 자기의 자유는 순수한 자기추구로, 순수한 이기성으로 드러나며, 그것은 자기에게 철저하게 손실이 된다. 한갓된 특수한 의지는 자기추구적인 것으로 드러나며, 의지의 자연성(자연적 의지)은 의지의 자기추구로 드러난다.[136] 극단적 주관주의(실천적 원자론)는 (규정성과 객관성의 결핍으로 인해) 극단적 객관주의(결정론, 전제주의)로 뒤집힐 수 있다(이 주제와 연관하여 피론주의의 겪음(/당함)의 원리에 대해, 자기규정을 고집하는 낭만주의적 아이러니가 총체적 복종으로 전복하는 것에 대해, 그리고 자유로운 자아가 결국 경찰국가로 끝나는 피히테의 정치철학에 대해서는 다음에 상론할 것이다).

이에 반해 객관주의는 '앞에 주어진 것', '자기 것이 아닌 것', '자연에 의해 심겨진 것', 그리고 '원인을 통한 강제' 등의 계기에 한정된다. 결정론적 개념은 자연의 특정한 규정 속에 소여되어 있는 유발요인을 원리적 타율로 고양한다. 인과율이라는 반성규정은 여기서 핵심원리로 전진하지만, 인과율이라는 오성의 범주가 자기원인(causa sui)의 개념에서 무화된다는 사실은 전혀 고려되지 않는다.[137] 단순히 소여된 원인으로부터

---

133   Ebd., S. 144.
134   Ebd., S. 148f.
135   PhRel 17, 374. 이러한 사실은 자아와 신이라는 범주의 규정으로 간주된다.
136   PhRel 17, 254. 피핀도 동일하게 헤겔의 자유 개념이 어떤 경우에도 자의론적으로 독해될 수 없다는 논증을 수행한다(Robert Pippin, *Die Verwirklichumg der Freiheit*, Frankfurt/New York 2005, S. 64ff.).
137   PhRel 17, 498.

활동하거나 그저 소여된 것을 따르는 것이 아니라 스스로 원인일 가능성, 자신의 것을 정립할 가능성은 행함에 놓여 있다. 내적·외적 자연의 충동 내지 자연적 전제를 절대화하는 결정론적 자연주의 혹은 자연주의적 결정론은 (종종 자의와 동등한 것으로 오인되는) 자유를 하나의 기만이라고 설명해야 한다.[138]

이 두 흐름은 자유의지의 필연적인, 하지만 일면적인 규정요소를 전개한다. 이 둘은 배타성에 기초하고 있다. 낯선 보편자를 고착시키는 신적인 결정론에서 이 보편자는 외적으로 지배하는 자로서 세계 안에서 어떤 특수성도, 자유도 허용하지 않는다. 그리고 자의론적 자의의 신은 현실적으로 객관적인 어떤 규정성에도 이르지 못한다. 이 두 도정은 서로 다른 방향에서 곤란에 직면한다. 절대자 혹은 신적인 것은 움직임이 없는 보편자와 무로서 표상되어야 하면서 동시에 의지하고 창조하고 역동적인 자아존재로 표상되어야 한다. 하지만 이것은 내적 부정성이라는 사상을 요구한다(§7).

자연주의의 형이상학화

이 자리에서 결정론의 가장 중요한 현실적 흐름 중 하나가 자연주의의 형이상학화라는 점을 말하고 싶다. 이 자연주의의 근본 모형은 다음과 같이 간단히 요약할 수 있다. 이미 칸트는 『실천이성비판』에서 많은 사람이 "자유를 모든 다른 자연능력과 마찬가지로 경험적 원리에 따라 설명할 수 있다"라고 믿는다고 말한다. 그것도 "영혼의 본성(자연)을 정확하게 탐구함으로써"[139] 그렇게 하고자 한다는 것이다. 칸트는 경험주의의 이런 천박함[140]과 그 속임수에 저항하며, 결국 운명주의[141]로 끝나고

---

138 "결정론자들은 한숨과 죄가 기만이라고 믿는다"(Wan 272).

139 Kant, KdpV AA V, 94.

140 경험률에 의지하여 필연성을 탐구하고 동시에 판단에 참된 보편성을 부여하고자 하는 것은 칸트에 따르면 '정확한 모순'(gerader Widerspruch)이다(Kant, KdpV AA V, 12).

마는 자유에 대한 경험주의적·비교론적·심리주의적 생각에 맞서 논증하고자 한다. 칸트가 절도를 예로 들어 설명한 것은 오늘날의 논의에 시사점을 준다. 경험론적 결정주의자들에 따르면 절도는 인과율이라는 자연법칙에 따른 행위로 간주하며, 따라서 이 행위는 중단하거나 안 할 수 없다.[142] 헤겔은 자유와 책임의 문제를 다루는 이 맥락에서 칸트적 사상을 따르지만, 경험주의의 업적도 고려한다. 두 가지 정도 사전에 언급하는 것이 좋을 것 같다. 첫째, 우리는 자연주의(유물론)에 대한 헤겔의 평가가 경험론에 대한 평가와 같은 선상에 있음을 알게 될 것이다. 자연주의는 두 세계를 동일하게 실체적이고 참된 것으로 받아들이는 이원론을 넘어가고자 하며, 근원적 하나를 이원론적으로 나누는 것을 지양하고자 하는데, 헤겔은 이원론에 대한 지연주의의 이런 투쟁과 열망을 높게 평가한다(Enz §389, Z, 49). 헤겔은 반이원론적 사유방향에 대해 이처럼 특별한 존중을 표하지만, 형이상학화하는 자연주의가 '사유하는 원리', 즉 자유의 원리를 부정한다고 날카롭게 경고한다. 둘째, 헤겔이 수행한 구별은 좀 더 세련될 필요가 있다. 그 구별은 과학의 결과와 — 진화연구, 인간생물학 그리고 인지과학 및 21세기의 과학적 성취들 — 이와 연관된 몇몇 형이상학적 해석 사이의 구별을 말한다. 여기서는 연구의 결과물을 경험주의적·자연주의적으로**만** 해석하는 몇몇 입장에 대해 간단하게 비판하고자 한다. 과학의 '빛나는 성공'은 철저하게 수용되어야 할 뿐 아니라 또한 비판적으로 숙고해야 한다. 철학의 과제는 바로 **이 두 업무**로 이뤄져 있다. 이때 다뤄질 문제는 자연은 어떻게 이해되고 사유되는지, 그리고 결과적으로 '자연화함' 내지 '자연주의'는 어떤 의미를 갖는지와

---

141 "인간이 모든 예술작품의 최고의 장인에 의해 조립되고 이끌리는 한 인간은 꼭 두각시이거나 자크 보캉송(Jacques Vaucanson, 1709~82) 식의 자동기계일 것이다. 그리고 자기의식은 사유하는 자동기계가 되겠지만", 여기서 자유를 구할 수는 없을 것이며, 자유는 한갓된 기만이 되고 말 것이다. 왜냐하면 여기서는 행위가 낯선 손에 의해 수행되기 때문이다(Kant, KdpV AA V, 101).

142 Ebd., 95.

연관이 있다.[143] 여기서 헤겔이 골상학자인 프란츠 요제프 갈(Franz Joseph Gall)* 및 회의주의자 고틀로프 에른스트 슐체(Gottlob Ernst Schulze)**와의 비판적 대결을 간단하게 상기하고자 한다(슐체는 갈의 입장을 추종했다).[144] 주체와 객체의 심리주의적 이원론에 기초해 있는 슐체의 유사심리주의적·실재론적 절차는 "경험론적 자연이해와의 이상적 동맹"[145]이었다. "아주 정확한, 사실에 방향을 맞춘 자연탐구만이 의심의 여지없는 절차를 수행한다." 예나의 갈 추종자 루트비히 프리드리히 프로립(L. F. Froriep)은 이 신념을 다음과 같은 방식으로 확고히 했다. 즉 "어떤 인식도 선험적으로 다가가지 못하며, 예외 없이 주의 깊은 관찰을 통해 자연으로부터 얻어진다."[146] 슐체에 따르면 관찰, 경험 그리고 귀납에 기초할 경우 논쟁이 필요 없는 사실을 제시할 수 있으며, 정신적 과정은 자연적 과정으로 환원된다. 이러한 시각의 철학적 한계는 『정신현상학』(「관찰하

---

143 한편으로 이성인식은 부정되며, 이것은 귀납문제의 해결책과 윤리의 토대를 배제한다. 인과율의 추상적 관계는 세계의 유일한 패러다임으로 선포되며, 그것은 자유에 대한 사유를 부정한다. Christian Spahn, *Lebendiger Begriff. Begriffenes Leben. Zur Grundlegung der Philosophie des Organischen bei G. W. F. Hegel*, Würzburg 2007(S. 50~64); Hans Friedrich Fulda, Beansprucht die Hegelsche Logik, die Universalmethode aller Wissenschaften zu sein? a.a.O. 참조.

* 프란츠 요제프 갈(1758~1828): 독일의 골상학자이자 해부학자. 한 인간의 성격을 얼굴의 형태나 표정에서 읽을 수 있다고 주장하였다. ─옮긴이

** 고틀로프 에른스트 슐체(1761~1833): 당대의 가장 유명한 회의주의자로서 통상 '아네시데무스 슐체'(Aenesidemus Schulze)라고 불린다. 아네시데무스는 고대 로마의 회의주의자로 피론의 제자로 알려져 있다. 슐체는 특히 칸트에 대한 날카로운 비판을 수행하였고, 그의 제자 쇼펜하우어에게 많은 영향을 준 것으로 알려져 있다. ─옮긴이

144 Gottlob Ernst Schulze, Über Galls Entdeckungen die Organe des Gehirns betreffend, in: *Chronik des neunzehnten Jahrhunderts* 2. Bd., hg. v. Gabriel G. Bredow, Altona 1807.

145 이에 대한 상세한 설명은 다음을 보라. Klaus Vieweg, *Philosophie des Remis. Der junge Hegel und das 'Gespenst des Skepticismus'*, München 1999.

146 Ludwig Friedrich Froriep, *Darstellung der neuen, auf Untersuchungen der Verrichtungen des Gehirns gegründeten, Theorie der Physiognomik des Hn. Dr. Gall in Wien*, Weimar 1802.

는 이성」 절)과 『엔치클로페디』(「주관정신」 장, 「영혼」 절)의 갈에 대한 비판에서 표현되고 있다.[147] 여기서 비판의 핵심은 사념에 그치는 **무개념적 관찰**에, **사실이라는 서사**에, 그리고 개념적 사유 없이 그저 주체-객체 이원론[148]으로 각인된 (따라서 의식의 패러다임을 극복하지 못하는) 관찰에 집중된다. 헤겔은 갈을 다음과 같이 강하게 비판한다. 즉 골상학*은 몇몇 두뇌 속에 현재하는 '야바위꾼의 감각'에 의존하며, 머리가 **비었음**을 보여 줄 뿐이다.

신경(뉴런)결정론에서처럼 인간을 자신의 유전정보의 단순한 표현으로, 자신의 신경체계의 종으로, 신경접속의 하인으로, 자아를 환영과 망상표상(Wahnvorstellung)으로 선언하는 것, 따라서 "자아는 두뇌에서 '발견'되지 않기 때문에 자아에는 자유의지와 책임이 있다"라고 하는 주장에 결코 동의하지 않는 것 등은 이미 언급한 오늘날의 과학의 입장에서 볼 때도 아주 문제가 있다. 동시에 '자유는 여기서 유용한 허구'라는 주장은 완고한 형이상학적, 말하자면 경험주의적·자연주의적 주장을 내포한다. 즉 자아는 없고, 자유의지도 없다. 왜냐하면 자유의지는 경험적

---

147 여기가 이에 대해 상세한 서술을 한 장소는 아니다. Pierini, *Theorie der Freiheit*; Michael Quante, 'Die Vernunft vernünftig aufgefaßt. Hegels Kritik der beobachtenden Vernunft, in: Vieweg/Welsch, *Hegels Phänomenologie des Geistes*, a.a.O. 참조. 갈에 대한 헤겔의 비판에 대해서는 PhG 3, 233~262을 보라. 갈의 이론에 대해서는 다음을 보라. Sigrid Öhler-Klein, *Die Schädellehre Franz Joseph Galls in Literatur und Kritik des 19. Jahrhunderts*, Stuttgart/New York 1990.

148 이원론에 대한 비판이 자연과 정신의 필연적 구분을 철회하는 것이 아니며, 그것들의 '이원성'(다름)을 무시하는 것이 아니다. 헤겔의 사유가 과학적 자연주의와 맺는 관계에 대해서는 다음을 보라. Dieter Wandschneider, Die Möglichkeit von Wissenschaft. Ontologische Aspekte der Naturforschung, in: *Philosophia Naturalis* 22(1985).

* 골상학은 독일어로 'Schädellehre'(쉐델레레)이다 헤겔은 '학' 혹은 '론'을 의미하는 'Lehre'를 빼고 거기에 '비어 있는'을 의미하는, 하지만 발음이 비슷한 형용사 'leer'(레어)를 붙여 'Schädelleer'(쉐델레어, 골이 빈)라는 말을 만들어냈다. 이를 통해 당시 유행하던 골상학이 골이 빈 학문, 바보스러운 학문, 사이비학문임을 보이고자 한다. ──옮긴이

두뇌 연구를 수단으로 증명할 수 없기 때문이다.

　유감스럽게 이런 주장에는 어떤 원본성도 들어 있지 않다. 최근에 사람들은 영혼의 내면을 현미경으로 탐구하고 싶어 하거나 영혼의 본성을 보다 정확하게 탐구하고 싶어 하지만, 그들이 보여 줄 수 있는 것은 언제나 '결합되어 있는 물질'일 뿐이며, 결코 영혼은 '보이거나' '관찰될' 수 없고, 다만 영혼적인 것의 자연적 토대만 보일 뿐이다.[149] 미시세계에 대한 헤겔의 이런 주석은 거시세계에 대한 주석과 동일한 방향을 취한다. 말하자면 이러한 종류의 자연주의자들은 과거에 신을 찾던 치밀한 천문학자 조제프 제롬 르 프랑세 드 랄랑드(Joséph Jérôme Le Français de Lalande)*와 유사하다는 것이다. 헤겔은 이에 대해 조롱조로 설명한다. "그런데 무한자는 유한자의 이 토대의 내부에서 발견될 수 없다. 마치 랄랑드가 자신이 전체 하늘을 관찰해 봐도 신을 발견하지 못했다고 말한 것처럼"(Enz §62). 최근의 형이상학화하는 자연주의자들은 전체 두뇌를 집중적으로 탐구한 이후에 자기 혹은 자아는 현존하지 않는다고 진단할 것이며, 그 경우 유물론적 해석자들은 승리에 젖어 신과 같은 것은 망상적 표상(Richard Dawkins)[150]일 뿐이라고, 지향성(의도성)은 유용한 허구를 서술할 뿐이라고, 그리고 우리는 움직이는 생물덩어리로서의 역할에 만족해야 한다고 선언할 것이다. 여기서 자유는 순수한 허구일 뿐이다. 신과 자아에 대한 천문학자나 뇌과학자들의 소견은 확실히 고려할 부분이 있다. 다만 이들은 자아와 신에 대해 궁극적인 것을 진술하지는 않는다. 왜냐하면 그들의 시각도 비판적으로 검토되지 않을 수 없기 때문이다. 쥘리앵 오프루아 드 라메트리(Julien Offroy de La Mettrie)와 유물론의

149　GdPh 18, 358f.

*　조제프 제롬 르 프랑세 드 랄랑드(1732~1807): 프랑스의 천문학자로, 핼리 혜성과 행성의 위치표를 만들었고, 금성의 자오선 통과를 관측하는 국제공동연구에 참여했으며, 이를 이용해서 태양과 지구 사이의 거리를 정확하게 계산할 수 있었다. 저서로는『천문학 개론』(1764),『프랑스 천문학사』(1801) 등이 있다. ──옮긴이

150　Richard Dawkins, *The God Delusion*, London 2007.

전통에서 새로운 예속 개념이 생겨난다. 인간이란 것이 더 이상 한갓된 기계라고 설명하지는 않지만, 뉴런에 의해 조종되는 생명 구성체, 뉴런의 조종끈에 달려 있는 존재라고 주장한다. 이러한 주장은 헤겔이 이미 『논리학』에서 서술한 **기계론**에서 **유기체론**으로의 패러다임의 이행을 보여 주고 있을 뿐이다. 몇몇 연구자가 주장하고 있는 이런 형이상학적 자연주의 혹은 유물론으로 인해 뇌연구와 인지과학에서 이뤄낸 논쟁할 수 없는 혁명적 결과들이 불신에 빠지게 되었고, 결국 아이를 물통과 함께 버리는 꼴이 되었다. 신경과학과 진화 연구는 뇌의 구조와 정신 과정을 해명하기 위한 매혹적인 실험적 연구 프로그램을 제공한다. 자연 과정에 대한 이런 지식을 매개로 현대적 인간학을 위한, 인간의 의지함과 행위함에 대한 심오한 이해를 위한, 그리고 심미적 경험 등을 위한 의심의 여지없이 무시할 수 없는 결정적 전제들이 제시될 수 있다. 하지만 이것이 의지에 대해, 예술과 종교에 대해, 그리고 충분한 정신 개념이나 인간의 공동생활의 이성적 형태에 대해 아직 만족할 만한 지식을 주지 않는다. 예를 들어 볼프 징어(Wolf Singer)는 뇌에서 일어나는 복잡한 과정을 아주 유익한 술어들로 묘사하고 있는데, 여기서는 한 가지 예만 들어 설명해 보고자 한다. 즉 서로 다른 국면의 재구성, 정확한 동기화, 협동적 병합, 조정, 상징적 코드화, 네트워크 등은 전체 구조, **자기조직체**를 만들고 바꾸고 철폐한다. 다만 자기, 자아에 대해서 신경과학만으로는 어떤 충분한 해명도 할 수 없다. 여기에 사용된 언어(부분적으로 실천적인 것의 술어가 관련된다)는 이 과학의 영역을 이미 넘어서서 철학으로 진입하고 있음을 보여 준다(지향성, 전체성, 자기, 자아 등).[151] "대상을 수학적 계산에

151　게르하르트 노이바일러(Gerhard Neuweiler)는 헤겔의 사상과 통할 수 있는 분명한 주장을 한다. "진화는 삶이 자연의 협소한 굴레로부터 점점 더 자기규정적인 자유로 해방되어 감을 보여 주는 굉장히 매혹적인 역사이다. 그리고 이 해방의 역사 정점에 인간이 있다." Gerhard Neuweiler, *Und wir sind es doch — die Krone der Evolution*, Berlin 2008, S. 200. 이를 알게 해준 나의 동료이자 친구인 벨슈에게 감사한다.

의해 다루는 과학만이 **엄밀한** 과학이라고 인정된다면"(Enz §99, Z), 그것은 오늘날에도 유지될 수 없다. 20세기를 바라보며 예언자적으로 수행한 이 진단에 헤겔은 다음을 덧붙인다. "자유나 법(권리), 인륜성, 물론 신과 같은 대상은 우리가 적절하게 측정하고 계산할 수 없기 때문에", "그 대상들에 대한 엄밀한 인식을 단념하고 오직 무규정적 표상이나 견해에만 만족한다면", "그것은 아주 수준 낮은 인식에 불과하다"(Enz §99, Z).

당시처럼 오늘날도 역시 자연주의적·유물론적 양식에 따라 움직이는 경험주의는 사유원리와 자유의 원리에 대항해서 싸운다. 모든 결정론적 교설은 필연성의 수용이라는 테제를 주장하며, 이성적 존재는 언제나 자동인형으로, 완고한 자연법칙의 거대한 관계망 속에서 보잘것없는 "기계의 바퀴"(Hegel)로, 우주적 힘의 노예로, 그리고 우주의 변두리에 붙어 있는 살아 있는 작은 먼지로 머문다. 나에 의해 야기된 행동의 책임 소재, 즉 나의 행동에 대한 책임은 그렇게 결정된 존재에게 부가되어서는 안 되고, 따라서 그에게는 본질적 권리가 부여되지 않는다. "결정론자들은 후회와 죄가 기만이라고 믿는다"(Wan 272). 의심의 여지없이 생물학과 진화 연구를 통해 얻어진 인식은 자연철학적 개념으로 향하는 문을 제시해야 한다. 하지만 세계라는 수수께끼는, 랄랑드의 입장을 따라가고자 하지 않는다면, 총체적 생물학화를 통해 해결될 수 없을 텐데도, 그런 생물학화는 오늘날과 같은 **천박한 시대**에 아주 인기를 얻는 듯하다. 결정론에서 행위 개념에는 하나의 결정적 계기가 결여되어 있는데, 말하자면 행위의 야기와 책임의 귀속이라는 차원이 결여되어 있다. 그리고 이로부터 주체의 근본적 권리의 파괴가 따라 나온다. 왜냐하면 **결정론적 절단은 귀속의 권리**를 파괴하기 때문이다.[152]

---

152 궁극적으로 근본주의적 결정론자와 자연주의자에게는 학문적 책임의 문제도 발생하지 않는 것 같다. 그가 '책임질 수 없는' 그의 논문이나 책에 내가 관심을 가질 수 있는데, 그것들은 그에게 귀속될 수 없다. 나의 신경망은 이 글들을 어떤 자동기계의 표현으로 간주하며, 이 자동기계는 자신의 저자 이름을 포기하고, 그 대신 '나 로봇'이라고 써야 할 것이다. 그러나 이것 역시 해결책이 아니다. 그가

두 대립하는 입장을 극단적 형식으로 표현하면 다음과 같다. 한편으로 극단적 인간주의(Anthropismus),[153] * 내지 (총체적인 인간중심적 '오만함'을 드러내는) 인간적인 것의 실천적 주관주의의 형식이 나타나며, 다른 한편으로 의지 및 책임, 채무 혹은 후회 등과 같은 요소들을 부정하는 입장, 혹은 행위자를 우주적 인형극장의 한 인물로, 그의 신경계의 종으로, 다른 힘들의 노리갯감으로, 총체적 굴종으로 강등시키는 입장, 궁극적으로 자유를 운명주의적으로 버리는 입장이 나타난다. 이런 사상의 오점은, 다시 말하지만, 정당하고 필연적인 하나의 규정을 유일하고 가장 고귀한 규정으로 선언한다는 데 있다. "인간 안에 있는 정신성은 동물성과 구별되어 독자적으로 존립하는 것이 아니다. 이는 마치 인간 안의 동물성이 정신 및 이성과 고립된 채 독자적으로 존립하지 않은 것과 같다. 인간의 정신적 본성 역시 동물적인 것과 결합해 있다. 우리는 인간의 정신적 본성을 추상적으로 고립시켜 순수한 정신이라고 생각하는 경향이 있는데, 그 결합은 우리의 그런 생각과는 전혀 다른 조건 아래 놓여 있다."[154] 이 두 계기가 논리적으로 필연적인 방식으로 통일되어 있다는 사실은 아직 사유되지 않는다. 운명론적 결정론은 자연에의 제약을 일면화하고 자유를 궁극적으로 기만으로 간주한다. 이에 반해 주관주의적 · 자의론적 이해는 자유를 자의로 환원하며, 따라서 의지함과 행위함에 대한 적절한 개념을 구상할 수 없다. 따라서 여기서는 자연이 주변적인 것으

어떻게 이 '나'를 나에게 설명할 것인가?

153 인간주의(Anthropismus)의 원리에 대한 벨슈의 날카로운 비판을 보라. Wolfgang Welsch, Zwei Probleme in Hegels Idealismus, in: Welsch/Vieweg, *Das Interesse des Denkens*, a.a.O.

* '인간주의'로 번역한 'Anthropismus'는 인간중심주의(Anthropocentrismus)의 극단적 형태로, 인간은 자연 안의 그 어떤 존재와도 다른 고귀한 존재이며, 자연 안의 모든 것은 인간을 위해 있다는 생각을 펼친다. — 옮긴이

154 Friedrich Immanuel Niethammer, *Der Streit des Philanthropinismus und Humanismus in der Theorie des Erziehungsunterrichts unsrer Zeit* (1808), Weinheim 1968, S. 40.

로 나타나며, 그저 버리거나 지배되어야만 하는 것으로 이해된다. 자유와 자연에 대한 이런 주관주의적 이해는 자유의 성취를 무한한 과정으로, 하나의 자연 목적에서 다음 목적으로의 도정으로 이해하는데, 이 도정은 자유에 대한 영원한 추구와 자유는 머나먼 종말에야 습득할 수 있을 것이라는 기약의 모형에 따라 진행된다.[155] 자유는 자의론과 결정론이라는 이 두 유형에서 만년설 아래 있을 것으로 추정되는 바위와 비교된다. 사람들은 이 근거(바위)에 도달할 아무런 희망도 없이 그저 끝없이 삽질을 해댈 뿐이다. 따라서 자유는 기만으로, 허구로 강등된다. 두 극단은 서로 넘나들며, 서로 전복한다. 자의와 임의성은 자신의 반대물로, 즉 우연한 충동이나 자연적 자극으로 드러나며, 그리고 그 반대도 마찬가지다. 결정론도 주관주의와 자의론도 모두 의지의 자유에 대한 일관된 답변을 제시하라는 요구에 좌절하며, 충분한 의지 개념에, 적절한 인간적 행위 개념에 이르지 못한다.

6.3 선과 악

충동과 경향성은 자기 고유한 것으로도, 지배적인 힘으로도 등장할 수 있는데, 이 충동과 경향성에 대한 가치평가와 측정, 이것을 재는 척도 등은 바로 그 충동과 경향성의 내부에 놓여 있지 않다. 그런 충동과 경향성은 '맹목적'이며, 자연성에 갇혀 있는 상태로서 서로 외적인 존재, 우연적인 것, 우연한 것들이라는 지위를 갖는다. 이것들이 주관적이고 개별적인 의지에 속하고, 이 귀속성이 자아를 굴복시키는 외적인 것으로 머무르는 한 '그것들은 사건(추락, Fall)이다.' 이 무더기 속에서 이것들은 서로를 방해하며, 파괴적 영향을 전개하겠다고 위협한다. 따라서 이런 충동과 경향성은 평가(Be-Urteilung)를 필요로 하는데, 이 평가는 『논리학』에 따르면 단순한 포섭으로부터 오성의 형식적 보편성을 거쳐 개념적 사유에 이르는 몇몇 단계에 이르는 과정에서 이뤄진다.

---

155 칸트의 실천철학(신과 영혼의 불멸성)에 대해서는 제3장을 참고하라.

『엔치클로페디』 §472는 선과 악이라는 이런 본질적 주제를 압축된 형식으로 강조하고 있다. 그것도 세계에서 악과 곤란함(Böse und Übel)의 근원에 대한 유명한, 악명 높은 물음을 원리적으로 위치지우는 형식으로 나타난다. 이 물음은 처음에 형식적으로 실천적인 것의 견지에서 등장하며, 실천적 당위는 실제적 판단(근원적 나눔, Ur-Teilung)을 함축하고, 내적 부정성의 사유를 요청한다. 여기서 내적 부정성은 필연적으로 근원적인 원통일체(Ur-Einheit)에 속한다. "삶과 정신의 유한성은 이 삶과 정신의 **판단**(Urteil, 근원적 나눔, 즉 쪼개짐)으로 떨어진다. 이 판단에서 삶과 정신은 자신들에 의해 분리된 타자를 동시에 자기 안에 있는 자신의 부정태로 가지며, 따라서 곤란함이라 불리는 모순으로 존재한다"(Enz §72). 살아 있는 것과 정신의 형식에 이런 '내재적 구별'(§6)이 현재하며, 당위가 등장한다. 여기에는 뵈메에 의존하고 있고 헤겔의 이해를 위해 근본적인, 이미 언급한 입장, 즉 '**내재적이고 내장되어 있는 부정성, 주체성, 자아** 등은 곤란함과 고통의 원리들이며, 따라서 역경과 혐오의 토대이자 바로 악의 토대이다'라는 입장이 결합되어 있다. 번민과 고통뿐 아니라 자기임(Selbstheit)과 정신도 뵈메적 근원에서 '솟아난다'(Enz §472). 절대자 혹은 신적인 것은 한갓 공허한 통일체가 아니라 "자기 자신을 분할하는 대립자의 이런 통일체"[156]로 사유될 수 있다. 독일의 신비철학자인 뵈메[157]에게서 헤겔은 신을 자기분리로 파악해야 한다는 대담한 사상을 본다. 사유도 동일하게 분리, 판단이다(Enz §467). 이에 따르면 부정적인 것은 신 자신 안에, 근원적 나눔에 놓여 있다.[158] 근원적 나눔(판단, Ur-

156 GdPh 20, 100.

157 예컨대 1811년 2월 25일 헤겔이 게르트(van Ghert)에게 보낸 편지를 보라. "독일에서 그(뵈메)는 특별한 관심을 갖는다. 그는 본래적인 의미에서 최초의 독일 철학자다"(Georg Wilhelm Friedrich Hegel, *Briefe von und an Hegel*, hrsg. von J. Hoffmeister, Akademie Verlag, Berlin 1970, S. 381).

158 Cecilia Muratori, '*Der erste deutsche Philosoph*', *Hegels Interpretation des spekulativen Mystizismus Jakob Böhmes*, insbesondere Teil 3.2.3. und Anhang 1(*Lebendigste Dialektik: Hegel und die spekulative Mystik Jakob Böhmes*), a. a. O.

Teilung)은 악의 근원을 신 안에 내재하며, 신으로부터 갖는다.[159] 이를 간단히 요약하면 다음과 같다. 악은 헤겔에게서 **필연적인 것, 그리고 당위의 측면에서 있어서는 안 되는 것**이다. 이것은 예를 들어 신의 빛의 아들인 루시퍼에게 해당한다. 루시퍼는 필연적으로 신적인 존재에 속하며, 동시에 지옥의 제후이며, 따라서 존재하지만 당위의 측면에서 효력을 행사해서는 안 되는 악과 고통이다. "악할 자유가 없다면 어떤 공적도 발생하지 않으며, 선할 자유가 없다면 죄에 대한 어떤 책임귀속의 문제도, 심지어 선과 악에 대한 인식도 발생하지 않는다."[160] 의지하는 자는 악도 행할 수 있다. 다만 헤겔에 따르면, 이러한 일은 자유로운 행위 개념에는 맞지 않다. 악마의 행위들, 한갓된 부정성에서 기인하는, 그리고 순수한 특수성에서 기인하는 행동, 더불어 자의적 행동(범죄 행위와 같은 무법적 행위나 거짓과 같은 몰도덕적 행위 등) 등은 **온전한** 내지 **자유로운** 행위로 간주할 수 없다.[161]

a) 충동과 욕구의 포섭

충동과 욕구는 **직접적·자연적** 의지의 규정으로 간주되는데, 이 충동과 욕구가 자아의 목적과 합치되는 한 이것들은 긍정적인 것, 확실한 것, 말하자면 좋은 것(선한 것)으로 편입될 수 있다. 이로부터 '인간은 본성상 선하며, 근원적 상태는 낙원과도 같은 자연 상태로, 무흠의 상태로 간주될 수 있는 반면, 자유의지는 쇠락한다'는 주장이 생겨난다. 동시에 자연규정이 자아에서 발생하지 않는 한, 그것들은 부정적인 것으로, 악한 것으로, 극복되어야 하는 것으로 간주할 수 있다. 이것에 '인간은 본성상

---

159 Ebd., S. 49, 60.

160 Johann Georg Hamann, *Philosophische Einfälle und Zweifel über eine akademische Preisschrift* (1772), in: Johann Georg Hamann, *Sämtliche Werke. Historisch-kritische Ausgabe* von Josef Nadler. Wien 1949/1953, Bd. III, S. 38.

161 좀 더 자세한 내용에 대해서는 도덕법에 대한 헤겔의 이해를 다루는 제4장을 참조하라.

악하며(원죄), 사유하고 자유로운 존재로서 동물의 정원에서, 즉 낙원에서 쫓겨났다'고 하는 생각이 결합된다. 낙원 이후에 생겨난 이 새로운 악의 왕국은 다시 벗어나야 하며, 자연적 충동과 경향성의 형식으로 존재하는 자연은 벗겨져야 한다. 이런저런 시각은 주관적 자의로부터 성장하며, 특칭판단, 즉 **긍정**판단과 **부정**판단을 대표한다(Enz §175). 충동은 자연의 규정이자 이성의 규정이다. 이 두 시각은 옳지만, 일면성에 갇혀 있어서 불충분하다. '루소주의적' 이해뿐 아니라 기독교적 이해도 **이상적 황금시대와 실낙원**이라는 가정을 가지며, 죄 없는 무흠의 상태와 '죄 있는'(죄를 지을 수 있는) 존재 이래로 생겨난 이상적인 것의 부패라는 전제를 가지고 있다.

한갓된 자연적 제약성은 자유의지의 규정을 통해 이 의지의 고유한 것으로 정립되지만, 자연적 내용은 사라지지 않는다. 헤겔은 물질적인 것과 외적 자연을 벌하거나 무화하고자 하는 것을 정당하게도 추상적이고 한계 있는 것이라고 말하면서 이를 일종의 '수도승적인' 전망이라고 묘사한다(§163; Enz §409). 이와 대립적인 시각에서 볼 때 경향성은 본성상 선한 것으로 간주된다. 이 두 소견 ── 낙원과 실낙원 ── 에 대해 '자연은 선한 것으로도, 악한 것으로도 평가될 수 없다'고 이의를 제기할 수 있다. 선과 악은 의지함과 행위함의 근본적 규정이고 이것에 대한 평가이다.

b) 행복주의―공리주의―결과주의

충동, 욕구 그리고 경향성 등을 '정화'해야 한다는 아직 분명하지 않은 요구가 있다. 이 요구는 직접적 자연규정성과 여기서 생겨나는 내용의 우연성이라는 형식을 가지는 욕정과 자연자극의 해방을 포함한다. 내적인 심급으로서의 의무가 의지를 규정하는 것이 아니라, "의지가 장차 얻게 될 지복을 **수단으로 해서**만 자신의 의무를 수행하도록 움직인다."[162] 계산적 오성은 경향성을 서로 비교하고, 이 경향성을 만족 전체와

---

162   Kant, *Die Metaphysik der Sitten*, AA VI, 377.

비교한다. 그리고 이 오성은 이런 비교를 통해 형식적·반성적 통일을 산출함으로써 자연적 질료를 그 '날것의 모습과 야생의 모습'(§20)으로부터 해방한다. 전통은 '계산된' 그런 통일을 지복이라고 표현한다. 헤겔은 이 용어도 사용하지만, 좀 더 좋은 근거에서 『법철학』에서는 **복리**(Wohl)라는 개념을 선호한다.[163] 그 장점은 이 범주의 토대 위에서 **복리지향**(Wohlwollen), **복지**(Wohlfahrt), **공동복리**(Gemeinwohl) 등과 같은 새롭고 중요한 실천철학의 개념을 분명하게 구성할 수 있다는 데 있다. 오성의 업적은 이러한 도야와 형식을 보편자로까지 이어간다는 것이며, 여기서 특수한 충동과 욕구는 하나의 보편자로, '반성의 보편성'(Enz §469, Z)으로 포섭된다. 한갓 반성하는 오성적 의지에 근거하여 **'경향성의 체계'**가 구상되며, 지복 내지 복리는 여기서 "내용의 단지 표상된, 추상적 보편성으로, 그저 당위적으로만 있어야 하는 보편성"(Enz §480)으로 현상한다.

행위는 원리상 결과로부터 평가되어야 하며, 행복은 결과에서 **측정**되고 계산되어야 한다. 따라서 어떤 열망이 보다 많은 충족을 가져오는지, 어떻게 가장 큰 행복에 도달할 수 있는지 등을 조사해야 한다. 그런 행복은 우리 행위의 결과와 귀결에 의해 극대화될 수 있다. 지복을 가장 큰 안락한 느낌으로 이해하는 행복주의의 이 원리는, 헤겔에 따르면, "30년 전 도덕의 특수한 원리"(Kiel 52f.)가 되었다. 헤겔이 여기서 공리주의의 설립을 알리는 저서, 즉 제러미 벤담(Jeremy Bentham)의 『도덕과 입법의 원칙에 대한 서론』(1789)을 지시하고 있을 가능성은 아주 크다. 이 책에서는 이러한 '이익의 계산', 유용성의 계산, 기대될 수 있는 유용성의 극대화 등이 중심에 서 있다. 결과를 지복의 관점에서, 유용성의 관점에서 평가해야 한다는 공리주의의 근본 주장에 대해 논의하면서 헤겔은 결과론적 윤리학에 대한 오늘날의 논쟁에 들어오게 된다.[164]

---

163   또한 Kant, Kdp V, AA V 78 참조.

164   공리주의에 대해서는 다음을 보라. Michael Quante, *Einführung in die Allgemeine Ethik*, Darmstadt 2008. 크반테는 공리주의 역사에서 처음에 '쾌락' 혹은 '행복'이 유용성과 결합되었지만, 오늘날은 경제학에서 가져온 기준이 공리주의를 지

이런 행복주의 혹은 공리주의가 보편성(목표로서의 선(좋음))을 추구하지만, 이 보편적 목적은 동시에 개별적으로 머문다. 말하자면 '**어떤** 경향성은 좋다', '충동의 **어떤** 상태는 좋다', 혹은 '어떤 결과와 귀결은 좋다' 등으로 표현할 수 있다. 행복주의는 이처럼 지복 내지 "특수한 경향이나 소망 그리고 욕구 등의 만족"을, 그것도 계산의 형식으로 표시하는 만족을 자신의 목표로 고착시킨다. 이는 "우연적이고 파편적인 것을 의지의 원리로, 의지의 활동의 원리로 삼는 것이다"(Enz §40).[165] 그 중심에는 **특칭판단들**(partikuläre Urteile)이, 그리고 여기서 기인하는 보편적 의지의 부정, 내지 의지의 구속력 있는 규정 가능성의 부정이 위치한다. 또한 이에 대해 비판을 가하는 피론이즘(회의주의)이라는 치명적 무기와 불가피하게 무한진행될 뿐인 비유적 글쓰기 역시 공격의 대상이다. 의지의 실현은 규정된 특수성 속에서, 말하자면 구체적인 어떤 특수한 것으로 나타나지만, 이 특수성은 동시에 무실한 것으로 사라질 것이다. 만족은 사라지기 때문에 이 사라짐은 다시 사라져야 하고, 그 과정은 영원하다. 지복은 이렇듯 악마의 승천일로 진입할 수 있다.[166]

c) 공동체성 혹은 전체성―당위와 의무

행복주의와 공리주의의 시각에 대립하여, 특칭판단의 결함에 대립하여 즉자대자적으로 존재하는 의지의 참다운 무한성이 작용하게 할 수 있다(§22). 이 의지는 단순한 가능성으로서만이 아니라 현실적으로 무한한 것으로서도 취해져야 하며, 타자에서 다만 자기 자신에게로 돌아오며, 자기에게 귀환하며, 현실화**되어야 할 당위**를 갖는다. 여기서 (칸트와 더불어) 자유의지의 두 번째 근본적 측면, 즉 '자기에게 머묾'이라는

배하고 있다는 사실을 지적한다. 하지만 내 생각에 그것은 매우 다양한 공리주의적 사유의 문제들을 해결하는 것이 아니라 다른 차원으로 전가할 뿐이다.

165 Enz §54에서 헤겔은 행복주의를 비판하며, 의지를 사유하는 자기규정의 능력으로 보는 칸트의 이해를 존중한다.

166 「도덕법」 장을 참고하라.

특성이 언급된다. 행위들은 그 결과들, 그 귀결들과 상관없이 선하거나 악한 것으로, 옳거나 그른 것으로 평가할 수 있다. 이것이 의무론적 윤리의 원칙이다. 그런데 정언명령을 이처럼 행위의무의 유일한 적합성 기준으로 고양함으로써, 의지함을 이성에 기초한 준칙으로 환원함으로써, 그리고 행위의 결과와 귀결을 상대화함으로써 자연성, 말하자면 복리에 대한 무시가 증가하게 된다. 말하자면 행복을 단순히 행복할 만함(Glückswürdigkeit)으로 한정짓고, 현실적-무한성을 초월적 피안으로 옮겨놓음으로써 또다시 결핍된 보편성을 갖게 된다. 여기서 어떤 개념적 인식에도 열려 있지 않는 온전히 자비로운 존재가 요청된다. 그 외에 무한자에의 도달은 행복을 추구하고 희망함으로써 대략적으로만 내지 영혼불멸을 통해 가능하다고 한다. 여기서도 행복주의에서와 유사하게 **모호한 미래에의 기약과 무한한 과정이라는 악무한으로의 추락**이 나타나는데, 이것은 그런 구상이 갖는 불치의 아킬레스건이다.[167]

헤겔에게서 그리고 여기에서 절대자에 대한 그의 이해가 드러나고 있으며, 이런 무한자, 신적인 것, 절대자도 의지의 자유를 지니고 있기에 필연적으로 현실과 현재를 갖는다. 이런 현재성 사상, 즉 헤겔의 '**지금의 원리**'(Jetzt-Prinzip)와 더불어 철학은 (하늘이나 내적인 주관적 감정으로 나타나는) 앞서 언급한 피안을 지양한다. "바로 이 일상의 삶은 진리와 현실을 자기 안에 지니며, 그렇지 않을 경우 그것은 없을 것이다." 철학은 "정신의 이 현재"를 인식해야 하며, 이 참된 것은 어떤 과거와 미래도 갖지 않는다.[168]

두 모델, 즉 한편으로 경향, 지복, 행위의 결과 등을 강조하는 모델(행복주의, 공리주의, 결과주의)과 다른 한편 의무론적인 것, 당위, 의무 등을 강조하는 모델(Kant)에 대한 첫 번째 잠정적인 특징을 제시한 다음 헤겔

---

167 이에 대해서도 「도덕법」 장을 참고하라.

168 Vieweg, *Religion und absolutes Wissen. Der Übergang von der Vorstellung zum Begriff*, a. a. O.

은 행동의 가치평가의 가능성에 대한 근본적인 두 측면을 소개한다. 이와 더불어 마침내 오성과 지복으로 대표되는 이론적인 것과 실천적인 것이라는 이 두 '중간 단계' 역시 재산출되는데, 여기서 이론이성과 실천이성을 나누는 이원론이 이미 극복된 것으로 해명되었기 때문에, 이둘은 더 이상 분리되지 않고, 하나로 보여야 한다. 그런데 이 두 모형에서 두 계기를 논리적으로 통일하는 과업은 실패한다. 간단히 말하면, '의무를 행하지 않고 행복하게 됨'이거나 '행복하게 되지 않고 의무를 수행함'이 된다. 행위들을 충분히 평가하기 위해 결과들을 무시하거나 의도들만을 고려하는 것뿐 아니라 결과들만을 배타적으로 지향하는 것도 극복되어야 한다. 이 두 구상에서는 행위 개념의 전체적인 모습이 드러나지 못하며, 개별적 계기들이 행위를 평가하는 유일한 척도로 고양된다. "오성의 추상작용은 **하나의** 규정성을 강압적으로 붙든다"(Enz §89). 칸트의 용어로 말하자면, 오이데모니(Eudämonie, 지복의 원리)뿐 아니라 엘레우테로노미(Eleutheronomie, 내적 입법의 자유 원리)[169]도 일면적 원리로 머문다. 그런데 보눔(선한, 좋은, bonum)이라는 말은 선과 복리(Gut und Wohl)를 포함한다. 이는 마치 말룸(악한, 나쁜, malum)이 악과 곤란함(Böse und Übel)을 포함하는 것과 같다. 도덕법을 다루는 장에서 이 두 근본 모형은 좀 더 자세히 다뤄질 것이다.

d) 참된 보편의지

형식적 보편성은 '날것의 모습과 야만의 모습'으로 존재하는 질료를 외적인 방식으로 '정화'한다. 사유의 보편성을 부각하고 작동시키는 가운데 헤겔은 "도야(/형성)의 절대적 가치"(§20)를 본다. 사유의 활동은 보편자로의 고양을 의미한다. 자유의 형식의 상승 근저에는 사유의 도야

---

169 장 파울은 이들을 '정언적 명령자들'이라고, 정반대의 사람들을 '지복의 교사들'이라고 말한다(Palingenesien, *Jean Paul Werke*, Abt. I. Vierter Band, Darmstadt 2000, S. 809~13).

가 놓여 있다. 따라서 중요한 것은 자유로의 도야(/형성)이며, 이것은 도야가 "보편성으로의 고양"을 포함하는 이유이다(§21, A). 『법철학』을 관통해 가는 현대의 핵심 개념인 **도야**(Bildung) 개념의 초석이 바로 여기에 놓여 있다.[170] 보다 높은 단계(형식적 보편성의 진리)는 "**자기 자신을 규정하는 보편성, 의지, 자유**"(§21)이다. 의지는 "보편성, 자기 자신을 무한한 형식으로 자신의 내용, 대상 그리고 목적으로 가지며, 이로써 의지는 즉자적으로뿐 아니라 **대자적으로도** 자유의지, 참된 이념이 된다"(§21). 오성을 이성으로 가져오는 것과 의무와 지복을 자유로 가져오는 것은 동전의 두 면과 같다. 참된 보편성은 개념적 사유, 즉 '의지 속에서 자신을 관철하는 사유'에 기초해 있다. 의지는 "**사유하는** 지성으로서만 참된, 자유로운 의지"(§21)이다. 논증의 모든 단계를 적절하게 해석하는데 관심을 두는 가운데 이것 역시 무조건 고려되어야 한다. 즉 사유는 언제나 작용하고 있는 것으로 취해져야 하며, 여기서 헤겔 법론이 갖는 원래의 철학적 내용이 드러난다. "따라서 사유는 법(/권리)과 체제(헌법) 일반의 초석이다"(Ho 151). 이에 반해 법(/권리)과 자유를 철학적으로 규정할 때 사유를 과소평가하거나 배제하는 사람은 인간에게서 모든 진리와 가치와 존엄을 빼앗는다(§21).

§§22~23은 집약된 형식으로 개념적으로 파악된 의지의 내용, 즉 개념으로 표현된 의지를 표현한다. 이 의지는 순수하고 참된 보편성 속에서 자기 자신을 자신의 대상으로 가지며, 더 이상 의존 관계에 있지 않다. 이 의지는 자신의 행위 속에서 어떤 낯선 권위도 추종하지 않는다. '자기 자신에 거함'(Bei-sich-selbst-Sein)이라는 형식의 이런 자기지시성은 근본적으로 자유의지를 특징짓는다. 이 의지는 '진리 자체'로 간주되며, 이 의지의 자율성은 "자신의 현존재 속에 있으면서도, 말하자면 자신과 마주하여 서 있는 것으로 존재하면서도 자신의 개념에 맞게 존재한

---

170 도야 외에 이 저작 전체를 관통하는 핵심 개념의 지위를 갖는 것으로는 정의, 평등 혹은 판단하는 자로서의 판사 등의 개념이 있다.

다"라는 사실에서 성립한다(§23). "나는 나의 보편적 본질이고자 한다" (§26, A). 자유의지는 단적으로 **자기에게**(bei sich) 머문다. 왜냐하면 이 의지는 "자기가 아닌 것과 관계를 맺지 않으며, 따라서 자유의지는 의지하는 자기관계라는 특징을 갖기 때문이다." 혹은 순수한 개념이 자기 자신에 대한 직관을 자신의 목적과 실재로 갖기 때문이다(§23). "즉자대자적으로 존재하는 의지는 **참으로 무한**하다. 왜냐하면 이 의지의 대상은 바로 자기 자신이기 (……) 때문이다. (……) 자유의지에서 참된 무한자는 현실과 현재를 갖는다. 이 의지 자체는 자기 안에 현재하는 이념이다" (§22).[171] 여기서 다시 헤겔 논리학의, 즉 그의 철학함의 아르키메데스적 지점이 단적으로 명료화된다. 즉 개념적 사유는 자기관계로서, 그것의 자기규정의 역학으로서 자유이고자 하는 자유이다. 이렇게 사유된 자유의지에서 우리는 '이중적 자기지시', 즉 인지적인 것과 의지적인 것의 통일, 자기지(/앎)와 자기의지의 통일을 갖는다.[172]

이어서 헤겔은 다시 한 번 『논리학』을 명시적으로 거론하면서 한낱 공동성이나 전체성으로 등장하는 오성의 보편성과 보편적인, 참된 보편자의 차이를 지시해 준다(§24). 루소는 국가와 관련하여 이 차이를 만인의 의지와 일반의지의 구별을 통해 적절한 방식으로 보여 주었다(Enz §163, Z). 개념의 두 계기들의 지양을 통해서 비로소 구체적 보편성이 습득될 수 있다. 의지는 자신의 대상을 덮쳐서 이 대상을 자기의 것으로 고양하며, 그것을 자신이 그 안에 거하고, 그 안에서 자기 자신으로 머무는 하나의 '사물'(Sache)로 만든다. 결국 여기서 **사변적 방식으로만** 파악될 수 있는 이성적인 것의 윤곽이 드러난다. 형이상학적인 것을 피하거나 '빼버리고자' 하는 모든 노력은 회의적·비판적 시험을 견뎌낼 수 없고, 이성의 법정에서 살아남을 수 없는 이미 극복된 이원론을 다시 자기에게

---

171 자유의지는 이념이며, 따라서 개념이자 현존재이지, 한낱 가능성이나 소질 혹은 능력이 아니다. "그것의 외적 현존재는 자신의 내면성, 자기 자신이다"(§22, Z).

172 Schnädelbach, *Hegels praktische Philosophie*, S. 187. 그런데 사유의 사유만이 비로소 완벽하게 충족된 자기관계로 간주될 수 있다는 사실이 덧붙여져야 한다.

이끌어 온다. 이 책의 세 개의 장에 등장하는 세 가지 근본 형태를 상론하면서 이 부분을 좀 더 상세하게 다루게 될 것이다.

주체성과 객체성의 동일성은 자유의지에 내재해 있지만, 헤겔이 이 술어들을 그때마다 상이하게 사용하기 때문에 이 책을 읽는 데 어려움이 있다. 여기서는 크반테의 제안을 숙고하면서 그 내용을 형식화하고자 한다.[173]

주관적 의지

α)

나=나, 자기의식의 절대적 통일성, 자기 자신에 대한 순수한 확실성

순수한 주체성

β)

의지의 특수성, 자의, 임의의 목적의 우연적 내용

자의적 주체성

γ)

내적인, 상술된 목적

참된 주체성

객관적 의지

α)

자기 자신을 자신의 규정으로 아는 나, 자신의 개념에 적합한 나

순수한 객체성

173   Michael Quante, *Hegels Begriff der Handlung*, Stuttgart 1983, S. 55~59, 74~79.

β)

자신의 객체의 특수성으로 '침잠한' 의지

실체적 객체성

γ)

현존재의 직접성 속에서 외적 실존으로 현실화된 목적

참된 객체성

실천적 자기지시와 이념으로서의 자유—자유의지를 의지하는 자유의지

§27에서 헤겔은 지금까지 개진한 의지 개념의 규정으로부터 결론을 이끌어낸다. 자유로운 정신의 절대적 규정은 '이 정신에게는 자신의 자유가 곧 대상이 된다'는 것이다. 자유로운 정신은 사유하는 자기관계의 양태로 사유되어야 하며, **자기 자신**의 타자로서의 이 타자와, 단적으로 자기 자신과 관계하며, 이 타자 속에서 **자기 자신**에 머물며, 따라서 **자유롭다**. 객체성은 현존재의 직접성을 외적 실존으로(§26) 포함하는데, a) 한편으로 주체 안에서 포함하고, 또한 b) 모든 주체 안에서의 **보편적 유효함**으로(§27, A) 포함한다. 뿐만 아니라 이 객체성은 c) 자유로운 정신의 규정의 '이성적 체계'를 포함한다. 그 핵심 규정은 다음과 같다. "의지라는 이념의 추상적 개념은 도대체가 **자유의지를 의지하는 자유의지이다**"(§27). 의지는 자기 자신 이외에 다른 어떤 목적도 갖지 않으며, 의지는 이 속에서 **자기목적적인 것**으로 서술될 수 있다. '참다운 의지'는 — 헤겔은 자기지시(Selbstreferenz, 자기근거)라는 이런 공리와 관계하여 설명하는데, —자기를, 따라서 자신의 자유를 대상으로 갖는 자유의지이며, 자신의 현존재로서의 자유(§27, A), 즉 자유의 이념이다. 의지는 자신을 구성하는 과정에서 스스로를 사유하는 의지로 고양하며, '사유하는 자로서만 가질 수 있는' 내용을 스스로에게 부여한다(Enz §469). 이 속에서만 자유의지는 '자기 자신에게 머물' 수 있다. 자유의지가 이성적 존재에게 귀속되어 있다는 사실을 부정할 수는 없지만, 귀속의 능력이 인

정되지 않을 수는 있다. 따라서 자유의지는 스스로를 **의지해야(원해야)** 하며, 그저 주어지는 것이 아니라 내가 그것을 **알아야** 하고 또 그것을 **나에게 귀속시켜야** 한다. 법(/권리)은 선험적 연역의 결과로서가 아니라 의지 개념의 고차적 규정으로, 자유 형식의 총체로,[174] 따라서 자유의지 개념의 실현으로 간주될 수 있고, 또한 자유로운 의지함의 현존재로, **자유의 모든 규정의 현존재**로 간주될 수 있다. **자유 이념**에서 나열된 개념은 형태의 나열로 드러난다. 자유의지라는 이념의 내용은 다음의 운동을 거친다. 즉 주체성과 객체성의 모순은 지양되고, 주관적 목적은 객체로 전이될 수 있으며, 의지는 이 객체 속에서 자기 자신으로 머물 수 있다. 따라서 처음에는 추상적으로 나타난 (자기 자신을 의지하는) 자유의지의 이념이 그것의 체계의 총체(§28)로, 법적 세계의 건축물(§28, A)로 펼쳐진다. 이것이 바로 자유의지 이념의 운동을 요약한 것이다.

"어떤 현존재가 자유의지의 현존재인 한" 거기서 우리는 법(/권리)의 존재를 말할 수 있으며, 그 현존재는 **이념**(개념과 현실의 통일)(§29)으로서의 자유이다. 법(/권리)은 '한 세계의 체계'(§29, A)로, 절대적 개념과 자기 의식적 자유의 실현의 현존재로 서술할 수 있다. 이제 논리적으로 엄격하게 전개되어야 하는 법(/권리)의 주 형식 혹은 자유의 방식, 말하자면 a) **추상법(추상적 권리)**, b) **도덕법** 그리고 c) **인륜법** 등은 자신만의 독특한 법(/권리), 내지 자신만의 타당성 요청을 대표하며, **자유의 이성규정**이다. 이 모든 형태는 '자유의 규정과 현존재'(§30)를 서술한다.

7. 자유의지의 자기규정의 주된 세 단계

§33은 이 책 전체에 대한 서언으로서 정신이 구축한 자유 세계의 주된 세 단계를 포함하고 있으며, 따라서 『법철학』의 목차를 말해 주고 있다.

---

174 Siep, *Praktische Philosophie im Deutschen Idealismus*, S. 65~80 참조.

1) 추상적·형식적 법(/권리), 2) 도덕법, 그리고 3) 인륜법.[175] 주석 형식의 이 도입부에서는 이미 놓인 초석 위에 사유의 전체 건축물의 기본 뼈대가 그려지고 있으며, 주춧돌, 주 기둥과 벽 등이 묘사되고 있다. 물론 개별 구석이나 공간 주변의 환경이 모두 다 그려질 필요는 없다. 여기서 다뤄지는 것은 논증 과정에서 체계적·논리적으로 전개될 때 등장하는 가장 중요한 정거장들이다. 시작하기 전에 주목해서 볼 지점을 미리 말해두는 것이 좋겠다.

a) 세 단계로 진행된다고 해서 세 번째 단계인 인륜법이 법(/권리)과 도덕법보다 '시간적으로 뒤늦은 것'임을 의미하지는 않는다. 인륜법은 오히려 법과 도덕법의 토대로 드러나게 되며(§81, A), 따라서 '근거로 감'(/몰락함)이라는 헤겔의 논증 모형의 정당성이 여기서 다시 드러나게 된다. 체계적 진행 과정에서 시초의 정당성이 생겨난다. 자유의지, 즉 하나의 세계라는 현실로 자신을 조형해 가는 의지에서 출발하는 이 시작은 마지막에 보다 높은 단계에서 **세계정신**으로서의 세계의 정신과 그 최종적 형태인 현대 세계라는 복잡한 범주에서 다시 회복된다. 현대 세계가 최종적 범주가 되는 이유는 이 현대 세계에서 자유의지의 원리가 자신의 참된 실현을 경험하기 때문이다. 이렇게 해서 실천철학에서의 '원환들의 원환'은 마감한다.

『논리학』과 『엔치클로페디』의 논증에 따르면, 자유를 열정적으로 그리고 일관되게 중심으로 밀어 넣는 그런 입장은 이미 어느 정도 자유의 발전을 이룬 세계에서만 인정될 수 있다. 헤겔은 '새로운 세계의 출몰'이라고 말하며, '타당하게 통용되는 것의 정상에 사상이 위치하는'(Ho 96) 그런 (사회적·역사적) 구성체가 형성되었다고 말한다. 세계는 머리 위에, 즉 **사상 위에** 세워지며, 프랑스 혁명은 이를 위한 핵심 역할을 했다. '자유, 평등, 박애'라는 슬로건으로 표현되는 프랑스 혁명의 본질적 내용은 헤겔에 의해 개념의 형식으로 나타난다. '국가법의 위대한 스승

---

175   또한 Enz §§487, 170, 171 참조.

이 파리에 앉아 있다'는 나폴레옹(Napoleon)과 현대적 법전인 나폴레옹 법전에 대한 헤겔의 기지에 찬 유명한 발언으로 여겨진다. 법(/권리)의 모든 원천은 더 이상 소여된 것, 전통적인 것, 전승된 것 등에 있지 않다. 그리고 한낱 자연적인 것, 감정이나 예감 등은 더 이상 법(/권리)의 원천으로 간주되지 않으며, 사유에 의해 정당화될 수 있는 보편적 원리, 보편 의지로서의 일반의지가 중요해진다. 자유는 세계의 깃발이 되었다. 헤겔은 이 깃발이 높이 들리는 순간에 서 있으며, 따라서 그의 철학은 **자유의 관념론**으로, **현대의 관념론**으로 표시되어야 할 것이다.

　b) 헤겔의 저작이 나온 지 200여 년이 지났지만 그의 이런 철학적 시대진단은 여전히 유효하다. 우리는 아직도 여전히 초기 단계에, 즉 자유의 상을 머리로 간직하고서 그 상을 세계로 뽑아내고자 하는 시작 단계에 있다. 20세기의 재난들, 그 잘못된 길과 우회로는 이러한 사실을 분명하게 보여 준다. 그럼에도 불구하고 헤겔의 구상을 의미 있게 재형식화하고 재활성화하고자 하는 노력은 현대의 기획의 점차적인 변화를 목도하기 위해, 또한 현대성에 대한 오늘의 형식화가 어떠해야 하는지를 볼 수 있기 위해 현재의 '지금'의 정신을 파악할 것을 요구한다.

　c) 헤겔적 의미에서 개념의 적용 범위를 어떻게 정확하게 측정할 것인지를 안내하는 것도 불가피해 보인다. 실천적 영역을 표현하는 단순한 문장이나 외적 국면이 아니라 이들 영역의 원리들, 개요들, 이념형들, 개념들, 판단들, 추론들 등이 철학이 다루는 내용이다. 모든 개별적 특수성이 철학의 어깨에 놓일 수는 없다. 철학은 학문 세계 전체를 홀로 이고 있는 아틀라스 신이 아니다.

　d) 『법철학』의 첫 두 부분, 즉 「추상법」과 「도덕법」의 다층적 서술에서 호네트는 "헤겔 실천철학의 가장 강력한 도전 중 하나를 보는데, 특히 법적 자율성과 도덕적 자율성을 확고하게 일면화한다는 관점에서"[176] 그것을 본다. 이러한 확고한 언명이 「인륜법」 장의 의미에 부담을 주지 않는

176　Honneth, *Leiden an Unbestimmtheit*, S. 41, 51.

한, 그것은 전적으로 적합하다. 하지만 헤겔은 현대 세계의 두 가지 자유 개념만 다루는 것이 아니다. 또한 이 두 개념은 그의 체계 구성과 상관없이 해명되어서도 안 된다. 헤겔은 자유의 첫 두 형태의 불완전성과 일면성, 그리고 결핍을 사회적 손실이라는 지표에서 독해하며, 사회적 실재에 내재한 병리적 배척에서 그런 현상을 식별하는데, 이러한 사실은 논쟁의 대상이 아닌 것 같다. 그러나 무엇보다도 일면화는 논리적-개념적인 것에서 —— 즉 이율배반, 이원론, 원환, 무한한 과정, 결핍된 판단형식 등에서 —— 수행되며, 이것을 사유에서 불충분한 것으로, 개념적 사유에 대한 위반으로, 개념적 형식화의 실패 내지 방기로, 말하자면 자유의지의 내용에 대한 위반으로 진단된다. 무엇보다도 판단의 결여, 즉 개념적 파악의 결핍이 밖으로 드러나야 한다. 왜냐하면 개념이 훼손됨으로써 손실, 배척, 황폐화 등이 생기기 때문이다. 사유의 이런 결핍이 현존하는 경우 (많은 중간 단계를 넘어) 엄청나게 자의적이고 생각 없는 수많은 행동이 나타나며, 따라서 현실 세계에서는 병리적 결과가 등장한다. 헤겔의 생각대로 말하자면 다음과 같다. 사유가 너무 성급하게 굴면 그것은 실재에 그만큼 더 나쁘다.

자유의지라는 이념의 단계(§33, Enz §487)

I. 직접적·개별적 의지
인격성, 개별 인격적 의지
추상법(/추상적 권리) 혹은 형식법(/형식적 권리) 영역

II. 자기 내 반성된 의지, 실천적 의지
분열되어 있는 혹은 특수한 실존으로 있는 이념
주관적 의지의 법(/권리)
도덕법 영역

III. 실체적 의지

직접적 의지와 자기 내 반성된 의지의 통일로서의 인륜적 의지

추상법과 도덕법의 통일과 진리

즉자대자적인 보편적 실존으로 있는 이념

인륜법 영역

자유의 개념과 형태의 계열 스케치
형식적·추상적 법

인격체   소유, 직접적으로 외적인 현존재

법적 주체로서의 인정

인격체의 자유

개별 인격체의 자유

도덕법

도덕적 주체   고의(Vorsatz)와 책임

도덕적 주체로서의 인정   의도(Absicht)와 복리, 선과 양심

도덕적 주체의 자유

도덕적 주체성의 자유

인륜법

인륜적 주체   가족, 시민사회, 국가

인륜적 주체로서의 인정

가족구성원의 자유

사적 인간(부르주아)의 자유

시민(국가시민)의 자유

사회적·정치적 자유

3. 추상법(/추상적 권리)과 인격의 자유

1. 인격성에 대한 헤겔의 새로운 철학적 이론—실천철학의 시작

나, 나를, 나의 것

(I, Me, Mine)

헤겔의 혁신적인 인격이론은 지속적인 영향을 주는 그의 실천철학의 현대성을 보여 준다. 이 이론에서 이 자유의 철학이라는 전체 건물의 주기둥이 설치된다. 새로운 모습으로 등장하는 인격(Person)과 추상법(/추상적 권리) 개념은 이성법에 대한 신뢰할 만한 이해를 위한 가능성뿐 아니라 오늘날의 세계 과정을 개념적으로 파악하기 위한 가능성도 개시한다. 이 문제 목록은 인격 개념에서 출발하여 인격성과 상호인격성, 기본권과 기본권들, 소유, 자기형성과 외적 자연으로서의 자연적인 것의 형성, 지속성, 점유, 정신적 소유 등을 지나 계약, 무법, 두 번째 강제와 형벌 등에 이르기까지 이 모든 것을 포함한다.

첫 번째 규정은 직접적이고 무규정적이다. 여기서 다시 §5와 §6에 기대어 이미 설명한 헤겔의 근본사상이 드러난다. 즉 이 첫 번째 직접성이 규정된 것에 대립해 있는 한, 그것은 추상적 동일성이라는 규정성을 서술하고 있다. §5에 따라 여기서 보편적이면서 추상적인 것으로부터, 무한한 자기관계 존재로부터, 의지의 단순한 자기지시로부터 출발한다. 즉자대자적으로 존재하는 의지는 여기서 **직접성**이라는 규정성 안에, **존재**라는 규정성 안에 존재한다(§34). 존재의 직접성[1]은 자아에 부여된다. '자아 안에 존재가 있고', 자아는 자기 자신과의 직접적 관계이다.[2] 이런 부정적 규정성과 더불어 — 나는 의심 자체이고, 우선은 내 존재만이 확실하다[3] — 그리고 아직 자기 내 규정을 갖지 않은 한낱 추상적인 자기관계와 더불어 — '나는 모든 것으로부터 추상될 수 있지만, 사유로부터 추상될 수는 없다. 왜냐하면 추상함은 그 자체로 사유함이기 때문이다'[4] — 의지는 이제 그 자체로 **개별적 의지**이다. 다른 말로 하면, "즉자

---

1 헤겔은 '존재' 개념과 관련하여 『논리학』에 의존해야 한다고 주장한다. 말하자면 『논리학』에 등장하는 규정들, 예컨대 추상적 보편자라는 규정, 직접성의 규정, '존재'(Ist)라는 순수한 추상적 자기지시, 존재라는 건조한 확언 등에 의존해야 한다는 것이다. "존재는 공허한 추상적 의미에서 볼 때 보편성이다. 즉 그것은 **자기와의 순수한 관계**로서 내부나 외부를 향한 더 나아간 관계를 전혀 갖지 않는다. (헤겔의 텍스트에는 'Relation'(관계)이 아니라 'Reaktion'(반응, 반작용)으로 잘못 쓰여 있다.) 존재는 이렇듯 보편자 안에 함유되어 있다. 내가 '보편자는 있다'고 말할 경우 나는 그저 이 보편자가 자기와 맺는 건조한, 순수한, 추상적인 관계를 말하고 있을 뿐이며, 존재라는 이 건조한 직접성은 가장 공허하고 빈곤한 규정이다"(PhRel 16, 120f.). 그러나 여기서 다뤄지는 것은 하나의 사상, 즉 논리적 사유의 규정이지, 예감, 믿음, 단순한 의견 혹은 여타의 비사유적 심급 등의 문제가 아니다. "직접적 지(/지식)가 사유 영역 외부에 있다고 믿는다면, 그것은 가장 큰 무지이다"(PhRel 16, 121).

2 §34, A: 추상적인 것 — "그런 것도 실존한다 — 이렇듯 추상적인 것도 아직 움직이지 않은, 타자와 관계를 맺지 않은 존재이며, 따라서 **직접적**이다."

3 "나는 존재한다(bin). 여기서 내 안에 이미 존재(Bin)가 함유되어 있다"(PhRel 16, 123).

4 "이 입각점에 대한 규정이 곧 이 추상적인 것이다." — "아직 규정이 없는, 대립이 없는, 자기 안에 머물러 있는"(§34 A), 더 나아가 모든 특수한 규정성들(충동들, 욕구들, 특성들)에 대해 나는 '부정적으로' 대할 수 있고, 그것들을 무시할 수 있다. 여기서 인격체의 평등(동등성)이 성립한다.

대자적으로 자유로운 의지가 추상적 개념으로 있을 때 이 의지는 직접성이라는 규정성으로, (……) 그 자체 한 주체의 개별의지로 있다"(§34). 이 주체의 의지는 여기서 자기로부터 규정된 자신의 고유한 내용을 아직 갖지 않으며, 따라서 이 의지는 아직 매개된 것이 아닌 직접적인 것을 지시한다.[5] 일반적·보편적 인간 존엄이라는 이념으로부터, 찰스 테일러(Charles Taylor)가 말하듯이,[6] "형이상학적 맥락을 주목할 필요가 있으며", 보편적인 인간적 잠재력, 즉 모든 개별 인간에게 공동으로 있는 능력을 주목할 필요가 있다. "자기를 위해서만 있는 자유라는 직접성 속에 거하고 있는 정신은 개별적이지만, 자기 자신을 절대적으로 자유로운 의지로 아는 정신이다"(Enz §488). 이러한 형식적인, 자기의식적인, 여타의 내용이 없는, 단순한 자기관계로 있는, 즉 배타적인 개별성으로 있는 주체는 **인격**(Person)이다(§§34, 35).[7] 인격성은 "나는 특수한 **이 사람**으로서 완전히 모든 측면에서 나와 규정된, 유한한, 하지만 단적으로 순수한 관계에 있으며, 이 유한성 속에서 나를 **무한자**로, **보편자**로 그리고 **자유로운 자**로 안다는 사실을 함유한다"(§35).[8] 인격성은 개념 자체를 표현

---

5 여기서 문제가 되는 것은 현실화된 자유의지가 아니라 잠재적으로 자유로운 의지이지만, 이 잠재성은 예컨대 어린이의 인정 문제 등과 같은 근본적인 중요성을 갖는다. 환자들과 정신질환자들과 관련하여 헤겔은 인간의 기본권 행사를 어렵게 만들지만, 관련된 자의 권리를 원리적으로 침해하는 것이 아닌 몇몇 개별적 계기만을 언급한다.

6 Charles Taylor, *Multikulturalismus und die Politik der Anerkennung*, Frankfurt 1993, S. 31f. "개별자가 자신의 잠재성으로부터 이룬 것이 아니라 이 잠재성 자체가 모든 사람을 존중하도록 보증한다. 그리고 우리는 어떤 환경으로 인해 자신의 잠재성을 일상적인 방식으로 실현할 수 없는 처지에 놓인 사람들에게까지, 예를 들어 장애인이나 뇌사 상태에 놓인 사람들에게까지 우리의 보호를 확대한다." S. 31.

7 "자유로운, 자기의식적 존재로서의 정신은 자기 자신과 동등한 자아인데, 이 자아는 절대적으로 부정적인 관계 속에서 우선적으로 배제하는 자아이며, 개별적인 자유로운 존재 혹은 **인격**이다"(Hegel, *Philosophische Enzyklopädie für die Oberklasse*, 4, 59).

8 "인격성이라는 '나와의 순수한 관계'는 따라서 자기의식적이고 육체를 가진 개별자가 자기 자신과 맺는 (자의적이라는 의미에서) 순수하게 사유하는 관계이다"

하며, 인격은 규정된 현실을 가진 개념을 포괄한다(§279). 지프는 인격과 인격성을 아주 명료하게 구별하고 있으며, 『법철학』에서 수행되는 법(/권리)의 전개가 추상적 법인격(Rechtsperson)으로부터 구체적 국가인격(Staatsperson)으로까지 진행되는 인격 개념의 전개로 해석할 수 있음을 시사한다.[9] 인격과 이 인격체의 활동은 행위 개념과 행위 수행자의 규정이라는 좀 더 고차적인 단계로 지양되며,[10] 도덕적 주체는 **특수한** 인격으로 기술되고, 시민사회의 구성원은 **구체적** 인격(사인, Privatperson)으로 기술된다. 하지만 엄밀히 말해서 보다 높은 수준에서는 (인격이라는 개념 대신) 도덕적 주체, 가족구성원, 시민사회 구성원(부르주아, 사적 시민) 그리고 국가시민(공민) 등의 개념이 사용되어야 한다. 그럼에도 불구하고 인격과 인격성은 여기 언급한 주체의 본질적 차원으로 여전히 남아 있다. 헤겔의 실천철학은 인격 개념에 대한 새로운 구상에서 시작하고, 이 개념이 뼈대를 이룬다. 그리고 그의 자유 이론은 이 개념을 토대로 전개되어 간다.

『법철학』에서 '추상법'과 '인격' 개념의 규정은 법(/권리) 개념의 첫 번째 단계로서 『논리학』의 「개념론」, 그중에서도 '**판단론**'으로의 이행, 궁극적으로는 '**질적 판단**'(현존재의 판단) 형태에 해당하며, '직접성과 최초의 추상적 보편성'의 판단에 비춰 해석할 수 있다. 이런 논리적 숙고가 추상법의 밑바닥에 깔려 있다. 자아는 주체 안에서 이중적 방식으로 고찰된다. 즉 자아는 '이것'으로, 말하자면 색인에 표시되거나 지시되듯

(Siep, *Praktische Philosophie im Deutschen Idealismus*, S. 101). Michael Quante, Die Persönlichkeit des Willens als Prinzip des abstrakten Rechts. Eine Analyse der begriffslogischen Struktur der §§34~40 von Hegel Grundlinien der Philosophie des Rechts, in: *G. W. F. Hegel. Grundlinien der Philosophie des Rechts*, hg. v. Ludwig Siep, Berlin 1997, S. 73~94.

9   인격성과 인격의 구분에 대해서는 다음을 보라. Siep, *Praktische Philosophie im Deutschen Idealismus*, S. 98~112.

10 행동(Tun)과 행위(Handeln)에 대한 헤겔의 중요한 구별에 대해서는 제4장 1을 참조하라.

이 혼동할 수 없는 것(완전히 규정되어 있는 특수자)으로 고찰되면서 동시에 대립된 것으로, 말하자면 순수한 자기관계로, 그 안에서 보편자로 고찰된다. 유한한 인격은 자신을 보편자로, 무한자로, 자유로운 자로 알 수 있다(§35). 추상적 인격 규정에는 처음에 언급한 의지의 이런 특수성이 완전히 도외시되며, 그런 특수성은 **우선** 인격성에 무차별적인 것으로 남아 있다. "나의 보편성, 이것은 다른 모든 것이 의존하는 절대적 권능이다"(§35, A). 따라서 제1장은 개별성(E)의 논리적 원리, 즉 **직접적** 보편성(A)의 주변을 회전한다. (자유로운) 의지는 우선 **직접적**이며, 따라서 그 개념은 **추상적**이다. 말하자면 그것은 인격성으로 나타난다(§33). 자유의지는 "우선 직접적이며, 따라서 개별적인 것으로 존재한다"(Enz §487). 헤겔은 이것을 의지의 추상적·형식적 보편성, 즉 **추상법**, 인격의 법(/권리)이라고 일컫는다. "대자적으로 존재하는 자유의 직접성으로 있는 정신은 **개별자**이지만, 이 정신은 자신의 개별성을 절대적으로 자유로운 의지로 안다"(Enz §488). 인격의 개념(인격성)은 자신을 추상적 나(자아)로 알기를 요구하며, **자신에 대한 사유하는 앎**을 요구한다. 여기서 자아는 자신을 인식(인정)한다.[11] 인격의 정당성은 스스로를 의지하는 자로 사유하는 자유의지에 있다. 한낱 자기의식으로 인해 인격성을 말하는 것이 아니다. 여기서 문제가 되는 것은 "자신을 완전한 추상적 자아로 아는 자기의식이다. 여기서는 모든 구체적 한계와 유효성이 부정되고 무효화된다"(§35). **스스로 사유하면서 의지하는 자아**, 자신을 스스로 인식(인정)하는 이 자아는 인격이다. 왜냐하면 여기서 개별자는 보편자이기 때문이다. 여기서 나는 순수하게 나와만 마주하고 있는 존재로서, 말하자면 대자존재로서 단적으로 나와만 관계하고 있으며, 나는 나에게 이러한 속성을 부여하고 나를 이러한 존재로 인정한다. 여기서 **나의** 의지, **나의** 권리(/법), 즉 개별자의 권리가 보편적인 것으로, 무한한 것으로 간주된다. "그런데 사실 권리(/법)와 이 권리에 대한 모든 규정은 **자유로운 인격성**

---

11 Siep, *Praktische Philosophie im Deutschen Idealismus*, S. 98~115.

에만, 즉 자연규정과 반대되는 자기규정에 근거한다"(Enz §502).

　'순수 사유 속에서 자아가 어떻게 자기의식을 위한 대상이 될 수 있는 지'를 묻는 물음에 대한 대답은 『논리학』과 「주관정신」을 전제해야 하는데, 무엇보다 세 가지 방향에서 그렇다. 첫째, 『논리학』 끝부분에 나오는 이념이라는 기본 범주가 의지의 입장에서 사유될 수 있는지, 따라서 **'순수하게 사유하고자 의지함'**이라는 시초로 회귀하는가? 이념은 결단하며, 따라서 의지의 모형에서도 이해되어야 한다. 둘째, 주관정신에 대한 논의가 고려되어야 하는데, 특히 『엔치클로페디』의 「현상학」에서 전개된 '이 사람'(Dieser)-'자기의식'-'나'라는 삼분법이 §35에서 어떻게 응용되고 있는가의 관점에서 그렇게 해야 한다. 세 번째 단계는 자유로운 정신(이론이성과 실천이성의 통일)의 핵심, 말하자면 '이 사람'과 자기의식의 동일성을 담고 있다. 하지만 이러한 사실은 무조건 「인간학」과 「현상학」 절에서 전개된 주관정신의 규정을 함의하고 있는데, 그것도 발견된 외적 객체성의 계기가 인간적인 것이라는 의미에서, 말하자면 "특수한 개별적 욕구로 등장하는 인간적인 것"(Enz §483)이라는 의미에서, 따라서 언급하고 있는 '자아'에는 이것이 전제되어야 한다는 의미에서 그렇다. 그러므로 기록되어야 하는 것은 **지양된 자연적인 것**이다. 이런 인간학적 배경이 특히 이 부분에서 주목되는데, 여기서 헤겔의 『엔치클로페디』의 해명 외에 가장 최근의 인간학적 연구 결과도 고려되어야 한다. 물론 이 문제를 해명하는 것이 이 연구서의 과제는 아니다. 이 인간적인 차원에 속하는 것은 무엇인가? 자연적인 특수한 개별적 욕구, 즉 특수성의 이 측면은 상승하는 방식으로 『법철학』의 주제를 이루고 있다. 먼저 §6은 **의지의 특수성**의 논리적 규정을 보여 주며, §11에서 이 특수성은 **직접적 충동, 욕망** 그리고 **경향성** 등의 체계로 주제화된다. 그리고 §19에서 이 의지규정의 더 이상 직접적이지 않은 오성적·반성적 체계가 따라 나오며, 이 체계의 온전한 실현은 **복리(지복)**가 된다. 특수성의 이 원리는 §123에서 **자연적인 주관적 현존재**라는 더 나아간 특징을 부여받으며, 시민사회의 기둥이 되는 **욕구의 체계**로까지 나아가 해명된다. 마지막으로 헤겔은 이 원리를 **조합**에 대한 숙고, **국가에 내재한 다양한 형식의 특수성**의 역할에 대한 숙고의 맥락에서 그리고 **국가들 사이의 관계**에서 탐구한다. 몇 가지 문제를 미리 간략하게 언급하고자 한다. 인간 모두에게는 공통적인 인간학적 '설비'가 장착되어 있는데, 이 설비의 중요한 차원이 법철학적 저서의 시야로 들어오며, 신체적 불가침성, 표상과 오성과 이성의 발전, 인간의 독자성과 공동체성, 이기주의와 연대적 태도 등과 같은 요소가 여기서 정당화된다.[12]

따라서 말할 때 '나'(ICH)라는 단어가 등장하면 이것을 간단히 정의하기 어렵다. 이 단어를 해명하기 위해서는 『엔치클로페디』에서 전개된 아주 복잡한 규정으로 들어가야 한다. 먼저 추상적 자아를 우선 인격으로 규정하기 위해 주관적 정신의 결과로 들어가야 한다. "대자적으로 자유로운 이 의지의 보편성은 개별성 안에서 이뤄지는 형식적·자기의식적·무내용적인 단순한 자기관계이다. 그런 한에서 주체는 **인격**이다" (§35). 이 **첫 번째 보편성**을 표현하기 위해 헤겔은 '이 사람'과 '자아'의 통일(나임, Ichheit)[13]로서의 **인격성**(Persönlichkeit)이라는 용어를 사용한다. 이 유한성에서 유한자는 자신을 무한자, 보편자로 안다. 자아는 이제 자신이 자유롭다고 **알며**, 따라서 더 이상 직접적일 뿐인 자기의식이 아니다.[14] §5와 관련하여 이 형식적인 것, 추상적인 것은 시초의 규정성으로 간주된다. 말하자면 나의 의지는 그 특수성에 상관없이, 그리고 모든 더 나아간 규정성에 상관없이 존중되고 합법화되며, 따라서 나의 의지는 권리를 갖는다. 특수성, 의지의 특수한 규정성은 우선은 도외시되며, 따

---

12 Martha Nussbaum, *Gerechtigkeit oder das gute Leben*, Frankfurt a.M. 1999, bes. S. 24~85. 하지만 헤겔의 견지에서 보면 인간을 규정하는 결정적 기준은 행위이다. 이 행위는 객관정신의 영역에서 주제화되며, 이 행위에서 [주관정신에서 다뤄지는] 인간학적인 것이 지양된다.

13 나임(Ichheit)과 나의 존재(Sein des Ich)의 관계에 대해서는 §5의 상술을 보라. 또한 PhRel 16, 122f.도 보라.

14 크반테(*Hegels Begriff der Handlung*, a.a.O.)는 분석철학에서 수행되는 이에 상응하는 몇몇 논쟁을 보여 준다.

라서 이를 **추상적 권리**(/**추상법**)라고 말해도 된다(§37).

그런데 특수성(B)이 궁극적으로 추상될 수 없다는 사실, 즉 제거될 수 없다는 사실이 드러날 것이며, 결과적으로 E-B의 관계도 고려되어야 하는데, 이것이 바로 추상법의 한계를 설정한다. 도입 문단에서 이러한 사실은 다음과 같이 기록되어 있다. "의지의 **특수성**의 계기에 따라 이 의지는 특정한 목적으로 이뤄진 내용을 가지며, **배타적 개별성**으로서 이 내용을 동시에 내 앞에 직접 놓여 있는 외부 세계로 갖는다"(§34). 이에 대해 헤겔은 다음과 같이 주석을 단다. "α) 자신을 의지하는 자유의지는 추상적이다. β) 이 의지 외부에 특수성(B)이 놓여 있다. (……) 이 의지의 실재성, 대상성은 스스로 규정된 내용을 아직 전혀 갖지 않는다." 의지는 아직 그저 대자적(독자적)으로만 있으며, 자신의 실재성은 따라서 직접적이다. 말하자면 그 실재성은 한편으로는 주관적 욕구이며, 다른 한편으로는 소여된 외적 세계이다(§34, A).

자유의지의 **절대적 권능**은 인격성 속에 놓여 있으며, 이 **절대적 권능**은 **나의 보편성**이고, 나의 의지는 다른 지지물이나 정당화가 필요 없는 보편적인 것으로 간주된다(§35). 법과 이 법의 모든 규정은 자유로운 인격성에**만**, 인격의 개념에**만** 의지하며, 헤겔은 이러한 사실을 명시적으로 **자기규정**의 토대라고 서술한다(§502). 이러한 사상의 세 차원, 서로 분리할 수 없이 연관되어 있는 세 차원을 좀 더 자세히 살펴보고자 한다.

2. 인격성과 상호인격성

a) 인격체의 인정―권리(/법)능력

헤겔에 따르면, 자신을 자아로 의지하는 자아는 '나는 의지한다'라는 한갓된 사실을 넘어간다. 헤겔은 이러한 사실을 범주적으로 **권리**(/**법**)능력으로 포착한다. 이것은 '**인격으로 존재하라**'는 의무를 포함하며, 자신의 보편성, 말하자면 언급한 절대적 권한(/자격, Berechtigung)을 아는 '주체로 존재하라'는 요청을 포함한다. 이때 이 주체에게는 바로 이런 특징이 귀속된다. 주체가 자신을 인격으로 아는 한, **모든 인격**은 이 권리능력을 가지며, 스스로 그렇다고 인정한다. 여기 핵심 개념인 '**인정**'과 더불어 필연적 진전이 일어난다. 자기의식이 보편적 자기의식으로, 순수한 자아로 전개해 간다는 사상(Enz §§436~438), 이성에 기초해 있는 자아임(Ichheit)이 필연적으로 상호귀속되어 있다는 이념(Enz §438), 그리고 자신을 상이하고 특수한 것으로 여기는 자기의식인 개별자의 의지와 이들의 의지의 관계(Enz §483) 등이 등장한다. 이 인정 개념과 이에 내포된 상호주관성의 이해를 헤겔은 『엔치클로페디』의 아주 찬란한 한 부분에서 아주 모범적으로 정식화한다.

> **보편적 자기의식**은 자기 자신을 다른 자기 속에서 확정적으로 아는 것이다. 이 다른 자기들 각자는 자유로운 개별자로서 **절대적 자립성**을 가지지만, 자신의 직접성 혹은 욕망을 부정할 수 있는 능력으로 인해 타자와 구별되지 않으며, 보편적 (자기의식)이자 객체적이다. 그리고 각자는 실제적 보편성을 상호성으로 가지며, 따라서 자유로운 타자 속에서 자기 자신으로 인정된다는 사실을 안다. 그리고 각자가 타자를 인정하고 자유롭다고 아는 한 이들 각자는 이러한 사실을 안다(Enz §436).

상호적으로 인정되는 이런 **절대적 자립성**은 이제 **모든 개별 인격의 절대적 권능**이라는 지위를 갖는다. 여기서 우리는 그 보편자를 모든 것에 통용되는 것으로, 단적으로 타당한 것으로, 혹은 인정 관계에 있는 인격적 개별자의 **절대적 평등**으로 가진다. 따라서 예속, 노예제 혹은 전제주의 등과 같은 관계는 처음부터 자유의 형식으로 간주할 수 없다. '노예'(혹은 '종')도 '주인'도 자유롭지 않으며, 그들은 '부자유라는 동일한 관계에 있으며', 그들에 의해 구별되는 자, 즉 타자도 자유로운 자가 아니다(Hom 265). 여기서 인정의 비등가적 · 비대칭적 형식은 배제되며, 인정의 형식은 인격성이라는 이런 절대자 혹은 보편자 속에서 자신의 가능성의 조건을 본다. 인격체의 상호적 인정받음에서 우리는 헤겔 자유 개념의 본래적 계기를 본다. 헤겔의 출발점을 '개인주의'나 '자유주의'로 해석하는 것에 반해서, 혹은 헤겔 체계에 내재한 '억제된 상호주관성'이라는 주장(M. Theunissen) 내지 헤겔은 "인격 개념을 상호주관성과 아무런 상관없이 사유했다"[15]라는 주장에 반해서 여기에서 인정의 계기가 헤겔 체계의 시초에 이미 전제되어 있다고 이의를 제기할 수 있다. "헤겔의 법철학에서 모든 법(/권리) 주체가 원리적으로 평등하다는 사실은 더 이상 특별하게 상론할 필요가 없는데, 왜냐하면 그런 사실은 자기를 아는 지(知)의 보편성 속에 상호적 인정 관계가 함축되어 있기 때문이다."[16] **상호주관성의 첫 단계로서의 상호인격성**에 근거하여 다음과 같은 입장을 제시할 수 있을 것이다. 즉 헤겔은 소유를 숙고하는 맥락에서 "나와 나 자신의 무한한 관계인 나는 인격체로서 나를 나 자신으로부터 밀쳐내며, 다른 인격체의 존재에서, 즉 다른 인격체와 맺는 나의 관계에서 그리고 그들로부터 상호적으로 인정받음에서 나의 인격성의 현존을 갖는다는 사실을 강조한다"(Enz §490). 실천철학의 현실적 논쟁에서, 헌법과 국제법에서, 정치적 맥락에서, 그리고 자기규정의 개념에 대한 모든 논의에서 더 이상 무시할 수 없는 인정의 원리는[17] 『법철학』의 모든 영역을 관통하고 있으며, 결정적인 모든 형태에 현존하고 감염되어 있다. 헤겔은 이 원리를 명시적으로, 이념으로서의 이성으로의 논리적·사변적 이행과 결합하며(Enz §437), 이 원리에서 **모든 참된 공동체**의 실체, 말하자면 우정과 사랑의, 그리고 가족과 국가의 **실체**를 본다.

추상법 계율의 두 번째 부분은 상호주관성을 상호인격성의 형태로 포

---

15 Hösle, *Hegels System*, Bd. 2, a.a.O., S. 491.

16 Ludwig Siep, Intersubjektivität, Recht und Staat in Hegels Grundlinien der Philosophie des Rechts, in: *Hegels Philosophie des Rechts. Die Theorie der Rechtsformen und ihre Logik*, hg. v. Dieter Henrich, Rolf Peter Horstmann, Stuttgart 1984, S. 259.

17 이 주제는 헤겔의 철학적 사상에서 오랜 기간 꾸준히 영향을 준 정말 특징적인 예이다.

함하고 있는데, 다음과 같이 언급하고 있다. "**모든 다른 개별적 자아를 인격체로, 권리(/법)능력이 있는 자로 존중하라.**" "너는 너의 현존재를 인격체로 가지며, 타자를 향해 있는 존재이다. 그리고 너는 너 자신에 대해 자유로우며, 너 자신에 대해 자유로운 자로, 인격체로 존재해야 한다. 그리고 **모두가 이러해야 한다**"(Gr 174). 이러한 상호인격성에 기반하여『법철학』에서 계속하여 전개되는 **상호-주체성**의 형식이 구축되는데, 이들 형식은 도덕적 맥락에서, 가족에서, 시민사회에서, '제2의 가족'과 '작은 국가'로서의 조합적-길드공동체에서, 그리고 마지막으로 국가에서 확인할 수 있다. 근본적으로『법철학』에서 상호-주체성의 세 단계를 확인할 수 있다. a) **상호-인격성**, b) **도덕적 상호-주체성**, 그리고 c) **인륜적 상호-주체성**. 헤겔의 주체성의 철학은 여기서 상호-주체성의 일관된 이론으로 드러난다.

b) 생명권과 신성불가침

이미 설명했듯이, 의지의 **특수화**, 의지의 **구체성**은 (그것이 추상법인 한에서) 간과된다. 말하자면 나의 이익과 행복뿐 아니라 나의 의지의 규정근거(통찰과 의도)도 간과된다. 따라서 인격성 이론의 결정적 원리가 등장한다. 즉 모든 개별 인격의 **신성함과 불가침성**의 계율 —— 칸트는 이 맥락에서 'heilig'와 'unverletzlich'[둘 다 '신성한'으로 번역할 수 있는데, 전자는 종교적 의미가 강하고, 후자는 보다 일반적으로 상용된다. 예컨대 전자는 신의 신성함을, 후자는 인권의 신성함을 의미한다]를 동의어로 사용했다 —— 이 등장하는데, 그것도 부작위 계율의 형식으로, 즉 이 인격성에 대한 침해와 손상을 금지하는 계율의 형식으로 나타난다. 칸트에 따르면 "나는 다른 사람의 인격을 처분할 수 없는데, 말하자면 그의 신체를 훼손하는 것, 그를 부패시키거나 죽이는 것 등을 할 수 없다."[18] 독일 헌법에는 다음과

---

18   Kant, *Grundlegung zur Metaphysik der Sitten*(GMS), AA IV 429. 이 원칙에 대한 보다 더 진전된 규정은 도덕에 속한다(예컨대 생명보존을 위한 절단). 육체에 대

같이 쓰여 있다. "인격의 자유는 침해되지 않는다."[19] **생명권**과 더불어 하나의 근본 권리가 고정되는데, 이 권리를 침해하는 것은 모든 다른 권리에 영향을 끼치며, 경우에 따라서 그 다른 모든 권리를 배제한다.

이 계율이 부작위의 계율, 즉 금지의 계율이지 어떤 긍정적 내용을 고정하지 않기 때문에 그것을 **부정적 혹은 형식적 권리(/법)**라고 말할 수 있다. 특수한 내용은 우선 단지 무차별적인 내용일 뿐이며, 따라서 이 내용은 의심의 여지없이 대단히 의미 있고 근본적인 이런 추상적 평등(동등성)에 머물러 있을 수 없다. 따라서 이 평등은 헤겔적 의미에서 지양된다.

> 권리(/법)는 사람들이 서로 추상적 인격체로 맺는 관계이다. 사람을 인격으로 존중하지 않는 자의 행위 혹은 그 사람의 자유의 영역을 침해하는 행위는 권리(/법) 침해이다. 그러므로 이 관계는 그 근본 규정에 있어서 부정적 본성을 가지며, 다른 사람에게 긍정적인 것을 보이라고 요구하는 것이 아니라 다만 그를 인격으로 두라고 요구한다.[20]

'자유의지를 갖는 어떤 개별적 존재도 침해되어서는 안 된다'는 요구는 엄청난 무게로 여전히 유지되고 있지만, 여기에는 이 요구가 긍정적으로 규정되어야 한다는 '충족'이 결여되어 있다.

c) '목적 그 자체로서의 인간성과 모든 이성적 본성' — 헤겔의 자기목적적 원리

인격은 자신의 개별의지를 보편적 의지라고 자부하는 자아라고 생각한다. 그런데 인격은 이러한 사실을 통해서만 자신과 관계 맺는 것은 아

한 공격은 피히테에게서 "그 시민의 모든 권리를 단번에 침해하는 것"으로, 국가에서는 범죄로 간주된다. 왜냐하면 "자기 몸의 자유를 통한 자기의 모든 권리의 사용이 제한되기" 때문이다(*Grundlage des Naturrechts*, GA I, 4, 48).

19 GG Art. 2(2).

20 Hegel, *Philosophische Enzyklopädie für die Oberklasse*, 4, 59.

니다. 또한 주어진 자연은 활동하는 인격에 의해 지양되며, 이 인격에 고유한 것으로 변형된다는 사실도 고려되어야 한다. 인격은 여기서 현존재로 드러나며, 소여된 것을 자기 것으로 만들고, 객체를 주체적인 것으로, 자신에 고유한 것으로 변환하며, 이를 통해 모든 것이 자기에 고유한 것으로 정립된다. 이때 나는 이 변형되는 것에 나의 의지를 각인한다. '자기 정립하는' 이 주체는 — 그때그때의 사물과 달리 — **그 자체로 목적**이며,[21] **절대적 가치**를 갖는다. 말하자면 "모든 가치가 제약되어 있고, 따라서 우연적이라면 이성에는 어떤 최상의 실천적 원리도 등장할 수 없을 것이다."[22] 칸트는 곧이어 "의지는 모든 법칙의 최상의 근본적 근거"라고 말한다. 그것은 다음과 같다. "너는 인간을 너의 인격에서나 다른 모든 사람의 인격에서 언제나 동시에 목적으로 사용해야지 한갓 수단으로 사용하지 않도록 행동하라."[23] 이성적 존재는 **인격**이라고 불린다. 왜냐하면 "이 존재의 본성은 이 존재 자체를 이미 그 자체 목적으로, 말하자면 수단으로 사용되어서는 안 되는 것으로 표시하며, 따라서 그 정도만큼 모든 자의를 제약하기 때문이다. (그리고 그 존재는 존중의 대상이다.)"[24] 피히테는 자기목적으로서의 이성적 존재의 이런 '객관적 원리'를 다음과 같이 요약한다. "인간은 이성 없는 사물을 수단으로 사용한다. 그러나 이성적 존재를 그렇게 하지는 않는다. 인간은 이성적 존재를 한 번이라도 자신의 목적을 위한 수단으로 사용해서는 안 된다."[25] 인격 존재에 대한 좀 더 진전된 승인이나 정당화는 더 이상 필요하지 않다. 의지주체(인간)는 '절대적 자기목적'(Rin 13)으로 간주되며, 따라서 헤겔의 자기목적적 사상의 핵심을 이룬다.

---

21 Kant, Kdp V, 112.

22 Kant, GMS, AA IV, 428.

23 Ebd., 429.

24 Ebd., 428.

25 Fichte, *Einige Vorlesungen über die Bestimmung des Gelehrten*, GA I, 3, 39. 인간은 "어떤 이성적 존재도 이 존재의 의지에 반하여 덕스럽거나 현명하거나 행복하게 만들어서는 안 된다"(GA I, 3, 40).

2.1 기본권으로서의 인격권―인권의 토대

앞에 언급한 세 차원 ― **인정, 불가침성** 그리고 **자기목적** ― 은 인간성을 갖추고 있는 인격의 평등, 혹은 보편적 원리인 모든 인격에 내재한 인간성의 평등이라는 사상과 결합되어 있다(Kant). 그런 한에서 명시적으로 그때의 모든 특수성은 포기되거나 추상되며, 이와 더불어 '**절대적 가치**'(Kant)의 원리가 구성된다. 여기서 헤겔은 (뒤에서 곧 다룰 것을 잠정적이나마 여기서 언급하자면) 사유의 원리를 보는데, 이 원리에서 자아는 보편적 인격으로 판단되며, 이 **모든** 주체는 동일하다(논리적 토대는 보편판단 내지 전체성 판단을 이룬다). "누구도 자신의 성이나 출신, 인종, 언어, 고향과 종족, 신앙, 종교적 혹은 정치적 견해로 인해 열등하게 취급받거나 이롭게 취급받아서는 안 된다. 누구도 자신의 신체적 결함으로 인해 열등하게 취급받아서는 안 된다."[26] '누구도'라는 말에는 보편성이 표현되어 있다. 말하자면 특수한 규정에 근거해서 어떤 한계를 정하는 것 없이 이 '모두'에게 통용된다는 것이다. **모든 권리의 토대**로서의 **인격권**의 원리는 단적으로 **기본권**을 표현한다.[27] 권리에 대한 모든 더 나아간 규정은 '자유로운 인격성에만', 인격성이라는 **단수의** 그리고 **보편적** 권리에 근거해 있다.[28] §66은 이 기본권을 재화의 **양도 불가능성**, 말하자면 나 자신의 인격과 나의 자기의식의 보편적 본질을 이루는 것들, 즉 나의 인격성 일반, 나의 의지의 보편적 자유, 인륜법, 종교 등과 같은 실체적 규정의

---

26 GG Art. 3(3).

27 슈네델바흐는 헤겔이 미국과 프랑스에서 천명한 인권선언을 이데올로기로 간주했다고 말하는데, 이것은 증명할 수 없는 명백한 오해다. Herbert Schnädelbach, Die Verfassung der Freiheit(§§272~340), in: *G.W.F. Hegel Grundlinien der Philosophie des Rechts*, hg. v. Ludwig Siep, Berlin 1997, S. 260. 헤겔은 우선 기본권을 공식으로 만들며, 그다음 이에 기초한 근본적 권리의 체계를 구축한다. 가장 중요한 지점에서 이 책은 독일 헌법의 기본권 목록과도 연관되어 있다.

28 법(/권리)과 그 모든 규정은 "자유로운 인격성에만, 오히려 자연규정의 반대가 되는 자기규정에만 근거한다"(Enz §502). 사법(司法)을 다루는 절에서 이러한 사실은 시민사회의 맥락에서 분명하게 다시 취해진다(이 책 제7장 5 권리의 보편성).

양도 불가능성과 결합하는 아주 중요한 절이다.[29] 나는 노예 상태에 떨어질 수 있다. 그리고 나에게 양심의 의무나 종교적 진리가 무엇인지 미리 규정해 줄 수 있지만, 이러한 사실은 **인격의 기본권**에 원리적으로 배치된다. "양도할 수 없는 그러한 것에 대한 권리는 시효소멸이 없다. 왜냐하면 나로 하여금 나의 인격성과 실제 존재를 확보하게 하는, 말하자면 나를 권리와 책임의 담지자로, 도덕적 존재로, 종교적 존재로 만드는 행위는 이런 규정에서 타인의 소유가 될 가능성을 가지고 있는 외면성을 제거하기 때문이다"(§66).[30]

하나의 기본권이라는 이러한 사상의 현대성은 논쟁의 여지 없이 명백하다. 그리고 그 외에 헤겔은 지나가면서 이 기본권에 저촉되는 모든 상태의 전복과 저항권, 그리고 자유로운 질서의 체제를 가질 권리 등을 합법화한다. "외면성을 이처럼 지양함으로써 시간규정 및 나의 이전의 합의나 호의 등에서 취해질 수 있는 모든 근거가 사라진다"(§66). 모든 노예 상태, 억압이나 차별 등은 이렇듯 무의미, 아무런 의미도 갖지 않는다. 그리고 노예 상태로 혹은 예속 상태로 사는 사람은 "어느 때나 자신의 족쇄를 파괴할 권리를 가지며"(Gr 239), 자신의 인격이 인정받을 권리를 무조건적이고 무제약적인 권리로 갖는다.[31] 여기서 또한 헤겔의 '영

---

29 인간학적 보편자에 대한 질문에 대해서는 다음을 보라. Wolfgang Welsch, Alte und neue Gemeinsamkeiten der Menschen, *Universalismus*, hg. v. Klaus Vieweg, Weimar 2011.

30 헤겔은 이러한 사실을 자신의 정신 개념에 의지해서 정당화한다. "여기서 정신이란 자기 자신을 통해서만, 그리고 자신의 현존재의 자연적 직접성으로부터 자기로의 무한한 귀환으로서만 존재한다. 바로 이 정신 개념에 즉자적으로만 존재하지 대자적으로 존재하지 않는 것(§57)과 그 반대로 대자적으로만 존재하지, 즉자적으로 존재하지 않는 것(의지에서의 악) 사이의 대립의 가능성이 놓여 있다. 그리고 여기에 인격성의 양도와 정신의 실체적 존재의 양도의 가능성이 있다"(§66).

31 '주인'은 어떠한 경우에도 자신의 인격성을 인정받지 못한다. 왜냐하면 주인과 구별되는 자, 즉 노예인 타자는 자유인이 아니며, 자기 앞에 서 있는 자를 인정할 수 없기 때문이다.

원성' 혹은 '신성함'의 의미가 어떤 의미를 갖는지가 드러나는데, 그것은 시간규정성의 탈각, 혹은 '어느 때나'의 공식으로 잘 언급하고 있다. 이 기본권은 가장 참된 의미에서 '시효소멸이 없으며', 양도 불가능하며, 절대적 유효성을 갖는다. "나 자신으로의 나의 이러한 귀환, 즉 나를 이념으로, 법적·도덕적 인격으로 존재하게 만드는 이런 과정은 지금까지의 관계와 오류(/무법) 등을 지양한다"(§66).

칸트는 '이성적 피조물을 목적 자체로' 보는데, 이것은 모든 인격에 내재한 인간성에 대한 존중으로서의 인간 존엄을 의미한다. 헤겔은 이와 동일한 의미에서 **인격성과 인간 존엄**이라는 술어를 동의어로 사용한다. 말하자면 자유의 법률로서의 국가 법률은 이 권리, 즉 신성불가침한 인간 존엄을 전제해야 한다.[32] 이를 통해 여기서 (헤겔과 더불어) **단 하나의** 기본권에 의존하는, 그리고 이 기본권의 더 나아간 규정인 복수의 기본권, 즉 인권을 말할 수 있게 된다. 이 권리들은 무조건적인 것, 시효소멸이 없는 것으로 간주된다. 우리는 이 인권의 추상에 붙들려 있어서는 안 된다. 즉 이 권리들은 더 진전되어 (특히 공민의 구체적 권리로) 규정되어야 한다. 하지만 인간의 권리는 자유의 단단한 기초이며, "이 원칙은 그 자체로 절대적이다"(Hom 263f.).

추상법(/추상적 권리)의 세 계기(§40)

a) 소유
b) 계약
c) 무법과 범죄

---

32 PhRel 333. 헤겔이 권리능력을 인격성의 핵심으로 여기는 것과 마찬가지로, 현대 국가에서는 인간을 "권리능력이 있는 존재로" 정의하며, "인간 개념에 모순되는 인간의 권리와 의무를 규정할 위험에 처하지 않기 위해 인간에 대한 이 정의가 법전의 꼭대기에 위치해야 한다"(§2, A). "인간 존엄은 신성불가침이다"(GG Art. 1).

반넨만(Wannenmann)의 노트(17)

1) 스스로 소유로 규정하는 직접적 점유

2) 타인의 소유로의 법적 이행으로서의 소유의 변화

3) 나의 소유 침해

킬(Kiel)의 노트(60)

1. 나의 의지의 직접적 현존, 소유의 직접적 현존

2. 자유는 타자를 매개로 해서 현존한다.

3. 자유는 특수한 의지에 반하여 현존한다.

홈(Hom)의 노트

1. 소유

　　법의 직접적 현존 —— 소유인 점유

2. 계약

　　나의 소유가 공동의 의지를 가진,

　　그리고 보편적 권리(/법)를 보존하고 있는 타인의 소유로 이행

3. 권리의 침해

　　즉자대자적으로 존재하는 의지에 대한 특수의지의 대립

3. 추상법(/추상적 권리)의 첫 번째 계기: 소유권

　여기에서는 인격과 물건의 변화하는 관계에 근거하여 다음과 같은 근본 구조를 가진다. A) 물건의 점유취득(§§54~58), B) 물건의 사용(§§59~64), C) 물건의 양도(§§65~70). 도입부인 §§41~53은 이미 알려

진 방식에 따라 인격 개념의 전개를 소유 문제와 연결하여 수행하는 논증의 근본 특징을 보여 준다. 긍정판단("개별적인 것(E)은 보편적인 것(A)이다"—특수자(E)에 의해 추상된다)은 필연적으로 자신의 부정으로 나아가며, 긍정판단은 부정판단으로 이행하는데, 이것은 "개별적인 것은 특수한 것이다"라는 명제로 압축할 수 있다.[33] E와 A의 내적인 논리적 규정은 B 역시 있어야 한다는 것이다. 자신을 절대적으로 자유로운 의지로 아는 개별성—즉 인격—은 자신의 특수성과 충족을 아직 자기 자체에 가지지 않으며, (자유를 아는 것만으로는 아직 추상적이고 공허하다) 따라서 우선은 **외적인 물건**에서(Enz §488)[34] 자신의 특수성과 충족을 가진다. **소유**는 "권리와 자유의 외적 영역을 대표하며, 주인 없는 물건을 나의 의지 아래 종속시키는 것"을 의미한다.[35] 이것은 a) **자기 육체(몸)**와의 관계, b) 의지가 외적인, 소여된 객체와 맺는, 즉 **외적인 자연사물**과 맺는 관계 등과 관련이 있다. 외적인 것, 외적인 영역을 자신의 자유의 실현을 위해 간직해야 하는, 그리고 그러한 가운데 **특수한 것**이 되는 인격은 자유로운 정신과 질적으로 구별되는 모든 것(즉 모든 물건)에 대한 절대적이고 한계 없는 취득권(Zueignungsrecht)을 가진다(§44). 자유의 이 영역은 의지와 "직접적으로 상이하고 분리될 수 있을"(§41) 뿐이며, 외적인 것 일반, 즉 물건은 **부자유한 것, 비인격적인 것** 그리고 **권리 없는 것** 등으로 정의된다('의지 없는 것', 혹은 '주인 없는 것'). 자연에 대한 개념 규정이 **"자기 자신에게 외적으로 있는 것"**인(§42) 한에서 이 물건은 자연적인 것으로 간주한다. 따라서 '이념의 자기-밖-존재'의 형식으로 존재하는 사물인 자연적인 것은 물건으로 간주한다. 물건은 "권리를 포함하지 않는

---

33 WdL 6, 317ff.; Enz §172.

34 대상은 "외적인 물건"(Enz §488), 즉 "의지의 현존을 위한 외적 질료"(Enz §483)이다. 인격권과 물권의 원리적 대립은 유지할 수 없을 것 같으며, 주체로서의 인격 그리고 대상으로서의 물건은 모두 형식적 권리에 속한다. 미슐레는 칸트가 인격권, 물권 그리고 물권-인격권으로 구분하는 것에 동의할 수 없다(*Naturrecht oder Rechts-Philosophie als die praktische Philosophie*, a.a.O., Bd. 2, S. 170f.).

35 Hegel, *Philosophische Enzyklopädie für die Oberklasse*, 4, 59.

무의지적인 것으로서 지성과 자의와 같은 주체성과 대립"(Enz §488)한다.[36] 외적인 것은 나의 것으로 변한다(외적인 **점령**(Bemächtigung), '점유자'(Inhaber). 여기서 나는 점유자로 등장한다). 나의 의지는 이제 이 물건에 '기거'하거나 '거주'하며, 그런 한에서 이 물건은 나의 의지에 귀속하며, 여기서 이를 마음대로 처분하고자 하는 타자의 힘은 배제된다. — "**점유**(Besitz)는 자의적 점령이라는 측면이 있다."[37] 여기서 취득권의 두 측면은 다음과 같이 서술할 수 있다. 첫째, 헤겔은 먼저 직접성 상태의 물건 및 최초의 직접성 상태의 인격만을 다룬다. 말하자면 그는 여기서 자연적 실존으로서의 인간 및 이 인간이 외부 대상과 맺는 관계만을 다룬다. 여기서는 아직 진전된 관계, 즉 의지를 통해 매개된 물건이 다뤄지지 않는다(§42). 다른 한편, 다양한 종류의 자연적이고 외적인 것(§42, A)을 다루며, 또한 미리 말하자면 여기서 이미 현실적 점유취득과의 차이를 보여 준다. — "'내가 점유할 수 있는지'와 '무엇을 점유할 수 있는지' 등은 또 다른 문제이다. 말하자면 나는 개별적인 사물만을 점유할 수 있을 뿐 보편적 사물, 즉 기초적(elementarisch) 사물을 점유할 수는 없다"(§44, A).* 여기서 이미 조용히 거하고 있는 자연적인 것에서 점유 가능한 것을 구별하고 있다. 이후에 어떤 특정 대상을 지금 구상한 점유취득의 대상에서 제외하는 작업을 한다. 그 제외 대상에는 예컨대 공기, 물, 동물, 생태계 등이 포함된다.[38]

---

36 개별 인격이 물건을 움켜잡는 문제를 다루는 글로는 다음이 있다. Siep, Intersubjektivität, Recht und Staat in Hegels Grundlinien der Philosophie des Rechts, a.a.O., S. 264.

37 Hegel, *Philosophische Enzyklopädie für die Oberklasse*, 4, 59. "그 실체의 관점에서 누군가의 것인 외적인 대상은 그자의 소유(소유권, 지배권, dominium)인데, 이 물건에 대한 모든 권리는 그에게 귀속하며, 소유자는 이 물건을 임의로 처분할 수 있다." Kant, *Die Metaphysik der Sitten*, AA VI 270.

* 보편적 혹은 기초적 사물이란 물, 공기, 땅 등과 같이 어떤 개별 대상이 아니라 모든 생명체에 공동으로 주어진 것을 말한다. 인격체가 일차적으로 자기 것으로 삼으려는 것은 이런 기초적 자연이 아니라 자연 안에서 자신이 마주치는 개별적인 것이다. — 옮긴이

전유 혹은 자기 것으로 만드는 이러한 행위에서 그리고 이런 (사적·개인적) 소유에서 자유의지는 처음으로 현실적 의지가 되며, 이 주체들 각자는 인격이 된다. **인격의 현존은 소유이다**(Gr 188).* 소유란 점유하는 나는 **나에게** 대상으로 있다는 것을 의미하며, 나는 이 물건에서 **나 자신에게** 머물러 있다. "소유에서 인격은 자기 자신과 결합되어 있다"(Enz §490). 이런 인격적 자기준거에서 자유는 자신의 **최초의 현존**(§45)을 간직하며, 자유의 이 현실은 여기서 인격의 자기 자신과의 관계에서, 즉 자신의 소유에서, 자신의 **사적 소유**에서 인격의 현실적 의지로 드러난다. "나는 소유를 통해 나의 의지에 현존을 부여하기 때문에 소유는 이것, 나의 것이라는 규정을 가져야 한다"(§46, Z). 점령(장악)의 대상으로서의 이런 전유와 처분의 대상, 혹은 비인격적인 이런 물건에는 a) 주체 자신의 육체적 실존과 b) 외부 세계의 특정한 물건이 포함된다. 여기에는 로마법에 대한 세세한 지식 외에 프로이센 보통법(ALR)에 대한 입문적 분석도 그 배경으로 작용하고 있다.[39] 인격은 개별자로서 자연적 실존

---

38 유전자기술에 대한 독일 헌법재판소의 판결(1 BvF 2/05)은 '기초적인 것'(Elementarischen)이라는 관점에서 다음을 확고히 한다. 유전자기술은 "삶의 기초적 구조에 관여한다. 그런 관여의 결과들은, 가능하다고 해도, 대단히 되돌리기 어려울 수 있다"(II, 135). 공동의 복리를 위해 기초적인 것에 대한, 생태체계에 대한 대규모의 간섭은 삼가야 한다.

* 서양에서는 소유권을 인격과 결부시키는 오랜 전통이 있다. 로마법에서 이미 인격체에게만 소유권이 부여되었는데, 인격체란 자유로운 개인, 자유의지를 가진 개인을 의미한다. 중세에는 귀족과 성직자들에게만 소유가 허락되었는데, 그런 점에서 그들만이 인격체, 자유로운 존재로 간주된다. 근현대는 이성을 가진 자, 즉 개별 인간 모두가 인격체로 간주되어 가는 과정에 있으며, 그런 점에서 모든 사람에게 소유권이 주어져 가는 시대이다. 자본주의와 더불어 각 개별자를 중시하는 경제적·법적·정치적 제도가 정착되어 간다. 존 로크(John Locke)는 인격체와 소유권을 결부시킨 철학자이며, 헤겔은 바로 이런 전통을 알고 있었고, 따른다. "인격의 현존은 소유다"라는 말은, 소유한다는 것은 그가 인격체임을 드러내는 직접적 증거라는 뜻이다. ─ 옮긴이

39 ALR Th. I. Tit. 2. §1. "물건이라는 것은 법률적 의미에서 권리나 의무의 대상이 될 수 있는 모든 것이다." 소유(권)는 어떤 사물의 실체를 타자를 배제하고 자신의 힘으로 처분할 수 있는 권한이다. Th. I. Tit. VIII. §1. ALR에 대한 헤겔의 지식

을 가지는데, 한편으로 자기 자신에 머물러 있으면서 또 외부 세계와 관계를 맺고(§43) 있으며, 따라서 언제나 직접적이면서 매개되어 있다. 이 어지는 사전 서술 역시 소유를 다루는 본문(§54부터)의 맥락을 고려하고 있다.

3.1 평등과 불평등(같음과 같지 않음) — 공동소유 사상

자유로운 그리고 자립적인 인격체는 서로 연결되어 있다. 스스로의 동일성을 '자유롭고 동시에 서로 자립적인 인격체로 알고 있는' 사람들은 전유될 수 있는 물건을 '중심'으로 서로 결합해 있다(Enz §490). 외부 물건과 맺는 인격체의 이런 관계에서 볼 때 ── '나의 의지는 다른 인격체에게 물건 속에서 **특정한 방식으로 인식될 수 있는** 자신의 현존을 갖는다' ── 모든 인격체는 소유 원천의 관점에서, 그들의 전유권의 관점에서, 그리고 원천권의 관점에서 **동등**하다.[40] **소유를 우연과 불평등으로 구체적으로 이끌어가는 현상**, 즉 소유에 대한 더 나아간 모든 규정은 이러한 평등

에 대해서는 다음을 보라. Franz Rosenzweig, *Hegel und der Staat*, Oldenburg 1920, S. 30ff. 요아힘 리터(Joachim Ritter)는 ALR을 '이성법에 기초한 최초의 법전' 중 하나로 간주한다. 이에 대해서는 다음을 보라. *Person und Eigentum*, in: Siep, *Grundlinien*, S. 57. 또한 헤겔은 ALR의 공동 입안자 중 한 명인 에른스트 페르디난트 클라인(Ernst Ferdinand Klein)의 작업에 신뢰를 보였다. 동시에 헤겔은 「시민법」에 대한 그의 지식에 의존할 수 있었다.

40 헤겔은 '점유의 판단'이라고 표현한다. "그 자체로 그저 실천적인 술어인 나의 것은 물건을 점유의 판단을 통해 우선 외적으로 점령하는 것인데, 하지만 여기서는 나는 나의 인격적 의지를 그 물건에 각인한다는 의미를 갖는다"(Enz §489). 헤겔은 시간적으로 우연히 최초의 점유자가 되는지의 문제에 대해 다음과 같이 말한다. "그가 최초의 사람이기 때문이 아니라 그가 그것을 점유했기 때문에", 단지 두 번째 사람 때문에 그는 첫 번째 사람이다(§50 A). 이러한 사실은 칸트의 생각과 구별된다. 칸트에게서 합법적 점유의 유일한 조건은 시간적 우선성에 놓여 있다. 이에 대해서는 다음을 보라. Jeffrey Edwards, Disjunktiv-und kollektiv-allgemeiner Besitz: Überlegungen zu Kants Theorie der ursprünglichen Erwerbung, *Recht, Staat und Völkerrecht bei Immanuel Kant*, hg. v. Dieter Hüning, Burkhard Tuschling, Berlin 1998, S. 121~39.

(/동등함)과 상관이 없다. 그러므로 여기서는 자연적인 것에 내재한 평등(추상적 인격체의 동등함)과 불평등이라는 두 계기가 동시에 고려되고 있다(§49).[41] 판단(Ur-Teilung, 근원적 분할) 형식으로 등장하는 '점유의 판단'은 통일성과 함께 존립한다. 여기서 통일성은 "내가 다른 모든 점유자를 물건의 사적인 사용에서 배제할 수 있게 하는 유일한 조건"[42]으로서의 (칸트적인) 전체 점유를 의미한다. 근원통일과 최초의 것이 공동소유 형태로 등장하고, 시간적으로 그다음에 특수한 개별 소유라는 두 번째 것이 이어 나온다는 주장은 유지될 수 없다. (외적인 재화를 공정하게 다룬다는 의미에서의) 정의에 대한 물음은 여기서 전체적 윤곽이 드러나지 않으며, 도덕법과 특히 인륜법 영역에서 비로소 그 모습을 전체적으로 드러낸다. 우리는 또한 "점유의 할당은 추상적 인격성에 따라서가 아니라 목적에 따라 이뤄지며, 이 목적은 인륜법의 맥락에서 수행되는 보다 고차적인 평가와 규정에 종속된다"라고 하는 주석을 헤겔이 미리 해주고 있음을 확인할 수 있다(§46, A). 여기서 추상법(/추상적 권리)의 한계가 드러난다. 인격적 권리는 오로지 **모든 인격에** 전유권이 귀속되며, 모든 인격은 소유권을 가져야 한다는 것만을 포함할 뿐 이 인격이 **무엇을 얼마나 가지는지**에 대해서는(§49) 아무것도 말하지 않는다. 여기서는 무엇보다 직접적 전유가 문제이지, 필연적으로 전개되어야 하는 매개된 형식과 개입이 아직은 문제가 아니다. (예컨대 한 공동체의 개별 시민이 부담해야 할 세금의 명료화, 공동체를 위한 몰수 등, 자의적으로가 아니라 합리적으로 규정된 공동의 의지에서 등장해야 하는 행위(§49) 등이 여기서는 아직 문제되지 않는다.)

---

41 헤겔은 "자연의 외적인 우연성뿐 아니라 무한한 특수성과 상이성으로 퍼져 있는 정신적 본성의 전 영역"이라고 말한다(§49).

42 Kant, *Die Metaphysik der Sitten*, AA VI, 261. 근원적 전체 점유라는 칸트의 생각에서 중요한 것은 "땅은 모든 사람의 점유(소유), 특히나 이들의 법적 행위를 지배하는 점유"라는 생각이다. 말하자면 근원적 전체 소유라는 생각에서 칸트는 "자연 자신에 의해 구성된" 점유라는 사상을 피력하고 있다.

헤겔은 공동소유에서 (특히 '전체 점유'라는 사상과 유사한 것으로) '쉽게 제시'하지만, 그럼에도 불구하고 공동소유가 자유의지의 본성을 오인하고 있는 아주 현혹적인 사상으로 간주한다. 이러한 공동소유는 철저하게 등장할 수 있고 또 간단하게 저주해 버릴 수 없지만, **그 자체로 해체될 수 있는 공동체의 규정**으로, 따라서 참여자들의 자의의 문제로 이해된다. 헤겔은 자신의 논증을 특히 (동등하게 근원적인 근원-분할(Ur-Teilung, 판단)을 무시하는) 원시공산제 사상과 플라톤과 피히테의 입장에 대항해서 전개한다.[43] 고대 그리스의 실체적 인륜법에 대해 심오한 통찰력을 가진 플라톤은 (소크라테스적-아리스토파네스적 주체성이 등장하던 시기에) 개별성의 계기에서, 따라서 인격의 계기에서 폴리스의 부패를 보았으며, 그 때문에 그가 비인륜적인 것으로 간주한 사적 소유의 철폐를 주장했다. 폐쇄적인 상업국가에 대한 숙고에서 피히테도 유사한 입장을 보였는데, 부동산은 사적인 전유에서 제외되었다. 헤겔 역시 사적 소유가 엄청난 고통을 수반하는 커다란 불행으로 나아갈 수 있음을 지적한다. 모든 부정적 속성과 고통들, 예컨대 "이런 혐오, 질투, 이런 싸움, 넝마, 이런 곤궁" 등은 그런 사적 소유의 결과로 세상에 들어왔다. 사유재산을 축적하기 위해 인간에게는 엄청난 노력이 요구되지만, 욕구의 만족은 최소에 그친다(Gr 188). 그럼에도 불구하고 이해할 만하고 또 대단히 존중할 만한 이 공동소유의 사상은 **특수성의 원리**, 말하자면 **우연성의 계기, 획득에 있어서의 자연적 차이**를 무시한다. "(개별적) 점유라고 하는 것이 모두 확실하게 철폐되고 모두 동등하게 분배된다면, 15분도 지나지 않아 모든 것이 다시 달라질 것이다. 그 이유는 동일한 것이 서로서로 다른 특수한 자인 개인에게 분배되었기 때문이다. 따라서 동등한 것이 동등하지 않은 자들에게 주어진다"(Gr 198). 자연적 전제들, 행위자들의 자연적 상이함들 등이 무시될 수 없다. "재산(능력)의 불평등(같지 않음)은 자연의 권리, 특

---

43 피히테에 따르면, 토지와 경작지, 즉 부동산은 누구에게도 소유권이 없다. *Grundlage des Naturrechts (1797)*, GA I, 4, 26 참조.

수성의 권리다. 왜냐하면 이 후자(특수성)는 상이함이기 때문이다"(Hom 315).[44] 다른 곳에서는 다음과 같이 말한다. "인간은 본성상 서로 같지 않다"(Bl 68). 이로부터 '시민사회에서의 불평등'이라는 엄청난 문제가 발생한다.

따라서 **정의**문제에 대한 한 가지 답변은 우연성의 영역에서는 주어질 수 없고, 보다 높은 이성의 영역으로까지 진행해야만 한다. 정의는『법철학』의 몇몇 문단이나 단락에서 간헐적으로 다뤄지는 주제가 아니라『법철학』전체를 관통하는 근본 주제이다. 헤겔은 이 문제를 개념이 점증적으로 스스로를 더 진척시켜 규정해 가는 방식으로 풀어낸다. 마지막으로 정의는 자유로운 공동체의 테두리 내에서야 비로소 그 실현태를 발견할 수 있는데, 하지만 여기서 인격체의 사적 소유를 수용하는 토대 위에서 그렇게 한다. (예컨대 세법과 상속법 등을 통해, 그리고 사회적 국가를 구성함으로써 이 문제를 해결한다.) 언급한 우연성은 개별자의 차이에만 있는 것이 아니라 **시간적으로** 우연적인 최초의 사람을 통한 외적인 것의 현실적 점유취득의 행위에도, 즉 (더 이상 확인할 수 없는) 원소유자(Ur-Eigner)에도 나타나는데, 이러한 사실은 엄청난 시간적 (영원히는 아니다) 후폭풍을 설명해 준다. 전체적으로 보면 자연이 부정의하다고 말할 수는 없다. 왜냐하면 "자연은 자유롭지 않으며, 따라서 공정하지도 불공정하지도 않기 때문이다"(§49). 정의의 산출은 인륜법 영역에서 핵심 주제가 되어야 한다.

3.2 소유—자연적인 것의 현실적 형성

생명체를 선점하는 것도, 생명체 이외의 물건을 선점하는 것도 다음의

---

[44] "특수성의 본성은 불평등이 권리를 주장하는 곳에서는 평등이 무법(/오류)이 되는 그런 것이다"(Ho 218). "누구나 세계에 대해 동등한 추상적 권리를 갖는다는 점에서 만인은 동등한 권리를 갖지만, 추상적 권리는 현실화되어야 하며, 그 권리는 현실화되는 가운데 우연의 영역으로, 예컨대 임의의, 욕구의 영역으로, 즉 불평등의 영역으로 진입한다"(Wan 20).

계기를 포함한다. A) 현실적인 (긍정적·실재적) 점유취득, 즉 의지는 자신의 현존을 타인에게 인식할 수 있는 실재적(긍정적)인 것에서 갖는다 ('보편적으로 머물러 있는 술어로서의 나의 것'—§41, A). B) 그 물건의 (부정적) 사용과 이용인데, 이로부터 나의 것의 부정적 측면이 따라 나온다. 또한 C) 물건의 양도 가능성. 이 문제를 이끌어가는 논리적 구조는 물건에 대한 긍정판단과 부정판단 그리고 **무한판단**이다.[45] 여기서는 사유의 변환의 주된 노선만을 설명할 것이다. 즉 여기서는 점유취득이 세 계기를 갖는다는 사실만 소개할 것이다. a) **직접적·육체적 움켜쥠**, b) **형성함**,[46] 그리고 c) **표시**가 그것이다. 여기서 헤겔적 의미에서의 개념의 범위를 정확히 측정할 필요가 있다. 그렇지 않으면 그의 철학에 대해 너무 많은 추측을 하게 된다. 대상에 대한 단순한 점유취득과 육체적 움켜쥠으로부터 개념 그 자체에 맞지 않은 특정한 문제가 형식법에서는 생겨난다. 나의 장미 정원에서 발견된 헤겔의 친서, 이탈리아 피에몬테 포도산지에서 발견된 고대 로마의 황금 동전, 혹은 지중해 연안 리비에라에 있는 나의 부동산에 딸린 멋진 해변의 전유 등과 관련한 소유 문제에서 이런 것들이 자기 것인지에 대한 특별한 해결책은 영리함의 문제이자 실증적 입법의 문제이다. "이 문제는 개념으로부터 이끌어낼 것이 더 이상 없다"(§55, Z).

3.2.1 자기형성—인격체의 자연적-직접적 실존인 자신의 육체의 점유

'소유의 첫 번째 대상은 몸이어야 한다.' 이 주장은 '인격성의 한 가지

---

45   a) 직접적 점유취득에서 의지는 물건에서, 실질적인 것에서 자신의 현존을 갖는다. b) 사용에서 물건이라는 현존은 부정태로 된다. c) 양도에서 의지는 물건으로부터 되돌아온다. 즉 의지의 반성이 일어난다(§53). 나의 것은 나에게 보편자로 머물러 있지만, 나는 더 이상 특수한 것을 점유하는 가운데 존재하기를 멈춘다. '특수자와 보편자의 분리'(§53 A). Enz 8, 323ff., WdL 6, 311ff. 참조.

46   '형성함'(형식을 부여함, Formieren)은 『법철학』에서 특별한 중요성을 갖는데, 이런 중요성은 이미 예나 시기에 시사되고 있다. "작품(/활동)의 형식, 즉 작품(/활동)의 자기(Selbst)는 인간의 자기이다"(Hegel, *Jenaer Systementwürfe*, GW 8, 268).

근본 요소인[47] 특수한 육체를 자기 것으로 만듦'이라는 사실과 연결되어 있다.[48] 피히테에 따르면 이성적 존재는 "자신에게 물질적 몸을 부여하지 않고서는, 그리고 이를 통해 자신을 규정하지 않고서는 자신을 활동적 개인으로 정립"할 수 없다.[49] 헤겔은 『자연철학』에서 그리고 『정신철학』의 '주관정신'에서 인격체를 자연적이고 직접적인 실존으로, 시공간적으로 개인화되어 있는 존재로 이해하기 위한[50] 작업을 수행했다. 자연적 존재로서의 인격체는 생명체에, 좀 더 정확히 말하자면 동물적 생명체에 속하며, 그 자체로 개별화되어 있다. 인격체는 (자신의 의지와 상관없이) 그 자체 개별자로 태어난다. 더 나아가 정신의 패러다임에서 필연적인 자기대상화가 일어난다. 주관정신을 해명하는 가운데 헤겔은 이미 개별자가 시공간적으로 구성된다는 증거들(예컨대 기호를 만드는 상상력, 언어의 음향 및 충동과 경향 등)을 제시한다. 따라서 여기서 드러난 사실은 헤겔이 이런 시공간적 개별화를 결코 '사실'로 받아들인 것이 아니라 철저히 이끌려 나온 것으로 보았다는 것이다.

자아(/나)가 인격체로 취해지는 한, 자아는 몸과 정신의 통일체로서의 자신의 특수한 개별적 육체 및 자신의 생동적 의지를 자신에게 귀속시키고 자기 것으로 삼아야 한다. 따라서 자신의 육체를 부분적으로 부정할 것(자해)인지 아니면 전체적으로 부정할 것(자살)인지도 그의 자의에

---

47 영혼, 몸 그리고 육체에 대한 헤겔의 이해에 대해서는 다음을 보라. Michael Wolff, *Das Körper-Seele Problem. Kommentar zu Hegel, Enzyklopädie(1830), §389*, Frankfurt a.M. 1992.

48 안젤리카 누초(Angelica Nuzzo)는 육체에 대한 헤겔의 입장을 자유로운 인격성의 구성적 조건으로 제시한다. *Freedom in the Body — The Body as Subject of Rights and Object of Property in Hegel's, Abstract Right*, in: *Beyond Liberalism and Communitarism. Studies in Hegel's Philosophy of Right*, hg. v. Robert Williams, Albany 2001.

49 Fichte, *Grundlage des Naturrechts*(1797), GA I, 3, S. 361.

50 이에 대해서는 다음을 보라. Ludwig Siep, Leiblichkeit, Selbstgefühl und Persönlichkeit in Hegels Philosophie des Geistes, *Praktische Philosophie im Deutschen Idealismus*, Frankfurt a.M. 1990.

달려 있다. "누구도 행위자가 어떤 일을 통해 스스로에게 해를 끼칠 수도 있다는 이유로 다른 사람에게 뭔가를 중단하도록 강요해서는 안 된다."[51] 따라서 인격체는 자신의 특수한 자연적 실존의 '사적 소유자'로 간주할 수 있다. 이 특수한 생명체는 점유취득을 요구하며, 인격체는 이렇게 자기 자신을 '내적 대상'으로 점유취득할 수 있다. "나는 나의 생명과 나의 육체를 점유한다"는 말은 자유의지 행위의 직접적 결과로 간주된다.[52] 헤겔에 따르면, 정신적 능력은 자유로운 정신에 고유하게 귀속되지만, 내적인 것을 정신의 **매개를 통해** 외적인 것으로 정립할 수 있으며 (설교, 연설, 책, 예술품이 그 예이다), 이를 통해 하나의 물건이 될 수도 있다. 따라서 인격체는 여기서 (나중에 다룰) 저작권의 토대가 되는 원작자가 된다.

이에 반해 내가 직접 점유하고 있는 나의 육체라는 형태에서 볼 때 나는 본질적으로 타자에 대해 자유롭다.[53] 육체는 직접적으로 나의 것이다. 인격체의 불가침성은 나의 특수한 자연적 현존의 불가침성을 의미하며, 인격체의 학대나 살해의 금지를 의미한다. 상해,[54] 절단 혹은 고문 등의 절대적 금지는 현대 헌법의 원칙에 속한다. 따라서 육체에 대한 권리, 생명체로서의 개별자의 실존의 권리는 근본적으로 그리고 필연적으로 인격성에 속한다. 자신의 육체의 점유취득이 자연적인 것에 형태를 부여하기 위한 것으로 간주되는 한, 인격체는 **배려와 대비**(Sorge und Vorsorge)의 주된 동기도 고려해야 하며, 육체의 건강한 유지는 삶의 보존을 위한 태도로, 그리고 '의미 있는 형성 작용'과 '그렇게 존재하게 둠'(So-Sein-Lassen)의 성공적 결합으로[55] 간주해야 한다. **생명(/생존)권**은 이렇듯 모

---

51 ALR Erster Teil Dritter Titel §27.
52 Nuzzo, *Freedom in the Body*, a. a.O., S. 119.
53 나에게 속한 물건을 통해서도 동일하다. 나의 의지는 타자에 대해 "물건에서 인식될 수 있는 자신의 특정한 현존"(Enz §491)을 갖는다.
54 의료적 긴급상황의 경우, 예컨대 외과적 수술이나 치아 발치 등은 제외된다(§66 A). Kant, GMS AA IV, 429 참조.
55 보디빌딩과 육체의 혹사 대신 의미 있는 트레이닝과 '육체-형성.'

든 다른 권리의 토대를 형성한다. 이 결정적인 사상은 긴급권(/위급권)을 다루는 곳과 빈곤을 다루는 곳에서 보다 진전된 중요한 규정을 갖게 된다.

물건의 형성은 (내 소유의 나무에서 떨어지는 사과를 줍는 것과 같은) 단순히 몸으로 움켜쥔다는 의미에서의 단순한 점유취득과 연결되어 있는데, 물건의 이런 형성은 우선 내적인 것, 생동적인 나의 것 그리고 외적인 나의 것 등을 끄집어내어 놓음을 포함한다. 생명체로서의 인격체의 현존이라는 관점에서 볼 때 스스로를 자유로운 존재로 파악하는 인격체의 자기의식의 **도야**(Bildung)(§57)는 우선 **자기형성**(Selbst-Formierung)의 수행을 포함한다. 이것에 기술의 습득이 속하며, 나는 '형성을 통한 이런 점유획득'에서 '나의 활동에 대한 주인'이 될 수 있다. 이런 도야를 통해 나는 그때그때 주어지는 대상에 적절히 조응하고 전개하면서 객관성을 획득한다(Wan 26). 자기형성의 방식에서 등장하는 도야의 또 다른 국면은 지배의 극복이라는 의미에서의 자유사상의 발전과 연관이 있다. 이것은 과거로, 보편적 자유의 출현 **이전의** 시간으로, 자유의식의 진보 과정으로, (『법철학』의 마지막 부분에서 다뤄지는) 세계사로 귀속되는 문제이다. 하지만 자유로운 존재는 자의적 행위의 가능성 때문에 언제나 이성의 명령에서 벗어나 행위할 수 있다. 그래서 원리상 지나가 버린 것이 언제나 다시 출현할 수 있다. 부정성, 주체성, 자아 그리고 자유 등은 악, 곤란함 그리고 고통의 원리이기도 하다. 이렇듯 언제나 새로운 굴복과 억압이 등장할 수 있다. 여기에서 이미 이런 넓은 의미에서의 도야를 배제하는 형식으로 등장하는 예속의 현대적 양식이 예견된다. 이것은 오늘날 특히 교육(/도야) 차별의 형식으로 경험하고 있다. 이렇듯 여기서 '인간은 스스로를 죽일 수 있다'는 말에 이미 인류의 자기파괴의 가능성도 내포하고 있음을 시사한다.

3.2.2 외부 세계의 형성—외부 물건의 소유

어머니 자연의 아들

(Mother Nature's Son)

'이념에 가장 적합한 점유취득'으로서의 형성 과정은 엄청난 중요성을 가진다. 왜냐하면 이제 여기서 점유취득의 사물이라는 관점에서 차이가 진행되기 때문이다. 이런 구별의 근거는 자연 상태로 있는 관련 물건에 대한 입장에, 대상의 질적 본성의 무한한 다양함에, 그리고 주관적 목적의 다양함에 있다. 여기서 우리 시대의 아주 중요한 문제가 등장한다. 외부 세계의 합리적 형성이라는 말, 삶의 자연적 조건이라는 말은 무엇을 포함하고 있는가?

3.2.3 기초 물건의 점유취득

나는 태양을 따르리

(I'll Follow the Sun)

우선 공기나 물처럼 **사적 점유로 개별화해서 쪼갤 수 없는**, 이른바 기초 물건의 선점 문제가 제기된다(§46). 흄에 따르면, 이것은 "모든 외적 재화 중에서 가장 가치 있는 것"이며, '공동재화'(공공재, Gemeingut)로 머물러 있어야 한다.[56] 이 기초 물건에는 전체 생태체계도 포함되는데, 왜냐하면 그것은 삶의 토대가 되기 때문이다. 헤겔의 관점에서 볼 때 이 기초적 사물은 점유취득에서 제외되고, 오로지 **개별 사물들**만이 점유될

---

56 Hume, *Eine Abhandlung über die menschliche Natur*(III), a.a.O., S. 239. 이미 흄스는 "분리할 수 없는 재화들"의 공동의 이용이라는 원칙을 정식화했다(Thomas Hobbes, *Vom Menschen/Vom Bürger, Elemente der Philosophie*, II/III, hg. v. Günther Gawlik, Hamburg 1996, Kap. III, S. 16). 그런 재화의 예로는 바다가 있다.

수 있다. 나는 공기나 물과 같은 보편적 사물을 점유할 수 없으며, 그것
은 모든 사람이 함께 사용하는 것이다(Wan 23). 이 생각은 특별한 주목
을 받으며, 엄청난 파급효과를 갖는다. 물과 공기의 소유 문제 및 생태체
계의 문제는[57] 21세기에 인류 전체의 실존이 달린 문제가 되었다.[58*] 여
기서 공동체의 실존에 근본적으로 중요한 숲의 사유화와 무분별한 벌목
이 정당한지 등의 문제가 제기된다. 기후변화는 물이라는 지구의 자산
(대양, 바다, 강 등)을 다루는 문제, (상대적으로 최근의 새로운 목표가 된 무자
비한 착취의 대상인[59]) 바다 밑의 보호의 문제, 혹은 **지구 기후** 보호의 문제
등을 낳는다. 이렇듯 이윤을 목적으로 수행되는 브라질에서 유럽을 거쳐
시베리아까지 이어지는 방종적 벌목 행위는 인류의 전체 미래를 위협한
다. 자연의 부는 과도하게 붕괴되는데, 매일 2만 헥타르의 농경지가 파괴
되며, 5만 헥타르의 숲이 벌목되고, 매일 100여 종의 생물종이 소멸하며,
자연자원의 소모는 엄청나게 늘어난다.[60] 이 모든 경우에 생태적 균형을
위해 너무나 중요한 기초 물건(보편적 사물)의 점유취득의 문제가 중심
에 위치하게 된다. 헤겔의 관점에서 볼 때, 기초 물건의 점유취득은 원리
상 옳지 않은(/무법적인) 선점이다. 왜냐하면 이런 재화들은 인간의 실존
을 위한 공동의 전제이기 때문이다.

57 헤겔은 공기, 강 그리고 동물의 '힘들'과 같은 기초적·유기적 사물이 있음을 말한다.
58 이 문제는 아주 현실적인 문제가 되었다. 예컨대 2009년 국제 물 컨퍼런스와 '해
    양자유론'(mare liberum)의 보장 등은 이런 문제를 보여 준다.
*   해양자유론은 자유무역의 주축국이었던 네덜란드의 휘호 흐로티위스(Hugo
    Grotius, 1583~1645)가 1609년 포르투갈, 스페인 등의 해양 검역에 대항해서 내
    놓은 '점유될 수 없는 것, 예컨대 하늘, 빛, 바다 등은 공동소유이어야 한다'는 원
    리의 한 표현으로 등장했다. 오늘날 바다에서의 공해(公海)의 원리로, 즉 공해상은
    어떤 주권에 의해서도 통제되어서는 안 된다는 국제법의 원리로 지속되고 있다.
    ──옮긴이
59 Christian Schwägerl, *Menschenzeit*, München 2010 참조.
60 인류가 한 해 동안 재생 가능한 범위 안에서 쓸 수 있는 자연자원의 소모를 넘어
    서는 첫날을 '지구생태용량 초과의 날'(World Overshoot Day)이라 지칭한다.
    1990년에는 12월 7일이었는데, 2010년에는 8월 21일이었다. (이날 이후의 자원
    소모는 후손들이 써야 할 용량을 빌려 쓰는 것이다. ──옮긴이)

3.2.4 '미래를 고려하고 안정시키는 대비'—지속성 개념의 윤곽

자연스럽게 행동하라

(Act Naturally)

헤겔은 **지속성** 개념을 명확히 하는 작업을 하지는 않았다. 하지만 21세기의 이 핵심 개념에 대한 윤곽을 제시하고는 있다. 주변 자연, 즉 **환경의 확고한 형성**은 오늘날 너무나 중요한 문제로 부각되고 있다. 환경 문제는 당시에 (이미 엄청난 손실이 나타나기도 했지만[61]) 아직 극적인 상황은 아니었으며, 그래서 아직 큰 주목을 끌 수도 없었다. 하지만 헤겔은 추상법 차원에서 **배려와 대비**에 대한 최초의 생각과 관점을 공식화한다. 이 공식은 우리가 오늘날 생태와 지속성에 대한 도전이라 부르는 문제와 관련이 있다. 이미 예나 시기에 헤겔은 이 문제를 기획했는데, 특히 자연에 대한 **이론적 학대**에 대해 날카롭게 비판함으로써 그렇게 했다. 헤겔에 의하면, 그런 이론적 학대는 데카르트의 이원론의 결과로 자연에 대한 **지배**의 태도를 공고히 하는 칸트와 피히테의 선험철학에서 잘 드러난다. 피히테의 자연법론에서 전개된 자연 이해는 자연의 억압과 예속에서 절정에 이르며, 대상적·자연적인 것과의 관계는 그저 '가짐'(소유, Haben)의 문제로 환원된다.[62] 피히테가 구상한 자유의 왕국은 자연의 순종성과 자연에 대한 자아의 엄청난 거만함에 방향을 맞추고 있다. 이 자아는 우주 위를 떠돌면서 엄청난 공허와 자만의 광기만을 드러낼 뿐이다.[63] 현대의 오성에 따르면, 인간은 모순적인 두 세계에 사는 양서류의 존재의 상을 갖는다. 한편으로 인간은 자연에 의해 압박받고 지배된다고 느끼며, 다른 한편 인간은 이성과 자유의 왕국을 구상하며, 의지로

---

61 예컨대 고대 그리스에서 벌목의 문제나 산업화 초기의 파괴적 결과들.

62 Hegel, *Differenzschrift*, 2, 13, 80ff.

63 Hegel, *Naturrechtsaufsatz*, 2, 416ff.

서 스스로에게 보편적 법칙을 부여한다. 그런데 헤겔에 따르면, 제한된 오성은 "생동적이고 빛나는 현실 세계를 벌거벗기며, 이 세계를 추상으로 해체해 버린다. 왜냐하면 이 정신은 자연을 부당함과 학대로 대하는 가운데서만 자신의 권리와 존엄을 주장하기 때문이다."[64] 그러한 모순은 철학에 의해 해소되어야 한다고 하며, 진리는 양자의 화해 속에 놓여 있다고 한다. 말하자면 진리는 대립자를 무시하는 것이 아니라 이 두 일면적 계기가 어떻게 '화해'되는지를 보임으로써 드러난다는 것이다.[65] 헤겔의 관념론적 일원론의 중요한 관심사는 "인간이 주변 세계에서 어떻게 고향 같은 평안함을 가질 수 있는지",[66]* 말하자면 자기 자신에게 머무를 수 있는지, 따라서 자유로울 수 있는지의 문제를 해결하는 것이다. 여기서 주변 세계란 자연환경뿐 아니라 문화환경도 포함한다. 이러한 도전의 자연적 요소만이 아니라 문화적 요소도 『법철학』에서 이미 다루고 있다.

이를 위해 지금까지 고려되지 않았던 "유기체의 형성"(§56)이라는 말이 등장하며, 이 자연적 영역 내부에서 이 형성에 상응하는 구별이 이뤄진다. 즉 외면성의 최고 형식인 유기화학, 땅(그 모든 계기와 함께)의 기경, 식물의 경작(문화), 동물 길들이기와 키우기 등으로 구별이 이뤄진다. 이러한 사실은 이념이 이 자기 외부 존재(즉 자연)를 단계적으로 극복해 간다고 하는 자연철학적 사상에 상응한다. 이로부터 필연적으로 유기체, 즉 식물과 동물과의, 그리고 생태체계 전체로서의 환경과의 상이한 교류가 발생한다.

형성 행위를 통해 물건은 인격체의 소유로 변화된다. 외적인 것을 그저 소비만 하는 것은 형성이라 말할 수 없다. 왜냐하면 순수한 이용은 그저 파괴하는 것이기 때문이다(Wan 24f). 이런 선점 행위는 단순히 파괴

---

64 Ästh 13, 81. 강조는 저자.
65 Ebd., 80f.
66 Ebd., 327.
* 즉 이것은 인간이 주변 자연환경의 영향 속에 있으면서도 자유로울 수 있는지의 문제이다. ── 옮긴이

하는 것이어서는 안 되고 **보존되고 지속적으로 유지되며 지속되어야** 한다. 헤겔의 말로 하면 다음과 같다. "나의 것은 (……) **이** 공간과 **이** 시간에 국한된 나의 현재에 제약되지 않으며, 현재의 나의 지식과 의지에 제약되지 않는다"(§ 56). 공간과 시간의 계기는 미래 취득의 허용이라는 사실에서 지양된다. 이에 대한 근거는 이미 인정 사상의 맥락에서 소개한 바 있다. 그 근거는 개별자들의 생명욕구라는 공통성에, 그리고 이들의 현재와 미래의 만족을 위한 염려에, 말하자면 **배려와 대비**에 있다. 여기서 자연의 대상을 단순히 소화하고 파괴하는 대신 그것을 '품는' 형성과 유지의 개념이 생겨난다. 보편자의 이 형식은 "**지속시키는 수단이자 미래를 고려하고 안정시키는 대비**"(Enz §434), 즉 "**미래의 사용을 위한 대비**"(§56, A)이다.[67] 욕구 만족에 있어서의 **정도**의 중요성에 대해서는 이미 설명한 바 있다. 여기서 중요한 점은 삶이 자연자원과 갖는 적절한 교류이다. 그런 교류의 좋은 예로 동물의 보호를 들 수 있다. 여기서 적절함이란 대상(즉 전체 생태체계)에 적합하고 알맞은 교류를 말하며, 인격의 실존에 필수적인 이 체계의 고유성을 존중하는 교류이다. 따라서 가장 넓은 의미에서의 **보호**이다. 따라서 여기서도 독일기본법(헌법)의 원리가 그대로 유효하다는 것을 알 수 있다. "소유의 의무, 소유의 사용은 동시에 보편 복리에 기여해야 한다." 지속성의 원리 역시 기본법 제20장에 명시적으로 표현되어 있다.[68] '기초적 물건'과의 관계에서처럼 여기서도 사적 소유와 관계있는 규정이 "보다 높은 법의 영역인 공동체, 즉 국가 아래에" 놓일 수 있다(§46). 이때 생태적 균형을 유지하는 데 본질적인 대상에 대해 생각해 볼 수 있다. 그것들은 '단순한' 사물(돌이나 모래나 초지 등)일 수 있다. 이들 대상은 공동체의 이해와 공동의 이익에 놓이게 됨으로써 사적 점유에서 전적으로 혹은 부분적으로 제외될 것이다. 기초적

---

67 강조는 저자. 독일 헌법재판소는 유전자기술에 대한 판결(1 BvF 2/05)에서 "가능한 한 최대한의 대비"라는 의미에서 "미래세대의 자연적 삶의 토대를 보호해야 할 책임"(II, 135, 142)이 기본법의 원칙에 속함을 천명한다.
68 GG Art. 14(2).

질료를 사용하기 위한 더 나아간 매개적 형식(바람-풍차, 물-물레방아) 내지 "어떤 질료가 다른 질료에 형태를 이루도록 영향을 미치는 것"(§56) 등도 유기체 형성으로 고려된다. 이때 이성적이고 자연에 공정하게 실현되어야 한다는 보다 복잡한 형성 형태가 구체화된다(§56). a) "나는 물고기나 야생을 파괴할 수도 있는 것을 방기함으로써 그것들을 보호하며"(Gr 208), b) 예컨대 자연적·생태적 균형을 결정적으로 손상할 수 있는 어떤 일을 그만둠으로써 나는 합리적으로, 적합하게 혹은 보호하면서 행동한다. 따라서 나의 행동은 **중단 행위**로, 자연적 균형을 존중하는 머뭇거림으로, 엄청난 결과를 가져올 공격의 유보로 기록된다. 이런 보호 행위와 품는 행위에서 중요한 것은 "**대상들이 계속 유지되는 방식으로 그 대상들을 고려하는 태도이다**"(§56, A). 이것이 바로 삶의 보전 및 환경과의 참된 이성적 교류를 내용으로 하는 **지속성**의 원리의 최초의 형태이다. '지속적 사용'은 현재 상황을 비롯하여 미래 상황과 관련된 지식에 기초하며, 자유로운 주체의 **현재**의 권리와 **미래**의 권리에 대한 고려에 기초한다.

3.2.5 자연적 지속성―패러다임으로서의 숲

노르웨이의 숲

(Norwegian Wood)

'지속함'이라는 용어는 맨 처음 임학 영역에서 탄생했다. 1713년 임학자인 한스 카를 폰 카를로비츠(Hans Carl von Carlowitz)가 이 말을 처음으로 사용했다.[69] 그런데 이 용어가 만들어진 것은 결코 우연이 아니라 숲

---

69 이러한 생각은 임학자인 한스 카를 폰 카를로비츠(1645~1714)가 처음으로 분명히 했다. "계속되는, 끊임없는 그리고 지속적인 이용." *Sylvicultura oeconomica, oder Hauswirtliche Nachricht und Naturgemässe Anweisung zur Wilden Baum-Zucht etc.* 1713. 이 문제를 알게 해준 게오르크 슈페르버(Georg Sperber, Ebrach) 박사에게

에 대한 **필연적인 장기간의 배려**(염려, Sorge)에서 나온다. 숲은 지상의 아주 가치 있는 재화로, 특히 기후와 토지, 그리고 물과의 관계에서 얼마나 중요한지는 의문의 여지가 없다. 삼림지기는 자신보다 훨씬 더 오래 사는 나무들의 기나긴 삶의 순환을 알고 있으며, 생태체계의 연관에 대해, 그리고 그 손상 가능성에 대해 알고 있다. 그리고 그는 생명체에 대한 지식, 생태논리에 대한 지식을 가지고 있으며, 전문적인 보호자이다. 숲과의 교류는 점유나 이윤극대화에 의해 유지될 수 없고, 공동의 관심 — 공적 재화로서의 숲 — 에 방향을 맞춰야 하며, 따라서 보존과 대비도 포함해야 한다. 숲과의 관계, 기능적인 생태적 전체를 이루고 있는 숲의 장기간의 지속이라는 최상의 중요성을 강조하는 '숲 친화적 의식'은 지속성의 원리의 모형을 제공한다.

울리히 그로버(Ulrich Grober)는 지속성에 대한 자신의 인상적인 연구에서 "직관적 대비라는 생각이 **보존과 유지**(conservare und sustenare)라는 전승된 의미내용과 결합하여 어떻게 하나의 개념으로, 즉 경직됨과 유연함을 연결하는 개념으로 결정화하는지"를 서술하였다.[70] 과거 예나 대학의 학생이었던 카를로비츠는 자신의 연구서『삼림경제』(*Sylvicultura oeconomica*)에서 개념적 형식과 현재의 형태에 맞게 처음으로 이 술어를 사용한다. 이 책에는 돌보는 관계와 보호하는 이용이라는 용어가 나온 이후 곧바로 '지속적인 것'이라는 용어가 나타난다. 말하자면 '나무의 보존과 해체'에 결정적인 것은 "계속적으로 존립하게 하면서도 지속적으로 이용하는 것이다. 왜냐하면 그것은 땅이 존립하기 위해 반드시 필요하기 때문이다."[71] 이로써 카를로비츠는 헤겔에게도 영향을 끼쳤을 개념을 형성하는 데 중요한 저작을 남겼다. 많은 생각들이 이 한 범주로 녹

감사드린다. 그는 10여 년 전부터 지속성의 원리에 관심을 보여왔으며, 특히 우리의 가장 중요한 삶의 토대인 지상에서의 숲의 문제에 관심을 집중했다.

70   Ulrich Grober, *Die Entdeckung der Nachhaltigkeit*, München 2010, S. 14f., 116.

71   Von Carlowitz, *Sylvicultura oeconomica*, zit. nach Grober, *Die Entdeckung der Nachhaltigkeit*, S. 116.

아들었다. 이제 숲이 지탱할 수 있는 것 이상으로 나무를 이용할 수 없으며, 나무들의 성장과 벌목의 균형이 있어야 하며, 숲에는 재생산의 '권리'가 주어져야 한다. 『삼림경제』는 합리적인 숲의 건설을 포함하고 있으며, 숲은 '이성적으로 구축'될 수 있다.[72] 따라서 숲의 이용 내지 사용은 숲의 '균형' 유지에 대한 고려와 연결되어야 한다. §56에서 헤겔은 이러한 생각을 간략하게 다음과 같이 표현한다. 자연적인 것의 형성은 두 기둥에 의존한다. 첫째, 형성된 사물에서 나의 의지가 객체화되고, 외면화되며, 지속적으로 존립하며, 시간규정과 공간규정이 극복된다. 둘째, 사물은 객체로 드러나거나 유지된다. 이때 시간변수와 공간변수도 '보존'되며, 우리는 이 지속적인 것에 방향을 맞추게 된다. 자연적인 것을 **소유로 만드는 것**은 자연적인 것을 **그대로 둠**, 즉 자연적인 것을 **있는 그대로 둠**과 동시에 이성적으로 통일하는 것이다. 두 번째 차원은 중요한 추가가 이뤄지는데, 즉 "미래 사용을 위한 대비"이다. 이것은 명백히 자연적인 것을 적절히 보호하면서 사용한다는 것을 의미하며, 식물과 동물의 파괴를 말하지 않는다(이 식물과 동물은 생명체로서 그 안에는 특정한 내적 가치가 내재한다). 보호는 '보존을 고려'하는 것이고, 여기에 **타자와 후대에 대한 고려**라는 원리와 연결된다.

『삼림경제』에 나타난 지속성의 원리, 즉 배려와 대비(Sorge und Vorsorge)의 원리는 전체 경제로 전이되어야 하며, 현대는 새로운 경제 문화, 즉 자연적 지속성 및 사회적 지속성을 고려하는 경제를 요청하며, 환경파괴적, 세계 약탈적 결과를 초래하는 시장근본주의적 탈규제라는 파산적 광기에서 벗어나기를 요구한다. 이윤만을 추구하는 행위는 지속성을 전혀 고려하지 않으며, 따라서 숲을 대량으로 위협하고 있다. 이용을 어떻게 하더라도 숲의 건강한 유지가 중심에 있어야 하며, 인간의 최고의 관심

---

72 Ebd. 1760년에 작센-바이마르 공국에서 지속성의 원리에 기초한 최초의 숲 형태가 시작되었다. 공작이었던 안나 아말리아(Anna Amalia)의 법령 공포는 숲들이 "임학의 올바른 원칙에 확고하게 세워진 새로운 지속적 숲의 보존을 유지해야 한다"라는 사실을 제기했다. Grober, *Die Entdeckung der Nachhaltigkeit*, S. 121ff.

사이어야 한다.[73] 숲에 유효한 것, 숲을 이성에 적합하게 유지하는 것은[74] 전체 경제로 확대되어야 한다. 즉 새로운 경제 문화는 생태적 경제로서 자연을 보호하고 유지하며 다룸으로써 자연을 지속적으로 이용할 수 있게 보존해야 한다.

그런데 오늘날 경악스럽게도 이와는 대립하는 프로그램이 진행되고 있다. 브라질의 열대우림만 잔혹하게 파괴되는 것이 아니다. 독일의 너도밤나무 숲과 많은 지역의 숲 역시 파괴되고 있다. 완고한 벌목이 공동의 관심사에, '창조물의 보존'이라는 사상에 격렬히 위반하는 것으로서 세상을 지배하고 있다. 몇몇 정치가가 이러한 행위에 대해 항의하기는 하지만, 숲은 인간, 동물 그리고 식물의 삶을 안정시키는 결정적 토대가 됨에도 불구하고, 점점 더 경제적 이용과 미친 이윤의 대상이 되어가고 있다.

자연적 · 생태적 지속성이라는 계기는 "나라의 보편적 복지의 촉진"[75] 과 결합하여 고찰되어야 한다. 헤겔은 자연적인 것을 형성하는 문제와 관련이 있는 배려와 대비의 원칙을, 시민사회를 다루는 맥락에서 정확히 이러한 방향으로 계속 적용해 간다. 시민사회에서는 사회적 배려와 대비의 형식으로, 국가에서는 사회적 지속성을 보장할 수 있는 유일한 심급으로서의 사회적 국가를 구상하는 형식으로 나타난다. 이렇듯 지속성은 — 자연적 지속성과 사회적 지속성으로서 — 현대의 자유로운 사회를 구성하기 위한 근본원리로 전진 배치된다. 1992년 개최된 리우회의(Rio Summit)에서 공식화된 삼각의 지속성, 즉 경제, 생태 그리고 사회적 정의는 이러한 방향을 보여 준다.[76] 이 '삼각'은 시장근본주의자들의 삼각, 즉 사유화, 탈규제 그리고 사회적 국가의 철폐 등을 명시적으로 반대

---

73 Josef Köstler, *Grenzen des Kapitalismus in der Forstwirtschaft*, München 1927.
74 Grober, *Die Entdeckung der Nachhaltigkeit*, S. 118. 경영(manage)이라는 말 대신에 집을 유지하듯 하는 교류, 이성에 적합한 취급 등을 말한다.
75 Ebd.
76 Ebd., S. 264, 241.

하고 있다. 2010년의 두 사건은 위험과 기회를 동시에 보여 준다. 하나는 멕시코 만 심해에서 일어난 기름유출사건이고, 다른 하나는 에콰도르의 야수니 국립공원에서 석유시추를 하지 않겠다는 계약이다.* 이 계약은 생태적으로 특별한 가치를 지닌 이 지역을 보호하려는 열망을 드러내고 있으며, 식림, 사회적 복리 프로젝트, 지속가능한 여행업 등을 가능하게 하고, '그 외에도' 4억 톤의 이산화탄소 배출을 감축하는 계약이다.

우리의 가장 중요한 외적 재화인 공기에 대해 살펴보자. 공기 중에 점 증하는, 그리고 위협적인 이산화탄소의 부하를 알게 된다면 우리는 공기 의 질을 보호하기 위해 이후 세대의 이익을 고려하는 행위를 하지 않을 수 없을 것이다. 동일하게 본질적인 재화인 물 역시 그에 상응하는 대처 를 요구한다. 인간이 살아가는 데 필요한 것은, 헤겔에 따르면, 인간에게 "죽은 수단"일 뿐이어서는 안 된다. 오히려 인간은 그 수단에서 철저히 살아 있음을 느껴야 하며, 이를 통해 인간 개인과의 외적 연관에 그 자체 인간적 숨결이 스며든 개별적 특성을 부여해야 한다.[77] 인간이 거주하는 '세계라는 신전'은 한갓 죽은 통나무와 돌로 변해서는 안 되며, 숲은 나 무들의 한갓된 집합체로 강등되어서도 안 된다. 이러한 사실은 특히 자 연적 다양성의 보존을 의미하며, (기후변화, 산업화를 통한 부정적 영향, 예 컨대 단일경작, 남획, 오염 등) 다양한 영향으로 엄청나게 위협을 받고 있는 다수성의 보존을 의미한다.

기후변화 시에 인간을 위해 존재하는 '도주의 문'도 겨우 한 뼘 정도 만 열려 있다. "만약 이 세기에 전 지구적으로 5∼6도만 더워진다면 이 행성에서 우리가 지금까지 알고 있는 고등문명은 더 이상 존립하지 않

---

* 세계의 허파 아마존의 일부인 에콰도르의 야수니 국립공원에 엄청난 양의 석유
가 매장되어 있음이 밝혀졌다. 세계인의 설득으로 채굴을 포기하는 대신 생산의
절반가량인 35억 달러를 매년 해외로부터 원조받는 야수니 프로젝트가 진행되고
있다. 하지만 이러한 계약에도 불구하고 에콰도르에서는 많은 사람들이 이곳을
개발해야 한다고 압박하기도 한다. ─ 옮긴이

77   Ästh 15, 341.

을 것이다."[78] 삶의 합리적 보존을 위해 결정적으로 중요한 재화들, 예컨대 물, 공기, 숲, 생태계 등은 **공동선**을 위한 **공유재산(일반 복리**를 위한 **일반재화**(Allgemeinwohl für Allgemeingut))이며, —— 헤겔의 사유에서 정당하게 나올 수 있는 추론으로서 —— 강력한 공적 감시와 통제의 대상이고, 파편적 이익과는 아무런 상관없이 유지되어야 한다. 현대적 공동체 영역에 귀속되기 위한 근본적 기준은 지속성의 요청이다. 따라서 지속적이지 않게 행동하는 사회, 앞에서 말한 지나치게 과도한 행위를 허용하는 혹은 인정하거나 심지어 장려하는 사회에 대해서는 더 이상 '현대적'이라는 지위가 주어질 수 없다.[79]

* *

여기서 '물건'(Sache)으로 규정하기 어려운 경우가 나온다. 물론 이 문제를 여기서 자세히 다룰 수는 없다. 법적인 것 따라서 자유의지의 정당성(권리)을 규정하는 데 가장 커다란 이론적 도전은 상이한 두 '중간 형식'으로부터, 말하자면 인격체와 물건 사이에 있는 형태로부터, 즉 **아이와 동물**로부터 드러난다. 후자에서 중요한 것은 인간과 동물 사이의 구별의 문제, 인간에게 고유한 것이 무엇인지의 문제이다.[80] 이 두 경우에

---

78 Hans Joachim Schellnhuber(저명한 기후연구가), *Manchmal könnte ich schreien*, *Die Zeit* 26, März 2009.

79 이에 대해서는 이 책 제7장 6을 참조하라.

80 한편으로 필연적인 구별에도 불구하고 동물적 삶은 공간과 시간이라는 추상적 이상성에 대한 지배능력에 근거하여(즉 장소와 시간의 정립 가능성에 근거하여) '무의식적인 합목적성'으로, '자연의 최고의 지점'으로 간주한다. 다른 한편으로 동물의 목소리에서 느낌은 공간과 시간의 추상적 요소로 대상화된다. 그러므로 동물들에게 개념 파악적 사유가 결여되어 있기는 하지만 이 동물들은 특정한 관점에서 보면 주체들이다. 이런 관점에서 『정신현상학』에서 다뤄지는 동물적인 고찰은 흥미를 유발한다. 세 단계로 나누어 다루고 있는데, a) 동물적 삶('동물들의 지혜'), b) 이성적 동물성 —— 정신적 동물의 왕국, 그리고 c) 동물 종교가 그것이다. 거기서 인간적인 것과 동물적인 것의 본질적 차이점은 '작품'(/활동, Werk)의

'인간으로 됨'의 상이한 두 형식이 기술된다. 즉 동물은 인간의 진화론적 '선구자'이며 인간의 가장 가까운 '친척'으로 기술된다. 아이는 이제야 비로소 자유로운 인격체로 발전해 가는 즉자적 인간으로 기술된다. 이처럼 이 둘은 인격성과 물건의 중간지대에 위치한다. 이 둘은 물건도 인격도 아니며, 두 가지 상이한 종류의 흠 없는 천사들, 무지한 순결무구이다. 이로부터 법적 능력이 있는 주체가 아이들과 동물들의 특수한 권리를 **대리하는 자**로, 그들의 **변호자**로 지각되어야 하는 한, 두 가지 형식의 특수한 법적 취급방식이 생겨난다.

3.3 아이

어린아이

(Little Child)

우리는 아이에게서 비로소 내적인, 가능적 인간, 즉 즉자적으로 자유롭고 이성적인 존재를 보게 된다. 여기서 그것이 일차적으로 **즉자적으로**(an sich)만 있다고 한 이유는 그것이 **대자적으로**(für sich) 되어야 한다는 것을 의미하며, 아이는 이성을 내적 가능성으로 현실화시킬 수 있다. 즉 아이는 '자기 자신으로부터 벗어'나와 '자기 안으로 진입함'으로써 그렇게 할 수 있다.[81] 이 즉자적 인간, 따라서 정신적 존재의 가능성으로서의

범주와 더불어 고착된다.

81 이렇듯 "아이는 그 자체 인간으로서 비록 이성적 존재이기는 하지만, 아이의 이성 그 자체는 우선 내적인 것으로만, 즉 기질과 소양으로서만 현재한다. 동시에 내적일 뿐인 이것은 이 아이에게 어떤 단순한 외적인 형식을 갖는다. 말하자면 자기 부모의 의지와 자기 선생의 인지의 형식으로, 그리고 이 아이를 둘러싸고 있는 합리적 세계의 형식으로 등장한다. 아이의 교육과 도야라는 말은 처음에 **즉자적으로**만, 따라서 타자(어른)로 존재하는 것을 **대자적으로** 형성한다는 것이다. 아이에게 처음에 그저 내적 가능성으로만 현재하는 이성은 교육을 통해 현실화하며, 이와 반대로 처음에는 외적인 권위로만 고찰되는 인륜법, 종교 그리고 학문 등이 자

이 인간은 우선 즉자적으로 존재하는 추상적이고 미발전한 상태에 붙들려 있지 않다. 말하자면 자유로운 이성적 존재는 대자적으로 되어야 하며, 그런 한에서 자유로운 이성적 존재이다. 즉자존재에서 대자존재로의 도정, 즉 자기 자신의 개념의 산출[즉 스스로를 파악하고 만들어간다]은 근본적으로 **교육과 도야의 과정**을 포함한다. 아이들은 대상으로서가 아니라 잠재적 인간, 형성되어 가는 인간으로 이해해야 하며, 따라서 그들에게 양도할 수 없는 권리가 부여된다. 그러므로 아이들을 팔거나 '선물하는 것'은 원리상 무법이며, 배제되어 있다(Rousseau). 그러나 다른 한편 아이들은 결코 완전한 권리주체가 아니고, 완전한 의미에서의 인격체가 아니며, 아주 제한된 정도의 권리능력만을 가지며, 자신의 권리를 제한적으로만 요청하고 요구할 수 있다.[82] 아이는 애초에 선악에 대한 지식이 없기 때문에 본성상 선하지도 악하지도 않다. 헤겔은 이를 '무지의 순진함'(unwissenden Unschuld)이라고 말한다. 지식의 성장은 귀속(/책임)능력의 향상을 포함한다.[83] 아이들은 권력의 자리에도 속하지 않는다. 물론 가끔 그렇게 되기를 **바라기도** 하고, 또 자주 정치적 행동이 아이들 같은 것을 상기시키긴 하지만 말이다. 따라서 헌법과 법전에는 **어린이 권리**에 해당하는 특별한 규정이 포함되어 있다. (예컨대 차별 금지, 생명권과 복지권 등이 그것이다.) 1989년 유엔이 체결한 「어린이권리선언」은 구체적인 어린이 권리요청을 보여 주고 있다.[84] 인륜법의 한 영역인, 따라서 여기서 보다 더 고차적 단계인 가족에서 아이라는 주제는 보다 진전된 내용을 포함하며, 시민사회에서는 '아들'('딸')이라는 은유 형태로 다시 다뤄진다.

기의 고유한 것으로 내적인 것으로 의식된다"(Enz §140, Z). 이에 대해서는 §10, Z와 §124, Z도 보라.

82 행위귀속의 문제는 이 책 제4장 3과 4, 5를 보라.

83 아이들은 생애 초에 ─ 동물과 마찬가지로 ─ 무지의 순진한 상태에 놓여 있으며, 이때 삶의 첫 단계에서의 아이의 정신적 성장은 결정적 단계 중 하나이다. "인간은 이 시기에 가장 많은 것을 배운다"(Enz §396, Z, 79).

84 이 선언은 이른바 유엔의 「여성권리선언」과 「장애인권리선언」 등과 묶여 있는 '패키지 선언'에 속한다.

3.4 동물

나와 내 원숭이

(Me and My Monkey)

─「문어의 정원」

(Octopus's Garden)

동물들은 단순한 물건들, 예컨대 돌이나 금속과 같은 것으로 다뤄질 수 없다. 칸트는 여전히 『인간학』에서 인간은 인격체이며, "임의로 처분할 수 있는 물건이나 이성 없는 동물과 같은 것과는 그 지위와 존엄에서 구별되는 존재"[85]임을 분명히 했다. 그런데 이런 형식적·법적 측면에서와 달리 『도덕형이상학』에서는 도덕적 관점에서 동물에 대한 잔혹한 폭력적 처리를 금하는 의무를 전개한다. 인간의 자연적 기질로서의 동정심이 무뎌지거나 사라질 수는 없기 때문이라는 것이다. 칸트는 동물을 고찰할 때 동물에 대해 간접적인 도덕적 책무를 보긴 하지만, 인간에 대한 인간 자신의 의무만이 언제나 직접적인 의무라고 생각했다.[86] 피히테는 동물을 법적으로 인간이 자신의 목적을 위해 수단으로 사용해도 되는 '죽은 물질'과 같은 계열에 속하는 것으로 여겼다.[87] 헤겔 철학에서 결정적인 관점의 변화, 즉 동물적 삶에 대한 특정한 내재적 가치를 제시하는 그런 관점의 변화가 나타난다. 말하자면 헤겔에 따르면, 동물적 유기체는 감각능력으로 인해 자연의 최상층에 놓이게 되며, 동물에게는 **자립성과 주체성**(Selbständigkeit und Subjektivität)이 귀속된다는 것이다. 동물의 이 주체성은 '기능적 자기와 행위적 자기라는 이중성'으로 각인된다.

---

85 Kant, *Anthropologie in pragmatischer Hinsicht*, AA VII, 127. ALR에서도 유사한 문구를 발견할 수 있다.

86 Kant, *Die Metaphysik der Sitten*, AA VI, 443.

87 Fichte, *Einige Vorlesungen über die Bestimmung des Gelehrten*, GA I, 3, 40. "이성 없는 수단", 즉 "죽은 물질 혹은 동물"(GA I, 3, 40)이라고 말한다.

"따라서 유기체에게는 외부 상황만이 아니라 내적인 가치평가적 상황도 감각의 형식으로 **지각할** 수 있다. 결정적으로 새로운 점은 이것이다. 즉 처음에 외부로 향하던 지각(Wahrnehmung)이 이를 통해 **내면의 차원**을 획득하는데, 이로써 **감각**(Empfindung)이 된다."[88] 동물적 유기체, 즉 동물 주체의 이런 명료한 자기연관에 감각 원리의 근거가 놓여 있다. 유지될 수 없는 아우구스티누스적 전통과 달리 **자기감정**과 **영혼**은 인간과 동물의 공통의 속성이며, 이런 관점은 헤겔의 『엔치클로페디』의 「자연철학」에서뿐 아니라 「주관정신」 관련 부분에서 확인할 수 있다. 인간은 동물과 오로지 개념적 인식에서만 차이가 난다. "인간은 자신이 동물이라는 것을 알고 있다는 바로 그 사실 때문에 동물이기를 그친다."[89] 이것은 다음을 의미한다. 즉 인간에게만 속하는 특징은 '사유의 사유'라는 능력이며, 동물은 자신의 목적을 목적으로 알지 못한다(Enz §360). 동물은 **개체성이라는 자기 내 반성된 자기, 즉 자기 안에 존재하는 주관적 보편성**을 대표한다(Enz §350). F. I. 니트함머(F. I. Niethammer)는 인간을 '이성으로 변양된 동물, 동물로 변양된 이성'으로, "이 양자[동물과 이성]로부터 나온 제3자"로 특징짓는다.[90] 헤겔은 지나가는 투가 아니라 진지하게 동물을 최초의 이상주의자(관념론자)라고 말한다. 실재론자가 있는 그대로의 사물, 유한성의 형식으로 있는 사물을 절대적인 것으로 설명하는 데 반해, 동물은 사물로 나아가 그것을 소비하고, 이로써 사물이 절대적으로 자립적이지는 않다는 사실을 증명하며, 그럼으로써 스스로를 자연발생적 이상주의자(관념론자)로 드러낸다(Enz §44, Z)는 것이다. 실재론은 "자립성과 참된 대자존재와 자기 내 존재라는 의미에서 직접적인 개별적 사물과 비인격적인 것에 실재성을"(§44) 부여하는데, 자유롭게 의지

---

88 Dieter Wandschneider, Elementare Formen des Psychischen. Eine systemtheoretische Skizze im Anschluss an Hegels Deutung des Organismus, *A Noiva do Esprito: Natureza em Hegel*, Fortaleza 2009.

89 Ästh 13, 112.

90 Niethammer, *Humanismus und Philanthropinismus*, a.a.O., S. 230.

하는 자의 행동은 바로 이런 실재론과 대립한다. 동물은 관념론이 근거하는 행위의 기본요소, 실천적 태도를 가지고서 사물에 나아간다. 헤겔은 "동물적 욕구, 동물적 욕망을 대상 일반의 관념론이라 칭하는데, 이에 따르면 대상성이 결코 낯선 것이 아니다"(Enz §359, Z). "동물은 유한한 감각적 사물의 실재성을 의심하면서 이 사물들을 무화하는 행동을 하는데, 이로써 가장 깊은 곳에 낮게 깔려 있는 지혜를 드러낸다."[91] 바로 이 부정하는 행동이야말로 동물들이 **주체성**을 가짐을 드러낸다. 이런 실천적 태도로 동물들은 사물들로 나아가 붙들고 잡고 먹어 치운다. 유한자를 이처럼 무화하는 행위에서 동물들은 유한자를 절대화하고 사물의 인식 가능성을 거부하는 어떤 형이상학자들이나 실재론자들보다 더 영리하다는 사실이 드러난다(Enz §246, Z, 19).

동물적 생명의 법적 지위와 관련하여 여기서는 그저 시사만하고 있을 뿐이지만 아주 중요한 새로운 이해는 헤겔이 명확히 언급하지는 않는, 하지만 오늘날 그의 생각에 기초해서 명료화될 수 있는 아주 중요한 결과를 초래한다. 만약 인간이 (그리고 이것은 오늘날 영양학의 관점에서 분명하게 증명된다) 영양섭취와 생존을 위한 자신의 '본성'(자연)에 근거하여 동물섭취가 필요하지 않다면, 영양섭취를 목적으로 동물을 죽일 권리는 결코 없다. 인간은 고기를 먹도록 자연적으로 규정되어 있다는 '본성에 근거한 이 논증'이 정당하다면, 인간에게는 '궁핍이 없는 데도' 자신의 가장 가까운 친척인 동물을 죽여 그것을 먹을 권리는 없다. 이러한 사실은 인간의 영양섭취의 태도에 대한 혁명을 포함하고 있으며, 그것은 비동물 영양섭취 형식으로까지 나타나고 있다. 개와 고양이의 고통뿐 아니라 고기 획득을 위한 자의적이고 야만적인 대규모 살육 행위, 동물의 본성에 맞지 않게 감옥처럼 좁은 사육장이나 동물원에 가두는 것 등도 받아들일 수 없는, 정당하지 않은(무법적인) 행동으로 평가되어야 한다. 왜냐하면 감각적 존재는 바로 그 사실 때문에 잘못 취급되어서는 안 되기

---

91 PhG 3, 91. 이에 대해서는 §44, Z도 참조.

때문이다. 언급한 행동은 동물은 물건이 아니기 때문에 동물의 특수한 생명권과 복리, 그리고 권리에 위배된다.[92] 여기서 이미 형식적·법적 관점과 도덕적 관점의 분리 불가능성이 드러난다. 오늘날 다양한 형태의 동물윤리는 "동물은 비록 도덕적 주체는 아니라 하더라도 직접적인 도덕적 객체다"[93]라는 생각에서 출발한다.

이 첫 번째 근본적 논증에 덧붙여 둘째로 인간의 복리도 고려할 수 있다. 인간의 영양과 복리가 반드시 고기섭취를 필요로 하는 것이 아니라면 식물섭취가 세계의 식량문제를 안전하게 하는 데 더 효과적이고 건강하기 때문에 이를 고려할 충분한 이유가 있다. 그 외에 지상에서 대규모 동물학살을 중단한다면 엄청난 양의 연료가스를 절약할 수 있고, 전 지구적 생태문제를 극복하는 데 긍정적으로 기여할 것이다.

동물의 권리(Berechtigung, 정확히 하자면 권능, 자격)는 정교한 규정과 법전화가 필요하며, 이 권리를 대신 주장하는 대표자를 갖는 것은 우리의 가까운 '이웃'에 대한 우리 인간의 의무이다. 진정한 의미에서 우리는 동물의 대변인이어야 한다. 살아 있는, 감각하고 느끼는, 그리고 자립적 존재인 동물은, 헤겔에 따르면, 점유할 수는 있지만 소유물이 아니며, 그 스스로 권리능력이 없다. 그러나 이런 '점유할 수 있음'에 인간 존재를 통한 무조건적 승인을 요구하는 동물적 삶의 독특하고 내재적인 권능(자격)이 놓여 있다.[94] 의식적인 동물 살상은 특수한 경우에만, 비상상황에서만 (예컨대 동물을 통한 자연적 균형의 손상 등) 혹은 긴급한 상황에서만 (예컨대 인간에 대한 공격, 질병과 전염병의 위험 등) 정당화될 수 있다.

비록 이솝에서 월트 디즈니에 이르기까지 좋은 것도 나쁜 것도 동물로

---

92 §90a S. 1 BGB.

93 Markus Wild, *Tierphilosophie*, Hamburg 2008, S. 38.

94 독일 헌법재판소에 따르면, "생물학적 다양성의 유지와 위협받고 있는 동물종과 식물종의 종적합적 삶의 안전"은 보호가치가 있는 재화에 속한다. 전체적으로 말해서 여기서 중요한 문제는 "자연적 삶의 토대의 보호"이다(1 BvF 2/05, II, 135, 142).

형상화하는 경향이 있기는 하지만, 코끼리와 악어는 국회에, 하이에나는 감사원에, 메뚜기 떼는 세계시장에, 여우는 전문위원회에 속해 있지 않다. 그러나 동물들은 물건으로 악용되어서도 안 되고, 그때마다 적극적 권리가 검토되어야 한다.[95] 시민법(BGB)에 동물은 물건이 아니라고 분명히 선언하고 있음에도 불구하고, 특별한 동물보호규정에 주목해야 하는 경우에 물건에 해당하는 규정이 동물에게도 나타난다. 이를 위해 독일의 기본법(/헌법)은 동물보호를 확립해 두었다.[96] 이런 불일치들은 동물과 동물권에 대한 애매한 혹은 정신분열적 입장을 드러내며, 동물의 권리에 대한 분명한 규정을 둠으로써 극복되어야 한다.

어쨌거나 아이들과 동물들을 — 즉 '흠(죄) 없는 천사'를 — 다루는 방식과 형식적으로 정당하게 그 권리를 법전화하는 문제는 한 공동체의 공정성과 합리성 및 현대성을 평가하는 중요한 시금석이 될 것이다. 자연환경의 보존과 보호, 동물의 배려와 대비(Sorge und Vorsorge), 지속성, 자격에 대한 존중 등은 무조건적 권리이자 무조건적 의무이다. 여기서 의무는 권리의 상관어이다(Wan 278). 자연에 대한 단순한 지배, 자연을 단순히 경제적 단위로 강등하는 것은 삶의 전제를 황폐화시킬 위험에 처하며, 공동체적 자살, 생명과 인간적인 것, 예컨대 인격성의 파괴에 직면하게 될 것이다. 헤겔에 따르면, 우리는 의지가 드러나는 곳에서는 언제나 우리 자신과 관련이 있기 때문에 자연적 생활환경은 자아에 귀속된 것으로만, 불가피하게 인격에 속한 것으로만, '자아의 연장된 현존'으로만, '자아에 연장된 육체'로만 이해할 수 있다.[97] 오만하고 파괴적인 침

---

95 동물의 권리문제에 대해서는 다음을 보라. Ursula Wolf, *Texte zur Tierethik*, Stuttgart 2008; Tom Regan, *The Case for Animal Rights*, LA 1985, *Animal rights: Current Debates and new directions*, hg. v. Cass Sunstein, Martha C. Nussbaum, Oxford 2004.

96 BGB §90a S. 3; §90a S. 2; GG Art. 20a 참조.

97 헤겔의 논의를 이어받은 마르크스에게서 다음과 같은 서술이 발견된다. 개인의 '연장된 몸'으로서, '개인에게 속하는 비유기적 몸'으로서, '개별자의 주체성의 소여된 몸'으로서의 자연. Marx, *Grundrisse der Kritik der politischen Ökonomie*,

략은 자기 자신, 우리 자신에 대한 공격으로 나타나며, 이전에 말한 **자기 절단**과 **자기무화**와 비견된다. 자유에는 무사유, 어리석음, 자의와 비이성적 행동 등과 같은 어두운 측면도 있기 때문에 자기절단과 자기무화는 언제나 가능하다. 이렇듯 이러한 괴물이 산출될 위험은 상존한다. 그런데 그러한 것을 야기하는 것은 이성이 아니라 바로 비이성, 즉 불충분한 사유와 행동이다.

헤겔을 따를 경우 여기서도 지배와 예속의 저편에서, 오만과 굴종의 저편에서 생각하고 행동할 수도 있을 것이다. 자유의지는 사물에 거주하며, 사물 안에서 평안할 수 있다. 형성함의 두 계기, 즉 생동적인 자신의 자연과 이에 마주 서 있는 외부 자연은 따라서 두 방향에서의 이성적이고 지속적인 '만들어감',[98] 즉 **사유하는 자기형성**을 자기규정의 계기로, 타당해져야 할 제약 없는 권리로 요청한다.

표기 — 언어

말

(The Word)

점유취득에 관한 마지막 짤막한 언급은 **표기**(Bezeichnung)에 관한 것이다. 기호[99]와 더불어 취득된 것이 나의 소유로 표시된다(상징, 표장, 문장, 상표 등). 의지만으로는 결코 취득을 정초할 수 없고, "만약 의지가 한

MEW Bd. 42, S. 401, 385.

98   이에 대해서는 이 책 제7장 4를 참고하라.

99   물건의 가장 외적인 꼭대기는 이와 같은 양적 규정이다(7, 467). 이에 대해서는 기호를 만드는 상상력에 대한 서술을 보라(Enz §§457~459). Jacques Derrida, *Der Schacht und die Pyramide. Einführung in die Hegelsche Semiologie*, *Randgänge der Philosophie*, hg. v. Peter Engelmann, Wien 1988, ders., *Die weisse Mythologie. Die Metapher im philosophischen Text*, *Randgänge der Philosophie*, a.a. O.; Vieweg, The Gentle force over the Pictures, a.a.O.

인간을 구속해야 한다면 이 의지는 말이나 기호를 통해 **표현**되어야 한다."[100] 의지의 현존은 내적 주체성으로부터 외적 객체성으로 전이한다. "그런데 나의 기호는 나의 의지가 현존한다는 것을 명백히 보여 준다. 따라서 이 기호에서 나의 의지는 타자와 관계를 가지며, 자유인인 내가 다른 자유인과 관계를 맺게 된다"(Kiel 67). "우리는 그 최고의 방식을 말의 형태로, 언어의 형태로 가지며,[101] 여기서 주체는 **자신의 내면의 보편성**을 소통적 실천으로 현실화 한다."[102] 언어의 엄청난 무게는 그것이 말의 형태로든, 문자의 형태로든 『법철학』의 모든 영역에서 등장하는데, 「추상법」에서 계약의 형식으로부터 약속이나 거짓말의 도덕적 형식, 결혼의 체결, 시민사회에서의 계약과 사법의 형태 등을 거쳐 법률의 문서 형태와 행정부에서의 정치적 언술, 말이나 문자의 형식으로 등장하는 여론의 공지, 국제법 논설 등에 이르기까지 다양한 형태로 등장한다. 언어는 도처에서 자기에 내재한 구속력과 보편성의 힘을 유효하게 만든다.

인격과 관련해서 보면 표기는 자기 이름을 쓰는 방식으로 (예를 들어 그 이름은 개인적인 문서에서 확인된다) 나타나며, 외적인 물건(집이나 논 혹은 토지 등)을 점유하는 것과 관련해서 보면 표장이나 문장 혹은 명찰이나 원적대장 등을 통해 나타난다. 점유취득된 물건을 사용함으로써 물건(농지 등)의 수익은 나의 것으로 확증된다.

3.5 사물의 사용

"점유취득을 통해 물건은 **나의 것**이라는 술어를 보유하게 되며, 의지는 그 물건과 **긍정적** 관계를 갖는다"(§59). 동시에 여기서 물건은 부정적

---

100 Hume, *Eine Abhandlung über die menschliche Natur* (III), a.a.O., S. 271.

101 "언어는 사상의 작품이며, 이로써 언어에서는 보편적이지 않은 어떤 것도 말해질 수 없다"(Enz §20).

102 Ralf Beuthan, Grundzüge und Perspektiven von Hegels phänomenologischen Bildungsbegriff, *Bildung zur Freiheit. Zeitdiagnose und Theorie im Anschluss an Hegel*, hg. v. Eberhard Eichenhofer/Klaus Vieweg, Würzburg 2010, S. 44, 강조는 저자.

인 것으로서, '자기 없음'으로서, 일종의 '비아'로서 현상하는데, 즉 그것
은 나의 욕구의 만족의 수단으로, 나의 욕구의 실현의 결과로 변하고 소
화되고 무화된다. 이러한 사실은 사물의 사용을 "소유의 실제적 측면과
현실"(§59)로 이해할 수 있게 한다. "농지는 이 농지가 소득을 가지는 한
에서만 농지다"(§61, Z). "옷은 입는 행위를 통해서만 비로소 현실적 옷
이 되며, 거주하지 않는 집은 사실상 현실적 집이 아니다."[103] 사용, 이용,
소모 등은 개별성의 무화를 포함하고 있는 보편적 점유취득을 자기 안
에 보유한다(§§59, 61). 우리는 자유로운 소유를 "실제 받아야 하는 것
보다 그렇게 높게 평가하지 않는 경향이 있는데, 사실 자유로운 소유라
는 규정은 엄청난 진보이다"(Gr 223). 소유는 사용을 통해 비로소 현실
화한다는 사상으로부터, 즉 "자유로운 완전한 소유의 형성"(§62)으로부
터 ── 점유취득은 사용을 통해 자신의 완전한 규정에 도달한다 ── 아주
중요한 결과가 생겨난다.

　a) 사용의 맥락에서 지속성의 사상, 대비의 사상이 다시 등장한다. 이
용은 소모를 고려해야 하고, 인간은 순간을 넘어 멀리 봐야 하며, "사유
하는 자로서 보편자를 소유하고자 해야 한다. ── 대비"(§60, A).

　b) 사용에서 소비(물건의 완전한 부정), 부분적 소비와 (재생의 의미에서
의) 재산출, 그리고

　c) 재능과 능력의 사용 등의 계기(§61) 등은 서로 엮여 있다.

　마지막으로 §63에서 물건의 사용이 가져오는 더 나아간 결과는 언어
로 나타난다. 물건의 파편적 개체성으로부터 생겨난 물건의 보편성은
이 물건의 가치를 표현하는데, 이 가치에서 그 물건의 참된 실체성이 확
고해진다(§63). 그리스하임(Griesheim)이 남긴 노트는 이 가치의 세 가
지 계기를 공식화해서 보여 준다. a) 가치가 그에 귀속되는 물건은 상품
으로 간주된다. 이 자리에서 헤겔은 상품의 질적 가치와 양적 가치를 구
별한다. 여기서 중요한 것은 '그 특별한 측면에 따른' 가치가 아니라 양

103　Marx, *Grundrisse der Kritik der politischen Ökonomie*, a. a. O., S. 26.

적 가치이다. "그 가치가 얼마나 큰가와 같은 가치의 양적 규정은 물건의 질적 본성에 의존하지만, 그것만이 아니라 또한 다른 많은 정황에 의존하기도 한다"(Gr 229). b) 가치는 '즉자대자적인 대상이 되며, 사물은 본질적으로 가치 자체', 즉 **돈**이다. 돈과 더불어 우리는 '가장 지적인 점유'를 하게 되는데, 왜냐하면 우리는 돈과 더불어 우리의 욕구를 위한 사물을 **가치의 형태로만** 소유하기 때문이다. "소유가 돈인 한 소유는 가치로서의 의미만을 가지며, 여기서 가치 그 자체가 실존한다"(Gr 229). 비교할 수 있는 특별한 것은 외적 가치로,[104] 즉 모든 사물의 대표자인 돈으로, 이 사물의 '실존하는 보편적 가치'인 돈으로 표현된다(§299).[105] 물건은 가치로 표현될 때 기호의 형식을 취하며, 이 물건은 여기서 물건 자체가 아니라 가치로만 간주된다.[106] 마지막에 진술한 차원(즉 보편적 가치, 소유의 보편성)에서의 돈과 교환수단에 대한 외적 욕구 사이의 구별은 아주 중요해 보인다. 첫 번째 측면, 즉 오성(지성)의 측면은 우리가 소유자로서 가지는 사물이 보편적 방식으로, 즉 그 자체로 실존하게 되는 가치로 존재한다는 데 그 본질이 있다(Gr 229). 이 주제는 시민사회와 국가를 다루는 맥락에서 아주 특별히 주목된다. 돈을 통해 주어지는 비교 가능성 때문에 소유되고 있는 개별 물건의 교환이 가능해진다. c) 정신적 소유 형태를 한 주관적 보편자, 특히 예술이나 학문의 산물에서 우리는 보편자를 보는데, 이것은 "사물의 가치에 속하며, 사물 일반의 가치의 계기이다"(Gr 230).

---

104 "돈은 모든 외적 필연성의 축약이다"(Hegel, *Notizen und Aphorismen, 1818-1831*, TWA 11, 565). 이에 대해서는 Enz §494도 보라.

105 부의 보편적 대리자로서의 돈(Marx, *Grundrisse*, a.a.O., S. 133).

106 "교환은 예컨대 그 돈이 종이의 본성을 드러내는 것이 아니라 다른 보편자인 가치의 기호일 뿐이다"(§63, Z). '상징적인 보편적 산물'로서의 돈(Marx, *Grundrisse*, a.a.O., S. 85).

3.6 정신적 소유에 대한 권리

나는 무명의 작가

(I'm a Paperback Writer)

(당시에는 당연하게 여겨지지 않았던) **정신적 소유의 보호**, 즉 지적재산권에 대한 그의 숙고는 소유권 이론에서 아주 독특하면서도 오늘날 엄청난 현실성을 갖는다. 헤겔은 여기서 특히 지적재산권의 결핍으로 곤궁에 빠지게 된 실러의 운명을 목격한다(Gr 235). 이 문장은 책을 다시 인쇄하는 것의 부당함에 대한 칸트의 숙고로까지 소급할 수 있을 것이다.[107] 프랑스를 예시하면서 ─ '프랑스에서는 훨씬 더 엄격했다(Gr 235) ─ 헤겔은 당시의 독일 법상태를 날카롭게 비판했으며, 프로이센 보통법(ALR)은 지적재산권을 충분히 보호하지 않았으며, 1837년에야 프로이센에서 법적 보호가 확정되었다.[108]

습관과 학업, 숙련성, 지식의 획득 등을 통해, 말하자면 도야를 통해 습득된 정신의 소유를 헤겔은 내적 혹은 정신적 소유(§43)라고 했다. 여기서 법철학에서 아주 중요한 의미를 지니는 도야는 **생산**이나 **노동** 등의 문제와 연결되며, 시민사회에서의 공식적 도야에 대한 숙고를 선취한다. 이와 관련하여 도야와 보편성이 신경망처럼 결합되어 있다고 하는 그리스하임의 상당히 긴 문장이 이를 잘 보여 준다. 내적·정신적 소유에서 중요한 것은 '주관적 보편자'라는 것이다.

나는 나 자신의 내적 보편성에 속하는 **보편적인 어떤 것의 소유자**이다. 나는 숙련성, 재능 등을 소유하는데, 이것들 역시 소유이며, **나는 이것들에서 나를 점유**했다. 사람들은 이것을 '사용'(Gebrauch)이라 부르기도 하

---

107   이에 대해서는 다음을 보라. Klenner, *G.W.F. Hegel, Grundlinien*, a.a.O., Anmerkungen zu §69, S. 437f.
108   Ebd.

는데, 왜냐하면 사용함으로써 그것들은 비로소 어떤 완성된 것으로 산출될 수 있기 때문이다. (……) 나는 나의 숙련성을 통해 사물에 하나의 형식을 부여하며, 그것들에 나의 욕구를 위해 형태를 부여한다. 여기서 나는 나의 소유에서 나의 의지뿐만이 아니라 나의 정신도, 나의 내적인 것도 대상화한다(Gr 230, 강조는 저자).

정신적 소유에 대한 헤겔 이론의 본질적 내용을 명확히 하고 또 현실적으로 의미 있는 중요한 최근의 연구에서는 다음과 같이 말한다. "헤겔의 정신적 소유 개념은 본질적으로 현대의 정신적 소유권을 포함하고 있는 모든 핵심적인 내용을 포괄한다. **작품 창조자의 원천권, 작품 수행자의 업적보호권, 고안자의 권리**뿐 아니라 **상표권**도 자기 체계 안에 포함한다. 이러한 사실은 ─ 이 주제에 대해 심층적 연구는 유보하고 있다 ─ **개인정보 보호** 형태로 나타나는 **정보권**에도 해당한다."[109] 헤겔은 원천권이 서서히 사라져 가야 한다(소멸시효)는 사상을 개진하는데, 이것은 아주 주목할 만한 사실이다. 이 사상은 두 사태의 충돌에서 기인한다. 즉 물건으로서의 책은 하나의 물건으로 나의 소유로 계속 유지되지만, 책의 내용은 저자를 통해 사상의 특수한 결합 형태로 "애초에 점유되었으며, 따라서 그(작가)의 소유이다"(BI 79). 뭔가를 이용한다는 것은 그것을 시간 속에서 이용한다는 것이기 때문에 사용에는 일종의 시효가 있다. 따라서 "창작된 것, 책 등은 시간이 지나면 **만인의 소유**가 된다"(BI 79, 강조는 저자). 지식이 **일반(보편)적 소유**로,[110] **지식과 도야의 권리**로 고착된다. 소유권을 만족시키기 위해 ─ 쓰인 책의 가치는 소비자에 의해 습득된 낱권의 가치를 능가한다 ─ 책을 상품으로 판매하는 것에 대해 작가는 그 대응가치를 돈의 형태로 습득해야 한다. 글쓰기는 '공장의 일처럼'

---

109 Wilko Bauer, Hegels Theorie des geistigen Eigentums, *Hegel-Studien*(41) 2006, S. 86.

110 마르크스는 학문에서 부의 가장 단단한 형식을 본다(*Grundrisse*, a.a.O., S. 438).

그리고 산업으로 분리되었으며(Kiel 71f.), 책은 시장에 상품으로 나온다. 따라서 대응가치는 '정해질 수 없으며', 판매와 독자의 취향에 달려 있다. "그런 한에서 아주 질 낮은 소설이 아주 철두철미한 책보다 더 많은 가치를 가질 수 있다"(§64, A). 다른 한편, 지식에 대한 독자의 욕구도 고려해야 하며, 책의 가격은 이런 전망에서 정해져야 한다. 앞 절에서 다룬 주관적인 보편자는 나의 고유한 소유로 남아 있으며, 작가는 새로운 판본, 변경과 개선 등에 대한 처분권한을 가지며, 절대적인 원천권(특히 무법적 복제나 복제 등으로부터 보호받아야 한다)을 매개로 그의 소유, 그의 작품으로 남는다.

전체적으로 봐서 헤겔 철학은 정신적 소유에 대한 오늘날 아주 보기 드문 탁월함을 보여 준다. 이때 숙고는 추상법의 테두리 내에 한정되지 않는데, 왜냐하면 여기에서 도덕법의 문제와 국가 차원의 입법의 문제도 결부되어 있기 때문이다. 헤겔의 숙고는 아주 풍부하고 세분화된 도구를 제공하는데, "이것들로 복잡한 현상인 '정신적 소유'를 체계적으로 논구하고 이해할 수 있게 될 것이다. 이에 비견될 만한 폭과 깊이를 보여 주는 철학적 단상을 찾기는 힘들다."[111] 정신적 소유권에 대한 이런 보증은 지식, 정보 그리고 (인터넷 등과 같은) 새로운 매체 등이 광범위하게 등장하는 사회에서 아주 특별한 중요성을 가진다.

3.7 소유의 양도(외화)

> 너는 나에게 네 돈을 결코 주지 않지
> (You Never Give Me Your Money)

양도와 단념은 내용 측면에서 **외적인 것**인 물건에만 해당할 수 있다. 여기에서 인격성, 인격의 핵심을 이루는 주관적 규정의 매각 불가능성,

---

111   Bauer, Hegels Theorie des geistigen Eigentums, a. a. O., S. 86.

처분 불가능성 그리고 비시효성('영원성') 등의 원리가 표현된다. 삶의 실체와 의지의 자유의 실체, 참된 것과 인륜적인 것의 내용 등은 양도하거나 매각할 수 없는 '재화들'이다. "따라서 나의 이성, 나의 자유, 나의 인격성 그리고 도대체가 나의 전체 자유의 본질적인 부분 등은 **매각될 수 없다**."[112] 인격의 그런 양도 단계나 형식은 아직 실현되지 않은 자유 상황에 속한다. 그런 것에는 노예제나 예속, 낯선 권위에의 복종, 양심의 고백의 의무 혹은 종교의 강요 등과 같은 것이 있다. 이 후자의 것들은 아직 완벽한 자유와 권리 상태로 가치 평가할 수 없는 지표로 간주해도 되며, 따라서 그것들은 그저 한 명 혹은 몇 명만이 자유롭지, 모두가 자유롭지는 않은 역사적 구성체일 뿐이다.[113]

그 외에도 인격체에게는 자살을 위한 **권리**가 없으며, 나의 삶을 자기 손으로 제거할 **권리**가 없다는 헤겔의 주장도 현실성이 있다. 인격은 자신의 삶에 대한 지배자일 수 없는데, 왜냐하면 삶은 인격이 마음대로 처분할 수 있는, 인격에 마주해 있는 **어떤 외적인 것**이 아니기 때문이다. '생명권도 양도 불가능'하며, 누군가가 그런 것을 '판매'하는 것에 찬성한다고 하면, 사서 죽인 사람은 살인자이다(§66, A). 인격에 대한 지금까지의 규정에 따르면 '인격은 자신의 삶에 대한 형식적 권리를 가진다'는 말과 '인격은 **자신의 삶을 처분할 권리를 갖지 않는다**'는 말은 모순처럼 보인다. "인간은 모든 것에서 자신을 떼어낼 수 있다고 하는 인간의 의식은 자유의 한 계기일 뿐이다"(BI 80). 신체적 자기보존은 칸트에 따르면 자기 자신에 대한, 한 인격 안에 있는 인간성(인류, **homo noumenon**)에 대한 주체의 의무에 속한다. 칸트는 자살, 자해 그리고 자기환각 등을 악덕으로, 동물적 자연에 대한 의도된 공격으로 간주한다. 칸트는 자살을

---

112 Hegel, *Philosophische Enzyklopädie für die Oberklasse*, a. a. O., 4, 59.
113 "전제, 노예의 주인은 자유롭지 않고, 주인과 노예는 동일한 관계에 놓여 있다" (Gr 239). 노예제는 "역사적인 어떤 것이다. ─ 즉 노예제는 **법 이전의 한 상태**에 속한다"(§57, A). "자신을 타자의 주인으로 간주하는 사람은 누구나 그 자체로 노예다"(Fichte, *Bestimmung des Gelehrten*, GA I, 3, 39).

범죄로 본다. 헤겔은 자살을 일종의 자의에 의한 것으로서 가능한 것이며, 그렇다고 결코 권리는 아니라고는 하지만, 그것이 법적 제재를 필요로 하는 범죄인 것은 아니라고 한다. 헤겔에 따르면, 피안에서의 재판은 없다. 헤겔은 자살을 엄격하게 금하는 전통(Aristoteles, Thomas Aquinas, Diderot)을 따르지는 않지만, 그것을 자유로운 행위라는 의미에서 긍정(Hume)하지도 않는다. 비극적 상황에서 수행되는 자살이라는 어려운 결단에 대해 헤겔은 다음과 같이 말한다. "사람들은 그것을 이해할 수 있지만, 정당화할 수는 없다"(§70, A).[114] 그러나 삶의 한계상황에서, 예컨대 극도로 고통스러운 치명적인 중병의 경우에, 삶을 삶이 아니라고 분명하게 말할 수 있는, 따라서 전도가 발생한 상황에서 평가는 바뀌게 되며, 이런 긴급상황에서는 자살에 대한 가치평가에 의문을 제기할 수 있는 것처럼 보인다. 따라서 자유의 상실(질병으로 인한 인격성의 파괴 등)을 확신할 수 있다는 의미에서의 실존적 한계상황은 자유의지가 이처럼 상실되는 것을 회피하려는 노력을 정당화한다. 자연적 실존을 대량으로 위협하는 총체적 **예외상황** 내지 **긴급상황**(Not-Situation)의 본질은 바로 이런 경우이다. 이런 예외상황에서 삶은 이미 인격성과 자유를 광범위하게 침해받는 방식으로 실제적으로도 손상을 입고 있다. 폭력 거부의 반대 현상인 **긴급방어**(Not-Wehr, 정당방어)나 법(권리)위반 금지의 반대 현상인 **위급권**(Not-Recht)의 경우에서와 유사하게, 여기서도 사태는 '전도'되는데, 여기서 그것은 예외상황이 사라진 경우에 권리위반, 폭력 그리고 자살과 같은 것이 결코 어떤 정당성도 갖지 않는다는 것을 포함한다. 긴급방어, 위급권, 긴급한 거짓, 위급상황으로서의 빈곤과 또한 정치적 위급상황 등에서 나타나는 이런 '전도' 현상을 좀 더 자세히 볼 것이다. 인륜적 맥락에서 생명을 걸고 희생하는 것은 존중을 받으며, 어느 정도 인정도 받는다. 예컨대 생명을 구하는 행위, 재난장소에의 투입 그리고 전쟁 등의 경우가 해당된다.[115] 그런데 이 추상법의 영역에서 문제가 되는 것

---

114 이에 대해 좀 더 자세한 내용은 Gr 242 이하를 보라.

은 적극적 자살행위가 아니라 낯선 손에 의해 죽임을 당할 수 있는 위험 부담이다. 추상법은 앞에 열거한 경우에서 ── 즉 자살과 삶의 희생의 경우에서 ── 더 나아간 한계를 가지며, 자신을 넘어 앞으로 살펴볼 행위의 '인륜적 맥락'에서 이 주제들이 어떻게 다뤄질 것인지를 지시한다.

4. 추상법의 두 번째 계기: 형식적·추상적 인정과 계약

계약에서 소유는 다른 의지를 의지함으로써 획득할 수 있다.[116] 실천적 삶의 본질적 규제방식으로서의 계약에는 (일상적 구매행위도 이미 그런 계약이다) 형식적·추상적 인정, 즉 인격과 재산소유자로서의 계약당사자에 대한 인정이 그 근본에 놓여 있다. 여기서 형식적·추상적이라는 말은 계약당사자가 인격과 재산소유자로서만 간주될 뿐, 이들의 여타 다른 특별한 특성은 모두 무시된다는 의미이다. 이 인정은 "이런 추상적 통일일 뿐이며, 이런 인정은 그 자체로 형식적이다"(§72, A). 개별적 의지와 이들의 합의(즉 '자의에서 발생한 합의')에 기초하여 어떤 개별적이고 우연한 물건에 대해 공동의 의지, 즉 의지의 동일성과 비동일성의 동일성이 형성된다. 계약과 더불어 특정한 인격이 어떤 것을 정당하게 전유할 수 있는 주체로 충족된다. 여기서 우리는 형식적 권리(/법), 즉 추상법의 근본 형태인 **공동의 의지**라는 개념을 가지게 된다.[117]

---

115 "삶을 희생제물로 드리는 것에 대해서는 인륜법의 맥락에서 처음으로 언급할 수 있다. 「인륜법」 장에서는 여기에서와 달리 직접적 인격이 목적이 되지는 않는다"(Bl 80).

116 "물건은 극단을 결합하는, 즉 자신의 동일성을 자유로운 자로 알면서 동시에 서로 자립적인 자로 아는 인격을 결합하는 **중심**(Mitte)이다"(Enz §491).

117 헤겔은 칸트의 계약 개념을 받아들이고 있는데, 칸트의 『도덕형이상학』에 계약 개념에 대한 훌륭한 서술이 등장한다. "약속한 자의 특수한 의지를 통해서도, 약속받은 자의 특수한 의지를 통해서도 전자의 것이 후자의 것으로 이행하지는 않는다. 그런 일은 양자의 통합된 의지를 통해서만 발생한다." 계약은 "하나의 공동

특히 §73은 상호주관성의 최초의 형태인 **상호인격성**의, 즉 **형식적·추상적 상호주관성**의 정당화를 포함하고 있다. (상호주관성의 두 번째 형식인 **도덕적 상호주관성**은 §112에 등장하는데, 도덕법 영역의 중심 위치를 차지한다.) 추상법 영역에서 나의 의지는 소유의 양도를 통해 **현존하는 자, 대상적 존재**가 되며, 따라서 동시에 하나의 **다른 의지**가 된다. 그러므로 양도는 객체화이며, 보편자의 한 방식이다. 이 동일성은 인격체의 형식적 의지와 상호존중이라는 **공동성**에서만 성립한다. 계약은 계약당사자인 인격을 통해 성립하며, 따라서 여기서 중요한 것은 즉자대자적으로 보편적인 의지가 아니라 아직 결함이 있는 방식의 보편성이다. 상이한 의지의 이런 통일 혹은 동일성은 다음의 두 계기를 결합하는 상호인격성을 구성한다. "나는 소유자이며 소유자로 머문다"라는 계기와 "나의 현존은 동일하게 소유로, 즉 객체로 머물며, '타자의 자유로운 자기의식'으로 간주할 수 있다"는 계기를 결합한다(§72, A). 계약 체결에서 인격이 자기 내부에서 반성되는 특수자('극단')로 등장하는 한, 계약을 통한 상호인정은 확고한 자기지반과 자유로운 자기규정에 근거하고 있는 두 인격체의 직접성을 지양한다(Enz 1817, §413).[118] 어떤 물건의 직접적 '가짐'이 여기서는 **그 물건**의 '줌'과 '취함'으로 된다. 여기에는 합의의 우연적 요소도 놓여 있으며, 계약은 자신의 개념에 상응할 수도, 그렇지 않을 수도 있다. 특수성을 목표로 원래 제기된 원리가 해체되기 시작하며, 직접성은 이미 매개된 것으로, 대칭은 잠재적으로 비대칭으로 드러난다.

계약은 합의(약정)와 수행을 구분한다. 약정을 외적으로 표시하는 행위에서 우리는 **표상된 것**(Vorgestelltes)을 가지게 되는데[예컨대 어떤 물건

의 의지로부터서만" 나온다(AA VI, 272f.).

118 『논리학』에서 이는 부정판단의 결과로 나온다. 그것은 두 번째 부정, 혹은 부정의 부정이다. 그것은 긍정판단의 술어의 특성, 즉 그 추상적 보편성을 부정한다. 중요한 것은 "개체성의 자기 자신으로의 무한한 회귀"이며, 이제야 비로소 개체(Einzelnes)로 정립되는 "주체의 구체적 총체성의 산출"이다. 이때 이 주체는 부정과 부정의 지양을 통해 자기와 매개됨으로써 형성된다(WdL 6, 323).

을 양도하겠다는 약속을 함으로써 당사자는 그 물건이 A에서 B로 넘어가게 되는 것을 상상 혹은 표상한다. 그것이 아직 구체적으로 B에게 넘어가지 않았다는 점에서 그것은 구체적 현실이 아니라 그저 표상된 것일 뿐이다], 헤겔의 표상이론에 따르면, 그것은 몸짓과 상징적 행위의 형식으로, 또한 결국에는 그 최고의 형식인 언어와 문자의 형식으로, 따라서 기호의 형식으로 특수한 현존을 취하게 된다.[119] 기호 형태의 이런 표상형식을 통해 합의가 비로소 (법적 효력이 있는) 자신의 현존에 도달한다[즉 합의가 법적인 효력을 띠게 된다]. 몸짓의 형식으로, 혹은 계약에 합당한 특정한 언어의 형식으로 나타나는 "의지의 현존은 의지의 온전한 지적 현존으로서 이러한 의지의 현존을 실행하는 것의 결과는 기계적으로 나타날 뿐이다"(§79). **말은 완전히 유효한 행위이다**(Enz §493).[120] 사법(司法)을 다루는 장에서 이 주제(합법화의 언어형식 내지 문자형식)는 다시 다뤄진다.[121] 동시에 헤겔은 그런 표상작용을 (「도덕법」에 등장하는) 주관적이고 특수한 표상작용과 구별한다. 여기 형식적 권리(즉 추상법)에서는 합의만을 다루지, 어떤 다른 것을 다루는 것이 아니다(§78).

구체적 삶에서 계약의 사태에 대한 설명은 형식적·추상적 측면, 즉 인격의 보편적 권리에 대해 보다 엄격한 주목을 요한다. 그러나 협정은 결국 그런 보편적 권리로 환원될 수 없으며, 여기에는 이미 추상되어 안 보일 뿐 어떤 내적 전제가 작동하고 있다. 즉 여기에는 도덕법이 이미 모든 계약에 작동하고 있다는 사실, 그리고 인륜의 형식과 제도가 모든 계약의 바탕에 놓여 있다는 사실이 그저 암시되고 있을 뿐이다.[122]

---

119 표상과 기호 문제에 대해서는 다음을 보라. Vieweg, *The Gentle Power over the Picture*, a.a.O.

120 말은 행동이나 행위로 간주할 수 있는데(Gr 258f.), 예컨대 약속, 증언, 모욕, 중상 등은 그 자체로 하나의 행위이다.

121 이 책 제7장 5를 참조하라.

122 Enz §178. 그러나 이러한 사실은 그저 단순히 보증되는 것이 아니라 증명되어야 한다. 철학은 결코 '보험사업'이 아니다. 보험사업이라면 그런 철학에서 사유의 건축물은 그저 주장이나 가정 혹은 예견 등에 의지할 것이다.

이러한 사실은 결혼이나 국가와 같은 형식을 단순히 계약관계로 파악하는 것이 불충분함을 함의한다. 칸트는 결혼을 계약으로 환원하는데, 헤겔은 이를 "창피한 것"으로 평가한다. 헤겔의 비판은 원리상 협상을 모델로 하는 현대의 모든 계약이론에 해당한다. 협상이라는 것이 철저히 관계의 계기를 드러내고는 있지만, 가족이나 국가와 같은 인륜적 연합체는 단순한 협정이나 합의로 환원될 수 없다. 말하자면 계약이론적인 대상 이해는 소유와 추상법의 규정을 법(/권리)과 공동체 등과 같은 좀 더 복잡한 다른 영역으로 부당하게 외삽을 수행한다는 것이다. 계약은 a) **자의**에서 출발하며, b) 동일한 의지는 **단순한 공동의 의지**이며, 따라서 보편성의 아직 부적당한 형식이며, c) 계약의 대상은 **개별적인 외적 물건들**이다(§75). 따라서 **협상 내지 합의**는 상호주관성의 최초의 형식, 즉 협상적 상호인격성을 대표한다. 하지만 이 **협상적 상호인격성**은 자유로운 주체의 이성적 교류 개념의 토대로는 아직 충분하지 않다.

5. '두 번째 강제'의 공리—범죄와 형벌—현대 형벌이론에 대한 헤겔의 기초

살려면 도망치는 게 좋을 거야

(You Better Run For Your Life)

계약 모델에서는 법(/권리)에서 처음으로 추상된 것, 즉 의지의 개별적 특수화가 등장한다. 이 특수화에는 통찰과 의지함의 자의와 우연성도 포함된다. 계약에서 보편의지와 특수의지의 차이가 드러나며, 따라서 법(/권리)은 특수의지와 이 의지들의 우연적·자의적 일치 사이의 공동성을 서술한다. 이때 이 차이는 결과적으로 보편의지와 특수의지의 대립으로, **가상**으로서의 특수한 법(/의지)으로 나아가지 않을 수 없다(§82). 이런 의미에서 헤겔은 무법(Un-Recht)을 추상법의 세 번째 단계로 도입한다. 『논리학』에 따르면, 가상의 진리는 그 공허함(Nichtigkeit)에 있다. 추상법이 그 끝에 이르게 될 경우 그것은 무법으로[summum ius summa iniuria, 최상의 법은 최상의 무법: 법이 극단적으로 문자적으로 적용될 때 최악의 부정의가 될 수 있다는 키케로의 말이다], 반대의 형태로 전복될 수 있다. 의지는 자신의 외적 현존(육체와 외적 소유) 형태로 침해되고 손상될 수 있으며, 또는 폭력을 겪을 수 있다. 이런 방식으로 의지에게는 폭력을 통해 **강제**가 부과된다(§90). 추상법은 "행위에 외적으로 있는 것만을 대상으로 갖는다."[123] 즉자대자적으로 자유로운 의지는 강제될 수 없으며, "자기 개념에 거하는 자유의지는 침해될 수 없고"(Wan 52), "스스로 강제받도록 두고자 하는 것만이 어떤 것으로 강제될 수 있다"(§91).[124] "의지가 현존재를 갖는 한에서만 이념이며, 현실적으로 자유롭다. 그리고 의지의 실현된 현존은 자유의 구현이다. 그러므로 폭력이나 강제는 그 개념상 이미 직접적으로 자기 자신을 파괴한다. 그것은 의지의 표현이나 현존을 지양하는 의지의 표현이다"(§92). 이 **첫 번째** 강제는 언제나 무법적으로 머무를 수밖에 없으며, 추상적으로 취해진 강제는 자신의 개념에서 스스로 파괴되고, 그것은 어떤 자유로운 행동도 아니다(§§92, 93). 여기서 헤겔은 강제할 권한과 결합되어 있는 법(/권리)과 **두 번째** 강제사상에 대한 칸트의 숙고를 따르고 있다.[125] 무법적·비합법적 강제는 "자유에게 발생한 장애 혹은 저항이며" 이 강제에 대립되는 강제는 "자유가

---

123 Kant, *Die Metaphysik der Sitten*, AA VI, 232.

124 "자유의지는 즉자대자적으로 **강제될 수 없는데**(§5), 그렇게 강제될 경우에만 **그 의지는 자기 자신을 자신이 붙들려 있는 외적인 것으로부터, 혹은 그 외적인 것에 대한 생각으로부터 이끌어내지 못하며**(§7), **스스로 강제받도록 두고자 하는 것만이 어떤 것으로 강제될 수 있다**"(§91).

125 칸트와의 이런 연관성을 알게 해준 폴코 찬더(Folko Zander)에게 고마움을 전한다. "예컨대 인격은 소유를 가질 권리를 가진다. 이를 통해 의지의 자유는 외적 현존을 보유한다. 이 현존이 공격을 받으면 거기서 나의 의지가 공격을 받는다. 이것은 폭력, 강제이다. 바로 여기에 두 번째 강제가 들어설 권한이 놓여 있다"(Ho 296f.).

장애받는 것을 방해하는 것"으로 간주할 수 있다. 바로 이것으로부터 첫 번째 강제를 강제할 권한이 생겨난다. "권리와 강제할 권한은 따라서 동일하다."[126] 타율의 강제에 대항해서 두 번째 강제가 정당한 것으로 현상한다. 칸트는 "보편적 자유의 원리 아래서 모든 개별자의 자유와 필연적으로 일치하는 상호적 강제의 법칙이라고 말한다."[127] 헤겔은 이것에 곧 이어 의지가 거하고 있는 자연적 현존에 대항한 폭력을 강제로 간주한다. "강제 상황에 있으나 법적인(/정당한) 것은 그 강제가 첫 번째 강제를 지양한 두 번째 강제일 때 가능하다"(BI 85). 이에 관계하는 의지가 보편의지에 대항한 특수의지인 한 (따라서 결코 자유의지, 의지 그 자체가 아닌한) 우리는 '강제 그 자체' 혹은 '**첫 번째 강제**'라고 보아야 할 것이다. 그런 특수의지에 대항해서, 단순히 자연적인 것 혹은 자의에 대항해서, 타율적인 것에 대항해서 **반-강제**(강제에 반하는 강제)가 실행될 수 있다. 헤겔에 따르면, 그것은 **첫 번째** 강제로만 비치지만 사실은 **두 번째** 강제이다. 예컨대 그런 현상은 교육과정이나 세금의 징수 등에서 나타난다. 그러나 "자연적일 뿐인 의지 혹은 자의성은 **그 자체 즉자적으로 존재하는 자유의 이념에 대항한 폭력**인데, 이 자유는 그런 도야되지 않은 의지로부터 보호되어야 하고 그런 보호 속에서 타당성을 얻어야 한다." 따라서 문제는 첫 번째 강제의 **지양**으로서 이 첫 번째 강제를 뒤따라 나오는 **두 번째** 강제이다(§93, 강조는 저자). 강제는 "첫 번째 직접적 강제의 지양일 때만"(Enz §501) 정당하다. 여기서 중요한 것은 무법에 대항한 법(부정의에 저항할 권리, Recht gegen das Unrecht)이다. 여기서도 이 '강제'의 문제는 나중에 등장하는 국가를 예견하고 있다. 국가에서는 자의와 단순한 자연성이 보편적 이익과 관심사에 대항하는 첫 번째 강제로 나타나며, 이 첫 번째 강제에 대항하여 이성적인 것(E-B-A의 통일 속에서)이 타당성을 획득해야 한다. (예컨대 국가를 위해 공과금과 세금을 거두어야 하고 혹은 어떤

---

126 Kant, *Die Metaphysik der Sitten*, AA IV, 231-233.
127 Ebd., 233.

업무를 요청할 수 있다.) **강제는 따라서 두 번째 강제로서만 정당화되고, 타율에 대항한** 행위권한으로서 **자율을 위해서만** 정당화된다. 자기규정은 단순히 자의가 아니라 내용적 규정도 포함한다. 이어지는 숙고를 통해 다음의 사상이 해명된다. 즉 강제법으로서의 추상법은 본질적으로 수행된 강제 혹은 무법이라는 '우회로'를 거쳐서만 정당화된다는 것을 드러낸다. 헤겔의 말로 하면 다음과 같다. 무법적인 첫 번째 강제의 지양이라는 의미에서의 두 번째 강제만이 올바른 것으로 간주할 수 있으며(강제를 통한 강제의 지양), 무법에 **대항한** 강제로서만, 법의 **재산출**로서만 정당한 것으로 간주할 수 있다.[128] 이 부정의 부정('자유의 억압을 방해함'[129])의 결과로 법(/권리)은 타당한 것으로, 강제할 수 있는 것으로, 그리고 실제적 힘으로 된다.

두 번째 강제의 표현으로서의 형벌은 행위자의 행위에 귀속되어야 하며, 형벌은 첫 번째 부분, 즉 무법적인 범법행위를 전도하며, 이와 더불어 비로소 그의 행위를 완성하게 된다. 범죄에 대한 형벌은 "외적인 결과가 아니라, 본질적으로 그 행위를 통해 정립된 결과이며, (……) 행위의 본성에서 흘러나온 것으로서 그 행위의 표현이다"(Hey 15~16). 형벌은 "자기 자신의 범법적 의지의 표현일 뿐"이다(Enz §140, Z). 여기에 **국가의 형벌의 행위이론적 정당화**라는 핵심 사상이 놓여 있다. 형벌사상은 범죄에 기초하고 있는데, 이 범죄는 "그 본성상 무실한 행위로, 의지로서의 자유의지의 손상으로" 간주된다(Wan 52). 실천적·논리적 핵심 주장은

---

128 형벌은 단순한 강제로 이해되어서는 안 된다. "이렇듯 형벌은 자유의 재산출이며, 범죄자는 자유롭게 머물렀으며, 아니 오히려 자유롭게 행했으며, 또한 형벌을 가하는 자는 이성적으로, 그리고 자유롭게 행동했다"(Hegel, *Naturrechtsaufsatz*, 2, 480). 『엔치클로페디』에서 선택된 제목 '무법에 대항한 법'은 확실히 이 문제를 더 적확히 보여 준다. 하지만 슈네델바흐가 지적하는 엄청나게 이해하기 어려운 『법철학』의 문제라는 말은 여기서 그다지 타당해 보이지 않는다(Schnädelbach, *Hegels praktische Philosophie*, S. 298). 슈네델바흐의 해석에는 '두 번째 강제'의 사상이 빠져 있다.

129 Kant, *Die Metaphysik der Sitten*, AA IV, 231.

다음과 같다. 즉 **범죄는 자유의지의 개념에, 그리고 자유로운 행위 개념에 모순된다.** 무법(불공정)은 법의 맥락에서 허용되지 않은 행위, 즉 법적 죄를 대표하며, 따라서 형벌을 매개로 법에서의 전도를 요구한다. 법의 손상은 "실정적인 외적 실존"(§97)으로서 **그 자체로 무실하며**(nichtig), 무실함으로써의 이 손상은 형벌 속에서 무화된다(부정의 부정). 따라서 중요한 것은 법의 현실이다. 여기서 "법의 현실이란 자신의 손상을 지양함으로써 자신을 자기 자신과 매개하는 필연성을 의미한다"(§97). 법 그 자체는 범법을 통해 파괴될 수 없으며, 형벌은 법이 존립하고 있음을 선언한다.

"이에 반해 인과응보 이론에 따르면, 형법은 법적 공동체의 구성원 사이의, 자유이론적으로 제공된 상호존중의 상황에 필요한 외적 안정을 부여하는 데 기여한다."[130] 미하엘 파블릭(Michael Pawlik)에 따르면, 여기서 법인격은 법질서와 이중의 관계에 있다. 즉 타자에게 법의무의 충족이라는 빚을 지고 있는 수신자로서, 그리고 자유의 현존질서의 공동의 담지자로서 관계한다. 헤겔은 자유 개념에 기초한 형벌사상이라는 개념적 구성요소를 **"폐쇄적 형벌이론에 결합한"**[131] 최초의 사람이다. 파블릭은 특히 이러한 가르침의 근저에 놓여 있는 '인정이론적 모델'을 부각한다.[132] 더 나아가 헤겔은 범죄와 형벌을 한갓 나쁜 것 정도로 간주하는 당시의 형벌이론과 대결한다. 예방이론에서, 위협 내지 협박론에서, 혹은 교정론에서 범죄와 형벌을 이렇게 나쁜 것이라고 피상적으로 이해되는데,[133] 그것은 선이라는 공식화된 목표를 이루기 위해 첫 번째로 전제된

---

130 Michael Pawlik, *Person, Subjekt, Bürger. Zur Legitimität von Strafe*, Berlin 2004, S. 58.
131 Ebd., 강조는 저자.
132 Ebd., S. 69ff.
133 헤겔이 안젤름 포이어바흐(Anselm Feuerbach)의 예방론과 대결한 것에 대해서는 "복수의 난처함, 국가의 안정, 개선, 그리고 위협, 협박, 예방 등의 실행"(Hegel, *Naturrechtsaufsatz*, 2, 452)을 참조하라. 오늘날의 형벌이론에 대해서는 다음을 보라. John Rawls, *Two Concepts of Rules*, The Philosophical Review 64(1955); Chin Liew Ten, *Crime, Guilt and Punishment. A Philosophical*

것이라고 한다. 헤겔에 따르면, 범죄에서 우리가 마주하는 '최초의 실체적 관점'은 **무법과 정의**의 문제에서 드러난다. 이에 반해 도덕적이고 심리학적 측면은 형벌의 **도덕법** 관점에서 그 의미를 가지지만, 그 논증은 형벌은 올바르고 공정하다는 점을 전제한다. 범죄는 일차적으로 나쁜 것의 산출이 아니다. **법, 즉 보편자의 손상**이야말로 원래 나쁜 것이다. 이렇듯 범죄자는 "개념상 **자기 자신에 대립하여** 현실화되어야 하는 어떤 것을 행했다."[134] 형벌에서 법의 손상은 법에 의해 지양된다. "그것은 정의와, 즉 이성과 관련이 있다. 말하자면 그것은 **자유**가 자신의 현존을 보유하며, 비감각적 동력 등이 존중된다"(§99, A)는 것을 의미한다.

여기서 확실히 해도 되는 것은 긴급방어(정당방어)의 의미에서의 **무법에 대항하는 강제**만이 허용된다는 점이다. 그것은 실체적·인격적 권리(법)에 반하는 강제와 폭력을 의미하지 않는다. 예컨대 온전함 혹은 소유에 대한 공격, 종교적 견해에 대한 공격 혹은 예술적 서술에 대한 공격 등은 허용되지 않는다. 긴급방어는 무엇보다 다른 인격체에 의한 법(/권리)의 손상, 예컨대 거친 육체적 폭력을 통한 법의 손상이 있을 때 가능하다. 그런 손상에 대항해서 이제 공격받은 인격은 **정당하게 스스로를** 방어할 수 있으며, 적절하게 혹은 상황에 맞게 폭력을 사용할 수 있다. 따라서 여기서 형식적 권리를 가진 인격에 의한 폭력의 부정은 '전도'되며, 타자의 무법적 폭력 사용에 대항하여 폭력금지를 위반하고 (긴급)방어 상태로 나아갈 수 있다.

엄격한 강제법은 도덕적인 것과 상관이 없다. 또한 **강제법에서는** 예컨대 절취와 절도 사이에, 살인과 고의살해 사이에, **행동과 의도적 행위**(Tat

---

Introduction, Oxford 1987; Jean-Claude Wolf, *Verhütung oder Vergeltung? Einführung in ethische Straftheorien*, Freiburg/München 1992; Wolfgang Kersting, *Macht und Moral. Studien zur praktischen Philosophie der Neuzeit*, Paderborn 2010; Jean-Christophe Merle, Was ist Hegels Straftheorie, *Jahrbuch Recht und Ethik*, Bd.11, Berlin 2003.

134 Hegel, *Philosophische Enzyklopädie für die Oberklasse*, 4, 60, 강조는 저자.

und Handlung) 사이에 차이점이 있을 수 없다. 여기서 도덕법 영역으로의 이행이 필요하다는 사실이 예견된다. 무법적 행위는 명백히 자유로운 행동으로서 행위자에게 귀속될 수 있어야 한다. 즉 그것은 자유로운 행동을 통한 손해이다. 자유로운 부작위(의무 불이행)는 명백히 이러한 부류의 자유로운 행동에 속한다.[135]

법 위반은 비록 희생자에게 손상을 가하는 결과를 초래하지만, 법 그 자체는 손상 없이 머물러 있으며, '실제적' 손상은 행위자의 특수한 의지로서만 존재한다. 무실함의 필연적 무화, 즉 범죄의 지양이, 말하자면 손상의 손상이라는 의미에서의 보복이 형벌로 표현된다(§§100~101). 행위이론적으로 정초된 탁월한, 그리고 현재에도 통용되는 이 형벌이론에서[136] 지성의 절차는 충분하지 않다. 중요한 것은 본질적으로 개념이다. 형벌이 행위자(범법자)의 즉자적으로 존재하는 의지로 서술되는 한, 더 나아가 책임능력이 있는 주체로서 그의 요구와 권리(!)로 서술되는 한 그 형벌은 공정한 것으로 표시할 수 있다. 행위자(범법자)는 보편자인 법(권리)을 손상함으로써 자기 자신도 손상한다. 형벌은 "범죄자 자신에게 주어진 권리이며, 그의 행위 속에 정립된다"(§100). 따라서 범죄적 행위에는 형벌이 귀속되어 있으며, 형벌은 **이미 범죄자의 행위 속에 정립**되어 있고, 무법적 행동에 내재한 계기로 고려되어야 한다. 형벌은 행위자를 객관적으로 관심을 가지고 있는 균형 상태로 되돌리는 것으로 간주되는데, 이것은 확실히 어떤 법률 파괴자도 인정하지 않고 수용하지 않는다. 이렇듯 형벌은 범죄의 표현으로, '**범죄자의 행위의 다른 절반**'으로 간주해도 되며, 그에 반하는 범죄의 되돌림으로 간주해도 된다. "인간이 자신의 행위를 스스로 악한 것으로 알 때 그 행위는 그를 괴롭히고 그에

---

135 ALR에 '범죄의 도덕성'이라는 문구가 실려 있다. §16: "자유롭게 행위할 수 없는 사람, 이 사람에게서는 어떤 범죄도, 따라서 어떤 형벌도 발생하지 않는다." ALR Th. II, Tit. XX.; Th. II, Tit. XX, §§7~8.

136 Georg Mohr, *Unrecht und Strafe*(§§82~104), Siep, *Grundlinien*; Pawlik, *Person, Subjekt, Bürger*, a.a.O.

게 고통을 주는데" 에리니에스(Erinyes)는 인간 자신의 이런 행동과 의식을 상징한다. 이들 신은 "공정한 신이며, 따라서 선의의 신", 즉 에우메니데스(Eumenides)이다. 에우메니데스는 "법(옳음, 정의)을 원하며, 법(옳음)을 손상한 자는 자기 안에 에우메니데스를 가진다."[137]* 헤겔은 여기서 아이스킬로스(Aeschylos)의 『오레스테이아』를 염두에 두고 있다. 어머니 클리템네스트라(Clytemnestra)를 죽인 문제로 오레스테스(Orestes)를 추적하던 복수의 신들, 즉 지옥에서 온 가공할 저주의 신들은 아테나 신과 아레오파고스 회의를 통해서 비로소 진정된다. 왜냐하면 어머니 살해가 아폴론 신의 지시로 이뤄졌음이 밝혀졌기 때문이다.[138] 실러는 자신

---

137 PhRel 17, 127.

* 에리니에스와 에우메니데스는 그리스 신화에서 복수의 여신들이다. 에리니에스는 '분노'를, 에우메니데스는 '선의'를 의인화한 것이다. 외견상 전혀 다른 의미를 가진 이름이 복수의 여신을 지칭하는데, 저자인 피베크는 헤겔을 따라 복수의 여신들의 이름에 내재한 상이한 의미를 범죄에 따른 형벌의 필연성의 관점에서 해석한다. 자유인이 행한 범죄에 형벌이 부가되어야만 자유인으로서의 그의 행위는 완성된다는 것이다. 범죄 행위로만 끝날 경우 자유의 표현인 법(권리)은 손상된 채 방치되고, 법(권리)의 훼손은 곧 자유의 훼손, 의지의 손상, 곧 인격의 손상을 의미할 뿐이다. — 옮긴이

138 아폴론은 오레스테스에게 고백한다. "나는 네가 어머니의 몸을 죽이도록 움직인 자였다." 오레스테스에게 공정한 심판관들을 만나게 될 팔라스의 도시로 가도록 한 자였다. 하지만 아레오파고스 회의에서 저주와 사면의 표가 동등하게 나온 후에 아테나 여신이 하얀 돌을 던짐으로써 오레스테스(와 아폴론)를 구하는 방향으로 결정난다. "복수로 가득한 처녀들이 어머니를 살해한 오레스테스를 추격한다. 그런데 새로운 신 아폴론은 살해된 남편이자 왕인 아가멤논이 복수도 없이 가도록 하지 않기 위해 그에게 어머니 살해를 명령했다." 헤겔은 여기서 에리니에스와 선의의 에우메니데스를 분명하게 구별하고 있다(Ästh 14, 58f.). 여기에서도 남편이자 왕의 권리, 즉 '분명하게 알려진, 그리고 알고 있는 인륜법'(Ästh 14, 59)이 방어되도록 결정된다. "신적인 것과 정치적인 것의 결합을 통해서야 비로소 무죄판결이 내려질 수 있고, 보복 대신 화해가 올 수 있다. 복수의 신인 에리니에스가 선의의 신인 에우메니데스가 됨으로써 비극이 가고 조화가 도래한다. (……) 유해한 것, 그저 화가 날 뿐인 것으로부터 유용한 것, 도움이 되는 것이 생성된다. 에리니에스는 에우메니데스가 된다. (……) 이 화해는 근본적으로 이성의 승리다. 왜냐하면 이성의 무기인 설득이 아테나가 자랑하는 화해를 가져왔기 때문이다. (……) 이성은 이제 운명의 자리를 대신하며, 숙명의 연쇄를 대신

의 서정시 「이비쿠스의 두루미들」과 더불어 천재적인 시 형식을 창조했다. 이 두루미들은 살해 행위가 있는 곳에 불려나오는, 그런 다음 범법자에게 원하지 않는 자백을 하도록 이끄는 '에우메니데스의 힘'이다. 행위자(범법자) 자체는 형벌을 원하는 복수의 여신을 깨우며, 이렇듯 형벌은 자신의 행위를 유효하게 만드는 것이다. "에우메니데스(복수, 형벌)는 범법자에게 효력을 미치는 범법자의 고유한 행위이다"(Hey 4).

범법자는 형벌과 더불어 이성적 존재로 분명하게 인정되며, '유해한 동물'로 강등되지 않는다(§100). 행위자(범법자)에 마주하는 것은 "보편자에 대한 공정한 공동 책임이다. 그에게 내려진 형벌은 이 공동 책임에서 기인한다. 따라서 그는 형벌을 받음으로써 이성적 존재로 존중된다."[139] 그 외에 보복(형벌)은 더 이상 유지될 수 없고 말할 수도 없는 원리인 "눈에는 눈, 이에는 이"라는 원리에 따르는 것이 아니며, 범죄와 복수라는 성스럽지 못한 연쇄는 아테나의 모델에 따라 분쇄되어야 한다. 파블릭은 이를 자유의 침해 정도에 따른, 그리고 보편적 법 원리에 대한 행위자의 불충의 정도에 따른 "자유의 현존 질서의 귀속 가능한 손상"이라고 말한다.[140] 복수의 방식으로 이뤄지는 형벌은 그 내용에 따를 경우 합법적이기는 하지만, 주관적일 뿐인 의지의 행동은 새로운 손상을 가져오는 복수를 재현할 뿐이며, 이는 무한한 진행을 낳는다(§102). "헤겔 이론은 법학에서도 여전히 국가 차원의 형벌을 정초하는 데 있어 여러 척도 중 하나로 간주된다."[141]

복수의 이런 영원한 반복을 벗어나기 위해 '제3의' 판단으로 이행해야 한다는 이런 함축적 지시, 또한 §95에서 분명히 표시된 『논리학』과

한다." Walter H. Sokel, *Vorwort zu Orest*, München, Wien 1963, 13~16.

139 Pawlik, *Person, Subjekt, Bürger*. S. 97, 58.

140 Ebd., 91f.

141 Georg Mohr, *Unrecht und Strafe*, a.a.O., S. 95. 이어지는 설명은 중요한 부분에서 게오르크 모어(Georg Mohr)의 분석을 따른다. 에른스트 페르디난트 클라인에 대한 헤겔의 비판적 언급에 대해서는 §99와 §101을 보라.

특히 Enz §§497~500에의 참조는 『법철학』의 근저에 놓인 논리를 새롭게 바라보도록 요구한다. 우리는 여기서 논리적 형식이 '순수한 것'으로 등장하지 않는 유한한 정신 영역 내에서 움직이고 있음을 놓쳐서는 안 된다.[142] 법과 판단과 관련하여 중요한 것은 판단의 좀 더 진척된 구조이다.

단순한 부정판단

단순한 부정판단은 무한판단으로까지 이행한다.[143] 아무것에도 붙들려 있지 않는 순수한 무법은 이러한 이행의 형식에 상응하는데, 그것은 부르주아적 법 논쟁에서 드러난다. 한갓된 **특수한** 법(/권리)은 자신의 부정을 발견하며, 하지만 법은 단적으로 긍정된다. '이 꽃은 붉지 않다'라는 판단에서 색이 단적으로 부정되는 것이 아니라 특수한 색만이 부정되며, 계약과 연관해서 말하자면 이는 다음과 같이 말할 수 있다. "이 계약은 정당하지 않으며, 법률에 합치하지 않다." 여기서 이러한 방식은 협약은 계약의 합법성을 단적으로 건드리는 것이 아니다. ── "어떤 것은 다른 당사자의 소유라는 것만이 부정되며, 따라서 그들이 그것에 대해 권리를 가질 경우 그것이 그들의 것이어야 한다는 것이 인정되며, 이는 법(/권리)이라는 이름 아래서만 요청된다. 보편적인 영역인 법은 따라서 저런 부정판단에서 인정되고 보존된다"(WdL 6, 325). 헤겔은 그런 판단이 표상과 사유라는 제약된 영역에서는 올바를 수 있다 하더라도, 그런 판단이 결코 진리를 보유하지 못한다고 말한다. 이에 반해 진리는 대상의 자기 자신과의 일치에서 성립한다. 내가 절도를 하나의 행위로 파악하는 것이 올바를 수도 있다. 하지만 헤겔에 따르면, 절도는 "인간적 행동 개념에 상응하지 않는 행위이다"(Enz §172, Z).[144]

---

142 바로 여기에 헨리히가 이미 보여 준 「인륜법」과 헤겔의 「추리론」의 관계에 대한 문제가 놓여 있다. 이 책 제8장 3.4 참조.

143 Enz §§173, 497. WdL 6, 317~324.

144 진리는 대상의 자기 자신과의, 즉 자기 개념과의 일치에서 성립한다.

무한판단[*]

a) 무한 긍정판단—사기(Betrug)

반대로 사기에서 사기꾼은 자신의 무법(/올바르지 못함)을 스스로 알고 있다. 하지만 사기꾼은 합의에, 물론 법의 보편성을 결하고 있는 합의에 도달했으며, 이를 통해 그는 외관상이나마 법을 인정한다.^{**} 형식적 관계는 계속 유지되고, 타자의 의지는 존중되며, 인격성은 인정되지만, 물건의 처분과 관련하여 법의 내용은 손상된다. 계약(어떤 물건의 교환에 대한 자발적 협약)에는 아무런 문제도 없지만, 즉자적으로 존재하는 보편자의 측면은 결하고 있다(§88). 사기의 이런 무법성의 근저에는 **무한판단이 동일한 것으로** 놓여 있다(Enz §173, §498).

b) 무한 부정판단—범죄(Verbrechen)

도둑은 (사기꾼과는 달리) 스스로에게 법의 가상도 부여하지 않는다. 도둑은 타자의 의지도, 일반의지도 존중하지 않으며, 법적인 것의 주관적 측면도, 객관적 측면도 존중하지 않는다. 이에 반해 범죄에서 우리는 그 완전한 의미에서의 무한 부정판단을 본다.^{***} "이 판단에서는 판단의 형식도 지양된다. (……) **판단**(Urteil)이어야 한다면 그것은 주어와

---

* 긍정판단: A is P(A는 P이다), 부정판단: A is ~P(A는 P가 아니다), 무한판단: A is non P(A는 non P이다). 무한판단은 형식에서는 긍정성을 띠지만, 내용적으로는 부정성을 띤다는 점에서 앞의 두 판단과 구별된다. 부정적 무한판단은 A is ~ non P(A는 non P가 아니다)의 형식을 띤다. ― 옮긴이

** 사기꾼은 자신의 사기행위가 법에 저촉된다는 것과 발견 시 처벌받는다는 것을 안다. 이러한 사실은 그가 비록 법을 위반하고 있기는 하지만, 법은 지켜야 하는 것임을 인정하고 있음을 의미한다. ― 옮긴이

*** 우리 어감에 맞지 않지만 헤겔은 사기와 절도를 범죄와 구별한다. 우리 사회에서는 사기와 절도도 범죄이기 때문이다. 사기와 절도는 인격체에 속한 어떤 것을 침해하는 행위인 데 반해 상해·강도·살인 등과 같은 범죄는 인격 자체를 침해한다는 점에서 다르다. 범죄가 인격체 자체를 부정한다는 점에서 술어 자체를 부정하는 무한판단과 같다는 것이다. ― 옮긴이

술어의 관계를 보유해야 한다. 하지만 그러한 관계는 **동시에** 그 판단 안에 **있지 않**아야 한다"(WdL 6, 324). '그 귀신은 노랗지 않다'나 '그 장미는 비-코끼리다'(코끼리가 아니다)와 같은 판단은 맞기는 하지만 불합리(widersinnig, 무의미)하다(즉 감각에 반(反)한다). 이러한 사실은 '범죄는 하나의 행위이다'라는 판단에도 해당한다. 왜냐하면 행위와 악은 행위함의 완전한 의미에서 볼 때 서로를 배제하기 때문이다. 악의는 '자유롭게 행위함'의 만족스러운 술어가 아니다. 범죄 행위자들은 행동의 보편성, 즉 나의 것이라는 술어의 보편적 측면(Enz 1817, §413)을 부정하는데, 범죄에서는 이런 행위자들을 통해 타자의 **자유로운 인격성**이 단적으로 손상된다. 어떤 물건의 내 의지 아래로의 포섭이라는 특수자뿐 아니라 권리(/법)능력이라는 보편자도, 소유권 혹은 물권뿐 아니라 육체보전의 권리, 생명권도 모두 파괴된다. '나의 육체와 삶을 폭력적으로 손상'하는 경우에 나의 인격성은 인정을 상실한다. 여기에서 사적 권리(형성의 본질적 수단으로서의 계약)의 형벌권으로의 이행이 드러난다. "소유와 관련한 법은 시민법, 혹은 사법(Privatrecht)의 대상을 형성하며, 인격성과 관련한 법은 형법(Kriminalrecht)의 대상을 형성한다."[145] 현존하는 의지가 그 전체 범위(나의 것이라는 술어에 무한성으로서의 권리능력 자체)에서 손상되는지(살해, 노예, 종교적 강제 — 흥미로운 나열이다), 아니면 부분적으로 손상되는지(절도)는 구별되어야 한다. 이에 반해 절도와 구별되는 강도짓에서는 범죄 행위자가 나에 대해 인격적 폭력을 행사하는 한에서 그는 주관적 무한성을 침해하고 있다(§96). 헤겔은 이 맥락에서 곧바로 다음과 같은 판단구조를 지시하고 있다. "부정 무한판단의 객관적 예로서 범죄를 고려할 수 있다. 범죄를 행하는 자는 (……) 시민적 권리논쟁에서와 달리 그저 이 특정한 물건에 대한 타자의 특수한 권리를 부정하는 것이 아니라 타자의 권리 자체를 부정한다." 그는 "법(/권리) 자체를,

---

145 Hegel, *Philosophische Enzyklopädie für die Oberklasse*, 4, 60. §95. 다른 곳에서 헤겔은 형벌권(형법) 영역이라고 말한다.

즉 법(/권리) 일반을 손상했다"(Enz §173, Z).[146] 범죄자는 나에게서 어떤 것을 빼앗으며, 나의 특수한 권리(타자의 권리)를 부정하며, 그렇게 하는 가운데 동시에 권리 자체에 손상을 가한다.[147] 그러므로 범죄 행위자는 나의 인격성을 침해하는 가운데 자기 자신의 인격성을 손상하고 상처를 입힌다. 그는 **나와 자기 자신과 보편자**에 손상을 가한다.[148] "하지만 범죄는 특수한 권리만이 아니라 보편적 영역도 부정하는, 즉 법(/권리) 자체도 부정하는 **무한판단**이다"(WdL 6, 325).[149] 도덕법과 인륜법의 단계를 예견하면서(폭력적·악의적 의지, 악한 행위) 헤겔은 그런 행위가 불합리(Widersinnigkeit)하다는 특성을 덧붙인다. "그것이 비록 하나의 현실적 행위라는 점에서 **올바름**을 가지기는 하지만, 그러한 행위의 보편적 영역을 이루는 인륜법과 철저히 부정적인 관계를 맺기 때문에 불합리하다"(WdL 6, 325).[150] 추상법의 영역을 넘어가야 할 필연성이 분명하게 드러난다. 왜냐하면 '악한'이라는 규정이 이미 함축적으로 그것을 필요로 하기 때문이다. "무한판단의 실제적 예는 **악한** 행위이다"(WdL 6, 324f.).

공허한 것의 무화[즉 잘못된 것을 바로잡는 행위]가 "상처받은 인격을 통해 발생하는 한 그것은 복수이며, 그 무화가 보편적 의지를 통해, 그리고 보편적 의지의 이름으로 수행되는 한 그것은 **형벌**이다."[151] 그렇다면 형

---

146 "§173에서 다뤄지는 부정적 무한판단에서 (보편적) 유도 특수한 규정성, 여기서는 지금 다뤄지는 인정도 부정되는데, 이 부정적 무한판단은 범죄를 감행하는 폭력적이고 악한 의지이다"(Enz §499).

147 "자유로운 행위를 통해 누군가에 무법적으로 손상을 가한 사람은 범죄를 저지르는 것이며, 모욕당하는 자에게만이 아니라 그를 보호하는 국가에게도 책임을 지게 한다." ALR Th. I, Tit. XX, §7.

148 Hegel, *Philosophische Enzyklopädie für die Oberklasse*, 4, 60.

149 부정적 무한판단에서 주어와 술어는 전체적으로 붕괴한다(Enz §173, Z).

150 "나쁜 행위는 자기 개념에 어울리지 않은 현존을 가진다. 어떤 행위가 나쁘다고 판단할 경우 그 행위의 비이성은 아직 이성과의 일치의 측면을 가진다(나쁜 집이 그러나 여전히 집인 것과 마찬가지로)"(Hegel, *Philosophische Enzyklopädie für die Oberklasse*, 4, 55).

151 Ebd., 60.

벌은 다시 좋게 하는 것뿐 아니라 원리적 법 훼손에 대한 제재도 포함한
다. 순수한 복수에서는 상기한 강탈이 악무한으로까지 계속 반복된다.
'이 행위는 범죄적이다'라는 판단은 부정적이고, 무한하며, 판단의 관점
에서 보면 불합리하다. 주어와 술어 사이에 어떤 의미 있는 결합도 발생
하지 않지만, 그럼에도 불구하고 그것은 무의미한 기묘한 것이 아니다.
이 판단형식은 앞의 직접적 판단의 유한성을 표현한다. '타자에 속한 금
화의 강탈은 비-권리이다(옳지 않다)'라는 판단은 부정성의 조건을 충족
한다. "무한판단의 긍정적 측면은 자신 안에서의 유한성의 반성에 있으
며, 이를 통해 이 유한성은 비로소 **특정한 규정성으로 정립**된다." 마치 주
체도 "개별자로 정립"되듯이 말이다(WdL 6, 325). 개별자도 보편자도 더
이상 한갓 직접적인 것으로 정립되지 않고 **자기 안에서 반성된 것으로** 정
립된다. 현존의 판단은 반성의 판단으로 지양된다(WdL 6, 325f.).

논리적으로 정초된 구조[152]

순진한 무법	사기	범죄
부정판단	무한 긍정판단	무한 부정판단
"꽃은 붉지 않다."	"이 꽃은 이 꽃이다."	"꽃은 비-책상이다." "범죄적 행동은 악하며, 악한 행동이다."
가상 그 자체	가상으로서의 법	공허한 것으로서의 법 (가상의 진리)
보편자로 인정됨	가상으로서의 보편성	보편성의 부정

---

152 이 논리적 정박은 모어의 『무법과 형벌』(*Unrecht und Strafe*, a.a.O. S. 98ff.)에서
도, 비토리오 회슬레(Vittorio Hösle)의 「추상법」(Das abstrakte Recht, *Anspruch
und Leistung von Hegels Rechtsphilosophie*, hg. v. Christoph Jermann, Stuttgart Bad
Cannstatt 1987)에서도 분석된다. 또한 Siep, Intersubjektivität, Recht und Staat,
a.a.O., S. 269 참조.

6. 무법 구조의 필연적 극복

무죄

(Not Guilty)

복수 형식의 형벌이 앞선 구조를 그저 재생산하는 한에서 악무한이 생겨난다. 복수라는 이런 결핍된 판단형식의 극복은 제3의 판단에서만 성공할 수 있다. 그것을 위한 **제3심급의 중재**를 통해 형벌적 정의가 서며, 특정한 물건에 대한 사심 없음, 즉 중립성의 의미에서의 법 자체의 판단이 형성된다(Enz §497). 『논리학』에서 이러한 사실은 반성판단으로의 이행(Enz §174)과 개념의 판단으로까지 나아가는 기나긴 도정을 포함한다. 반성판단(오성판단)에서야 비로소 진정한 의미에서의 **판단력**을 말할 수 있으며, 그것도 어떤 행위가 좋은 것이나 나쁜 것으로 평가될 경우에만 그렇다. 『법철학』에서 이 계속된 도정은 부분적으로 필연적인 자기 내 반성을 지시하며, 또 부분적으로 '사심 없는' 중재라는 말을 지시한다. 이때 이런 모호함 속에서 개별자로서만이 아니라 보편자의 대리자로서도 행위하고 판단하는 의지, 즉 '재판관' 형태로 나타나는 판단자가 지시된다.

여기에서도 그리고 형벌적 정의에서 지성(오성)으로는 충분하지 않고 **개념**이 중요하다고 확언하는 곳에서도 헤겔은 추상법 영역이 스스로 자신을 넘어 도덕법과 인륜법 영역을 지시하고 있음을 시사한다. 우리가 예컨대 진실로 법(/권리)의 의미에서 활동하는 **재판관**을 충분히 규정하고자 한다면 도덕법과 인륜법 영역을 더 생각해 볼 필요가 있다. "형벌은 국가에서야 비로소 행해질 수 있다"(Gr 293). '재판관'은 스스로를 부정적 무한판단에만 제한할 수 있으며, 뿐만 아니라 특히 (인륜법의 핵심 계기인) 헌법의 정신을 그의 판결에서 '드러내야' 한다. 하지만 이와 더불어 '평가'(Beurteilung)라는 논리적으로 보다 높은 형식에 이르게 되고, 또 판단을 넘어서는 데 도달하게 될 것이다.

전체적으로 봐서 헤겔은 '오늘날의 형벌이론을 위해서도 척도'를 제공한다.[153] 모어는 이 이론의 특징을 **논리적 토대**를 정확히 고찰하면서 재구성하고 있지만, 결말에 가서 다시 논증의 힘이 이런 논리학 없이도 존재할 수 있기라도 하듯이 확신에 차서 논리학에 대한 불신을 서술한다. 사실은 정확히 그 반대이다. 즉 헤겔의 철학적 형벌이론은 (그의 전체 자유의 관념론과 마찬가지로) 새로운 것이자 아직도 여전히 유효하며, 그 지적인 힘과 매혹은 바로 **그 논리적 정초에 있다. 이러한 사실은 이 이론의 현실적 유효성의 본질적 근거를 이룬다.** 형벌에 대한 이런 철학적 정초에 기초할 경우에만 헤겔 사유의 오솔길을 의미 있게 계속 걸어갈 수 있다.

7. 추상법에서 도덕법으로의 이행

추상법(/형식적 권리)의 마지막 단계, 즉 공정한 형벌의 수행 단계에서 의지는 (자기 내 반성함이라는 의미에서) 자기에게로 되돌아온다. '단순한' 보편성으로 있던 개별성은 범죄 행위자의 자기 권리인 형벌이라는 (습관화를 필요로 하는) 규정과 더불어 현존하는 특수의지로 되돌아온다.* 이와 더불어 지금까지의 형식의 자기관계는 확장되어야 하며, 자기지시는 공개적으로 주어진 한계에 근거하여 '외적으로' 머물러 있을 뿐 아니라 **내적** 반성으로, 즉 **특수성**으로 계속 나아가야 한다. 추상법은 그 정점을 범죄에서, 단적으로 비법(/비권리, 무법)에서 가지는 것으로 진단하는데, 추상법의 이런 부정성은 자기 자신을 부정하는 데로 나아간다. 의지

---

153 Mohr, *Unrecht und Strafe*, a. a. O., S. 122ff.
* "형벌은 범죄 행위자의 자기 권리다." 'Recht'가 권리 혹은 법으로 번역될 때, 왜 독일어의 어감을 담아 내지 못하는지 보여 주는 사례이다. 범죄 행위자 역시 인간인데, 범죄는 그 행위자를 비인간으로 만드는 요소이며, 따라서 그 행위자를 다시 인간으로 돌리는 것이 형벌이다. 따라서 형벌은 범죄자를 인간으로 되돌리는 올바른(recht) 처방이다. 'Recht'는 가장 넓은 의미에서 옳다, 바람직하다 등의 의미 연관에서 사용된다. ─ 옮긴이

는 점증적으로 **즉자적으로** 자유로운 것으로서만이 아니라 **대자적으로도** 자유로운 것으로 드러나며, 이렇듯 그렇게 규정된 특수의지는 이제 **자기 자신의 대상**이 된다. 형식적·추상적 법(/권리)을 관통해 가는 가운데 점차적으로 의지의 직접성은 **주관적인 특수**의지를 통해 매개된 것으로, 직접성은 그 자체로 매개된 것으로 고려되어야 한다는 사실이 드러났다. 여기서 (논리적으로뿐 아니라 실천철학적 관점에서도) 형식적·추상적인 것의 극복의 필연성이 명백해졌다. 따라서 우리는 처음에 의도한 것(§37)과는 달리 의지의 이 특수성을 더 이상 도외시할 수 없다. 의지는 특이한 것으로 된 자기 자신으로 되돌아왔다. 논리구조 E-A(개별자-보편자)를 검토함으로써 필연적으로 B(특수자)에 대한 사유가 드러나며, 보편성, 동일성은 차이로, 비동일성으로, 대립으로 구별되어 나아간다. **현존의 판단**은 반드시 지양되며, **반성의 판단**으로 이행한다. [『논리학』에서, 존재론에서 본질론으로 이행의 필연성을 말한다.] "(자기 내 반성을 통해) 판단으로 정립된 개별자는 하나의 술어를 가지는데, 이 술어에 마주하여 자기관계하는 자로서의 주어(/주체)는 동시에 타자로 머문다"(Enz §174). 개별자는 동시에 특수자(B)로서 중심으로 들어오며, 의지는 주관적인 것으로, 자기 내 반성된 것으로 된다. "의지의 특징이 **그렇게 내면에** 정립됨으로써 의지는 동시에 특수한 것으로 존재하며, 이 특수자의 더 나아간 특수화가 등장하고, 또 이 특수한 것들 상호간의 관계가 등장한다"(Enz §503).

게다가 보편자는 더 이상 추상적 보편성과 등치되지 않으며, 우리는 이제 구별된 것들의 관계를 통해 하나로 응집된 보편자(B-A, WdL 6, 326)를 가진다. "**실존**(Existenz)에서 주체는 직접적으로 더 이상 질적으로 있지 않으며, 타자와의 관계와 연관 속에 있다"(Enz §174). '이 행위는 악하다'는 판단은 (다른 주체와의 연관이 없는) 특수한 한 주체와만이 아니라 상호주관적 맥락과도 관계한다. 여기에서 보편성은 상대성의 의미를 함의한다(Enz §174).

요약하면, 인격이라고 하는 것은 자기 자신의 대상이 되는 것이라고 할 수 있으며, 그것은 자신을 자신 안에서 반성한다. 제2영역(도덕법)의 대상은 제1영역의 역동적 전개에 의한 논리적 결과로 이해할 수 있지, 결코 외부에서 부과된 것으로 이해할 수는 없다. 동시에 여기 도달한 대자존재, 즉 **자유의 내적 주체성**은 동시에 우연한 특수의지를 통해 정립된 우연성이기도 하다. 그런데 주관적 의지가 "자기 안에서 이성적 의지의 현존으로"(Enz §502) 존재하는 한, 혹은 자기 내 반성 속에서 의지함이라는 자기 안에 존재하는 무한한 우연성을 재현하는 한(§104) 이 주관적·우연적 의지는 자신의 타당성을 일반의지와의 동일성에서 가진다. 헤겔은 **주관적이고 특수한** 의지가 **일반**의지를 지시한다는 이러한 사실을 **도덕법**이라 표시한다.[154]

의지를 그 즉자존재의 형태로, 그 직접성의 형태로 표현하는 의지의 추상적 규정성은 물건과의 관계에서 표현되며, 또 여기서 행동은 부정적인 것에, 금지에 주안점이 주어진다. 바로 이 추상적 규정성으로부터 이제 논의는 주관적이고 특수한 규정성으로, **구체적으로 요구되고 명령된** 행동으로, 주체성의 내적인 자기규정성으로 넘어간다. 사유는 **인격체의 행동으로부터 도덕적 행위로, 개별 인격체의 추상적·형식적 인정에서 도덕적 주체로서의 특수한 인격체의 반성된 인정으로,** 말하자면 추상적·형식적 법에서 도덕법으로 움직인다.

---

154 주체는 "자신의 활동 속에서 특수화되고, 여기서 필연적으로 주체는 그 안에서 보편자와 동일하다"(GdPh 19, 223).

4. 도덕법——도덕적 주체의 자유

내면의 빛

(The Inner Light)

헤겔은 「도덕법」 장에서 '의지함'과 '행위' 개념에 대해 미묘하게 진전된 규정을 수행한다. 여기서는 어떤 의지함(의욕함, Wollen)과 행위가 자유로운 존재에 더 적합한지, 따라서 '좋은(선한) 것'으로 평가되는지를 시험하면서, 말하자면 도덕적 판단 개념에 따라 진행된다. 인격성에서 자유의 현존이 외적 물건과의 관계에서 규정된 이후 이제 문제는 '자기 내 반성된 의지', '내적인 의지 규정성'이 된다. 여기에서 의지는 필연적으로 특수한 의지로도 사유되어야 한다.[1] 주체의 내적 관점, 즉 도덕적 행위자의 의지의 특성은 부분적으로 내적 귀속으로, 규정을 정립하는 가운데 자기의 규정으로 등장하며, 또 부분적으로는 실제적 표현으로, 행위로 등장한다. 주체는 자기 안에 알려지고 의지된 것만을 인정하고, 그것만을 계산한다(Enz §503).[2] 여기에서도 헤겔의 의도는 실천철학

---

[1] 카를 로젠크란츠(Karl Rosenkranz)는 도덕법 이론을 논리적으로도 실천철학적으로도 중심부에 위치시킨 데에 혁신적 의미를 부각한다. "전에 여타의 개념으로 흡수되었던 도덕법 개념은 당연히 개별자의 추상적 권리(추상법)와 국가의 구체적 권리 사이의 중심으로서 객관적 의지의 전체 영역의 본질로 되었다." Karl Rosenkranz, *Georg Wilhelm Friedrich Hegels Leben*, S. 331.

은 논리적 토대를 필요로 한다는 처음의 주장으로 되돌아오는 것 같다. 그런 한에서만 이 실천철학은 **행위철학**으로서, **철학적 행위이론**(자유에 대한 합리적 행위이론[3])으로서 적절하게 묘사할 수 있다. "행위는 개인을 가장 명료하게 벗겨내며, 그의 심정과 목적을 가장 분명하게 드러내 준다. 인간의 가장 내적인 토대에 있는 것은 행동을 통해 비로소 현실로 드러나며, 정신적 근원을 가지고 있는 이 행동은 정신적 표현인 말에서 자신의 최고의 명료성과 규정성을 획득한다."[4]

『법철학』의 이 장에서 **주관적 자유**의 이론, **자유로운 도덕적 판단과 행위** 이론이 개진된다. 자유의지와 행동이라는 논리적 존재의 문제에는 특별한 표식이 놓여 있다고 한다. 다른 단락에서처럼 「도덕법」 장에서 이 문제는 『법철학』의 해석을 위한 결정적 과업으로 제시된다.[5] 이것은 오늘날까지 몇 가지 중요하게 기여했음에도 불구하고 거의 해결되지 않은 것으로 간주되는 이론적 도전이기도 하다.[6] 이 어렵고 대담한 시도는

---

2 이런 관점에서 아리스토텔레스의 윤리학은 특별한 의미를 가진다. 아리스토텔레스가 의지와 자유에 대해, 죄의 전가(비난, Imputation)와 의도 등에 더 나아간 규정을 생각했던 것은 우리가 아리스토텔레스에 대해 가지는 최고의 것에 속한다. 결심(Vorsatz), 결단(Entschluss), 자유로운 행위와 강제적 행위, 무지에서 비롯된 행위, 죄(/빚), 죄의 전가 등에 대한 그의 해명이 바로 그렇다(GdPh 19, 221).

3 Pippen, *Hegel's Practical Philosophy*, S. 21; Michael Quante, Hegel's Planning Theory of Agency, *Hegel on Action*, hg. v. Arto Laitinen, Constantine Sandis, Houndsmill, Basingstoke 2011.

4 Ästh 13, 285. 인간은 말에서 "자신을 표현할 가장 존중할 만하고 적합한 수단"을 소유한다. "왜냐하면 언어는 표상의 모든 변이를 직접적으로 수용하고 또 재현할 수 있기 때문이다"(Enz §411, Z).

5 Dieter Henrich, *Logische Form und reale Totalität. Über die Begriffsform von Hegels eigentlichem Staatsbegriff*, Hegels Philosophie des Rechts. Die Theorie der Rechtsformen und ihre Logik, hg. v. Dieter, Henrich/Rolf-Peter Horstmann, Stuttgart 1982, 428~50.

6 이에 대한 중요한 기여는 프리드리케 시크(Friedrike Schick)가 알려 준다. Friederike Schick, Die Urteilslehre, Anton Friedrich Koch/Friederike Schick, *G.W.F. Hegel. Wissenschaft der Logik*, Berlin 2002; Michael Quante, *Hegels Begriff der Handlung*, Stuttgart Bad Cannstatt 1993; Daniel James, *Holismus und praktischer Vernunft*.

수행되어야 하며, 그렇지 않을 경우 헤겔 사유양식의 일관성 있는 해명이 실천적 세계에서 결핍될 것이다. 이 문법이 지시하는 바는 도덕적 의지와 행위 단계에는 특정한 방식으로 **판단의 논리적 형식**이 놓여 있다는 것, 따라서 철학적 도덕 이론은 자신의 심층구조를 판단논리에서 가진다는 것이다.

§114의 주석에서는 도덕법의 도정에 대해 논리적으로 해명하고 있다. 이것은 이목을 끌며, 또 도덕적 입각점의 업적과 한계를 보는데, 또한 이 입각점의 특수한 권리(/법)[7]와 자격 혹은 그 유효성의 범위를 알게 하는 데 도움을 준다. 이렇듯 도덕성 판단은 **직접적 판단, 반성판단** 그리고 **개념판단**으로 구별된다. **도덕법 규정은 세 단계의 표지로 상승하는데, 이 상승은 판단형식의 이런 역동성에 의존한다.**[8]

도덕적 의지라는 법(/권리)의 세 단계—도덕법의 세 계기—§114

a) **결심**(Vorsatz)**과 빚**(죄, Schuld)	**직접적 판단**
행위의 추상법, 행위의 직접적 현존 그리고 나의 것으로서의 그 행위 내용	
첫 번째 귀책능력 혹은 죄의 전가(/비난)	직접적 상황에 대한 지식
b) **의도와 복리**(/안녕)	**반성판단**
행위의 내적 내용으로서의 특수한 행위 b1) 행위가 나에게 갖는 가치와 이에 따라 이 행위가 나에게 타당한 것 ─ 의도 **의도의 권리** b2) 나의 개별적 현존의 특수한 목적으로서의 행위의 내용 (복리) **복리의 권리**	
두 번째 귀책능력과 죄의 전가(/비난)	반성된 물건에 대한 지식
c) **선과 양심**	**개념판단**
보편성으로 있는 행위의 내용, 즉자대자적으로 존재하는 객체성으로 지양된 것, 행위의 보편적 가치 ─ 의지의 절대적 목적으로서의 선, 주관적 보편성과 대립되는, 즉 부분적으로는 **악**, 또 부분적으로는 **양심**과 대립되는 반성의 영역에서의 선 **세 번째** 귀책능력과 책임 전가(/비난)	개념의 지식

§114에 대한 수기로 쓴 헤겔의 주석에서 이 주장은 이에 상응하는 세 개의 판단형식을 직접 거명함으로써 분명하게 지지받고 있다. a) 직접적 판단, b) 오성의 판단, c) 개념판단. 매우 중요한 이 단락에서 헤겔은 도덕법 구조의 특징과 그 논리적 배경을 스케치한다. 『논리학』의 「판단론」은 상이한 판단양식을 단순히 열거하는 것이 아니라, 판단의 계속된 규정을 "서로 필연적으로 따라가는 것으로 서술하며, 그런 한에서 판단은 **특정한** 개념으로 간주할 수 있다."[79] 「도덕법」을 판단논리에 이런 방식으로 정향하는 것은 특정한 가치를 가질 수밖에 없는데, 세 절로 나눠진 목차는 헤겔의 논리학에 나오는 판단의 근본적 세 양식에 상응한다.[10] 전체 판단이론을 작품의 근본 구조로 보는 미슐레의 구상은 법철학의 구조와 판단론의 구조 사이에 잘못된 배치가 발견되기 때문에 수정을 필요로 한다.[11] 하지만 이와 더불어 미슐레의 관심사가 시대에 뒤진 것은 아니

Hegels Moralitätskritik im Lichte seiner Urteils- und Schlusslehre. 미간행 문건을 인용하게 해준 저자 대니얼 제임스(Daniel James)에 감사드린다. 피핀은 「도덕법」 장과 관련하여 헤겔의 행위이론에 대한 어떤 독립적 논의도 수행하지 않는데 (Pippin, *Hegel's Practical Philosophy*, S. 169), 이런 입장은 **인륜적** 차원이 행위 개념의 최고의 규정을 위해 구성적 핵심을 이루기에, 동의할 수도 있을 것 같다.

7 "도덕성 역시 자신의 법(/권리)을 갖는다"(Kiel 103).

8 범죄와 관련하여 이 절차는 이미 진행되었고, 이것에 곧바로 연결되어 있다. §53의 소유에서 '물건에 대한 의지의 판단'이 다뤄지고, Enz §171도 이 문제를 다룬다.

9 "판단은 개념의 자기 자신을 통한 분열이다. 따라서 이 통일은 그로부터 이 판단이 자신의 참된 객체성에 따라 고찰되는 근거이다.

10 슈네델바흐가 이에 대해 단 주석에서 이 차원은 철저히 무시되었다. 이러한 사실은 일련의 일면적이고 불충분한 평가로 이어졌는데, 예컨대 의도(Absicht)의 변증법적 전개는 결심(Vorsatz)으로부터 일어나지 않는다는 주장도 나타난다. Herbert Schnädelbach, *Hegels praktische Philosophie*, Frankfurt a.M., S. 233. 이에 반해 헤닝 오트만(Henning Ottmann)은 도덕법이 반성추론의 형식을 모방하고 있다고 주장한다. 전체성의 추론(결심과 죄), 귀납추론(의도와 복리) 그리고 유비추론(선과 양심). Henning Ottmann, Die Weltgeschichte(§§341~360), Siep, *Grundlinien*, S. 267~86.

11 Karl Ludwig Michelet, *Das System der philosophischen Moral mit Rücksicht auf die jurisdische Imputation, die Geschichte der Moral und das christliche Moralprinzip*,

다. 정반대이다. 「도덕법」 장에서도 판단의 세 가지 주된 하위형식이 숨겨진 조정체계로 작용하면서 진전을 이끌어간다는 사실이 여기서 드러나며, 미슐레의 핵심 의도는 이렇게 이해할 수 있을 것이다. **판단의 논리**와 **목적의 논리**를 병렬적으로, 서로 조정하면서 고찰할 필요가 있다. 왜냐하면 도덕적 행동은 충분히 주체성, 판단논리, 객체성, 목적의 논리 등의 논리적 통일로서만 해명할 수 있기 때문이다.

처음에는 분명하지 않은 도덕법과 판단논리의 입각점 사이의 연관은 모든 것을 파괴하고 나누어버리는(특수화하는) '판단하는, 즉 근원적으로 나누는 힘'으로서 등장하는 도덕적 주체성의 특성에서 산출된다. 여기서 §6과 §8을 상기할 필요가 있다. 이 부분은 자아의 **특수화**와 의지형식의 **구별**을 다룬다. 게다가 또다시 '판단'에 대한 헤겔의 이해가 '근원적으로 나눔'이라는 의미와 연관이 있음을 상기시킨다. 즉 판단은 분리와 대립의 총체가 된다.[12] 복리(/안녕, Wohl)를 다루는 이어지는 자리는 이러한 용법을 분명하게 제시한다. "보편적 의지와 특수한 의지로 나타나는 이 판단은 필연적 계기이다"(Wan 69). 개념은 자신의 규정들, 자신의 계기들을 우선 자신의 구별의 권리를 아직 간직하지 않은 '감춰진 것'으로, 아직 '드러나지 않은 것'으로 간직한다. "이 계기들은 이 권리를 판단을 통해 비로소 간직한다." '신, 개념이 판단함'으로써 비로소 규정과 분리의 범주가 등장한다.[13] 개념의 이러한 용법은 원래, 이미 시사

Berlin 1827, S. 43. 미슐레의 견지에 대해 크반테는 "헤겔 행위이론의 모든 단계에 『논리학』 계열에 따라 판단형식을 배치하려는 노력"을 칭송한다(Quante, *Hegels Begriff der Handlung*, S. 192). 이에 대해서는 다음도 보라. Klaus Düsing, *Das Problem der Subjektivität in Hegels Logik*, Bonn 1984.

12 게오르크 잔스(Georg Sans)는 정당하게도 Enz §166을 가리킨다. "우리 언어에서 판단(Urteil)의 어원적 의미는 더 깊은 곳에 있으며, 개념의 통일을 첫 번째 것으로, 이것의 분화를 근원적 나눔(ursprüngliche Teilung)으로 표현한다. 그런데 이것이야말로 진실로 판단이다." Georg Sans, *Hegels Schlusslehre als Theorie des Begriffs, Hegels Lehre vom Begriff, Urteil und Schluss*, hg. v. Andreas Arndt, Christian Iber und Günter Kruck, Berlin 2006, S. 219. 또한 Georg Sans, *Die Realisierung des Begriffs. Eine Untersuchung zu Hegels Schlusslehre*, Berlin 2004.

했듯이, 야코프 뵈메와 프리드리히 횔덜린(Friedrich Hölderlin)에게서 기원한다.[14] 도덕법의 전체 영역은 모순, **특수성과 보편성**의 충돌을 서술한다. 근원적 나눔(판단)에서 사물들, 물건들에는 이것에 고유한 특수한 술어가 할당되는데, 근원적 하나가 자기 구별된 것으로 쪼개진다는 의미에서 그렇다. 따라서 판단은 행동이 그러하듯이 구별함, 특수화함 그리고 특정한 것을 정립함이다. 도덕법은 실천적 특수성의 영역으로서 **특수자의 절차**로서의 판단구조에 의존한다. 판단의 상승작용의 마지막 단계에 추론이라는 논리적 형식이 등장하는데, 이는 인륜법 영역에 상응하며, 추론 형식의 절차적·생동적 체계인 국가의 이해에서 정점에 이른다(Enz §198). 여기서 국가는 인륜적 이념의 현실로 이해된다.

1. 도덕적 행위에 대한 헤겔의 구상—잠정적 숙고

내가 해야 했던 모든 것

(All I've Got To Do)

자유의지를 규정하는 도정에서 두 번째 주 정거장, 즉 특수성(B)과 이 특수성이 보편성(A)과 맺는 관계의 단계에 도달하며, 이 관계의 필연성은 추상법 형태에서 이미 예견되었다. 도덕법이라는 입각점은 이처럼 의지의 개체성(E)에서 법(/권리)의 보편성(A)에 이르는 추상법의 도정의 결과로 논리적으로 발생한 것이다. 여기서 말한 보편성은 인격성으로서의 개별의지가 스스로를 보편자로 간주하고, 이 보편적 대상은 가치로 등장하며(이로써 판단의 가능성이 개시된다), 하지만 그 가운데 스스로 불

---

13 PhRel 16, 78.
14 Muratori, 'Der erste deutsche Philosoph', insbesondere Anhang 2(*Die Teuflische Kraft des Göttlichen Urteils. Zur Hegelschen Interpretation einer spekulativen Vorstellung Jakob Böhmes*).

가피한 것으로 드러난다는 사실을 통해 습득된다. 이러한 사실은 범죄 행위에서 드러난다. 왜냐하면 의지의 **특수성**이 조망할 수 없는 방식으로 등장하고 또 그런 특수성은 인정되어야 하지만, 동시에 법(/권리)도 정의로서 안전하게 보존되기 때문이다. 추상법의 관점에서 본 활동성은 (계약의 수행에서 보듯이) 이 단계에서 완벽하고 전체적으로 파악할 수 없고, **인격과 물건**의 형태로만 파악할 수 있다. 여기서 인격은 계약 체결자라는 속성만을 가질 뿐이며, 관점은 모두 이 인격의 행동으로 환원된다. 계약 당사자의 운동근거, 즉 사회적·정치적 맥락은 희미하게 비칠 뿐이다. 추상법에서 특수성은 무시되었지만, 이 특수성은 언제나 자신의 '권리'를 요구하며, 또 주목받기를 요구했다. 예컨대 잘못된 법 위반 및 범죄를 구별하는 경우에 이러한 사실은 잘 드러난다. 이 경우 그런 구별은 **내적 동기**나 행위의 추동력에 의존하여 판단의 차이를 이끌어낸다. 내 안에서 박동하는, 행위의 운동근거이자 의향인 **특수한 충동**이라는 이 계기는 '계약' 내지 '범죄'라는 활동을 충분히 이해하기 위해 반드시 숙고되어야 한다. 그렇지 않을 경우 행위 개념은 덜 규정된 채로, 불충분하게 정의된 개념으로 남게 될 것이다. 형벌을 다루는 곳에서 이는 더 분명하게 드러나며, 추상법의 한계를 지시하게 된다.

1.1 참된 작용과 의향 사이의 개념적 끈―실행과 행위

운동근거와 실행(Beweggrund und Tat), 의향과 작용(Intention und Aktion), 주체의 내적 규정성과 실행 등은 함께 고려되어야 한다.* 이러한

---

* 실행, 행위 등과 연관된 다양한 용어가 출현한다. 이들 용어가 유사하게 쓰이는 경우도 많지만, 헤겔은 특정한 영역에서 그 의미를 정확히 구별한다. 헤겔은 『법철학』, 특히 「도덕법」 장에서 그 구별을 정확히 한다. 본문에는 우선 "운동근거와 실행"(Beweggrund und Tat)이 나온다. 인간을 포함한 모든 물체는 움직임이 있고 그 근거가 있다. 실행으로 번역한 'Tat'는 여기서 차라리 움직임, 운동 정도의 의미를 갖는다. 생명체는 물리적 움직임과는 다른 요소도 갖는다. 그것은 의향으로 번역되는 'Intention'을 갖는다는 것이다. 먹잇감이 있을 때 잡으려는 의향이 생겨나며, 그 의향에 맞게 행동한다. 내적인 의향을 따르는 행동이라는 의미에서, 그

사실은 도널드 데이비드슨(Donald Davidson)과 같은 20세기 분석철학자가 비로소 통찰한 것이 아니라,[15] 헤겔의 행위규정이 이러한 방식의 최초의 근본적 사상이라 할 수 있다. 헤겔은 **실행과 행위**(Tat und Handlung)를 구별한다. 의향(고의와 의도, Vorsatz und Absicht)을 충분히 고려함으로써 비로소 형식법에서 분석된 실행과 달리 행위를 말할 수 있게 되었다. 운동근거는 지식의 형태로 내적으로 알려지는데, 이 운동근거는 행위의 완성에 필요하며, 움직이게 하는 근거는 자유의지를 구성한다. 따라서 우리는 법(/권리)과 자유의 보다 높은 수준에 도달한다. 행위는 **내적 의지규정의 행동적 표현**으로 간주되며, 자유의지는 자신이 **자기 안에서 알고 의지한 것**만을 인정하고 고려할 수 있다(Enz §503). — "나의 통찰, 나의 목적은 법(/권리)이라고 하는 것의 본질적 계기이다"(Gr 301). 내적 정신의 표출인 행위에서 우리는 '**내적 의도와 목적**의 현실적 실행, **노출**'을 본다. '새롭게 산출된 현존의 변화와 직접 연관되어 있는 규정의 전체 범위'는 행동에 속한다.[16] "실행 중에서 결단에 놓여 있는 것만이, 의식에 놓여 있는 것만이, 따라서 의지가 존재하는 것으로 인정하는 것만이 행위에 속한다."[17] 행위함과 더불어 주체(인간)는 활동적으로 구체적 현실로 진입한다.[18] **행위 개념의 진보적 규정**과 특수한 행위에 대한 평가가 여기서 우리가 다룰 주제이다. 자유로운 활동성은 형식적 올바름에 한정되어서는 안 된다. 그것은 또한 평가되어야 하고 도덕적으로 가치 있는 것으로,

---

리고 작용과 반작용(Reaktion)의 범주로 인해 여기서는 'Aktion'을 작용이라 번역했다. 동물의 의도는 다분히 생물학적 본성, 동물의 자연에서 나온 것으로 진정한 의미의 자유를 표현하지는 않는다. 이에 반해 인간에 고유한 행동, 인간의 자연적 본성이 아니라 인간이 스스로의 내면에서, 즉 의지에서 나온 행동을 행위(Handlung)라고 한다. ― 옮긴이

15 헤겔은 "현대 철학자 데이비드슨과 현격하게 유사한 입장을 취하고 있다." Dudley Knowles, *Hegel and the Philosophy of Right*, London/New York 2002.

16 Hegel, *Philosophische Enzyklopädie für die Oberklasse*, 4, 56.

17 Hegel, *Rechts-, Pflichten- und Religionslehre für die Unterklasse*, 4, 207.

18 Ästh 15, 485.

'선한' 것으로 묘사할 수 있어야 한다.

추상법 대신에 동일하게 타당성을 요구하는 더 나아간 법(/권리), 즉 도덕법이 등장한다. "엄격한 법(/권리)은 저런 내면성을 자기편으로 이끌어 들인다"(Kiel 100). 헤겔은 의지의 이런 입각점을 용어적으로 도덕법의 입장이라 부르는데, 이것은 논리적으로는 형식법의 내적인 역학으로부터 산출된다. 여기서 논리적이라 함은 철학적 학의 상이한 부분 영역 내에서 적용되는 학문적인 것이라는 의미이다. "우리가 통찰한 형태는 **추상적 자유의지의 개념의 진전**을 서술한 것과 마찬가지다"(BI 91, 강조는 저자). 이 두 번째 장은 도덕적 행위에 대한 헤겔의 철학적 이론의 초석이 된다. 활동함, 작용함 등이 의지를 구성하고 있는 한에서 자유의지에 대한 이 철학적 이론은 행위함의 이론으로 형상화되며, 그것도 자유로운 행위의 본질적 차원을 서술하는 세 단계로 이뤄진다. 이 단계는 a) **행위자인 인격체의 형식적·법적 실행,** b) **도덕적 주체의 행동함,** 그리고 c) **인륜적 주체의 행동함** 등을 자기 안에 포함한다.

이때 첫 번째 두 단계에서 행위함의 본질적 규정이 등장하지만, 한정된 관점에서만, 말하자면 추상법과 도덕법의 관점에서만 등장한다.[19] 그런 한에서 여기서는 아직 행위에 대한 충분한 규정이 이뤄지지 않는다. 세 번째 단계인 **인륜법** 영역에서야 비로소 행위에 대한 충분한 해명이 주어진다. 헤겔의 행위이론을 개시하고 있는 「도덕법」 장의 독해방식은 여전히 중요하다. 분석철학의 오늘날의 의제와 헤겔의 사상을 연관시키는 데 탁월함을 보이는 크반테는 바로 이 부분을 추적한다.[20] 「도덕법」의 표제 아래 먼저 **행위 개념**이 도입된다. 여기서야 비로소 우리는 행위의 요소와 관계하게 된다. "여기에서 비로소 행위가 등장한다. (「추상법」 장

---

19 도덕법 입장에서 "도덕성과 비도덕성만이 아니라 첫 번째 단계에서 나온 법과 무법도 등장한다"(Kiel 104).

20 Quante, *Hegels Begriff der Handlung*, a.a.O.; Francesca Menegoni, Elemente zu einer Handlungstheorie in der "Moralität", Siep, *Grundlinien*, Allen Wood, *Hegel's Critique of Morality*, Siep, *Grundlinien*.

에서 다룬) 법적인 것도 행위일 수 있지만, 그것은 행위의 형식적 본성을 그 자체로 가지고 있지는 않다. (……) 도덕적인 주체적 의지의 활동성이 행위에 속하며, (……) 고의 없는 **행위**는 있을 수 없으며, 거기에는 오로지 판단이 아직 들어서지 않은 행동만 있을 뿐이다"(Hey 11). 그러나 행위 개념은 거기에서 끝나지 않으며, 「인륜법」장에서야 비로소 최고 방식의 참된 탐구 주제가 된다. 도덕법의 수준에서 우리는 **특수성**의 왕국, 행위의 **주관적·형식적** 측면의 영역에서 움직이며, 이 영역의 업적과 한계를 헤겔은 매우 정밀하게 분석한다. 그것은 특히 도덕법의 최고의 단계인 양심을 분석하는 데서 잘 드러난다. 그것은 의지의 활동성의 형식적일 뿐인 측면, 즉 형식적인 것으로서 어떤 내용도 갖지 않는 측면일 뿐이다(§137). 헤겔의 숙고는 여기서 '자유의 반성판단'[21]과 오성을 대표하는 도덕적 입장을 분석하고자 하는데, 이 입장은 논리적으로 필연적인 단계이지만 행위 개념을 충분히 해명할 수 없는 단계이다. 형벌과 관련된 내용이 추상법의 테두리를 파괴한 것과 마찬가지로 도덕법은 스스로 성장해 가는 가운데 자신의 내적 모순으로 인해 정립된 테두리를 파괴한다. 법적 행동(Tun)뿐 아니라 도덕적 행위(Handeln) 역시 그 자체 일면적인, 고립된 채 정의된 행위의 두 규정으로, 따라서 **인륜적 행위의 두 계기**로 드러난다. 이런 의미에서 헤겔『법철학』의 핵심은 처음부터 인륜적 행위이며, 자유의지의 참된 규정이다. 말하자면 법철학의 핵심은 **인륜적 행위에 대한 철학적 이론**의 정립에 있다. 이 인륜적 행위에서야 비로소 최고의 법(/권리), 실천적인 자유존재의 최고 형식이 놓여 있다.

참된 행동과 의향 사이의 개념적 연관에 대한 통찰은 특히 아래 놀이에서 발견되는 개념적인 것에 대한 이해와 관련하여 그리고 그때그때의 행위자들과 관련하여 구체화를 요구한다. 우선 헤겔의 구상에서 인격은 무조건 행위자로 사유되어야 한다. 인격성은 우선 행위자에 속한다[즉 인격체만이 행위한다]. 운동근거가 관련되는 한에서 그 인격은 **도덕적** 인

---

21 Enz 1817, §417.

격, **도덕적 주체**가 된다. 이러한 사실은 추상법과 인격성에 드러나는 모든 결과를 고려해야 함을 의미한다. 좀 더 세세하게 말하면 다음과 같다. 모든 행동이 다 행위인 것은 아니며, 조율되는 모든 운동이 다 행위에 속할 수는 없다. 해리 프랑크푸르트의 책상 위를 거니는 거미, 나의 고양이 프란시스의 날렵한 파리 잡기, 어린아이의 뒷걸음질이나 절도 등은 도덕적 행위가 아니다. 왜냐하면 엄밀한 의미에서 행위는 언제나 자유로운 지적 존재의, 도덕적 주체의 작용과 상호작용을 의미한다. 따라서 그것은 인격체의 행동을 포괄하지만, 이 행동은 활동성의 다른 요소들, 예컨대 의도의 희미함 때문에 행위라 할 수 없기 때문이다. 어떤 것의 점유취득이라는 활동성조차도 헤겔은 행위라고 부르지 않으며, 무법적 행동도 적극적인 행위로 간주되지 않는다(Kiel 105). 이와 더불어 주체의 도덕적 행위에서 행위함의 개별 인격적 외부 관점과 내부 관점, 즉 **참된 작용과 의향**이 결합된다. **인격**은 **도덕적 주체**로, **인격성**은 **도덕적 주체성**으로 전진해 간다. **형식적 행동**은 **도덕적 행위**로, **주관적 의지의 법(/권리)**으로 진척되고(§107), 그것은 자기규정의 보다 높은 형식, 즉 **도덕적 자유**를 가져온다.[22]

1.2 주체성과 객체성 ─ 목적활동성으로서의 행위

의지는 자기관계, 즉 자신의 주체적 자기규정으로 인해 어떠한 객체성과도 구별되며, 자신을 배타적인 것으로 제시한다. 따라서 의지는 자신의 '결핍'을 고착시켰고, 추상적이며, 제약되어 있고 형식적이다. 여기서 주체성은 형식적인 것으로, 의지의 형식으로 간주된다(§108). "개념은 자신의 현존과 분리된다"(Hey 9). 다른 한편, 내용은 우선 단지 내적이고 주관적인 것으로 머무르며, 어떤 객체성에도 이르지 못한다. "그러나 주

---

22 도덕적 의지의 자유, 즉 도덕적 권리(법)는 "어떤 것이 나에 의해 선한 것으로 인정된다"(Kiel 102)는 사실에서 성립한다. 그 중심에는 스스로를 특수성으로 규정하는 의지의 내면성이 자리하고 있다.

체성은 형식적일 뿐 아니라 의지의 무한한 자기규정 작용으로서 의지의 **형식적 측면**을 구성한다"(§108). 의지의 대자존재는 이성적 보편성과의 분리로, 유한성으로 취해질 수 있다. 객체로 있는 의지는 자신에 의해 정립된 자신의 것만을 타당한 것으로 간주하는데, 이러한 사실은 의지의 자기규정의 일반적 방식이나 형식이다. 그뿐 아니라 동시에 의지함의 특수성은 객체성 내지 보편성과 연관되어 있기 때문에 여기서 중요한 문제는 점점 더 전진하는 **특수성(B)과 보편성(A)의 관계**가 된다. 이것은 **오성, 반성, 관계, 당위, 요청,** 의지의 **현상** 등의 용어로 표현되는 입각점인 도덕법의 입각점을 함의한다. 우리는 지금『논리학』「본질론」영역에 있으며, 전체적으로 보면 판단(/근원분할), 도덕적 판단력, 차이, 의지의 유한성과 현상 등의 입각점에 서 있다. 지금 여기는 의지가 아니라 의지의 필수적 차원 중 하나 혹은 그 계기 중의 하나가 논의되고 있다.

「도덕법」영역에서 주체성과 객체성의 관계, 이 양자의 통일의 운동은 §§109~122에서 예비적으로 다뤄진다. 목적을 정립하는 활동과 목적을 실행하는 활동은 내용을 발생시키는 것으로 드러난다. 스스로를 규정하는 의지의 규정은 a) '먼저 의지 자신을 통해 **자신 안에** 정립된 것'으로서 '자기를 자기 안에서 특수화(/분리)하는 것이며, 따라서 특수성의 원리, 그리고 **한갓 내적인 주관적인 것**의 원리, 한갓 내적인 주관적 능력으로서의 판단이다. 그리고 그것은 b) 특수한 내용을 주체성으로부터 객체성으로, 외면성 일반인 형식적 객체성으로 이행시키는 활동성으로서의 한계의 지양이며, c) 의지의 이 주체성과 객체성의 **단순한** 동일성을 그 목적으로 갖는다(§109). 이것은『논리학』에 나오는 다음의 세 단계를 배경으로 한다. a) 목적을 정립하는 의지, b) 목적을 실현하는 의지, 그리고 c) 목적 그 자체로서의 의지. 이 단순한 동일성은 도덕적 관점으로부터, 즉 의지의 자기에 머묾이라는 입각점으로부터 보다 높은 동일성으로 진전되어 규정되기를 요구한다. §110의 「보충」에서 이어지는 세 단계는 핵심어 중심으로 나열되어 있다. α) 자아로서의 나의 내용, 실체적, 객체적, β) 대립 ― 개념의 객체성, γ) 외적 (의지) ― 타자의 주체성.

첫째, 나의 목적은 외적인 실현에서, '도덕적 활동'에서 유지되고 있어야 한다. 말하자면 나는 이렇게 실행된 목적에서 **나 자신에** 머물러 있어야 한다. 주관적인 것을 객관적·외적인 것으로 단순히 번역하는 것(이행시키는 것)으로는 충분하지 않으며, 목적실현에서 나의 주체성이 나에게 보유되어야 하며, 나는 나(나의 것)를 행동의 결과 속에서 다시 인식해야 하며(추상적 동일성), 이 결과를 낯선 것으로 간주해서는 안 된다.[23] 여기에 자유로운 행위에 대한 기본 구성요소가 놓여 있으며, 그것은 "도덕적 의지의 행위로 간주되며, 자유의 현존이라고 한다." 행위자는 "행해진 것을 오로지 자신의 것으로 인식하며, 그런 한에서 거기에서 자기 안에 주관적으로만 있었던 목적의 규정이 발견된다. (……) 나는 나의 것에서 나의 주관적 의지를 인식해야 한다고 요구하며, 이러한 사실이 그 안에서 인식되는 한에서만 나는 행해진 것을 나의 것으로 인식한다"(Hey 9~12).

두 번째 단계(§111)는 내용의 특수성과 보편성을 나열한다. **"본질적 차이와 보편자와의 관계"** — "개념(보편자)으로서의 객체와 특수성의 대립"(§111, A). 특수한 내용은 a) 즉자적으로 존재하는 보편적 의지에 적합한 규정을 가지며, 따라서 그것은 보편성으로서의 개념(자유의지)의 객체성에 만족해야 한다("객체성, 여기서는 보편성 — 진리"). 그렇지 않을 경우 그것은 자유로운 자기규정이 아니다. 이 내용에 대자적으로 존재하는 주관적 의지의 형식적 측면이 마주해 서 있으며, 일치 혹은 객관적 적합성은 'B는 A에 적합**해야 한다**'라는 단순한 당위적 요청에 머물러 있다. 특수한 내용, 혹은 단적인 특수성은 보편성에 상응하거나 그렇지 않을 가능성을 포함한다. 이것을 해명하기 위해 **참된** 개념을, 보편성의 의미에서의 객체를 말하고 있는 §107에 의지할 수 있다. 이런 객체성을 위한 규범적 기준을 나중에 형식화하는데, 이 형식화는 판단형식을 참된 보편성에 이르기까지 구별하기 위해 필요한 상승 과정을 이해하는 세목

---

23 여기서 오류의 가능성과 결과의 낯섦을 말할 수 있다. "수행된 목적에서 나, 나의 행위, 나의 관심, 의도 등은 유지되어야 한다"(§110, A).

을 의미한다. (물론 여기서는 개별성과 특수성에 대해서도, 그리고 이 둘의 연관에 대해서도 다룬다.)[24]

셋째, (보편자와의 연관이라는) 객체화와 더불어 **직접적, 한갓된 개별적, 파편적, 혹은 '원자론적'**인 나의 주체성이 지양된다. "객체성은 여기서 **보편적 주체성이다**"(§112, A). 헤겔은 §73에 의지하여 나와 동일한 외적인 주체성은 '타자의 의지'로 파악되어야 하며, 따라서 나의 의지의 규정은 언제나 타자의 의지와의 적극적 관계에 서 있다는 사실을 주지시킨다. 주체성의 경우에도 객체성에 보충적으로 그에 상응하는 상승이 일어나는데, 이 상승은 이 단계에서 **상호주관성의 제2의 형식으로서의** '보편적 주체성'이라는 말로 표현된다. 이 보편적 주체성은 나의 특수한 의지가 다른 특수한 의지와 맺는 관계의 형식으로, 도덕적 상호주관성으로, 상호간의 긍정적 관계라는 의미에서의 주체의 도덕적 인정으로 나타난다. 특수한 주체적 의지는 의지를 실현함에 있어서 금지로서의 한갓된 계율이 아니라 내적인 보편적 규범성에 방향을 맞춘다(§113). 헤겔에게는 상호주관성이 없다거나 혹은 이런 상호주관적인 것이 그에게서 부차적이라거나 '억제'되어 있다고 하는 해석들(예컨대 M. Theunissen)과 달리 헤겔의 행위 개념에는 타자를 통한 규정의 계기가 내재한다는 사실을 분명히 할 필요가 있다.[25] 헤겔 비판적인 주장에는 행위 개념의 명백한 규정이 결여되어 있으며,[26] 이 행위 개념에는 상호주관성이 들어 있

---

24 Daniel James, *Holismus und praktische Vernunft*, a.a.O. Rainer Schäfer, Hegels identitätstheoretische Deutung des Urteils, *Hegels Lehre vom Begriff, Urteil und Schluss*, a.a.O., S. 57ff.

25 헤겔애 따르면, "행위 개념이 타자의 규정이라는 사실은 행위 개념에 놓여 있다. (……) 그의 행위는 타자의 의지와의 적극적 관계를 가진다." 도덕에서 "타자의 의지와의 적극적 관계가 들어온다. (……) 따라서 언어 사용에 따르면 행위 일반은 이러한 관계와 연관되어 있다"(Kiel 105).

26 헤겔에게 상호주관성이 억제되어 있다고 주장하는 미하엘 토이니센(Michael Theunissen)의 논문에는 헤겔의 행위 개념에 대한 어떤 철저한 조사도 없다(Theunissen, Die verdrängte Intersubjektivität, a.a.O.).

고, 그것도 불가피한 요소로 들어 있다.

객체성(/객관성)과 주체성(/주관성)이라는 용어의 상이한 사용에 대해서는 §112에서 잘 해명하고 있다. 객체성은 a) 외적인, 직접적 현존으로, b) 개념(보편자)에 적합한 것으로, 그리고 c) 보편적 주체성으로 이해할 수 있다. 이 경우 b)와 c)에서 주체성과 객체성의 동일성의 형식이 이미 주제화되고 있다. 그에 따르면 주체성은 a) 객관적 목표가 나의 것이라는 형식으로, b)와 c)의 경우에는 객체성과 주체성의 동일성의 방식('함께 감')으로 취해질 수 있다.

실천철학을 구상함에 있어서 목적론의 엄청난 중요성이 아주 의미 있는 방식으로 표현되고 있으며, 그것은 의지의 자유를 정초하는 데 있어서 결정적이다.[27] 여기서 목적지향성과 목적의 실현 ── 즉 행동 ── 이 자유의지 개념의 필연적 규정성으로 제시된다. **의지함과 행위함** 사이에 있다고 상정되는 균열은 극복되며, 자유롭게 의지함은 행위함을 향해 나아간다. 둘째, 합목적적인 도덕적 **작용**은 동시에 **상호작용**을 포함하며, **주체성**은 동시에 **도덕적 상호주관성**, 즉 일종의 보편적 주체성이다. 인격의 인정이 이제 여기서는 도덕적 주체의 인정으로 진전되어 규정된다. 자유로운 행위자는 이미 상론한 인격적 권리(/인격법)만이 아니라 도덕적 의지의 권리(/법), 즉 도덕적 주체의 자율도 갖는다.

하지만 주체성과 객체성은 ── 우리는 아직도 반성과 오성의 왕국에 머물러 있다 ── 모순적으로만 통합되어 있으며, 그것은 선의 안티노미로 표현된다. 이 영역에서 모순의 해소는 상대적일 수밖에 없다(§112). 이러한 사실은 도덕 단계에 이어지는 서술에서 등장한다. §113은 **행위**에 대한 최초의 정의를 보여 주는데, 여기서 **주관적인 도덕적 의지의 표현**은 **목적활동성**, (외적 입법자에 의해 강요될 수 없는) **당위** 그리고 **도덕적 상호주관성** 등이 결합한다. 이때 a) 행동을 나의 것으로 앎, b) 특수한 행동

---

27 목적론의 문제에 대해서는 다음을 보라. Pierini, *Theorie der Freiheit*, a.a.O. 칸트의 실천철학을 논박하는 데 있어 헤겔의 목적 개념은 아주 중요하다.

이 당위 형태의 보편자와 맺는 관계, 그리고 c) 타자의 의지와의 관계 등이 행위의 근본 규정으로 간주된다.

1.3 앎의 권리—지적으로 행동함으로서의 행위함

네가 하고 있는 것

(What You're Doing)

실천학의 한 부분으로서 도덕적 행위이론의 첫째 단락에서 헤겔은 더 나아간 근본적인 권리(/법)와 의무, 즉 **앎의 권리**를 말한다. 그 중심은 앎과 연관이 있는 내적인 의지규정에, 행위의 주관적 규정근거, 나의 통찰과 나의 내적인 운동근거, 나의 앎과 목적, '윤리적으로 올바른 것' 등에 방향을 맞추고 있는데, 이 모든 것은 도덕법이라는 법의 본질적 규정계기이다. 도덕에서는 "상황에 대한 앎, 선에 대한 확신 그리고 행위에서의 내적 의도 등의 주관적 측면이 주된 계기이다."[28] 이성적 준칙의 형태로 등장하는 이 앎은 도덕적 행위에 내재해 있어야 한다. 여기서 **통찰은 의도를 가지며**, 그것은 행위의 '영혼'이다. 윤리적 선은 윤리적 '올바름'에 의존하며, 이 올바름은 칸트에 따르면, **행동의 결과와 상관없다.**[29] "헤겔은, 칸트가 전에 한 것처럼, 이성의 자율성에 근거한 윤리를 명료화하고자 한다."[30] 회슬레와 슈네델바흐는 이를 '이론주의'(Theoretizismus)라고 진단하며, 슈네델바흐는 특히 의무론적으로 파악할 수 없는 관찰자적 입장에서 복리(/안녕)와 선을 이론적으로만 다룬다고 한다.[31] 이 해석은

---

28 Ästh 13, 247.

29 미하엘 크반테는 협소한 의미에서의 의무론을 말한다. Michael Quante, *Einführung in die allgemeine Ethik*, Darmstadt 2008, S. 129.

30 이에 대해서는 다음을 보라. Allen Wood, *Hegel's Critique of Morality*, a.a.O.

31 Schnädelbach, *Hegels praktische Philosophie*, a.a.O., S. 223f; Hösle, *Hegels System*, a.a.O., S. 520. 슈네델바흐와 회슬레에 대한 비판적 논증은 다음을 보라. Allen Wood, *Hegel's Critique of Morality*, a.a.O., S. 165.

도덕적 주체성의 관점, 따라서 모든 도덕적 주체의 관점에 의해 사유되는 것을 사라지게 한다. 여기서 관찰자적 입장의 가능성은 없다. 게다가 (총괄됨이라는 의미에서의) 주체의 이 연관성은 '연관성'의 자만과 혼동된다. 헤겔은 후자를 비판하는 데 반해 주체의 연관성에 특별한 자리를 마련한다. (이에 대해서는 이론이성과 실천이성에 대한 상론을 참고하라.) 피핀에 따르면 전체 맥락 외부에 위치할 가능성은 애초부터 없다. 이는 "체스 게임을 하고 있지 않을 경우 말을 움직일 이유가 있다고 말할 수 있는 것 그 이상이다."[32]

내가 행동하게 되는 근거, 나의 내적인 자기규정성, 그리고 나의 내적인 사명 등에는 분명히 정당성이 있다. **자기귀속, 자기 책임**에 따를 경우에만 그것을 **나의** 행위라고 말할 수 있다. §105와 헤겔의 수기에 의지해 볼 때, 이 문제는 해명할 수 있다.[33] 의지를 그 자체 무한자로 보는, 그리고 직접적인 즉자존재에 대립하는 독자적으로 존재하는 동일성으로 바라보는 입각점이 고착된 이후에, 따라서 첫 번째 단계인 추상법이 두 번째 단계와 대립할 때 a) 주체, b) 대상 그리고 c) 개념규정 등의 명확한 구분이 이뤄질 수 있으며, 거기에서 앎의 권리라는 사상이 부각될 수 있다. 주체는 자신을 자유로운 자로 **알며**, 그런 가운데 자유를 **안다**. 따라서 나는 나를 '나를 위해 있는 자'(독자적인 자, für-mich-Seienden)로 **안다**. 대상은 의지 그 자체에 머물러 있으며, 따라서 자기 안에 있는 자(Insichsein)로, 앎으로서의 주관적 의지의 권리로 머물러 있다. 자유에 대한 현대적 이해는 행위의 결과를 도외시한 채 활동의 동기에만 ("사물이 내 안에 내적으로 어떻게 있었는지", §105, A) 주목하며, 나의 내적인 판단에, 나의 내적 동의에 주목하며, 나의 것으로서의 앎에, 윤리적으로 올바른 것에 주목하게 한다. 여기서 중요한 것은 어떤 것에 대한 의지를 **내가 알고 있다**

---

32 Robert Pippin, *Hegel's Practical Philosophy*, S. 264.
33 이들 수기와 강의를 받아 적은 텍스트들은 근본적으로 서로 연관되어 있는데, 헤겔의 본문을 이해하는 데 큰 도움을 준다.

는 사실이다. 내가 의지한다는 사실이 내 안에 이미 내재해 있으며, 그
것은 활동적 표현에 앞서 있는 "이론적인 것"[34]이다. 이러한 사실은 의
무론적 윤리학의 근본이념에, 윤리적으로 올바른 행위라는 의미에서의
당위적인 것(금지나 계율 내지 의무 등으로 표현되는)에 대한 윤리적 평가
에 상응한다.[35] 행위는 그 동기와 결과와는 상관없이 선하거나 악한 것으
로 평가할 수 있다. '선'이나 '악'이라는 평가는 주체의 행위에만 내려질
수 있지, 물건에는 그렇게 할 수 없다. 여기서 다시 의지함(Wollen)의 최
초의 규정인 §5를 상기시킨다. 거기서 의지함의 최초 규정은 자기 자신
을 사유함이었다[즉 '의지한다는 것'은 '자신을 사유한다는 것'이다]. 통찰,
앎, 이론적인 것, 사유 등과 더불어 주체의 내적 규정의 하부구조가 제시
된다. 여기서 중요한 것은 **앎을 전제한 행위**인데, 이 **앎의 요소**와 더불어
자유로운 존재의 참된 보물창고, 이들 존재의 탁월함이 시야에 들어온
다. 바로 여기에서만 이 존재들은 '유한자의 왕'(Hölderlin)이 된다. 이것
은 "모든 이성적 존재의 의지가 스스로에게 부과하는 유일한 법칙"이며
(Kant), 의지는 자신을 절대적으로 타당한 것으로 안다(Hegel). 도덕적 관
점에서 볼 때 자신을 손상할 수 있는, 형식적 권리(/추상법)와 관련이 있
는 모든 정황은 무시될 수 있다. 도덕법은 절도·침범·폭력·살해 등의
희생자가 될 수 없다. 독일 민요에 나오듯이 "생각은 자유다."[36]

　도덕적 입장은 우선 한정 없는 권리(/옳음)와 무조건적 타당성을 요청
한다. 그 절차는 이러한 앎의 등급을 매기는 토대가 되는 것으로 3단계

34　헤겔은 충동(Trieb)을 "내적인, 본래적인 자기운동"(WdL 6, 76)으로, 자기 내 존
　　재와 자기 부정성의 통일로 이해한다.

35　Michael Quante, *Hegels Begriff der Handlung*, S. 130ff.

36　"그것(사상)은 고요한 밤의 그림자로서 어떤 사냥꾼도 저격할 수 없으며, 누구도
　　그것을 막을 수 없다네. 그것은 모든 한계와 벽을 찢어버린다네." "나는 내가 의지
　　하는 것과 나를 행복하게 하는 것을 생각하며, 나의 소망과 열망을 누구도 금지할
　　수 없다." '사상은 자유롭다'는 노래 가사와 비교해 보라. ALR(제3부 제2절)에서
　　우리는 이 문제 영역과 관련한 법적 버전을 읽을 수 있다. "외적인 자유로운 행위
　　만이 법률로 규정할 수 있다."

로 이뤄진다. a) 한갓된 추상적 고의(Vorsatz)에서 출발하여 b) 구체적 의도(Absicht)를 넘어 c) 선을 알고자 하는 주관적 의지의 권리와 양심(Ge-Wissen)에 이르기까지, 논리학의 언어로 말하면 B(특수성)에서 A(보편성)까지 나아간다. 다만 여기에는 어떤 '이론주의'도 존재하지 않으며, 행위에 대한 개념적 사유로의 상승이 있을 뿐이다. 개념적 사유로의 상승이란 앎을 목적으로 하는, 즉 **모든 사취, 모든 선입견, 모든 순수한 주장**이나 **확신** 등을 엄격하게 배제하면서 논리적으로 지지되는 절차로 나아가는 것을 의미한다. 인간은 "자신이 행한 것을 **알고 있다**고 요구할 권리를 가진다"(Bl 91f., 강조는 저자). 여기서는 아직 행위의 결과가 다뤄지는 것이 아니라 **점증하는 책임귀속(전가)**의 형식으로 등장하는 행위의 내적 정신으로서의 영혼이 다뤄진다.[37] "행위의 정신적 측면은 절대적 가치를 가져야 한다"(§124, A). 행위자는 그 진행 가운데 **사유하는 자와 의지하는 자**로 인정되고 존중되고 경의를 받는다. 하지만 동시에 행위의 결과는 그 행위의 본질적인 규정계기로 고려되지 않는다. 의무론적 원리가 행위 내지 자유로운 행위를 충분히 규정할 수 없는 한 그것은 일면성에 붙들려 있다.

1.4 행위 수행의 권리—의지의 행동적 표현으로서의 행위와 행위함의 결과

너는 그것을 할 수 있어

(You Can Do That)

의무론적 관점이 자기규정의 '형식'을 포괄하는 데 반해, 말하자면 윤리적으로 올바른 것에 시선을 두는 데 반해, 이제는 행위의 내용, 행위의 결과가 문제가 된다. 여기서 커다란 질문이 제기된다. "행위의 가치가 그 결과에 의존하는데, 우리는 원리에 머물 수 있고 또 결과를 무시할 수 있는가?"(Ho 360) 의무론적 관점과 결과론적 관점의 대비는 분명하게 드

---

37 'Imputabilität'(책임귀속성, 비방, 전가), Kant, KrV B 476.

러난다. 이제 시각은 '원리의 본성'으로부터, 내적인 목적과 목적정립으로부터 목적의 **완수와 실행**으로, '의지의 **판단하는 힘**'으로부터 '**현실화하는 힘**'으로 이동한다. 여기서 행위의 다른 측면이 나타난다. 여기서 중요한 것은 내면으로부터 현존으로의 이행, **목적의 수행**, 그리고 행위를 구성하는데 동일하게 본질적인 도덕적 주체의 객체화 등이다. 자유로운 행위는 'bonum'(보눔, good, 선과 좋음을 모두 함의)으로 서술할 수 있어야 한다. 그런데 보눔은 **선과 복리(좋음)** 둘 다를 자기 안에 간직하는데, 마치 'malum'(말룸, evil, bad, 악과 나쁨을 모두 함의)이 **악과 나쁨**을 포괄하는 것과 같다.

이제 행위는 수행, 활동의 결과, 수단과 결과 등의 양태로 고찰된다. 여기서 다뤄지는 것은 나의 특수한 목적, 나의 개별적 현존, 나의 **복리**, 나의 **행복** 등의 실현이며, 또한 특수한 형식으로 나타나는 실현된 의도이고, 나의 주관적인 특수한 만족의 총체로서의 복리이다(§120, A). 이 결과들은 행위함에 내재한 것들로 생각되어야 하는데, 전체 행위가 아니라 행위의 서술로서, 행위의 표현으로서 그렇다는 말이다(Gr 316). 욕구들은 살아 있는 인간 개별자에게 본질적인 규정들이며(즉 살아 있는 인간이 욕구들을 갖는다는 것은 필연적이며), 그런 한에서 이 개인이 "이 규정들의 만족을 자신의 목적으로 삼을 권리"를 갖는다. "보다 고차적인 규정을 만족시키기 위해 인간은 자신의 자연적 욕구를 만족시켜야 한다. 그리고 이런 의존성이 경멸, 타락, 한계, 족쇄 등으로 간주되어서는 안 된다"(Hey 18f.). 헤겔이 "'복리' 내지 '행복'의 개념으로" 인간의 육체와 정신의 욕구를 만족시키는 것에 "긍정적인 가치를 부여했다는 사실은 칸트에 대한 첫 번째 비판이다."[38]

헤겔은 의무론과 결과론의 일면성과 불충분성을 다음과 같은 문장으로 표현한다. "한갓된 의지의 월계관은 녹색이 전혀 없는 말라비틀어

---

38 Siep, *Praktische Philosophie im Deutschen Idealismus*(Was heisst: "Aufhebung der Moralität in Sittlichkeit" in Hegels Rechtsphilosophie?), S. 221.

진 잎사귀들이다"(§124, Z).[39] 그런데 푸르른 앎의 나무에서 성장하지 않은 열매는 없다. 혹은 '좋은(/선한) 의지를 보인 것만으로도 충분하다'(In magnis voluisse sat est). "의지는 아무것도 아니고 모든 것은 행위가 보여준다"(Hey 20). 이 두 관점은 모두 행위만으로는 언제나 충분하지 않다는 것을 보여 준다. 이는 절대적 목적을 고정하고 내적 목적과 그 실행을 논리적으로 통일하는 가운데 내용을 보편성으로, 즉자적으로 존재하는 객체로 고양함으로써 비로소 성공하게 된다. 자신의 형식에 무관심하고 따라서 의지의 단순한 동일성에 머무는 자기목적은 도덕적 입장을 필연적으로 넘어갈 수밖에 없다는 지표로 작용한다. 왜냐하면 그러한 목적은 **합리적 규정의 해체**를 알리기 때문이다(WdL 6, 461). 이 서곡 이후에 인격체를 도덕적 주체로 규정하는 보다 진전된 논의, **형식법(/추상법)적 행동에서 도덕적 행위**로의 이행이 따라 나온다.

2. 행위에 대한 판단

2.1 도덕법의 논리적 근거로서의 헤겔의 판단론

논리학의 판단론에서 판단의 원칙적 형식을 규정한 이후 ("**모든 사물은 판단이다.** 즉 모든 것은 보편성 혹은 내적 본성을 자기 안에 가지는 **개별자**, 혹은 **개별화된 보편자**이다." "사물의 유한성은 이것들이 판단이라는데, 이 사물의 실존과 그 보편적 본성이 상이하고 분리될 수 있다는 데 있다." ─ Enz §§167~168), 헤겔은 범주표의 도식에 따라 판단을 논리적으로 구분한 칸트의 공로를 치하한다. 이 도식에는 비록 불충분한 점이 있기는 하지만 "판단의 상이한 양식을 규정해 주는 논리적 이념의 보편적 형식이 있다"는 통

---

39 『정신현상학』에서 활동/작품(Werk) 개념에 대해서는 다음을 참조하라. Klaus Vieweg, *Das geistige Tierreich oder das schlaue Füchslein ─ Zur Einheit von theoretischer und praktischer Vernunft in Hegels Phänomenologie des Geistes*, a.a.O.

찰을 간직하고 있다. 헤겔의 논리학에 상응하여 "판단은 세 가지로 크게 구별할 수 있는데, 그것은 존재, 본질, 개념의 단계에 상응한다." 이때 중간(본질)은 차이의 단계라는 본질의 성격에 상응하여 이중화된다. "판단의 상이한 양식은 동등한 가치를 가진 서로 병렬적인 것으로서가 아니라 하나의 등급을 형성하는 것으로 고찰되어야 한다. 그리고 이것들의 차이는 술어의 논리적 의미에 의지한다"(Enz §171, Z). 여기서 '실천적 판단'의 등급을 전개할 수 있다. 실천적 판단이란 행위와 연관된 판단을 말한다. 이어지는 단계를 좀 더 쉽게 이해하기 위해 실천적 판단 형식(상응하는 예를 포함하여)에 대한 논리학적 조망을 볼 필요가 있다. §114는 도덕법의 원칙적 구조를 확정하는데, 말하자면 책임전가(/비난, Imputation)의 세 단계를 지나가는 "판단의 운동"(WdL 6, 309)을 확정한다.[40] a) 직접적 상황에 대한 지식으로 각인된, 나에게 귀속될 수 있는 행위, 고의의 행위가 있는데, 이런 행위의 추상적·형식적 권리(추상-형식법). 여기서 이 첫 번째 단계의 잠정적 지위가 드러난다. 즉 추상법의 마지막 단계인 무한판단으로서의 범죄를 논리적으로 예견하는 책임귀속의 형식적-추상적 법이 그것이다. b1) 행위의 **의도**와 나에 대해 가지는 그것의 가치와 b2) 반성된 지식에 의존하는 행위의 내용으로서의, 나의 특수한 목적으로서의 **복리**, c) **주관적 보편성**과 대립하는 보편성과 객체성을 가진 내적 내용으로서의 **선(좋음)**, 개념의 지식, 개념판단 그리고 이와 더불어 마지막으로 "주어와 술어의 개념으로서의 이들의 특정한, 충족된 **통일**"(WdL 6, 309), 추론의 논리적 형식으로의 이행,[41] 도덕법에서 인륜법으로 이행.

---

40 이에 대해서는 다음을 보라. Michael Quante, Hegel's Planning Theory of Action, *Hegel on Action*, a.a.O. 크반테는 여기서 헤겔의 책임귀속의 개념을 "인지주의적 귀속주의"로 표현한다. S. 226. 크반테의 "우리의 귀속적 실천에 대한 헤겔의 묘사"(S. 224)도 시사하는 바가 크다.

2.2 도덕적 판단의 체계로서의 헤겔의 실천적 판단표

A. 존재의 단계 —— 행위의 개별자(=개별적 행위)

α) 현존의 판단 (질적으로 직접적인 판단)

행위의 추상적·형식적 권리(/법), 행위주체에의 행위귀속능력 —— 고의(Vorsatz)

1) 긍정판단	이 개별적 행동은 나에게 귀속될 수 있다. 개별적 행동은 나에게 귀속될 수 있는 그런 것이다. ('나의 것이라는 추상적 술어')
2) 부정판단	이 개별적 행동은 나에게 귀속될 수 없다.

3) 무한판단

	a) 긍정적 무한판단	나의 실행(Tat)은 나의 행위(Handlung)이다.
	b) 부정적 무한판단	나의 실행은 나의 행위가 아니고, 악한 행위이다.

B. 본질의 단계 —— 행위의 특수자 —— 이중화된 중심

β) 반성의 판단

B1) 주체의 자기반성 —— 특수한 행위의 의도와 가치

1) 단칭판단	의도된 이 행위는 증여함, 약속이며, 따라서 복리(/안녕)를 가져온다.
2) 특칭판단	어떤 행위들은 의도를 가지고 수행되고 복리를 가져오며, 어떤 다른 것들은 그렇지 않다. 어떤 것들은 증여이고 어떤 다른 것들은 아니다.
	어떤 것들은 결코 증여가 아니다.
3) 전칭판단	모든 증여는 의도를 가지고 수행되며 복리를 가져오는 행위이다.

B2) 특수한 목적으로서의 복리(/안녕) —— 행위의 상대적 가치

γ) 필연성의 판단

1) 정언판단	증여는 복리를 가져오는 행위이다.
2) 가언판단	그렇게 행위한 경우(증여, 약속, 도움 등) 그렇게 (……) 된다.
3) 선언판단	행동은 증여이거나, 약속이거나, 도움이거나 그렇다. (혹은 그 행동은 증여이기도, 약속이기도, 도움이기도 하다.)

C. 개념의 단계 —— 행위의 보편자

보편성으로 있는 내적인 내용, 행위의 보편적 가치 —— 선과 악

δ) 개념의 판단

1) 단언판단	이 증여는 선하다("이 행위는 선하다").
2) 회의석 판단	'증여'와 같은 유형의 행위는 선하거나 악하다.
3) 필증판단	특수한 속성을 가진 이 행위는 선하다. 혹은 '증여'와 같은 유형의 행위는 그 속성에 따를 때 선하거나 악하다.

* *

---

41   『논리학』은 행위 개념의 계기들, 즉 주체성과 객체성의 결합이라는 의미에서의 '행위의 추론'과 '선의 추론'을 시사하고 있다(WdL 6, 545f.).

판단의 보편성의 단계들

α)	**추상적**(내적) 보편성
β)와 γ)	**오성**의 보편성 a) 반성의 보편성; 단순한, 외적-주관적 보편성과 공동체적-양적 보편성 (전체성) b) 유로서의 보편성(개념의 보편성으로의 이행) Enz §177[42]
δ)	**개념**의 보편성 혹은 **이성**의 보편성(구체적·객관적 보편성), 정립된 구체적 보편성, 전개된 개념의 보편성[43]

「고의와 책임」절은 현존재의 판단(동일판단)이,「의도와 안녕」절은 **반성판단과 필연판단**이,[44] 그리고「선과 양심」절은 **개념의 판단**이 논리적으로 자리하고 있다.[45] 하위형식의 배치는 개별단계를 다루는 가운데 생겨난다.

3. 고의와 책임*—첫 번째 책임귀속성 혹은 전가

이 첫 번째 단계는 '직접적 현존에서 기인하는 행위의 추상적 혹은 형

---

42 "보편성은 우선 유로서"(Enz §177).

43 Enz §171.

44 헤겔은 중간의 이 이중성에 대해 §114에서 잘 설명하고 있다. a) 반성된 물건의 고유한 질적 내용에 대한 앎, 그리고 b) 그것의 주관적으로 독특한 내용에 대한 앎 — a)와 b)의 대립.

45 §114, 214.

* 채무, 책임, 죄 등을 뜻하는 독일어 'Schuld'는 다양한 영역에서 어감을 달리하며 아주 폭넓게 쓰인다. 그런데 너무 자주 '죄'라는 의미로 쓰인다. 예컨대 지나가다 우연히 컵을 엎었을 때, 'Das ist mein Schuld'라고 말할 수 있다. 이때 '그건 나의 죄다'라고 하기에는 너무 강하다. 그건 '내게 책임이 있다', 혹은 '내가 그랬다', '내 잘못이다' 등을 의미한다. 은행의 빚, 채무도 'Schuld'라고 한다. 말하자면 'Schuld'는 행위자에게 귀속되는 어떤 결핍의 총칭이다. '죄', '잘못' 더 나아가 '책임' 등으로 번역할 수 있다. 아마도 책임이 가장 가까운 번역어가 될 것 같다. 참고로 S. W. 다이드(S. W. Dyde)의 영어본, 최근 덴안킹의 중국어본에서는 '책임'으로 번역하고 있다. 이 번역서에서도 책임으로 번역한다. —옮긴이

식적 법'을 포함하는데, 이 행위의 내용은 단적으로 **나의 것**으로 간주된다(§114). 행동(Tun)은 외적 대상을 전제하며, 원래의 행동은 이 대상의 변화에 영향을 끼치며, 변화된 현존을 정립하고(§115), 소여된 것으로부터 새로운 현존재를 창조하는 조물주의 이해와 비교할 수 있다. 여기서 이미 살펴본 직접적 형태의 **앎**(통찰, 정당한 것 등)이라는 이미 다룬 **법(/권리)**이 등장한다. (개념이 아니라) 표상의 양태로만 현전하는 직접적 상황에서 수행되는 (개별성과만 연관되는) **개별적** 행위는 단적으로 주관적 의지에 귀속된다.[46] 주관적 의지는 그 개별 행위를 자기 것으로 인정하며, 자신의 기획·고의·의향,[47] 혹은 직접적(즉 애초에 의도한) 목적 등으로 자신이 이미 가지고 있었던 것만을 자신의 책임으로, 자신의 죄로 인정한다. 따라서 '책임'에는 술어 '나'가 놓여 있다[즉 내가 한 것에 대해서만 채무, 책임이 있다]. 나의 개별적 행위는 채무이다. — 이것은 긍정판단이다. 책임은 귀속(/전가), 혹은 책임 가능성(/비난 가능성) 상태로 간주된다. "그러나 일반적으로 책임(/죄)이란 '인간에게 귀속될 수 있다는 것, 그것은 자신의 앎이며 의지함'임을 의미한다."[48] 일상적으로 죄(/책임)는 악인의 행동을 함의하고 있다. "죄는 비난 가능성."[49] 또한 간접적이지만 자기의 책임에 놓인 행위들, 더 나아가 자기 소유의 물건에 의해 초래된 손상 등도 주체에게 귀속된다.[50]

행위자는 예견할 수 있는 결과만을 자신의 책임에 귀속시키지, 그와

---

46 헤겔은 여기서 중요한, 그리고 좀 더 자세히 고찰되어야 하는 철학적 장을 보았으며, 재능 있는 제자 미슐레가 박사학위 주제로 다룬 "인간 행위의 책임귀속론"에 근접해 있다(*Hegel in Berichten seiner Zeitgenossen*, a.a.O., Dokument 393, S. 259).

47 §115, A.

48 PhRel 16, 264.

49 Ebd., 253.

50 그런 사물의 예는 다음과 같다. 예컨대 미끄러운 도로를 달리다 넘어져서 다른 사람에 상처를 주는 육체로서의 나, 불어닥친 바람에 전신주의 전선을 망가뜨린 나의 정원에 있는 나무, 혹은 이웃을 물어버린 나의 악어 등과 같은 것이 그렇다. 나는 가능한 결과를 인식해야 했기 때문에 부주의하게 행동한다.

연결되어 있지만 동떨어진 낯선 결과까지 자신에게 귀속시키지는 않는다(§118). ALR에서는 이에 대해 다음과 같이 말한다. "어떤 행위가 자유로운 한에서 그 행위의 직접적 결과는 행위자에게 전적으로 귀속된다." "행위자가 예견했다면 그는 간접적 결과에도 책임을 져야 한다." "이에 반해 어떤 행위의 **우연적** 결과는 행위자에게 귀속되지 않는다."[51] 헤겔은 우연한 행위의 예로 사냥이나 사격훈련에서 일어난 잘못된 살상을 든다. 다른 예들을 들어 보겠다. 내가 걸인에게 한 움큼의 초콜릿을 주었는데, 그가 2년이 지나서 그것을 먹고 건강을 해쳤다고 해보자. 축구클럽인 FC 카를 차이스 팀의 축구시합에서 미드필더 선수가 찬 공이 아주 강한 바람의 영향으로 골대 뒤에 서 있는 사진기자를 맞춰 부상을 입혔다고 해보자. 이 두 결과는 행위 촉발자에게 책임을 물을 수 없다. 그는 고의로 행위하지 않았다. 여기서 우리는 **우연성**으로 전복되고, 예견할 수 없고 알 수 없는 결과들로 **흩어지는 현상**을 목격할 수 있다. 실행 중에 있는 의지는 "자신이 설정한 목적 속에 있었던 것, **고의로 한** 것만을 자신의 행위로 인정하고 그것에 대해서만 **책임**을 진다고 권리주장을 한다. 그 행위만이 의지의 책임으로 귀속될 수 있다. — 앎의 권리"(§117). 실행과 행위(Tat und Handlung)를 구별한 것은 근본적으로 중요하며, 앎이라는 내면성이 없는 실행은 행위로 간주할 수 없다. 이 앎의 권리는 권리(법)에 대한 좀 더 고차적 규정에 속한다. 확실히 그것은 적절한 철학적 행위 개념과 권리(법) 개념을 위한 결정적 단계를 이룬다.

자유로운 존재는 현상에서, 즉 우연에 의해서도 각인되는 사건에서 영향을 끼친다. "따라서 행위(Handeln)는 이러한 측면에 따르면 **이 법칙에 자신을 양도하는 것이다**"(§118). 이 특수성의 계기는 시민사회와 세계사에서 등장한다. 특수한 행위를 수행한 이후에는 철회가 일어날 수 없으

---

51 강조는 저자. ALR 제1부, 제3장 제7~8절, 제11절 참조. 이에 대해 정확히 규정을 내리기란 아주 까다롭다. 예컨대 군대에서 방사선으로 퍼지는 폭탄의 파편으로 인한 손상 등은 사전에 예견하기 어렵다.

며, 이로부터 '행동할 때는 조심하고 숙고해야 한다'는 조심성이나 심사숙고와 같은 개념이 등장한다. 말하자면 자아인 나는 무지 내지 예측 불가능성에서 제외되며, 내가 사건에 연루된 한에서 나는 나의 특별한 행동에 대한 책임이 있는 자로 '판단'된다. 도덕적 의미의 부작위(할 일을 하지 않는다) 역시 책임질 행위로 간주된다. 따라서 자유로운 존재는 우연의 영역으로 들어가며, 예견할 수 없는 것에, 우연의 놀이에, 복권놀이에 노출된다. (나중에 다룰) 시민사회라는 차원은 그런 집합체(특정한 법칙에 종속된 메커니즘)로, 그리고 거대한 복권놀이로 특징지을 수 있다. 이러한 관점에서 우리는 인간의 운(Los) 혹은 운명 내지 보다 큰 힘, 예컨대 보이지 않은 손의 작용 등과 같은 말을 할 수 있다. 작용(/행위)자가 책임져야 하는 규정은 여전히 주제로 남아 있다. 앎의 권리는 동시에 의무이다.[52]

§118은 의무론적 원리와 공리주의적-결과론적 원리의 빛과 그림자를 분명하게 보여 준다. 말하자면 먼저 믹시밀리앙 로베스피에르(Maximilien Robespierre)의 경우처럼 결과를 고려하지 않고 행위를 평가하는 것의 문제점을 드러내며, 또한 오이디푸스(Oedipus)의 경우처럼 의도를 고려하지 않고 수행한 것의 가치평가의 문제점을 보여 준다. "행위에서 결과를 무시해야 한다는 원칙과 행위를 결과로부터 판단하고 이 결과를 옳고 선함의 척도로 삼아야 한다는 원칙, 이 둘은 동일하게 추상

---

52 크반테는 '채무를 가진다'(책임이 있다)는 말의 이런 모호함을 야기함과 귀속 가능성이라는 확대경 아래서 정확하게 살핀다. Quante, *Hegels Begriff der Handlung*, S. 154~58. 그런데 이 귀속 가능성이 주체에게 원리적으로는 타당해야 하지만, 분명하지는 않다. '행위자가 어떤 사건을 야기하지 않았음에도 그 결과들이 행위자에게 귀속되는 사건이 있다.' 이 말이 맞는다면 이것은 책임(/죄, 채무)의 원리에 어긋난다. 악어의 소유자로서, 나의 악어가 야기한 손상은 간접적으로 나에게 귀속된다. 왜냐하면 개인적 권리에 따를 때 나의 의지가 그 소유물에 놓여 있기 때문이다. 나의 의지의 이 현존은 본질적인 것으로 여전히 남아 있으며, 따라서 헤겔은 직접적 책임과 간접적 책임을 기술하기 위해 '스스로 행위하는 의지'라는 독특한 공식을 사용한다.

적인 이해방식이다"(§118). 로베스피에르는 자신의 고상한 관심사에서만이 아니라 자기 행동의 양날의 결과에서도 평가할 수 있고, 오이디푸스는 **부친살해자**로 판단할 수 없다. 오이디푸스는 아버지를 죽인다는 사실을 알 수 없었으며, 그에게 **귀속되는 행위**는 한 노인을 죽인 것이지, **아버지를 죽인 것이 아니다.** "그는 비록 자신이 그것을 알고 있지도 의지하지도 않았지만 이 전체 부당함을 스스로 인정했다." **"영웅적 인물**은 "죄(/책임)를 나누려고 하지 않으며, **주관적 의도와 객관적 실행과 그 결과 사이의 대립**에 대해 아무것도 모른다." 주체는 "자신이 실행한 것을 전적으로 자신이 실행했다고 하며, 발생한 것을 완전히 자기가 실행한 것으로 간주하려 한다."[53] 의지함(Wollen)이라는 기본 조건이 충족되지 않을 경우 귀속이 일어나서는 안 된다. [즉 누군가에게 어떤 책임을 귀속시키려면 거기에는 반드시 그가 '의지했다'고 하는 기본조건이 충족되어야 한다.] 예컨대 아이아스(Aeas)가 분노와 광기에 사로잡혀 오디세우스(Odysseus)의 양떼를 죽인 것은 그의 행위로 귀속될 수 없는데,* 왜냐하면 그는 책임능력이 없었기 때문이다. 이 영웅의 행동에는 행위의 외적 환경을 자립적으로 규정할 수 있는 내적인 것과 아직 구별하지 않는 긍정-무한판단이 놓여 있으며, 외적인 것은 내적인 것과 아무런 차이 없이 동일하며, 나의

---

53   Ästh 13, 246f., 강조는 저자. 헤겔은 §118의 주석에 대한 메모에서 자신의 실행을 무제약적으로 자신에게 귀속시키는 오레스테스를 영웅적 자기의식의 시적 대표로 간주한다. "그들은 자신이 실행한 것에 대해 책임지고자 하며, (……) 그들은 이러한 고통에 책임이 있다. 말하자면 그들은 그들 **자신이 실행한 것**에 붙들려 있을 뿐이다." 헤겔의 실천철학과 미학에 나타난 행위 개념과 연관 위에서 앞으로의 기획을 좀 더 자세히 볼 수 있을 것이다. 하지만 이 책에서는 이미 복수의 여신들, 안티고네와 크레온, 오이디푸스 등에 대해 시사하고 있다.

*   아이아스는 트로이 전쟁에서 아킬레우스 다음가는 무장이었지만, 아킬레우스의 죽음 이후 그의 무장을 오디세우스가 가져가자 광기와 분노에 사로잡혀 닥치는 대로 사람들을 죽이는데, 깨어보니 양떼였다. 그는 그 치욕을 참지 못하고 적장인 헥토르가 그의 무공을 기리며 선사한 칼 위에 자신을 내던져 자결한다. 전쟁이 끝난 이후 일어난 이 사건은 인간이 얼마나 무의미한 일에 자신의 삶을 거는지를 보여 준다.

행동(Tun)은 나의 행위(Handeln)이다. §118에 있는 다음의 문장은 행위의 필연적 계기들과 그 전체를 밝게 드러내 준다. **영웅적** 자기의식은 아직 "**실행 대 행위**를 구별하는 반성, 외적으로 드러난 것 대 고의와 상황에 대한 앎을 구별하는 반성에 이르지 못했으며, 결과들이 분산될 수 있음을 통찰하는 데로 나아가지 못했고, 대신 그 전체 행동을 자신의 죄(/채무, 책임)로 삼는다." '전체 행동'이라는 이런 공식화와 더불어[54] 헤겔은 의도와 결과의 계기들을 자기 안에 무조건 함유하고 있는 행위의 어떤 통합적 개념의 필연성을 지시하고 있다. 따라서 규정들은 직접적인 것으로 머무를 수 없고, 반성된 규정으로 이행되도록 강제받는다. 현존재 판단의 최고 형식으로서의 무한판단은 **반성판단**으로 이행한다.[55]

4. 의도와 안녕(/복리)

4.1 의도의 권리—두 번째 책임귀속성 혹은 전가

행위의 특수자(/특수한 행위)는 이중의 방식으로 이 행위의 **내적인** 내용이다. 그 내용은 첫째, 행위의 **가치**이고 둘째는 **안녕(/복리)**이다. 다시 말하면 첫째, 그 내용은 나에게 이 특수자의 보편적 성격이 규정되는 방식인데, 그것은 이 행위를 나에게 유효하게 하는 행위의 **가치**를 구성한다. 즉 그것은 이 행위가 나에게 가치 충만한 것인지(의도)를 결정한다. 둘째, 그 행위의 내용은 나의 개별적인 주관적 현존의 특수한 목적으로

---

54 헤겔은 범죄와 같은 악한 행위를 '현실적 행위'이긴 하지만, 부정-무한판단의 내용에 상응하는 '불합리한' 것으로 간주한다. 범죄로는 행위의 완전성에 이를 수 없으며, 범죄는 행위 개념을 충족하지 못한다. 형벌 속에서야 비로소 형식적·법적 완전성에 이른다. 비도덕성의 경우 완전성은 비도덕적 행위자의 도덕적 처벌과 통찰을 통해서만, 사면과 용서를 통해서만 도달할 수 있을 것이다. 동시에 헤겔은 여기서 행위의 '일반적 영역'인 인륜법 영역을 예견하고 있다.

55 이에 대한 상세한 설명은 다음을 보라. WdL 6, 324~326. 또한 Friedrike Schick, Die Urteilslehre, a.a.O., S. 211f.

서 **안녕**(/복리, 행복, §114)이다. 이 두 계기는 완전히 상반되어 서로 충돌할 수 있다. 도움과 선물을 가치 충만한 행동이라 생각하여 내가 나의 마지막 빵조각을 배고픈 자에게 주었을 경우를 보면 된다. 나의 순진한 고의와 달리 이 행위를 통해 그저 파편적인 것에 불과한 것이 추상적 보편자로 나타날 뿐 아니라 반성된 보편자도 연관을 맺게 된다. **개별자**의 진리는 **보편자**이다.

행위의 외적 현존은 **개별자**로 무한히 분할되는 다양한 부분으로 이루어져 있다. 이렇듯 우선 행위는 **그런 개별자에 의존**한다. 그러나 **개별자의** 진리는 **보편자**이며, 특정한 행위는 그 자체로 외적 개별자로 고립된 내용이 아니라 다양한 연관을 자기 안에 간직한 **보편적** 내용이다(§119).

주체는 표상하는 자일 뿐 아니라 **반성하면서 사유하는 자**이기도 하다. 따라서 이를 통해 고의는 의도로(Vorsatz in die Absicht), 하나의 보편자로 변한다. 바로 이것이 **의도의 권리**이다. 의도는 자기 내 반성에서 이끌어낸, 즉 나에 대한 나의 지식에서 이끌어낸 행위규정을 포함하고 있다(§119, A). 이 **두 번째 전가**와 더불어 앎의 보다 고차적인 차원, 보다 고차적인 판단양식이 등장한다. a) **반성판단**, b) **필연판단**(오성의 왕국에서 이중적 중심)이 그것이다. 반성판단이라는 첫 번째 형식은 a1) 단칭판단("이 행위는 안녕을 가져온다"), a2) 특칭판단("어떤 행위는 안녕을 가져온다") 그리고 a3) 전칭판단("모든 선물행위는 안녕을 가져오는 행위이다")으로 분화된다. 필연판단이라는 두 번째 형식은 b1) 정언판단("선물을 주는 것은 하나의 (안녕을 가져오는) 행위이다"), b2) 가언판단("그렇게 행위하면, ……") 그리고 b3) 선언판단("행위함은 선물함 아니면 주는 것, 약속하는 것 등이다", "행위함은 선물행위이기도 하고 주는 것, 약속하는 것이기도 하다") 등으로 분화된다.[56]

---

56 헤겔은 반성판단과 필연판단의 상호제약, 상호함축을 분명하게 주목하고 있으며,

행위에는 반성의 보편성이라는 의미에서의 보편적 술어가 부여되며, 이로부터 행위내용의 분류, 행위의 질서와 포섭의 관계가 따라 나온다. "행위를 외적 실행으로 보는 판단은 '그것은 방화다', '그것은 살해다' 등과 같이 그 행위에 보편적 술어를 부여한다"(§119). **직접적** 오성판단 들 — 단칭판단과 정언판단 — 은 바로 이 첫 번째 수준에 위치하며, 본 질논리학에서 **실체성 연관**을 서술한다. 정언판단은 '선물함'이라는 사태 의 실체적 본성, 즉 그것의 "확고하고 불변하는 토대"(Enz §177)를 확립 한다. 선물행위의 **필연적** 규정은 행동함에 있으며, 황금의 필연적 규정 은 금속성에 있다. 장미에는 실체적으로 **식물적** 본성이 내재하듯이 선물 행위에는 **행위에 적합한** 본성이 놓여 있다. 그럼에도 불구하고 규정성은 우연적이며, 선물행위는 여기서 덜 규정된 채 존립하고, 주는 것, 돕는 것도 역시 행위이다. '선물함'이라는 사태의 특수성은 자신의 완전한 권 리에 아직 이르지 못했다.

[방화로 집을 모두 태워버린, 혹은 살해를 한] 실행자는 '나는 집의 한 나 무에만 불을 붙였다. 나는 몸의 한 부분만을 상해를 가했다'라는 한갓된 진술에 묶일 수 없다. 그는 자신의 행동이 자신이 직접 한 것 이상으로 진전해 갈 수 있다는 것을 예견할 수 있으며[즉 실행자는 집의 한구석에만 불을 붙였지만 집이 모두 탈 수 있으며, 몸의 일부에만 상해를 가했지만 죽을 수 있다고 예견할 수 있다], 따라서 그러한 행동은 자신에게 귀속되어야 하고, '알고 있는 것으로'서 책임을 져야 한다. "**개별자**의 진리는 **보편자**이다. 그리고 행위의 규정성은 그 자체로 외적 개별성으로 고립된 내용이 아 니라 다양한 연관을 자기 안에 품고 있는 **보편적** 내용이다. (……) 따라 서 살해의 경우에 개별적인 한 점의 살점이 아니라 생명 그 자체를 손상 한 것이 된다(§119). 살해나 방화와 같은 경우가 몸의 한 부분을 그저 손

판단에서 문법적 '전도'에 주목한다. "만약 우리가 **모든** 식물(*alle* Pflanzen), **모든** 인간(*alle* Menschen) 등으로 말할 때 이는 식물(*der* Pflanze), 인간(*der* Mensch) 등 으로 말하는 것과 동일하다"(Enz §176, Z).

상시키려 하거나 나무 한 부분에 불을 붙이려는 의도로 축소될 수 없다면 여기에는 논리적으로 하나의 명제가 놓여 있을 뿐 판단이 놓여 있는 것은 아니다(§119). 실행이 계속해서 만들어내는 결과까지 포함해서 실행 전체라 할 수 있는데, 바로 이 실행 전체가 그 실행자에게 귀속된다. **통찰과 의도의 권리**라고 하는 보편적 측면은 행위자에게 속하는 지성의 적절한 작용 범위와의 관계에서 상실되거나 강등될 수 있는 **반성적 귀속 가능성**을 함유한다. 헤겔은 이러한 사정을 아이들의 행동과 완전한 책임 능력이 있는 어른의 행동의 차이에서 분명하게 보여 준다. 여기서 중요한 점은 "**사유하는 인간에게서** 행위의 본성을 인지할 수 있는 의도의 권리"이다. 아이들이 구타는 알 수 있지만 죽이는 것은 모른다. 책임능력이 있는 자는 '구타'라는 행위가 살해의 가능성을 함유한다는 구타의 본성을 안다(§120, A). 내가 폼페이를 걸어다님으로써 베수비오 화산이 폭발했다고 해도 이 폭발이 나의 책임일 수 없다. 그러나 화산폭발이 나에 의해 시작된 폭탄의 폭발에 의해 일어났다면 상황은 전혀 다르다. 왜냐하면 나는 거대한 폭발력의 본성에 대한 지식을 가지고 있기 때문이다.

　행위를 **유한한** 것으로 파악한다는 것은 이미 시사했듯이 그런 유한한 행위에는 우연적인 작용력이 포함되어 있음을 의미한다. "나는 행위하는 가운데 나 자신을 불운에 노출하게 된다. 따라서 이러한 사실은 나에 대한 권리를 가지며, 나 자신의 의지의 현존재, 즉 나 자신의 의지의 드러남이다"(§119, Z). 그런데 지금 도달한 단계에서 행위자에게는 그저 표상하는 자가 아니라 **지성적으로 사유하는 자**라고 하는 명예가 증명된다. 행위는 '나에 의해 규정된 행동'으로, '지식에 의해 적극적으로 구축된 강제'로, '이러저러한 표현을 위한 규정'으로 취해져야 한다. 행위는 "**사유하는** 인간의 행동이며 ─ 따라서 행위에는 보편성이 내재한다 ─ 본질적인 것은 바로 이것이다." 이로부터 "행위를 보편자로 규정하는" 판단이 따라 나온다. 즉 "**질서, 분류**"가 나타난다(§119, A). 우리는 차이의 영역, 즉 반성술어(유용한, 안녕을 가져오는 등)를 통한 판단 영역에서 움직이고 있다. 실행자는 지성에 적합한 판단, 즉 반성판단과 필연판단을 한다.

행위의 보편적 성질은 보편성의 단순한 형식으로 환원되는 행위내용인데, 이 형식은 양적-공통적 보편자의 형태로 나타나는, 혹은 반성의 외적 보편성의 형태로 나타나는 행위 영역의 최고 단계이며, 포섭과 분류의 판단을 이루고 있다. 특수한 주체는 행위의 객관적 특수성(선물함, 가짐, 도움을 줌, 죽임, 잘못 전달함, 약속함 등[57])에 대항하여 자신의 행위에 영혼을 부여하는 특수한 목적, 자신의 운동근거, 즉 자신의 관심을 가진다.[58] 주체는 선물 그 자체를 위해서만이 아니라 또한, 예컨대 타자를 돕고자 하기 때문에 선물한다.[59] 단지 선물을 주고자 하는 열망에 의해서 선물한다면 그 열망은 특수한 내용이며, 따라서 추동자가 될 것이다. 행위에 내재한 특수성의 이 계기는 주관적 자유, 즉 자신의 행위에서 만족을 발견하고자 하는 주체의 권리를 구성한다. 행위는 이 특수자를 통해 주관적 가치, 즉 나에 대한 관심을 가지며(§§121, 122, 124), 그것은 나를 위해 좋은 것이다. 그렇다면 특수성은 나를 위한 가치, 나의 이익을 규정한다. 헤겔은 아무런 이해관계 없는 행위라는 사상을 환상적인, 공허한, 수도승적인 표상에 불과한 것으로 여긴다(Gr 332).

4.2 안녕 혹은 행복

이해관계와 목적이라는 특수한 내용을 다루는 중심 진술이 등장하는 곳은 §123이다. 내적으로 규정된 자신의 특수한 활동을 통해 도덕적 주체는 자기 것으로 귀속될 수 있는 자기만의 (특수한) 내용을 만들어낸다. 그런데 헤겔은 동시에 결정적 질문을 제기한다. "나는 무엇에서 만족하는가?"(§123, A). 주체들은 자신의 원래 관심을 위해, 자신의 가장 내밀

---

57 (약속함, 잘못 전달함, 칭찬함, 선서함 등과 같은) 말함은 도덕적 행위함이다(Rin 82 참조).

58 "활동함과 관심을 가짐은 같은 의미이며, 내가 행동할 때 나는 그런 관심에서 그러해야 한다"(Gr 328).

59 칸트에 따르면, 위급한 경우 (자선을 베풀어야 하는) 도움을 줘야 할 마음가짐은 도덕적으로 의무에 속한다.

한 이해관계에서 행위해야 한다. 하지만 이와 더불어 아직 더 나아간 어떤 내용도 발생하지 않으며, 어떤 내용도 아직 주체에 의해 규정되지 않는다. 이 단계에서는 목적의 이 내용이 그저 **주어져** 있을 뿐이며 **외적으로 수용될** 뿐이다. 그리고 여기서는 "자연적 방식으로 현존하는 규정의 수용"(§123, A)이 문제가 되며, 따라서 여전히 타율의 존속이 문제가 된다. "그러나 주체의 아직 추상적이고 형식적인 자유는 자신의 **자연적인 주체적 현존**에서만 더 진전되어 규정된 내용을 가진다"(§123). 특수한 내용은 우선 주체의 자연적 주어짐(자연적인 주관적 현존)으로부터, 자신의 욕구, 관심, 목적(충동, 경향, 열정, 견해, 착상, 소망 등) 등으로부터, 그리고 이러한 가능성으로부터의 자신의 **선택**(§§6, 8)으로부터 성장한다. 이러한 목적, 형식적 자기규정 혹은 아직 추상적이고 형식적인 주체의 자유 등의 실현은 용어상으로 안녕(/행복)으로 포착된다. 따라서 a) 육체적이고 외적인 재화(충동과 쾌락)에 대한 관심 전체가 언급되고, 에우티키아(Eutychia, 행복의 재화)와 헤돈네(Hedone, 쾌락, 기쁨)도 에우다이모니아(Eudaimonia, 행복)에 속하며, b) 모든 덕들(arete)의 총체도 그렇다.[60] 흄은 세 종류의 재화를 열거한다. 우리 영혼의 내적 만족, 우리 육체의 외적 만족, 그리고 "우리가 열심과 행운으로 얻은 외적 물건의 점유에서 오는 향유"가 그것이다.[61] 마사 누스바움(Martha Nussbaum)은 "인간은 무엇을 필요로 하는가?"라는 물음에 대한 답을 하면서 연관된 사태 관계를 다른 말들로 열거한다. 즉 육체적 통합, 지성의 발전, 감정, 사교성, 대자존재 등의 발전, 자연과의 접촉, 놀이와 심미적 안락함 등이 그것이다.[62] 먼저 자연적 의지의 내용이 등장한다(§11). 하지만 이 내용은 더 이상 직접적

---

60 주체는 "자신의 행동 속에서 분화되고, 그런 분화 속에서 주체가 보편자와 일치한다는 것은 필연적이다. 이성적인 것이 지배하게 되는 이러한 통일이 덕이다"(GdPh 19, 223).

61 Hume, *Ein Traktat über die menschliche Natur*(III), a.a.O., S. 231.

62 Nussbaum, *Gerechtigkeit*, a.a.O. 하지만 누스바움은 다양한 능력을 그저 열거하고 나열할 뿐이다. 헤겔 구상의 장점은 정신이나 문화 등의 단계를 논리에 기초하여 정초하고 서술한다는 것이다.

이지 않고 자기 내 반성적인 방식으로 보편적 목적, 즉 안녕으로 고양된다(§123). "반성하는 의지는 두 요소, 즉 저 감각적인 것과 사유하는 보편성"(§21)을 갖는다. 경향 혹은 욕망은 자연적 의지로서 아직 "속박되지 않았으며, 자유의 빛이 없었다." 나는 도덕법의 단계에서 "욕망의 내용을 내적으로 나의 목적으로 만들며, (……) 나를 반성의 입각점에 세운다. 욕망이라는 직접적인 것은 저지된다"(Hey 19). 욕구와 충동은 "하나의 전체와, 우선적으로는 자신의 전체와 연관된다"(§123, A). 주체는 반성의 토대 위에서 앞에 열거한 차원의 구체적 연관, 즉 주체 자신이 자신의 안녕으로, 자신의 좋은 삶으로 간주하는 구체적 연관을 만들어낸다. 안녕은 전체이다. 하지만 이 전체는 나의 개별성이며, 나에게 보편성이다. '행복의 체계'에 고정되어 있는 행복(/안녕)이라는 목표는 인간이 자신의 특수한 경향성, 소망, 욕구 등에서 얻는 만족을 포함한다(Enz §54). 그 내용의 만족은 **행복이나 안녕**으로 단적으로 규정되는데, 이와 더불어 당연히 위대한 철학적 전통, 행운과 행복에 대한 논쟁 등이 소환된다. 여기서는 헤겔의 입장과 연관 있는 부분을 간단하게 다룰 것이다. 첫째, 칸트적 입장이 있다. 이에 따르면 우리의 모든 경향의 만족으로 여겨지는 행복은 도덕적 행위의 동기로 간주할 수 없다. 둘째, 아리스토텔레스의 입장이 있다. 이에 따르면 이성적 행위와 덕스러운 삶이 행복으로 이끈다. 이때 쾌락, 욕망 그리고 경향성 등은 안녕을 가져오는 조건으로 간주된다. 셋째, 헤겔은 행복주의 내지 공리주의를 다룬다. 이 입장에 따르면, 행복은 인간의 특수한 경향성, 즉 소망·욕구·선호 등을 만족시킬 경우 도달한다. 이로써 특수하고 우연적인 것인 인간에게 유용한 것이 의지의 원리가 된다. 행위의 내용은 단적으로 그 결과에, 그 귀결에 의존하는데, 이것이 바로 공리주의적-결과론적 입장의 핵심 주장이다.

따라서 안녕에의 도달(최대 행복의 원칙)은 계산되어야 하며, 이로써 그저 주어진 자연적 의지의 내용을 넘어서 가기는 하지만, 아직도 한참을 합리성에 도달하지 못하고, 그저 벤담 식의 계산이라는 의미에서의 반성 내지 계산에만 도달한다. 여기서 지성(/오성)은 사적 안녕과 만인의 사적 안녕을 안전하게 하기 위해 계산하는 충동제어의 형태로 등장하며, 이로써 **반성의 혹은 오성의 보편성**에 도달한다. 그런데 어떤 것들이 선택될 수 있는, 행운을 만들어내는, 그리고 안녕을 가져오는 행위인가? 공리주의적-결과론적 구상에 대한 이 결정적 질문에서 결국에는 반성의 판단에 그 근거를 갖는 이 입장의 특수한 문제와 어려움이 분명하게 등장한다. 문들이 자의에 활짝 개방된다(Enz §54, Z). 지표 내지 지시성('이런' 혹은 '저런' 행위)을 통해 표현되는 특수성은 충분한 기준 없이 특정한 것들을 선택하도록 지시한다.

헤겔의 판단론의 도움으로 ── "행위는 보편성과 특수성으로 **분할된다.**"[63] ── 안녕의 반성적 보편성, 즉 목적의 내용이 표상될 뿐 그저 추상적인 보편성의 하부구조(Enz §480)가 노출될 수 있으며, §123은 이러한 연관에서 반성하는 사유와 '관계의 관점'을 말하고 있다. 단칭판단에서는 어떤 행위에 술어가 유용한 것으로 내지 안녕을 가져오는 것으로 귀속되며(WdL 6, 326), 특칭판단은 포괄적 이해를 수행하면서 어떤 행위는 안녕을 가져오고 다른 행위는 그렇지 않다는 것을 확고히 한다. 따라서 이 판단은 무규정적으로 머물러 있다.[64] 원래의 반성판단, 즉 전체성 판단 혹은 보편판단에서 그저 경험적일 뿐인 보편성이 구성되며, 개별자는 직접적인 것으로 전제되거나 주어지거나 혹은 수용된다(욕구, 충동). 개별자에게는 자신을 전체와 묶어주는 반성이 외적으로 머물러 있다. "그런데 개별자는 **이것**(Dieses)으로서 단적으로 이 반성에 무관심하기 때문에 보편성과 그런 개별자는 하나의 단일체로 통일될 수 없다"(WdL 6, 332). 술어들 ── **유용한, 안녕을 가져오는** ── 은 반성규정인데, 이들 규정에서 주어(/주체)(판단)의 개념은 아직 포착될 수 없으며(WdL 6, 332f.), 보편성은 **관계규정**으로 남고(Enz §174), 얻고자 한 보편자는 상대적인

---

63 §120, A. 강조는 저자.

64 여기에서 우리는 그저 잠정적일 뿐인 인식 상태, 주체의 하위 규정을 고착시키며, "어떤 선물들?"이라는 질문이 제기된다. 이에 대해서는 Schick, Die Urteilslehre, a.a.O., S. 214 참조.

것으로 머문다. '모든 기부는 안녕을 가져오는 행위이다'라는 판단에서 비록 보편성이 공통성으로 고착되기는 하지만, 주어(/주체) ― '기부' 행위 개념 ― 는 불충분하게만 규정된다. 안녕이 **욕구의 만족의 전체**로 등장하는 한, 안녕이 전체를 반성의 한갓된 형식적(경험적) 보편성으로 특징지을 수 있게 된다. 여기서 보편자는 개별 행위의 척도이자 지향점으로 간주되어야 하지만, 그 필연적인 내용을 소여된 개별적 욕구의 수용과 선택으로부터서만 얻을 수 있다.[65] 안녕의 한계는 한편으로 질적 규정과 양적 규정의 혼합에 있으며, 다른 한편 자의적이고 임의적인 결정은 충동에 놓여 있는데, 왜냐하면 안녕은 자신의 긍정적인 확고한 내용을 이 충동 속에서만 가지기 때문이다(Enz §479). 따라서 반성하는 사유에 기초한 '안녕의 전체성'만이 구상될 수 있지, 의지규정의 합리적 체계, 내지 자유로운 행위와 자기규정을 위한 충분한 개념 등은 아직 구상될 수 없다. 여기서는 "이성의 형식이 결여되어 있으며, 이것은 「인륜법」에서야 비로소 등장한다"(§123, A).

논리적 정박의 위력은 **특수성**을 부각하며, 특수자로서의 주체(/주어)의 유효성을 부각한다. 이와 더불어 **자연적** 의지의 내용에, 특수성이라는 주추 기둥에 의지하지 않을 수 없다(§11). 우리는 여기서 이미 보다 높은 단계인 **자연적인 주관적 의지**에 도달했다. 그것은 더 이상 **직접적·자연적 의지**가 아니라 반성적 사유에 기초한, 따라서 오성의 보편성이라는 의미에서의 보편적 목적을 구성하는 **반성적 의지**이다. 스스로의 만족을 찾고자 하는 주체의 **특수성의 이 권리**에서, 즉 **주관적 자유**의 권리에서 헤겔은 현대의 원리, '세계의 새로운 형식'의 원리를 본다. 이 새 원리는 도덕법, 양심 그리고 시민사회와 외적인 국가법(§124) 등에서, 즉 '특수성의 왕국'[66]에서 스스로를 드러낸다. 이와 더불어 고대와의 종차를 보여주는 현대성의 핵심적 요점이 고정된다. 그러나 "확실히 이 특수성의 원

---

65   헤겔은 지금 자의, 추상적 개별성을 말하고 있다. Enz §480.
66   Ästh 13, 121.

리는 대립의 계기이며, 우선은 적어도 보편자와 동일하면서 동시에 다르기도 하다"(§124). 이 **주관적 자유**의 권리, 즉 자기의식의 무한한 자기 내 반성의 권리는 필연적으로 인륜적인 것의 자기 분화를 가져오는데, 이것은 특히 시민사회에서 잘 표현된다.[67]

추상적 지성(/오성) 내지 추상적 반성은 특수성을 보편자와 구별하여, 그리고 보편자와 대립하여 구성한다(§124). 칸트의 입장이 바로 이를 보여 준다. 헤겔에 따르면, 인간은 자신의 **삶과 특수성**에 봉사하는 목적도 정립할 권리를 가진다. 이 권리는 자신의 욕구와 경향을 자신의 목적으로 만들 권리를 말한다. 안녕 내지 행복은 철저히 도덕적 행위의 행동근거일 수 있다. 안녕(/행복, 논리적으로는 특수성)을 무시해야 한다고 하는 것은 추상적 지성의 요청일 뿐이다(Gr 332). "누군가가 삶에는 멸시할 만한 것이 없다고 한다면, 거기에는 인간을 실존할 수 있게 하는 어떤 고차적 정신성이 맞서 있지 않다." 자연적인 것과 정신적인 것을 구별한다고 해서 둘의 통약 불가능성을 말하는 것이 아니며, 그와 마찬가지로 "소여된 것이 자기로부터 산출된 것이라고 부각"(§123, A)하기 위해, 혹은 지성에만 기초한 행동과 다른 합리적 행위에 표를 던지기 위해 칸트를 버리고 아리스토텔레스에 접근하는 것을 의미하지도 않는다.

'자기 내 반성함'은 규범적 우선권이 올바른 것으로 간주된다는 바로 그 이유 때문에 그런 우선권을 따라도 된다는 사실을 포함한다. 뿐만 아니라 규범은 또한 특수한 주체의 요청도 만족시켜야 하고, '주관적 만족'을 허용해야 한다(§124). 게다가 안녕이라는 특수한 내용을 가진 주관적인 것은 보편자와 연관되어 있다. 안녕은 자신의 안녕을 배려(/염려)하는 데서 성립하지만, 이는 타자의 안녕과 연관되어 있다(§125). 만인(다른 특수자들)의 안녕과 맺는 이 관계는 안녕을 전체로, 보편자로 구성하지만, 아직 참된 보편자가 아니라 한갓된 '집합체'(즉 가능한 한 많은 수를 위한 안녕과 행복)로 머물러 있을 뿐이다. 여기서 중요한 점은 특수자

---

67 이에 대해서는 이 책 제7장의 시민사회 해설을 보라.

의 목적이 적합하거나 그렇지 않을 수 있는 법(/권리)이다. 이것은 A(보편성)와 B(특수성)의 동일성의 한갓된 가능성을 함축하며, 그 동일성은 정립되지 않고, 강제되지 않으며, 그저 개연적일 뿐이다. "내가 선물하면 행복해지는 것 **같다.**" 헤겔의 말로 하자면 "선물행위에 안녕이 있는 것 같다." 최대 다수의 최대 행복이라는 공리주의의 원칙이 유일한 행위원칙으로 간주되어야 한다면 그것은 지루함을 산출할 뿐인 텅 빈 무규정적 반성에 불과할 것이다(§125, A). '보편적 안녕'의 진작이라는 미국의 헌법 원칙에는 '보편적'(allgemein)이라는 말의 의미의 핵심이 보인다. 이는 의지의 경우 만인의 의지와 일반(/보편)의지가 구별되어야 하는 것과 같은 맥락이다.

"인간은 자신의 일련의 행실들이다"(Enz §140, Z)[68]라는 입장에서 출발하여 이제 도덕적 주체는 일련의 행위로, **자신의 행위의 총체**[69]로 이해된다. 여기에서 보편판단과 특히 선언판단(필연성의 최고의 판단형식)이 등장한다. '행위는 선물함 아니면 도움 주기 아니면 취함이다'(행위는 선물함이면서 도움 주기이면서 취함이다). 이 자리에서 오성판단으로 간주될 수 있는 반성판단과 필연성 판단의 관계에 대해 간단히 살펴보자. 보편판단에서 정언판단으로의 이행의 순간에 두 판단 유형의 이 연관이 등장한다. '모든 선물은 안녕을 가져오는 행위이다'라는 확언에는 이미 유와 종의 관계가 놓여 있다. "선물함(위급 시에 도와줌)은 안녕을 가져오는 행위이다." 이 판단에서 계사(ist, 이다)는 필연성을 표현하며, 행위가 아닌 선물함(도와줌, 기부함 등)은 없다. 그러나 우리는 여전히 언제나 지성(/오성)의 보편성 영역에서 움직이며, 보편자는 '우선 유로' 등장한다(Enz §177).

행위라는 사태를 진단해 보면 우리는 선물함, 도와줌, 취함, 약속함 등

---

68 Enz 8, 278. "너희는 그들이 맺은 열매를 보고 그들을 알아볼 수 있다"(마태, 7: 16).
69 자아는 "자기 실행이자 산물"이다. 그것은 "능력이 아니라 행위하고 있음이다. 자아는 자신이 행위하는 것이다. 그리고 자아가 행위하지 않으면 그것은 무이다"(GA I, 3, 334).

과 관계하지 않을 수 없다.[70] 마지막 문장에서 인과성의 원칙은 지성(/오성)의 원칙으로 등장한다.[71] 행위함은 선물함일 수도, 약속함일 수도 있으며, 동시에 '행위함은 선물함 혹은 약속함이다'와 같이 상이하고 대조적이거나 '행위함은 안녕을 가져오거나 안녕을 무화한다'와 같이 모순적일 수도 있다. 이들 경우에서 행위는 유(Gattung)를 대표하며, 개별적인 특수한 수행은 행위의 종들(Arten)을 대표한다. 이 종들은 개념의 계기의 전체, 즉 유의 보편성을 본질적으로 특정한 구체적 보편성으로 재현한다(WdL 6, 339ff.). 여기서 행위 개념의 동일성은 이 개념에 의해 정립된 규정에 의지하며, 행위의 개념은 자신의 행위의 구체적 종(행위양식)에서 규정된다. 이렇듯 헤겔은 **유의 자기규정을** 자신의 논리적 닻을 **선언판단**에서 가지는 **구체적 종에 고정**한다.[72] 유로서의 행위는 종의 총체성에서, 안녕을 가져오는 행위함의 총체성에서 존립한다. 행위함이라는 구체적 보편자, 행위함의 유는 단순한 형식에서 선언판단의 주체(주어)로, 즉 '행위함은 …… 이다'로 현상한다. 전개되고 있는 특수성은 술어, 즉 선물함이나 도와줌과 같은 술어를 이룬다. 이러한 '양자긍정'과 '양자택일'에서 헤겔은 B(특수성)와 A(보편성)의 동일성을 본다. 객관적 보편성은 유지되며, 자신의 특수성 속에서 보존된다. 그러나 동시에 종들은 서로 부정적 관계로 서 있으며, 서로 배제한다. 말하자면 (배타적 선언의 의미에서) '선물함 아니면 약속함'의 형식을 띤다. 이것이 바로 특정한 특수성의 형태로 있는 유의 단일성이다.

  헤겔은 만족을 추구할 특수성의 권리, 즉 주관적 자유의 권리를 (이미 말한 바대로) 현대 세계의 원리로 환영하며, 사랑, 낭만적인 것(예컨대 낭만주의적 예술형식과 아이러니 등), 도덕법과 양심, 시민사회, 정치체제의 계기 등을 그 구체적 형태로 여긴다. 우리는 그사이 대자존재의 영역, **특**

---

70 정언판단에서 실체성은 가언판단에서 개념의 형식으로 나타나는 인과성의 연관과 유사하다(WdL 6, 338).

71 헤겔의 논리학에 "반성관계들"이라는 말이 나온다. WdL 6, 338.

72 Pierini, *Theorie der Freiheit*, a.a.O.; Schick, Die Urteilslehre, a.a.O., S. 219.

수성, 즉 경향의 차이의 영역에 들어와 있다. 그리고 특수성의 권리에는 출생, 재능, 성격 등의 장점과 단점 등이 포함된다. 여기서 개별자들에게 요구되는 당위의 상이함과 안녕(/행복)의 차이가 주제화된다. 여기서 우리는 안녕이 분화되어 **서로 다른 안녕**을 추구하는 영역인 시민사회에서 **구체적 인격**이 실존할 수 있게 하는 본질적 표현을 확인할 수 있다. 도덕법은 단순히 자신만의 경향과 열망에 대항한 적대적 투쟁을 함의하지 않는다. 이 후자(경향과 열망)는 이성적 권리를 가진다. 왜냐하면 의무와 경향은 서로 배제되어서는 안 되기 때문이다. 우리는 우리의 의무만을 행하도록 현존하지도 않으며, 한갓 우리의 특수한 경향을 추구하도록 현존하지도 않는다. **모든 자유로운 행위는 안녕(/복리)에 기여해야 한다.** 하지만 특수자의 실현된 목적은, 이것이 본질적인데, 보편성에 적합하게 존재할 수도 있고 혹은 그렇지 않을 수도 있다. 안녕을 추구하는 나의 열망은 타자의 상응하는 열망과 조화를 이룰 수 있으며, 나의 안녕의 실현을 위한 기준은 '나의 것'이라는 근거에서만 정당한 것이 아니다. 안녕과 추상적 권리(추상법)는 대립에 빠질 수 있다.

나의 안녕의 어떤 의도도 정당하지 않은 행위를 정당화할 수 없으며, 절도는 자유로운 행위로 간주할 수 없다. 각각의 주체는 자유로운 자로 간주해야 하고, 여기서 어떤 예외도 있을 수 없다.[73] 그러나 이러한 사실은 지금까지 도달한 법(/권리) 규정의 단계를 고려할 것을 요구한다. §126은 권리(/법)와 안녕을 고찰하는 가운데 지금까지 다뤘던 지점을 요약한다. 즉 형식적 권리('사적 권리')와 개별자의 특수한 안녕('사적 안녕')은 상이한 두 형상을 대표하며, 그것들은 서로서로 상대적인 법이며, 자신의 권리를 추상법(추상적 권리)을 통해서도, 안녕을 통해서도 혼자서는 정의할 수 없는 보편자의 특수한 요소로서만 가진다.[74] 이것이 국가라

---

73 수감자의 부당한 납치, 무법적 구금시설, 고문 등을 통해 ——여기서 예외가 있을 수 없다—— 모든 인간의 존엄은 침해당할 수 없다.
74 이 문제에 대해 시사점을 준 프리드리케 시크에게 감사를 드린다.

는 보편자에 대립하여 유효한 것으로 된다면 이는 이론적으로 가장 잘못된 이해를 산출하고 만다. 소유권에 대한 국가적 간섭을 원칙적으로 거부하는 입장(예컨대 '세금은 국가의 절도라는 신념')에서 형식적 권리가 독자적으로만 취해질 때 나타나는 결함은 고려되지 않으며, 추상적 권리(/추상법)가 인륜적 맥락과 맺는 연관은 전혀 밝혀지지 않는다. 헤겔의 시각에서 볼 때 추상적 권리와 안녕 사이에 존재하는 갈등은 특히 위급권(/긴급권) 형태로 등장한다. 이러한 사실은 또한 행위의 개념이 여기서 아직 충분히 규정되지 않았음을 함의한다.

4.3 인권으로서의 위급권

내 삶에서

(In My Life)

특수성은 개별인격의 현존으로서의 삶에서 정점에 이르며, 주체성은 삶으로, 생명으로 표현된다("주체성, 특수성 — 삶", RPh 242). 이로써 모든 인간 내지 **인류(인간성)**로서의 인간에게 **자기보존권**,[75] 즉 육체적 실존의 권리가 **위급권**으로 주어져야 한다[즉 개인의 생존권은 반드시 보장되어야 한다]. 헤겔에게서 자연적 생명성은 인간의 타락이나 인간에 대한 비방이 아니라 인간의 이성성의 본질적 계기를 이룬다(Ho 385). 이 현존의 심각한 훼손, 이로써 나타나는 **총체적 무권리 상태**[76]와 **현존의 훼손이 자유를 위협**하는 한, 즉 위급함이 '우연적 필연성'(§33, A)으로 나타나는 상황이 전개되는 한, 엄격한 추상법(추상적 권리)은 개별 물건의 사소한

---

75 자기보존의 권리(Locke). 헤겔은 여기서 로크가 확립한 저항권의 근본원칙, 즉 자기유지의 권리를 따른다. 이 근본적 권리가 침해당할 경우 이를 보존하기 위한 방어권이 생긴다. 여기서 이미 헤겔은 저항권과 관련하여 로크와 흄을 따르고 있다.

76 죽은 사람은 더 이상 권리를 담지한 인격이 아니다(비록 다른 사람들이 그의 남겨진 권리를 취할 수 있다고 하더라도).

'가치'에 매몰됨으로써 파괴되지 않을 수 없다. 이때 이러한 사실은 **현재의, 순간적인 긴급한 예외상황**과 관계가 있으며, 극단적인 위급 상태와 관계하며, '지금' 삶의 위험과 관계가 있다. 그리고 상황이 그러한지는 사안마다 그때그때 정확한 해명이 필요하다. 헤겔은 재화(/선)의 충돌[77]이 있다는 사실을 말한다. 예컨대 긴급한 배고픔에 허덕이는 자가 빵을 훔친다면, 이것은 자신의 권리, 즉 **"삶을 가져야 한다"**(살아야 한다)는 권리이다.[78] 인간이 그런 예외상황에서 "타자 소유의 작은 일부를 취함으로써 자신의 삶을 구한다면 이것은 부당한 것(Unrecht, 무법)이 아니다. 그리고 이것은 승인의 문제가 아니라 특정한 권리의 문제이다. 삶은 자유의 이념에서 볼 때 절대적 계기에 속한다"[79](Kiel 126). 어떤 권리가 침해를 입었지만 이것은 보다 높은 권리를 유지하기 위함이었다.[80] 긴급상황은 육체적 실존과 관련한 법의 훼손을 포함한다. "모두는 생명과 육체적 보존의 권리를 갖는다."[81] 따라서 형식적 권리(예컨대 소유권) 침해 금지는 더 이상 유효할 수 없으며, 상황은 **전도**되었다(긴급방어의 상황, 참으로 위급한 거짓말, 자연적 실존을 위협할 만큼의 긴급한 빈곤, 정치적 긴급상황과 예외상황 등). 이 경우 형벌의 면제는 연민이나 관대함의 문제만이 아닐 것이다. 이 문제는 보편적 의미의 정의의 관점에서 바라본 침해할 수

---

77 "그것이 없어질 경우 법(권리)을 보다 크게 훼손하게 되는 재화(/선)가 있을 수 있는데, 그 재화(/선)를 유지하는 것은 정당하다." Paul Bockelmann, *Hegels Notstandslehre*, Berlin/Leipzig 1935, S. 22.

78 §128, A. 강조는 저자. 이 **주제**에 대해서는 다음을 보라. Wolfgang Schild, Hegels Lehre vom Notrecht, *Die Rechtsphilosophie des Deutschen Idealismus*, hg. v. Vittorio Hösle, Hamburg 1989.

79 "삶은 정당하게도 엄격한 법(/권리)에 대립한다. 삶은 총체이며, 법(/권리) 그 자체는 삶에 대립하는 법에 대항하여 충돌한다"(Kiel 126).

80 이에 대해 다음을 참조하라. Domenico Losurdo, *Hegel und die Freiheit der Modernen*, Frankfurt a.M. 2000, S. 119~23. 도메니코 로수르도(Domenico Losurdo)는 정당하게도 배고픈 자의 주관적 권리를 옹호한다. 그는 극단적인 상황에서 자신의 삶을 보존하기 위해 소유권을 침해할 수 있다는 것이다. Ebd., 121.

81 GG Art. 2, 2.

없는 **인권**의 문제, 말하자면 먹을 권리, 질병이나 자연적 삶의 토대의 파괴 등으로부터 보호받을 권리이다.[82] 19세기 자유주의의 대변자였던 카를 폰 로테크(Karl von Rotteck)는 헤겔의 입장을 강하게 비판했는데, 그 내용은 "부당한 것을 행할 권리는 없다"[83]*는 것이었다. 그런데 헤겔은 이 명제에 대해 전적으로 동의한다. 다만 문제의 핵심은 로테크의 법(/권리) 이해에 있다. 그의 이해에 따르면, 형식적 소유권이 삶보다 우선권을 가지며, 직접적이고 부당하게 발생한 긴급한 삶의 위협에서 빵을 빼앗는 것을 부당한 것(Unrecht)으로 분류한다. 헤겔은 단호하게 강조한다. "삶을 상실하도록 방치할 경우 이로써 부당함(Rechtlosigkeit)이 놓이게 된다"(Rin 61). 로테크의 관점에서 보면, 권리(/법) 사이의 차이는 사라지며, 권리(/법)의 위계는 자유의지 개념의 전개 과정에서 등장하는 단계로[84] 고찰하지 않으며, 형식적·추상적 법(/권리)만이 법(/권리)으로 이해되고, 이 법(/권리)의 한계는 무시되고 부정된다. 로버트 노직(Robert Nozick, 1938~2002)이 『아나키에서 유토피아로』(*Anarch, State, and Utopia*)에서 개진한 입장도 이와 유사한 방식으로 법(/권리) 개념을 형식적·추상적 법(/권리)으로 환원한다. "노직은 추상법(/추상적 권리)을 넘어가지 못한다. (······) 이렇듯 우리는 헤겔이 비록 노직 이전의 사람이지만 노직

82　헤겔에 따르면, 채무자에게도 먹고 입을 가능성, 말하자면 실존을 안전하게 할 가능성이 보장되어야 한다. (채권자의 권리가 크다고 하더라도 수공업자에게 도구까지, 농부에게 농기계까지 빼앗아서는 안 된다.) 이것이 바로 로마법에서 '*beneficium competentiä*'로 나타났다. (즉 채권자는 채무자의 생존조건까지 압류할 수는 없다는 '재산보호특혜'법이다. ― 옮긴이)

83　이에 대해서는 다음을 보라. Losurdo, *Hegel und die Freiheit der Modernen*, a.a.O., S. 120.

*　'부당한 것을 행할 권리는 없다'는 독일어로 'es gäbe kein Recht, Unrecht zu tun'이다. 'Unrecht(부당한 것, 무법, 부정의 등)를 행할 Recht(정당한 것, 법, 권리)는 없다'를 뜻한다. 'Unrecht'와 'Recht'를 대비하여 쓰고 있는데, 이 대구는 'Recht'의 번역이 단순히 법이나 권리로 번역될 수 없다는 것을 보여 준다. ― 옮긴이

84　'보다 고차적 권리(/법)'라는 헤겔의 말은 바로 여기에서 성립한다. "사유재산과 관련이 있는 규정은 보다 고차적인 법 영역, 예컨대 공동체나 국가의 하위 영역에 배치될 수 있다"(§46).

의 코를 납작하게 만든 사람으로 읽어야 한다. 시대를 거슬러 가지만 헤 겔의 비판은 (……) 근본적으로 옳다."[85]

하인리히 구스타프 호토(Heinrich Gustav Hotho)의 기록에 따르면, 엄 청난 크기의 불행, 말로 할 수 없는 빈곤에 직면하여 **현존의 보존이라는 보다 큰 권리**가 등장하며, 이 권리는 긴급함에서 오는 분노에 처한 모든 사람에게 유효하다고 헤겔은 분명하게 말한다.[86] 여기서 적절한 영양섭 취는 인권으로서 아주 강력하게 강조하는데, 이 문제는 「시민사회」 장에 서 다시 다루게 될 것이다. 빈곤의 문제는 비록 「인륜법」 장에서 포괄적 으로 다시 다뤄지기는 하지만, 긴급권(/위급권)에 대한 앞의 논의는 시민 사회의 근본문제에 해당하는 부와 빈곤의 균열을 다루는 이후의 논의의 초석이 된다. 다음의 문장은 오늘날 훨씬 더 커진 그 긴급성을 잘 묘사하 고 있다. "많은 불행은 타자의 자유로운 소유로 있는 작은 양의 수단으로 도움을 줄 수 있을지 모른다"(Ho 398). 따라서 위급권이라는 원칙은 매 일 수많은 자유로운 존재가 굶주려야 하는, 혹은 피할 수 있음에도 불구 하고 의약품의 부족과 환경파괴로 인한 질병으로 죽어가는 우리 시대에 엄청난 의미를 가진다. 이러한 사실은 헤겔의 관점에서 볼 때 **권리(/법)** 에 대한 뚜렷한 위반이다. 주체의 공동체는 이 안녕(/복리)의 계기를 권 리(/법)로 수용하고 보존해야 한다. 순수한 개별 인격체의 공동체와 **도 덕적** 주체의 한갓된 공동체라는 구상은 일면적이고 결핍일 뿐이다. 보다 높은 형태의 공동체가 사고되어야 하며, 인륜적 공동체가 그것이고 **국가** 는 그 최고의 형태이다. 도덕법과 추상법의 단계에서 이 권리(/법)는 아 직 충분하게 유지되거나 지켜질 수 없으며, 여기서는 그 전체 행위가 주 제화되는 것이 아니라 자유로운 행위의 계기만이 주제화된다. 이 두 영 역의, 즉 안녕(/복리)과 권리(/법)의 유한성과 우연성은 명료하게 부각된

---

85 Knowles, *Hegel and the Philosophy of Right*, a.a.O., S. 347.
86 빈곤의 문제에 대한 헤겔의 진척된 논의에 대해서는 이 책 제6장 인륜법 부분을 보라.

다. 안녕은 비록 보편성으로 상승하지만(§128), 위급함과 이 위급함에서 벗어나고자 하는 현존하는 수단 사이의 균열은 도덕법 단계에서 온전하게 극복할 수 없다. 형식적인 권리와 안녕은 ── (나쁨의 한 형식인) 긴급함은 "권리(/법)의 유한성과 우연성뿐 아니라 안녕의 유한성과 우연성도 드러낸다 ── 특수한 인격의 실존으로 존립하지 못하는 자유의 추상적 현존의 불충분함 및 권리(/법)의 보편성을 간직하지 못한 특수의지의 불충분함을 드러낸다"(§128).[87] 이렇듯 권리(/법)와 정의에 대한 적합한 개념은 정당화된 인격성 요청과 '안녕과 복지'권의 통일을 요구한다. 이두 계기에서 중요한 것은 헤겔적 의미에서의 **권리**(Rechte)이다.[88] 형식적 자유와 안녕은 보다 고차적인 통일로 나아가며, 이러한 사실은 좋음(/선)과 양심의 개념으로 이행해 간다. 이 좋음(/선, das Gute)은 "즉자대자적으로 존재하는 충족된 보편자"(A)이고, 양심은 자기 안에서 알고 자기 안에서 내용을 규정하는 무한한 주체(B)이다(§128). 의지의 보편적 개념으로서의 권리(/법)와 주체성, 즉 삶으로서의 특수성은 일면적이며, 이것의 통일이라는 이념은 다음과 같이 생각할 수 있다. 독자적으로 취해진 특수성의 목적도, 독자적으로 취해진 추상적 권리가 아니라 이 양자의 통일이라는 사상이 전면에 등장한다. 정신은 이 통일을 파악하며, 헤겔이 재차 명료하게 이론적 이행이라 표시한 것, 즉 오성판단(반성판단과 필연성 판단)에서 개념판단으로 이행한다. 방금 말한 것에는 헤겔이 국가라고 명명한 것을 위한 결정적 근거가 있다. 국가를 그 최고의 형태로 간

---

87 "안녕(/복리)이 권리와 충돌할 때 이 안녕은 우연적인 것이다. 하지만 권리 역시 삶과 충돌할 때 우연적이다. 권리가 삶에 희생되면 그것은 공허한 것에 불과하다. 이러한 표현이 긴급함, 절대적 긴급함이다. 법(권리)의 개념은 이 두 계기를 다 포함한다. 보편자와 주체성의 일치는 이념의 새로운 규정인 좋음(선)이다"(Kiel 127).

88 다음은 극단적 사례이다. a) 형식적 권리의 절대화. 이에 따르면 '안녕(복리)은 행운의 문제이며, 개별자의 손에 달려 있을 뿐이다.' b) 안녕(복리)을 결정적인 것으로 삼고 개별 인격체의 권리를 평가절하하는 것. 이에 따르면 '독재자는 만인을 위해 일과 안녕을 창출한다.'

직하고 있는 인륜법 영역만이 명백한 충돌을 합리적으로 제어할 수 있으며, 이 영역에서만이 권리와 특수한 목적 사이의 균형에 이를 수 있다. 그런 균형과 화해 위에서 모든 주체는 절대적 권리를 가지며, 단순한 도덕적 분노로는 너무 협소하다. 국가가 '적대적 대립자'의 합리적 조정자로서 불가피하다고 정당화하는 작업은 앞에서 인간 행위의 맥락에서 엄청난 양의 불행으로 표현되는 자유의지 개념의 불충분한 규정으로부터 생겨나며, 인륜법과 국가의 정당화는 법(/권리)과 도덕 영역에서 인간의 행위를 불충분하게 규정한 데서 발생한다. 주관적 의지와 도덕적 행위의 전개에서 나타나는 마지막 단계는 A와 B의 보다 높은 단계에서의 통일, 즉 의지의 보편성과 특수한 도덕적 의지의 통일, 말하자면 추상적 권리의 보편성과 행위함의 **보편적 가치** 사이의 통일이다. 전통과의 연관 속에서 이러한 사실은 좋음(/선)이라는 규범적 규정으로 단적으로 파악된다. 이때 이 좋음(/선)은 **즉자대자적으로 규정된 충족된 보편자**로 등장한다. "좋음은 의지의 개념으로 고양된 의도이다"(§114, Z). 하나의 행위는 그런 좋은 행위로 간주될 수 있는지 확정해야 하는 시험과 판단에 내맡겨진다. 그때그때의 행위는 행위 개념과의 관계에서 고찰되며, 그런 한에서 이것은 개념판단을 말한다. 절도, 살해 혹은 거짓은 행위함의 개념, 즉 자유의 개념을 결하고 있으며, 따라서 좋은(/선한) 것으로 평가할 수 없다. 그것은 엄격한 의미에서 완벽하고 참된 행위가 아니라 그저 정당하지 않은 비도덕적 행동일 뿐이다. 절도는 "인간 행동의 개념에 상응하지 못한 행위"이다(Enz §172, Z).[89]

---

89 "범죄가 현실적 행위라고 하는 것은 **옳다**. 하지만 이 행위는 자신의 보편적 영역을 이루는 인륜적 공동체와 철저히 부정적으로 관계하기 때문에 이 행위는 불합리하다"(WdL 6, 325). 이때 올바름(Richtigkeit)과 진리(Wahrheit)를 나눈 헤겔의 구별은 아주 중요하다. 이에 대해서는 Enz §172와 「추가」 부분을 참고하라. 단순한 올바름의 경우 우리의 표상과 그 내용 사이의 형식적 일치만이 문제가 되지, 이 내용의 속성이 문제가 되지는 않는다. 이에 반해 진리는 정립된 개념과 이 개념에 상응하는 실재 위에 정초하는데, 대상과 자기 자신과의 일치, 즉 대상과 이 대상의 개념과의 일치가 문제가 된다. 어떤 행위의 완전성은 추상법적으로는 형

이미 이야기했듯이 이미 선언판단에서 내재적인 구체적 보편자가 구성된다. 이 내재적 규정성은 그 행위함이 속한 종 전체의 동일성에 놓여 있지만, 우연적 완전성과 양적 보편성에서만 그렇다.[90] 판단의 계사, 즉 통일성에서 우리는 행위함의 개념을 가진다. 이 개념은 '스스로 선택지로 나누어지고' 분화되며, 특정한 개념으로, 즉 특정한 특수한 행위 종들로 자신만의 방식으로 구별된다.[91] 여기서 행위 개념의 (자기)규정이라는 보다 높은 단계에 이르게 된다. 그것은 **개념 자체**로부터 수행되는 근원적 나눔(판단, Ur-Teilung)이며, 부정적 통일이라는 규정으로 있는 개념으로서의 **개념판단**이다.[92] 행위의 규범적 규정과 이 행위를 '선한'(/좋은)[93] 것으로 보는 평가에 따르면, 두 번째 단계에서 마침내 **양심**은 **자기 안에서 자신을 알고 자기 안에서 내용을 규정하는 주체**로 파악할 수 있다.

5. 선과 양심—선한 의지와 선한 행위

행위함이라는 대상은 개념과의 관계에서, 즉 자신의 개념인 자유와의 연관에서 고찰된다. 이때 자유는 행위함의 개념 내용이다. 여기서 실천

벌을 통해, 도덕적으로는 용서 내지 묵인을 통해 비로소 이뤄질 수 있다.

90 "선언판단에서 객관적 **보편성**은 자신의 **특수한 분화**에서 완성되지만, 이 후자(특수한 분화)의 부정적 통일성이 전자(보편성)로만 환원되지, 아직 제3자인 **개별성**으로 규정되지 않는다는 사실에 결핍의 본질이 있다"(WdL 6, 345).

91 WdL 6, 339~344.

92 WdL 6, 344f.

93 "도덕법은 규범적으로 텅 비어 있으며 도덕철학은 한갓 행위이론으로 환원된다"고 주장하는 슈네델바흐의 논제는(*Hegels praktische Philosophie*, a.a.O., S. 346) 헤겔의 행위 개념에 대한 불충분한 이해만을 산출한다. 헤겔 사유의 슈네델바흐적 해석에서는 헤겔의 도덕적 판단론(활동성에 대한 가치평가)의 핵심과 특히 그 논리적 정초(정언명령과 필증판단의 연관)를 결코 적절하게 평가할 수 없다. 헤겔은 자신의 도덕행위이론에서 "모든 것은 구별로, 판단으로, 즉 법정으로 온다"라고 하는 아리스토텔레스의 사상을 따른다(GdPh 19, 168).

적인 규범적 판단으로의 이행이 수행된다. '선한'(/좋은)이라는 술어는 "사태(여기서는 그때그때의 행위함)가 단적으로 전제된 **당위**로서의 자신의 보편적 **개념**(자유)에 **적절**하거나 그렇지 않다는 것, 혹은 이 개념과 일치하거나 그렇지 않다"(WdL 6, 344)는 것을 표현한다. 이 '적절하게 됨'은 다음과 같은 규범적 판단의 경우를 의미한다. 즉 어떤 특정한 개별행위는 '선한' 것으로 간주할 수 있는지, 자신의 개념에 적합한지 등에 따라 심사되고 평가된다. "'이 행위는 선하다'(diese Handlung ist gut)라고 말할 때 이것은 개념판단이며, 동시에 이 술어(gut)는 주어(/주체)의 영혼인데, 이 영혼을 통해 이 영혼의 몸인 술어가 철저하게 규정된다"(Enz §172, Z). 계사(ist)와 행위함의 참된 술어 '선한'(gut)은 개념과의 적절함이라는 의미를 간직하며, '선하지 않다'는 형식은 부적절함이라는 의미를 간직한다. 자유로움을 본질로 하는 행위의 개념은 이제 두 번째 근본적 규정에 도달한다. 즉 자유롭게 행위함은 (형식적 법(/권리)에 적합하게) **올바르게** 나타나야 할 뿐 아니라, 그리고 의향과 행동의 통일로 나타나야 할 뿐 아니라 또한 **선하**게 가치평가되어야 한다. 산책, 아이스크림 가게로 감, 컵을 탁자에서 던짐, 커피머신의 스위치를 켬, 혹은 피자를 구움 등은 그 자체로 행위함으로 분류되지 않는다.[94] 행위는 '판단에 종속된 것'으로 사유되어야 하며, 이 판단은 자기 자신의 행위와 타자의 행위에 대해 이뤄진다(§124, A). 가난한 자와 배고픈 자를 돕는 것 혹은 대량학살자에게 잘못된 정보를 주는 것 등은 선이라는 술어를 간직할 수 있으며, 행위로 간주할 수 있다. 이에 반해 절도, 거짓, 혹은 살해는 (자유로운) 행위의 개념을 결하고 있다. 그런 한에서 생명이 위험한 긴급한 상황에서의 음식물 절도와 같은 긴급권(/위급권)이 상황을 전도시키지 않는다.

(최고의 판단형식으로서의) 개념판단의 다음의 구조가 맨 앞에 위치해야 하고, 그다음에 좀 더 자세히 살펴볼 것이다. 개념판단의 세 단계는

---

94   몇몇 분석적 행위이론에서는 종종 그런 불충분한 사례를 행위의 예로 사용한다.

a) 직접적 지식과 실천적 교조주의와 결합해 있는 단언판단, b) 이소스테니아(Isosthenia, 논변의 대립),* 즉 안티노미(Antinomie), 판단유보 그리고 실천적 회의주의로 이끄는 회의적 판단, 그리고 c) 정언명법을 그 모형으로 하는 필증판단(apodiktisches Urteil)**으로 구성된다.

a) 단언판단

개념의 직접적 판단으로서의 단언판단은 다음과 같이 표현된다. '이 행위는 선하다'(WdL 6, 346).[95] 행위함의 특수성, 즉 이 행위의 **속성**[96] 혹은 이 행위의 '그러함'(So und So-Sein)은 선에 상응하다고 하지만, 선에 대해 무관심하게 머물러 있으며, 선할 수도 있고 그렇지 않을 수도 있다. '이 행동은 선하다'와 '이 행동은 악하다'는 판단은 동등한 자격을 가지며, 행위는 자신의 개념에 상응하거나 또한 그렇지 않다(WdL 6, 347).[97] 악에서 우리는 의지함과 행위함의 개념에 모순되는 의지함의 특수성(특수한 의지작용), 즉 보편성과 대립되는 특수성을 본다(Kiel 138). 악을 행하는 것은 자유로운 행위로 간주할 수 없으며, 행위 개념의 기준을 충족하지 못한다. 악에서 우리는 행동의 즉자존재가 아니라 단지 대자존재를 가질 뿐이다(§142). [즉 악은 행동을 그 행동의 관점에서만 취한 것이지 그 행동을 전체성 속에서 본 것이 아니다.] 속성은 종의 특수한 분화로서의 개별성과 나아가 유의 부정적 원칙을 대표한다. 이는 '바로 그러그러한 속성

---

* 이소스테니아는 회의주의 추론 개념의 하나로, 대립적 논증이 동등한 가치를 갖는다는 뜻이다. 회의주의는 찬반으로 나뉜 임의의 논증에서 한쪽 편이 다른 쪽에 비해 보다 나은 논증이라 할 근거가 없다는 입장을 취함으로써 대립된 논증의 결정 불가능성이라는 이소스테니아에 이르는 것을 목적으로 갖는다. ─옮긴이

** 필증판단은 어떤 모순도 용인하지 않는 판단을 말한다. ─옮긴이

95 "주체는 구체적 개별자 일반이며, 술어는 그 개별자를 자신의 **현실, 규정성 혹은 특성이 자기 개념과 맺는 관계**로 표현한다"(WdL 6, 346).

96 WdL 5, 132.

97 선언판단에서 나온 구체적 보편성은 "**극단**의 형식으로 분화되며, 이들 극단에는 이들 극단을 관계시키는 정립된 통일로서의 개념이 결여되어 있다"(WdL 6, 346).

을 가진 이 행위는 선하다'라고 표현된다. 직접적 지식과 믿음의 원칙에 의존하는[98] 그런 '긍정'판단은 그저 주관적 확신으로 유지되며,[99] 따라서 일종의 실천적 교조주의를 서술한다. 모든 확신에는 "바로 그 권리와 함께 대립된 확신이 마주하며"(WdL 6, 347), 이러한 사실은 이소스테니아와 판단중지를 이끌어 들이고, 따라서 그 안에 회의적 판단이 놓여 있다(Enz §179).

b) 회의적 판단

이 판단형식은 개별적으로 파편화된 판단과 가언판단의 문제를 간직하고 있으며,[100] 단칭판단과 정언판단이 한갓 주관적임을 보여 준다.[101] 여기서 우선 무규정성은 계사에서 발생하며 '이다'(ist, 즉 Sein, 존재)는 필연적으로 '현상한다'(현상)로 변한다는 헤겔의 평가는 주목할 만하다. 또한 이러한 사실은 우선 현상으로의 회의적 환원과 칸트를 생각나게 하며, 둘째로 문제가 주체에 놓여 있음을 상기시킨다. 말하자면 '실행이 어떠한 성질을 갖느냐에 따라 그것은 선하거나 악하다'(WdL 6, 348). 즉 행위의 **보편성**은 그 속성과 더불어 사유되어야 하고, 자신의 **특수한 개별성** 속에서 사유되어야 한다. 주어(/주체) — 행위 — 는 자신의 보편자로, 혹은 객관적 자연으로(자신의 당위로) 그리고 현존의 특수한 속성으로 구별되고, 따라서 그 주어(/주체)는 '자신이 있어야 하는 대로 있는지 그 근거를 함유한다.' 보편자와 특수자의 분할(판단(Urteil) 자체가 보편자와 특수자의 분할이다)은 여기서 개별성 속에서 즉자적으로 존립하는 통일, 즉 개념을 지시한다.[102] '선물함과 같은 유형의 행위는 어떠한 속성을

---

98 Enz §178.

99 단언판단은 판단을 확신으로, '선하다'(Gut-Sein)는 판단을 '선한 것으로 여김'(Gut-Finden)으로 한정한다. Schick, Die Urteilslehre, a.a.O., S. 220.

100 Ebd., 217f.

101 Ebd., 216f.

102 WdL 6, 348. "사태 자체란 다음과 같다. 즉 사태의 개념이 이 개념 자신의 부정적 통일체로서 자신의 보편성을 부정하며, 개별자라는 외적인 것으로 자신을 이

갖는지에 따라 선할 수도, 악할 수도 있다(선하거나 악하게 현상한다).' '선하다'는 판단은 행위함의 양상을 고려하도록 요구한다.[103] 이러한 사실은 필증판단으로의 이행을 요구하며, 이 판단의 모델은 칸트의 정언명령이다.

c) 필증판단

혜겔은 필증판단을 도덕법에 대한 칸트 이해의 논리적 토대로 진단한다. 그리고 이 판단은 오성에서 이성으로, 반성에서 개념적 사유로의 이행으로 기능한다. 칸트의 정언명령은 개념판단의 최고의 형식 속에 근거 지으려는 관점에서 나오며, 추리라는 논리적 형식으로의 변형의 단계로 본다.[104]

우선 이에 해당하는 논리적 구조 E-B-A, 즉 구체적인 개별적 행위 E)에 대해 약간의 주해를 하고자 한다. 이때 E)는 '(……) 그렇게 행위하라'로 표현된다. B) 특수한 행위를 이끌어내는 근거들, 그리고 A) 이 운동근거는 보편성에 적합해야 하며, 보편적 입법의 원리로서 타당할 수 있어야 한다. '주체에 정립되어 있는 객관적인 개별성(E)', '이 주체의 현존의 속성으로서의 이 주체의 특수성'은 선하거나 선하지 않다. 행위 (A)의 개별적인 직접적 개별성(E)은 지시형식의 '이 혹은 이것'(diese)의 형식으로 언어적으로 표현되며, 특수성은 '그리그러한 속성의 존재'로, 즉 행위의 현존의 속성으로 이해된다.[105] 이제 이해하게 된 '행위' 개념

끌어낸다." '어떤 행위의 선함'(Gut-Sein)을 확립하는 것은 개념의 노고를 요구하며, 보편성과 특수성 그리고 개별성의 관계에 대한 사유를 요구한다. 행위함의 선함에 대한 평가는 결코 단순히 느낌이나 직관으로부터 생겨나지 않는다. 자신의 토대를 감각, 느낌 혹은 직관에 두는 윤리학은 처음부터 살얼음판에서 움직이며, 상대주의적 입장을 대변한다.

103 그런데 혜겔은 양상(Modalität)을 칸트처럼 사유가 사태연관과 맺는 주관적 태도로서만이 아니라 나아가 개별성과 특수성 그리고 보편성이 맺는 관계의 내적 특성으로서도 이해한다(Friedrike Schick).

104 James, *Holismus und praktische Vernunft*, a.a.O., S. 51ff.

의 논리적 내부구조는 계속 존립하고 있는 근원분할(판단, Ur-Teilung)에도 불구하고 '행위함' 개념의 구체적 동일성을 이미 예견하고 있는 『엔치클로페디』 §179의 진술과 연결하여 이해할 수 있다. **행위들은 자유 속에 자신의 규정과 목적을 가지는 유이며, 이 유는 개별적 현실과 특수한 속성을 가진다.**[106] 그 개념이 잠재적으로 자신의 계기의 통일과 계사(여기서 계사란 자신의 '이행(충족)'의 힘에 의지한 결합을 의미한다. 영어의 Be동사는 존재를 의미하기도 하고, 주어와 술어를 연결하는 계사를 의미하기도 한다)로서 추론이라는 논리적 형식으로 변하기 시작함에도 불구하고 특수성과 보편성, 그리고 이들의 관계는 불충분하게 규정된 채 머물러 있다. 이러한 사실은 무엇보다도 아직 덜 규정된 특수성에서 잘 드러나며, 준칙의 형태로 삶의 규칙으로 등장하는, 혹은 성격 내지 피론적 의미에서 삶의 형식으로 등장하는 자기규정이라는 의미의 속성에서 분명하게 드러난다. 이 두 변이에는 특수한 행위함(besonderes Handeln)의 불충분한 규정 근거가 놓여 있으며, 이는 '행위의 현존의 속성'의 결정적 핵심을 시사한다. 헤겔이 칸트의 정언명령을 다루면서 이러한 사실을 좀 더 분명하게 인식했을 것이다.

"선(/좋음)은 의지 **개념**과 **특수한** 의지의 통일로서의 **이념이다**"(§129). 이 통일은 ─ 선의 이념, 즉 의지 개념과 특수한 의지의 통일 ─ 여전히 관계의 지위를 가지며, 아직 정립된 동일성의 지위를 가지지는 않는다. 따라서 선은 이념의 구조를 가지지만, 개념과 현실이 통일되어야 한다는 **요구를** 받으며, 또 당위적으로 통일**되어야 한다**. 통일은 당위적으로 존재

---

105 "그러그러한 속성의 행위는 선하다"(Die Handlung so und so beschaffen ist gut. WdL 6, 349).

106 헤겔은 필증판단을 '참으로 객관적인 것'으로, '판단 일체의 진리'로 간주한다. "주어와 술어는 서로 조응하며, 동일한 내용을 가진다. 그리고 이 내용은 그 자체로 정립된 **구체적 보편성**이다. 말하자면 이 내용은 두 계기를 가지는데, 객관적 보편자 혹은 유와 **개별화된 것**이 그것이다. 따라서 여기서 보편자는 **자기 자신**이면서 동시에 **자신에 마주한 자**(Gegenteil)를 통해 지속되고, 이 후자(자신에 마주한 자)와의 **통일**로서 비로소 보편자이다"(WdL 6, 349).

해야 하며, 그래서 명령의 패러다임을 가지게 된다. '선한'(좋은)이라는
술어는 "사태가 단적으로 전제된 **당위**인 보편적 **개념**에 **적합**하거나 그
렇지 않다는 것, 혹은 개념에 **일치**하거나 그렇지 않다는 것"을 표현한다
(WdL 6, 344).[107] 이것은 두 입장 사이의 모순과 갈등의 가능성을 포함한
다. 왜냐하면 법(/권리, 옳음)은 안녕 없는 선으로 간주할 수 없으며[따라
서 정의를 세우는 것(fiat justitia)이 세상의 멸망(pereat mundus)을 가져와서는
안 된다. 이 말은 칸트가 어떠한 경우에도, 심지어 세상이 멸망하는 경우라도 정
의를 세우라고 말한 바와 대비된다], 안녕은 법(/권리) 없는 선으로 간주할
수 없기 때문이다. 안녕을 위한 결과들을 고려하지 않은 형식적 법(/권
리)을 관철하는 것은 어떤 법(/권리, 옳음)도 아니다. 하지만 추상법(/추상
적 권리)을 고려하지 않은 것도 공동의 안녕(/보편적 복지)이라는 의미에
서 있을 수 없다. 추상법(추상적 권리), 앎의 주체성, 외적 현존의 안녕과
우연성 등의 관점은 결합되어야 한다. '외적 현존의 우연성'으로의 방향
전환과 더불어 특수성이 자신의 옳음을 주장하게 된다. 추상법(추상적 권
리)과 관련해서는 인격체 사이의 재산의 차이로, 앎과 관련해서는 특수
한 지식의 주체(앎의 주체의 권리)로, 안녕(/복지, 행복)과 관련해서는 욕
구의 구조의 차이와 행운을 계산하는 행위의 차이로 서술된다. 선은 재
산이라는 추상적 권리와 안녕(/행복)이라는 특수한 목적에 대항하여 자
신이 절대적으로 옳다(/절대적 권리)고 이의를 제기할 수 있다. 내 땅 위
에 위험한 질병인자가 번성한다고 할 때 (공동의 안녕이라는 원칙에 기초하
여) 선은 나의 재산권에 대한 (상황에 맞는) 침해를 요구하고 또 정당화한
다. 나는 태양, 대양 혹은 그리스의 섬 중 하나를 소유하는 것이 나에게
행복을 가져다주는지를 계산해 볼 수는 있지만, 이 모든 것에 대해 어떤
전유권도 갖지 않는다. 선을 전개해 가는 단계에서 자유의지, 권리(/법)
와 자유 등은 더 이상 순수하게 사적 소유와 사적 안녕 내지 만인의 안녕

---

107 필증판단은 "알려진 현실적 속성에 근거하여 개념과 사태의 비교"에 전력을 다
     한다. Schick, Die Urteilslehre, a. a.O., S. 220.

에 경도될 수 없다. 소유도 특수한 안녕도 "선(/좋음)에 적합하고 이 선의 하위에 있을"(§130) 때에야 유효하다. 전염병 예방은 소유권에 대한 무법적 침해가 아니며, 적절한 세금 인상은 무법적 작용이 아니고, 국가의 절도가 아니다. 오히려 그것은 **나의** 복리라는 특별한 목적을 위해 대양이나 그리스의 섬을 전유하려는 나의 소망을 차단하는 것이 '선'으로 묘사할 수 있듯이 선하다. 소유권은 안녕과 결부되어 있어야 하며, 안녕은 소유권과 결부되어 있어야 한다. 특수자의 이 두 일면적 계기는 갈등관계에 들어갈 수 있으며, 보편자와의 관계에서, 즉 행위 개념의 계기로서 고려되어야 한다.

"주관적 의지에 선은 단적으로 본질적인 것이며, 주관적 의지의 통찰과 의도가 바로 그 선에 적합할 때만 이 의지는 가치와 존엄을 가진다"(§131). 그런데 선의 이념은 여전히 추상적이기 때문에 **적합해야 한다는 당위**만이 존립하며, 주관적 의지는 이러한 당위를 자신의 목적으로 삼아 수행해야 하며, 동시에 선은 주관적 의지함을 수단으로 해서만 현실에 진입할 수 있다. 특수성은 당위연관에, 즉 보편자와의 관계 속에 있으며, 그것은 "아직 정립되어 있지 않았다"(§131, A). 이 주관적 의지(특수성)의 권리(/옳음)는 이 의지가 a) 선에 대한 **통찰**을 획득하고 '그것을 타당한 것으로 인정해야 하고, 자신에 의해 선으로 간주되어야 한다'는 데서 성립하며, 따라서 통찰의 지지를 받는 수용이 요구된다. 그리고 여기서 b) 행위는 이 주관적 의지에 상응하여 자신의 인지에 귀속되어야 한다. 이 '인지'의 관점에서 볼 때 **통찰**과 **개념적으로 파악하는 사유**를 구별하는 것은 필연적으로 보인다.[108] 왜냐하면 통찰은 '참일 수도 있고 단순한 의견과 오류일 수도' 있기 때문이다(§132). 개념적으로 파악하는 사유는 헤겔적 의미에서 이와는 전혀 구별된다. 이러한 사실은 진리는 인식할 수 있는 것이 아니라 현상일 뿐이라는 입장을 겨냥하며, 또한 감정,

---

108 Vieweg, *Religion und absolutes Wissen. Der Übergang von der Vorstellung zum Begriff, Hegels Phänomenologie des Geistes*, a.a.O.

동정, 도덕감 등을 말하는 윤리학을 겨냥하며, 사유는 선의지에 나쁜 영향을 준다는 극단적 주장에 대항한다. 도덕적 판단을 감응이나 도덕감 혹은 직관에 기초짓는 것은 언제나 다수의 윤리적 원칙이라는 주장으로 나아가야 하며, 피론적·회의적 이의 제기에 아무런 저항도 못하는 상대주의로, 도덕적 직관주의의 형태로 나아갈 수밖에 없다.[109] 감정은 경우에 따라 선에 적중할 수도 있고 그렇지 않을 수도 있다. 정의감이나 이른바 '건전한 국민정서' 등은 기울어진 건축물의 구조와 유사하다.

선에 대한 통찰의 권리는 행위 자체와의 연관성에 대한 통찰의 권리와 구별되며, 도덕법의 한계를 드러내고 인륜법을 선취하도록 하는 보다 높은 단계의 통찰이 주제화된다. **객관성의 권리**에 대한 존중은 현실 세계의 법칙에 대한 인정을 함축한다. 물론 당연히 이 현실 세계의 법칙이 자유 개념을 만족시키는 한에서 그렇다. 우리는 여기서 특별한 권리, 즉 "행위를 선이나 악의 규정에서 혹은 법적인 것과 무법적인 것의 규정에서 **인지할 수 있는 주관성의 권리**"(§132)가 있음을 말할 수 있다. 보다 고차적인 이 권리를 통해, 법률이라는 공론장과 보편적 인륜태(인륜법, 국가)를 통해 인간을 '추상적으로 아는 순간적이고 개별화된 존재'로 축소하는 것을 피할 수 있으며, 그 행위자에게 자신에게 내재한 지적 본성을 적절히 활용할 수 있게 한다. 때때로 나타나는 술 취함, 지성의 순간적 차단, 과도한 열정 등이 책임능력을 무효로 만들지 않는다. 그렇지 않을 경우 '범죄자'는 인간으로 다뤄질 수 없다. 왜냐하면 그는 "주체로서 **이** 순간의 개별자가 아니기" 때문이다(§132). 여기서 우리는 제3의 책임(귀속)능력을 다룬다. "내가 느끼는 것 같이가 아니라 내가 아는 것 같이. ─ 자유, 앎의 주체"(§132, A). 이에 반해 불귀속의 능력(책임질 수 없음)은 근본적인 상처인 권리(/법)능력의 상실을 포함한다. 왜냐하면 이 주체는 **앎에 기초한 상호주관적 정당화** 과정에서 제외되어 있기 때문이다. 헤겔은 앎

109   Robert Audi, *The Good in the Right. A Theory of Intuition and Intrinsic Value*, Oxford 2004.

에의 이 도정을 — 여기서 우리는 통찰에서 사유로의 이행을 본다 —
다음의 자리에서 다음과 같이 묘사한다. "가장 낮은 단계에서 철학적 통
찰이라는 가장 높은 자리에 이르기까지 알고자 하는 충동 내지 인지하
고자 하는 열정은 저런 부자유의 관계를 지양하고 세계를 표상과 사유
속에서 자기 것으로 만들고자 하는 우리의 열망으로부터서만 진행해
간다."[110]

　『법철학』은 **선에 대한 앎의 절대적이고 무한한 권리**, 즉 선이 무엇인지
를 아는 권리(Kiel 129f.)를 말한다. 말하자면 객체로서의 이성적인 것, 따
라서 사유로 검토된 것의 권리를 말한다. 그런 한에서 선은 "실체성과 보
편성으로 존재하는 의지의 본질"(§132)로 묘사할 수 있다. 이로부터 주
관적 의지, 즉 주관적 도야(B)의 권리와 이러한 보편자(A) 사이의 차이
의 가능성이 생겨난다. 그것은 서로 불일치와 갈등의 관계로 들어올 수
있다. 어떤 것은 그것이 주관적 의지에 의해 정당하다고 간주되는 경우
에만 선하며, 동시에 객체의 권리가 정착된다. 하지만 이 객체는 지금 존
립하고 있는 것, 지금 유효한 것 등과 혼동해서는 안 된다.[111] 나(/자아)가
개별적 특수자로서 오류를 범할 수 있듯이, 현존하는 특수한 법률과 정
부도 그럴 수 있다(§132). 선이 참다운 의지인 한에서, 그리고 선이 사유
에서, 사유를 통해 정당화되는 한에서 이 선은 그때그때의 행위의 시금
석으로 기능한다. 현재 존립하는 시험의 경우 그 시험의 대상이 현실화
된 자유의 형식을 가지고 있다고 말해서는 안 되고, 따라서 선은 행위의
보편적 가치로(§114, Z), 자유로운 존재의 작품으로 이해되는 세계의 **절
대적인 궁극목적**으로 간주된다. '최고의 것' 혹은 '신성한 것'이라는 이
런 파토스는 피안을 지향하지 않는다. 왜냐하면 선은 **개념적으로 파악하
는 사유**에 근거해 있으며, 헤겔에 따르면 이것이 바로 최고의 것 혹은 신

110　Ästh 13, 135f.

111　최고의 척도는 실정법이 아니라 국가의 이념이며, "이성 개념의 객체"로서의 국가
　　이다(§132).

성한 것이기 때문이다. 바로 이 근거 때문에 주체의 실체적 유대는 자유로울 수 있다. 말하자면 이 유대는 주체에게 타자이지만, 이 타자는 내가 인정하는, 그래서 거기에서도 나로 머물러 있게 되는, 따라서 자유로울 수 있는 타자이다. 적어도 이 자리에서 헤겔의 도덕법 개념이 (도덕성의 일면성이라는 여전한 진단에도 불구하고) 어떤 비정상을 서술하는 것이 아니라 그 반대로 **올바른 체제를 갖춘, 공정한 자유로운 존재의 공동체**의 건축을 위한 초석과 **현대의 철학적 정의론**의 핵심 사상을 서술하고 있다는 것이 분명하게 드러난다. 우리는 권리(/법) 및 선의 절대적 타당성을 고착시킴으로써 인간의 권리(/법)와 현대의 자유로운 공동체, 자유의 문화를 철학적으로 이해하기 위한 주춧돌을 가지게 된다.

5.1 칸트의 정언명령과 필증판단

§133은 특수한 방식으로 존재하는(B) 개별행위(E)가 보편자(A)로서의 선(/좋음)과 맺는 관계를 다루며, 선은 행위함의 본질적 측면, 즉 이 행위함을 무조건 구속하는 것이어야 한다. 나의 특수한 행위의 정당성의 원칙으로서의 준칙은 객관적 원칙으로, '보편적 법칙'으로 타당해야 한다고 요청할 수 있어야 한다. 현대의 도덕론에서 가장 널리 알려진 고전적 사상인 칸트의 정언명령은 다음과 같다. "준칙이 동시에 보편적 법칙이 되기를 바랄 수 있게 하는 그런 준칙에 따라서만 행동하라."[112] 혹은 다른 곳에서는 다음과 같이 말한다. "너의 의지의 준칙이 언제나 보편적 입법의 원리로 타당할 수 있게 행동하라."[113] 이 명령에 내재한 E-B-A 관계 구조는 헤겔에서 필증판단의 형태에 해당한다. "이러이러한 특성을 가진(특수성-B) 이 행위(직접적 개별성-E)는 좋다(보편성-A)"(Enz §179). 보편성을 **무조건적**인 것으로 표현하는 것이 명령의 특징이다. 그런 무조건적 요구를 충족해야 하는 행위의 준칙에, 즉 특성에 판단의 근

---

112 Kant, GMS, AA IV, 421.
113 Kant, KdpV, AA, V, §30.

거가 놓여 있다. '이러이러한 형태를 띰'으로 나타나는 이 특수자는 이 행위가 자신의 개념에 상응하는지에 대한 기준을 형성한다. 특수의지를 보편자(보편적 법칙, 보편적 입법)에 엄격하게 구속시키는 것, 즉 B와 A의 동일성에 대한 요구는 칸트에서 '동시에'라는 말로 구체화된다. 헤겔은 정언명령의 이런 요청에 절대적으로 동의하며, 그 증거는 §§129~132에 잘 나타난다.[114]

중요한 점은 우선 자율성(Autonomie)을 법칙(nomos)과 특수한 개별성(eautos)의 통일로 이해한다는 것이다.[115] 헤겔은 이 핵심 사상이 필증판단에 의해 도달한 E와 B와 A의 동일성에 정초되어 있음을 본다. 그것은 **온전한**(유일하면서 모든 것에 공통적인) 법칙, 즉 모든 주체가 자유롭고 이성에 **기초하게** 되는 법칙, **이성적으로** 동의되는 법칙이다. 도덕적 규범은 우리의 자기규정과 연결되어 있다. 헤겔의 말로 하면 다음과 같다. 중요한 것은 "의지의 순수한 무조건적 자기규정"(§135), '의지의 무한한 자율성', 보다 고차 영역인 **무제약자로서의 의무**의 뿌리, 도덕적 요구에 대한 구속력 있는 책무, 그리고 단적으로 주관적 의지의 권리 등이다. 정언적 요소는 '행위의 질료'와 조준된 결과가 아니라 '이 질료와 결과를 이끌어내는 형식과 원리'가 결정적인 것이라는 사실에 놓여 있다. 심사하는 절차(**가치평가적** 판단으로서의 필증판단)의 본질은 그때그때의 행위준칙의 보편화 가능성에 놓여 있다.

무한한 자율성 및 인간을 절대적 자기목적으로 이해하는 칸트의 사상을 통해 ── 이렇듯 헤겔은 칸트의 자율성 원리에 엄청난 존중을 보인다 ── **자유의지의 인식**은 "자신의 확고한 토대와 출발점"(§135)을 획득했다. 칸트에 따르면 인간과 모든 이성적 존재는 목적 자체를 가지며, 자

---

114 슈네델바흐는 「도덕법」 장에서 헤겔을 칸트에 연결하는 것은 파괴적"이라고 주장하는데(Schnädelbach, *Hegels praktische Philosophie*, a.a.O., S. 225), 잘못된 판단이다.

115 Dieter Henrich, Ethik der Autonomie, in: Henrich, *Selbstverhältnisse*, Stuttgart 2001, S. 52.

신의 인격으로 나타나는 인간성은 그에게 '신성한' 것이어야 하고 절대적으로 타당해야 한다. 여기서 헤겔은 칸트를 지반으로 하여 움직이고 있다. 이러한 사실을 뒷받침하는 짧지만 아주 강력한 문구들을 그의 강의록에서 발견할 수 있다. 즉 칸트의 위대함은 "자유에 자신의 원천을 두지 않는 어떤 것"(Gr 358)도, 그저 외적인 권위를 통해 유효함을 얻는 어떤 것도 도덕적 주체에게 타당해서는 안 된다는 것을 보여 준 데 있다. 실천적 적합성을 갖는 칸트 철학의 "고귀한 입각점"은 바로 이 자율성의 원칙과 자유로운 존재를 자기목적으로 이해하는 이러한 생각이다(Ho 417). 따라서 우리는 행위가 선(/좋음)으로 기술될 수 있을 경우에만 자유로운 행위라고 말할 수 있다.

이성에의 정초를 특히 강조하는 것, 이성의 자율성에 토대를 두는 것은 그렇게 놀랄 만한 일이 아니다. "선은 **실체성과 보편성**의 형태로 드러난 의지의 본질이다. ─ 이 의지는 진리의 형태를 취한다. ─ 따라서 그것은 단적으로 **사유 속에서만, 사유를 통해서만** 존재한다"(§132). 여기서 이성은 명시적으로 사유로, 헤겔적 의미로 말하자면 개념적으로 파악하는 사유(begreifendes Denken)로 이해된다. 첫 번째 귀속이 **표상**에, 두 번째 귀속이 **반성과 오성**에 의지한다면, '세 번째 전가', 즉 세 번째 귀속능력의 방식은 **선에 대한 인식**에 의존한다. 즉 '내가 이 행동, 이 행위를 선하거나 악한 것으로 **안다는 것**'에 의존한다. 따라서 이 세 번째 형식은 명백히 사유에 의지하며, 오성에서 이성으로의 이행을 드러내는 **개념판단**에 의지한다. "내가 이 선의 규정을 앎으로써만 나는 자유롭게 행위한다"(Kiel 129).

필증판단은 단언판단이나 회의적 판단, 그리고 '이 행위는 선하다'와 같은 교조적 판단 등의 일면성과 판단유보와 같은 한계를 극복한다. 그것은 동일성과 비동일성의 간극, 긍정성과 부정성의 간극, 직접성과 매개성 사이의 간극, 순수한 확증과 단순한 의심 사이의 간극을 뛰어넘는다. 필증판단에서야 비로소 개념이 **개념으로** 등장한다. 이에 반해 단언판단은 개념의 보편적 본성이 정립되었음을 드러내기는 하지만 확신이라는 자의 형태로, 요청과 단순한 주장이라는 주관주의 형식으로 그리한다. 회의적 판단은 개념의 부정적 측면을 고착시켜 판단이 거기에 서 있도록 만들어버린다. 두 주장이 서로 모순적으로 마주하는 한 "이런 혹은 저런 준칙이 아주 우연히 적용되는데, 말하자면 적용되는 이 준칙이 주어진 대상에 적합한 것으로 간주되느냐를 물을 뿐 그 진리성은 묻지 않는다"(WdL 6, 443). 따라서 두 판단형식으로부터 자유를 자의와 주관주의로 축소하는 현상이 발생한다. 이렇듯 행위 개념은 여기서 아직 덜 규정된 채로, 일면적으로 머물러 있다.

그러면 여기서 특수성, 즉 특수한 준칙은 무엇을 지향하고 있는가? '보편적 법칙' 내지 '보편적 입법'이란 무슨 말인가? 이성 안에 정초한다는 말은 어떤 의미인가? 헤겔에 따르면, 도덕법의 최고 단계의 지지자들에게 나타나는 이 보편자 혹은 이성적인 것은 그 형식의 측면에서 개념판단의 수준에서, 따라서 개념판단의 높이에서 움직이는데, 이것은 긍정적 함의와 부정적 함의를 갖는다. 구체적 행위는 이제야 비로소 참된 평가를 경험할 수 있으며, 이제야 비로소 자기 개념에 의해 측정된다. 말하자면 다음의 평가가 나온다. '목마를 선물하는 것은 좋다.' 혹은 '경찰관의 잘못된 정보는 나쁘다' 등의 평가가 나타난다.[116] 주어로 사용되는 것은 구체적인 것, 직접적으로 특수한 것으로서, 이것은 '특수한 현존재를 보편자의 관점에서 성찰하는 반성을 술어'로 가진다(Enz §178). 특수성, 즉 구체적인 개별적 행위, 예컨대 목마의 선물, 경찰관의 정보 등은 종의 특수화(Besonderung der Art)와 유의 부정적 원리(negatives Prinzip der Gattung)로서만 기능한다. 말하자면 특수성은 보편자에게 아무런 관심이 없으며, 따라서 특수성은 보편성에 적절할 수도 그렇지 않을 수도 있고, B는 A에 적합하거나 그렇지 않을 수 있다.[117] 주어에(즉 선물함과 정보를 줌에) 특정한 규정이 아직 정립되지 않았으며, B가 A와 맺는 관계가

---

116 '이 고양이는 회색이다' 혹은 '이 책상은 크다' 등과 같은 판단은 당연히 단언판단이 아니다.

아직 정립되지 않았다. 이 관계는 추후에야 비로소 술어 속에 표현되어야 한다. 목마를 선물함은 보편자의 원리에 적합한 것, 따라서 단적으로 선한 것으로 평가할 수 있는가? 수행된 판단의 '확증'은 보증, 단언, 확약, 의견, 확신, 믿음 등의 지위만을 가지며, 따라서 개념적으로 파악하는 사유라는 의미에서의 앎의 양태로 존립하지 않는다. 어떤 것이 좋거나 나쁘다는 것, 올바르거나 그르다는 것은 외부의 제3자에서 자신의 연관을 갖는다.[118] "이 단언적 판단의 한갓 주관적 특성은 따라서 **즉자적으로 존재하는** 주어-술어 연관이 아직 **정립**되지 않았다는 데, 혹은 동일한 말로 하자면 이 연관이 그저 **외적으로만** 존재한다는 데 그 본질이 있다. 계사는 여전히 직접적·**추상적** 존재이다"(WdL 6, 346f.).

단언은 회의적 판단에서 종결된다. 왜냐하면 어떤 행위 유형을 한갓 단언에 의해 평가할 경우 그런 평가에는 그와 **대립된** 평가가 동등한 권리로, 실질적으로 안티노미의 표현으로 마주하기 때문이다. '선물함 유의 행위 유형은 그 속성에 따라서 좋기도 하고 악하기도 할 수 있다.' 말하자면 '친구의 딸에게 선사하는 목마 선물은 좋'으나, '트로이 목마의 선물은 나쁘다.' 트로이 목마를 건넨 아테네인의 선물은 자유로운 행위 개념에 상응하지 않는다. 혹은 '잘못된 정보' 유의 행위 유형은 '좋을 수도 있고 나쁠 수도' 있다. 말하자면 1943년 프랑스에서 나치 경찰관의 잘못된 정보는 좋(/옳)았으며, 오늘날 프랑스에서 경찰관의 잘못된 정보는 나쁘다(/그르다). 따라서 주어의 의미는 문제투성이의, 회의적 방식으로 현상한다.[119]

정언명령은 비록 필증판단, 따라서 최고의 개념적 판단의 형식적 구조를 드러내기는 하지만, E와 B와 A의 규정계기들은 여전히 일면적으로

---

117 Gr 360. "특수자는 보편자에 적합해야(soll) 하지만, 전자는 동시에 타자이며, 따라서 선(좋음)은 당위로서만 정립되고, 선 및 특수자와 의무의 대립은 지양되지 않는다."

118 WdL 6, 346.

119 회의적 판단에 대해 상술한 부분을 참조하라.

고착되어 있고, 본질적으로 분리되어 있으며, 교환 가능하지 않고 덜 규정되어 있다. 칸트 실천이성이 형식주의적이라는 헤겔의 진단은 바로 여기에 기초한다. §5에 따르면, 보편자는 규정되지 않은 채, 공허하고 형식적으로 머물러 있다. 특수성은 선과 구별되고 주관적 의지에 해당하기 때문에 선은 우선 특수성으로 취해질 수 없으며, 우선 '보편적·추상적 본질성'이라는 규정만을 간직한다. 말하자면 의무는 칸트에 따르면 의무를 위해서 행해져야 한다. 행위는 특수한 경향 때문이 아니라 오직 어떤 경향도 없는 보편적 법칙에 적합하게 수행되어야 한다. 법칙의 그런 보편성은 그 자체로 참된 것, 최고의 것, 객관적 원리이어야 한다. 특수한 것, 즉 준칙은 이에 **부과되어** 나오며, 보편성에서 출현하지 않는다. 왜냐하면 이 보편성은 내적 부정성을 결하고 있기 때문이다. A와 B는 '부과됨' 내지 '또한'과 결합되어야 하며, 따라서 이는 보다 엄격한 논리적 추론을 결하고 있다.

준칙의 칸트적 특성은 헤겔이 §6에서 다루는 특수성 이해와 일치한다. 즉 어떤 특정한 것을 어떤 내용과 대상으로 구별하고, 규정하고, 정립하는 것, ── 나의 복리와 인간의 복리는 이 분리 속에서만 고착될 수 있다. 칸트에 따르면 준칙은 행위의 주관적 원리를 형성한다. 말하자면 그것은 이성이 주체의 조건에 따라서 규정하는 일종의 실천적 규칙, 주체가 행동할 때 따르는 원칙을 형성한다.[120] 의지의 이 주관적 특성은 일상적 의미에서 삶의 규칙으로 간주하며, 따라서 해석에서 준칙이 보편법칙에 비해 열등한 것이라는 인상이 생기며, 보편법칙과 달리 일종의 실천적 삶의 규칙을 서술할 뿐이라는 인상이 생긴다. 인간은 자신의 탁월함에서 강등하여 자신의 순수성을 더럽힌다. 주관적 준칙은 보편법칙에 맞아야 하고, 따라서 보편법칙은 준칙 검토라는 절차를 요청한다. 헤겔의 관점에서 볼 때 추상적 보편성과 특수성의 이런 위계와 이로부터 등장하는 이원론은 현저한 논리적 결함을 가지고 있다. 말하자면 추구되는

---

120 Kant, GMS, AA, IV, 402f.

B와 A의 동일성은 형식적으로만 도달되고, 특수자를 불충분하게 '부과'함으로써만, 따라서 A와 B를, 무한성과 유한성을, 무규정성과 규정성을 그저 이리저리 넘나드는 방식으로만 도달된다.

보편성은 내적 부정성이 결여된 계기로 인해 추상적이고 공허한 보편성으로, (사념적으로) 순수한 무규정성으로 드러난다(§5). 이러한 사실은 '모든 내용으로부터의 도피', 즉 형식주의를 함의한다. 내용에 대해서는 '이후에나' 말하게 된다. 칸트는 준칙의 보편적 타당성을 위한 모든 특수한 규정근거를 제외한다. 『법철학』의 §5, §6, §7은 이미 간접적으로 칸트의 정언명령을 비판하고 있다. 왜냐하면 거기에서 헤겔의 의지 개념의 계기들이 서술되고 있는데, 동일성의 단계(§5)에서 판단(/근원분할)(§6)을 거쳐 결합(§7)에 이르기까지의 논리적 단계로 이루어져 있다. 그 핵심 문장을 여기서 다시 상기해 보자.

> 앞의 첫 번째 두 계기, 즉 "의지는 모든 것을 추상할 수 있다"는 계기와 "의지 역시 특정한 것으로 규정되어 있다"는 계기는 —— 각각의 계기 자신을 통해, 혹은 상대의 계기를 통해 —— 쉽게 받아들여지고 또 이해되는 측면이 있다. 왜냐하면 이 두 계기는 그 자체로는 참되지 않은 오성의 계기이기 때문이다. 하지만 세 번째 계기, 즉 참되고 사변적인 것(그리고 참된 모든 것이 개념적으로 파악되는 한 그것은 사변적으로만 사유될 수 있다)은 개념을 곧바로 불가해한 것(비개념적인 것)으로 명명해 버리는 오성에 의해서는 진입할 수 없는 계기이다. 사변의 가장 내적인 것인 자기관계하는 부정성으로서의 무한성, 말하자면 모든 활동과 삶과 의식의 궁극적 원천을 증명하고 면밀하게 해명하는 문제는 순수한 사변철학인 논리학의 과제에 속한다(§7).

순수한 보편성이 추상적이고 일면적으로, 그리고 덜 규정된 상태로 머무는 것과 마찬가지로 특수성 역시 그렇다. 주관적 행위의 근본원리로서의 준칙, 즉 "자신의 주관적 특성을 따르는"(GMS 413)[121] 의지는 순수한 것과 비교해 볼 때 '강등된 것'으로 현상하며, 모든 규정은 한계 있는 것으로, 한계로 현상한다. 헤겔에 따르면, 규정된 것, 유한한 것, 부정태 등은 이미 보편자에 내재해 있으며, 내적 부정성을 가진다. '행위의 현존재의 특성'으로서의 특수성은 행위 개념의 계기를 형성하며, '그러그러한 속성의 존재'는 행위 개념의 구성적 요소를 형성한다. 따라서 차이가 나는 A와 B는 동일한 것으로 드러난다. 특수성은 형식적인 것과 내용적인 것의 차원을 함유하며, 다양한 특수자를 함유한다. 그럼에도 불구하고 칸트는 행위의 실체를 '이 행위를 이끌어내는 형식과 원리'로 축소한다. 행위의 본질적인 것인 선은 "심정에서 성립하며, 그가 의지하는 바는 성공적일 수 있다."[122] 따라서 특수성에는 결정적 규정계기가 탈각된다. 준칙은 특수한 특성으로서 삶의 규칙으로 정의되는데, 이런 특수한 특성이 모든 차원에서 비난받는 경우에도 **상호주관성과 맥락성**은 희미하게 나마 머물러 있다. 여기서 "특수성의 본성"(§7, A)이 등장하며, 중요한 것은 '행위의 현존재의 특성'이다. 이러한 사실은 좀 더 나아간 규정을 요구하며, 도덕법 일반의 한계를 표시하며, 비로소 인륜법이 자유로운 행위의 '보편적 영역'으로 유효해진다.[123]

§7도 또한 중요한 비판을 보여 주고 있다. 무규정적인 것 혹은 추상적인 것은 규정된 행위만큼이나 일면적이며, 행위 개념은 첫 번째 두 계기의 혼합물로서가 아니라 그저 두 계기의 사변적 통일로만 생각할 수 있는데, 그것도 '자기 반성된 특수성, 이를 통해 보편성으로 환원된 특수성', 즉 개별성으로 생각할 수 있다. 행위는 이렇듯 '스스로를 매개하는 활동으로, 자기로의 복귀로' 드러나야 한다. 행위의 '자기규정'은 이 행위가 스스로를 자기 자신의 부정태로 정립하며(근원분할, 판단), 그런 가운데 자기 자신에 머문다는 사실에, 즉 자기 자신과의, 그리고 보편자와

121   Ebd., 413.
122   Ebd., 416.
123   WdL 6, 325.

의 동일성으로 머물면서 동시에 자기를 자기 자신과만 결합할 수 있는 규정 속에 존재한다는 사실에 있다. 이러한 사실은 판단의 논리적 형식에서 추론의 논리적 형식으로의, 오성에서 개념적으로 파악하는 사유로의 이행을 함축한다.[124]

논리적으로 올바르게 파악된 필증판단은 a) 개념의 계기들의 교환 가능성을 포함하며, 개념으로서의 개별성(주관성)은 보편자와 특수자를 매개하며, A와 B의 계기를 자기 안에 가지는 진실한 것이며, 특수성이 주관성인 그런 진실한 것이다(§7, A). b) 필증판단의 주어와 술어가 서로 상응하고 동일한 내용을 가지는 한 그 판단에는 객체성(/객관성)이 부가되며, c) 추상적, 공허한, 형식적 보편성은 정립된 구체적, 즉자대자적으로 존재하는 보편성으로 변형된다. 즉 **행위들은 개별적인 부분적 현존재로 있으면서 특수한 특성을 가진, 보편성을 지향하는 (선한) 행동이다.**

5.2 도덕적 입각점의 모순의 혼종―칸트와 항구적 당위의 이율배반들

헤겔이 형식주의, 공허함, 추상적 보편성 등의 이름으로 수행한 진단은 단순히 칸트의 실천철학에 대한 이의 제기가 아니라 도덕적 입각점 전체에 대한 비판임이 분명해졌다.[125] 항구적 당위는 결과주의의 한 유형인 공리주의라는 아킬레스건으로도 결정화되는데, 이것은 궁극적으로 반성 차원에 붙박여 있으며, 이와 더불어 무한한 근접이라는 악무한의 궁지로 빠지고 만다. 결과주의(행복주의)도 의무론(내적 입법의 자유론, Eleutherologie)도 행위 개념을 결하고 있다. 왜냐하면 그것은 행위 개념의 다양한 차원 전체를 충분하고 적합하게 고려하고 있지 않으며, 모순되는 개별적 계기를 선행(/좋은 행위)의 유일한 기준에 고착시키기 때문이다. 모순되는 두 계기는 오성의 입각점, 즉 오성의 논리를 대변한다. 말하자면 행위 개념이라는 사유규정은 서로 다른 방식으로 상대방에 대립하여

---

124   이에 대해서는 헤겔의 '행위의 추론'과 '선의 추론'을 보라(WdL 6, 545f.).
125   이에 대해서는 다음을 보라. Wood, *Hegel's Critique of Morality*, a.a.O., S. 161ff.

정립되며, 상대방에 대해 자립적이고 무관심한 것으로 전제된다. 그것은 "두 규정의 통일과 이 두 규정의 대립이라는 모순 속에서 고착된다"(Enz §80; WdL 5, 166f.).[126] 두 계기는 자기 내 역동적인 통일이라는 — 즉 행위 개념이라는 — 대립된 계기로 취해지지 않으며, "각각의 계기가 자기 안에 자기의 반대자를 가지는, 그리고 그 반대자와 함께 가는"(WdL 5, 168) 그런 것으로 취해지지 않는다.

하지만 헤겔은 칸트와 피히테의 구상에서 현대의 도덕법에 대한 최고의 표현과 오성을 넘어서고자 하는 시도를 본다. 그런 한에서 그들은 특별히 주목된다. 오성과 이성, 그리고 반성과 사변을 병렬적으로 세우는 것에 대한 이의 제기는 도덕법에 대한 초월철학적 이해의 몇몇 핵심 입장에 동의한다는 것이다. 헤겔은 언제나 이념형적 형식으로서의 도덕법의 근본 구조(물론 칸트와 피히테에서 특정 계기가 그 구조에서 벗어나 있기는 하지만)를 겨냥한다. 이 패러다임과 더불어 — 특정한 역사적 이념 형태뿐 아니라 도덕법 개념과 더불어 — 의지는 개념판단의 주관적·논리적 구조로 존재한다. 더 진척된 논증은 바로 이 지평에서 수행되어야 한다. 헤겔은 도덕법의 입장을 자유의지를 계속 규정해 가기 위해 통과해야 하는 과정으로, 즉 행위 개념에 대한 필연적인, 하지만 충분하지 않은 정의로 파악한다.

1) 내적 목적과 이 목적의 실현의 통일로서의 행위

행복할 만함과 지복, 그리고 **권리와 안녕**은 행위를 평가하기 위해 서로 대립하지만 필연적인 구성요소들이다. 하지만 칸트는 도덕을 행복할 만

---

126 "선(/좋음)은 이렇듯 당위로 머문다. 그것은 즉자적이고 대자적으로 존재하지만, 최종적이고 추상적인 직접성으로서의 존재는 비존재로도 규정되는 당위에 대립한다. 완성된 선이라는 이념이 **절대적 요청**이기는 하지만 요청 그 이상은 아니다. 말하자면 절대자는 주체의 규정에 붙잡혀 있다. 여전히 대립되는 두 세계가 있다. 하나는 투명한 사상이라는 순수공간에 놓여 있는 주체의 왕국이고, 다른 하나는 외적으로 다양한 현실의 요소로 이뤄진 객체의 왕국이 그것이다"(WdL 6, 544).

함에 정렬시킴으로써 우선은 지복으로부터 분리하며, 포기할 수 없는 모순 극복과 양자 사이의 조화의 산출을 위해 최고선을 요청한다. 이 최고선은 행복할 만함과 지복의 일치를 보증하며, 우리가 그에 대해 더 이상 아무것도 알 수 없는 가장 좋은 존재로 상정된다. 이렇듯 헤겔은 칸트의 도덕법을 **내면의 광장**으로, 내적 시험으로, 행복과 안녕의 요청과 희망으로 환원될 수 있는 것으로 드러낸다. 이때 그 도덕법은 결국 대립된 두 계기의 근원적 분리에서 발생하는 것이라는 것이다. 헤겔은 이미 §57에서 이 문제에 이의를 제기했고, 형식주의를 공격했으며, 그 배경 및 자유와 필연의 안티노미를 다루기 시작했다. 이 안티노미는 모든 안티노미와 마찬가지로 "한 이념의 두 계기를 분리함으로써 각각의 계기가 독자적으로 존립한다고 여기는, 따라서 그 이념에 적합하지 않고, 자신의 비진리 속에 붙잡혀 있는 그런 형식적 사유에 의존한다." 행위를 유발하는 근거는 결코 행복할 만함에만 정향되어 있지 않다. 칸트는 정언명령과 행복요청의 상호작용을 가장 좋은 존재(최고선)의 구조의 도움으로써만 확보할 수 있다. 하지만 주체에게 행복의 보장은 다가올 지복에 대한 희망으로 환원되며, 최후 심판 날로 연기된다. 이를 위해 칸트는 영혼불사라는 요인을 필요로 하며, 이 사상은 그다음에 장차 올 초월의 세계라는 가설과 결합해 있다.[127] 여기서 헤겔은 안티노미의 극복이 좌절되는 것을 보며, 그에게는 의도와 내적 목적만이 아니라 안녕과 목적의 수행도 **도덕적** 행위의 불가피한 요인으로 제시된다. 운동근거와 결과는 처음부터 통일을 이루고 있다고 생각되어야 하는데, 바로 양자의 이런 통일과 더불어서만 안티노미는 극복될 수 있고, 완벽한 도덕적 행위가 사유될 수 있다. 칸트와 그의 도덕주의에 대한 이의신청은 이렇듯 행위 개념의 입장에서 제기된다.

---

127 이에 대해 다음을 참고하라. Paul Guyer, The Unity of Nature and Freedom: Kant's Conception of the System of Philosophy, *The Reception of Kant's Critical Philosophy*, hg. v. Sally Sedgwick, Cambridge 2000, S. 26.

포괄적인 최고선은 순수하고, 추상적이고 비어 있는 것으로 간주되며, 우리는 그것을 그 이상으로 더 규정할 수 없으며, 더 이상의 어떤 것도 인식할 수 없다. 이로부터 교조적 계기와 회의적 계기의 불경한 결합이 생겨난다. '성스러운 입법자'로서의 최고의 실천이성은, 칸트가 언제나 상과 표상 대신 명료한 개념을 요청했음에도 불구하고, 이렇듯 **표상**의 양태로 있는 존재로 현상한다. 그런데 헤겔은 여기서 '앎의 권리'에 현저하게 저촉되는 현상을 목격하며, 더 정확히 말하면 선이 **알** 권리에 저촉되는 현상을 본다.[128] 칸트도 보편성의 가치를 부여하는 이 선은 **사유 속에서만, 사유를 통해서만** 규정될 수 있다고 한다. 인간이 진리 —— 여기서는 최고선 —— 가 아니라 현상만을 파악할 수 있다고 주장하는 사람은[129] 도덕적 주체의 근본적 권리, 즉 이성적 존재에게 부여된 통찰과 앎의 권리를 무시한다. 마지막으로 헤겔이 비판하듯이 칸트에게서 (이성적) 통찰은 궁극적으로 무규정적으로 혹은 공허하게 머물러 있으며, 따라서 안티노미는 극복되지 않는다.

2) 자기규정과 낯선 규정

성스러운 입법자로 요청된 최고 존재는 보편자와 특수자의 조화를 이루기 위해 '염려한다.' 왜냐하면 "도덕적 의식은 지복을 무시할 수 없고, 이 계기를 자신의 절대적 목적에서 **빼버릴** 수 없기 때문이다"(PhG 3, 444). 이 입법자에게는 산출자, 주인, 지배자 등의 역할이 부여되는데, 이

---

128 헤겔이 비판철학에 제기하는 문제는 이성에는 앎과 어떤 구성적 관계도 허용되지 않고 오로지 규제적 관계만 허용된다는 것이다. Hegel, *Glauben und Wissen oder Reflexionsphilosophie der Subjektivität in der Vollständikeit ihrer Formen als Kantische, Jacobische und Fichtesche Philosophie*, TWA 2, 179.

129 계사가 '이다'(Es ist)에서 '인 것 같다'(Es scheint)로 변한 것은 중요하다. 계사는 여기서 아직 완벽하게 규정된 개념으로 등장하지 않는다. "따라서 한편으로 지성은 현상만을 인식한다는 것과 다른 한편으로 "인식행위는 더 나아갈 **수** 없고, 이것은 인간의 앎의 **자연적** · 절대적 한계이다"라고 말함으로써 이 인식행위를 **절대적인 어떤 것**으로 주장하는 것은 엄청난 비일관성이다"(Enz §60).

는 단언판단의 특성에 상응한다. 단언판단에서 주어(/주체)는 술어에 종속되며, 술어에 흡수된다. '이 목마 선물은 좋다' 혹은 '신뢰의 약속은 좋다'와 같은 판단이 그것이다. 개별적인 도덕 주체는 이보다 고귀한 존재에게 불완전하고 덜 완성된 존재로 마주 서 있다. 이 주체의 목적은 감각적·자연적인 것에 의해, 열망과 경향 등에 의해 흉해지고 오염된다. 복리, 인간의 육체와 정신의 욕구 등은 이로써 충분히 고려되지 못하며, 그것은 '불순한 것'으로서 탁월하고 순수한 것에 비해 열등한 것이다. 장 파울이 모욕적 방식으로 아이러니하게 말하듯이, '정언적 명령자'는 빈곤한 물질적 희사에서가 아니라 관대함을 고무하는 것에서 관대함을 보며, 그렇게 고무받은 자는 계속해서 고무하며, 그러는 가운데 아무런 수확도 없게 된다.[130] 하지만 피안의 주인과 입법자를 요청하는 것은 — 이 세상에서는 어떤 충분한 지복에도 이를 수 없다 — 스스로 제시한 엄격한 자기입법의 원칙에 모순된다. 왜냐하면 이 '주인'에 마주해 있는 유한한 도덕적 주체는 한정 형용사 '불온전한', '비신성한', '불완전한', '고귀한 목적을 흉하게 하는' 그리고 '불경한' 등을 자기에게 받아들여야 하기 때문이다.[131] 이에 반해 헤겔에서 인간은 유일한, 최고의, 최종적인 신성한 자이며, **이 권리를 위한 피안은 존재하지 않는다.** 사유하는 존재의 권리로서의 인간의 권리가 과거(이것은 지금 있지 않고 있었다)나 미래(이것은 아직 있지 않다)가 아니라 오직 현재에만 획득될 수 있고, 행복할 만함과 지복의 통일로서의 자유가 현재의 행위에서만 도달할 수 있는 한에서 그 권리는 '신성한 것'으로 될 수 있다. — 여기가 로도스다, 여기서 뛰어라(Hic Rhodus, hic saltus)!

당위의 항구성, 그칠 줄 모르는 열망과 추구 등은 끝없이 뒤로 밀려가고, 악무한 위에서 위로를 얻으며, 동일자의 영원한 반복으로 나아가며,

---

130 Jean Paul, Palingenesien, a. a. O., S. 813.
131 이에 대해서는 『정신현상학』의 다음 절을 참조하라. 「자기 확신의 정신. 도덕성」
     (특히 '도덕적 세계관').

지루하게도 언제나 그것으로만 머물 뿐 현재 해결할 수 없는 절대적 과업을 떠맡는다. 그 길은 '어두운, 안개 낀 먼 곳'으로 뻗어 있고, 무한 진행이라는 논리적 불충분함으로, 피안으로 나아간다. "열망은 **충족되지 않은** 행동, 혹은 **그 자체로 한계지어진** 행동이다."[132] 칸트에 따르면, 의지는 "무한자로 진행하는 과정에서만 자신의 완전한 적절함에 이를 수 있다."[133] 헤겔에 따르면, 무한한 접근이라는 이 사상은, 비록 그것이 '항구적으로 정립된 모순 이외에 아무것도 아니지만(Enz §60), 어떤 숭고한 것으로, 일종의 예배로 간주되는 경향이 있다(WdL 5, 264). 『논리학』에서 도덕성은 무한한 과정의 예로, 유한자와 무한자의 해소되지 않은 대립의 예로 제시된다. "하지만 도덕법칙에 완전히 들어맞는 의지의 적절함은 무한히 진행하는 과정에 놓여 있다. 즉 그 적절함은 **도달 불가능한 절대적 피안**으로 표상된다." 이러한 사실은 "유한자와 무한자의 질적 대립을 통제할 수 없다는 무능"을 드러내며, 양적인 것으로의 도피, 시작할 때 등장한 동일한 안티노미를 그저 재생산할 뿐인 열망과 갈망으로의 도피를 보여 준다. — 순수의지와 도덕법칙은 완전히 자립적이고 서로 무관한 것으로 취급되는 서로 아주 충돌하는 전제로 있을 뿐이다 — (WdL 5, 268f.).

이런 무한한 과정의 논리적 결함은 한편으로 순수의지와 도덕법칙이, 다른 한편으로 자연과 감성이 이미 완전히 '자립적이고 서로 무관한 것으로 전제되어 있다'는 사실, 이와 더불어 ('그 두 세계'의 — WdL 6, 544) 대립이 공리로 요청된다는 사실, 따라서 이미 모순의 극복이 차단되어 있다는 사실에 의존한다. 모순은 "무한한 과정 속에서 해소되는 것이 아니라 반대로 해소되지 않는 것으로, 해소될 수 없는 것으로 서술되고 주장된다"(WdL 5, 269). 그 결과는 언제나 '시작할 때와 동일한 모순'이다 (WdL 5, 270). 무한한 과정은 스스로를 부당하게도 모순을 일으키는 자

---

132 GdPh 20, 407. 강조는 저자.
133 Kant, KpV AA V, 156.

의 해체로 제시하는 모순으로 드러난다(WdL 5, 166). 안티노미의 참된 극복은 실패하며, 피안으로의 전치와 최후의 날로 연기된 해소는 당혹스러운 답변에 불과하고, '자기 내 모순'에 처해 있는 '사태에 대한 과도한 애정의 표현'일 뿐이다(WdL 5, 276). 도덕적 행위에 있어서 모순, 충돌은 궁극적으로 없어지는데, 그것은 극복되지 않은 모순 속에 붙박여 있음을 함의한다. 그 모순이란 선이라는 모든 절대적 목적과 **극복되지 않는** 한계로서의 다양한 현실 사이의 **해소되지 않는** 모순을 말한다.[134] 이에 반해 사변적 사상의 본성은 모순을 일으키는 것의 두 측면을 이상적으로 생각한다. 즉 그 두 측면을 처음부터 도덕적 행위라는 개념의 계기로 이해하며, 대립된 계기들을 스스로 움직이는 통일 속에서 ── "각각의 대립된 계기는 그 자체로 자신의 반대 부분이며, 이 반대 부분과 함께 간다"(WdL 5, 168) ── 파악하고, 도덕법에서 인륜법으로의 이행을 생각한다. 이 인륜법(인륜적 공동체)에서 도덕의 모순은 추상적으로 사라지는 것이 아니라 지양되며, 보존되고, 극복된다. 무한한 진행, 즉 악무한이라는 상은 오늘날 '자유로운' 생각이라는 이름으로 다양하게 등장하고 있는 상대주의, 예상치 못한 아주 강력한 승리로 들떠 있는 상대주의를 그 핵심에 각인하고 있다. 물론 이미 그 조상 중 한 명인 프리드리히 슐레겔(Friedrich Schlegel)이 상대성의 수행적 모순을 확고히 했으며, '모든 지식은 상대적이다'라는 명제가 이 명제 자체에도 적용되어야 한다고 날카롭게 지시해 주었음을 우리는 알고 있다. 하지만 어쨌거나 오늘은 이것이 참인 것으로 보이고, 내일은 좀 다르게 보이며, 모레는 또 다르게 보인다는 주장으로 요약되는 이러한 상대주의적 복음은 임의성을 신격화하는 가운데 철학에 파산(banca rotta)을 선고한다.

도덕적 관점에서 볼 때 보편성은 추상의 상태, 내용 없는 동일성의 상태에 놓여 있으며, B의 A로의 포섭은 필연적인 것으로가 아니라 우연적

---

134 WdL 6, 544.

인 것으로 현상한다. 동시에 주체에 대한 대립된 두 해석은 그 진리에 따라서 통합된다. 이러한 사실은 행위를 '하나'(단일체)로, 동시에 **그 행위의 속성에 따라 존재하는** 하나로 형성한다. 따라서 판단의 다음 형식은 속성의 양식과 관련이 있어야 한다. 행위의 맥락은 이러한 속성에, 즉 그렇게 혹은 저렇게 있음(So-Sein)에 속하며,[135] 행위의 본질적 환경, 따라서 형식적 계기만이 아니라 **내용적** 계기도 바로 그것에 속한다. '친구 딸에게 목마를 장난감으로 선물하는 것은 좋다.' '그리스인들이 트로이 사람들에게 목마를 선물한 것은 나빴다.' '친구의 잘못된 정보(거짓말)는 나의 경제적 이익과 관련하여 나빴다.' '거짓말쟁이 야곱이 그의 친구들에게 잘못된 정보(선한 거짓말)를 준 것은 좋았다.'[136] 이 필증판단의 기본 구조는 다음과 같다. '특정한 상황 아래서, 따라서 이러그러한 속성을 가진 환경 아래서 수행된 이 행위는 좋(/선하)다.'[137] 여기서 **구체적 보편성**에 도달한다. 이 보편자는 자기 자신이면서 자신의 반대를 통해 지속되고, 이 반대와의 통일을 통해 비로소 보편자가 된다. §7을 요약하면 다음과 같다. **모든 행위는 특수한 속성을 가진 개별 현실로 나타난 유이다.** 자유로운 행위로 묘사되는 행위는 E와 B와 A의 논리적 통일을 포함한다. 이 동일성은 악한 행위에서는 나타나지 않는다. 우리는 특정한 행위를 내용적으로 특정한 맥락에 의존하여 — 예컨대 어떤 국가에서, 어떤 역사적 상황에서, 즉 어떤 인륜적 환경에서 그 행위가 수행되는지 — 좋은 것으

---

135 헤겔의 논리학은 이러한 의미에서도 "설익은 상태로 있는 맥락 원칙의 논리학"이다. (……) 나는 인격체의 공동체 안에서 다른 인격체와의 사회적 관계에서만, 그런 관계를 통해서만 인격체이다." Pirmin Stekeler-Weithofer, Warum ist der Begriff sowohl Urteil als auch Schluss?, *Hegels Lehre vom Begriff, Urteil und Schluss*, a.a.O., S. 42.

136 Jurek Becker, *Jakob, der Lügner*, Frankfurt a.M. 1992. 주인공인 유대인 야곱은 바르샤바의 포로수용소에서 전쟁 과정과 관련하여 붉은 군대가 바르샤바에 진군한다는 낙관적 소식을 만들어내는데, 이를 통해 수용소에서 지내고 있는 사람들에게 삶의 용기를 북돋아 주었다.

137 칸트에게서 정언명령은 '실증적-실천적 판단'인데, 칸트는 그런 실천적 판단의 논리적 형식을 철저하게 검토하지 않는다.

로 혹은 좋지 않은 것으로 평가할 수 있다. 바르샤바의 수용소에서 야곱이 의도적으로 소련 군대가 들어오고 있다는 잘못된 소식을 만들어내는 거짓말을 하는데, 그것은 긴급상황의 거짓말(선의의 거짓말)이었고, 따라서 좋은 행위였고, 야곱의 도덕적 권리(/옳음)였다. 그는 부당한 정권에 대항하여 저항했고, 유대 동료들에게 삶의 희망을 불어넣었다. 나치 친위대의 한 병사는 1943년 친구와 난민을 보호하기 위해 한 프랑스 시민에게 잘못된 정보를 주는데, 그것은 '추정상의' 옳음일 뿐 아니라 한계 없이 '좋은'이라는 평가를 받아야 하는 행위였다. 여기서 행위의 속성, 맥락성 및 자유로운 법적 행위의 보편적 영역으로서의 인류법 등이 그 행위를 평가하는 데 작용하고 있음을 볼 수 있다. 앞에 언급한 두 행위는 진리에, 필증판단의 진리에 의존하며, 또한 이 판단이 논리적 추론으로 필연적으로 이행한다는 사실에 의존한다. 따라서 잘못된 정보를 주는 이 두 행위는, 사태에 적중하지 않는 한에서만 **형식적** 거짓이다. 그러나 사태에 대한 부적합한 서술 혹은 잘못된 정보는 그 자체로 거짓이라고 간주할 수 없다. 언급한 맥락과 상황에서 — 즉 바르샤바의 수용소와 1943년 프랑스 — 실체적 권리(/법)가 근본적으로 훼손되었기 때문에, 따라서 무법(/무권리)의 시대라고 말해도 되기 때문에 정당방위(긴급방위)의 경우에서처럼 사태가 전혀 다르게 전개될 수 있다. 법(/권리)의 훼손자를 마주할 때 나는 일상적 원칙을 준수해서는 안 된다. 반대로 무법(/무권리)에 대립하여, 비도덕적인 것에 대립하여, 악에 대립하여 (이런 것들은 자유로운 행위 개념의 손상을 의미한다) 나는 나 자신을 방어해도 되며, 그에 저항해서 법(/권리)을 정립해도 된다. 나는 법(/권리) 훼손자에게 의식적으로 잘못된 정보를 주어도 되고, 따라서 긴급상황에서 나 자신을 도덕적으로 방어해도 된다. 따라서 그러한 진술은 **긴급한 거짓말**(선한 거짓말), **도덕적 정당방위**이다. 좀 더 분명하게 말해 보자. 헤겔에게도 인간애에서 기인하는 거짓말이 추정적 권리를 갖지 않는다. 따라서 실체적인 도덕적 사태와 관련하여 거짓말에 대한 칸트의 원칙적 금지는 한계 없이 유효하다. '잘못된 정보'라는 행위의 가치평가의 경우에만 논리적으로 엄격하게 속성이 연관되며, 따라서 거짓말에 대한 새로운 이해가 구상된다.[138] 따라서 거짓말쟁이 야곱은 엄격한 도덕적 의미에서 결코 거짓말쟁이가 아니었다. 살인정권 혹은 테러정권에서 — 여기서는 이미 모든 법(/권리)이 전도되어 있다 — 그런 저항은 정당성을 가지며, 도덕적 정당방위로, 단지 무법과 비도덕성에 반응하는 제2의 행위 내지 폭력으로 간주한다.

이 위치에서 도덕법의 영역을 이미 넘어가고 있음을 시사했다. 처음에 그저 도덕적 가치평가만을 받는 어떤 행위에 대한 판단은 이렇게 철저히 전복될 수 있다. 선한 거짓말 혹은 도덕적 정당방위라는 의미에서의 형식적 부정직함은 좋은 것으로 평가되어도 되는데, 그것은 단적으로 거짓말이 아니다. 왜냐하면 후자인 거짓말은 자유로운 행위 개념의 조건을 충족하지 못하기 때문이다. 헤겔은 여기에서 형식주의, 본래적 의무론, 한정 없는 금지 등의 업적뿐 아니라 그 결핍도 본다. 그것도 이 의무론적 관점에서 볼 때 환경과 또 그로부터 드러나는 (치명적이고 비인간적인) 결과와는 아무런 상관없이 행위 유형에 윤리적 성질이 부가된다고 하는 의미에서 그렇다.[139] 그런 엄숙주의 입장에 대해 어떤 경우에도 잘못된 서술이 있어서는 안 된다. 다시 말하자. 헤겔은 거짓말의 엄격한 금지에 완전히 동의한다. 거짓말은 보편 가능한 것으로 간주할 수 없다. 거짓말은, 특수성이 보편성에 대립해 있는 한, 자유로운 행위라는 개념, 공동성의 토대를 손상할 것이며, 그것은 도덕적 권리(/옳음)일 수 없고, 진리일 수 없으며, 그 반대이다. 바르샤바의 유대인 야곱은 이 정언적 원칙에 따라서 철저히 행동했다. 하지만 그가 인륜적·정치적 맥락과 관련되어 있다는 사실을 통해 그는 진리를 이미 다른 것으로 이해했으며, 따라서

---

138 진리에 대한 헤겔의 특별한 이해는 중요하다. '사람은 진리를 말해야 한다.' 하지만 이때 '많은 고려'가 있다. "그런 진실성은 그 뒤에 아무것도 없는 곳에서만 그런 진실성이다. 유한한 사물에 대해 진리를 말하는 것, 여기서는 그러한 일이 대부분 없다. 매 순간은 수천의 진리를 죽인다"(Rin 82).

139 Quante, *Hegels Begriff der Handlung*, a.a.O., S. 131~33.

헤겔적 의미에서 거짓금지를 존중했다. 무법(/무권리)이 법(/권리)일 수 없듯이 악은 선(/좋음)일 수 없다. 그러나 이 행위에 대한 가치평가는 단순히 도덕적 평가로서 결함이 있다. **전체로서의 행위**는 도덕적 가치평가를 통해 충분하게 규정할 수 없다. 단순한 도덕적 관점에서 볼 때 거짓말 혹은 선물하기 등은 **좋거나** 나쁠 수 있다. 결정적으로 중요한 것은 다음의 사실이다. 헤겔은 완전하게 규정된 행위와 관련 있는 다른 진리 개념을 구축했으며, 따라서 결코 거짓을 바랄 만한 것으로 만들지 않는다. 상황은 그 반대다. 즉 거짓말의 도덕적 배제는 일관성 있는 근거를 가지며, 좋은 것은 참된 것에 의존한다. 이러한 사실은 행위 개념에 대한 더 나아간 규정, 그리고 이 개념의 완전한 규정(주체, 의도, 결과, 맥락 등)을 요구한다. 다른 말로 하면 그것은 도덕법의 인륜법으로의 이행을 요구한다.

이렇듯 선(/좋음)은 제약 없이 목적으로, 목표로 간주할 수 있다.[140] 이러한 사실은 책임귀속의 상호주관적 실천을 위한 기준을 습득하기 위해서는 선(/좋음)의 현상 아래서 사유된다는 것을 의미한다. **보편적** 규칙, 선(/좋음)의 이념 및 양심 등은 규정**되어야** 할 **무규정적인 것**이다. 헤겔에 따르면, 칸트는 목적으로 의지한다는 사실을 이해하는 가운데 이 구체적 보편자를 이미 목도했다. 그것은 목적이 이미 '판단 이상의 것'을 서술하는 객관적 판단이며, 말하자면 추론이라는 논리적 형식이다. 그것은 도덕적 관점을 넘어 **추론의 논리학**에 의존하는 인륜적 관점으로 넘어가야 함을 지시한다. 단순한 도덕적 관점에 붙들려 있는 것, 인륜적 입장에서 더 나아간 규정을 부여받지 못하는 판단에 고착되는 것 등은 도덕법

---

140   이에 반해 슈네델바흐는 선(/좋음)을 세계의 절대적 목적으로 규정하는 것을 "단순한 전도"로 간주한다(Schnädelbach, *Hegels praktische Philosophie*, a.a.O., S. 238). 그런데 이것은 헤겔의 실천철학에 대한 엄청난 오해를 드러낼 뿐이다. 피르민 슈터켈러-바이트호퍼(Pirmin Stekeler-Weithofer)는 이와 전혀 다르게 본다. "한 과정의 모든 끝(Ende)이 행위의 목표(Ziel)로, 따라서 행위에 내재한 목적(Zweck)으로 정립될 수 있는 한, 그 과정만이 우리에 의해 자의적으로 시작될 수 있는 한에서 끝 개념과 목적 개념이 동일할 수 있다." Pirmin Stekeler-Weithofer, Warum ist der Begriff sowohl Urteil als auch Schluss?, a.a.O., S. 43.

과 더불어 도달된 이윤을 다시 내기에 거는 모험을 단행한다. 모순의 해체는 도덕적 영역 내부에서 그저 상대적일 수 있다. 의무의 충돌에서 벗어나고 일종의 형식적 무모순성을 구축하고자 하는 칸트의 시도와 '인륜적 개념으로 넘어가지 못하고 그저 도덕적 입장에 붙들려 있는 것' 등은 무한한 안티노미라는 자신의 혁명적 사상을 좀먹는 것이다(§135). 구체적 권리(/법)의 고착화는 속성, 맥락성 등의 계기와 따라서 행위의 내용을 고려하는 **인륜법** 입장에서야 비로소 완벽하게 수행할 수 있다.

6. 양심

"선의 추상적 특성으로 인해 이념의 다른 계기인 **특수성** 일반은 주체성으로 떨어진다"(§136). 선이 이제 이 무규정적 보편자를 대표하는 한, 그리고 우리가 그것을 어떤 관계와 연결하는 한 특수성(B)은 내적으로 규정하는 그리고 분리를 정립하는 심급에 배당되지 않으면 안 된다. 그 심급은 바로 **양심**인데, 이 양심은 규정하는 자로서 그리고 도덕적 숙고에서 결정을 내리는 자로서 무조건적 정당성을 획득한다. 이제 **양심의 권리, 양심의 자유**에 대해 규명하고자 한다. 헤겔은 이를 '수준 높은 태도, 현대 세계의 태도'(§136, Z)라고 말한다.[141] 양심의 첫 번째 특징은 내가 선이라고 알고 있지 않은 어떤 것도 인정하지 않는 신념을 포함한다. 이 선은 보편적으로 사유된 규정에 따른 선이며, 소여된 모든 규범과 규칙으로부터의 해방, 즉 자기규정을 포함한다.[142]* "양심에 거하는 인간은

---

141 "이것은 가장 깊은 내면성의 태도이며, 현대 세계의 태도이다"(Hey 26).

142 자기규정으로서의 양심의 절대적 자기지배, 지(/앎) 자체로서의 의무(PhG 3, 476).

* '양심'이란 의미의 독일어 'Gewissen'는 영어로는 'conscience'인데, 둘 다 '지식', '앎'을 그 안에 품고 있으며, '공동의 앎'이라는 어원적 뜻을 가진다. 이에 반해 우리 번역어인 양심은 다분히 심정의 상태를 의미하는 것으로, 앎보다는 정서를 강조하는 경향이 있다. 이런 관점에서 보면 '양지'(良知)로 번역하는 중국의 번역이

독립적이다. 인간은 이 양심에서 그저 자기 자신에 머문다. 양심에 거하는 나는 나 자신을 의지와 연관하여 사유하는 자로 알며, (……) 이러한 나의 사유만이 의무를 지우는 자이지, 그 외에 어떤 권위도 없다고 안다"(Hey 26f.).

나는 규범적 원리를 내적 신탁으로서가 아니라 이성적으로 정당화된 것으로 인정할 수 있으며, 객관적·보편적 타당성을 갖는, 객관적 요청의 형태로 등장하는 그 원리들을 수용할 수 있다. 그런데 이러한 사실은 보다 높은 수준에서, 즉 특수성의 가장 높은 지점에서 '내적인 고독'도 포함한다. "인간은 자기 자신과만 외로이 있다"(Hey 26). 이론적 유아론과 실천적 유아론으로의 경향은 현대에, 특히 초월철학적인 주관적 관념론의 도덕법 형태에 잘 묘사되어 있다. 양심은 주관적 개체(Einzelheit)이면서 동시에 보편인데, 그런 점에서 양심은 개별성(Individualität)을 갖는다. 개별성이라는 이 요소는 헤겔에 의해 비록 충분하지 않지만 필연적 조건으로 간주된다. 이 (양심) 사상은 '진실로 중심에' 위치한다. 피히테의 정언명령은 이에 대한 범례가 된다. "언제나 네 의무에 대한 최선의 확신에 따라 행동하라. 혹은 언제나 네 양심에 따라 행동하라."[143] 주관적·도덕적 자유는 '주체의 영예', 즉 이성과 자유의 인정을 포함한다. 이 성스러움을 훼손하는 것은 부당하고, 양심에 거할 때 나는 자유로우며, 따라서 여기서 자유는 술어로 등장한다. 하지만 특정한 개인의 이 특수한 앎("이 주체의 확신"-§137)이 양심의 이념에 적합한지, 그리고 양심의 주체가 선한 것으로 여기거나 제시하는 것이 현실적으로도 선한 것인지 등에 대한 '나의 앎'이나 '나의 생각'이라는 말 속에 결정적으로 중요한 것이 놓여 있다(§137). 선과 양심은 앞에 말한 의미에서 서로 마주 서 있다. **첫 번째 주관적** 시험은 충분하지 않고, 내적 심판관은 결핍되어 있으며,

---

더 좋아 보인다. ─옮긴이

143   Fichte, *Das System der Sittenlehre nach dem Principien der Wissenschaftslehre*, GA I, 5, 146.

이 심판관은 한 인격 안에서 송사자이면서 방어자이다. 이런 의미에서 칸트는 양심을 '내적 법정이라는 의식'(이 법정 앞에서 나의 생각은 스스로를 송사하기도 하고 방어하기도 한다)[144]이라고 표현한다. 객체의 시험(다른 심급, 즉 '객관적' 판사를 통한 시험)이 아직 앞에 놓여 있으며, 확신은 자신의 타당성을 우선 지(/앎)로 구축해야 한다. 양심은 이렇듯 우선 의지 활동의 단지 형식적 측면으로, 내적 존엄자로 머무는데, 이것은 오늘날도 양심 개념에 대한 지배적인 사용양식이다. 하지만 **형식적** 양심과 **진정한** 양심 사이에 구별이 있어야 한다. 즉 "**진정한** 양심과 **잘못된** 양심. 진정한 양심은 단순히 확신에 머무는 것이 아니라 또한 참이다. 양심은 오로지 그 형식 때문에 **참된** 양심인 것은 아니다"(Hey 27).[145] 따라서 헤겔은 양심에 대한 일상적 이해에 동의하지 않는다. 내적인 주관적 입법자는 동시에 존엄자이어야 하며, 단순한 주관적 시험을 넘어(Kiel 133) **주관적인 것과 객관적인 것의 통일**을 이루는 참된 양심으로까지 고양해야 하는데 (Ho 428), 이는 궁극적으로 '인륜법의 입장'에서야 도달할 수 있다. "**양심은 자기 안과 자기 밖에서** 권리와 의무가 무엇인지를 아는, 그리고 선한 것으로 (……) 알고 의지하는 것 이외에, 즉 **참**으로 권리이자 의무인 것 이외에 어떤 것도 인정하지 않는 주관적 자기의식의 절대적 정당성을 표현한다"(§137). 주체는 습관적으로 '신뢰'를 양심의 내용으로 가져야 하며, 아무런 반성 없이 법(/권리)에 합당한 것(자기 내 존재)을 인정해야 하지만, 정당한 것의 근거 역시 통찰할 수 있어야 한다(자기 밖 존재). 그런 주체가 진실로 존재하는 한, 즉 **사유하는 시험**이 수행된 경우에만, 그리고 주관적 앎과 객관적 앎의 이 통일이 구성되는 경우에만, 양심은 '성스러운 것'으로, 신성불가침의 이상적인 경우로 간주할 수 있다. "나의 사유, 나의 앎, 이것만이 나에게 의무를 부과하는 것이다"(Ho 426f.).

---

144 Kant, *Die Metaphysik der Sitten*, AA IV, 438.
145 도덕적 태도는 형식적 양심을 포괄하며, 진정한 양심은 인륜적 심정에 비로소 함유되어 있다(§137).

이 형상에서야 비로소 양심의 올바름에 대한 그저 내적일 뿐인 척도가 극복되며, 이 양심은 사유에 의지하지, 결코 자연적인 명증감에 혹은 내적 신탁 형태의 도덕적 직관에 의지하지 않는다. 이 양심은 도덕성의 개인적 혹은 집단적인 사도를 추종하지 않는다. "권리와 의무인 것은 의지 규정의 즉자대자적인 이성적인 것으로서 본질적으로 개인의 특수한 소유도 아니고 감응의 **형식**으로, 혹은 개체적인, 즉 감각적인 앎의 형식으로 존재하지도 않는다"(§137). 흄이 말하는 것과 같은 도덕감은 여기서 설 자리가 없다. 동시에 객체성에 이렇게 의존한다는 것은 이제 '명령'으로서의 낯선 규정을 자유에 마주 세운다는 것을 말하는 것이 아니라 양심이 어떤 **특수한** 권위를 수행하는지를 명확히 한다는 것을 의미한다. 이것은 최고 단계에서 개념적으로 파악하는 자유로운 사유의 권위, 즉 **사유의 권리**일 수 있을 뿐이다. 헤겔은 '양심의 관점에서의 애매함'을 적확하게 표시하며, 자의는 유지되고, 양심으로 등장한 도덕적 주체가 요청하고 간직하는 것은 앎(/지)으로서의 인정도 놓칠 수 있다. 학문이 주관적일 뿐인 의견이나 가정, 혹은 확신 등을 앎(/지)으로 존중하지 않듯이(이것들이 금지되지는 않는다), 인륜 영역(예컨대 국가)에서 주관적일 뿐인, 경우에 따라 오류로 나아가는 양심에는 어떤 무제한적 존중도 부여되지 않는다. 그것이 금지되어서는 안 되지만, 국가의 원리로서 유효할 수 없다.[146] 그것은 양심의 (내용적으로 충족되지 않은) 형식적 측면, **도덕법이라는 형식적 태도**일 뿐이다. "따라서 양심은 그것이 진실한지 아닌지 이 판단에 종속되며, 양심의 자기 자신에의 이런 의존은 직접적으로 즉자대자적으로 타당한 보편적이고 이성적인 행위양식의 규칙이고자 하는 양심 자신의 의지에 반한다"(§137). 이어지는 §138에서도 여기에서 여러 번 언급한 행위와 판단의 상호연관이 논의된다. 주체의 새로운 형

---

146 "따라서 양심이 올바른 양식이기 위해 이 양심이 옳다고 아는 것은 내적으로만 거할 것이 아니라 객관적이어야 하고, 또 객관적 권리(법)에 적합해야 한다. 양심이 올바르면, 국가가 인륜적 체제일 경우, 이 양심은 국가에 의해 인정된다" (PhRel 17, 104).

식으로서의 양심은 **선한** 행위가 무엇인지를 전제적으로 규정하는 '판단하는 힘'으로 간주하며, "이 힘 덕분에 처음에는 표상되고 **당위적으로만** 존재하는 선(/좋음)이 **현실성**을 얻는다."

여기에서 양심의 더 나아간 결정적 특성이 논의된다. 양심의 바로 이 특성과 더불어 비로소 도덕적 행위는 행위로 구성되며, 지금까지 행위가 없던 '도덕성의 무행동적 의식'이 극복된다(PhG 3, 467). §6에 따라 현존하는 현실적 행위의 규정 내지 특수성은 양심의 도덕적 행위를 함축한다(PhG 3, 467, 478).[147]

도덕적 실천은 여기서 판단실천으로, 구체적인 언어실천으로 드러나며, 양심은 언어적 현실로 드러난다. "하지만 언어는 자립적이고 인정된 자기의식의 중심으로 등장하며, **현존하는 자기**는 직접적으로 보편적인, 다층의, 그리고 이 다양성에서도 단순한 인정존재이다. 양심의 언어 내용은 **자신을 본질로 아는 자기이다**"(PhG 3, 479). 여기서 도덕적 **확신**의 다양성 혹은 복수성과 이에 기초한 **삶의 형식**의 다양성이 정당화되며, 논리적으로 말하면 특수성의 차원이 정당화된다. '규정성의 이 오점'에 현대 사유를 각인하고 있는 **양심의 존엄과 자기규정성의 사상과 특수한 삶의 형식의 다양성**을 정당화하는 사상이 놓여 있다. 하지만 이 세계, 이 현실은 '자기들의 말'로만 머무르며, 주장과 단언 속에 머무른다. "보편적 평등은 개별적 대자존재의 불평등으로 쪼개진다"(PhG 3, 484). 이 **최초의 현실적** 행위는 판단일 뿐인데, 왜냐하면 말에만 제약되어 있을 뿐

---

147 『법철학』의 이 단락을 해석하기 위해 『정신현상학』 「양심」 절을 이끌어 오는 것은 아주 유용하다. 헤겔은 양심의 특수한 내용에서 '인정됨이라는 정신적 요소'를 본다. "그 내용이 인정된다는 것이 행위를 현실로 만든다. 행위가 인정되고 이를 통해 현실이 되는 이유는 현존하는 현실이 직접적으로 확신 혹은 지(/앎)와 연결되어 있기 때문이다. 혹은 그러한 목적을 아는 것이 직접적으로 보편적 인정이라는 현존의 요소이다." 진술의 형식으로 나타나는 양심은 바로 이런 특수성을 갖는다. 왜냐하면 언어는 "정신의 현존"이며, "타자를 위해 현존하는 자기의식"이기 때문이다(이는 양심의 지금까지의 내적 폐쇄성과 행동 없음과 구별된다). 진술 혹은 말 속에서 우리는 이제 "행동의 참된 현실과 행위의 타당성"을 갖는다.

이기 때문이다. 그것은 아직 완전한 행위가 아니라 한갓된 특수한 행위이기 때문이다. 도덕적 행위는 그 핵심에 있어서 판단이다.[148] 이는 두 가지 경향을 포함한다. 하나는 '이상적 내면성'으로의 길이다. 그것은 "법(/권리), 의무, 현존 등의 모든 규정의 자기 내" 도피이며, '현실은 비현실성으로 증발'한다. 다른 하나는 지(/앎)로의 상승의 길이며, '참다운' 양심으로의 상승의 길이다. 여기서 현실은 '자기를 아는 주체'로, '보다 높은 형식의 현실'로 나아간다.[149] 보편성과 특수성은 '분할'되고, 자기 안에서 분리되며, 도덕적 주체는 스스로를 보편자이자 특수자로 안다. 즉 '분리의 태도'가 생겨난다. 그런 자기의식은 "즉자대자적인 **보편자**를 자의에 불과한 것으로 변경할 수 있는 가능성이며, 이 **독특한 특수자**를 보편자를 넘어선 원리로 만들고 이 특수자를 행위를 통해 실현할 수 있는 가능성이다. 즉 이 자기의식은 **악**일 수 있는 가능성이다"(§139). 분리와 근원적 분할(판단)을 통해 현존이(§6), 여기서는 현실이 구성되고, 양심에서 그저 당위적일 뿐이던 선이 현실로 진군해 가는데(§138), 하지만 처음에는 **내적** 현실로, 아는 의지로서의 의지로, 구체적 언어실천으로 그리고 특수한 삶의 형식으로 진군해 간다. 현실의 습득과 현실로부터의 도피가 양심을 특징지으며, 도덕적 행위는 선하거나 악한 것으로 판단할 수 있다. 왜냐하면 특수자는 자기 자신에 대한 직접적 확실성으로서 행위자의 자의와 그 자연적 존재의 우연성을 포함하기 때문이다(PhG 3, 473). 객체에 대한 결단, 즉 행위의 인정은 그 자체로 양심의 주체로 떨어지며, 행위는 자신의 정당성을 특수한 확신을 통해서만 발견하게 된다.

양심은 인륜적 입장에서 비로소 참이 되며, 원칙적으로 보편화될 수 있어야 하는 **원칙과 의무의 전체 객체의 맥락**에서 비로소 참이 된다(§137). 비록 사유하는 양심의 본질적 심급이 도입되지만 양심의 참다운 내용은 도덕법 영역에서 충분히 발생할 수 없다는 사실이 결정적으로

---

148 Ralf Beuthan, *Die Aktualität von Hegels Medienkritik in der PhG* (미발표문).
149 PhG 3, 468~492.

중요하다.

형식적 양심과 참다운 양심 사이의 앞서 언급한 구별을 비롯하여 여기서 등장하는 애매함은 상이한 권리와 재화의 충돌을 알려 주는 예를 통해 제시할 수 있을 것이다. 어떤 사람이 병든 친구를 돕고자 그에게 값비싼 약을 주기 위해 약사를 죽인다. "그 사람이 판사 앞에서 자신의 양심에 호소하면서 자신의 양심은 그 자신에게 범죄가 어떤 고귀한 행위로 인식했다고 말한다고 하자. 그런 진술은 어떤 이점도 가져다주지 않는다"(Kiel 135). 자기 양심에 대한 일상적 독법에 따라 결정해야 하는 한 국회의원이 개발도상국을 돕기 위한 투표장에 가는데, 내적으로 어떤 나라를 특히 도와줘야겠다는 의무감을 느낀다고 하자. 그는 그 나라를 잘 알고 있으며, 특히 도움을 필요로 하는 나라로 여긴다. 그는 자신의 이 앎(/지)을 자신의 결정을 이끌어가는 행위로 여긴다. 그의 진실한 양심은 개발도상국이 필요로 하는, 전체 상황을 알고 있다는 데서 성립하는데, 바로 이 앎이라는 그의 양심은 보급품을 서로 다른 가난한 나라들에 합리적으로 분배하도록 투표행위를 하게 한다. 동등한 정도의 이 의무의 충돌에서 양심은 '보다 고귀한 의무'에 투표해야 하며(Kiel 134), 바로 그 점에서 양심은 진실하다.

진단된 애매함은 양심의 결단과 관련하여 독일 헌법재판소에서 법적 형식으로 규정한다. "진정으로 인륜적인, 즉 선과 악의 범주에 정향된 모든 결단. 이 결단은 특정한 상황에 놓인 개인이 자신을 구속하는, 무조건 자신의 의무라고 내적으로 경험하는 결단이며, 따라서 그는 양심의 진지한 위기 없이 이 결단에 대립하여 행위할 수 없다."[150] 여기에 기본법 제4장에 형식화되어 있는 양심의 자유의 침해 불가능성의 원칙에 대한 (문제가 없지 않은) 해석이 놓여 있다. 여기에는 여전히 양심의 어떤 규정을 말하고 있는지가 언급되어 있지 않다. 주관적 규정은 헤겔적인 신성

---

150   BVerfGE(독일 헌법재판소 판례) 12, 45, (55). 하지만 여기서 '진지한'(ernst)을 어떻게 규정할 것인지는 어려운 일이다.

함과 그저 등치되는 것처럼 보이며, 따라서 그것은 엄청난 문제를 이끌어낸다. 특별한 경우에 독일에서 양심의 자유는 잘 알려져 있듯이 헌법에 맞춰 법조문화되어 있다. "누구도 자신의 양심에 반해 무기를 들고 전장에 나가도록 강제되어서는 안 된다." 따라서 모든 개인이 주관적인 양심의 결단에 따라 국방의무를 주저하는 상황을 가정해 볼 수 있다. (직업군인제도를 의무화하면 되지 않느냐 하는 반론이 있을 수 있지만, 이는 도움이 안 된다. 왜냐하면 모든 사람은 직업선택의 자유에 따라 다른 직업을 선택할 수 있기 때문이다.) 이 거부의 원칙을 일관되게 존중할 경우 국가는 외부에서 오는 침략에 방어력 없이 존립할 수도 있게 된다. 헤겔은 아마도 '인륜법의 입장'이 '참된 양심'을 제공하며, 독일의 기본법은 주관적 앎(/지)의 방향 설정을 위해 이 원칙, 혹은 이 '법칙'을 철저하게 확립하고 있는 것이 타당하다고 할 것이다. 말하자면 독일기본법은 '비상상황'을 (논란이 있지만) 확고히 하고 있으며, 이른바 긴급한 방어상황에서 '보충병'제도를 법률적으로 확립하고 있는데, 이런 비상상황에서 모든 군사의무자는 기한 없이 군사업무에 끌려 나올 수 있도록 규정하고 있다. 이때 동원되는 자는 전쟁수행 거부자들도 (연방군사방위군 밖에 위치시킨다고 하더라도) 포함하고 있다. 국가가 이런 규칙을 갖지 않을 경우 그 국가는 역사적 힘의 특정한 정세라는 의미에서 '역사의 법'에, '세계법정'에 기소될 수 있으며, (여전히 외부의 잠재적 위협이 존재함에도 불구하고) 저항력이 없을 경우 몰락할 수 있다. 퀘이커교도나 재세례파들이 전쟁업무에의 동원을 실제로 거부했는데, 헤겔은 「국가」 장에서 이들의 거부를 주관적 양심의 타당성이라는 형식으로서 국가가 관용을 보여야 한다고 변론한다. 하지만 그것은 '정상적인 상황'에서만 가능하며(비상상황이나 계엄상황에는 예외가 없다), 또한 관련 당사자들이 국가에 대해 다른 실제적 업무를 수행할 경우에, 그리고 국가의 주권이 훼손되지 않을 경우에만 가능하다(§270). 국가의 주권과 관련하여 어떤 상황을 평가하는 작업은 정말로 어렵고 힘든 문제를 야기하며, 그래서 그것은 정치적 결단의 장에서 해결책을 찾아야 하고, 그 문제는 '국가론'에서 다뤄져야 한다. 특히 법질서의 유예로서의 비상상황에 대한 물음, 그런 유예가 법 상황에서도 여전히 유지될 수 있는지의 물음 등이 국가론의 중요한 주제가 된다.

여기서 흥미로운 것은 헤겔의 진술이 오늘날도 여전히 유효한 성찰들, 즉 상이한 의무들 사이의 외견상의 충돌로 인해 "권리와 의무 사이의 연결 끈이 풀어지는 현상을 세세히 논구하는" 세밀한 성찰을 담고 있다는 점이다(§137, A). (피히테도 다루는) 악명 높은 한 가지 예는 과적 상태에서 침몰하고 있는 구조선의 딜레마이다. 그런 특별한 비상상황에서 관련 당사자의 행위는 '정당화'의 문제에 놓인다. 첫째, 여기서 법(/권리)과 도덕성의 타당성 영역이 사라지며, 따라서 행위의 가치평가나 판단은 불가능하며, 이 예외상황이나 '특이하게 비정상적인' 상황에서는 우연성이 지배한다.[151] 둘째, 제시된 '원칙들'이 무조건적으로 타당하다고는 말할 수 없다는 것이 바로 여기서 명백히 드러난다.

법(/권리)과 의무의 모든 규정이 회피되거나 사라질 가능성에 근거하여 지금 도달한 도덕법의 현 상태에서 현존하는 혹은 소여된 모든 규정은 올바르거나 아무 의미 없는 것으로 간주할 수 있고, 특정한 모든 계율은 타당하거나 그렇지 않은 것으로 여겨질 수 있다(BI 113). 의지된 선은 양심이라는 위에 서술한 순수한 주관성 속에서 '객관적이지 않은 것'으로, '보편적이지 않은 것'으로 남겨지며, 특수한 개별적인 도덕적 주체는 자기의 앎에 의해 판단하고, 악이란 추상적 선이라는 선한 심정의 전도를 의미한다(Enz §§511, 512). 소여된 것에 대한 공정한 비판의 가능성과 존립하는 것의 전복 사이에서 참으로 사악한 대안이 생겨나며, '역사의 전환점'의 작용 내지 파괴자의 선택이 단적으로 등장한다. 우리는 여기서 메피스토펠레스의 이중의 용모를 엿본다. "현실과 관습적 삶에서 법(/권리)과 선으로 간주되는 것이 보다 선한 의지를 만족시킬 수 없는 시기에, 현존하는 자유의 세계가 의지에 충실하지 못하게 되었을 때, 도덕적 주체는 더 이상 타당한 의무에 거하지 않으며, 현실에서 상실한 조

---

151 "여기는 우연이 지배하는 순간이다"(Rin 81).

화를 이상적인 내면에서만 추구해야 한다"(§138). 여기에 언급한 도덕적 저항권과 소크라테스(Socrates)의 예가 놓여 있다. 그 예는 개별자의 특수한 양심이 오류가 있을 수 있을 뿐 아니라 또한 특수한 형식을 입은 객체, 예컨대 특수한 공동체, 특수한 국가도 자유에 대한 그때그때의 요청을 놓칠 수 있다는 것을 보여 준다. 따라서 상황의 전도가 주제가 되며, 그 안에서 비상상황이 언급된다.

7. 소크라테스와 도덕법의 비판적 차원

특수한 주체가 그러하듯이 국가 역시 오류를 범할 수 있다. 말하자면 자유의 원칙을 충족하지 못할 수 있다. "한 인간, 한 국가, 한 민족은 범죄를 범한다."[152] 헤겔의 시각에서 본 도덕적 입장의 역사적 본보기, 즉 소크라테스 상과 스토아주의와 회의주의에 대한 평가는 논증을 수행하는 데 기여하며, 소크라테스에서 현대의 도덕관에 이르는 도덕법의 역사의 단초로도 기여한다.[153] 소크라테스 시기에 처음으로 내적 성찰의 태도, 운동의 근거와 행동의 추동력 그리고 외적 상황에서 벗어난 내적 의지규정 등에의 집착과 같은 태도형식이 확립되었다. 소크라테스는 직접적으로 소여되어 있을 뿐인 모든 것, 혹은 그저 관습이자 습속이라는 이유로 직접적으로 타당한 것으로 간주되는 모든 것을 거부한 자의 상징이다. 따라서 그는 그에 대해 적극적으로 저항했으며, 그런 한에서 그는 이런 질서를 파괴하는 원칙을 대변한다. 여기에서 도덕적 저항권이 확립된다. 소크라테스는 존립하는 것의 정당성을 내적 심급을 통해, 개별적 주체성을 통해 요구하며, 특수한 자아의 선입견과 선판단이 없는 회의적 심사 태도를 요구한다. "소크라테스의 데몬(/정령)은 언제나 부정하

---

152   PhRel 17, 154.

153   Siep, *Praktische Philosophie im Deutschen Idealismus*, S. 219ff.

는 정신이다"(Gr 301). 악마를 이렇게 인용하는 가운데, 혹은 언제나 악을 의지하면서 언제나 선을 창출하는 악마의 힘의 일부를 인용하는 가운데 이미 도덕법의 야누스적 얼굴이 스케치된다. 그것은 자기의식적인, 비판적인, 명민하게 평가하는, 그리고 모든 것을 부정하는, 악한 '정신'이다. 따라서 행위는 외적인, 긍정적이고 법적인 권위에서만 나올 수 없고, 내적 권위를 통한 확증을 필요로 하고, 내적 정당화를 필요로 한다. 『법철학』은 존립하는 것을 확고히 할 뿐이라는 비난은 어떤 방식으로도 유지될 수 없다. 헤겔이 '확고히 하는' 것은 여기서 기준으로 작용하고 있는 **자유로운 사유**이다. "헤겔은 윤리적 질서에 대한 급진적인 도덕적 비판을 거부하지 않는다."[154] 두 차원, 즉 **자율적으로 규정하는** 요소와 **무정부주의적** 요소, **보존하는** 요소와 **비판적** 요소라는 이 두 차원이 도덕법을 규정하며, 이 둘을 헤겔은 일방적인 것으로 여긴다. 그럼에도 불구하고 헤겔의 시각은 모호하게도 전체주의로(R. Haym, E. Cassirer) 혹은 도덕적 도착으로 잘못 해석되고 비방된다(E. Tugendhat). 헌법과 법서들은 무에서 나오는 것이 아니고 이전 형식을 종결함으로써 발생하며, 따라서 보존의 차원을 포함한다. 헤겔은 처음에 소크라테스, 스토아주의 그리고 회의주의에서 명백히 드러나는 주체의 이러한 무한한 확신의 이중적 용모를 드러내 준다. 여기서 자기의식은 우선 **자신의 형식적 권리**, 자신의 **절대적 정당성**을 경험하고 파악하며(§138), 따라서 현대의 주된 입장을 대변하며, 그 최고의 형식은 양심의 침해 불가능한 권리로 나타난다. 특히 현대에 "소여된 것에 대한 경외는 현존하지 않는다"(§138, Z).[155] 이러한 사실은 세계사에 등장한 "전환점들"(Kiel 136)의 정당성을 결코 보여

<hr>

154 Wood, *Hegel's Critique of Morality*, a.a.O., S. 155.

155 고대 그리스의 원리인 자유로운 주체성은 "아직 **절대적인 자유로운** 주체성, 즉 자신을 정신으로 진실로 실현한 **이념**이 아니다. 즉 그것은 아직 **보편적인 무한한 주체성**이 아니다"(PhRel 17, 105). 자기의식은 고대에 "아직 주체성의 추상에" 이르지 않았다. 즉 그때의 주체성은 "결정될 수 있는 것을 넘어서 '나는 의지한다'라고 인간에 대해 언급해야 하는 상황에 아직 이르지 않았다. 이 '나는 의지한다'는 고대와 현대 세계의 큰 차이를 이룬다"(§279, Z).

주지 않는다. 이런 비판적 태도에 역사적 전복의 근거가 놓여 있다.[156] 둘째, 이 원리가 모든 상황에서 다 타당한 것은 아니며, 모든 삶의 순간에 적용되는 것도 아니다(Kiel 136). 고립되어 있는 현대의 이런 정당한 태도(단적으로 도덕법과 같은 태도)는 뒷면도 가지며, 이런 **단순한 확신**이 아직 **객관적 지(/앎)**로 성숙되지 않는 한 그런 태도는 이 시대의 질병일 뿐이다. "현실이 정신도, 태도도 없는 공허한 실존인 시대에만 개인에게 현실로부터 내적 생동성으로 도피하는 것이 허락될 수 있다"(§138, Z). 마치 소크라테스와 금욕주의자들이 했듯이 말이다. "카토는 지금까지 사물의 최고의 질서였던 자신의 세계, 자신의 공화국이 무너졌을 때 비로소 플라톤의 『파이돈』을 들고 읽었다."[157]* 정신성을 상실한 공허한 실존으로 확인할 수 있는 형식에 대한 비판은 무한히 정당하며, 그것은 자유의지의 모든 활동(/작품)에 대한 원칙적 거부가 아니다. 이러한 사실의 논리적 근거는 다음처럼 표현된다. "인간의 세계가 부패할 경우 인간이 행위하고 판단하는 방식에는 진리의 내용도, 진리의 개념도 없다. 그런 부패에서 인간은 자신의 현실이라는 특수자가 더 이상 개념의 보편성에 적합하지 않다는 것을 발견한다"(Ho 435). 헤겔은 현대 세계를 비록 (이미 칸트와 피히테가 철학적으로 제시한) 자유의 원칙이 지배하는 자유로운 이성의 작품으로 간주하기는 하지만, 이러한 사실이 현대 세계 안의 모든 것에서 합리적 형식이 발견된다는 것을 의미하지는 않는다. 역사적인 것-현존하는 것은 이제 이성적 형태를 입어야 하며, 자기 자신을 통한 항구적 비판과 검토를 필요로 한다. "헤겔은 현대 세계의 그러한 입장의 가능성을 불가피한 것으로 간주할 뿐 아니라 현대 문화를 지금까지 알

---

156 여기는 아직 (정치적 행위의 의미에서의) 적극적 저항을 주제화할 자리가 아니며, 따라서 헤겔은 내적 저항만을 말했다는 헤겔에 대한 비난은 공허할 뿐이다.

157 Hegel, *Die Positivität der christlichen Religion*(Zusätze), TWA 1, 205.

* 로마공화국의 정치가였던 카토는 자신의 현실 세계인 공화국이 파괴되자 인간의 영혼 문제를 다루는, 정확히 하자면 영혼불사 문제를 다루는 『파이돈』을 읽었다고 한다. 헤겔은 인간이 내면으로 움츠러드는 이유는 외부 세계가 그 질서를 상실했을 때임을 보이기 위해 이 말을 했다. ──옮긴이

려진 것보다 더 고차적이고 자유롭게 만드는 것의 일부로 간주한다."[158] 현대는 자신의 힘과 생명력을 언제나 다시 질문하는 것에서, 그리고 또 부정성의 원칙을 실행하는 것에서 창조한다.

8. 판단(/근원분할)과 악

선의 경우 주체는 여전히 (선이나 선하지 않은 것에 대한 결단이라는 의미에서의) **결정되지 않은 자**로 머물러 있기 때문에(Kiel 129), 우리는 이제 선택, 자의의 입각점에, 말하자면 자신만의 특수성을 보편자를 **넘어서서** 제시하고 이를 원리라고 설명할 수 있는 가능성의 입각점에 선다. 이것을 헤겔은 악(das Böse)이라고 명명한다. "너희들이 악이라고 명명한 것은 나 자신의 고유한 요소이다"라고 괴테는 부정성에 대해 말한다. 여기에 모든 것을 도덕화하고 모든 도덕과 악에 대한 도덕적 설교를 넘어서는 인간에 대한 존중, 즉 **선과 악을 자신의 책임으로, 자신의 책무로 귀속시키는 인간에 대한 존경과 인정**이 놓여 있다.[159] 인간이 본성상 선한지 혹은 악한지를 묻는 질문은 잘못되었으며, 인간은 선하기도 하고 악하기도 하다는 주장은 표피적인 것에 불과하다.[160] 어린아이나 동물은 선하거나 악하게 행동하지 않는다. ('애야, 너 지금 **나쁘다**.' '내 **악한** 고양이 민첸이 비싼 명나라 항아리를 깨부쉈다.' '할머니를 잡아먹은 **악한** 늑대' 등과 같이) 사람들이 말하기도 하지만, 사실 "동물, 돌, 식물은 악하지 않다."[161] 악을 행

---

158 Wood, *Hegel's Critique of Morality*, a.a.O., S. 165.
159 "인간은 선과 악이 무엇인지를 알며, 선악의 본질이 사실은 선 아니면 악을 의지한다는 것에 있음을 안다. 다른 말로 하면 인간은 악에 대한 책임뿐 아니라 선에 대해서도 책임을 질 수 있으며, 선과 악 그리고 모든 것에 대한 책임뿐 아니라 자신의 개별적 자유에 속하는 선과 악에 대한 책임도 가진다. 이것이 바로 인간에 대한 최고의 절대적 규정을 확증하는 말이다"(PhilG 12, 50f.).
160 PhRel 17, 251ff.
161 Ebd., 257. 동물은 "진실로 죄(/책임)가 없다"(PhilG 12, 51).

할 수 있는 잠재성으로서의 자의(선택의 자유)는 의지에, 그리고 이 의지의 즉자존재 없는 한갓된 대자존재에 구성적 역할을 한다(§§14, 142).[162] 선만이 행위 개념에 상응하기 때문에 선이 수행되어야 하는 경우에도 악한 행위의 가능성이 완벽하게 차단될 수는 없다. 의지의 우연성으로서의 자의를 합리적으로 제어하는 대신 이를 완전히 제거하고자 하는 모든 시도는 악을 오해하며, 병리적 결과를 가진다. 이러한 사실은 세계를 조화론적으로 개선하고자 하는 모든 꿈에 해당한다. 이에 반해 사악함과 악을 절대화하는 것도 동일하게 유지할 수 없는 결과를 수반한다. 이 두 극단은 악랄함, 전쟁, 부당함, 혹은 무법 등으로 각인된 자연 상태라는 가공물로 혹은 가장 평화로운 이상이 실현된 '황금시대'라는 가공물로 나타난다.[163]

한갓 자연적으로 규정된 개별 주체의 의지가 한갓 개체성의 내용을 갖는 한, 이 주체는 자기만을 추구하는 주체이다. 자연적 의지에는 의지함의 보편성과 분리된 채 '보편성으로 형성된 의지의 합리성과 대립하는 것'으로 머물러 있는 의지의 자기추구가 놓여 있다.[164] 그것(의지)은 '자신만의 근원 상태'(Jakob Böhme)[165]이기 때문에 의지의 특수성으로부터 이중의 것이 출현할 수 있으며, 이것은 나의 선택에 놓여 있고, "나는 이 것 혹은 저것을 의지하는 선택을 갖는 자의이다"(Gr 365). 뵈메에 따르면 '자유로운 보편적 의지'는 스스로를 판단(/분할)하며, 이 '근원토대'

---

162 "자의로서의 의지는 직접적일 뿐인 자기규정의 부정성으로서 자기 안에서 반성된다는 점에서 **그 자신의 입장에서 볼 때** 자유롭다. 하지만 자신의 이런 형식적 보편성을 **결단**을 통해 현실로 가져오는 내용이 충동과 경향의 내용과 다르지 않는 한, 그 의지는 단지 **주관적이고 우연적인** 의지로서만 **현실적**이다"(Enz §478).

163 Hume, *Ein Traktat über die menschliche Natur*(III), a.a.O., S. 237.

164 PhRel 17, 254.

165 뵈메의 단어 근원 상태(Ur-Stand, 원죄 이전의 원시 상태)에 대한 헤겔의 해석에 대해서는 다음을 보라. Hegel, *Vorlesungen. Ausgewählte Nachschriften und Manuskripte*, Band 9: *Vorlesungen über die Geschichte der Philosophie*, hrsg. von Walter Jaeschke und Pierre Garniron, S. 83.

(Urgrund)는 자기 안에서 선, 즉 신적 사랑과 악을 분리한다.[166] 의지는 A와 B라는 선택지, 선과 악이라는 선택지를 가지며, 이 양자는 분리될 수 없다. 긍정적인 것에서는 필연적으로 부정적인 것도 사유되어야 한다. 헤겔은 이러한 사실을 종교적 관념을 예시하며 설명한다. 그런데 종교적 관념에는 이원론이 내재해 있으며, 따라서 종교적 관념은 왜 선으로부터, 신으로부터 단적으로 악이 나오는지에 대해 일관성 있는 답을 할 수 없다. 한편으로 우리는 빛의 아들이면서 동시에 타락한 지옥의 제후인 루시퍼 상을 보게 되며, 다른 한편 낙원에서의 원죄를 보게 된다. 아담은 법을 위반했다. 하지만 주는 말한다. "아담이 우리들 중 하나처럼 되었다. 그는 선과 악을 알게 되었다."[167] 선과 악의 공동의 뿌리는 자유의지이며, 그것은 원리상 행위에 대한 평가이다.[168] 이미 강조한 바대로, **인식**은 모든 악의 원천을 이룬다. "왜냐하면 앎, **의식**은 분리를 정립하는 작용이며, 부정태, **판단**이고, 대자존재를 보다 면밀히 규정하는 분리 일반이기 때문이다."[169] 인식의 나무의 열매를 먹은 (신적 계율을 한갓 형식적으로 위반한) 것에 모든 악의 원천이 놓여 있었다. "자신의 자연성, 즉 자신의 즉자존재를 저렇게 넘어가는 것은 우선 분열이 인간 안에 정초되었다는 것이며, 이와 더불어 분열이 정립된다. 따라서 이 분열은 저 자연성, 저 직접성에서 벗어남이다."[170] 인간은 불가피하게 낙원을, 즉 동

---

166 Jakob Böhme, *Mysterium Magnum*, a.a.O., Band 7, S. 210 (§60). "따라서 자유의 지는 자기 안에 선이나 악을 위한 자기만의 법정을 가지며, 신의 사랑과 분노를 자기 안에 갖는다."

167 이 첫 번째 아담의 이야기에서 두 번째 아담인 그리스도가 이해된다는 사실은 보다 고차적인 설명이다(PhRel 17, 256).

168 Jakob Böhme, *Mysterium Magnum*, a.a.O., Band 7, S. 209 (§55). "불철저한 것은 근거로 나아가는 것을 판단(/분할)하며, 신적 사랑으로서의 선과 원한과 분노로 나타나는 악을 분리한다(이때 선은 선한 **존재**로 나아가며, 악은 악한 **존재**로 나아가는데, 이 악한 존재는 악한 정신과 의지를 설명하기 위해 중심에 정립된다).

169 PhRel 17, 257. 자기의식의 대자존재, 즉 부정태로서의 유한한 정신(PhRel 16, 77).

170 G. W. F. Hegel, *Vorlesungen über die Philosophie der Religion*, Teil 3, hg. v. Walter Jaeschke, Hamburg 1984, S. 37.

물의 왕국을 떠나며, 이러한 근원분할(/판단)을 통해 비로소 인간은 자신이 어떻게 존재해서는 안 되는지를 "자신의 즉자대자적인 본질과의 비교 속에서 숙고할 수 있다. 인식은 우선 자기 안에 악도 포함하고 있는 대립의 정립이다." 근원분할(/판단)과 더불어 비로소 모든 악덕과 악의 원천이면서 동시에 양자의 화해의 원천을 서술하는 대자존재가 구성된다. "분리를 통해 비로소 나는 독자적으로(나 자신에 마주하여) 존재하며, 여기에 악 (……), 즉 보편자와 분리된 파편화된 개체성이 놓인다."[171] 이렇듯 자유는 이 분리의 계기, 즉 의식의 분열과 대립의 계기와 더불어서만 사고할 수 있으며, 인식, 즉 '정신성의 원리'는 자기 안에서 선과 악을 통합한다. 의지하는 존재는 '신적인 것'으로 인정되며("우리 가운데 하나처럼 되었다'(「창세」3:22)), 뱀의 형상을 하고 나타난 악은 짓밟혀져야 한다. 나(뵈메에게서는 '나들'(Ichts))는 루시퍼로서 악의 근원으로 여겨지며, "신 안에 있으면서 신 밖에" 있다. 부정성, 주체성, 나(/자아), 자유 등은 "악과 악행의 원리들"이다(Enz §472).[172] 정신의 자유는 본질적 계기로서 자기 안에 분리와 대자존재를 가지며, 여기에 (선의 대립으로서의) 악과 (복리의 대립으로서의) 악행의 원천이 놓여 있으며, 동시에 화해의 가능성이 놓여 있다.

『엔치클로페디』에 따르면, "무한한 주체는 자기를 자기 안에서 절대적인 것으로 아는 형식적일 뿐인 자기의식"인데, 이 공식은『법철학』에서 다음과 같이 사용된다. "추상적 자기규정으로서의 그리고 자기 자신에 대한 순수한 확신으로서의" 주체는 모든 규정성을 부정하며, 그것은 **판단하는** 힘, 혹은 선을 확고히 하고 표상된 선을 현실화하는 판단이라는 힘이다. 헤겔은 이 자기의식을 자기추구 및 거만함과 결합하며, 실

---

171 PhRel 17, 256ff.
172 '떨어져 분리된 타자는 정신 안에 있는 부정적인 것'이며, 선과 악은 '동근원적'
     이다.

체 없음 혹은 모든 객체의 거부라는 의미에서의 공허함과 결합한다. 절대자로까지 상승한 이 주체는 모든 타율과 교조주의에 대항하는 반란을 포함하며, 동시에 사람들은 지옥의 불이 불타오르는 것을 본다. "거만함의 불에서 즉자적으로 타당한 모든 것은 불타버린다"(Kiel 142). 이 주체는 즉자대자적인 보편자만이 아니라 자신만의 개별적인 특수성도 — 즉 특수한 자연성과 특수한 의지 — 원리로 삼아 행위를 통해 실현할 수 있는 가능성을 소유한다. 그것은 선 아니면 선이 아닌 것, 즉 악으로 나타난다. 섹스투스의 저작에 대한 니트함머의 번역어를 사용하여 헤겔은 다음과 같이 말한다. "객관적으로 선하든 악하든 모든 것이 거기에 놓여 있다"(§140, A, 283). 대자적으로 존재하는, 대자적으로 알고 결심하는 자기확신으로서의 이 주체는 선과 악의 공동의 뿌리를 가진다. 헤겔은 여기서 참된 사변적 자유사상의 핵심 계기를 본다. 즉 의지의 자연성에서 걸어나와 **자신에 대립하여 내적으로** 머무는 필연성이라는 사상. 필연적인 것은 자유로운 것으로 인식되며, 이 주체성, 이 악이 없으면 자유는 결코 생각할 수 없다.

악은 언급한 바대로 의지의 개별적 특수성을, 말하자면 한갓 **파편적**인 개체성으로 나타나는 **특수**할 뿐인 보편성을 대표한다. 의지가 이 특수성을 자신의 내용의 규정으로 삼는 한에서 이 의지는 내적 객체성이라는 의미의 보편성에 대립한다. 의지의 이 내면성, 즉 특수성이라는 이 입장에 붙박여 있는 주체는 악으로, 말하자면 자기 안에 존재하는 부정성이라는 극단으로 간주한다. 기독교 맥락에서 우리는 악마에서 악의 인격화를 보는데, 동시에 이 악은 이 부정성 속에서 긍정적인 것을 가져야 하며, 움직이는 계기를 서술한다. 그리고 악은 존 밀턴(John Milton)의 『실낙원』에서처럼 아주 특징적인 에너지를 가지고 있다.[173] 다른 말로 하면 악이란 헤겔에게서 필연적인 것으로 사유되어야 하는 것, **가능한** 것, 그리고 **당위적으로 독립적 존재이어서는 안 되는** 것이다. 이러한 사실은 회

---

173   PhRel 17, 245f.

의라는 부정성에 대해서처럼 악마에게도 해당하는 말이다. 악마는 원래 신적인 것에 속했지만 지옥의 제후로 떨어져 나간 빛의 아들이다. 그것은 당위의 차원에서 볼 때 존재해서는 안 되는 악을 상징한다. 부정성의 옹호자인 회의(/의심) 역시 철학함의 주관적이고 자유로운 측면으로서 이 철학함에 본질적으로 내재한다. 의심은 앎에 본질적으로 내재해 있어야 하지만, 동시에 철학의 영원한 심문관으로서 필연적으로 판단유보를 천명하며, 부정적인 것 속에 머물러 있고, 앎을 치워버린다.

객관적 측면에 따르면 (자신의 개념에 따를 때 정신인) 인간은 단적으로 이성적인 존재로 드러나며, 자기를 아는 보편자라는 규정을 자기 안에 가지고 있다. 형식적 측면에 따르면 악은 개별자로서의 그에게 고유하다. 왜냐하면 악은 "자신을 단적으로 자신에게 고유하게 정립하는 그의 주체성이며, 따라서 단적으로 자기 책임이다"(§140). 자유로운 존재가 악한으로 태어났기 때문이 아니라, 이 자유로운 존재도 **하나의 개체이고 특수자**이기 때문에, 인간은 이 '원책임' 혹은 '원죄'를 짊어지고 간다. 따라서 도덕적 주체는 '문제아'로, '**문제적 판단**'으로 드러난다. 특정한 유형의 행위들(예컨대 선물하기, 잘못된 정보 주기)은 선하거나 악할 수 있다. 따라서 특정한 예로 든 것은 "**동일한** 대상에 대해 각자 동일한 필연성으로 주장되는 대립된 두 명제의 주장"(Enz §48)을 함유한다. '줌, 선물함, 약속함 등은 선하거나 악할 수 있다.' 이 점에서 판단유보에 붙들려 있는 자는—피론주의자들처럼[174]—행위하는 것을 포기해야 하며, 원칙적 상대성, 무구별, 그렇게 둠 그리고 중립성 등을 간직해야 한다. 따라서 그의 체스 게임은 언제나 무승부로 끝난다. 이론적으로 동등하게 여겨지는 대립 논변은 실천적 견지에서 볼 때 무반응증(Adiaphoria), 즉 실천적 무관심을 의미한다. 회의론자는 선과 악에 대해 결단하고자 하지 않기 때문에 그는 주어져 있는 것에 대해 '아무 생각 없이', 아무런 결

---

174 피론주의 회의론자는 논변 대립, 관계, 현상, 삶의 형식 등을 옹호하는 자로 간주한다. 그의 삶의 형식이 곧 그의 철학이다.

단 없이 머물러 있으며, 그런 무결단에 자신의 행위를 맞춘다. 회의론자는 순응의 옹호론자이며, 이런 점에서 가끔 그러하듯이 헤겔을 회의론자로 비방할 수 없다. 섹스투스 엠피리쿠스(Sextus Empiricus)로부터 몽테뉴와 슐레겔을 거쳐 니체에 이르는 피론주의자들은 실천적 견지에서도 스핑크스에 비교된다. 한편으로 그들은 ― 바로 그것에 그들의 공로가 있다 ― 자신들이 내건 깃발의 자율성을 주장하며 모든 타율성을 내팽개쳤지만, 다른 한편으로 낯선 규정(/타율성)을 다시 완전하게 가동시키며, 이로써 자유와 필연성, 주체와 객체 사이의 해소되지 않은 안티노미를 재생한다. 그들은 지적 자유와 도덕법이라는 원리와 탐구를 통한(via investigationis) 비판적-회의적 세계 이해, 자유와 부정성의 사상, 나아가 '철학의 자유의 측면'을 대표하며, 동시에 소여된 것의 긍정, 익숙함과 관례의 수용 등도 대표한다. 이 두 본질적 특징은 서로 대칭적으로 마주서 있으며, 성공적으로 통일(화해)될 수 없다. 헤겔은 이 안티노미, 이 딜레마를 피론주의의 현대적 버전인 실천적 회의로서의 아이러니에 근거하여 탁월하게 제시할 것이다.

도덕적 관점은 전체적으로 관계의 차원에서, 즉 관계성 위에서 움직인다. 회의주의는 원래 관계성의 지지자이며, **반성과 현상의 차이**의 지지자이다. 바로 여기에 선이 악으로 전도되는 직접적 근거가 놓여 있다. '도덕의 이상주의자', 즉 칸트-피히테의 도덕주의에서도 역시 우리는 회의주의의 현대적 형태를 볼 수 있다. 이들에게 도덕은 **자유에 대한 오성적 판단**에 근거한다. 반성은 자신의 최고의 창조물인 주장의 대립(Isosthenie) 내지 안티노미와 더불어 ― 이것은 자신에게도 적용되어야 한다 ― 수행적 모순을 범하게 되며, 이로써 자기 자신을 넘어간다. 오성은 이제 이성으로 되어야 하며, 추상적 형식은 **내용**이 채워지길 요구한다. 회의적 판단에서 필증판단으로의 이행은 이미 행위 개념의 진척된 규정을 위한 결정적 단계를 함유한다. '특수한 속성의 이 행위는 선하거나 악하다.' '선물하기 등과 같은 행위는 그 속성과 맥락에 따라 선할 수도 악할 수도 있다.' 여기에 필증판단이 **추론이라는 논리적 형식**으로 이행해야 할 엄밀한 필연성이 놓여 있다. "필증판단은 특별한 성질의 논증을 취한다. 하지만 그 논증은 성질과 개념의 관계가 명료해질 때에야 비로소 목표에 도달한다. 개체의 현실적 상태는 비로소 필증판단에서 요구되는 중심으로 전개할 수 있다. 그러나 그것은 중심과 매개되어야 하는 것을 명료하게 구분하고 관계시키기를 요구한다. 그리고 바로 그것을 우리는 추론에서 수행한다."[175]*

지금까지 형식의 왕국에는 행위의 **특수한 성질**, 행위의 **특수한 맥락**, 독특한 환경 등의 의미에서 내용이 결여되어 있다고 말했는데, 이제 그 내용이 필연적으로 여기에 들어오게 된다. 여기서 이러한 내용은 행위를 도덕적으로 평가하는 몇몇 예를 통해서만 제시되었다. 물론 그 행위들은 아직 분석되어야 하는 맥락 및 문제들을 예견하고 있다. 그 예들을 보자. '배고픈 거지에게 빵을 주는 것은 좋았다.' '내가 루브르 박물관에 르누아르 작품을 선물한 것은 좋았다.' '그 친구를 돕겠다는 나의 약속은 좋았다.' 대 '트로이 목마를 선물한 것은 나빴다.' '독이든 초콜릿을 주는 것은 나빴다.' 혹은 '(거짓말한) 야곱의 잘못된 정보(긴급한 거짓)는 좋았다.' 대 '홀로코스트를 부인하는 것은 나쁘다.' '힘없는 거지를 때리는 것은 나빴다.' 대 '살인자에 대한 폭력적 방어는 좋았다.'

추상법(/추상적 권리)에서 다음 단계로의 이행은 법(/권리)이 무법(/무권리)으로 변형되는 형식(전도)에서 그리고 형벌로 정의를 회복하는 것

175 Schick, Die Urteilslehre, a.a.O., S. 222.
* 여기서 매개되어야 하는 것(zu Vermittelendes)에는 중심(Mitte)이라는 단어가 들어 있다. 중심이라는 말은 주변에 있는 것을 연결하는 것이다. 연결하는 것은 따라서 '수단'이 된다. 독일어 'Mittel'이 수단을 의미하는 이유이다. 그리고 추론에서 가운데 있는 판단을 매개사라고 하는 이유이기도 하다. 예컨대 추론 p → q / q → r // p → r을 보자. 이 추론에서 판단 q는 서로 매개되어야 하는 판단 p와 판단 r의 중심에 있는 것으로서 이 양자를 매개한다. 추론은 판단의 관계에서 발생한다. ─ 옮긴이

(전도의 전도)에서 시작했다. 법 개념과 자유 개념이 전개하는 두 번째 단계인 도덕은 이제 필연적으로 비도덕성으로 이행하며, 선과 양심은 '전도된 것'인 선하지 않음과 나쁨으로, 혹은 주체성의 '왜곡된' 정점으로 전도된다. 『법철학』은 「도덕법」에서 아이러니로의 이러한 진행을 구체적으로 초월철학(여기서는 피히테 철학)에서 프리드리히 슐레겔의 아이러니 개념으로의, 신적·절대적 주체로 양식화된 하나의 주체로의 이행으로 보여 준다. 하지만 도덕은 모든 객체성이나 보편성에 둔감하며, 우리는 우리 앞에서 도덕법의 극단적 형식을 볼 뿐이고, 특수성의 원리가 그 극단으로까지 추동해 가는 것을 볼 뿐이다. 모든 타율로부터의, 모든 낯선 규정으로부터의 정당한 해방은 모든 구체적 규정과의 단절로 전환되며, 급진적 무규정성 혹은 순수한 신적 앎을 목표로 모든 객체성을 없애버린다. 선이 악으로 전도되고, 나아가 이행의 지점이 되는 아이러니로까지 전도되어 가는 이 중간 단계를 다음과 같이 간략하게 설명할 수 있다.

8.1 악의 형식들

양심이 자신의 구체적이고 현실적인 내용을 한갓 자신의 확신에 근거하여 정당화하는 한, 이는 타자와의 관계에서 **위선**으로, 자기 자신에 대해 '**자신을 절대자로 주장하는 주체성**'으로 묘사할 수 있다. 특수자와 보편자의 부등성이 동등성이라고 주입되고, 그저 주장과 확신에 거할 뿐이다. 이는 총체적인 거만함과 자기영광의 입장으로 나타난다.

A) 양심의 가책을 가진 행위: '그들은 그들이 하는 것을 안다.' 여기서 악은 이미 자기 자신과의 모순으로 등장한다.[176] B) 위선: 행위주체의 행위(악한 행위)는 이 주체를 타자에게 선한 자로 세우며, 자신이 악을 행했음을 앎에도 불구하고 자기 자신을 '외견상'(가상으로) 선한 자로 내세운

---

176 헤겔은 여기서 파스칼이 그리스도의 중보기도(남을 위한 기도)에 대해 비판한 것을 염두에 두고 있다(§140).

다. C) 근거로서의 선: **위선의 고차적 형식으로서의 개연성**. 주체는 어떤 선한(/좋은) 근거를 제시하며, 개연적인 것을 악한 행위에 대한 근접한 선(§140, Z, 285)으로 제시하고, 따라서 결단의 근거는 순수하게 임의의 것으로 떨어진다. 따라서 '나의 양심(혹은 우리 국가의 안전)은 내(우리)가 악당을 죽이는 것을 정당하다고 한다.' D) **추상적 선과 주관적 사념**에 기초한 행위: 선에 대한 요구는 나에게가 아니라 타자에게만 해당한다. '복수로 인한 살해는 악을 절멸하기 위한 정당한 기여이다.' 혹은 '법(/권리)의 자체 감정은 악의 근절을 위해 사형을 요구한다.' E) 행위의 유일한 규정근거로서의 **주관적 확신**: 검토된 앎의 자리에 철학자들에 의해 '원래의 세계관'으로 제시된, 모든 객체성을 '넘어선 거만함'이 들어서는데, 이는 철학에 대한 불신과 철학의 강등의 결과로 주어졌다. 선한 마음, 선한 의도, 선한 주관적 확신, 나의 내적 확신의 납득할 만함 등은 행위의 완전한 정당성을 제공한다고 한다. '나의 행위에서 나의 선한 의도와 그것이 선하다고 하는 나의 확신은 그 행위를 선하게 만든다.' 그런데 누군가가 오류의 가능성을 정당하게 제시할 경우 '오류는 인간적인 것이다'는 대답이 나온다. 여기에서 헤겔은 부정직함을 본다. 왜냐하면 우선 관계(/상대)성이 최고의 것이자 가장 신성한 것으로 칭송되지만 그것이 두 번째 단계에서 협소한 것, 우연적인 것, 오류가 있는 것, 따라서 외적인 것으로 제시되기 때문이다. "만약 내가 참된 것을 인식할 수 없다면 내가 어떻게 생각하든 그것은 아무 상관이 없다"(§140, 276). 관용을 모든 특수한 내용에 대한 무관심이라는 의미에서 이해하는(§140, A, 282), 이러한 이해방식은 결국 "선과 악에 대해, **명예로운 결단과 경멸할 만한 결단**에 대해 더 이상 **이성적 판단**이 있을 수 없다"는 사실로 나아가며, '이성과 망상이 동등한 권리를 갖는다'는 사실로 나아간다. 그런 관용은 비이성에 이익을 부여하는 배타적 관용일 뿐이다(§140, A, 274). 헤겔은 이 문제를 프리드리히 하인리히 야코비(Friedrich Heinrich Jacobi)와의 관계에서 설명한다. 헤겔은 여기서 불충분한 관용뿐 아니라 유지할 수 없는 불관용도 비판한다. 야코비는 "의심하지 않는 자만이 진리 안에 있다"라고 하는데, 이것은 그가 정당하게도 임의성에 반대한다는 것을 보여 준다. 하지만 그는 자기 자신의 앎을 직접적인 것으로, 오류를 배제한 영감(착상)으로 서술하는데, 이로써 그는 어떤 검토도 허락하지 않는, 따라서 어떤 앎도 서술하지 않는 신앙 형식의 자기확신에 확고히 서 있다(§140, A, 274).[177]

헤겔은 "행위를 사유 안에서, 사유를 통해 평가하고 방향 설정하기"를 요구한다(§140, 274). 이로써 그는 동일한 동전의 두 측면에 불과한 모든 방식의 상대주의와 교조주의가 일면적임을, 서로 상대편을 포함하고 있음을 드러내고자 한다. '이 행위는 나의 유럽적 · 기독교적 확신에서 나왔고, 이 문화가 가장 고차적 문화로 입증되었다는 점에서 그 행위는 선하다.' 이것의 전도된 형태는 다음과 같다. "나의 비유럽적 문화 맥락에서 정당화된 이 행위는 선하며, 독특함을 가진 모든 문화는 자기만의 진리를 구성하고, 객관성에 대한 요청은 유럽중심주의이다." 이 두 주장은 일면적이며 유지할 수 없다. 따라서 헤겔은 그들의 토대, 그들의 기준에 대해 지적 대화가 개최될 수 있도록 하는 관용을 이성적인 것이라 한다. 앎에 대한 공동의 수고를 알권리의 표현으로 삼을 수 있을 것이며, 공동으로 **사유**하려는 노력을 시도할 수 있을 것이다. 그리고 이 후자에서 그는 유일하게 가능한 시금석, 자유로운 존재가 소유하는 가장 가치 있는 것을 본다.

---

177 헤겔은 초기 낭만주의자들만이 아니라 야코비의 소설에 등장하는 인물들도 아름다운 영혼의 지지자들이라고 생각한다. 이들은 "내용 없는 주체성", "심정의 기만적 장엄함, 자신의 덕과 탁월함에 스스로 기만당한 허구"에 갇혀 있다. 이 영혼은 "자신을 자기 안에 가두고, 주관주의적인 종교적 · 도덕적 기만 속에서 살 뿐이다." 다른 사람들이 이 고독한 아름다움을 이해할 수 없을 때 그 심정 전체는 한없이 상처받으며, 여기서 "단번에 인간성 전체, 모든 우정, 모든 사랑이 사라지고 만다." 아름다운 영혼 내면의 "완고함과 무자비함"(Ästh 13, 313ff.).

8.2 삶의 형식이라는 사상—선의 완전한 전도로서의 낭만주의적 아이러니

그 누구도 위하지 않는 사람은 어디에도 없지

(Nowhere Man For Nobody)

아이러니[178]에서 악은 최고 방식의 행위 원리로 작동하며, 도덕적 주체는 진리, 권리와 의무 등을 결정하는 유일한 심급으로 이해된다. 이 주체는 신적인 것, 절대적인 것이기를 요청한다. "자신을 절대자로 주장하는 주체"(§140, 265)에서 중요한 것은 "도덕법의 자기절대화"이다.[179] 양심은 개체의 보편성 외에 개체 안에 있는 배타적인 것, 완전한 타자성이라는 배척, '자신의 내면이라는 공허한 공간'에 붙박인, 급진적 고독에 붙박인 주체성 등도 간직한다. 이러한 부정성의 최고의 추상은 '절대적이기성'에서 드러난다. 루소와 칸트에서와 마찬가지로 합리적 자기사랑(amour de soi) 내지 자기인정에는 공허한 자기사랑(Philautia)이라는 의미에서의 오만함, 이기심(amour-propre), 자만심, '유일한 자'라는 한갓 특수한 주체성, 무한한 자의와 술책, 오만과 허영의 모습을 한 단독성 등이 마주한다. 악의 형식들, 보편성에 대해 착각하는 특수자의 행동의 형식은 자신의 통찰과도 어긋나게 스스로를 유일하게 타당한 자로 고집하는, 플라톤과 달리 진리와 유희할 뿐 진리를 진지하게 고려하지 않는 주체성에서 정점에 이른다. 자기는 신적인 것으로 호명되며, 모든 자아는 모든 행위에 대해 웅대하고 천재적인, 자기 임의대로 가지고 **노는** 지배자

---

178 헤겔은 낭만주의자들이 플라톤으로부터 아이러니라는 용어만을 빌려왔음을 강조한다. 플라톤은 저속한 소피스트적 의식에 대립하여 대화의 전략으로 이 아이러니의 절차를 사용했다. 그는 언제나 '진리와 정의의 이념을 보호하기 위해' 이 절차를 사용했다. 플라톤은 이념 자체를 아이러니하게 다루지 않았으며, "아이러니를 궁극적인 것으로, 이념 자체로 취하지 않았다"(§140). 이에 대해서는 미하엘 엘러(Michael Erler)와 토마스 슬레자크(Thomas Slezak)의 글을 보라.

179 Claus-Artur Scheier, *Hegel: Die Moralität. Dokumente zum Kapitel Moralität*(미간행 수고), S. 27. 이 자료를 이용하게 해준 C.-A. 샤이어에 감사드린다.

로 고양된다.[180] 프리드리히 슐레겔에 따르면, 중요한 것은 모든 낯선 규정, 모든 타율성을 벗어버리는 신적인 뻔뻔함이다. 아이러니(빈정댐)는 소여된 모든 것, 교조적인 모든 것에 대항한 항구적 봉기이다. 신들, 선과 절대자 역시 무의 심연으로 팽개쳐진다. 모든 것은 예외 없이 넘어서는 항구적 고양이다. "공허함의 불 속에서 그 자체로 타당한 모든 것은 불타버린다"(Kiel 142). 모든 내용의 공허함과 주관적 공허함은 같다. 아이러니한 자아는 '거대한 공간 위에서' 움직이면서 '형태들을 불러오고 또 형태들을 파괴한다.' 결과적으로 자기창조와 자기파괴의, 구성과 파괴의 영원한 진동이 있을 뿐이다. 중요한 것은 건축과 해체의 영원한 변화의 유희이며, 결과적으로 지겨움과 권태가 있을 뿐이다. 의도된 흔듦은 '어떤 것을 진동 속에서 유지한다'는 것, 판단유보를 의미한다. 이것이 곧 피론주의의 근본 모티프이다.

그것은 모든 규정성으로부터의 '자유'라는 의심할 수 없는 요청으로 제기되었으며, 모든 규정은 흔들려야 하고, 객관적인 내용은 인정되지 않는다(§140, A, 280). 모든 특수화는 주체의 자의로부터서만 발생한다. 이 '보편적 무화체계'는 노발리스(Novalis)가 아이러니에 대해 탁월하게 해석한 것처럼, 완전한 총체적 무규정성을 목표로 하며, 모든 앎과 행위는 상대적이고 상대성에 내맡겨진다. 그 한 가지 결과는 모든 규정된 것의 아이러니한 해체이며, 따라서 보편자의 철회이다. "근거들은 한갓 상대적인 것으로 정립된다"(§140, A, 281). 그들의 고대의 형제인 피론주의에 기대어 아이러니는 어쨌거나 무반응증(무감각, Adiaphoria)의 사상을 주장한다. 동시에 "그것이 선하든 악하든 간에 모든 것을 거기에 세워두며"(즉 방기하며, §140, A, 283), 따라서 **실천적 회의**를 대표한다. 하지만 악마는 여기서도 디테일에 있다. 말하자면 노발리스가 사용한 '보편적'이

180　장 파울에 따르면, 시적 허무주의자들은 "이기적이게도 세계와 전체"를 무화하며, 자기 자신의 환상의 법칙만을 따른다(Jean Paul, *Vorschule der Ästhetik*, in: Jean Paul, *Sämtliche Werke*, hg. v. Norbert Miller, Darmstadt 2000, Abt. I, Band 5, S. 31).

라는 단어와 형용사 '총체적' 내지 '완전한'이라는 단어에 악마가 숨어 있다. **무화의 보편성과 완전함**이 유효해야 한다면, 낭만주의의 원리 자체가 이것을 통해 측정된다면, 아이러니화는 아이러니에도 적용되어야 할 것이다. 피핀은 그들 자신의 요청이 스스로 전도될 수밖에 없다는 사실을 보여 주는 훌륭한 예를 제시한다. "루크(체스게임의 말 중에서 직진하는 말)를 대각선으로 움직인 체스게임자가 그런 방식으로 행한 자신이 옳다고 항변한다고 하자. 여기서 요점은 그가 이 이상적 객체인 '체스'에서 누구나 볼 수 있는 것을 위반하고 있다는 것이 아니라, 그가 스스로 모순을 범하고 있다는 것, 즉 그가 스스로 체스게임에 동의했다는 것 그리고 그에게 약속된 모든 것을 위반하고 있다는 것이다. 그는 사실 '스스로를 부정하고 있으며', 행위자로 등장하고서 자신이 행위자임을 부정하고 있다."[181] 회의적 경구들이 회의에도 해당하듯이 회의의 창은 회의 자신에게 되돌아온다. 유일한 절대자로 고양된 도덕적 주체는 상대성의 예외 없는 타당성이라는 자신의 주장을 — '모든 앎과 행위는 상대적이고 유한하다' — 절치부심하며 '모든 앎과 행위는 이성적이고, 절대적이며 무한하다'는 명제를 통해 보충해야 한다.[182] 따라서 아이러니한 주체성, 즉 스스로를 '최고의 그리고 가장 순수한 회의'로 이해하는 아이러니는 이소스테니아로, 단언판단이면서 회의판단으로 떨어진다.

주체는 "자기 안에 보다 고차적인 아이러니"를 간직하고 있으며(Kiel 144), 아이러니는 따라서 **스스로를 빈정거리지(/아이러니하게 하지)** 않을 수 없고, 악마는 스스로를 상대화하며, 부정을 무화한다. 항상적으로 부정하는 정신은 자기 자신을 부정하지 않을 수 없으며, 악의 지옥은 선의 천국으로 되돌아가지 않을 수 없다. 낭만주의적 아이러니는 '자기는 절대적 존재다'[아이러니 자체는 절대적이다]라는 명제를 절대종교처럼 천

---

181 Pippin, *Hegel's Practical Philosophy*, S. 74.
182 "모든 진리가 상대적이라면 '모든 진리는 상대적이다'라는 명제 역시 상대적이다." Friedrich Schlegel, *Transzendentalphilosophie*, Hamburg 1991, S. 95.

명하는데, 이것이 바로 아이러니의 아이러니다. "선은 이 신적 주체성에 대해 이런 절대적 아이러니를 갖는다"(§141, A).* 이 말을 풀어쓰면, 신적 주체성을 절대적으로 비웃는 것이 아이러니에서는 선한 것, 좋은 것이다. 혹은 아이러니에서 추구되는 것(/좋은 것)은 신적 주체성을 절대적으로 비웃는 것이다. 아이러니는 자기 자신의 본성에 대한 코미디적 자기 망각을 극복할 필요가 있다. 모든 가치의 전복은 좌초하며, 정문으로 쫓겨난 보편자는 뒷문으로 다시 들어와야 한다. 알려진 무규정성은 '아이러니하게도' 보편자에 대한 총체적 기피로서 제기된 것이 아니라 그 반대다. 즉 **순수한 무규정성**으로서의 의지에서 **소여**되고 **규정**된 모든 내용은 해체되는데, 이 의지에서 우리는 바로 선의 **보편성**을, 절대적 추상을, 그것의 추상적 보편성을 갖는다. ― 부정은 규정이다. "보편자는 사념에, 특수자에, 공허함에 절대적 아이러니일 뿐이다"(Kiel 144). 이것이 세계, 실체적인 것, 보편적인 것, '세계의 정신' 등의 아이러니의 힘이다. 무규정성은 ― 이미 말했듯이 ― 규정되어 있음을 구성하고 있으며, 무한한 부정성은 긍정성으로 되돌아오고, 따라서 주관적 의지와 선의 동일성에 도달한다.

보편성과 특수화의 사변적 통일로서의 개체성(§7)은 피론적-아이러니적 주체 속에서 직접성의 방식으로, '직접적 성질'의 방식으로 구성된다. 필증판단으로서의 아이러니한 행위에서 '그 자체로' 추론이라는 논리적 형식(A-B-E)으로 이행되며, 그것은 순수한 확신으로 서술되는 가운데 표상 형식으로, 특히 개념적 사유의 형태가 아니라 예술의 형상으로 등장한다. 왜냐하면 이 아이러니한 자아는 보편자에 대한 지고의 표현 방식, 즉 개념적 사유를 거부해야 하기 때문이다. 슐레겔의 다음의 공리는 짧지만 적확하게 이를 보여 준다. "모든 앎은 상징적이다."[183] 주체

---

* 이 말을 풀어쓰면, 신적 주체성을 절대적으로 비웃어주는 것이 아이러니에서는 선한 것, 좋은 것이다. 혹은 아이러니에서 추구되는 것(/좋은 것)은 신적 주체성에 대한 절대적 비웃음이다. ― 옮긴이

183 Ebd., S. 9, 93.

의 직접적 성질은 우선 현실의 개체성과 그 보편성 사이를 매개하는 근거로 드러난다(Enz §180). 회의주의자는 ─ 살고자, 따라서 행위하고자 결단하는 한 ─ **자신의 삶의 형식, 자신의 현존의 방식**을 인정한다는 사실을 통해 결국 아주 '협소'하다고 하더라도 어떤 특정한 규정을 지시하지 않을 수 없다. 아이러니 주장자도 자신의 삶의 형식을 이처럼 붙들지 않을 수 없다. 이 **특수한-유일한 삶의 형식, '삶의 이력', 개성** 등은 도덕적 주체의 '직접적 성질'을 대변하며, 그에게 닥친 것, **그에게 우연히 발생한 것**이라는 방식으로 존재하는 규정을 대변한다. 우연적인 것만이 이러한 자기규정의 내용일 수 있으며, 규정은 우연성의 형식을 갖는다. 우리는 여기서 규-정(Be-Stimmungen) 대신 '**정조**'(분위기, 기분, 정감, Stimmungen)를 갖는다. 아이러니한 자는 "때로는 철저히 순수함 속에 있고 또 때로는 추구하며, 때로는 교조주의자이고 또 때로는 회의주의자가 되며, 때로는 야코프 뵈메이고 또 때로는 그리스인들이다. 이것들은 정조(/기분) 이외의 아무것도 아니다."[184] 야코비에 따르면, 이성은 사유하지 않으면서도 알려질 수 있기 때문에 이 이성은 모든 특수한 개인에게 **느낌(/소리)**(Stimme)으로서만 등장한다.* 타당함의 순수 (피론적) 순간으로서의 정조는 법(/권리)과 선(/좋음)의 객관성을 배제한다. 이러한 사실은 야코비와 그의 제자들과 같은 아이러니 주장자들에게 해당한다.[185] 객관성을 추구하는 가운데 자유의지의 이념은 자기 안으로 사라

184 키르케고르가 루트비히 티크(Ludwig Tieck)에 대해 한 말이다. Sören Kierkegaard, *Über den Begriff der Ironie: mit ständiger Rücksicht auf Sokrates*, Ges. Werke 31. Köln 1961, S. 291.

* 여기서 저자는 그 근원에 느낌/목소리(Stimme)라는 단어를 가진 여러 단어에 대해 말한다. 'Bestimmung'은 '규정'이라는 뜻으로 느낌(Stimme)을 꽉 붙잡는 것, 그런 점에서 이성의 활동의 결과라고 할 수 있다. 이에 반해 'Stimmung'은 '분위기', '기분', '정조' 등을 의미하는 것으로 느낌의 일반화일 뿐이다. 이성의 작용이 아직 들어가지 않은 감정 상태이다. 합리론자들, 이성주의자들이 규정성을 강조하는 데 반해 낭만주의자들이나 예술적 사유를 강조하는 자들은 기분, 정조 등을 강조한다. ─ 옮긴이

185 Gr 388. 정교화된 법철학 내지 실천철학은 따라서 야코비와 초기 낭만주의자들

지며(§140, A, 289), 강압적으로 사유하는, 신같이 자유로운 주체는 다른 극단으로, 순수한 예속으로 침몰한다. 외견상 어떤 외적인 것도 수용하지 않는 피론주의자는 언제나 특정한 방식으로 현존할 뿐인 전통과 습속을 그저 유지할 뿐이다. 그는 인륜적 본체들[res publica, 공동의 재산, 즉 공동체. 이 공동체에서 최고는 국가다. 그래서 국가는 'republic'이고, 이어야 한다]의 무가치함을 말하지만, 이 무가치한 소여물을 무비판적으로 자신의 행위의 힘으로 삼는다. 주관적이고 우연적인 의지인 자의는 자체 내 모순으로 드러난다. 회의주의자는 자신에게 아무런 의미도 없는 특수성 속에서 자신을 실현하고자 한다. 추상적 개체는 행복을 자신의 목적으로 삼고자 하면서 동시에 이 목적을 부정하고자 한다(Enz §479). 그런 **행복한-불행한** 의식은 자율과 타율의 사상, 공화주의적인 것과 반공화주의적인 것, 생동적 공동체의 해체에 대항한 저항과 객체 세계의 경악스러움에 대한 반항 그리고 이 세계로부터의 도피로서의 의연함, 내면으로의 도피와 무목적성을 목적으로 천명하는 것 등을 무매개적인 방식으로 자기 안에서 통합한다.[186] 몽테뉴적인 자아는 비굴한 존재가 되었으며, 슐레겔의 초기 낭만주의의 꿈은 가부장적인-권위적인 공동체에서 끝났다. 아이러니의 신은 때로는 먼지로, 대장군으로, 바람의 깃털로 되며, 급진적 반항과 독립성은 "지고의 힘의 측량할 수 없는 의지에 내어줌"(L. Tieck)으로 회귀한다.[187]

슐레겔-티크 버전과는 다르게 헤겔은 카를 빌헬름 페르디난트 졸거(Karl Wilhelm Ferdinand Solger) 버전에서 "사변적 고찰의 역동적 맥박에 대한 철학적 통찰"[188]을 보는데, 그 통찰은 무한한 절대적 부정성이라는

에게 하나의 공허한 위치를 차지할 뿐이다. 이들은 현대 세계를 이해하기 위한 핵심 개념인 법(/권리) 개념을 결코 파악할 수 없다.

186 이에 대해서는 다음을 보라. Klaus Vieweg, *Philosophie des Remis. Der junge Hegel und das 'Gespenst des Skeptismus,'* München 1999.

187 Rudolf Köpke, *Ludwig Tieck: Erinnerungen aus dem Leben des Dichters nach dessen mündlichen und schriftlichen Mitteilungen,* Leipzig 1855, II, S. 254.

188 "이러한 아이러니의 대상은 변증법적인 것이다"(Kiel 142).

중심 사상으로 각인되어 있다. 진정한 아이러니는 "인간이 현재의 세계에 사는 한 그는 자신의 규정(/사명)을 말 그대로 **이 세계에서만** 충족할 수 있다는 관점에서 출발한다." 따라서 졸거는 모든 위로교설에 대항하며, 추상적 무한자로 치닫는 모든 공허한 열망에 대항한다. 우리가 유한한 형태의 인륜적 공동체를 가지고 있다고 해서 ── 헤겔에 따르면 ── "이 인륜적인 것이 자기 안에 가지고 있는 자신의 실체성과 무한성을 포기한다는 것을 의미하지 않는다"(§140, A, 277f., 강조는 저자). 졸거의 비극적 아이러니에서 "비록 절대적 이념이 선언되기는 하지만, 이 이념의 몰락에서만 선언된다. 그리고 이 이념이 몰락해서는 안 된다는 사실로 인해 현존하는 예술작품인 비극에서 이 몰락이 서술된다. 행위 속에서 파악된 주체가 스스로를 절대자로 주장하기 때문에, 다르게 말하자면 이 주체가 도덕법에서 인륜법으로의 이행을 주저하기 때문에 그 행위는 비극적이다."[189] 우리는 고대 비극에 **인륜적인** 관심을 갖는데, 이러한 사실은 헤겔에 따르면, "영웅들의 몰락에서 오는 숭고함"에 대한 관심이 아니라 "참된 것의 승리"(§140, A, 278)에 대한 관심인데, 이 관심의 본질은 **현대 인륜성**에 대한 통찰이다.

스스로를 절대자로 정립하는 순수한 주체라는 사상은 낭만주의적 아이러니에 의해 과도하게 그리고 일면적으로 촉진되며, 여기서 그 주체는 **철학의 자유롭고 부정적인 측면의 극단적 형태, 도덕법의 추상적 자유의 극단적 형태**, 즉 추상적 대자존재의 배타적 일면성이라는 극단적 형태이다. 슐레겔은 아이러니를 최고의, 가장 순수한 회의라고 말하는데, 이는 요점을 정확히 지적하고 있다. 아이러니라는 것은 **놀랄 정도로 아름다운, 날것의, 악마 같은 모나드**이며, 인간을 패망시킬 수 있고, 또 패망시킨다고 하는 매력적이고 유혹하는 존재이다. 그것은 정신에 마법을 걸어 묶어버리는 목소리인 세이렌, 테시노에(음악과 예술, 여흥을 관장하는 뮤즈신 중 하나)이다. 사람들은 악마의 부엌에서 출생한 이 매혹적 피조물을 격

---

189 Scheier, *Hegel: Die Moralität*, a. a.O., S. 32.

정적으로 좋아하고 또 사랑한다. 그렇지 않을 경우 사람들은 결국 교조주의의 심연에 떨어질 것이라고 위협한다. 그런데 사람들이 이 매혹적 회의에 꼭 붙들리지 않는 중대한 이유가 있다. 니체는 이미 그 회의를 키르케라고 폭로했다. 이 마녀는 ── 밀턴에 나오는 악마와 유사하게 ── 강인한 성격, 자유로운 자기의식, 특수자를 귀히 여김, 민첩함, 매력 그리고 천재성 등으로 표현되지만, 동시에 절대적 오만, 완전한 자기만족, 순수한 자의, 한갓 부정태에 머무는 무관심과 권태 등으로도 일컬어진다. 우리는 지나가는 철학의 배에 올라가 침몰시키기 위해 이 배를 유혹하는 세이렌의 목소리를 듣는다.

철학에서 회의가 지양되어야 하는 것과 마찬가지로 도덕법은 인륜법으로, 즉 개별 특수자들을 **보편적인 인륜법으로 묶어주는** 현실적·현재적 결합으로 지양되어야 한다. 따라서 사람들은 순수 주체성으로의 그리고 이 주체성이 가지는 객체성에 대한 거부로의 유혹뿐만 아니라 (예컨대 결정론적 자연주의 형태로 등장하는) 한갓 객체만을 주장하는 것도 벗어버릴 수 있다. 이러한 사실에 기초해서 헤겔은 교조주의와 회의주의를 제1철학과 제2철학으로 자기 안에서 지양하고 있는 **제3의** 철학을 요청한다. 따라서 우리는 칸트에 의해 요청된 교조주의와 회의주의 사이의 제3의 것을 필요로 하며, 스킬라와 카리브디스라는 두 바다괴물 사이를 통과하며 항해할 필요가 있다. 낭만주의적 아이러니, 신적 천재성, 학식 있는 자기의식으로서의 신적 뻔뻔함 등은 자기 자신을 **형식적으로**만 자기 안에서 아는 자기의식으로 머무르며, 아이러니의 위력은 검증된 앎, 주체성, 부정성 그리고 자유 등을 요청한다는 점에 있다. 그리고 헤겔은 주체의 특수성의 권리에서 현대 세계의 원리를 보며, **낭만주의**에서 이 원리가 아주 분명하게 드러난다고 한다(§124). 이런 칭찬에서 낭만주의적 아이러니는 (특히 졸거의 버전에서) 현대의 주체적 자유의 중심 형태로 등장한다. 여기서 중요한 점은 일면적이긴 하지만 아주 효력 있는 급진적 형태의 앎이 유효해진다는 사실인데, 그 앎은 **특수자**의 그리고 회의적·비판적 검토의 신적·악마적 뻔뻔함으로 나타난다. 그리고 그것은 악마의 영양제이다. 주체성의 이 극단적 형태, 즉 현대적 주체성은 인륜적인 것에 내재한 것으로 생각되어야 하며, 따라서 지양되어야 한다. 요약하면 인륜법 속에서 도덕법의 지양으로 표현할 수 있다.

아이러니적 주체에서 **선(좋음)의 객체성** ─ 상승하는 가운데 무규정적이지만 하나의 특정한 것으로 있어야 하는 상대적 총체성 ─ 과 **양심의 주체성** ─ 마찬가지로 **상대적** 총체성 ─ 사이의 통일이 산출된다. 즉 세계의 절대적 최종목적과 아이러니한 자의 수행된 목적의 형태로 등장하는 자기목적 사이의 직접적인, 아직 즉자적으로 존재하는 통일, **삶**의 방식, 그의 특수한 **삶의 형식** 등이 구성되며, 이것들은 전기(傳記) 작품으로, 인물 탐구로, 참으로 문학적인 서술방식으로 기술된다.[190] 「도덕법」 장의 마지막 부분에서 개념적으로 유아론적, 파편적 형태라는 의미에서 파악되는 '삶의 형식'이라는 이 주제는 인륜법의 맥락에서 다시 나타나는데, 여기서 삶의 형식의 다양성, 문화적 매개의 다양성, 공동체에 수용되고 결합되는 방식의 다양성 등이 다뤄지며, 배타적 삶의 형식의 결-합의 문제가 다뤄진다.

판단논리는 추리논리로 이행하며, 목적의 논리는[191] 이념의 논리로 이행하는데, 『논리학』에 상응하게 말하자면 **삶의 이념**으로 이행한다. 따라서 우리는 **도덕법에서 인륜법**으로, 자유의 **이념**으로의 이행을 위한 논리적 토대의 첫 단계에 이른다.

---

190 행위 개념은 『법철학』에서 예술작품 내지 신화적 이야기에 대한 해석의 도움으로도 전개되는데, 이로써 이 개념은 실천철학의 테두리 안에서 정교해지며, 행위 요소, 행위 유형, 행위 형식 그리고 갈등유발적 행동 등을 좀 더 정교하게 규정할 수 있게 기여한다. 문학작품 내지 헤겔이 여기서 이를 위해 사용하는 주인공의 예는 안티고네, 오이디푸스, 에우메니데스, 타르튀프, 오레스테스 등이다. 이 주제는 다른 맥락에서 좀 더 자세히 다뤄질 것이다. 이에 대해서는 다음을 보라. 행위 개념을 중점적으로 다루는 문학이론에 대해서는 찰스 알티에리(Charles Altieri)를 보라.

191 "이를 통해 목적관계는 판단 이상이다. 그것은 객체성을 통해 자신을 자신과 결합하는 자립적이고 자유로운 개념의 추리이다"(WdL 6, 444).

9. 도덕법에서 인륜법으로의 이행

자신의 자만심 가운데서 흔들리는 이 주체는 선의 추상적 보편성과 일치한다는 사실로 인해 상대적인 두 총체성 ── 선과 양심 ── 의 완벽한 동일성으로의 통합은 즉자적으로는 이미 수행되었다. 선과 주관적 의지의 즉자적일 뿐 아니라 구체적인 동일성, 양자의 진리는 헤겔에 의해 인륜성의 범주로 파악된다(§141). 루트비히 지프는 도덕법에서 인륜법으로의 지양의 문제를 여러 번 탐구한 바 있는데, 이 탐구에서 그는 이 문제의 특별한 중요성을 제기할 뿐 아니라 헤겔에서 도덕법의 왜곡이 나타난다고 하는 투겐트하트의 주장을 약화시킨다. 이들 탐구에 덧붙여 이 이행의 논리적 토대의 본질적 국면들, 도덕법과 인륜법 사이의 경첩의 논리적 토대의 본질적 국면을 살필 필요가 있을 것이다.[192] 무엇보다 앞으로의 계속적인 해석 단계의 방향 설정을 위해 객관정신과 법의 논리의 전체 구조를 간략하게나마 서술할 필요가 있으며, 법(/권리)과 자유가 어떻게 논리적 전개로 체계화되는지를 살필 필요가 있다.

A) 추상법	B) 도덕법
개별자의 보편적 권리	특수성에 대한 보편적 권리들
인격체의 권리	도덕적 주체의 권리들
개별 인격체의 자유	도덕적 자유
법적 행동	도덕적 행위들

C) 인륜법
특수한 개별자의 보편적 권리들
인륜적 주체의 권리들, 시민권
인륜적-사회적-정치적 자유
사회적 · 정치적 행위

1. 첫 번째 주된 단계에서 두 번째 주된 단계로의 이행, 즉 형식적 권리에서 도덕법으로의 이행의 논리

범죄의 경우 형벌은 부정의 부정을 표현하며, 정의의 재산출로서의 두 번째 강제를 표현한다. 아이러니는 아이러니를 아이러니화함으로써 '벌을 받게' 되며, 이것은 선의 재산출로 나아간다. 선과 양심은 스스로 일면적인 것으로 드러난다. 즉 이 둘은 자신들에 속해 있는 것, 즉 자신의 상대자(Gegenteil)를 자신으로부터 밀쳐내고 부인하며, 자신의 대립자를 가지고 있지 않다(§141, Z). 결과로 등장한 것은 '**당위적으로만 있어야 하는 선**'과 '**선으로만 있어야 하는 주체**'(§141), 그리고 결국에는 **행위 없음**이었다.[193] 유한자는 '그 자체로 자신의 반대'를 가진다. 이 논리원칙에 따라서 **즉자적으로** 존재하는 추상적인 것으로서의 선은 특정한 규정을 요구한다. 이에 반해 **대자적으로** 존재하는 추상적 주체인 양심은 보편성과 객관성을 요구한다. 따라서 우리는 '특정한 것으로 규정되어야 하는 무규정자'를 가지고 있다(§141). 주관적 양심의 거만함(즉 양심)과 추상적 보편자(즉 선)라는 이 두 일면적인 것에서 그때그때의 타자가 정립되어야 하는 한에서 그 일면성은 필연적으로 지양되며, 따라서 보다 고차적 통일의 계기가 된다. 모든 규정을 보유해야 하는 자유의 보편자로서의 선과 규정함이라는 보편적 원리로서의 주체성은 그 개념상 동일하다(Hom 289). 따라서 도덕법은 자유 이념의 불가피한 계기로 되며, "자유의 참다운 토대"로 드러난다. 그것도 **자유로운 행위는 선의 규정을 가져야 한다**는 사실에서 그렇다(Bl 119). 여기서 중요한 점은 도덕법, 즉 특수의지의 권리가 제한 없이 **보존되고 참인** 것으로 간주되어 **진리**로 여겨

192 Siep, *Praktische Philosophie im Deutschen Idealismus*(Was heisst: "Aufhebung der Moralität in Sittlichkeit" in Hegels Rechtsphilosophie?), S. 217~39. ders., Kehhaus mit Hegel? Zu Ernst Tugendhats Hegel-Kritik, in: *Zeitschrift für philosophische Forschung 35/3*(1981), S. 518~31.

193 도덕적 관점에 대한 호네트의 다음 글도 참고하라. Honneth, *Leiden an Unbestimmtheit*, S. 68ff.

진다는 사실이다. 지양의 형태를 띤 부정은 도덕법과 더불어 아직 충분히 도달하지 않은 이 진리와도 관련이 있다. 요구의 혹은 요청의 형태로만 등장할 뿐 개념적 사유를 드러내지 않는 진리는 무한으로의 진행이라는 아킬레스건을 가진다. 이는 "이편의 저편"(Rin 84)[194]과 같은 역설적 방식으로 표현된다. 신적인 것에의 무한한 근접이라는 초기 낭만주의의 사상뿐 아니라 영혼의 불멸성에 대한 칸트의 불충분한 철학적 구성 역시 회의주의자 하인리히 코르넬리우스 아그리파(Heinrich Cornelius Agrippa)의 이러한 경구로 인해 취약성을 드러내며, 악무한이라는 이의 제기에 어떤 변명도 할 수 없다. 도달, 완성은 머나먼 악무한으로 밀려나며, 혹은 칸트가 말했듯이 기약 없이 어떤 날로도 특정하지 못한다(Nimmertag).[195] 사유하는 포착 저편, 현실의 저편에 존재하는 지고의 존재인 어떤 신적인 것이 선언되며, **"당위적으로만** 존재해야 하는 이념"(Bl 121)이 선언된다. 그것은 따라서 **어떤 개념**이 아니라 그저 하나의 **표상**, **상**일 뿐이다. 이것은 주인, 순수한 의무의 성스러운 입법자, 지고의 존재라는 표상을 포함하고 있는데, 이 존재에서는 보편성과 특수성이 단적으로 동일한 것으로 그저 요청되기는 하지만 참다운 통일 속에 있지는 않다. 이것이 실천이성의 '사실'로서 (증명이 아니라) 그저 주장되는 한, 필연적으로 참다운 **앎**에 대한 무시가 따라 나오며, 또한 신앙으로의, 한갓 가정과 요청으로의 제지할 수 없는 몰락이 따라온다.

　아이러니가 신적인 것과 관련을 갖는 한——헤겔은 이 아이러니를 "이성적인 것을 예감함"(Bl 113)이라는 의미에서 은연중에 존중하다——그것은 이미 **암묵적으로** 주체성과 객체성의 동일성을 형성한다. 즉 자기는 절대적 존재, 말하자면 나임과 신적임의 동일성, '객관적 거만함'(Ho 468)이다. (당위적으로 요청된) 이 동일성은 아이러니만이 아니라 형식적

194　다음의 문장에서 칸트와의 차이가 분명하게 드러난다. "선은 여기서 저편, 즉 도덕적 세계질서로 이식되는 것이 아니라 현실적이고 현재적이다"(Bl 122).
195　Kant, *Zum ewigen Frieden*, AA VIII, 347.

'선'도 각인하며, 따라서 칸트의 도덕철학과 아이러니를 말하는 낭만주의적 반대 입장은 동일한 동전의 두 측면일 뿐이다.[196] 두 관점은 각각 반대편으로 전도되는데, 즉 즉자적으로 선한 것은 자신을 절대적으로 선하다고 생각하는 아이러니로, 그리고 아이러니는 객체로 전도된다. 따라서 특수한 주체가 무규정성과 무행위를 상정한다면, 그 주체는 의도하지 않게 '의지의 보편자'를 고착시킨다(§141, 5). 여기에서 이미 말한 **아이러니의 아이러니**가 등장하며, 아이러니의 근본적 절차는 자기 자신을 거역하며 진행된다. 아이러니가 이러한 사실을 격렬하게 스스로로부터 지시를 받음에도 불구하고 이 아이러니는 한갓 객체성에 대한 열망으로이긴 하지만 혐오스러운 객체성(자신의 반대자)을 이미 스스로 이끌고 다닌다(§141, Z). 아이러니라는 것이 "공허함의 고통, 부정성에서 벗어나기 위해"(Ho 475) 권위를 보존하고 있는 어떤 확고한 것을 추구할 때에 여기서도 역시 이미 말했듯이 인륜적인 비유대가 예속적 의존으로 휩쓸려갈 위험이 있다.

헤겔의 지양에서는 이미 알려져 있듯이 보존과 고양이 부정으로 되며, 바로 이것과의 연관에서 도덕법과 인륜법의 관계와 관련하여 간단하게 미리 살펴보고자 한다. 왜냐하면 이 두 지점은 「인륜법」 장에서 좀 더 자세히 다뤄질 것이기 때문이다. 도덕적 판단의 자유는 양심의 자유와 심정강제, 심정테러 혹은 심정형벌권 등의 금지라는 의미에서 보존된다. 사상은 자유롭게 유지된다. 즉 소크라테스 원리는 다양한 형태의 인륜적인 것이 전개되는 곳에서도 유효하다. 예컨대 공개적인 의견표현의 권리, 선의 이름으로 진행되는 부자유한 원리와 형태에 대한 저항권 등은 유지된다. 보다 높이 고양하는 것은 특히 양심과 인격적 심정으로 나타나는 앎의 보다 고차적인 규정을[197] 포함한다. 앎에 대한 이런 고차적 규정은 인륜적 도야를 통해, 공동의 에토스[198]라는 의미에서의 공동의 심

---

196 Siep, *Praktische Philosophie im Deutschen Idealismus*, S. 227.
197 칸트의 덕스러운 도덕적 심정에 대해(KpV, 148, 108).

정의 상이한 형태의 전개를 통해, 가족적 사유방식, 정직함, 신분상의 체면, 안녕에 대한 상호적 의욕, 연대성, 사회적 양심, 협동적 심정과 지역에의 귀속감('애향심'), 정치적 의식, 애국심과 세계시민의식 등을 통해 이뤄진다. 지양은 「도덕법」 장에서 전개된 삶의 형식들, 「인륜법」 영역에서 나타나는 자신의 특수성 속에서 비로소 자유롭게 방임되고 그다음에 결합되어야 하는 삶의 형식에 대한 이해와 관계한다.

2. 인륜의 계기로서의 법(/권리)과 도덕

무법을 따라오는 형벌에서 법(/권리)의 재산출이 수행된다. 형벌의 구성요건은 형식적 법(/권리)의 일면성을 드러내며, 따라서 이 추상법(/추상적 권리) 너머를 지시한다. 판사의 지위는 형식적 법에서 충분히 파악될 수 없었다. 도덕법의 단계에서 발생한 **내적 판사**, 즉 **내적인 주관적** 법정은 비록 법(/권리)의 새로운 본질적 요소를 유효하게 만들지만, 일면성속에 숨어 있으며 따라서 도덕법 너머를 지시한다. 도덕적 문제에서 "차이는 내적일 뿐인 의지규정(심정, 의도)으로부터, 즉 그 현존을 내 안에서만 가지며 주관적 의무일 뿐인 의지규정으로부터 자신의 현실에 대립하여 등장한다. 따라서 여기서도 역시 한갓 도덕적 관점의 일면성에서 나오는 우연성과 불완전성이 등장한다"(Enz §486). 따라서 아이러니의 필연적인 자기 아이러니화와 더불어 선의 **복원**이 수행된다. "선은 이 신적 주체성에 대해 이런 절대적 아이러니를 갖는다"(§141, A). **추상적** 선의 자리에 '**살아 있는 선**'이 들어서야 한다(§142).

이 인륜법의 이념은 ─ 헤겔은 이 말에 특별한 가치를 부여한다 ─ 증

---

198 Siep, *Praktische Philosophie im Deutschen Idealismus*('심정과 헌정'. 헤겔의 문제만이 아닌 것에 대한 주석), S. 270~84. 헤겔의 심정(Gesinnung) 개념은 우리가 일상어에서 '심정'(Gesinnung)이라고 하는 것, 예컨대 '심정윤리' 내지 '심정의 컨트롤' 등과의 연관에서 이해하는 것과 혼동해서는 안 된다. (……) 심정은 따라서 지속적인, 특수한 집단에 고유한 사유방식, 느낌의 방식 그리고 태도방식을 의미한다. "헤겔의 사유에서 결정적으로 중요한 것은 심정의 복수성"(Ebd., S. 272)이다.

명, 즉 사유를 통한 정당화를 요구한다. 그 자체 형식적 법(/권리)으로 규정된 자유는 도덕법을 통과해 보다 전진하여 나아감으로써 선으로 규정되어야 한다. "그것들(추상법과 도덕법)은 인륜적인 것의 담지자로 그리고 토대로 되어야 한다"(§141, Z). 왜냐하면 법(/권리)에는 특수한 주체의 계기가 결여되어 있으며, 도덕법에는 객체성이 결여되어 있기 때문이다. 형식적-추상적 합법성과 도덕법은 불충분하게 매개된 채 서로 마주 서 있는데, 이러한 현상은 극복되어야 한다. 추상법(/추상적 권리)과 도덕법은 이제 **자기의 원래 근거로**, 즉 인륜법으로 돌아간다.[199] 추상법과 도덕, 이 둘은 '**결-합**'(zusammen-geschlossen)되며, 따라서 근저에 놓여 있는 추리논리가 개시되어야 할 것이다. 인륜적인 것은 도덕법과 법(/권리)의 진리이다(§141).

도덕적 자율과 법적 자율의 일면화를 **의사소통적 자유 모델**로 해소하고자 하는, 내용이 풍부하고 많은 가르침을 주는 호네트의 시도는 사실 너무 얄팍하다. 호네트에게도 헤겔의 실천철학과 생산적으로 연결할 수 있는 중요한 논점이 있기는 하지만(개별적 자기실현, 상호인정, 그리고 도야 등), 그리고 현대사회에서 사회적 통합 과정을 설명할 수 있기 위한 대안으로서 아주 복잡한 헤겔의 **사회적 행위 모델**에 대해 시사하는 바가 크지만, 그에게서는 인륜법이 의사소통적 행위로 축소된다.[200] 그러한 방식의 현실화 시도의 문제는, 예를 들어 종종 사용되는 '보편적인'(특히 보편적 활동)이라는 단어의 적용에서 나타난다. 이 단어의 내용은 논리학의 도움이 없을 경우 충분하고 분명하게 해명할 수 없다. **무규정성의 고통**[Leiden an Unbestimmtheit, 호네트의 책 제목], 즉 충족되지 않음의 고통이라는 (은유적) 진술은 헤겔에게서 우선 그리고 근본적으로 **개념 그 자체**에 해당한다. 여기서 중요한 것은 무규정성 내지 덜 규정됨이며, **개념의 자기규정 과정**이고, 실천적인 측면에서는 자유의지라는, 처음에는 규

---

199 개체성과 근거에 대해서는 다음을 보라. Enz §164.

200 Honneth, *Leiden an Unbestimmtheit*, a.a.O., S. 51, 78ff.

정되지 않은 개념의 전개이다. 따라서 앞에서 해석한 시도는 비록 헤겔의 정치철학을 현대의 정의론으로도(호네트는 이 점을 아주 중요하게 여긴다) 읽을 수 있게 해주지만, '논리학의 논증적 배경'에 상관없이 수행되어서는 안 된다.[201] 왜냐하면 이 논리적 정박(Verankerung)을 드러내지 않고 해석을 시도하는 것은 헤겔의 자유의 철학에서 그 논증적 힘과 이론적 지배력을 빼앗는 것이기 때문이다.

3. 판단논리에서 추리논리로—자유로운 행위의 맥락성

『엔치클로페디』§164에서는 보편성(A)이 우선 동일성으로, 특수성(B)은 차이로, 개별성(E)은 동일성의 근거로 묘사된다. 이에 상응하여 형식적 법(/권리)에서 개별성은 보편성으로 규정되며, 따라서 E가 A와 맺는 관계에 문제가 놓여 있었으며, 바로 그 특수성은 잘못 자리하고 있었다. 이로부터 도덕법에서 나타나는 차이와 특수화(/분절)를 고려해야 할 필연성이 제기되었다. 이 도덕법은 특수성, 비동일성, 근원적 분리(판단, Ur-Teilen) 등의 왕국이다. 여기에서 B는 A와 관계를 맺고, E는 B에서 몰락한다. "보편성은 따라서 아직 개별성으로서, 현상하고 실존하는 것으로 있지 않다"(Kiel 129). 이로부터 '주는 유형의 행위는 선하다'는 형식의 판단에 내재한 핵심이 등장한다. 하지만 이러한 평가에 대해 '트로이 목마를 주는 것은 선하지 않았다'는 판단이 대립하여 등장할 수도 있다. 그 개념은 각각의 계기가 전체로 등장하는 총체성을 아직 서술하지 않는다. E-B-A 계기의 동일성이 아직 결여되어 있다는 한계가 여기에 있다.[202] 판단의 최고 형식인 필증판단(개념판단의 최고 형식)을 고려하면서 헤겔은 지금 등장한 **행위의 성질** 내지 **맥락성**이라는 계기의 현존을 분명하게 지시하고 있다. 여기서 행위의 성질이나 맥락성이란 '선물함' 내지

---

201 Ebd., S. 83f.

202 지프는 개념판단에서 추리라는 논리적 형식으로의 이행에서 인륜법으로의 이행의 논리적 정착에 주목한다. Siep, *Praktische Philosophie im Deutschen Idealismus*, S. 228. 이에 대해서는 §114, A, Ho 470, Gr 364도 참고하라.

'잘못된 정보 주기' 등과 같은 유의 행위는 이 특별한 성질에서, 이 연관에서 좋거나 나쁠 수 있다는 것을 의미한다. "모든 것은 **특수한** 성질을 가진 **개별** 현실에 존재하는 (……) 하나의 유이다"(Enz §179). 유한한 개별자의 특수함은 A에 적합하게 존재할 수 있거나 그렇지 않을 수 있다.

여기서 도덕법 단계에 잠복해 있던 특수한 개별성이 등장한다. 그리고 이 잠복은 차이에서 근거로, 비동일성에서 동일성과 비동일성의 동일성으로의, **판단에서 추리**로의 논리적으로 불가피한 이행을 요구한다. 여기서 추리란 판단을 후퇴시키는 개념의 단순한 동일성(추리는 '개념의 재산출'로 간주된다)과 실재로서의 그것의 규정성의 차이 사이의 통일로 간주되는 결-합(추론, Zusammen-Schliessen)을 의미한다. 이러한 사실은 형식적 권리(/추상법)와 도덕을 그들의 근거로 되돌린다는 것을 의미한다. 형식적 권리와 도덕은 '독자적으로 존재'할 수 없다. '그것들은 인륜적인 것을 담지자와 토대로' 가져야 한다.[203] 왜냐하면 "법(/권리)에는 도덕이 독자적으로 간직하고 있는 주체성의 계기가 결여되어 있고" 이 두 계기는 각각의 경우 "독자적으로 어떤 현실도 가지지 않기" 때문이다(§141, Z).

도덕적 행위의 정점에서, 즉 도덕적 주체의 행위에서 추리의 구조는 삼각형식으로 이미 등장하며, 은연중에 이미 현존한다. 하지만 그 구조는 일면적인 도덕적 관점에서 충분하게 파악할 수 없고 또 완벽하게 해명할 수 없다. **특수한 개별자의 보편성**이라는 문제에, 즉 **객체화**의 방식에 이미 진단한 결점이 놓여 있다. 행위의 보편성, 성질 그리고 맥락성 등을 불가피하게 고려해야 한다는 사실과 더불어 도덕법 단계는 이미 넘어서게 된다. 그 길은 선으로부터 **살아 있는** 선으로, **파편적인 특수한 삶의 형식**으로부터 다양한 현대적 삶의 형식의 결합으로, **현대적 생활세계**로 엄격하게 향해 있다.[204] **주체성**을 생각한다는 것은 **사회성** 역시 생각한다는

---

203 Enz §164 — 보편자와 특수자라는 규정성의 토대로서, 주체로서, 담지자로서의 개별자.

204 헨리히는 하버마스에게서는 생활세계나 삶의 형식과 같은 기본 개념이 '무규정성 속에, 따라서 본질상 부유한 채로' 머무른다는 사실을 주지시킨다. '삶'과 '세

것을 의미하며, 이와 연결하여 헤겔은 **인륜법**을 특수한 개별자가 스스로 전개해 가는 보편적 자기이해로 파악한다. 이러한 자기이해는 주체의 규범적('인륜적') 자기의식으로, 그리고 법률과 단체와 기구로 표현된다. **삶의 형식**이라는 이러한 원리와 더불어 (실천적으로 이해된) 아이러니는 도덕법과 인륜법 사이의 이행의 지점, 연결다리 내지 경첩을 제공한다.

계'와 같은 개념의 형이상학적 배경이 전혀 거론되지 않는다는 것이다. 이에 맞서 헨리히는 헤겔을 들고 나오는데, 헤겔은 주체성과 사회성을 왜곡 없이 함께 생각하기 위해 현대 형이상학(사변적 논리학)의 개념형식을 형성해야 할 필요성을 제시한다고 한다(Dieter Henrich, *Konzepte*, Frankfurt a. M. 1987, S. 40ff.).

5. 현대성과 인륜법 ─ 자유의 이념 및 사회적 자기규정과 정치적 자기규정의 이론

나의 (인륜적) 삶에서

(In My(Ethical) Life)

1. 자유의 이념─인륜법 체계의 논리적 정초

> 절대적 권리(/법)는 자유가 현실적으로
> 현존한다는 권리를 갖는 것이다.
> ─헤겔

인륜이라는 술어는 현대적 사유에서 새롭게 등장하였다. 따라서 헤겔은 오늘날의 논의에서 더 이상 고려하지 않을 수 없게 된, 심지어 실천적 세계에 대한 사유에서 결정적 개념이 된 이 새로운 중대한 범주를 실천철학에 도입했다. 인륜법에 대한 그의 글에서는 전통적 모형을 해체하는 가족이론과 철학적으로 정말로 중요한 시민사회와 국가의 구별에 의지하는 혁신적인 사회철학과 국가철학('사회적 자유이론'[1])이 함께 나온다. 인륜법에 대한 이러한 구상은 실천적 자유에 대한 헤겔 철학의 최고 단계, 즉 '객관정신의 완성'(Enz §513)을 표현한다. 마사 누스바움에 따

---

[1] Pippin, *Hegel's Practical Philosophy*, a.a.O., S. 210.

르면, 우리는 "시민권에 대한 새로운 이해, 사회적 결합의 목적에 대한 새로운 이해, 그리고 사회적 기본 재화로서의 후생(Fürsorge, care)에 대한 새로운 가치평가"[2]가 필요하다. 누스바움의 이러한 문제의식에 철저히 동의할 수 있는데, 사실 그녀의 이런 주장은 헤겔의 인륜법 이론이 제기하는 이론적 도전이다. 그러나 누스바움은 시민이나 시민권이라는 헤겔의 현대적 개념도, 혁신적 자유 및 배려와 후생 개념에 의지하고 있는 헤겔의 사회적 공동체와 사회적 국가 이론도 전혀 알지 못하며, 따라서 현대의 가장 강력한 영향을 끼친 철학을 그저 무시하고 지나간다. 이에 반해 호네트는 인륜성 이론을 현대의 규범 이론으로 읽으며, 특히 헤겔의 정치철학은 현대의 정의론으로 해석할 수 있다고 한다. 하지만 이때 이 정의론은 헤겔 논리학의 도움을 전혀 받지 않고서도 커다란 확신을 준다고 한다. 그런데 "그러한 유형의 의도에서 존재론, 본질론 그리고 개념론 등에 빚지고 있는 논리적 핵심 개념이 홀로 사라져버린다는 것"[3]은 놀라운 일이다. 이러한 방식으로 헤겔의 인륜법 구상은 원래의 철학적 토대를 상실하며, 철학은 사회비판이론으로, 현대사회의 규범적 구조분석으로 축소된다.[4]

헤겔은 인륜법을 논리적으로 정초된 일반적 의지규정의 체계로,[5] 자유의 객관적 형태로 구상했다. 자의나 의견이 아니라 앎(/지)에 기초한

---

2 Martha C. Nussbaum, *Die Grenzen der Gerechtigkeit. Behinderung, Nationalität und Spezieszugehörigkeit*, Berlin 2010, S. 14.

3 Honneth, *Leiden an Unbestimmtheit*(무규정성의 고통), S. 78, 123. 인륜의 핵심인 국가에 대해 아주 간략하게 언급하고 넘어가는 것이 눈에 띈다. 여기서 호네트의 독자는 '무규정성의 고통'을 감지하며, 헤겔 논리학의 추방이라는 아킬레스건이 특별한 방식으로 드러난다. 논리적 추리론에 기초한 정치적 결사(결합, Zusammen-Schliessen) 사상은 결코 언급하지 않는다. 헤겔 인륜법 이론의 핵심은 부당하게도 완전히 무시되고 있다.

4 이러한 사실은 호네트가 추리논리에 반하여 논증을 하는 지점들, 그 대신 헤겔에게 "깨어 있는 사회의식"이 있음을 진단하고, 논리적·형이상학적인 것을 '강력한 사회적 개념으로' 번역하는 지점에서 잘 드러난다(Ebd., S. 92f.).

5 헤겔에 따르면 이러한 사실을 과거에 불충분하게도 '의무들'로 표시했다.

이런 객체성의 형식에서 의지하는 자와 행위하는 자는 자기 자신에 머무를 수 있으며, 주체들은 이 객체의 형식을 '자신의 고향으로, 자기 자신의 것'(Rin 85)으로 구성하며, '멍에가 아니라' 자기 스스로에게 부여한 법칙으로 구성한다. 자유로운 행위 개념은 결정적인 더 나아간 규정을 얻는다. "자기의식은 보편자를 자기 자신의 의지의 본질적인 것으로 안다"(Bl 122). 영어로 'ethical life'(윤리적 삶)[6]로 번역되는 인륜성(Sittlichkeit)은 "제도적 삶에서 인정함과 인정받음의 실천"으로 이해할 수 있다.[7] 자유의 이념은 자신의 규정 체계에서 전개되는데, 그 근본 구조는 다음과 같이 요약할 수 있다.

> 인륜법 영역에서 우리는 다시 **직접적인 것**, 즉 **자연적이고 아직 발달하지 않은** 형태에서 출발한다. 이 자연적이고 아직 발달하지 않은 형태는 가족에서 드러나는 인륜적 정신인데, 이 정신은 **시민사회**에서 도달한 인륜적 실체의 분열로 이어지며, 마침내 인륜적 정신의 앞의 두 일면적 형식의 통일이자 진리인 **국가**에 도달한다. 그런데 이러한 고찰 과정으로부터 우리가 인륜법을 법(/권리)과 도덕법보다 시간적으로 **이후에 나오는 것**으로 여기고자 하며, 또한 가족과 시민사회가 현실적으로 국가에 **앞선 것**으로 설명하고자 한다는 사실이 결코 추론되지 않는다. 오히려 우리는 인륜법이 법(/권리)과 도덕법의 **토대**이며, 또한 질서가 잘 잡힌 가족과 시민사회가 국가의 현존을 **전제한다**는 사실을 알 수 있다(Enz §408, Z, 170f.).

헤겔은 인륜법을 의지의 자유 **이념**으로, 자유의 개념이자 이 개념의 적절한 실현으로 이해한다. 인륜법은 자기 내 보편적인, 즉자대자적으로 존재하는 의지의 표현이다. 사유하는 자로서 나는 보편자를 의지하며,

---

6　피핀은 이를 '관습성'(customariness)으로 번역하자고 제안한다. Robert Pippin, *Idealism as Modernism: Hegelian Variations*, Cambridge 1997, S. 417.

7　Robert Pippin, *Die Verwirklichung der Freiheit. Der Idealismus als Diskurs der Moderne*, Frankfurt/New York 2005, S. 76.

나는 보편자를 의지함이며(§142, A), 참된 보편자 혹은 객관적·이성적인 것으로서의 타자 속에서 나는 나 자신에 머문다. 인륜적 의지는 주체에서, 자기의식에서 그리고 실천적 세계의 형식에서 자신의 개념에 적합한 현실을 갖는다(Enz §487). 인륜적인 것에서 주관적 구성요소인 사상들, 심정들 및 **자유로운 자기의식**과 객관적 측면인 **스스로 부여한 법칙(법률)**들 및 **스스로 구성한 기구들**이 통합된다. 말하자면 **마음과 세계**가 함께 **인륜적 삶으로** 출현한다. 다른 말로 하자면, 여기서 중요한 것은 주체들의 **이성적인 결-합**[Zusammen-Schliessen, 이 결합이라는 용어는 논리학에서 추론으로 번역된다]이며, 추론이라는 논리적 형식이 결정적 역할을 한다. 인륜적으로 행위하는 행위자는 객관적으로 드러난, 즉 즉자대자적으로 유효한 것으로 인정되는 자신의 행동 내용을 의식해야 하며, 그런 의식을 통해서야 비로소 행위자는 자기규정성에, 내용이 풍부한 현실적 자유에 도달한다(Enz §158, Z). 이때 이런 결합으로 묶여 있는 개별자들은 스스로를 충족하고, 자기규정에 이르며, 공동-존재(Gemein-Wesen, 가족과 국가), 즉 "몇몇 정신이 영구히 만들어내는" "몇몇의 하나됨"의 형식이 등장한다(§142, A). 자유의 이념은 여기서 **생동적 선**으로, **세계로 된** 자유 개념으로 등장한다. "선은 여기서 피안으로, 즉 도덕적 세계질서로 전이되는 것이 아니라 현실적이고 현재적이다(Bl 122). 가족과 국가 사이의 단계 내지 영역인 시민사회는 '극단으로 상실된 인륜성'으로서 특별히 중요하다. 왜냐하면 시민사회는 주관적 자유의 습득을 위해 인륜적인 것을 불가피하게 스스로 낯선 것으로 만들어버리기 때문이다. 찢긴, 낯선 인륜의 형태로 등장하는 이 특수성의 왕국은 일시적 중요성을 지니며, 자유의 국가에 이르는 현대 인륜성의 전개 과정에서 필수적인 통과지점을 형성한다. 여기서 우리는 철저히 헤겔적 의미에서 **논증적으로**, 즉 개념적 사유를 통해 재해석할 수 있는 현대사회에 대한 충분하고 일관성 있는 이해를 위해, 단적으로 현대성에 대한 이해를 위해 오늘날까지도 중요한 가치를 지니는 사항과 마주한다.

자유의 이념이라는 바로 이 의미에서 인륜은 **목적**으로, **생동적 선**으로, 그리고 **현존하는 세계 및 의식의 본성**으로 된 개념으로 현상한다. 이 것은『논리학』「개념론」의 마지막 절, 즉 주체성과 객체성의 통일에 의 존한다. 이 과정은 추리론으로부터 (특히 추론 체계로부터) 목적론과 삶을 거쳐 인식함과 선의 이념의 통일에 이르는 도정이다. 여기서『논리학』은 이미 여러 번 강조했듯이, **개념의 자기규정**의 역동적 체계로,[8] 자기규정 과 자유의 이론으로 읽혀져야 하며, 주체성 철학의 토대로 읽혀야 한다. 인류은 논리적으로 정초된 자유 이념의 규정 체계로 해석되어야 한다. 물론 여기서 자유 이념은 객관정신의 형태로 등장한다. 주관적인 측면도 객관적인 측면도 사유만이 감당할 수 있는, 사유의 학으로서의 논리만이 감당할 수 있는 정당화를 필요로 한다. "인류성으로서의 **참된** 자유는 의 지가 주관적인, 즉 이기적인 내용이 아니라 보편적인 내용을 자기 목적 으로 갖는다는 사실에 있다. 하지만 그런 내용은 사유 안에서만, 사유를 통해서만 존재한다"(Enz §469).

헨리히는 이미 오래전에 ── 세 추론의 체계(System von drei Schlüssen) 로서의 국가에 대한 헤겔의 진술을 암시하는 가운데 ── 인륜태, 특히 국 가가 이런 논리적 구조 위에서 해명되어야 한다고 요청했다. 헨리히의 이런 숙고 외에도 헤겔의 국가이론의 유기체주의에 대한 미하엘 볼프 (Michael Wolff)의 연구도 중요한 시사점을 주고 있다.[9] 대개『법철학』을 다루는 가운데 사람들은 형이상학적 근거를 필연적으로 도외시해야 한 다는 입장을 제시하며, 따라서 채석장 작업처럼 불충분한 절차가 지배적 이다. 헤겔 사유의 체계적 의도, 논리적 정초 그리고 그 내적 형태 등을 해명하고자 하는 헨리히와 볼프의 전략을 훨씬 더 제약 없이 따라야 한 다. 헤겔 이론에서 이른바 형이상학적 무게추를 던져버리고 "부분적 수

---

8 이에 대해서는 다음을 보라. Pierini, *Theorie der Freiheit*. "논리학 과정에서 개념은 스스로를 복잡한 자기관계적 구조로 규정한다." Sans, *Hegels Schlusslehre als Theorie des Begriffs*, a. a. O., S. 230.

9 M. Wolff, *Hegels staatstheoretischer Organizismus. Zum Begriff und zur Methode der Hegelschen Staatswissenschaft*, Hegel-Studien Bd. 19, S. 147~78.

행들"[10]만을 이끌어내려는 시도는 거의 아무런 도움도 되지 않는다. 그렇게 할 경우 놀랍게도 죽은 폐허와 아무런 연관이 없는 파편만 남게 될 것이다. 이미 서론 부분의 단락(§142)에서 그런 시도들은 좌초할 수밖에 없으며, 거기에서 명료하게 논리적 정초의 중요성을 확고히 한다. 국가, 법, 종교 혹은 인륜법 등과 같은 구체적·복합적 대상에 대한 관심으로부터 심오한 의미의 '논리학'을 보다 형식논리에 맞춰 파악하고자 하는 욕구가 생겨난다(Enz §19, Z). 철학적 앎의 입각점은 —— 이에 대해서는 헤겔에 따르면 『정신현상학』이 잘 보여 주고 있다 —— '형식적인 것에 머무는 것이 아니라' 인륜법이나 예술과 같이 '가장 내용이 풍부하고 구체적인 형태들'을 개념적으로 파악하고자 한다. 전통적인 형식논리학의 한계는 이미 귀납추론과 유비추론에서 드러난다. (이에 대해서는 추론 체계로서의 국가를 다루는 절을 참조하라.)

인륜이라는 건축물의 논리적 기둥은 그 윤곽밖에 드러낼 수 없는데, 이러한 사실은 엄청난 해석에 부담이 있음을 함의한다. 헤겔 실천철학에 대한 포괄적 해석은 (여기서는 법철학에 대한 입문적 서론만이 시도될 것이다) 이 영역에 아주 서론적으로만 기여한다. 인륜법으로의 이행에서 나타나는 **결-합**(Zusammen-Schliessen)이라는 술어는 논리적으로 『논리학』의 「추리론」에 자리를 잡고 있으며, 이는 다시 객관논리학으로의 교량 역할을 한다. 이념만이, 이성적인 것만이 현실적이며, 모든 이성적인 것은 헤겔에 따르면, 추론이다. 이 결-합의 다음의 초석을 주의깊게 고찰해야 한다.

---

10   Henrich, Bl 38.

실천적 추론들 — '이성적인 모든 것은 추론이다'

인륜법	결-합

A) 가족

A) 현존추론 · 직접적 실체성

자연적 인륜적 정신

B) 시민사회

B1) 반성추론 · 자립적 자유 속에 거하는, 그리고 독립적으로 특수하게 존재
하는 많은 인격으로 특화된 추상적 정신으로서의 실체; 개별
자들은 자신의 특수성으로 인해, 자신의 특수한 욕구로 인해
서로 결합되어 있음; '극단으로 상실된 인륜성'

B2) 필연성 추론 —— 정언적·가언적 그리고 선언적 추론

     a) 정언추론   사법

     b) 가언추론   감독과 사회적 조력

     c) 선언추론   조합

     인륜의 재산출(감독과 사회적 조력; 국가의 두 번째 인륜적 뿌리
로서의 조합)

C) 국가

세 추론의 체계 · 자기의식적인 인륜적 실체,

인륜적 이념의 현실

     a) 국내법

     b) 국제법

     c) 세계사

1.1 이성적인 것의 일반적 형식으로서의 추론

추론 형식의 일반적인 중요성은 (형식 1: E−B−A, 형식 2: A−E−B, 형식
3: B−A−E. 이들 각자에 세 가지 하위 형식이 있으며, 따라서 총 아홉 가지 형
식이 있다) "(국가와 같은) 이성적인 모든 것은 삼중의 추론으로 드러나며,
그것도 지절 각자가 극단의 자리뿐 아니라 매개하는 중심의 자리도 취

한다"(Enz §187, Z)는 사실에 있다. 판단과의 차이, 그리고 현재의 이행의 논리적 중요성을 시사하기 위해 근원적인 세 단락, §5, §6, §7로 되돌아가 볼 필요가 있다. §5는 자아의 보편성을 해명하며, §6은 자아의 분화(특수함)를, 그리고 §7은 결론적으로 세 계기의 통일로서의 자아의 개별성을 다룬다. 여기서 헤겔은 아주 적절한 근거를 가지고서 "자아의 자기규정"으로부터의 전환을 수행한다. 자기 스스로를 규정하는 보편성인 대자적으로 자유로운 의지는 자유의 이념을 형성한다(RPh §21). 개별성은 보편성으로서의 자신의 특수함에서 자기 자신으로 머무르며, **자기를 자기 자신과만 결합한다**. 자기규정과 자유라는 사상은 본질적으로 (아주 상이한 방식으로) 논리학의 논증 과정도, 실천철학의 논증 과정도 각인한다.

이제 세 번째 단계인 인륜 영역에서 다뤄지는 것은 실체적 의지로서의 자유의지이며, 의지의 자유의 사상, 자기 동등성(평등)의 사상, 그리고 최고 단계에서 타자 속에서 자기 자신으로 머묾의 사상이고, "즉자대자적으로 보편적인 자신의 실존의 이념"(§33)이다. "인륜법은 **자유의 이념**이다. ─ 그것은 **현존하는 세계와 자기의식의 본성으로 된 자유 개념이다**"(§142). 주관적 자유는 동시에 즉자대자적으로 보편적인 이성적 의지이다(Enz §513). 삼원성을 띠는 논리적 형식인 추론, 이 '삼중성'은 이성의 가장 보편적인 형식으로 간주된다(WdL 6, 565). "**이성적인 모든 것은 추론이다**"(WdL 6, 352)라는 잘 알려진 문구는 바로 이를 목표로 한다. 법(/권리)의 논리, 자유의지의 논리를 위해 이는 세 번째 단계인 인륜법에서 추상법과 도덕법이 **결합된다**는 것, 하지만 요소의 혼합 내지 단순한 종합으로서가 아니라 세 추론 형식의 통일 형식으로 결합된다. 추론논리, 즉 결론을 이끌어내는 이성은 논리적·존재론적 자기규정의 완전한, 성공적인 연관으로서의 추론에 이른 도정, 그것도 삼각의 형식으로, 원환들의 원환의 형식으로 존재하는 추론에 이른 도정, '스스로를 이끌어가는' 추론에 이르는 도정을 관통해 간다. 이러한 발전 과정에서 중요한 것은 근거로 전진하는 후퇴로서의 정당화(근거짓기)이다.* 추론 형식은 일

338

관적인데, 왜냐하면 그것은 '자신의 논리적 추론의 단호함을 은연중에 전제하고 있기 때문이다.'[11] 자신의 모든 형식으로 존재하는 판단은 자기 자신을 통해 정당화될 수 없고, 추론만이 수행할 수 있는 합법성을 요구한다. 추론함은 본질적으로 형식적 법과 도덕법 등의 규정성, 개념과 판단 등의 논리적 형식의 규정성의 지양을 함유하며, 인격적 자유와 도덕적 자유의 지양을 함유한다. 따라서 이 결-합은 타자가 아니라 **지양된 타자**(예컨대 지양의 세 차원으로 있는 지양된 추상법, 지양된 도덕법 등)와의, 따라서 **자기 자신과**의 결합이다(WdL 6, 345). 따라서 개념은 삼중의 추론으로서 우선 자기 자신에게로 돌아오며, 자신의 근원 분할(Ur-Teilung, 판단)로부터 돌아오며, E, B, A의 차이는 극복된다. **이 추론 지절 각자는** 이에 기초한 토대에 **중심으로도, 극단으로도** 서 있다. 개념규정으로서의 각각의 계기는 (개념의 완전한 서술로서의) 완성된 추론에서 전체 및 매개하는 근거를 대표한다. 세 추론 형식에서 도달한 이 동일성이 근원분할(/판단)에는 결여되어 있었다. 추론에 대한 오성적 해명과는 달리 여기서 부정성의 계기가 불가피하게 등장한다. 그것은 규정의 삼중성의 형식을 띠는데, "왜냐하면 세 번째 것(인륜법)은 첫 두 규정(추상법과 도덕법)의 통일이며, 이것들은 서로 상이하기 때문에 통일 속에서도 **지양된 것**으로서만 존재할 수 있기 때문이다"(WdL 6, 565). 이 세 번째 것, 즉 인륜법은 **자기 자신과의 결합**으로서만 사유할 수 있으며, 그것도 자기 타자 속에서

---

*　'근거'의 독일어 'Grund'(영어, ground)는 땅, 기초, 이유(reason) 등을 의미하며, '정당화하다'의 독일어 'begründen'(이 단어 안에 'Grund'가 들어 있다)은 '근거짓다', '근거(토대, 기초 이유)로 돌아가다', '근거를 밝히다' 등을 의미한다. 즉 정당화한다는 말은 '토대로, 기초로, 과거로 후퇴함'을 말하는데, 이런 후퇴야말로 지성이 받아들일 수 있는 진정한 전진이다. "존재하는 모든 것은 이유(reason, Grund)가 있다"(여기서 이유의 영어가 'reason', 즉 이성임을 보라)는 전통 형이상학의 근원적 전제는 헤겔에게서 "존재하는 것은 이성이다"로 재정식화된다. ─옮긴이

11　이에 대해서는 다음을 보라. Christian Georg Martin, *Ontologie der Selbstbestimmung. Eine operationale Rekonstruktion von Hegels Wissenschaft der Logik* (Inaugural-Dissertation, Universität München), S. 285ff.

자기 자신과 관계하고 **자기 자신을 규정하는** 개념의 자기 결합으로 사유할 수 있다. 따라서 추론은 개념의 좀 더 진척된 규정으로 드러나며, 여기서 개념은 최고 단계의 자기규정성에 도달하지만, 동시에 자신의 '하위규정'을 표현한다. 왜냐하면 이 개념은 아직 주관성과 객관성의 통일로서의 이념이 아니라 주관성의 형식으로 있는 개념일 뿐이기 때문이다.

결-합은 과정으로서, **자기규정의 역동적 운동**으로서 닫힌 것을 열고 재결합한다는 의미에서 사유할 수 있다. 여기서 '재결합하다'라는 말은 폐쇄함과 고착시킴, 일자의 근원분할(/판단)과 분할 혹은 분리의 극복 등의 의미를 갖는다.[12]* 여기에서 우리는 의지의 형식으로 존재하는, 유한성으로의, 규정성으로의, 객체성으로의 결단 형식으로 존재하는 사유하는 이성을 보게 되며, "결정을 통해 인간은 현실로 진입한다"(§13). 따라서 개념의 한갓 주체성에서 객체성으로의 이행이 엄격하게 수행되며, **이념**은 개념과 현실의 이런 통일을 보여 주기 위한 용어이다. 인륜법은 '첫 번째' 동일성(인격성)과 비동일성(도덕법, 즉 분리, 근원분할(/판단), 차이 등의 영역)의 역동적 통일을 포함하고 있으며, 인륜법은 '딱딱한'(신성불가침의) 인격성과 스스로 전개해 가는 도덕법의 통일, 이 양자의 구성적 한계지음을 의미하며, 논리적 추론에서 개념과 판단의 통일의 재산출을 의미한다. 추론의 역학, 즉 자기규정의 과정으로서의 추론의 자기운동은 인륜의 통일이 단순 재생산의 모형으로 이해되어서는 안 된다는 것을

---

12 Ebd., S. 284ff.

* 여기서 저자는 번역으로 드러낼 수 없는 독일어만의 독특한 어감으로 문장들을 이어간다. '추론'으로 번역되는 'Schluss'(schliessen, 추론하다. 종결짓다)는 논리학의 의미에서는 추론이지만, 일상적으로 끝·결말 등의 의미를 가지며, 여기서 다양한 단어가 파생된다. '열다', '열어젖히다'로 번역한 것은 'Aufschliessen'이고, '결합'은 'Zusammen-Schliessen'을 번역한 것인데, 이 말은 다른 것들이 함께 한곳으로 모임을 의미한다. 'Beschliessen'은 '결정'을 의미하고, '결단'으로 번역한 것은 'Entschluss'이고, '폐쇄됨', '닫힘'은 'Verschlossen'이며, 'Erschliessen'은 '해명함', '추리함' 등을, 'Ausschliessen'은 배제나 배타성을 의미한다. 논리학의 추론이라는 단어가 일상적 언어와 깊이 결합되어 있음을 볼 수 있으며, 이런 어감을 모두 완전하게 번역해 내는 것은 사실상 불가능하다. ── 옮긴이

함의한다. 그것은 열어젖히는 가운데 새롭게 해명함을 포함한다. 새로운 결-단(Ent-Schlüsse)을 통해 인류 개념에 상응하거나 상응하지 않을 수 있는 새로운 것이 산출된다.[13] 결-단함은 객체화, 내용의 출현을 의미하며, 내면성과 외면성의 형식으로 존재한다. 철학이 이러한 방식으로 개별과학의 실체적 혁신을 수용하듯이 현대의 인류법은 결합의 새로운 형태를 3단계의 테두리 안에서 통합한다. 헤겔의 시기와 비교해 볼 때 가족 단계에서, 예컨대 생활공동체의 새로운 형식들(과거와 다른 생활공동체의 형식, 예컨대 동성애 부부 등)[14]이 전개되고 있으며, 시민사회에서는 산업 시장사회의 모호한 혁신을 규제하기 위한 새로운 제도가 등장하고 있고(기술검증연합체, 독점방지 관청, 주식시장 감독, 연합회 등을 통한 창조적 양식의 사회조력 등), 혹은 국가에서는 지금까지는 알려지지 않은 정치적 참여 현상이 나타나고 있다(시민이니셔티브, 시민운동 등). 전체적으로 볼 때 헤겔 시기와 비교하면 다양한 새로운 삶의 형식이 등장했다. 따라서 현대의 인류법에 대한 헤겔의 구상은 더 풍부해지고, 구체화되며, 현실화되어야 한다. 그럼에도 불구하고 인류의 근본적 체제는 완전히 유효하다.

실천적인 것에서 국가는 세 추론의 체계를 재현하며, 그러한 전체로서 국가는 참으로 "말 그대로 추론의 삼중성"(Enz §198)으로만, 논리적으로 정초된 그런 결-합으로만 이해할 수 있다(WdL 6, 356). 헤겔의 실천철학, 특히 그의 국가철학을 독해함에 있어서 이러한 점을 무시하고, 반형이상학적, 혹은 탈형이상학적 태도를 취하다면 그것은 저자의 의도에 철저히 반하는 것이며, 궁극적으로 현대 인류법에 대한 이러한 사유의 원래 내용을 놓치고 만다.

---

13 이것은 객관정신 영역에서 여전히 남아 있는 우연성이다.
14 이에 대해서는 가족을 다루는 이 책 제6장을 참고하라.

1.2 닫힌 것을 열어젖힘(Das Auf-Schliessen des Ver-Schlossenen)
—부정성과 현실적 의지

그런데 첫 발걸음에 완벽한 개념 구조가 드러나지는 않는다. 그것은
필연성의 추론에서, 특히 더 이상 추론이 아닌 선언추리에서 등장한다.[15]
부정성의 두 번째 차원은 결핍을 숨기고 있다. 즉 개별자는 또한 '배제하
는 개별성'으로, 작용하는 '현실적인 것'으로(Enz §163) 파악되어야 한
다. 여기서 중요한 것은 **개념**을 **존재론적** 구조로 이해하는 것이며, 자기
규정으로서의 개념 전개의 **존재론적 구성요소**이며, 주체성의 **존재론적**
차원이다. 그리고 또한 실재를 객체로 이해하는 것이다.[16] 우리가 판단론
과 추리론을 우리의 논증적 진리요청이라는 비판이론으로 이해하는 한
객체성에 대한 요청은 처음부터 함께할 수밖에 없다.[17] 주관성에서 객관
성으로의 이런 논리 내적 이행에 대해 계속해서 이의가 제기된다.[18] 『엔

---

15 좀 더 자세한 내용은 다음을 보라. Sans, *Hegels Schlusslehre als Theorie des Begriffs*,
    a.a.O., S. 214~19. 중심의 내용과 추론의 형식은 일치한다. "그 둘은 보편자, 특
    수자 그리고 개별자의 통일을 형성한다. 형식과 내용의 이러한 일치 때문에 더 나
    아간 양식으로 이끌어갈 어떤 이행도 있을 수 없다." 추론의 형식주의는 지양되어
    야 한다.

16 롤프 페테르 호르스트만(Rolf Peter Horstmann)은 '주체존재론적 일신론'으로 이
    를 진단한다. Rolf Peter Horstmann, *Wahrheit aus dem Begriff. Eine Einführung in
    Hegel*, Frankfurt 1990. 풀다는 이와는 반대로 논증한다. Fulda, Hegels Logik als
    Idee und ihre epistemologische Bedeutung, a.a.O. 풀다는 정당하게도 헤겔의 논
    리학이 존재자에 속하는 모든 것을 다루는 이론이라는 의미에서의 존재론, 유일
    한 지고의 존재자에 대한 이론이라는 의미에서의 존재론이 아니라고 말한다. 헤
    겔의 논리학은 아리스토텔레스적-기독교적인 서양의 존재신학의 최종적 예 중
    하나가 결코 아니며, 아리스토텔레스에서 칸트에 이르는 존재신학의 모든 시도를
    체계적으로 시정한다. Hans Friedrich Fulda, Beansprucht die Hegelsche Logik, die
    Universalmethode aller Wissenschaften zu sein?, *Die Folgen des Hegelianismus*, hg. v.
    Peter Koslowski, München 1998, S. 21. 어쨌거나 헤겔은 논리학을 참으로 형이상
    학으로 구상하는데, 그것은 존재론과 인식론의 '과거' 이원론을 극복하고자 기획
    되었던 것 같다.

17 Anton Friedrich Koch, Die Problemtik des Übergangs von der Schlusslehre zur
    Objektivität, *Hegels Lehre vom Begriff, Urteil und Schluss*, a.a.O., S. 207.

18 대표적인 사람은 회슬레이다(*Hegels System. Der Idealismus der Subjektivität und*

치클로페디』에서 "객관적 사상"이라는 표현(사유규정)은 '세계 내 이성 존재'를 지시하기 위함이다. 따라서 "개념(과 따라서 개념의 가장 직접적인 형식인 판단과 추론)은 사물에 낯설거나 외적인 규정과 관계로 성립할 수 없다." 사유는 "사물의 보편자"로 이끌어간다. "하지만 이러한 사실은 개념 계기 중 하나이다"(Enz §24). 헤겔의 구상에 대한 합리적 옹호를 위해 다음의 독해방식이 기여할 수 있다. 즉 헤겔 논리학의 의미에서 철학의 '처음'이자 '마지막'은 존재론과 인식론의 이원론을 극복하는 것이며,[19] **논리**는 자기규정의 논리로 이해되어야 한다는 것이다. 주체는 특수하게 존재하는 보편자이며, 총체성으로 정립된 개념, 개념 그 자체, 따라서 결국 단수로서의 개념(der Begriff), **하나**로서의 이념이다. 이것이 바로 자유의 관념론적 일원론의 토대이다. 사변의 가장 내적인 것의 본질은 바로 '자기관계하는 부정성'(sich auf sich beziehenden Negativität)이라는 사상 ─ 『논리학』과 『법철학』에서 공히 이 말을 사용한다 ─ 이다. 형이상학으로서의 『논리학』 내지 순수사변철학은 바로 이러한 사실을 증명하고자 한다(§7). 이 부정성은 모든 활동성의 '궁극적 원천, 즉 삶과 의식'이며(§7), "모든 활동성의, 즉 생동적이고 정신적인 자기운동의 가장 내적인 원천이다"(WdL 6, 563).[20]

---

das Problem der Intersubjektivität, Hamburg 1988, S. 227~50). 정당하게도 마르틴에 따르면 헤겔은 일차적으로 반성적 최종근거짓기(최종적 정당화)라는 양식의 인식적 정당화의 형식을 의도하지 않았으며, 오히려 그에게서 추론 형식은 하나의 사태를 파악하고자 하는 것이며, 추론의 원환은 무한후퇴를 형성하는 것이 아니며, 반대로 추론의 구성요소는 전제와 결론을 시술한다. Martin, *Ontologie der Selbstbestimmung*, a.a.O., S. 281ff.

19 이에 대해서는 특히 풀다의 논리학 해석이 유명하다. 특히 Hegels Logik der Idee und ihre epistemologische Bedeutung; Philosophisches Denken in einer spekulativen Metaphysik, in: *Hegels Transformationen der Metaphysik*, a.a.O.; *Methode und System bei Hegel: Das Logische, die Natur, der Geist als universale Bestimmungen einer monistischen Philosophie*; *Beansprucht Hegels Logik, die Universalmethode aller Wissenschaften zu sein?*, a.a.O.

20 §7 「보충」에 개별성(Einzelheit)에 대해 수기로 다음과 같이 기록했다. "더 좋은 단어: 주체성."

"**인륜성**이란 무엇인가? 나의 의지가 개념에 적합하게 정립되어 있다는 것, 나의 주체성이 지양되어 있다는 것, (……) 객체의 인정, 개념"(§142, A).[21] 이렇듯 인륜성은 **자유의 이념**으로 간주하며, '**현존하는 세계로**' 된, '**자기의식의 본성으로**' 된 자유 개념으로 여긴다. 인륜성의 영어 번역어인 윤리적 삶(ethical life)은 이러한 내용을 분명히 한다. 특히 객체성(/객관성), 이 객체성의 이념으로의 이행이라는 핵심 범주에서, 즉 **목적** 범주에서 개념은 실재의 형태를 받아들여야 한다는 사실이 천명되며, **자기규정의 존재론적 차원**의 논리적 엄격성이 드러난다.[22] 목적은 형식적 추론이 아니라 '실존으로 있는 개념', 주체성과 객체성의 통일이다. §111에서 헤겔은 보편성과 진리라는 의미에서 개념의 객체성(/객관성)을 말한다. 다른 말로 하면 다음과 같다. "자기 안에, (……) 법 개념의 **분석적 구조** 안에 '강제된 것', 즉 폭력으로, 폭력에 근거하여 실행될 가능성을 포함하지 않는" 법(/권리)은 없다.[23] 여기서 개념의 규정성으로서의 행위, 즉 목표지향적 태도와 행동으로서의 행위, 말하자면 행위의 추론(/결과)이 탁월한 방식으로 들어온다. 개념 논리학 전체는 자기규정이라는 원리, 자유의 원리를 개념의, 즉 자유의 완전히 충족된 형식(개념은 자유로운 것이다)으로까지 이어지는 논리적 전개를 포함한다. 그런 충족된 형식은 **하나의** 이념에서, 즉 **객관적인 혹은 실제적인 개념**에서 완성된다.

형식적 추론에는 "본질적인, **변증법적인** 계기, 즉 **부정성**"(WdL 6, 565)이 결여되어 있다. 형식적 추론에 완고하게 붙잡혀 있으면 부정성이라는 근본사상은 무시되며, 개념의 형식성의 '상실'은 헤겔 논리학에서 본질적인 특징으로 남아 있다. 이러한 사실은 다른 논리학의 관점에서 보면 당연히 비판과 거부의 대상이 된다. 추론의 (형식주의가 취하는) 형식성은 필연적 과정이며, 따라서 추론은 계속 더 규정되어야 한

---

21 이에 대해 더 자세한 것은 이어지는 제5장 1.2를 참조하라.

22 Pierini, *Theorie der Freiheit*, a. a. O., S. 50.

23 Jacques Derrida, *Gesetzeskraft. Der mystische Grund der Autorität*, Frankfurt a. M. 1991. 데리다는 정당한 폭력과 부당한 폭력을 명시적으로 구별한다.

다. 결단함(Entschliessen)은 내용의 표현, 내용의 등장이지만, 우선적으로는 내 안에서만 일어난다. 추론은 "공허한 골조, 골격"으로 머물러 있을 수 없고, '그 완성을 위해 외부로부터' 진입해 들어온다. 그리고 주체성(/주관성)은 객체성(/객관성)으로 나아가기로 결단해야(Enz §192, Z) 한다.[24] 형식적으로 서로 결합된 것(Zusammengeschlossene)은 열리게 되며(aufschliessen), 닫힌 것(Verschlossene)은 '떨어져 나온'(결-단, entschlossen) 것이다. 그것도 궁극적으로 **현실적인 인륜적** 행위에서, 인륜법의 이념에서 그렇게 되는데, 여기에서 실재와 객체성(/객관성)은 **세계**라는 형식을 얻는다[즉 객체는 의지의 결단의 산물, 말하자면 주체 안에 있던 것이 떨어져 나온 것이다]. 개별성으로서의 의지가 자신과 부정성의 관계에 있는 한 스스로를 규정하며, 스스로에게 개별성의 형식을 부여한다(§7). 이렇듯 의지는 **결정하**는 가운데 존재하며, 그런 것으로서만 **현재적**이다. 그런 '자기 결단'으로서의 자유로운 의지함은 '모든 현존의 근원적 씨앗'이며, 그로부터 산출되는 규정과 목적이 여기에 포함되어 있다(§12). 결합의 진행은 이렇듯 본질적으로 자기규정과 자유의 역학을 규정한다. 이 발전 논리의 몇몇 초석을 미리 살펴볼 필요가 있다.

매개를 결합으로 기능하게 하는 객체성(/객관성) 단계에서 인륜법, 특히 국가는 세 추론의 체계로 이해해야 한다. a) 국가는 덩어리 내지 기계장치로, 그다음 b) 구체적 보편자의 과정으로 이해되며, 이 구체적 보편자는 "객체의 차이를 통해, 즉 특수한 분리를 통해 개별성, 즉 산물과 결합하며, 바로 여기에서 자신과만 결합한다"(Enz §201). 마지막으로 c) 목적론적·체계적 과정의 형태를 띠고 있는 추론으로서의 목적론에서 "목

---

24 텍스트에는 'erschliessen'(개시하다, 해명하다)으로 잘못 표기되어 있다. (저자는 원문에 'erschliessen'이라고 된 것이 사실은 'entschliessen'(결단하다)이라고 말하고 있다 ― 옮긴이). 게오르크 잔스는 정당하게도 헤겔이 수단(중심) 개념의 의미를 추리론을 전개하는 가운데 점차로 풍부하게 하며, 중심(/수단)의 이런 구체화는 보편적 특징으로부터 대상의 전체성을 넘어 객관적 보편자로까지 진행한다. Sans, *Hegels Schlusslehre als Theorie des Begriffs*, a.a.O., S. 223.

적은 스스로를 자신의 주체의 타자로 만들고, 또 스스로를 객체화함으로써 양자의 차이를 지양하고, **자기를 자기와** 결합하여 **보존했다**"(Enz §204). 따라서 완성된 목적(§8)과 삶으로의 이행에서 생명체들의 모형을 입고 나타나는 국가는 **유기체**[25]로 사유되며, 한 개체의 생명체적 진행 과정으로 사유된다. "생명체는 자신의 계기 자체가 자기 안에서의 체계들이고 추론들인데(Enz §§198, 201, 207), 이때 이 자기 내 체계들과 추론들은 활동적인 추론들, 과정들이며, 생명체의 주관적 통일에서 단 **하나의** 과정일 뿐이다. 이렇듯 생명체는 자기 자신과의 결합 과정이다"(Enz §217).

자유의지는 세계로 외화되고 그리고 자기의식의 본성이 되며, 이로써 추상법과 도덕법이 결합되고, **인격의 자유와 도덕적 주체의 자유가 인륜적 주체의 자유 속에서** 통합된다. 그런 한에서 앞에서 말한 결합의 단계는 자유의 규정을 스스로 전개하는 체계인 인륜법으로까지, 즉 자유의지 개념이 자신의 완전한 규정에 도달한 상태인 자유 이념으로까지 도달한다. 특히 **인륜적 이념의 현실**로서의 국가는 스스로를 구축하고 전개하는 연합체계를, 즉 **스스로 사유하면서 자신을 아는** 자유의지의 최고 형태를 대표한다. 여기서 우리는 자유의지를 의지하는 하나의 의지를 보며(§27), 개념적으로 파악하는 인식과 사유에 의해 지탱되는 이성적인 사회적·정치적 시민공동체, 즉 자유의 참된 내용과 목적을 서술하는 공동체를 보게 된다. 그것은 개별 시민의 특수한 이익과 보편적 이익이 결합된 작품이다. 개념적으로 파악하는 사유의 토대 위에서만 정치적인 것, 국가적인 것의 합법성에 이를 수 있다. 다른 심급은 불충분하고 자유를 위협한다.[26] 국가의 이념(즉 움직이지 않는 최종목적의 이념)을 마침내 과정으로 사유할 경우 이 이념은 현실적인 인간적 사건으로, 자유의 진전으로서의 세계사로 나아가며, 바로 이 세계사에서 『법철학』은 그 최종점에 도달한다.

---

25 Wolff, *Hegels staatstheoretischer Organizismus*, a.a.O.
26 이에 대해서는 시민사회와 국가를 다루는 제7장과 제8장을 보라.

2. 논증의 근본 구조—'예비 개념'

2.1 '자유의 개념은 의지의 세계로 된다'

인륜법(혹은 인륜법 체계)에 대한 헤겔의 철학적 이론은 사회적 자유와 정치적 자유에 대한 이론적으로 아주 추천할 만하고 지속가능하며, 영향력이 강력한 구상 중의 하나이다. 그의 이론은 **현대 세계에서 자유로운 행위**에 대한 철학적 이해의 토대를 보여 주며, **정의와 사회적 국가**에 대한 사상을 정초한다. 헤겔의 관념론은 여기서 명료하게 현대주의(모더니즘, Modernismus, R. Pippin)로 증명되며, 그의 사회적 자유이론은 사회철학의 결정적이고 혁신적인 기여로 드러난다(F. Neuhouser).[27]

객관정신의 첫 단계인 추상법(/권리)에 고착된 자유는 자기 안에 머물고 있는 주체의 개별적 의지로서 '인륜적인 것과 비교하여 죽은 것'으로 드러난다. 형식적 행위에는 **특수한** 주체성의 계기가 결여되어 있다. 개별성은 보편성으로 고양되어야 한다(E–A). 객관정신의 두 번째 단계인 도덕법이라는 한갓 주관적인 자유도 죽은 것, 일면적인 것으로 머물며 ('선은 생명이 없다', §141, A), 야위어 가고 소멸해 가는 것일 뿐이고, "주체에만 머물러 있는 나의 현존"(Ho 479)이다. 특수성의 계기에는 객체성이 결여되어 있으며, 이 특수성이 추구하는 보편성이 결여되어 있고(문제 B–A), 주체성은 참된 객체성 없이 그저 그렇게 독자적으로만 있다. 형식법적인 행동도, 도덕적 행위도 자유로운 행위 개념의 한 측면만을 충족할 뿐이며, 인륜적 행위, 즉 현실적으로 자유로운 행위의 지양된 계기로서 취해져야 한다.[28] 추상법(/추상적 권리)의 원리 아니면 도덕적 원리 둘 중 하나가 인륜법을 지배한다면 이것은 "**가장 심각한 전제주의로서** 가장 유약한 것이며, 인륜적 조직의 이념의 상실일 뿐이다. 왜냐하면 도덕적 원리와 시민의 권리는 유한한 것에서만, 개별적인 것에서만 존재

---

27 Pippin, *Idealism as Modernism*, a.a.O. Frederick Neuhauser, *Foundations of Hegel's Social Theory: Actualizing Freedom*, Cambridge 2000.

하기 때문이다."[29] 형식적 권리에 의해 이끌리는 지배(공동체를 계약으로 축소하고, 형식적 권리, 특히 재산권을 신성시하는 것 등[30]) 혹은 도덕의 사도들과 '선한 인간들'의 독재가 바로 이러한 상황을 만들어낼 것이다. 형식법적(/형식적 권리에 기초한) 인격주의와 도덕주의라고 하는 이 두 일면적 입장으로부터 오늘날까지 헤겔에 대한 공격이 계속되고 있다. 한편으로 국가의 규제적·형성적 힘은 형식적 권리(/법)에 대한 허락되지 않은 간섭으로 잘못 해석된다. 예컨대, '세금은 국가의 절도다', 혹은 '국가는 시장이 자유롭게 전개되도록 두어야 하며, 도로 건축과 치안 유지 등의 역할에 국한되어야 한다' 등과 같은 생각이 그러한 자들의 입장을 대변한다. 다른 한편 헤겔의 글의 정신과 문자와는 상관없는 비난이 헤겔에게 제기된다. 예컨대 헤겔의 인륜법에서는 도덕법이 사라진다고 한다(E. Tugendhat). 또한 국가와 정치는 한갓 주관적인 양심의 결단에 기초해야 하고, 정치적 행위자들은 도덕의 감시자로 행위해야 한다고 요청하기도 한다.

판단의, 즉 근원분할의 이 두 영역 — 추상법(/추상적 권리, E−A)과 도덕법(B−A)[31] — 은 인륜법에서 결합된다. 추론은 '판단의 진리'이다 (WdL 6, 359). "직접적으로 (형식적·추상적) 권리(/법)였던 자유의 현존재는 자기의식의 반성(도덕법)에서 **선**으로 규정된다. 세 번째 것은 도덕적 주체성과 추상법(/추상적 권리)의 진리이다. 인륜적인 것은 즉자적으로 존재하는 법(/권리)의 주관적 심정이다"(§141). 인륜법은 **자유의 살아 있**

---

28 인륜적인 것은 "특수성, 필연성, 관계, 즉 자기 안에서의 상대적 동일성 등을 분화되지 않고 동화된 채로" 간직하고 있으며, "이를 통해 그 상대적 동일성 속에서 자유롭다"(Hegel, *Über die wissenschaftlichen Behandlungsarten des Naturrechts, seine Stelle in der praktischen Philosophie und sein Verhältnis zu den positiven Rechtswissenschaften*, TWA 2, S. 521).

29 Ebd., S. 519.

30 로버트 노직이 이러한 유의 철학자다.

31 B(특수성)는 E(개별성)를 위해 A(보편성)의 형식규정을 가지며, A를 위해 E의 형식규정을 가진다. 왜냐하면 이 관계들은 그저 판단들이기 때문이다(WdL 6, 363).

는 **이념**, 자유 개념의 진리를 대표한다. 자신의 계기들(추상법과 도덕법)이 정립됨으로써, 이것들이 결합됨으로써 자유 개념은 여기에서 비로소 현실성과 실재성을 획득하며, 개념은 "자신의 규정을 실재에로" 이끌어낸다(§141). 객관정신의 이 세 번째 단계에서 **이념**은 법(/권리)의 개념으로서, 이 개념의 실현으로서 중심으로 진입한다(§1). 인륜법은 현실적인 공동체적 삶이라는 의미에서 이념을 서술하기 위한 범주이며, 바로 여기에서 추상법(/추상적 권리)과 도덕법은 자신들의 고유한 근거를 가지며, 이것들의 길은 필연적으로 그 근거로, 즉 인륜법으로 향해 있다. 인륜법은 자유의 이념, **생동적 선**을 대표하며, 자유의 개념은 '의지의 세계'로 된다(Ho 482). 선은 "피안으로, 즉 도덕적 세계질서로 잘못 놓일 수 없으며, 오히려 그것은 현실적이고 현재적이다"(Bl 122). **인륜적** 행위에서야 비로소 주관적 자유는 자신의 고유한 객체성, 즉 객관적 내용을 자기 자신의 것으로 획득한다. 이제 주체에게 객체는 자기 자신의 것으로 변형되며, 바로 이 객체에서 주체는 살아간다. 실체로서의 이 인륜적인 것은 그의 행위의 토대가 되며, 그는 보편자를 자기 의지의 본질적인 것으로 안다. "**인륜적** 인간은 자유롭다. 개념, 즉 자유는 그들을 통해 실존이 되며, 그들은 이 개념과 더불어 하나가 된다. 그 개념은 그들의 영혼이며, 자기 자신에게 머물러 있는 이 (자유의) 개념은 이런 방식으로 현존한다"(Ho 483, 강조는 저자). 자유 이념의 계기들의 필수적 통일은 **앎**을 서술하는데(RPh §143), 이 계기들은 a) **객관적으로 인륜적인 것**, b) **인륜적인 것의 자기의식**이다. 정당하게도 H. F. 풀다는 사회성이 인륜법의 유일하고 근본적인 특성을 서술하는 것은 아니라고 말한다(이것은 의사소통에도 해당한다). 인륜법은 "심정과 활동의 형태로 존재하는 자유로운 정신(이 정신은 습관과 관습으로 존재한다)의 주관적 자유가 그러한 자유 속에서 살아가는 자의 직접적이고 보편적인 현실로, 또한 그의 두 번째 본성으로 되었다는 데 그 본질이 있다. 즉 인륜법은 자유의지에 적합하게 된 객체성"이다.[32] 인륜적인 것에서 현실은 개념에 따라, 이성에 따라 형성되며, 따라서 현실은 구체적으로 된 자유로, 이성적 의지로 파악할 수 있다.[33]

2.2 주관적 인륜태와 객관적 인륜태의 통일—인륜적 제도와 인륜적 자기의식

해석자에 따라, 특히 §144, §145의 서술에서 헤겔의 실천철학이 적응, 순응, 노예근성, 복종, 권위, 심지어 전체주의 등을 입안하기 위한 근거를 마련한다고 보는 경우가 있다. 객관적 인륜이란 법률, 기구, 사회적 실존과 관련 있는 행위원칙과 제도 등을 말하며, 여기서 선은 **주체성을 통한 구체적 실체**로 표현된다. 개인의 실체성은 인륜적 규정에 달려 있으며, 인륜적 힘은 이 실체의 우연자로서의 개인을 통해 비로소 존립하게 된다. 이때『논리학』에서 이미 말한 실체와 우연성의 관계에 대한 이해를 반드시 참고해야 한다.[34] 오직 다음의 이유에서 그리고 다음의 사실인 한에서 그렇다. 즉 인륜적 규정이 자유의 개념을 이루고 있거나 혹은 만족시키는 **한에서만**(Ho 485), 바로 **그 때문에만**, 그리고 또한 그 규정이 자유의 사상에 기초한 **경우에만** 인륜적 힘의 체계는 이 권위를 갖는다. 그리고 이것은 결정적으로 중요하다. 객체성은 여기서 자유로운 결합으로 나타난 이성적인 것의 제약 없는 유효성을 의미한다. 그렇지 않은 경우에 이 체계는 그저 덩어리로, '정신성이 탈각된' 법률로, '정신성을 상실한 제도'로 표시된다(Gr 399). 추상법과 도덕법의 원칙은 자신의 타당성을 어떤 경우에도 상실하지 않으며, 인륜법의 맥락에서도 자신의 원래의 힘을 간직한다. 이를 좀 더 명확히 해보자. 범죄 행위가 인간의 행위라고 할지라도 이 행위는 인간의 행위 개념에 상응하지 않는다. 이와 마찬가지로 헤겔에게 전체주의적 국가는 비록 국가조직이긴 하지만 국가 개념에 상응하지 않는다. 국가가 자신의 개념(인륜적 이념의 현실, 구체적 자유의 현실)에 상응할 경우에만 그 국가는 참다운 국가다. 객관적 관점에서 볼 때 인륜은 자유 이념의 이러한 규정의 체계로, 즉 '필연성의 영역'

---

32 Fulda, *Georg Wilhelm Friedrich Hegel*, a.a.O., S. 213, 211.

33 VPhRel(종교철학) II 493ff.

34 실체와 우연성의 관계에 대한 이론적 내용에 대해 가족을 다루는 곳에서 좀 더 자세히 다루게 될 것이다.

으로 드러나는데, "이 영역의 계기들이 인륜적 힘이다"(§145). 지배하는 인륜적 힘들, 필연적인 것들의 영역, 우연적인 것들 등과 같은 이런 언어 용법에서 (부당하게도) 스스로에게 책임이 있는 행위의 파괴라는 추문이 생겼다고 추측된다.

헤겔은 우선 객관적 힘들로서의 인륜의 이 규정들이 '사태의 본성'으로부터, 주체의 삶의 수행이라는 근본적 요청으로부터, 인간의 삶을 제어하는 것으로부터, 공동체적 맥락에서의 실존함의 필연성으로부터 발생한다는 것을 시사하며, 게다가 그런 한에서 개별성은 살아 있는 개인으로, 삶의 과정으로 그리고 유로 사유되어야 한다고 말한다. 여기서 다루는 것은 인간에게 고유한 보편적 삶의 형식이다. 인간은 자기 자신의 고유한 것인, "자신의 요소인"(Ho 486), 아직 자격을 갖추지 못한 이 형식에서 산다. "주체는 이 주체에 고유한 것 속에서 살아가는데"(Rin 85), 이는 마치 물이 물고기에게 고유한 것인 것과 같으며, 그 물은 보편적 물로서 물고기의 자기유지를 위한 필연적 조건이 된다. 우리는 그 고유한 것을 "인간에게만 고유한 관습이라 부를 수 있는데, 이 관습은 코끼리가 늑대와는 다른 삶을 가지는 방식으로 인간의 본성이 되는 것이다"(Kiel 152).

이러한 실체성의 무시는 다시 도덕적 세계질서로, 낭만주의적-유아론적 오만으로, 모든 객체성의 부정으로, '주체성의 오만한 형식'(Ho 485)으로 나아간다. 이에 반해 순수 주체성의 열렬한 주창자와 모든 객체성의 적대자(예컨대 피론주의자)조차도 인륜과 관습들, 따라서 특정한 개체성을 비록 정당화하지는 않지만 그저 받아들인다. 피론주의와 아이러니주의에서 주관적 의지와 선의 동일성, 주관적인 것과 객관적인 것의 동일성을 이미 언급하고 있으며, 삶, **삶의 형식, 생활세계**, 습속과 관습의 우연성 등에 대한 피론적 사유에서 등장한다. 사람들은 어떤 특정한 삶의 맥락으로, 특정한 습속으로 그저 던져지는데, 이런 태어남(/던져짐)은 조우로서, 직접적인 것으로서, 그리고 철저히 **자기망각**의 형식을 서술하는 인간에게 우연적인 것으로서 객체성으로 나아가는, 주체성과 객체성의 통일로 나아가는 협소한 연결다리들이었다. 그것은 "가능한 한 아주 적게 제공되는 공물, (……) **객관적 규정의 필연성**에 의해 검열되는 공물"[35] 이었다. 자기망각과 인륜의 관념이라는 이 계기는 (이미 자세하게 논의했듯이) 아이러니에도 해당한다. 신적인 것으로서의 아이러니에서 "심오한 것의 예감", 즉 인륜법에 대한 예감이 발견된다. "아이러니의 가장 아름다운 형식은 그리스 신의 명랑함이다. 왜냐하면 여기에서 사물 속에 존재하는 것은 동시에 자기 자신에 존재하는 것이기 때문이다"(Rin 76f.).

주관적 인륜성, 즉 심정은 ─ 실체는 자기의식의 객체가 된다 ─ 두 단계로 등장한다. 한편으로 인륜적 실체를 고귀하고 확고한, 하지만 낯선 권위로 그저 받아들이는 것으로서(§146), '**보편적 물**'은 필요한 것으로, 영원한 것으로, 극복할 수 없는 것으로 간주되며, 우리는 이에 대해 흥분할 수 없다(§147). 둘째, 인륜적 힘은 주체의 고유한 것으로 간주하는데, 여기에서 이 주체들은 스스로를 발견하며, **자기 자신에게** 머물 수 있다. 인간은 공동체적인 것의 실체성 ─ 헤겔의 아주 비판적 문구 ─ 을 우선 신적 힘의 형식 혹은 영원한 정의의 형식으로 나타나는 신에 의해 부여된 것으로, 가족의 권위로, 국가의 권위로 생각한다. 이들 법률과 기구는 비록 주체와 다르지만 이 주체에 낯설지 않다. "자기의식은 여기에서 자기 자신에게 머물며, 그러한 한에서야 비로소 그것은 정신이다"(Gr 399). 인륜적 객체성은 처음에 아직 무의식적으로 있으며(그런 점에서 객체성이 결여된 형식이다.), 이런 무의식은 주체성과의 통일 속에서 사유되어야 하고, 그런 통일은 **스스로를 알며, 앎의 객체**이다(§146).

근본적 내용으로서의 공동체적인 것을 주관적으로 형성하는 계기는 인륜적 자기의식에, 인륜적 심정에, (가족과 폴리스에 대한 의무적합한 태도로서) 일종의 친밀함이나 경건함에, 내 안에서(그것은 도덕법일 것이다) 만이 아니라 내 밖에서도 존재하는 일치의식에, 그리고 '여럿의 하나임'

---

35 Hegel, *Skeptizismus –Aufsatz*, TWA 2, 224. 강조는 저자.

(§142, A, §156)에 놓여 있다. 루트비히 지프에 따르면, 인륜법은 하나의 발전인데, "이 발전 안에서 도덕법과의 관계가 변한다."[36] 이를 위한 토대로 지프는 §147에서 구성한 공동체적 자기의식의 진행 과정을 제시한다. 이때 **앎**으로의 상승이 순차적인 이 단계의 근저에 놓여 있다는 사실이 강조되어야 한다. 여기서 **사유를 향해 가는 앎의 상승적 형성**으로서의 도야가 일어나는데, 이 도야는 a) 실체에 침잠해 있는 것의 직접적 자기감정으로부터 b) 믿음과 신뢰, c) 반성과 근거에 대한 통찰을 지나, d) 적절한 앎으로서의 개념적 사유에 이르기까지 나아간다.[37] 이에 따르면 a)단계에서 c)단계까지는 자유로운 행동을 위해 불가피한 앎, 필연적이지만 결핍된 앎을 포함한다. 그에 상응하는 의지함과 행동, 그리고 그 속에서 스스로를 정초하는 행위수행 등은 아직 완전하게 자유로운 것으로 묘사할 수 없다.

그런 인륜적 자기의식을 드러내는 예들, 그리고 실체적인 것에 대한 그리고 자신의 이익과 전체의 이익의 동일성에 대한 앎으로서의 주체의 인륜적 심정을 보여 주는 예들(Enz §515)은 자식에게서 자신을 아는 어머니들의 명랑함으로부터[38] **친밀감 의식**(가족적 경건함)으로 나타나는 가족의 공동 책임에 대한 앎을 거쳐 보다 높은 형식의 인륜적 의식, 예컨대 시민사회에서 **배려의식**이나 **연대적 심정**을 지나, 그리고 **직업의식**과 **공동조합의 의식**('제2의 가족'으로서의 조합)을 지나 **정치적 덕**으로까지, **애국심**으로까지 그리고 **세계시민적 사유양식**으로까지 이어진다. 어린아이로부터 성인에 이르는 개별 인간의 의식 단계에 대한 서술과 인간사로서의 역사에 대한 서술 역시 예로 제시할 수 있다. 이것은 모두 자유의식이 진보한 형식이다.

§147의 마지막 문장은 우리의 시선을 끈다. "우리가 인륜적 힘과 맺는

---

36 Siep, Aufhebung der Moralität in Sittlichkleit, a. a.O., S. 230.
37 이에 대해서는 주관정신의 이론적 측면의 단계들을 보라(Enz §§445~468).
38 자기망각으로서의 신뢰, 이것은 실체적 공동체에서의 자기확신적 존재를 시사한다.

관계의 근거에 대한 적절한 인식은 사유하는 개념에 속한다." 비록 신뢰와 반성이 일상적 행위수행을 위해 필수적인 경우라고 하더라도 법률과 권력에 대한 평가를 위해 이 신뢰와 반성에만 기초해서는 안 된다. 인간은 **사유의 법정**으로 가야 하며, 회의적 덕을 진지하게 받아들여야 하고, 모든 것을 선입견 없이 검토해야 한다. 즉 **개념적으로** 사유해야 한다. 인륜적 행위에 대해 말하자면 개별적 목적은 보편적 내용에 의지해야 하며, 이 내용은 "사유하는 의지"에 속한다(Gr 400). 따라서 인륜적 내용은 **오로지** "자유의 개념으로부터 나온다"(Ho 488). 이어지는 부분 역시 헤겔이 결코 소여된 것에 복종하는 위치에 고착되지 않았으며, 예속의 사상가가 아님을 증명한다. 사실은 그 반대이다. 즉 공동 삶의 모든 내용이 객관적으로 선하거나 자유롭다고 평가할 수 있기 이전에 그 내용들은 모두 사유를 통해 엄격하게, 선입견 없이 이끌려 나와야 한다. 여기서 중요한 것은 언제나 새롭게 수행할 수 있는 검토 과정이다. **모든 사상, 법률과 제도**는 선하거나 자유롭다고, 혹은 인륜적 가치를 가진다고 평가할 수 있기 이전에 사유의 이 법정 앞에서 정당화되어야 한다. 즉 "정신성이 탈각된 법률에 복종할 수는 있지만, 이는 마치 노예가 하듯, 낯선 자가 하듯 외적으로 복종하는 것이다"(Gr 399).[39] 자기의식은 실체성을 자신의 토대로, "자기 자신의 의지의 본질적인 것으로 알지, 멍에로 알지 않는다"(Rin 85). 자유는 여기서 다시 자기 자신에게 머묾(Bei-sich-selbst-Sein), 자신에게로 돌아오는 역학으로 이해할 수 있다. 행위하는 주체는 객체성을 자신의 고향으로 형성해 낼 수 있으며, 자유롭게 구성해 낼 수 있다. 따라서 주체는 결코 노예가 아니며, 꼭두각시도 아니다. 오히려 주체는 의지하는 가운데 법률을 자신의 목적으로 삼는다(Kiel 147). 정신성을 담고 있는, 사유를 통해 정당화된 법률에 대한 존중을 통해서만, 그리고 이 법률 앞에서 비굴하게 굳어져버리지 않은 상태에서만 자유로운 행위가 가능하다. '정신이 탈각된' 모든 법률과 관계는 주체의 근원

---

39 유감스럽게 이를 뒷받침하는 명백한 문구를 『법철학』에서 찾을 수는 없다.

적 관심사이기에 예외 없이 거명되고, 공격되고 극복되어야 한다. 이것이 바로 헤겔『법철학』의 사명이며, 현대 정의론의 하나로 여겨지는 그의 **자유의 관념론**의 사명이다.

앎으로의 발전이 개인에게만이 아니라 유에게도 오랜 과정(개인사와 국가의 역사, 그리고 세계사를 관통하는)을 포괄하기 때문에 언급한 검토와 실현도 불충분한 형식으로 수행되거나 심지어 실패할 수도 있다. 자유로운 인륜적 행위의 형성은 자신에게 적합한, 따라서 이성적이고 인문적인 자신의 삶의 조건을 구성할 수 있는 인간 주체의 손에 달려 있다. 여기서 자유의 철학은 필연적으로 자유의식의 진보를 수행하는 역사철학을 포함해야 한다. 또한 그것 때문에 덕론은 의무론을 포함할 뿐 아니라 나아가 정신적 자연사도 포함한다(§150).

2.3 의무론

권리와 함께 언제나 의무를 고려해야 한다. 이들 의무는 실체적 인륜법과의 구속력 있는 관계이며(§155, A), 주체의 의지들을 구속하는데, 그것도 '타당하다'는 의미에서, 서로를 묶어주고 결합한다는 의미에서 그렇다. (인륜법의 논리적 토대로서의 추론의 논리적 형식에 대해 다룬 부분을 보라.) 따라서 의무의 규준의 배치가 없어진다. 왜냐하면 인륜적 행위를 구속하는 규정은 준칙의 관습적 수집이나 규칙과 규범의 형식적 발췌가 아니라 '도덕과 상관없는' **내재적 의무론**이라는 의미에서 의지규정의 체계로 전개되어야 하기 때문이다. 이때 내재적 의무론에서 자유의 이념을 통해 국가에서는 필연적인 관계가 선포된다(§148). 따라서 그러한 종류의 의무는 자유의 제약이 아니라 이 자유의 가능조건이다(§§148~151). 추상적 자유에 대해서**만**, 즉 자연적 의지의 충동 혹은 자의에 의해 규정되는 도덕적 의지의 충동에 대해서**만** 의무는 제약으로 등장하며, 의무의 핵심은 모든 종류의 의존성과 낯선 규정성으로부터의 해방으로 남아 있다. 의무에서 "개인은 실체적 자유로 해방된다"(§149).

개인의 행위는 관계의 의무에 적합해야 한다. 헤겔은 행위가 의무에 대해 갖는, 아직 분화되지 않은 단순한 적합성을, 그리고 특히 올바름과 자신의 활동에 근거한 생계수단의 획득을 **공정함**(Rechtschaffenheit)이라고, 법(/권리)에 적합한 태도라고, 혹은 (아리스토텔레스를 따라) 덕이라고 말한다.[40] 실체적인 것에 의해 관통되고 규정되는, 그런 가운데 이 실체적인 것 속에서 자기 자신으로 머문다고 느끼고 또 그렇게 이해하는 주체성은 일반적으로 덕이라고 표시된다(Enz §516). 헤겔은 외적 직접성과 관련이 있는 특별한 덕에 대해 말하는데, 예컨대 신중함(Besonnenheit), 헌신적 배려, 정의감 그리고 호의 등이 그것이다. 인륜법 영역에서 예컨대 나태함 대신 공동체를 위한 활동, 연대적 태도 그리고 관용 등은 정의감과 호의 등을 구체적으로 각인하고 있는 형식일 수 있다. 이때 의무와 권리는 동일성으로, 자유의 현존으로 사유할 수 있다. 노예나 몸종은 그 어떤 의무도 없는데, 왜냐하면 모든 권리(/법)가 타자에게 있기 때문이다.[41] 따라서 예속, 속박, 굴복 혹은 차별 등은 자유로운 공동체 혹은 법(/권리)의 공동체 체제를 위험에 빠뜨린다. 인륜법은 우선 개인의 보편적 행위방식으로, **습속**(Sitte)으로 (습속의 관행은 제2의 본성이다[42]) 삶의 필연적인 공동체적 연관과의 **단순한** 동일성으로 묘사할 수 있다. 그때마다 그런 세계로 현존하는 정신, 자신의 정신이 비로소 정신으로 존재하는 정신(RPh §151) ― 그것은 자유의지를 의지하는, 그리고 권리(/법)를 가질 절대적 권리(/법)인 자유의지이다 ― 은 충족된 자기관계를 대표한다. 『법철학』에서 자유 개념을 전개하는 세 단계 ― 추상법, 도덕법 그리고 인륜법 ― 와 관련하여 다음과 같은 요약이 가능할 것이다. 즉 자유 개념의 실존의 토대를 이루고 있는(§106), 그리고 도덕적 관점에서 볼 때 이 자유 개념과 구별된 채 머물러 있는 주체성은 인륜에서 자

---

40 이에 대해서는 다음을 보라. Derrida, *Gesetzeskraft*, a.a.O., S. 45f. 또한 헤겔 『논리학』의 「척도」(Mass) 절을 보라.

41 "'노예'와 '권리'(/법)라는 말은 서로 모순된다. 이 둘은 상대를 배제한다." Jean Jacques Rousseau, *Der Gesellschaftsvertrag*, Berlin 1981, S. 46.

42 제2의 본성에 대해서는 §46, §48, 그리고 Enz §514를 보라.

유에 적합한 실존을 가진다(§152). 주체의 자기규정의 권리, 즉 "자유를 향한 그들 스스로의 규정"(§153)의 권리는 인륜에서 실현되며, 자신의 자유에 대한 이전에 도달한 확신이 이제는 진리가 되며, 인륜에서 그 주체들은 자기 자신의 본질, 인륜적 현실에서의 자신의 내적 보편성, 자신의 자유를 가진다(§153, §147). §147에 보이듯이 도덕법의 인륜법으로의 지양——극복, 보존 그리고 고양——의 필연적 과정을 유의해야 하며, 도덕적 판단의 자유, 양심의 자유, 정언명령의 근본 내용, 그리고 도덕법의 원리로서의 특수한 개별자의 주관적 자유 등의 지양을 유념해야 한다. 그렇지 않으면 인륜법론이 제도윤리로, 정치윤리로 잘못 축소되고 말 것이다.[43]

2.4 보편성과 특수성 그리고 개체성의 권리(/법)

인륜법 체계에 대한 글을 쓰기 위해 우선 그 논리적 토대가 구체화된다.——보편자, 특수자, 개별자 등, 이들 각각의 권리의 통일, 개별적 특수성으로 있는 인륜적 실체성——"모든 개별자에서 (……) 보편자는 특수자로 표현된다"(Rin 88). 추상적으로 말하자면 보편성, 특수성, 개별성은 동일성, 차이 그리고 근거와 같다.

행위하는 개인은 현실적 이성성을 향해 개시된 보편자에서 자신의 움직이는 목적을 알며, 자신의 존엄과 특수한 목적이 그 안에 정초되어 있음을 본다(§152). 외적으로 현존하는 인륜의 현존방식은 개인의 다양한 현존으로, 관계의 다양성과 변이 가능성의 현존으로 존재하는데, 특수성은 바로 이러한 인륜의 현존방식에, 이러한 사건의 항상적 변화 속에, "삶의 무한한 다채로움"(Rin 88, §154) 속에 놓여 있다. 헤겔은 여기서 인

---

43 이에 대해서는 다음을 참고하라. Schnädelbach, *Hegels praktische Philosophie*, a.a.O., S. 248. 다른 한편 슈네델바흐는 주관정신의 철학에서 '기초윤리학'이라는 테제를 본다(Adrian Peperzak). 여기에서도 헤겔 인륜법 사상의 내용은 충분하게 다뤄지지 않으며, 도덕적 주체의 구성 이후에야 비로소 단적으로 윤리를 말할 수 있다. 여기에서 윤리는 인류학과 혼동되고 있다.

륜적 실체성 속에 함유되어야 하는 **개인의 특수한 권리**를 제약 없이 강조하며, 그렇지 않을 경우 이런 서술은 아무런 의미도 없다. 특수성의 상이한 형식들 — 특히 도덕적 자립성, 양심, 시민사회에서의 특수성, 가정의 전통, 종교적 표상, 예술과 학문 등 — 은 이성적 국가라는 인륜적 형태에서 법률적으로 인정받고 유효성을 가지며, **시민권**(예컨대 **양심의 자유, 관용, 종교의 자유, 예술과 학문의 자유** 등)으로 보호받는다. 이 입장은 도덕적 왜곡과 아무런 관련이 없다. 여기서 헤겔의 결정적 신념이 드러난다. 즉 국가의 의무와 시민의 권리 및 국가의 권리와 시민의 의무에 대한 이성적 규정은 엄청난 중요성을 갖는다(§260).

행위자는 한갓 확신으로부터 진리로 나아감으로써 객관적 앎을 발생시키며, 이와 함께 존립하고 있는 것에 관한 비판적 요소가 언급된다. 이를 통해 이 행위자는 자신의 권리가 충족됨을 본다. 도덕적 관점에서 주체성은 아직 자유 개념과의 차이 가운데 있으며, 인륜에서 이 개념의 적절한 실존이 산출된다. 헤겔과 연관해서 말하자면, 보편자, 개별자, 특수자의 통일과 관련하여 다음과 같이 말할 수 있을 것이다. 즉 인륜적 주체는 특수한 개별성 속에서 다양하게 각인된 자신의 시민으로서의 권리에 도달하며, 그것도 이 권리를 가능하게 하고 보증하는 공동체의 테두리 안에서, 훌륭한 법률과 제도를 가진 공동체 안에서 그렇게 한다. 이때 그 권리는 주어져 있는 한 국가의 시민으로서가 아니라 한 **좋은** 국가의 시민으로서만 갖는 것이다(§153). "절대적 권리는 자유가 현실적으로 현존한다는 **권리**를 갖는 것이다"(Rin 92). 주체성과 객체성의 완전한 통일의 경우에만 '현실적 정신'을 말할 수 있고, **객관정신**을 말할 수 있다. 그 통일은 아는 자와 현실의 통일, (주관적 자유의 권리와 도덕적 자기규정을 포함하여) 인륜적 주체의 **자유로운 자기이해**의 통일이며, **자유의 법률과 제도**의 통일이다.

추상법(/추상적 권리) 단계에서 인간의 보편적 권리가 **인격권**(Person-enrechte)으로, 도덕법이라는 두 번째 단계에서 특수성의 보편적 권리가 **도덕적 주체의 권리**로 규정된 후에 인륜법이라는 세 번째 단계에서 특수한 개별자의 보편적 권리는 **인류적 주체의 권리**로 고정된다. 인권에 대한 헤겔의 이해의 특징은 이 세 차원의 권리를 모두 고려한다는 점이다. (이에 대해서는 국가를 다루는 제8장을 참고하라.) 인격으로서의, 도덕적 주체로서의 인정 이후 행위자는 이제 **인류적 주체**로, 그리고 마지막으로 시민으로 그리고 세계의 시민으로 인정받는다. 인격성과 도덕법을 자신 안에 지양된 채 간직하고 있는 이 인류적 주체는 자신의 의지를 다양한 방식으로, 상이한 수준으로 자유롭게 규정할 수 있으며, 이로부터 인류법의 생동적인, 역동적 체계가 생겨나며, 더 진전된 규정의 자유 전체가 성장한다. 여기서 전체성은 일련의 개념뿐만 아니라 추론 체계도 서술하며 또한 일련의 인간적 공동체의 형식이라는 의미에서 일련의 개념형태도 서술한다.

인류법의 근본 형태들, 인류적 실체

a) 가족
직접적 인류법

가족, 직접적인 혹은 자연적인 인류적 정신(§157), 자연적 정신(§33)

b) 시민사회
반성된 인류법

극단으로 쪼개진 인류법으로서의 시민사회; 분리와 현상으로 존재하는 인류적 실체(§33); 실체성이 상실된 통일과 실체성의 찢김; 형식적 보편성 속에서 자립적 인격체(개별자)로서의 개인의 상호관계(§157, Enz §517)

c) 국가
사유된 인류법

인류적 이념의 현실로서의 국가, 실체적 보편자의 현실; 개인의 자립

성과 법률 안에서의 그들의 연합(RPh §157); 유기적 현존으로 발전한 정
신으로서의 자기의식적 실체(Enz §518); 특수한 의지의 자유로운 자립
성에서의 보편적이고 객관적인 자유(§33)

6. 가족——인륜법의 첫 단계

당신이 필요한 모든 것은 사랑이야

내 모든 사랑

(All You Need Is Love

All My Loving)

1. 논리적 배경

인륜적 정신의 첫 번째 단계에서 **직접적인** 혹은 **자연적인** 인륜적 정신이 다뤄진다. 즉 **동등한 권리를 갖는 두 도덕적 주체**가 사랑의 감정에 토대를 갖는 공동체로, 통일로, 연합으로 **자유롭게** 결합하는 문제가 다뤄진다. 개인은 자신의 자연적 보편성인 유에서 자신의 실체적 현존을 갖는다(Enz §518). 가족은 그 주된 사명이 자유의지의 **공동성**에, 결합된 인격체의 **권리와 의무의 동등함**(§96, A)에 있기 때문에 인륜의 형식으로 간주해도 된다. 이런 토대 위에서 당시에 통용되던 법(ALR)을 훨씬 넘어서는, 동시대의 다른 구상(Kant, Schlegel)을 극복하고 현대성의 결정적 요청을 충족하는 철학적 가족(친밀함의 공동체)이론을 전개한다.

가족에서는 감응이, 시민사회에서는 반성과 지성이, 국가에서는 개념적 사유가 앞의 단계로서 토대를 이룬다. 서로 상대하는 자들은 자기제약을 통해 타자에서 자기감정을 획득하며, 타자 속에서 자기 자신을, 따라서 자유의 한 형식을 획득한다. 사람들의 이런 공동의 인륜적 삶은 인간 해방을 향한 하나의 발걸음이다(Bl 125). **자유로운** 결단으로부터 구성원들이 자유로운 독자적인 인격체로가 아니라 구성원으로, 서로 상대하는 자로, 동등한 권리의 주체로 간주하는 하나의 공동체가 생겨난다.[1] 헤겔은 가족의 기본구조, 가족의 이상형을 사회학적 혹은 역사적 숙고와 상관없이 숙고하는데, 그에 따르면 가족은 자유로운 두 의지주체가 사랑에 기초한 자유의지에 따라 결합된 것인데, 그 핵심 규정은 '승낙의 자유'[2]이다. "따라서 여성주의 철학 역시 — 전통적인 성 질서와 논쟁함에 있어서, 그리고 일리 있는 대안을 만들고자 하는 시도를 함에 있어서 — 헤겔의 결정적이고 논증적인 토대를 이끌어 들일 수 있다."[3] 한 가족 안으로 '태어나게 됨'(아이)은 자유의지에 따른 들어감(결합)과는 구별되는 가족의 또 다른 요소를 지시한다.

이 결합은 추론이라는 논리 형태에 자신의 논리적 토대를 둔다. 가족은 그 자체로 추론 전체로 묘사할 수 있고, 그 구조는 E−B−A의 형태를 취한다.[4] (개념판단의 최고 단계인) 필증판단에서 추론 구조로의 이행이 이미 지시되고 있다. 즉 개별자(E)는 특수성(B)을 통해 보편자(A)와 관

---

1 ALR Th. II. Tit. 1, §38. 자유의지를 유일한 토대로 이렇게 강조하는 것은 당시의 법질서(ALR)와 비교해 보아도 드러난다. 당시 법질서에서 "승낙의 자유"가 필수적인 구성요소이긴 하지만 거기에 가족의 자유로운 구성을 방해하는 또 다른 필수적 계기가 첨부되어야 한다. ALR의 결혼에 관한 부분은 이러한 사실을 명백하게 보여 준다. 아버지, 후견인, 주인, 군대 사령관 등의 승낙, 그리고 심지어 고위 관리들의 경우 왕의 승낙이 요구된다. 특정한 환자들, '악덕업자들', 전과자들, 빈자들(필요한 만큼의 수입이 안 되는 자) 혹은 상이한 신분 출신의 인격체의 특정한 모임 등에는 결혼의 권리가 인정되지 않았는데, 현재의 시각에서 보면 차별적 행위이다. §§30~35, 45~67. 이러한 시각에서 보면 헤겔의 구상은 대단히 혁명적이고 현대적이다. (물론 몇 가지 한계도 있다.) 이러한 사실은 특히 가족의 사명에 대한 이해에도 해당하는데, 이는 ALR Th. II. Tit. 1, §§1~2와 확연히 비교된다.

2 Ebd., §38.

3 Herta Nagl-Docekal, *Liebe in unserer Zeit. Unabgegoltene Elemente der Hegelschen Ästhetik* (미간행 수고), S. 8.

4 루 드 보스(Lu de Vos)의 경우, 이러한 사실을 전혀 고려하지 않으며, 따라서 그의 야심찬 해석은 처음부터 불충분하다. Lu de Vos, Institution Familie. Die Ermöglichung einer nicht-individualistischen Freiheit, *Hegel-Studien* 41, Hamburg 2006, S. 91~112.

계맺고 있다고 한다. "특수자는 여기서 개별자와 보편자 사이를 매개하는 중심으로 현상하며, 이러한 사실은 추론의 기본 형식이다. 이때 추론의 계속된 전개는 (……) 개별자와 보편자 역시 이 자리로 들어온다는 데 그 본질이 있다"(Enz §181, Z). 여기서 헤겔의 추론이론을 상세하게 다루는 것은 주제 넘는 일이기 때문에 가족을 이해하는 데 필요한 만큼 그저 몇몇 핵심 사상과 기본구조만을 설명할 것이다. 가족은 국가와 마찬가지로 삼중의 추론으로, 추론의 체계로 서술할 수 있으며, 다음과 같은 핵심에서 출발한다. a) "추론의 형식들의 객관적 의미는 '모든 이성적인 것은 삼중의 추론으로 드러나는데, 그것도 각각의 지절이 극단의 위치만이 아니라 매개의 위치도 차지한다'는 점이다"(Enz §187, Z). b) 이성적 추론은 "주체(/주어)가 매개를 통해 자기를 자기 자신과 결합시킴"(Enz §182)을 함의한다. 여기서 당연히 자유에 대한 헤겔의 핵심 사상이 드러난다. 즉 '타자 속에서 자기 자신으로 머묾', '자기를 자기 자신과 결합시킴'이 바로 그것이다.

구조

개별성, 특수성, 보편성의 관계 —— 추론의 규정의 필연적·본질적 형식관계

1)   E — B — A
     개별성은 스스로를 특수성을 통해 보편성과 결합한다.

2)   A — E — B
     개별자는 두 극단의 통일이며, 매개하는 자이다.

3)   B — A — E
     보편성은 두 극단을 매개한다.

다음의 서술은 "실천 문제에서 국가 조직 전체를 진실되게 이해할 수 있기 위해 국가가 세 추론 체계로 사유되어야 한다"는 헤겔의 주장에 방

향을 맞추고 있다(Enz §198).[5] 가족은 아직 불완전한 추론삼각형으로, 질적 추론 내지 현존재의 추론이 된다.[6]

가족

1. 첫 번째 추론

E	B	A
인격	사랑, 감응	가족

2. 두 번째 추론

A	E	B
가족에서의 만족	매개자로서의 인격의 책임과 의무	가족에의 욕구

3. 세 번째 추론

B	A	E
특수한 욕구의 충족	가족을 매개로 B와 E가 존립함	구체적 인격

가족이라는 '작은 (인륜적) 전체'(Rin 114)는 E-B-A 구조를 가진 삼중의 추론으로 설명되어야 한다. 1) 사랑(중심으로서의 B)을 통해 두 인격(E)은 가족으로, 하나의 인격으로 결합한다. 특수한 질적 특성으로서 중심을 형성하는 특수한 규정성(사랑)에 근거하여 결합, 연합이 주체를 통해 직접적으로, 주관적으로 구성된다. 2) 가족구성원들의 활동을 통해

---

5 이 공리는 당연히 국가 이념을 해석하는 문제에서 많은 논쟁적 요소를 낳는다.

6 『논리학』에서 (A-E-B가 아니라) B-E-A가 두 번째 유형으로 제시된다. 이로부터 『논리학』과 『엔치클로페디』 사이의 내용적 차이가 드러나지는 않는다. 보편성과 특수성이라는 두 극단은 '교환 가능하며', 두 극단을 포함하는 변화된 위치는 "이들 극단에 처음에만 외적인 것으로 있는 형식이다. 이 두 극단은 따라서 첫 번째 추론에서처럼 서로간에 무심한 내용이며, 즉자대자적으로가 아니라 우연한 개별성을 통해 결합된 두 성질이다. (……) 특수자와 보편자 역시 극단이며 또 상호간의 직접적, 서로 무관심한 규정성인 한, 그들의 관계는 무관심하게 머물러 있다. 한쪽 편 혹은 다른 편이 임의로 주된 것이나 부수적인 것이라는 술어로 취해질 수 있으며, 따라서 한쪽 편의 가정이나 다른 쪽 편의 가정이 상위 명제나 하위 명제로 임의로 취해질 수 있다"(WdL 6, 366ff.). 현존의 추론에 대해서는 다음을 보라. Martin, *Ontologie der Selbstbestimmung*, a.a.O., S. 287ff.

개별자가 가족에 기대하는 욕구가 실현되며, 결합의 특수한 차원만이 드러나고, 따라서 가족에게 현실성이 주어진다. 가족은 그 자체로 인격(중심으로서의 E)이 된다. 3) 가족을 통해 개별자로서의 구성원들은 자신의 관심과 욕구의 특수한 충족을 가진다(중심으로서의 A). '중심'의 결과는 도덕법(B, **사랑에 기초한 결합체**로서의 가족(친근한 파트너 관계))으로부터 권리(E, **형식적 법적 결합**으로서의 가족)로, 그리고 인륜법(A, **보편적·실체적·인륜적 결합**으로서의 가족)으로까지 나아간다. 추론의 체계를 위해 필요한 추론지절의 논리적 도치가 확립될 수 있다.

정신의 실체성이라는, 여기서는 직접적 실체성이라는 헤겔의 말, 공동체와 관련해서 언급되는 우연성이라는 헤겔의 말은 오래전부터 비판자들에게 공격의 대상이 되어왔다. 헤겔을 극단적으로 공격하는 자들은 모두 헤겔 체계에서 개별자가 보다 높은 보편자에 침잠해 버리며, 통일체의 단순한 부속물로 강등되며, 개별자의 개인적 자유는 제약되고 무시되거나 심지어 파괴된다고 비판한다. 그리고 공동체는 모든 것이고 개인은 아무것도 아니라고 한다. 무엇보다 대부분의 공격에서 보편성, 특수성, 개별성에 대한 헤겔의 개념이 잘못 이해되고 있으며, 『법철학』의 토대가 되는 논리는 대개 그저 무시되거나 겨우 살아남은 형이상학으로 강등된다. 그러나 헤겔의 지양의 원칙이 여기서 진지하게 받아들여질 필요가 있었을 것이다. 추상법과 도덕법은 극복되고, 부각되며, 그 안에서 보존된다. 공동체의 귀속자 — 구성원 — 로서 나는 결코 나의 일반적 인격성을 상실하지 않으며, 인격의 평등은 계속 존립하며, 또한 나는 책임 있는 도덕적 주체로 남는데, 바로 여기 두 주체의 가족으로의 결합에서 그러하다. 따라서 문제는 자유의 한계나 제약이 아니라 (제약이나 한계를 말하는 것은 오성일 뿐이다) 반대로 개인의 자유의 확장이다. 즉 개인의 자유는 공동체 안에서 실현되고 보증된다. "모든 개인은 실체의 대리인이다"(BI 124).[7] 하나의 인격인 가족에서 각각의 인격과 도덕적 주체는 여전히

---

7 공동의 삶의 새로운 형식에 반대하는 '개인주의'라는 대체적 혐의와 더불어 루

남아 있다. 헤겔은 셰익스피어의 위치에서 말한다. "내가 많이 줄수록 나는 더 많이 가진다. 왜냐하면 둘은 하나이기 때문이다"(Bl 129). 이러한 사실은 헤겔의 핵심 사상, 즉 현대사회에서 개인의 자유를 정초하려는 그의 사상에 상응한다. 헤겔에게서 몇몇 너무 '강한 제도주의'의 낌새나 요소들, 즉 '과도한 제도화'[8]가 등장하는데, 이것은 사실 그의 논리적인 논증 과정과 호환될 수 없으며, 종종 그의 전통과 상황으로부터서만 해명될 수 있다. 가족과 관련해서 보면, 주자네 브라우어(Susanne Brauer)는 헤겔이 **실체와 우연성**에 대한 전통적 이해에 의존하지 않는다는 것을 보여 주었다. 실체관계로 요약되는 가족이라는 연합체의 구조는 "개인의 자유에 반하지 않는 방식으로 해명할 수 있다." 가족은 헤겔에게서 좋은, 성공적인, 자유에 기초한 삶의 수행이자 실현으로 이해된다.[9] 피핀 역시 하버마스나 토이니센이 제기하는 헤겔에게서 인륜적 실체성이 우선한다는 비난에 대해 다음과 같이 말한다. "가족은 일차적으로 자연적 제도가 아니라 인륜적 제도이다. 그 이유는 가족에 대한 실체적인 혹은 본능적인 어떤 것 때문이 아니라 가족이 전제하는 상호의존의 실제적 인정 때문에, 그리고 어떤 독립성에 도달했다고 하더라도 반드시 필요한 그런 의존성의 역할 때문에 그렇다."[10] 따라서 합리적 자기규정의 형식, '몇몇의 하나됨'(§142, A), 이들의 **자기이해**('심정') 그리고 이것의 **제도화** 등이 문제가 된다.

드 보스는 보편자의 폭력이라는 새로운 주장을 밀어붙인다. 이에 반해 슈네델바흐는 헤겔이 '현대적 가족'을 다룬다고 강조한다. Schnädelbach, *Hegels praktische Philosophie*, a.a.O., S. 304.

8 Bl 30f.; Honneth, *Leiden an Unbestimmtheit*, a.a.O., S. 102.

9 Susanne Brauer, Das Substanz-Akzidenz-Modell in Hegels Konzeption der Familie, *Hegel-Studien* 42, S. 49. dies., *Natur und Sittlichkeit. Die Familie in Hegels Rechtsphilosophie*, Freiburg i. Br./München 2007. 헤겔의 가족 이해에 대한 또 다른 연구는 다음과 같다. Neuhouser, *Foundation of Hegel's Social Theory*, a.a.O., Martin Weber, *Zur Theorie der Familie in der Rechtsphilosophie Hegels*, Berlin 1986.

10 Pippin, *Hegel's Practical Philosophy*, a.a.O., S. 207ff. 동일한 유형의 설명이 시민사회와 국가를 다루는 곳에서도 나온다.

2. 가족공동체의 세 차원

A)	사랑에 근거한 생활공동체	화학작용
B)	권리공동체, 재산공동체, 배려공동체로서의 생활공동체	메커니즘(기계론)
C)	인륜적 생활공동체와 양육의 공동체	목적론

2.1 사랑에 근거한 생활공동체로서의 가족

> 그녀가 사랑하는 당신
> 그녀는 마음에 악마를 얻었지
> (She Love's You
> She's Got The Devil In Her Heart)

직접적인 인륜적 관계로서의 혼인에서 자연적 삶의 계기, 즉 유와 유의 과정, 성관계 등의 계기와 **사랑**의 계기가 결합한다. 혼인은 두 측면 중 하나로 환원할 수 없다. 강조점은 우선 **사랑과 삶**이라는 술어에 놓여 있으며, 이 두 술어의 규정성은 찢어져야 한다. 인륜은 우선 열정과 사랑을 본질로 하며, **감응**을 통한, 즉 **감정**을 통한 **상호인정**으로서의 사랑의 관계를 본질로 한다. 추론의 중앙에 특수한 특성이 놓여 있으며, 특수한 직접적 규정성(감정, 감응)을 통해 **특수한** 개별자기 보편지로 결합한다. 사랑의 관계는 특수한 타자에 대한 이 타자 전체를 지향하는 항구적 확인을 함축한다.[11] 특수자 사이의 이러한 관계에 근거하여 §124에서 사랑은 (낭만적인 것, 도덕법, 시민사회 등과 나란히) 현대성의 한 표식으로 거명된다. 이 관계의 파트너들은 자기 안에 일면적으로 존재하지 않고, 타자들과의 관계에서 행복한 한계에 놓여 있으며, 모두는 이런 한계에서 자신

---

11 Nagl-Docekal, *Liebe in unserer Zeit*, a.a.O., S. 3ff.

을 자기 자신으로 알며, 타자 속에서 자기감정을 갖는다(§7, Z). 이에 대한 엄밀한 규정은 **감응의 형식으로 존재하는 자유**[12]라고 할 수 있다. 헤겔은 자기확증과 자기포기 사이에 놓인 사랑의 관계의 문제를 잘 보여 준다. "(사랑은) 부정되면서 내가 확고하게 가지고 있어야 하는 자기의식의 한 순간성인데, 이 순간성보다 더 완고한 것은 없다. 따라서 사랑은 오성이 해결할 수 없는 가장 엄청난 모순이다"(§158, Z). 사랑과 성의 관계를 위한 논리적 지평을 이루는 것은 '화학작용'(Chemismus)[13]의 형식, 차이의 객관적 관계, 상이한 피정립태를 하나로 통합하는 과정 등인데, 이것은 추론 체계로 해명할 수 있다(Enz §202). '화학적인 것'과 실천적인 것 사이의 연관을 **친화성**(선택유사성, 선택친근성, Wahlverwandschaft)이라는

---

12 이러한 사실은 사적인 우정에도 해당한다. (물론 우정은 가족과 달리 인륜적 제도화가 되지 않는다. 즉 우정은 법적·정치적으로, 규칙으로 제정되지 않으며, 헌법의 토대가 되지 않는다.) 따라서 사랑이 도덕적 인정의 관계를 서술하듯이 우정도 '감응 형식의 자유'를 서술한다. (감응 등의 감정은 화학작용, 친화력 등에 바탕을 둔 형식적 토대를 가지고 있다.) 그리고 여기에 인륜적 결합인 가족과 비교해서 우정관계의 결점이 놓여 있는 것은 아니다. 그리고 이것이 인륜법 이론의 결점은 아니며, 그저 정당한 구별일 뿐이다. 호네트는 우정에 대해 명시적으로 **도덕적 도야**(Piaget)에, **도덕적 현상**으로서의 우정에, 그에 상응하는 **도덕심리적** 탐구에, 그리고 **도덕적 판단력**의 형성에 의지하기는 하지만, 헤겔이 "인륜의 첫 번째 영역을 단 하나의 관계형식으로 축소했다"고 비난한다(Honneth, *Leiden an Unbestimmtheit*, S. 109). 이것은 도덕법과 인륜법의 결정적 차이를 방기하는 것이며, 헤겔이 과도한 제도화를 시도했다고 다시 비난하기 위한 시도일 뿐이다. 다시 말하자. 헤겔의 시도는 자기감정으로 구성되는 인정의 중요한 형식인, 그리고 주관적 자유에 속하는 우정을 강등하는 것이 아니다(§124). 상호적 약속, 상호존중, 존경 혹은 도움 등도 마찬가지로 인륜 형태로 제도화되어 있지는 않지만 인륜의 맥락에서 정당화되는 관계, 상이한 형식과 정서에 기입되어 있거나, 이것에서 필연적 계기로 지양되어 있는 관계이다(가족의 경건함, 시민사회적 연대, 유대, 정치적 우정, 국가 사이의 우정 등). 사랑과 가족의 차이에 대해서도 보라(§123, A). 이러한 의미에서 헤겔은 『엔치클로페디』§436에서 인륜적 형식인 가족과 국가와 그 '덕들'인 사랑, 우정, 용기, 혼인 등과의 차이를 구별한다.

13 객체연관적 앎의 형식으로서의 기계론, 화학작용 그리고 목적론에 대해서는 다음을 보라. Pirmin-Stekeler Weithofer, Warum ist der Begriff sowohl Urteil als auch Schluss?, *Hegels Lehre vom Begriff, Urteil und Schluss*, a.a.O., S. 37ff.

용어가 분명하게 보여 준다. 즉 화학적 과정도 가족도 이 용어로 특징지을 수 있으며, 가족에서도 '화학작용'이 있어야 한다. 게다가 선택(Wahl)은 공개적 결단을 지시하며, 또한 언제나 다른 파트너를 선택할 수 있으며, 선택한다는 것은 특수한 개인의 주관적 특이성에 의지한다.[14] 사랑하는 자들은 공동성에서, 연합에서 가족적 결합의 고유의 목적을 보며, 여기서 둘의 차이는 지양되고, 그들은 스스로를 자기 자신과 결합하며, 자유의 한 형태인 일종의 **보편적** 삶을 산다. 사랑, 성관계 그리고 유(類)라는 규정성 등은 삶의 논리적 범주의 계기를 대표하며, 그런 한에서 가족은 유기적 삶의 공동체로 이해할 수 있다. 가족은 삶의 개념의 조건들, 유기체의 조건들을 충족한다. "추론의 계기들 그 자체가 체계이자 자기 내 추론들인데, 이 계기들은 활동적 추론들로, 과정들로, 하나의 과정으로 스스로를 드러낸다"(Enz §217). 여기서 가족은 인륜적 결합의 형식으로 드러난다.

혼인의 본질적 토대는 (국가와 마찬가지로) 한갓 계약관계일 수 없으며, 계약의 관점은 (헤겔은 칸트를 그 대표자로 본다[15]) 지양되는데, 이것은 혼인 역시 계약적 차원을 간직한다는 것을 함의한다. 그리고 이것은 명백히 프리드리히 슐레겔과 그가 소설 『루신데』(Lucinde)에서 보여 준 생각에 반대하고 있다.[16] 혼인이라는 인륜의 첫 번째 계기는 가족의 통일이 가족의 실체적 목적을 이룬다는 의식에 놓여 있다. 가족에서는 이타적·

---

14 헤르타 나글-노케갈(Herta Nagl-Docekal)은 사랑의 유일함과 '무차별성' 사이의 긴장을 말하는데, 이때 옹고집으로 나타나는 유일함과 상이한 사랑의 동등한 유효함은 퇴화할 수 있다. Nagl-Docekal, *Liebe in unserer Zeit*, a.a.O., 특히 S. 9~11.
15 칸트와 낭만주의자들의 가족이해에 대한 헤겔의 논박에 대해서는 노르베르트 바스체크(Norbert Waszek)의 탁월한 연구를 보라. Norbert Waszek, Zwischen Vertrag und Leidenschaft. Hegels Lehre von der Ehe und die Gegenspieler: Kant und die Frühromantiker (*Schlegel, Schleirmacher*), *Gesellschaftliche Freiheit und vertragliche Bindung in Rechtsgeschichte und Philosophie*, hg. v. Jean-Fraçois Kervégan/Heinz Mohnhaupt, Frankfurt a.M. 1999, S. 271~99.
16 이에 대해서도 Waszek, Zwischen Vertrag und Leidenschaft. a.a.O., S. 49 참조.

후견적·연대적 행위방식과 사랑의 관심, 충성 등과 같은 규범적 원리가 지배한다.[17] 말하자면 가족의 규범적 원리는 **인륜적 공동성**과 이에 상응하는 자기의식, **친근한 경견**으로서의 인륜적 심정 등과 연관이 있다. 헤겔은 '내적인, 영원한, 지하의 법칙'으로서의 '감응에 기초한 주관적 실체성'을 소포클레스(Sophocles)의『안티고네』가 이상적으로 보여 주고 있다고 생각한다. 그리스의 가족들에서 이 계기는 종교적 표상형식으로 채워져 있었다. 인륜 차원으로 고양된 이런 도덕법은 독특한 중요성을 얻으며(Enz §398), 인륜법에서 도덕법의 지양에 대한 명료한 예가 된다. 지금까지 설명한 추론의 첫 번째 모형은 그 자체로는 아무런 타당성도 없다. 왜냐하면 "여기서는 사태의 고립적 측면이 대단히 중요한 것을 전달한다고 하지만, 그것으로 충분하지 않기 때문이다." 가족적 결합은 사랑의 구성적 관계로 축소될 수 없다. 중심(가운데)에 자리하고 있는 특수성은 "언표되지 않은 것으로, 즉 사태의 고립된, 우연적, 그리고 파편화된 측면으로" 정립되어야 한다.[18]

2.2 권리공동체, 재산공동체 그리고 배려공동체로서의 가족

내게서 사랑을 살 수는 없지

(Can't Buy Me Love)

필연적으로 추론의 중심에 개별자가 인격의 양식으로 뒷받침하고 있는데, 여기서 직접성(감정, 사랑)은 인격체의 인정 과정에서 첫 번째 지양을 경험한다. 따라서 결합의 중심에 동등한 파트너들이 서 있는데, 이들

---

17 Brauer, Das Substanz-Akzidenz-Modell in Hegels Konzeption der Familie, a.a.O., S. 49.

18 Martin, *Ontologie der Selbstbestimmung*, a.a.O., S. 291. 두 번째 모형은 "첫 번째 모형의 진리, 즉 매개는 개별성에서 발생하며, 따라서 이 개개는 우연적인 것에 불과하다는 진리를 표현한다"(Enz §186).

의 자유로운 합일을 위해 필요한 자유로운 승인은 더 나아간 객관적 출발점으로 작용하면서 언제나 새롭게 삶으로 채워져야 하는 하나의 연합을 갖는다. 혼인이라는 인륜은 의지된 공동성과 목적의 통일에 그 본질이 있지, 오로지 경향이나 열정(Kiel 162) 그리고 신뢰 등에만 있는 것이 아니다. 즉 여기서 중요한 것은 혼인이 '앎에 기초한 통일'이라는 것이다. 삶의 목적의 통일은 둘이 알고 의지하는 것이며, 이 통일에의 의지는 파트너들을 **구성원**으로 만드는 생활공동체의 목적이 된다. 또한 법적·계약적 토대도 이 문제를 계산하며, 따라서 가족의 '메커니즘'(기계론), 그 구성원들의 통일을 통한 가족의 통일의 메커니즘, 그리고 이들 욕구 실현의 메커니즘 등도 고려한다(WdL 6, 425).[19] 가족은 이제 **그 자체로 인격**으로 간주되며(E),[20] 재산과 대비 등의 통합을 이뤄내며, 여기에서 — 원래의 구성원과 덧붙여진 구성원으로 이뤄진 — 구성원의 지속이 확보된다. 더 이상 한갓 '혼자의 인격'으로서가 아니라 **'보편적이고 지속적인 인격'**으로서 자율적 개별자의 자의와 이기적 추구가 '공동성에 대한 배려와 습득'으로, 인륜적 제도로 변한다(§170). 여기서 **최초의 연대공동체**가 구성된다.

공개적 설명을 통한, 말과 언어를 통한 장엄한 혼인의 체결은(§164) 여기서 아직 주제화되지 않은 법률을 통한 확인을 요청하는데, 이는 가족의 단계를 넘어선다. 헤겔은 여자와 남자에 대해 인격성에서의 평등으로부터 그리고 도덕적 행위주체로서의 평등으로부터 출발하며, 또한 혼인이 평등한 자들의 자유로운 결단에 기초해 있다고 말한다. 그런데 §166에서 처음에는 '자유로운 보편성을 알고 의지하는 것'과 '구체적 개별성과 감응의 형식으로 있는 실체성을 알고 의지하는 것' 사이의 차이가 있다고 구별한 다음, 남자와 여자의 계기를 논리적으로 유지될 수

---

19 따라서 계약은 가족적 결합의 본질적 계기로 간주하지만, 이로써 일면적인 계약론적 모델이 구상되었다는 것은 아니다.

20 헤겔은 가족이 인격성(추상적 권리)의 계기를 지양하는 한에서, 가족을 또한 하나의 인격으로 규정한다(§162, Enz §§520, 523).

없는 방식으로 분할한다. 말하자면 감응적·주관적 실체성은 여자에게 속한다고 말한다. 나글-도케칼은 이를 "여성의 자연주의적 열등규정"이라고 말한다.[21] 이 외에도 헤겔의 논리학은 헤겔 자신의 이러한 생각과 분명히 대립하며, 지금까지 전개된 『법철학』 논증방식의 논리를 유지해야 할 것이다. §166에서 구별된 계기들은 원리상 두 파트너(의 협상이나 상황 등)에 의해 채워질 수 있는데, 왜냐하면 역할의 결정적 차이가 자연적 토대에 기초하지 않기 때문이다. 또한 헤겔은 여기서 자기가 좋아하는 예술작품인 소포클레스의 『안티고네』에 기대어 설명하는 것 같다. 안티고네는 여성으로서 이러한 감응적인 주관적 실체성을 체현하는 것으로 그려진다.

남자가 외부에 대해 법적 주체로서의 가족을 대표해야 한다는 주장은 다시 이미 설명한 역할이해와 당시의 실제 법에 근거한다. 헤겔은 이 책에서 가부장적 입장을 변호한다. 즉 그는 동등한 권리를 '이중의 취합'으로 불신하며, 당대의 '자유주의적이고 비차별적인 권리'와 '우리의 (탈)현대적인 자유주의적 가족정책'을 논박한다. 그런데 이러한 그의 외견상의 변호는 사태의 본질과 아무런 관계가 없다.[22] 당연히 외부를 향해 가족의 통일적 의지가 대변되어야 한다. 이러한 사실은 —— 현대 법이 명확히 하듯이 —— 남자가 해야 한다거나 구성원 중 **하나가** 해야 한다는 것을 말하지 않는다. 여기서는 동등한 권리, 신뢰와 충성 등이 그토록 근본적인 이유가 드러난다.[23] §171의 「보론」에서 이를 "**공동성이라는 주된 규정**"이라고 분명하게 말한다. 「도덕법」 장의 중심 주장에 곧바로 이어 나오는 다음의 격률은 연대의 제도라는 이런 특성을 분명하게 한다. "가족의 안녕은 더 이상 자기만을 추구하는 안녕이 아니라 인륜적 전체의 안녕이다"(Rin 101).

21 Nagl-Docekal, *Liebe in unserer Zeit*, a.a.O., S. 8.
22 de Vos, Institution Familie, a.a.O., bes. S. 105f., 111f.
23 예를 들어 보자. 구성원 누구나 사용할 수 있는 공동의 계좌. 집을 공동구매하기 위해서는 공증할 때 공동의 서명이 필요하다.

가족을 권리공동체와 배려공동체로 파악하는 것은 친근함(가족 같음)의 문제에 대한 아주 제한된 시각에 머물러 있으며, 이 문제를 한 측면에서만 본 것이다. 그런 상대적 "특성이 하나의 사태의 통일을 위해 유지되고 있어야 한다면, 오히려 특정한 관점에서만이 아니라 전체적으로도 귀속되는, 그런 한에서 사태를 포괄하는 보편자를 형성하는 규정도 있어야 할 것이다."[24]

2.3 생활공동체와 교육공동체로서의 가족

어린아이

네 엄마는 알아야 하지

(Little Child

Your Mother Should Know)

가족의 첫 번째 차원인 사랑은 감응의 형식으로 존재하는 자유이다. 권리공동체와 배려공동체의 형식은 두 번째 차원인데, 첫 번째 차원과 두 번째 차원은 가족에서 **인륜적 생활공동체**와 **교육공동체**로 지양된다. 이 공동체에서 가족은 자신의 통일을 목적으로 알고 의지하며, 파트너들에게 자신들의 특수한 자유를 보장하는 공동의 삶을 이끌어가며, 가족의 행운과 안녕을 목적으로 한다. 따라서 참여자들은 '실체 속으로 침잠하는' 장식물이 아니라 언제나 자기 규정하는 행위자이다. 헤겔의 개념논리학은 가족을 하나의 인륜적 전체로, 추론의 한 체계로 이해할 수 있게 하며, 공동성·이타성·연대성 등의 심정을 가진 하나의 인륜적 유기체로 이해할 수 있게 한다. 가족은 이제 도야된 인륜의 형식이라는 자신의 보편적 규정에 도달한다. 결합의 이 마지막 모형은 첫 번째 두 모형이 추론으로 간주할 수 있기 위한 전제를 이룬다. 동시에 가족의 세 측면 사이

---

24   Martin, *Ontologie der Selbstbestimmung*, a.a.O., S. 292.

의 긴장 가득한 관계가 시야에 들어온다. 즉 결합의 세 형식은 서로 다른 관점에서 갈등을 유발할 수 있다(이는 국가에서 세 권력기관 사이의 갈등에 비견된다). 낭만적 사랑과 가족의 산문적·일상적 삶 사이에 긴장이 있을 수 있는데, 이는 '비통함'으로 나아갈 수 있다.[25]

"현실적으로 두 주체로 분리되어 실존하는 부부의 통일은 아이들에서 이뤄진다. 여기서 이 **통일**(아이들)은 **현실적인 독립적 실존**이며 부부가 사랑으로서, 자신들의 실체적 현존으로서 사랑하는 **대상이다**"(RPh §173).[26] 아이들은 자연적인 인륜적 통일의, 그런 인륜적 결합의 결과물이자 대표자들이며,[27] 동시에 이러한 연합의 열림(Auf-Schliessen), **해체** (Auflösen)의 본질적 근거를 이룬다. 아이들은 —— 그리고 이것은 자유의 실천철학에서 근본적으로 중요하다 —— 한계 없는 '절대적'인 생존권과 양육권을 가진다. 왜 이것을 강조하는가? 아이들은 **인륜적 연합('중심'), 자유로운 존재의 유(類)의 미래** 등을 객관적인 **방식으로** 체현하고 있으며, 잠재적으로 공동체의 앎과 부를 자기 안에서 통합한다. 이에 따르면 생존과 양육(교육)은 자선적 기여와 온화한 행동에 국한되어서는 안 된다. 아이들은 그 가능성에 있어 자유로운 개별자들이며, 인륜적 연합체에서 특수자로[28] 살아가는, 따라서 보편적 삶을 수행하는 '즉자적으로 자유로운 자'(§175)이다. 이미 예나 시기『인륜성의 체계』에서 헤겔은 아이의 특수한 역할을 강조한다. 즉 가족은 아이에게서 무한한 인륜적 존립

---

25 Nagl-Docekal, *Liebe in unserer Zeit.* a.a.O., S. 8~17.

26 생동적인 개인은 "문자 그대로 부모의 결합 덕분에 현존하며, 그 자신의 측면에서 볼 때 또 다른 개인을 산출하기 위해 다시 다른 개인과 결합한다"(Sans, *Hegels Schlusslehre als Theorie des Begriffs*, a.a.O., S. 222).

27 "아이들에게서 부모는 자신들이 온전하게 연합되었다는 것을 목도한다"(Ho 548). "아이들에게서 부모의 인륜적 공동성이 직접적으로 드러난다. 부모 안에서 진행되던 통일이 아이들에게서 등장한다"(Rin 108). "부모만이 아이들에게서 그들 자신의 자유의 활동을 인식할 수 있다"(Hösle, *Hegels System*, Bd. 2, a.a.O., S. 535, Fn. 215).

28 아이들은 '보편자'로서의 부모와 구별되는 '이념적 특수성'으로 간주된다(Hegel, *System der Sittlichkeit*, GW 5, 289).

을 발견하며, "아이는 현상과 대립하여 관계의 절대적인 것, 관계의 이성적인 것이며, 영원한 것, 지속하는 것, 그 자체로 다시 산출되는 총체성이다."[29]

한 사회가 어느 정도 자유로운지 혹은 현대적인지의 문제는 아이들의 권리, 세계 안에 있는 '천사들'(알지 못하는 순진무구한 자들)의 이 권리가 강력한 힘과 일관성으로 관철되는지 여부에서 특별하게 측정된다. 오늘날의 상황을 살펴보면 많은 사회에서 어린이들의 기본적 권리가 철저히 무시되는 경악할 만한 현상이 나타난다. 기아에 허덕이는 수백만의 아이들, 엄청난 빈곤에 시달리는 아이들, 어린이 노동, 어린이 병사 등이 그렇다. 특히 오늘날에는 이 문제들을 고려해야 한다. 헤겔에 따르면 어린이 노예는 가장 **비인륜적** 관계로 간주해야 한다. 여기서 무기력한 인간 존재가 굴종에 내맡겨지고 억압된다. 아이들은 즉자적으로 자유로운 존재이며, 따라서 사물이나 노예가 아니다. 아이는 "자유를 향해 가도록 절대적으로 규정"(Kiel 170)되어 있으며, 자립적인 자유로운 인격체로 양육받을 권리가 있다. 헤겔은 이 교육과정을 '**아이의 제2의 정신적 탄생**'(Enz §521)으로 이해한다. 한 인간으로서의 아이에게 내재한 내적인 이성의 기질은 교육과 도야를 통해 현실화될 수 있다.

동시에 아이는 처음에는 자신에게 외적인 권위로 등장하는 인륜적·문화적 환경을 자기에게 고유한 것으로 의식하게 된다.[30] 아이들은 자신의 권리를 요청하고 관철할 수 없거나 매우 제한적으로만 그렇게 할 수 있으며, 따라서 다른 사람들에 의해 대리되어야 하고, '변호인'이나 '대변인'을 매개로 해서 그렇게 해야 한다. 우선 가족이라는 제도를 통해, 혹은 국가에 의해 권위를 부여받은 교육단체를 통해 그렇게 할 수 있

---

29 Hegel, *System der Sittlichkeit*, GW 5, 309. 아이와 더불어 "처음으로 하나의 중심이 정립되며, 이 중심은 개인 속에 실존한다"(Hegel, *Jenaer Systementwürfe*, GW 6, 302). 헤겔은 이 유대가 계약이라는 개념에서 완전히 떨어져 있다는 사실을 강조한다(GW 6).

30 Enz §140, Z, S. 276.

을 것이다. 첫째, 부모는 자연적·이상적 교육자로 주어져 있지만, 이 계기는 우연성[31]에 내맡겨질 수 있으며(자연적 근거들 — 고아, 가족의 근거들 — 아이들의 방치), 둘째, 교육은 필연적으로 가족 밖에서도 수행되어야 하는데(사회적 맥락, 학교), 자유로운 자립적 인격성의 전개라는 의미에서 그렇다. 가족을 자유로운 국가의 최초의 인륜적 뿌리로 표시하는 문제와 관련하여 헤겔은 어린이 교육에 대한 플라톤의 이해를 암묵적으로 거부한다고 할 수 있는데, 아이들은 어떤 방식으로든지 가족의 첫 번째 강제에서 벗어나 있어서는 안 된다. (이것은 예외적인 긴급상황에서 두 번째 강제로서만 정당화될 수 있다.) 가족과 공동체는 균형 잡힌 비율로 매우 복잡한 과정을 극복해야 하는, 교육의 결정적 담지자들이다. 한쪽 측면만을 너무 강조하는 것은 책임의 의미 있는 균형을 해체할 수 있는데, 그런 일면성은 인륜적 교육의 성공을 위협한다. 그런 일면적 입장에는 특히 교육과정의 과도한 제도화라는 플라톤적 모델, 혹은 정규 교육기관의 입학을 거부하면서 교육을 가족교육으로 축소하는 것 등이 있을 것이다.

『법철학』에서 헤겔은 어린이 교육을 정신적 탄생으로 규정하는 구상을 보여 주는데, 이를 상세하게 다루지는 않는다. 그저 즉자존재에서 대자존재로의 길[32]이라는 개요만이 이 강의록에 수록되어 있다.[33] 한편으

---

31 파울 코벤(Paul Cobben)은 가족의 이런 우연성을, 특히 부모의 특수한 결단을 지시한다. Paul Cobben, *Das Gesetz der multikulturellen Gesellschaft*, Würzburg 2002, S. 138.

32 헤겔에 따르면, 아이는 다른 발달 단계에서보다 생애 첫 단계에서 많은 정보를 습득하고 배운다(10, 79).

33 헤겔의 교육관에 대해서는 다음을 보라. Michael Winkler, Erziehung — ein Verhängnis? Heydorn und Hegel über Grundlagen der Pädagogik, *Neue Praxis* 38(2008); ders., Anerkennung des Lebens — Denken des anderen. Pädagogische Anregungen im Jenaer Werke Hegels, *Erziehungswissenschaft oder Pädagogik?* Würzburg 1998, hg. v. W. Böhm/A. Wenger-Hadwig; Allen Wood, Hegel on Education, *Philosophy as Education*, hg. v. Amélie O. Rorty, London 1998; Nigel Tubbs, *Education in Hegel*, London/New York 2008; Gustav Thaulow, *Hegels*

로 긍정적 규정의 경우 인륜의 가족적 공간에서의 아이들의 삶이 문제가
된다. 엄마의 품에서 아이는 안녕에 대한 염려에 순진무구한 신뢰를 보
여 주는데, 바로 여기서 아이들은 긍정적 고향을 가지며, 직접적 인륜법
을 경험한다. 이러한 사랑의 향유는 인륜법으로의 본질적 도야이며, 정
신적인 인륜적 모유(Enz §396)이다. 인륜적 심정, 즉 특수한 개별자가 공
동체에서 자유롭다는 의식은 근본감응으로, 근본이해로 산출되고 확고
히 된다(Rin 109, Kiel 170).[34] 아이는 부모를 사랑하는 것에서 그리고 부
모에 의해 사랑받는다는 감정에서 살아가는 존재이다. 여기서 일종의 직
접적 인정이 표현된다. 그러나 직접적인, 비정신적인, 한갓 자연적인 통
일은 아이가 완전히 자유로운 존재로 전개될 수 있기 위해서 지양되어
야 한다. 도야와 교육의 과정에서도 중요한 것은 보편자로의 강제의 형식
이지 결코 자의적 강제가 아니다. 즉 여기서 다뤄지는 것은 그 자체로 억
압적인 형식이 아니라 자유의지의 규정에 여전히 존립하는 자연성이라는
첫 번째 강제에 대항하는 두 번째 강제로 존립하는 형식이다.[35] 두 번째
강제라는 이 공리로부터 교육에 대한 헤겔의 정교한 근본이해를 파악할
수 있을 것이다. 아이를 '즉자적 인간'으로 규정하고, 이성을 잠재성과
기질로 가지고 있는 한,[36] 즉 아이가 본질적으로 직접성과 자연성(감각
적 지식과 의지)에 의해 각인되어 있는 한, 그 아이는 한갓된 자연성을 떠
나 자신의 직접성을 넘어가야 한다. 이 과정의 성공은 한갓 직접적인 것
에서 오는 첫 번째 강제에 대항해서, 이 근원적 의존성에 대항해서 두 번
째 강제를 요구한다. 교육은 두 번째 강제로서만 이론적으로 정당화된
다. 아이는 아직 완전히 이성적인, 그리고 자유롭게 의지하는 주체가 아

Ansichten über Erziehung und Unterricht, 1974(Reprint).

34 헤겔은 교육(훈육)을 식물의 성장(씨앗-식물)에 비유해서 설명한다.

35 슈네델바흐는 두 번째 강제라는 주제를 성찰하지 않은 채 억압적 측면을 간직하
고 있으며, 따라서 이른바 반권위적 교육이라는 극단을 선호한다(Schnädelbach,
Hegels praktische Philosophie, a.a.O., S. 260).

36 인간은 본성상 선하거나 악하지 않으며, 따라서 교육은 선한 기질을 보듬는 것만
으로도, 자연적 의지의 한갓된 단절로도 이해할 수 없다.

니기 때문에 앎은 우선 전제된 것, 인정된 것, 주어진 것으로서 매개되는
데,[37] **앎의 권위**라는 형식으로 그렇다. 직접성을 넘어선다는 것은 우선 부
정적 계기, 분열을 관통하여 지나간다는 것을 함의한다.[38] **부정적** 규정에
서는 **자유로운 의지주체를** 중심지점으로 **밀어올리는 도야가** 이뤄진다. 즉
원래의 가족에서 걸어나와 자립적으로 될 능력을 습득한 자립적 인격으
로 형성해 가는 문제가 중요하다. 이 주체는 주어진 것의 권위에 **대항해
서** 스스로 출현할 수 있어야 하며, 자신에게 제공된 앎의 권위를 검토할
수 있어야 하고, 아이임과 (직접적인 자연적 보편성의 형태인) 가족의 구성
원임을 **그칠 수 있어야** 한다(Kiel 170).[39] 따라서 이러한 형식의 가족은 해
체되어야 하며, 그렇지 않을 경우 완전히 자기의식적인 새로운 의지주체
가 결코 등장할 수 없다. 이것이 바로 지금까지의 가족 형식의 **해체**와 종
말의 실질적 방식이다. 부가되어진 구체적 인격은 가족의 중심[40]을 이룰
뿐 아니라 삼중추론으로서의 가족의 본래적 핵심을 형성한다. '제3자'
로서의 아이는 가족적 결합을 폭파한다. 아이에게서 부모는 자기 자신
을 하나로서의 **하나의** 의식 속에 있는 자로, 유로, 형성된 통일로 인식하
며, 따라서 부모는 아이의 성장에서 '자신들의 지양됨'을 목격한다. 이로
써 주체에게 그저 어떤 타자가 등장하는 것이 아니라 주체, 의식이 "스스
로 타자로 되는" 한,[41] 이를 **첫 번째 인륜적 구조**라고 말할 수 있다. 그리
고 부모는 타자 안에서 자기 자신으로 머무를 수 있다. 이 영역에서 아이
의 발전, 즉 교육이 역할을 한다. 개성의 이러한 형성은 분열의 형식으로
전개되며, 아이는 "자기 안에서 대비의 감정을 갖는다." 즉 한편으로는

37 PhRel 17, 323.
38 G. W. F. Hegel, *Vorlesungen über die Philosophie der Religion*, Teil 3, hg. v. Walter
    Jaeschke, Hamburg 1984, S. 30f., 36f., 221ff.
39 헤겔은 부모가 "아이의 외적인 부정성을 점점 더 지양한다는 점, 그리고 바로 이
    를 통해 좀 더 커다란 부정성과 이로써 보다 고차적인 개인성을 정립한다"라는 점
    을 부각한다(Hegel, *System der Sittlichkeit*, GW 5, 289).
40 '중심'으로서의 아이(Hegel, *System der Sittlichkeit*, GW 5, 290, 292).
41 Hegel, *System der spekulativen Philosophie*, GW 6, 303.

부모와 주어진 것에 대한 한계 없는 신뢰가, 다른 편으로는 어린이 세계에 대한 불만족과 보다 고차적 세계에 대한 예감이 나타난다(BI 144). 교육에서 아이의 '무의식적' 통일이 지양되고, 이 통일은 자기 안에 지절을 만들며, 의식은 **형성된다**. 아이의 형성된 의식, 형성된 개성은 실제 세계와 부모의 지식(앎)에 의해 규정된 이상적 세계의 충돌에서 움직이며, 아이들은 이제 전회를, 즉 절대적으로 대립적인 갈등유발적 활동을 수행한다. 말하자면 실제 세계는 이상적으로 정립되고, 이상적 세계는 실제적으로 정립되는데, 이 대립항의 연합을 통해서만 자기의식적인, 스스로를 규정할 수 있는 존재가 생겨난다.[42]

자기규정과 낯선 규정이라는 갈등의 공간에서 자율성이 획득되고, 고차적인 단계로의 이행이 수행된다. 다른 말로 하면 가족의 인륜적 해체가 일어나며, 모든 구성원은 원래 그들이었던 자와는 다른 자들이 된다. 여기에서 중요하게 남아 있는 것은 이와 더불어 인격의 총합, 즉 **구체적 인격**(즉 가족과 같이 파편적인 사적 인격) **전체**가 구성되며,[43]* 인륜적 연관을 열어젖히게(/벗어나게) 되고(Aufgeschlossen-Werden), 이는 우선 **인륜적 유대의 찢겨짐**으로 나타난다. 그 결과는 **극단으로 상실된 인륜**이다. 질적 추론은 필연적으로 반성추론으로 이행하며, 따라서 가족은 시민사회로 이행한다.

'생활공동체'라는 이상형은 다양한 방식으로, 다양한 변이를 가지고 실존하는데, 정확히 말하면 인륜을 각인하고 있는 '다채로운 형식'으로 실존한다(예컨대 혼인을 통한 가족공동체 혹은 등록된 가족으로서의 생활공동체 등). 가족공동체의 세 차원 각각에서 대단히 상이한 특징을 가진 가족의 형태들, 자연적·인륜적 제도라는 본질적 기준을 충족하지만 모든 계

---

42 Ebd., 303~05.
43 계기의 차이는 아무 상관이 없으며, 아이들과 가족은 모두 인격이다. 전체성 추론.
* 앞에서 가족도 하나의 인격으로 등장한다고 말했더랬다. ─ 옮긴이

기를 함께 드러낼 필요가 없는 가족 형태를 생각할 수 있으며, 역사적·
사회학적으로 확인할 수 있다. 새로운 형식을 용인하는 인륜법에 대한
헤겔 사상의 몇몇 예는 여기서 이 문제를 만족시켜야 한다.

차원 1: 혼인하지 않은 생활공동체의 예에서 부부의 법률적 지위가 완
전하게 충족되지는 않지만, 본질적인 법적 토대가 주어져 있으며, 가족
의 다른 계기들이 현존한다. 동성 파트너의 생활공동체에서 비록 성분
화와 두 사람 간의 아이의 양육이 결여되어 있지만, 연대적 사랑공동체
는 가능하다.[44] 이 공동체에 생활공동체와 교육공동체의 법적 지위를 부
여하기란 주저될 수 있지만, 다른 경우 이 주저함은 평등의 원칙에 저촉
된다.[45]

차원 2: 아이들은 부부에 의해 충분히 양육될 수 없으며, 부부 중 한 명
이 특별한 비상상황에서 다른 한 명을 봉양할 수 없다. 여기서 다른 심급
이 도움을 주기 위해 진입하지만, 이 심급을 배려공동체나 재산공동체라
는 의미에서의 가족적 연합과 완전히 같은 것이라고 말할 수는 없다.

차원 3: 나이 들어 결혼하거나 의료적 문제로 인해 아이를 가질 수 없
는, 혹은 아이를 갖지 않기로 결정한 부부는 비록 교육공동체는 아니지
만, 의심의 여지없이 가족으로 간주된다.[46] 이 모든 생활공동체는 (동성
유대를 포함해서) 어떤 경우에도 차별받아서는 안 되며, 당연히 인륜적 통
합체에 대한 실증적·법적으로 정초된 특별한 장려가 있을 수 있고, 또
있어야 하고, 특별한 책임이 (법적으로도) 있어야 하며, 배려와 후생이라
는 의미에서의 특별한 '부담'을 져야 한다. 이러한 의미에서 헤겔의 가

---

44 헤겔은 "동성애에 대한 적절한 이해를 추구하는 문제에서" 논증적 토대를 제공한
    다. Nagl-Docekal, *Liebe in unserer Zeit*. a.a.O., S. 8. 이에 대해 다음도 참고하라.
    Brigitte Buchkhammer, Religion und Homosexualität. Eine Relektüre von Hegels
    Rechtsphilosophie, *Viele Religionen — eine Vernunft? Ein Disput zu Hegel*, hg. v.
    Herta Nagl-Docekal, u.a. Wien 2008.
45 카를스루에에 있는 헌법재판소의 최근의 판단은 이를 확고히 하고 있다.
46 회슬레 역시 이러한 시각을 대변한다. Hösle, *Hegels System*, a.a.O., S. 534, Fn. 212.

족 개념의 변형이 가능할 테지만,[47] 헤겔이 산출한 뼈대의 토대 위에서만 가능하다. 즉 헤겔에게서 가족은 생활공동체, 법(/권리)공동체, 배려공동체, 교육공동체 등으로 그려지며, 타자와의 자유로운 결합으로서, 따라서 자기 자신과의 결합으로서 그려진다. 또한 가족에서 보편적·인륜적 삶의 형식인 구성원으로서의 실체적 자유가 가능하다.

3. 가족의 해체―결합(Zusammen-Schluss)에서 벗어남

가족은 직접적·자연적 인륜 공동체로서 해체의 세 형식을 갖는다. a) 이혼을 통한 의지적 해체와 이혼의 권리. 결혼의 강제가 성립할 수 없듯이 함께 머물러 사는 것도 강제할 수 없다. 왜냐하면 이 결합은 주관적·우연적 감응에 기초해 있기 때문이다. 이 결합은 계속 유지**되어야** 하지만, 말 그대로 그것은 단순한 당위(Sollen)일 뿐이며, 그 이상은 아니다. 여기서 법률에 근거하여 분리를 판단할 수 있는 '제3의 보다 고차적 인륜적 권위'(§176)를 미리 생각해 보아야 한다.[48] b) 죽음을 통한 자연적 해체와 상속권. 헤겔은 물건의 상속권에서 여자와 아이들이 가문보다 우선권을 갖는다는 점과 국가가 이를 존중할 필요가 있다는 점(특히 상속권에 대한 책임)을 강조한다. 하지만 유언장의 작성과 유언장은 자의와 우연이 우글거리는 종종 아주 사악한 특별한 영역이다. 이러한 사실은 상속권 전체에도 타당하다. c) 이행의 본질적·논리적 형식으로서의 인륜적 해체는 이미 살펴본 바대로 아이들이 자유로운 인격체로 성장하는 가운데, 즉 이들이 다시 자신의 가족을 만들 수 있는 법적 인격체로 인정받는 가운데 수행된다(§177). 제2의 정신적 출생의 결과, 아이들은 가족의 '몸체'를 떠난다. 여기서 결합은 논리적으로 지양되고, 동시에 보다

---

47 이에 대해서는 다음을 보라. Neuhouser, *Foundations of Hegel's Social Theory*, a.a.O.
48 통용되는 가족법, 이혼권.

인륜적인 것으로 지양된다. "가족은 따라서 해체되며, 자연스럽게 수많은 가족으로 해산한다"(Bl 146).

4. 가족에서 시민사회로의 이행

헤겔은 본질적인 모든 이행에서처럼 여기서도 아주 명료하게 논리적 배경을 가지고 있다. "가족에서 시민사회로의 내적 이행은 개념의 이행이다"(Bl 147).[49] 그런데 인륜의 개념은 가족적·실체적 통일에서 완전하게 전개될 수 없으며, 추론은 불완전하게 머무르며, 완전한 추론의 기준은 아직 충족되지 않았다. 가족의 해체, 가족 구성원의 해체와 더불어 자립적인 구체적 인격이 생겨나며, 정신은 "많은 인격으로 추상적으로 분화된다"(Enz §523). 구체적 인격인 '사인'(Privatperson)은 하나의 결과로서 인격성과 도덕성의, 추상적 개별성과 구체적 특수성의 결합이다. 가족이라는 통일체 속에 묶여 있는, 따라서 족쇄로 채워진 개념의 계기는 이제 유효하며, 따라서 우선 서로 분리되어야 하고, 심지어 서로 대립하고, 서로 낯설게 되어야 한다. 즉 구체적 인격(E−B) 대 보편성(A)으로 말이다. 이와 함께 헤겔은 최초의 인륜적 단계로서의 가족의 지위도, 가족의 한계도 분명하게 한다. 그 과정은 **직접적 동일성**의 단계로부터 **차이, 매개, 비동일성**의 단계로 나아간다. 가족이라는 실체적 통일체는 자기 안에 아직 특수성의 대립을 가지고 있지 않으며, 특수성은 행위의 측면에, 이 행위의 특정한 형식에 제한적으로 머문다(감응, 사랑, 유).[50] 가족의 차이는 아직 사상의 차이가 아니며, 통일은 본질적으로 감응에 의지한다. 구체적 인격은 **독자적인 특수자**로 등장하지 않으며(Enz §523), 독자적인 특수한 목적으로 등장하지 않는다. 그리고 이 구체적 인격의 지

---

49 §181. '차이의 단계'로의 이행; 특수성의 영역, 인륜성의 상실로의 이행; 인륜의 현상 세계로의 이행.

50 추론의 첫 번째 모형을 다루는 단락과 특수성의 형식을 참고하라.

위는 본질적으로 구성원이라는 것을 통해, 즉 "**나는 내가 직접적으로 존재하는 바를 통해 가치가 있다**"(Bl 148, 강조는 저자)는 사실을 통해 규정되며, 이로부터 이미 새로운 신념, 즉 "**나는 내가 나로부터 만든 바의 것을 통해 가치가 있다**"는 신념이 예시된다. 이는 '자연적' 연합으로부터 '활동적인' 연합으로의 이행을 말하는 것이며, 여기에는 새로 등장한 상실도 포함한다. 이미 교육에서 말했듯이 아이는 가족의 권위를 수용하는 단계를 벗어난다. 그 아이가 자기의식을 가지고, 자기확신과 자기규정에 매진할 때만, 따라서 자기사유라는 권위에 의지하지, 한갓 감응의 권위에 의지하지 않을 때만 그는 자유로운 존재가 될 수 있다. 나는 어떤 것이 권위를 갖기 때문에 그것을 인정하는 것이 아니라 나의 사유와 일치하는 것만을 인정한다(Hom 309). 여기서 「도덕법」에서 나타났던 특수성의 권리가 다시 등장하며, 권리로서 스스로를 주장한다. 그러나 인륜적 유대는 우선 사라지며, 인륜의 최초 형태는 우선 파괴된다.

구체적으로 자립화된 인격들이 두 번째 단계, 차이와 매개의 단계에서 형식적 보편성의 관계, 즉 **반성관계**만을 갖기 때문에 이것은 **인륜의 현상세계**라고 할 수 있다. "오성은 보편성을 현상하게 하는 형식이다"(Rin 113). 현존의 추론은 반성의 추론으로 이행한다. 현존의 결합으로서의 가족은 '열리며'(지금까지의 형식으로 있던 가족의 종말), 닫혀 있는 따뜻한 둥지를 떠나, 구체적 인격으로서의 개별자는 자신만의 둥지를 짓기 위해, '보다 큰' 보편적 공동체에 귀속되기 위해, '둥지를 떠나 날기' 위해, 혹은 자유롭게 되기 위해 차갑고 열린 실재계로 진입해 들어간다. 친근한 고향인 '집'을 떠날 때 특수성을 출발점으로 삼는 **새로운 행위 맥락**이 들어온다. 즉 행위주체는 넓은 의미에서 사회적인 것, 즉 **시민사회**인 '도시'로 진입한다.[51] 시민사회는 개인을 가족의 유대로부터 찢어내며, 그

---

51 "정신은 자신을 자기 안에서 분열시킴으로써만 자신의 현실을 가지며, 자연적 욕구에서 그리고 이 외적 필연성의 연관에서 이러한 한계와 유한성이 나타나고, 바로 이와 더불어 **정신은 자신을 이 한계와 유한성 안으로 구축하고**, 이것을 극복하는 가운데 자신의 **객관적** 현존을 획득한다"(§187).

구성원을 서로 낯설게 하며, 그들을 자립적 인격으로 인정한다. 시민사회는 전체 가족의 존립이 자기에 의존하고 있는 것으로, 따라서 우연적인 것으로 격하한다. 개인은 시민사회의 '아들'이 되며, 이 사회는 구체적 인격의 총합으로서의 '보편적 가족'이 된다(§238).

7. 시민사회: 현대의 시장공동체와 교양공동체 그리고 연대공동체

저자가 시민사회를 국가와 구별한 것은 사태의 본성에 적합하다.[1]

오성이 도야하고 또 이해가 충돌하는 다양한 요소가
생긴 상황에서 시민사회 개념을 자연적 경건함과
내면성으로 특징지어지는 가족 개념과 분리해 위치시킨 것은
헤겔의 위대한 시각이었다.
— 카를 로젠크란츠

1. '인륜성의 상실'

시민사회와 더불어 인륜법은 특수성의 영역, 차이의 왕국, 특수자의 규정으로 진입한다. 구체적 인격은 우선 인륜의 통일을 갖는 것이 아니라 필연적으로 자기의식 속에 자기만의 특수성과 목적을 갖는다. 인륜의 내재적 부정성은 자신의 '자기분열'로, 극단으로의 분열로, '스스로 낯설게 됨'으로 표현된다. 인륜법은 스스로를 분할하는, 스스로를 분리하는 통일로 현상하며, 동일성으로부터 구별로, 차이로, "이해의 다양성"[2]으로 이행한다. 이와 더불어 지금까지 『법철학』에서 단계의 형식으로 다뤄진 모든 형태의 특수자(B)는 지양된다. 즉 경향과 욕구는 **욕구의 체계**에서, 특수자의 선택으로서의 자의, 직접적 의지로서의 자의는 "자의의 우글거림"(§189, Z)에서, 소유는 재산에서, 도덕법은 사회적 부조와 연대의 형식 및 조합적 동일성의 의식에서 지양되는데, 이 모든 것은 "오성의

---

1 Ilting, *Hegel: Vorlesungen über Rechtsphilosophie*, a.a.O., Bd.1, S. 439.
2 Karl Rosenkranz, *Georg Wilhelm Friedrich Hegels Leben*, Darmstadt 1977, S. 331.

도야"[3]라는 토대에서 수행된다.

보편성은 우선 아직 내적 토대로만 머물러 있으며, '특수자로 현상할 뿐인 형식적 방식으로' 머문다. 여기서 헤겔은 반성의 논리학, 오성의 논리학에 의지한다. 이로부터 우선 본질적으로 반성추론에 기초하고 있는 공동체인 시민사회를 지시하기 위해 "오성국가"(§183)라는 표현이 등장한다. 반성의 관계는 우선 '인륜성의 상실', 즉 "극단으로 상실된 인륜성의 체계"(§184)를 서술한다. §181은 그 외에 시민사회와 관련하여 "인륜의 현상 세계"라는 말을 하는데, 이는 『논리학』의 본질론을 명시적으로 지시한다.[4] 우리는 정립된 모순인 본질, 관계, 차이, 현상, 매개됨 등을 다루는 영역에 있다. 이 '원자의 체계'(Enz §523)에서 인륜적 실체는 자립적 극단을, 그리고 특수한 이해관계를 매개하는 보편적 연관으로 변형된다. 보편자가 내적 토대로만 등장하는 한, 시민사회를 "외적 국가"[5]로 불러도 된다. 그리고 그것은 보편적 의존의 전체라고 말해도 되고, "필요국가, 오성국가"(§183)라고 말해도 된다. 시민사회는 "사랑의 국가"(Hey 33)로서의 가족과 이성의 국가로서의 정치적 헌정체인 진짜 국가 사이에 위치한다.

2. '극단적으로 상실된 인륜'으로서의 시민사회

비탄

(Misery)

헤겔은 시민사회(Civil Society[6], societas civilis)와 국가(civitas)를 동등한

---

3 Ebd.
4 Enz §112ff, §131ff.
5 Enz §523.
6 이 용어에 대해서는 다음을 살펴보라. Adam Ferguson, *An Essay on the History of*

것으로 여긴 전통적인 이해방식을 극복했는데, 이는 "정치와 사회의 현대적 관계를 적합하게 이론화함에 있어" 중차대한 기여로 평가된다.[7] 헤겔은 "하르덴베르크의 입법 이래 법의 현실이 된 국가와 사회의 분리를 개념적으로 파악한 최초의 사람이다."[8] 이 둘은 구분되어 있지만 결코 분리되어 있지 않은데, 바로 이런 구분과 더불어 헤겔은 동시에 현대사회이론과 국가이론을 위한 초석을 놓았다.[9] 여기서는 이미 말한 주장에 대한 더 많은 증거가 제시되어야 하고, 더 진척된 논증의 논리가 재구성되고 검토되어야 한다. 호르스트만은 가족, 시민사회, 국가를 구분함에 있어서 이런 개념적 요청을 강력하게 주장한다. 후자(시민사회와 국가)는 "인륜적 전체의 개념에서 이미 요소(/토대)로 간직되고 있는 것[가족]의 분화로" 간주된다.[10]

사전에 일러둘 것이 있다. 『법철학』에서는 현대 세계의 이념, 즉 자유의 사상에 기초한, 현대의 생활세계의 토대를 이루는 **현대** 국가의 이념이 구상되고 있다는 사실이다. 시민사회 개념에서 우리는 이러한 이론적 건축물의 초석을 본다. §182는 시민사회의 두 근본 규정을 해명하고 있다. a) **특수성**(B), 즉 구체적 인격의 **원리**인데, 이 인격은 스스로 특수한 목적으로 존재하며, 스스로를 특수한 욕구의 전체로 그리고 자연필연성

Civil Society(1767)와 Adam Smith, *An Inquiry into the Nature and Causes of the Wealth of Nations*(1776). 이 두 저서는 헤겔의 시민사회 용어를 이해하는 데 극단적으로 중요하다. Norbert Waszek, *The Scottisch Enlightenment and Hegel's Account of 'Civil Society'*, Dordrecht 1988. Ders., Der junge Hegel und die, querelle anciens et de modernes ': Garve Ferguson, in Hegel, *Idealismus und die Folgen*, hg. v. Hans Jürgen Gawoll und Christoph Jamme, München 1994.

7 Horstmann, Hegels Theorie der bürgerlichen Gesellschaft, in: Siep, *Grundlinien der Philosophie des Rechts*, a.a.O.

8 Reinhardt Koselleck, *Preussen zwischen Reform und Revolution*, a.a.O., S. 388.

9 슈네델바흐는 놀랍게도 헤겔을 "현대 사회이론가로, 사회학의 공동 창업자로" 간주한다. Schnädelbach, Die Verfassung der Freiheit(§§272~340), in: Siep, *Grundlinien der Philosophie des Rechts*, a.a.O., S. 255.

10 Horstmann, Hegels Theorie der bürgerlichen Gesellschaft, a.a.O., S. 204. 또한 Manfred Riedel, *Bürgerliche Gesellschaft und Staat bei Hegel*, Neuwied 1970.

과 자의의 혼합으로 서술한다. b) **보편성(A)의 원리**, 즉 특수한 인격의 필연적 연관. 각각의 특수한 인격은 모두 이 보편성을 통해서만 가치가 있을 수 있다. 국가를 전제하는, 국가와 정교하게 구별되는 시민사회는 한편으로 (자본주의적) 시장원리('극단으로 상실된 인륜성의 체계'(§184), 전면적 의존, 자의의 우글거림, 필요공동체, 오성의 공동체)와 다른 한편 시장원리를 지양한, 즉 자의적이고 우연적인 특수성의 우글거림을 극복한 최초의 구조에 의해 각인되어 있다. 그런데 이 구조는 충분히 제어되고 통제할 수 없는데, 왜냐하면 이 구조는 자기손상과 자기파괴, 그리고 시장근본주의의 경향을 가지기 때문이다. 오성에서처럼 오성국가에서도 유한한 규정은 "그 자체로 멈출 줄 모르고 흔들거리며, (오성의 규제를 받지 않고 오로지) 오성에 기초하여 건립된 건물은 붕괴한다"(Enz §38, Z). 헤겔의 국가는 자본주의적 시장질서를 존중하며, 이 질서를 특정한 한계 내에서 보호한다. 하지만 이 영역은 자신의 내적인 자기파괴적 힘으로부터 보호받아야 한다. 국가의 과업은 시장질서를 규제하는데, 시장질서가 합리적으로 세워지도록 하는데, 시장을 감독하고 시장의 활동 폭을 정하는데 있다. 국가는 '극단으로 상실된 인륜성'을 다시 산출하고 오성을 이성으로 가져올 책임이 있다. 하지만 국가는 본질적으로 시장원리에 의해 규정되지 **않는다**. 현대사회의 전체 구조를 '자본주의'로 서술한다면, 그 근거는 경제 영역이 자본주의적 경제질서로 규정된다는 점에 있다. [즉 정치 영역이나 기타 영역 때문에 '자본주의'라고 부르는 것은 아니다.]

가족이 **현존재의 추론**에서 자신의 최초의 형식논리적 기반을 갖는 반면 시민사회는 a) **반성의 추론**에서, 그리고 b) **필연성의 추론**에서 자신의 기반을 갖는다. **직접성**의 결합으로서의 가족 이후에 특수한 개별자들의 **매개된 연합은**[11] (우선 추론의 판단(근원분리)으로서) 시민사회의 **첫 번째 단계**를 형성한다. 여기에서 우리는 추론함의 조건 중에서 판단의 형식으

---

11 "실체는 이런 방식으로 자립적 극단의, 그리고 이 극단의 특수한 이해관계의 보편적·매개적 연관이 될 뿐이다"(Enz §523).

로의 '후퇴'를 본다. 즉 논리적으로 말하자면 특수한 개별자는 보편자와 외적으로만, 자신의 **특수성**을 매개로 해서, 자신의 욕구와 경향을 수단 으로 해서 결합된다. 여기에서 극단으로 쪼개진 인륜성이라는 헤겔의 말 이 작동한다. 가족의 형태로 등장한 **직접적인** 인륜적 결합은 해체되고, **직접적 통일은 최초의** (아직 불충분한) 지양을 경험한다. 그런 지양은 반 성의 통일에서, 오성의 통일에서 이뤄진다(WdL 6, 380). "하지만 시민사 회는 개인을 이 (직접적) 유대로부터 찢어내며, 이 유대에 속한 구성원들 을 서로 낯설게 만들고, 그들을 자립적 인격으로 인정하며, (……) 전체 가족의 존립이 자기에게 의존하게, 우연성에 의존하게 만든다"(§238). 시민사회 전체 안에 있는 **구체적인 개별 인격들**, 즉 많은 구체적 특수자 들은 가족으로부터 떨어져 나오며, 자신의 특수한 자기규정의 가능성을 획득하고, '자립적 자유 속에, 특수자 자체'(Enz §523)로 존재한다. 동시 에 그들은 우선 인륜적 규정을 상실하며, 자의의 우글거림이라는 맥락으 로, 우연의 공간으로 추락한다. 차이의 이러한 형식에서 비록 특수성이 보편성과 관계하지만, 보편성은 그저 **내적** 토대로만 머무르며, 특수자로 **현상할 뿐**인 **형식적** 방식으로서만 존재한다(§181).[12] 시민사회는 인륜의 극단적 찢김을 체현하며, 이해관계의 다양성의 형식을 띠는 찢겨진 혹 은 낯선 인륜성을 체현한다. 시민사회(Civil Society)는 '우선 인륜성의 상 실'이며, 반성관계로서 '인륜의 현상세계'(§181), 즉 '**찢어짐과 현상**으로 존재하는 인륜적 실체'(§33)일 뿐이다. 현상이 근거를 자기 안에 갖는 것 이 아니라 타자 속에 갖는 한 "독자적 시민사회는 있을 수 없다. 왜냐히 면 시민사회는 참된 인륜, 참된 자립태가 아니기 때문이다"(Hey 33). 시 민사회는 인륜성의 제도나 형태로 기술할 수 없다. "시민사회는 인륜성 이 (……) 개념적 극단으로까지 찢겨진 형식을 취하면서 인간의 공동 삶 이 전 지구적 차원으로 점진적으로 확대되는 영역이다. 따라서 시민사회

---

12 구성원들은 시민사회에서 서로서로를 지시하기는 하지만, 이때 명료한 자기관계 를 형성하지는 않는다. Martin, *Ontologie der Selbstbestimmung*, a.a.O., S. 295f.

는 이 극단으로부터 다시 습득되어야 한다."[13] 풀다는 '인륜성이 이처럼 극단으로 상실되었다는 것'을 아주 생산적인 방식으로 해명한다. "인륜 법은 특수한 주체성과 실체적 보편성 사이의 상호침투로 규정되었다. 이제 특수성은 (……) 제시된 한계 내에서 극단으로까지 전개되며, 자신만의 전망 속에서 다른 계기를 위해, 즉 보편성을 위해 존립한다. 물론 외적 필연성의 의존관계에서만 그렇게 하며, 따라서 이런 관계와 더불어 이제 더 이상 상호침투의 통일에 놓이지 않는다."[14]

처음에 욕구의 체계, 즉 산업 시장질서에서 구체적 인격의 파편화가 구축되며, 두 번째 단계에서 이 특수자들의 보편적 결합이 구축된다. 이때 특수성은 개별자의 상이한 신체적·정신적 욕구에 뿌리를 둔다. 더 나아가 구체적 인격과 관련하여 **시민사회의 구성원, 구체적인 사적 인격, 부르주아** 혹은 **자립적 인격과 소외된 인격** 등과 같은 기호가 적용된다. 시민 (Bürger)이라는 용어는 오로지 국가시민(/국민, Staatbürger, Citoyen)을 위해서만 비축된다.[15] 가족구성원에서 걸어나와 시민사회의 '아들' 내지 '딸'이 되었는데, 이 시민사회는 아들과 딸이 시민사회에 뭔가를 요구하듯이 이들에게 뭔가를 요구한다(§238). 구체적 인격의 '명예', 시민사회

---

13 Fulda, *Hegel*, S. 215.
14 Ebd., S. 216.
15 §§190, 308; Wan 112f.; Enz §534. '사인으로서의 특수한 시민.' "시민들은 사적 인격이며, 특수한 것을 자신의 목적으로 삼는 공동체의 구성원이다. 그리고 그런 공동체가 그런 목적에 제약되는 한에서 시민은 부르주아다. 시토앵(Citoyen)은 정치적 국가로서의 국가의 정치적 구성원이다. 시민사회에서 목적이란 사적 목적을 일컫는다"(Ho 580). "시민사회에는 'Citoyen'의 의미가 아니라 부르주아의 의미에서의 사적 인격만 있다." 부르주아라는 말은 인간을 그 기능(숙련성) 측면에서만 바라보기 위해 사용되며(Kiel 180), 때때로 부르크(성, 도시) 혹은 시장의 구성원이라는 의미에서, 시장참여자라는 의미에서 사용된다. 예나 시기에 다음의 글이 나온다. "한 사람에게는 두 개별성이 있다. 한 사람은 자기 자신과 가족을 위해 일하고 염려하며, 계약을 체결하기도 하며, 동일하게 바로 그 사람이 보편자를 위해 일하기도 하고, 이 보편자를 목적으로 가진다. 전자 측면에서 그는 부르주아라 하며, 후자의 측면에서 시토앵이라 한다"(Hegel, *Jenaer Systementwürfe*, GW 8, 261).

구성원에 대한 가치평가는 본질적으로 "자기 자신의 사명으로 인해 자신의 활동, 땀, 기술 등을 투입함으로써 시민사회의 계기 중 하나인 구성원이 되는 것에서, 그 구성원으로 유지되는 것에서, 보편자와의 매개를 통해서만 자기를 염려하는 것에서, 또한 이를 통해 자신의 표상 속에서 그리고 타자의 표상 속에서 인정되는 것"(§207)에서 성립한다. 자기규정, 활동, 노동, 도야, 인정, 특수한 관심, 자유로운 직업선택, 거주지의 자유로운 선택, 직업의 분야나 영예 등과 같은 여기 모인 사항은 다음에서 상세히 다뤄져야 할 것이다.

시민사회의 이 첫 단계는 논리적으로 반성에 기초한 욕구의 체계인데, 이 결론(추론) 부분과 연결되어 있는 두 번째 단계는 필연성의 추론에 기초한다. 여기에서 소외된 외적 인륜법은 감독, 사회적 조력, 사법 그리고 협동적·동지적 결합을 통해 부분적으로 극복된다.

3. 특수성의 영역들—'필요공동체와 오성공동체' 내에서 전면적 의존성

특수성—개별자들의 서로 다른 육체적 욕구와 정신적 욕구—과 더불어 자신의 출발점을 특수성에 두었던 **도덕법**이 포괄적인 방식으로 다시 진입하지만(B-A), 동시에 **개별성**을 출발점으로 삼는 **인격성도 다시 수용된다**(E-A) 여기서 다뤄지는 것은 가족이라는 직접적인 인륜적 통일의 **근원분할**(/판단) 원리와 구체적 인격의 형식으로 존재하는 특수성을 타당하게 만드는 것이며, 이를 전체적으로 말하자면 직접적 통일이 특수자들의 (원자적) 다수로 분리되는 문제이다. 많은 개별 인격은 '**자신만의 고유한**' 특수성을 가지며, 자신의 대자존재(/독자성)를 의식하고 또 자신의 목적으로 삼는다. 여기에 '원자론의 체계'가 작동한다. 추상적 개별성과 특수성 배후로 더 이상 후퇴할 수 없다. 왜냐하면 여기서는 인격성과 도덕성의 직접적 통일로서의 **구체적** 인격이 다뤄지기 때문이다. 우리는 이제 추상적 개별자라는 규정성을 가진 특수자를 가진다. 헤겔의 말로 하면 개별자의 **자립적 특수성**의 원리 혹은 "개별자의 **자기 내 무한한 자립적 인격성의 원리**"(§185)를 가진다. 하지만 논리적 출발점 B(반성의 추론)와 더불어 추론의 삼중성, 추론의 체계가 작동할 수 없으며, 추론의 일관성 있는 체계를 위한 조건이 모두 다 충족될 수는 없고, 따라서 어떤 참된 인륜적 연관도 정초될 수 없다. 우선은 오성의 보편성 내지 반성의 보편성만 정복될 수 있을 뿐 **개념의 보편성**은 결코 아니다. 동일한 것이 개별성과 특수성에도 해당하며, 이것 역시 오성의 지위에 머문다. 헤겔은 다른 곳에서 추상적 보편성, 반성의 보편성(전체성, 유, 종) 그리고 개념의 보편성을 구별한다(Enz §171). 이러한 논리적 결핍은 시민사회의 인륜적 결핍의 근저에 놓여 있으며, 시민사회는 본질적으로 반성의 혹은 오성의 보편성(집합)에 의해,[16]* 반성의 특수성 혹은 오성의 특수성(부분집합)에 의해, 그리고 반성의 개별성 혹은 오성의 개별성(원소, 원자)에 의해[17] 각인되어 있다.

실체적 인륜법에 대한 플라톤의 사상을 논박하는 가운데(§185) 헤겔은 도덕법의 핵심 문단들(§124)에 의존하는데, 이는 아주 중요하다. 그것에 대해 상기해 보자. §124에서 **주체의 특수성의 권리(/법)**, 즉 **주관적 자유의 권리**가 도출된다. 시민사회는 특수성의 원리를 더 진전시켜 규정하는데, 헤겔은 §124에서 이와 연관하여 특히 시민사회의 원리(와 정치적 체제의 계기)도 고찰한다. 헤겔에 따르면 현대 세계에서만 가족과 국

---

16   따라서 그것은 일반원리이지 보편원리가 아니다(Principia generalia, non universalia).

*   여기서 보편성(Allgemeinheit), 특수성(Besonderheit), 개별성(Einzelheit)은 통례를 따른 번역어다. 하지만 엄밀한 의미에서 그렇게 번역해야 하는지는 언제나 의심이다. 예컨대 'Unversalität'를 보편성으로 번역해야 한다면, 그리고 그것이 'Allgemeinheit'와 구별된다면 이미 문제가 있는 번역이며, 각주 16은 이를 잘 보여 준다. 그래서 'Allgemeinheit'를 일반성으로 번역하기도 하는데, 이는 관례화된 번역을 아주 많이 바꿔야 하는 상황에 놓인다. ― 옮긴이

17   Martin, *Ontologie der Selbstbestimmung*, a.a.O., S. 287 ― 원소, 부분집합, 집합.

가 사이에 시민사회라는 형태가 존재한다.[18] "시민사회의 형성은 현대에 속한다"(Hey 33). 행위자의 특수성, 그의 관심과 목적의 특수성은 그의 자유의 불가피한 측면에 속한다.[19] 시민사회를 특징짓는 개별자의 이 특수성의 원리와 이 원리가 보편성과 갖는 (상대이고 불가피한) 통합은 **자유로운 공동체의 필수불가결한 구성요소와 현대성의 원리**를 표현하며, 상이한 방식으로 이 원리를 폐기할 경우 이는 자유의 파괴를 함의할 뿐이다. 헤겔에게 시민사회는 **자유로운 공동체의 필수조건**으로 간주하며, 따라서 그는 그런 시민사회의 비판가로 혹은 현대에 대한 근본적 비판가로 간주할 수 없다. 사정은 그와 반대이다. 그는 현대의 철학을 위한, 자유의 철학을 위한 결정적인 토대를 놓았다.

인륜의 이념의 모든 계기는 형성되고 자립되어야 한다(Hey 33). 여기에는 필연적으로 특수성의 계기도 속한다. 그러한 헤겔의 기획은 또한 시민사회의 내적 위험, 시민사회의 자기위협 그리고 시민사회의 근거로서의 국가에서 시민사회의 합리적 지양 등을 서술하기도 한다. 이미 §124에서 특수성으로부터의 벗어남의 핵심이 드러나는데, 여기서 (루소에서 마르크스에 이르는) 현대적 질서에 대한 몇몇 비판가는 어느 정도, 하지만 제한된 상태에서 타당성을 가진다. 『논리학』에서 보이듯이, 특수성의 원리와 더불어 시작하는 것은 이성추론을 허용하지 않는다. "하지만 특수성의 원리는 대립의 계기이며, 우선 적어도 보편자와 동일하면서 차이가 난다"(§124). B와 A가 따로 등장하여 맞서고 결국 분열된다는 논리적 서술은 §§182~184에서 시민사회가 찢기고 낯선 인륜법의 체계라는 의미로 나타남을 지시한다. 이해관계와 욕구의 전체로서의 구체적 인격은 자기 자신만을 목적으로 가지지만, 다른 특수자들과의 상호관계 속에, 구체적 인격의 공동체에 서 있으며, 따라서 구체적 인격은 동등해야

---

18 특수성을 배제하는 모든 사회모델은 논리적으로 추론되지 않으며 자유의 개념을 충족시키지 않는다.

19 Michelet, *Naturrecht oder Rechtsphilosophie*, a.a.O., Bd. 2, S. 6.

하며, 동시에 그들은 동등하지 않다. 즉 그들은 반성의 보편성과 동등하면서도 차이가 난다. 한편에는 존립 획득이라는 이기적 목적이 서 있고, 다른 한편에는 권리와 안녕이 **만인의** 존립, 권리 그리고 안녕과 결합된 것으로 드러난다. B는 한갓 특수한 자신의 욕구와 경향의 만족을 목표로 하지만, B는 다른 B들을 필요로 하며, 그들은 서로 의존하고, 서로를 필요로 하며, 서로 외적인 필연성으로 엮여 있고, "우연적 필연성으로서의 필요(/곤궁)"(§33, A) 상황에 처해 있다. 이러한 의미에서 헤겔은 시민사회와 연관하여 "전면적 의존의 체계"[20]와 "필요국가"(§183)라는 용어를 사용한다. "외적 국가"(Enz §523)라는 진단은 이기적 목적의 외적 통합과 구체적 인격의 서로 엮임을 산출하는데, 이 통일은 결코 이성적 통일이 아니며, 개념의 통일이 아니다(Gr 473). 오성국가라는 말은 논리적 지위, 전면성, 따라서 **형식적 보편성**인 **오성의 보편성, 오성추론** 내지 **반성추론** 등과 관계가 있으며, 스스로를 오성에 근거짓는 통일과 관계가 있다. 여기서 오성은 보편성을 출현시키는 (결함 있는) 형식이다(Rin 113). "보편자는 실체적 목적이 아니다. 따라서 그것은 인륜법의 영역이 아니다" (Hey 34). 우리는 그것을 **필요국가**라고 말하는데, "왜냐하면 욕구의 안정이 주된 목적이기 때문이다." 그리고 이들 욕구는 '뒤집어'져야 하는 '필요'(긴급, 위기, 곤궁, Not)를 구성하며, 보편적 연관에서만 만족에 이를 수 있다(Wan 112). 시민사회는 **필요국가**로, 필요(/위기) 영역으로 간주하는데, 왜냐하면 각각의 모든 개인이 다른 사람들에 의존하기 때문이다. 그리고 결합은 외적 필연성에 근거해서만 이뤄진다(§183). 이 영역에서 모든 특수자는 자신의 열망과 자유로운 유희를 가진다. 안녕을 의지하는 경향과 악을 의지하는 경향이 여기서 동일한 방식으로 자신의 자리를

---

20 이미 예나 시기에 헤겔은 (시민사회라는 개념을 아직 사용하지 않은 채) 이런 기호를 사용하였다. "생리적 욕구와 노동의 관점에서 본 보편적 상호의존성의 체계." (*Über die wissenschaftlichen Behandlungsarten des Naturrechts, seine Stelle in der praktischen Philosophie und sein Verhältnis zu den positiven Rechtswissenschaften,* TWA 2, S. 482.)

차지하고 있다(Bl 149). "개별자들을 서로 연결하는 인륜적 유대는 공동의 삶을 한갓 내적인, 즉자적인 필연성으로 묶어주는데, 이 필연성은 그들이 알거나 의지하지 않지만 그들의 이기심을 사교성으로 포괄하게 한다."[21] 행위자들은 보이지 않는 손으로 표상되는 맹목적 필연성의 유대를 통해 행위를 공동으로 수행하도록 추동된다.

한편에는 특수성(B)을 포괄적으로, 제약 없이 타당하게 만드는 것이 위치하는데, 이것은 헤겔의 반평등주의적 효과로서가 아니라 자유를 생각함에 있어서 반드시 등장할 수밖에 없는 논리적 귀결로 나타난다. 특수성은 보편적으로 실존할 권리가 있으며, 모든 측면에서 발전하고 스스로를 열망할 권리를 가진다(§340). 인간의 모든 가능성은 스스로 펼쳐질 수 있으며, 출생이나 행운과 같은 우연성도 그렇다(§182, Z). 다른 한편 우리는 의존의 공동체라는 형식으로 존재하는, 한갓된 필연성의 조직이라는 형태로 존재하는 필연적 맥락성(보편성)을 갖는다. 여기에서 드러나는 결과들은 「시민사회」 장에서 본격적으로 다뤄지는데, §185는 이 결과들을 시사한다. 즉 욕구의 한계 없는 만족, 자의와 주관적 임의성 등은 무한한 과정으로, (오성의 요체인) 악무한으로 나아가며, 한정 없음(Masslosigkeit, 무절제함)으로 진행해 간다. 즉 욕망, 자의, 사념 그리고 필요(/곤궁) 등은 한정이 없다(Hey 35).[22] 시민사회는 **스스로에 의해서는** 어떤 합리적 척도도 정의할 수 없고, 여러 측면에서 한정 없음(무절제)을 경험한다. 시민사회는 '무규정성의 고통'이라는 형태로 현상한다. 이를 잘 보여 주는 지표는 안정성과 자기치유라는 편재하는 신화를 동반하고 있는 산업 시장질서의 항구적 불안정성과 위기성에서 제시될 수 있다. 한정 없음의 본래 조건은 **특수성**에 귀속되는데, 이 특수성은 플라톤에 의해 배제되었지만, 현대를 각인하는 원리이다.[23] "특수성은 한정이

---

21 Michelet, *Naturrecht oder Rechtsphilosophie*, a. a. O., S. 3.
22 '척도 없음'에 대한 헤겔의 이해방식에 대해서는 다음을 보라. Antonio Moretto, Die Hegelsche Auffassung des Masses, in: Koch/Schick, *Wissenschaft der Logik*, S. 91ff.
23 플라톤은 "특수성의 원리를 배제하고 주관적 특수자가 추방되는 국가를 구상했

없으며, 자기 안에 절대적 규정을 갖지 않는다. 왜냐하면 그것은 자기에게 유효하기 때문이다[즉 그것이 바로 특수성이라는 말이기 때문이다]. 자연적인 것, 욕망, 그리고 착상이나 사념에 내재한 자의 등, 언제나 마음대로 돌아다닌 것들이 동등한 무게로 등장한다"(Gr 475f.). 특수한 인격체의 욕구의 만족은 전면적 의존과 자의 체계에서 우연히 이뤄지며, 개인은 이 만족을 숨겨진, 비밀스러운 힘으로, 보이지 않는 손의 운명이나 작용으로, 거대한 룰렛 게임으로, 행운이나 운명적 뽑기 형태의 로또로 생각한다.[24] 시민사회의 이러한 필연성에서 아주 다양한 방식으로 욕구 만족의 우연성이 표현되며, 이 만족은 성공할 수도 좌절할 수도 있고, 특수자는 보편자와 일치할 수 있고 또 동시에 다를 수 있다. "저런 필연성의 도정은 이 도정을 작동시키는 특수성을 동시에 포기하기도 하며, **개별자들**의 만족의 안정이라는 확고한 **목적**을 독자적으로 간직하지 않는다. 오히려 그 도정은 그런 안정의 관점에서 적합할 수도 그렇지 않을 수도 있다"(Enz §533). 전체성이라는 가상은 귀납추론과 유비추론의 결합에서 나타난다. 사념적인 자유는 결국 그런 운명론에서, 외적 필연성에 대한 믿음에서 귀결되었으며, 따라서 시민사회는 '필연성의 기계론', 수학적으로 계산 가능한 메커니즘, 집합체, 그리고 **외적** 관계 등 이러한 특징을 가진다.[25] 욕구 체계의 이런 기계적 필연성, 이런 맹목적 필연성(Enz §532)과 더불어 아주 다양한 방식의 만족의 우연성이 현존하며, 바퀴의 개별 부분과 전체 바퀴는 무질서로 빠지게 되고, 따라서 욕구의 실현을 방해하게 된다. 헤겔에 따르면, 경제위기의 항구적 가능성은 이 기계장치의 본질적 특징에 속한다.[26]

다"(Gr 478).

24 시장은 "보이지 않는 손으로 사람들에게 행운과 불운을 배분하며, 제국을 세우기도 파괴하기도 하며, 민족을 만들기도 사라지게 하기도 한다"(Karl Marx/ Friedrich Engels, *Die Deutsche Ideologie*, MEW 3, 35).

25 목적론에 대한 헤겔의 사상에 대해서는 다음을 보라. Pierini, *Theorie der Freiheit*, a.a.O.

26 조지프 스티글리츠(Joseph Stiglitz)(*Im freien Fall*, a.a.O.)와 누리엘 루비니

시민사회는 '특수성이 자유롭게 됨'을 포함하며, "개인이 사적 이익을 두고 만인에 대한 만인의 투쟁을 벌이는 장"(§289)으로 현상하며, '방종과 비참함'(§185)의 무대로, 구체적 인격체가 자립화되는 영역으로, '인륜성의 소외'(Bl 149)로, 그리고 마침내 이런 찢겨짐의 **부분적** 극복으로 현상한다. **현대적 도시**는 특수성의 원리가 아무런 방해 없이 활동하는 이 통일체(시민사회)를 정치적으로 구성한 원초적 형태인데, 이 도시는 긍정적 측면과 부정적 측면을 지닌 자유로운 사적 개인의 동아리로 간주된다. 이 도시는 자유인의 통일체로서 **정치적 자유의 가능조건**, 도시문화의 가능조건을 표현하며, 동시에 **극악한 주거환경**으로 나아간다(Rin 114). "무한히 부유한 런던이라는 이 도시에서 궁핍, 비참함, 빈곤 등은 우리가 결코 상상할 수도 없을 만큼 끔찍하게 크다"(Gr 494).[27]

보편자는 원자적 특수자의 목적을 위한 한갓 수단으로 전락한다. 하지만 원자적 특수자는 자신의 지식과 행동을 보편적 방식으로 규정할 경우, 따라서 스스로를 연관의 사슬의 한 지절로 만들 때에만 자신의 목적에 도달할 수 있다. 시민사회는 개별자의 특수한 복지를 위한 필연적 수단으로서만 현상하며, 연합체는 오직 개별자의 안녕을 자신의 목적의 특수한 내용을 갖는다. 이런 불가피성을 논리적 시각에서 살펴보자. "특수자는 여기서 목적이며, 보편자는 수단일 뿐이다. 보편성의 형식은 그 자체로 추구되지 않는다. 합리적 인식에서는 보편자가 목적이고 특수자는 수단일 뿐이다"(Bl 151). **성공적인 인륜적 동일성**에서 공동체는 더 이상 단순한 수단이 아니라 목적이다. 따라서 B와 A의 분리는 성공적인 인륜적 동일성으로 진입할 수 없다. 구체적 인격체들은 **형식적 자유**를 향해

<hr />

(Nouriel Roubini)/스티븐 밈(Stephen Mihm)(*Das Ende der Weltwirtschaft*, a. a.O.) 의 최근 작업에서 2008년 위기와 거대한 세계경제 위기의 배경을 설득력 있게 보여 준다.

27 Andreas Wirsching, Das englische Armenrecht vor 1834, *Politik und Geschichte*, a. a. O., S. 23~28; John Riddoch Poynter, *Society and Pauperism. Englisch Ideas on Poor Relief*, 1795-1834, London 1969.

서만, **지식과 의지의 형식적 보편성**을 향해서만 고양될 수 있으며, 반성과 오성의 의미에서 자신을 형성할 수 있다(§187). 다시 도야(형성, 문화)의 핵심의미가 출현하며, 시민사회의 이 영역에서 이념의 목적은 이렇듯 도야에 그 본질이 있다(Hey 37). 여기서 도야의 무시할 수 없는 두 계기의 구분은 중요하게 남아 있다. 그 계기 중 하나는 시민사회에 대한 오성성의 형태로 나타나며, 다른 하나는 이성성의 형태, 즉 사상의 형태로, "이념의 실존을 위한 가치 있는 요소가 되는 형식으로 나타난다"(§187).[28] 개별성의 특수성은 보편성으로 고양되어 형성되며, 도야(/형성, 문화)는 "특수자가 보편성의 형식으로 변화된다"(Bl 148)는 의미에서, 그리고 임의적인 것의 자의와는 반대로 주관적 의지가 객체(객관)성을 요구한다는 의미에서 해방이다. 즉 도야에서 '특수자는 보편성의 형식'(§186)을 함유한다. "주체성이 자신의 특수성 속에서 분절된다는 것"은 이 주체성이 "보편적 규정의 형식을 함유한다"는 사실을 함축한다(Hey 36f.). 여기서 중요한 것은 원리 B의 객관적 규정성이며, 개인의 활동을 통해 주체성은 객체성으로 번역된다(Bl 152). 시민사회 단계는 더 나아가 "도야의 단계"로 표시되는데(Bl 148), 도야는 무한한 가치를 얻으며, 도야는 자신의 "절대적 규정"에서 볼 때 자유를 향한 유일한 길이며, 단적으로 "해방"(§187)이다. 이미 로젠크란츠는 자신의 헤겔 전기에서 이 중요한 사실을 인식하고 있었으며, 시민사회를 "오성의 도야"라는 말로 함축적으로 표현했다.[29] 도야만이 인륜법으로 나아가는 다리를 구축할 수 있으며, 인륜법으로의 이행을 수행할 수 있다. 도야는 "보다 높은 해방을 위한 노동"으로서, 보편적으로 이뤄지는 노동으로서 ── 지식(/앎)은 이념에 적합한 형식으로 간주한다 ── 참된 인륜성으로 나아가는 "절대적 통과지점"으로 이해된다(§187). 구체적 인격체의 도야는 자유를 향한 도정의 근본적 심급을 서술하며, **도야된, 그리고 이를 통해서 비로소 자기규정적**

---

28 여기에서 다시 형식적 도야와 심오한 정신적 도야 사이의 구분이 나타난다(Bl 158).
29 Rosenkranz, *Georg Wilhelm Friedrich Hegels Leben*, a. a. O., S. 331.

으로 된 자유로운 시민만이 자유로운 공동체의 설립을 보증할 수 있다. 주관적 자유는 지식, 객체성 그리고 도야 위에서만 설 수 있으며, 바로 여기에 헌법의 현실이 놓여 있다(§274). 다음의 문장은 헤겔이 자유로운 현대사회라는 사상이 근본 토대로서 도야를 특별히 중요하게 여겼음을 보여 주는 증거이다. 즉 도야는 "절대자의 내적 계기"로 드러나며 "무한한 가치"를 가진다(§187). "도야(/교육, 형성)철학에 대한 헤겔의 입론은 기록되지 않은 가장 위대한 환상적인 철학책 중 하나이다."[30] 현대 시민사회는 이렇듯 **시장공동체, 복지공동체**일 뿐 아니라 또한 **도야(/교육, 형성)공동체**이기도 하다.

4. 시민사회의 세 단계

다음에 나오는 논리적 토대의 단순한 근본 구조는 『법철학』과 『논리학』을 병렬적으로 연구하여 정교화한 것이다.

1. 욕구 체계	반성추리 B−E−A[31]
	a) 전체성 추론
	b) 귀납추론
	c) 유비추론
2. 법, 사법	정언추리
3. 경찰행정과 조합	가언추리와 선언추리

---

30 Knowles, *Hegel and the Philosophy of Right*, a.a.O., S. 265. 헤겔의 도야(교육, 형성, 문화) 개념에 대해서는 다음도 참조하라. *Einführung in die Theorie der Bildung*, hg. v. Andreas Dörpinghaus, Andreas Pönitsch, Lothar Wigger(헤겔을 다룬 장, S. 81~93), Darmstadt 2006.

31 WdL 6, 391.

법철학—시민사회의 세 계기(§188)

A   욕구 체계
　　욕구의 매개, 그리고 자신의 노동을 통한 그리고 노동과 다른 모
　　든 사람의 욕구의 만족을 통한 개별자의 만족

B   사법
　　자유라는 보편자의 현실과 소유의 보호

C   경찰행정과 조합
　　저 체계로 후퇴해 있는 우연성에 대한 대비 및 특수한 이익을
　　공동의 이익으로 돌봄

반넨만(Wannenmann 노트 117)

1)   국가경제
　　욕구의 매개 및 만인의 욕구 체계에서 욕구의 만족

2)   법(/권리)체제
　　소유의 보호

3)   경찰행정
　　개별자의 안녕과 법의 현존을 위한 보편적 대비

4.1 시민사회의 첫 단계: 욕구 체계—산업적 시장사회

> 돈, 그것은 내가 원하는 것!
> 너는 나에게 네 돈을 결코 주지 않지!
> (Money That's What I Want
> You Never Give Me Your Money)

A) 논리적 토대로서의 반성추리

첫 단계에서 특수성에서 출발하는 오성추론은 생산과 소비의 사회, 즉
이 외면성 사회의 논리적 장치, 말하자면 이 필요국가와 오성국가의 논
리적 장치를 형성한다. 즉 B—E—A의 관계로 표현한다. 질적 추리의 추

400

상적 규정은 추리가 수행되는 가운데 지양되며, 모든 규정성은 결국 "진실로 그 자체 개별자로서가 아니라 타자와의 관계로서, **구체적** 규정성으로 정립된다"(WdL 6, 380). 말하자면 가족으로부터 벗어나 구체적 인격체(사적 인격, 부르주아)가 등장하며, 이들은 시민사회의 출발점을 형성한다. 이전에 추상적 특수성이 대자적인 단순한 규정성으로서 중심을 형성했다면, 이제 "규정의 총체성"은 극단의 정립된 통일, 즉 개별자의 총합(총체성)으로 정립된 통일로 나타난다. 이 총체성은 다시 반성의 통일로서 직접성의 첫 번째 지양만을, 규정의 첫 번째 관계만을 표현하긴 하지만, 아직 개념의 절대적 동일성을 표현하는 것은 아니다(WdL 6, 380). 따라서 그러한 추론(결론, 혹은 결합)에서는 충분한 자기규정에 이를 수 없다. 욕구에 근거해서 맺어지는 구체적 인격체의 관계는 매개된 관계, 필연적인 관계로 묘사할 수 있고, 아직 완전히 자기규정적인 (즉 자유로운) 관계로 묘사할 수는 없다. 여기서 자유의 가상이 생겨난다(가상의 추론). 반성추론의 극단은 반성판단의 규정이다. 원래 개별성과 보편성은 관계규정으로서 다양성을 자기 안에서 포섭하는 반성의 규정이다. 극단의 이 규정성은 판단규정에 종속되며(WdL 6, 380f.), 이 규정들로부터 중심의 내용이 따라 나온다. 이 추론의 독특함은 중심을 점차 상승하며 규정한다는 사실에 있다. 1) 중심은 직접적인, 추상적인 개별성을 함의한다(전체성). 2) 중심은 보편성으로 확대된, 매개된 개별성이다. ― '모든 것'(만인)(귀납, 유비). 3) 중심에서 개별성은 특정한 보편성으로, 유로 존재한다(이행의 형식). 반성(오성)추론에서 보편성, 특수성, 개별성은 결핍된 형식으로 즉 **반성의 보편성, 반성의 특수성, 반성의 개별성**으로 고착되며, 이것은 반성추론의 결과 지양된다.

헤겔은 오성추론의 두 모습을 분명히 한다. 그에 따르면 오성추론 덕분에 중심은 비로소 규정의 (즉 구체적 특수성의) 총체성으로 정립되면서 동시에 전체성 추론(완전성으로 나타나는 오성추론)을 "추리의 공허한 가상"(WdL 6, 382)으로 표시한다. 물론 이때 그는 반성의 완전성이 그 전체성 추론을 "한갓 환상"(WdL 6, 382)으로 만든다는 사실을 인정한다. 반성

추론의 세 단계는 다음과 같이 구별할 수 있다.

a) 전체성 추론—바르바라(Barbara) 양태*

전체성 추론은 (첫 번째 형태인 E−B−A의 구도 아래) 완전한 오성추론으로 간주한다. 오성의 공동체인 시민사회(오성국가)에서 추상적 특수성(추상적 인격체)이 아니라 **구체적 특수성**이 **구체적** 인격체로서 중심을 표현한다(E−B−A). 구체적 인격체의 전체성을 통해 대자적으로 존립하는 개별자들은 비록 동등한 자들로 규정하지만, 이 **전체성 추론**에서는 오직 외적으로만 서로 결합된다(외적 국가). 여기에 귀속된 자는 욕구의 담지자(즉 생산자와 소비자)로 존재하며, 바로 이런 의미에서 그들은 그들 사이에 동등하지 않은 자로 현상한다. 우리는 여기서 원래적인 의미의 **특수성의 왕국**을 보게 되는데, 이 왕국은 우연한 특수성과 외적 필연성이라는 원리에 의해 각인되어 있으며, **자연적 욕구와 자의에 의해 매개된 체계**(Enz §529)로 성장해 간다. 본질적으로 "욕구의 매개와 특수한 개별자의 만족은 자신의 특수한 노동을 통해, 그리고 이와 더불어 다른 모든 구체적 인격체의 특수한 욕구의 만족을 통해"(§188) 존재한다. 따라서 특수성을 사유할 가능성 및 이 특수성이 변화하면서 보편성과 맺게 될 관계의 가능성이 개시된다. 욕구 체계는 특수성의 규정에 대한 지금까지의 단계 과정을 모두 다시 포괄한다는 특징을 갖는다. 말하자면 시민사회에서 나타나는 욕구의 체계는 특히 §§6, 11, 12, 19 그리고 §§121, 123, 124, 185 등을 모두 포괄한다.[32] §6과 §189는 특수성을 '의지 일반의 보편성에 대립하여 규정된 것'으로 주제화하여 다루고 있으며, §11과

---

* '바르바라 양태'(Modus Barbara)는 전칭긍정판단으로 이뤄진 삼단논법을 일컫는 별칭이다. 이 논법에서 두 전제가 전칭(all)으로 이뤄졌고, 결론도 전칭으로 이뤄져 결국 세 번의 전칭판단이 등장하게 되는데, 이 논법을 세 번의 'a'가 등장하는 'Barbara'라는 별칭으로 불리게 되었다. 예) **모든** 그리스 거주자는 인간이다. / **모든** 인간은 죽는다. // 그러므로 **모든** 그리스 거주자는 죽는다. ──옮긴이

32 §189는 §6 대신 §60으로 잘못 표기하고 있다.

§12는 특수한 충동, 욕망 그리고 경향 등의 내용 체계를 주제로 다루며, §19는 '특수한 의지규정의 합리적 체계', 즉 행복(특수한 안녕)을 욕구의 만족 전체로 간주하여 주제화한다. 그리고 §123은 특수성을 '자연적 주관적 현존재'로 다룬다. 이제 특수성은 주관적인 (더 이상 직접적이지 않고 반성된) 욕구로 간주하는데, 이 주관적 욕구는 자신의 객체성(특수한 만족)을 a) 타자에 의해 만들어진, 그리고 타자의 소유 속에서 발견되는 외적인 것들을 통해, 그리고 b) 특수한 활동과 노동을 통해 획득한다. 목적은 주관적 특수성의 만족이다(§189).

헤겔은 현존재 추론의 규정성의 직접성(가족에서의 구성원)의 **첫 번째** 부정을 식별해 낼 수 있는데, 왜냐하면 이 전체성은 아직 개념의 보편성이 아니라 반성의 단지 외적인, 직접적 보편성만을 서술하기 때문이다(WdL 6, 381). 중심에 대한 이러한 규정에 따르면 추론의 반성완전성은 '한갓 환상'으로 현상한다. 진정한 공동체성, 자유로운 결합에는 이르지 못하며, **욕구 체계에의 참여가 모든 참여자 각자의 욕구의 만족을 반드시 보장하는 것은 아니다.** 권리와 자유는 아직 충분하게 획득되지 않는다. 이것이 바로 헤겔이 욕구 체계를 다루는 다음의 문단에서 (그리고 「경찰행정」을 다루는 장에서) 인상적으로 제시한 사실이다. 중간이라는 술어는 **모두**(모든 것)라는 규정을 가지며, "모두(모든 것)는 전체 개별자들이다. 따라서 여기에서 개별 주체는 저 술어를 이미 직접적으로 간직하고 있으며, **이 술어를 추론을 통해서야 비로소 간직하는 것은 아니다**"(WdL 6, 383). 우리는 지금 결론이 전제에 이미 포함되어 있는 순환추리('가상추리')를 다루고 있다. 대전제는 자신의 결론 문장을 전제한다. "전체성 추론은 그 중심이 **완전한** 개별자 자체인 귀납에 의존한다"(Enz §190).

b) 귀납추론, 경험추론(A–E–B)

귀납추론은 전체성 추론의 함축적 전제를 명료하게 하며, 개별자의 전체성은 중심으로 옮아가며, 특수자의 보편자에서의 통합은 개별자 위에서 매개된다는 사실을 보여 준다.[33] 그런데 완벽하다고 생각되는 이 전체성은 지금까지 경험된 개별자의 형식 속에서 이들 개별자의 합으로 구성된다. 귀납추론과 더불어 우리는 상대성 영역에 도달하는데, 이 귀납은 "인간 사이에서 권리와 의무로 간주되는 것들의 무한한 다양성에 대한 회의적 (또한 흄적인) 귀납"이다(Enz §53). 데리다는 이러한 사실을 '규칙의 시대'(Epoche der Regel)라는 주제로 잘 보여 준다. 자유로운 행위는 규칙의 적용, 프로그램의 전개, 계산의 실행 등에 맞춰서 이행되어야 하기 때문에, '판단자'(재판관)에게는 결정을 단순한 규정에 의거할 것인지, 아니면 보편적 법칙에 의거할 것인지 균열이 생긴다. 그는 자신의 판단과 더불어 완벽한 귀납의 원리를 만족시켜야 한다고 말할 수 있지만, 그것은 이미 알려져 있듯이 불가능하다. 그는 "규칙 아래 서 있어야 하면서 동시에 규칙이 없어도 지장이 없고, 법칙을 보유하면서 동시에 파괴하지 않을 수 없다."[34] 우리는 지금 안티노미에서, 회의적 이소스테니아에서, 그리고 여기에서 귀결하는 시대에서 자신의 최고 단계를 가지는, 헤겔의 말로 하자면, 오성의 왕국에 거한다. 데리다는 판단자(재판관)라는 이 형상에서 표현하지는 않았지만 데이비드 흄의 생각을 따라가고 있다. 한편으로 판단하는 자는 (과거의 것과 주어진 것, 그리고 지금까지의 것 등을 대표하는 것으로서의) 우선적인 것들, 즉 경험론의 원리와 법칙 메커니즘의 원리를 찾기 위한 계산기나 검색기로 기능하며, 다른 한편 판단하는 자는 피론적 회의주의자로서 미래에 대한 추리의 금지(따라서 완전성의 결여)와 포섭의 한계로 인해 결정을 우선 유보하며, 결정되지 않은 상태로 머물러 있고, 어떤 규칙도 없이 즉흥적으로 결정을 내리거나 주사위놀이를 할 뿐이다(Hume). 하지만 여기서 중요한 것은 원리상의 역설이 아니다. 하지만 현대의 피론주의자인 데리다는 그런 역설을 시사하는데, 이때 그는 법률적 재판관도 헌법을 귀납적이고 기계적이지만은 않은 것으로 심화해야 한다는 사실을 망각한다.[35] "법률은 스스로

---

33 Martin, *Ontologie der Selbstbestimmung*, a.a.O., S. 299.
34 Derrida, *Gesetzeskraft*, a.a.O., S. 47f.

말하는 것이 아니라 재판관을 통해서 말한다. 그리고 재판관의 입은 나팔과 같은 기관이 아니다. 그것은 재판관의 양심이며, 통찰이자 그의 공정성이다"(Kiel 211f.).

여기서 오성의 역설의 극복 가능성에 대한 질문을 제기하며, 귀납추론의 지양 문제가 제기된다. 핵심적 문제는 개별자를 직접적인 자로, 파편적인 특수한 자로 규정한다는 데 있다.[36] 그러나 보편성은 개별성에 '면하여' 존재하는 것으로 생각되어야 한다. "귀납추론의 진리는 따라서 개별성을 중심으로 가지는 추론이며, 직접적 즉자적으로 그 자체 보편성인 추론이다. 그것은 **유비추론**이다"(WdL 6, 387). 이 통찰은 항구적 **당위**로 남는다. 그것은 **평등**에 대한 통찰이며, 개별자들은 동등하면서 동등하지 않아야 한다(WdL 6, 386). 무한한 과정의 형태에 내재한 결핍은 유비추론으로 나아간다.

c) 유비추론 E–A–B

한 유에 속한 사물에 특정한 속성이 귀속될 경우 동일한 유의 다른 사물에도 동일한 속성이 귀속된다(Enz §190, Z). 지금 다뤄지는 것은 보편적 본성에 따라서 본 개별자들이다. 이 개별자들은 그들 개별성에 본질적인 유의 대표자들이며, 따라서 자기관계 속에 서 있다.[37] 이 추론은 보편성의 지위를 어떻게 볼 것인가에서 문제가 발생한다. 즉 "하나의 주체가 다른 주체와 동일한 규정성을 가진다면, 이 다른 주체에게도 개시된 규정성이 앞의 저 주체에게 부여될 텐데, 그것이 자신의 **본성** 때문에 부여된 것인지, 아니면 자신의 **특수성** 때문에 부여된 것인지의 문제는 정해져 있지 않다"(WdL 6, 389). 따라서 유비추론은 타당할 수도 그렇지 않을 수도 있다.

---

35 Derrida, *Gesetzeskraft*, a.a.O., S. 47f.

36 마르틴에 따르면 경험론적 유명론은 극복되어야 한다. Martin, *Ontologie der Selbstbestimmung*, a.a.O., S. 330.

37 Ebd., S. 301f.

욕구 체계, 즉 시민사회의 첫 번째 단계의 논리적인 근본 구조는 다음
과 같이 간단하게 요약할 수 있다.

I. **전체성 추론: E−B−A**

모든 개별 인격체는 시민사회에 속한 자들이고, 욕구 체계에서
자신의 욕구를 만족시킬 수 있다.

E는 B이다(개별자는 특수자이다).

옥타비아 파벨라는 모든 다른 사람과 마찬가지로 활동을 통해
자신의 특수한 욕구의 만족에 도달하는 특수한 구체적 인격체이다.

결론: E(여기서는 옥타비아)는 A이다(개별자는 보편자이다).

II. **귀납추론: B−E−A**

B−E−A

E

E   모든 B는 A다.

플루토 라이히(Pluto Reich), 스크루지 맥덕(Scrooge McDuck),
글로리아 리케차(Gloria Ricchezza) 그리고 모든 다른 사람들도 욕
구 체계로 통합되며, 자신의 욕구를 만족시킬 수 있다. 이 체계에
속한 모든 사람은 동등한 권리를 가진 시민사회의 구성원들이다.
따라서 모든 개별자는 (자신의 특수한 개별성을 고려하지 않고서),
따라서 옥타비아 파벨라도 동등한 권리를 가진 참여자이다. 하
지만 개별성과 공동체의 통일은 '항구적 당위'(WdL 6, 386)로 남으
며, 여기에 개별자들이 보편자와 동일하면서도 동일하지 않을 가
능성이 성립한다. 결론은 따라서 문제 있는 상황으로, 즉 이율배
반적으로 남는다. 동등한 권리를 가진 구성원이라는 말은 여기서

완결된 말이 아니라 열린 말이며, 따라서 문제의 소지가 있다. 그 말은 성공일 수도, 실패일 수도 있다(포섭 혹은 배제).

III. 유비추론 E−A−B

모든 개별적 특수 인격체, 모든 개별자(Pluto Reich, Scrooge McDuck)는 그들의 유인 시민사회에서 (시민사회는 모든 이 인격체가 이 연합체의 구성원인 한에서 동등한 자들의 결합이다) 자신의 특수한 욕구를 만족시킬 수 있다.[38] 또 다른 개별 인격체(옥타비아 파벨라)도 이 유에 속해 있다. 따라서 그녀 역시 자신의 욕구를 적절하게 만족시킬 수 있다. 하지만 개별성의 관점에서 동등한 구체적 인격체는 자연적 인격체로서는 동등하지 않으며, 따라서 만족은 쉽지 않으며 안전하게 확보되어 있지 않다.

B) 특수성과 욕구 체계

시민사회의 첫 단계는 '가족의 인륜적 통일의 분리', '구체적 인격체 형태로 나타나는 특수성을 유효한 것으로 만듦', '직접적 통일을 특수자의 원자적 다양성으로 찢고 분쇄함' 등을 내용으로 간직한다. 구체적 인격체는 그런 원자론의 체계에서 "자신의 독특한 특수성과 자신의 대자 존재를 자신의 의식 속에, 그리고 자신의 목적으로 만든다"(Enz §523). 하지만 **자립적 특수성**의 이런 논리적 출발점과 더불어 ─ 이에 대해 이미 말했다 ─ 논리적으로 우연적인 삼위일체가 결코 발생할 수 없다. 개별성 및 보편성과 마찬가지로 특수성도 오성의 양태(즉 반성의 특수성, 반성의 개별성, 반성의 보편성)에서 움직이며, 그 결과로 이 욕구 체계가 상대성 영역에(§209), 파편성의 체계에 체현되고 있다는 사실이 드러난다. 서술된 논리적 결함은 시민사회의 '인륜적' 결함을 함축한다.

첫 번째 명제가 결론 명제를 이미 전제하고 있기 때문에 전체성의 반

---

38 우리는 모든 행성에서 같은 운동법칙을 발견한다. 따라서 새로 발견한 행성은 동일한 법칙에 따라 움직일 것이다. ─Enz §190.

성추론은 논리적으로 일관적이지 않으며, 추론이라는 외적인 공허한 가상으로서만 등장한다. 즉 시민사회는 욕구담지자들(생산자와 소비자)의 현상적 결합으로만 드러난다. 중심인 구체적 인격체는 보편자를 자기에게 외적으로 접해 있는 것으로(물건이나 외부 사물로 — 즉 생산되고 소비되는 상품으로 매개된다)만 가지며, 산출된 것은 불균등하게 분배되고, 인격체는 자신의 보편성과의, 자기 자신과의 추론된, 사유된 관계를 갖지 않는다(WdL 6, 384). 이렇듯 처음에 평등이라는 환상은 시민사회에의 참여와 관련하여 생겨나며, **참여의 평등** 속에는 **구체적 인격체의 불평등**이 숨겨져 있다.

가족의 통일은 구체적 인격체의 다양성으로 흩어졌고, 인륜적인 것은 인스턴트화되었다. 욕구 체계는 특수화(/분리)의 영역을 의미하기 때문에* 시민사회 개념의 전개의 출발점으로서 가능하며, 우리는 그 출발점에서 구체적인 특수한 인격체의 연합, **자의의 우글거림** 등을 발견하며, 따라서 가족에서 이미 인륜적으로 도달한 것들은 그 힘을 상실하고, 따라서 우선 인륜성의 상실이 나타난다.

§190에 나타난 의지주체에 대한 규정과 그의 행위 유형에 대한 단계 구분은 이 문제를 분명히 하는 데 도움을 준다.

A) **추상법(/추상적 권리)**

법(/권리) — 인격체   법적(/권리에 따른) 활동성

B) **도덕법**

도덕적 주체   도덕적 행위

---

* '특수화'로 번역한 독일어 'Besonderung'은 'sondern', 즉 '분리하다', '떼어내다'의 의미를 포함한다. 특수화된다는 것은 보편성에서 떨어진다는 것을 의미한다. 시민사회의 개별자는 즉자적으로는 보편자(시민사회)에 속해 있지만 철저하게 개인으로만 행동하며, 그런 점에서 보편자에서 떨어져 나온 특수자이다. — 옮긴이

C)   인륜법

가족 — 가족구성원	가족적(/친근한) 행위
시민사회 — 사적 인격체, 부르주아	특수자의 행위
국가 — 시민(Bürger), 시토앵	정치적 행위

우리는 지금 막 도달한 욕구 체계의 수준에서 의지주체의 문제와 관련하여 **표상**의 구체적 인간(Mensch, §190)과 관계하고 있는데, 이때 이 인간은 **표상** 단계에 있지, **개념** 단계에 있는 인간이 아니다. 여기서 우리는 헤겔의 정확한 용어 사용에 주목해야 한다. 자연적 의지가 출현하는 한, 즉 특수자의 안녕(/복리)의 문제가 제기되는 한 여기서는 특수자로서의 주체가 중요하게 다뤄진다(「도덕법」을 다시 참조, §123).

C) 국민경제와 규제되는 시장질서 — 보이지 않는 손의 한계

애덤 스미스(Adam Smith)에 의해 시작된 국민경제의 중심에 호모 이코노미쿠스, 즉 이 영역에 고유한 노동이라는 문제가 놓여 있다(§251). 개인은 **의도적으로** 활동과 노동의 특수 영역 및 그 안에 내재한 자신의 특수한 삶의 형식과 특수한 행복의 셈법을 선택하며, 이를 통해 자신의 주관적 목적을 실현한다. 이와 더불어 모든 특수자는 다른 특수자들과 만인에 대한 만인의 투쟁으로도 상승할 수 있는 경쟁관계에 놓인다. 그런 투쟁은 만족을 모르는, 지속적인, 보편적으로 확산된 욕망과 이기심의 표현으로서 물건과 소유를 독자적으로 획득하려는 움직임 속에서 나타난다. 막스 베버(Max Weber)는 '가장 비인격적 공동체'로서의 시장질서를 바로 이런 의미로 말한다. "시장공동체 그 자체는 사람들이 서로 진입해 들어갈 수 있는 가장 비인격적인 실천적 삶의 관계이다. (……) 시장이 자신의 고유한 법칙에 내맡겨질 경우, 이 시장은 사물의 면모만을 알지, 인격체, 형제애, 경건함의 의무 등의 면모를 결코 알지 못하며, 순수한, 혹은 인격적 공동체에 의해 이끌리는 인간적 관계의 면모를 결코 알지 못한다."[39] 시장만이 유일하게 유효하다고 한다면 그것은 ── 흄이 말했듯이 ── 모든 공동체에 대해 직접적으로 파괴적일 것이다. 자기사랑(이기심)이 자유롭게 활동하게 둔다면 그것은 모든 불공정과 폭력의 원천이다.[40] 그럼에도 불구하고 주관적 특수성을 만족시키려는 목표는 처음부터 타자의 만족과의 관계에 서 있으며, 따라서 보편적 맥락 안에 서 있다. '자의의 우글거림'은 **보편적인**, 즉 인격체에 공통으로 부여되는 규정을 함께 간직하고 있다. 국민경제는 **오성, 추상**의 이런 연관을 학문적 형식으로 가져온다. 국민경제학자들, 특히 애덤 스미스, 제임스 스튜어트(James Stewart), 장 바티스트 세(Jean Baptiste Say) 그리고 데이비드 리카도(David Ricardo) 등은 이런 상황을 드러내는 데 특별한 공헌을 한다.[41] 헤겔의 서술은 이러한 인식에 의지하고 있으며, ── 이러한 법칙적 지식과 더불어 (메커니즘에서 법칙으로의 이행에 상응하여)[42] 자본과 시장의 원리로 각인된 국민경제는 "무한한 수의 개별성으로 이뤄진 (……) **사상**이 어떻게 (……) 사물의 단순한 원리, 즉 사물 안에서 작동하고 이들 사물을 제어하는 **지성**을 추출해 내는지"(§189)를 보여 준다. 헤겔은 특별히 애덤 스미스에서 욕구 체계의 본질적 규정요소가 전개되고 있음을 본다. 즉 노동의 산업적 분업, 행위자의 전면적 의존, 추상적 활동 혹은 **노동의 추상적 보편성**을 국부의 토대로 인정, 그리고 **기계론적** 패러다임 등에 대한 서술은 이를 보여 준다. 경험적 분석과 법칙에 대한 지식에 의존하는 정치경제학의 이 체계에서 중요한 것은 "무한한 얽힘 속에서

---

39 Max Weber, *Wirtschaft und Gesellschaft*, S. 382f.

40 Hume, *Ein Traktat über die menschliche Natur* (III), a.a.O., S. 222f.

41 이에 대해서는 다음의 책들을 참고하라. Manfred Riedel, Die Rezeption der Nationalökonomie, *Studien zu Hegels Rechtsphilosophie*, Frankfurt 1969; Waszek, *The Scottish Enlightenment and Hegel's Account of Civil Society*, a.a.O.; Erzsebet Rozsa, *Hegels Konzeption praktischer Individualität*, Paderborn, 2007, 특히 〈*Das Prinzip Besonderheit in Hegels Wirtschaftphilosophie*〉 부분, S. 182~213; Steffen Schmidt, *Hegels System der Sittlichkeit*, Berlin 2007.

42 헤겔의 『논리학』에서 메커니즘(기계론)에서 법칙으로의 이행을 참고하라.

하나의 필연성에 복종하는" 구조에 대한 분석이며, "생리적 욕구와 노동의 관점에서 본 보편적 상호의존 체계"이다.[43]

스미스에 따르면 비밀스러운 힘인 보이지 않는 손은 시장의 기능을 보증한다. 이에 따르면 우리는 "개별적인 경제행위자들의 이기적인 그리고 종종 서로 충돌하는 이해관계를 안정적이고 자기규제적인 경제체계로 함께 만들어가는" 과정을 가지고 있다. "무수한 개별적 결정으로 이뤄진 혼란으로부터 질서가 생긴다."[44] 스티글리츠와 루비니에 따르면 이로부터 시장근본주의자들이 성장했으며, 스스로를 균형 있게 유지하고 치유하는 효과적인 시장이라는 신화가 생겨났다. 즉 "자유시장은 스스로 경제적 번영과 경제성장을 산출한다는 확신", 혹은 "시장은 스스로 제어되며, 시장참여자의 이기적 태도가 시장의 기능 활성을 보증한다는 확신"이 그것이다.[45] 헤겔의 해명에는 이미 스미스에 대한 분명한 비판이 내재해 있다. 따라서 헤겔은 '시장낙관주의'를 처음으로 비판한 사람 중의 하나로 간주할 수 있다. 그는 시장을 현대 경제의 토대로 존중하지만, 시장에서 자기규제의 구조를 결코 보지 않으며, 반대로 시장은 자의와 우연의 영역이고, 한갓 오성이 지배하는 공간이며, (국가를 통한) 이성적인 통제 형태를 필요로 하지, 자신의 힘으로는 올바로 기능할 수 없는 그런 연관을 표현한다.[46] 헤겔은 시장질서가 위기에 취약한 톱니바퀴 장치라고 하면서 그 이유를 설명했다. 이 구조는 **현상**의 형식으로서 그 근거와 멈춤을 자기 안에 갖지 않으며, 이것을 타자 속에서만 가질 수 있다 (Enz § 131 Z). 루비니에 따르면 "자본주의가 마찰 없이 움직여 가는 자기조절적 조직과는 전혀 다르다는 것이 분명하다. 반대로 그것은 극단적으로 불안정한 체계이다."[47] 특히 지난 수십 년간 퍼진 시장의 안정성과

---

43 Hegel, *Naturrechtsaufsatz*, a.a.O., TWA 2, 482.
44 Roubini/Mihm, *Das Ende der Weltwirtschaft*, a.a.O., S. 61.
45 Stiglitz, *Im freien Fall*, a.a.O., S. 11.
46 Ebd., S. 10f.
47 Roubini/Mihm, *Das Ende der Weltwirtschaft*, a.a.O., S. 66.

합리성이라는 미신에 반하여 그리고 또한 이에서 기인하는 탈규제, 사유화 혹은 자유화 등과 같은 복음에 반하여 시장구조는 위기를 발생시키는, 깨지기 쉬운, 천박한, 위험부담을 간직한 체계라는 것이 드러났다.

시장근본주의는 신자유주의를 사회이론의 핵심으로 표현하며, 이 이론 중심에 개인주의와 '자유'시장이라는 주장이 자리하고 있다.[48] 여기서 시장 패러다임이 시민사회 이론에 외삽하는 것이 허용되지 않는데도, 시장원리는 공동의 삶의 근본원리로 간주해야 한다. 헤겔에게는 시장질서 외에 사법(司法, Rechtspflege), 규제 그리고 사회복지기구와 같이 시민사회의 통합적 요소도 존재한다. 신자유주의적 개념에는 이른바 '자유로운' 시장이 가장 효율적이고, 스스로를 통제하며, 복지 상태를 극대화한다고 하는 증명되지 않은 가설을 포함한다.[49]

헤겔이 해결책으로 제시하는 제안과 그에 의해 도입된 범주적 수단은, 오늘날 경제학 논쟁에서 드러나듯이, 세계경제의 연관을 이해하기 위한 중대한 기여로 증명되었다. 이와 연관된 중요한 개념은 다음과 같다. 규제 대 탈규제, 감독 대 자의와 혼란, 법적(/권리에 상응하는) 테두리 내에서의 질서 대 '자발적' 자기통제, 자연적으로 그리고 사회적으로 지속되는 국가 대 시장근본주의, 시장질서의 합리적, 국제적 형성 대 지구의 착취와 수백만 명의 빈곤화 등. 『법철학』은 규제적 시장체제라는 구상의 근본 특징, 즉 **합리적·사회적으로 구성된 자본주의**의 근본 특징을 기획한다. 국민경제와 결합하여 그리고 추상법과 도덕법에서 수행한 숙고와 결합하여 헤겔은 **특수성의 개념과 이 특수성이 스스로 변하여 보편성과 맺는 관계 개념**을 구상하여 전개한다. 즉 헤겔은 철학적 경제학을 전개한다.[50]

---

48 레이먼드 게스(Raymond Geuss)의 명료한 설명을 참고하라. Raymond Geuss, *Können die Geisteswissenschaften den Neo-Liberalismus überstehen?*(미간행 원고). 이 텍스트를 이용하게 해준 그에게 감사한다.

49 Ebd.

50 에제베트 로자(Erzsebet Rozsa)는 경제학과 구별하여 '경제철학'이라는 용어를 쓴다(Rozsa, *Hegels Konzeption praktischer Individualität*, a.a.O., S. 193),

시민사회의 이런 주된 특징은 시민사회가 충분히 기능할 수 있을 가능성의 조건을 포함하며, 그 첫 단계가 욕구 체계의 이론이다. 법칙적 지식의 수용[51]과 헤겔에서 등장하는 독특한 철학적 시각이라는 이 두 입장은 오늘날 실천철학에서 엄청나게 중요한 의미를 갖는다. 특히 영국식 버전의 자본주의가 명백히 좌초한 이후에 정교하고 일관성 있는 시민사회 이론이 특별한 주목을 받고 있는데, 여기서 헤겔의 숙고는 초석으로 작용한다. 어쨌거나 탈규제 이데올로기와 자유시장의 기적이라는 전설은 그 파괴적 결과로 인해 이제 떠나 보내야 한다고 한다. 물론 이때 시장이 현대 세계의 토대로 간주되는 것을 의심해서는 안 된다. 현대의 시장은 잘 숙고된 규제와 더불어서만 유지될 수 있다. 루비니의 책은 헤겔적 의미에서 계획된 것으로 제목은 이렇다. 『세계경제의 종말과 그 미래』(*Das Ende der Weltwirtschaft und ihre Zukunft*).

4.1.1 욕구의 종류와 한정(/척도) 없음

욕구 체계의 전개는 욕구의 종류와 그 만족 수단을 다루는 것에서 출발한다.[52] 구체적 인격체의 욕구 전체는 충동요인(자연필연성)과 비반성적 자유(/자의) 요인의 결합으로 이뤄져 있다. 우선 ── 특수성을 유효한 것으로 여긴 결과로 인해 ── 욕구와 수단의 항구적 다양화, 구체적 욕구의 분산과 차이, 따라서 이들 욕구의 다양한 파편화 등이 등장한다. 또한 욕구의 다양화와 순화가 나타나며, 인간 본성의 요청에 적합한 상승이라는 의미에서의 안녕(/복지)을 항구적으로 개선하려는 목적을 위한 수단 역시 다양하고 순화된다. 헤겔은 '편안한'(comfortable, §190, Z)이라는 말

---

51 국민경제 혹은 국가경제는 헤겔에게서 법칙적 지식을 산출할 수 있는 경험과학으로 간주된다. 하지만 이때 헤겔은 이미 인간의 태도(즉 심리학)가 국민경제에 끼치는 영향에 주목했다. "인간의 의지는 추상적으로 완전히 올바른 몇몇 숙고에서 중요한 변화를 산출한다"(Bl 163).
52 충동과 욕구에 대해, 의지규정의 체계에 대해 그리고 만족과 형식적 보편성으로서의 행복 등에 대해서는 §§11, 19, 20을 보라.

을 사용한다. 욕구는 많은 사람들에 의해 수용됨으로써 일반화되며, '유행'[53]으로, 트렌드로, 일상적인 것이 되며, 이는 그 안에 보편성의 계기가 포함되어 있는 한에서 긍정적으로 작용한다. "욕구는 사회적 욕구, 만인에 의해 동일한 방식으로 만족할 수 있는 욕구가 되며, 욕구는 보편적으로 인정된, 사회적 욕구가 된다."[54] 그런데 한갓 비웃음만을 유발할 수 있는 유행 추구는 그러한 욕구의 어두운 측면을 드러낸다. 매혹적 혁신은 때때로 '마지막 외침'[der letzte Schrei, 가장 새로운 것]이며, 이 혁신을 외쳐댈 뿐이다. 어쨌거나 '트렌드와 함께 가야' 한다는, 혹은 '최신 내지 유행을 따라야' 한다는 압박[55]이 오늘날 대중매체를 통해 강하게 유도된다. 그렇지 않을 경우 우리는 유행에 뒤진, 시대에 뒤떨어진 자로 간주된다. 편리함과 유행에 대한 모방이 꾸준히 의제가 되며, 일종의 일반화가 등장한다. 하지만 이러한 사실은 동등함(/평등)으로, 획일성으로 나아가는 경향이 있으며, 이는 바로 이 세계화 시대에 도처에서 매일 목격된다. 자동차와 옷의 디자인이 국제적으로 유사해지고 있는데, 이는 일종의 획일성의 양태이다. 미슐레는 이를 '외적인 보편성'이라고 말하는데, 왜냐하면 "눈에 띄는 모든 부등함(/불평등)은 언제나 내용의 새로운 특수성만을 고안하며, 특수성의 이 본성은 만인이 그것을 잠시 동안 받아들인다는 사실에 의해서만 은폐되어 있고, 따라서 언제나 이 특수한 내용의 본질도 공동의 열망과 의지의 완성에 도달하기 때문이다."[56] 이런 동등

---

53 라인하르트 코젤렉(Reinhart Koselleck)은 정당하게도 크리스티안 가르베(Christian Garve)의 에세이 『유행에 대하여』(Über die Moden, 1792, Frankfurt 1987)와의 유사성을 드러낸다. 가르베의 글에 신뢰를 보낸 헤겔은 여기서 직접 이 에세이를 적용한다. Koselleck, *Preussen zwischen Reform und Revolution*, a.a.O., S. 121f.

54 Michelet, *Naturrecht oder Rechtsphilosophie*, a.a.O., S. 10.

55 오늘날의 상표 광풍을 예견하면서 헤겔은 "사람들은 사물의 이름만을 사용한다"고 말한다. 이름은 사물이 어떤 상태에 있든 상관없이 그 사물을 위해(사물을 대신하여) 존재한다(Wan 123).

56 Michelet, *Naturrecht oder Rechtsphilosophie*, a.a.O., S. 11.

함과 획일화는 언제나 특수성의 원리에 저항한다. "하지만 욕구와 이 욕
구의 만족을 위한 수단의 다양성은 고요하게 서 있는 것이 아니라 언제
나 새로운 것을 추구하게 된다. 이로써 부등함(/불평등)이 매 순간 방해
하면서 지금까지의 동등함(/평등)으로 진입해 들어간다."[57] 트렌드를 독
특하고 원본적으로 형성하고자 하는 열망, 따라서 새로운 욕구의 생산
은 동등함과 획일성을 외견상 깨뜨리지만, 이 동등함과 획일성은 곧바로
다시 산출된다. 크리스티안 가르베에 따르면 "모두는 동시에 변화를 열
망함으로써 서로 유사하게 되고자 한다."[58] 미슐레에 따르면 여기서 중
요한 문제는 "동등함과 부등함의 교차에 의존하는 유행의 무한한 진보"
이며, 자기창조와 자기무화의 영원한 진동이고, 악무한으로서의 유행의
영원한 원환이다.[59] 이 성장원칙은 여기에서 욕구의 항구적 갱신의 형태
로 등장하는데 ― '모든 욕구는 의미 충만하게 내지 이성적으로 현상한
다' ― 그것은 무한한 진전으로서 (오성의 아킬레스건) 오성국가로서의
시민사회를 특징짓는다. 시민사회는 괴테가 들려준 마법견습생 이야기
와 비교된다.[60] 그는 마법 빗자루와 한번에 7마일을 가는 장화를 소유하

---

57 Ebd.
58 Garve, *Über die Moden*, a.a.O., S. 229. 이것은 하이데거의 '세인'(Man) 개념을
생각나게 한다. "우리는 **세인**이 향유하는 것을 향유하고 즐긴다. 우리는 **세인**이
보고 판단하듯이 문학과 예술을 읽고 보고 판단한다. 하지만 우리는 **세인**이 퇴
각하듯이 '거대한 덩어리'로부터 퇴각한다." Martin Heidegger, *Sein und Zeit*,
Tübingen 2006 (19. Auflage), S. 126f.
59 "욕구는 상호성을 통해 다양화되며, 동시에 이 상호성은 보편성의 한 측면이다.
사람들은 모방하며, 이것이 유행의 근원이다. 사람들은 다른 사람들이 가지고 있
는 것을 가지고자 한다. 그런데 사람들이 이에 도달하고 나면 그것에 만족하지 않
으며, 특별한 어떤 것을 가지고자 한다. 그런 다음 다시 다른 사람들을 모방하며,
이는 무한히 진행된다"(Gr 491). 이에 대해서는 다음을 보라. Alessandra Corti/
Elena Esposito, *Die Verbindlichkeit des Vorübergehenden: Paradoxien der Mode*,
Frankfurt a.M. 2004.
60 현대 시민사회는 "자신이 야기한 지하의 폭력을 더 이상 다스릴 수 없는 마녀사냥
꾼"에 비교된다. Karl Marx/Friedrich Engels, *Das Kommunistische Manifest*, MEW
Bd. 4, Berlin 1959, S. 467.

고 있지만 그를 지도할 스승이 없다. 그것은 또한 오성의 척도 없는, 이성 없는 무자비한 지배와 비교된다. 그것은 축복을 가져오지만 위험하기도 하며, 감독과 규제를 필요로 한다.[61] 오늘날도 여전히 정치가들이 말하는 경제적 성장은 마법의 수단으로 추천되지만, 대개의 경우 무엇이 성장해야 하는지, 그 성장이 어떻게, 누구에게 기여해야 하는지 등에 대해 정확하게 진술하지 않는다. 성장의 인간적 기준과 한도는 정확한 조정이 필요하다. 스티글리츠에 따르면, (그리고 헤겔적 의미에서) 어떤 경제 체계가 공동의 복지에 가장 이로운가 하는 핵심적인 질문은 여전히 남아 있으며, 따라서 다양한 양태의 시장질서가 검토되어야 한다.[62]

욕구의 공동성과 더불어 **형식적** 자유에만 도달하며, 특수한 목적은 욕구와 수단의 다양성과 특화에 있어서 **한정(/척도) 없음**을 핵심으로 삼는다.[63] 이를 통해 (유행과 새로운 것의 일반화라는 형태로 나타나는) 동등함(/평등)과 부등함(/불평등)은 점점 더 빠른 속도로 서로를 사냥하게 되며, 이는 삶의 수행의 항구적 변화와 가속도를 요구한다.[64] 과거 삶의 현실은 달팽이걸음에 비유되었지만, 오늘날은 7마일 장화에 비유된다.[65] 욕구 체계의 기능은 전체 욕구와 생산을 조절하기 위해 시간의 합목적적 분할을 요구한다. 현대산업의 원리에는 공간과 시간과 관련하여 두 계기가 결합돼 있다. 즉 모든 공간적·장소적 한계를 붕괴시키고, 전체 땅을 하나의 시장으로 변경시키며, 생산과 순환의 시간을 최소한으로 한정시

---

61 욕구 체계는 '공동성과 상호의존성('맹목적 의존성')이라는 괴물 같은 체계'로서 "야생동물처럼 꾸준하고 엄격한 지배와 길들이기가 필요하다"(Hegel, *System der speculativen Philosophie*, GW 6, 324).

62 Stiglitz, *Im freien Fall*, a.a.O., S. 10.

63 "그러한 관계에 의존하는 것으로서의 어떤 것(etwas) 혹은 하나의 질(Qualität)은 자기 자신을 넘어서 척도(한정) 없음으로 내몰리며, 자신의 크기의 한갓된 변화를 통해 몰락한다." WdL 5, 442.

64 이에 대해서는 하르트무트 로자(Hartmut Rosa)의 탁월한 연구를 보라. Hartmut Rosa, *Beschleunigung. Die Veränderung der Zeitstrukturkturen der Moderne*, Frankfurt a. M. 2005.

65 GdPh 20, 62.

키려는 트렌드, 즉 '시간을 통한 공간의 무화'(K. Marx)[66]가 지배적이다. **세계시장**은 욕구 체계가 발전한 형태를 취한다. 속도, 즉 생산과 순환 시간의 단축은 특별한 중요성을 함의하는데, 그것은 모든 삶의 연관의 가속도에 맞춰져 있다. 이 구조에 내재한 한정(/척도) 없음(즉 무절제)은 언급한 시간을 0으로 가져오려는 경향에서, 즉 "시간 없다"는 말에서 명료화된다. 왜냐하면 가치창출이 가장 고귀하기 때문이다.[67] 헤겔은 재미있게도 무차별적인 것에 대해 흥미롭지 않은 태도를 취하도록,[68] 즉 언제나 변화하는 유행에 대해 태연한 태도, 가속된 그리고 돌진하는 세계라는 기계에 대해 그저 거기 두는 태도, 바다처럼 고요한 영혼의 상태인 아타락시아의 태도를 취하도록 명료하게 추천한다.

전체 운동은 사치(편안함)로, **의존과 필요의 무한한 확장**으로 나아간다 (§194~195).[69] 인간은 여기서도 역시 스스로 만든, 하지만 자기규정적이지 않은 필연성의 관계(필요국가로서의 시민사회)로 진입한다. 사치는 필연적 현상으로 간주하며, 긍정적 차원과 부정적 차원을 갖는다. 즉 사치는 "우연과 자의, 사념 등이 활동하는 곳에서 나타나는 외적 태도의 측면이며, (……) 사치는 인간이 대체로 직접적 자연필연성에 따라 처신하는 것이 아님을 보여 준다는 점에서 해방의 계기를 자기 안에 가지고 있다"(BI 155). 사치는 역동적인, 강력한, 전진하는 계기를 형성하며, 욕구와 그 만족수단을 창조적으로 다양화하고 특화하는 계기를 만들어낸다. 동시에 사치에서 다뤄지는 것은 사유에 의존하는 것이 아니라 표상에 의존하여 '형성된', 자의의 왕국에서 발생한 욕구이다(Wan 122). 이

66　Karl Marx, *Grundrisse der Kritik der politischen Ökonomie*, MEW Bd. 42, S. 89, 423, 438.

67　Ebd., S. 437, 447.

68　GdPh 18, 557. "유행에의 의존, 관습에의 의존은 언제나 자연에의 의존보다 뛰어나다."

69　"무한히 상승한 사치는 무한으로 진행된 의존, 궁핍 그리고 곤란함(/필요)이 된다." "나쁜 것 때문에 선을 철폐한다는 것은 아이를 목욕물과 함께 버리는 것을 의미한다." Michelet, *Naturrecht oder Rechtsphilosophie*, a.a.O., S. 14.

로부터 한정 없는 방탕과 반드시 책망받아야 하는 '야만적' 사치가 등장할 수 있다(Bl 160). '빛나는 궁핍으로서 이 현실적 궁핍'과 대면하고 있는 "무용한 것을 향한 경향"이 놓여 있다.[70] "무용한 것으로 향하는 이런 경향이 반드시 필요한 것을 붕괴시키기 시작할 때" 야만적인 것이 들어온다(Kant).[71] 바로 지난 수십 년간 몇몇 개인의 엄청난 재산에 힘입어 유행 따라 옷을 수없이 바꿔 입고, 그리고 전 세계를 여행하는 사치, 무용한 것을 향한 야만적 사치가 터무니없을 정도로 크게 성장했는데, 이는 전 세계를 긴장시키는 빈곤을 대가로 나타났다. 사치에 대해서는 이렇듯 두 측면이 함께 고려되어야 한다. 그렇지 않을 경우 사치를 찬양하거나 사치에 대해 맹목적으로 비난하는, 유지될 수 없는 두 입장에 빠지고 말 것이다.[72]

4.1.2 노동의 종류

맥스웰의 은망치

(Maxwell's Silver Hammer)

개별 욕구를 만족시키기 위해 생산자들의 노동이라는 생산활동은 매개하는 도구(노동수단)의 도움으로 적절한 개별 대상을 마음대로 다루는데, 이때 이 활동은 논리학의 목적론에 의존한다.[73]* 자연적인 것을 가

---

70 Kant KdU §88. 칸트는 "비참한 노동과 약간의 향유"라는 말을 하고, "빛나는 궁핍"이라는 말도 한다.

71 Ebd.

72 "우리는 이에 대해 도덕적으로 열변을 토할 수 있다. 하지만 한 국가에 있는 모든 시설, 모든 방향, 모든 방식 등은 자신의 완전한 폭을 가져야 하며, 자신만의 대책을 간구할 수 있어야 한다. 그리고 모든 개인은 그것에 참여할 수 있다. (……) 가장 중요한 문제는 사물이 요구하는 것보다 더 큰 가치를 부여하지 않는 것이다. 혹은 좀 더 일반적으로 말해서 그것을 소유할 가치가 있다거나 그것 없이 지내도 될 만큼 무가치하다거나 하는 등의 가치를 부여하지 않는 것이다." GdPh 18, 557.

공하는 행위(§56)인 노동을 매개로 하여 상품은 자기만의 고유한 가치를 보유한다. 이와 더불어 생산, 즉 노동 자체는 (어떤 특정한 노동이 아니다) 만들어진 것의 가치의 원천이 된다. 노동하는 자는 자연에 형태를 부여하는 가운데 스스로를 대상화하며, 생산물에서 **자기 자신으로 머물** 수 있다. 그가 사물의 자립성을 부정하는 한에서 그는 이 자연적인 것에 마주하여 자신의 자립성을 획득한다.[73][74] 이것 역시 낙원에서의 추방이라는 상과 연관되는데, 낙원은 생산적 활동을 포함한 어떤 노동도 없는 세계로 그려진다. 이 상에 따르면 이런 활동에서야 비로소 인간은 인식과 지식에 근거하여 '신과 유사한' 존재로 드러난다(§139, Z, 265). 자연적인 것을 가공(형성)하는 이러한 과정을 통해 생산자들은 이론적 도야와 실천적 도야를 하게 된다. 이론적 도야는 표상과 지식 및 이것들을 빠르게 결합할 능력 등을 포괄하며, 또한 오성과 언어의 도야를 포함한다.[75] 실

---

73 헤겔의 노동이론에 대한 사유의 단편은 예나 시기의 글과 『정신현상학』「자기의
    식」장에 잘 나타나 있다. 목적론에 대해서는 『논리학』의 해당 부분과 『법철학』의
    「형식법」 부분, 특히 피에리니의 연구서 *Theorie der Freiheit*를 보라.

*   노동이란 자연 대상을 인간을 위해 가공하는 행위, 따라서 합목적적 행위이다. 동
    물의 행위가 자연을 무화시키는 행위인 데 반해, 인간의 특정한 행위, 즉 노동은
    자연을 가공하여 인간이 사용하기에 유용하도록 만드는 행위이다. 따라서 노동
    대상에는 노동하는 자의 의지가 개입된다. 자연에 자신의 의지를 각인한다는 점
    에서 노동의 산물은 행위자가 대상화된 것, 외화된 것이다. 그런 점에서 행위자는
    노동의 산물에서 자기 자신을 발견한다. 말하자면 노동은 행위자의 자기실현의
    양식이 된다. 행위자가 "생산물에서 자기 자신으로 머물 수 있다"라는 말은 바로
    이런 뜻이다. 오늘날 인간의 또 다른 행위양식으로 정치적 행위가 제시된다. 노동
    이 인간과 자연의 관계에서 오는 행위라면, 정치적 행위는 인간 사이의 관계에서
    오는 상호작용이라 할 수 있다. 노동이 경제학 범주라면 상호작용은 정치학 범주
    에 속한다. 이 둘 사이의 관계 해명은 오늘날 행위이론과 사회정치철학의 중요한
    주제가 된다. ― 옮긴이
74 헤겔의 노동 개념에 대해서는 다음을 보라. Schmidt am Busch, Hans-Christoph,
    Hegels Begriff der Arbeit, Berlin 2002; Steffen Schmidt, *Hegels System der Sittlichkeit*,
    a.a.O.
75 Beuthan, Grundzüge und Perspektiven von Hegels phänomenologischen
    Bildungsbegriff, a.a.O.

천적 도야에서 중요한 것은 활동 습관, 업무 습관, 행동을 특화시키거나 한정짓는 것(특정한 활동에의 집중), 그리고 일반적으로 유효한 숙련성 내지 실천적 능력 등을 생성시키는 것이다.[76] 인간은 객체에 방향을 두는 (즉 객체를 다룰) 능력을 획득하며, 자연의 가공(형성)은 지성과 지식을 요청한다. "노동의 본질, 노동의 보다 고귀한 목적은 노동을 통해 인간에게 산출되는 도야이다"(Bl 160). 헤겔은 노동의 원래적 보편성을 수단(즉 목적을 객체화하는 도구와 기술[77])과 욕구를 상세히 규정하는 데 영향을 끼치는 **추상**[78]에서 본다. 이때 이 과정에서 인간의 손에는 ─ '도구의 도구' (Enz §410, Z) ─ 탁월한 기능이 부여된다. 노동은 추상적 노동으로 되며, 보편성의 형식을 얻고, 동시에 개인은 자신의 특수한 활동을 통해 스스로를 도야(형성)해야 한다(Wan 185~186). 노동의 산물은 자신의 가치를 돈으로 표현할 수 있는 추상적인 것으로 인정할 수 있다. 돈은 **모든** 사물의 추상적 대리인(대표)으로, '실존하는 보편적 가치'로, 보편적 등가물 (§299)로 진군한다. 사물의 보편적 가치표현, 즉 '상품 아래 놓인 신'[79]인 돈에서 우리는 특수한 생산품이나 능력을 가지는 것이 아니라 특수한 생산품과 능력의 보편자를 가지며, 그 속에서 생산품을 비교하고 교환할 수 있는 가능성과 현대 시장구조를 위한 초석을 가진다. 동시에 돈에서 "개별자의 모든 특수성, 성격, 더 나아가 숙련 등의 추상"이 명료화해지며, 이 안에서 가족, 복지, 삶 등에 대한 "빛나는 무자비함"이 명료화해

---

76 '도야'(Bildung) 개념은 『법철학』 전체를 이끌어가는 중심 개념이다. 여기서 중요한 것은 '숙련성의 생성'이다. Kant, KdU §83도 참고하라. '숙련성'의 문화[기술을 장려하는 문화]는 "목적 일반을 촉진하기 위해 유용한 가장 탁월한 주관적 조건이다." 사물을 다루는 기술적 능력의 생성에 대한 칸트의 언급도 참고하라 (Kant, *Anthropologie in pragmatischer Hinsicht*, AA VII, 322).

77 "인간은 자신의 도구를 자랑할 만한 근거를 가진다. 왜냐하면 이성이 그 도구 안에서 표현되기 때문이다. 도구는 인간의 활동을 외적 자연과 매개하는 매개 개념을 형성하며, (……) 객체는 모든 세대를 관통하여 보존된다"(Bl 159).

78 "생산활동의 추상은 노동을 점점 더 **기계적으로** 만들며, 따라서 결국 인간은 노동에서 벗어나게 되고, 그 자리에 기계가 들어올 수 있게 된다"(§198).

79 Marx, *Grundrisse der Kritik der politischen Ökonomie*, a.a.O., S. 148.

진다.[80]

시민사회를 **도야의 공동체**로 증명하기 위해 §187과 보편성과 추상에 대한 지금까지의 논의가 동원된다. **오성국가**의 구성원으로서의 사적 인격체는 자기만의 특별한 이해관계를 자신의 목적으로 삼으며, 이 구성원 자격 혹은 참여자 자격은 (가족과 국가에서의 **인륜적 참여**와는 다르게) **형식적 참여**로 묘사된다. 왜냐하면 여기서 공동체는 특수한 이해관계를 목표와 내용으로 가지며, 그런 한에서 이 목적은 보편자와 추상(전면적 의존성, 시장, 돈, 가치 등)으로 매개되기 때문이다. "그들이 자신의 지식과 의지와 행동을 일반적인 방식으로 규정하고 스스로를 이러한 연관의 사슬의 지절로 삼는"(§187) 한에서만 이 보편자는 수단이자 목적으로 그들에게 도달할 수 있다. 이러한 사실은 "**형식적 자유**로까지, 그리고 **지식과 의지의 형식적 보편성**"(§187)으로까지 나아가는 과정으로, 주체 자신의 특수성 안에서의 도야로 묘사할 수 있다. 그 중심에 자기분열에 의지하는 도야(Bildung)가 서 있으며, 정신적인 것은 자연적 욕구와 외적 필연성의 유한성으로 진입하며, 이 유한성을 다시 지양한다. 정신은 스스로를 유한성으로 형성하며, 이 유한성을 한갓 유한한 것으로 여겨 극복하고 자신의 **객관적** 현존을 획득한다. 여기서 객관정신의 기본구조, 『법철학』 일반의 주제가 표현된다. 도야(Bildung, 형성, 문화 등)는 이 책을 관통하는 결정적 원리로 현상한다. 직접성과 한갓 개별성을 a) 수동적 자기 없음의 극복을 통해, b) 조야한 지식과 의지의 극복을 통해 지양한다는 의미에서 **오성적** 도야, 오성성에 도달한다. 이런 **오성의 도야**는 이중의 면모를 갖는다. 외면성, 즉 산출된 것에서 정신은 "자기 고향에, 자신에게"(§187) 거할 수 있으며, 생산하는 가운데 즉자적으로 낯선 요소에 '자신의 직인'(§187)이 찍힌다. 유일하게 이념을 실존하게 할 가치가 있는 보편성의 형식은 실존하게 되며, 생산물은 추상과 오성적 지식의 표현이

---

80 "정신은 추상 속에서만 대상이 되었다 —자기 없는 내면으로서"(Hegel, *Jenaer Systementwürfe*, GW 8, 270).

다. 절대적으로 규정된 도야는 헤겔에게서 인륜법의 이성적 보편성이라는 보다 고차적 형태로까지 나아가는 해방으로 간주된다. 오성적 도야(형성)는 "한갓 주관성"에 대항한, "욕망과 욕구의 직접성"(§187)에 대항한, 감성의 주관적 우쭐함에 대항한, 임의적인 것의 자의에 대항한 고단한 노동을 함축한다. 따라서 도야는 이 노동의 **지식의 보편성에 따르는 노동**이다. 왜냐하면 주관적 의지는 자기 자신 안에서 객관(/객체)성을 얻으며, 그렇게 되는 경우에만 이 의지는 현실적으로 자유로운 의지로 간주할 수 있기 때문이다. 특수성은 "보편성의 형식으로 가공되고 형성된다"(§187). 다른 한편 특수성이 보편성에서 추상적인 것을 제거하고 이 보편성에 '충만한 내용을 부여'함으로써 이 특수성은 이러한 오성성, 오성의 보편성을 수단으로 하여 '개별성의 참된 대자존재'로 변한다. 이 두 차원에서 도야는 '절대자의 내적 계기'로서 **'무한한 가치'**를 갖는 핵심으로 드러난다(§187).

생산의 기계화(기계의 기술), 생산의 세세한 발전 그리고 **노동의 분업** 등은 여기서 말한 노동의 추상에 의존한다(§197).[81] 그런데 오성적 보편성만이 발생하며, 한갓 오성과 숙련성이 형성되고, 산업질서를 위한 유용성의 측면만이 실현되지, 아직 이성적 도야가 이뤄지지 않으며, 이런 이성적 도야를 향한 한 걸음일 뿐이다. 즉 그것은 한갓 이론적 · 실천적 오성의 도야와 숙련성의 도야일 뿐이다.

앞에 언급한 계기에는 사유재산, 노동분업, 기계적 기술과 생산, 교환과 시장 등에 기초해 있는 현대 세계의 **산업성**, 즉 산업적 시장공동체인 시민사회의 본질을 이루는 **산업적 특성**을 이해하기 위한 핵심이 들어 있다.[82] **원리상** 이에 관해 어떤 것도 변하지 않았다. 자본주의 경제의 이런 근본 모형이 우리 시대를 규정하고 있기도 하다. 그러나 이것이 현대 문화 전체(기술과 편안함)를 이해하는 핵심을 전달하는 것은 아니다. "기술

---

81 애덤 스미스는 노동분업을 '주된 요점'으로 주목하게 만들었다(Kiel 188).

82 Adam Smith, *Wealth of Nations*, a.a.O.

과 안락함의 문화를 말하지만, 우리는 그 문화를 갖지 못한다."[83] 왜냐하면 이 단계에서도 분열은 분명하게 확립될 수 있기 때문이다. 즉 개별자의 노동은 단순화되고, 그의 숙련성, 그의 기술적 가능성 그리고 생산은 증가하지만 동시에 그에 따라서 인간의 의존성도 증가한다.[84] 시장에서는 우연성이 표현되며, 나아가 시장 그 자체가 우연의 형식이다. 상품으로서의 생산물은 **인정되거나 인정되지 않으며**, 이로부터 상품물신(Marx)이라는 잘 알려진 현상이 나타난다. 따라서 이러한 놀이에 이미 실패라는 사실이 내재한다. 만들어진 대상이 필요치 않는 한, 사용되거나 소비되지 않는 한, 그 대상은 엄밀한 의미에서 현실적 상품으로 간주할 수 없다. 왜냐하면 "기차가 달리지 않는, 따라서 이용되지 않고 소비되지 않는 철로는 기능적 철로일 뿐 현실적 철로가 아니며, (……) 거주하지 않는 집은 사실상 현실적인 집이 아니기 때문이다."[85] 상품을 생산한 **이후**에야, 즉 생산물을 사용하고 부정하게 되는, 그리고 새로운 욕구를 만들어내는 소비를 만들어낸 **이후에야**[86] 생산물은 인정을 받는다. 상품으로 인정되지 않은 경우에 이 많은 활동과 노고는 헛수고에 불과하다. 바로 이런 의미에서도 욕구 체계의 맹목적 필연성을 말할 수 있으며, 우연성의 지배를 말할 수 있다.

게다가 노동은 점차 기계적으로 되며, 따라서 더 일방적으로 된다.[87] 공장에서 인간은 육체적으로 정신적으로 무감각하고 둔감해지며(Kiel 189), 공장에 의존하게 된다. 인간은 "기계, 무기, 수증기, 불 등에 의해 대체 가능하며, 이것들을 그저 감독할 뿐이다"(Gr 503).[88] 이런 기계화 과

---

83   Thomas Mann, *Dr. Faustus*, Frankfurt 2007, S. 92.
84   이러한 메커니즘에 대한 보다 상세한 논의는 마르크스의 『자본』과 에밀 뒤르켐 (Émile Durkheim)의 『사회분업론』에서 발견할 수 있다.
85   Marx, *Grundrisse der Kritik der politischen Ökonomie*, a.a.O., S. 23.
86   미래 생산의 대상은 내적인 상으로, 욕구와 충동, 그리고 목적으로 정립된다. Marx, *Grundrisse der Kritik der politischen Ökonomie*, a.a.O., S. 24.
87   "노동이 단순해질수록 노동은 그만큼 기계적이 된다"(Kiel 189).
88   숙련성은 이제 "기계의 형식으로, 기계와의 결합을 통해 전체로서 작용하는 공

정에서 — 기계는 인간의 기술 숙련성을 체화한다 — 그리고 인간이 직접적 생산으로부터 점차 퇴각하는 가운데 우리는 한편으로 산업노동의 긍정적 측면을 가지게 되지만, 다른 한편 지속적인 기술적 완전성은 노동자가 둔감해지고 점차 무용하게 되는 지경으로 이끌어간다(Gr 503). 활동하는 자는 직접적 노동 과정에서 떨어져 나와 이 노동 과정을 통제할 수 있지만, 동시에 노동을 완전히 상실하고, 그러는 가운데 불평등의 극단적 형식이 현상한다. 헤겔은 이러한 딜레마를 오성의 노동 딜레마로 묘사한다. 이것은 시민사회 단계에서는 해소할 수 없는 안티노미를 의미한다. 보다 높은 심급, 즉 국가를 통해 이 영역을 합리적으로 형성해야 할 필연성이 명백해진다.

4.1.3 보편적 재산과 국부에의 공정한 참여

「재산」 장은 이제 서술할 특수성과 보편성의 연관을 전개한다. 여기서 보편적 재산이라는 개념은 엄청난 중요성을 갖는다. "노동 및 욕구 만족에 내재한 의존성과 상호성에서 **주관적 자기추구**는 모든 타자의 욕구 만족에 기여한다. — 말하자면 특수자를 보편자를 통해 매개한다. (⋯⋯) 모두는 각자 자기를 위해 습득하고 생산하고 향유하는데, 이로써 이들 각자는 그 이외 사람들을 위해 생산하고 습득한다." — "**지속되는 보편적 재산**"(allgemeine, bleibende Vermögen, §199). 인간은 자신의 모든 활동(작품)에서 "엄청난, 무한한 부를 가지며, 자신의 통찰, 지식, 그리고 외적인 부 등의 세계를 가진다."[89] 소유(추상법)를 서술한 직후에 소유이론

장"의 형식으로 존재한다. 노동의 사회적 정신은 개별 노동자 외부에서 객관적 실존을 보유한다(Marx, *Grundrisse der Kritik der politischen Ökonomie*, a.a.O., S. 435).

[89] PhRel 16, 19. 이러한 의미에서 마르크스에게서 부유함이란 "보편적 교환 속에서 산출된 개인의 욕구, 능력, 향유, 생산력 등의 보편성"이며, '창조적 기질의 개발, 인간의 모든 힘의 발전은 이미 주어진 척도에서 측정되는 것이 아니라 자기목적으로 고양된다. 시민사회에서 — 마르크스는 그렇게 비판한다 — "보편적 대상화는 총체적 소외가 되며, 모든 일면적 목적의 극복은 자기 목적을 완전히 외적인 목적을 위해 희생한다." Marx, *Grundrisse der Kritik der politischen Ökonomie*, a.a.

에 대한 더 나아간 이 규정에서 외적·대상적 산물뿐 아니라 정신적 창조물(지식·예술 등)도 관심의 대상이 된다. 모든 특수자 각자는 자신이 시민사회의 성원이라는 데에 근거하여, 자신의 형식적 참여, 자신의 능력, 자신의 도야와 숙련성 등에 근거하여 의존 체계에서 주어지는 보편적 재산(인민의 재산, 국부)[90]에 참여할 수 있으며, 또한 자신의 활동을 통해 보편적 재산을 보존하고 증가시킨다(§199). 참여라고 하는 이런 **능력주의적**(meritologisch) 형식과 더불어 전체 소유, 즉 국부(wealth of nations, A. Smith)라는 사상이 규정되어 나온다.[91] 시민사회에의 귀속성, 즉 구체적 인격의 통합에의 참여는 결과적으로 국가에서야 성공할 수 있고 또 보증할 수 있다. 이것은 결정능력이 있는 국가시민으로서의 구체적 인격(시민사회의 구성원)의 존재라는 맥락에서, 따라서 **정치적** 참여라는 보다 높은 형식에서 이뤄진다. 만인의 노동이라는 매개를 통해 욕구를 만족시키는 시민사회의 맥락에서 보편적 재산이 생겨난다(Enz §524). 이 단계에서 또한 "공동생활을 위한 취득"(§170)이 생겨난다. 공동으로 습득된 이런 것에의 참여방식 및 정도,[92] 특히 산출된 재화의 **분배**는 정의를 구성하는 결정적 역할을 수행한다. 자유로운 현대적 질서의 구성은 (실제에 있어서 그렇게 단순하지 않은) 참된 **분배정의**의 산출을 요구하는데, 이 정의는 특히 세법과 **상속법**의 적절한 형태에 의지한다.

시민사회의 한정된 테두리 내에서 인민의 재산에의 실제적 참여는 특히 자기 자신의 능력에, 상속으로 우연히 획득한 장점에, 상이한 자연적

O., S. 396.

90 오늘날 국부는 종종 국민총생산으로 환원되는데, 이것은 '보편적 재산'에 대한, 부에 대한 제한된 영역만을 제공한다.

91 이것은 이러한 부를 개별자의 점유의 총합으로 보는 이해방식을 넘어간다. 미슐레는 '인민의 부'(Volksreichtum)라고 표현한다. *Naturrecht oder Rechtsphilosophie*, a.a.O., Bd. 2, S. 48.

92 개별자들은 시민사회 내의 활동가로서 시민사회에 참여하며, 이 참여는 (사회에 의해 정당하게 요구되는) 그의 의무인데, 바로 이로부터 그의 권리가 생겨난다. 여기서 우리는 권리와 의무의 상호관계의 결정적 형식을 본다.

전제에, 우연한 환경에, 그리고 개인 자신의 가능성과 능력 등에 의존한다. 그리고 오늘날은 특히 노동이라는 단순한 기회에 의존한다. 모든 사회구성원의 욕구를 만족시키기 위한 안전장치가 이 단계에서 **언제나 위험부담이 있고 또 난처한** 상황에 놓인다. 시장에는 이런 행운의 요소가 내재해 있으며, 여기서 선택지는 **포섭** 혹은 **배제**이다. 울리히 벡(Ulrich Beck)은 '위험사회'라는 개념으로 이를 표현한다. 대규모 재정위기나 천민[93]의 발생과 같은 불안정한 현상이 새로운 현상은 아니다. 부서지기 쉬움, 곤궁, 그리고 불안정 등은 시장체제의 실존조건에 속한다. 문제는 지난 수십 년간 활개를 친 시장근본주의가 민영화 이데올로기와 탈규제 이데올로기를 통해 천민의 폭발적 증가를 가져왔다는 점이다. "저런 필연성의 도정은 이 도정을 작동하게 하는 특수성을 동시에 대가로 지불하며, 그 자체로 개별자의 만족을 안정시키려는 확고한 **목적**을 포함하지 않는다. 오히려 이 도정은 개별자의 만족의 관점에서 볼 때 적절할 수도, 그렇지 않을 수도 있다"(Enz §533). 이것은 시민사회에의 참여가 생산 과정에의 현실적 참여로만 정의할 수 없고, 보편적 재산, 보편적 부를 산출하는 데 기여할 준비가 되어 있는지에 의해서도 정의할 수 있음을 의미한다. 말하자면 그것은 시민사회에서 이를 위해 활동한다는 것, 그 가운데서도 **능력주의 원리**의 수용을 함의한다.

여기서 특수성의 논리적 정당성은 앞에서 말했듯 참여의 상이함으로 — 특수한 재산(능력)으로 — 그리고 이로부터 결과하는 재산의 불평등과 개인의 능력의 차이로 표현된다(§200). 여기서 — 이것은 강조되어야 하는데 — "특수성과 관련한 불평등"(Rin 121)이라는 사상이 중심

---

93 헤겔은 여기서 천민으로 번역한 'prekär'(난처한)라는 말을 스스로 사용한다. "빈곤한 자를 구제하는 것은 난처한 일이다"(Ho 703). 천민과 관련한 문제에 대해서는 다음을 보라. *Das Problem der Exklusion. Ausgegrenzte, Entbehrliche, Überflüssige*, hg. v. Heinz Bude/Andreas Willisch, Hamburg 2006; Robert Castel, *Die Metamorphosen der sozialen Frage*, Konstanz 2000; *Prekarität, Abstieg, Ausgrenzung. Die soziale Frage am Beginn des 21. Jahrhunderts*, hg. v. Robert Castel/Klaus Dörre, Frankfurt 2009.

으로 들어오는데, 이 사상은 자연적으로 주어진 불평등, 우연한 환경, 능력의 차이, 상속된 재산, 그리고 교육 등에 근거한다. §200은 다시 특수성 내지 '정신의 **특수성의 객관적 권리**'를 주장한다. 자연(혹은 불평등의 요소)에 의해 조건지어진 인간의 불평등은 시민사회에서 숙련성의 불평등, 재산의 불평등, 지적·도덕적 도야의 불평등 등의 형태로 기술된다. 따라서 시민사회는 동등한 재산가들의 연합일 수 없다. 특수성의 영역은 보편자와의 상대적 동일성 속에서 자연적인, 자의적인 특수성을 "자연 상태의 여분"으로 자기 안에 간직한다(§200).

아이를 예로 들어 상이한, 훌륭한 혹은 결함 있는 이런 요소들을 살펴 보자. 아이를 규정하는 요소는 그 아이가 태어난 나라(부유한 나라인지 가난한 나라인지), 그가 자란 시대와 지역(평화와 복지가 갖추어져 있는지 혹은 전쟁과 위기의 상황인지), 경제적으로 안정되어 있고 지적으로 성숙한 집안인지의 여부, 건강한 몸 상태(건강한지, 심각한 장애를 가지고 있는지 등), 가족이 속해 있는 계층, 교육의 정도 등이다. 이러한 관점에서 평등에 대한 요구, 이런 의미에서 재화 분배에서의 평등의 요구는 이론적으로 유지될 수 없으며, 하나의 (아주 멋지고 환상적인) 환영일 뿐이다. 헤겔에 따르면, 주된 문제는 보편적 재산에의 적절한 참여를 습득하기 위해 나의 재능, 나의 의지의 에너지, 나의 명민함 등을 최상으로 전개하는 것이다 (Kiel 191). 그럼에도 불구하고 이 단계에서도 욕구 체계의 맥락에서 발생하는 다양한 문제가 해결되지 않는다. 여기서도 여전히 자의와 우연이 엄청나게 지배한다. 사회적 부의 공정한 분배는 욕구 체계에서 **보증될** 수 없으며, 현실적인 인륜적 자유 단계에서야, 즉 국가 단계에서야 비로소 보증된다. 그것도 국가의 합리적 조정수행 기능을 통해, 자연적 지속성과 사회적 지속성을 실현하는 국가 체제를 통해 그런 기획이 성공을 거둘 수 있다. 하지만 시민사회 단계에서 이미 최초의 규제장치와 조정 장치가 작동해야 하고, 할 수 있다.

이제 가시화된 구조는 특수한 노동의 근본 유형에 적합하게 개별적 활동방식(신분들, 'Stände')[94]을 가진 세 종류의 특수한 하위체계로 구분된다. a) 농부라고 하는 실체적 신분, b) 직공이라는 신분, c) 보편적 이익을 자신의 과업으로 삼는 보편적 신분. 혈통과 환경에 상관없이 특정한 신분에의 귀속은 각각의 개인에 의해 규정되며, 각각의 개인은 그러한 활동영역에의 귀속을 선택할 수 있어야 한다. 즉 **직업선택의 자유**가 있어야 한다. 헤겔은 현대성의 이러한 본질적 원리를 확고히 함에 있어서 곧바로 신분과 전문 영역의 선택을 자유의 활동으로, 그리고 무조건적 권리로 간주한 피히테를 참조할 수 있었다. "신분의 선택은 자유를 통한 선택이다. 따라서 누구도 어떤 신분에 귀속되거나 배제되도록 강요되어서는 안 된다." 공동체는 "자유로운 동료 노동자"를 필요로 하며, "강제적인 고통스러운 기구"[95]가 아니다. 여기에서 다시 특수성의 원리를 천명하고 있으며, 이로부터 현대 세계가 과거 세계와 구별되는 점이 드러난다. 직업을 통해 구분되는 신분과 더불어 인륜적 심정은 시민사회로 되돌아오며, "현대적인, 다원론적 특성"[96]을 얻는다. 자유로운 질서와 부자유한 질서의 차이가 이미 여기서 명료하게 드러난다. 카스트제도에서 특수한 활동에의 귀속은 출생을 통해 규정되고, 플라톤의 국가에서는 통치자에 의해 규정된다. "특수성의 영역은 주관적 자유에 속하고, 개인은 스스로를 규정할, 어떤 신분에 귀속될 권리를 가진다"(Kiel 196).[97] 여기에 또한

---

94 Fulda, *Hegel*, a.a.O., S. 218. "신분은 이중의 의미를 가진다. 한편으로 그들은 시민사회에 속해 있는 자들로서 농민의 신분, 직공의 신분, 공무원의 신분이 그것이다. 두 번째 의미는 정치적 국가에서 자리를 차지하고 있다." 어쨌든 여기서는 더 이상 봉건적 질서의 신분을 말하는 것이 아니다. 왜냐하면 이 신분질서는 오로지 활동방식에 의해서만 규정되고 근본적으로 자유롭게 교환 가능하기 때문이다 (Gr 511).

95 Fichte, *Bestimmung des Gelehrten*, GA I, 3, 48.

96 Fulda, *Hegel*, a.a.O., S. 218.

97 "자기 자신의 자유로부터 이런저런 신분에 귀속할 권리가 개인에게서 탈취되어서는 안 된다. 이때 결정을 내리는 유일한 것은 기질, 능력, 숙련성 그리고 교양 등이다"(Ästh 13, 273). 이 권리가 무시되면 인간은 자연에, 혹은 출생과 같은 우연성에 종속된다(Ebd). 인간은 자연의 우연을 통해 결코 되돌릴 수 없이 하나의 신분으로 떨어질 수 없다(Ebd., 272).

헤겔 시대에 타당했던 체제, 즉 프로이센 보통법에 대한 암묵적 비판이 깃들어 있다. "자신의 출생, 사명 혹은 본업 등 때문에 시민사회에서 동등한 권리가 주어진 인격은 더불어 하나의 신분을 형성한다."[98] 이에 반해 **활동의 특수성의 선택이라는 현대의 원리**는 주관적 생각, 특수한 자의와 통찰 등을 통해 자기 자신을 규정하는 형식이다. 주관적 특수성이라는 이 원리는 현대사회의 추동력의 기능을 충족하며, 시민사회의 활력 원리, 사유하는 활동의 전개 원리로서 작용한다(§206).

시민사회에서 특별한 역할은 직업을 이끌어가는 산업 신분에게 부여된다. 이 신분은 산업 노동자와 상업 신분을 포괄하는 신분으로 오성과 반성('반성의 신분')[99]의 전개에 의지하며, 공동의 도시적·법적으로 안정된 생활양식을 필요로 한다. "직업, 즉 산업 신분은 시민사회의 주된 신분이다. 현대 국가에서 이 신분은 거대한 중요성을 얻었다"(Gr 519). 이 신분이 시장에 출현하면서 언제나 성공과 실패 사이에서 출렁임이 있었고, 이 신분은 위험 부담과 모험의 신분으로, 독립성의 신분이자 불안정성의 신분으로 간주된다. "거대한 독립성이, 하지만 불안정한 독립성이 이 신분과 결합되어 있다"(Gr 520).[100] 또한 "부를 통해 창출할 수 있을 향유와 관련하여 만족 없음, 무절도, 무한정성" 등이 이 신분을 대표한다(Gr 519). **신경제**라는 시장근본주의자들의 이해에 자극을 받은 몇몇 무절제한 옹호자에게서는 특히 탐욕, 오도 그리고 (신용 위임에서) 사기, (결산에서) 조작 등, 전체적으로 말하자면 도덕적 해이가 등장한다.[101]

현대의 불안정한 삶의 양식은 욕구 체계에 정초되어 있다. 불안정성이라는 이 계기는 전체 현대 세계의 특징을 이루며, 지난 10여 년간 전체 (외견상 안정되었던) 삶의 형식의 불안정성 내지 무보장성의 형태로 등장

---

98   ALR Th, I, Tit, 1, §6.
99   오성, 땀 그리고 숙련성으로 자연생산물을 형성하는 것이 주업무이다(Bl 166).
100 현재 이 '불안정성'의 상황은 사회의 거대한 부분을 차지하고 있는데, 이는 경제적 삶의 상황의 '천민화'로 묘사된다.
101 Stiglitz, *Im freien Fall*. Roubini/Mihm, *Das Ende der Weltwirtschaft*, a.a.O.

했다. 현대사회는 위험사회(Ulrich Beck)로 드러난다. 그 근거는 현대성의 본질에, 즉 "그 구성원들에게 그물 없이 활동하도록, 따라서 과학, 종교, 정치, 윤리 혹은 예술 등으로 등장하는 '소여된 것'에 의탁하지 않도록 강요하는 삶의 형식에 놓여 있다." 현대의 자기의식은 ── 테리 핀카드(Terry Pinkard)는 계속 말한다 ── "항구적으로 스스로를 안정시키는 자기만의 자기이해에 잠입하며, 스스로를 어떤 확고한 발판도 갖지 않은 것으로, 토대를 스스로 만든 자로 이해한다."[102] 부정성이 현대 자체에 내재해 있으며, 이 부정성은 헤겔에 따르면 극복될 수 없다. 그리고 이 부정성이 현대성의 가능조건이기 때문에 이 부정성은 언제나 재생산되지 않을 수 없다. 부정성, 찢김, 소외 등으로 각인된 현대 세계는 "깨지기 쉬운 아름다움"[103]으로서 개념적으로 파악할 수 있고 '길들여질' 수 있으며, 인간화되고 또 실천적 의도에서 '화해'될 수 있다.[104]

"자신의 내용에 맞게 보편성의 형식을 가지는 보편적 목적"이 보편 신분의 업무이며, "도야(/교양, 문화)는 여기서 특히나 중요하다." 법·정치·과학·예술 등은 이 보편적 신분에 의지한다(Gr 521).[105] 헤겔은 특수한 귀속에 상응하는 심정을 일종의 신분의식으로, 직업 구성원 사이에서 그에 상응하는 연합을 표현하는 인륜적 심정의 형식으로 묘사한다. 오늘날 농민연대, 수공업자 연대, 산업조합과 상업조합, 공무원 연대 혹은 학자연합 등으로 나타난다.

특수성의 원리는 욕구 체계의 추동력으로서, 시민사회의 본질적인 원인으로 정밀해진다. "여기서 인간의 욕망을 자극하는 사물의 수는 무한

---

102 Terry Pinkard, Der sich selbst vollbringende Skeptizismus und das Leben in der Moderne, *Skepsis und literarische Imagination*, hg. v. Bernd Hüppauf/Klaus Vieweg, München 2003, S. 61f.

103 Ebd., S. 62.

104 헤겔의 현대 이해에 대해서는 다음을 보라. Pippin, *Idealism as Modernism*, a.a.O.

105 코젤렉은 공무원 사회에 대한 헤겔의 서술을 명시적으로 부각하여, 다른 국가 제도가 공적인 안녕과 합리적 자유를 보장하는 신분을 가지는지 보여 준다. Koselleck, *Preussen zwischen Reform und Revolution*, a.a.O., S. 263.

하며, 매일 이들에게 새로운 것이 제공되는데, 이들은 이것을 열렬히 추구하거나 아니면 불만족하여 포기한다."[106] 이 파편화된 주관적 특수성이라는 이 원리는 산업적 시장사회의 위협적이고 불안정한 측면을 위한 토대이다. "어떤 관점에서 볼 때 위기는 자본주의 유전자의 확고한 구성요소이다. 자본주의에 활력을 불어넣는 바로 그 요소, 즉 혁신력과 위험부담에 대한 관용은 다른 한편에서 보면 토대의 위기와 신용의 위기, 그리고 치명적인 붕괴 등을 촉발하는 것이기도 하다.[107] 하지만 이런 특수성, 즉 구체적 인격의 전개와 보증이 없을 경우 — 이들은 이중의 얼굴을 하고 있는데, 특히 혁신능력과 파괴능력의 대립, 진보와 불안정의 대립으로 나타난다 — 자유로운 공동체 사상은 충분히 근거지어질 수 없다. 자의는 자유의 필연적이고 내적인 계기로 드러난다. 이 그림자(이것도 인간에 속한다.)를 제거하고자 하는 시도는 수용할 수 없는 비용을 지불해야 한다. 이에 대한 구체적 상은 아델베르트 폰 샤미소(Adelbert von Chamisso)의 페터 슐레밀 이야기가 잘 보여 준다. 슐레밀은 자신의 그림자를 악마에게 황금을 받고 팔았지만, 아무런 행복도 얻지 못한 인물이다.

위에 말한 특수성을 제거하려는 시도들, 자연스럽게 따라 나오지만 언제나 좌초하고 마는 이런 시도들은 공동소유 혹은 공동체적 소유라는 개념을 언제나 곤란하게 만든다. "재산(능력)의 불평등은 자연의, 특수성의 법(/권리)이다. 왜냐하면 자연, 특수성은 상이함이기 때문이다"(Hom 315). 이로부터 현혹적으로 이끌려 나오는 평등에의 꿈은 언제나 개별적 특수자의 주관적 자유를 파괴하는 데로 나간다.[108] 그러나 특수성을 이렇게 해방하는 것**만으로는** 자유에 대한 적절한 근거짓기가 좌초할 수밖

---

106 Garve, Über die Moden, a.a.O., S. 229.
107 Roubini/Mihm, *Das Ende der Weltwirtschaft*, a.a.O., S. 13.
108 헤겔의 이 통찰은 헤겔을 그저 마르크스주의의 단순한 선구자로 무비판적으로 선언하고 있는 슈네델바흐의 *Hegels praktische Philosophie*에서 적절히 고려하고 있지 않다. 그런데 나의 이 저작이 헤겔과 마르크스의 원리적 차이를 보여 주는 자리는 아니다.

에 없다. 특수한 개별자의 욕구의 만족은 성공하거나 (책임 없이) 성공할 수 없다. 자기규제와 자기치유의 순수한 교설을 지지하는 자들은 시장을 자유의 참된 성배로 받아들인다. 그러나 명백히 시장에서의 자유란 자의적·우연적 연관에 놓여 있으며,[109] 따라서 자의와 우연이 (의도적이든 그렇지 않든) 자유와 혼동되어 있다. 따라서 여기에서 자유는 여전히 오성, 반성, 불충분한 보편자 단계에 머물러 있다. 시장은 악마로 취급되어서도, 성자로 취급되어서도 안 된다. 시장이 자유의 중요한 가능조건이기는 하지만 **자유롭다**는 특성이 시장에 결코 귀속될 수 없다. '자유로운' 시장을 말하는 사람은 명백히 사취행위를 하는 것이다.[110] 자유시장이라는 믿음은 파괴적인 결과를 낳으며, '시장의 포기'로 나아가며, '규제는 혁신을 죽인다'는 시장근본주의적 주술은 더 이상 유효한 것으로 제기할 수 없다.[111] 사회주의적 공동소유와 시장근본주의는 국부에 참여하는 방식의 적대적인 두 모형으로서, 이 두 모형의 불충분함과 지속될 수 없는 특성에 대해서는 다시 검토하게 될 것이다.

적어도 흄 이후로 일반화되었듯이, 이 추론(결론)은 경험의 추론으로, 따라서 주관적 추론으로 기록되어야 한다. 보편성은 완전성으로서만 시야에 나타나며, 따라서 하나의 과제로 남아 있다. 즉 개별자는 보편자와 동일**해야**(soll) **하며**, 따라서 통일은 항구적 당위(Sollen)로 머문다. 시민사회의 구성원인 구체적 인격은 동등하면서 동시에 동등하지 않게 존재해야(soll) 하며, 단순한 인격성도 순수한 안녕도 다시금 귀납적 추론이라는 일면성으로 드러난다. 보편성은 개별자의 규정에 외적으로 머물지만, 본질적으로 이 추론이 개별성을 즉자적으로는 그 자체 보편자인 **중심**으로 가진다는 사실을 기억해야 한다.

---

109 주식시장에서 이윤이냐 손실이냐, 안녕이냐 고통이냐는 순간적으로 결정된다.
110 유사한 방식으로 해방이라는 용어를 위해 사용한 '방임'(Freisetzung)은 '냉소'로 간주해야 한다.
111 Stiglitz, *Im freien Fall*, a.a.O., S. 40.

5. 시민사회의 두 번째 단계: 법질서, 사법 그리고 권리 (/법)의 보편성

너는 그것을 할 수 없지

(You Can't Do That)

사법(司法)을 다루는 것은 시민사회의 두 번째 단계인 가운데 부분을 다루는 것이다. "우연한 특수성의 원리는 자연적 욕구와 자유로운 자의에 의해 매개된 체계로, 이 체계의 보편적 관계로, 그리고 외적 필연성의 발걸음으로 형성되어 있는데, 이 원리는 이 체계 속에서 우선 **형식적 권리**를 자기만의 확고한 자유규정으로 갖는다"(Enz §529). 여기에서 지양에 대한 헤겔의 진전된 사유모형을 볼 수 있다. 유지되어야 하는 형식적 권리(간직함)는 여기서 보다 고차적 차원(상승)에서 현상하며, 동시에 그 안에서 단순한 추상적 권리는 극복(부정)된다. 반성추론은 논리적으로 엄격하게 **필연성의 추론**으로 이행한다. 이 추론은 한갓 추상적 규정에 따라 보편자를 그 자체 본질적으로 규정된 것으로서 중심으로 갖는 추론이다. 첫 번째 단계에서 ── **정언추론** ── 특수자는 규정된 유나 종의 의미에서 매개하는 규정을 대표한다(Enz §191). 구체적인 인격적 지위로 있는 모든 개별자는 시민사회라는 유에 귀속된 자들이다. 여기에서 형식법(/형식적 권리)을 상기할 필요가 있다. 인간 존재는 유에의 이런 귀속성을 보증한다. 왜냐하면 인간은 '인간임'(인류, Mensch-heit)이기 때문에 인간으로서 유효하기 때문이다. 그에게 권리(/법)라는 보편성이 따라오는데, 법률을 통해 문서화된 만인을 위한 평등한 권리(/법)라는 의미에서, 즉 추상적 인격체의 평등이라는 의미에서 그렇다. 나는 시민사회의 맥락에서 **보편적** 인격체로 간주되는데, 여기에서 **만인**은 동일하다(Enz §191). 사자, 코끼리, 늑대, 악어 등이 네 발 달린 동물의 유를 이루는 것과 마찬가지로, 나라는 존재는 파편적이면서 보편적인 인격체로서 시민사회라는 유를 형성한다.

욕구 체계에서 특수성(B)이, 따라서 도덕법의 원리(『법철학』제2장)가 아무런 제재 없이 전개되면서 결국 결핍된 형식의 보편성에 다다르게 된 이후에도, 처음에 추상적·형식적 권리(/법)(제1장)에 의해 대표된 원리 A(보편성)는 여전히 제약 없이 유효하다. 이 권리는 욕구 체계의 필연적인 기능조건으로 드러난다. 형식적 권리가 없으면 교환도, 계약도 없으며, 규칙이 없으면 기능하는 시장도, 주관적 특수성의 전개도 없다. 사적 소유의 원리, 시장의 원리 그리고 이 형식적 권리라는 원리는 하나의 필연적 통일체를 설립하지 않으면 안 된다. 시장근본주의적 입장이라는 변이에서와는 달리 권리(/법)는 "욕구 체계에서 이질적 몸체가 아니다. 그것은 그 안에서 이미 자기 원리의 통합적 계기(지식과 의지의 고유한 특수성으로 **해방된** 실존의 계기)이다."[112] 그런데 보편자와 특수자의 이러한 통일이 **사법**에서 산출되는데, 이 산출은 여기서 특수자의 **한** 차원을 되돌아볼 때만, 즉 추상적·형식적 법(/권리)을 고려할 때만 규칙과 법률로 유효하게 서술되면서, 법관의 특별한 주체성 안에서, 권리(/법)를 돌보는 가운데 수행된다. 특수성의 왕국으로서의 욕구 체계 영역은 스스로 특수성으로 귀속된다. 추상적 자유의 보편성(제1장), 즉 소유권과 안녕의 권리는 예외 없이 모든 행위자에게, 따라서 원리적으로 유효해야 한다. 이때 더 이상 개별자의 주관적 권리 그 자체가 문제되는 것이 아니라 재산의 보호, 안녕의 보장 등과 같은 모두에게 유효한, 현실적이고 객관적인 권리(/법)가 문제된다. 이러한 권리(/법)는 보편성(A)의 좀 더 진척된 단계인 사법을 수단으로 하여 가능해진다. 따라서 이 법(/권리)은 **보편적으로 인정된, 의식된, 알려진, 의지된, 정립된, 관철될 수 있는** 권리(/법)라는 점에서 현실적이고 객체적이다.

이러한 이행은 『법철학』에 본질적인 요점을 포함한다. 즉 앞에서는 인간의 **표상**이 논쟁이었다면 이제 헤겔은 인간의 **사유**로의 결정적인 발걸음을 내딛는데, 이는 시민사회 연구에서 보편자를 유효하게 함이라는 의

---

112   Fulda, *Hegel*, a.a.O., S. 219.

미에서 엄청난 영향을 갖는다. 법(/권리)이라는 사항은 이제 불가피하게 **사유**를 요청한다. 감성, 표상 그리고 오성은 극복되어야 하며, 이는 다음의 결정적인 문구를 전체 정치적 구상을 위해 명료하게 만든다. "**인간은 자신이 유대인, 가톨릭교도, 개신교도, 독일인, 이탈리아인 등이어서 인간이 아니라 인간이어서 인간으로 간주된다**"(§209). 나이, 피부색, 성별, 인종적·종교적 혹은 국가적 귀속성 등, 자연적·문화적 차이 모두를 도외시해야 한다는 사실도 여기에 덧붙일 수 있다. 이것이 바로 **인격체의 보편적 인권**, 오늘날의 정치적 언어로 말하면 보편적인 반차별의 원칙이다. 헤겔에게 사상에 기초한 이 의식은 '무한히 중요'하다(§209). 정당한 자들과 부당한 자들의 모든 주장은 이 보편자에 기초하여 배제되는데, 이는 인격체의 모든 비자립성, 멸시 혹은 억압 등이 배제되는 것과 같다. 특히 사람들의 자연적 차이에 호소하는 모든 것은 구시대적인 것으로 간주된다. 헤겔은 이러한 사실을 카를 루트비히 폰 할러(Karl Ludwig von Haller)와의 논쟁에서 분명히 한다. 할러는 법의 토대를 **사유에서가 아니라** 강자가 약자를 억압하는 우연적인 자연적 힘에서 찾은 것으로 평가받는다.[113] 몇몇 사람이 아니라 인간 일반이 바로 "인격체로 인정되며 동시에 유효하다"(Enz §539). 헤겔은 위에 언급한 이유에서 나치의 이데올로그인 로젠베르크에 의해 반독일적·'반인민적' 세계시민주의자라고 욕을 먹었다. 나치 국가는 대량학살과 민족학살에 이르기까지 권리를 인정하지 않는 체계적 정치를 밀어붙였다. **민족적 상대주의**라는 로젠베르크의 급진적 주장은 국가와 문화의 원리적 다양성에 의존하고 있으며, 그는 인간성이라는 이념의 해체를 요구했고, 영혼을 하나로 간주하는 "절

---

113 헤겔과 할러와의 논쟁에 대해서는 §58을 보라. "프리스와 프리드리히 카를 폰 사비니(Friedrich Karl von Savigny)가 법률의 객체성에 인민의 삶의 풍부한 내용과 자발성을 대립시켰던 곳에서 할러는 '자연'의 풍부한 내용과 소진되지 않는 생명성을 대립시켰다." 법(/권리)의 객체성(그리고 나폴레옹 법전)을 이처럼 거부한다는 점에서 위에 언급한 세 사람은 동일하다. Domenico Losurdo, *Hegel und das deutsche Erbe*, Köln 1989, S. 266ff.

대적인 보편주의적 체계"를 명백히 거부했다.[114]

노예제에서 개별 노예는 인격체로 받아들여지지 않으며, 노예에게 결여되어 있는 것은 인격으로의 인정이다. 하지만 인격성의 원리는 참된 보편성이다.[115] 권리가 탈취되고 인정이 이뤄지지 않으며 배제가 있는 어떤 도시나 공동체에서도 자유로운 주체 그 자체는 "무한한 가치와 무한한 자격을 갖는 자"로 아직 온전하게 존중되지 않는다(Enz §163, Z). 현대 공동체의 이상적 유형을 구상하는 이런 **보편주의적** 의도에 대해 다음과 같은 아주 특징적이고 분명한 문장도 고려되어야 한다. "하지만 인간을 자유나 예속으로 몰고 갈 권리나 무권리의 근거가 결코 출신으로부터 산출될 수는 없다. 인간은 그 자체로 이성적이다. 여기에 모든 인간의 권리의 동등성(/평등)의 가능성이 놓여 있으며, 권리를 가진 인간종과 그렇지 않은 인간종을 완고히 가르는 일의 무실성이 놓여 있다"(Enz §393, Z).[116] 나는 보편적 인격체로, 의지의 주체로 사유되어야 하고, 그 속에서 모든 구체적인 나는 그 인격성에서 동일하며, 이렇게 법공동체의 토대를 형성한다. **특수한 구체적 인격체의 평등**이라는 이 원리는 위엄과 가치, 인간 존엄의 불가침성, 이성적이고 자유의지를 사용하는 모든 존재의 존엄의 불가침성의 토대를 이룬다.[117] 좀 더 정확히 하자면 **모든 의지주체의 존엄**이라고 말하는 것이 옳겠다. 왜냐하면 여기서 아직까지 알려지지 않은 주체들, 예컨대 「스타트렉」에서 여행하는 불칸이나 클링온 족들도 이에 포섭될 수 있을 것이기 때문이다(스폭의 뾰족한 귀는 결코 장애로 기술되지 않는다). 이것은 "인간성, 모든 이성적 자연 일반을 목적 자체로 보는 원리"[118] 위에 세워져 있다. 여기서 중요한 것은 이성적인 존

---

114 Alfred Rosenberg, *Der Mythus des 20. Jahrhunderts*, München 1934, S. 136.

115 Enz §163. "노예는 매 순간 자신의 족쇄를 파괴할 권리를 가진다. (……) 그의 권리는 신성불가침이다"(Gr 239).

116 '1948년 UN 인권협약' 참조.

117 이 원리는 보편적(우주적)으로 유효하며, 가능한 모든 이성존재에게 유효하다.

118 Kant, GMS, AA IV, 430.

재이며, 모든 인간의 존엄, 모든 의지존재의 존엄이다. 이러한 사실은 독일 헌법의 첫 문장에 기록되어 있다. "인간의 존엄은 불가침하다." 우리 시대의 국가에서 — 헤겔에 따르면 — "인간을 권리(/법)능력을 갖는 존재로 정의하는 것이 법률서의 맨 위에 위치하도록 한다"(§2, A). 인격체로서의 인간의 보편적 권리(인격권)인 인권은 헤겔에게 **양도될 수 없고, 유예될 수 없으며, 불가침하며,** "그 자체로 절대적"(Hom 263)이다.[119]

"내가 보편적 인격체로 파악된다는 것, 그리고 그 인격체에서 **만인이** 동일하다고 하는 것은 보편성의 형식으로 있는 개별자의 의식으로서의 사유에, 도야에 속한다"(§209).[120] 자신이 인간 존재에 근거해 있는 **인간의 인격적 존엄이라는 이런 보편주의적 원리**와 더불어 모든 종류의 특수성을 도외시한 채 우리는 헤겔 철학의 중심 사상에 도달했다. 이 원리는 현실적 인륜법이 존립하는지, 어떤 공동체에서 자유와 현대성이 중시되고 있는지 혹은 이런 가치가 그저 일부만 들어맞거나 전혀 들어맞지 않은지 등을 판단하는 시금석이다. 특별한 특수성에 기초하여, 예컨대 남자이거나 여자, 기독교인, 유대인, 무슬림 혹은 불교인, 백인이나 흑인, 사업자나 노동자, 이성애자나 동성애자, 키 큰 자나 작은 자, 비장애인이나 장애인, 토착민이나 이민자, 외국인이나 비외국인 등에 기초하여 인간에 대해, 따라서 보편적 인격체로서의 그의 권리에 대해 어떠한 가치 절하(차별)를 시도한다면, 이러한 사실은 자유로운 질서의 초석을 광범위하게 위협하고 손상하게 된다. 독일기본법의 인권목록에 나오는 다음의 문장은 그 필수불가결한 내용으로 인해 여기서 다시 반복하고자 한다. "누구도 자신의 성, 출생, 인종, 언어, 고향과 출신, 신앙, 종교적 혹은 정치적 견해 등으로 인해 차별받아서는 안 된다"(GG Art. 3, 3). 법(/권리)이라는 사실에 필수적인 사유와 더불어 시민사회를 특징짓는 반성, 오

---

119 이 원리 역시 '1948년 UN 인권협약'에 나와 있다.

120 "한 개인을 인간으로, 인격체로 고찰한다는 것은 도야의 엄청난 발걸음이다. 우리가 인간이라고 하는 것을 최고의 것으로 삼는다는 것은 위대한 진보이다"(Rin 127).

성, 형식적·추상적 보편성 등의 원리는 이미 극복된다. 시민사회의 이 두 번째 단계로부터 이미 사유는 규제와 조정이라는 보다 높은 형식으로의 지양을 위한 결정적 움직임으로 성장한다. 이 규제와 조정은 바로 이성적·개념적 사유에 기초하는데, 처음에는 시장구조를 위한 이성적 규칙과 적절한 질서의 윤곽에 기초한다.

§209에서 사법을 **도야의 영역**으로 부각한 것은 여전히 중요한 요소로 남아 있다. 이 영역은 "그 자체 도야(/형성)로서 권리가 보편적으로 인정된 것으로, 알려지고 의지된 것으로 존재할 수 있도록, 그리고 알려짐과 의지됨을 통해 매개됨으로써 유효함과 객관적 현실을 가질 수 있도록 이 권리에 현존재를 부여한다." **현존재와 현실(성)**이라는 논리적 범주로 전개하는 가운데 법률, 즉 실정법이 등장하게 된다(§211). '즉자적' 법(/권리)이 이제 객관적 현존으로 정립된다. 이것은 법(/권리)의 형성(/도야)이며, 법(/권리)의 유효함을 **보편타당한 것**으로 아는 것이다(§210). **법(/권리)의식**의 발생은 '보편자로 성장해 가는 데' 있어서 엄청나게 중요하며, 법에 대한 지식의 보편성과 법의 유효함의 보편싱을 산출함으로써 사법은 보편자의 영향력 행사에 기여하게 된다. 이러한 사실은 a) 일반적 법률서(법률 저작)를 통해, b) 법률에 대한 일반적 숙지와 일반적 보증을 통해, 그리고 c) 재판을 통해 수행된다. 이때 보편성은 여기서 철저한 **독립성과 초당파성**에서 기인한다. 법률서에서 형식적 법은 적절한 형태를 획득할 수 있고, 이를 통해 법의 구속력은 커진다. "어떤 것을 보편자로 정립한다는 것, 즉 그것을 보편자로 의식한다는 것은 알려져 있듯이 **사유한다**는 것이다"(§211). 근본적인 법 규정은 이런 사유하는 정당성을 필요로 한다. 사법(법(/권리)의 보호, 법의 집행 등)이라는 실천의 또 다른 수준에서 보듯이 이러한 사유는 자기에게 적합한 형식으로 전달된다. 즉 언어로 그리고 구속력 있고 검증 가능한 문자 형식으로 전달된다. 법(/권리)에 대한 보편적 앎은, 그리고 고지와 앎을 동등한 정도로 요구하는 법의 공개성 혹은 공중성(b)[121]은 보편적 인정으로, 보편적 보증으로 나아

가야 하며, 구속력 있는 형식의 법 작용으로 표현되어야 하고, 결국에는 다시 문자 형식(법률서, 명세서, 부동산 목록, 상업등기 등)으로 표현되어야 한다. **보편성의 더 나아간 영역**은 c) 공개적이고 독립적인 심급인 법정을 통한 보편적 평결을 형성하는데, 이 법정은 명백하게 보편성을 대표해야 한다. '인민의 이름으로'라는 말은 심사와 판결의 질서 있는 절차를 포함하는데, 그런 평결에 반대하여 상소와 항고가 가능해야 한다. 평결의 전체 활동은 그런 한에서 보편적인 것으로 서술할 수 있으며, 그것은 인격체의 위신에 상관없이(어떤 법률도, 어떤 재판관도 돈과 명성으로 '구입'할 수 있어서는 안 된다) 진행되어야 하며, 특수성에 대한 고려 없이 그리고 예외 없이 진행되어야 한다. 누구도 법 외부에 서 있지 않으며, 이는 **모든** 사적 인격체에게 **동등한** 방식으로 적용된다. 법적인 것을 보편적인 것으로 보는 이런 심정은 자유로운 공동체를 구성하고 유지하는 데 대단히 중요하다.[122] 전체적으로 볼 때 헤겔이 이 단락에서 전통적인 법치국가의 근본 좌표를 놓았다고 할 수 있다.

따라서 자유에 입각한 현대의 사법, 실증법 등에 대해 상세하게 근거 짓지는 않지만, 몇몇 본질적 기둥을 **철학적으로** 정초한다. 그것도 자유의 실천철학의 일부로 그렇게 한다. ─ 만인의 법적 행위의 토대로서 보편적 법률서, 보편적 구속력, 공개성, 보편적 절차법, 독립성과 초당파성 등을 요구한다. 논리적으로 보면, 즉자적으로 존재하는 보편자의 이념을 특수성 속에서 상실하는 시민사회는 사법과 더불어 "즉자적으로 존재하는 보편성과 주관적 특수성의 통일"로 되돌아오지만, (여기에서 한계가 드러나는데) "개별 경우에서"만, 그리고 "추상법의 의미에서만"(§229)

---

121 ALR §§10~11. 하지만 §12에서도 다음과 같이 요구된다. "그러나 국가의 모든 국민은 자신 혹은 자기 조직과 행위와 관련이 있는 법률을 정확히 문의해야 한다. 누구도 자기에게 연관된 공개된 법률에 무지했다고 변명할 수 없다."

122 특히 법률을 멸시하는 자, 조직된 범죄집단 등에 의해 이러한 실천이 위협을 받는데, 부유한 무법자와 빈곤한 무법자들, 즉 부유한 천민과 가난한 천민에 의해서도 위협받는다. 이에 대해서는 '천민'을 다루는 제7장 6.3을 보라.

그렇다. 이러한 사실은 사법 영역에서 그 지위를 아직 충분히 규정할 수 없는 재판관이라는 개별성에서 드러난다. (헌법은 여기서 아직 주제화되지 않는다.) 이 단계의 업적 외에 이 단계의 결핍도 이미 분명하게 부각된다. 즉 특수성(B)이 자기 측면 중 하나에만 국한된다는 한계.

하지만 더 나아가 이 특수성의 전 영역과 이 특수성이 보편성과 맺는 연관도 사유되어야 하며, 개인은 형식법의 한갓된 주체로 축소될 수 없다. "이러한 통일이 특수성의 전체 범위로 확장되어 발전해(§229) 가야 한다는 요구가 생긴다. 그런데 이것은 귀납을 통해 성공할 수 없다. 따라서 헤겔은 다음 문단의 평가를 위해 결정적인 주석을 덧붙인다. 시민사회는 그럼에도 불구하고 "상대적 연합체"(§229)로 머문다. 이것은 이 영역에서 등장하는 모든 해결책이 — 예컨대 빈곤과 부의 문제, 판사의 역할 등 — 상대적이고 제약된 것일 뿐이며, 불충분할 수밖에 없다는 것을 말하고자 함이다. 왜냐하면 개념적 사유에 근거한 이성적 조직체 혹은 제어가 아직 제시될 수 없으며, 따라서 시민사회와 보다 높은 형식(국가) 사이의 구별이 불가피하게 남아 있기 때문이다.

6. 시민사회의 세 번째 단계: 조정과 규제

특수성(B) 원리와 보편성(A) 원리의 **상대적** 통일은 상이한 **질서기구와 규제기구**로 수행된다. 그 첫 번째 형태를 지시하기 위해 헤겔은 'Polizei'(경찰행정)라는 옛 용어를 사용한다.[123] 이 용어는 "'Politia'에서 유래하는데, 그것은 공적 삶과 규제함, 전체의 행위 — 이제는 모든 종류의 공적인 안전에 기초한 전체의 행위로 강등됨 —, 노조에 대한 감독 등"을

---

123   이 용어는 아마도 크리스티안 가르베에게서 유래했을 것이다. 그는 공동체의 훌륭한 질서라는 의미로 'Policey'라는 용어를 사용했더랬다. 그는 그 외에 ALR의 사전작업의 평가자로 활동했다(Koselleck, *Preussen zwischen Reform und Revolution*, a.a.O., S. 78).

포괄한다.[124] 더 나아가 '공적인 복지부양'[125]의 형식, 다양한 직업 분야에 기초한 결사체, 그리고 공동체, 두 형식의 **조합** 등을 통해 주제화된다. 특수한 주체의 형식적 권리만이 아니라 **복지권**도 유효한 것이 되어야 한다. 이를 다시 한 번 강조해 보자. 이 길은 일관성 있고 논리적인 길로 서술되지, 결코 헤겔의 박애주의적, 혹은 사회적 낭만의 꿈에서 기인한 것이 아니다. 자유인의 연합체로서의 시민사회는 **시장공동체이면서 연대공동체**이어야 하고, **능력공동체이면서 복지공동체**이어야 하고, **독자성과 연대성의 결합**이어야 한다. 이 종합에서만 시민사회는 번성할 수 있다. 즉 이 종합에서만 자유인들의 공동체로 서술할 수 있고, 자유를 보증할 수 있다. 시민사회가 의미 충만하게 기능하려면 연대적·사회적인 것을 함의해야 한다. 여기에 이미 급진적 시장이론에 대항하는 헤겔의 **사회적 국가이론**의 결정적 토대가 놓여 있다. 급진적 시장이론에 따르면, 복지를 국가의 목적으로 삼을 경우 결국 시장의 파괴로 나아갈 것이며, 사회적 정의는 사이비 종교적 미신에 불과하다.

시장을 유일한 치유자로 보는 시장근본주의적인 이데올로기는 이런 일면성으로 각인되어 있는데, 오늘날 이 이데올로기들은 도처에서 탈규제와 탈관료주의화라는 표제어로 보편성의 계기를 은밀하게 뒷문으로 몰아내고 있다. 이들에 따르면, 국가는 기획자와 위기극복자로 적합하지 않으니 제발 경제로부터 손을 떼야 한다. 그리고 문제와 위기의 순간에는 정문으로 들어와 공동체(와 국가)에 호소한다. 이윤은 당연히 행위자들에게 속하지만, 위협적인 경기가 지속되면 보편자가 책임을 져야 한다. 이렇듯 시장근본주의자들에게는 왜곡된 태도가 등장한다. 말하자면 이윤은 사유화하고 손실은 일반화 내지 '사회화'한다. 허리케인에 비유되는 2008년의 강력한 세계 경제위기는 월스트리트의 도박사들과 '프랑켄슈타인의 실험실'에서 배양된 목숨을 건 그들의 금융투기와 신용투

---

124 Hegel, *Jenaer Systementwürfe*, GW 8, 272.
125 Fulda, *Hegel*, a.a.O., S. 220.

기에 의해서만 야기된 것이 아니다. 또한 이에 더해 그 위기는 은행에 대한, 그리고 국제 금융질서의 투명하고 엄격한 규칙에 대한 불충분한 감독을 통해 야기되었다.[126] 여기서 우리는 시민사회의 아주 불충분한 형태(와 국가를 통한 아주 불충분한 규제)가 어떤 현상으로 나타날 수 있는지를 가르쳐 주는 모형을 본다. 이러한 위기를 통해 강력하게 배울 수 있는 것은 시장은 스스로를 치유할 수 없으며, 시민사회는 자신의 탈조직적 경향을 통제할 수 없다는 것이다. 존 메이너드 케인스(John Maynard Keynes)의 책『자유방임의 종말』(The End of Laissez-Faire)이라는 제목은 분명하게 확인된 이러한 사실을 적확하게 표현하고 있다.[127]

아주 놀랍게도 심지어 탈규제라는 성배의 완고한 수호자조차도 위기의 시대에 **국가사회주의적** 입장과 결정에 도달한다. 즉 세금을 수단으로 하여, 혹은 국유화를 매개로 하여 투기유발자들, 특히 '시스템 연관이' 있는 거대은행과 기업이 구제되어야 한다고 하는데, 이는 경쟁원리와 파산원리에 어긋나는 것이다.[128] 노벨경제학상 수상자인 스티글리츠에 따

---

126 Stiglitz, *Im freien Fall*, a. a. O., S. 42. "월스트리트라는 프랑켄슈타인의 실험실에서 전문가들은 위험 부담이 있는 새로운 상품을 머리를 짜내 고안해 냈다. (······) 그것도 그들이 만든 괴물을 제어할 어떤 보호장치도 거의 없는 상태에서 말이다."

127 케인스의 다음의 글은 이러한 의미로 전해진다. "퇴폐적인 국제적·개인주의적 자본주의는 실패했다. 이런 자본주의는 지적이지도, 아름답지도, 공정하지도, 덕스럽지도 않다. 무엇보다도 이 자본주의는 자신이 약속한 것을 지키지 않았다" (Roubini/Mihm, *Das Ende der Weltwirtschaft*, a. a. O., S. 23에서 재인용).

128 자국의 국제 금융시장의 탈규제는 지난 몇 년 동안 수백억 재산을 없애 버렸다. 목숨을 건 투기에 몰두하여 수백억 달러에 달하는 엄청난 이윤을 건져냈던 미국의 몇몇 은행의 위기가 그 예에 속한다. 이들 은행은 수년 동안 은행감독의 영향력을 약화시키고, 국가를 탈규제로 이끌어갔다. 하지만 그 후 위기가 닥치자 이들 은행은 공적인 영향을 받고자 했으며, 수십억 달러의 자금을 요청했다. 슈네델바흐는 규제와 조정의 사상과 연관하여 헤겔의 현대성 모델을 이끌어왔고, 헤겔은 "현대의 사회적·정치적 도전에 대해 제도적인 답변"을 했다고 확고히 말한다. 말하자면 헤겔은 법치국가의 사상을 사회적 국가와 결합했으며, 또 법(/권리)과 복리(/안녕)를 사회적 국가의 목표로 확고히 했고, 개인의 자유를 추상적 권리요청으로만이 아니라 '삶의 현실'로도 요청했으며, '순수한 경제자유주의의

르면, 위기의 아이러니는 국가의 영향력을 가능하면 제약하고자 한 시장 근본주의자들의 노력으로부터 반대의 결과가, 말하자면 경제에 대한 국가의 힘이 가장 강력해졌다는 데 있다.[129] 냉소자들은 월스트리트를 **인민공화국**으로 바꾸자고 제안하는데, 이것이 아주 부당하지는 않다. 하버드 대학의 경제학자 케네스 로고프(Kenneth Rogoff)는 이런 금융질서를 이제는 훨씬 더 아주 날카로워진 규칙으로 얽어매야 할 괴물이라고 말한다. 왜냐하면 국가의 보증은 은행에서 위험 부담을 걷어냄으로써 그 부담을 납세자들이 짊어지게 되기 때문이다.[130]

탈규제가 아니라 예방적이고 의미 있는 조정이 필수적이다. 이성적 계획은 개인의 자유를 침해하지 않고서 산업적 시장질서에서도 가능하다 (Keynes). 이탈리아 피에몬테 주에 있는 아스티 현의 주 1회 개장하는 조그마한 시장조차도 규칙과 감독을 필요로 한다. 시장은 교환의 장소이자 도시의 합리적 설비이다. "엄격한 안전규칙과 교통규칙을 가진 전 지구적 해상교통과 항공교통과 똑같이 전 지구적 자본유통도 규칙을 필요로 하며, 이와 더불어 재난을 피할 수 있다."[131] 경쟁과 이기심에 기초한 시장경제는 국내적으로도 특히 국제적으로도 자기규제나 자기정화를 위한 어떤 충분한 힘도 갖지 않으며, 이성적 조정장치와 형태를 필요로 하며, 이들 장치는 부분적으로 시장 자신에서 오기도 한다. 시장경제는 스스로 파멸을 막기 위해 '문명화'되어야 한다.

사유재산과 시장, 즉 특수성 일반을 거부하거나 전면적 부양국가를

사회적 정치적 한계'를 제시했다. Schnädelbach, *Hegels praktische Philosophie*, a.a. O., 특히 S. 344, S. 290.

129 Stiglitz, *Im freien Fall*, a.a.O., S. 44.

130 로고프와의 대담. *Süddeutsche Zeitung*, 1. Dezember 2009, S. 26.

131 헬무트 슈미트(Helmut Schmidt) 전 총리의 글을 인용했다. *Die Zeit*. 18. September 2008. 슈미트는 인상적으로 이런 '투기주의'의 위험을 경고하며, 이를 '맹수자본주의'라고 말한다. 그런데 우리는 (귀뚜라미나 늑대 혹은 하이에나 등과 같은) 동물과 비교하지 말아야 할 것이다. 왜냐하면 이는 이런 동물들을 공정하게 다루는 것이 아니기 때문이다.

설치하고자 하는, 따라서 자유의 토대를 원칙적으로 공격하는 이데올로그도 프리드리히 하이에크(Friedrich Hayek)와 밀턴 프리드먼(Milton Friedman)을 따르는 시장자유주의자들과 똑같이 일면적이다. 전체주의적 구조가 등장할 위험 가능성은 탈규제적, 야만적 시장구조의 좌절로부터서만이 아니라 사회주의적·공산주의적 공동재산이라는 환상으로부터서도 성장한다. 사유재산, 경쟁 그리고 시장 및 시장에 대한 이성적 감독과 사회복지기구 등에 의존하는 시민사회는 따라서 자유를 왜곡하여 간직하고 있는 시장근본주의적 초탈규제('시장이 모든 것을 규제한다')로부터 보호되어야 할 뿐 아니라, 또한 시장을 파괴하고자 하는 사회주의적 시도로부터서도 보호되어야 한다. 왜냐하면 이 **두 입장**은 자유를 끊임없이 입에 달고 살지만 시민사회의 자유로운 토대를 파괴하는 경향이 있기 때문이다. 이 두 입장의 결과는 합리적이고 자유로운 국가가 아니라 **국가사회주의**로 귀결한다.

완전한 귀납의 불가능성, 지금까지 알려진 개별 사건에의 한정, 복리(안녕)에 있어서의 불평등과 권리에서의 평등의 대립 등은 중심에 대해 더 나아간 규정을 하도록 강제한다. 법(/권리)과 법률의 영역에서 언제나 실정법의 수정을 요한다는 사실, 그리고 가난한 자는 유약한 법정변호사에 의지하는 데 반해 부유한 자는 값비싼 스타 변호사를 고르고 수행할 수 있다는 사실 등에서 이러한 문제가 잘 드러난다. 헤겔에 따르면, 귀납의 진리(즉 귀납이 의지하고 있는 것)는 그 중심이 직접적으로 즉자적으로 보편자인 개별자를 서술하는 추론에 놓여 있다(WdL 6, 387). 여기서 개별자란 자신의 본질적 보편성의 의미에서 존재하는 자이며(Enz §190), 그것의 중심은 분리된 채 머물러 있다(E이지만 A도). 이러한 사실은 불완전한 추론으로 선언할 수 있다. 여기서 논리 영역을 떠나게 될 위협이 제기된다(시민사회는 자기 안에 자신을 해체하고 무화할 잠재성을 가지고 있다). 시민사회의 사적 인격체, 구성원, 참여자들에게 '부유한'이라는 속성이 부가된다는 점으로부터 다른 구성원들에게 동일한 유로 존재하는 시민사회에도 '부유한'이라는 동일한 속성이 귀속될 수 있다는 것이 추론된다(Enz §190). (물론 이것은 엄격한 의미에서 추론이 아니다.) 그렇다면 요구사항은 다음과 같다. 특정한 보편성, 즉 유로서의 개별성의 산출, 욕구체계와 사법 등의 고루함의 극복, 따라서 B와 A의 재근접, 소외의 극복과 화해의 시작 등이 요구된다. 이때 특수성의 권리에는 언제나 충족이 있어야 한다. "반성이 자신(시민사회의 구성원)의 행동을 지배하고, 특수한 욕구와 안녕이라는 목적이 지배하는 영역, 그리고 욕구의 만족에 우연성이 지배하고, 우연적인 조력과 개별적 조력을 의무로 만드는 영역에서 도덕법은 자신만의 자리를 차지한다"(§207).

특정한 보편성의 형태로 나타나는 여기 제시된 개별자는 이렇듯 결합하는 중심으로, 예컨대 '제2의' 가족인 조합 형태로 등장한다(§252). 여기에서 자연적인 인륜적 가족과 반성된 공동체는 구성원이 특수한 형태의 보편적 삶을 수행할 수 있도록 하나의 결합을 추구한다. 이제 그 중심점에 **감독, 규제** 그리고 **사회적 조력**이라는 사상이 서 있다. 이 사상은 현대사회의 기능조건으로, 헤겔 현대성 이론의 구성적으로 교차된, 본질적인 범주적 요소로 산출되어야 한다.

6.1 감독과 사회적 조력—배려와 대비: 시민사회에서 공공복리의 원리

> 도와줘!
> 당신은 정말로 날 붙잡고 있어요
> (Help!
> You Really Got A Hold On Me)

마침내 21세기 초에 **감독, 규제** 그리고 **사회적 배려**와 같은 주제가 정치적·이론적 논쟁의 중심에 서게 되었는데, 적어도 이 맥락에서 헤겔의 엄청난 기여를 잊거나 폄훼해서는 안 된다. 바로 여기에 그의 실천철학의 중요한 업적이 놓여 있다. **현대의 규제공동체, 그리고 사회복지 형태**

의 공동체를 입안한 것이 그것이다. 그의 입안은 시장질서에 기초한 법치국가와 사회적 국가의 토대가 된다.[132] 헤겔은 이미 보았듯이 권리와 안녕(/복리)의 통일에 의지한다. 여기서 당연히 한갓 형식적인 것(사법, Rechtspflege: 권리(/법)를 보호하는 활동으로서의 사법활동)만 언급하는 것이 아니라, 법(/권리)은 내용을 가져야 하며, 따라서 여기서 개인의 복리(/안녕)라는 사상이 부각된다(Kiel 215). "근본적으로 개인의 권리라는 입장에서 출발함으로써 행복론적인 모든 요청을 제외하는 자유주의적 시각은 헤겔에 의해 철회된다."[133] 사법으로부터 공적 제어와 복지보호를 의미하는 '경찰행정'으로의 이행은 이러한 사실을 표시한다. 하지만 시장 맥락에서 모든 사적 인격체는 우연적인 상이한 힘의 노리개가 된다는 것이 명백해졌다. 욕구 체계의 단계에서 모든 개별자의 지속과 복리는 자연적 특수성과 우연적 조건에 따라 실현 여부가 결정되는 하나의 가능성으로서만 나타난다(§230). 복리(/안녕)라는 목적에 반하여 등장하기도 하는 이 우연성은 지양되어야 하며, 특수한 복리는 권리(/법)로서 다뤄지고 실현되어야 한다(§230). 보편자를 위한 배려는 보편적 규제 혹은 형태를 요구한다. "특수자는 따라서 보편적 방식으로 일어나야 한다. 말하자면 모든 개별자의 복리는 만족에 이르러야 한다"(Bl 189).

6.1.1 감독과 외적 규제 — 좋은 행정('경찰행정')

감독과 좋은 행정은 "법(/권리), 복리(/안녕) 등을 우연성에 맡기지 않는 것, 무법(Unrecht)을 방지하는 것, 그리고 복리가 외적 우연성에 의해 다치지 않도록 하는 것"(Kiel 216) 등에 그 본질이 있다. 감독의 첫 번째 차원은 **안전**을 보증하기 위한 형식의, 그리고 법과 범죄에 대항하는 절차형식의 법적 **감시**(Beaufsichtigung)와 **간섭**(Intervention), 또한 영업활동

---

132 헌법 제20조는 사회적 국가의 원리를 확고히 하고 있다.
133 Wolfgang Kersting, Polizei und Korporation in Hegels Darstellung der bürgerlichen Gesellschaft, *Hegel -Jahrbuch* 1986, S. 373~82, 여기서는 S. 376.

처럼 **더불어 하는 공개적 행위**에 대한 특정한 **통제와 행정**을 포함하며, 혹은 시장에 대한 최초의 감독으로서 시장의 규제를 포함한다. 여기서 중요한 문제는 "공적인 힘을 가져야 하는 (······) 보편적 업무들"(Kiel 217)이다. 왜냐하면 이러한 관계와 매개의 총체는 개별자들에 의해 조망되고 통제될 수 없기 때문이다. 욕구 체계, 산업적 시장질서는 보이지 않는 손의 익명적 조화력에 맡겨질 수 없으며, 이 시장질서의 파괴적 역동성을 통제하기 위해 보이는 손이 필요하다.[134] 모든 감독체계의 점차적 무력화와 규제구조의 회피는 2008년 '시장실패'에 본질적으로 기여했다.

헤겔은 이런 문제를 다루기 위해 오늘날은 통용되지 않는 '경찰행정'(Polizei)이라는 용어를 사용한다. 이 용어는 당시에 좋은 행정, 훌륭한 질서를 의미했다.[135] 그는 '규제함', 조망과 인지, 그리고 '가능한 통치'라는 표현을 시민사회 내부에서의 조정 과정과 관련하여 사용한다.[136] 필요하고 적절한 이러한 간섭은 첫째 보건관청, 건축감독청 그리고 기술안전, 생필품 안전, 소비자 보호 등을 위한 기구 등이 수행하는 기술적 검토와 건강검사와 연관이 있다. 두 번째 간섭은 시장의 규제를 목적으로 한다. 이것은 일종의 영업감독으로서 공장감독, 시장감독, 은행감독, 주식시장 감독 등과 같은 모든 종류의 이윤추구의 활동영역에 대한 감독을 목표

---

134 Ebd., S. 379.

135 'Polizei'(경찰행정)에 대해서는 다음을 보라. *Geschichtliche Grundbegriffe. Historisches Lexikon zur politisch-sozialen Sprache in Deutschland*, hg. v. Otto Brunner/Werner Conze/Reinhart Koselleck. Bd. 4, 1978, S. 875~97.

136 시민사회의 공적 행정으로서의 경찰행정(Schnädelbach, *Hegels praktische Philosophie*, a.a.O., S. 288). "경찰행정(Polizei)이란 말이 일상적 의미에서는 제한적으로 사용되고 있기는 하지만, 여기서 적절하게 쓰인 용어이다"(Gr 587). 오늘날도 여전히 이 말은 감독이라는 의미로 사용된다. 예컨대 (그리스에서) '건축감독'(baupolizeilich) 혹은 '여행감독'(Touristikpolizei)의 형태로 쓰인다. 'polizia'라는 개념은 르네상스 시기에 이탈리아의 작은 도시국가들과 작은 제후국들에서 공공복리에 정향된 도시행정과 공적 질서라는 의미로 쓰이기 시작했다(Wolfgang Seidel, *Die alte Schachtel ist nicht aus Pappe. Was hinter unseren Wörtern steckt*, München 2007, S. 97).

로 한다. 보건체계와 하부구조의 형태도 이 맥락에 속하지만, 다른 계기에서처럼 시민사회가 국가의 구조를 선취하고 있으며 국가의 업무와 분리될 수 없이 결합되어 있다는 것도 분명하다. 정치적인 것 없이는 (건강의 보장과 같은) 공동의 복리를 위한 과업과 요청이 실현될 수 없다. 이때 **과잉규제와 과소규제**는 피해야 한다. 사태에 적합한 구체적 지식으로 각인된 감독이 중요하며, 과도한 감찰은 피해야 한다. 감독은 필요 이상으로 가서는 안 되며, 철저히 보충원리(Subsidiaritätsprinzip)의 정신에서 수행되어야 한다. 공적 삶은 이렇듯 가능한 한 자유롭게 형성되어야 하며, 전 방위적 감시는 부적당하며, 사적인 업무를 촉진하기 위한 자유, 정치적 자유가 필수적이다.

헤겔은 정당하게도 피히테의 폐쇄적인 상업국가를 한 사람이 다른 사람을 언제나 감시하는 '참된 노예선'인 경찰국가와 비교한다(Wan 163). 이 모든 것은 여기 이 시민사회 영역에서 (시장을 포함하여) 모든 사회적 과정에 대한 초규제로, 그리고 결국에는 조지 오웰(George Orwell)이 경고한, 다른 어떤 실체적 권리를 희생해서라도 통제를 통해 어떠한 일탈과 범죄도 방지해야 한다고 하는 국가안보체제로 나아가는 경향이 있다. 이러한 경향은 오늘날 시민사회의 토대도, 자유로운 국가의 토대도 위협한다. 피히테의 사회주의 전 단계적인 구상에 대한 자신의 날카로운 비판에서 헤겔은 이 '빅브라더 공포모델'을 원리에 입각하여 거부했다.[137]

그런데 방금 다룬 충돌은 감독의 이런 **내적** 형식의 한계를 드러낸다. 이러한 사실은 한편으로 (자기통제로서의) 내적·내재적 감독이 반드시 국가적 합법성을 필요로 함을 지시하며, 다른 한편 보다 고차적인 공적 규제와 조절의 불가피성, 즉 국가가 있어야 함을 시사한다. 헤겔은 내부의 전체 기능을 마비시킬 수 있고, 시민사회의 내적 메커니즘, **혼자서는** 해결할 수 없는 무역전쟁의 경우를 거론한다. 오늘날 특히 공장감독, 시장감독, 은행감독 및 기업의 거대 합병을 인가해야 하는 카르텔 감시관

---

137 이에 대해서는 제8장 「국가」 편을 참고하라.

청 등을 잘 살펴볼 필요가 있다. 왜냐하면 규제되지 않은 시장, 즉 '생업의 자유'라는 이 원리가 불공정한 독점으로(Gr 626f.), 따라서 **경쟁의 소멸과 시장의 해체**로 나아갈 수 있기 때문이다. 보편적 업무와 공익적 과업이라는 의미에서 수행되는 대비(Vorsorge)의 형식은 '보다 고차적인' 통제, '보편적 대비와 유도'를 필요로 한다(§236). 따라서 건강의 문제, 환경의 보호 그리고 하부구조 등과 같은 실체적·공동체적 사무는 본질적으로 시장원리에서 벗어나 있어야 한다. 이러한 사실은 오늘날 민영화의 광기와 대비된다.[138] "헤겔의 경찰행정 구상은 현대의 복지국가적 행정을 예견한다." 여기서 그것은 "자유방임주의의 냉소"와 대비된다.[139]

요약해 보자. 보편적 재산에의 참여 가능성에 대한 권리는 모든 개별자에게 보장되어야 하며, 모든 구체적 인격체에게 시민사회의 성원권이 부여되고, 어떠한 배제도 법 위반이다. "시민사회는 그 성원을 보호해야 하며, 그들의 권리를 방어해야 한다. 이와 동일하게 개별자는 시민사회의 법에 구속되어 있다"(§238).

6.1.2 시민사회의 근본문제로서의 빈곤과 부

> 아이야, 너는 부자란다!
> 나는 루저다!
> (Baby, You're A Rich Man
> I'm A Loser)

---

138 (철도 등에 대한) 사유화를 광분하며 주장하면서 다른 입장을 '사회주의적'이라고 공격하는 보수적 정치가들은 동시에 동유럽, 아시아 혹은 아랍 등에서 일어나고 있는 철도사유화에 대해 분노를 표시하면서 독일 기업들을 보호하기 위한 (보호주의적·사회주의적) 규제를 요구한다. (독일에서 철도는 국가 재산에 속하는데, 민영화의 논리가 진행되면서 부분적으로 민영화되었다. ― 옮긴이). 당연히 '실체적으로 공동체적인 업무란 것이 무엇인지, 예컨대 수자원 공급이나 에너지 공급 혹은 은행도 거기에 포함될 수 있는지 등의 문제를 해명할 필요가 있다.

139 Kersting, Polizei und Korporation, a.a.O., S. 377.

긴급권(/위급권)을 상론하는 가운데 법(/권리)의 이 새로운 단계가 구상된다. 이제 시민사회에서 중요한 것은 인격체와 소유의 안전만이 아니라 "개별자의 지속과 복리(/안녕)의 **안정**도 포함된다. 즉 특수한 안녕이 권리로 다뤄지고 실현되어야 한다"(§230). "빈곤의 발생은 시민사회의 결과이다. 그리고 그것은 시민사회로부터 필연적으로 드러난다"(Bl 193).[140] 예컨대 육체문제, 자신의 전체적 사회화의 맥락, 그리고 다른 우연적인 상황 등으로 인해 생겨난 개별자의 좋지 않은 불행한 전제는 시장에서 빈곤 상황으로, 극단적이고 지속적인 위기 상태로, 특히 육체적 필요에 한참 미달하는 사태로 나아갈 수 있다.[141] 오늘날 '심각한 (절대) 빈곤', '위기상황'[142] 등은 다음과 같이 정의한다. 즉 최소한의 인간 실존의 조건에 안전하게 다가갈 수 없는 사람들은 매우 가난한 자로 여겨진다. 충분한 의식주 및 의료적·교육적 근본 부양 등이 그런 기본적 실존조건이라 할 수 있다.[143] 우리는 여기서 엄청난 결과를 가진 이 책의 중심적인 가르침에 도달한다.[144] 빈곤의 문제는 잘 정돈된 개념의 단절을 의미하지 않는다. 즉 그것은 헤겔도 관찰한 것이 아니라 논리적 과정의 한 단계일 뿐이다. 열등한 잡종으로 성장해 갈 위험성은 사고도, 예견할 수

---

140 "시민사회의 원리에 따라 조직된 공동체에서 필연적으로 그 구성원 중 커다란 부분이 빈곤으로 떨어지게 된다." Horstmann, Hegels Theorie der bürgerlichen Gesellschaft, *Grundlinien*, a.a.O., S. 210.

141 학문과 관련이 없으며 그 나라 말을 잘 구사하지 못하는 가난한 집안 출신의 학습능력이 떨어지는 아이는 그런 전제를 가진 아이다. 그는 '먹고살 수 있을지', 그리고 '적당한 삶이 보장되는지' 등 실존과 관련한 문제를 안고 있을 수 있다. Steffen Schmidt, *Hegels System der Sittlichkeit*, a.a.O., S. 248.

142 Stefan Gosepath, Notlagen und institutionell basierte Hilfspflichten, *Weltarmut und Ethik*, hg. von Barbara Bleisch/Peter Schaber, Paderborn 2007, S. 213~46. 토마스 포게(Thomas Pogge)는 심각한 빈곤의 계기를 설득력 있게 서술한다. Thomas Pogge, Anerkannt und doch verletzt durch internationales Recht: Die Menschenrecht der Armen, *Weltarmut und Ethik*, S. 96~137.

143 Thomas Pogge, Anerkannt und doch verletzt durch internationales Recht, *Weltarmut und Ethik*, S. 97.

144 Bl 19.

없는 재난도 아니고, 시민사회의 구성요소이다. 위기와 궁핍은 시민사회 형성의 불가피한 동반자이며, 모든 것은 우연의 영역에서 수행되고, 욕구의 만족은 외적 우연에 의존한다. "재산(능력)이 의존하고 있는 자기 내 운동의 관계는 부자와 빈자라는 극단을, 즉 자기 욕구를 쉽게 충족할 수 있는 사람들과 만족시킬 수 없는 사람들이라는 양극단을 산출한다. (……) 빈곤은 사회의 모든 장점을 상실하게 만든다"(Gr 605f.). 헤겔은 시민사회의 근본문제인 빈곤과 부라는 주제에 대해 적절하고도 특별한 주목을 하는데, 빈민을 어떻게 도울지의 문제는 그에게 현대사회를 특별하게 움직이고 또 고통스럽게 하는 문제로 간주된다(§244, Z). 부의 증가와 더불어 위기가 증가하며(Gr 476, 494), 이러한 과정은 시민사회 차원에서 충분히 통제되고 변할 수 없다. 그런데 이러한 사실은 문제의 해결 불가능성을 함축하는 것이 아니라 시민사회라는 조직의 가능성의 한계를 드러내며, 현실적 인륜으로서의, 즉 사회적 정의를 구축할 수 있는 영역으로서의 국가를 지시한다.

만약 개인이 (다른 모든 구체적 인격체와 마찬가지로) **시민사회의 구성원으로 간주됨**에도 불구하고, **그들의 지속과 시민사회에의 참여 가능성, 그리고 그들의 인간적 삶의 형성이 대규모로 위협을 받는다면,** 그들 삶의 상황은 빈곤으로 묘사할 수 있다. 따라서 빈곤은 삶의 기회, 삶의 질 일반의 실질적 제약을 의미한다. 핵심을 말한다면 모든 구체적 인격체에 부과된, 사회의 성원이라는 데서 생겨난 시민사회에의 참여권이 본질적으로 제약된다는 것을, 더 나아가 권리의 엄청난 축소와 완전한 상실에까지 나아갈 수 있다는 것을 함축한다. 이러한 사실은 특히 교육(도야),[145] 보건, 사법 그리고 정치적 결정 과정 등에의 적절한 참여와 연관이 있다. 종교행위와 예술향유에의 참여도 방해받으며, 이것이 교육의 결정

---

145 빈자(貧者)는 "아마도 공장노동의 한 측면만을 수행하는데, 이런 일면성으로 인해 그는 어떤 다른 것을 시작할 수 없다"(Gr 606). 이와 더불어 교육 영역과 관련해 오늘날도 여전히 중요한 문제가 서술되고 있다.

적 요소이기 때문에 헤겔은 이러한 방해를 엄청난 권리침해로 파악한다(§241).[146] "빈자는 자식들이 기술이나 지식을 습득하게 할 수 없다. (……) 빈자는 법의 보호(사법)를 상실하며, 비용 없이 어떤 권리도 습득할 수 없다. (……) 또한 빈자는 건강을 염려할 수도 없다"(Gr 606). 위급한 상황은 앞에서 말한 의미에서 삶의 모든 영역과 연관된다.

빈곤에 대한 오늘날의 철학적 논쟁에서 오늘날의 언어로 동등한 사상을 제시하는 다음의 서술이 발견된다. 즉 빈곤은 종종 "민주주의, 정상적 사법절차 그리고 법치국가 등이 요구하는 시민적·정치적 인권을 훼손하는 데로 나아간다." 종종 유아기 때의 영양결핍으로 인해 일생 동안 육체적·정신적으로 유약해진, 또한 학교교육을 제대로 받지 않아 읽을 수도 쓸 수도 없는, 그리고 자신의 힘을 가족의 생존에 모두 쏟아부어야 하는, 매우 가난한 사람들은 시민사회와 국가에의 참여에서 배제된다.[147] 오늘날의 전체 상황을 특징짓는 데 있어 아마도 **기회의 빈곤**이라는 말이 아주 의미가 있을 것이다. 헤겔에 따르면, 모든 개별자는 자신의 활동을 통해 지속(존립)을 확보하고자 염려해야 하며, 생활비를 벌고자 싸워야 하지만, "이 활동은 언제나 가능성으로만 남아 있다"(Rin 150). 헤겔은 지속(존립)의 안정, 소득 등을 노동과 연관시키기를 선호하는데, 노동수행을 존중하는 가운데 비로소 활동자의 자유가 인정되고 노동하는 자가 스스로를 인정하기 때문이다. 하지만 헤겔은 엄격한 의미에서의 노동권이 아니라 **존엄한 삶의 권리**를 형성한다.[148] 빈곤한 인간은 자신의 '비유기적 자연'을 상실하며, 더 이상 시민사회의 완전한 성원으로 간주할

---

146 Bl 194f. "가난한 자는 종교의 위로조차 상실한다"(Gr 606).

147 Thomas Pogge, Anerkannt und doch verletzt durch internationales Recht, *Weltarmut und Ethik*, S. 97

148 이에 대해서는 다음을 참고하라. H. C. Schmidt am Busch, Anerkennung als ein Prinzip der Kritischen Theorie(교수자격논문), S. 206ff. 『법철학』의 토대에서 "사회적 생산 과정에 대한 개인의 법적으로 청구 가능한 무조건적 권리를 정초하는 것"은 사실상 불가능하다. 나는 슈미트의 교수자격논문을 통해 이런 통찰을 할 수 있게 되어 감사하게 생각한다.

수 없다. 이러한 사실은 그의 권리의 심대한 훼손을 함축하는데, 왜냐하면 모두는 제약 없는 생존권과 시민사회에의 참여권을 가지기 때문이다.[149] 이러한 사실은 특히 가난한 아이들, 빈곤한 아이들에게 해당하며, 이들과 더불어 문제는 지속된다.[150] 유엔이 결의한 '어린이인권협약'은 제3장에서 **어린이의 안녕**(어린이에 대한 최상의 관심[151])을 우선적 권리로 명시적으로 선언한다.

헤겔은 우연한 시장 맥락(예컨대 실업)에서 직접 유래한 (예컨대 실업) 빈곤과 다른 좋지 못한 조건(기술에서의 차이, 장애, 질병, 전쟁의 결과, 교육기회 등)에서 발생할 수 있는 "온갖 종류의 궁핍"(§242)을 구별한다.[152] 그러나 지속의 안전은 **보편적** 목적으로 간주할 수 있고, 지속의 보증은 우연에 맡겨져서는 안 되며, 지속적이어야 하고, 따라서 안녕을 위한 배려(/염려)가 있어야 한다. "모두는 시민사회가 자신을 배려(/염려)하기를 요청한다"(Rin 151).[153] 국부에의 참여는 능력, 자연적 전제, 건강, 물려받은 자본 등에도 의존한다. 따라서 매우 상이하게 나타나며, 우연과 자의에 의해 각인되어 있다. 보편적 부(/공동의 재산)에의 한정된, 그리고 매우 협소한 참여의 경우에 가족은 제한적으로만 진입할 수 있는데, 왜냐하면 과거의 아이는 이제 시민사회의 구성원이 되었으며, 가족 역시 인격체로서 이 의존 체계에 서 있기 때문이다. 이를 위해 조합이 '제2의 가족'으로 서 있으며, 국가는 배려(/염려)의 책무를 가진다. 반대로 이러한 사실은 시민사회가 보편적 공동체를, 구성원에 대한 권리와 의무의 상대

---

149 헤겔은 시민사회를 개별자의 '비유기적 자연'으로 표현한다(Wan 160). 그는 이런 실존적 전제가 상실될 수 있음을 경고한다. 따라서 시민사회는 모든 개별자가 가지는 존엄한 삶이라는 본질적 권리를 지키기 위해 노력해야 하며, 이러한 의무가 결여될 경우 시민사회는 시민사회로서 간주할 수 없고 시민사회로 변형되어야 한다.

150 Kiel 320. 빈부 격차는 특정한 상속권을 통해 어느 정도 해소될 수 있다.

151 '유엔 어린이인권협약.'

152 전체 신분과 길드의 대표자들은 이런 빈곤에 빠질 수 있다(Wan 161).

153 Kiel 215f.

적 연합체를 지시하고 있음을 의미하며, 특히 시민사회는 지속의 권리, 건강을 돌볼 권리, 보편적 교육권 등과 같은 권리를 보장해야 하고, 활동 (노동)할 의무와 조력의 의무 등을 보편적으로 관철해야 한다. 이런 조력의 권리와 조력의 의무가 어떤 방식으로 변환될 것인지는 오늘날의 논의에서 치열한 논쟁을 불러일으킨다. 기본적 욕구의 안정 혹은 능력습득의 보장[154] 등 이 두 입장은 의무와 짐들의 공정한 분배라는 의미에서 중요하게 결합되어야 한다.[155]

극단적 빈곤, 위기상황 등에 대한 숙고의 결과, 곧바로 위급권(/긴급권, Not-Recht)에 대한 숙고가 나타나는데, 이 위급권의 원리는 이제 완벽하게 타당성을 갖게 된다. 이를 잘 보여 주는 문장은 다음과 같다. "우리는 이전에 위급권을 순간적 욕구와 관계하는 것으로 고찰했다. 여기에서 위급함은 더 이상 **순간적인** 성격을 갖지 않는다. 빈곤이 생성된 곳에서 특수자의 힘이 자유인의 실재에 반하여 현존하게 된다."[156] 순간성이 항구성으로 이행한다. 시민사회의 모든 구성원은 **삶이 자유의 근본 전제를 드러내는 한에서 생명권**을 갖는다. 모두는 삶의 보호라는 '부정적(/소극적) 권리'뿐 아니라 '긍정적, 충족된, 실현된 권리'도 갖는다. "자유의 현실은 시민사회의 목적이다"(Wan 160). 개별자의 삶과 지속의 보장은 한갓 자비로운 행위로 받아들여지거나 개인이 사적인 책임으로만 전가될 수 없다. 오히려 그것은 **보편적** 업무이다(Wan 160). "생명권이 삶과 자유권을 청구할 수 있게 하는 최소한의 조건을 충족할 권리와 동시적으로 인정되지 않을 때 이 생명권은 자신의 규범적 힘을 상실한다. 왜냐하면 브라이언 오렌드(Brian Orend)가 쓰고 있듯이 현대 세계에서 최소한이나마 우아한 삶을 향유하는 것까지는 아니라고 하더라도 도대체가 생존하려면 우리는 물질적 대상과 자원을 실제로 필요로 하기 때문이다."[157]

---

154 능력의 문제에 대해서는 누스바움의 견해가 중요한 자극제 역할을 한다.

155 구체적 해결책은 당연히 쉽게 결정할 수 없다. 그 중심에 조세법과 세법 및 사회적 국가의 다른 기구가 놓여 있다.

156 Bl 196. 강조는 저자.

이것은 헤겔이 상술하는 생명권과 권리의 순위와 완전히 일치한다. (이에 대해서는 「위급권」에 대한 절을 참고하라.) 삶과 안녕은 자유권에도 속하며, 여기에서 형식적 소유권보다 위에 위치한다. **두 번째 강제**로 현실화된 적절한 진보적 과세와 이를 통한 분배는, 한정된 권리 개념을 대표하고 권리와 의무를 분리하는 로버트 노직에서 페터 슬로터다이크(Peter Sloterdijk)에 이르는 이의 제기에도 불구하고, 무한정한 합법성을 가질수 있다. 극단적 위기상황에서의 조력은 한갓 도덕적 요청으로 머무는 것이 아니라 당사자의 권리이며, **다른 사람들의** 도덕적·사회적·정치적 **의무이다.**[158] 이 문제는 실천철학에서 등장하는 오늘날의 논쟁과 상이한 입장이 반영되어 있다. 이 문제는 예를 들어 '조력은 개인의 결단의 문제이다', '조력은 의무가 아니다', '조력은 모든 개별자의 의무다' 등과 같은 이해방식 사이의 대면에 반영되어 있으며, 또한 조력을 공동체의 과업으로 파악하는 입장(정치적·제도적 정의관 혹은 법적 정의관) 사이의 대결에 반영되어 있다.[159]

시민사회를 각인하고 있는 특수성의 원리는 주관적 자유와 지속적인 혁신이라는 긍정적 측면만이 아니라 특수자와 보편자의 분리, 자의와 외적 우연의 전면적 의존, 구성원의 한갓 우연적인 욕구 충족 등과 같은 부정적 측면도 갖는다. "시민사회는 이러한 대립과 이들 대립이 현실화되는 가운데 방종과 빈곤의, 그리고 이 둘이 함께 작용하는 육체적 인륜적 부패라는 광경을 제공한다"(§185). 재산과 기술의 불균등, '재화의 분배

---

157 Bleisch/Schaber, Einleitung in *Weltarmut und Ethik*, a.a.O., S. 17.

158 이미 로크는 빈자들의 도덕적 위급권과 부자들의 조력의 의무를 확고히 했다. "재산이 있는 사람이 넘쳐남에도 불구하고 지원을 거의 하지 않음으로써 한 형제가 죽도록 두었다면, 그것은 그 사람에게 언제나 죄로 남을 것이다"(Locke, Erste Abhandlung über die Regierung, §42. 이 문구는 다음에서 재인용함. Locke, *Zweite Abhandlung über die Regierung. Kommentar von Ludwig Siep*, Frankfurt a.M. 2007, S. 371). 이 문단에서 헤겔에게 중요한 것은 도덕적 권리뿐 아니라 사회적 권리이며, 보충적 의무이다.

159 Bleisch/Schaber, Einleitung in *Weltarmut und Ethik*, a.a.O.

와 관련된' 불균등은 이 영역에서 필연적 결과이다. 하지만 여기에서 빈부 사이의 극단적 균열을 불가피한 운명으로 수용할 근거가 있는 것은 아니다. 그 반대다. 헤겔의 관점에서 볼 때, 시민사회에서의 행위는 아직 자유로운 행위 개념에 상응하지 않으며, 특수자와 보편자의 통일은 자유로서가 아니라 한갓 필연성으로 등장한다(§186). 구체적인 사적 인격체의 공동체는 아직 자유로운 상호주관성의 개념을 완전하게 충족하지 못하며, 우리는 찢겨진, 소외된 인륜성과 관계한다. 이러한 사실은 **보다 높은 형태의 인륜성의 형식에서**, 즉 보다 고차적 형태의 상호주관성에서 **시민사회가 지양되어야** 함을 시사하며, 인륜의 재산출을 요청한다. 이때 재산출된 인륜 형태의 첫 번째 단계는 이미 시민사회 내부에서 드러났고, 최종적 형태는 인륜적 이념이 완전히 실현된 형식에서, 즉 국가에서의 시민존재에서, 시토앵(Citoyen)의 공동체에서 완성된다. (점증하는 빈부의 격차에서 드러나듯이) 자기파괴적 경향은 규제되어야 하고 길들여져야 하며(부정함), 주관적 자유와 특수성의 권리는 보존되어야 하고(보존함), 보다 높은 형식의 공동체를 발생시켜야 한다(상승함).[160] 빈곤에서 위급권의 순간적 계기성은 지속(생존)의 위협과 그 치명적 결과의 항구성으로 바뀐다. 자기유지라는 무조건적 권리와 안녕(/복리)의 권리에 의지하여 개별자는 조력권(도움받을 권리), 즉 시민사회[161]와 국가의 후생권(보호받을 권리)을 가진다.

6.1.3 연대성과 사회적 조력권—사회적 국가에 대한 헤겔적 구상의 토대

> 날 실망시키지 마!
> (Don't Let Me Down)
> —스트로베리 필즈[162]

---

160 보다 자세한 내용은 제8장 「국가」 편을 참고하라.

161 "생명권은 인간에게 절대적으로 본질적인 것이며, 시민사회는 이 본질적인 것을 지키기 위해 염려(/배려)해야 한다"(Wan 160).

헤겔은 자연이 어떻게 형성되는지를 보는 가운데 우선 **자연적 지속성**의 의미에서 배려(Sorge)와 후생(Fürsorge)의 사상을 발전시켰다. 이제 우리는 사회적 배려와 후생 영역에, 즉 **사회적 지속성**과 그 핵심 영역에 이르렀다. 최초의 형식으로 등장하는 **주관적 도움**은 개인이 느끼는 도덕적 책무로부터 발생한다. 이 책무는 자비, 선한 의지, 따뜻한 마음, 자선이나 온유한 행위 등으로 표현되는데, 말하자면 위급한 상황에서 사회적으로 조력해야 한다는 도덕적 의무로서의 **개인적** 연대성의 발로이다. 주관적 도움의 두 번째 양식은 **국가 차원이 아닌** 개인의 연합에 의한 **공익적** 도움, 말하자면 **집합적** 선행과 연대성이다. 헤겔은 여기서 공감에 기초한 온유한 행위단체, 자선단체, 사회적 · 자선적 연합체 등을 다룬다. '공익적'(gemeinnützig)이라는 말은 완전히 헤겔적 의미에서 사용되고 있다. 그것은 일반적 유익, 말하자면 공동체에 좋은 것을 의미한다. 사람들은 유익의 일반성, 말하자면 복지,[163] 공동의 안녕을 추구한다. 이때 이 조력(도움)은 시장원리의 도움 아래 있지 않지만, 그렇다고 국가 차원의 조력의 형식을 갖는 것도 아니다. 이윤을 추구하지 않는 조직체의 예로 헤겔은 가톨릭 교단의 구빈원을 든다. 이곳에서는 자선적 동기에 의해 궁핍한 자들을 돕는다. 하지만 아주 중요하고 결코 과소평가되어서는 안 되는 이런 주관적 도움은 언제나 우연적일 수밖에 없다. 그런 도움은 어떤 연속성도 보증하지 않으며, 당사자들의 안녕을 충분히 보장하지 못한다. 이 두 번째 사회적 도움의 형식은 무시할 수 없으며, 많은 당사자들의 궁핍한 상황을 완화했고 완화하고 있다. 따라서 도움을 주는 자는 구체적인, 특정한 사람들과 관련된 구체적인 지원을 하고 있다는 감정을 가지게 된다. 물론 이때 수혜자에게 지원이 정확히 이뤄지는지는 언제나 검토의 대상이 된다. 하지만 이런 도움은 원리상 우연적이다. 자비심 있는

---

162   스트로베리 필즈(Strawberry Fields)는 존 레논의 노래로 그의 고향인 리버풀에 있던 고아원 이름이다.

163   1792년 **프로이센 보통법**에서는 이미 복지(Wohlfahrt)를 국가의 목적으로 규정하고 있다.

개별 기부자들이나 공익적 단체들이 여러 다른 이유에서 더 이상 도움을 줄 수 없는 상황이 발생할 수 있으며, 이러한 사실은 훨씬 좋지 않은 부정적 결과를 가져올 수도 있다.

따라서 위급한 상황에 놓인 개인은 **보편적, 공적 도움**을 받을 권리도 가진다. 이로부터 온갖 종류의 도움을 제공하는 기관과 후생사업의 기관이 다뤄지는데, 이들 기관은 다시 한 번 시민사회를 깨뜨린다(사회적 (약자에 대한) 조력, 어린이 조력, 청소년 조력, 노인층 조력, 장애인 조력 등이 공적·국가적 연대성으로 요청된다). 오늘날 주관적 조력과 공적 조력을 특정한 방식으로 조합한 형태가 자주 나타나는데, 이 행위양식은 공적·국가적 기구를 통해 유지되지만, 동시에 개별적 참여자들의 열정에 의해, 그리고 복지연대와 조력연대의 지원으로 유지된다. 여기서도 역시 조력과 보다 공정한 업무 분담을 좀 더 적절히 조합하는 일이 가능하다. 헤겔에 따르면, **세금과 세금제도**라는 도구는 조정과 재원 조달에 결정적으로 중요하다. 특히 오늘날 누진세 모델은 이를 위해 효과적인데, 왜냐하면 이 제도를 통해 사회적 부에 대한 구체적 참여를 확립할 수 있고, 또한 이러한 참여에 기초해서 조력이 사회적 책무로서 올바르게 조직될 수 있기 때문이다. 사회적 조력이 필요한 본질적 이유는 관련 당사자가 후생사업의 단순한 객체가 아니라 그것을 넘어 자기규정적 행위자로 머물 수 있다는 사실이다.

앞에서 열거한 모든 종류의 사회적 조력은 사회적 국가의 기둥을 형성한다. 그것은 시장질서가 잘 기능하는 데, 현대사회가 유지되는 데 결정적으로 중요한 심급이자 조건이다. "잘 정립된 '복지국가'는 '혁신적 사회'의 지주가 되었으며",[164] 현대에 자유의 불가피한 조건이 되었다.

---

164 Stiglitz, *Im freien Fall*, a.a.O., S. 256.

6.1.4 산업화와 지구화, 그리고 공공복리의 원리—세계의 빈곤과 세계시민사회

멈출 줄 모르고 성장하는 산업화의 결과로 사람들은 욕구를 통해 보편적으로 서로 결합하게 되었고, 욕구 충족을 위한 수단을 준비하고 산출하는 방식 역시 보편적으로 연결되었다(§243). 하지만 이를 통해 사회적 문제는 엄청나게 첨예화되었다. 시민사회는 "자기 자신을 넘어서서, 자신의 고유한 한계를 넘어서서 나아가며"(§246), 따라서 자기 안에 '닫힌' 질서로 간주될 수 없다. 세계의 모든 지역은 이러한 맥락 안으로 들어오는데, 무엇보다 식민지 개척과 낯선 민족에 대한 잔혹한 지배를 통해 그렇게 한다. 여기서는 인정의 원리에 의해 인도되지 않고, 기본적으로 그와 반대로 인정의 원리를 무너뜨리는 방식으로 운동이 일어난다. 그런 한에서 여기서 자기 자신을 넘어서는 운동은 오로지 '외적 방식'으로만 존립한다. 소통의 올바른 길은 처음에 자유로운 무역(BI 199)으로 나타나며, 바다와 배는 떨어져 있는 지역과 나라들을 연결하고, 이를 통해 전 지구적 소통과 전 지구적 교류가 이루어진다. 무역과 더불어 진행되는 보편적 교환은[165] 산업화를 구축하는 가운데 "세계사적 의미"(§247)를 보유한다. 헤겔은 이러한 세계-소통을 "가장 거대한 도야의 수단"으로 간주하는데(§247), 왜냐하면 그것은 타자, 다른 민족 그리고 다른 문화 등을 알아가도록 만들기 때문이다. 그것은 **욕구의 전 지구적 체계**, 즉 **세계시장**을 기초로 하여 세계연관을 구성한다. 지구화의 이런 과정에 참여하는 모든 사람은 **세계시민사회의 구성원**이라는 지위를 보유한다.

이러한 사실은 "**부의 집중**"의 확장과 폭발뿐 아니라 이 노동에 결합되어 있는 계급의 **의존성과 궁핍**의 확장과 폭발로(§243), 소수의 손에 부가 불평등하게 집중될 뿐 아니라(§244) 많은 대중에게는 지탱할 수 없는 빈곤이 집중하는 현상으로 나아간다. "부의 바로 이런 과도함으로 인해 시

---

165 "보편적 교환, 세계시장은 그 자체로 모든 산업의 보편적 토대가 된다." Marx, *Grundrisse der Kritik der politischen Ökonomie*, a.a.O., S. 426.

민사회는 너무나 빈곤하게 된다"(Gr 611). 과도함이 문제가 되는 이유는 다음과 같다. 말하자면 시민사회는 스스로는 결코 어떤 합리적 척도도, 방종과 빈곤의 어떤 한계도 설정할 수 없다는 데 그 문제가 있다. 여기서는 과도함으로의 경향이 지배할 뿐이다. 특히 실업과 임금의 감소, 그리고 지역적 불균등 발전 등의 결과로[166] 일단의 집단은 "생존 가능한 수준 아래로" 떨어진다(§244). 아주 많은 수의 사람들은 "완전히 무감각한, 건강하지 않은, 불안정한, 그리고 숙련성에 의존하는 직물노동자나 공장노동자로 (……) 전락하며, 유행이나 다른 나라에서 염가에 상품이 개발됨으로써 단번에 승리자가 되는 산업 분야도 있다. 그리고 이 전체 집단은 더 이상 스스로 설 수 없는 빈곤자로 희생된다."[167] 다른 곳에서는 이전을 해버림으로써 실존을 위협하기도 하는 산업 분야도 있다(Kiel 220). 이러한 그의 묘사는 오늘날 나타나고 있는 전 지구적 산업 세계의 근본 경향과 그 그림자들을 아주 적확하게 표현하고 있다. 세계 인구의 약 40퍼센트는 최저빈곤 아래서 살아가고 있으며, 10억 명에 달하는 사람들은 긴급한 기아에 허덕이며, 5억 5,000만 명의 인구는 하루 종일 일을 함에도 하루 1달러 이하의 임금을 받고, 11억 명의 사람들은 깨끗한 물 없이 생활하고, 20억 명은 안락한 집이 없으며, 8억 명의 성인은 문맹으로 지낸다.[168] 그리고 수십억의 사람들은 불충분한 교육으로 인해 자신의 능력을 충분히 발휘할 수 없다.[169] 최빈국 60여 곳에 퍼져 있는 10억 명의 최빈자를 일컫는 용어가 '보텀 빌리온'(bottom billion, 10억 명의 기

---

166 Kiel 222, Gr 610. "빈곤이 팽배하면 자본가는 적은 임금에도 일하고자 하는 사람들이 많이 있음을 알게 된다."

167 Hegel, *Jenaer Realphilosophie*, hg. v. Johannes Hoffmeister, Berlin 1969, S. 232.

168 Thomas Pogge, Anerkannt und doch verletzt durch internationales Recht, a.a.O., S. 98.

169 Stiglitz, *Im freien Fall*, a.a.O., S. 246. "사회적으로 인정받는, 충분한 보수를 받는, 품위 있는 노동은 모든 인간에게 자기존중의 중요한 측면을 보여 준다. 그리고 전 사회적으로 발생한 복지의 상실은 생산의 협소화보다 훨씬 더 크게 발생했다"(Ebd.).

층민)이다. 그리고 가난한 자의 수는 (중요한, 하지만 불충분한) 모든 노력에도 불구하고 폭넓게 증가하고 있다. 이에 반해 현재 691명의 억만장자가 2조 2,000억 달러의 재산을 소유하고 있다는 사실을 생각해 보면 이러한 상황을 받아들이기 쉽지 않다. 전체적으로 말하면 이런 비인간적 상황을 극복할 수 있는 부나 가능성이 없다고 말할 수 없다.[170] 적절한 영양공급을 받을 권리를 주장하는 유엔의 특별통신원은 이에 대해 원리적으로 다음과 같이 정식화한다. "먹을것이 적지 않음에도, 어떤 음식도 조달할 수 없는 사람들이 있다."[171] 여기서 인간의 기본권, 특히 국제적으로 인정되지만 많은 나라에서 거의 지켜지고 있지 않은 영양섭취권이 심각하게 침해된다. 여기서 보다 공정한 분배가 요구된다는 사실, 이 분배가 관련 당사자의 권리라는 사실이 논쟁의 여지가 없어 보이지만, 이러한 조력과 새로운 분배가 어떻게 이뤄져야 하는지, 정의의 구체적 형태가 어떠해야 하는지의 문제는 논의의 대상이 된다. 헤겔은 이미 이러한 사실을 진단했더랬다. "이러한 사회 상태(즉 부와 빈곤의 과도함)로부터 슬픈 그림이 그려질 수 있다. 하지만 그런 일이 발생한 곳에서 국가는 빈약하고 병들어 있다"(Hey 35).

1980년대 이래로 사회적 국가의 단초를 폐지하려는 시도가 강하게 나타나는데, 이 시도는 '불평등의 정치'에 의해 생겨났고, '새로운 사회적 부정의'를 만들어냈다. 이러한 사실은 미국의 경제학자이자 노벨상 수상자인 폴 크루그먼(Paul Krugman)과 조지프 스티글리츠가 이미 진단했다. "부가 점점 더 커짐으로써 소수의 손에 집중되며, 소수의 손에 집중된 거대한 자본은 비로소 차이를 만들어낸다. 즉 부가 집중하면 할수록 재산은 이전보다 훨씬 손쉬운 방식으로 또다시 부를 축적할 수 있게 한다. 따라서 (빈자와 부자의) 차이는 점점 더 커진다"(Gr 494). "시민사회에

---

170   '부유한' 독일에서(2010) 가난한 자는 1,150만 명 정도 된다. 이 수는 전 인구의 14퍼센트를 차지하며, 10년 전보다 1/3이 늘었다.

171   Christian Grefe, Der Anwalt der Hungernden, *Die Zeit* 4, März 2010, S. 28.

서 불평등은 이처럼 한정 없이 증가한다"(Kiel 221). 오늘날 등장하고 있는 생필품 가격의 상승 문제도 헤겔은 이미 알고 있었다. "영국에서 곡물 가격과 소작료는 지난 50년간 3배가 인상되었고, 농촌에서 일당은 동일 수준에 머물러 있다."[172] 기계에 의존하는 산업화는 "부지런한 사람들도 빵을 얻지 못하는" 상태로 이끌어간다(Gr 612). 헤겔은 임금덤핑현상도 알고 있었고, 이를 비판했다. "빈곤이 팽배하면 자본가는 적은 임금에도 일하고자 하는 사람들이 많이 있음을 알게 된다"(Gr 610). 극빈화의 결과로 **거대한 빈곤층**이 형성된다.[173] 이 계층은 (오늘날 세계시민사회로 발전해 간) 시민사회의 현실적 일원임을 보증하는 문서화된 권리를 상실했기 때문에 **권리 없음**의 감정(권리 상실감)에 의해 규정된다.

오늘날 다음과 같은 진단은 요점을 훨씬 더 잘 지적한다. 즉 "개별자의 숙련성은 자기 실존을 유지할 가능성이다."[174] 따라서 자신의 삶을 안정시키기 위해 자신의 능력을 발전시키고, 그다음 자신만의 장점에 근거하여 적절한 인정을 받을 수 있는 기회가 사람들에게 보장되어야 한다. 하지만 지구화의 결과로 앞에서 말했듯이 생산자들의 일방적 형성과 개별자들이 '전체의 우연의 완전한 착종 아래로 내던져지는 현상'이 국제화되고 강화된다. 노동을 유지하는 것은 개인의 손에 달려 있지 않다. 한편으로 완전히 일방적인, 단조로운, 건강하지 않은, 불안전한 그리고 숙련성을 제약하는 공장노동이 세계적으로 확산되고, 다른 한편으로 수백만의 사람은 산업의 소재지가 바뀌고 개별적 행위양식의 소멸에 직면한다. 현재에 대한 이런 평가는 다음과 같은 문제투성이의 경향을 함축한다. 이른바 저임금 국가로 산업공장 내지 자회사가 이동하는 세계적 경향, 특정한 지역과 나라에서 실업이 엄청나게 증가하며 나타나는 산업의 몰락, 매우 위험하고 건강에 해로운 조건 아래서의 폭넓은 활동, 아동노

---

172   Hegel, *Notizen und Aphorismen*, TWA 11, 567.
173   이는 (영국 노동계급의 상황에 대한) 마르크스와 엥겔스의 서술과 유사하다.
174   Hegel, *Jenaer Realphilosophie*, a.a.O., S. 232.

동, 박봉, 사회적 삶을 위한 최소기준의 결여 등, 이 모든 것은 인류의 엄청난 부분이 **실존을 위한 사회적 권리를 급속도로 상실했다는 것**을 함의한다.

지구화의 문제는 오늘날 경제와 정치에 의해 종종 무시당하거나, 폐해가 없다고 선전되거나 아주 적게만 언급된다. 지금까지 지구화의 과정은 압도적으로 경제적 과정으로서, 시장의 원리에 따라 산출된 세계시장의 과정이었다. 보이지 않는 손이라는 원리는 전 지구적으로 유효하게 취급되었는데, 이런 유효성은 이러한 보다 높은 단계에서 첨예화되었다. 왜냐하면 욕구 체계의 구조가 전면에 등장했고, 따라서 이제 전면적 의존의 형식으로 모든 개인의 전면적 연관이 전 지구적으로 형성되었기 때문이다. 세계시장과 더불어 개인이 전체와 맺는 연관, 그리고 동시에 개인과 상관없는 이 연관의 독자성이 산출된다. 전체적 과정으로서의 세계시장은 비록 "의식적 개인의 상호영향으로부터 진행해 가지만, 전체로서의 그런 상호영향은 그들의 의식에 놓여 있지도 않고, 의식적 개인 아래 전체로서 포섭되지도 않는다." 개인의 이런 상호영향은 "이 개인을 넘어서서 존립하는 낯선 사회적 위력을 산출한다."[175] 예를 들어 세계경제의 보이지 않은 손을 상상해 보라.

지난 10년 동안 시민사회의 국제화의 형식으로서의 세계시민사회는 충분하게 정착되지 못했다. 왜냐하면 그 초점이 종종 자기조절능력이라는 신화와 결부되어 있는 경제에 방향을 맞추고 있었기 때문이다. 감독이나 배려, 지구화의 법적·정의적 차원과 정치적 차원, 세계법 그리고 세계정치 등의 요소는 세계시장과 경제운용의 국제적 효용성의 이름으로 거의 다뤄지지 않았다. 지금까지는 통제되지 않은, 그리고 조정을 많이 해서는 안 되는 지구화만을 이야기할 수 있었다. 포게에 따르면, 세계무역기구(WTO), 국제통화기금(IWF) 그리고 세계은행과 같은 중심적인 국제기구도 극단적 빈곤을 지속시키는 데 한몫한다.[176] 지금까지 지

---

175 Marx, *Grundrisse der Kritik der politischen Ökonomie*, a.a.O., S. 111.

구화에 대한 불충분한 통제의 결과로, 그리고 지구화에 대한 불충분한 정치적, 특히 사회정치적 행태의 결과로[177] 시민사회의 내적인 문제가 산출되고, 시민사회 구성원에게 재앙적 결과가 나타난다. 그런데 여기에는 개별 나라와 국가를 위해 고안된 정의의 원리를 세계로 확장하는 것에 대해 거부할 근거도, 존 롤스(John Rawls)처럼 분배정의의 도달 범위를 개별 국가에 한정할 근거도 없다.[178] 확실히 국내 차원과 국제 차원에는 차이가 있다. 하지만 세계시장과 더불어 지구적 상호연관이 생겨났으며, 세계시민사회가 먼저 경제 영역에서 형성되었다. 거대한 기업은 지구적 차원에서 활동하며, 다국적 기업합병의 형식을 취하고 있고, 따라서 어떤 측면에서는 국내적 차원을 넘어섰다. 여기서도 "소유의 사회적 책무"*라는 원리는 유효하다. '국내의' 시민사회, 말하자면 내부의 시민사회처럼 경제적 지구화는 합리적 질서를 요청하며, **전 지구적 감독과 전 지구적 대비**(Vorsorge)도 요청한다. "세계금융시장과 세계경제는 세계적 차원에서 효력을 발휘할 수 있는 감독규칙과 안전의 표준을 필요로 한다."[179] 예를 들어 상품의 질과 안전에 대해, 은행의 영업 행태에 대해, 혹은 공정한 가격에 대해 국제적 감독이 이뤄져야 할 것이다. 상품에 대한 조사는 공동의 업무로서 공적인 권력에 의해 유지되고 고려되

---

176 Pogge, Anerkannt und doch verletzt, a.a.O., S. 95.

177 지구화에 대한 불충분한 사회정치적 행태에 대해서는 다음을 보라. Eberhard Eichenhofer, *Sozialer Schutz unter den Bedingungen der Globalisierung*, Berlin 2009. 여기서는 교육적 방식으로 지구적 경제정책과 사회정책의 필연적 연관이 산출되며, 특히 효과 있는 국제적인 사회적 기준이 요청되는 이유를 설명한다.

178 John Rawls, *Das Recht der Völker*, Berlin/New York 2002.

*   소유의 사회적 책무(Eigentum verpflichtet)는 독일의 기본법에 나오는 소유에 관한 법으로, 자기의 재산이라 하더라도 마음대로 하지 못하고 어느 정도는 사회적 행위에 기여해야 한다는 것이다. 예를 들어 세놓을 집을 일부러 놀려서는 안 되고, 주택을 헐어 사무실로 만들어서는 안 되며, 임대료를 적정 수준 이상으로 올려서는 안 된다. 또한 피고용자를 해고하는 데도 엄격한 제한을 둔다. 예컨대 고액 연봉자로 인해 기업의 이윤이 줄었다고 피고용자를 함부로 해고해서 안 된다. ─옮긴이

179 Helmut Schmidt, Der Markt ist keine sichere Bank, *Die Zeit* Nr. 40(25. 9. 2008).

어야 한다(§236). 국가를 넘어서는 차원에 대해서도 헤겔은 이미 시사했더랬다. "거대한 산업 영역은 외부의 상황과 먼 곳과의 교역에 의존하는데, 이들 영역에 배치되어 생활하는 개인은 이 의존성을 조망할 수 있는 위치에 있지 않다. 따라서 그들에게는 보편적 대비와 지도가 필수적이다"(§236). 이 **공적인 권력**(§232)은 한편으로 (보호주의에 대항하여 그리고 상업과 무역의 방해에 대항하여) 세계적 척도 안에서의 경쟁원리를 보호하며, 다른 한편 그런 형태를 스스로 만들 수 없는 세계시장 체제를 규제하고 감독한다. 보편적 감독이 필요하다면 보편적 대비도 필요하다. 그런데 여기서 문제는 상품의 질과 그 순환만이 아니라 지속적 배려이다. 말하자면 사물의 질뿐만 아니라 우선적으로 부를 위해, '보편적 재산'(allgemeine Vermögen)을 위해 활동하는 자들의 삶의 질도 중요하다(§199). 하지만 여기에 또한 가나의 카카오 재배자, 서구 자동차 업체에서 일하는 멕시코인, 혹은 다국적 섬유기업에서 일하는 베트남인 등도 포함된다. 그들 역시 시민사회에 속해 있으며, 여기서는 무엇보다 **세계시장의 참여자**로 등장한다. **일반성을 위한 그들의 활동***으로 인해 그들은 세계시민사회의 구성원으로서의 의무를 다했으며, 따라서 참여자의 권리를 요구할 수 있다. 예컨대 이들은 정확하게 정의된 인간적 **노동의 표준과 사회적 표준**을 보장하라고 요구할 수 있다.[180] 그러한 유의 권리의 유효화, 분배정의의 필연적 산출 등은 당연히 출발 조건(과거의 식민지들, 저개발 소국들 등)에, 정치적 상황(해당 국가의 헌법 등)에, 그리고 국제 감

---

* 자기에게 맡겨진 일에 붙박여서 일하는 노동자의 행위는 그 자체로는 자기 자신의 삶을 위해 수행하는 것이지만, 거시적으로 보면 자신도 모르는 사이에 전 세계를 상대로 수행하고 있는 셈이다. 가장 사적인 행위가 보편적·일반적 사태와 얽혀 있다는 것을 헤겔은 이미 간파하였다. 그러한 행위를 여기서 '일반성을 위한 활동'(Tätigkeit für die Allgemeinheit)이라고 말하고 있다. 자신의 특수한 행위가 일반성과 연관되어 있기에, 특수한 행위자는 일반성, 사회 내에서 특별한 권리, 예컨대 노동의 권리를 갖게 된다. 여기서 노동은 권리로 등장하지, 단순한 시혜가 아니다. ─옮긴이

180 Eberhard Eichenhofer, *Sozialer Schutz*, a.a.O.

독 내지 통제총국의 효력에 의존한다. 오늘날 ── 이미 시사했듯이 ── 경제적 지구화와 필수적 규제 사이의, 사회적 형태와 정치적 형태 사이의 엄청난 불균등이 지배한다. 롤스는 "전 지구적으로 공정한 분배는 부유한 자들의 의무로서 그리고 가난한 자들의 권리로서 간주해야 하며, 정의의 원칙은 나눌 수 없다"고 했는데, 앞에서 말한 상황은 그의 이런 진술과 어울리지 않는다. 당연히 이 경우에도 그런 원리의 선언에 그쳐서는 안 되고, 이 원리를 어떻게 현실화할 것인지 질문해야 하고, 여기에는 해명되지 않은 많은 열린 물음과 어려운 문제 영역이 남아 있다. 예컨대 다음의 물음이 가능하다. 조력은 어떠한 형태이어야 하며, 어디까지 조력이 이뤄질 수 있는가? 비민주적이고 전 방위적 부패가 지배하는 국가에서 사람들을 어떻게 도울 것인가? 스스로를 도울 수 있도록 조력해야하는 것은 아닌가? 도움을 받은 자에게는 당연히 조력을 통해 상응하는 자신의 활동, 스스로 돈벌이를 하려는 준비 자세 등을 기대할 수 있다. 경제적으로 강대한 몇몇 나라와 지역과는 어떻게 협력해야 하는가? 공정가격과 공정무역은 어떤 모습이어야 하는가?

경제적 지구화는 사회적 약자를 고려하는 사회적 세계사회질서의 구축을 동반해야 하는데, 이 세계시민사회의 구성원이라는 의미에서 감독과 대비에 의해 그렇게 되어야 한다(지구화의 정치적 형태로서의 세계정치의 필요성에 대해서는 이 책 제8장 「국가」를 참고하라). 세계적으로 구속력 있는 상품표준이 존재하는 상황을 받아들일 수 없지만, **세계 거주자의 모든 구성원의 인간적 실존을 위한 구속력 있는 표준**은 받아들일 수 있다.[181] **배려**(Sorge)라는 원리의 핵심 계기는 전 대륙에 걸쳐 있는 수백만 사람들의 실업에 있다. 시민사회에 내재한 대비 기구와 대비 도구는 헤겔에 따르면 "개인에게 노동을 통해 자기 것을 스스로 벌 수 있도록 배려하는

---

181 헤겔은 조력과 대비를 옹호하지만 어떤 경우에도 가부장적 혹은 사회주의적인 부양공동체(Versorgungsgemeinschaft)를 지지하지 않았다. "여기서 일반자만이, 말하자면 국가라는 전체만이 개인의 존속을 배려한다. 개인은 특정한 노동을 수행하며, 어떤 경우에도 궁핍에 처하지 않는다"(Kiel 219).

것이다. 실업자가 있을 경우 이들은 자신이 일할 권리를 요구해야 한다. 이것이 지속적으로 성공을 거두지 못할 경우 시민사회는 관련 당사자들을 배려해야 하는"(BI 192), 그것도 **지속적으로**, 온갖 가능성을 열어두고서 배려해야 하는 "무조건적 의무를 갖는다." 조력을 받을 권리는 지구화와 더불어, 세계시장과 국제적 연관의 형성과 더불어 생겨난 세계시민사회에 참여함으로써 정초된다. 이미 말했듯이 세계인구의 1/6은 심각한 빈곤에 처해 있는데, 이러한 사실은 **시민사회의 원칙을 현저하게 위반하는 것**이며, 여기에서는 국제적 감독과 전 지구적 통제가 불충분하게 작동하고 있다.

세계의 빈곤에 대한 오늘의 철학적 논의에서 전통적인 윤리적 구상, 말하자면 공리주의적·결과주의적 입장과 칸트적 전통에 연결된 입장이 중요한 역할을 하고 있다.[182] 정의와 법(/권리)에 기초한 다른 구상은 전 지구적 정의와 공정한 세계질서를 주장하며, 정당한 지원 내지 조력을 받을 권리를 주장한다.[183] 헤겔의 구상은 빈곤과 부의 문제를 다룸에 있어 적절한 토대를 제공함에도 불구하고 이 논쟁에서 (유감스럽게) 거의 아무런 역할도 하지 않는다. 시민사회는 문제해결을 위한 자신의 기준과 제도를 산출하는데, 비록 이러한 사실이 굉장히 중요하기는 하지만, 동시에 헤겔은 시민사회는 제한된 영역에서만 적합하다는 진단을 내린다. 시민사회와 필연적으로 결합되어 있는 이런 결핍을 안전하게 극복하는 방법은 정치적 영역에서만 가능하다. 마지막으로 **사회국가적 세계질서가 요구되는데**, 여기서는 시민사회 내부에 있는 도덕적·자선적 조력,

---

182 이 맥락에서 이 두 모형의 상이한 변이가 있다. 이에 대해서는 다음을 보라. Bleisch/Schaber, *Weltarmut und Ethik*, a.a.O. 이 책은 읽어볼 만한 문헌목록을 제시하고 있다.

183 이에 대해서는 다음을 보라. Henry Shue, Solidarity and the Right to food, *World Hunger and Morality*, hg. v. William Aiken und Hugh LaFollette. Upper Saddle River 1996; Li Xiaorong, Making Sense of the Right to Food, *World Hunger*, a.a. O.; Thomas Pogge, *World Poverty and Human Rights*, Cambridge 2002; ders., Real World Justice, *Journal of Ethics* 9(1-2).

복지 도구 등과 사회국가적 원칙이 정치적 참여의 토대 위에서 결합된다. 공동의 안녕은 합리적이고 인간적인 지구화를 위해 원래 설정한 목표인데, 바로 이 공동의 안녕만이 세계의 안녕으로서, 전 지구적 복지 상태(globaler Wohlstand)로서,[184] 세계시민적 안녕으로 여겨질 수 있다. 이러한 사실은 **자유의 세계질서**를 위한 초석을 형성한다.

6.2 복지권과 위급 시의 저항권

빈부의 격차가 커짐으로써 폭동의 권리,[185] 말하자면 "자유인의 의지의 실현을 방해하는 질서에 대항할 권리"(Bl 20)가 성장한다. 루소와 같이 심오하게 생각하고 느낀 정신의 소유자가 최악의 빈곤을 노골적인 형식으로 묘사했는데, 그 씁쓸함과 분노와 폭동으로 인해 상상할 수 없는 위기를 불러왔다(Gr 477). 헤겔은 여기서 **저항을 위한 긴급권(/위급권)**, 말하자면 위기로 인한 저항권, 빈자와 차별받는 자가 권리를 되찾기 위한 혁명권을 정식화하지만, 시민사회의 철폐를 주장하지는 않는다. 법(/권리) 개념과 자유 개념을 전개해 가는 세 단계 모두에서 끝없는 권리침해에 대한 이런 저항권이 확립되지 않을 수 없다(이에 대해서는 제8장을 보라). 시민사회 내부에서 현저한 위기를 피할 권리는 a) 추상법으로 고정되어 있는 인격을 침해받지 않을 권리, 즉 기본적 인격권 위에, b) 도덕적 저항이라는 도덕법으로 정식화된 소크라테스적 원칙 위에, 그리고 긴급권(/위급권) 위에 놓여 있다. 위기 극복뿐 아니라 소크라테스적 저항과 긴급권 등도 언제나 하나의 반작용, 현존하는 무법에 대한 하나의 반작용, '제2의' 행동, 두 번째 강제이다. 따라서 여기서 중요한 것은 현재 작동하는 무법에 대항한 저항이며 법(/권리)의 탈환이다. 이러한 사실은 관련된 이 사람들이 "자신들이 요구할 수 있는 것의 모순에 대해, 자신들이

---

184 Stiglitz, *Im freien Fall*, a. a. O., S. 289, 265ff.

185 폭동(Empörung)에 대해 §244, Z에 다음과 같이 실려 있다. "극악무도함이 있을 때 이에 대한 폭동"(Marx/Engels, *Die Heilige Familie oder Kritik der kritischen Kritik*, MEW 2, S. 37).

처한 상태에 대해" 인식한다는 사실에 기초해 있다(Gr 477).

'만인이 시민사회에 동등하게 참여한다는 형식적 참여'와 같은 헌법 원리가 현실적으로 존립하지 않기 때문에 이들 원리에 대한 광범한 침해가 있는데, 바로 이런 상황에서는 이러한 토대를 획득 혹은 복원해야 한다는 권리가 성장한다. 여기서 문제는 자의적인 봉기나 허용되지 않은 권력 강탈이 아니라 시민사회 구성원에 의해 자신의 성원됨의 보장을 합법적으로 요청한다는 것, 사회적 권리에 대한 존중을 요청한다는 것이다. 여기에서는 결코 전복의 권리가 성장하지 않으며, 이들 토대가 자유의 가능조건이기 때문에 이들 토대의 제거를 위한 합법성도 생기지 않는다.[186] 헤겔의 경우에는 법(/권리)이 [시민사회가 아닌, 예컨대 공산사회와 같은] 어떤 **다른** 사회에 **결코** 정초될 수 없다.[187] 루소는 대중에게 존경을 받았는데, 왜냐하면 그는 인간의 빈곤을 심오하게 파악했으며, 특히 빈자들의 내적 씁쓸함과 정당한 분노를 적절하게 대변했기 때문이다. 그러나 이로부터 그가 이끌어낸 결론은 시민사회를 팽개치는 것이었다. 루소의 이런 결론은 현대성의 핵심 계기인 주관적 특수성의 원리를 부인하고 경멸하는 다른 극단을 가져올 뿐이다. 루소에게서는 "(현대의) 체계를 완전히 포기하는 것 외에"(Gr 477), 그것을 완전히 희생하는 것 외에 다른 대안이 보이지 않는다. 그러나 **특수성 원리의 추방**은 전혀 받아들일 수 없는 너무 큰 대가를 지불해야 한다. 말하자면 자유의 원리적 파괴를 받아들여야 한다. 이러한 사실은 20세기의 비현대적 사회 내에서 특수자에 대한 추방과 억압을 드러내는 상이한 전체주의적 형태에 의해 드러난다(인종주의, 인종학살, 민족주의, 세계전쟁, 강제수용소, 강제노동수용소 등). 헤겔은 프랑스 혁명의 공포정치 시기의 광신과 근본주의 형태를 "지진이

---

[186] 마르크스주의적 개념으로는 도달할 수 없는 심오하고 극복 불가능한, 또한 명료한 사상적 심연이 있음을 간과해서는 안 될 것이다. 그러나 둘의 유사성을 소생시키려는 헛된 시도는 계속하고 있다.

[187] 여기서는 당연히 형식적·추상적 법, 이 법의 송사가 문제가 아니라 궁극적으로는 정치적으로만 획득될 수 있는 시민사회에서의 복지권이 문제가 된다.

자, 모든 특수자에 대항한 부조화"라고 표현했다. 재능뿐 아니라 제도에 내재한 모든 차이와 특수성은 평등(/같음)에 대한 추상적인, 따라서 일면적인 이해와 배치된다(§5). 따라서 평등에 대한 추상적인 이해는 비난받아야 할 뿐 아니라 결코 평등의 사상이 아니라고 강조되어야 한다.

사람들은 다음과 같이 말한다. 헤겔은 "결정적으로 저항권을 주저했으며", 법질서에 저항권은 있을 수 없다고 말했다는 것이다.[188] 그런데 이 입장의 난점은 법질서라는 말이 불명료하다는 것이다. 『법철학』에서 구상된, 현대적으로 이해된 법을 해체하기 위한 저항권은 헤겔에게 당연히 없다. 그것은 이성과 자유에 대한 봉기일 것이며, 따라서 합법적 저항이 아니라 (언제나 가능한) 복고적 혼란에 불과하다. 이런 퇴행적 행위에 대항해서 헤겔은 명백하게 저항권을 인정하지 않았다. 그러나 동시에 **현대적 자유의 원리를 침해하는 것에 대한 저항권**,[189] 말하자면 모든 복고적 노력에 대한, 모든 측면에서 개인의 개별적 자유에 대한 침해에 대한 저항권이 실존하며, 현대사회의 부족함을 교정할 권리, 생존권과 노동에 대한 적절한 대가를 받을 권리 등을 인정한다. 무엇보다 **파업권**은 시민사회에서 그런 저항의 고전적 도구로 간주된다. 또한 임금협정자율의 원리와 더불어 시민사회는 명료하게 자신만의 특별한 능력과 자신만의 규정성을 가진다. 그럼에도 불구하고 여기서 정치적 형태와의 경계가 형성되고, 그것은 파업의 정치적 차원, 조합과 이익집단의 정치적 작용이라는 효과를 낸다. 그리고 이러한 사실은 기아와 빈곤에 대한 저항으로까지 나아갈 수 있다.

어쨌거나 현대적 법 원리 이전으로의 후퇴에 대해 분노할 권리, 예컨대 전체주의적 질서에 대한, 중우정치적, 혹은 과두정치적 형태에 대한 폭동권은 합법적인 것으로 드러난다. 헤겔은 — 여타의 독해방식과는

---

188 Domenico Losurdo, *Hegel und die Freiheit der Modernen*, a.a.O., S. 113~19.
189 GG 20, IV: "이 질서를 제거하고자 하는 모든 사람에 대해, 다른 수단이 없을 경우, 모든 독일인은 저항권을 가져야 한다."

반대로 —— 반복고적 사상가로 읽혀져도 된다. 헤겔에 따르면, 자유의 원리를 철회하려는 모든 시도에 대항해서 **저항권과 혁명권**이 존립하며, 시민사회 차원에서뿐 아니라 국가 영역에서도 그렇다. 저항 형식에는 시민적·사회적 차원과 정치적 차원이 서로 엮여 있으며, 앞에 열거한 폭동의 형태는 결정적인 국가적 차원의 형태에 현재한다. 대중의 빈곤, 환경파괴, 교육기회의 차별 등에 대한 저항, 혹은 사회적·정치적 인정을 받고자 하는 원주민들의 노력 등은 **법적으로**(rechtlich) 허용되는 행위의 총체로, 무법에 대항한 긴급방어, 즉 저항으로 간주된다. 시민사회의 토대와 자유를 지키고 재산출하기 위한 이런 저항권은 시민사회 내부에서의 가능성의 제약으로 인해 압도적으로 정치적인 것, 즉 국가 영역에 속하지만, 이와 동시에 그것은 (헤겔적 의미에서) 법(/권리)의 형식이다.

법(/권리)이 인간의 현존과 사회의 복리를 보장하지 않을 경우 법(/권리)은 현존을 갖지 않는데, 법이 현존을 갖지 않은 곳에서 개인은 권리(/법) 없는 상태에 처한다. 따라서 차별받는 자, 배제된 자가 무법(/무권리) 상태로, 노예 상태로 전락하는 한 그는 —— 노예처럼 —— "언제나 자신의 족쇄를 풀 권리를 갖는다. (……) 그의 권리는 시효가 없다"(Gr 239). 이로부터 그의 저항권이 생겨난다.[190] 이런 형식적·법적 측면, '노예의 원리'(「형식법(권리)」절 참조) 외에, 도덕법 영역에서도 저항권이 생겨난다. 한편으로 그것은 독자적 검토를 통해 요청되는 합법성을 추구한다고 하는, 그리고 내적인 저항이라는 '소크라테스-원리'로부터 나타나며, 다른 한편 복리에 대한 긴급권(/위급권)에 근거해서 나온다. 더 진전된 봉기의 권리는 이 기둥 위에 서 있다. "사회 상태에서 결핍은 곧바로 무법(무권리) 형태를 얻으며"(§244, Z), 이로부터 시민사회 영역에 속하는 그리고 원래적인 정치적 맥락을 예견하는 인륜적인 **긴급방어권**이 생긴다.[191] 시민사회가 특수성으로부터, 따라서 이기적 관심으로부터 출발

---

190 Domenico Losurdo, *Hegel und die Freiheit der Modernen*, a.a.O., S. 223.
191 슈네델바흐는 이에 반해서 헤겔이 저항권을 내적 저항에 국한했다고 주장한다.

하는 한, 시민사회에서의 충돌은 이성적 조정과 규제를 기다리는, 말하자면 이성적 형태를 정의를 통해 보장하는 사회적 국가를 기다리는 시민사회의 불완전함을 드러낸다. "따라서 소유의 극단적 불균등을 피하는 것은 정부의 가장 중요한 업무 중 하나다. 이때 정부는 소유자들에게 그들의 보물을 강탈함으로써 그렇게 하는 것이 아니라, 모두에게 보물을 축적하는 수단을 빼앗음으로써, (……) 따라서 시민들을 가난에서 구제함으로써 그렇게 해야 한다."[192] 이러한 사실은 오늘날 생존, 교육 혹은 건강 등과 관련하여 곤궁해진 문제와 연관된다. 요약하면 새로운 빈곤, 즉 새로운 사회적 부정의는 사회에 동등한 권리를 가지고 온전히 참여할 기회와 권리의 엄청난 감소를 함축한다. 저항권과 관련해서 보면 여기서 중요한 문제는 행위자가 헌법에 호소하고 자신의 권리보장을 요구하는 것이다.

6.3 빈자와 부자의 '탈법적 상황': 법률에 대한 무시

부와 빈곤의 문제는 탈법적 상황의 가능성을 만들어내는 토대이다. 헤겔은 **천민**(Pöbel), 혹은 **천민성**이라는 용어를 사용하여 이를 설명한다.[193] 하지만 그 출발점이 — 이것이 진실로 중요한데 — 빈곤에 있다고 해서는 안 된다.[194] 천민은 법(/권리) 없음(Rechtlosigkeit)의 상태와 이에 상응

Schnädelbach, *Hegels praktische Philosophie*, a.a.O., S. 241f.

192 Jean-Jacques Rousseau, *Abhandlung über die Politische Ökonomie*, Jean-Jacques Rousseau, *Kulturkritische und Politische Schriften in zwei Bänden*, hg. v. Martin Fontius, Berlin 1989, S. 355.

193 '천민'(Pöbel)이라는 용어의 유래는 다음을 보라. Schnädelbach, *Hegels praktische Philosophie*, a.a.O., S. 292. "어휘사적으로 볼 때, 루터에 의해 사용된 신고지대 독일어로, 라틴어 'populus'에서 왔다"(프랑스어 peuple, 영어 people과 비교해 보라). G. W. F. Hegel, *Grundlinien der Philosophie des Rechts oder Naturrecht und Staatswissenschaft im Grundrisse*. 간스의 판본에 따라 H. 클렌너(Hermann Klenner)는 주석을 간략하게 달았다. "루터에 의해 독일어로 인도된 'Pöbel'이라는 단어(라틴어로 'populus', 즉 'Volk'를 의미한다)는 헤겔의 튀빙겐 학창시절 이후로 사용되고 있음을 확인할 수 있다."

하는 심정의 출현으로 등장한다. 시민사회의 모든 구성원은 각자 자신의 노동을 통해 실존해야 한다고 요구받는다. 그가 그런 권리를 요구할 수 없는 상황에 있을 때 무권리(/무법)의 감정이 생겨난다. 그런데 법의식과 도덕의식의 상실을 의미하는 이런 무법 상태는 과도한 빈곤 상황에서만 나오는 것이 아니다. 그것은 동일하게 **과도한 부**의 측면에서도 나타난다. 빈곤한 자의 측면에서는 노동의 기피와 권리(/법) 감정의 소실을 가져오며, 부유한 자의 측면에서는 법(/권리)의 훼손으로 나타난다. "부의 측면에서도 빈곤의 측면에서와 동일하게 천민성이 생겨난다"(Kiel 222). 부는 법(/권리)보다 위에 있는 권력이라 참칭한다. 부유한 자들에게는 모든 것이 허용된다. 그들은 법률을 지킬 필요가 없다고 생각한다. 부는 여기서 법(/권리) 없음의 상태로 들어간다. 왜냐하면 부는 스스로가 권력이라고 믿기 때문이다.[195] 부의 이런 오만함에는 타자에 대한 냉소적 경멸이 내재해 있으며, 따라서 상호적 인정의 단절, 법(/권리)과 자유로운 공동

---

194 슈네델바흐는 여기서 아주 중요한 요점, 말하자면 **부유한** 천민의 존재를 '간과한다.' Schnädelbach, *Hegels praktische Philosophie*, a.a.O., S. 292f.『법철학』텍스트에 이 부분이 은폐되어 있기는 하지만(물론 §185에 간접적인 예시가 있기는 하다. 즉 인륜적 타락의 근거로서의 무절제), 루트비히 지프와 비토리오 회슬레는 이러한 국면을 이미 알고 있었다. 법철학 강의 후기(1821/22)에도 역시 이러한 사실을 분명하게 보여 준다(Kiel 222). 토마스 쇠렌 호프만(Thomas Sören Hoffmann)은 (슈네델바흐와 마찬가지로) 천민과 프롤레타리아트를 같은 것으로 취급한다. 그는 "헤겔이 말하듯이 천민의 발생을 말하며, 마르크스가 좀 더 학식 있게 말하듯이 프롤레타리아트의 발생을 말한다." Thomas Sören Hoffmann, Freiheit, Anerkennung und Geist als Grundkoordination der Hegelschen Staatsphilosophie, *Der Staat — eine Hieroglyphe der Vernunft*, hg. v. Walter Pauly, Baden-Baden 2009 [a.a.O.], S. 59. (마르크스의 오해를 따라가는) 이런 결핍된 시각으로부터 헤겔과 마르크스의 전혀 유지될 수 없는 병치가 등장한다. "헤겔과 마르크스의 유일한 차이는 여기서 헤겔이 '천민'의 존재를 신분 개념에 붙박여 있는 것으로 믿은 반면, 마르크스에게서 프롤레타리아트는 이 신분 개념의 실제적 반박을 체현하고 있다는 것뿐이다." Schnädelbach, *Hegels praktische Philosophie*, a.a.O., S. 293.

195 Kiel 222. 이에 딱 맞는 냉소를 표현하는 폴란드 격언이 있다. "우치(Łódź) 출신의 한 공장주는 '가난한 자들을 생각하라. 그것은 돈이 안 든다'고 말하곤 했다."

체에 대한 공격이 생겨난다. 부자들은 법률을 **우회해서** 가고자 하며, 빈자들은 법률을 **벗어나고자** 한다.[196] 헤겔은 루소가 법(/권리)의 상실에서 나타난다고 한 위험을 분명히 알고 있었다. "더 이상 잃을 것이 없는 사람들에게서는 법에의 순종 대신 '분노/폭동'이 발생하고, 모든 것을 살 수 있는 사람들에게서는 오만함이 나타난다."[197] 여기에서 위에서 기술한 도덕법의 왜곡을 참고할 수 있고, **법(/권리)에 대한 멸시**와 결합되어 이성적 자기사랑이 순수한 자기추구(오만함)로, 한갓된 사리사욕, 허영, 자의와 술책 등으로 변형되는 것을 볼 수 있다. 시민과 천민을 구별하는 척도는 **권리행사**의 감각, 국가라는 감각이다(Wan 229 Anm.). 루소에 따르면, 경멸되고 남용되는 법률은 "강자에게 약자에 대항하는 공격무기이면서 동시에 방패로 봉사하며, 공적 복리라는 핑계는 언제나 인민에 대한 가장 위험한 채찍이다."[198] 법을 초월해 있는 부자들은 이기적이고 오만한 냉소로 공공복리를 경멸하고, 모든 것을 부패시키며, 법(/권리)을 사고 또 무력하게 할 수 있다는 것을 보이고자 한다. '리히텐슈타인 신드롬', 아주 작은 나라들과 세금천국으로 도피함으로써 세법 기만하기, 일부 집단의 이익을 미묘하게, 그리고 가끔은 무법적으로 유효화하기, 그리고 범죄적 정당 후원 등이 그 예에 속한다. 감독을 수행하고 통제하며, 정의를 만들어내는 법치국가는 이 천민들에게 자신들이 생각하는 자유의 장애물로, 자신이 전능하다는 환상을 방해하는 자로 여겨진다. 빈곤은 더 이상 사회정치적 도전으로 간주되지 않는다. 왜냐하면 기만하지 않은 자는 가난해지기 때문이다. "전 지구화된 분배투쟁의 승리자에 속

---

196 Rousseau, *Abhandlung über die Politische Ökonomie*, a.a.O., S. 355.

197 Ludwig Siep, *Praktische Philosophie im Deutschen Idealismus*, S. 301. 회슬레는 이를 '모든 것을 구매 가능한 것으로 보는 천민적 심성과 법(/권리)의 조롱'이라고 말한다. Vittorio Hösle, *Hegels System*, Bd. 2, Hamburg 1988, S. 555; Frank Ruda, *Hegels Pöbel. Eine Untersuchung der Grundlinien der Philosophie des Rechts*, Konstanz 2011.

198 Rousseau, *Abhandlung über die Politische Ökonomie*, a.a.O., S. 354.

하지 않은 사람은 다시 구걸하는 법을 배워야 한다."[199] 빈곤과 부 그 자체는 이런 상황으로 떨어져야 할 충분한 근거가 되지 못한다. 이것은 천민의 두 집단에 모두 해당한다. 말하자면 천민이란 도덕적 둔감, 자의, 법원리의 경멸과 조롱 등으로 들어가는 것, 간단히 말하면 정신적 빈곤으로의 추락을 의미한다. 이로부터 **무식과 무법**의 위험한 합금이 발생한다. 하나의 동전의 이 두 측면은 야만적 중우정치와 야만적 과두-금권정치를 위한, 인기영합적 지배와 금융독재를 위한 토대를 야기할 수 있다.[200] 오늘날의 천민에 대항해서 시민사회에서는 빈자들의 사회적 운동만이 아니라 부자들의 공동복리를 지향한 활동이 존립한다.[201]

따라서 이 찢겨진 사태는 현대의 자유로운 질서를 위협할 엄청난 잠재력을 갖는다. 부르주아적 질서 영역에서 이 잠재력은 제한적으로만, **상대적으로만** 제어할 수 있다. 이러한 통찰이 부와 빈곤 문제를 다루는 데 있어서 특히 중요하다는 사실을 다음과 같은 유명한 고전적 진술을 통해 보여 준다. "부의 과함에도 시민사회는 충분히 부유하지 않다. (……) 말하자면 시민사회는 빈곤의 과함과 천민의 산출을 제어할 수 있을 만큼의 충분한 재산을 소유하지 않는다"(§245). 괴테의 『파우스트』에서 근심(Sorge)은 인간에 대해 다음과 같이 말한다.

> 온갖 보물이 있어도
> 제 것으로 만들 줄 모른다.
> 행복과 불행이 망상이 되고,
> 넘침 가운데서도 굶주린다.[202]

199 Jens Jessen, Jetzt heisst es wieder betteln lernen, *Die Zeit*, 21. 1. 2010, S. 4.
200 폴 크루그먼은 몇몇 국가가 실제로 금권정치에 거의 다다랐다고 경고한다.
201 예를 들어 빌게이츠재단이나 독일의 렘쿨(Lehmkuhl)재단과 같은 수많은 개별적인 사적 재단은 사회적 변화를 위해 부자들의 재산 양도나 상당한 세금 인상을 제안한다.
202 Goethe, *Faust II*, Vers 11459~11462.

점점 벌어진 빈부 격차는 시민사회를 그 초석으로부터 위협하며, 붕괴를 경고한다. 여기서 붕괴는 (시민사회라는) 이 형식의 헤겔적 지양을 의미한다. 지양이란 보존과 부정과 상승의 통일이며, 이 영역의 이성적 형태와 이 영역에 내재한 비이성의 차원이라는 의미에서 사용된다.

'시민사회가 자기 자신을 넘어가 밖으로 더 진전되어 간다'는 점에서, 말하자면 세계생산, 세계시장, 세계교육 —— 즉 현대사회의 세계화 —— 등의 산출이라는 점에서 보면 시민사회의 근본적 가치가 여전히 그 타당성을 가지고 있다. 개인은 세계의 개인으로, 세계시민사회의 구성원이 되는데, 이러한 사실은 규제와 합리적 형성을 위한 새로운 요구, 즉 **국제적 차원의 형태와 규제**를 요구한다. **인간의 전 지구화**는 시장의 전 세계적 확장으로 제한되지 않는다. 진정한 세계화는, 이미 상론했듯이, 세계공동체적 연관을 사회적으로 공정하고 이성적으로 산출할 때만, 질서 있고 제어된 방식으로 산출할 때만 가능하다.[203] 그런데 이런 세계적 확장과 이로 인해 등장한 식민화와 더불어 시민사회의 근본적 난점이 해소되지는 않는다.[204] 시민사회는 원리상 자신을 넘어서 가야 하며, 다른 질서로가 아니라 자신의 근거로, 개념적 사유 위에 서 있는 이성적 형태로, 즉 자유의 국가로,[205] 국제법 상태로, 세계시민법으로, 국가 사이의 이성

---

203 Eichenhofer, *Sozialer Schutz unter den Bedingungen der Globalisierung*, a.a.O.

204 헤겔은 식민화를 식민주의라는 표현으로 파악하는데, 이러한 이해를 비판하는 것은 사태의 본질에서 벗어나는 것이며, 기원과 유효함 사이를 구별할 수 없다 (이에 대해서는 「외적 국가법」 장을 참조하라). "노예해방이 주인에게 가장 큰 이익이듯이, 식민해방은 그 자체로 모국의 가장 큰 이익으로 드러난다"(§248, Z).

205 슈네델바흐는 많은 곳에서 "마르크스와 엥겔스를 통해 사회주의가 헤겔과 거의 중단 없이 연속되어 있다"고 암시한다. 우리는 헤겔의 시민사회 이론을 "현대 국가의 구조에 대해서가 아니라 현대에 대한 참된 설명 배경으로 볼 수 있으며" 따라서 『법철학』은 역사적 유물론과 아주 가깝게 놓여 있다고 할 수 있다. Schnädelbach, *Hegels praktische Philosophie*, a.a.O., S. 266f. "국가에 대한 시민사회의 우선성을 마르크스와 엥겔스는 '상부구조'를 체현하고 있는 정치와 문화에 대한 '토대'로서의 경제의 우선성으로 엄격하게 역사유물론적으로 환원하는데, 이런 생각이 여기에(헤겔의 생각에) 이미 준비되어 있다"(271f.). 그런데 이러한 해석은 이 두 이해방식 간의 엄청난 차이를 간단히 무시하는 것이며(즉 헤겔이

에 기초한 세계질서로 나아가야 한다(이에 대해서는 「국가」 장을 보라).

오늘날 세계정세에 대한 선입견 없는 한 가지 시선은 국가적 차원에서든 국제적 차원에서든 간에 감독과 규제가 불충분하다는 것뿐 아니라 빈부의 차이가 극적으로 벌어지고 있음을 보여 준다.[206] 점점 더 작아지는 소수의 집단이 전체 부의 대부분을 차지하고 있고, 소수자의 지분은 엄청난 속도로 증가하고 있으며, **만인의 적절한 참여권**은 유지되지 않는다. **다수의 사람들에게 세계시민으로서의 지위, 세계시민사회의 평등한 구성원으로서의 권리가 보장되지 않는다.** 빈부 사이의 엄청난 균열로 인해 전 지구적 차원의 빈곤이 양산되었다(말로 할 수 없는 기아 상태, 총체적 빈곤화, 교육과 건강의 철저한 방관 — 따라서 근본적 복리권에 대한 뚜렷한 저지가 드러났다). 여기서 빈곤은 '파벨라'[Favela, 브라질의 도시 빈민 지역을 칭한다. 우리 식으로 하자면 '달동네'라 할 수 있다]라는 말로 대표할 수 있다. **소수의 수십억 달러 자산가들**과 대조가 되는 **수십억 인간의 빈민화**(Favelarisierung)는 말로 할 수 없는 우리 시대의 스캔들이다. 왜냐하면 이 현상은 **인간 존엄적 참여권을 대량으로 방기**하고 있기 때문이다. 세계시민사회의 모든 구성원은 이 권리를 가져야 하며, 세계화된 사회에서 중요한 것은 그런 정의를 산출하는 것이다. 어쨌거나 우리 시대가 산출한 모든 나라의 부는 이 일을 할 수 있는 충분한 원천이 되며, 현대인이 산출한 전체 부는 이러한 권리를 현실화하는 데 충분한 토대를 제공하고도 남는다. "다른 사람의 자유로운 소유에 속하는 작은 수단으로도 불행한 많은 사람을 구해 낼 수 있을 것이다"(Ho 398).

시장의 원리를 자유의 토대로 방어하고 있음을, 또한 국가를 자유로운 실천적 행위의 토대로 보고 있음을 무시하며, 자유에 대한 마르크스의 이해와 근본적으로 다른 헤겔의 이해의 핵심을 놓치고 있다), 헤겔의 사회철학 내용을 (마르크스와 연결하여) 엄청나게 오인하고 있고, 특히 그의 사회적 국가 이념, 즉 자유의 국가 이념을 오인하고 있다. 독일의 사회민주주의에서 자유와 사회적 국가에 대한 헤겔의 입장이 수용되었다.

206   각국 정부나 국제기구에서 발간한 다양한 빈곤보고서와 부의 보고서 등은 이러한 사실을 뒷받침하는데, 독일 정부의 보고서도 이와 대동소이하다.

여기서 문제가 되는 것은 그저 도덕적 분노나 한갓된 도덕적 화가 아니라 시민사회가 이렇게 가다가는 스스로 파멸할 수 있다는 사실이다. 왜냐하면 시민사회는 이런 실존적 위협을 방어할 수 있을 만한 충분한 자기 조절 메커니즘을 자체 안에 가지고 있지 않기 때문이다. 특히 20세기 말과 21세기 초에 일어나고 있는 세계화 추세가 이러한 사실을 잘 보여 주고 있다. 이들 문제에서 대체로 아무런 해를 받지 않는 서구인들에게도 통제되지 않은 시장이 위기의 시대에 수십억의 손실을 가져온다는 사실, 바닥 깊은 곳까지 엄청난 빈부의 차이가 전체 세계를 위협할 수 있다는 사실이 분명해진 것 같다. 이러한 현실은 중우정치, 과두정치, 독재 등의 토대를 이룬다.[207] 이러한 지배 형식은 오늘날 무지(예컨대 천박한 교양으로서의 이른바 포퓰리즘)에 기초해 있으며, 보편적 자유를 위험에 빠뜨린다. 헤겔은 (다른 곳에서) 정치적 공동체 혹은 정치적 질서의 이 세 변종이 무법성을 지향하는 (도야되지 않은) 심정에 기초해 있다고 생각하며, 외적인 기계적 연합체, 따라서 부자유한 연합체로 간주한다. 이들 연합체 중에서 전제주의, 독재정치가 가장 위험한 것으로 간주되는데, 왜냐하면 이 정치체에서 시민의 권리는 충분히 보호받지 못하며, 심지어 위협이 되기도 하기 때문이다.[208]

헤겔은 도야의 권리, 교육의 권리를 광범위하게 계속하여 부각하는데, 그의 이런 강조가 여기서 다시 특별히 드러난다. 즉 도야된 시민이 없을 경우 어떤 현대적 질서도, 어떤 민주주의도 번영할 수 없다는 것이다. "무지한 자는 부자유하다." "사유의 보편성에 대한 강조는 도야의 절대적 가치로" 따라서 "날것과 야만"에 대항한 본질적 수단으로 산출된다 (§20). 또한 시민사회 영역은 무한정으로 공적 재화로 이해되어야 하는

---

207 "자유로운 정부의 가능한 형태들. 1. 민주주의, 2. 귀족정, 3. 군주주의. 이 각각의 형태는 자유롭지 않은 것이 될 수 있다. 1. 중우정치, 2. 과두정치, 3. 전제정치" (Hegel, *System der Sittlichkeit*, GW 5, 360).

208 Hegel, Texte zur philosophischen Propädeutik, Bd. 4 (§28) 248~249; Steffen Schmidt, *Hegels System der Sittlichkeit*, a.a.O., S. 255.

이러한 도야 과정에서 결정적인 역할을 한다. 이 핵심적 요청이 충족되지 않을 경우 무법의 체제가 위협을 가해오는데, 도야되지 않은 가난한 대중의 지배나 법(권리)을 경멸하는 부유한 소수의 권력, 혹은 이 두 유형의 폭발적 혼합으로서의 전제적·독재적 질서가 그것이다. 20세기의 역사는 전 지구적 차원에서 권력을 행사한 이 모든 유형의 충분한 예들을 보여 준다. 그런 **무법적** 지배 형태는 공동의 복리, 보편적인 것에 방향을 맞추지 못한다(비록 겉으로는 그렇게 말하지만). **정신의 빈곤**은 언제나 **사유의 빈곤**으로, 권력만을 지향하는 사유의 경멸로 나타난다. 이러한 질서의 범죄 행위는 개념에 대한 원리적 침해에 의존한다. 왜냐하면 법(/권리)의 **개념**이 결정적으로 건드려지고 있기 때문이다. 철학은 개념에 대한 이런 공격을 공표하고서 방어할 수 있고 또 해야 하며, **지적인 긴급방어권, 정신적 저항권**을 가지고 있다. 이러한 사실은 헤겔이 산출한 법(/권리), 자유 그리고 사유 등의 개념 연관 속에 들어 있다.

* *

요약하면 시민사회는 B와 A의 상대적 통일체, 외적 국가, 필요국가, 오성국가로서, 그리고 인륜법 내에 있는 비인륜성의 단계로서 이들 문제를 스스로의 규칙에 따라 풀어나가는 데 있어서 한계를 갖는다고 말할 수 있다. 규칙에 따른 대비(Vorsorge)는 한갓된 외적 질서로 드러나며, 논리적으로도 B가 A를 자신의 의지의 목적으로 삼을 필요가 있는 한에서, 그리고 참된 인륜태가 이제 다시 현재해야 하는 한에서 시민사회는 반드시 자신을 넘어가야 한다. 따라서 헤겔은 **이 수준에서는** 어떤 포괄적 해결책도 제시할 수 없다. 시장의 자기치유를 수용해도, 사적 소유의 철폐를 수용해도 소용없다. 신자유주의의 방안과 사회주의적 방안은 이론적으로 유지될 수 없는 경제의 우선성이라는 측면에서 서로 만난다. 국가와 국가 사이의 국제적 맥락이라는 보다 높은 차원에 위치한 인륜적 상태에서야 비로소 이러한 충돌을 합리적으로 제어할 수 있는 기회, 혹은 자유에 기초한 공동체를 스스로 위협하는 이런 근본적 상황에서 벗어날 수 있는 기회가 존립한다. 국가와 시민사회의 구별, 이 각 단계의 활동의 다름의 구별은 현대적 질서의 이론을 위한 본질적 조건으로 드러나며, 시민사회의 모든 개별적 차원에서 드러난 업무의 한계와 결함은 이러한 사실을 뒷받침한다.

7. '제2의 가족'이자 '작은 국가': 직업적 통합과 자치단체(코뮌) 로서의 협동체.
직업 정체성(corporate identity) 그리고 시민사회에서 국가로의 이행

앞의 사유 과정으로부터 처음에 찢겨진 인륜법의 재산출의 필연성 및 시민사회의 지양의 필연성이 드러난다. 시장질서는 올바른 자기감독과 자기통제를 불충분한 방식으로만 수행할 수 있음이 드러났고, 시장의 원칙적 효율성은 가상으로 드러났다. 이로부터 감독과 사회적 조력이 필요함이 드러나는데, 이들 역시 제한된 조정력만을 가진다. 조합(협동체)은 욕구 체계와 국가 사이의 그다음 다리로 기능하는데, 그것은 a) 직업조합으로, b) 자치단체(코뮌)로 나타난다.[209] *

활동의 양식을 공유한다는 이유에 기초하여 설립된 직업동료의 연합은[210] 조합체의 첫 번째 형태를 형성한다. 이는 **부르주아**(사적 인격체, 시민

---

209 이 용어(Korporation)는 더 이상 사용하지 않는 것으로 여기지만, 'Körperschaft'(사단, 단체, 법인 등) 혹은 'corporate identity'(조합체, CI)는 제한 없이 사용하고 있다. 예컨대, 정치학과 법학에서는 정치체제의 '협동(기업)적 행위자들'이라고 쓰고 있다.

* '조합'으로 번역한 'Korporation'은 오늘날의 조합과는 의미가 사뭇 다르다. 이것은 특정한 이익을 위해 구성된 집단을 지칭하는 말로, 기업·조합·협동체 등을 망라한다. 예컨대 'corporate identity'(직업정체성)는 기업의 이미지 통합작업을 일컫는 말인데, 우리 경영학계에서는 그저 'CI'로 부른다. ─ 옮긴이

사회의 구성원)에서 시토앵(국가의 시민)으로 나아가는 **첫 번째** 이행 단계이다. **특수한** 업무 혹은 이익은 사회의 본질적 부분으로서 **보편적** 목적을 대표한다. 따라서 협동조합(Genossenschaft, 생산조합)이라는 특별한 행위자는 훌륭한 행정(경찰행정)이라는 외적 작용과는 달리 내적·내재적 힘으로 드러나는 인륜적·통합적 차원을 소유한다. 지금까지 시민사회에서 보편자(A)는 추상적이고 외적인 보편자일 뿐이었다. 시민사회의 결핍은 "시민사회에 내재한 보다 고차적 결핍"이다(Bl 201). 시민사회는 인륜을 서로 찢으며, 극단으로 서로 나눠 놓는다. 그 가운데서 두 계기, 즉 주관적 자기의식(B)과 보편자(A)는 저마다 자신만의 권리를 주장하며, 따라서 통일은 그저 상대적으로만 머물러 있다(Bl 201). 이로부터 **B와 A의 보다 고차적 통일**을 생각해야 한다는 논리적 요청이 발생한다. 즉 개념은 시민사회를 넘어간다(Bl 202). "특수성의 관심(/이익)은 이기적 목적이라는 관심이어서는 안 되고, 보증된 것, **보편적으로 타당한 것**이 되어야 하며, 자기 안에 **객체성**을 가져야 한다."[211] 특수성 속에서 자유로운 직업선택의 토대에서 살아가고 활동하는 자만이 자기 자신의 특수성을 조달할 수 있으며, 이 특수성에 소속된 자의 업무를 염려할 수 있다. 그리고 이들은 스스로를 관리하며, 더 이상 파편적 개별자로 행동하지 않는다(Bl 202). **직업협동조합** 혹은 **직업조합**은 특별한 노동활동 — 스스로 선택한 직업 — 과 관련이 있는 이러한 형식의 보편성, 인정 그리고 공동성을 서술한다. 직업 분야에 따라 상이한 자립적 협동체가 있다.[212] 시민사회 구성원은 자신의 특수한 기술에 따라 아주 구체적인 **보편적(공동의)** 목적을 가지는 하나의 조합에 귀속된다(§251). 조합의 구성원들은 특수한 방식으로 자신을 위해 활동하지만, 동시에 목적과 의도에서 보편자, 즉 협동조합의 업무를 촉진한다. 합리적 자기이익은 공동의 이익과

210　"모든 노동자 계층은 이제 하나의 조합을 만든다"(Kiel 189).

211　Bl 202. 강조는 저자.

212　Fulda, *Hegel*, a.a.O., S. 221.

결합한다. 조합과 자립공동체(코뮌)는 프로이센 보통법(ALR)에서 아주 적절하게도 **지속적인 공동이익이라는 목적과** 결합된 사회로 표시되어 있다.[213] **공동의 안녕(복리)**은 나가야 할 방향을 형성하며, 따라서 직업조합도 (조합의 두 번째 형태인) 코뮌도 국가를 통한 합법성을 필요로 한다(직업단체, 도시법의 분할 등). 인륜법의 첫 번째 단계로서 실체적 형식으로 존재한 가족 이후에 우리는 여기서 "인륜법의 두 번째 단계"(Bl 202), 즉 두 번째 인륜적 공동체이자 '동업조합'(Innung, 길드)을 보며, 개별자의 특별한 활동에 의존하는 "두 번째 가족"(§252)을 본다. 직업협동조합은 도야(형성)에 신경 쓰고, 고아의 후생을 염려하며, 우연히 빈곤으로 추락한 구성원을 보호한다는 점에서 가족을 대체하며, 따라서 인륜의 복원에 기여한다.

특히 제2의 생활지에서, 즉 생업 영역에서 세분되지만 이에 국한되지 않는 이런 직업연합체들(수공업자 길드, 산업연합, 상업조합, 광산조합, 농민연합, 공무원연대 등)은 직업 상황과 연관이 있는 구성원의 이익공동체로 작용한다. 이 직업연합은 독특한 방식으로 특별한 직업교육에 기여한다. 성장의 이 중요한 요소 속에 이들 연합체의 핵심과제가 놓여 있다. 이때 그 폭은 수공업에서 마이스터가 발급하는 작은 증명서에서부터 대학의 교수자격논문에 이르기까지 넓게 분포한다. 전문자격증은 보편적 의미를 가지며, 전 국가적 차원에서 보편적으로 수용된다. 직업연합체는 특수한 방식의 인정 공간이며, **가치평가**가 형성되는 **영예**의 공간이고, 특정한 활동에 귀속된 자라는 영예를 의식적으로 표현하는 공간이다. 이러한 사실은 직업의 영예 혹은 특수한 동종조합(직업 정체성, corporate identity)이라는 직업의식 등으로 나타난다. 인륜법, 인륜적 의식은 여기서 영예의 형태로, 특수한 활동에 대한 가치평가의 형태로, 인륜적 인정의 특별한 방식으로 출현한다. 이것이 바로 능력주의의 본질적 형태이다. "(기

---

213 ALR Th. II. Tit. 6, §25. 보통법 제2부의 6번째 제목은 다음과 같다. "사회들 일반, 그리고 특수하게는 조합들과 공동체들."

술, 부유함, 재능 등에 있어) 나라는 존재의 본질에 대해 말하자면, 나는 나 자신을 위해서만 존재하는 것이 아니다. 나라는 존재는 타자를 통해 자신의 실재를 갖는다. (……) 내가 나 자신에 대해 의미하는 바에 대해 말하자면 나는 본질적으로 타자에 대한 반성과 표상을 통해 존재하며, 이 표상은 확고하고 객체적인 것이어야 한다. 이것이 영예이다"(Rin 151).

인격성의 관점에서 서술된 자기인정과 인정이라는 패러다임을 이 단계에서는 다음과 같이 표현할 수 있다. 나는 보편자를 위한, 또한 특수자로서의 나를 위한 나의 능력을 나의 표상 속에서 인정하며, 특수자로서의 타자의 표상 속에서 나의 기여와 더불어, 보편자를 위한 나의 능력을 통해 인정된다(§207). 영예로운 자는 특수자로서뿐만이 아니라 보편자로도 존중받으며, 보편자의 표현으로서의 그의 지식과 능력, 그리고 그의 교양(/도야)은 귀히 여겨지며, 그에 따른 보상을 받는다. 관련 당사자는 자기가치와 명예를 얻는다.[214] 내가 만약 물리학에서 노벨상을 탄다면 나는 물리학자들 동아리에서 특출한 영예를 얻는다. 이런 영예는 영화 영역에서는 오스카상을 얻은 자에게, 체육인들에게는 세계선수권자나 올림픽 승리자에게 주어지며, 의사들에게는 암을 치료할 수 있는 치료제의 개발자에게, 철학자들 동아리에서는 (아마도) 헤겔의 법철학에 대한 훌륭한 책을 쓴 자에게 주어진다. 간단히 말하면, 나는 나의 직업 분야에서 특별한 활동에 대한, 나의 능력에 대한 인정을 경험한다.

보다 큰 연관 역시 작은 직업연합체에서 축적할 수 있다. 예컨대 한 연구자는 대학이나 연구집단에 귀속되어 있다는 사실에서 출발하여 특정 학문의 구성원을 넘어 학문공동체 일반으로까지 확대될 수 있는 업적을 남길 수 있다. 헤겔은 특별한 형태의 제2의 가족, 즉 내가 나의 활동에 근거하여 내적으로 결합되어 있는 동종조합을 말하는데, 이러한 사실은 몇

---

214 이에 대해서는 다음을 참고하라. Axel Honneth, Zwischen Aristoteles und Kant. Skizze einer Moral der Anerkennung, *Das Andere der Gerechtigkeit. Aufsätze zur praktischen Philosophie*, Frankfurt a. M. 2000, S. 183~209; H. C. Schmidt am Busch, *Anerkennung als Prinzip der Kritischen Theorie*, a. a. O., S. 45ff.

몇 관점에서 딱 들어맞는다. 예를 들어 나는 훔볼트재단에 속할 수 있다. 그곳에서 사람들은 명료하고 정당하게도 '훔볼트 가족'이라고 말할 수 있으며, 이에 상응하여 이 가족에 속해 있는 자기이해를 유지하기 위해, 즉 직업동일성(CI)의 의식을 표현하기 위해 특정한 기호를 드러낸다. 예컨대 국제훔볼트회의에서 훔볼트재단의 소속자들은 남성은 훔볼트 넥타이를, 여성은 훔볼트 목도리를 착용하고 모인다.

전체적으로 보자면 동업조합을 가리키는 이런 지시는 너무 과한 기대를 불러일으키는 것 같다. 왜냐하면 이 지시가 가리키는 방향이 산업시대 이전의 모형(길드 등)을 향하고 있는 것으로 추측되기 때문이다. 하지만 헤겔의 경우는 그렇지 않다. 왜냐하면 그는 전통적 길드를 생각하고 있는 것이 아니라 직업과 생활현장이라는 기준에 따르는 현대적 연합체를 생각하고 있기 때문이다. 하지만 직업자존심, 인정, 가치평가, 조력과 지원, 귀속된 자들의 이익을 위한 대규모 편들기(긍정적 의미의 로비) 등은 오늘날도 역시 중요하게 남아 있다. 특정한 경우(예컨대 일하다 생긴 사고나 일반적으로 생긴 사고의 경우)에 있어서 동종조합의 보험이 여전히 유지되고 있기는 하지만, 대체로 위급한 상황에서의 지속(생존)의 보장은 축소되었으며, 시장 맥락에서 기인하는 근거(합병이나 파산 등)에서도 생존의 보장이 축소되었다. 경제적 좌절을 겪은 개인에게는 오늘날 종종 코뮌(마을공동체, 자율단체)이나 국가가 지원을 한다. 프로이센 보통법(ALR)에서 빈자들의 부양은 '조합들'과 '코뮌들'에게 의무과제로 주어지며, 두 공동체는 이 빈자들의 부양을 포함한다. "특수한 빈자펀드를 조성하고 있는 특권화된 조합들, 혹은 자신의 규약에 따라 금액을 조달하는 조합들은 재산이 없는 구성원들을 먹여 살리기 위해 우선 결성되었다." "도시공동체나 마을공동체(코뮌)도 가난한 구성원과 주민을 보호해야 한다."[215]

활동형식과 직종 등이 생활지와 맺는, 그리고 **공동체**[Gemeinde, 1차 공

---

215   ALR Th. II. Tit. XIX, §9, 10. 받아들여진 구성원에게 구속력이 발생한다(§11).

동체로서, 예컨대 교회공동체도 '게마인데'라고 한다] 내지 **코뮌**[이 역시 1차 공동체로서, 예컨대 아이들을 공동으로 돌보거나 농산물을 함께 일구는 마을공동체 등이 속한다]과 맺는 연관은 거의 다뤄지지 않는다. 이런 공동체들은 "조합 자체"를, 공동체적 협동조합을 나타낸다(Bl 206). 조합(협동체)은 '도시공동체'[Stadtgemeinde, 1차 집단을 지향하는 도시]일 수도 있고 '대자적인 도시'일 수도 있다(Kiel 232). 이렇듯 **코뮌적 공동체**[1차 공동체], 즉 공동체성이 부각되는데, 이 공동체는 구체적 개별자의 본질적이고 특수한 공동체로서 그들 삶의 방식을 결정하고, 자기통제와 자기규정을 가진다. 그런데 그것은 나라공동체(Landgemeinde)일 수도, 도시 혹은 거대도시일 수도 있으며, 마음을 나누는 20명이 사는 마을일 수도, 예나[Jena, 저자가 현재 거주하는 도시로, 18세기 말에서 19세기 초 독일 지성계를 이끈 인물들이 집단적으로 거주한 도시] 같은 도시일 수도, 상파울루일 수도 있다. 인간이 삶을 수행하고 자신의 자유를 형성해 가는 데 있어 공동체성이나 공동체적 정치가 특별히 중요하다는 사실이 결코 경감되지 않는다. 공동체(코뮌)적 자기규정과 자기통제의 새로운 형식을 통해 이 조합적 구조는 특별한 의미를 갖는다. 이러한 사실은 **거주지의 자유로운 선택**(거주이전)의 권리에 의존하는데, 이 경우 자유로운 직업선택의 권리와 유사하게 '자유로운'에 대한 정밀한 규정이 필수적이다. 시민사회의 구성원이 모두 다 실제로 농부나 수선공, 혹은 조종사나 철학자가 될 수는 없으며, 모두가 다 슈타이나흐, 예나, 시애틀, 피사나 싱가포르 혹은 교토에 살 수는 없다. 자유의 이러한 형식이 국가의 법률에 분명하게 합법화될 수도 있다. 그렇지 않으면 이 형식은 아무런 규칙 없이 '방임'된다. 구성된 협동조합(Genossenschaft), 공동체(Gemeinde) 그리고 조합(Korporation) 등으로의 분류는 국가에서 정치적 연관 속에서 배치된다(§308).

동업조합(길드)도, 공동체(게마인데)나 코뮌도 다시 좀 더 큰 맥락을 구성할 수 있다. 수공업자 연대, 사용자 연대 내지 구역(Kreis), 지방(Provinz), 지역(Region), 정치 수도 그리고 주 등은 이런 연합체와 관련하여 다시 시민사회로 환원될 수 없는 '정치적인 것'을 예견한다. 동시에 특수한 집단이익, 원래적 의미의 생활세계 그리고 이에 상응하는 의식 등을 산출하는 좀 더 작은 결합체가 생겨난다. 지역 동업조합, 도시의 한 구역, 베를린의 키츠[Kiez, 자기들만의 규율과 삶의 양식을 가진 집단촌], 파리의 콰르티에(Quartier), 리마의 바리오(Barrio), 이웃연대촌(neighbourhoods) 등이 그것이다.

활동조합과 **특별한 거주조합**으로 나타나는 이 두 조합은 예컨대 각각 길드와 코뮌으로 대표되는데(혹은 이 둘은, 즉 생활세계와 일터가 서로 결합될 수도 있다), 이들은 제2의 가족으로서 국가라는 보다 고차적 연합을 위한 **삶의 필수적인, 인륜적 세포**를 형성한다. 그것은 "시민자치기구나 자율기구"(Bürgerobrigkeiten und Selbstverwaltung)[216]로서 독자적 행정과 자기규제를 갖는 기구이며, 활동과 거주라는 토대 위에서 개인이 자기동일성을 발견하는 결합된 공동체이다. 이때 활동과 거주의 장소가 일치할 수도 있지만, 반드시 그럴 필요는 없다. 말하자면 a) 오스트리아 저지의 마을 캄레스에 살면서 일하는 농부, 피에몬트의 로체타 타나로에 살면서 거기서 활동하는 포도 재배자, 슈타이거발트에서 사는 임업 마이스터 등이 있을 수 있지만, 또한 b) 파리에 살면서 베네치아에 제3의 거주지를 가지고 있는 뉴욕 필하모니 지휘자, 베를린에 거주하는 예나 대학 철학 교수, 고타에 거주하면서 아이제나흐의 자동차공장에서 일하는 노동자도 있을 수 있다. 간단히 말해서 모두는 거주지와 일터 사이를, 대륙 사이를, 문화 사이를 오가는 시계추와 같은 사람들일 수 있다. 전체적으로 보자면 새로운 **유목민적** 삶의 형식과 현대적 '방랑'이 큰 유행을 하고 있다. 조지 클루니(George Clooney)는 영화 「인 디 에어」(Up in the Air)에서 이러한 '공간이동'의 삶과 역동적 삶의 방식을 적절하게 보여 주었다.

시민사회의 구성원은 상이한 조합에의 귀속을 통해 직업과 공동체와 관련한 특정한 공동체적 심성을 발전시켜 간다. 예컨대 직업에 대한 자부심과 지역에 대한 충성심(지역 정체성) 등이 그것이다.[217] 헤겔은 이런

---

216   Wan 235.

연합체와 공동체를 **작은 국가**로 옹호했다(Gr 621). 한편으로 이 연합체는 아주 폭넓게 자치권을 가지며, 다른 한편으로 영토에 근거한 거대한 국가구조를 가지고 있는 현대 세계에서 개별 시민과 국가 사이의 틈이 점점 더 커지고 있으며, "특수한 시민은 국가의 보편적 업무에 제한적으로만 참여"(Ho 709)하고 있다. 따라서 구성원은 또한 대표와 선거 외에도 매개하는 인륜적 참여형식을 필요로 하는데, 직업적 참여와 코뮌적 참여가 대표적인 예다. 수용된 활동과 수행되는 일에 근거하여 동종조합과 코뮌을 인정하는 것은 귀속된 자들의 자기규정과 지식의 중요한 요소로, 공동의 것, 공동이익 그리고 보편적인 것 등의 중요성을 확증하는 것으로 작용하고 간주할 수 있다. **국가의 근원적 강함은 협동조합, 공동체 그리고 도시 상태**에 달려 있다(§290, Z).

오늘날 훨씬 강력하게 등장한 의심의 여지없는 한계를 검토하지도 않은 채 우리는 직업협동조합과 공동체/도시에서 가족과 국가를 잇는 중간항 내지 경첩을, 시민사회에서 국가로의 이행을 보게 되는데, 왜냐하면 B와 A의 실체적 결합이 생기기 때문이다. 현대 경제 세계를 각인하고 있는 거주지와 일종의 직업활동의 빈번한 교체로 인해 조합적 맥락은 더 빨리, 더 결정적으로 변하고 있다. 이러한 사실은 같은 지역에 사는 모든 관련 당사자의 장기적인 조합적 유대를 방해하며, 길드정신에 빠지지 않도록 하지만, 조합의 새로운 창조적 형식이 생겨야 한다는 강제가 발생한다. 예컨대 인터넷 결합이나 인터넷 포럼, 월드와이드웹(www) 기반의 사회적 네트워크, 트위터, 블로그, 페이스북, 동창회, 팬들의 축제, 직업박람회, 회의 등은 이러한 형식을 대변한다. 또한 다른 관심에 의해 밴드가 결합되기도 한다. 집단, 동아리, 같은 나라 출신의 연합회,[218] 동일한 관심을 가진 비전문가들의 모임 내지 자원봉사자연합체, 상호문

---

217 이러한 사실은 특수한 기술 혹은 고향에 대한 자부심이라는 긍정적 측면만이 아니라 또한 오만한 신분의식이나 지역주의와 같은 과도한 측면도 있다.

218 '태평양 북서 지역 독일어 사용자 커뮤니티'와 같이 미국에 있는 독일어 동아리 등을 들 수 있다.

화적 관계 등이 그것이다. 이것은 오늘날 사회학의 또 다른 영역을 이룬다. 전통적 형식 외에도 오늘날 직업적 혹은 코뮌적 이유에서 직접 생겨난 것이 아닌 다른 새로운 형식이 생겨난다. 공동의 이익에 기초한 새로운 집단, 즉 구성원의 특수성에도 불구하고 공동의 생활형식을 실현하고 (혹은 실현하거나) 다른 삶의 방식을 시험해 보는 새로운 집단이 구성된다. 종교와 예술 그리고 학문은 이를 위한 토대를 제공한다. 또한 스포츠와 결합된 조합적 형식도 고려해야 한다. 미국의 대학 내지 칼리지와 야구동아리 혹은 축구동아리 사이의 밀접한 유대를 생각해 보라. 졸업생들이 주거지를 바꿔 전국에 흩어져 사는 경우에도 그들은 모교와 끈끈하게 결합되어 있으며, 대개 '자기들' 대학동아리의 팬들로 남는다. 조합의 원칙이 변했다고 하기보다는 그 양식이 변한 것 같다. **시호크스**(도둑갈매기)는 시애틀에 있는 워싱턴 대학과 깊은 연관이 있으며(직업연관적 원칙), **마리너스**는 도시 시애틀과 연관되어 있다(코뮌적 원칙). 그리고 현대의 대중매체와 빠른 운송수단의 도움으로 지지자들은 관중으로 참여할수 있게 되었다.

조합의 정신 내지 협동조합의 정신은 특수한 영역에서 전개되는 정신으로, 이 정신은 국가에서 특수한 목적을 유지할 수단을 가짐으로써 국가의 정신으로 급변한다(§289). 직업적 조합이해의 형태와 코뮌적·지역적 의식의 형태로 존재하는 이런 조합적·협동조합적 정신은 "특수자의 **보편자로의 정착**"(§289)을 함축하며, 본질적으로 국가를 강력하게 하는데 기여한다. 하지만 감독과 사회적 조력의 심급이 그러한 것처럼 직업동료들과 공동체 시민들의 연합에 내재한 결함은 이성에 의해 규정되는 새로운 기구, 즉 국가로 계속 나아가도록, 즉 국가의 이념으로의 이행을 강제한다. 국가는 "그런 많은 협동조합과 공동체의 전체이자 통일"(Kiel 232)이다. "직접적 인륜성은 시민사회의 분열을 관통하여 이 사회의 참된 근거를 드러내는 국가로까지 전개되어 가는데, 이러한 전개는, 그리고 바로 이러한 전개만이 국가라는 개념의 **학문적 증거**이다"(§256).

요약

헤겔은 시민사회와 국가를 엄밀하고 엄격하게 구별하며, 국가를 보편자의 참된 영역으로서 우선성을 갖는다고 정초하는데, 그의 이런 구별과 정초는 그의 정치철학의 핵심점이다.[219] 시민사회의 구성원의 자유로운 특수성의 토대, 즉 현대사회의 역동성과 혁신적 힘의 토대는 시민사회에 놓여 있다. 하지만 시민사회는 (필요공동체 내지 오성공동체로서) 이성적 규제와 그런 이성적 원칙의 형태가 없을 경우 몰락할 것이며, **스스로를 좀먹고 파괴할** 것이다.[220] 시민사회의 모든 단계에서 비록 보편자가 유효하지만, 그것으로 충분하지는 않다. 산업은 스스로를 감독할 수 없고, 보편적인 초당파적 심급(국가 차원의 규제기구 혹은 국제적 규제기구)을 필요로 한다.[221] 사법(권리보호기구)은 보편적, 즉 독립적이어야 하지만, 형식법(형식적 권리)에만 관계한다. 자선적 조력, 공익적 조력은 공적·국가적 조력으로 대체할 수 없으며, 비시장적 기구와 비국가적 기구는 중요한

---

219 마르크스는 시민사회와 국가의 관계를 전도하는데, 이런 전도는 사실 헤겔의 동기를 논리적으로 밀고 갈 경우 도달하는 하나의 결과일 뿐이라는 해석이 있다. 그러나 이러한 해석은 헤겔의 구상에 대한 심각한 오해이다. Schnädelbach, *Hegels praktische Philosophie*, a.a.O., S. 266f., 298f. 첫째, 슈네델바흐는 논리적 구조를 아주 불충분하게 검토한다. 차이의 단계로부터 '근거'로 간주하는 국가로의 이행은 '그의 변증법의 논리'에서 유래한다. 그런데 이 논리는 슈네델바흐의 책에서 그저 파편적으로만 다뤄지며, 따라서 불충분한 해명이 드러날 뿐이다(개념에 대한 결정적인 논리가 자주 다뤄지기는 하지만 전개되지는 않는다). 둘째, 그는 시민사회를 모든 사회의 '경제적 토대'로 해석하는 마르크스의 일방적 해석에 대해 침묵한다(헤겔은 이러한 생각을 지나간다). 그리고 셋째, 슈네델바흐는 여기서 헤겔이 시민사회를 사유재산에 기초한 시장질서로 규정한다고 잘못 평가한다.

220 호르스트만은 "장기적으로 볼 때 자기만의 원칙에 내맡겨진 시민사회는 불안정해지거나 결국 파괴되지 않을 수 없음"을 강조한다. Rolf-Peter Horstmann, Hegels Theorie der bürgerlichen Gesellschaft, a.a.O., Siep, *Grundlinien der Philosophie des Rechts*, S. 209f.

221 공정거래청, 환경청, 보건청 등과 같은 국가 차원의 감독청이 그것이며, WHO나 OECD도 이에 해당한다.

통합적 기여를 제공하지만, 정치적 지지 없이는 가능하지 않다. 현대사회에 필수적인 직업적·코뮌적 조합은 부분적 참여만을 가능하게 한다. B원리와 A원리의 결합은 점증하는 세 형식을 띠는데, 이 세 형식은 다음과 같이 말할 수 있다. a) 시장행위자, 즉 생산자와 소비자는 욕구 체계에서 작동하는 보이지 않는 손이라는 이기적이고 원자론적인 세계관을 가지고서 낯선, 제한적으로만 조정할 수 있는 시장 메커니즘에 마주하며, 전면적 의존의 맥락에 서 있다. b) 보편적인 법적 심정을 통해 규정된 법(/권리) 주체는 사법(권리의 보호)에서 형식적 법이 법률로 실현되는 것을 경험하며, 구체적 인격체로서의 보편적 인정을 경험한다. 또한 c) 공공이익을 지향하는 자선적·연대적 생각을 가진 시민사회의 구성원들은 시장질서를 적절하게 형성하기 위해 그리고 사회적 조력을 위해 정진한다. 직업활동과 코뮌적 공동체에서 그리고 타자와의 협동이라는 새로운 형식에서 서로 결합된, 조합적 동일성의 의식을 가진 행위자들은 '작은 국가'를, 따라서 소외된 인륜성의 극복을 위한 전제를 구성한다.

시민사회는 이중적 본질을 가지는데, 즉 그것은 극단으로 분리된 인륜성, '자신의 인륜적 규정을 처음에는 상실한 실체'로서 존재한다. 이 시민사회는 이 영역에서는 완전하게 통일할 수 없는 두 원리, 즉 **파편적 특수성의 원리와 오성적 보편성의 원리**에 기초해 있다. 처음에 사유재산, 경쟁 그리고 시장 등으로 각인된 시민사회는 움직이는 혁신적 요소를 대표하며, 현대의 자유로운 질서와 동시에 합리적 형태를 요청하는 비이성적 영역의 동인을 대표한다.[222] **오성의 보편성**은 **이성의 보편성** 속에서 지양되어야 하며, 원자론과 시장근본주의 체계는 정치적 인정과 참여의 체계에서, 결합 전체에서 지양되어야 한다. **필요공동체** 내지 **오성공동체**는 실현된 혹은 현실화된 자유의지 개념인 **국가**라는 **이성공동체**에서 **지양**되어야 한다. **시민-사회적** 자기이해는 **국가-시민적** 자기이해로 지양될 수

---

222 시민사회는 우연적인 자선의 의지, 악한 의지, 악, 우연성, 긴급함, 외적 필연성, 부패, 끔찍한 유기 그리고 소외된 인륜성 등의 영역을 대표한다(Rin 114).

있다.* 그 경우 국가는 시민사회의 참된 근거로 드러날 것이며, 시민사회 존립의 전제로 드러날 것이다. 국가의, 즉 정치적 일반의 정당성은 궁극적으로 하나의 심급에서부터서만, 즉 **개념적으로 파악하는 사유**에서부터서만 따라 나온다. 다른 모든 정초원리, 예컨대 자연적인 것, 오성적인 것, 실용적인 것, 신적인 것 등은 국가의 정초원리가 될 수 없다. 그런 원리들은 정치적인 것의 근거를 놓치며, 국가의 이념을 오인하며, 무엇보다도 자유의 잠재적 위협이 된다.

---

* '시민-사회적'과 '국가-시민적'의 구분은 이렇다. 독일어 'Bürger'는 사적인 개인으로서의 시민과 공적 개인으로서의 공민의 의미를 동시에 갖는다. 시민사회의 시민은 사적 개인을, 국가에서의 시민은 공적 조직체의 일원으로서의 국민, 공민 혹은 시민을 의미한다. 개별 이익에 집중된 행위 양태를 갖는 시민사회에서의 시민과 공적 업무에 관여하게 되는, 그런 점에서 사익만이 아니라 공적 이익에도 기여해야 하는 존재가 바로 현대의 개인이다. 사적 시민이 자기 혹은 자기 집단의 이익에만 관심을 갖는다는 점에서 이들이 모인 공동체는 오성의 공동체이고, 전체의 이익을 고려하지 않을 수 없는 공인의 집합체로서의 국가는 이성의 공동체가 된다. 헤겔은 이렇듯 시민사회와 국가를 유의미하게 구분한 최초의 철학자에 속한다. — 옮긴이

8. 국가 —— 자유와 정의의 현대적 이론으로서의 헤겔의 '국가학'

우리 모두는 노란 잠수함에 살고 있지

(We All Live In A Yellow Submarine)

1. 자유의 건축물로서의 국가—정의의 객관적 형태

헤겔의 전체 실천철학은 궁극적으로 『법철학』의 부제로 나타나고 있는 하나의 단어로 요약할 수 있다. 즉 '국가학으로서의 자유와 권리의 철학.' 실천적 자유의 사상은 최고의 규정을 정치적인 것의 단계에서, '가장 고귀한 구체적 보편자'의 관점에서 최고의 규정을 경험한다(§303). 실천적 자유와 정의에 대한 이 철학적 이론은 현대 세계의 보다 심오한 이해를 위한 문을 연다. 정당하게도 헤겔의 법철학은 **현대 정치철학의 새로운 정초**를 세웠다고 말할 수 있다.[1]

루소에 따르면, 국가를 확고한 기반 위에 정초하기 위해 '국가법의 참된 원칙'이 구성되어야 한다. 그런데 그것이 국가와 도대체 어떤 관계가 있는가? '국가'(civitas, state)라는 이 건축물은 정당하게도 오늘날까지 철학적 심정을 자극하며, 실천철학에 특정한 방식으로 도전한다. 국가는

---

1 Manfred Riedel, *Materialien zu Hegels Rechtsphilosophie*, 2 Bde., Frankfurt 1975, Bd. 1, S. 38.

추앙받고 저주받았으며, 국가에 대한 해석과 정의의 끈은 넓게 이어져 있다. 현대에는 국가를 인공인간, 리바이어던, 보살피는 아버지, 공동의 재산(res publica 리퍼블릭), 공권력, 공동의 권력, 지배기계, 억압장치, 야간 경비원, 공적인 인격체, 일반의지의 표현 형태 또는 '공동의 존재'(넓은 의미에서 리퍼블릭) 등으로 국가를 정의한다.[2]

헤겔의 국가학은 인륜적 세계, 즉 **"국가를 자기 내 이성적인 것으로 파악하고 서술하도록"**(RPh 26) 요청하는데, 이것이 그의 국가철학 전체이다. 이러한 그의 요청 역시 여러 관점에서 충격을 주는 강력한 초석이었고, 여전히 그런 초석으로 남아 있다. 몇몇 헤겔 비판가는 헤겔 국가철학에서 분노를 유발하는 요소를 보며, 그들의 무지와 문맹을 보여 주는 슬로건을 상투적으로 반복한다. "헤겔에게 국가는 모든 것이고 개별자는 무다!" 그런데 이렇듯 헤겔에게서는 개별자가 아무것도 아니라고 추정하는 이들 해석에서 우리는 놀랍게도 아무것도 경험하지 못한다. 혹은 헤겔의 국가에서는 도덕이 몰락하게 된다고 진단하기도 한다.[3] 헤겔을 전체주의와 파시즘의 선구자로 선언하는 데 아무런 주저도 하지 않는 사람들도 있다.[4] 다른 사람들에게는 헤겔의 국가이론이 공화국의 현대적 형태에 대해, 오늘날 인류의 공동 관심사가 무엇일 수 있는지에 대해 곰곰이 생각하게 하는 자극제로 남아 있으며, 현자의 돌이 아니라 공동체적 삶의 원칙을 비판적으로 검토하게 하는 시금석으로 남아 있다. 그런데 국가는 헤겔에게서 — 이미 여러 번 건축을 비유로 말했듯이[5] —

---

2 Kant, *Die Metaphysik der Sitten*, §43, AA VI, 311.
3 이 책의 제4장 「도덕법」 장에서 제5장 「인륜법」 장으로 이행하는 부분인 제4장 9를 참조하라.
4 F. 마이네케, E. 카시러, K. 포퍼 등이 그들이다. 여기 언급한 사람들은 헤겔 철학을 결코 깊게 다루지 않는다.
5 "인간 사회라는 건축물"(PhilG 12, 42). 피히테 역시 『지식론의 개념에 대해』에서 이 은유를 사용한다. "건물의 모든 부분은 토대(근거) 위에 서 있으며, 그 위에서 서로 조립한다. 그리고 전체의 모든 부분이 확고한 토대 위에 기대고 있을 때만 이를 통해 우리는 전체를 확고히 가지게 된다"(GA I, 2, 116).

다른 관점에서도 탁월한 형태인데, 말하자면 『법철학』의 **쐐기돌**(마무리돌)이자 동시에 전체 건축물, 즉 자유의지의 철학의 토대를 형성하기도 한다. 우리는 이와 더불어 이 자유의 철학이라고 하는 '고딕성당 건축물'[6]의 쐐기돌을 가지게 되는데, 이 돌이 없다면 전체 건축물은 존립하지 못하고 붕괴할 것이다. 말하자면 우리는 국가론에서 '자유의 세계'라는 건축물 전체의 토대(/근거)를 갖는다. 유행에 따라서 말하자면 헤겔의 국가론은 그의 실천철학의 쐐기돌, 중심의 돌, 최고의 돌이다. 전체 건축물은 '거대한 돔'[7]에, "이성의 성전"(Wan 246)에 비유되며, 자기 안에 그리고 자기 주변에 자유로운 존재의 다양한 삶의 요소, 즉 법·시장·예술·종교·학문 등을 통합하고 있는 파도바의 거대한 건축물인 '팔라초 델라 라조네'에 비유된다. 헤겔은 『법철학』을 '형성된 건물'이라고 하며, '국가라고 하는 인륜적인 것 안에 있는 풍부한 지절', 즉 "국가는 공적 생활의 영역과 그 권한을 특정한 방식으로 구별함으로써, 그리고 엄격한 척도를 통해 기둥과 아치와 받침대가 유지될 수 있게 함으로써 자신의 각 부분을 조화시켜 전체를 강하게 유지하도록 되어 있는 이성의 건축술"[8]이라고 말한다. 『법철학』을 편집한 후 이에 붙인 「서언」에서 (『법철학』의 최초의 중요한 해석가인) 간스는 이 건축의 첫 번째 장점을 다음과 같이 본다. 헤겔이 '심오하고 냉철한 힘'으로 수행한 이 책의 가치는 "모든 벽면과 공간을 다루는 아주 멋진 건축술에 있으며, 건축물의 모든 구석에까지 심혈을 기울인 노력에, 그리고 꼭대기에서 바닥에 이르기까지 균형잡힌, 하지만 다시 서로 다른 스타일로 이뤄진 것에 있다."[9] 이러한 의미에서 헤겔은 또한 이성적인 것 혹은 절대자가 새겨진 구조를 하고 있는

---

6 PhilG 12, 67

7 뵈메의 영향을 받은 헤겔주의자인 프란츠 토마스 브라트라네크(Franz Thomas Bratranek, 1815~84)가 바로 이 표현을 쓴다. 이에 대해서는 다음을 보라. Klaus Vieweg, Die Bestimmung des Menschen als Monismus der Freiheit, *Hegel-Studien* 32, S. 41~60.

8 Hegel, *Grundlinien*, S. 19; PhilG 12, 67.

9 Gans, *Vorrede*, S. 3.

상형문자라는 비유를 사용한다. 그것은 개념과 그 현실의 통일이라는 의미에서 그렇다. 국가는 '정의의 객관적 형태'로, "국가의 구성은 인륜적 삶의 구성"(Enz §474)으로 간주한다. 혹은 로젠크란츠의 말을 빌리면, 국가는 "자연과 문화의 통일"[10]이다.

이와 더불어 헤겔은 아주 무거운 부담, 즉 **정치적인 것, 국가적인 것을 새롭게 정당화해야** 하는 헤라클레스의 과제, 말하자면 국가를 개념적으로 파악하는 사유로부터 자유의지의 최고의 형성물로 근거짓는 과업을 떠안는다. 헤겔의 국가법철학은 국가를 이념으로 이해하고자 하며, 그것도 **인륜적 현실의 최고 단계**의 형식으로, 즉 객관정신(즉 법, 실천적 자유)의 최고 단계의 형식으로 존재하는 이념으로 이해하고자 한다. 국가는 그 형식에서 가장 완전히 발현된 "인륜적 이념의 현실"(§257)로 규정한다. 이 기본 공리는 아주 정교하게 고찰되어야 하며, 이 이념의 주된 규정으로 이뤄진 체계는 전개되어야 하는데, 그것도 '국가의 구성'은 '자유라는 건물의 실현'(Ho 716), **정의의 객관적 형성**이라는 의미에서 그래야 한다.[11] 정치적인 것을 정당화하는 다른 것들도 있다. 예컨대 신적인 것, 심미적인 것, 자연적인 것, 오성(지성), 상식 등이 그것이다. 이런 후보들은 국가에 대한 일관성 있는 정당성을 부여할 수 없다. 이런 것들은 신의 국가, 심미적 국가, 최소국가, 자연국가 혹은 오성국가 등에 어울린다. 예컨대 예술의 관점에서 볼 때 "본질적으로 '아름다운 것'으로 서술될 수 없는 관계 덕분에 현대 세계의 이성적 특징이 생겨난다."[12] 자유의 현대적 구조화는 개념적 사유에서만 적합하게 파악할 수 있다. 왜냐하면 여기서 다뤄지는 문제는 "그 체제가 감각적으로 경험할 수 있는 일치를

---

10 Rosenkranz, *Georg Wilhelm Friedrich Hegels Leben*, a.a.O., S. 331.

11 여기서 주제는 헤겔이 사람들을 하나의 끈이나 권력 아래로 단순히 통합시키는 것으로 그리는, 그리고 한갓 지배로 서술하는 **추상적 국가**일 수 없다. 그 자체로 이성적이지 않은 조직체는 **국가**(Staat)라는 이름을 받을 자격이 없다(PhRel 17, 161).

12 Dieter Henrich, Zur Aktualität von Hegels Ästhetik, *Hegel-Studien* Beiheft 11, S. 300.

배제하는 사태이긴 하지만, 이 사태는 그럼에도 불구하고 자기 안에서 더 풍부하고 분화되어 있으며, 따라서 헤겔적인 진리 의미에서 참된 것이기 때문이다. 그것이 곧 법의 연관이다."[13] 프랑스 혁명에서 이 원리는 처음으로 세계사적으로 유효하게 되었고, 따라서 헤겔은 일생 동안 이 혁명을 '정신의 여명'으로, '장엄한 일출'로 칭송했다. (물론 후기에 프랑스 혁명의 공포정치와 경악스러움을 비판하기도 한다.)[14] "헤겔은 프랑스 혁명이라는 역사적 사건을 개념적으로 파악하고 '모든 인간의 자유와 권리 담지 능력의 인정'이라는 정치적 내용을 철학적 사유로 수용한다. 이로써 자유와 결합되어 있는 권리(/법)는 그에게서 정치철학의 중심이 된다."[15] 헤겔의 사유는 이 혁명의 '정신'을 철학적으로 이해하기 위한 작업 이외에 아무것도 아니다.

국가 이념에 대한 헤겔의 근본 규정의 내용을 곧바로 다루기 전에 루소에 대한 그의 존중을 간단하게 소개하고자 한다. 헤겔의 존중을 요약하면 이렇다. 『사회계약론』(1762)의 저자는 '사유의 원리'를 통해 국가의 정당성에 대한 질문에 답변했다.[16] 『법철학』에서도 그리고 다른 중요한 텍스트에서도 루소는 국가에 대한 현대철학적 이해를 시작한 사상가로 여겨진다. 루소는 국가를 '사유'에 정초하며, 그것은 '사상으로부터

---

13 Ebd., S. 301. 오성에 기초한 국가의 결핍에 대해서는 이미 시민사회를 다루는 장에서 자세하게 다뤘다. 종교와 국가의 관계는 §270에 근거하여 논의할 수 있다.

14 PhilG 12, 529. 요아힘 리터에 따르면, 프랑스 혁명에서 "처음으로 정치적 자유는 권리로 고양되었으며, '인간의 자기존재 가능성'(Selbstseinkönnen des Menschen, 인간이 자기 자신으로 존재할 수 있을 가능성, 즉 자유로운 존재로서의 인간의 능력을 말한다. ─옮긴이)은 보편적으로 그리고 모든 인간과의 관계에서 사회와 국가의 원리와 목적으로 고양되었다." Joachim Ritter, *Hegel und die französische Revolution*, Frankfurt 1972, S. 29f. 이에 대해서는 다음을 참고하라. Stephen Houlgate, Hegel über die französische Revolution, *Hegel-Studien* Beiheft, 2008; Vieweg, *Das geistige Tierreich oder das schlaue Füchslein*, a.a.O.

15 Riedel, *Bürgerliche Gesellschaft und Staat*, a.a.O., S. 10.

16 PhilG, 12, 527. 헤겔의 루소 해석에 대해서는 다음을 보라. Thomas Petersen, *Subjektivität und Politik. Hegels 'Grundlinien der Philosophie des Rechts' als Reformulierung des 'Contrat Social' Rousseaus*, Frankfurt a.M. 1992.

출발'한다. 그리고 "그 내용에서 보면 사상(Gedanke)이라고 하는 것, 그 것도 사유(Denken) 자체라고 하는 것"이 원리로 형성된다. **자유, 자유의 지가 국가의 원리**로 제시된다. 자유는 법(/권리)의 실체적 토대로 간주되며, 세계는 실존하는 의지의 왕국으로 간주된다. 이렇듯 법(/권리)과 인륜법은 인간의 의지라는 현재적 토대 위에 서 있는 것으로 고찰할 수 있다.[17] 헤겔이 국가에 대한 현대철학적 사상을 구상함에 있어서 루소는 특별한 의미를 지닌다. 즉 "루소는 한편으로 국가에 대한 참된 사상을 형성하도록 자극을 주었지만, 다른 한편 의지 자체가 아니라 파편적인 개별자의 의지를 국가의 토대로 보았다"(BI 213).[18] 국가는 의문투성이의 의심스러운 합법성의 원리에 기초하지 않으며, 외적으로 부과된 신적 원리에도, 위에서 일방적으로 내려온 것에도 기초하지 않는다. 그리고 국가의 법률은 신탁에서도, 혹은 예언에서도, 상서로운 책에서도 기인하지 않으며, 국가의 법(정당성)은 과거의 특권에서도, 종교문서나 고문서에서도 유래하지 않는다.[19] 그러나 국가는 개인의 자기보존의 욕구에서 생겨나지 않으며, 개별자와 그 소유의 안전에 대한 열망에서 생겨나지도 않고, 순수한 사회성 충동이나 소통의 충동에서 나오는 것도 아니다. 국가의 사명이 삶, 소유의 보호에 그친다면, 그리고 자의가 타자의 삶, 소유 및 자의 등을 침해하지 않는 한 국가의 사명이 이런 자의를 보호하는데 그친다면 헤겔은 이런 국가를 **필요충족의 기구**(Veranstaltung der Not)라고 말한다(§270). 여기서 헤겔의 비판은 종교적 · 전통적 심급[20]에 대한 전승된 정당화의 전략에만 향하지 않고 모든 사변적인 것을 추방하고 그런 사변적인 것을 그저 오성(계약, 자기보존, 보호욕구, 사회성, 소통 등)으

---

17 PhilG 12, 522.
18 헤겔이 보편자와 특수자에 대한 입장을 정함에 있어 일반의지와 특수의지를 구별한 루소의 선구적 노력이 중요한 역할을 한다.
19 PhilG 12, 522.
20 이러한 유의 생각을 남김없이 보여 주는 아주 경악할 만한 예는 할러이다. 그는 복고적 · 보수적 방향을 취하는데, 헤겔은 그를 날카롭게 비판한다. §258 A(402~406); §219.

로 축소해 버린 현대의 계몽적 입장에도 향해 있다.

의지의 자유는, 혹은 **사유하는 자**로서만 자유로운 의지는 국가라는 전체 구조물의 초석을 이룬다. 국가의 형태로 나타나는 인륜적 정신은 자기를 **아는** 그리고 자기를 **의지하는** 정신으로 파악할 수 있다. ─ "지식(앎)은 (……) 국가에 존재하는 바 (……) 정신의 본질적 형식이다"(Bl 209). 사유와 이성적인 것에서 정당화되는, 그리고 보편적 법칙과 원칙에 따라 규정되는 자유의지와 행위에 국가의 토대가 놓여 있다. 국가는 본질적으로 개념적인 사유에 기초한다. **감응**에 기초해 있는 공동체('사랑의 국가')인 가족 및 **오성공동체**인 시민사회와 달리 우리는 여기서 **이성공동체**, 즉 개념적 사유에 닻을 내린 연관을 보고 있다. "국가에서 자신을 명료하게 드러내는 의지의 이성적 자유"만이 국가 삶의 원리이다.[21] 자유의지, 즉 스스로를 생각하고 아는 그리고 스스로를 이런 자유로운 자로 이해하는 이성적·실체적 의지를 이처럼 국가의 근본원리로 삼음으로써 우리는 법(/권리) 이념의 토대, 즉 객관정신의 중심에 도달했다. 즉자대자적으로 존재하는 의지인, 세계 안에 서 있는 정신은 국가에서 명료하게 표현된다. 이 정신은 '자유를 세계 속에, 현실 속에' 체현한다.[22]

지금까지 다양한 단계를 거쳐 의지를 규정하는 길을 따라 왔는데, 이길은 '원래의 근거'(/토대)로 이어졌으며, 이런 매개로부터 나아간 결과는 이 결과가 출발한 근거이자 그 출발지의 진리로 드러난다.[23] 철학적인식 과정은 여기서도 역시 타자에로 진전해 가지만 동시에 되돌아오는 "대립되는 방향을 가진 강으로 드러난다. 즉 앞서 지나간 것에 정초된 것으로 현상한 것이 사실은 오히려 첫 번째 것으로, **근거**로 현상한다."[24] 그런 한에서 부제인 '국가학'은 변덕이나 오기가 아니었고, 오히려 그 반대다. 마지막 장만이 아니라 전체 글 자체가 이 국가라는 사태를 원래의

---

21 Ästh 13, 137.
22 PhRel 16, 237.
23 PhRel 16, 111.
24 Ebd.

주제이자 최고의 주제로 다루고 있다. 국가학 논문은 **인류적 우주**를 인식하고자 하는 시도이며, 자유규정의 전체 구조물을 만들어가는 시도이고, "**국가를 그 자체로 이성적인 것으로 파악하고 서술**"[25]하려는 시도이다. 『법철학』의 출발점에 의지가 등장했다. 이 의지는 자유로웠고, 또 자유라고 하는 의지의 규정은 전개되어야 했다. 사유의 노선은 법체계에서 마지막 형태인, 실천적·객관적 자유의 최고 형태인 국가에까지 뻗어 있다. "의지가 자유롭다는 것, 그리고 의지와 자유가 무엇인가 하는 것, 이들 문제에 대해 추론하는 것은 (……) 전체와의 연관에서만 이뤄질 수 있다"(§4).

2. 인류적 이념의 현실로서의 국가—'시민-존재' 혹은 '시민권'으로서의 국가

신비한 마술 여행

(Magical Mystery Tour)

§1에 따르면 실천철학은 **법의 이념**을, 즉 **법의 개념과 그 실현**을 주제로 삼는다. "**법(/권리)은 철저히 이념으로서만 존재한다**"(§1, A). 우리는 국가와 더불어 이 주제의 최고의, 원래의 형식에 도달한다. 국가는 **자유의지의 최고 규정**이다. 의지의 이성적 자유는 국가에서 표현되는데, 국가의 원리는 바로 이 의지의 이성적 자유이다.[26] 풀다는 정당하게도 **우선고착된 구조를 가진 어떤 개별적 국가가 규정되는 것이 아니라고 주장**하며, 오히려 시비타스(Civitas), 폴리테이아(Politeia, Bürgerheit, Bürgersein)는, 즉 세계 속에 실현된 국가는 "자유로운 시민의 확고한 신분(지위)을

---

25 RPh 26.
26 Ästh 13, 137.

구성하는"[27] 현실임을 주장한다. 국가론에 대한 다음의 해석은 이 핵심 사상을 지향하고 있다. 자유시민의 삶의 형식은 국가에서 표현된다. 특수한 업무와 보편적 업무를 이성적으로 형성한다는 의미에서 시민들은 서로 결합하며, 모든 국가시민(시토앵)은 이 국가를 대표하고, 따라서 시민존재(Bürgersein)를 대표한다.

헤겔은 여기서 파편적 개별 국가 존재를 다루는 것이 아니라 **하나**밖에 없는 국가적인 것 일반, 시민들의 이성적 결합, '즉자대자적으로 이성적인 것'(§258)을 다룬다. 물론 그는 처음에 그때그때의 역사적·문화적 형태가 다양하게 있음에도 불구하고 국가의 역사적 전복을 다루지는 않는다. 이러한 사실은 분명하게 강조되는데, 왜냐하면 대개 국가에 대해서 말할 때 이 개별적 조직체**만**을, 특수한 단수적 국가 형태**만**을 주제화하며, 따라서 국가에 대해 생각할 때 불필요한 축소가 이뤄지기 때문이다. 국가의 이념을 다룰 때 '특수하지 않은 국가들을 주목해야 하며, 특수한 제도들이 아니라 이념', 즉 현실적 절대자(§258, Z)를 고찰해야 한다. 그런 실체적 결합, 그런 실체적 연합은 절대적인 부동의 자기목적으로 (§258),[28] **자유의지의 최고 형태**로 간주한다. 국가에서 자유는 자신의 최고의 권리(/법)에 도달한다. 국가에 대해 다룰 때 중요한 것은 역사적 정황이 언제나 있어왔지만 그 모든 역사적 '운동'을 정확히 고찰하는 것이 아니다. 오히려 중요한 것은 자유를 위한 필수적인, 절대적으로 '움직이지 않는' 전제이며, 자유로운 행위가 가능하기 위한 필연적인, 시간과 상관없이 유효한, 상대화할 수 없는 엄격한 조건이다.[29]

§259는 국가 이념의 근본계기들, 개념과 이 개념의 실현, 국가 이념으로까지 뻗어 있는 길의 결정적 정거장 등을 다룬다. 여기서 최초의 방

---

27 Fulda, *Hegel*, a.a.O., S. 222f. —— "Staat —— Stand, Zustand"(§142, Z). 인간은 "그 자체로 국가의 생명, 활동, 현실이다"(PhRel 16, 81f.).

28 헤겔은 인간이 "목적의 내용에 따라 볼 때 자기목적이기도 함"을 강조한다.

29 "철학적 법학의 주제는 자유의 본성이라는 고귀한 개념이며, 이때 통용되는 것에 대해, 시간의 표상에 대해 고려하지 않는다"(Hom 234).

향 설정이라는 의미에서 이 단계의 규정을 미리 간략하게 살펴보는 것도 유익할 것이다. a) 국가는 우선 국가의 이념을 직접적 현실로 간직하고 있는 개별적·파편적 국가존재로 취해져야 한다. 이것은 국내법(das innere Staatsrecht)이다. 이 개별성은 "**한** 민족이라는 현실적으로 조직된 정신"(§33)으로 기술되는데, 여기에서 협소한 '법적' 의미에서의 체제적 합성만이 아니라 이 공동체 삶의 실행의 실체, 그 본질적 전체성, 그리고 그 문화적 규정성 등이 밝히 드러난다.[30] 제도적 규칙체계와 문화적 확신 체계는 여기서 서로 결합되어 있다.[31] 이 개개의 개별적 국가(E)는 따라서 특수자로 드러나며, b) "국가들의 관계로 서로 이행하는 것"(§259)으로 사유되어야 하며, 특수한 민족정신들(B)의 관계의 형태 속에서 — 외적 국가법 — 사유되어야 한다. 그리고 결국 우리는 c) 국가의 **보편적** 이념과 관계하게 된다(A). 이 이념은 "세계사 과정 속에서 자신의 현실"(§259)을 드러내는 정신이다. 이렇듯 국가는 정신으로, 역사 내에 존재하는 즉자대자적인 자유의지로, 자유의 진보로 이해할 수 있다. 「서론」에서 국가는 명료하게 '인륜적 세계'로 표시된다. 역동성, 특수성, 시간성 그리고 역사성이 이 세계를 표시하는 말들이다.[32] 따라서 국가와 세계사는 분리할 수 없으며, 역사적 사유는 철학적 국가학에 속한다. 이와 더불어 특수성의 계기, 즉 **문화적 특수성과 다양성** 역시 주목의 핵심이 된다. 세계사는 국가의 역사로서 (언급한 '일자'(하나)의 의미에서, 단수 형태의 국가의 의미에서) 밝히 드러나며, **권리와 자유의 역사적·문화적 형성 과정**으로, 즉 세계정신의 형성 과정으로 드러난다. 이와 더불어 결코 예술작품이 아닌 국가는 세계에, 즉 자의와 우연 그리고 오류 영역에 거(居)

---

30 국가가 민족(natio), 조상의 땅(patria) 혹은 인민(populus)과 맺는 관계는 민족정신의 범주에서 표현된다. 아테네는 이러한 민족정신의 표현으로, "자기 자신을 알면서 의지하는 신적인 것"(Ästh 14, 50)으로 간주한다.

31 Wolfgang Kersting, *Macht und Moral. Studien zur praktischen Philosophie der Neuzeit*, Paderborn 2010, S. 181.

32 '세계라는 작품'에 대해서는 다음을 보라. Vieweg, *Das geistige Tierreich oder das schlaue Füchslein*, a.a.O.

한다(§§338, 340). '세계정신'이라는 범주, 즉 인간행위의 최고 심판관으로서의 세계사에 대해 이해할 수 없을 정도로 저속화시키는 경우가 있는데, 이런 저속화는 전혀 근거 없는 것으로, 의지했든 그렇지 않든 간에 헤겔 구상의 핵심을 잘못 해석하는 실패한 캐리커처로 드러난다.[33] 언급한 세 차원, 즉 내적 국가법(개별적 민족정신), 외적 국가법(특수한 민족정신, 세계사(보편적 세계정신)) 등은 국가라는 하나의 이념의 총체적 규정을 보여 준다.

국가의 의무와 시민의 권리 및 시민의 의무와 국가의 권리는 언제나 고정될 수 있다(§258, A). 의무와 권리의 통합이라는 이러한 사상의 맥락에서 볼 때 이 자리에서 우선 헤겔에 대해 제기된 비난들, 즉 헤겔이 국가주의, 애국주의 혹은 국가신격화 등을 주장하는 자라는 비난이 더 이상 유지될 수 없는 것임을 분명히 하기 위해 **시민권**에 대한 강조가 선행될 수도 있다. 이때 당연히 이 권리들 전체를 구체적으로 고정하고 관철하는 항상적 과업이 남는다.[34] 시민이 국가라는 기구와 맺는 관계에서 그에게는 필연적으로 권리가 성장하며, 이를 통해 보편적 문제가 자기 자신의 특수한 문제가 될 수 있다. 이 특수한 이익과 권리는 억압되어서는 안 되며, 이것이 바로 모든 전제주의와 구별되는 현대 국가의 근본규정을 이룬다(§261).

국가는 결코 자유의지의 한계, 제한, 속박이어서는 안 되고, 그 반대이어야 한다. 즉 국가는 (국가라는 이름에 부합하는 한) 인간의 의지와 행위의 이성적 측면, 시민의 보편적 삶, 이들의 자유로운 연합, 개념적 사유 속에 기초한 이들의 **결합**, 이들의 **이성적 결합** 등을 체화하고 있다. 오늘날 널리 퍼져 있는 생각과 달리 국가는 자유의 제약을 대표하지 않는다('국가의 법률과 규칙은 나의 자유로운 행동을 제약한다'는 생각이 널리 퍼져

---

33 이에 대해서는 「외적 국가법」과 「세계사」 장을 보라.
34 여기서 예컨대 헤겔의 구상은 정치적 참여의 새로운 형식을 확장하고 풍부하게 할 수 있다.

있는 전형적 모델이다). "모두는 타자와의 관계에서 자신의 자유를 제약해야 한다" 혹은 "국가와 법률은 이런 한계들을 표시한다" 등과 같은 주장에서 자유는 우연적 임의성과 자의로 환원된다(Enz §539). 하지만 자유가 임의 및 자의 등과 등치되는 한에서 바로 이 특수성과 자의의 영역은 기껏해야 '제약의 영역'을 형성할 뿐이다. "국가는 자유의 제약이 아니며, 자연적 의지와 자의의 한계를 통해 인간은 자유롭게 될 수 있고"(Kiel 233),[35] 국가는 **자기규정의 형식**[36]으로 이해되고 조직되어야 하며, 수용할 수 없는 자의의 강제에 대항해서 자기부여적인 두 번째 강제라는 형식으로 존재한다.[37]

또한 우리는 국가에서 어떤 초월적 힘, 인간과 완전히 분리된, 혹은 동떨어진 심급을 보는 것이 아니라[38] 의지주체의 이성적 결합, 지식에 근거한 결합을 본다. 인간은 이성적 의지주체로서 '그 자체로 국가의 삶, 활동 그리고 현실이며', 국가는 그들의 **보편적** 삶이고 그들의 공동의 재산(공화국)이다. 인류는 참된 '**보편성의 형식**'을 입법 체계로 갖는다.[39] 이 참된 공동체에서 자유 개념, 자유의 사상은 자신의 적절한 형태를 보유할 수 있으며, 자신의 실현을 경험할 수 있다. 국가 이념은 '인륜적 이념의 현실'의 규정으로 나중에 자신의 최고 단계에서 노출되어야 하는 규정성 전체로서 의지규정의 근본 구조라는 관점에서 볼 때 우선 인격성과 도덕성의 통일을 포괄한다. 첫 번째 두 주된 단계의 형태는 '시민 존

---

35 칸트는 "법에서 자유가 제약되어야 하며, 따라서 법은 자유의 제약을 곧바로 이끌어낸다"라는 입장을 대표한다. "이러한 견해는 우리의 서술과 대립되며, (……) 법의 규정은 자유에 대해 부정적이거나 한계짓는 것이 아니다." 자유는 "법에서 확고히 서며, 현재한다"(Gr 109).

36 헤겔은 "한 인민이 스스로에게 법률을 부여하기를" 요구했으며, 이 인민이 법률을 성숙하게 유지하지 못할 때 이를 우스운 것, 모욕이라고 설명했다. Rosenkranz, *Georg Wilhelm Friedrich Hegels Leben*, a.a.O., S. 332.

37 두 번째 강제에 대해서는 제3장 5와 제8장 4.3을 보라.

38 국가가 시민들에게 이처럼 초월적인 것, 혹은 인간과 분리된 심급으로 현상한다면 이는 국가의 이성적 형성에서 결함이 있음을 의미한다.

39 Hegel, *Naturrechtsaufsatz*, 2, 508.

재'(Bürger-Sein, 국가 구성원)에서 지양되며,[40] 좀 더 정확히 말하면 국가 시민과 세계시민에서 지양된다. 인격성과 도덕성은 정치성에서, 시민(국가시민)임에서 지양된다.

§§257~258은 국가사상에 대한 대단히 복잡한 이해를 포함하고 있으며, §259에 나타나는 구성을 선취하는 장의 아주 간략한 전주곡을 포함한다. 다시 말하면 『논리학』에서 등장하는 범주들 ── 예컨대 이념, 현실성, 개별자, 특수자, 보편자, 직접적인, 매개된, 실체적인, 절대적 자기 목적 등 ── 을 사용하여 논리적인 기반을 구축하고 있다. 그 전체 내용은 전체 장을 다 봐야 비로소 파악할 수 있는데, 여기서는 '인륜적 이념'이라는 규정만을 검토하고자 한다. 그것도 두 가지 점에서 그렇게 할 것이다. a) 『논리학』에 나타난 이념에 대한 헤겔의 숙고를 간략하게 살펴보는 형식으로, 2) 「인륜법」의 처음 부분을 다시 살펴보는 방식으로 그렇게 할 것이다(§142).

a) 「이념」이라는 제목을 달고 있는 『논리학』의 셋째 절에서 처음에 수행되는 반성은 헤겔적 의미에서의 이념의 근본 규정을 요약하고 있다. 즉 이념이란 보편자(자기와의 동등성)로서의 개념과 객체성의 동일성, 개념이라는 대자적으로 존재하는 주체성과 이와 구별되는 객체성의 통일이라는 것이다. 이와 더불어 개시되는 논증 과정은 분리 과정과 통일에의, 보다 높은 보편성에의 회귀의 과정을 포함한다. "개념은 이념에서 자유에 도달하는데, 이념은 이 자유를 위해 가장 완고한 대립을 자기 안에 포함한다"(WdL 6, 468). 다른 말로 하면 상처를 입히는 사유는 이 상처를 치유한다. 이념은 스스로를 분리하고 '떼어놓으며', 또다시 자기 자신과 **결합함**으로써 스스로를 영원히 산출한다. 따라서 이념은 **자기규정** 과정에서, 자신의 **자기관계**의 수행에서 세 단계로 분리된다.

첫째, 우리는 이념을 **직접적** 실재로, 즉 개념에 적합한 객체적인, 하지만 아직 개념에 대해 **해방**되지 않은 실재로 이해한다. 이념은 삶, 기계론,

---

40   헤겔은 "국가에서의 시민존재"라고 표현한다(§58, Z).

유기체 그리고 목적 등으로 현상하며, 개별성은 이념의 실존형식이 된다. 둘째, 이념은 참과 선의 이념으로, 인식과 의지의 이념으로 사유되어야 한다. 유한한 정신은 객관세계의 전제를 산출하며, 이 정신의 활동은 이러한 전제를 지양하여 하나의 법률(법칙)로 전환한다. 유한한 정신의 실재는 객관적 세계이며, 이 세계는 다시 그 정신에 스스로를 인식하게 하는 이상성(이상적 세계)이다. 셋째, 정신은 이념을 자신의 절대적 진리, 무한한 진리, 즉자대자적으로 존재하는 진리, 자신에 대한 절대적 앎 등으로 인식한다. 특히 제1단계와 제2단계는 국가에 대한 헤겔의 이해를 해명하는 데 있어 상당히 중요하다. 이렇듯 국가와 직접 관련이 있는 예들은 이념에 대해 숙고하는 맥락에서 발견되며, 이는 진리의 사상을 해명하는 예도 마찬가지다. 참된 것은 개념과 실재의 연합을 제시하지 않으면 안 된다. 국가와 같이 전체적인 것들은 자신의 개념과 실재의 통일이 해체될 경우 더 이상 실존하지 않는다. 국가와 같은 어떤 대상이 자신의 이념에 적합하지 않을 때, 즉 더 이상의 국가의 이념이 아닐 때, **자기 자신을 규정하는 자기의식적 개인**의 실재인 국가라는 실재가 개념에 더 이상 상응하지 않을 때 이 국가는 참된, 내지 자유로운 (좋은) 국가로 간주할 수 없다(WdL 6, 465).[41] '악한'(/나쁜) 국가는 비록 실존하지만 '참되지 않은', '부자유한' 등의 형용사를 가지며, 그의 개념과 실재는 서로 상응하지 않는다. 개념에 상응하거나 적합한 객체만이 참되다(Enz §135, Z). 국가의 이념은 이렇듯 개념과 객체의 통일을 포함하거나 혹은 §1에 따라서 말하자면 국가의 개념과 그 실현을 포괄한다.

b) 인류적 이념을 이해하기 위해 「인류법」 장의 시작 부분, 즉 §§142와

---

41 이 맥락에서 이념을 이해하는 방식에서 헤겔이 칸트를 논박하는 것은 중요하다 (WdL 6, 463ff.). "대상, 즉 객관적 세계와 주관적 세계 일반은 이념과 당위적으로 그저 **합치해야**만 하는 것이 아니다. 이들 세계는 그 자체로 개념과 실재의 합치이다. 개념에 상응하지 않은 실재는 단순한 **현상**이며, 진리가 아닌 주관적이고, 우연하고 자의적인 것에 불과하다." 참된 것은 개념과 실재의 통일이다(WdL 6, 464).

143을 참고할 필요가 있다. 왜냐하면 이 부분에서 지식과 의지, 진리와 선의 통일이 다뤄지기 때문이다. 인륜법의 형식으로 있는 이념은 자유의 이념을 제시하는데, 그것도 '살아 있는 선'으로 제시한다. 이 선은 자기의식 속에서 '자신의 지식과 의지를 가지며, 또한 행위를 통해 자신의 현실을 갖는다. 동시에 자기의식은 객관적 인륜에서 자신의 '참된' 토대와 자신을 움직이는 목적을 갖기도 한다.[42] 자유의 개념은 "현존하는 세계로 그리고 자기의식의 본성이 되었다"(§142). §143은 의지의 개념과 의지의 현존(특수한 의지)의 통일이 지식에서 이뤄짐을 강조하며, 이것은 당연히 **인륜법의 최고 단계**인 국가에도 해당한다. 객관적 인륜, 즉 구체적이고 생동적인 선은 즉자대자적으로 존재하는 국가의 법률과 기구에서 제시되며, 제도화된 권력의 체계로, 선정(善政)으로, 좋은 체제로 표현된다. 법률과 제도라는 객체와 현실에서 보편성의 형식, 즉 사상의 형식이 표현된다(§256). 제도화된 이런 체제에서 그에 상응하는 의식이 생성되며, '영혼'은 '육체'에 속한다. 주관적 인륜, 즉 "자기의식이라는 대자적으로 존재하는 자기 내 존재"(§256)는 정치적 자기의식, 국가의식으로서, 시민의식 혹은 국가 구성원이라는 의식으로 묘사한다. 인륜적 내용 혹은 인륜적 실체를 아는 자기의식, 자신의 본질을 자기규정성에서 가지는 자기의식, 자유의 본질적 내용에 대한 이해 등이 자유에 대한 개념적 사유의 형식으로 존재하는 이 최고의 단계에서 주제화된다. 이렇듯 국가에서 참된 인륜적 의지는 현실이 되며, 자유의 개념은 실현되고, 자유의 의식이 본질적으로 이렇게 실현된다.[43] "개별자들이 가지고 있는 의지의 의도들은 이제 실체적인 보편적 의지에서 이들의 **연합**이라는 가장 보편적인 목적을 지향하며, 따라서 그들은 이 의지의 목적을 자기 밖에 가지는 것이 아니라 그들 속에서 알려지고 의지된 하나의 목적으로 자기 안에 간직한다.[44] 자신을 알고 자신을 사유하는 인륜적 정신에서 국

---

42 나의 의지는 여기서 개념에 적합한 것으로 **정립**된다(§142, A).
43 PhRel 16, 236.

가는 자신의 토대를 가지며, 자신의 이러한 지식을 실현하는 자유의지에서 자신의 토대를 가진다. 바로 여기에 **이성공동체**인 국가와 달리 한갓 **오성공동체**를 체현하고 있는 시민사회와의 본질적 차이가 놓여 있다.

자유의지는 선(/좋음)만을 목적으로 하는 것이 아니다. 오히려 "선(/좋음)이 현실 속에 존재하기를 요청한다. (……) 국가에서 선은 현실적으로 현존하지, 피안에 있지 않다"(Wan 172). 선의 유효성은 다시 개념과 실현의 통일인 참된 자유로운 국가와만 관계한다.[45] 진리와 선(/좋음)의 결합은 인륜적 정신을 생동적 선과 자기지식이라고 명료화할 수 있게 한다. "많이 생각하지 않고서도 권리를 의지할 수 있다고 생각하는 것은 바보 같은 것이다. 국가는 최고의 것을 한갓 본능적인 것으로 갖는 것이 아니라 그 최고의 것을 알고 있는 자이다. 이러한 방식으로만 국가는 참으로 현존한다"(BI 209). **개념적 사유**라는 이 토대에 의존하지 않는 국가공동체는 참다운 혹은 자유로운 국가로 간주할 수 없다. 전제군주나 독재자들을 악마(Ungeist)라고 말하는 것은 우연일 수 없으며, 이들은 자신의 정당성을 사유에서가 아니라 다른 불충분한 심급으로부터 이끌어내기 때문에 이들에 대한 헤겔의 평결은 정확히 들어맞는다. 국가사회주의(나치)는 실제로 '국가'라고 표기된 수천 년 지속된 '인민공동체'를 한 지도자에 대한 무조건적인 복종 위에, 우월한 인종이라는 원시적·경멸적 이데올로기 위에, 이른바 '강자'의 권리라는 사상 위에 세웠다. 앞으로의 논증은 헤겔에서 히틀러에 이르는 도정을 그리는 작업이 난센스임을, 헤겔 자유이론에 대한 모욕임을 증명하려는 시도이다. 객관정신에 대한 헤겔의 이론은 부자유한 국가들의 악마성과는 정반대되는 이론을 전개하는데, 이것은 증거를 충분히 제시할 수 있는 주장이다.

---

44   Fulda, *Hegel*, a.a.O., S. 223.
45   여기서 분명하게 강조되는 것은 '완전한 국가'가 아니라 개념과 현실의 원칙적 적합성이다. 헤겔에 따르면, 국가는 결코 '예술작품'이 아니다(§258, Z).

국가(적인 것)의 직접적 실존으로서의 습속

"**습속**(Sitte)에서 국가는 자신의 직접적 실존을 가지며, 개별자의 자기의식에서, 개별자의 지식과 활동에서 자신의 매개된 실존을 갖는다"(§257). 여기서 이와 연관되어 있는 §151로 되돌아가서 피론적·회의주의적 사유와 이 사유의 핵심 개념인 **습관**을 살펴본다면 많은 시사점을 얻을 수 있을 것이다. 섹스투스 엠피리쿠스에게서 습속, 전래, 익숙해진 전통적 삶의 형식 등은 객체와 연결된 다리를 형성하며, 신뢰할 수 있지만 결코 확실한 지식을 할당받을 수는 없는 눈에 띄는 행위척도를 형성한다. 따라서 중요한 것은 객체와 아주 협소하게나마 연결되어 있는 다리이다. 헤겔은 흄을 논박하는 맥락에서 습관에 단순한 자연적 의지로부터의 최초의 해방이라는 의미를 부여한다.[46] 『법철학』에 이는 다음과 같이 쓰여 있다. "인륜이 개인의 현실과 단순히 **동일한** 경우에 이 인륜은 그들의 보편적 행위방식으로, 즉 습속으로 현상한다. ── 개인의 습관(Gewohnheit)은 **제2의 본성**으로서, 최초의 자연적 의지를 대체하고, 그들의 현존을 관통하는 영혼이자 의미이고 현실로 작용한다. 이 습속은 하나의 세계로서 생동적이고 현존하는 정신이며, 이 정신의 실체가 이렇듯 비로소 정신으로 존재한다"(§151). 필연적 연관이라는 표상을 근거로 하여 신뢰 내지 믿음이 생겨나며, 이것은 성격, 감각양식 그리고 관례(Gebräuche) 등을 형성한다. 하나의 국가로 진입해 들어감으로써(즉 하나의 국가로 형성됨으로써) 개인에게 구체적 직접성, 즉 일종의 공동체적이고 '인륜적인 어머니의 젖'(Enz §396)이 형성되며, 그들 모두를 포괄하고 규정하는 문화적 분위기와 보편적인 문화적 기후 등이 형성된다. 이런 "'소여된 것'이 정신적 메커니즘(기계론)의 형태로 존재하는 최초의 객체성의 형식을 이룬다.[47] 법률, 습속 그리고 전승은 개인들에게 **무의식**

---

46 이에 대한 아주 훌륭한 참고자료는 다음과 같다. Myriam Gerhard, Wider die Gewohnheit des Skeptikers. Hegels Kritik des geistigen Mechanimus(미간행 수고). 하지만 이 연구에서는 『법철학』을 다루지 않는다.

47 Ebd. '기계적 객체성'에 대해서는 다음을 보라. WdL 6, 409~427.

적 방식으로 침투해 들어가며"(WdL 6, 416),[48] 순수한 자의와 한갓 자연적 의지는 극복된다. 헤겔은 의사소통, 즉 보편성의 형식으로 있는 보편자인 하나의 토대에서 진행해 가는 '정신적 전달(소통)' 역시 형식적·기계적 과정의 형식으로 탐구한다. 의사소통은 하나의 조직체인데, 이 조직체에서는 "하나의 인격에서 다른 인격으로 나아가는 **규정성**이 명료하게 **연속성**을 이루고 있으며, 이 규정성은 냄새가 아무런 저항이 없는 환경에서 자유롭게 퍼져나가듯이 아무런 변경 없이 일반화된다"(WdL 6, 416). 다만 여기서 문제가 되는 것은 계속되는 과정에서 일반화되는 개별적 규정성이기 때문에, 그것은 이런 개별적 계기의 파편화를 함축하며, 그 규정성은 한갓 **외적인 것**으로 현상한다. 이것은 "우리 밖에 있는 일치성"(§151, A)인 보편성의 필연적이고 불가피한 첫 단계로, 외적인 단순한 동일성으로, 그리고 "삶을 처음으로 제어하는 인륜적 힘의 필연성의 영역"(§145)으로 표시할 수 있다. 습속과 엮여 있음에서 우리는 "정신이 습관으로 존재하며, 한 민중의 본성으로 되어 있음"을 본다(Bl 210). 이 정신은 "보편적·자연적 소여성"(Wan 172)의 형태로, 제2의 자연으로 나타난다.

『논리학』과『엔치클로페디』그리고『역사철학강의』에서 흄과 고대 피론주의자들에 대해 수행한 비판은『법철학』에서 실천적 관점에서 더 진전되며, 이 차원과 더불어 회의주의에 대한 논박의 핵심을 이룬다. 헤겔은 습관에서 필연적이지만 아직 충분하지 않은 객체성의 최초의 형식만을, 직접적인 것과 '무의식적인 것'의 단계만을 본다. "직접성에 붙들려 있는 주체의 자유는 직접성에 붙들려 있어서 무한한 자기 내 반성이 없는 습속일 뿐이다"(Enz §557). 습속과 관례에, 습관적인 것과 전통적인 것에 의지할 경우 우리는 빠르게 '무규정적 평안'(WdL 6, 419)으로, 관습주의와 정적주의로, 주어진 것에의 적응으로, 소여된 것에 대한 무

---

48 우연으로서의 개별자의 문제에 대해서는 가족에 대한 주자네 브라우어의 훌륭한 글을 참고하라.

비판적 칭송으로 나아갈 수 있다. 그런데 행위의 정당성을 위해 이런 것들에 의존하는 대신 훌륭한 근거가 제시되고 또한 깊이 사유해야 한다고 요청된다. 헤겔에 따르면 "내가 습관과 습속으로부터 어떤 것을 행하는지 아니면 진리에 따라서 행하는지는 아무 상관이 없는 것이 아니다"(§140, A). 습관은 이렇듯 **보편성의 한갓 주관적 형식**으로, **우연적이고 외적인** 관계로 파악해야 한다. 보편성과 필연성은 '주관적 우연성'의 형식으로 존재한다는 것이 흄에 대한 주된 비판점을 형성한다. 따라서 흄은 객체성을 필연적으로 파괴하지 않으면 안 된다. 왜냐하면 습관의 내용은 "이런 혹은 다른 속성을 가질 수 있기"(Enz §39) 때문이다. 이러한 사실은 결과적으로 주어진 것(소여물)의 독재로, 현재하는 것, 주어진 것 등의 은연중의 지배로 나아가며, 습속의 상대주의와 결합된다. 이로부터 "국가 내지 내가 그 속에서 태어나게 된 문화는 무조건적인 실천적 긍정을 요구한다"는 문제가 되는 주장이 따라 나올 수 있다. 이와 더불어 비록 현존하는 규칙이 수용되기는 하지만, 여기서는 참된 보편성, 보편적 법칙(법률)이 산출될 수 없으며, 소여된 것은 그저 다가오는 것, 한갓 닥쳐오는 것으로 간주된다. 헤겔에게서 주체는 실체성의 한갓 우연적인 것에, 보다 높은 힘 혹은 보편적 의지에 의해 규제되는 행위자에 불과하다는 평가[49]에 대항해서 분명한 입장을 드러내기 위해 헤겔이 『논리학』에서 수행한 **운명과 저항**에 대한 숙고를 살펴볼 필요가 있다. '맹목적 운명'을 낯선 힘으로 말하는 한, 이 운명 개념은 기계론적 모델 내에 있게 된다. "자기의식만이 원래의 운명을 갖는다. 왜냐하면 자기의식은 자유로우며, 따라서 자신의 자아라는 개별성 속에서 단적으로 **즉자대자적으로** 존재하며, 자신을 자신의 객관적 보편성에 마주 세우고 이 보편성에 낯설게 할 수 있기 때문이다." 이런 분리에 근거하여 자기의식은 '운명

---

49 이러한 평가는 슈네델바흐의 『법철학』 해설에 잘 드러난다. 그는 이 해설서에서 아주 구체적으로 문제를 검토하지는 않는다(*Hegels praktische Philosophie*, z. B. S. 239f., 241). 이런 잘못된 해석의 한 가지 이유는 보편성의 논리적 내용에 대한 적절하지 않은 해명에 있다.

의 기계적 관계'에 대항할 수 있고, 몇몇 헤겔 비판가들이 말은 많지만 내용 없이 비판하기도 하는 것과는 달리, 행위자는 이러한 유의 객관적 보편성의 하인으로 간주할 수 없다. 자유의지를 가진 주체는 이러한 외적 보편성에 대항해서 **저항**으로 **자신만의 규정성**을 스스로에게 부여할 수 있으며, 주체가 스스로를 **특수자**로 만드는 것은 바로 이런 **행동**이다 (WdL 6, 420f.). 헤겔은 존립하는 것을 긍정하는 사상가가 아니며, 자유의 개념을 만족시키는, 즉 현실적 자기규정의 표현이자 개념적 사유의 법정에서 정당성을 인정받은 구조와 관계와 기구만을 긍정한다.

개별자의 자기의식 — 대자적으로 존재하는 자기 내 존재

인륜적 구조나 기구의 형식으로 존재하는 인륜적 실체는 개인에게 외적으로뿐 아니라 직접적으로 마주 서 있다. 국가는 '무한한 자기반성으로서의 개별자의 자기의식'에서야 비로소 자신의 매개된 실존을 가진다. 자기의식은 주어져 있는 것에 대한 단순한 통찰에 제약되지 않는다. 국가는 개인을 톱니바퀴 정도로 격하하는 한갓 기계로 이해할 수 없으며, 그렇게 기계로 이해할 경우 그 결과는 (이미 유지될 수 없는 것으로 증명된) 운명론적·객관주의적 입장이 될 것이다. 지식과 자기의식적 활동은 동일하게 국가에 구성적이며, 지식에 근거한 활동은 "스스로를 부정성으로 정립하는 자기의식의 개별성과 무한한 자기관계인 자유로운 자아를 형성한다"(Wan 172). 인륜적 힘은 주체의 자기 본질의 표현이자 증거이며, "인륜적 실체는 이러한 자신의 현실적 자기의식에서 스스로를 알고 있다"(§146).[50] 이러한 자기지식의 단계 과정은 a) '무관계적 동일성'으로부터 b) 습관을 거쳐 c) 근거에 대한 통찰이라는 의미에서의 반성 단계까지, 그리고 결정적 단계인 d) 국가의 결정적 기둥이 되는 개념적 사유에 이르기까지 이어져 있다.

시민의식의 상태가 개별자에게 생기게 되는 한, 개인의 자기의식은 자

50　인륜적 실체는 알고 있는 주체를 내용과 절대적 목적으로 갖는다(Enz §535).

신의 이 '국가심정'(국가의식, Rin 154)을 통해 자신의 실체적 자유를 가지며, 이 개별자가 타자 속에서 ── 즉 시민 속에서, 국가에서 ── 자기 자신으로 머물고 또 자기 자신에게로 오는 한, 그는 자유롭다. 공동의 것에의 의식적 참여와 그것을 지지하는 가운데 '시민우정'(Aristoteles)의 형태로, 훌륭한 시민들로의 상호적 평가의 형태로 인정받을 수 있다.[51] 세계시민이라는 사유에서 정점에 이르는 공민의식에서 실천적 자기의식은 자신의 최고 형태에 도달한다. 개별자는 국가에서 시민들의 공동 활동의 산물을 보며, 국가를 외적인 것이 아니라 자신의 목적과 본질로 파악하며, 시민의식으로서의 자기의식 속에서 시토앵(공민)은 자신의 자기규정을 표현한다. "개인을 지배하는 것, 그것이 그들의 가장 고유한 것이 된다"(Kiel 233). 개별자들은 '자기 자신을 규정하는 자'로 활동하며, 그들은 "자기 자신에게 의존한다"(Enz §23, Z). 시민의식으로서의 덕이 "즉자대자적으로 존재한다고 생각되는 목적을 의지하는 것"(§257)이라고 하는 한 공민의식은 지식에, 궁극적으로 개념적 사유에 의지한다고 할 수 있다. 그런데 바로 그 경우에만 참다운 공민의식이 나타난다.

국가는 자유 개념의 실현으로 간주할 수 있어야 하고, 즉자적으로 존재하는 자유의식은 본질적으로 여기에 속한다. 이렇듯 헤겔은 이를 **자기의식적인** 인륜적 실체라고 말한다. 즉 국가는 법률과 제도의 의미에서의 헌법(/체제)을 헌법의식과, 참다운 시민의식과 결합하며, 법률을 '법률의 정신'(Montesquieu)과 연결한다. 이러한 조건을 충족할 때에만 국가는 스스로를 아는 인륜법으로, 인륜과 공동체의 최고 형태[52]로 간주할 수 있으며, "현존하는 세계로 된, 그리고 자기의식의 본성으로 된 자유 개념"(§142)으로 간주한다.

---

51 Ludwig Siep, *Aktualität und Grenzen der praktischen Philosophie Hegels*, München 2010, S. 273.
52 완전하게 자신의 형식을 갖춘 인륜법(Bl 208).

'보편적 가족'에서 통일된 가족과 시민사회의 원리

험한 세상의 다리가 되어

(Bridge Over Troubled Water)

Enz §535에서 기인하는 '보편적 가족'이라는 공식은 호토의 노트에도 유사하게 나타난다. 거기서는 '가족과 시민사회의 매개된 통일'이라고 표현되어 있다. 『법철학』 §256은 가족과 시민사회라는 두 계기('영역'[53])로 분리되는 국가의 이념을 다룬다. 여기서 인륜법은 시민사회의 발전을 통해서야 비로소 자신의 적절한 (현대적) 형태를 얻는다. 이 형식은 자신의 이 두 계기를 자기 안에 결합한다. '제2의 가족' 내지 '작은 국가'로 여겨지는 조합으로부터 등장하는 국가와 가족은 (조합과 생산조합에서 비로소 인륜의 전 단계에 도달하는 시민사회와 구별되는) 참된 인륜적 통일을, 특수의지와 일반의지의 통일을 대표한다. 하지만 동시에 존재의 이러한 통일은 알면서 활동하는 의지라는 제2의 원리를 통해 차이, 비동일성, 관계 등의 영역을 통해 **알려진** 보편성의 형식을 보유한다. 시민사회처럼 국가도 특수성이 자립적으로 존립할 수 있게 하는, 하지만 이 특수성을 보편성에서만 가지는 과정에 의해 각인된다(Ho 716). ── 두 형식 내지 행위 영역은 포괄적인 분화의 과정을 경험한다.[54] 인륜적 통일의 분리와 이 통일의 자유로운, 자기의식적 재산출은 정치적 자유로의 도정을 각인한다(Wan 171).

§257의 「보론」은 **지각하는** 인륜과 **지식적** 인륜을 구별하는 목적을 가진다. 가족에서는 지각하는 자연-정신적 인륜법이 기술되고 국가라는 인륜적 정신에서는 스스로를 생각하며 이해하는 인륜법이 기술된다. 가족과 국가는 이렇듯 유일하게 위대한 인륜적 전체로 간주된다(§142, A).

---

53 Wan 171.

54 영역의 세분화는 현대의 특징을 이룬다.

그것은 '다수의 하나임'이라는 의미에서, 혹은 자신의 실체적 목적인 통일의 형식으로 존재하는 인륜적·문화적 유대라는 의미에서 그런 전체라고 한다(§163). 이러한 관점에서 가족은 **하나의** 인격체(Person)로, 국가는 **하나의** 개체(Individuum), 혹은 **하나의 국가인격**으로 등장한다. 이러한 사실은 또한 신비적·종교적 형태로 표현하기도 하는데, 예컨대 페나테스(부엌의 신), 내면의 신, 지하의 신 그리고 가족과 집의 신 등의 표상으로 나타난다. 여기서 인간의 유는 '가계'(Geschlechterfolge, §173)의 연관이라는 표상으로 명료해진다. 이에 반해 아테네의 형태로 등장하는 민족정신은 **자기를 알고 의지하는** 보다 고차적인 현시(계시)적 신을 현재화한다.[55] 소포클레스의 『안티고네』에서 고대 그리스의 인륜법의 이 두 실체적 원리가 충돌한다. 안티고네는 경건함, 감각적, 가족적 인륜을 대표하며, 다른 한 원리는 크레온으로 체현된 의식적인 정치적 덕, 국가라는 보편적 이념, 국가권력과 국가이성이다. 자연적·가족적인 것, 그 근원이 숨겨져 있는 '지하의 것' 등은 고대적 질서라는 비극의 맥락에서 드러난 것, 현시된 것, '정치적인 것' 등과 연합하지 못한 채 대립하고 있다.

현대의 시민사회의 형성과 더불어 비로소 지식(/앎)이 국가에서 본질적인 것으로 등장하며, 이제야 비로소 이 국가는 **알려진** 보편성의 완전한 형식을 상정할 수 있으며, 이와 더불어 두 실체적 규정의 비극적 충돌을 극복할 수 있다. 가족에서 의지가 정신적 자연성의 형태를 취하고, 시민사회에서는 특수한 욕구의 형태를 취하는 반면, 국가에서 비로소 의지는 즉자대자적으로 존재하는 보편자로 밝히 드러난다. 정치적 덕은 한갓 감성의 덕이 아니라, **보편적** 목적을 의지하는 덕이다. 이 목적이 사유되고 의지되는 한에서 보편적이라 할 수 있다(Bl 208f.). 이러한 관점에서도 국가는 특수성에서 보편성으로의 논리적 이행 위에 건립된다(Bl 207).

---

55 '지하의' 숨겨진 것과 표현된 현시적인 것 사이의 이런 관계는 본질논리학과 개념논리학 사이의 관계를 각인한다.

§258

특수한 의지의 자유로운 자기규정은 보편적이고 객관적인 자유로 증명되어야 한다. 국가가 실체적 의지의 현실을 제시하는 한에서 이 국가는 '즉자대자적으로 이성적인 것'으로 서술할 수 있다. 여기서 이성적인 것이란 '의지에게 최상의 것'[56]이다. 국가는 처음에 추상적으로 접근했을 때 (세) 추론의 전체, 세 추론의 체계로 이해할 수 있으며, "보편성과 개별성이 서로 관통해 가는 통일, 보편적 의지로서의 객관적 자유와 특수한 의지이자 자신의 특수한 목적을 추구하는 의지로서의 주관적 자유의 통일"(§258)로 파악할 수 있다.[57] 시민사회에 특수의지의 원리가 놓여 있는 반면, 국가에는 보편의지가 놓여 있다. 국가는 [지각 혹은 감각하는 주체성이 아니라] 아는 주체성인 이성적인 것을 내용이자 절대적 목적으로 갖는다(Enz §535). 법은 일반의지의 표현이다(la loi est l'espression de la volonté générale).[58] 실체적 통일, '다수의 하나임'(§142, A)은 의심의 여지 없이 부동의 절대적 자기목적을 천명하며, 여기서 헤겔은 **자기규정**의 주도적 사상을 강화한다.[59]

부동의 절대적 자기목적과 최종목적

절대적 목적은 "자신의 외적 실재를 시민사회에서 가지는데, 부정성의 계기로서의 시민사회에서 보편자의 형식은 필요(/궁핍)로부터 도출된다"(Wan 171). 국가의 주된 과제를 시민들의 안전, 재산과 개인적 자유의 보호 등에서 찾는 국가이론에서는 특수한 개별자의 이익이 최종목적이 된다. 국가는 시민의 특수한 관심을 지지하기 위한 한갓 수단으로

---

56 이 공식은 절대정신에 이르러서야, 궁극적으로 철학에서 이성적 존재와 자유로운 존재의 최상의 것에 도달한다는 것을 보여 준다.

57 국가를 세 추론의 체계로 보는 이 핵심 주장은 앞으로 상세히 검토되어야 한다.

58 「인간과 시민의 권리장전」(Déclaration des Droits de l'Homme et du Citoyen) Art. 6.

59 헤겔은 "모든 인민에게 스스로에게 법률을 부여해도 되는 권한, 인민에 적합한 개별 형식으로 있는 실천이성을 보편적 규범으로 고양할 권한을 승인했다." Rosenkranz, *Georg Wilhelm Friedrich Hegels Leben*, a.a.O., S. 333.

표시되어야 하며, 특수한 목적이 절대적 목적으로 간주되어야 한다. 미하엘 볼프는 이러한 이해를 정당하게도 객관적 가상의 결과라고 표현한다.[60] 국가를 한갓 수단으로 강등하는 이런 현상은 공동의 것을 개별 이익과 개별의지에 구축하고자 하는 모든 계약이론과 일치한다. "개별 특수자는 여기서 언제나 목적이 된다"(Bl 209). 특수한 개별자의 의지 그 자체는 결코 국가의 원리로 고양될 수 없다. 이런 '원자론적 정치관'에서 철학적·사변적 사유의 가장 내적인 것은 무시되며, 자기와 관계하는 부정성이라는 절대자 사상도 무시된다. 여기서는 국가를 한갓 오성에 의지하여 이해하는 우려스러운 결과를 가져온다. 국가라는 묶어주고 연합하는 자는 욕구와 경향성이라는 파편적인 것을 다루는 것으로, 임의의 승낙과 자의의 문제를 다루는 것으로 강등된다. 외적 관계를 표식하는, 혹은 개별의지의 한갓 공통적인 것에 불과한 계약에서[61] (온전히 사변적 사유로까지 상승하지는 않은 루소와 피히테에 대해 헤겔은 이런 이의 제기를 한다) 국가는 일관성 있는 정당성을 갖지 않으며, 그저 오성의 보편성에 의지한다. 파편적 개별자를 국가의 주춧돌로 보는 이런 불충분한 규정으로부터 파괴적 결과를 불러일으키는 위험이 생겨난다. 즉 특수성, 정치의 분화, 권력분립 등을 전혀 수용하지 않는 한갓 오성의 관점으로부터 덕이 경악과 폭정으로 변질될 가능성이 발생한다.[62] 자코뱅당의 추상적 자유관은 공포 지배로 나아갔으며, 피히테에서 추상적 자유의 원리는 감시국가 혹은 경찰국가라는 '갈레선'(노예선)으로 변한다(Wan 163). 그러한 국가질서는 '완전한 경찰'로서 개별자의 존재를 철저하게 관철하고

---

60 Wolff, *Hegels staatstheoretischer Organizismus*, a.a.O., S. 161.
61 Enz §98. "개별자의 의지 자체가 국가의 원리이다. 욕구·경향 등 특수한 것이 잡아당기는 요소이며, 보편인 국가 자체는 계약이라는 외적 관계이다." 이에 대한 좀 더 자세한 설명은 추상법을 다루는 제3장을 보라.
62 한갓 주관적 덕은 '혐의라는 가공할 만한 폭력'으로, 광신의 폭력으로 향한다. 말하자면 다른 심정을 가지고 있다는 혐의를 받는 사람은 단두대에서 생을 마감한다. "한갓 심정에 의해 통제하는 주관적 덕은 가장 가공할 만한 폭정을 산출한다"(PhilG 12, 532f.).

자 하며, 이는 **가장 완고한 전제주의**라 할 것이다. 피히테는 개별자의 모든 행동과 존재를 그에 마주한 보편자로부터 추상하여 감독하고 규정하고자 시도한다.[63]

오늘날에도 시민사회와 국가의 결정적 차이가 종종 간과된다. 반형이상학적 의도에서 보편자가 합의나 소통으로 축소되거나 아니면 시민사회에 훨씬 더 많은 자기규제(예컨대 '시장의 자기치유')를 주어야 한다고 한다. 이 둘은 사물의 본질을 비껴가며, 곧바로 아이러니에 빠지고 만다. "헤겔의 입장에서 볼 때 이 둘은 시민사회에 현존하는 특수이익이 자기만의 권리를 갖는다는 사실을 국가가 자기목적성의 특성을 갖는다는 헤겔의 국가론이 허락하는 것보다 훨씬 더 인정하지 않는다. (……) 이에 반해 특수한 사적인 이익, 욕구 등을 곧바로 절대적 목적으로 갖지 않는 헤겔의 국가는 그런 사적 이익과 욕구에 훨씬 더 큰 활동공간을 준다."[64] 이 외에 또한 볼프는 칸트가 완전한 국가체제(헌법)를 자연목적의 실현을 위한 수단으로 간주한다는 사실, 즉 목적 자체가 아니라 합목적적 기구로서만 간주한다는 사실을 분명하게 지적한다.[65]

시민사회 내부에서 특수자에서 보편자로 이행하기 위해 서 있는 조합——직업연합과 코뮌——조차도 찢겨진 문제를 내포하고 있다. 즉 조합은 인륜의 제2단계로 여기지만, 거기서는 한정된, 유한한 목적만을 추구할 수 있다. 국가가 없을 경우 사회적 제도로서의 힘은 몰락할 것이며, 여전히 특수한 파편적 이익만을 추구할 것이고, 일방적 로비와 소송경제(Klientelwirtschaft)가 지배할 것이며, 따라서 서서히 몰락할 것이고 "궁핍한 도제로 가라앉고" 말 것이다(§255, Z). 이러한 경고는 철저히 현실성을 가지고 있으며, 특히 사용자 연합, 노동조합, 직업엽합 등 거대한 이익집단의 몇몇 구상에서 보면 더욱 그러하다. 여기서는 자신의 의

---

63 Hegel, *Naturrechtsaufsatz* 2, 519.

64 Wolff, *Hegels staatstheoretischer Organizismus*, a. a. O., S. 162.

65 Ebd., S. 163.

뢰인만이 중요하다. 즉 사용자는 이윤만을 보며, 노동조합은 특히 일하는 자들에게만 관심을 두고, 직업연대는 그들의 특수한 영역만을 신경쓴다. 이들의 관심영역 밖에 대해서는 아주 제한적으로만 눈을 돌린다. 2008년 세계 경제위기의 원인 중 하나는 은행이 파산적인 탈규제 이데올로기에 의지하여 수용할 수 없는 강력한 로비를 벌인 것에 기인한다.[66]

이에 반해 국가에서 보편자는 특수한 목적이 형성되게 하지만, "이 목적들을 굳어지지 않도록 하며, 이 목적들이 언제나 보편자로 녹아들게 만든다"(Wan 171). "개인이 자신의 특수성에 대해 갖는 권리는 이렇듯 인륜적 실체성 안에서 간직된다. 왜냐하면 특수성은 인륜이 실존하게 되는 외적 현상 방식이기 때문이다"(§154). 부동의 절대적 목적은 위에 말한 보편성의 형식이 국가의 필연적 계기를 구성함을 의미하며, 특수한 욕구의 목적으로 구성한다는 것이 아니라 여기서는 자유의지가 본질적인 목적이다.[67] 최종목적 ― 즉 자유의지를 의지하는 자유의지 ― 은 이미 처음에 서 있으며, 이제 증명의 마지막 화음, 즉 근거로 나아감이 따라 나온다.

국가는 자유의지와 행위의 표현이자 보증자로 드러난다. "국가에서 개인은 비로소 객관적 자유를 가지는데, 개인의 즉자적 본질은 이 개인을 위한 객관적인 현실적 세계로서의 국가에서 현존한다"(Bl 209f.). 보편적 의지(일반의지)는 현실을 가지며, 보편자는 현존재를 부동의 절대적 목적으로 가진다. 왜냐하면 이러한 의미에서 "어떤 열망도, 어떤 피안도, 어떤 미래도 존재하지 않고, 목적은 현실적이고 현재를 가지기 때문이다"(Wan 172). 자유의지의 명료한 표현으로서의 연합 자체는 참다운 내용과 목적으로 남는다. "인간의 **모든** 능력, **모든** 개별적 힘이 모든 측면과 방향으로 발전되고 표현되어야 한다"라는 보편적 목적이 "다채로운 다양성에서, 모순적 계기에서 인식될 수 있다." 이렇듯 국가 개념에서

---

66   Stiglitz, *Im freien Fall*, a. a. O., S. 44.
67   §258 참조.

"특수한 측면에 공통적인 목적과 보다 고차적인 실체적 목적" 사이가 분화되어야 한다.[68]

국가시민을 자기규정적인 행위자로 특징짓는 것은 이 시민들이 "보편적 삶을 수행한다"는 것을 의미하며, 그들의 특수한 삶의 수행이 변함없이 이 보편자를 출발점이자 결과로 가진다는 것을 의미한다(§258). 특수한 주체의 자유는 이 결합의 구성원이라는 지위에서, 시토앵, 즉 국가라는 결합물의 자율적 귀속인으로서의 지위에서 그들의 **최고의 권리**에 이른다. 이 구조의 핵심은 시민사회에의 **형식적 참여**를 지양하는 것으로서의 **평등한 정치적 참여**이다. 여기에서 의지와 행위에서의 자유의 최고의 절대적 가능성이 표현된다. "참으로 이성적으로 분화된 국가에서 모든 법률과 기구는 그 본질적 규정에 따른 자유의 실현에 다름 아니다."[69] 이 시금석은 한정 없는 주목을 요청한다. 즉 앞의 명제가 적합하고 타당할 경우에만 시민은 "이들 제도 속에서 자기 자신의 본질의 현실을 발견하며, 그가 이 법률에 따를 경우 그는 자기에게 낯선 것과 함께하는 것이 아니라 자기의 고유한 것과 함께할 뿐이다."[70] 모든 국가적 결합은 자유라는 이 기준에서 측정할 수 있어야 하며, 그 자체로 자유의 국가로 인정할 수 없다. 사유하고 행위하는 자아가 자신의 타자인 이 결합(국가)에서 자기 자신으로, 따라서 자율적이고 자유롭게 있을 수 있을 때에만, 즉 "국가가 인륜적 체제일 경우"[71]에만 이 국가는 자유의 국가로 인정할 수 있다.

개별적 자유가 자신의 최고 권리에 도달함으로써 최종목적 역시 국가의 구성원이 되는 것이 자신들의 최고의 의무인 개별자에 마주하여 최고의 권리를 갖는다(§258). 자유의지의 최고 형태인 즉자대자적인 이성적 의지의 이념은 본질적 목적으로서 **자유롭게 의지하고 행위하는 자들의 자유로운 결합**을 함축한다. 이 연합은 한갓 특수한 목적을 위해 발생한

---

68 Ästh 13, 72f.
69 Ebd., 136.
70 Ebd.
71 PhRel 17, 104.

것이 아니라 이 연합 자체를 위해 발생한다. 따라서 국가의 의무와 시민의 권리 및 국가의 권리와 시민의 의무 등에 대한 구체적 규정이 아주 중요해진다(§258, A, 406). 이와 더불어 이 철학자(헤겔)는 철학적 국가학의, 특히 '국가예술'로서의 실천적 정치학의 핵심문제를 고지한다. 즉 "내가 잘못할 수 있듯이 법률과 통치자들도 그럴 수 있다"(§132, A).

국가 이념 — §259

여기에서 국가 이념의 구조가 예시되는 것 같지만 이 가상은 기만한다. 여기서 왜 『엔치클로페디』에 상응하는 문단의 핵심 진술이 이끌려와야 하는지 등, 해석에 대한 엄청난 요청이 생겨난다. 다음과 같은 구조화는 칸트를 이어받아 선취된다.

a) **내적 국가법(국내법) 혹은 헌법(/체제)**

   국가라는 이념의 직접적 현실: 개별 국가
   칸트: 공민권(ius civitatis)

b) **외적 국가법(국제법)**

   특수한 국가들의 상호관계
   칸트: 국제법(만민법, ius gentium)

c) **세계사**

   유로서의 그리고 특수한 국가에 대한 절대적 권력으로서의 국가의 보편적 이념, 세계사 과정에서 자신을 실현하는 정신(보편적 정신)
   칸트: 세계시민권(ius cosmopoliticum)

여기에서 다음과 같은 논리적 기초가 등장한다.

a) 개별성(E)	개체	동일성
b) 특수성(B)	종	차이, 관계
c) 보편성(A)	근거	동일성과 비동일성의 동일성

『엔치클로페디』§536에서는 이와 연결하여 다음의 특성을 서술한다.

a) 자기관계하는 발전으로서의 내적 형성('직접적 이념으로서 자기
  자신을 자기 안에서 자기 개념의 체계로 전개함', Ho 716)

b) 다른 특수한 개별 국가와의 관계에 있는 특수한 개별 국가

c) 정신의 보편적 이념의 발전의, 자신의 실현의 계기로서의 특수
  한 정신, 세계사

이러한 서술에서는 서로 연결되어 있는 일련의 문제가 등장한다.

- b)와 c)의 계기에 대한 묘사가 유사성을 드러내고, 더 나아가 일치
  를 드러내는 데 반해, 이것은 a)에 대해 특정한 조건에서만 들어맞
  는다. 『엔치클로페디』 버전은 (호토의 노트도 마찬가지로) 이 자리
  에서 유기체의 술어를 무시하고 있다.

- 볼프가 선호하는 주장인 헤겔의 유기체론적 국가론은 내적 국가
  법에만 연관되는가? 이 주장은 헤겔의 국가론을 너무 축소한 것
  이 아닌가? 헤겔은 국가 **이념**의 계기의 세 구성요소에 대해 명료
  하게 말한다. 그리고 국가를 유기체로 보는 시각이 그의 이해의
  한 차원을 보여 준다고 할 수는 있지만, 이념은 유기체의 규정으로
  환원할 수 없다.

- 국가 이념의 세 계기는 논리적 핵심구조 E－B－A를 갖는다. 개
  별 국가 —— 관계 속에 있는 특수한 국가, 세계사로서의 보편적 이
  념 내지 개별 정신의 구조 —— 특수한 민족정신 —— 세계사. 개별 국
  가로서의 국가, 내적 국가법은 헤겔에 의해 세 추론의 체계의 방
  식으로 이끌려 나온다. 이 체계의 중요한 측면은 헨리히와 볼프가
  정교한 형식으로 해석했다.[72] 하지만 또한 이러한 기호, 즉 세 추론
  의 체계는 세 차원을 가진 국가의 전체 이념에도 타당한가?

- 헨리히는 정당하게도 『엔치클로페디』 §198과 『논리학』에서 발견되는, 국가를 세 추론의 전체로 재구성하는 것이 『법철학』의 서술과 일치할 수 있는지 질문한다. 헨리히에 따르면, 『엔치클로페디』의 추론삼각형은 내적 국가법의 형식의 세 측면과 연결되지 않는다. 이 추론삼각형에서 다뤄지는 것이 내적 국가법의 논리의 토대에 내재하는 국가의 개념규정인가?[73]

3. 세 추론의 전체로서의 국가

> 괴물들의 바다!
> 좋아지고 있어!
> (Sea Of Monsters
> Getting Better)

한갓 내적 국가법의 의미에서의 국가와 정치적 국가(체제, 헌법)가 세 추론 전체를 서술하는 것이 아니다. 이러한 사실은 §259에서 드러난 국가 이념의 전체 구조에 맞아떨어진다. 세 추론의 적용은 단 하나의 전체성, 즉 전체와 그 내적인 논리적 매개를 해석하는 가운데 이뤄진다. 그 해석도 논리적·사변적 근거에서 이뤄지며, 따라서 "개념에서 현실적 총체성으로 발전한 이념만이 삼단논법이라는 자기 내 완결된 전체를 이룬다."[74] 따라서 헨리히는 분명하게 **사변적 추리론**을 자세히 다뤄야 한다고 요청하며, 그렇지 않을 경우 헤겔의 입장에 대한 반론의 근거가 될 것이라고 한다.

---

72 Henrich, *Logische Form*, a.a.O.; Wolff, Hegels staatstheoretischer Organizismus, a.a.O.

73 Henrich, *Logische Form*, a.a.O., S. 443ff.

74 Ebd., S. 445.

「보론」: 세 추론의 근본 구조

『엔치클로페디』와『논리학』에서 국가를 세 추론의 체계로 보는 해명에서부터 출발해 보자.[75] 이러한 사실은 다음과 같은 논리적 구조를 함축한다.

I)　1. E−B−A　　　II)　3. E−A−B

　　2. A−E−B　　　　　2. A−E−B

　　3. B−A−E　　　　　1. E−B−A

여기에 어떤 논리적 차이도 존재하지 않으며, 다만 그 순서만 변한다. 삼단추론 II에 나타나는 시작점인 모형 3은 그 중심인 보편성에 의해 각인된 결론을 중심에 세우는데, 그것은 모형 1과 2에서 자신의 근원분할(/판단)의 계기를 가진다(Enz §577 참조). 그런데 마지막에 언급한 §577은 문제를 불러일으키는데, 왜냐하면 거기서 다음과 같은 이념의 삼각추론이 등장하기 때문이다.

1.	**A** 논리적인 것	−	**B** 자연, 즉자적 이념	−	**E** 정신
2.	**B**	−	**E** 정신은 자연에서 논리적 이념을 인식함	−	**A**
3.	**E** 전제로서의 정신, 이념의 주관적 활동의 과정	−	**A** 자기를 아는 이성, 절대적-보편자	−	**B** 보편적 극단, 그 자체 객관적인, 존재하는 이념의 과정

75　Enz §198; WdL 6, 425; S. 371 참조.

이 상이한 배치와 관련하여 몇몇 사항은 설명을 필요로 한다. 첫째, 중간계열(B−E−A)은 동일하게 머물며, 둘째, 마지막 모형은 B로 끝나고, 셋째, 헤겔은 용어들의 위치가 모형 1에서도 모형 2에서도 논리적으로 무차별적임을 보여 준다. 이 용어들은 "자기 자신을 통해서는 어떤 객관적 의미도 형성되지 않는다. 둘이 동일하게 보유하고 있는 변화된 **위치**는 처음에는 그들에게 그저 외적으로만 있는 형식이다. 따라서 그것들은 첫 번째 추론에서처럼 서로 관심이 없는 내용인데"(WdL 6, 366), 이것은 삼각추론의 논리적 불충분성을 시사한다. **E−B−A라는 논리적 형식으로 표현되든 A−B−E라는 논리적 형식**으로 표현되든, 첫째 모형의 결론 문장은 (처음에는 질적 규정성으로서의) 개별자를 보편자를 통해 정립한다는 것을 포함한다. 개별자이며 활동하는 자로서의 정신인 이 개별자는 엄격하게 중간으로, 매개하는 자로 진입한다. 첫째 모형의 결론의 진리는 두 번째 모형을 통해 정립된다(WdL 365ff.). 하지만 첫째 모형의 A−B−E 계열은 결론을 자신의 깊은 자리에 놓고 있음을 시사한다. 즉 '개별자를 결론에, 결론으로' 놓는다.

두 번째 계열에서도 이는 타당하다. "특수자와 보편자가 서로 극단이며, 직접적이고 서로 무차별적인 규정성인 한에서 이들의 관계도 무차별적이다. 한편 혹은 다른 편이 임의로 스스로를 메이저라 하거나 마이너라 할 수 있으며, 따라서 이 전제 혹은 다른 전제가 대전제로 혹은 소전제로 취해질 수 있다(WdL 6, 368). 보편성은 결론으로 간주되며, 따라서 이 보편성은 강제적으로 제3모형의 중간으로 들어가야 하고, 이것은 두 번째 모형에서 B−E−A를 통해 표현된다.

E−A−B 순서는 형식적 추론의 진리를 대표하며, 헤겔에 따르면 이 추론은 정당하다. 하지만 결론은 언제나 부정적이다. "이와 더불어 이제 이 명제의 두 규정 중 어느 것이 술어로 취해지는지 주어로 취해지는지, 그리고 추론에서 개별성의 극단으로 취해지는지 특수성으로 취해지는지, 여기서는 마이너라는 용어로 취해지는지 메이저라는 용어로 취해지는지 등은 아무런 상관이 없다"(WdL 6, 370).

이런 형식주의에도 불구하고 —— 결합은 이렇듯 이 추론 외부에 놓여 있는 매개에 그 근거를 갖는다[76] —— 헤겔의 삼단논법에는 '매우 철저한 의미'가 부여된다. 그 의미는 "모든 계기는 개념규정 자체로서 전체로 그리고 매개하는 근거가 된다는 필연성에 의지한다"(Enz §187). 이성적인 모든 것은 그 자체로 삼중의 추론으로 드러나며, 거기에서 용어들은 교환할 수 있다.

『엔치클로페디』의 마지막 부분에서 **이념**의 결론을 서술하는데, 그 절정은 '절대적 추론'에 나타나는 논증이다. 여기에서 용어들의 자의적 교환 가능성의 극복이 드러난다. 추론의 형식주의의 극복을 포함하고 있는 이념의 계속되는 단계의 도정은 이를 위한 근거를 형성한다. 주체성으로부터, 특히 그 마지막 단계인 추리론으로부터 객체성으로의 이행은 "특수성을 통해 스스로에게 외적 실재를 부여하는" 추론의 본성에 놓여 있다. 말하자면 E−A−B 모형에서 특수성과 더불어 논리적으로 적합한 표현을 결론으로 가지는 그런 추론의 본성에 이미 이행의 계기가 들어 있다. 추론의 논리적 형식은 보다 높은 단계에서 움직이며, 더 이상 '공허한 골조'(Enz §192, Z)[77]로 고찰할 수 없으며, 따라서 구조 III은 (용어들의 원리적 교환 가능성에도 불구하고) 논리적으로 엄격한 코드를 고정한다. **이성적** 추론은 "주어(/주체)가 매개를 통해 **자신을 자기 자신과 결합한다**는 것이다. 이렇듯 주어(/주체)는 비로소 주어(/주체)이며, 혹은 주어(/주체)는 자기 자신에서야 비로소 이성추론이다"(Enz §182).

이러한 사실은 엄청난 철학적 결과를 가져오며, 헤겔의 근본사상을 다시 한 번 요약한다.[78] 즉 처음의 두 추론으로 분리된 스스로를 아는 이성

---

76 WdL 6, 371.

77 이성적인 것을 비이성적인 방식으로 수행하는 형식적 추론(Enz §181).

78 이런 삼각추론의 내용을 격하하려는 시도에 대립하여 바로 여기서 철학에 대한 헤겔의 새로운 이해가 명료하게 등장한다는 사실을 강조해야 한다. 즉 철학이란 이념의 **자기규정**, **스스로를 사유하는** 이념, 지식의 형태를 갖춘 진리, 그리고 "논리적인 것이 자신의 현실인 구체적인 내용으로 **간직된** 보편자라는 의미를 가진 그런 논리적인 것이다"(Enz §574, §236).

은 자신의 두 표현(자신의 두 현상[79])을 다시 결합한다. 결합된 이 두 극단은 첫째, 필연성의 과정으로서의, 사물의 본성의 수용으로서의 학문이고 —— 객체(/객관)성의 관점 —— , 둘째, 정신과 자유의 관점으로서의 주체(/주관)성의 관점이다. 즉 "학문은 자유를 목적으로 하는, 그리고 그 자체가 이 자유를 산출하는 도정인 주관적 **인식**으로 현상한다"(Enz §576). 철학의 이념에서 모순적인 두 극단과 표현(현상)은 통합된다. "사물의 본성, 즉 개념은 전진하고 발전하는데, 이 운동은 인식의 활동과 동일하다"(Enz §577). 사상, 사유는 있는 그대로의 우주, 즉 **소여된 것의 원리**를 수용한다. 즉 "진리의 인식은 '객체는 주관적 반성에 의해 부과된 것과 상관없이 객체로 인식할 수 있다'는 사실에서 정립되며, 올바른 행동(Rechttun)은 '주관적 원천을 갖지 않는, 그리고 자의와 법칙의 필연성을 전도하는 어떤 취급도 허락하지 않는 법칙에 복종하는'데서 정립된다"(WdL 6, 408). 하지만 동시에 이러한 우주 사상은 자유롭게 자발적으로 스스로 산출되는데, 이것이 곧 **구성의 원리**이다. "사유의 활동과 운동을 통해서야 비로소 이성적인 것은 참다운 것이 되며",[80] 이와 더불어 헤겔은 '수동적 해석'의 입장, '객체에 대한 완고한 지각'의 입장, 영원히 소여된 것을 추적해 가는 것, **철학적 실재론 등에 대항**한다. 하지만 그의 이런 입장은 실재론적 원리의 지양 아래 서 있으며, 실재를 개념의 규정으로 인정하는 것에서 성립한다.[81] 버클리와 **더불어** 그리고 그에 **대항**

---

79 철학적 학문의 세 규정성이 주제를 요약하고 있다. Enz §§575와 577은 '첫 번째 현상'을 서술하는데, 그것은 자연을 이념 자체로, '객관적으로 존재하는 즉자적 이념'의 과정으로 묘사한다. 두 번째 현상은 자연을 전제하는, 논리적인 것과 잇닿아 있는 '정신의 입장'을 대표한다. 그것은 '주관적 활동의 과정', 즉 주관적 인식으로서의 학문 과정을 표현하는데, 이 주관적 인식은 자유를 목적으로 하며, 이 자유를 구성하는 도정이다(Enz §§576, 577).

80 Hegel, *Einleitung zur Enzyklopädie-Vorlesung* (22. Oktober. 1818), Bd. 10, S. 405f.

81 개념은 객체인 그런 실재를 획득했다. "아직 추상적인 실재는 객체에서 완성된다." 개념의 규정으로서의 실재는 "반대로 바로 그만큼 정립된 것"이다(WdL 6, 401, 403).

해서 말하자면 '존재(있음/임)는 사유됨이다.' "절대적 이념만이 존재이다"(WdL 6, 549). 여기서 말하는 것은 외적 사물이 나의 표상에 상응한다는 것이 아니다. 헤겔의 이념에서 중요한 것은 표상도 아니고 외적 사물도 아니다. "이념은 진리다. 왜냐하면 객체가 그 개념에 상응한다는 것이 곧 진리이기 때문이다"(Enz §213). 동시에 헤겔은 객체성에 대한 요청 없이 임의의 자의적 산출이나 구성을 말하는 것도 아니다. 주체성은 형식적·주관적 관념론이 주장하는 것과는 달리, 유일하게 참된 형식으로, 객체나 실재의 형식에 대항하는, 내용의 외적 현존에 대항하는 배타적 형식으로 주장할 수 없다. 이 일면적 시각은 "표상의 형식에만 의존하는데, 이 표상에 따라 내용은 나의 것이 된다"(WdL 5, 173). 헤겔은 객관주의와 주관주의 모두에 반대하며, **주어진 것만을 강조하는 실재론도 규제된 구성주의도** 반대한다. 그는 이런 제한된 입장을 '끄집어낸 것'(Herausgenommen)의 입장으로 그리고 '집어넣은 것'(Hineinlegen)의 입장으로 서술한다. 한쪽 측면에서 볼 때 여기서 '**객체에 이미 있는 것**'에 대한 서술만 다뤄지는 것처럼 보이는데, 하지만 객체가 개념의 총체로 취해지는 한에서만 가능한 말이다(WdL 6, 503). 여기서 철학적 실재론의 견해가 등장하는데, 이 견해에 따르면 "실존하는 사물과 아직 이념으로 진입해 가지 않은 모든 규정은 이른바 실재와 참된 현실에 유효하다"(Enz §213).[82] 『논리학』에서 헤겔은 "주관적 개념을 사유규정을 **외부로부터** 자기 안으로 **수용하는** 공허한 동일성으로 파악하는"(WdL 6, 503) 입장이라는 의미에서의 실재론이라는 용어를 사용한다. 이에 반해 그 반대물인 주관적 관념론은 인식에서 단순한 구성만을 본다. 여기서 구성이란 일방적 정립이라는 의미에서 사용된다. 따라서 여기서 외적 현실은 정당하게도 참된 존재자의 형식을 부여받지 못한다.

헤겔은 객체 혹은 실재의 계기와 주체 혹은 구성의 계기 각각이 갖는

---

82 "에베레스트 산은 사유하는 주체 없이 존재한다"는 주장은 존 설(John Searle)에 의해 알려진 오성의 시각의 표준적 예이다.

일방성을 극복하고서 **제3의** 철학 형태로 서로를 **결합하는** 개념적 사유 구상을 전개한다. (객체와 실재의 계기는 논리학의 '목적론'에서 주체와 객체의 절대적으로 정립된 통일로 드러나며, 주체와 구성의 계기는 '추리론' 마지막에서 필연적으로 객체로 이행한다.) 제3의 철학은 **실재론도 구성주의도 아니며**, 동시에 그 둘인 철학이다.[83] 다음의 단락은 헤겔 관념론의 근본사상에 대한 이 간략한 숙고를 요약하는 것에 다름 아니다. "이와 더불어 이 결과에서 인식이 산출되고 실천적 이념과 통합된다. 주어진 현실은 동시에 수행된 절대적 목적으로 규정되지만, 추구하는 인식에서처럼 개념의 주체성이 없는 한갓 객관적 세계로 규정되는 것이 아니라 개념이 그 내적 토대와 현실적 존립이 되는 그런 객관적 세계로 규정된다"(WdL 6, 548). 절대적 이념이 자신의 실재 속에서 자신과만 함께 가는 이성적 개념인 한에서 개념과 자유는 헤겔에게서 철학의 가장 내적인 것으로 특징지어진다.[84]

* *

이 길지 않은 「보론」 이후 다시 삼각추론으로서의 국가 이념으로 되돌아올 수 있다. 다음의 구조는 논쟁거리가 된다.

질적 추론	E —	B —	A
	개별자로서 국가	특수한 국가의 관계	세계사
	내적 국가법	외적 국가법	세계법
반성추론	A —	E —	B
필연성 추론	B —	A —	E

---

83 이에 대해서는 Hegel, *Skeptizismus-Aufsatz*, TWA 2, 227 참조.
84 WdL 6, 549.

시민사회에서 분할되고 나눠진, 극단으로 찢겨진 것의 재결합이 이제 논의의 주제가 된다. 다른 말로 하면, 국가의 매개과업이, 즉 자유의 구성이라는 의미에서의 통합과 결합의 형식으로서의 국가의 의미가 이제 논의되어야 할 것이다. 마지막 모형과 더불어 추론의 구조, 즉 전체 추론 체계의 구성이 지양된다. 여기서 극단과 중심의 확고한 특정한 입장은 해체되고, 각각의 규정계기 자체는 전체를 제시한다. 추론의 조직체를 검토하기 전에 헤겔이 다른 철학자들의 세계시민적 구상을 참고하면서 여기에서 체계적으로 수행하고 또 (아마도 유일하게) 논리적으로 정초하는 중대한 패러다임 전환에 대해 미리 주의할 필요가 있다. 즉 **국민국가의 모델에서 세계시민주의로, 세계시민으로, '세계시민적 체제(헌법)'로의 전환**이 그것이다. 국가라는 맥락은 이제 (논리적 근거에서 볼 때) 현대 국가를 비로소 충분하게 이해할 수 있게 하는 국가라고 하는 것 전체의 토대로 간주해야 한다.[85] 세계라는 맥락은 국가 이념의 내적 계기를 서술하는 것만이 아니라 국가를 이해하는 최종적이고 최고의 단계로서 동시에 전체의 근거를 이루며, 그 중심에 보편성이 서 있는 필연성의 추론 (B-A-E)을 이룬다. 이러한 사실은 시민이 논리적으로 개별 국가의 혹은 특수한 국가의 시민으로서만이 아니라 무엇보다 세계시민으로서 사유되어야 한다는 것을 함축한다(이에 대한 상세한 설명은 제8장 8, 9를 참조하라).

1. 개체로서의 개별적 국가는 자신의 특수성(특수한 국민국가로서)[86]을 통해 보편자(세계사)와 결합되며, 개별 국가는 그 외적 특수성과 특수한 이해관계와 욕구를 통해 보편자와 결합된다.

2. 국가들의 인륜적 본질이 현실의 극단으로 넘어감으로써 개별 국가

---

85 이러한 사실은 울리히 벡이 말한 방법론적 국민국가에서 방법론적 세계시민주의로 변환에 상응한다.

86 헤겔은 특수한 자연적·문화적 규정성이라는 의미에서의 이러한 특수성을 '민족정신'(Volksgeist, 민중정신)이라고 표현한다(PhilG 12, 87).

(E)의 작용은 이 국가들(B)의 관계 및 세계연관(A)에 현실성을 부여하는 매개자로 기능한다. 개별 국가는 관계를 맺음으로써 국제성을 그들의 외적 관계로 구성한다. 즉 외적 국가법 내지 국제법이 생겨난다.

3. 보편자는 개별 국가와 이들의 특수한 안녕을 매개하고 존립하게 하는 실체적 중심이다. 세계사는 '절대적 중심'[87]을 대표하는데, 여기서 개별국가의 극단(E-헌법)은 외적 관계와 결합된다(B-국제법).

세 추론의 이 최초의 상세한 설명은 이미 시사했듯이 세 삼단논법적 매개의 체계로서의 개별 국가에 대한 헤겔의 서술에 방향을 맞추고 있다(Enz §198, WdL 6, 425). "조직으로 이뤄진 하나의 전체가 진실로 이해된다는 것은 오로지 이 결합의 본성을 통해서만, 같은 개념의 추론의 이 삼원성을 통해서만 가능하다." 결정적으로 중요한 것은 — 이미 살펴보았듯이 — 추론의 중심, 특히 마지막 추론의 중심, 즉 필연성의 추론의 중심인데, 그것은 절대적 중심으로서의 보편성이다. "하지만 절대적 개체는 상대적 개체의 자기 내 존재와 그의 외면성을 결합하고 확고히 하는 객관적으로 보편적인 중심이다"(WdL 6, 425). 여기서 보편적 중심의 기능은 세계사를 소유하며, 모든 국가 일반의 자기 전개적 결합을 포함하는데, 이로부터 국제적 맥락, 역사의 보다 고차적 법이 생겨난다. 세계사가 개별 행위자에 대한, 개별 국민국가와 이들의 관계에 대한 규정심급으로 제시되는 한, 세계사는 최고의 '판관'[88]으로, '세계사는 세계법정'으로 서술되어도 된다. 이 심급은 국가들을 넘어서서 움직이는 것이 아니라 특수한 국가들의 행위의 전체 정세로부터 성장한다. 국가 간의

---

87 WdL 6, 425.
88 '판관'(Richter)이라는 심급은 『법철학』에서 계속 등장하는데, 판단자(Urteilende), 심판자(Richtende) 등의 심급으로 나타난다(추상법에서의 판관으로부터 도덕적 판단자 및 사법과 법정에서의 판관을 거쳐 판관으로서의 세계사로까지 이어져 있다).

이 국제적 전체 맥락은 개별 국가 구성체의 여건을 본질적으로 각인하며, "국가들은 역사라는 세계 바다"(E. Gans)로 진입하고, 거기서 인정을 받거나 인정받지 못한다.[89] 이 모든 것은 국가의 정의라는 사유의, 자유의 진보로서의 세계사라는 사유의 탁월한 영향력을 함축한다. 자유의 진보는 다음 세 단계로 특징지을 수 있다. 직접적 개별자(한 사람)의 자유로부터 출발해서 특수자들(여러 명)의 자유를 거쳐 보편적(만인) 자유로까지 자유의 진보는 이뤄진다. 역사철학은 헤겔 실천철학의 중요한 일부를 제시하며, 철학적 국가학의 결론부를 형성하고, 절대정신의 철학으로의 이행을 서술한다(좀 더 자세한 내용은 세계사를 다루는 제8장 9를 참조하라).

3.1 내적인 국가법 혹은 국내법

3.1.1 세 추론의 두 번째 체계

삼중추론은 내적인 국가법, 즉 헌법에 대한 해명도 포함한다. 여기서 우리는 헤겔이 『논리학』과 『엔치클로페디』에서 간략하게 제시한 세 추론의 두 번째 체계를 본다.

실천적인 것에서 "국가는 세 추론의 체계이다. 1. 개별자(인격체)는 자신의 **특수성**(생리적 욕구와 정신적 욕구 등이며, 이것은 더 나아가 시민사회를 형성하는 토대가 된다)을 통해 보편자(사회, 법, 법률, 정부 등)와 결합한다. 2. 개인의 의지와 활동은 사회와 법 등에 의거하여 욕구를 (……) 충족하고 실현하는 매개자이다. 3. 하지만 보편자(국가, 정부, 법)는 개별자와 이들의 만족이 충족되고 매개되고 존립하도록 하는 실체적 중심이다. 매개가 이들을 다른 극단과 결합함으로써 모든 규정은 자신을 자기 자신과 결합하고, 스스로를 산출하며, 이 생산은 자기유지이다"(Enz §198).

---

89 아마도 여기서 국가들이 경험하는 일종의 '정의'라는 말을 할 수도 있을 것이다 (Angelica Nuzzo).

이렇듯 **정부, 시민 개인** 그리고 개별자의 **욕구나 삶**은 각자가 다른 두 개의 중심이 되는 세 용어이다. **정부**는 절대적 중심인데, 여기서 개별자의 극단은 자신의 외적 존립과 결합한다. 동일하게 **개별자**(Einzelne)는 저 보편적 개체[Individuum, 정부]가 외적으로 실존하도록 활동하면서 자신의 인륜적 본질을 현실의 극단으로 옮겨놓는 중심이다. 세 번째 추론은 개별자는 자신의 **욕구**와 외적 현존을 통해 보편적이고 절대적인 개체성과 결합된다고 하는 형식적 추론, 가상의 추론이다. 이 추론은 한갓 주관적인 추론으로서 다른 추론으로 이행하며, 그것에서 자신의 진리를 갖는다 (WdL 6, 425).

이처럼 헤겔이 국가를 세 추론(두 추론은 「기계론」 절에서, 따라서 「객체성(/객관성)」을 다루는 부분에서 발견된다) 체계로 보고 있음을 앞의 두 간략한 문단에서 보여 준다. 이에 근거하여 내적 국가법의 근본적 법규정으로서 다음과 같은 삼중 형태가 나타난다.[90] 『법철학』에서는 이러한 사유 과정이 분명하게 전개되지 않는다. 그럼에도 불구하고 이 사유 과정은 헤겔의 헌법 이념, 국내법의 토대가 된다. 이러한 사실은 §§260에서 264까지 나오는 텍스트에서 드러나는데, 그 숨겨진 내용이 바로 삼중추론이다.

1. 질적 추론 혹은 형식적 추론 E−B−A

개별자로서의 주체는 "하나의 질을 통해 **보편적 규정성과 결합된다**" (Enz §183). 구체적 인격체는 자신의 질적 속성을 통해, 자신의 특수성을

---

[90] 『논리학』과 『엔치클로페디』에서 계열의 마지막에 각각 다른 추론이 놓여 있다. 먼저 이러한 사실은 논리학을 위한 하나의 서술근거를 갖는다. 즉 이전에 보편성은 중심적 개체로서 다뤄졌으며, 따라서 보편성의 중심으로의 직접적 이행이 제공된다. 하지만 더 중요한 것은 다음과 같다. 형식적 추론, 또는 질 혹은 가상의 추론은 "한갓 주관적 추론으로서 다른 추론으로 이행하고 그 속에서 자신의 진리를 갖는" 추론으로 표시된다(WdL 6, 425). 그것은 논리적으로 계열의 첫 번째 입장에 속한다.

통해(B), 자신의 생리적·정신적 욕구와 관심을 통해(이것이 시민사회를 특징짓는 요소이다) 보편자(A) —— 법(/권리), 법률, 정부 등 —— 와 결합한다. 개별자는 자신의 욕구와 외적 현존을 통해 보편적 개체성(헌법)과 연결된다. 주체는 자신의 속성과 관심(추상적 특수성)을 통해 보편적 규정성과 결합한다. 하지만 B는 A 아래로(시민사회는 헌법 아래로), E는 B 아래로(구체적 인격체는 시민사회 아래로) 포섭된다.[91] 이렇듯 두 측면만의 관계가 나타나고 어떤 참된 매개도 일어나지 않는다. 논리적 결함의 근거는 '불완전한 중심'에 있으며, 매개 개념은 무개념적 질로 머물러 있다. A, B, E는 추상적인 것으로 서로 마주해 있지만, 모든 이 세 개념 규정은 더 나아간 규정을 가진다. 헤겔은 이러한 추론 형식의 결함을 법투쟁이라는 예를 통해 보여 준다. 여기서 상대 각자에 의해 이용되는 **상이한** 권원(Rechtstitel, 權原)이 심급으로, 매개 개념으로 기능한다.

동시에 이제 A와 B가 결합되며, A는 극단을 매개하는 자(B-A-E)가 된다. 그런데 이 A는 추상적인 것-보편적인 것만을 대표하며, 계기의 완전한 차이 없음, 오성의 외적 동일성만이 드러난다. 이 논리적 과정의 두 중요한 결과는 다음과 같다. 첫째, 개별성은 더 이상 고립된 것으로, 모나드로가 아니라 보편성으로 사유되어야 하고, 개체는 **시민개체이다**(즉 개인은 시민으로서의 개인이다). 둘째, 추론지절의 논리적 질서는 **서로를 전제하는 매개 영역**의 형태로 드러난다(Enz §189). 결핍은 질적 추론이 계속되어야 할 필요성을 제기한다. 결론 문장에서 개별자는 추상적 보편자로 정립되어 있기 때문에 이 개별자는 중심으로 진입하고 매개하는 자가 된다. 여기에 반성추론으로의 이행이 놓여 있으며, 중심은 이제 모든 개별적인 구체적 주체인데, 여기서는 **모든 개별적인 구체적 시토앵(공민)이다.**

---

91 포섭의 관계(WdL 6, 376). 특수성의 영역이 보편자 아래로 포섭된다(§273).

2. 반성추론 A−E−B

개별자로서의 모든 시민개체(E)는 중심을 표현하며, 보편자로 활동하며, 이 보편자를 **외적으로 실존**하게 하며, 자신의 인륜적 본질(A)을 실재라는 극단으로 이행시킨다. 즉 시민으로서의 이 개별자들은 실제적 국가질서를 구성한다. 개체의 의지와 활동은 욕구와 관심을 만족시키고 현실화하는, 그리고 헌법, 즉 보편적 법을 충족하고 실현하는 매개자로 기능한다.

개체는 '독자적으로 알고 의지하는 개별성이라는 극단'과 '실체를 알고 의지하는 보편성이라는 극단'을 자기 안에 포함한다. 그들은 '사적 인격체로도 실체적 인격체로도 현실적이며' 두 영역(B와 A)에서 자신의 특수성과 보편성에 도달한다. 즉 한편으로 그들은 '자신의 특수한 이익의 즉자적으로 존재하는 보편자'로서의 보편적인 국가적 기구에서 그들 자신의 본질적 자기를 가지며, 다른 한편 그 기구들은 그들에게 '보편적 목적에 방향을 맞추고 있는 특수한 활동', 예컨대 특수한 조합, 직업조합(§264) 등을 보장한다. 이 추론의 결함은 전체성('모든 개별적 시민') 추론이 본질적으로 귀납추론으로, 그다음 유비추론으로 드러난다는 사실에서 발생한다.

귀납추론

$$A \quad - \quad E \quad - \quad B$$
$$E$$
$$E$$

"개별 공민은 공정한 도야(교육)체계를 지지한다. 왜냐하면 (……)." "시민은 공적 교육, 교육의 의무를 지지한다. 왜냐하면 (……)." "시민은 환경파괴를 반대한다. 왜냐하면 (……)." 하지만 이러한 것들은 **모든** 개별 주체에게, 따라서 온전하게 제시되어야 한다는 것, 이것이 귀납추론의 잘 알려진 딜레마다. 하지만 여기서 영원한 당위에, 악무한에 고착되지 않을 수 없다. 넘어서려는 시도는 동일하게 불충분한 유비추론으로 나아간다(B−A−E 유형에 상응한다). 아직 표를 던지지 않은 공민은, 유비가 그러하듯이, 또한 그렇게 결정할 것인데, 왜냐하면 지금까지도 그렇게 결정했기 때문이다. 이러한 사실은 불충분한 반성추론에서 필연성의 추론으로의 이행을 요청한다. 특정한 유 혹은 보편성이라는 의미에서 특수성은 이제 매개하는 규정이 되며, 보편성은 추론의 세 번째 모형에 따라 중심이 된다(Enz §191~192).

3. B−A−E 필연성의 추론

보편자('헌법이라는 보편적 부분')는 개체(E) 및 이들의 만족과 이익(B)을 실현하고 존속하는 실체적 중심을 나타낸다. 국가의 법률과 기구는 절대적 중심이며, 여기에서 개별자(E)라는 극단은 자신들의 외적인, 특수한 존립(B)과 결합된다. 법률은 '객관적 자유라는 내용규정'(Enz §538)을 표현한다. 구체적 자유는 인격적 개별성(E)과 이들의 특수한 관심(B)이 국가(헌법이라는 보편자)를 통해 완전하게 전개되고, 이것의 권리가 독자적으로 인정된다는 사실에 있다(§260). 행위하는 주체에게 **시민의 지위**가 부여되는 한, 행위자는 주체성 차원의 통일이라는 형태 중에서 개별 공동체 내에서 **최고의 인정형식**에 도달한다. 말하자면 시민의 지위는 인격체의 차원, 도덕적 주체성의 차원 그리고 가족과 시민사회에서의 구성원의 차원을 넘어서는 최고의 인정형식이다. 이들 규정은 시민존재(공민)에서 확증되고 보증된다. 시민으로서의 나의 권리에는 인격체로서의 권리, 도덕적 주체로서의 나의 권리가 내재한다. 전체로서의 공민권은 지금까지 고정된 모든 권리(와 의무)를 통합하며, 그 계기의 합 이상이다. 나는 시민으로서 (예컨대 법률을 보편자로 존중함으로써) 나의 개별성을 보편성으로도 이해했으며, 이로써 나의 참된 자유의 증거를 부여한다. 또한 인간이 시민의 지위를 소유함으로써 자기의식의 파편적 개별성을 극복했다. 그러므로 시민사회는 더 이상 인정투쟁을 하지 않는다.[92] §263은 명시적으로 필연성의 추론을 말하고 있다. 가족과 시민사회의 두 영역에서 각각 자신의 직접적 실재성과 반성적 실재성을 갖는 국가의 계기(개별성과 특수성)를 위해 정신은 객관적 보편성으로(A) 등장하며, "필연성 속에서 이성적인 것의 힘"으로 등장하는데, 그것도 법률과 제도적 기구의 형태로 등장한다. 국가의 이 보편적 법률은 자신의 보편적 목적과 보편적 작업, 자신의 작용의 결과를 표현한다.[93]

필연성 추론은 우선 정언추론의 형식을 갖는다. 예컨대 '국가는 보편자로서, 공민의 유로서 공정한 교육체계를 지지하고 환경파괴를 반대한다'의 형식을 취한다. 특수자는 특정한 유나 종의 의미로 등장한다. '시민' 혹은 '시민권'(Bürgerschaft, 공민권, Wan 217)이라는 이 유는 '긍정적 통일'(Enz §191; WdL 6, 397)을 제시하는데, 즉 **하나의** 헌법으로 표현되는 국가의 **하나임**을 제시한다. 둘 혹은 그 이상의 법서 내지 헌법이 있을 수는 없다. 그런데 이 긍정적 통일은 개별 시민을 통해, '국가'라는 유의 개별 대표를 통해 매개된다. 이 논리적 형식인 가언추리는 A−E−B의 구도 아래 서 있으며, 개별성은 중앙에 서 있다. 필연적 관계가 산출되지만, 불가피한 운명이라는 의미의 과거의 필연성이나 유의 통일이라는 강제적 요청의 필연성이 성장하는 것이 아니다. 오히려 그 필연적 관계는 개별 시민의 우연과 자의에 의존하지만 가설의 충족이나 확증에 대한 요청을 포함하기 때문에 여기서는 가설적 필연성이 성장한다. 이 '됨'(생성)은 '자기 자신과 관계하는 **부정적** 통일로서의 개별성'에 상응하며, 그

---

92 Hegel, *Vorlesung über die Philosophie des subjektiven Geistes, Kolleg 1823, Nachschrift Hotho, Hegel Gesammelte Werke*, Bd. 25, 1., hg. von Christoph J. Bauer, Hamburg 2008, S. 113. 여기서 강조점은 '투쟁'이라는 용어이다. 이 형식은 현대 국가에서 완성되었지만, (생사에 대한) 투쟁의 형식을 간직하지 않은 채 인정받으려는 노력이 완결된 것은 아니다. 이런 인정노력에는 위신·명예·존중 등에 대한 열망에서부터 국가의 인정에 이르기까지 다양하다. 이에 대해서는 「외적 국가법」 절을 참고하라.

93 '작업'(Werk, '일', 그리고 그 결과로서의 '작품'을 동시에 의미한다. 영어로는 'work'에 해당한다. ─옮긴이) 개념에 대해서는 다음을 참조하라. Vieweg, *Das geistige Tierreich oder das schlaue Füchslein*, a.a.O.

것은 통일의 수행에 대한 요청과 기대를 의미한다. "이 부정성은 매개하는 자, 개념의 자유로운 통일이다. 그것은 활동으로 규정된다. 왜냐하면 이 중심은 **객관적 보편성**과 (⋯⋯) **무차별적 직접성**의 모순이기 때문이다"(WdL 6, 397). 매개하는 자는 개별 시민의 활동에 놓여 있으며, 이들은 자유로운 공동체를 구성해야 하지만, 이 공동체가 결여될 수도 있다. 이 필연적인 것은 외적으로 상이한 실존의 경우 내적인 실체적 동일성에 놓여 있으며, 동일한 내용은 이미 내적으로 근저에 놓여 있다(WdL 6, 397). 필연적인 것, 보편자는 이렇듯 엄격하게 **중심**으로 진입한다. 즉 E–A–B 구조가 생겨난다. 따라서 매개하는 이 보편자는 동시에 자신을 분리하는 총체로, 배타적인 하나로 사유되어야 하며, 동일한 보편자는 이들 형식에서 구별된다. 선언추론: '보편자, 개별자 그리고 특수자로서의 공민(⋯⋯).' 이 논리적 구조는 개념계기를 **사변적으로 통일**된 것으로 설명하며, 이들 계기 각각은 다른 계기를 자기 안에 포함한다. 삼중추론 체계의 결론에서 우리는 **보편적인 이성적 의지**를 본다. 우리는 선언추론이 충족된 것에서 개별 국가에 대한, 그때그때의 헌법에 대한 가치평가(평가적 판단)를 위한 척도를 가진다.

논리적으로 볼 때 개념규정으로서의 **각각의 계기**(E, B, A)는 **그 자체로 전체**로 그리고 **매개하는 근거**로 등장할 수 있다는 것이 드러나며, 공민과 시민사회 그리고 공민의 공동체로서의 정치적 국가 역시 그렇다는 것이 드러난다. 각각의 계기는 중심 기능을 가지며, "그 자체 계기의 총체로, 따라서 전체 결론으로 증명된다"(Enz §187, §192). 이성적인 모든 것은 이런 의미에서 삼중추론으로, 삼중결합 체계로 이해해야 한다. 여기에서 추리형식주의, 즉 추리와 개념의 주관적인 것은 극복된다(WdL 6, 400).

§260은 이 '결합됨'의 현대적 형태를 명료하게 보여 준다. "현대 국가의 원리는 이 엄청난 강함과 깊이, 주체성의 원리를 인격적 특수성의 자립적 극단으로 완수하도록 해야 하며, 동시에 그것을 실체적 통일로 다시 이끌어야 하고 (⋯⋯) 그 속에서 이것을 보존해야 한다." 보편자와 특수자 그리고 개별자의 권리는 매개의 통일로 사유되어야 한다. "매개가

538

규정 각자를 다른 극단과 결합함으로써 각 규정은 그 안에서 자신과 결합한다"(Enz §198). 공민, 시민 개인 혹은 국가시민 등의 자유에서 인격체의 자유와 구체적 인격체, 즉 시민사회의 형식적 참여자의 자유가 결합한다. 인격성은 인정되어야 하고, 이와 더불어 형식적 권리가 필연적 현실이 되어야 한다. 개별자의 특수한 안녕(/복리)을 장려해야 하고, 공적인 안녕을 보장하기 위한 보편적 질서도 고려해야 하며, 가족은 보호되고 시민사회는 합리적 형태를 갖춰야 한다(Enz §537). 따라서 자유로운 전체를 보장하고 또 이를 현실화하는 것은 '인격체, 소유, 공개된 법률, 공개된 법정 등, 자유의 제도에 달려 있다. 더 나아가 시민사회의 특수한 부분을 어떻게 조직하고 또 소공동체와 지역의 상호작용이 어떤 방식으로 이뤄지는지에 달려 있다. 말하자면 인격체의 자유, 소유의 자유, 공적인 입법 등이 필요한 이유다(Hom 328f.).

3.1.2 국가에서 시민사회의 지양

이로써 우리는 (이미 언급한) 시민사회와 국가 사이의 관계규정을 위한 결정적인 자리에 도달했다. 현대 국가는 자기파괴적 잠재력을 가진 시장의 원리를 적절한 방식으로 존중하며, 국가에는 공정하게 형성하고 제어해야 한다는 쉽지 않은 과업이 놓여 있다. 지양의 의미에서 시민사회와 국가의 관계에 대해 세 차원이 고려된다.

a) 시민사회의 기능원리를 국가를 통해 확증하고 보존함, 즉 특수성의 권리를 존중함(conservare, 보존하다). 이는 자의의 우글거림과 관련하여 특별한 '무관심'의 형태로, 방임과 중립의 형태로 나타날 수 있다. 그리고 특수성의 동등한 타당성을 인정함. 예컨대 영업의 자유라는 관점에서 특수한 영업을 인정하고, 자유로운 직업선택의 관점에서 특수한 직업을 인정하며, 거주지와 특별한 생활 유형의 자유로운 선택이라는 견지에서 특수한 삶의 수단을 인정한다.

b) 시민사회의 역동성에서 나타나는 극단과 그 자기파괴의 경향을 피하기 위해, 구성원의 (사법과 조합을 넘어서는) 참여의 권리를 보장하고 보호하기 위해 국가라고 하는 규제하고 형성하는 심급이 등장해야 한다. **국가는 특수성의 왕국이 기능하기 위한 가능성의 조건이다.** 자의의 인정과 욕구의 만족은 '국가 체계'에서만 의미 있게 기능한다. 국가만이 구체적인 참여요청을 정당화하고 보장하며 경우에 따라 강제할 수 있다. 이 강제는 시민사회의 구체적 인격체의 성원권의 손상 내지 공동의 안녕의 훼손을 방지하기 위한 두 번째 강제라는 형태로 나타날 수 있다. 예컨대 영업의 자유는 국가 감독하에서 수행되며, 보편적 이익의 척도를 심각하게 위반하는 활동과 생산물(핵무기, 건강을 해치는 활동이나 산물, 환경에 부담을 주는 생산 등)은 제재를 받을 수 있다. 자의의 우글거림, 척도 없음, 한갓 특수성 등에는 시민사회의 내적 규제와 연동하여 명료한 한계가 설정되어야 한다(**negare**, 부정하다). 이러한 일은 시민사회에 속한 **만인**의 가장 고유한 관심(이익)에서 발생하는데, 핵무기 생산자 혹은 공해 유발자가 이를 달리 보는 경우라 해도 그렇다. 아리스토파네스의 희극 「에이레네」(평화의 여신)에서 무기를 만드는 대장장이는 평화에 반대하는 투표를 하며, 그릇을 만드는 장인은 평화를 찬성하는 투표를 한다. 사회적 국가질서를 구축함으로써 가난한 자는 보호받아야 하고, 시민들은 삶을 가치 있게 유지할 수 있는 실존이 보장되어야 한다. 시민사회에 내재한 감독, 규제, 사회적 조력 등의 기구와 연동하여 **국가 차원의** 감독과 규제의 형식은 시민사회를 의미 있게 기능하도록 역할을 한다. 국가는 규제를 형성하고, 테두리를 정립하며, 기준을 정한다. 예컨대 사회적 · 생태적 기준, 건강의 기준, 임금의 상하한선(값싼 노동에 반대하고 최저임금을 정한다) 등을 확정하며, 생필품, 공기 혹은 물 등에서 해로운 물질의 한계를 설정한다.

우리는 두 영역의 조화를 이루는 전형적인 예를 카르텔감독청에서 볼 수 있다. 이 관청은 기업의 특정한 자의적 결합 내지 양도 등을 제어해야 하는데, 그렇지 않으면 기업의 시장지배적 지위 내지 독점이 생겨나기 때문이다. 여기서 카르텔감독청은 기업을 통제할 수 있는데, 그것도 시장의 이익과 경쟁을 유지하기 위해 그렇게 한다. 왜냐하면 독점은 근본적 시장 원리인 경쟁의 무화를, 이와 더불어 시민사회 일반의 해체를 함축하기 때문이다. 국가만이 시장을 이러한 방식으로 보호할 수 있으며, 특수성의 처신을 보장할 수 있다. 국가만이 현대적 시장질서를 자기파괴로부터 보호할 수 있다. "국가는 특수한 목적과 안녕에 이르기 위한 유일한 조건이다" (§261, Z).

c) 시민사회 구성원은 국가에, 즉 시민(국가시민)으로서 자기 자신에게 머물러야 하고, 보편적 목적을 자기 자신의 목적으로도 파악할 수 있어야 한다. 이 자리에서 §§121과 124, 그리고 §185를 반복할 필요가 있다. 즉 행위 가운데 나타나는 행위자의 특수성의 계기는 "자신의 구체적 규정 속에서 **주관적 자유**를 형성한다. 이 자유는 행위 속에서 자신의 **만족**을 발견할 **주체의 권리**이다"(§121). 이러한 사실은 인륜적 맥락에서도 타당한데, 이는 §124에서 명확하게 쓰고 있다. 만족을 찾을 **주체의 특수성의 권리**, 즉 **주관적 자유의 권리**는 "**고대와 현대 세계**의 차이를 알리는 전환점이자 중심점"을 이룬다. 이것은 "세계의 새로운 형식의 보편적인 현실적 원리"로 되었다(elevare, 고양하다). 시민사회는 이 특수성의 핵심 형태에 속한다. 구체적 규정을 가진 주관적 자유라는 권리, 특수성의 자립적 발전의 권리는 고대 세계와 현대 세계를 구분한다. 헤겔이 아주 존경하는 플라톤은 그리스의 인륜법의 본성을 알고 있었는데, 그는 이 인륜법에서 아직 '만족되지 않은 열망으로 머물러 있었던', 이 본성에 침입해 들어오려는 심오한 원리를 단적으로 배제했다. 이 그리스의 인륜법을 보호하기 위해 플라톤은 특수성의 원리를 일관되게 부정하는, 특히 사유재산을 부정하고, 가정에서의 아이 양육을 거부했으며, 직업의 자유로운 선택을 불허하는 '실체적 국가'를 구상했다.[94] 따라서 플라톤이 인륜법의 분열을 피하고자 했으며 주관적 자유에서, 특수성의 권리에서 고대적 질서를 지탱하

---

94   GdPh 19, 124ff. 참조.

는 원리를 인식했다고 하는 한에서 그는 위대한 정신으로 드러난다. 그 원리는 당시에 존립하던 세계의 변혁을 이끌어가던 축이다.[95] 그런 세계 변혁은 체제의 중요한 변화를 내포하고 있는데, 세계이해에 대한 엄청난 변화뿐 아니라 혁명 혹은 조용한 개혁 형태로 진행되는 국가변혁도 이에 해당한다.[96] 국가의 개념과 그 실재의 불일치로부터, 민족정신의 찢김과 분열 상태에서 그런 봉기의 정당성이 생겨난다. 현대 세계로의 이행의 경우에 '정신은 자신의 어린 시절의 신발을 벗었는데', 아이의 신발은 특수성의 출현을 허락하지 않았기 때문이다.[97] **특수성의 자립적 전개, 즉 주관적 자유**라는 근본적 권리, 혹은 자기의식의 자기 내 무한한 반성 등을 헤겔은 현대성의 표식으로 간주했다. 여기서 현대는 인류의 분열과 소외를 자기 안에서 파악하고 '참아내야' 한다. 즉 현대는 그것을 이성적인 방식으로 규제하고 형성해야 한다. 그렇지 않을 경우 자유의 본질적 규정계기는 존립하지 못한다. 법률은 확고하게 서술된 실체적 영역을 포함하고 통제하는 허용법칙(lex permissiva)[98]으로 간주해야 한다. 허용이라는 관점은 비록 감독을 포함하지만 명료하게 규정할 수 있는 영역 외부에 놓인 것에 대해 복종(못하게 함)이 아니라 하도록 둔다는 것을 함축한다. 헤겔에 따르면, 현대는 "**이성이 자신의 전체 힘과 대립하여 멋대로 가게 하면서도 그 대립**을 통제하며, 따라서 그런 대립에서 자신을 간직하고 이 대립을 **자기 안에서 유지하는**"(§185) 통일을 이룬다. 헤겔은 여러 가지 형태로 나타나는 특수성에 대한 바로 이 중립적 태도, 이런 허용, 이런 방임 등에서 현대의 이러한 통일의 원래적 힘을 인식한다.

합리적으로 구축된 국가는 시민사회와 그 시장구조의 혁신적 힘을 유

---

95 RPh 24.
96 GdPh 19, 112f. 대중이 변화에 대한 동력을 가지지 못할 때 이 대중은 낮은 수준의 체제에 머물러 있거나 아니면 (결국에) 보다 고차적인 체제에 억눌린다.
97 Ebd., 112.
98 Fichte, *Grundlage des Naturrechts*, GA I, 3, 388, A).

지하기 위한 최상의 보증을 제공한다. 즉 **사회적·자연적으로 지속되는 국가만이 시장이 보다 훌륭하게 기능하도록 보증할 수 있다.** 현대 국가는 "특수성이 아주 멀리까지 나아갈 수 있게 허용하면서도 전체를 유지하는 위대한 힘을 간직한다"(Bl 224f.).[99] 구체적 통찰은 "특수성의 계기를 동일하게 본질적으로 제시하며, 이와 더불어 이 계기의 만족을 단적으로 필연적인 것으로 제시한다. 개인은 자신의 의무를 수행하는 가운데 어떤 방식으로든 자기 자신의 고유한 관심(/이익)을 (……) 발견해야 하며, 이 개인에게서는 국가와 맺는 관계에서 자신의 권리가 성장한다. 이를 통해 보편적인 일이 **자기 자신의 특수한 일이** 된다. 특수한 이익은 진실로 제거되거나 억압되어서는 안 되고, 보편자와 일치되어야 하며, 이를 통해 특수자도 보편자도 유지된다"(§261).

특수성과 개별성 그리고 보편성은 앞에 서술한 추론 과정에서 중심으로 등장하는데, 여기서 보편성은 필연성의 추론에서 실체적 중심으로, 중심이자 '중심의 개체'로 드러난다(WdL 6, 424). 『법철학』에서 세 추론 체계가 명료하게 시연되지는 않지만, 헤겔은 국가를 유기체로 명백히 지시하고 있으며, 더 나아가 그가 이 강의에서 Enz §198과의 연관을 제시하고 있으며, 또한 비교를 위해 태양계를 선택한다는 미묘한 징후를 보여 준다. 태양계에서 특수한 행성은 자유로운 개별자로서 스스로 돌면서 동시에 태양(보편자, 중심 항성) 주변을 도는데, 이 법칙이 곧 자유의 법칙이다(Bl 230). 국가의 일은 특수자와 개별자를 '자유로운 힘'(§537)인 보편적 실체의 통일로 되돌리면서 보존하는 것이다. 국가 이념의 첫 단계, 즉 내적 국가법에서 다뤄지는 중심 문제는 개별자로서의 국가이다. 이를 해명하기 위해 **개별성에 대한 사변적 사상**을 꼭 집어 설명하는 『법철학』의 핵심 문단인 §7을 되돌아보는 것이 유용하다.

---

[99] 시민의 사적 이익이 국가의 보편적 목적과 연합될 때 한 국가는 "잘 진행되고 또 효력을 발휘한다." 이 연합은 ── 헤겔은 이러한 사실을 여기서도 강조한다 ── '사변적 본성'이며, "논리학에서 이 보편적 형식으로 논구된다"(PhilG 12, 40).

국가 이념에서 국가는 법(/권리)의 총체로, 실현된 개념으로 파악되며, 개념은 여기서 현실적 자유로 이해된다. "개념은 **대자적으로**[100] **존재하는 실체적 힘으로서 자유로운 것**이며, **각각의 계기가 전체라는 사실을 통해** 개념은 **전체이다**"(Enz §160). 논리적 배경(동일성, 차이, 근거)은 앞에서 이미 해명했고, 개별성으로서의 국가와 관련하여 반복되어야 한다. **개별성**(주체성)은 엄격하게 사변적으로 사유되어야 하며, 인륜적 이념의 최고 형식은 의지의 보편자와 특수자의 근거(동일성)를 개별성으로, 즉 주체성으로 재현한다. 개별자로서의 국가 자체는 이렇듯 **현실적 · 실체적 · 이성적 의지**로 규정할 수 있으며,[101] "**자신의 특수성 속에서 자신을 자기 자신과만 결합하는 보편성**으로 규정할 수 있다."[102] 개별성의 규정에 대한 이 예에서 실천철학의 논리적 정초의 엄청난 중요성을, 논리적 · 형이상학적 배경이 『법철학』의 내용을 적절하게 해명하는 데 불가피한 이유를, 그리고 이러한 것을 형이상학적(즉 논리적 · 사변적) 부담으로 없애 버리려는 모든 시도가 결정적인 것에 대한 시각을 왜곡하고 결국에는 너무 협소하게 파악한다는 사실 등을 반복적으로 목격할 수 있다. 이성적인 것과 동의어로 이해할 수 있는 **이념**은 최고 단계인 '인륜적 이념의 현실'이라는 규정에서 엄청난 중요성을 획득하는데, 헤겔은 이렇듯 이러한 **이념**에 대한 자신의 새로운 이해가 아주 중요하다는 사실을 강조한다.[103]

국가는 사적 권리와 사적 안녕의 영역, 즉 가족과 시민사회 영역에 대하여 이 두 영역의 과정을 종속시키는 외적 필연성과 보다 고차적인 힘으로 마주 서 있다. 국가의 주된 과업으로는 보편적 재산(국가예산)의 집행, 공적 복지의 안정(사회적 국가로서의 국가), 가족의 관심 지각, 시장법

---

100 원본 텍스트는 'für sich'가 아니라 'für sie'로 되어 있는데, 이는 오류다.

101 전체적인 면에서 볼 때, 국가는 '유일한 것'으로 파악할 수 없다. 이렇게 파악할 경우 다른 국가들과의 관계의 맥락이나 계기, 그리고 세계사로의 진입(B와 A)을 처음부터 배제하는 유아론적 국가 이해에 불과할 것이다. 이에 대해서는 §271의 '한갓 배타적 일자로서의 국가'를 참조하라.

102 Ästh 13, 149.

103 RPh 25.

칙의 규제, (소유권의 침해를 포함하여) 소유권, 정의를 보장하기 위한 세법 등의 구체적 형성, 조합권 혹은 노동조합권의 구체적 형성, 예술과 학문 등의 장려 등이 속한다. 전체적으로 보면 국가는 자립적 입법과 국가 차원의 기구의 형성 등을 의무로 한다. 이에 상응하는 활동, 예컨대 집행, 행정, 통치, 혁신 장려, 안전 창출, 교육의 조직 등은 '보편적 신분'의 노동으로, 이들의 활동으로 간주한다.

3.1.3 정의의 국가로서의 현대 국가

언급한 모든 차원을 고려해 볼 때 현대 국가는 시장공동체이면서 사회적 공동체인 시민사회에 의존하는 **정의의 국가**로 드러난다. 국가는 이 사회를 이성적으로 감독하고 형성하며, 이성의 결합으로서 오성의 연합체인 오성국가에서 부르주아의 유대인 시민사회와 구분하는 공민의 공동체이다. 헤겔의 국가학은 오늘날까지 **사회적 국가 형태인 현대 국가를 이론적으로 가장 잘 정초하고 확신을 주도록 기여**하고 있다. 공적인 복지는 국가의 목적으로서, 국가법의 원칙으로 간주된다. "국가는 주체의 **특수한 영역**, 이 영역의 권리와 권위 및 복지 등을 유지해 주기 때문에 이들 주체는 이 국가를 자신의 실체로 안다"(§289).[104] 그런 한에서 이 주체들은 스스로를 여기서 시민으로 안다. 그들은 '특수지의 보편자로의 이러한 접맥'을 직접 간직하고 또 장려하기 때문에 ('제2의 가족' 혹은 '작은 국가'의 심정으로서의, 그리고 조합적 동일성의 의식으로서의) 조합의식 혹은 공동의식은 국가의 힘과 깊이를 위한 기둥으로, 국가의식 혹은 공민의식의 형성을 위한 본질적 지지대로 간주한다(§289).

시민사회에서 전개되는 형식은 자유롭게 독자적으로 존립하게 두거나 ─ 특수성에 전개를 위한 여지가 제공되어야 한다 ─ 혹은 합리적 구성체로 한 걸음 더 규정되어야 한다. 특수성은 일면화되어서도 급진화되어서도 안 된다. 예컨대 사회적 조력은 이제 참된 **공동의 과업**으로, 공공

---

104 강조는 저자.

선으로 이해되며, 제도적으로 또는 재정적으로 보장된다. 이렇듯 사회적 연대기구 혹은 장애인 연대기구는 자신들의 결정적인 업무를 현장에서, 즉 가족과 시민사회의 맥락에서 수행했는데, 이제 이들 연대체는 자신들의 사회적 위임을 실현하기 위해 국가적으로 지원받게 된다. 물론 이 집단이 공적 이익의 기준을 충족할 경우에만 그렇게 지원받는다.

국가적 결합은 게다가 다른 영역의 결합으로, 행위자의 자유의 보증자로 간주한다. 개인은 권리를 가지면서 이와 더불어 동시에 의무를 가지며, 이 안에서 보편적인 궁극 목적과 그들의 특수한 이익이 결합한다. 국가의 법률이 **구체적 자유의 내용규정**을 표현하는 한 국가의 내적인 강함은 권리와 의무의 이러한 연합[105]에 의지한다(§261). 개인은 의무의 수행에서 자신의 고유한 이익을, 자신의 만족을 발견해야 한다. 그리고 '보편적 업무가 자신의 고유한 특수한 업무'가 되기 위해(§261), 따라서 자신의 권리가 인정되기 위해서는 공민으로서 그에게 그때까지 구상된 모든 권리가 충분히 자라나야 한다. 자유로운 체제에서 시민과 섭정 지위에 있는 자들의 권리와 의무, 즉 언급한 원칙의 의미에서의 양자의 책임은 명확하게 정의되어야 한다. (이러한 문제는 언제나 가능하지만) 이것이 성공하지 못할 경우 형식법적·경제적 혹은 사회적 규정에 대한 저항의 위협이 생겨나며, 자유의 국가는 전제적·과두국가적, 중우적·포퓰리즘적 혹은 무정부적 침해를 받을 위협에 놓인다. 왜냐하면 정치에서 "무정부 상태와 전제주의라는 극단이 서로 돌아가면서 등장하기도"(Enz §81, Z) 하기 때문이다.

전체적으로 보면 『엔치클로페디』의 삼중추론은 국가의 개념규정으로 이해해야 한다는 헨리히의 평가는 맞다. 이 개념규정은 "내적 국가법의 논리에, 기구의 사변적 귀속에 전제되어 있으며, ─ 또한 이 기구의 체계

---

105 권리와 의무에 대해서는 다음을 보라. Enz §486. 어떤 권리도 없는 자에게는 의무도 없으며, 그 반대도 마찬가지다.

에 내적으로 바닥에 놓여 있다."[106] 물론 이때 내적 국가법과 헌법(체제), 그리고 특수하게 있는 헌법 등, 이 삼중추론은 명료하게 구별된 채 남아 있다. 즉 삼중추론의 삼위일체가 드러난다. 그 추론은 국가 이념 자체에 대한, 보편자로 있는 헌법(내적 국가법)에 대한, 그리고 정치적 체제(/헌법)(정치적 기구들)에 대한 추론이다.

하지만 보편성의 대표자로서의 국가는 특수성에 대해 필연적인 힘으로, 그리고 특수성을 규제하고 이성적으로 형성하는 힘으로 등장할 뿐 아니라, 이 국가는 실체적 보편자로서, '자유의 형태'로서 스스로에게 대상이자 목적이다(§§265~266). 정치적인 것의 보편자[즉 국가]는 두 가지 차원으로 나타난다. 첫째, **특수성의 영역들**(특히 시민사회)**을 규제하는 형태로**, 즉 '특수자로 존재하는 헌법'으로 나타나며, 둘째, 보편자의 자기 규정으로, **공적 자유의 규정**으로, 즉 국가법 자체의 형태로 나타난다. 한편으로 시민사회의 업무와 사무에 대한 감독이 중요하고, 다른 한편 정치적 체제의, 즉 국가적 법률과 기구의 보편적 업무가 중요하다. 국가의 목적은 특수한 이익의 유지 및 조정과 정치적인 것의 보편적 이익을 포함한다(§270). 정치적 헌법과 관련하여 부당하게도 '종종 상층부만이' (Bl 227) 고려되지만, 특수자의 영역은 국가를 위한 본질적 토대로, '확고한 기초'로, 공개적 자유의 기둥으로 남아 있다. 이러한 분화는 오늘날 종종 '수직적 권력분할'로 묘사된다. 수평적 권력분할과 수직적 권력분할, 즉 정치적 국가의 본래의 권능과 기구는 시민사회의 연관을 정치적으로 형성하도록, 예컨대 그런 연관을 장려하는 혹은 코뮌적인 자치의 형태로 결합된다.

헤겔의 숙고는 다음과 같은 개념의 계기에 의존하는데, a) 추상적 현실로서의 국가의 동일성의 계기에, b) 개념차이의 분리 방식으로 있는 비동일성(업무, 권력)의 계기에, 그리고 c) 동일성의 재산출(동일성과 비동일성의 동일성으로서)의 계기에 의존한다. 이와 더불어 국가는 **도야(성장,**

---

106   Henrich, *Logische Form*, a.a.O., S. 445.

형성, 교육) 형식으로 진행해 가는 구성체로 안정된다. 국가의 행위는 **알려진** 목적에 의해, **인지된** 원칙에 의해, **철저히 사유된** 법률에 의해, 정황에 대한 **인지**에 의해 유도되어야 하며, 그 경우에만 국가는 자유의 요청을 충족한다. 도야(형성, 교육)는 따라서 제약 없이 **공공선**으로 간주된다. 여기서 헤겔 국가철학의 교육지배적(epistokratisch) 요소가 나타난다. 이에 따르면 선거의 계기, 즉 정치적 결단과 참여의 계기는 ── 특히 보편선거권(보통선거권) ── 투표자들의 지식 혹은 충분한 **정치적 도야**와 결합되어야 한다. 헤겔은 보편자 그 자체의 행동과 더불어 시민의 결합을 목표로 하는데, 이 결합은 보편의지(일반의지)의, 즉 인간적 결합이라는 참된, 보편적인 목적의 이성적 규정에 의존한다. 정치적 체제, 즉 공민공동체에 대한 이러한 이해에서 정치적 법률과 기구라는 **객관적** 실체와 정치적 의식이라는 **주관적** 실체는 융합한다. 이때 정치적 의식이란 시민의식이나 국가심정, '정지적 공동정신', 혹은 공민의 자기의식 등의 의미를 갖는다.

3.1.4 참여와 포함──허용과 보완의 원리. 특수성의 방임

전제주의와 달리 자유로운 공동체는 **특수성**을 자유롭게 놔둘 수 있으며, 특수성에 상당한 정도의 활동공간을 부여할 수 있다. 인격체와 그의 특수한 재산의 보호, 특수한 안녕에 대한 고려, 자기만의 견해의 자유, 양심의 자유, 직업이나 조합 선택의 자유, 서식지와 거주 장소의 선택, 특별한 삶의 양식의 결단, 소수자 인정, 가족 내지 부부의 선택의 자유, 종교의 선택, 예술과 학문의 자유 등이 그러한 예이다.

§262는 이러한 모티프를 다시 수용한다. 즉 특수성의 계기, 개별자의 특수한 관심은 존중되어야 하며, **보편적인 문제가 자신의 고유한 특수한** 문제가 되어야 한다. 플라톤에서 나타나는 실체적 인륜법과 달리 주관적 자유를 받아들임으로써 개별자들이 자기 공동체와 더 고차적인 형식에서 동일화될 수 있게 된다. 현대 국가에서 모든 것은 '보편성과 특수성의 통일'로 나타난다(§261, Z). 이러한 방식으로 타자지배(타율)에 저항하고

자기지배가 강화될 수 있다. 국가에의 결합은 '사람들이 복종해야 하는 외적 폭력이나 필연'으로, 족쇄로 현상해서는 안 되고, 보다 고차적인 인륜적 필연으로, 사람들이 자신으로 머물 수 있게 하는 타자로 현상해야 한다(Gr 479). 헌법은 시민들의 자기의식의 방식과 도야에 의존하며, 공민의 바로 이러한 의식에 "그의 주관적 자유와 헌법의 현실"이 놓여 있다. 특수성의 왕국은 지금까지 주제화된 (특히 경제적인) 활동만이 아니라 개인의 모든 특수한 관심도, 이들의 모든 삶의 실행도, 특수성을 드러내는 이들의 다양한 삶의 양식도 포함한다.

현대적 삶의 형식의 분화와 공동체의 다양성, 그리고 이른바 소수자 등에 대한 헤겔의 시각에 들어가는 문을 열기 위해 결합과 귀속방식의 양식에 대한 스케치, 자기규정적 참여형식의 목록 등을 제시할 필요가 있다.

A. 가족

가족구성원으로서의 주체의 귀속성과 가족의 근본 구조는 a) 사랑에 근거한 생활공동체, b) 권리-, 소유- 그리고 염려(/배려)공동체로서의 생활공동체 그리고 c) 교육공동체로서의 생활공동체 등으로 전개되었다. 이 귀속성과 가족의 근본 구조의 관점에서 동등한 법(/권리)을 증명할 수 있다. 특수성과 차이는 부모-자식 관계 및 가족 형식에 해당한다. 그 형식에는 한 아이 부부, 다자녀 가족, 아이를 가진 혹은 없는 결혼하지 않은 생활공동체, 동성 파트너의 생활공동체 등이 있다. 다양성의 인정은 반차별원칙에 간직된 평등에 기초하며, 동시에 정의는 특정한 가족공동체를 지원하기 위한 특정한 불평등을 요청한다(예컨대 세법을 통해 아이가 있는 가족을 지원한다).

B. 시민사회

구체적 인격체(사적 인격체, 부르주아)는 형식적으로 동등한 권리의 소유자로서 시민사회에 속한다. 시민사회는 특수성의 왕국, 찢긴, 소외된 인류성을 대표하기 때문에 바로 여기에서 차이와 불평등이 광범위하게 전개된다.

a) 비록 모든 주체가 생산자이자 소비자로서 전면적 의존에 기초한 욕구 체계에 귀속하지만, 각자의 욕구, 능력 그리고 활동, 이 체계에의 특별한 참여 등의 차이로 인해 다름이 생겨난다. 활동에 대해 말하자면 신분(농업 신분, 산업 신분, 공무원 신분 등)으로의 분화로 나타나며, 이에 상응하여 다양한 '직업'과 노동활동의 하부구조가 생겨난다. 그 결과 시민사회의 구성원은 사용자 혹은 기업가 집단에 귀속하거나 아니면 종사자, 노동자 혹은 실업자에 귀속한다. 불평등은 보편재산에의 상이한 지분으로 표현되는데, 엄청나게 부유한 소수와 다수의 빈자들이라는 극단의 형태로까지 나타난다. 여기서 이미 나눠진 관련 집단(예를 들어 장애를 가진 미숙련공 대 베를린 필하모닉의 탁월한 음악가, 직물공장의 노동자 대 수십억 달러의 IT 사업가)에의 귀속은 개인의 전체 삶을 수행하는 데 엄청난 영향을 끼친다.

b) 사법의 맥락에서 인격체의 권리의 평등이라는 원리는 유효한데, 이는 헤겔의 보편주의 사상에서 동일하다. 여기서 이 철학자가 다양성의 문제를 다루는 방식에 대해 간단하게나마 배울 필요가 있다. 그것도 동일성과 비동일성의 동일성이라는 사상에 기초해서 그럴 필요가 있다. 이 체계에서 발생한, "권리(/법)에 현존을 부여하는 **도야(/교육)**는 상대적인 것(욕구 체계)의 영역으로부터의 이행을 **일반적으로 인정되고 알려지고 의지된 것**"일 수 있게 하며, 객관적으로 타당한 것일 수 있게 한다. 이 도야(/교육, 성장, 형성)는 자기를 보편적 인격체로 사유하게 하며, 이 점에서 만인은 동등하다(§209). 차이에 대한 이해는 바로 이러한 도야에, 바로 이런 생각에, "모두에게 내재한 인간성"(Kant)이라는 생각에 기초한다. 이는 이미 인용한 글에 분명하게 나타나 있다. "인간은 그가 유대인이나 가톨릭교도, 개신교도, 독일인, 이탈리아인 등이기 때문이 아니라 그저 인간

이기 때문에 인간으로 간주된다"(§209). 여기서 구별의 기준 내지 귀속의 기준으로서 종교와 국적만이 언급되었지만 '등'이라는 표현은 이미 언급한 또는 국가의 테두리 내에서 주제화된 더 많은 특수성을 포괄하고 있음을 지시한다. 그런 특수성에는 성의 문제, 인종, 문화, 종교, 역사 등이 포함된다. 독일기본법(헌법) 제3장에는 이런 보편주의적·세계시민적 기본사상이 다음과 같이 표현되어 있다. "누구도 자신의 성, 혈통, 인종, 언어, 고향과 출신, 신앙, 종교적 혹은 세계관적 신념 등 때문에 차별받거나 이익을 받아서는 안 된다. 누구도 자신의 장애 때문에 차별받아서는 안 된다." 여기에서 삶의 형식과 수행의 특수성을 원리적으로 인정하고 있다.

c) 『법철학』은 '조합'이라는 표제 아래 인륜적-공동체의 더 나아간 형식을 포착하고 있는데, 즉 어떤 직업연합(직업공동체)에의 귀속과 어떤 코뮌(지역공동체)에의 귀속이 그것이다. 평등과 불평등은 직업활동과 삶의 장소와 연관이 있다. 즉 조합코뮌적 동일성 대 조합코뮌적 다양성. "특수한 공동체의 권리와 이익이 시민청과 자치국을 자유롭게 구성함으로써 보장된다는 생각은 중요하게 남아 있다"(Wan 235).

3.1.5 국가—정치적 다양성과 복수성

현대 국가를 특징짓는 힘은 "특수자로 하여금 자신의 길을 가게 할 수 있다는 것, 그럼에도 불구하고 이 특수자를 전체 속에서 함께 유지한다는 것"이다(Rin 162). 현대 국가의 현실은 "보편성이 특수성으로, 정확히 말하면 전체 속에서만 유지되고 지속됨에도 불구하고 자립적인 것으로 현상하는 특수성으로 분리된 채 존립한다"(§270, Z). 이 특수자, 분리된 것, 분화된 것 등은 "어쩔 수 없을 정도로 확고하게" 고정된 것이 아니라 스스로 해체되면서 계속 새롭게 산출되고 언제나 재산출된다(§270, Z). 모든 특수성을 넘어서서 "국가는 사상의 보편성을 얻었으며, 이 보편성을 실존하게 한다"(§270).

이런 근본적 평가는 몇몇 어려운 문제 영역을 만들어낸다. 첫째, 국가를 '시민존재'(Bürger-Sein)로, 시민체(Bürgerheit)로 이해하는 것은 공민의 독특한 정치적 참여에 대한 질문을 제기한다. 여기서 공민은 세계시민과 국가시민으로서 동등한 권리를 향유하지만, 이에 덧붙여 자신의 참여를 특수하고 상이한 방식으로, 그리고 정치적 복수성의 형태로 형상화한다. 공민은 예컨대 선거를 통해 혹은 정당이나 이익집단, 혹은 시민단체 등의 구성원이 됨으로써 정치에 참여한다. 이처럼 구성원이 됨으로써 공민은 언제나 정치적 소수자에 속할 '위험' 속에서 흔들린다. 둘째, 헤겔과 연관하여 말하자면, **허용과 보충**의 원칙은 보편자와 특수자의 성공적 결합이라는, 그리고 특수자의 규정된 보장이라는 구체적인 실제적 두 형식으로 제시할 수 있다.[107] 셋째, 『법철학』에서 이러한 연관에서 등장하는 갈등 가능성이 엿보인다. 넷째, 마지막으로 주체로서의 역할을 수행하는 공민에게 아주 중요한 의미를 선사할 수 있는데, 즉 이 공민은 공동체에의 귀속의 모든 양식과 삶의 양식의 모든 차원을 자기 안에서 결합하고, 이것을 하나의 전체로 통합하며, 그리고 동일성과 차이의 최고의 통일을 체현하고 있는 존재이다.

밀접히 결합되어 있는 주제의 이 스펙트럼을 해명하는 작업은 다양한 탐구(사회학, 정치학, 비교문화학, 인종학 등)를 요구하며, 여기서 헤겔에 의지하여 보편성과 특수성의 관계의 핵심구조를 드러내기 위한 범주 운용체계의 윤곽을 제공할 수 있을 것이다. 우선, 시민을 귀속성, 혹은 구성원이라는 특정한 전체 맥락에 서 있는 주체로 제시할 수 있는데, 이때 이 개인은 현대에 구체적 삶의 형식의 다양성과 복수성을 본질적으로 함께 각인하는 **전체 참여형식**을 통해 특징지어진다. 즉 한 개인은 성, 가족, 인

---

107 클라우스 하르트만(Klaus Hartmann)은 시민사회와 국가의 관계를 계층적으로도 —시민사회의 자립성의 보장 —보고, 동시에 통합적으로도 —국가에서 시민사회의 지양 —본다. 여기에서 보충의 원리가 나올 수 있다(Klaus Hartmann, Ideen zu einen neuen systematischen Verständnis der Hegelschen Rechtsphilosophie, *Perspektiven der Philosophie* 2, 1976, S. 192ff.). 이에 대해서는 또한 다음을 보라. Hösle, *Hegels System*, a.a.O., S. 529.

종, 종교, 문화, 종교공동체, 국가 등에 동시에 귀속되어 있다.

사례 1) 자녀를 하나 둔, 장애를 가진 여성, 토스카나 주 시에나에서 건축가로 활동, 건축가 조합의 구성원. 이와 더불어 첫 번째 특정한 귀속성이 제시된다. 즉 여성, 부부, 장애인, 직업, 코뮌, 지역 등의 귀속성이 나타난다. 여기에 독일 혈통, 개신교 신앙, 고서 수집가 동아리 활동(하위문화 동일성과 다양성), 환경시민운동 참여, 녹색당 당원 및 이탈리아 시민권, 따라서 유럽시민권 등 — 인종, 종교, 취미, 시민운동에의 그리고 민주정당에서의 정치적 참여 그리고 시민권 등. 사례 2) 결혼하지 않고, 아이 없이 공동체에서 살아가는 한 수학교사는 슐레스비히-홀슈타인의 플렌스부르크에 살며, 덴마크 혈통이고, 불교도이자 네팔 야크 탐구 동아리 의장이고, 남슐레스비히 유권자연대(SSW)의 회원이며, 덴마크 소수자의 대리인으로서 지역의회 의원이다. 현대사회에 사는 이 행위자는 다음과 같이 상황이 근본적으로 바뀔 수도 있다. 즉 바이에른에서 결혼하고 부인과 사이에서 아이를 가짐, 뮌헨으로 이사, 정보통신사가 되기 위해 재교육, 가톨릭 신앙을 가지고 SCU(기독교사회연합)에 들어감, 뮌헨시 의회 의원 등과 같이 상황이 바뀔 수 있으며, 혹은 캐나다 밴쿠버로 이주, 임업노동자로의 변신과 이슬람교도로의 개종, 멕시코 여인과의 결혼과 캐나다 국적 취득, 그리고 사민당 당원으로의 변신 등과 같이 상황이 바뀔 수도 있다. 이 두 경우에 귀속의 변화와 더불어 전체 삶의 형식이 결정적으로 변할 수 있는데, 당연히 출생집단(남편, 부모, 친척, 덴마크 출신 등)의 변경을 통해서가 아니라 선택집단을 통해서만 변할 수 있다. 사례 3) 르완다 키갈리 출신의 혼자 사는 여의사이자 내전 난민, 프랑스 출신의 가톨릭 여신도, 독일에 난민 신청, 함부르크 거주, 아프리카난민조직 회원, 일본 출판사에서 출간한 베스트셀러 작가. 사례 4) 터키 출신의 베를린 변호사, 이슬람교도, 스페인 여인과의 결혼, 독일 시민권, 사민당 국회의원, 체스의 대가이자 체스 분데스리가의 한 팀의 회원.

이들 예에서 현대적 생활양식의 역동성, 불안정성, 비정착성, 위험부담 등만이 아니라, 갈등을 유발할 수 있는 집단의 이익과 소수자의 문제

상황도 읽을 수 있으며, 동시에 특수성과 정치적 헌정 사이의 갈등 잠재력도 등장한다. 국가에는 "갈등이 영원히 존재한다"(Rin 159). "특수자의 관점에서 몇몇 갈등이 등장할 수 있다"(Bl 222). 헤겔은 이 긴장 영역을 자기 관점에서 볼 때 특히 중요한 국가와 종교의 관계에 입각하여 주제화한다. 이 관계는 여기에서 다양성 문제의 관점에서만 고찰된다.[108] 소수의 몇몇 사항은 국가가 문화와 지식의 형태와 맺는 관계를 시사한다. 이미 앞에서 국가에 대해 다음과 같은 규정을 내린 바 있다. 즉 '인륜적 이념의 현실', '자기의식적 자유의 이성적 삶', '진리는 사상과 보편성의 형식으로 존재한다' 등의 규정이 그것이다. 이런 규정에서 출발하여 국가는 다시금 국가의 토대로서의 지식에 근거하게 된다. 국가는 '아는 자' (Wissende)로 간주된다. 국가의 원리에는 내용이 본질적으로 감정이나 믿음의 형식으로 머물러 있는 것이 아니라 특정한 사상에 귀속한다. 학문과 국가는 "형식의 동일한 요소"(§270), 즉 개념적 사유로서의 지식을 가지며, 헌법은 법률을 사상의 형식으로 재현한다.

이를 분명히 하기 위해 §270(425~427)은 사념(/의견), 단순한 확신 그리고 아이러니한 삶의 형식의 입장 등과의 대결을, 즉 사념이나 단순한 믿음이라는 주관성의 법이 아니라 지식(/앎)이라는 주관성의 법을 다시 살펴본다(§140). 아이러니 자아*가 스스로를 절대자로 이해하는 한, 아이러니 의식은 모든 인륜적 내용(권리, 의무, 법률 등)의 거만함을 주관적 거만함과 결합한다. 하지만 이것은 '고독한 예배'로 머물 뿐 아니라 양심과 선한 의도를 서로 보증하고, 서로 순수함에 기뻐하며, 자신을 절대자로 알면서 숭고하게 살아가는(§140) 그런 공동체나 연합체를 형성하

기도 한다. 그런데 그런 공동체에서는 극단의 경우에 '경건한 자에게는, 아이러니한 뻔뻔한 자에게는 혹은 아름다운 영혼에게는 어떤 법률도 주어져 있지 않다'는 표현이 가능하다. 헤겔에 따르면, 객관적 타당성에 대한 어떤 검증도 없는 그런 확신이나 단순한 가정과 주장은 결코 "법률행위를 위한 기준"(Bl 221)이 아니다. 자유로운 헌법의 보편적인 근본 내용의 관점에서 볼 때 모든 것이 그에 의존하는 원칙의 경우 국가는 '명령하는 자'이며, '자의와 사념에 저항하는 성채'이며, 결정하는 자이다. 왜냐하면 국가는 사유하는 자이며 아는 자이기 때문이며(§270), **하나의** 방향점으로서, **스스로에 부여된** 존중받는 법률로서 존재하기 때문이다. 국가는 전체 구상에서 전개되고 개념적 사유에 기초한 자유의 구현으로 간주된다.[109] 공민의 자유로운 행위는 한갓 사념이나 가정에, 혹은 진리라고 간주하는 것에 의존하는 것이 아니라, **지식적으로 알려진**(gewusst) 목적이나 목표에, **사유**에 의해 검토된 원칙에, 혹은 **이성**을 통해 지지되고 정당화된 법률에 의존한다. 따라서 자유로운 헌법의 핵심규정에는 유효함이 따라와야 하며, 이는 명백하게도 특수성이 헌법의 원칙을 손상하지 않는 한, 특수성의 보장을 포함한다.

잘 구축된 국가는 (종교적) 특수성과의 관계에서 "더욱더 자유롭게 처신할 수 있으며, 국가에 기대고 있는 개별성을 철저히 조망할 수 있고, 또 국가에 대한 직접적 의무조차 종교적으로 인정하지 않는 공동체를 (……) 자기 안에서 유지할 수 있다"(§270). 대개 종교와 관련이 있는 헤겔의 예에 좀 더 가까이 다가가기 전에 실체적 헌법원칙과 종교적·문화적 실행 사이의 몇몇 갈등양상을 예시할 필요가 있다. a) 헌법과 종교적·문화적 실천 사이의 긴장: 의무복무 대 종교적 신념에 따른 거부, 동물권 대 동물 도살, 국가와 교회의 분리 대 학교에서 종교적 상징(십자가, 히잡 착용)의 허용 등. b) 전통적·문화적 특수성과 헌법의 갈등: 소유

---

109 "정신은 자유로우며, (……) 삶과 인격체의 자유는 손상되어서는 안 된다"(Bl 222).

권 대 원주민의 토지권 내지 정주권(호주, 남아메리카, 미국, 캐나다), 특정한 문화적 삶의 방식에서 여성의 평등권 유보(극단적인 예로 여성에 대한 이른바 '명예 살해') 대 독일의 기본법, 혹은 캐나다 인권헌장과 퀘벡 주의 프랑스계 캐나다인 및 캐나다 원주민들의 정치적 요청 사이의 갈등.[110] c) 다수를 점하는(아파르트헤이트 시기의 남아프리카공화국에서 비백인들) 혹은 소수를 점하는(독일에서 덴마크인과 소르브인, 폴란드 혹은 루마니아의 독일인) 인종집단 대 동등한 취급이라는 정치적 표상과 헌법원칙(차별 금지, 하지만 또한 우대 금지). d) 자연적 다름과 헌법의 권리, 예컨대 여성에 대한 불평등한 취급과 평등권과 기회 균등이라는 원칙.

헤겔은 학문의 자유, 일상적인 문화적 유형의 차이, 특히 종교의 다양성 등과 관계가 있는 문제를 다룬다. 그는 조르다노 브루노(Giordano Bruno)의 화형과 갈릴레오 갈릴레이(Galileo Galilei)의 종교재판, 이 두 과학자의 경우를 사상과 자유로운 사유의 옹호자로, 따라서 자유로운 국가라는 원리의 대변자로 간주해야 한다고 평가한다. 동시에 예컨대 어떤 빛 이론이 즉각 공개적으로 수용되지 않거나 이 이론이 나중에 유지될 수 없는 것으로 드러날 경우 국가는 그것을 그대로 방임할 수 있다. 헌법은 당연히 특별한 삶의 양식과 그 실행에 대한 논쟁, 예컨대 채식주의에 관한 논쟁인 고기를 먹어야 하는지, 혹은 "생선은 고기에 속하지 않은지 등"(Rin 159)의 논쟁을 용인한다. 우선 국가시민이면서도 그들의 원리상 시민이기를 거부하는 퀘이커교도*에 대한 헤겔의 숙고가 아주 뛰어나다(Wan 198). 그들은 국가에 대한 그들의 직접적 의무를 수동적인 방식으로만 수행하는데, 예컨대 다른 업무를 받아들임으로써 방위의 의무를 교환하는 방식을 따른다. 퀘이커교도와 메노나이트교도**의 삶의 규칙은

---

110 Charles Taylor, *Multikulturalismus und die Politik der Anerkennung*, a.a.O., S. 43～56. 여기서 다루는 것은 권리목록의 보편성과 특수성의 요청 사이의 갈등의 예이다.

* 퀘이커교도는 17세기에 잉글랜드에서 등장한 캘빈주의의 한 당파인 청교도의 소수 집단이다. 이 파의 설립자인 조지 폭스(George Fox)가 신의 음성을 듣고서

헤겔에게 '국가와 원래 함께할 수 없는 것'으로 현상하지만, 그는 그런 집단과 공동체와 관련하여 관용과 용인의 원리를 대변한다. 하지만 국가 공동체의 의무를 전적으로 부정하는 그런 집단의 급격한 성장은 국가에 위험할 수 있다(BI 225). 여기서 문제가 되는 것은 **권리와 의무** 사이의 균형 잡힌 관계이다. 시민사회의 성원이라 함은 한갓 인격체와 부르주아로 머무는 것에서 소진되는 것이 아니라 공민으로도 간주된다. 시민사회에 귀속된 자는 자신이 공민으로 활동할 때에만 완전한 인격체와 부르주아일 수 있다. 특별한 국가적 의무를 거부하는 자는 정치적 권리가 협소한 것으로만 현상하는 경우에도 이들 권리를 지각하고, 시장에 동등한 권리를 가지고 참여하며, 아마도 공공의 기구들(예컨대 도로들)을 사용할 것이며, 위험으로부터 국가의 보호를 받는다. 특수한 권리에 대한 이러한 요구로부터 당연히 다시금 권리 역시 늘어난다.

특수한 종교당파이자 낯선 인종적 집단으로 간주되는, 따라서 종교적인 것과 인종적·문화적인 것의 특별한 결합의 본보기를 체화하고 있는 유대인에 대한 입장 표명은 훨씬 더 흥미롭다. 구별을 최소화하고 갈등잠재력을 무디게 하기 위해 헤겔은 국가가 여기서 국가 자신의 권리를 "엄격하지 않게 관철해야" 한다고 말하며, 명백하게 **"배타적인 국가"**(§270, A)에 대항하며, **포섭하고 통합하는** 국가를 주장한다. 논증을 위해 이미 여러 번 언급한 §209로, 즉 보편주의를 말하는 단락으로 되돌아가

떨었다고 하여 퀘이커(Quake, 떨다)라는 이름을 갖게 되었다. 이들은 청교도 주류가 정치화된 것(크롬웰의 청교도혁명)에 반대하여 내면의 수양을 강조했다. 국가와의 철저한 분리를 주장하면서 전쟁이나 혁명에의 참여를 거부하였으며, 이로 인해 이른바 양심적 병역 거부를 쟁취하였다. 그 이후 노예제 반대나 정신장애자 보호 등 사회운동에도 관심을 보였다. 유럽에서의 박해를 피해 미국과 캐나다 등으로 이주했다.

** 메노나이트파는 루터의 종교개혁에 영향을 받은 자들 중 이른바 재세례파의 최대 종파이다. 네덜란드 종교개혁자 메노 시몬스(Menno Simons, 1496~1561)는 독일 뮌스터에서 일어난 재세례파 혁명이 실패로 돌아가자 흩어진 신도들을 모아 자신의 이름을 딴 종파를 창시했다. 이 집단도 국가와의 엄격한 분리를 주장하여 병역을 거부하고 영적 삶에 침잠했다. 이로 인해 각국에서 박해를 받았다.

는 것, 그리고 결코 의심할 수 없이 명백하게 유대인의 시민권을 요청하는 것 등은 놀라운 일이 아니다. 승인된 권리를 통해 관련자들에게서 법적 인격체로 간주된다는 자기감정이 성장하며, 따라서 균형과 통합이 촉진될 것이다(§270).

하지만 헤겔은 이 예에 붙박여 있지만은 않고, 오히려 종교와 교회와의 관계에도, 그리고 다른 특수성과 다양성에도 적용되는 원칙적 입장을 공식화한다. 종교의 다양성은 불행으로 간주할 수 없고 오히려 그 반대이다. 이러한 다양성을 통해서만 국가는 "자신의 규정인 것, 즉 자기 의식적 이성성과 인륜으로 형성할 수 있었다.""**특수한** 교회 위에서만 국가는 사상의 **보편성**, 자신의 형식의 원리"(§270)[111]를 획득했다. 현대의 자유로운 국가는 국가 안에서 어떤 위계도 가져서는 안 되고 종교와 교회로서 동등한 권리를 갖는 상이한 종교를 자기 안에 통합한다. 국가와 교회를 분리하지 않는 국가(신정정치, 신정국가)에게 신앙의 기구에 대한 억압과 차별이 있거나(신자에 대한 국가 차원의 박해, 종교행위의 방해 등), 혹은 이 공동체의 위계적 질서가 있다(교회에 대한 정치적 장려, 정치에의 금지된 관여 등). 그런 체제는 기껏해야 전 현대적이며, 혹은 엄청난 민주적 결함을 가질 뿐이다. 그리고 사람들은 종교에 대한 이런 입장으로부터 다른 특수성을 추론할 수도 있을 것이다. 말하자면 '사람들은, 국가 시민들은 **하나의** 종교, **하나의** 문화, **하나의** 인종을 가져야 한다'고 생각하는데, 이것은 헤겔이 전개한 현대 국가의 개념, 그리고 보편성과 특수성 사이의 긴장과 갈등을 생각하는 사상의 개념, 유일문화론과 다문화론을 넘어서는 지점에 위치하는, 상호문화와 '넘나드는 이성'(transversale Vernunft)을 목적으로 하는 사상의 개념과 상충한다.[112]

111　국가와 종교, 교회의 관계에 대한 좀 더 진전된 숙고는 제8장 7.1을 참조하라.

112　Wolfgang Welsch, *Vernunft. Die zeitgenössische Vernunftkritik und das Konzept der transversalen Vernunft*, Frankfurt a.M. 1996. 동양의 문화에서 고대 그리스 문화로의 이행에 대한 헤겔의 상론(특히 『역사철학강의』에서)은 이 문제와 관련하여 아주 교훈적이고도 전형적이다.

특수한 영역의 자유로운 활동에 대한 긍정은 실체주의적·근본주의적 구성체(전제, 참주제, 중우정치, 독재 등)와 명백하게 대립한다. 이들 구성체에서는 출생을 통한 신분질서(카스트제도) 혹은 관헌의 상이한 심급(전제군주, 국가정당 등)의 질서가 제시되고 있다. 특수성의 영역에서 작동하는 혁신과 해방의 힘을 유효하게 하기 위해, 그리고 동시에 시민사회에 내재한 조직 파괴 내지 자기해체의 특별한 경향을 방지하고 **적절한 허용과 의미 있는 보완**이라는 원리를 추구하기 위해 보편적 권력은 필요한 만큼만 작동해야지 과도하게 작동해서는 안 된다.

자신의 특별한 책무와 상이한 삶의 형식으로 인해 개별자는 국가의 지절이 된다(E−B−A). 의식으로도 기구로도 표현되는 공적인 결합은 개인을 통해 자신의 특수한 의무, 업무와 일을 수행하는 가운데 존립하게 된다(A−E−B). 공민은 자신의 의무를 수행하는 가운데, 합리적 의지를 존중하는 가운데, 그리고 자신의 안녕(/복리)을 인정하고 자기 자신의 실체적 본질을 인정하는 가운데 자신의 인격체와 재산을 보호한다(B−A−E)(§261).

3.2 공민의식과 다양한 심정

국가에 대한 충성으로서의 공민의식(헤겔은 이를 '애국'(Patriotismus)이라고 표현한다)에 **양심**이라는 인식적 지위가 부가될 경우 이 공민의식은 한갓 의견으로도 진리로도 오도되어서는 안 된다. 여기서 다루는 것은 나의 특수성(B)이 타자, 즉 국가라는 보편자(A)의 이익과 목적을 보유하고 유지하고 인정하는 의식이다. 심정(Gesinnung)이란 여기서 "집단과 연관된, 지속성 있는 사유양식과 감응양식, 그리고 태도양식"을 의미한다. 이때 "심정의 복수성"에 대한 헤겔의 이해는 결정적으로 중요하다.[113] 정치적 국가는 국가의 본질적 기구와 결합된 이러한 의식에서 현

---

113 Siep, *Praktische Philosophie im Deutschen Idealismus*, S. 272ff. 지프는 거기서 플라톤에 등장하는 신분의 덕과의 연관성, 아리스토텔레스에서 나오는 특정한 사회

상하며, 이 국가는 나에게 타자가 아니며 낯선 자가 아니다. 나는 나를 공민이라는 이 자기의식을 통해서 나 자신으로 머물며, 따라서 자유롭다. 양심은 진실한 근거를 지시하기는 하지만, 진리 일반으로 간주할 수 없고, 기구의 의식처럼 개별자의 의식도 기만과 오류로부터 자유롭지 않다. 당연히 모든 시민이 다 정치적 덕을 소유하기 위해 실천철학자일 수 없으며, 헤겔의 법철학을 이해할 필요가 있는 것은 아니다. 하지만 국가적 결합은 특정한 정도의 사유를 요구하며(예컨대 권리의식에서), 또한 기구에 참된 것이 스며 있고 또 체현되어 있어야 한다. 『법철학』이 대상으로 삼는 객관정신 영역에서 아직 자유의 최고 단계에 도달할 수 없다는 것, 그리고 절대정신의 형식(예술, 종교, 철학)의 작용이 미리 주제화된다는 것을 볼 수 있다.[114] 국가시민의 의식에서 개별자(E)는 자신의 특수한 존립(B)이 본질적으로 보편자(A)에 의존해 있다는 것을 알며, 개인(E)은 자신의 특수한 목적(B)이 국가에서만 그 현실성을 발견할 수 있음을 안다. 따라서 국가에 대한 정치적 충성으로서의 공민의식은 정신적 유대를 형성하는데, 이를 통해 국가의 특수영역은, 은유적으로 말하자면, '육체'와 '영혼'의 통일을 형성하고, 보편자는 그 자체로 자신만의 목적으로 진입할 수 있다. 지식(앎)으로서의 정치적 심정은 — 이것은 아주 중요한 의미를 갖는다 — §147에 상응하여 다양한 단계로, **정치적 도야의 단계**로 분화된다. 이렇듯 §147의 내용의 적용은 아주 중요하며, 그렇지 않을 경우 §268은 너무 표피적으로 머물고 만다.[115]

제1단계: 직접적 동일성의 의식으로서의 국가에서의 자기감정

그런 공동체 감정은 공민의식의 분화되지 않은, 직접적·무반성적·보편적 토대를 표현하는데, 이것은 예컨대 '내가 어떤 특수한 국가의 시

적 인간의 지속적인 기질(Habitus)과의 연관성, 그리고 루소의 사유양식과의 연관성 등을 산출한다.

114 이에 대해서는 제8장 7을 보라.

115 §147의 해석에 대해서는 §147, V.2.2를 보라.

민'이라는 그 사실 하나 때문에 그저 국가에 대한 자긍심을 갖는 형식으로 나타난다. 교육과정에서 학생은 이러한 정신적인 '모유'를 수유한다는 사실도 모른 채 그것을 수유한다(Kiel 233). "한 나라(민족)의 정신은 처음에는 각각의 개인이 그 정신을 의지하고 인지함이 없이 그 개인 안에 거하는데, 이는 각자가 자신의 신체구조에 대해 아무것도 모르면서 먹고 마시는 것과 같다"(Gr 642). 여기서 이미 국가와 문화, 국가와 나라(민족)의 밀접한 결합을 볼 수 있다.

제2단계: 신뢰와 관습

최초의 반성은 정치적 국가에 대한 신뢰의 방식으로, 시민의 이익을 대변할 수 있는 국가의 능력에 대한 믿음의 방식으로 표현된다. 이 의식은 이중의 얼굴을 가지고 있다. 첫째, 좋은 관례와 관습을 따르고, 존립하는 문화적·정치적 분위기를 수용하며, 관습화된 것, 보존된 것, 전승된 것 등을 확고히 하고, 이로써 국가의 메커니즘이 작동하게 된다. 이것은 태도에 엄청난 영향을 끼치는 일상적 문화 내지 정치적 '기후'의 맥락을 조준한다. 이것이 바로 '삶을 맨 먼저 통제하는 인륜적 힘의 필연성의 영역'이다(§145). 헤겔은 시민들에게 현존하는, 하지만 처음에는 보이지 않는 안전감을 고찰하는데, 안전은 바로 이 안전감에 의존한다(Ho 723).

그럼에도 불구하고 나는 이 상태를 신뢰하며, 이 상태에 대한 신뢰를 가지며, 그것을 확신한다. 모든 사람에게는 안전에 대한 지속적 불신, 지속적 회의가 가능할 수 있는데, 이런 불신과 회의는 시민의 자기의식에 치명적일 것이다. '현대 국가의 중요성에 대한 확신은 자신만의 용무와 현대적인 국가시민의 의무를 평화적으로, 합법적으로 수행하는 것으로 표현하는데, 국가에 대한 이런 일상적·관습적 확신'이 심정이라는 최소 합의의 근간을 이룬다.[116] 다른 한편 인간이 소여된 것에 의해 무반성적

---

116 Siep, *Praktische Philosophie im Deutschen Idealismus*. 지프는 이를 "흥분되지 않은 일상적 애국심"이라고 한다. S. 273.

으로 규정되고, 자기 자신의 정신과 의지가 그 행동에 현재하지 않는 한, 따라서 행위가 그렇게 외적으로 머무는 한 그런 행위는 한갓 기계적 행위로 축소된다. 내가 어떤 것을 순수하게 관례나 관습에 따라서 수행하는지 아니면 진리에 의해 수행하는지는 결코 동일할 수 없다(§140 참조). 자기 자신을 그런 외적·객관적 보편성에 마주 세워서 '이 보편성에 대항하여 자신을 낯설게 할' 수 있을 (이미 고찰한) 가능성이 결정적으로 중요하다. 반성적으로 정초된 자신의 행동을 통해 행위자는 '운명이라는 기계적 관계에 대항해서' 설 수 있고, 외적 보편성 혹은 낯선 권력의 한갓된 수행도구에 머물지 않게 된다(WdL 6, 420f.).

제3단계: 전개된 반성

이 수준에서 진전된 통찰이 작동한다. 즉 지성, 근거를 통한 통찰, 더 이상 현상태에 대한 단순한 확신이 아니라 '국가기구에 대한 좀 더 밀착된 통찰' 등이 보편적 도야, 예컨대 문화와 학문에 기초하여 작동한다. 현대 국가에서는 어떤 것도 "더 이상 폭력을 통해 진행되지 않으며, 관습과 관례에 의해서도 거의 진행되지 않고, **통찰과 근거**에 의해 진행된다 (§316, Z, 강조는 저자). 현존하는 상황과 관계에 대한 판단 역시 이에 속한다.

제4단계: 적절한 인식─절대정신의 형식으로의 이행

여기서 국가에 대한 개념적 사유, 국가의 이념에 대한 이해가 중심에 선다. 이런 개념적 사유는 정치나 법(/권리)에 대한 학문을 통해, 또한 실천철학과 이 실천철학의 한 분야인 철학적 국가학 등을 매개로 하여 특수한 방식으로 진행된다. 이것은 확신의 상태(진리에 대한 확신의 상태)와 객관정신의 영역을 넘어서며, 객관정신과 절대정신의 연관(예술과 국가, 종교와 국가, 철학과 국가)을 주목해야 할 필요성을 지시한다. 여기서 국가와 문화의 관계가 ── 이 관계의 핵심어는 '인민정신'(Volksgeist) ── 아주 중요해진다.

이 공민의식은 동시에 국가의 기구에 기초하며, 따라서 이미 전개된 공동체의 형식에, 특별한 의식의 형식에, 특별한 심정에, 정치적 의식으로 지양된 특수한 문화적 형식에 기초한다. 이들은 인정되고 이성적인 형태를 갖게 된다. 헤겔은 "집단의 태도와 전망 등을 자유롭게 전개함으로써 그리고 사적인 것, 집단의 이익과 보편적 이익 등을 사회조직과 국가적 헌법의 모든 수준과 제도적으로 결합함으로써" "집단과 관련한 개별 인격적 확신, 사유방식 및 행위방식 등의 다원성을 헌법에의 충성"과 일치시키려는 목표를 갖는다.[117] 공민의 자기의식을 위한 그런 초석은 상이한 공동체 형식에의 귀속의 총체에서 형성되는데, 우리는 그 초석을 가족의식에서, '실증적' 법 이해에서, 신분의식에서, 자선적 심정에서, 연대의식과 보편적 복리에 대한 배려의식에서, 존경의 심정에서, 동지적 의식에서 그리고 애향심과 지역에 대한 유대에서, 문화적 자기이해에서, 세계시민적 의도 등에서 가진다. 이러한 형식이 합리적 형태를 가져야 한다는 주장은 그러한 심정의 일면성, 화석화 혹은 급진화 등과의 대결을 요구한다. 이런 일면성, 화석화 혹은 급진화 등은 예컨대 문구 집착의 형식으로, 착한 인간 만들기 형식으로, 도제 마인드로, 오만한 신분의식으로, 지역주의와 민족주의의 형식으로 혹은 문화제국주의의 형식으로 나타난다. 그런 한에서 공민의식은 지금까지 가족과 시민사회에서 전개된 형식의 심정만이 아니라 국가의 심정 자체를 의미하며, 따라서 그것은 파편적 심정유형으로 환원될 수 없는 시민의식이며, 전체의 복리에 대한 의식이고, 애국심이자 심정이자 민족주의로의 전도에 대한 방어이다. 여기서 헤겔은 헌법을 추상적·형식적으로 수용하는 것과 '공허한' 세계시민주의에 대해 분명한 반대 입장을 드러낸다. 헌법(보편적 법전)에의 정향뿐 아니라 서로 다른 자연적 삶의 형식, 종교 등을 표현하는 문화적 자기의식에의 정향 역시 세계시민적 사유와 공민의식을 위해 필연적이고 통합적인 계기이다. 애국심에 대한 헤겔의 이해는 이 두 구성적 요소의 결합

---

117 Ebd., S. 282.

을 포함하며, 이에 반해 한 측면을 절대화하는 것은 극단적인 경우, 내용 없는 '민간종교'로 나아가거나 혹은 인종적 내지 맹목적 민족주의로 나아간다.

주체의 자유가 직접성에 붙들려 있을 때 이 자유는 무한한 자기반성이 없는 관습으로 머물 뿐이다(Enz §557). 특히 세 번째 단계(즉 근거에 대한 통찰, 오성을 통한 B와 A의 매개)와 네 번째 단계(즉 개념적 사유)의 결과로 공민의 정치적 심정에서 다뤄지는 것은 종속의식도, 하인이나 종 혹은 노예의 심정도 아니다. 그것은 결코 주어져 있는 국가에 대한 일상적 행동의 토대를 기술하는 경우조차도 자유의 척도로 충분하지, 한갓된 신뢰가 아니다. 왜냐하면 국가에서 개별자들이 편하게 머무는 일이 종종 나타나기도 하고 또 운명적으로 기만당하고 오류를 범할 수 있는 경우에도 이 국가는 여기서 이 개인이 완전히 편하게 머물 수는 없을 만큼 그들에게 타자이기 때문이다. 합리적인 자유국가에 위에 말한 의미에서의 **참된 공민의식**은 불가결한 조건이다. 왜냐하면 그 의식은 자유의식으로서 국가의 '영혼'이기 때문이다. 그리고 헤겔은 앎(/지식)의 결정적인 역할을 §270에서 다시 한 번 분명히 하는데, 여기서 국가의 목적은 **도야(문화, 형성)의 형식**과 결합되어 있으며, 이는 여기서 자신을 알고 의지하는 정신, '앎을 동반한 목적들', '사유된 원칙들' 등이라고 말할 수 있다. 헤겔은 가장 넓은 의미에서의 도야(법교육, 도덕교육 그리고 음악교육, 이론교육과 실천교육 등)를 정치적 덕의 토대로, 도야된 공민을 합리적인 국가의 토대로 간주하며, 다양하게 도야된 각각의 모든 시민은 이 자유국가를 체현한다. 그때그때의 동료 시민은 지식을 가진 그리고 한갓 파편적 통찰만을 갖지 않은 이 시민에 의해 보편자로 **인정**된다. 도야된 공민을 옹호하는 이런 사람은 시민존재를 1인1표로 제한하는 것에 대해 간접적으로 공격한다.[118] 이런 형식성과 절차성에 붙들릴 경우 도야되지 않은

---

118 칸트는 적극적 국가시민과 소극적 국가시민을 구별한다. 후자에는 표결의 권리가 주어진다. 여성(!), 사환, 기능사, 가정교사, 소작인, 벌목꾼, 인도 대장장이 등

대중의 지배라는 위험이 생겨난다.[119] 또한 이로부터 민주주의의 **형식성**에 대한, 여전히 주제화될 수 있는 헤겔의 유보적이고 비판적인 태도가 설명되는데, 특히 자기 시대에 존재한 대의적·의회적 형식이 이런 불신을 만들어냈기 때문이다. 이러한 사실은『종교철학강의』한 부분에서 아주 인상적으로 서술된다. 체제의 두 모형이 서로 마주하며 등장한다. 하나는 자유의 규정을 형식적 방식으로 추구하는 '**형식적 체제**'(1인1표)인데, 이는 정치적 자기의식이 없고, 심정을 고려하지 않으며, 다른 하나는 정치적 행위자의 도야를 요청하는, 그리고 이 도야에 기초한 '그리스적 패러다임'이다. 각각 **고전적 자유주의의 절차성**과 **공화주의의 실체성**으로 부를 수 있는 이 두 단초는 '분리되지 않으며' 현대의 공동체를 형성하는 데 있어서 '융합해야' 하고, 서로를 녹여야 하며, 하나의 동일성을 서술해야 한다.[120] 동등한 지분으로 정치적 자유를 구성하는 도야된 공민이 이 융합체이다.

정치적 기구라는 객관적 실체와 정치적 심정이라는 주관적 실체의 통일에서, 혹은 진리와 선의 통일이라는 의미에서 국가는 살아 있는 선을 표현한다. 국가시민의 자기의식은 진리와 선의 앎과 의지를 포함하며, 정치적 기구와 제도에서 진리와 선의 이념의 통일, 즉 **구체적·제도화된 선**이 체현된다.

한갓 유기체와 순수한 절차성과는 달리 여기서 중요한 것은 이념의 규정성 체계이다. 도야된, 정치적 판단능력이 있는 시민만이 공민의식을 명료화하고 실현한다. 헤겔의 분명한 요청 혹은 그의 정치철학저 신념은 **자유를 위한 행위자의 도야와 자유를 보장하는 법률과 제도의 체계 형성**이라고 말할 수 있다. **정치 참여의 문화**는 오늘날 더 이상 '전통적인' 혹은 '고전적인' 참여의 형식(예컨대 선거 참여, 정치적 정당의 당원), 따라서

이 여기에 속한다(Kant, *Die Metaphysik der Sitten*, AA VI, 314f.).

119 여기서는 오늘날 대략 10억 명이 문맹이라는 사실을 지적해도 될 것이다.

120 PhRel 16, 244f.

전통적인 대의민주주의적 형식에 한정될 수 없고, 오히려 대의적·의회적 체제의 원리를 엄격하게 유지하는 가운데 보다 많은 실질적인 정보와 공동체적 업무에 대한 시민의 참여를 추구해야 하며, 또한 (변화된 매체환경에 의지하여) 공론장의 지적 형식을 추구해야 한다. 그리고 이 문화는 영민하게 숙고하는 가운데 직접민주주의의 보다 의미 있는 방식 내지 정치적 참여의 새로운 양식(예컨대 시민 이니셔티브, 시민운동, 자유유권자연대, 이른바 '원탁회의', 옴부즈만기구(고충처리기구), 원외중재기구 등)을 통합해야 하고, 공민 형성의 새로운 방식도 반드시 발전시키고 자유주의와 공화주의라는 협소한 패러다임을 지양해야 한다.[121] 어쨌거나 오늘날 민주주의 형식은 개혁을 필요로 한다. 그렇지 않을 경우 정치혐오와 민주주의 혐오는 날로 거세질 것이다. **현재의** 민주주의 형태를 모든 세계에서 최선의 것으로, 그리고 모든 가능한 체제에서 최선의 체제로 받아들이는 것은 현실성을 상실할 위험을 내포한다. 헤겔의 제의에 따르면, 자유는 자신의 구체적 체제에서 언제나 새롭게 사유되어야 하며, 비판적 차원은 반자유적 구상을 획책한다는 혐의를 결코 정당화하지 않는다.

3.3 자유와 평등—실존하는 정의로서의 합리적인 국가헌법

『엔치클로페디』§539는 자유와 평등의 긴장 영역에 놓인 **정의**에 대한 헤겔의 견해를 이해하는 데 큰 역할을 한다. 합리적인 내적 국가헌법은 "자신의 모든 합리적 규정이 전개된 상태로 있는 자유의 현실로서의 **현존하는 정의**"이다. 모든 개인이 자신의 보편적 규정에 따라 다뤄지는 한에서 정의라는 말을 할 수 있다. 정의에 대한 객관적 고찰은 "자유가 자신의 현존을 보유하고 있는지"(§99, A)에 대해 물어야 한다. 정의는 공동의 삶이라는 국면 혹은 그런 차원과 관련이 있는 것이 아니다. 오히려 국가는 시민의 자유를 전체적으로 보장해야 한다. 인륜적 삶으로서의 국가

---

121 한편으로는 존 롤스를, 다른 한편으로는 필립 페팃(Philip Pettit)을 예로 들 수 있다. 이에 대해서는 롤스에 대한 찰스 테일러의 비판을 보라.

의 체제(Enz §474)에, 혹은 헌법에서 이 자유는 실현되어야 하며, 따라서 현존하는 정의는 자신의 **모든** 합리적 규정이 전개된 상태로 있는 자유의 현실로 이해될 수 있고, 정의의 실체적 원리들은 『법철학』에서 구상된 자유법(/자유권)의 전체 목록에 묶여 있다. 정치적 참여의 권리 외에 권리침해에 대한 형벌을 포함한 사법의 중립성, 시민사회에서 분배정의(조세정의, 공과금 정의, 급부의 정의와 평등 등[122]) 혹은 저항행위의 정의(이 저항행위가 두 번째 강제를 표시하는 한) 등이 이에 속한다.[123]

헤겔의 실천철학을 **현대의 정의이론**으로 이해하기 위해 정의의 개념이 『법철학』의 특정한 단락이나 몇몇 절의 주제일 수 없고 오히려 실천이성 전체의 규정이라는 사실이 결정적으로 중요하다. 그리고 자유의 내적 계기로서의, 자유로운 행위의 전체 구조의 규정성으로서의 자유가 인륜적 행위에서 최고의 방식으로 표현되는 경우라고 하더라도, 정의는 보편자로서만, 자유의지를 관통하는 것으로서만 적절하게 사유될 수 있다. "인간이 그 자체 본질적으로 인륜적인 것인 국가의 구성원"인 한에서만 이러한 최고 단계의 정의를 말할 수 있다.[124] 자신의 자유를 획득하기 위한 개인의 권리는 본질적으로 인륜적 공동체에 속한다는 데서 성립한다. 왜냐하면 이 개인은 인륜 속에서만 자기 자신으로 머물 수 있기 때문이다. 그리고 개별자는 "좋은 국가의 시민"(§153, §153, Z)으로서만 이 권리에 도달한다. 자유의 이 두 내적 규정 (즉 도야와 정의) 사이의 결합은 성공적인 인륜적 교육이 무엇인지에 대한 답을 산출한다. 즉 개인은 **"좋은 법률을 가진 국가의 시민"**(§153, §153, Z)으로 도야되어야 하며, 공정하게 행위하는 주체가 되어야 한다.[125]

---

122 RPh §299.

123 정의에 대한 오늘날의 논쟁은 다음을 보라. Matha Nussbaum *Die Grenzen der Gerechtigkeit*, a.a.O.; Axel Honneth *Das Andere der Gerechtigkeit. Aufsätze zur praktischen Philosophie*, Frankfurt a.M. 2000; Stefan Gosepath, *Gleiche Gerechtigkeit*, Frankfurt a.M. 2004.

124 GPhil 19, 115.

125 Ebd. 공정한 자는 자유국가의 자유롭게 행위하는 인륜적 구성원으로서만, 즉 참

헤겔은 자유와 평등을 정치 영역의 토대와 결과로 명백하게 고정하고 있다. 하지만 이 양자는 우선 구체성을 필요로 하는 한갓 추상적 원리이며, 국가의 분절화(국가권력의 분화), 특정한 불균등과 차이들, 예컨대 재산가와 빈곤한 자들, 지배자와 피지배자 혹은 위계적 구조 등의 사이의 차이를 포함한다. 인격체라는 추상적 주체성, 즉 인격성은 인간의 평등을 위한 토대를 형성한다. 하지만 인간은 그 자연적 체제에서 이미 불균등하다. "[모두가 다 인격체라는 점에서 추상적인] 이 평등이 현존한다는 것, 그리고 몇몇 사람만이 아니라 인간 자체가 인격체로 인정되고 또 이러한 사실이 법적으로 유효하다는 것 등, 이러한 사실은 자연으로부터 오는 것이 아니라 오히려 정신 발전의 결과이다"(Enz §539). 인격성과 법률이라는 이 영역 외부에서 시민들은 "그렇지 않을 경우 자신들이 이 영역 외부에서 불평등하다는 점에서만 평등"하다. 이들이 나이, 성별, 재산, 육체적 힘, 재능, 기술, 인종적·문화적 출신 등에서 차이가 나는 한 불평등은 출현한다. 예를 들어 지식, 능력, 보편적 재산에의 참여, 직업의 기회, 사회적 수행력, 공무에의 허락, 국방의무, 종교와 문화 등의 관점에서 서로 차이가 나는 한 그런 불평등은 산출된다. "법률이 인격성이라는 저 좁은 영역에 국한되는 경우를 제외하면, 법률 그 자체는 **불평등한** 상태를 전제하며, 이로부터 산출된 **불평등한** 법적 상태와 의무를 규정한다"(Enz §539, 강조는 저자).

자유실현의 불가능성이라는 주장에 대해, '현대에 모든 시민이 국가의 일과 행위에 참여할 수는 없다'는 주장에 대해 이의 제기가 있었는데, 헤겔은 그 주장을 반박한 철학자에 속한다. 즉 현대 국가의 전개와 형성이 비록 개인의 **지고의 그리고 구체적인 불평등**의 형식(예컨대 빈부 격차)을 동반하지만, 국가의 법률과 기구들을 합리적으로 형성함으로써 "보다 크고 보다 정당화된 자유"가 생겨나며(Enz §539), 현대 국가들은 전면적 분화(차이화, 즉 특수성의 원리)를 용인해야 하고, 용인할 수 있으며, 이

된 공민으로서만 실존한다.

를 자신의 강점으로 받아들여야 하고 받아들일 수 있다. 정의의 사상은 특수한 주관적 자유를 가진 개인의 평등을 포괄한다. 이때 이 자유는 '자신을 모든 측면에서 추구하는, 그리고 특수한 이익과 보편적인 정신적 이익을 위해 자신의 관심에 따라 열망하는 활동을 의미하며, 개인적 특수성의 독립성 및 내적 자유'를 의미한다. 그 중심에서 "인간을 불평등하게 만드는 것 그리고 이러한 도야를 통해 더욱더 불평등하게 되는 것의 특수성이 최고도로 형성된다"(Enz §539). 우리가 여전히 자의와 우연으로 각인된 영역인 객관정신의 영역에서 움직이는 한 실천적 세계에서 공정한 자가 생겨날 수도 있지만, 언제나 불완전한 형태로 그렇다. 무차별적 획일주의와 엘리트적인 오만한 신분의식의 저편에서 자유와 평등은 — 이미 상론한 특수성 사상과 그 논리적 근거에 의지하여 — 이론적으로 일관성 있는 현대의 정의사상을 형성할 목적으로 함께 고려할 수 있다.

* *

철저히 디터 헨리히의 의미에서 세 추론 체계의 논리적 형식이 『법철학』에서 논의한 구절의 숨겨진 비문을 서술한다는 사실을 중간 요약으로 확실히 하고자 한다. 『논리학』과 『엔치클로페디』에서 해명한 삼단추리는 국가 이해를 위한 논리적인 근본 코드로, 그리고 그 내적 토대로 간주해야 하며, 전체 국가철학의 주된 증명근거로 여겨야 한다. "추론의 삼원성은 도처에서 자신의 내적 체제를 가진 유일한 체계의 이성적 본성을 구축하고 증명하는 데 기여한다."[126] 볼프의 주장, 즉 "『법철학』 서술에 따르면 (……) 중요한 것은 결국 반성추론의 매개적 입장이다"라는 주장을 검토할 수 있을 것이다.[127] 이러한 사실은 『법철학』 서술의 불가피성을 시사할 수 있지만, 내용적으로는 이와 반대로 국가를 이념으로, 결

---

126 Henrich, *Logische Form*, a. a. O., S. 443.

127 Wolff, *Hegels staatstheoretischer Organizismus*, S. 155, Anm. 8.

핍된 반성추론에서는 자신의 토대를 거의 가질 수 없는 합리적 전체로 이해할 수 있게 한다. 정치적 국가, 즉 법률과 기구의 체계로서의 정치적 체제를 해명하는 자리에서 이 문제로 되돌아올 것이다.

3.4 헌법과 정치적 자유— 정치적 유기체로서의 국가

무슨 일이야

(What Goes On)

추론의 형식으로부터 객체성으로의, 『논리학』에 중요한 이행을 위한 논거가 이미 제시되었다. 특히 최종적 추론 형식(선언적 추론)에서 객체성의 첫 단계인 기계론으로의 필연적 이행을 되돌아보라. 국가는 기계(Mechanismus)로만 파악할 수 없고, 유기체(Organismus)로도 파악해야 한다. 하지만 그저 유기체로만 파악해서도 안 된다.[128] 정치적 체제란 우선 자신을 유기체로서 자신과 관계시키는 국가이며, 자신의 조직을 유기적 삶의 형태로 갖는 과정이고(§271), 그 자체로 법률과 권력의 구체적인 전체이며, 국체, '시민권력'(Civilgewalt, 시민정부), 내적인 국가 법률과 정치적 기구의 분화된 전체, 즉 내적인 체제 그 자체(§§272~320)이다. **둘째,** 공적인 권력과 형성된 자유의 이 전체는 자신을 타자와 관계시키는 **배타적** 단일체를 형성한다. 이것이 곧 외부에 대한 주권이다(§§321~329). 헤겔은 체제(헌법)를 한갓 '형식적 제작'으로 보는 생각에 단호하게 반발한다. 헌법은 본질적으로 "권리들, 자유 그리고 자유의 실현을 위한 조직 등에 대한 구체적 규정"(Enz §539)이며, 자신의 토대를 **민족의 정신**에서, 즉 자신의 문화와 자기의식의 방식과 특성에서 가지며, 따라

---

128 『논리학』에서 주체성에서 객체성으로의 이행 그리고 기계론에서 유기체로의 이행을 보라. 헤겔은 '정치에 대한 유기체론자'가 아니었다(Pippin, *Hegel's Practical Philosophy*, a.a.O., S. 93).

서 '역사적으로' 수백 년의 노동으로 이해할 수 있다. 따라서 여기서 공동체의 문화적 자기이해에서 상이성이, 특히 종교 다양성의 중요성을 역시 산출할 수 있는 **문화의 역사** 차원이 작동하게 된다. 헤겔은 이 문제를 이론적으로 역사철학에서 다룬다. 하지만 "성문화된 헌법"의 제작 내지 부여는 "혁명에서 '흠정'에 이르기까지 민족정신의 발전 단계에 따라 수많은 형식을 수용할 수 있는 과정이다."[129] 정치적 체제(헌법)는 분화된 유기적 전체로서 행위에서 이성적인 것을 표현하며, **보편적인 이성적 의지**를 표현한다. 정치적 헌법은, 공동체를 통한 수용과 단호한 동의를 필요로 한다 해도, 만인 상호간의 한갓 계약으로 그리고 만인이 각 개별자와 맺는 한갓 계약으로 환원될 수 없으며, 시민들은 헌법체제 안에서 스스로를 발견할 수 있어야 한다. 이러한 사실은 필연적으로 이 의지의 대리 형식이 구성되어야 한다는 사실, 인민의 대의적 회합 형태로 그래야 한다는 사실을 포함한다. 또한 하나의 헌법은 공동체에 형식적으로 외부로부터 부가되고 덧씌워질 수 없다.[130] 한 민족의 정신은 자신의 정치적 체제를 역사적으로 산출하며, 입헌회합을 통한 기본법의 기획과 결단은 여기에 속한다. 하지만 동시에 이 최종적이고 최고의 단계는 근본적으로 지식의 문제이며, "대단히 도야된 자들만의"(Wan 190) 문제이다. 그것은 헤겔에게서 현자 지배의 원리라는 표현으로서, 여기에서 지식민주주의, 정신적 귀족주의 그리고 사유지배 등이 사유의 위엄이라는 의미에서 융합된다. 여기서 절대정신의 형식(예컨대 정치철학으로서의 국가학)의 중요성이 예견된다. 국가와 종교의 관계에 대한 저 유명한 숙고가 이 문제를 해명하는 데 도움을 줄 것이다.[131]

---

129 Siep, *Praktische Philosophie im Deutschen Idealismus*. S. 280.
130 헤겔은 나폴레옹이 입안한 스페인 헌법을 예로 들어 설명한다. 한 인민에게 헌법이 선험적으로 주어질 수 없다. "에스키모인들에게 국법을 주고자 한다면 (……) 어떻게 해야 할까? (……) 실존이 개념에 적합하지 않고 유한자가 그 개념에서 무한하지 않다면 개념은 실존으로 진입할 수 없고, 무한자는 유한자로 진입할 수 없다"(Gr 531). 문화적·정치적 상황을 고려하지 않은 채 어떤 민족에게 민주주의를 그저 제시하거나 강제해서는 안 된다.

3.4.1 정치적인 것의 세 가지―헤겔의 혁신적 권력분리이론

여기서 헌법의 중대성에 대한 헤겔의 입장이 중요하게 드러난다. 기본법, 즉 헌장은 시민 행동의 기준점을 표현하며, '정치에서의 등대'(Wan 191)를 표현한다. 정치적 체제(/헌법)는 이성의 증거로 제시되어야 하며, 이러한 사실은 그것의 논리적 토대의 발굴을, 특히 세 **추론 체계**로서의 정치권력 체계의 해명을 요구한다. 논리적으로 상이한 국가 개념의 계기는 상이한 **권력들**로 서술된다. 보편적 일과 권력이 그 계기들, 즉 상이한 업무들과 권력들로 분화되고 분리된다(Wan 180). 국가는 '자신을 자기 안에서 구별하는 자', '권력의 자기 내 분화', 그리고 '구별에서 되돌아온다는 의미에서 자신의 통일의 재산출' 등의 역동적 체계로 이해할 수 있다(동일성 ― 근원분리(판단) ― 결합; 개념 ― 판단 ― 추리). 이런 절차를 통해 국가는 **생동적인 것**으로, 하나의 '**정치체**'로, 자신의 가지로 내지 업무 영역으로 세분화하는 가운데 실존하는 **하나의** 개별적 전체로, 시민의 정치공동체의 **생동적 자기산출과 자기규정**으로 드러난다(Wan 180). 분할은 '자유의 내적 필연성'으로 이해해야 하며, 그 속에서 부정성은 자유의 필연적 계기로 드러나고, 분할과 결합은 공민의 자유를 보장한다(Wan 180ff.).

두 번째 강제로서의 국가권력(/폭력)

권력분립의 문제를 논하기 전에, 그리고 오해를 피하기 위해 권력(/폭력)과 강제를 이해하는 문제에서 §90에서 §93까지를 상기해야 한다. 그 다음에야 **국가권력**이 주제가 된다. 의지가 외적인 형식(단체(몸체), 외적 소유)으로 서술되고 이와 관련되는 한에서 이 의지는 필연성 아래로 가져와질 수 있으며, 폭력(/힘)을 감수할 수 있으며, 폭력을 통해 강제될 수 있다. 인간의 소유는 부분적으로 혹은 전적으로 탈취될 수 있고, 그는 다른 사람에 의해 억압되고, 손상되고, 붙들릴 수 있으며, 그의 삶의 조건

---

131   이에 대해서는 이 책 제8장 7을 참고하라.

이 은밀히 파괴될 수 있다. 그는 고문받을 수 있고, 노예 상태가 되거나 살해당할 수도 있다. 하지만 그런 폭력은 직접적으로 그 개념 자체에서 파괴된다. 칸트에게 습득한 헤겔의 주된 사상을 다시 한 번 강조할 필요가 있다. 즉 첫 번째 강제로서의 폭력은 의지의 표현으로 간주되는데, 이 폭력은 의지의 표현 혹은 의지의 현존을 지양하며, 따라서 여기에는 어떤 자유로운 행위가 아니라 부자유하고 옳지 않은 행동이 놓여 있다. 첫 번째 강제의 자기지양의 필연성은 "의지가 현존을 갖는 한 이 의지는 이념이라는 것 혹은 현실적으로 자유롭다는 것으로부터, 그리고 이 의지를 담고 있는 현존이 자유의 존재라는 것으로부터 나타난다"(§92). 첫 번째 강제 형태로 나타나는 폭력은 자유를 방해하며, 따라서 이 폭력에는 정당성이 결여되어 있다. **첫 번째 강제의 지양**기능이라는 의미에서의, **전도의 전도**, 부정의 부정이라는 의미에서의 **두 번째 강제**만이 정당할 수 있다. 자유의 이념(이 이념이 A−B−E의 통일이라는 논리적 구조를 충족하는 한에서)에 대립하는 모든 것은 지양되어야 한다. (정치적 권력(/폭력)으로 분할되어 있는) **국가의 폭력**(즉 강제력·공권력)은 모든 **첫 번째** 강제나 폭력에 대항하며, **도야되지 않고 비이성적인** 모든 의지에 대항하고, 모든 종류의 권리와 여러 영역에서 작동하는 권리에 반하는 모든 행위에 대항한다. 헤겔에 따르면, "자연적일 뿐인 의지 자체는 즉자적으로 존재하는 자유의 이념에 대항하는 폭력"(§93)이다. 국가의 폭력이 두 번째 강제로, 말하자면 보편자, 이성적인 것, 법(/권리) 혹은 자유 등을 유효하게 산출하는 것으로 증명할 수 있을 때만 정당할 수 있다. 국가권력 전체는 이 기준에 따라 측정되어야 한다.

권력분립과 한계에 대한 새로운 구상

국가 몸체를 실체적 몸체로 분리하거나 구분하는, 혹은 구별짓는 근본 구조, 즉 **헤겔의 권력분립론**[132]은 여기서 일단은 단순한 형태로 제시할

---

132 저자인 나는 이 문제에서 지프의 탁월한 연구인 '헤겔의 권력분립론'에 의존한

수 있다. 상세한 설명은 이후에 따라 나올 것이다. 헤겔이 권력분립의 전통적 모형과 근본적으로 다른 이 혁신적 구상을 신중하고 엄격하게 전개하고 있지, 결코 칸트적 이해에 대한 무지에서 비롯된 것이 아님을 미리 언급할 필요는 있겠다. 칸트에 따르면 "모든 국가는 자기 안에 세 가지 힘을, 즉 삼중의 인격체로 존재하는 보편적으로 연합된 의지(권력분립, trias politica)를 간직한다. 즉 입법자의 권력으로 존재하는 **지배권력**(주권), (법률에 따라) 집행자의 권력으로 존재하는 **수행권력**, 그리고 법관이라는 인격체로 존재하는 (법률에 따라 각자 자신의 것으로 인정받은) **사법권력**(말하자면 입법권(potestas legislatoria), 행정권(potestas rectoria), 사법권(potestas iudiciaria))이 그것이다. 이 세 명제는 하나의 실천적 이성추론 안에 존재한다."[133] 하지만 여기서 즉시 칸트의 실천적 이성추론과 헤겔의 세 추론 체계 사이의 분명한 차이에 주목해야 한다(Wan 182f.). 헤겔이 오랜 시간 동안 전통적 모델을 지지한 후 『법철학』은 권력의 '삼위일체'라는 새로운 구상으로, 즉 권력제한이론으로 정치철학에 신기원을 여는 새로움으로 나타난다.

§131 반넨만 노트(Wan 181f.)
'국가 개념에는 세 계기가 포함된다.'

A 보편적 이성의 의지, 헌법 자체
   입법권

B 보편적 의지의 특수화, 특수자를 보편적 의지에 포섭
   행정권

E 전체의 자기 내 반성, 최종적 결단으로서의 개별적 의지
   군주권

다. Ludwig Siep, *Praktische Philosophie im Deutschen Idealismus*, a.a.O., S. 240~69.
133 Kant, *Die Metaphysik der Sitten*, §45, AA VI, 313.

§273 『법철학』

A   보편적 이성의 의지 ── 입법권(입법부)

B   보편적 의지의 특수화 ── 행정권(행정부)

E   개별적 의지와 이 의지의 시초의, 최종적·궁극적 결단(최초 결단과
    최종 결단)

§275, §287, §298

E   군주권

B   행정권

A   입법권

처음의 두 구도는 정치적 체제(헌법)의 개념을 포함하는데, 그것도 권력의 수행 절차에 대해 특별히 주목하면서 그리한다. 공동의 의지를 원래적으로 수행하고자 하는 최종적 결단과 시초는 최종 지점을 정립한다. §275부터 수행되는 이 귀결(E-B-A)의 전도의 근거는 한편으로 이미 §273에서 최종적으로 규정하는 제후의 권력에 '전체의 첨단이자 시초'의 기능이 부여된다는 사실에 놓여 있으며, 다른 한편 특히 헤겔이 §275부터 입법의, 입법활동의 그리고 적용의 기능방식에 중심에 두는 것이 아니라 군주가 결정적 역할을 하는 **권력의** 가능한 **원칙적 질서를** 중심에 둔다는 사실에 있다. 여기서 군주의 결정적인 역할이 다뤄지며, 세 계기, 즉 헌법과 법률의 **보편성**(A), **특수자가** 보편자와 맺는 심의(B) 그리고 최종적 결단의 계기(E) 등을 자기 안에 포함하는 '절대적 자기규정'이 주제화되고 있다.

하지만 그 구도들은 ── 그리고 헤겔 논리학이 이를 증명한다 ── **완벽하게 전개된 개념을,** 그리고 **이념으로의 이행을** 결코 완벽하게 전개하지

않는다. 제출된 이 놀라운 것은 특수성을 그 중심에 두고 있는 A−B−E 와 E−B−A라는 두 형식만으로 이뤄져 있다. 삼각추론의 형태, 즉 **세 추론 전체**의 형태는 여기서 나타나지 않는다. 그러나 이 논리적 형식이 비로소 국가 개념을 이성적인 것으로, 충족된 보편자로 충분히 규정할 수 있게 한다. 이때 이 개념은 "자신의 규정성을 참된 방식으로 가지는데, 즉 이 개념은 자신을 자기 안에서 구별하며, 따라서 자신의 지적이고 특정한 이들 구별의 통일로 존재한다"(WdL 6, 353). 논리학의 이 자리는 정치적 국가와 관련이 있으며, 또한 국가라는 정치적 조직체에 관하여 논리학의 정초적 역할에 대한 헤겔의 옹호가 진지하게 다뤄져야 한다. 왜냐하면 개념적 요소의 규정은 자신의 자기 내 구별 및 자기의 자기와의 결합과 연결되어야 하고 또 추론 체계로 형성되어야 하기 때문이다. 국가조직의 구조적 영역의 형태로 나타나는 개념의 개별적 요소는 자족적 권력이나 분기들로서 이해할 수 없다. 이는 마치 어떤 자연적 몸체의 조직이 이러한 유의 자족체가 아닌 것과 같다. "참다운 이념 및 이와 더불어 생동적이고 정신적인 현실은 자신과 결합하는 개념이다"(Enz §541). 다음의 문단은 국가에 대한 철학적 이해를 위해 논리적 기반의 중요성을 명백히 보여 준다. 왜냐하면 국가조직의 상이한 영역 혹은 권력은 자기 내 이성적인 것으로서, 이의 근원은 **개념의** 자기 내 **자기규정**에 있기 때문이다. "개념 및 구체적인 이념이 (실제로 수용되는 양식이 아니라 하더라도) 그 권력에서 어떻게 스스로를 규정하는지를, 따라서 추상적으로 말해서 보편성과 특수성, 그리고 개별성이라는 자신의 계기를 어떻게 정립하는지를 논리학으로부터 ── **물론 일상적 의미의 논리학이 아니다** ── 인식할 수 있다"(§272). 부가적으로 기록된 문구(**물론 일상적 의미의 논리학이 아니다**)는 오늘날에도 아주 핵심적인 중요성을 갖는다. 즉 헤겔에서 기원하는 논리학의 기둥, 즉 그의 새로운 논리학의 기둥을 해명하지 않고서 구축된 정치적 건축술은 한갓 실용성을 지향하는 정당성 없는 서술에 불과할 것이며, 퇴락한 건축술에 불과할 것이다. "논리적·이성적인 것의 통일을 해체하는 것은 동일하게 현실을 해체한다"(Enz §541).[134]

이러한 관점에서 지금까지의 권력분립이론에 대한 이의 제기가 이뤄지며, 특히 입법권, 사법권,[135] 행정권으로의 분할에 이의를 제기한다.[136] 이미 언급했듯이, 칸트에 따르면, "삼중의 인격체로 존재하는 보편적으로 연합된 의지"(권력분립, trias politica)이다. 여기서 이 세 권력은 '실천 이성의 추론에 내재한 세 명제'(대전제·소전제·결론)에 상응한다.[137] 이 이론과 결합되어 있음에도 불구하고 헤겔은 정당하게도 '전통적인 권력 분립론에 대한 급진적 비판가'[138]로 간주할 수 있다. 그는 고대의 삼분론 및 수직적 권력분립과 수평적 권력분립이라는 상이한 형식의 서술을 변형하여 설명하는 가운데 "예컨대 독일 헌법 등으로 나타나는 현대적 이해에 로크, 몽테스키외 그리고 칸트보다 더 근접"해 있다.[139] 현대 국가의 본질적 연관을 철저히 고려하고 또 칸트처럼 추리논리적 시각을 도입한 경험, 오성, 목적 혹은 유용성 등에 의존하는 입장에는 개념의 자기규정으로 나타나는 절대적 정당성이 결여되어 있으며, 권력은 국가의 사변적 개념의 계기로 전개되지 않는다. 이러한 논리적 결함으로부터 문제투성이의 시각, 예컨대 자치, 권력의 강력한 독립성 ── 각각의 권력은 각자 최종적 결정을 하며, 어떤 것도 다른 것에 종속되지 않는다 ── 혹은 불신에 기초한 상호제약이라는 영향력 있는 사상 등과 같은 시각이 나타

---

134 정치적 국가와 같은 그런 대상에 대한 참된 철학적 인식은 "개념으로부터만 진행되지"(§272), 추론, 유용성, 심정, 사랑 혹은 열광 등으로부터 진행되는 것은 아니다. 절대자와 진리에 대한 인식을 회의하는 사람들에게 철학적으로 함께 말할 권리가 있는지 말하기 어렵다.

135 사법부에 대한 헤겔의 입장에 대해서는 다음을 보라. Siep, *Praktische Philosophie im Deutschen Idealismus*, S. 247~48.

136 헤겔은 『정신현상학』에서는 이러한 삼분을 주장했더랬다(PhG 3, 435).

137 Kant, *Die Metaphysik der Sitten*, §45, AA VI, 313.

138 뉘른베르크 시대에도 헤겔에게는 입법부, 사법부, 행정부로의 권력의 삼권분립이 나타난다(Hegel, *Philosophische Enzyklopädie für die Oberklasse*, 4, 63, §197). 에른스트 프랭켈(Ernst Fränkel)에 따르면, 19세기 독일 국가이론은, 헤겔의 비판에도 불구하고, 전통적인 권력분립론을 지지했다(Ernst Fränkel, Gewaltenteilung, *Gesammelte Schriften* Bd. 5, Baden Baden 2007, S. 465f.).

139 Siep, *Praktische Philosophie im Deutschen Idealismus*, S. 240ff.

난다. 이러한 것들은 상호적 통제를 포함하며, 밸런스 및 반대의 힘을 통한 보편적 균형을 만들고 또 상호억제를 목표로 한다(§272). 헤겔의 논증은 전체적으로 견제와 균형이라는 전통적 구상을 비판하고 있는데, 이 구상은 본질적 요소를 포함하고 있기는 하지만, 현대 국가에 결함으로 머물러 있으며, 더 나아가 이성적인 정치적 헌법을 유기체와 이념이 아니라 기계로 이해한다. 헤겔은 분리 속에서의 통일을, 권력의 삼위일체를, **권력의 얽힘**(Gewaltenverschränkung)[140]을 목표로 한다. 전체의 지절 혹은 주된 기관은 자기 안에서 자립적이긴 하지만, 동시에 각자는 다른 계기를 자기 안에 포함하며, 이렇게 체계 전체를 대표한다. 이것은 견제와 균형을 배제하는 것이 아니지만(유기체는 기계적인 것을 지양한다), 견제와 균형으로 환원되지도 않는다. 살아 있는 전체로서의 한 유기체에서 모든 기관(각 지체)은 서로 경쟁하지 않고, 서로 적대적이지 않으면서 자신만의 기능을 가진다.[141] "국가라는 기구를 한갓 오성의 체제로, 즉 자기 내부에서 서로 외적인 힘의 균형을 유지하는 기계로 표상하는 것은 국가라고 하는 것의 근본 이념과 대립한다"(Enz §544). 기능의 전체로서의, 권력의 체계로서의 정치체는 권력의 세 추론 체계로 파악해야 하며, 헤겔은 세 삼단논법적 매개형식을 정치적 체제의 내적 분절의 토대로 놓으려고 노력했다.[142] 지프에 따르면, 헤겔은 확실히 "자신의 권력분립론을 그런 추론의 결론으로 이해했다."[143] 그러나 이 삼각추론의 정확한 형

---

140 '권력의 얽힘'이라는 용어는 상응하는 법학 문헌에서 사용된다. 헤겔의 말을 빌리면, 동일성과 비동일성의 동일성이다.

141 세 권력은 정치적 체제의 주된 세 기관이긴 하지만, 그것에서 더 나아가 그 업무를 위해 더욱더 세분되어야 한다. 지절의 목적은 지절 속에 실재하는 삶(생명성)이다. 떨어져 나가게 되면 지절이기를 그친다. 목적과 목적의 질료는 연합되어 있으며, 따라서 실존은 "자신의 목적이 자신에게 거하는 한에서만" 존재한다(Ästh 13, 87).

142 Wolff, *Hegels staatstheoretischer Organismus*, a. a.O., S. 166~67.

143 Siep, *Praktische Philosophie im Deutschen Idealismus*, S. 263f. 헤겔은 "그사이 정교하게 다듬은 사변적 추리론을 수단으로 하여 세 개의 체제권력을 서술할 수 있었다. 그 권력들은 국가의지의 세 '행위 유형'으로서 헤겔은 각자를 하나의 결론

태에 대한 답변은 아직 등장하지 않는다.

3.4.2 『법철학』에 쓰인 글자 그대로의 것에 대한 개정의 필요성

나는 좀 더 알았어야 했지

(I Should Have Known Better)

그런데 놀랍게도 이 중심 사상, 즉 추론의 삼원성이라는 사상은 『논리학』에 따라 엄격하고 세세하게 해명되고 있지 않다! 국가의 본질적 규정 계기를 확고히 하고 있는 §273과 §275 이하의 구절에서 이미 해명한 구조가 발견되기는 한다. 또한 추론의 구조에 대한 중요한 다양한 지시사항(§277, §304)이 나오며, 상호적 보유와 매개의 특별한 중요성을 지시하는 내용이 나온다. 하지만 다소간 어리둥절하고 놀랍게도 독자는 현란한 논리학자가 세 추론의 충분한 연결고리를 제시하지 않는다는 사실을, 그리고 체계의, 전체의, 세 추론의 통일의 계기를 일관성 있게 다루지 않는다는 사실을 알게 된다.

중심 문제는 헤겔이(§§278~280) 필연적이라고 말한 삼각추론에 의존하는 대신 아직 **전개되지 않고 충족되지 않은** 개념의 논리학에만 의존한다는 사실이다. 개념규정이 이념의 계기로서 나타나야 함에도 불구하고, 삼각추론이라는 논리적 공리의 유지 가능한 법칙을 잊어서는 안 된다. 이와 더불어 『법철학』의 사유 과정을 이끌어가는 엄청난 공백이 있음을 알게 된다. 그 이유를 제시하는 것은 어려운 문제로 남아 있다. 한 가지 원인은 헤겔이 그 시대와 맺고 있는 결합에서 찾을 수 있다. 역사적·헌법학적 맥락에서도 헌법이론적 논쟁에서도 헤겔은 그 시대와 연결되어 있다. 그는 헌정적 군주제(입헌군주제)에서 안정적 질서의 보장을 보며, 이 군주제적 형식을 다른 형태의 국가헌법과 명백하게 경계짓

(추론)으로 서술한다"(Ebd., S. 263).

는다. '의지의 결단의 처음에 그리고 이 결단의 전체의 꼭대기'로서 자연성은 입헌군주 형태로 서 있다(§273). **하나의**, 최초의 그리고 최종적인 이 규정자는 '의지 개념의 꼭대기'(§279)로 제시되며, '피라미드의 꼭대기'(Wan 182)라는 은유와 결합되어 있다. 현대의 모든 국가는 최초 결단자이자 최종 결단자(국가의 우두머리)라는 이 원리에 문제를 제기하지 않을 수 없으며, 여기서는 자연성과 자의가 특정한 역할을 하며, 특별한 개인이나 최종적으로 결단하는 위원회에 예외적인 힘이 부여된다. 이 점에 대해 헤겔은 결코 이의를 제기하지 않을 것이지만, 그는 여기서 권력분립론을 근본적으로 변화시키며, 세 국가권력의 하나로서의 최종 결단자에 대한, 국가의 우두머리에 대한 정당화를 시행했다. 그런데 제시된 구조는 권력과 법률의 담지자들의 규정을 위한 질서와 관계하는 것이 아니라 **이들 권력의 수행을 위한 가능질서**와 관계한다. 더 논의되어야 할 결정적인 사항은 세습군주제라는 주제이다.

그런데 1800년경 당시 군주제의 구조에 대한 긍정에는 특정한 토대가 있었다. 하지만 그런 긍정은 그 사이 과거와 현대적 인륜의 유물로서 적절하지 않은 것으로 현상한다. 영국에서 유래한 의회질서 및 프랑스 혁명 체제에 대해 헤겔은 부분적으로 좋은 근거로 신뢰를 보내지 않는다.[144] 그런데 뉘른베르크 시기에 나온 『엔치클로페디』에는 이 문제가 『법철학』에서와는 다소 다른 뉘앙스로 등장한다. 즉 헌법은 "무엇보다도 국가와의 관계에서 개인의 권리를 정립하며, 개인이 한갓 정부의 선택에서만이 아니라 시민인 한에서 가져야 하는 협력의 몫을 정립한다."[145] 여기서 시민이 정부를 선택하는 방식으로 수행하는 정치적 참여가 핵심인 것처럼 보인다. 1817~18년에 이뤄진 헤겔의 국가이론의 구상에도 의회적 요소가 존재하는데, 여기서 다른 권력기관보다는 신분의회(입법권)에 아주 중요한 무게가 실렸다.[146] 반넨만 강의록에서 입법권

144 Hegel, *Über die englische Reformbill*, 11, S. 83~128.
145 Hegel, *Philosophische Enzyklopädie für die Oberklasse*, 4, 64.

을 다루는 맥락은 이론적 핵심을 더 자세히 보여 준다. 거기서 보편적 입법권을 '**보편적인 합리적 의지**'로 파악하는 것이 그 핵심이다(Wan 181).

하지만 『법철학』에서 입헌군주제는 현대 세계에 적합한 정치 형태로, '인륜적 삶의 참된 형태'로 여겨진다(§273). 헤겔이 바로 이 맥락에서 아주 주제넘게도 논리적 정초를 고집한다는 사실은 그가 논리적 문제를 정확히 인지하고 있었지만, 자신의 논리학을 실제 정치에 적용하고 고려하는 서술에서는 불충분했다는 것을, 그리고 자기 자신의 논리적 척도에 어긋나게 했다는 것을 시사한 것일 수 있다.[147] 헤겔은 여기서 정치적 소심함과 과도한 조심성을 보여 주며, 이 주제에 대한 포괄적 논의를 의식적으로 회피하고 있음을 알 수 있다. 헨리히에 따르면, "헤겔은 국가를 추론의 결과로 재구성하는데, 이 재구성은 현실적으로 인륜적 국가의 논리를 특정한 형식으로, 즉 국가의 본래 체계형식을 드러내는 식으로 전개한다. 하지만 이 형식이 법철학의 작품에서 동일한 명료함으로 등장하지 않는 근거가 있었다."[148] 알려져 있듯이, 헤겔의 군주관과 관련하여 프로이센 왕에게 밀고하려는 시도가 있었다. 1819년 여름에 세 명의 헤겔 친구들이 체포되기도 했다.[149] 그는 1820년 7월 14일에 드레스덴에서 자신이 생각한 바를 건배사로 표현했다. "1789년 7월 14일에 있었던 바스티유 감옥의 습격을 위하여 이 잔을!"[150]

여기서 내가 선호하는 해석은 (이 해석에 대해 다양한 정황증거가 있기는

---

146 반넨만 노트(Wannenmann-Nachschrift)를 참고하라.

147 하르트만은 『법철학』에서 정치적 국가의 배치에 있어서의 이런 '실수'를 헤겔이 "자신의 정언적 통찰을 잊어버렸다"고 진단한다. Klaus Hartmann, Linearität und Koordination in Hegels Rechtsphilosophie, in: Henrich/Horstmann, *Hegels Rechtsphilosophie*, S. 311. 그것은 오류가 아니다. 헤겔은 종종 '못된 위장술' (Goethe)을 사용하기도 한다.

148 Henrich, *Logische Form*, a.a.O., S. 443f.

149 이에 대해서는 다음을 보라. Schnädelbach, *Hegels praktische Philosophie*, S. 314, 335. Jacques D'Hondt, *Hegel in seiner Zeit*, Berlin 1973, S. 96ff.

150 *Hegel in Berichten seiner Zeitgenossen*, hg. v. Günther Nicolin, Berlin 1971, Dokument 323, S. 214.

하지만 충분한 직접 증거가 제시될 수는 없고, 그래서 나는 이러한 해석에 대해 비판받을 각오가 되어 있다) 다음과 같다. 즉 명료한 종합적 흐름의 부재, 이것이 『법철학』의 유일한 논리적 결례로 현상한다고.* 헤겔은 아주 정교하고 뻔뻔스럽게 프로이센의 검열을 기만했으며,[151] 이후의 해석자들이 올바로 해석할 것으로 믿어 의심치 않았다. 세 영역의 정치구조를 이해하기 위한 결정적인 초석을 놓도록 철저히 구상하고, 또 이제 완전한 논리적 체계, 특히 삼각추론이 전개될 수 있도록, 이 해석자들이 **헤겔의 논리학에 따라 재구성과 올바른 입장**을 취할 수 있을 것이라고 신뢰했을 것이라는 말이다. 이렇게 설명할 때만 『법철학』에서 추론의 전체 원리가 그토록 불충분하게 수행되고 있다는 사실을 이해하게 된다. 이 설명은 "헤겔의 인륜성 이론 및 인륜적 국가이론의 개념 형식은 인쇄된 법철학의 해명방식과 진행형식에 의해 해독할 수 없다"고 한 디터 헨리히의 의도를 따르고 있다. 헤겔조차도 형식적 관계의 개념규정에 더 적합한 장소에서 적어도 다소 명료하게 **"어떤 논리로 이 개념형식이 구축되어야 하는지를"**[152] 설명했다. 다음의 서술은 두 개의 간단한 해석원리를 서로 연결한다. 그 두 원리는 다음과 같다. a) 세 권력의 관계를 포함하여 철저하게 수행된 추론 형식의 수용과 b) 정치의 세 영역 체계를 논리적 삼각

---

* 헤겔이 『법철학』 출판을 제안받았을 때, 처음엔 강의록이기에 거부하면서 완성된 책으로 출판하고자 했다고 한다. 하지만 그 작업이 쉽지 않아 결국 강의록에 주석을 다는 형식을 취하게 되었다. 이런 '종합적 흐름의 부재'로 『법철학』은 엄청난 해석의 여지를 남겼으며, 수많은 오해를 낳았다. 저자는 헤겔이 완성된 책의 출판을 주저한 이유로 당시의 정치 상황도 한몫했음을 시사한다. 반넨만 강의록을 보면 분명 입법권의 우선성이 암시되는 데 반해 출판된 『법철학』은 군주권을, 그것도 세습군주권을 우선하는 것으로 그린다. 그의 논리적 체계에서 세습은 자연성에 기초한 것으로 정신의 관점에서 보면 가장 열등한 형태일 뿐이다. 그러나 그가 세습군주권을 주장하게 된 데는 당대의 검열과 군주에 대한 두려움 등이 작용한 것으로 보인다. ─ 옮긴이

151 결코 자유롭지 않은 정치 상황에 놓여 있던 헤겔의 입장 정리는 도덕적 관점에서 긴급한 거짓말에 비유된다. 이를 시사한 안톤 프리드리히 코흐(Anton Friedrich Koch)에게 감사를 드린다.

152 Henrich, *Logische Form*, a.a.O., S. 450.

582

추론에 맞춰 구조화함. 이에 따르면 후자는 더 이상 헤겔의 문자가 아니지만 『법철학』 저자의 **논리적 정신**에 완전히 일치하는 것으로 보인다. 간단히 말하면 헤겔의 『법철학』 텍스트는 그의 논리학의 도움으로 재구성되어야 한다.

반성하는 오성에게 세습군주라는 개념은 '가장 어려운 개념'일 것이다(§279). 그것은 아마도 『법철학』의 가장 어려운 이론적 가설이라고 말해야 할 것이다. 왜냐하면 헤겔의 주장은 어떤 방식으로도 확신을 주지 않기 때문이다. 즉 반성활동에 반하여, 그리고 담지자라는 규정에 맞게 **근거 없는 직접성**이, 즉 '**직접적 개별성**'(§280)이 작용한다고 한다. "단순한 개념을 규정된 내용을 통한 매개 없이 이것 그리고 자연적 현존으로 직접 감싸는 것"(§280)은 그저 전제될 뿐이다. 왜 『논리학』에서 수행된 개념의 전개가 추론 형식으로, 세 추론 체계의 형식으로 철저하게 기술되지 않았는가? 국가의 정치적 정당성이 **자연적 도정에서 태어났다**고 한다면, 이것은 지금까지 『법철학』에서 전개된 자연과 정신에 대한 이해에 정면으로 반한다. 또한 세습군주를 마지막 유형의 추론 중간에 위치시키는 것은 성공적 추론의 패러다임에 상응하지 않는다. 후자에서 보편성이 중간에 서 있는데, 그런 한에서 우리는 여기서 오류추리, 즉 자신을 스스로 이끌어가지 않는 삼각추론 형태의 오류추리와, 궁극적으로 논리적 붕괴와 관계하게 된다. 그렇다면 이제 아주 잘못된 이 구절에 대한, 즉 군주 개념에 대한 어떤 독해방식이 남아 있을까?

이 텍스트 부분을 세습군주 내지 제후권에 대한 아이러니로 혹은 캐리커처로 간주하는 것은 엉뚱한 발상일 뿐이다. 여기서는 앞에서 말한 것에 의지해서 해석할 수 있을 뿐이다. 즉 당시의 역사적 상황에 대한 고려, 정치적 고려, 커다란 정치적 조심성, 논리적으로 정초된 대안을 출판함에 있어서 저자에게 닥칠 위험에 대한 인식 등이 이러한 상황을 설명해 주는 열쇠이다. 미하엘 볼프는 반성추론이 제후권의 토대가 된다는 것을 증명하고자 했다.[153] 그런데 이는 결과적으로 입법권에 최고의, 최종적인 기능을 부여해야 하지만 이러한 사실은 —지프에 따르면— 텍

스트에서 선언된 '제후권의 우선성'[154]에 반한다. 문제의 어려움이 명백하게 드러난다.[155]

세습군주라는 이론적으로 지지될 수 없는 정당성을 '논리적 붕괴'로 간주하고 또 논리적 삼각추론을 타당한 것으로 여길 경우 새로운 유형의 권력분리론, 즉 헤겔 철학의 '정신'에 상응하는 국가조직에 대한 다른 이해가 가능해질 것이다. 따라서 **헤겔의 논리학에, 논리학의 삼각추론에 의지하는 국가유기체이론**을 서술할 수 있을 것이다. 국가권력의 서술 결과는 엄청난 변화를 가져온다. 즉 추리논리에 상응하여 질적 추론(E-B-A)이 시초에 서 있어야 한다. 행정권력은 체계의 중간을, 즉 반성추론을 형성한다(이는 확실히 그것의 결함을 지시한다). 세 번째 형식으로 필연성의 추론이 서 있다. 그것은 세 개념 계기를 비로소 자신의 참다운 통일로—즉 **보편적인 이성적 의지**(Wan 181)로— 가져올 수 있는 입법권이다. 이와 더불어 논리적인 독해방식에 따라 국가구조의 핵심이 벗겨져 나온다. 국가의 정당성('국가헌법에서 가장 중요한 규정 중 하나'-Rin 176)의 근거는 여기에만 놓여 있다. 입법권이 주된 술어(A)로서 세 번째 추론 형상(B-A-E)을 구성하는 한, 그것은 모든 권력이 인민 자체로부터 산출된다고 함으로써 국가라는 삶의 참된 추론이 된다.[156] 『논리학』에 적합한 구조는 다음과 같이 요약할 수 있을 것이다.

153 Wolff, *Hegels staatstheoretischer Organizismus*, a.a.O., S. 166ff.

154 Siep, *Praktische Philosophie im Deutschen Idealismus*, S. 264.

155 헤겔의 '은닉된' 민주주의 이론이라는 새로운 주장은 헤겔 해석에서 하나의 결함을 묘사하기는 하지만, 국가를 세 추론의 체계로 말하는 계몽이 수행되지는 않는다. Hannes Kastner, Noch einmal: Die Stellung des Monarchen; Hegels versteckte Demokratietheorie, *Hegel-Studien 43*.

156 Michelet, *Naturrecht oder Rechtsphilosophie*, Bd. 2, a.a.O., S. 185. 헤겔의 제자인 미슐레는 적중한 이 평가에 다음과 같은 격운 문장을 덧붙인다. "이성적 헌법의 참된 신경은 인류의 요청이 또한 인민의 권리(Volksrechten)를 기술한 종이라는 사실이다."

* *

세 추론의 체계로서의 국가 —『법철학』의 철자에 반대하며

1.   현존재 추론(질적 추론)

E	B	A
최종 결단의 권력	정부권력	입법권력
국가수반	행정권	입법권
군주제(독재)	귀족제	민주제
'한 사람'	'여러 사람'	'모두'[157]

2.   반성추론

A	E	B

3.   필연성 추론

B	A	E

삼각추론의 중심은 —A로부터 **상승하면서** —의지와 합목적적 (국가의) 행위의 구조를 포함한다. A —보편적 의지, 국가적 유대이 목적을 인식하고 확고히 함. E —목적을 헌법과 법률에 따라 그리고 목적 실현에 대한 최종적 결단에 따라 검토. B —특수자와의, 즉 목적의 **적용과 실행**과의 관계. 여기서 언급한 목적에 대한 질문은 헤겔과 더불어 다음

157　칸트는 인민의 정부 형태(forma imperii)를 다음과 같이 말한다. a) 한 사람—독재, b) 몇 사람의 결합—귀족제, c) 모두의 결합—민주제(*Zum ewigen Frieden*, AA VIII, 352).

과 같이 답변할 수 있다. 즉 인민으로서의 국민은 "국가의 유일한 목적이다"(Enz §544). 더 나아가 세 추론의 내부에서도 도식에 고착된 세 추론 형식 모두의 구조가 확립될 수 있으며, **각각의 개별적 추론은 추론 전체를 대표한다.** 여기서 첫 번째 추론에서는 형식 1 E-B-A가, 두 번째 추론에서는 형식 2 A-E-B가, 세 번째 추론에서는 형식 3 B-A-E, 즉 선언적 추론이 지배한다. 추론의 세 형식은 "개별자, 특수자 그리고 보편자라고 하는, 두 극단과 중간의 위치들을 차례로 지나가는 술어의 완전한 순열로부터 발생한다. 바로 이것이 헤겔이 세 추론의 추론이라고 표시한 것이다. 즉 그것은 각자가 다른 둘을 서로 매개하는 데 적합하게 이뤄진, 세 개념으로 이뤄진 체계적 전체이다. 각각의 술어는 다른 두 술어와의 관계를 근거지을 수 있으며, 이로써 서로를 전제하는 매개의 원환(§189)이 발생한다."[158]

현존재 추론	반성추론	필연성 추론
E-B-A	E-B-A	E-B-A
A-E-B	**A-E-B**	A-E-B
B-A-E	B-A-E	**B-A-E**

이 도식은 한편으로 추론목록(술어)의 변환을 지시하며, 다른 한편 전체 삼단논법의 결정적 체계를 지시한다. 선언추론의 중간에 서 있는 보편성(A)은 입법부, 즉 입법의회에서 **시민존재**와 그 대표의 **보편성**을 의미한다.

---

158 Georg Sans, Hegels Begriff der Offenbarung als Schluss von drei Schlüssen, in: Pierini/Sans/Vieweg/Valenza, *L'assoluto e il divino. La teologia cristiana di Hegel*, a.a.O., S. 167~81.

A) 지배(/행정)권력(Regierungsgewalt), 행정권—현존재 추론

먼저 반복해서 말하자면 삼각추론의 이 시작은 『법철학』배열에 상응하지 않으며, §273에도, §275부터 나타나는 것에도 상응하지 않는다. 국가수반(E-'최종적 결단자')에 의해 승인되는 법칙의 적용과 수행을 통해 (A) 행정권력(B)은 처음에 말한 두 측면 내지 권력을 결합한다. 이 '포섭의 영역'(Rin 181)에서 '포섭의 업무'(Rin 457), 즉 보편자의 특수화가 수행되며, B의 A로의 포섭(정부는 기본법(원칙)에 복속하고 헌법에 합치되게 입법을 계획해야 한다)과 E의 A로의 포섭을 수행한다. 최종적으로 결단하는 수반은 따라서 보편적 법칙에 종속되며, 특수화는 현존재로 전이된 보편자를 포함한다.

헤겔은 현존재 추론의 첫 번째 모형의 예로 특정한 땅의 권리에 대한 외교적 협상을 사용한다. 여기서 유산, 지리적 상황, 가문 혹은 언어 등과 같이 매개사(중간술어)를 서술하는 특수성에 의존한다. 따라서 결합은 직접적인 주관적 방식으로 정초되며, 그래서 헤겔은 그것을 '주관적' 추론이라고 부른다. 국가 내부의 관점에서 국가 예산이나 토지 이용 등에 대한 입장 정리가 예로 기여할 수 있을 것이다. 건강, 교육 혹은 경제 등은 특수한 이해관계일 수 있으며, 따라서 보편자는 자신의 특수성에 근거하여 결정하는 개별자의 다수성에 의해 결정된다. 특수한 이해관계를 통해, 특히 시민사회에서의 자신의 특수한 위치를 통해 특수한 욕구와 이해관계는 보편자(법률, 헌법)와 매개된다. 이는 모형 E-B-A로 표시된다. 정치적 언어로 말하자면 그것은 이익의 매개, 혹은 상이한 특수이익의 균형이며, 의지 형성의 실현이라는 의미에서, 의지 수행의 의미에서의 합의나 타협이다. 이 첫 번째 형식의 진리는 B와 A의 통일의 특정한 방식을 이끌어내지만 우연과 자의에 의존하기도 하는 추상적 개별성을 통한 매개역할의 인수에 그 본질이 있다. 공민은 예컨대 도야의 훌륭한 체계라는 논쟁사항에 위치한다. 시민 개별자들은 여기서 상이한 형태기준이나 심급의 토대 위에서, 예컨대 평등, 자유, 효율성, 유용성, 시민사회의 업무를 위한 교육, 보편적 가치와 개인의 자기목적으로서의 도야 등과 같은 토대 위에서 변론한다. 다른 매개사는 다른 증거를 함축하며, 많은 매개사들은 일관성 있는 추리를 방해한다. 질적 추론에는 이렇듯이 우연과 자의가 내재한다. 이 추론이 추상적인 방식으로 적용될 경우 '사교성(사회성)이라는 매개사로부터 시민의 재산 공유'가 유도될 수 있으며, '개별성의 매개사로부터 국가의 해체'를 유도할 수 있다(WdL 6, 361). 이러한 사실은 내용이 한 대상의 많은 질과 규정성 중 개별 질로서만 취해진다는 사실에 놓여 있다.

그러한 질의 하나로서의 국가의 지배(/행정)권력(B, Regierungsgewalt)을 통해 수반과 입법부가 결합되며, 여기서 추론의 두 극단, 즉 대술어와 소술어는 더 나아간 규정을 가지게 되는데, 이들 규정을 여기서는 우선 그저 무시하고 만다(Enz §183). 형식적인 이 추론의 결함은 이 경우에도 우연성과 자의성에 있다. 매개사(중간술어)의 규정은 규정할 수 없는 양의 다른 중간술어들을 허락한다. 그것들 중 어떤 것이 언제나 취해지는지, 어떤 정부가 형성되어야 하고 어떤 결정을 내려야 하는지, 그리고 이를 위한 어떤 기준과 심급이 고려되어야 하는지 등, 어떤 결정에서도 이 결정을 중요한 것으로 그리고 반드시 유효한 것으로 서술할 수 있게 하는 '앞면과 뒷면을 쉽게' 발견할 수 있다(Enz §184). 젊은 정부 혹은 경험 많은 정부, 자유방임적 정부 혹은 개혁친화적 정부, 사회복지적 정부 혹은 경제능력을 갖춘 정부 등 다양한 정부가 있을 수 있으며, 이를 규정함에서는 우연과 자의가 여전히 효력을 발휘한다(WdL 6, 361). 헤겔에 따르면, "바로 그로부터 정반대의 것도 올바르게 도출할 수 있는 더 나아간 매개사들을 발견"할 수 있다(WdL 6, 361). 어쨌거나 몇몇 특수 행위자가 입법능력과 권력을 보유한다. 여기서 '몇몇 특수자'라는 말에는 귀족주의적·능력주의적 원리가 표현되어 있다. 우연성은 계기 사이의 관계의 형식에서도 표현되며, 이는 한갓 극단이 중간과 맺는 관계일 뿐이며, 이른바 전제(대전제와 소전제)는 직접적이다. 하지만 전제 역시 증거를 필요로 하기 때문에 그것도 추론을 수단으로 해서 정당화되어야 할 것이다. 이렇듯 최종적으로 결정하는 권력과 입법권력의 정당화는 여전히 이뤄지지 않고 있다. 다른 말로 하면 다른 추론들로의 진전된 규정을 통해서야 비로소 행정부의 완벽한 정당화가 이뤄진다. 결핍은 이행을 강제한다. E는 이미 결론에서 A와 매개되며, 보편자는 따라서 E를 매개로 B와 결합한다. 그리고 E를 통한 매개로 인해 우리는 계속해서 우연성 속에 머물게 된다. A가 이제 결론명제를 통해 B로 정립되었기 때문에 A는 극단을 매개하는 자로 전진한다. 개별 정부는 단순히 더 이상 특수자가 아니라 보편자로서, 일반의지의 대표자이자 표현으로 사유되어야 한다. 이 논리적 과정에서 세 계기 자체는 자신의 추상성을 상실하며, 매개는 형식적으로 서로를 전제하는 매개의 원환 속에서 수행되는데, 그 결과로 반성된 보편적 통일이 서 있다. 각각의 계기, 각각의 권력은 다른 계기와 권력을 자기 안에 간직하며, 전체의 모사 혹은 거울이다. 입법권력과 국가수반도 **'지배한다'**(regieren).* 동일하게 행정(/지배)권력도 더 이상 자기 자신에 제한된 것으로만 생각되어서는 안 된다. 이 권력은 실행할 뿐아니라, 즉 법률을 적용할 뿐 아니라 법률을 만들고, 발전시키기도 하며 (정부의 법률 제정 기능), 결정을 다양하게 검토하게 하고, 특수한 것에서 주권적 결단을 하기도 한다. 행정부의 동의 없이는 국가에서 어떤 것도 이뤄지지 않는다. (물론 최종 결정자가 전제군주라면, 우리는 여기서 다루고 있는 이성적 국가를 더 이상 생각할 수 없다.)

행정부와 그 담당자들의 일을 확립하기 위해 근본적인 두 형식이 구별되어야 한다. 첫째, 정부권력은 행정권력, 규제(조정, 경찰행정적)권력의 형태로, 그것은 a) 시민사회와 관계하면서 보편자를 거기서 유효하게 만드는 기구로 기능하며('시민관청'), b) 사법권력 및 둘째, 원래의 보편적 국가업무(내무업무, 주권업무), 총리(수상)로부터 각 부서 장관과 안보담당기구를 거쳐 실무적 공무원에 이르는 보편적 정부관청으로 기능한다.

---

* 피베크는 정부(Regierung)만이 지배하는 것이 아니라 다른 권력도 그리한다는 것을 말한다. 여기서 '지배한다'로 번역한 'regieren'은 '조정하다', '규제하다', '통제하다' 등으로 번역할 수 있는 말로 '지배하다'는 말보다 넓은 의미를 가진다.

현재까지 통용되는 권력분립의 전통적 이해[159]와 달리 헤겔에게서 사법부는 자립적 세 국가권력 중 하나로 고려되는 것이 아니라 (넓은 의미로 이해된) 행정부에 귀속된다. 아마도 헤겔은 여기서 로크와, 피히테의 『자연권의 토대』(Grundlage des Naturrechts)를 염두에 두고 있는 것 같다. 이들은 행정권력이 분리될 수 없는 사법적이며 실행적인 권력을 자기 안에 포섭한다고 말하기 때문이다. 여기서 실행적이며 사법적인 권력을 서술하는 관점에서뿐 아니라 권력분립 일반에 대한 생각에서도 피히테는 칸트와 분명한 차이를 드러낸다. 권력의 분리라는 전체 전통의 관점(동일한 공적 권력의 부분이라는 견해)은 논박되고, 전체 공적 권력은 실행과 사법을 포함하는 가장 넓은 의미의 행정권력으로 드러난다.[160] "사법권력과 실행권력(좁은 의미의 행정권력)의 분리는 철저히 무목적적이며, 심지어 외견상으로만 가능하다." 이 실행권력이 이의 없이 사법권력의 의지를 수행한다면 "무제약적 권력이 판사의 손에 들어가게 될 것이다."[161] 수행자는 낯선 의지에 의해 한갓 이끌리며, 권력은 외견상으로만 분리된다. 하지만 실행권력이 이의 제기의 권리를 갖는 한 이 권력은 사법권력이 되며, 이 두 권력은 결코 분리되지 않는다.

피히테의 탁월한 공헌은 실행권력과 사법권력이 행정권에 포섭되는 두 형식으로 구분해 준 데 있는데, 이를 통해 전통적인 국가권력의 구조를 제거하는 대가를 치른다. 헤겔은 지배권력을 세분화함으로써 전자에 맞닿아 있으며(§287~290), 칸트와 그의 세 추론에 의존해 있는 후자를 비난한다. 권리(/법)를 언술하고 실행하는 것은 지배권력(행정부)에 귀속

---

159 이런 입장에 대한 조망을 위해서는 다음을 보라. Sabine Kropp/Hans-Joachim Lauth, Einleitung: Zur Aktualität der Gewaltenteilung. Überlegungen zu einem bleibenden Thema, *Gewaltenteilung und Demokratie. Konzepte und Probleme der 'horizontal accountability' im interregionalen Vergleich*, hg. v. Sabine Kropp/Hans-Joachim Lauth, Baden-Baden 2007. 하지만 전통적인 권력분립의 모형은 여기서 논쟁하지 않는다.

160 Fichte, *Grundlage des Naturrechts*, GA I, 3, 441.

161 Ebd.

되고, 정치적·헌법적 의지는 **현실화**되고, 그때그때의 상황에서 **적용되고 관철된다.** 그런 한에서 형식적 권리(/형식법)와 사법(Rechtspflege-시민사회의 한 요소)은 국가에서 지양된다. 즉 행정권에 통합된다. 후자는 정치이론과 법학이론의 복잡한 문제를 제기한다. 여기서 '포섭의 업무'의 두 형식으로서의 좁은 의미의 '실행'(/행정)과 사법권(Judikative) 사이의 긴장관계, 즉 구별되는, 하지만 상호보충적 방향 속에서 공동의 의지를 그때그때 현실화하고 관철하는 두 형식 사이의 긴장관계가 주제가 된다. 여기서 행정권의 두 측면의 영향력이 제한되지는 않는다.[162] 두 요소는 행정권의 두 측면에서 보충적 중요성으로 현재하며, 행정부에서 각 분야의 전문가와 법률가들은 서로 영향을 주고받으며, 헌법재판소에서 헌법적 심사는 각 분야 전문가들과 결합되지 않으면 안 된다. 독일에서 사법권의 독립은 직접적 판결과 연관이 있지만, 담당자들은 행정권 및 입법권과 원리적으로 독립해 있지 않다. 왜냐하면 우선 판사들은 법률에, 헌법에 그리고 의회에서 규정한 법률에 묶여 있기 때문이다. 연방판사들은 다른 권력 단위에 의해 선택되고 위임받는다. 이러한 사실은 독일기본법 제20조에 나타나는데, 여기서 인민은 모든 국가권력의 구성적 설립자로 고정되며, 관련 판사의 선택은 의회절차를 필요로 한다. 하지만 이와 더불어 동시에 각 정당이 연방판사 조직의 담당자를 확립하는 데 엄청난 영향을 끼친다. 행정권은 이러한 사법권의 방식으로 자신에게 귀속된 **포섭하고**[163] **검사하는** 기능을 행사하며, 지배권력(행정부)이 실행권력에 국한되지 않는다고 표현함으로써 이러한 일을 행한다. 구체적 판결에서, 사법권의 수행에서(담당자의 선택과 감독의 수행에서) 차이가 나지 않을 수 없으며, 사법권은 행정권 내에서 자립적이고 독립적으로 머문다.

연방헌법재판소 역시 "정치권력에 따라 질서를 부여받는 법 통제 기

---

162 독일에는 사법권이 행정권에 의존하는 특성, 즉 일종의 타자규정이 존립하는데, 사법권(독일판사연합) 측면에서 이 문제를 항의하고 있다.
163 §287, 포섭의 업무.

구이며, 그렇게 머물러 있다."[164] 헌법재판소는 승인(Permissivität)원리에 만족해야 하며, 통제하는 가운데 한 영역, 즉 기본법의 실체적 핵심을 포함한다. 하지만 헌법재판소는 모든 사건을 다 자신의 결단에 종속시키는 것이 아니라 이 실체적 영역 외부에 있는 모든 것을 방임(승인)한다.[165] 이 재판소의 위상을 규정하는 문제는 세심한 주의를 요하며, 동시에 두 차원을 포함한다. 즉 이 재판소는 행정부 및 의회에 독립하여 기본법(헌법)을 보호하는 심급이다. 이 재판소는 결단과 법률들을 심사함으로써 (특히 헌법소원을 검토하는 기구를 통해) 본질적으로 법 안정과 법 명료성에 기여하며, 헌법 텍스트와 헌법 현실은 일치되어야 한다고 요구한다. "독일은 종이 위에서만이 아니라 일상의 현실에서도 법치국가를 이룬다."[166] 그러나 입법부에 고유한 권력이 탈취되어서는 안 되며, 법률을 심사하는 심급은 넓은 의미에서의 수행권력의 부분으로서만 이해할 수 있다. 그렇지 않을 경우 헌법재판소 권력의 자기 과대평가의 표현으로서의 "카를스루에 공화국"은 위험에 처한다. "재판소는 '독일의 교사로', 공화국의 스승으로 행세해서는 안 된다. 모두와 각자를 위한 입법자가 특별한 정당화를 필요로 할 경우 민주적 지배는 관료적 지배에 의해 억압된다."[167] 실행하는 심급은 사법기관의 충족을 위한 한갖 보조기구가 되어버리고 말 것이다. 자유에 적합한 형태를 취하고 있는, 그리고 또 그렇게 적용되는 국가법률의 이 두 측면은 서로를 보충하며, (법률의 폐기 가능성까지 포함하여) 법률의 헌법 적합성 및 그 넓이와 깊이 등에 대한 검

---

164 Christian Tomuschat, Die Karlsruher Republik, *Die Zeit*. 12. Mai 2010, S. 15. 이 문제와 관련하여 다음도 참고하라. Sascha Kneip, Starke und schwache Verfassungsgerichte: Gibt es eine optimale Verfassungsgerichtsbarkeit für die Demokratie? In: Kropp/Lauth, *Gewaltenteilung und Demokratie*, a.a.O.

165 승인에 대해서는 다음을 보라. Fichte, *Grundlage des Naturrechts*, GA I, 3, 388. 오늘날 이러한 사실은 헌법재판소의 판단이 최소주의적으로 정당화되어야 하는지, 아니면 최대주의적으로 정당화되어야 하는지에 대한 논쟁으로 표현된다.

166 Ebd.

167 Ebd.

토를 포함하여 법전화 그리고 법률의 정치적 적용 등, 이와 연관된 전문 지식과 이의 '현실성'과 신속함 등을 다룬다. 행정부의 두 영역의 과업의 구분, 즉 '관할권'의 확정 내지 포섭권의 규정은 이론적으로 아주 폭발력이 있는 것으로 보인다. 헤겔의 판단론에도 (특히 '속성'의 계기에) 중요한 예는 헌법재판소에 의해 처분된 신청기각이다. 이는 행정부의 다른 측면의 권한을 명시적으로 부각하는 것과 연관되어 있다. 카를스루에 헌법재판소의 판결(판단) 1 BvQ 5/77(16. 10. 1977), C. II에서 우리는 다음의 사실을 읽을 수 있다. "국가기구들이 어떻게 생명의 효과적 보호의 의무를 수행할 것인가는 원칙적으로 그들 자신의 책임하에 결정되어야 한다." 이와 연관된 정당화는 포섭권한을 다음과 같이 정식화한다. 주어진 척도는 개별 상황의 다양성에 적합해야 한다. (……) 그 척도는 사전에 보편적으로 규정할 수도 없고, 개별 권리로부터 인출할 수도 없다. "수행하는 기관은 개별 사건, 그때의 상황에 적합하게 조정할 수 있어야 한다. 이러한 사실은 이미 특정한 수단의 공고화를 배제한다." 따라서 자신에게 맡겨진 보호 의무를 수행하기 위해 어떤 척도를 사용해야 하는지는 정부의 결정에 달렸다. 이러한 사실은 헤겔의 다음의 의도와 일치한다. 즉 재판소는 정부(행정부, Regierung)권력 내부에서 법률을 심사하는 심급으로 간주해야 하며, 통합적 기구로, 폭넓게 파악된 정부권력이라는 한 기관으로 여겨야 한다. 그러나 이것은 결코 그 중요성을 축소하는 것이 아니라 이 정부권력에 자신에 적합한 위치를 할당하고 바로 이와 더불어 자신의 의미, 독립성, 자립성 등을 고양한다.[168]

시민적·정치적 자치를 위해 개별조합, 노동조합, 신분, 공동체, 특별 지역이나 지방 등, 이들의 목적과 관심이 중심에 위치한다. '특수성으로 있는 특수한 영역의 안녕'은 보편자를 유효하게 함으로써 유지되어

---

168 최종적으로 결단하는 권력과 헌법재판소 사이에도 엄청난 갈등이 올 수 있다. 이에 대해서는 다음을 보라. Jeff Shesol, *Surpreme Power*, *Franklin Roosevelt vs. The Supreme Court*, London/New York 2010.

야 한다(Wan 210). 반넨만 노트에서 (『법철학』과는 다소 다르게도) 특수한 영역의 자치와 자기규제라는 형식은 민주적 원리로 묘사된다. 즉 "개별자가 보편자의 형식을 자기 안에 가지고 있는 공동체, 조합, 길드 안에서 함께 다스린다"라는 민주적 원리로(Wan 211) 말이다. (이 노트에 따르면 상대적으로 큰 국가에서는 유지될 수 없는) 민주적 헌정에서 "각각의 개별자는 정부(규제, 조정)법과 행정법에 참여한다"(Wan 211). 특수자의 영역과 분기들은 따라서 가능한 한 아주 멀리까지 '방임'되어야 하며, 이들의 자기규제와 자치는 합법화되고, 지지되고 또 장려되어야 한다(예를 들어 구체적 계약 형성, 단체권, 법인체와 공동체의 자치, 요금분쟁에서의 중립 등). 현대적 국가, 즉 자유국가를 위해 이 원칙은 엄청난 중요성을 가지며, 자유 영역의 확대는 따라서 국가권력의 약화를 의미하는 것이 아니라 강화를 의미한다.[169]

B) 최종 결정권 —— 반성추론(A−E−B)

여왕이시여

(Her Majesty)

이 절의 첫 두 문단은 무엇보다 아직 정치적 국가조직의 근본 규정을 다루고 있으며, 우선은 이 조직의 실체적 통일을 계기의 이상으로 본다(§276). 이들 계기는 형성된 것으로서 자신의 계기 속에서 전체를 구성하는 '자기 내 완전한 체계'로까지 전개된다(Wan 199). 시민적 삶의 상이한 권력과 영역은 더 이상 '대자적인 자립적 존재'가 아니다. 그것은 어떤 독립적 권한을 가지지 않으며, 전체 유기체의 역동적 분기 상태로 존재하며, 자신의 뿌리이자 원천으로서의 보편자에 정초한다(§276, Rin

---

169 Claudio Cesa, Entscheidung und Schicksal: die fürstliche Gewalt, in: Henrich/ Horstmann, *Hegels Rechtsphilosophie*.

170). 특수한 권력과 업무로서 그것은 지양되며, 어떤 자기통치도 갖지 않고, 상대적 자립성으로 존립하며 정당화(신성화)된다. 전체에서의 이러한 통합에 기초하여 그것은 '자신의 권리, 자신의 합리성'을 갖는다 (Rin 170). 이렇듯 권력분립 체계에 대한 헤겔의 이론적 정당화가 이뤄지는데, 이는 현대의 다른 구상과 본질적으로 구별된다.[170]

입헌군주정을 선호하고 민주정을 거부했는지의 물음[171]에 대한 답을 헤겔은 이미 시도했다. 여기서 주목할 점은 그 비판이 특히 엄밀한 의미에서 민주주의 구조라고 말할 수 없는 당시 영국의 형식을 향하고 있다는 점이다. 당시 영국에서는 성인 주민의 1~2퍼센트만이 선거권이 있었다.[172] 영국 개혁법안에 대한 글[173]에서 헤겔은 이 구조의 현저한 결핍을 구체적으로 진단한다. 예컨대 한편으로 의회 의석의 상당한 수를 정치적 결정 과정을 거래 대상으로 혹은 금전관계로 축소하는 상인층이 점한다는 사실이다. "만약 국가의 높은 자를 선출하는 데 사적 이익과 더러운 돈이 압도적으로 섞여 있을 경우, 이는 정치적 자유의 상실과 헌정 (/체제)의 몰락을 시사한다." 헤겔은 "시대착오적 대의체계"를 비판한다. 왜냐하면 그 체계는 특권과 부패, 기괴한 실증법적 규칙으로 각인되

---

170 이에 대한 문헌으로 다음을 보라. Christoph Möllers, *Gewaltengliederung*, Tübingen 2005, ders., *Die drei Gewalten*, Weilerswist 2008.

171 칸트에 따르면, 민주주의는 필연적으로 하나의 '전제주의'이다. 왜냐하면 "민주주의는 모두(alle)가 (함께 동의하지 못하는) 하나(Einen)에 대해, 경우에 따라 이 하나에 반하여 때때로 모든 것이 아닌 모든 것을 결정하기에 행정(/실행)권을 정초하기 때문이다. 그것은 일반의지의 자기모순이며, 일반의지가 자유와 모순됨을 보인다." Kant, *Zum ewigen Frieden*, AA VIII, 352.

172 헤겔은 현대의 실제 민주주의 헌정체제의 예를 알지 못했다. 당시 영국의 선거권 문제를 평가할 수 있게 된 데는 나의 동료 미하엘 드라이어(Michael Dreyer)의 공이 크다. 그에게 감사한다. 이에 대해서는 다음을 보라. Peter Wende, Wahlrecht und Unterhauswahlen vor 1832, *Politik und Geschichte. Zu den Intentionen von G. W. F. Hegels Reformbill-Schrift*, hg. v. Christoph Jamme und Elisabeth Weisser-Lohmann, *Hegel-Studien* Beiheft 35, Bonn 1995, S. 17~23.

173 이에 대한 보다 자세한 설명은 다음을 보라. Jamme/Weisser-Lohmann, *Politik und Geschichte*. a. a. O.

어 있기 때문이다.[174] 이 자리에서도 헤겔은 시민사회와 국가의 필연적 구분, 시장원리와 국가원리의 필연적 구분을 주장한다. 귀족정은 자신의 특수한 특권(파편적 특수성)을 보호하기 위해 엄청난 국가부채의 감축을 방해하며, 따라서 공동체의 건강한 출발을 방해한다. 21세기도 명백히 이와 유사한 상황에 처해 있다. 한편에 귀족주의적 특권이, 다른 편에 법률과 권리관계가 서로 마주하여 갈등을 드러낸다. 이러한 사실은 예부터 엄청난 부와 무시무시한 궁핍, 즉 분노와 야만으로 당혹감에 휩싸일 수밖에 없는 섬뜩한 궁핍 사이의 대조로 나타난다. 마지막으로 영국 개혁 법안에 대한 헤겔의 글은 한계 없는 포퓰리즘('세금 감면에 대한 장광설') 을 정치적 자유의 이런 위협의 토대라고 비난한다. 오늘날까지 가장 폭발적인 정치적 혼합물 중 하나인 과두정치와 중우정치의 혼합이 촉진된다. 말하자면 과두제적 금전귀족(부유한 천민, 부유한 탈법자)과 대중, 즉 도야되지 않은 가난한 군중(빈곤에서 기인하는 천민, 가난한 탈법자)의 결합이 진행되고 있는데, 이 둘은 권리(/법), 공동의 안녕 그리고 정치적 헌정 등을 멸시한다는 데서 일치한다. 과두제의 위협은 산업 신분 영역이 권리(/법)를 멸시하고 더 이상 '시민의 이익'을 대변하지 않는 금전귀족으로 변형된다는 데 있다. 이렇듯 이 신분은 "시민을 억압하기 위해 그들 주변으로 던져져 있는 그물망과 유사하다"(Wan 218). 오늘날 금권정치와 중우정치의 정세는 특히 눈에 띄는데, 여기서 가장 부유한 개인 내지 부유한 몇몇 인사는 법(/권리)을 멸시하는 반국가적 심정을 가지고 있으면서도 정치적 리더의 꼭대기에 앉아 있다. 이들은 조작적 포퓰리즘과 정치적으로 도야되지 않은 다수를 토대로 하여 존립한다.[175] 전제군주,

174 이에 대해서는 다음을 보라. Andreas Wirsching, Das Problem der Repräsentation im England der Reform-Bill und in Hegels Perspektive, Jamme/Weisser-Lohmann, *Politik und Geschichte*. a.a.O., 121ff. 헤겔이 보편선거권 사상에 대한 관심을 가졌다는 사실은 간스가 일관되게 보편선거권을 찬성한 벤담을 방문한 것에서 아마도 드러난다.

175 남유럽의 가장 아름다운 나라의 오늘날의 상황은 이에 대한 훌륭한 예를 보여준다.

과두제 그리고 중우정치에 대해서도, 또한 전통적인 타락한 국가 형태인 이 셋 모두에 대해서도 헤겔은 높은 장벽을 치고자 한다. 최종적으로 결정하는 권력이라는 그의 구상도 이에 기여한다.

개별자라고 하는 최종적으로 드러나는 주도적인 이 권력은 총체성의 세 계기를 자기 안에 포함한다. 즉 그것은 헌법과 법률의 보편성(입법하는 권력 — 목적을 인식하고 확립함), 특수가 보편과 맺는 관계(지배(조정)하는 권력 — 목적을 특화하고 적용함), 그리고 최종적 결단의 계기(목적을 궁극적으로 결정함)를 포함하는데, 이것이 최고의 원리이다(§275). 주권 관점에서 사용되는 '이상주의'(관념론)라는 개념은 개별성으로서의 '의지의 추상적 개념'과 관계한다. 정치적 유기체로서의 국가는 스스로를 규정하는 근거로서 자유의지의 한 형식이며, **개별자**(Einzelner)인데, 이는 자신의 **주권**으로 표현된다. 이 주권은 특수한 영역의 이상성의 계기가 된다. 궁극적이고 주도적인 결단과 이 결단의 담지자는 국가의 세 실체적 권력의 하나를 형성한다. 그것은 결국 **하나의** 소리로 결정되어야 한다. 여기서 자연성과 자의를 포함하여 의지의 개별성의 논리적 계기가 표현된다. 정당하게도 법(/권리)을 유보하지 않은 살아 있는 공동체에 중요한 요소가 되는 사면권이 최종 결정자에게 부여되며, 이때 사면받은 자는 여전히 범죄자로 머문다. 수반은 부분적으로 '근거 없는' 결단을 수단으로 "발생한 것을 발생하지 않은 것으로 만들 수 있고, 용서, 관대 그리고 망각 등을 통해 범죄를 무효화한다." 이것이 바로 정신의 위엄에 대한 최고의 인정 중 하나이다(§282).[176] 개별 국가는 이 통일성으로 등장하며, 최초의 결정자이자 최종적 결정자의 형태로 있는, 즉 국가수반의 형태로 있는 하나(일자)로 등장한다. 이와 더불어 헤겔은 국가권력을 특정한 방식으로 정당화했으며, 전통적 권력분립론과 철저히 구별되

---

176 독일의 연방 대통령은 특정한 경우에서 유사한 사면권을 갖는다. 헤겔은 도덕과 종교를 통한 형벌의 철폐 역시 수행할 수 있다고 한다(§282). 용서에 대한 헤겔의 견해는 『정신현상학』에서도 나타난다.

는 새로운 권력분할이론을 제시했다. 새로 고착된 이 근본 권력은 ── 최초의 결단자이자 최종 결단자, 대통령, 민주주의로 결합된 군주 혹은 통일성으로 등장하는 대통령 중심의 통치 등 ── 오늘날까지 현대 국가를 각인하고 있다.[177]

하나의 전체로서의 국가의 핵심, 즉 국가의 내적 목적은 헌법에 기초한, 기본법에 기초한 인민의 자유, **자유로운 시민**(citoyenneté[178])이다. 국가의 주권은 국가시민의 자기이해, 자기의식, 의지 등에서 실존하며, 개별 주체(최종 결정자, 국가수반)의 최종 결단의 형태로 존재한다. 주체성은 주체로, 개인으로, (대통령 직무와 연관된) 유일한 인격체로 이해되어야 한다. 따라서 여기서 좀 더 자세히 살펴보아야 할 **두** 주권자가 작용하는 것처럼 보인다. 이전에 이 논증의 논리적 지위가 검토되어야 한다.

논리적으로 보면 제약된 보편성으로 확대된 개별성, 즉 전체성(Allheit)이 중심으로 밀려온다. 따라서 이것이 곧 **보편성을 기껏해야 대변하는**, 최종 결정자로 기능하는 **모든** 개별적 인격체이다. 여기에 **직접적으로만** 보편자인 개별자의 외적일 뿐인 결합이 놓여 있으며, 따라서 전체성 추론은 불가피하게 귀납추론(B-E-A)으로 나아간다. 전체 반성추론이 이 추론구조에 서 있다는 사실이 다시 한 번 논구된다(WdL 6, 391). 단순한 경험추론으로서의 귀납은 잘 알려져 있듯이 이 전체(Alle), 보편성이 **직접적 개별자**의 집합을 포괄한다는 사실에 의존한다. 인격체 X, 인격체 Y 등 '보편성의 최고의 대변인'이라는 술어를 가지고 있는 이 모든 인격체는 이렇듯 최종 결정자라는 계층에 속한다. 개별성은 보편성과 동일해야 하지만, 개별자가 직접적 존재로 정립되는 한 앞의 저 통일은 항구적 당위로 남아 있다. 왜냐하면 완벽성에의 도달이 모든 개별 경우에도 타당하다는 사실을 제시할 필요가 있는데, 그런 완성은 무한히 진행되는 것으로 끝나기 때문이다. 동일한 것으로 (당위적으로) 존재해야 하

---

177 그런데 독일기본법에서는 아직도 '과거의' 권력분할 형식이 발견된다.
178 Erhard Eppler, *Auslaufmodell Staat?*, Frankfurt a. M. 2005, S. 188.

는 개별자는 동시에 (당위적으로) 동일하지 않아야 한다(WdL 6, 386). "동일한 내용은 한번은 개별성 속에서, 다른 한번은 보편성(유) 속에서 정립된다"(WdL 6, 385). 보편성은 개별성의 규정에 '외적이지만 본질적'이다. 따라서 최종 결정자는 보편성의 탁월한 대리자이어야 하며, 이 최종 결정자에게서 보편자는 본질적으로 유효하게 되어야 하지만, 동시에 이 최종 결정자는 특수한 한 개별자로서 그 자체로 보편성의 힘이 아니기 때문에 보편자에게 외적인 것으로 머무르지 않을 수 없다. 그러나 개별성은 '보편성과 직접적으로 동일한 자'로서, 중심으로만 있을 수 있다. "따라서 귀납추론의 진리는 개별성을 중심으로 갖는, 즉 그 자체 직접적으로 보편성인 추론이다. ― 즉 유비추론이 그 진리다"(WdL 6, 387f.). "직접적 추론의 세 번째 형식, 즉 E–A–B를 자신의 추상적 도식으로 갖는"(WdL 6, 387) 이 추론은 엄청난 해석의 문제를 숨기고 있으며, 귀납추론의 핵심, 따라서 반성추론 일반의 핵심이 표현되며, 한갓 형식적 추론의 한계가 단적으로 드러나게 된다.[179]

> 국가에서 보편자의 가장 경쟁력 있는 최상의 대리자는 국가수반이다.
> 넬슨 만델라는 국가 형태로 있는 보편자의 대리자이다.
> 따라서 넬슨 만델라는 국가수반이다.

헤겔은 개별자의 이런 동일성을 한갓 유사성으로 취하는 형식적 유비추론을 표피적인 것으로 간주하며, 논리에 속하지 않는 것으로 여긴다. 왜냐하면 오성형식과 이성형식은 여기서 '한갓된 표상'으로 강등되기 때문이다(WdL 6, 387). 유비추론의 원래 형식은 (귀납추론에서 이미 말했듯이) "중간과 극단도 단순한 형식적 추론에서 보다 진전되어 규정된다는 사실, 따라서 형식규정이 더 이상 단순하고 추상적이지 않기 때문에 이 형식규정이 **내용규정**으로서도 현상해야 한다"는 사실로부터 드러난

---

179 이 주제에 대한 상세한 분석은 이 책의 영역을 넘어선다.

다. 형식이 내용으로 이처럼 진전되어 규정된다는 사실에서 헤겔은 형식적인 것의 필연적 진전을 보며, 내용규정은 경험적 내용으로 간주할 수 없다(WdL 6, 388). 여기에서 다시금 논리를 '보다 심오한 의미'에서 전통적인 형식논리로 파악해야 한다는 욕구가 등장한다(Enz §19). '보편자의 최선의 대리자'라는 말은 분명하지 않은 것, 문제 있는 것을 자기 안에 간직한다. 누가 그런 대리자로 간주할 수 있고, 그 대리자는 어떻게 규정하는가?

유비추리를 할 때 중심은 개별성으로 정립되지만, 직접적으로는 이 개별성의 참된 보편성으로 정립되기도 한다. 그러나 이 직접성에 어려움이 놓여 있다. E와 A가 중심에서 직접적으로 통일되는 한에서 이 추론은 아직 반성의 추론으로 간주되기를 요청한다. "이 직접성 때문에 반성이라는 단일체의 **외면성**이 여전히 현존한다. 개별자는 **즉자적으로**만 유이며, 이 개별자는 이 부정성 속에서 정립되지 않는데, 이를 통해 이 개별자의 규정성은 유의 고유한 규정성으로 있게 된다"(WdL 6, 389). 우리는 오성의 보편성과 오성의 개별성이라는 (최종적) 단계에 와 있다. 이제 개별성의 직접성의 지양이라는, 그리고 이를 통해 중심을 즉자대자적으로 존재하는 보편자로 규정하게 되는 오성의 마지막 단계가 수행될 수 있다. 즉 E-A-B의 필연성 추론에 이른다. 민족의 보편성, 즉 시민(시민권, Bürgerheit)만이 이 합리적 보편자일 수 있다. 왜냐하면 이 보편자는 특수자이면서 개별자이기 때문이다. 그리고 시민(시민권)은 주권자로 간주되어야 한다. 시민임(citizenship)은 **보편적인 이성적 의지**, 즉 스스로를 입법부로 천명하는 보편적 권력을 체현한다.

세습군주제

군주는 §275부터 "전체의 결정적 계기"(§279)로 간주되며, 국가라는 인격체는 이 하나의 인격체로서만 현실적이라고 한다. 이러한 사실은 세 권력 중 하나로서의 최종 결정자, 즉 국가수반에 대한 고려를 따라 나온다. 문제가 놓여 있는 곳은 '국가수반'이라는 구상과 권력분할이라는 구조에서 이 수반의 기능이 아니라 이 권력의 담지자를 규정하는 방식이다. 왜냐하면 헤겔은 여기서 타고난 군주, 즉 세습군주를 선호하기 때문이다. 세습군주제는 헤겔의 모델로 작용한다. 그리고 이것은 현 단계에서 행위주체가 더 이상 단지 추상적 인격체가 아니라 시민으로 규정되기 때문에 놀라움을 준다. 따라서 최종적으로 결정하는 섭정자들을 포함하여 모든 정치적 주체는 **우선 그리고 본질적으로** 공민으로 간주되어야 하며, 출생한 한 사람만이 아니라 예외 없이 **각각의 참된, 즉 도야된 공민은 전체의 결정적 계기를** 재현한다.[180] 따라서 바로 이 천명된 최상층에서 다른 권력의 실체적 지분과 그 공동규정 혹은 도야가 그러하듯이 매개의 결정적 원리도 서서히 붕괴되고 배제된다. 그런 국가수반으로서의 제후의 주권 혹은 세습군주에게 도야와 지식은, 엄격히 말해서, 아무런 상관이 없으며, 이 사람이 군주로 태어나기만 했다면 그것으로 만족스럽다. 이 군주 개념에 한갓 자연성의 규정이 스며 있으며, 모든 내용으로부터 추상되어 있다. 그리고 군주는 자연적 출생을 통해 군주로서의 자신의 존엄을 얻게 되는데, 바로 이런 방식으로 세습군주는 '정당화'된다.

당연히 결정적인 어려움은 최종 결단의 수행자 혹은 담지자를 규정하고 선택하는 것이며, 화룡점정으로서의 궁극적 결단이다. 이런 정당성이 어떻게 성공할 수 있을까? 이 정당성을 자의와 우연과는, 혹은 추상적 개별자나 파편성과는 아무런 관련이 없게 하기 위해 ── 헤겔에 따르면 추상적 개별자와 파편성의 이 계기들은 민주정과 귀족정을 지배한다 ── 최초이자 최종적 결정자뿐 아니라 그 결정의 담지자도 "인간의 자유 **외부에** 그리고 국가가 관할하는 이 자유 영역 **외부에** 뿌리를 두어야" 한다(§279). 이 한 개인이 직접적·자연적인 방식으로 국가수반이 된다. 이 개인은 자신의 능력이나 덕 혹은 교양을 통해서가 아니라 자연적 출생을 통해 군주로 규정된다. 국가의지의 최종적 자기는 이처럼 **직접적 개별성**(§280)으로서, **보편성과 특수성의 사변적 통일이라는** 이전에 설명

---

180 헤겔은 군주가 시민이 아니라는 점을 시사한다(§279, Z).

한 **개별성**(§7)의 논리적 규정과는 배치된다. 국가라는 인격체는 하나의 인격체로서만 현실적이며, (세습)군주가 국가의 주권을 대표한다. '하나의' 인격체를 세습군주로 끌고 가는 것은 명백히 유지할 수 없는 추론이다. 따라서 성공적인 세 추론 체계가 구축되지 않는다. 왜냐하면 이 개별성의 원리는 정교하게 규정되어 있지 않기 때문이다. 헤겔이 국가수반을 다른 방식으로 정당화하는 가운데, 우연성과 자의에 대해 제기한 문제를 좀 더 자세히 살펴보자.

  - 자연적 출생이라는 우연성은 군주가 직접적 개별자로 태어난 것이 아니라 또한 **우연적 특수자**로도 태어났다는 것을 포함하며, 국가수반으로서의 자신의 적합성에 대해 결정해도 되는지에 대해 어떤 위원회도 생각할 수 없다. (예를 들어 그가 정신능력에 문제가 있다면 이는 엄청난 문제를 야기할 수 있는데, 왜냐하면 군주는 아마도 위기 시에 행동하거나 전쟁이나 평화에 대해 결단해야 하기 때문이다.)
  - 헤겔은 어쨌거나 비록 세습이 '매개사를 통해 추론될 수 있다'고 해도 다른 매개사들도 가능하고, 따라서 다른 구성체도 가능하다는 것을 인정한다. 따라서 헤겔은 제후와 세습군주에 대한 자신의 원리를 엄청나게 약화시킨다. 문화적 전통에 의한 수반의 선택 혹은 수용도 가능할 수 있으며, 대통령 혹은 시민 왕, 버락 오바마, 엘리자베스 여왕 혹은 아키히토 왕도 가능하다. 이러한 사실은 반성추론의 불충분함을 지시한다. 헤겔은 다른 형태인 국민주권이 역사적으로 좌절한 것을 밝힌 직후 이 논증을 수행하는데, 이러한 방식은 날카로운 사상가인 헤겔에게 어울리지 않은 '논증'이라 할 수 있다. 헤겔은 다른 곳에서는 정당하게도 **몇몇** 경험에 호소하는 것을 이론적으로 아주 불충분한 것으로 거부했더랬다.
  - 국가라는 인격체는 단 하나의 인격체 형태로 있을 때, 즉 세습군주로 있을 때 현실적이라 한다. 하지만 §7에 의지하여 좀 더 정확히 주체 혹은 최고의 국가 인격체라는 말을 해야 할 것이다. 이 주체는 인격체, 시민사회 구성원, 그리고 공민을 포함한다. 즉 국가의 주체는 시민의 형

태로도 등장할 수 있다. 즉 나폴레옹의 형태로도, 프랑스 대통령의 형태로도 등장할 수 있다. 그러나 헤겔에 따르면, 군주는 부르주아의 속성과 공민의 속성을 가지지 않는다.

 — 제후라는 인물의 특수성은 사소하며, 입헌군주제는 우연에 의존하지 않는다. 입헌군주는 형식적 결정만을 하며, 마무리 일(화룡점정)만을 수행한다. 그는 자연을 통해 첫 번째 사람으로 세워지고, 이렇듯 특수성의 모든 목적을 넘어서 정립된다. 그는 거만, 탐욕, 자만, 질투, 혐오, 정열 등을 넘어서 있어야 한다(§280, Z; Wan 206). 이와 더불어 우선 국가의 꼭대기에 서 있는 섭정자는 끄덕이거나 끄덕이지 않는 국가로봇으로, 승인기계로 강등되지 않는다. 이렇듯 그는 시민사회의 구성원이 아니며, 시민이 아니고 온전한 인간이 아니다. 보수주의적 헤겔 비판가들에게 "제후를 정치적 의지 형성의 최종적 승인자이자 공증인으로 축소하는 것"[181]은 눈엣가시였다. 둘째, 형식적 결단은 §13에 따를 경우 선택을 포함하며, 자의 형태로 존재하는 의지의 자유를 간직하는데, 이 자유는 의지의 형식으로 있는 우연으로 나타난다. 자유는 이러한 형식적 자기활동 속에서 기만으로 바뀌며, 군주는 자신의 개별성의 제약으로 인해 **결코 자유로운 정치적 결단**을 할 수 없을 것이다. 군주가 자의에 의해 움직이지 않는 최종적 결단자이어야 한다고는 하지만 그의 투표행위는 자의적일 것이다(§281). 섭정자는 온전한 인간으로, 즉 자연적 개인으로, 인격체로, 가족구성원으로, 부르주아로 그리고 시민으로 사유되어야 할 것이다.

 — 무근거적·직접적 자기규정, 인간의 자유 외부에 뿌리박고 있는 결단, 아직 현재하지 않은 것을 모두 개시하는 것 등은 행위와 현실의 시작으로 간주된다. 여기서 『법철학』을 각인하고 있는 공리인 **사유에 내재한 행위의 근거**가 결여되어 있다. 군주가 결단해야 하는 한, 그는 자의를 배제할 수 없는 영역에 거한다. 이때 그가 "나는 의지한다"고 말하든 그

---

181 Schnädelbach, *Hegels praktische Philosophie*, a.a.O., S. 314.

렇지 않든 상관없이, 그는 이 두 경우에 선택했다.[182] 이 자연적 의지 및 자의와 더불어 군주는 **반성 단계**, 최종 규정의 추론이라는 논리적 지위에서 움직인다. 현대의 군주는 국가의 커다란 일에 대한 궁극적 결단을 더 이상 외부로부터 수행하지 않으며, 운명에 의해 규정하지 않고, 더 이상 자기 밖에 놓인 의지에 근거하지 않는다. 말하자면 그는 신탁이나 새의 비행을 보고하는 점, 혹은 신비에 기초해서 결단하는 것이 아니라 자기 자신의 의지에 기초하여 결단한다. 이미 소크라테스의 데몬(Socrates' Dämon)*에서 의지는 자기 안에서 움직이며, 자기 내부에서 자기를 인식한다. 이것이 바로 자기를 아는, 따라서 참된 자유의 시작(§279)이다. 이 자리에서 지(/앎)와 도야가 놀랄 정도로 부각되는데, 이는 근거 없는, 형식적·직접적 결정과 정면으로 배치된다. 군주는 신탁만을 내면화하며, 궁극적 결단을 위한 근거를 자신의 사상의 깃발 아래서가 아니라 자신의 감정이나 직관에서 추구한다. 최종 결정은 "여전히 객체성이 없으며, 지혜와 합리성도 없다"(Rin 175)고 한다. 이 주권자는 모든 영역의 일을 '그저 형성된 오성'으로 본다. 그는 **건전한 인간오성(상식)의 제후**이며, 지혜와 합리성을 결여한 상식의 왕이기는 하지만, 하나의 놀라운 반전으로서 집단보다는 더 개연적으로 이성적인 것을 선택한다고 한다.

이토록 자주 비난받는 제후의 오성에 이제 직접적으로 이성적인 것의 능력이 할당되는데, 이것은 일관적이지 않으며, 때때로 다음과 같은 마키아벨리의 입장에 정면으로 대립된다. 즉 "법률에 묶여 있는 일인 지배자와 이 법률에 의한 재갈로 유지되는 인민을 비교해 보라. 그러면 인민

---

182 여기서 프로이센 왕이 헤겔의 이해에 대해 불쾌해하면서 다음과 같은 말을 덧붙인다. "그런데 왕이 그 점을 찍지 않는다면?" 이것은 슈네델바흐의 다음의 책에서 인용하였다. *Hegels praktische Philosophie*, a.a.O., S. 314.
* 시민법정에서 자신을 변호하던 소크라테스는 자기 자신의 내면에 있는 다이몬(데몬)의 소리에 따를 수밖에 없었다고 한다. 내면에 있는 신, 즉 양심을 의미하는 데몬은 소크라테스가 낯선 신을 전파하는 자로 각인되게 한다. 그리스어 다이몬은 영어의 데몬, 즉 악령, 귀신의 어원을 이루지만 의미는 전혀 달랐다. —옮긴이

에게서는 일인 지배자에게서보다 더 훌륭한 특성이 발견될 것이다."[183]

최종 결단 권력의 두 번째 계기는 특수성 및 이 특수성의 보편자(헌법)로의 포섭, 근본적 결단의 심의와 준비, 입법권력에 의해 제시된 법률의 심사, '자문가' 집단(장관, 교수단 등)에 의한 결단근거의 선별작업, 그리고 무한정한 자의를 가진 제후에 의해 선발된 책임 있는 개인으로 이뤄진 행정권력 등을 포함한다(§283). 이들은 제후의 주관적 측면과 달리 결단의 **객체**에 책임이 있다. 섭정자가 모든 책임에서 벗어나 있는 반면, 이들은 객체성을 증명할 수 있는 것들에 대한 **독점적 책임**을 진다(§284). 최종 결단 권력의 세 번째 계기, 즉 즉자대자적인 보편자에서는 두 차원이 구별된다. 주관적 측면에서는 수반의 양심이, 객관적 측면에서는 헌법 전체가 그것이다.

이 절을 되돌아보는 가운데 이제 이성적 유기체, 즉 유기적으로 발전한 국가가 형성된다. 공적인 자유는 이성적 헌법을 포함하며, 이들 권력 체계에 내재한 각 지체는 "자기 자신의 고유한 영역을 충족하고, 각자에게는 자신의 자기유지를 위해 다른 지체의 유지가 실체적 목적이자 생산물이다"(§284). 헤겔은 이 최종 결단의 권력과 이 권력 작용의 본질적 구성요소를 정당화했으며, 이와 더불어 국가수반의 필연성을 세 핵심 권력의 체계 전체 내에서 정당화하고, 권력의 전체 건물을 권력의 수행이라는 의미에서 '최종적인 마무리돌'을 정초했다(Wan 206). 다만 담지자의 선택, 세습군주 개념, 그리고 출생에 의한 세습군주의 정당화 등은 유지될 수 없는 것으로 남는데, 왜냐하면 이것은 개별성에 대한 논리적으로 결핍된 이해에 구축되어 있으며 추리론의 논리적 내용을 간직하고 있기 때문이다. 이러한 사실은 동시에 보편성에 대한 불충분한 규정을 포함한다. 국가수반에게 시작하는 정치적 결단과 마지막 정치적 결단이 귀속되는 한 그의 기능은 시민왕, 집정내각이나 총통, 대통령, 연방대통

---

183   Nicolò Machiavelli, *Discorsi. Staat und Politik*, Frankfurt 2000, S. 152.

령 등으로 행위할 수 있다.[184] 따라서 국가라는 건축물의 최종적 토대와 정부와 최종 결정자의 규정을 위한 최고의 심급만이 남아 있다. 즉 **보편적·입법적 권력**이 그것이다.

C) 보편적·입법적 권력─필연성 추론(B─A─E)

인민에게 힘을

(Power To The People)

헤겔의 『논리학』 추리론의 관점에서 볼 때 입법권은 국가의 전체 구조에서 초석을 이룬다. 이 권력은 그때그때 국가의 목적을 **인식하고 확립하는** 데 있어서 특별한 기능을 가지며, 이 기능에 전제되어 있는 헌법의 일부분이다(§298). 하나의 특수한 권력으로서의 이 권력은 동시에 보편적 권력으로, 권력분립의 토대로 출현한다. 의회의 대표를 규정함에 있어서 국민(Bürgerschaft)('인민', das Volk)은 국가권력의 정초자로 드러난다.[185] 정치권력의 체계는 여기서 자신의 근거로, **보편적인 이성적 의지**로 나아가며(Wan 181), 이 의지는 헌법으로, 입법적 회합(의회)으로 표현된다. 후자는 국민적 의지, 공민의 보편적 의지를 대표하는데, 이 의지는 개별성을 특수성과, 즉 헌법의 기관과 매개한다. 헌법은 특정한 법률을 구성하는 일에서 그리고 또한 끊임없이 변하는 정부의 업무에서 자신을 계속 전개해 나가는데, 이 헌법을 계속 형성할 책임이 바로 이 입법적 회합에 놓여 있다(§298). 헤겔이 개시한 결정적인 문제는 만인의 의지와 보

---

184 슈네델바흐는 대통령제 헌법이나 집단적 국가수반을 헤겔의 구성과 일치하는 것으로 여긴다(*Hegels praktische Philosophie*, a.a.O., S. 312).

185 최종 결정자, 예컨대 대통령은 직접 인민에 의해 혹은 의회에 의해 선출될 수 있으며, (사법권의 핵심 심급인) 연방법관의 선출은 독일에서 의회의 정당화를 필요로 한다. 입법의회는 시민(Bürgerschaft)에 의해서만 선출되며, 여기서 다른 절차나 가능성이 존재하지는 않는다. 이 의회만이 법률을 제시할 수 있으며, 헌법을 수정할 수 있다.

편의지(일반의지)의 관계를 해명한 것, 즉 **국가의 정당성**의 근거에 대해 질문한 것이다. 반넨만의 노트에는 자유인들의 다수 혹은 반성의 보편성 등을 부각하는 가운데 '자유로운 일반의지', '자기를 자기 안에서 규정하는 보편적 자유'(Wan 181, 177, 179) 등과 같은 말을 명시적으로 쓴다. 헌법과 입법권 —— 즉 이성적 일반의지 —— 은 1817~18년의 구상에서 처음부터 국가의 첫 번째 계기에 결합되어 있다(Wan 181). 그리고 이 계기에 뒤이어 행정권과 제후권이 뒤따라온다.[186] 이것은 이 권력의 담지자에 대한 물음, 이들 목적을 확립하기 위한 공민의 참여의 문제, 그리고 **국가의 일에 대한 시민의 참여** 방식 등에 대한 물음과 연결되어 있으며, 국가권력의 정당성을 높일 수 있는 **참여적 정치 형성**의 문제와도 연결되어 있다. "모든 주권의 근원은 본질상 인민에 놓여 있다."[187] 인민(Populus)이 국가의 유일한 목적으로 간주되고, 인민이 이 '공화주의적' 의미에서 주권자를 체현하는 한 모든 공민이 보편자를 형성하는 문제에 동등한 권리로 참여하도록 승인되어야 한다. 이때 참여 방식은 정당이나 정치결사체의 성원권을 수단으로 하거나, 직접(인민)민주주의, 혹은 간접적·대의적 형태를 수단으로 이뤄진다. 이 대의적 형태에는 예컨대 신분대표회의, 국민의회, 의회, 파견의회 등의 모습으로 나타나며, 그 이름은 콩그레스(Congress, 미국 등), 두마(Staatsduma, 러시아), 분데스탁(Bundestag, 독일), 코카이(Kokkai, 일본) 혹은 카메라 데이 데푸타티(Camera dei Deputati, 이탈리아) 등으로 불린다. 고전적 형식 외에 오늘날 직접민주주의적 요소

---

186 Rolf Grawert, Verfassungsfrage und Gesetzgebung in Preussen. Ein Vergleich der vormärzlichen Staatspraxis mit Hegels rechtsphilosophischen Konzept, *Hegels Rechtsphilosophie*, hg. v. Otto Pöggeler, Stuttgart-Bad Canstatt 1986, S. 286. 그라베르트가 동의하는 해석에 따르면, 헤겔의 법철학의 기획을 올바로 읽어보면 헤겔이 '간교하게 치장하고 있지만 헌법의 체계적 진보의 옹호자'임을 인식할 수 있다(S. 258).

187 「인간과 시민의 권리장전」 Art. 3. 헤겔에 따르면, 1793년 프랑스 민주 헌정에서 국가권력의 중심은 의회에 있으며, 입법권이 승리를 거뒀다(Hegel, *Reformbill-Schrift*, 11, 117f.).

와 정치적 행위의 비전통적인 새로운 형식(시민운동, 시민참여 등)이 등장했는데, 이것은 그저 의회의 대체물로가 아니라 시민의 구체적 정치참여의 보완으로 등장했다. 국가에의 성공적 참여, 대의의 적절한 형성, 그리고 무엇보다 자유의 쟁취 등이 이러한 정치적 행위양식을 평가하는 기준으로 작용한다.

헤겔의 종합적 흐름에 따르면, 필연성 추론, 즉 정언추론, 가언추론 그리고 결정적인 마지막 추론인 동시에 추론의 지양을 서술하는 선언추론은 논리적 역결합을 수행한다. 필연성 추론의 중심에는 보편성, 즉 보편적·합리적 의지로서의 정치적 의지가 서 있으며, **시민의지의 보편적·정치적 대의**라는 방식의 현실이 서 있다. 종교의 추론삼각의 언어로 말하자면, 일반의지인 즉자대자적인 자유로운 정치적 의지의 현실적 현재성.[188] 이 보편자(A)는 개별적인 정치적 대의라는 형태로 존재하는 보편적인 합리적 의지, 즉 국가수반이라는 개별 주체(E)를 특수한 정치적 실현의 형태로 존재하는 보편적인 합리적 의지, 즉 집행권(행정부, B)과 결합한다. 보편성은 이전의 추론에서와 달리 '분리된 직접적 내용', 즉 어떤 내용을 갖는 것이 아니라 특정한 극단(B와 E)의 반성을 자신 안에 갖는다. 이때 후자는 그 중심에서 자신의 내적 동일성을 가지는데, 이 동일성의 내용규정은 극단의 형식규정이다(WdL 6, 391). 모든 것은 보편적인 합리적 시민의지의 표현이다.

도식:

보편성: 중심

a) 정언추론   B로서의 A   집행권(행정부)
    E－B－A

---

188 G. Sans, Hegels Begriff der Offenbarung als Schluss von drei Schlüssen, in: Pierini/Sans/Vieweg/Valenza, *L'assoluto e il divino. La teologia cristiana di Hegel*, a.a.O.

| b) | 가언추론
A−E−B | E로서의 A | 최종 결단의 권력 |
| c) | 선언추론
B−A−E | A로서의 A | 입법권 |

정언추론

형식적 추론의 첫 번째 모형의 도식 아래 놓여 있는 정언추론(E−B−A)에서 보편성은 특수성으로 존재하는데, 특정한 종이나 유라는 의미에서 그렇다. 보편적 시민의지의 특수한 표현으로서, 매개하는 사명으로서, 필연적 특수성으로 존재하는, 즉 특수한 대의 형태로, 행정권의 형태로 존재하는 보편적인 합리적·정치적 의지로서의 정부에는 **보편자의 특수화와 그 실현**이라는 의무가 주어진다. 법률을 구성하고 전환하고 적용할 때 **자신의 규정에 보편자를 포함해야** 한다. 어떤 우연성도 더 이상 매개사에 붙들려 있지 않으며, 이 매개사는 객관적 보편성, 보편적 규정성이다. 여기서 중심은 "이 중심 안에서 자립적으로 유지되는 자기 극단의 내용 가득한 동일성"으로 서 있다. 다른 자립적 권력, 즉 최종 결단자와 입법 역시 집행부에 속하는데, 왜냐하면 이들 권력의 자립성은 저 실체적 보편성, 유이기 때문이다(WdL 6, 394). 집행(행정)행위는 따라서 전체의 한 규정으로 취해질 수 있다.[189]

가언추론

가언추론에서 보편성은 **개별성**으로서 중앙으로 밀린다. 그러나 직접적 존재('개별자')라는 의미에서의 집행관은 '매개하면서 매개된다'(WdL 6, 395f.). 그런데 반성추론과 다르게 여기서는 결론명제를 위한 어떤 전제도 그저 전제되지 않는다. 최종 결단의 형식으로 존재하는 보편적인

---

189   이러한 의미에서의 집행행위에 대해서는 다음을 보라. Cesa, Entscheidung und Schicksal: Die fürstliche Gewalt, a.a.O.

정치적 의지는 보편적 법률(입법권)을 법률의 특수화(집행권)와 매개한다. 최초이자 최종적인 결단은 목적인식과 목적확립(A)을 목적의 실현과 적용(B)에 결합한다. B의 적절함은 A와 연관 상태에서 검토되고 궁극적으로 법률과 관련하여 결정된다. 이 권력은 B의 측면에서 본 필수적 정보, 충고 그리고 전문성 등을 통해, A에 정초된 행위자의 본분을 통해 매개되며, 담지자의 확립은 시민 내지 그 대리자를 통해 이뤄진다.

선언추론

중심의 결정적 구체화 내지 '충족'은 필연성 추론의 핵심인 선언추론에서 수행된다. 여기서 다뤄지는 것은 보편성으로서의 보편성, '형식으로 채워진 보편성', **전개된 객관적 보편성**이다(WdL 6, 398). 추론의 중심은 보편자를 유로서(정언추론), 또한 보편성을 (완전하게 규정된 보편자(가언추론))로 포함하며, 따라서 자신의 총체적 형식규정으로 존재하는 객관적 보편성을 포함한다. 이 보편성은 그 논리적 지위에서 볼 때 반성의 보편성으로가 아니라 자신의 특수한 것 전체로, 개별적 특수성으로, 배타적 개별성으로 간주할 수 있다. 보편자는 여기서 '자신의 특수자의 보편적 영역'으로, 특정한 개별자로 등장하며, **매개사는 A, B이면서 E이기도 하다**. 이러한 사실은 정치적 유기체의 삼각추론을 위한 근본적 결과를 갖는다. 개념의 총체로서 선언추론의 중심은 이렇듯 아주 특정한 두 극단을 가지며, **보편적인 합리적 의지의 형태로, 그리고 보편자로서의 법률의 주권적 수여자의 형식으로 존재하는 정치적 삼위일체**를 가진다. 세 권력에는 동일한 보편자가 정립되며, 이들 권력의 동일성이 그리고 **합리적인 정치적 의지**의 형태로 존재하는 보편자가 정립된다. 여기서 보편자는 이러한 **이중의** 형식 속에서 이중의 통일성으로 등장한다. 즉 헌법과 특수한 법률의 형식을 취하는 헌법법률로, 보편자로 있는 헌법으로 그리고 입법권력으로 등장한다. 입법권의 부각된 지위는[190] 아주 간략하게 묘

---

190 하르트만에 따르면, 입법부는 권력의 계속된 분화에 척도를 제공하는 것이어야

사한 이 추리론에, 특히 선언적 추론에 의지한다. 보편성을 마지막 유형의 중앙에 위치시킴으로써 성공적인 추론이 산출된다. **권력 중 하나는 필연적으로 전체의 근거로, 국가라는 정치적 조직체의 토대로 전진한다.** 헤겔의 삼단논법을 검토함으로써 『법철학』과 비교해서 엄청난 결과가 나타난다. 즉 공화적·민주적 헌법의 이론적 정당화가 등장하며, 대의적·민주적 구조의 표현으로서의 입법의회라는 심급이 대의적·민주적 구조의 표현으로서 근본적인 중요성을 띠는 것으로 나타난다. 보편적인 합리적 의지는 헌법 그 자체로, 입법권으로 표현된다. 이러한 사실은 당연히 『법철학』 텍스트에서만 나오는 것이 아니다. 정치적 삼원성은 자신의 근거를 보편적인 합리적 시민의지라는, 즉 입법자와 주권자로서의 도야된 공민권이라는 '신성한 정신'에서 갖는다.

헤겔 역시 입법권을 민주적 국가조직의 중심으로 보았다.[191] 공민의 자기규정, 시민의 자기지배라는 여기 제시된 사상은 선언추론에서 논리적 닻을 내리는데, 이 선언추론은 하나의 추론이면서 동시에 논리적 추론 형식의 지양을 의미한다. 그것이 추론 형식의 지양을 의미한다는 말은 중심과 극단의 차이가 해체되기 때문이다. 자기에게 귀환한 총체성의 형식을 띠는 지금 도달한 보편성과 더불어 ── **계기의 이상성**과 더불어 ── 추론은 '규정성의 부정을 함유할' 그리고 이와 더불어 '매개의 지양을 통한 하나의 매개'라고 하는 규정을 간직한다. 시민 전체의 매개된 의지(전체 의지)와 보편적 의지의 형태 속에서 이 전체 의지의 지양(일반 의지)이 바로 그런 계기들이다. 이러한 방식으로 헌법과 입법의회는 생동적인, 긴장 가득한 통일체로 고려할 수 있다.[192] 이제 주체는 한갓 타자와의 결합이 아니라 지양된 타자와의 결합, 즉 자기와의 결합이 이뤄

한다. 하지만 헤겔은 『법철학』의 계속된 작업에서 이 원리로부터 나아가지 않는다. Klaus Hartmann, Linearität und Koordination in Hegels Rechtsphilosophie, in: Henrich/Horstmann, *Hegels Rechtsphilosophie*, S. 311.

191 Hegel, *Reformbill-Schrift*, 11, 128.
192 아직 절대정신 영역의 보편성을 다루는 것은 아니다.

지는데, 이는 엄격히 말해서 더 이상 추론이 아니다. 이로 인해 이성적으로 형성된 입법권 안에서 공민과 시민은 자기 자신에게 머물고, 자율적이며 자유롭다. 여기서 보편성, 특수성, 개별성이 결합한다. 보편성은 입법권에서 보편적 시민의지로 존재하며(**민주정적** 원리), 개별성은 수반으로 존재하고(최종 판단자의 **군주정적** 원리), 마지막으로 특수성은 행정부 형태로 존재한다(**귀족정적** 원리). 동시에 이 모든 세 계기는 칸트가 말한 세 가지 지배 형태를 지양된 계기들로 간직하고 있는 세 차원의 통일임을 드러낸다. 칸트는 지배 형태를 전제정치, 귀족정치 그리고 민주정치로 말한 바 있다. '최상의 체제'(/헌법)는 국가 개념이 표현하는 것에 상응해야 하며, 따라서 언급한 세 요소의 통일을 서술해야 한다. 하지만 최상의 헌법(/체제)이 완전한 것은 아니다. 왜냐하면 그 헌법도 "경험적 토대 위에, 현존으로"(Gr 101) 있기 때문이다. 정치적인 것(국내법적 의미에서)은 자신의 지고의 특색을 유지하며, 우리는 "지고의 구체적 보편성의 입장"(§303)을 갖는다. 모든 계기에서 **보편적·이성적·정치적 의지의 현실적 현재성**이 발견되며,[193] 인륜적 이념이라는 현실도 발견된다. 여기서 말하는 인륜적 이념은 국가라는 정치적 작품으로 된, 그리고 정치적 자기의식으로 된 자유 개념으로서의 자유 이념이다. 국가는 시민의 욕구를 만족시키기 위한 구조, 권리주체의 자유로운 활동과 통합의 산물을 대표한다. 또한 권리(/법)와 자유의 고유한 형식도 대표한다. 이렇듯 우리는 여기서 디터 헨리히의 말처럼 "자유로운 정신에 기초한 국가를 정초하고자 한 헤겔의 목표를 표상할 수 있으며, 전개된 국가 개념에서 이 정신의 자유가 유지되고 효력을 발휘하는 모습이 어떻게 설명되는지도 표상할 수 있다. 국가를 세 추론 형식으로 기술하는 것은 이러한 목적 중 어떤 것도 상실하지 않는다."[194] 삼각추론을 노출하고 적용할 때에야 비로소 헤겔의 '국가학'과 그의 실천철학 전체에 대한 적절한 이해가 가능하

---

193 Enz §570.

194 Henrich, *Logische Form*, a.a.O., S. 450.

다. 보편적인 이성적·정치적 의지는 만인의 의지와 일반의지를 포함하며, 특수한 개별의지의 한갓 집합으로 축소되지 않는다. 그리고 그 의지는 직접적으로 철학자의 보편적 의지 개념이 아니다. 이러한 지평에서야 아마도 이성적인 국가체제라는 헤겔의 시각에 좀 더 가까이 다가갈 수 있을 것이다.

오늘날 독일의 대의민주주의는 권력이 서로 얽혀 있고 또 상호관계 구조를 하고 있음을 보여 준다. 여기서는 간단히 그 모습을 스케치할 수 있을 뿐이다. 주권자 인민에 의해 선택된 의회는 시민의 대의적 회합으로서 행정부를 선출하는데, 이 행정부의 구성요소는 의회에 답변할 책임이 있다. 총리는 국가수반으로부터 정부를 구성할 임무를 위탁받으며, 입법부를 통한 선출 이후 대통령의 재가를 획득한다. 총리는 다시 연방제적 구조를 고려하는 의회의 다른 위원회, 즉 연방회합을 통해 자신의 합법성을 보유하게 된다. 연방주의는 각 주의 대표로 이뤄진 연방상원(Bundesrat)으로 구체화되는데, 이 연방주의*는 권력의 수직적 분할이라는 측면을 표현한다. 이를 통해 양원체계가 정착되고, 법률의 일부는 상원의 승인을 필요로 하게 된다. 이 구조 및 체제 전체는 헤겔의 본질적 사상이 현재로까지 이어진 것으로 볼 수 있다.[195]

---

* 미국이나 독일은 연방주의 요소를 갖는다. 연방주의는 다수결의 원리로 소수의 구속을 방지하기 위한 정치적 보완물로, 대중민주주의의 한계를 극복하는 하나의 대안이다. 미국은 상원과 하원으로 이뤄져 있는데, 하원은 인구 비례에 따라 선출된 의원들로 구성된다. 대부분의 법안은 여기에서 만들어진다. 하지만 그런 법안은 소수자, 혹은 소수집단이나 작은 주에 불리하게 작용할 수 있다. 상원은 크든 작든 간에 각 주에 두 명의 의원을 두며, 100명으로 구성된다. 하원에서 통과된 법안이 헌법에 위배되는지, 소수자를 억압하는지 등을 심사하여 법안에 대한 비토권을 행사할 수 있다. 지역 분할의 전통을 오래 간직한 독일 역시 각 주의 독립성이 강한데, 이 자치주에는 몇십만 명의 인구에 불과한 작은 주에서 700만 명이 넘는 거대 주도 포함한다. 총 16개 자치주로 이뤄진 독일은 인구 비례에 따라서 선출되는 하원(분데스탁)과 각 주의 이해를 반영하는 상원(분데스라트)으로 의회가 구성되어 있다. 상원은 미국과 달리 비례성이 있기는 하지만 하원만큼 크지는 않다. 200만 명 미만의 주는 세 명의 의원을 두는 것에서 시작해 700만 명 이상의 주는 여섯 명의 의원을 할당하는 방식을 취한다. 현재 69명의 상원의원이 있다. ─옮긴이

국가권력의 담지자들의 선발

국가적 관심사의 담지자들의 선택은 선거와 상층의 재가를 혼합한 형태로 이뤄진다. 즉 다른 권력이 능력과 전문성의 기준에 따라 이 선출에 등장한다. 국가의 대표자들이 자연적 인격성과 출생을 통해 정해지지 않는 두 번째 경우 유일한 조건은 관련자의 **지식과 능력**이며, 직무능력의 증거이고, 뛰어남이라는 의미에서의 전문성과 정치적 덕이다. 모든 각각의 시민에게는 원칙상 보편적 신분(공무원)으로 헌신할 기회가 열려 있으며, 모두에게 자신의 장점에 따라서 장관, 총리 그리고 최종 결단자가 될 수 있는 가능성이 주어진다.[196] 제후나 군주는 최고의 국가권력으로서 정치적 권력의 중요한 담지자에 대한 전적인 선택권을 넘겨받는다. 이러한 사실은 다시 우연한 것, 자의적인 것을 표현하며, 결코 삼중추론 구조에 의해 포괄되지 않는다. 왜냐하면 입법부는 그 선택으로부터 제외되기 때문이다. 하지만 헤겔의 구상에서는 유효할 수 있다. 왜냐하면 모든 각각의 권력은 다른 실체적 권력을 자기 안에 포함하기 때문이다. "권력은 상호적으로 구성되고 서로에게로 나아간다."[197] 따라서 입법권은 본질적으로 최종 결정의 권력행위와 연관을 맺어야 하며, 거기서 실체적으로 함께 작용하고 결정해야 한다. 예컨대 장관과 다른 공무원을 선임하는 경우에 입법권은 군주의 결단을 책임 있는 장관을 통해 승낙함으로써 함께 참여한다. 두 원리는 반넨만 강의록(Wannenmann-Vorlesung)에 나타난다.[198]

특이하게도 헤겔은 국가권력의 담지자들의 선택의 문제를 최종 결정자인 제후의 권력을 다루는 절에서도 다룬다. 왜냐하면 그는 제후에게 결정적인 역할을 부여하기 때문이다. 그러나 앞에 언급한 문단에서 정치권력의 담지자의 선택에 대한 물음과 관련한 본질적 관점은 다음과 같

---

195   그런데 이 주장에 대한 상세한 증거는 더 제출되어야 할 것이다.

196   『법철학』에 따르면, 국가수반의 임무는 시민에게 닫혀 있다.

197   Siep, *Praktische Philosophie im Deutschen Idealismus*, a.a.O., S. 265.

198   Ebd., S. 251ff.

다. 즉 권력은 결코 사적 소유가 아니라는 것이다. 그러한 유의 정치적 업무를 수행하는 개인은 사적인 자기가 아니다. 이 담지자는 보편적이고 객관적인 특성과 능력에 근거해서만 선출된다. 국가의 일과 권력은 물건 도, 상품도 아니다. 그것은 양도할 수 없으며, 사유재산이 아니고, 능력과 숙련성과 성격이 이를 결정한다. 간단히 말해서 시민의 모든 구성원에게 개방되어 있는 국가의 임무에서 결정적인 것은 **정치적 도야**(politische Bildung), 즉 포괄적인 의미에서의 도야이다.[199] 이와 더불어 헤겔은 자신이 수행한 시민사회와 국가의 구분, 부르주아(사적 시민)와 공민의 구분을 계속 주장하고 있으며, 특권층과 시장원리의 과도한 영향력에 대해, 국가직무의 거래와 상속에 대해, 정치부패에 대해, 무법적이고 인륜에 어긋난 로비에 대해, 국가에서 돈과 경제의 과도한 역할에 대해 분명히 반대한다. 간단히 말해 그는 모든 종류의 성물(/성직, 여기서는 '공적인 모든 것') 매매에 반대한다. 이것은 시민사회 영역에서 활동하는 이익집단의 정당한 정치적 대변을 반대하는 것이 아니다. 중요한 것은 이런 이익을 관철함에 있어서 정상적인 형식과 공정한 절차가 있어야 한다는 것이다. 헤겔은 앞에 언급한 문제와 법 위반의 온상을 특히 당시의 대의적·의회적 형식에서 보았다. **국가의 중립성**이라는 원리를 유지하지 못하거나 부분적으로만 유지하는 정치질서는 국가의 개념을 만족시키지 못하며, 자유로운 국가로 인정받을 수 없다.[200] 특수한 권력은 자신을 위한 특수권력이 아니며, 담지자들의 특수의지는 독재적이지 않다. 양자는 자신의 근거를 국가의 통일성 속에서 가지며, 이는 국가의 **주권**, 즉 국가

---

199 여기서 '도야'(Bildung)는 가장 넓은 의미에서 사용된다. 정치적 덕, 학문적 연구, 국가시험, 실천적 준비 과정 등을 모두 포괄한다(Hegel, *Reformbill-Schrift*, 11, 120).

200 오늘날 부패, 공격적 로비, 산업 및 금융권과 맺고 있는 정당인과 의회 종사자들의 결탁, 또한 시민사회와 국가의 분리를 광범위하게 위협하는 정당에 대한 문제 투성이의 재정 지원 등이 형성되어 있다. 무법적 로비의 예로는 미국 선거전에 투입되는 수십억 달러의 재정 지원, 브뤼셀에서의 과도한 로비, 건강정책에 대한 의약산업의 개입, 에너지정책에 대한 전기회사의 간섭 등을 들 수 있다.

의 **권력독점**을 이룬다.

실행권력(행정권) 구조와 기능양식의 근본 계기가 그 윤곽을 얻었으며, 통제권력(행정부)은 현존추론의 중심에 서 있고, 최종 결정 권력과 입법권력을 자기 안에서 결합한다. 행정부를 통해 구상되고 제안된, 입법부에 의해 결의된, 그리고 수반에 의해 승인된 법률은 (이 법률에 의지가 쏟아부어진다) 가장 넓은 의미에서 검토되고 적용되고 실행된다. 국가의 목적은 특수한 행위자에 의해 특수화되고 변형되며, 여기에 실행하고 통제하는 권력의 본분이 놓여 있다. 중심으로서의 특수성은 국가의 귀족정적인 계기를 체화하며, 여기서 지식과 능력에 있어서의 엘리트 정치, 귀족정치의 형태를 취한다.[201]

3.4.3 조지 오웰, 그리고 감시국가와 경찰국가

> 비밀을 알고 싶은가
> 나는 너를 통해 보고 있지
> (Do You Want To Know A Secret
> I'm Looking Through You)

헤겔은 여기서 명백하고 단호하게 **전체적 통제와 규제**국가에 대립적인 입장을 취한다. 즉 시장원리에 대한 광범위한 통제적 간섭, 조합, 연합체 그리고 공동체 등에 대한 조작적 통제, 자율과 자립 원리의 방해, 혹은 보호주의의 장려 등에 대해 반대한다. 그는 **총체적 감시국가**라는 모형, 피히테류의 경찰국가라는 노예선, 모든 시민이 질서와 안전을 절대적으로 보장받기 위해 매 순간 어디에 체류하는지를 알아야 한다고 요구하는 국가, 빅브라더와 거리감시체계를 갖춘 '법질서국가', 전면적 통제광과 제제광기 등, 이런 국가에 대한 반대논증을 한다. "누군가가 칼을

---

201 이것은 기술지배나 전문가 지배로 돌변할 위험이 있다.

살 때 경찰은 그 용도를 알아야 하고, 그 외에도 살인을 방지하기 위해 개입해야 한다. (……) 경찰은 다시 모두가 그런 일을 수행하는지 감시해야 하며, (……) 이 일은 무한히 진행된다"(Gr 617). ── 그러면 누가 호위병을 호위하는가?(Iuvenalis) ── 감시자는 제2의 감시자에 의해 감시되어야 한다. 이 과정은 무한히 진행된다. 그런 국가는 그리스인들이 파노프테스(모든 것을 보는 자)라는 이름을 부여한 아르고스로 변모한다. 피히테의 '노예선'과 벤담의 판옵티콘(원형감옥)은 이런 유형을 지시하고 있는데, 헤겔은 이런 가공할 감시국가에 대한 오웰의 비판이 있기 훨씬 전에 이런 국가에 대해 아주 명료하고 날카롭게 투쟁하였다.[202] 현대사회는 ── 이를 밝히는 것이 헤겔의 분명한 사명이다 ── 벤담류의 **완전한 감옥**으로, **규율사회**(Foucault)로, 억압적 예방국가로 조직할 수 없으며, 이른바 위험방지 원리에 호소할 수도 없다. 권력을 판옵티콘으로 이해할 경우 이는 경찰국가로, 감시국가로 나아갈 것이다. 이는 항구적인 감시 카메라를 통해, 전화 도청과 인터넷 통제를 통해, 그리고 광범위한 데이터 수집, 감청이나 감시 등을 통해 이뤄질 것이다. 데이터 보호와 정보의 자기규정이라는 기본권 등과 같은 근본적인 권리가 내팽개쳐질 것이며, 그 결과는 사적 영역의 침해, 국가질서에 대한 시민의 신뢰의 파괴이며, 또한 범죄도 없고 자유도 없는 완전한 감옥이 될 것이다. 결국 '유리국가'와 '유리시민'이 남는다.[203] 자유의 성지로서의 국가가 전 방위적 통제를 할 수 있게 할 경우 한갓 유리벽을 가지게 될 것이다. 그러한 방식의 위험방어와 테러방어는 오히려 그 역으로, 즉 오웰의 소설 『1984』에 나오는 형태로 변하게 된다.

---

[202] 오웰의 조국인 영국에서는 CCTV로 무장한 괴물 같은 시민감시체계가 만들어졌다. Heribert Prantl, *Der Terrorist als Gesetzgeber*, München 2008, S. 89~100. 국가 자체는 적이 되며, 오웰의 주제는 토니 스콧(Tony Scott)의 영화 「에너미 오브 스테이트」(Enemy of the State, 1998)에서 인상적으로 기술된다.

[203] Michel Foucault, *Überwachen und Strafen. Die Geburt des Gefängnisses*, Frankfurt a.M. 1976; Jewgenij Samjatin, *Wir*, Chemnitz 1994.

헤겔은 이러한 유형의 총체적 감시에 단호히 반대하며, 의미 있고, 사태에 적합한 이성적 감독과 통제를 주장한다. 왜냐하면 시민사회는 "만인에 대항한 만인의 개별적인 사적 이익이 투쟁하는 장소"(§289)로서 스스로를 완전하게 통제할 수 없기 때문이다. 그래서 그는 적절한 규제와 기본조건을 두는 데 찬성한다. 국가에 의한 시장 감독, 산업과 금융 감독(경제정책), 공정경쟁청, 국가적으로 조직된 의료체계, 국가적으로 운영되는 사회복지기구와 교육제도(사회복지정책과 교육정책), 직업조합과 공동체의 국가적 규제(동아리 권리와 직업권 등의 보장) 등은 이미 살펴본 예들이다. 국가의 권력 독점과 결합되어 있는 국가의 통치권적 기능(사법, 경찰 등)도 여기에 덧붙여진다. 그 기준은 가능한 한 최소한의 통제, 필요한 만큼의 통제이다.

4. 민주적 헌법의 토대. 지식민주주의와 교육민주주의

이러한 맥락에서 『법철학』과 『엔치클로페디』 그리고 남겨진 노트 외에도 다시 『개혁법안』(Reformbill-Schrift)을 살펴보는 것이 좋을 것 같다. 왜냐하면 인민주권의 영국(과 프랑스)의 형태가 민주주의 형식을 전면적으로 띠고 있으며(§279), 이러한 형태의 본질적 요소를 드러내고 있기 때문이다. '전체 민주주의'(Wan 211)의 핵심은 '모든 시민의 동등한 정치적 권리라는 보편적 원리'인데,[204] 보편적 선거권으로 표현할 수 있다. 모든 각각의 개별자는 "모든 정부권과 행정권에 참여"(Wan 211)한다. 이 주장에서 정치적 주체로서의 '시민'(Bürger)이라는 정교한 술어가 사용되고 있는데, 시민(시민권, 시민회, Bürgerschaft)은 공적인 자유, 즉 국가 최고의 관심사를 산출하기 위한 **유일한 주권자**이다.[205] 인민(보통자유

---

204   Hegel, *Reformbill-Schrift*, 11, 108f.
205   'Bürgerschaft', Wan 217.

선거)을 통한 입법회의, 의회의 선출과 더불어 그런 체제의 핵심적 원리가 다뤄진다. 국가권력의 본질적 부분(즉 대표회의)의 이러한 구성은 (때때로 국민투표 외에) 시민 전체의 주권성의 결정적 활동으로 간주된다. 이 형식에서는 입법권이 승리를 하며, 다른 권력의 토대로 드러나고, 의회는 정치적 체제의 중심에 위치한다.[206] 자유, 정의 그리고 보편적 복지 내지 공동의 복리 등이 의회의 입법적 활동의 핵심으로 간주된다. '자유인 전체'는 자신을 대표하는 이러한 선거를 통해 자신을 규정하며, 자기 자신을 규제한다. "온전한 민주주의에서 모든 각각의 개별자는 모든 정부권과 행정권에 참여한다"(Wan 211). 헤겔은 "개별 시민이 법률을 결정할 수 있도록 공적인 기회가 제공되어야 한다"[207]고 하는 직접민주주의 형태를 이 대의제 원리와 구별한다. 그런데 헤겔은 국가법률에 이렇게 직접 접근하는 것을 1793년 프랑스의 민주적 헌정체제에서만 본다. 민주주의의 또 다른 모형으로 그는 고대의 민주주의를 거론하며, 거기서 개인의 의지는 아주 생동적으로 자유롭게 남아 있고, 실체적인 것의 활동을 본다. 이러한 사실은 솔론의 헌법에서 보듯이 시민의 동등한 권리, 폴리스 시민의 법적·인륜적 의식에 기반하고 있다. 헤겔에게 (소수의 자유와 노예제에 기초하고 있는) 고대 폴리스의 민주주의 원리는 작은 구성체(현대의 사회도 역시)의 원리로만 가능한 것으로 현상하며, 거대한 영토국가와 같은 현대의 큰 형식에는 어울리지 않고 공동체나 작은 도시, 조합과 직업단체 등, 직접적 자기통치와 항상적 정치 참여가 실현될 수 있는 곳에서만 가능하다. 주된 조건은 **직접적인 그리고 항구적인** 참여의 가능성과 그런 참여를 허용하는 **시민의 도야**이다. 예컨대 코뮌에서처럼 계속되는 매일의 소통은 **공동의 도야와 생동적인 민주주의**[208]를 가능하게 만든다. 이때 시민은 주된 협의에서 현장에 그리고 결정에 스스로 참여하며, 이를 통해 그는 자신의 통찰과 지식을 발전시킬 수 있다.

---

206 Ebd., 128.
207 Ebd., 113.
208 PhilG 12, 312.

4.1 민주주의와 대의

민주주의의 현대적 원리는 "개별자의 추상적 의지 그 자체만이 대의되어야 한다"[209]는 것에서 드러난다. 1인1표의 원칙으로부터 만인의 의지, 다수의 의지만이 결과로 나타나지,[210] 결코 참다운 일반의지는 나타날 수 없다. 시민의 정치적 의지는 전체의 의지로 축소된다. 자유의 질적·내용적 입각점이 아니라 양적이고 형식적인 것(1인1표)만이 고려된다 — 교육받은 한 사람. '개별의지라는 원자'로부터 수와 합계를 통해 무규정적 추상(§279)이 산출되며, 어떤 생동적인 정치적 유기체가 아니라 '죽은 종이 세계'[211]만이 등장한다. 추상적 의지의 표명은 우연과 자의에만 의지할 수 있으며,[212] '선거제국', 민주적 헌정의 출발점은 임의성과 한갓 의견에 기초한 의지, **다수의 자의**이다(§281). 여기서 인민의 이해는 인격체의 회합으로, '한갓 유권자'라는 의미에서의 한갓된 덩어리로 제한된다. 이러한 유의 '추상적으로 대의되는 민주주의'[213]는 자유로운 헌법을 배제하며, 중우정치의 위험을 가져올 수 있다. 여기서 중요한 것은 1인1표제를 무효로 만드는 것이 아니라 이에 기초하여 주권자로서의 도야된 공민이라는 의미에서 지속적으로 발전하는 것이다.

'형식주의'에 대한 비판적 해명과 자의와 우연에 대한 비판은 민주주의에 대한 한갓된 비난으로 그저 벗어버릴 수 없다. 이에 대한 해명을 통해 보편성과 특수성의 **매개체계**가, 그리고 국내법에서, 입법권의 테두리 안에서 **대의체계**가 취급될 수 있을 것이다. 신분들(§302, 303)과 의원들

---

209 Hegel, *Reformbill-Schrift*, 11, 106.

210 '다수'라는 표현은 '만인'이라는 용어보다 경험적 보편성을 좀 더 올바르게 드러낸다.

211 PhilG 12, 312.

212 헤겔은 몽테스키외와 민주국가에서의 덕에 대한 그의 강조를 염두에 두고 있으며, 또한 정치적 대표자를 통한 덕의 상실과 덕의 순수함을 암시하고 있다(PhilG 12, 532f.).

213 이 표현은 다음의 논문에서 인용했다. Kastner, "Noch einmal: Die Stellung des Monarchen", a.a.O., S. 84.

(§§308, 309)은 정치적인 신분적 요소를 이룬다. 헤겔은 매개하는 대의적 구조를 현대적 의미에서의 신분이라는 범주로 포괄한다. 시민사회의 구성원과 공민은 특수한 지위를 가지며, 부르주아적·사회적 신분과 정치적 신분은 구별해야 하며, 부르주아적·시민적 연합체로서의 조합과 공동체에는 정치적으로 형성된 과업이 부가되어야 한다. 그런 것들은 '작은 국가들'로서 특수이익과 보편이익을 매개해야 하며, 국가는 독자적인 '영역'이며 부분적으로는 스스로를 규정하는 구조인 그런 구성요소의 조직을 서술한다(§303). 시민사회에서 구성된 길드, 공동체 그리고 조합 등은 전체에의 참여를 통해 **정치적** 차원을 보유하며, 정치적 의지 형성에 참여한다(§308). 민주적 참여의 다른 측면은 (헤겔은 이를 '신분적 요소의 다른 측면'(§308)이라고 말한다) 대표, 대의적 계기를 포함한다. 여기서 즉시 문제의 요점이 번쩍인다. 즉 대표는 어떻게 수행되는가? 외견상 헤겔은 "**모든** 개별자가 국가의 구성원이며, 국가의 업무는 **만인**의 업무이므로, 여기서 모두는 자신의 지식과 의지를 가지고 국가의 업무에 관여할 **권리**를 가지기 때문에 모든 개별자는 국가의 보편적 업무에 대한 심의와 결의에 참여해야 한다"(§308)라는 민주주의적 요소에 대해 즉각 반발한다. 보다 정확한 논의는 즉시 다른 빛 아래로 떠밀리는데, 왜냐하면 첫째, '어떤 이성적 형식도 없는 민주주의적 요소'라고 하며, 둘째, 헤겔은 여기서의 문제는 일면적이지만 필연적으로 머무는 추상적 규정, 즉 추상적인 1인1표라는 추상적 규정이라고 주장하기 때문이다. 추상성을 넘어가는 이성적 고찰에서는 분화된 유기체의 영역이라는 측면에서 (예컨대 조합, 길드, 공동체의 측면에서) 대의, 대표가 시민의 이익집단을 통해서 수행된다고 하는데, 왜냐하면 이 연합체에서 이미 보편성의 특수한 형식이 발생했기 때문이다. 여기에서 "헤겔에 의해 설명되지 않았지만 자기 법철학에 체계적으로 안착해 있는 구체적·대의적 민주주의라는 프로그램"[214]이 표현되고 있다. 이때 비판된 **추상적** 대의와 거리를 둔다. 그러나 **정치적 신분**의 규정, **정치적 협동**의 규정은 활동의 원리에 따른 한갓 귀속성으로 한정할 수 없다. 헤겔은 **코뮌**을 고유한 조합(협동)으로

이해함으로써 이 한계를 이미 보여 줬다. 정치적 이익단체, 시민운동 그리고 특히 **정당**은 여기서 문제없이 배열할 수 있으며, 시민을 자신의 직업 활동으로 결합할 뿐 아니라, 예컨대 중요한 그리고 조합을 포괄하는 근거, 즉 사회적 정의, 건강한 환경, 내적 안전, 시민권 보장 등과 같은 포괄적 근거로부터 시민을 결합하는 그런 유대로 간주할 수 있다. 추상성, 즉 '합리적 형식이 전혀 없는 민주적 원리'라고 표현함으로써 이 철학자(헤겔)는 현대 국가의 긴급한 문제를 분명히 한다. 즉 양적인 것의 과잉, 소수에 대한 다수의 압도적 위력, 형식적인 것의 과잉 등이 그것이다. 이는 구체적으로 투표권자들의 표에 과도한 중요성을 부여하는 것으로 나타나며, 의지 형성에서 자의의 지배가 두드러진다. 칸트에 따르면 '만인이 아닌' 만인이 결정하는데, 이는 일반의지의 자신과의 모순으로, 자유와의 모순으로 서술된다.[215] 정치적 실천에서 자주 자의적으로 결정하는 투표권자의 마음을 사로잡기 위해 과도한 선거전이 등장한다. 초점은 **모든 원자적 의지의 의지**라는 원리에 맞춰져 있다. 이는 수와 다수결을 숭배하는 데로 나아가며, 양적 소수자와의 교호작용의 어려움을 낳는다. "소수가 다수에 종속되어야 하는 곳에서는 결코 자유가 없다."[216] 여기서는 "추상적 의지 그 자체만이 재현된다." 하지만 자의가 지배하는 곳에서는 선출하는 자가 **구체적** 개별자이며, 또 이들은 다른 특수한 목적을 추구하며, 따라서 특수성을 유효하게 하고자 한다. 여기에서 정당에 속한 대표자들의 '분화'와 구조화가 성장한다. 따라서 특수성의 격노가 방치되고, 보편자를 재현하지 않는 한갓 특수한 의지의 위력이 등장한다. 특수이익의 힘은 국가의 주권성과 합법성을 광범위하게 손상할 수 있으며, 국가권력을 사유재산으로 변경할 수 있다. (예컨대 오늘날 국가의 권력독점을 해체하는 '무법무장단체'나 사적인 '민병대' 형태로 나타나거나 혹은 대

---

214 Ebd.
215 Kant, *Zum ewigen Frieden*, AA VIII, 352.
216 GdPh 20, 307.

표를 꼭두각시로 만들어버리는 부패 형태로 나타난다.) 역내치안의 사유화가 따라 나올 수 있으며, 다음과 같은 두 가지 유형의 감옥이 생겨날 수 있다. 즉 "슬럼가에서는 범죄조직이 지배하게 되고, 외부인 출입을 금하는 공동체에서는 사적인 안전요원이 지배한다. 전자는 국가권력에 도전하고, 후자는 국가권력을 대체한다."[217] 여기서 국가의 중우정치적 파멸 혹은 무정부주의적 해체가 위협한다. 오늘날 민주주의 형식에서 확인할 수 있는 정치문화 몰락의 징후는 광범위하고 무법적인 로비문화와 소송문화,[218] 정치적 참여와 대의라는 살아남은 모델로부터 성장한 정치혐오 내지 만연한 포퓰리즘 등은 민주적 참여의 새로운 형식에 대한, 따라서 시민존재를 새롭게 규정하는 것에 대한 그리고 정치적 의지 형성과 대의의 새로운 형식에 대한 긴급한 논쟁을 알려 준다.

현대를 위협하는 폭발력을 가지고 있는 중우정치와 과두정치는 전도된 두 형식으로서 오늘날 아주 뚜렷한 모습을 취하고 있다. 그리고 이 둘은 전제의 토대를 형성할 수 있는 자유 파괴적 공생을 통해 극도의 위험을 만들어내고 있다. 헤겔은 현 시대의 이 화약통에 특별히 주의한다. 현대는 위험을 담보하는 사회이며, 그런 시각에서 인류의 가장 위험한 시대로 남아 있다. 왜냐하면 자의와 특수성의 원리가 고삐를 풀어놓지 않을 수 없으며, 현대는 자유뿐 아니라 엄청난 정치적 괴물을 낳을 수도 있기 때문이다. 이러한 사실은 헤겔이 시장을 결국에는 자기규제할 수 없는 체제로, 시민사회를 필요국가 혹은 오성국가로, 혹은 비이성의 제국으로 묘사하는 데 잘 드러나 있다. 언급한 이유에서 헤겔이 왜 자유의 성전, 즉 이성적 국가를 그런 '불순물'로부터, 우연과 자의의 위협으로부터 보호하고자 하는지 충분히 이해할 수 있다.

---

217 Eppler, *Auslaufmodell Staat?*, a.a.O., S. 103.
218 집단, 법인체 등의 이익을 대변하는 일은 당연히 정당하다. 다만 그런 영향을 어느 정도까지 허용할 것인가의 한계 문제는 분명하게 규정되어야 한다.

4.2 헤겔의 현자지배와 능력지배의 정치 구상

다음의 텍스트는 『역사철학강의』에서 따온 것으로, 우리를 문제의 핵심으로 이끈다. 즉 민주주의에 대한 현대적 표상에 따르면 '공동의 이익', 공동의 재산(공공재, res publica)은 인민에 의해 협의되고 결정되어야 하며, **개인**은 국가의 이익이 곧 자신의 이익이기 때문에 참여해야 한다. 여기서 헤겔은 민주주의 원리에 대한 적확한 평가를 하고 있다. 그러나 결정적으로 누가 이 개인인가 하는 문제는 여전히 남아 있다. "그들의 의지가 **객관적 의지**인 한에서만 그들은 절대적 권리를 갖는다."[219] 적**절한 교육**(도야, 형성)을 수행하고 따라서 **객관적 지식**을 소유한 공민만이 이 객관적 의지의 담지자로 나올 수 있다. 프랑스혁명헌법에 따르면, 공적 이성의 진전이 명시적인 목표로 천명된다. 그러나 국가의 공적 기구에 평등한 권리를 가지고 참여하는 자기규정적 주체, 따라서 정치적 권리의 소유자는 추상적 인격체(1인1표)와 시민사회의 구체적 구성원(부르주아)으로 축소될 수 없다면, 공적 이성이 요청되는 공민으로서의 정치적 행위자는 아직 덜 규정된 채 남아 있다. 『개혁법안』은 '모든 시민의, 권리를 가진 모든 정치적 주체의 동등한 권리라는 일반원리를 분명히 한다. 루소와 연관하여 그리고 프랑스 혁명을 지시하면서 헤겔은 민주적인 것이 덕 속에서만, 선한 의지에서만, 내면성과 확신에서만 정초될 수 있다고 보았으며, 따라서 지금까지 현대의 민주주의 형식에서는 민주주의 원래의 원리, 즉 도야된 시민이 충분히 작동하지 않았다고 생각했다. 1인1표는 헤겔의 관점에서 볼 때 지양되어야 한다. 그의 견해는 동일하게 유효한 **하나**의 표라는 원리의 보존, 추상성의 극복 그리고 도야된 시민 결단을 통한 상승 등을 모두 포함한다. 그가 다루는 모든 국면에서와 마찬가지로 여기서도 다시 도야의 엄청난 중요성이 등장하는데, 그것도 — 이것은 특별히 강조되어야 한다 — 특정한 개인이나 집단의 특권으로서의 도야(교육)가 아니라 누구나 제약 없이, 시민사회에서 자신의

---

219 PhilG 12, 309. 강조는 저자.

지위를 고려하지 않고서, 그가 부자인지 빈자인지 상관없이 참여할 수 있는 **공공선**(öffentliches Gut)으로서의 도야(교육)를 강조한다. 잘못 이해되고 잘못 실행된 도야(교육)만이 시민의 정치적 참여의 가능성이라는 관점에서만 이들의 배제를 말한다.

이성적 일반의지는 주체로서, 담지자로서 이성적 개인, 도야된 공민을 가져야 한다. 자유로운 헌법(/체제)은 **지식과 도야**(/교육)를 결정적으로 중요한 것으로 여기는 공민을 요청한다. 엄격히 말해서 지식을 가진 주체의 경우에만 시민이라고 할 수 있다. 내가 타자 속에서 나 자신으로 머물러 있음을 **알** 때에만 나는 자유롭다. 『법철학』은 공민으로까지 그리고 공민의 심정에 이르기까지 성장해 가는 이 도야의 주 단계들을 포괄적으로 설명한다. 이 단계들에서 **도야는 보편자로 향하고** 있다. 『법철학』의 문자만을 한갓 따라가는 것이 아니라 『논리학』의 「추리논리」를 따라갈 경우 공민, 공민공동체는 자유롭고 도야된 시민체(Bürgerschaft)로서 헤겔의 국가조직의 핵심으로 간주해야 한다. 시민체는 정치적 주권자로 간주되며, 정치적 지배는 신의 은총에서 오는 것이 아니라 시민의 은총에서 온다. 국가의 위엄은 공민이 결정하며, 국가의 고귀함은 지식 있는 시민이 결정한다. 그리고 시민은 그의 공동체에 대해, 그의 국가에 대해 규정한다. 헤겔의 정신에서 볼 때 형식적 민주주의와 달리 도야민주주의, 지식민주주의가 모델로 드러난다. 이 모델의 토대는 도야된 행위자로서의 시민의 정치적 권리에 뿌리박고 있으며, 의회적 대의와 입법권을 규정하는 시민체의 유일한 주권성에 뿌리박고 있다. **지식민주주의** 형태를 띠는 **현자지배**라는 이 구성체의 주된 목적은 **자유의 도야**, 자유로운 시민의 도야, 자유의 사상에 닻을 내린 공동체의 형성에 있다. **공동의 도야와 생동적 민주주의**는 항상 결합되어 있다. 다시 한 번 강조한다. 이것은 결코 1인1표 원리의 파괴를 함의하는 것이 아니라 보다 높은 형태로, 결국에는 도야된 시민존재, 도야된 시민체로까지 그 원리를 더 높이 규정하는 것이고 전개하는 것이다.

전체 의지와 일반의지는 긴장 속에서 통일을 이루며, 형식적 민주주의('원자주의로서의 자유주의의 추상성'[220])와 **현자지배, 능력지배**가 통일을 이루고, 민주주의와 **지식의 권리와 위력**이 통일을 이루며, 식자들의 공로를 인정하는 민주주의가 나타난다. 공민의 이성적 지식 및 '시민의 잘 학습된 결정'(Rousseau)의 이성적 지식이라는 지적은 자연스럽게 객관정신에 내재한 절대정신 형식의 현존, 고귀한 형식의 이성적인 것의 현존을 예견한다. 즉 그것은 공민의식에 내재한 예술, 종교 그리고 철학을 예견한다. '자유의 성전'은 자신에 내재한 '영혼' 없이는, 폴리스의 지혜의 여신인 미네르바의 현존 없이는 구축될 수 없다. 객관정신과 주관정신의 이런 관계에 대한 고려 없이, 한편에 국가와 다른 편에 예술, 종교, 철학 사이의 이런 관계에 대한 고려 없이는 도야민주주의와 지식민주주의 개념이 모호하게 나타날 수밖에 없다. 왜냐하면 지식의 구성요소는 전체 속에서 출현하며, 일반의지 사상은 수용되어야 하기 때문이다. **잘 학습된, 정보를 가진, 판단력을 가진 시민만**이 주권자일 수 있다.[221]

국가를 지식과 도야에, 현자적 원리에 정박시켜야 한다는 생각이 §270에 잘 나타나 있다. 이 절의 유명한 추가 부분에서 국가와 종교의 관계에 대한 자세한 설명이 나와 있다. 본질적으로 지식과 도야에 각인된 구성체로서의 국가라는 사상이 권력분립 맥락에서 발견된다. 국가의 목적은 "**도야의 형식을 통해 관통해 가는** 정신, 자기를 알고 의지하는 정신이다. 따라서 국가는 자신이 의지하는 것을 **알며**, 그것을 자신의 **보편성 속에서, 사유된 것으로 안다.** 따라서 국가는 의식적 목적과 알려진 원칙에 따라, 법률에 작용하고 행위한다"(§270). 헤겔이 직접 이탤릭체로 강조한 부분을 보기만 해도 그의 의도, 즉 도야의 형식을 통해 관통해 가는 지식국가라는 구상이 명확히 드러난다. 국가, 즉 스스로를 자유롭게 규정하는 시민체는 자신의 목적을 **보편적인 것으로 안다.** 공공재(res

---

220 PhilG 12, 534.

221 이 문제는 국가와 종교 및 국가와 학문의 관계를 숙고하는 곳에서 상론된다. 제8장 7을 보라.

publica), 즉 국가의 원래의 정당성과 최고의 목적은 객관적 지식, 포괄적 도야를 산출하는 것이다. 아테나(신)는 시민체를 상징하며, 정치적 공동체와 현명함의 통일체를 상징한다. 시민의 정치적 권리를 유효하게 만드는 것은 주권자, 즉 공민의 권리를 타당하게 하고 또 보증해야 하는 국가의 의무로 나아간다. 그렇지 않을 경우 주권자는 정당한 저항을 수행할 수 있으며, 자신의 권리를 요구하고 싸워 얻을 수 있다(이에 대해서는「저항권」절을 참고하라). 이것은 특히 **선거권과 교육권**에 들어맞으며, 후자의 실현은 간단히 묘사한 지식민주주의 모델에서 **최고의 국가과제**로 간주되지 않으면 안 된다.[222] 도야된 시민체는 공동의 복리와 지속적 삶 등과 같은 다른 실질적 국가목표도 실현할 것이다. 권리(/법)는 또한 정치적인 것으로서 의무와의 상호관계를 갖는다. 국가는 의무만을 갖는 것이 아니다. 국가의 권리는 시민이 정치적 참여를 하도록 **의무지우는 것**이, 특히 시민이 **선거**에 참여하도록, **지식 습득과 능력 습득, 덕의 습득**을 하도록, 즉 **도야**하도록 의무지우는 것이다. 헤겔은 선거에 무관심할 때 나타나는 위험을 경고하며, 정치부패와 투표를 게을리하는 것에 오늘날 민주주의의 본질적 문제가 있음을 말한다. 당연히 여기서 중요한 문제는 어떤 대의절차가 적용되는지, 누가 입법회의에서 이성적인 일반의지를 대표하는지, 어떤 정당성으로 통치되는지, 주권자, 즉 인민은 입법기간 동안 어떤 정치적 영향을 행사할 수 있는 가능성을 갖는지, 그리고 권력의 통일이 어떻게 형성되는지 등이다. 이 '도구들'은 긴급하게 새로운 정당화를 필요로 한다. 시민의 창조적 참여를 가능하게 하고 보증하는 새로운 형식은 이제 여기서 사고할 필요가 있다. 전체의 신경중추, 즉 정치적 권력의 핵심은 보편성이라는 목적을 인식하고 논쟁하는, 그리고 법률을 결정하고 자신의 **입법적** 차원을 단적으로 지각하는 입법권, 즉 의회이어야 한다. 동시에 의회는 행정부와 이에 속한 사법부를 검토하고 통제한다.

---

222 Eichenhofer, *Das soziale Recht auf Bildung*, a. a. O.

의회는 공개적인 자신의 행위에 근거하여 자유의지 형성에 영향을 끼칠 수 있으며, 여기서 자신의 **소통적·구성적** 사명을 갖는다. 입법부는 다른 권력의 담지자를 규정하는 포괄적 기능을 소유한다. 의회 의석의 선거를 통해 국가조직 전체에 특징적 인장이 각인되며, 입법권은 그런 특색의 근거로 드러난다. 왜냐하면 의회는 총리(정부의 수반)와 대법관을 선출하며, 몇몇 국가에서는 본질적으로 (직접적이든 정당을 통한 간접적인 방식이든 간에) 국가수반의 선거에 참여하기 때문이다. 다른 민주주의 구성체에서 대통령제 수반이든 비대통령제 수반이든 간에 수반은 직접 선출된다. 민주적 국가질서의 실제 형식은 여기서 근본사상을 전개함에 있어서 다양성이 있을 수 있음을 보여 준다. 따라서 자유로운 정치적 체제, 적합한 대의체계 등을 산출하는 문제는 언제나 시민체의 손에, 즉 지식에 근거한 자유로운 결단을 통한 시민공동체 손에 달려 있다. 정치조직을 세 추론의 체계로 이해하는 것, 즉 헤겔의 새로운 권력분립론은 오늘날도 역시 적절한 이론적 토대를 제공한다. 이 모든 국면을 설명해 주는 헤겔의 결정적인 어구가 있다. "인간은 도대체가 자기 자신을 소유함으로써, 도야를 통해서만 그 자체로 **자유롭다**"(§57, A).

4.3 **입법권력과 지식의 척도**

다음의 숙고는 §308에서 §320에 이르는 구절을 다룬다. 여기서 오늘날 중요하게 취급되는 문제에 대한 계도적 학습 부분이 등장하며, 바로 이 부분에 현대 국가의 구성요소가 미묘한 방식으로 준비되고 있다. 입법 회합은 국가의 목적을 인식해야 하고 법률로 녹여냄으로써 헌법을 계속 진척시켜야 한다. **인식과 지식**(앎)은 입법부의 기둥을 이루며, 법률은 **보편성과 객관성**의 규정을 가지고, 특수성을 보편자로 묶어준다. 다음의 관점에서 지식에의 이런 정박(碇泊)을 증명할 수 있다.

a) 신분대표(입법의회의 헤겔 식 표현)의 자리 차지, 즉 의석의 선출은 자기만의 고유한 방식으로 지식에 기초한다. 즉 시민사회 영역에서 온 대표

628

단은 '오성국가'의 다양하고 특수한 지절에 따라 직능단체와 공동체로 이루어진다. 각각의 모든 구성원은 의석의 소유자로 상승할 수 있으며, 정치 담당자의 표징을 간직한다. 그런 '민주적 요소'(§308)는 구체적 인격체를 보편자의 의식과 의지에 결합한다. '보편자에 대한 그의 현실적이고 생동적인 규정'(§308)은 이 개인을 **처음에는** 자신의 지식과 능력을 인정하는 자신의 직업연합과 코뮌 영역에 관련시킨다. 신분대표의 의원은 이렇듯 '사회의 본질적 영역과 이익'을 대표한다. 그들은 특수한 이익집단을 대표하는데, 이러한 일은 오늘날 대개 **정당**의 매개를 통해 발생한다. 이들 정당에서 이익집단이 결합한다. 즉 이들 정당에서 시민사회의 구조에 상응하여 — 농부들, 노동자들, 사업가들, 지식인들 등의 이익, 빈자와 부자의 이익, 젊은이와 노인의 이익, 남자와 여자의 이익, 마을들, 소도시들, 지역들 그리고 연방주들 등의 이익 등이 결합한다. 그리고 또한 사회적 문제, 경제적 문제, 환경문제 등도 이들 정당을 통해 전달된다. 이익조차도 "자신의 대리인에서 현실적으로 현재하며, 대리자는 그 자신의 객관적 토대를 위해 거기에 존재한다"(§131). 대리자들에게 요구되는 것은 전문적인 도야된 의원이어야 한다는 것이다. 그는 시민사회 테두리 내에서 특정한 수준의 도야(교육)에 도달해 있어야 한다(특히 법률의식에서의 지성과 보편성, 공동체 의식과 직업의식 등).

b) 대표단은 **보편적** 업무에 대한 논의와 결단을 목표로 한다. 이렇듯 파견된 자(의원)는 파견하는 자보다 특수영역에서의 지식에서뿐 아니라 보편적 이익에 대한 지식에서도 보다 훌륭한 능력을 가져야 한다. 그들은 특수이익만을 대표해서는 안 되며, 한갓 로비 변호사이어서도 안 되며, 자신의 직업집단과 공동체의 지시사항만을 대표하는 의원이어서도 안 된다. 예컨대 이 건물이 우리 도시에 지어져야지 다른 도시에 지어져서는 안 된다는 식의 행동을 한다거나, 대체에너지를 강조하지 않고 원자력 산업을 강화하고 보조하는 것 등을 밀어붙여서는 안 된다. 오늘날 정치가와 의원들은 우선적으로 공동의 복리를 위해 노력하는 자가 아니라 자기이익과 집단이익에 정향된 인물들로만 인지된다. 이들은 보편자에, 공적인 이익

에 정향되어야 한다는 요청이 있는데, 사실 이러한 요청은 오늘날 의원들은 (법률 외에) 자신의 양심에만 따른다고 헌법에 표현되어 있다. 그러나 이러한 사실은 아주 문제투성이로 나타난다. 여기서 언급한 양심에 대해 살펴보자. 그것은 여기서 선택의 주관적·내적 자의를 의미하는 것이 아니라, '좋은 지식과 양심'에서 오는 결단을 의미한다(「양심」절 참조). 입법부의 상호결합은 "서로를 가르치고 확신시키는, 공동으로 논의하는 생동적인 회합"(§309)이어야 하며, 의회의 이상은 진정한 **국민의회**로 표시되어야 한다. 다시 말하지만, 헤겔은 인민대표에 반드시 필요한 지식의 원리를 강조한다. 좀 더 극적으로 강조하여 말하자면, 우둔한 자들과 악마들로 이뤄진 선출된 입법 회합은, 비록 선거를 통해 등장하기는 했어도, 의회라는 이름을 간직할 자격이 없다. 정확히 말하자면 우둔한 자들이나 악마들로 이뤄진 헌정연합체는 결코 이성적 국가를 대표하지 않는다. 지식이라고 하는 입법을 위한 회합의 본질적 차원은 §314를 정확히 다음의 요점으로 가져온다. 즉 "보편적 업무에 대한 공동의 지식과 공동의 협의, 그리고 공동의 결정" 등, 여기에서 심지어 형식적 자유의 책망받는 일방적 계기도 자신의 권리를 획득한다.

세무직원(Taxman)

c) 의회의 주된 권능, 즉 의회가 책임을 지는 중심적 국가과제는 **예산권한, 세금권한**, 현재의 보편적 재산(국가재산)에 대한 처분권한이다. 중요한 것은 공동체 시민에게 무엇이 귀속되고 그들이 어떤 일을 이뤄야 하는지를 결정하는 일이며, 국가의 기여와 시민의 기여를 규정하는 것이지만, 특히 세법을 통해 재산에 세금을 부과하는 일이다. 그 중심에 공동의 부(common wealth, 국가), 즉 **공동의 복리**가 서 있다. 국가의 과제는 — 이미 말한 것처럼 — 인격권(개인의 권리)을 보장하는 것, 가족을 보호하고 시민사회의 해체를 막는 것, 복지를 안정시키고 사회적 국가를 설립하는 것, 교육권을 보장하는 것, 국가조직이 보편적으로 일을 처리하고 행정을 맡는 것 등이다. 공동체의 이 내적 과제를 보호하기 위해[223] 시민의 기여, 특

히 세금과 지출에 관한 시민의 기여가 필요하며, 세금 인상은 자의의 우글거림을 변화시킨다는 의미에서 합법적인 두 번째 강제로 간주해야 할 것이다.[224] 의회에서 협의하고 결정해야 하는 국가예산은 지출과 수입의 균형을 유지해야 하고, 지출에서도 수입에서도 공정한 방식의 분배가 이뤄져야 한다. 특히 **진보적 소득세**를 통해서 그리해야 한다. 돈과 관련한 업무(세금 혹은 보조금)에서, 헤겔에 따르면 최상의 가능성은 정의의 원리에 만족할 수 있어야 한다. 사물의 실존하는 보편적 가치인 돈에서 우리는 특수한 재산이 아니라 특수한 재산의 보편자를 본다. 이와 더불어 업무수행이 비교 가능해진다. "이 가장 외면적인 정점"인 돈에서만 "**양적인** 규정성이 가능하며, 이와 더불어 업무의 정의와 공평함이 가능해진다"(§299).

하지만 (철저하게 부적합한 세금이 아니라) 세금 일반을 국가가 시민의 호주머니를 무법적으로 터는 것으로 격하하려는 시도가 언제나 있어왔다. 국가가 파렴치한 도둑이라는 것이다. 헤겔은 "인간은 세금을 지불할 필요가 없다"(Rin 193)라는 요약문 속에서 법률을 현저하게 경멸하는 모습을 본다. 슬로터다이크는 심지어 여기서 "세금으로 국가를 움켜잡는 준사회주의"와 "국가의 도둑정치"가 작동한다고 하며, 자발적 기부를 세금의 대안으로 제시한다. 세금 징수는 시민의 자유권에 대한 승인되지 않은 침해라고 선언하며, 이렇듯 **첫 번째 강제**로 오인된다. 그러나 첫 번째 강제는 자기 개념 속에서 파괴되며(§93), 두 번째 강제는 첫 번째 강제를 지양한다. 그리고 이 두 번째 강제는 비이성적인 것을 이성적인 것으로, 무법(/옳지 않음)을 법(올바름)으로 변화시킨다. 여기서 두 번째 강제만이 정당성을 요청할 수 있다는 사실이 분명하게 반복된다. 한갓된 자의와 그저 자연적일 뿐인 의지는 **도야되지 않은** 의지에 대항해

---

223 국가기구의 활동들, 특히 행정부와 관청의 활동은 명시적으로 전체 재산(공익)을 위한 노동으로, 기여로 간주된다.
224 '두 번째 강제'에 대한 제3장 5와 제8장 4를 참고하라.

서 —기준은 다시 도야이다— 효력을 발휘하도록 이끌려져야 하는 자유 이념에 대한 첫 번째 위력(폭력)이다(§93). **첫 번째 강제와 두 번째 강제가 구별되지 않고 동등한 것으로 정립될 경우 국가는 시민을 강제하는** 기구 정도로 잘못 이해할 것이다. 여기서는 스스로 부여한 이성적 법률을 따르고 복종하는 것, 이 타자 속에서 자기 자신으로 머무는 것, 객체와 보편자에서 자율적 행위를 지향하는 것, 국가의 활동을 두 번째 강제로 이해하는 것, 그리고 국가를 타자지배로 고착하여 하나의 강제기구로 격하하지 않는 것 등, 이러한 중요한 사실이 간과되고 있다. 국가를 외적인 '억압자'로 여기는 대단히 이데올로기적인 이 모형에 대한 전형적인 공식은 다음과 같은 미국 공화당원의 주문과 같다. '우리는 작은 국가를 필요로 한다.' '국가는 혁신을 방해하고 훼방한다.' '국가는 자유를 억압하기 위한 구조이자 기구이다.' 혹은 '국가는 도로를 구축해야 하고, 제발 나를 그만 놔두어라.' 하지만 여기에는 강제, 자유와 국가 등에 대한 아주 초보적인 이해만이 존재할 뿐이다. 왜냐하면 시장근본주의자의 언술, 즉 '우리는 작은 국가를 필요로 한다'는 헤겔의 관점에서 볼 때 '우리는 작은 이성을 필요로 한다'는 것을 함의할 뿐이기 때문이다. 게다가 지적으로 잘못된 그런 파악은 자유의 정치문화에 심각하게 위협이 되며, 일종의 불쾌함과 국가 적대성을 부추길 뿐이다(예컨대 국가는 합법적 범죄자, 강제로 자유를 제약하고 방해하는 자로 간주한다). 전체적으로 봐서 많은 신자유주의적 성배 숭상자들에 의해 국가는 강제와 억압을 함의하는 것으로 간주되고, 경멸적으로 이해되며, 시민이 스스로 공동의 기회를 이성적으로 구성하려는 과업을 못하게 하는 것으로 강등된다. 이렇듯 이들에 의해 공공재(res publica, 국가)와의 거리 두기가 야기된다.

피라미드 건축을 위한 강제와 같이 개인의 직접적 봉사의 형태로 나타나는 특수하고 직접적인 업무에 대한 국가 차원의 요청, 플라톤의 국가에서 나타나듯, 특별한 업무에 대한 강제, 혹은 노예업무 등은 특수한 활동을 통해 보편자에 참여한다고 하는 주체적 자유라는 현대의 원리와 어긋난다. 이러한 일은 외적인 경우에만 다른 방식의 규칙을 갖게 된다.[225] 공동체의 과제와 공동체를 위한 업무와 관련하여 특수한 형식으로부터 보편적 형식으로의, 즉 보편적 가치인 돈의 형식으로의 이행이 수행될 수 있다(§467). 정의의 근본요소인 **분배정의**의 산출과 보장은 원칙적으로 국민의회의 의무이다. 따라서 자발적 기여는 배제되지 않는다. 예컨대 시민사회에의 앙가주망이라는 의미에서, 정치적 명예직이나 자원자라는 의미에서 개인의 직접적 봉사 등이 배제되지 않는다. 이러한 활동은 시민에 의해, 입법의회와 행정부에 의해 철저히 인정받고 지원받을 수 있다.

a) 입법의회의 회의는 무조건 공개되어야 한다는 원리에 근거하여서도 **의지의 도야**라는 측면이 등장할 수 있다. 말하자면 그것은 공동체 업무에 대한 보편적 인식과 이들 업무의 투명성의 형태로 나타난다. 여기서 모든 비밀스러움은 사라져야 하며, 국민의회 회의의 공개성은 대표하는 것과 대표되는 것의 **도야에, 시민의 도야**에 봉사하며, 이들의 자유의지 형성에 기여한다. 공동체는 '국가의 상태와 개념'에 대한 심오하고 정확한 통찰을 획득하며, 이와 더불어 이성적 판단력을 얻는다. 의원들에게는 자신의 **지식과 재능**에 힘입어 공개적 활동과 공적인 인정을 강화하기 위한 좋은 기회가 제공된다. 동시에 논쟁은 시민과 의원들의 오만과 거만함을 치유하는 치료제일 수 있다. 이 논쟁으로부터 "사람들은 하나의 영리함이 다른 영리함을 어떻게 먹어치우는지 알게 된다"(§315, Z). 이 모든 것으로부터 입법의회가 시민과 의원들을 위한 가장 위대한 도야 수단 중 하나로 간주될 수 있다는 사실이 따라 나오며, 이들의 회의는 "시민을 탁월하게 **도야하는**(/형성하는) 위대한 연극"이다(§315, Z. 강조는

---

225 오늘날의 사회에서도 당연히 개인의 직접적 봉사의 형식이 있다. 예컨대 군대복무, 민간복무 혹은 배심원 의무 등이 그렇다. 선거사무소에 앉아 있기 위해서도 시민들은 관청의 의장단에 신청할 수 있다. 하지만 이러한 일들은 관련자의 직업 활동에 거의 영향을 주지 않기 때문에 현대의 원리가 침해되지 않는다. 외적인 국가법에서 오는 의무, 즉 군사업무가 하나의 예외로 남아 있다. 하지만 오늘날은 직업군인제로 나아가는 경향이 두드러진다.

저자). 도야의 이러한 측면은 지금까지 말한 도야 형식, 예컨대 시민사회에서 도야의 진작 등과 결합할 수 있다. 어떻든 간에 정치적 결단을 **통찰과 근거**에 정초해야 한다는 것은 너무나 당연하다.

(의회와 국민의회는 차이가 있음에도 불구하고) 신분의회에 대한 고평가와 이와 더불어 입법권에 대한 특별한 존중은 헤겔에게서 분명하게 드러난다. 간략히 언급했듯이 공개적 회의와 논쟁 등을 통해 시민과 의회가 서로 연결된다는 바로 이러한 사실에 (이런 논쟁과 회의에서는 좋은 근거를 제시하는 것이 무엇보다 중요하다) 대의제가 성공할 기회와 '시민과 국가의 생동적 결합'(§315, Z)이 성공할 기회가 놓여 있다. 두 가지 점만 첨가하고자 한다. 첫째, 공개적 회의에 대한 가치평가가 놀랄 만하다. 왜냐하면 헤겔 시대에 시민 대중에게는 이러한 참여의 기회가 거의 주어지지 않았기 때문이다. 바로 여기에 미래적인 것이 선취되고 있다. 즉 오늘날 정보사회에서 라디오, 텔레비전 혹은 인터넷과 같은 대중매체를 통해 의회 절차에 대한 실시간 중계가 가능해졌다. 동시에 이 대중매체는 그 엄청난 공개적 영향력 때문에 의원들을 자신에게로 이끌며, 의회에서 일어나는 논쟁은 대중 영합적이고 거친 정치 토크쇼로 혹은 인터넷으로 옮아가는데, 이러한 사실은 의회 문화의 엄청난 손실을 초래하기도 한다. 말하자면 하품이 나는 지겨움과 공허함 대신 열정적 연설, 수사적으로 실행되는 싸움닭 수준의 논쟁과 내용 가득한 논쟁 사이의 날카로운 논쟁, 가득 메운 의회에 영리하고 세련되게 입장하는 것 등에 대한 향수적 열망이 생겨난다. 마지막으로 중요한 것은 **국가의 대의적 회합**, 즉 인민에 의해 직접 선출된 가장 중요한 헌법기관이다.

4.4 여론과 매체 — 제4권력?

나는 안녕이라 인사하고 너는 잘 가라고 인사하지

(I Say Hallo, You Say Good Bye)

오늘날 신문의 많은 문예란은 여론과 관련한 헤겔의 주장, 즉 여론은 무시되어야 한다는 주장을 인용하는데, 이것은 헤겔 사유에 대한 절반의 진리만을 드러낸다. §318에서 우리는 "따라서 여론은 무시되는 만큼 존중될 만한다"는 글귀를 읽는다. 이 부분에서 시선은 대의자들, 즉 의원들로부터 시작하여 보낸 자들, 즉 원래의 주권자에게까지 넓게 향하고 있다. 여론은 아주 흥미로운 지식의 양식을 보여 준다. 즉 여기서 다시 전체 의지와 일반의지의 차이가 분명하게 드러난다. 개별자는 일반적 관심사에 대해 자신만의 판단을 표현해도 된다는 형식적 자유는 **여론**(공개적 의견)으로 현상한다.[226] 여기서 **즉자대자적인 보편자**는 자신의 반대편의 것, 즉 **다수의 의견**(§316)이라고 하는 그 자체로 특수한 것과 결합한다. 이것이 바로 여론의 내적 모순, 즉 여론의 모호함의 본질이다. 여론에는 본질적인 것이 비본질적인 것만큼이나 함께 있다. 여기에서 자유와 국가에 대한 입장 정하기와 표현 전체를 표상할 수 있는데, 즉 이미 말한 바와 같이 서로 이종적인 대립적 상을 제시할 수 있다. 여론은 자기 안에 '**정의의 실질적 원리들**', '전체 헌법과 입법의 참된 내용'(§317)을 두 가지 얼굴을 하고 있는 **건강한 인간오성**(상식) 형태를 취한다. 하나의 얼굴은 인륜적 토대라는 의식이고, 다른 하나의 얼굴은 의견이라는 우연성이다. 여론에는 진리와 이 진리의 전도된 모습이 결합해 있으며, 이때 기만은 자기기만으로 드러나고, 그런 한에서 여론은 존중받으면서도 무시당해야 한다. 존중은 시민의 참여와, 즉 이들의 공개적 입장 표현과 관련이 있으며, 결정의 투명성에 기여한다. 무시는 시민의 보편적 이익이 인기영합주의 형태로, 즉 대리자의 기만과 이들의 자기기만 형태로 전도된다는 사실에서 성립한다. 또 위선과 조작과 조작의 방임에서, 공동의 이익이라는 허상에서 성립한다. 그것은 어제 나의 수다만큼의 관심에 불과하다. 정치적 의지 표명의 관점에서 볼 때 여론에는 정보도 없고 무지

---

226 "각자는 자신의 의견을 말로, 글로 그리고 그림으로 자유롭게 표현하고 확산할 권리를 갖는다"(GG Art. 5(1)).

한 상태에서 나타나는 경솔함이 작동한다. 동시에 공론장의 현대적 형식은 모든 시민 각자가 보편성과 특수성과 개별성의 통일로서의 시민존재에 대한 통찰을 얻을 수 있는 가능성, 이들 각자가 통찰과 근거에 입각한 자유의지 형성의 기회를 가질 가능성, 자신의 판단력으로 결정하고 정치적으로 참여할 수 있을 가능성을 창출한다. 사상과 의견의 자유로운 소통은 최상의 인간권리 중 하나다(La libre communication des pensées et des opinions est un des droits le plus précieux de l'homme).[227]

공개적 소통의 자유, 언론과 출판의 자유[228]는 현대적 체제의 본질적 요소이며, 그것은 '나의 견해를 말하고자 하는 자극적 충동'(§319)을 만족시킨다. 자신이 원하는 것을 말하고 쓸 자유가 있다는 주장은 자신이 원하는 것을 할 자유가 있다는 허용 불가능한 주장과 평행선을 달린다. "언론의 자유를 자신이 원하는 것을 말할 수 있는 것으로 생각한다면, 동일하게 행위의 자유는 자신이 행하고자 하는 것을 할 수 있는 것이라고 할 것이다"(Rin 193). 언어적 표현과 말은 상처를 주는 행실인데, 여기에는 정신적 소유에의 의존이 전혀 없다. 의견과 그 표현은 실행된 행위로 간주할 수 있다. 예컨대 살해 요청만이 아니라 명예훼손, 비방 혹은 모욕 등도 그에 해당한다. 어떠한 소통행위도 실정법에 저촉되지 않는 한 합법적이고 자유롭다. 자유로운 의견표현의 권리와 언론의 자유권은 "일반 법률규정에 그 한계를 적시한다"(GG Art 5(2)). 타인에 해를 끼치는 모든 소통은 인용되어야 하며, 헌법에 확고하게 반영되어야 한다. 이러한 것이 정당화되어서는 안 되고 도덕적·정치적으로 판단해야 한다. 독일의 법은 홀로코스트의 부인과 나치 독재의 칭송을 형벌적 행위로서 벌한다. 이에 반해 극우정당의 입장 표현은 (이들이 헌법을 위반하지 않는 한) 인용되어야 한다. 물론 이것은 "경멸하는 가운데 참는 것"(§319)이다.

여론의 내면으로서의 참된, 진실한 지식은 여론으로부터 인식할 수 없

---

227 「인간과 시민의 권리장전」 Art. 11.

228 "언론 자유와 통신의 자유 (······). 검열은 허락되지 않는다"(GG Art. 5(1)).

고 독립적이고 객관적인 입장의 수용을 요구한다. 지식의 산출은 여론으로 떨어지지 않고 의견과 한갓 주관적인 견해의 바닥에 서 있지 않는 예술과 학문의 의무이다. 학문은 공개적으로, 그리고 특정하게 자신의 객관적 인식을 명료화하며, 학문의 자기표현은 학문의 권리이고, 학문의 정당성은 자신의 근원적 절차의 **객관성**에, 자신이 산출한 지식의 객관성에 놓여 있다. 이것이 바로 **학문의 권리**이다. "예술과 학문, 연구와 가르침은 자유다."[229] 자유의 문화에 결정적으로 중요한 것은 지식의 위엄이지, 검증되지 않은 여론 내용이 아니다.

5. 폭군에 맞서! 비상사태와 저항권

혁명

(Revolution)

헤겔의 자유 철학의 이러한 측면은 지금까지 거의 주목받지 못했는데, 이 측면은 이성의 권리 단계를 권리에 대한 위반이라는 관점에서 주제화하고 있으며, 은연중에 '비상권 혹은 긴급권(/위급권)' 단계를 전개한다. 그리고 매 단계마다 이 비상상황이 검토되어야 하고, 그때마다 반대도구가 고정되어야 한다. 즉 억압에의 저항이 나타난다. 저항권에 대한 로크와 흄의 이해와 연결되어 있는 헤겔의 시각은[230] 법에 대한 근본적·원리적 손상(폭정)에 대한 저항권과 연관되며, 또한 국가질서 내에서 법 위반에 대한 저항권과도 연관된다. 정치적 긴급권(/위급권)의 정당성의 토대는 **첫 번째 무법적 강제에 두 번째 강제를 대립시킬 권리**에 그 본질이 있다. 두 번째 강제의 정당성은 —— 이것은 지금까지 주목받지 않았

---

229 GG Art. 5(3).

230 지프에 따르면, 헤겔은 홉스의 이 입장을 수용한다(Siep, *John Locke*, a.a.O., S. 310).

다 — **전도된 저항권**을 정초한다. 헤겔은 적어도 구조적으로 로크와 연결되어 있으며, 국가제도 측면에서 나타나는 법 위반('전쟁 상태'의 산출)에서 중요한 것은 '반란'(re-bellare)[231]이며, 법(/권리) 손상은 허용해도 된다. 헤겔 역시 "평화를 어지럽히는 것"(Wan 230)에서부터 전환을 필요로 하며, 이를 위해 저항이 허가된다. 법(/권리) 전도에 대한, 광범한 무법에 대한 저항은 언제나 올바르고 정의롭다. 이는 『법철학』의 일관된 원리로 간주할 수 있다.[232] 국가의 권력기관과 기구는 국가의 실체를 — 즉 '시민존재', '시민임' 등을 — 적절하게 표현하고 체현해야 한다. 이것이 그 경우가 아니거나 불충분하게만 그 경우일 경우 시민체(Bürgerschaft)는 이 적절함을 산출하거나 재구성할 결정적 권리를 가진다. 하지만 텍스트에서 방어, 긴급권(/위급권), **전도된 저항권** 등으로 나타나는 상이한 단계는, 그 주된 형태가 부각되기는 하지만, 동등한 가치로 다뤄지지 않는다. 그 주된 형태는 인격체와 관련한 기본권, 사법적 긴급방어(정당방위), 긴급권, 도덕적 저항, 위급한 빈곤에 대항하는 분노 표출, 국가의 왜곡 형식에 대한 정치적 저항 등으로 등장한다. 형식적 권리(/형식법), 긴급권 그리고 도덕적·사회적 저항 차원에서 나타나는 긴급방어(/정당방위) 등은 각각 상응하는 절에서 이미 윤곽을 잡아주었으며, 여기서는 다만 본질적인 것을 반복할 뿐이다. 물론 정치적 저항권이라는 보다 높은 형식으로 지지된다.

---

231 Walter Euchner, *John Locke zur Einführung*, Hamburg 1996, S. 119~23; Siep, *John Locke*, a.a.O., S. 372ff.

232 토마스 페터슨(Thomas Petersen)에 따르면, "헤겔 법철학의 「국가」에서는 정당한 저항이 가능하다." 헤겔은 "사물의 본성에 근거하여 저항을" 알고 있다. Thomas Petersen, Widerstandsrecht und Recht auf Revolution in Hegels Rechtsphilosophie, in: *Archiv für Rechts- und Sozialphilosophie 82* (1996), S. 473, 475. 하지만 페터슨은 '두 번째 강제'라는 결정적인 사상을 고려하지 않는다. 헤겔에게서 위급권과 긴급상황의 문제를 다룬 글로는 다음을 보라. Paul Bockelmann, *Hegels Notstandslehre*, Berlin/Leipzig 1935.

a) 출발점은 기본권 일반이며, **인격체의 권리**라는 원리가 **모든 권리의 토대**이다. 인권: '인격체성은 인간에서 최고의 것', 인간의 '최고의 존엄' (Rin 15)이다. 이 권리의 추상성으로 인해 권리(/법)의 더 나아간 규정이 요청되고 또 이 권리의 침해에 대한 저항도 더 나아간 규정을 필요로 하는데, 이 모든 규정은 그 토대를 자유로운 인격체라는 지위에, 이 인격체의 자기규정에, 인격성이라는 **유일하고 보편적인** 권리 등에 그 토대를 둔다. 이는 나 자신과 모든 다른 사람을 추상적 인격체로 존중한다는 사실을 함축한다. 주체가 추상적 인격체라는 관점에서 볼 때 모두 동등하며, 그런 점에서 주체의 이 평등은 아직 추상적 동일성이긴 하다. 헤겔은 이 평등을 '자유의 첫 번째 원칙'(Bl 68)으로 간주한다. 이로부터 이 권리의 손상을 금하는 규칙이 나오며, 이 권리는 불가침한 것으로 간주되어야 한다. "인간의 존엄은 불가침하다." 여기에 §66에 나타나는 헤겔의 기본사상이 놓여 있다. 인격체의 이 권리의 불침해성, 불가침성, 양도 불가능성 등은 나의 의지의 자유, 나의 자기목적성, 나의 지성, 나의 도덕성, 나의 세계이해 등의 실체적 선(재화)을 포괄한다. 지배 혹은 예속, 복종과 억압, 양심의 강압 혹은 종교 강압 등은 인격권에 대한 허락되지 않은 무법적 침해이다. "그런 양도 불가능한 것에 대한 권리는 불가침이다. 왜냐하면 나는 특정한 행위를 통해 나의 인격체성과 실체적 본질을 소유하게 되며, 나를 권리능력자로, 책임귀속자로, 도덕적 존재로 그리고 종교적 존재로 만드는데, 바로 이 행위는 그것들에만 타자의 소유에서도 존재할 능력을 주었던 외면성이라는 이들 규정을 이끌어내기 때문이다"(§66). 이 기본권의 침해와 손상 전체는 첫 번째 강제를, 따라서 무법을 대표하며, 이 무법에 대항해서 관련자는 합법적으로, 그리고 그에 비례하여 방어할 수 있다. 기본권에 대한 모든 침해는 두 번째 강제를, 침해에 대한 침해로서 저항을, 첫 번째 무법적 강제를 뒤집는 확고한 작업을 승낙한다. 그 가운데 이 기본권에 저촉된 모든 상태의 전복과 전도를 위해 수행되는 행위들, 즉 저항권이 정당화되고 또 권리를 부여받는다. "외면성의 이런 지양과 더불어 나의 이전의 합의나 호감에서 나타날 수 있는 시간규정과 모든 근거가 없어진다"

(§66). 모든 노예, 예속자 각자는 '긴급(/빈궁)'함 속에 실존하며, 자기 인격성이 전혀 인정받고 존중받지 못하는 상황에 놓여 있다. 그는 "매 시간 자신의 족쇄를 파괴할 권리를" 갖는다(Gr 239). 노예는 자기해방을 위한 절대적 권리를 갖는다. 헤겔은 이 논의 과정과 더불어 분명하게 저항권의 추상적·형식적 초석을 놓으며, 그다음 그때그때 행위의 보다 높은 단계가 계속 규정되는 과정을 밟는다. 첫 번째 강제에 대항한 이 긴급권은 '신성불가침'이고 '양도되지 않'으며, 이는 절대적 유효성을 갖는다. "나는 내 안으로 되돌아옴으로써 나를 이념으로 현존하는 자, 법적·도덕적 인격체로 현존하는 자로 만드는데, 나로의 이러한 귀환은 지금까지의 관계와 무법을 지양한다"(§66). 헤겔은 '긴급상황'의 전도, 인격체의 예외상황 등을 '인격성의 양도(외화)를 되돌려받음'의 합법성이라는 공식으로 표현한다. 긴급상황에 놓여 있는 정당한 저항에 대한 이 명백한 옹호는 현대 이전의 관계에만 해당하는 것이 아니라 현대사회에서 언제나 나타날 수 있는 억압·압박·차별 등의 부활에도 해당한다.

b) 형식법에서 **긴급방어**란 **무법에 저항한 허가된 강제**를 의미한다. 그것은 다른 인격체를 통한, 예컨대 신체적 폭력 사용을 통한 법률 위반에 선행한다. 공격받고 위협받은 사람은 당연히 공격에 적합한 힘의 형식으로 저항할 수 있다. 그것은 법(/권리)의 '회복'을 수행한다. 나는 타자의 무법적 폭력 사용에 대항해서 폭력 금지를 위반할 수 있으며, 그에 상응하게 (긴급)방어할 수 있다. 이런 '회복' 혹은 '전도'는 모든 예외권의 형식을 특징짓는다. 그것은 언제나 특정한 권리의 손상에 뒤따르는, 그리고 현존하는 법(/권리)원리를 회귀시키는 행위이다. **긴급방어**(정당방위)는 폭력 거부의 회귀이다.

c) **긴급권(/위급권)**은 인간의 **자기유지권**을 포함한다. 이 현존의 본질적 손상은 자유의 현존을 손상시킬 위험이 있는 완전한 비권리 상태를 의미한다. 형식적 권리는 보다 고차적인 권리, 즉 긴급권에 의해 지양된다. 이 긴급권은 실제적인 예외상황으로부터, 그리고 기아의 긴급한 위험으로부터 성장한다. 예컨대 기아 상태를 피하기 위한 생활 절도는 권리로 간

주되며, 인격체 및 권리는 "삶을 가져야 한다"(§128, A). 그것은 기본권이며, 인격성의 보장이라는 보편적 의미에서의 인권이고, 육체적 불가침, 영양섭취, 질병 및 자연적 삶의 토대의 파괴로부터의 보호 등에 관한 권리이다.[233] * "각자는 생명권과 육체적 불가침성의 권리를 갖는다."[234] 이에 반해 추상적 자유주의는 형식적 권리, 특히 소유권의 엄숙주의와 근본주의에 의존할 뿐 그 한계를 무시한다. 긴급한 기아 상태에 있는 사람에게서 빵을 빼앗는 것은 그런 자유주의에게 절도로, 따라서 원리상 무법으로 간주되어야 한다.[235]

d) 도덕적 저항권과 긴급한 거짓은 공동체나 국가를 통한 주체의 권리의 손상에 의존하며, 도덕적 긴급방어의 정당성을 만들어내는 긴급상황에 의존한다. 이런 긴급상황은 현존하는 질서를 벗어나고, 이 질서의 배후로 가며, 이 질서에 곧게 나아가지 못하는 형식으로 등장한다. 이것이 바로 도덕법의 비판적 차원이다. 헤겔과 더불어 우리는 도덕법과 양심의 권리가 있음을 말할 수 있을 텐데, 한편으로는 그것은 소크라테스의 원리로,

---

233 채권자의 소유권이 침해되는 경우라도 채무자에게서 영양섭취, 의복 등 삶의 기본적인 요건이 탈취되어서는 안 되고, 나아가 삶을 보존하기 위한 가능성, 예컨대 수공업자에게는 도구를, 농부에게는 농기계를 빼앗아서는 안 된다. 이것이 일종의 '능력한도규칙'(beneficium competentiae)이다. 생존절도자와 채무자가 처분할 수 있는 재정수단을 다시 가지게 될 경우 채권자에게 채무상환을 이행해야 하며, 이로써 소유권은 다시 충족되어야 한다. 그러므로 형식적 권리는 파괴되지 않고 예외상황에서만 일시적으로 효력을 상실한다.

* 헤겔의 체계 내에서는 이 경우도 소유권의 효력 상실이 아니라고 하는 것이 옳겠다. 채무자가 스스로를 유지할 최소한의 것만을 가지고 있음에도 불구하고 소유권의 이름으로 그의 그 기본 재산을 탈취할 경우 채무를 변제할 가능성 자체를 없애는 것이기 때문에 이는 소유권 자체를 부정하는 방향으로 나아갈 수 있다. 최소한의 기본재산을 유지케 하는 것은 소유권 제도를 보호하기 위한 것이지, 파괴하는 것이 아니다. ― 옮긴이

234 GG Art. 2(2).

235 추상적인 '절차적' 자유주의는 개인의 권리와 집단의 권리 사이의 극복 불가능한 대립을 구성한다. Charles Taylor, *Multikulturalismus und die Politik der Anerkennung*, a.a.O., S. 49~56.

다른 한편으로 긴급한 거짓으로 말할 수 있다. 소크라테스는 도덕적 저항을 상징하는데, 왜냐하면 그는 존립하는 질서를 갉아먹는 원리를 말하기 때문이다. 그는 존립하는 것의 정당성을 자기의 주체성을 통해, 특수한 자아가 사심 없이 검사하는 입장을 통해 요청한다. §138에 의존하여 국가의 맥락에서도 도덕적 저항의 유효성은 소크라테스 원리의 지양 형태로 확립된다. 즉 현대사회에서 행위를 위한 결단은 "자기의식의 심연"에 놓여 있으며, "나는 의지한다"에 정초되어 있다. 이 행위근거는 더 이상 신탁이나 다른 마술적 심급에 있지 않고, "인간 존재의 내부에" 놓여 있다. 소크라테스의 다이몬에서 헤겔은 "전에는 자기 외부에만 몰두하던 의지가 자신에게 몰두하게 되는, 그리고 자기 안에서 자기를 인식하는" 시초를 인식하며, 이와 더불어 "자기를 아는, 그래서 참다운 자유"의 시작을 본다. 결과적으로 여기서도 아는 (즉 지식적) 자유가 참된 자유로 특징된다. 헤겔은 이성성의 매 계기, 즉 보편성, 특수성 그리고 개별성의 매 계기에 각자의 고유한 현재적·자기의식적 현실이 부여되는 한에서, 이를 "이념의 실제적 자유"라고 말한다(§279). 자기의식, 즉 자유로운 사유의 절대적 정당성이라는 형식과 더불어 "주체를 헌법의 수호자로 주문하고 이 주체에게 저항권을 부여할 수 있는 충분한 조건이 마련된다. 헤겔은 특히 다른 측면에서 국가는 그런 수호자를 필요로 한다고 보기 때문이다."[236] 특수한 시민으로서의 개별자는 존립하는 것의 정당성을 요구한다. 이 정당화 작업이 성공을 거둘 수 없는 한, 그는 현존하는 상태의 기본원칙을 의심하거나 철저히 거부한다. 그는 자신의 행위를 실정법이나 소여된 것에만 방향을 맞추는 것이 아니라 이것을 자기 내적인 권위로, 이제는 개념 파악적 사유에 의지한 권위로 변경한다. 세계사적 '변경들', 역사에 등장한 혁명은 역사적 긴급방어라는 '제2의 행위'라는 의미에서 어떤 행위를 주어진 무법에 따라 이뤄진 것으로 서술하는데, 그런 한에서 그런 행위는 그 자체로 타당할 수 있다. 또한 도덕적 주체는 정당하지 않은(무법적) 특정한 맥

---

236 Petersen, Widerstandsrecht, a. a. O., S. 478.

락에서, 예컨대 독재의 상황에서 이 독재의 대리인들에게 사태를 정확하게 묘사하지 못하도록 긴급한 거짓을 행할 수 있다. 이 긴급한 거짓은 결코 거짓이 아니며, 오히려 진실한 행동, 권리(옳은 것)이다(「도덕법」 장을 보라). 긴급한 거짓, 변경 그리고 도덕적 저항 등, 이와 관련한 아주 긴장되는 경우를 우리는 유레크 벡커의 소설 주인공 야콥을 들 수 있다. 그는 잘 못된 정보를 줌으로써 나치 독재에 저항한다.[237]

e) 긴급한 빈곤상황은 권리, 여기서는 시민사회의 공정한 참여의 권리를 재생산한다는 의미에서 저항권을 정당화한다. 빈부 차의 심화에서 폭동의 권리, "자유인들의 의지를 결코 실현할 수 없는 질서에 저항한 봉기권"[238] 등이 성장한다. 헤겔은 봉기를 위한 긴급권, 즉 긴급한 상황에서 오는 저항권을 입안하는데, 이 저항권은 시민사회의 기본체제의 재생산을 위해서이지 시민사회의 무화를 위한 권리가 아니다. 법(/자유) 개념과 자유 개념이 전개되는 세 단계 각각에서 각 단계마다 발생할 수 있는 권리의 손상에 대한 이 저항권은 확고히 인정되어야 한다. 시민사회 내부의 현저한 빈곤을 피할 권리는 ⓐ 추상법(/추상적 권리)에 확고히 나타나는 인격체의 불가침성에 대한 권리와 긴급방어의 정당성에 기초하고, ⓑ 도덕적 저항과 긴급권(/위급권)의 원리에 기초한다. 긴급방어도 도덕적 저항도, 빈곤에 대한 저항과 같은 긴급권은 언제나 반작용, '이차적' 행위, 즉 존립하는 무법에 대한, '예외상황'에서 기인하는 반작용이다.

따라서 여기서 문제가 되는 것은, 다시 반복하지만, 존립하는, 현재 작용하는 무법(/비정상성)에 대한 저항이고, 현저한 법 위반에 대한 분노와 저항이며, 법(/권리)을 되찾는 것이다. 시민사회의 시각에서 볼 때 그것은 결코 다른 종류의 사회를 만드는 권리가 아니다.[239] 시민사회의 구성원리

---

237 제4장 「도덕법」 참조.

238 Bl 20.

239 Ebd. 여기서 다뤄지는 것은 당연히 형식적·추상적 권리도, 이 권리에 대한 이의 제기도 아니다. 그것은 정치적으로만 요구될 수 있는 시민사회에서의 안녕(/복리)의 권리이다.

에 광범위하게 위반되었거나 시민사회가 존립하지 않는 한에서 ─ 즉 시
민사회에의 평등한 참여권이 존립하지 않는 한에서 ─ 이 토대의 복원 내
지 이 토대의 습득의 권리가 생겨난다. 헤겔에게서는 결코 전복의 권리가
있지 않으며, 이 토대를 무화시킬 권리가 있지 않다. 왜냐하면 이 토대는
자유의 가능조건이기 때문이다.[240]

f) 정치적 예외상황 ─ 정치적 긴급 상태와 정치적 긴급방어

"정신의 성장과 동등한 정도의 제도의 성장이 없을 경우, 이는 제도와
정신이 모순에 빠진 것을 말하는데, 이는 불만족의 원천일 뿐 아니라 혁
명의 원천이다"(Wan 219). 저항권에 대한 헤겔의 입장은 지금까지 거의
주목을 받지 못했는데, 그의 입장의 혁신적 측면의 의미를 알기 위해 칸
트와 비교해 볼 필요가 있다. 칸트는 불평을 드러낼 수 있고 또 협치를
거부할 수 있다고 생각했지만,[241] 봉기의 가장 중요하고 최고도의 형태
인 정치적 저항권을 단적으로 거부했다. 따라서 그에게는 정치적 긴급방
어의 결정적 요소가 결여되어 있다. "인민의 정당한 저항"은 없으며, "봉
기의 권리(seditio)는 존재하지 않고, 폭동(rebellio)은 더욱 그러하며, 권력
남용이라는 구실로 진행되는(tyrannis) 개별 인격체로서의 그(군주)에 대
한 대항은 가장 그러하다."[242] 인민은 참을 수 없는 것을 참아야 하는데,
왜냐하면 최고 입법에 대한 적극적 저항은 법률 위반과 전혀 다를 바 없
기 때문이다. 칸트에 따르면 저항을 허락하는 공적인 법률이 현존해야
하는데, 이는 최상의 입법이 사실은 최상의 입법이 아니라는 규정을 간
직한다는 사실을 함의한다. 따라서 그때의 그런 저항은 대역죄이며, 사

---

240 마르크스주의적 구상과의 심오하고 극복할 수 없는 명백한 사상적 간극이 간과
    되어서는 안 된다. 하지만 이 둘 사이의 유사성을 발견하려는 무익한 시도가 끊
    이지 않는다.
241 Kant, *Die Metaphysik der Sitten*, AA VI, 321f. "부정적(소극적) 저항, 즉 (의회에
    서) 인민의 거부만이 (……)."
242 Ebd., 320.

형에 처해져야 한다고 한다.[243] 수동적 내지 소극적 저항만이 허락된다. 정당하지 않은 방식으로 혁명이 성공했을 때에도 신하들은 정당하지 않은 새로운 질서에 충실하게 복종하는 것을 거부할 수 없다.[244] 섭정자가 철저히 법에 반하게 결정할 때조차 "신하는 이런 무법성에 항의해도 되지만(gravamina) 저항해서는 안 된다."[245] 칸트가 물론 두 번째 강제에 대한 섬세한 사상을 구상하기는 했지만 이 자율(자기입법)의 옹호자는 이 결정적인 자리에서 자율을 말하지 않고 궁극적 심급에서 복종을, 단계에서 복종과 순종, 그리고 애국심을 선호한다. 전체적으로 봐서 그의 구상은 복종의 국가관이라는 원리를, 즉 대규모 정치적 긴급방어를 통해 무법(부정의)을 활동적으로 제거할 수 있는 권리를 결코 소유해서는 안 되는 종속자의 세계관을 보여 준다. 아래로부터의 사태의 진행을 통해서는 개선이 이뤄질 수 없고 위로부터 수행되어야 성공할 수 있다. 국가의 수장은 "신하에 대해 순수한 권리만을 갖지, 어떤 (강제적) 의무도 갖지 않는다."[246] 이에 대해 헤겔은 직접적인 비판을 수행하며 정반대의 입장을 취한다. 그것도 두 번째 강제의 정당성을 말한 칸트의 토대에서 그렇게 하며, 권리와 의무의 통일이라는 원리를 시사하면서 그렇게 한다. 법(/권리) 상태에서 누구도 의무 외부에 설 수 없다.[247] 이 원리에 따라서 국가의 의무와 시민의 권리 및 국가의 권리와 시민의 의무를 규정할 수 있다. '세상은 망해도 정의를 세우라'(fiat justitia, pereat mundus)는 원리에 대한 비판은 저항에 대한 칸트의 입장을 직접 겨냥한다.[248] 헤겔에 따르면, 불

---

243 Ebd., 320ff.

244 Ebd., 322f. 케네스 베스트팔(Kenneth R. Westphal)은 칸트의 이 주제와 저항권에 대한 심오한 분석을 보여 준다. Metaphysische und pragmatische Prinzipien in Kants Lehre von der Gehorsamspflicht gegen den Staat, in: Hüning/Tuschling, *Recht, Staat und Völkerrecht bei Immanuel Kant*, a.a.O., 171~202.

245 Kant, Mds, AA VI, 319.

246 Ebd.

247 『법철학』에서 군주에 대한 몇몇 진술은 칸트의 생각에 가깝다.

248 헤겔에 따르면, 긴급상황(에서의 예외적 행동)은 '정당성의 근거'를 갖는 것으

공정(/무법) 상태를 대변하는 (정교하게 진단된) 긴급상황으로부터 이 상황을 **전도할 권리**, 권리(/법)를 재산출할 권리가 성장하며, 그것도 근본적 권리(/법) 파괴(전제정치)에 대한 저항의 관점에서도 또한 국가권력에 의한 개별적 권리 파괴의 관점에서도 타당하다. 여기에 현대적 의미에서 **전도를 위한 긴급권(위급권) 내지 저항권** 구상의 핵심이 놓여 있다.

헤겔은 정치적 저항이라는 주제와 관련하여 **두 번째 강제의 정당성**이라는 원리를 일관되게 지지한다. 비록 이것이 명료하게 표현되며 등장하지는 않지만 말이다. 여기서 다시 헤겔의 정치적 조심성이 드러나며, 검열에 대한 염려에서 자신의 입장을 숨기는 처신이 등장한다.[249] '방어권과 저항권의 결여'라는 주장은 어쨌거나 비판적 검토를 필요로 한다.[250] 실제로 헤겔은 **정치적 예외상황과 정치적 저항권**의 문제를 자유로운 국가질서의 '보장'이라는 맥락에서 아주 살짝 간접적으로만 언급하고 만다. 국가질서의 안정은 이성적 기구와 자유로운 시민을 통해 도달할 수 있는데, '평화의 저해'는 시민의 자기의식적 사유와 이에 적합하지 않은 기구 사이의 관계에서 나타난다(Wan 230). 더 나아가 이 문제는 국가질서의 타락의 관점에서 다뤄지며, 전제군주의 살해에 대한 논쟁과 결합하여[251] 그리고 아마도 로크와 흄의 입장과 연관하여 다뤄진다. 그런데 결정적으로 여전히 남아 있는 중요한 점은 헤겔의 사유논리 토대에는, 여기서는 **무법(/반권리, Unrecht)을 법(/권리)으로 전도하는 것의 원리적 정당성**에는 혹은 **두 번째 강제의 타당성**에는 모든 형태의 정치적 저항권이 사유되어야 한다는 사실이다. 이런 의미에서 헤겔의 사유는 원리상 억압,

로 간주되는데, "동시대인들에게 새롭고 놀라운 이 원칙은 아주 날카롭게 언급된다." 그리고 드러나듯이 "이것은 칸트와 극단적으로 반대 방향을 취한다." Bockelmann, *Hegels Notstandslehre*, a.a.O., S. 22.

249 페터슨은 이를 저항권 문제에 대한 "암시적 태도"(Implizitbleiben)라고 말한다. Petersen, *Widerstandsrecht*, a.a.O., S. 475.

250 Siep, *Aktualität und Grenzen der praktischen Philosophie Hegels*, S. 112.

251 "저항권은 근원적으로 전제군주에 대한, 무법적 지배자에 대한 저항권이다" (Ebd.).

646

자의적 지배 그리고 전제정치에 대항하여 자유에 방향을 맞추고 있다.[252] 『법철학』에서 구상된 현대의 법(/권리)체제를 **해체하기** 위한 저항권은 존재하지 않는데, 왜냐하면 그것은 이성과 자유에 대한 봉기이기 때문이다. 따라서 그런 저항은 **정당한** 저항이 아니라 언제나 가능한, 하지만 반동적인 봉기로서 일종의 복고 형식이다.[253] 그러나 동시에 **현대의 자유 원리의 손상에 대항하는 저항권**은 존재한다. 예컨대 모든 차원에서 등장하는 개인의 개별적 자유의 손상을 회복할 권리, 현대적 공동체의 불충분함을 교정할 권리, **현대의 법원리에서 후퇴하는 것에 대한 분노의 권리**, 새롭게 정착한 전체주의적 질서에 대한, 새로운 중우정치적, 그리고 과두정치적 형식 등에 대한 봉기의 권리 등이 존재한다. 그런 권리는 무조건적으로 법전화되어서는 안 되고 법(/권리)과 자유에 대한 헤겔의 개념으로부터 법전화되어야 한다. 헤겔은 이처럼 명시적으로 반복고적 사상가로 읽힐 수 있다. 자유의 원리를 방해하는 모든 종류의 시도에 대항해 저항권과 혁명권이 존립하는데, 시민사회 차원에서도, 국가 차원에서도 가능하다. 이러한 저항은 법적으로 허가된 행위의 총체로, **사회적 긴급방어와 정치적 긴급방어**로 간주된다. 시민사회의 토대와 자유를 안정시키고 재생하고자 하는 저항권과 봉기권은 그 가능성이 시민사회 내에 제한적으로 머물러 있기 때문에 압도적으로 **정치적 권리**이며, 따라서 국가 영역에 정착되며, 그것도 (헤겔적 의미에서) 언제나 법(/권리) 형식으로 정착된다. 긴급권(/위급권, 예컨대 생존 절도)의 경우에서처럼 긴급상황, 예

---

252 흄은 다음과 같이 강조한다. "엄청난 전제정치와 억압의 경우에 최고의 권력에 대항해서 무기를 잡을 수 있다. 정부는 상호이익과 안전을 위해 인간이 도달한 합의체 이외에 아무것도 아니다. 정부가 이런 경향을 더 이상 갖지 않게 될 때 그 즉시 정부는 자연적 의무와 윤리적 의무를 더 이상 부과할 수 없다." Hume, *Eine Abhandlung über die menschliche Natur*(III), S. 316. 폴 포트(Pol Pot)의 캄보디아에 사는 시민들에게 혹은 아우구스토 피노체트(Augusto Pinochet)의 칠레에 사는 시민들에게, 그리고 독재와 반인간적 정권하에 신음하는 모든 시민에게 이 저항권이 귀속된다.

253 20세기의 독재자들은 그런 복고적, 전 현대적 형식을 보여 준다.

외상황(긴급한 기아 상태)인지에 대한 결단이 정치 영역에서도 매우 어려우며, 철저한 숙고가 요청된다는 사실이 무조건 고려되어야 한다. 저항과 봉기의 정당성에 대한 주된 조건은 ⓐ 기본권을 보호하는 법률의 현저한, 그리고 항구적인 침해("일련의 오랜 행위를 통해 볼 때 모든 의도가 이 방향으로 경향을 취하고 있을 때"[254]), ⓑ 저항하는 자의 측면에서 분노의 정당성에 대한 검토('소크라테스 원리') 그리고 ⓒ 시민권에 대한 전반적 위협상황 등이다.[255] 이러한 사실은 특히 철저히 다른 부정적 결과만을 산출할 수 있는 전제군주에 대한 살해에도 해당한다.[256] 이러한 결단의 어려움에 대해 독일의 기본법(헌법)에서도 서술하고 있다. 저항은 "다른 도움이 불가능할 경우에" 정당하다.[257]

국가와 피통치자들을 정부와 국가 공직자들의 권력남용으로부터 보호하기 위해 추가로 '내적 보호'(합의구조)*, '위로부터'(최종 결정자)의 안전장치, 그리고 지배권력의 주관적 자의에 대한 '아래로부터'의 안전장치, 따라서 정부기구에 대한 특별한 저항권이 있다(물론 이들 저항권은 조합, 협회, 직업단체 등에 최적화되어 있다). 여기에는 입법권의 교정수단이 철저히 결여되어 있다. 『법철학』은 '위로부터' 그리고 '아래로부터' 조직한다는 의미에서 수직적 권력구조도 주제화한다. 잘 조직된 직업연대, 공동체 그리고 도시연합체에서 헤겔은 국가의 '원래적인 강함'을 보며, 협동작업은 특수이익과 보편이익을 강하게 결합할 수 있고, 시민을

---

254 Locke, *Zweite Abhandlung über die Regierung*, a.a.O., S. 167.

255 Siep, *John Locke*, a.a.O., S. 372f.

256 '7월 20일'이라는 저항집단의 구성원들은 이 문제 영역을 자세히 해명했다. 이를 알려 준 디터 헨리히에게 감사를 드린다. 이미 흄은 저항의 실제적 활동의 장점과 단점을 주의 깊게 검토할 것을 요구한다. Hume, *Ein Traktat über die menschliche Natu*r, a.a.O., S. 306. 저항권의 일반적 원리는 지지되지만, "언제 저항이 정당한 것인지 등 **개별적 사안**에 대해 우리가 행동하게 될 규칙을 정하는 것은 법률의 경우, 심지어 철학의 경우에도 불가능하다." Ebd., 316.

257 GG Art, 20(4).

* 구성원 각자를 존중하여 철저한 합의체로 구성되는 경향이 있는 전문가 집단을 말한다. 예컨대 대학의 위원회 등을 일컫는다. ── 옮긴이

무법적 침해로부터 보호하고 저항을 가능하게 할 수 있다(§290, Z).

흄에 따르면 '예외', 즉 긴급상황과 예외상황에서 정치적 저항권의 정당성이 존립한다. "상층 권력의 폭력적 행동에 대해서는 범죄나 무법성을 저지르지 않고서 저항을 해도 된다." 긴급상황에서, 예컨대 전제정치와 독재 상황에서 국가법 위반은 '공적 안녕'의 적대자에 대항하는 권리와 방어로 여겨진다. 이런 반대저항은 책망받을 수 없고, "우리의 윤리적 개념 아래서 수동적 복종보다 더 모호한 개념은 없으며, 우리의 윤리적 개념은 강력한 전제와 억압상황에서만 저항을 허락한다." 왜냐하면 사람들은 보편적 최선을 위해서만 정부에 복종할 의무가 있기 때문이다.[258] 시민은 "스스로를 전제정치에서 해방할 권리뿐 아니라 전제정치를 방해할 권리도 갖는다"(Locke).[259] 헤겔은 바로 이 문제와 결합된다. 정치적으로 억압받는 자는 자신의 정치적 권리를 탈취당하며, 이 탈취를 무법(Unrecht)이라 말한다. 그는 이 무법을 되돌려도 되며, 이 무법에 대항해서 자신을 방어하고, 또 두 번째 강제라는 의미에서 자신의 권리를 회수해도 된다. 그가 농노('노예'[260])의 지위로 떨어지는 한에서 그는 자신의 족쇄를 철폐할 권리, 시민으로서의 자신의 권리를 회복할 권리를 갖는다. 노예 혹은 종의 인격성은 자신의 그 모든 표현에서 철저히 부정되는데, 이러한 사실로 인해 헤겔은 인간의 노예화 혹은 예속화를 '절대적 범죄'로 간주한다(Wan 51). 이것이 바로 무법적 전도에 대항한 전도의 권리이다.

정치적 저항권은 이전 단계의 긴급권(/위급권)이라는 기둥에 기초하며, 다양한 형식을 담고 있고, **봉기권**에서 절정에 이른다.[261] 사회 상태에

---

258   Hume, *Ein Traktat über die menschliche Natur*(III), a.a.O., S. 304~05.

259   Locke, *Zweite Abhandlung über die Regierung*, a.a.O., S. 220.

260   로크 역시 노예 상태를 말한다(Ebd.).

261   로수르도는 헤겔이 "결정적으로 저항권을 거부한다"고 주장한다. 다른 한편 로수르도는 긴급권(/위급권)에 대한 헤겔의 숙고에 동의한다. Domenico Losurdo, *Hegel und die Freiheit der Modernen*, Frankfurt a.M. 2000, S. 113~22. 특히 S. 119 참조. 헤겔에게는 긴급권과 방어권이 결여되어 있으며, 기본권을 불충분하게

서 결핍은 동시에 무법(부정의, Unrecht)의 형식을 획득하는데(§244, Z), 이로부터 시민사회의 영역을 넘어서 가는, 그리고 원래의 정치적 맥락과 연관되는 **인륜적 긴급방어권**이 생겨난다. 자유국가체제의 실체적 토대가 공격받고 혹은 파괴되는 한 공민과 시민체는 자신의 정치적 저항권을 알아차릴 수 있으며, 언제나 이성적 헌법(/체제)의 산출을 목표로 그렇게 할 수 있다. 「미국독립선언서」 서문에는 다음과 같은 문장이 확고하게 쓰여 있다. "그 어느 정부형태가 이 목적을 더럽히는 경우, 이 정부를 변화시키거나 철폐하는 것, 그리고 새로운 정부를 세우는 것은 인민의 권리이다." 그리고 헤겔이 자주 강조한 권리와 의무의 상호관계라는 의미에서 계속하여 부정의한(/무법적) 정부를 철폐하는 것은 권리일 뿐 아니라 의무라고 강조한다.[262] 독일의 기본법(/헌법)도 1968년 이래로 대단히 문제 있는 긴급상황의 규정 외에 저항권의 법조문을 포함하고 있다. "이 질서를 제거하고자 시도하는 그 누구에 대해서도, 다른 도움의 수단이 가능하지 않을 때, 모든 독일인은 저항권을 가진다."[263] 이 이중성은 정치적 긴급 상태, 예외상황이 정치적 기구의 측면에서도, 시민의 측면에서도 야기될 수 있다는 것을 의미한다. 그렇다면 그때마다 다른 힘의 폭력적·'전제적' 수단은 정당하다. ⓐ 비이성적 섭정에 대항해서 바스티유를 점령함으로써, 정부청사, 경찰청사 혹은 비밀정보국 등을 폭력적으로 점거함으로써 수행되는 시민의 저항, 정치적 총파업, 과거 정부

보호하고 있다는 지프의 주장은 정당화될 수 없을 것 같다. 시민들은 신분의회를 통해 "자신의 자유를 관철하고 보호하는 문제에 깨어 있을 수 있는 위치에 놓인다." Getrude Lübbe-Wolff, Über das Fehlen von Grundrechten in Hegels Rechtsphilosophie, *Hegels Rechtsphilosophie im Zusammenhang der europäischen Verfassungsgeschichte*, a.a.O., S. 421~66, 특히 S. 466. 빈곤에 대항한 저항의 문제에서 헨리히는 다음과 같이 확고하게 말한다. "헤겔의 작품 어느 곳에도 그가 혁명을 역사적 사실과 필연성으로 이해할 뿐 아니라 또한 혁명의 권리를 당대의 제도에 대한 체계적 분석으로부터 획득하고 설명하는 그런 장소는 없다"(Henrich, Bl 20).

262 이에 대해서는 「미국독립선언서」 서문을 참조하라.
263 GG Art. 20(4).

의 몰락에 대한 설명과 새로운 질서에의 호소 등은 정당하다. 그리고 ⓑ 예컨대 이성적 질서에 대한 '아래로부터'의 정당하지 않은 위협이 있을 경우 '전체의 실존을 거래하는'[264] 국가권력의 저항은 정당하다. 민주적으로 정당화된 국가권력은 따라서 전제정치를 피할 목적으로 위로부터 나치의 권력승계를 폭력적 수단으로 방해할 권리를 가졌다. 이때 나치는 독재와 전제정치를 명시적으로 대표한다고 표현했더랬다.

헤겔의 시각에서 결정적으로 중요한 것은 참다운 보편자에 대한 지식이며 존립하는 정치적 질서를 **지식(/앎)에 근거하여** 평가하는 것이다. 객관적 가치평가를 위한 기준은 『법철학』에서 전개된 자유 개념과 그 구체적 형태라는 초석, 이성법(Vernunftrecht) 그리고 자유의 헌정이다. 폭정은 무한한 무법 상태로, 정치적 긴급방어가 발동되어야 하는 국가의 **내적 비상사태**로 비난받는다. 이때 시민은 특별한 권리를 요청할 뿐 아니라 자신의 권리를 **원래 주권자**의 권리로 요구한다. **현대 국가의 본질을 전도한 것**에 대한 혁명권의 본질은 바로 이런 의미이다. "우리는 인민이다"라는 슬로건은 정치적 저항자들의 이런 요구를 보여 주며, 동독 시민에 의해 주도된, 이끌린 그리고 성공적으로 실현된 1989년 독일혁명의 본질적 내용을 표시한다. 이 혁명은 행운이 깃든 역사적 정세 가운데 시민이 수행한 평화적 저항의 결과였다.[265]

이어지는 간략한 스케치는 긴급상황과 정당방어에 대한 좀 더 진전된 규정을 포함하며, 상이한 긴급방어, 두 번째 강제 그리고 저항권 등의 단계를 포함한다. 각 단계마다 자유 개념과 권리(/법) 개념이 전개되는데, 이들 단계에서 두 번째 강제라는 사상이 사유되어야 하며, 이는 (국제법

---

264   Hegel, *Jenaer Systementwürfe*, GW 8, 259.

265   이 혁명의 주요 옹호자 중 한 명인 마티아스 플라체크(Matthias Platzeck)는 이것을 한갓 '전회'(Wende)라고 칭하는 것을 거부하며, 정당하게도 '20세기 유럽의 역사에 행운을 가져다준 기여'로서 '평화적 혁명'으로 표현해야 한다고 주장한다. 혁명 과정과 그 분석에 대한 구체적 서술은 다음을 보라. Matthias Platzeck, *Zukunft braucht Herkunft. Deutsche Fragen, ostdeutsche Antworten*, Hamburg 2009.

과 세계사를 포함하는) 국가의 영역으로까지 나아간다. 이러한 서술은 가부장주의, 국가주의, 강력한 제도주의, 국가의 실체화 내지 신성화[266] 등으로 퍼부어진 헤겔 이론에 대한 비난이 과도하다는 것, 그리고 이런 규정이 헤겔 국가 이념의 핵심에 전혀 도달하지 못했음을 분명하게 보여준다.

위급권(/긴급권) 혹은 전도를 위한 저항권—비상사태와 두 번째 강제

A) 추상적·형식적 법(/권리) 영역

인격체의 기본권 침해에 대한 저항
권리(/법): 인격성의 관점에서 모든 사람의 평등

예: 나는 예속 상태에 대해, 혹은 원리상 무법적인 첫 번째 강제에 대해 저항한다.

가치평가: 이 저항은 절대적으로 공정하며 신성불가침이며, 두 번째 강제에 의해 그 권리가 회복된다.

긴급방어(정당방위)
권리(/법): 신체불침해권

예: 나는 타자의 구타에 대해 신체적 힘을 사용하여 나를 방어한다.

가치평가: 이 방어는 (적절한 경우) 정당하며, 추상법(/추상적 권리)이 규정하는 폭력 금지는 침해되지 않지만, 추상법(/추상적 권리)의 한계가 분명해진다.

---

266 지프는 헤겔이 "신성화된" 그리고 "과도하게 고양된" 국가 개념을 가진다는 주장을 입법부라는 제한된 권력에서, 세습군주라는 개념에서, 저항권의 결여에서 그리고 공격적 전쟁사상에서 보며, 이를 확인한다. Siep, *Aktualität und Grenzen der praktischen Philosophie Hegels*(헤겔의 국가는 기독교 국가인가?), a.a.O., S. 112. 마지막 지점까지 다른 경고사항이 검토되었다. 내가 볼 때 헤겔의 사유논리로 법철학의 몇몇 텍스트를 상대화할 준비가 되어 있는 한, 경우에 따라서는 이 사유논리에 따라 다시 쓸 준비가 되어 있는 한 이 주장은 유지될 수 없다.

B) 도덕법 영역

위급권

권리(/법): 안녕의 권리

예: 아사 순간에 놓인 긴급한 자는 빵을 훔친다.

가치평가: 이 절도는 (적절한 경우) 자기유지를 위한 권리이며, 두 번째 강제다.

사적 소유의 권리는 여전히 유효하며, 이 권리의 한계가 등장한다.

도덕적 저항

권리(/법): 주관적 자유의 권리, 도덕적 진실성의 법

소크라테스 원리: 내가 이성적이라고 인정하지 않는 어떤 것도 존중하지 마라.

긴급한 거짓말의 예: a) 나는 나를 취조하는 나치친위대 대원에게 의식적으로 거짓진술을 한다. b) 거짓말쟁이 야콥은 자기 친구들에게 잘못된 정보를 준다.

가치평가: 이런 거짓진술 내지 잘못된 정보 제공은 엄격한 의미에서 거짓이 아니며, 따라서 두 번째 강제로 정당화된다. 거짓말 금지는 여전히 유효하다.

C) 인륜법 영역

〈시민사회〉
사회적 긴급상황과 사회적 긴급방어
권리: 시민사회에서 성원권

예: 생계 이하의 임금과 빈곤에 대한 저항

가치평가: 사회적 긴급방어는 정당하다(두 번째 강제).

시민사회 원리는 여전히 유효하며, 시민사회의 차이가 시각에 들어온다.

〈국가〉
국가에서 긴급상황, 비상사태 그리고 정치적 저항

권리: 자유시민으로 존재할 권리, 정치적 자유권, 정치적 부당함(전
도)에 대한 저항권

예: a) 숄 남매의 법 위반; 히틀러 살해 모의, b) 식민주의에 대한 인
민의 저항, 침략에 대한 국가의 저항

가치평가: 이 행위들은 두 번째 강제로서 정당했으며, 자유와 자유
로운 체제의 원리는 여전히 유효하고, 국제법도 여전히 유효하다.

  정치적인 긴급상황(Notlagen)은 당연히 본질적으로 전면적 의존 체계,
극단으로 상실된 인륜 체계인 필요국가(Notstaat) 내지 오성국가로 간주
되는 시민사회에서의 상황에 의존한다. 스스로 창출한, 그리고 점점 더
첨예화되는 빈부의 차는 시민사회를 그 근본으로부터 위협하며, 이 형식
의 헤겔적 지양, 즉 극복을 시사한다. 즉 오성의 영역이 이성적인 형태를
취하도록 강제된다. 이 오성적 형식은 원리적으로 자신을 넘어가는데,
이때 **다른 질서로 가는 것이 아니라** 자신의 근거로, 개념적 사유에 의존하
는 이성적 형태로, 자유의 국가로 넘어간다.

  시민사회는 실존하는 이 위협에 대한 **자신만의** 충분한 대비(Vorsorge)
메커니즘을 갖지 않는다. 이것은 모든 유형의 폭정과 근본주의의 서식지
를 제공하는데, 이것은 도야되지 않음과 불충분한 도야에서 기인하는 무
법(불공정) 정서에, **야만성**에 토대를 두며, 자유를 위협할 수 있다. 그런
부자유한 연합체 중에서 가장 위험한 것은 전제정치이다. 왜냐하면 전제
정치에서 시민의 권리는 결코 충분히 보호되지 못하고 극단적으로 위협
을 받기 때문이다.[267] **도야의 권리**(교육권 등)에 대한 헤겔의 끊임없는 강
조는 여기서 특히 분명하게 드러나는데, 도야된 시민 없이는 어떤 현대

---

267 Hegel, *Rechtslehre für die Unterklasse*, 4, S. 248~49. 전제정치 혹은 폭정은 헤겔에
    게 무법(/무권리) 상태이다.

적 질서도, 어떤 민주주의도 발전할 수 없다. '무지한 자는 자유롭지 않다.' 보편성을 추동하는 사유 활동은 비인간성에 대항해서 훌륭한 결정 기구를 만들어낸다. 무법의 질서에서는 언제나 **정신의 빈곤, 사유의 빈곤**이 힘을 발휘하며, 여기서 범죄는 권리(/법) **개념**이 그 원리에서 손상되었다는 데 의존한다. 철학은 개념의 이런 손상을 들춰낼 책임이 있으며, 여기에 철학이 **지적인 긴급방어와 저항할 수 있는 권리**가 놓여 있다. 시민의 지식과 도야는 비인간성에 저항할 수 있는, 유지 가능한 유일한 보증 수단이다.

예외권의 법정화(헌법 내의 긴급권(/위급권), 긴급법률)는 헤겔의 시각에서 볼 때 법(/권리)질서의 지양, 실증적 예외권의 난점인 것 같다. 조르조 아감벤(Giorgio Agamben)은 카를 슈미트와 연계하여 예외상황이라는 것이 원래 법질서의 (총체적 혹은 부분적) 유보라면 헌법의 그런 유보가 어떻게 여전히 법질서 내에 포함될 수 있는지 새로운 질문을 제기한다.[268] 예외권의 본질은 "법질서 외부에 서 있지만 동시에 법질서에 속한다" (Carl Schmitt)는 것이다. 여기서 민주주의 국가를 구하기 위한 이 긴급질서가 동등한 개연성으로 민주주의 국가를 무화하는데 오용될 수 있다는 데 그 딜레마가 있다. 왜냐하면 자유권이 축소되거나 차단되고 권력분립 (과 국가의 이성적 구조)이 부분적으로 해체되기 때문이다. 자유를 구하고자 하는 생각은 '그 반대로'(부분적으로 독재적 척도와 심급으로) 변형될 수 있으며, 따라서 결국 자유의 유기체로서의 국가가 위협받거나 심지어 무화될 수 있다. 독일에서 긴급상황의 법률은 기본권의 제한이 있어도 되지만 기본법(헌법)의 변화는 제외된다는 난점을 포함한다. 그런 한에서 **시민의 저항**은 (그것이 법조문화되었든 그렇지 않든) 전복을 방해할 수 있다. 국가의 관련 시민은 실증적 법질서 외부에 서 있지만, 이성법에 의존한다. 이성적이라는 말은 여기서 공포정치와 전쟁으로 인민 살해자로 등장한 독재자를 저항집단의 형성(/도야)을 통해, 그리고 시민의 계몽과

---

268   Giorgio Agamben, *Ausnahmezustand*, Frankfurt a.M. 2003.

태업을 통해, 안전요원의 황폐화나 궁극적으로 폭력적인 살해형식 등을 통해 물리치는 것이다.

도야된 시민체만이 자유로운 체제를 보장하는 힘일 수 있다. ―**도야(/형성, 교육, 교양)는 그 절대적 규정에 따르면, 해방이다.** 이 해방은 "태도의 한갓된 주관성, 욕망의 직접성 그리고 느낌의 주관적 자만과 임의의 자의 등에 대항한 주체 안에서의 **고된 노동**"을 포함한다. (……) 도야라는 이 노동을 통해 주관적 의지는 자기 안에서 **객체성**을 획득하게 된다. 이 입장은 도야를 '절대자의 내적 계기로' 이해하며, 도야의 '**무한한 가치**'(§187)를 증명한다. 국가의 정당성과 정치적 저항의 정당성은 이성법에 그 원천을 둔다. 현존하는 실증적 법질서는 자유의 이론적 체제라는 기준에서 평가되어야 하고, 궁극적으로 **개념적 사유**만이 자유로운 국가라는 주된 근거일 수 있다.

6. 권리(/법) 체계와 기본권 항목

> 우리 인권선언에서 어떤 사람에게도,
> 어떤 기후에도 적용할 수 없는
> 단 하나의 항목이라도 있으면 보여 달라.
> ―아나카르시스 클루츠*

외적 국가법(국제법)과 세계사를 다루기 전에 여기서 『법철학』에 기본권으로 고정된 이성법(이성권리) 단계를 아주 간략한 방식으로나마 반복하고 또 요약할 필요가 있겠다. 그것도 독일헌법인 기본법에 나온 기본

---

* 아나카르시스 클루츠(Anacharsis Clouts, 1755~94): 프랑스 혁명을 지지한 독일 프러시아의 귀족 출신이다. 인간 해방에 힘을 쏟았던 그에게는 '인간성의 웅변가', '인류의 시민', '신의 개인적인 적' 등의 별명이 있다. ―옮긴이

권 목록을 염두에 두면서 그렇게 하겠다. 이미 이 책의 상응하는 구절에서 헤겔이 입안한 인격체의, 가족의, 시민사회 구성원의 그리고 국가의 시민의 기본권이 기본법의 규정과 비교된 바 있다. 한갓 선언이 아니라 논리적으로 정초된 인간과 시민의 권리체계가 제시된다.

1)

인격체의 보편적 권리가 토대를 형성하며, 국가법률은 "인격체, 인간존엄을 전제한다."[269] 사법(司法, Rechtspflege)을 숙고하는 곳에서 이 원리는 이미 고려되었고, 고전적인 방식으로 말하자면 다음과 같다. "인간은 그가 유대인, 가톨릭교도, 개신교도, 독일인, 이탈리아인 등이기 때문이 아니라 바로 인간이기 때문에 인간으로 간주된다"(§209). 프랑스 혁명체제의 평등 원리에 따르면, 모든 자연적·문화적 차이, 나이, 피부색, 성 차이와 인종적·종교적·민족적 귀속성의 차이는 모두 제거된다. 이것이 바로 **인격체의 보편적 인권**이며, 좀 더 정치적 언어로 말하자면 **보편적인 반차별의 원리**이다. "모든 인간은 법 앞에서 평등하다"(GG Art. 3, 1). **몇몇** 인간이 아니라 단적으로 **인간 그 자체**가 "인격체로 인정되고 법적으로 인격체로 간주된다"(Enz §539)는 사실이 이 평등사상에 놓여 있다.[270] "무한한 가치와 무한한 권한을 갖는 인간"(Enz §163, Z)은 법(/권리) 공동체의 토대로 간주된다. "인간은 그 자체로 이성적이다. 여기에 모든 인간의 권리의 평등의 가능성이 놓여 있다. 권한이 있는 인간군과 권리가 있는 인간군으로의 엄격한 구별은 중요치 않다"(Enz §163). 인간이 인격체로서 갖는 권리인 인권, 즉 인격권은 헤겔에게 양도될 수 없고, 불가침하며, '그 자체로 절대적'이다(Hom 263f.). "내가 **보편적 인격체**로 파악된다는 사실은 도야(/형성)에, 보편성의 형식으로 있는 개별자의 의식으로서의 **사유**에 속하며, 여기서 **만인**은 동일하다"(§209).[271] 인격적 의지주체

---

269 PhRel 16, 227.
270 이것은 특수판단에서 전체판단으로의 논리적 이행에 해당한다.

라는 인간규정에 근거한 **인간의 인격적 존엄**이라는 원리 위에 추상적 권리(/추상법) 영역에서 이미 언급한 법률 앞에서의 평등 외에 인격성의 자유로운 전개의 권리(GG Art 2, 1), 생명과 신체불침해권(GG Art. 2, 2) 그리고 소유권(GG Art. 14, 1) 등이 정초되는데, 이때 이 권리의 사용은 '보편성의 안녕(/복리)'에 기여해야 한다(GG Art. 14, 2).

2)

도덕법, 가족 그리고 시민사회 영역에서 — 인격권 위에 계속 쌓아가면서 — 현대의 헌법으로 진입해 가는 좀 더 나아간 권리가 전개된다. 여기에 양심의 자유(GG Art. 4, 1), 사법에서 주체의 평등, 나아가 「가족」장의 맥락에서 남편과 아내의 동등한 권한(GG Art. 3, 2), 부부와 가정의 보호(GG Art. 6, 1) 및 아이들의 양육(GG Art. 6, 2, 3, 5) 등이 권리로 규정되고, 공적인 학습권(GG Art. 7)이 지정된다. 시민사회 영역에서 소유권 외에 특히 자유로운 직업선택의 권리(GG Art. 12)와 협동권(GG Art. 9, 3), 그리고 자유로운 이주권(GG Art. 11) 등이 나열되며, 『법철학』에서 이론적 정당성을 얻은 모든 기본권이 나열된다.

3)

정치적 자유권은 앞 절에서 상세히 다뤘으며, 정치적 체제(/헌정)는 무엇보다 앞서 규정한 기본권을 보증하고, 그 실현을 보장해야 한다. 이것은 시민사회의 구성원, 즉 사적 시민에게도 타당하다. 이를 위해 특별한 정치적 권리, 즉 국가시민의 권리가 의지 형성에의 동등한 참여로 나타나고(이는 국가의 삼각추론이라는 논리적으로 정교한 해명을 조건으로 한다), 의견의 자유와 정보의 자유(GG Art. 5), 교육권("모든 인간은 교육(/도야, 형성)권을 갖는다"[272]), 시민의 저항권, 예술과 학문과 교습의 자유(GG

---

271 Rin 127. "자신을 인간으로, 한 인격체로 고찰하게 된 것은 도야(/문화)의 엄청난 진전이며, 인간성을 최상의 것으로 삼게 된 것은 더 위대한 진전이다."

Art. 5, 3) 및 신앙의 자유, 종교적·세계관적 신념의 자유 등의 형식으로 등장한다(Art. 4). 헤겔의 이성법 체계에서 기본권 목록의 결정적 요점과 구체적 사적 인격체의 권리가 기술된다. 이 단계는 인권(인격적 기본권), 주관적·도덕적 자유권, 시민권(시민사회 구성원의 구체적 권리, 즉 사적 시민의 권리) 그리고 공민권(국가시민의 권리, 정치적 권리) 등으로 표현된다.

인격체, 구체적 인격체(부르주아, 사적 시민), 시민(공민) 등, 여기에서 자유로운 주체, 자유롭게 행위하는 자에 대한 규정의 3단계가 해명된다. 이 3단계는 자유의지를 가진 유일하게 알려진 존재인 '인간에 대한 규정'의 세 영역에 상응한다. 권리의 체계는 이렇듯 하나의 원리로 압축된다. 즉 헤겔에 따르면, 우리 국가에서 "――유일하게 법(/권리) 능력이 있는――인간에 대한 정의가 법률서의 정점에 서 있어도 된다"(§2, A). 여기에 **존엄과 가치, 모든 의지주체의 존엄의 불가침성, 인간의 존엄**(GG Art. 1, 1) 등과 같은 말이 놓인다.

전체적으로 헤겔의 국가는 법(/권리)국가, 헌법국가로, 현대적 국가로 기술할 수 있다. 현대적 국가는 "프랑스 혁명이 이 세계에 가져온 것, 즉 시민적 법(/권리)질서, 법률 앞에서 만인의 평등, 법적 테두리 안에서의 언론과 사상의 자유, 시민적 시장사회의 고유한 권리, 그리고 헌법에 적합한 정치질서 등을 지속적으로 제시하고 있다."[273] 권리를 **법치국가적으로 확고하게 보장**하는 것, 즉 개인에 대한 국가권력의 침해를 제도적으로 보호하는 것은 중심 역할을 하는 것은 아니지만 개인의 자유와 개인의 권리 보장으로서 위계적이고 책임 있는 그 모든 기구('위로부터')를 통솔하는 국가 조직 전체뿐 아니라 시민 자체('아래로부터')도 물음의 대상이

---

272 「세계인권선언」(1948) Art. 26. 보편주의적 타당성 요청과 더불어 등장하는 이 원리는 결코 구속력 있는 국제법(Völkerrecht)이 아니며, 오늘의 세계에 통용되지 않는다.

273 Herbert Schnädelbach, Die Verfassung der Freiheit, in Siep, *Grundlinien*, a.a.O., S. 259f.

되며,[274] 긴급권(/위급권)과 저항권의 체계를 다루는 것은 이러한 사실을 드러낸다. '기본권의 결여', '방어와 저항권의 결여'라는 생각은 (예컨대 헌법재판소를 통해[275]) 헌법으로 보장되는 개인권의 법적 형식과 관계가 있지, 기본권의 내용을 고정시키는 것과 관계하지 않는다.[276] 이러한 사실은 헌법의 법조문화의 문제에서 헤겔의 소극적 태도를 보여 준다. "국가는 모든 것이고 개인은 아무것도 아니다"나 '보편자의 테러' 등과 같은 헤겔에 가해진 과거의 비난을 보존하고 계속 유지하려는 시도는 기본권의 내용을 확고히 하고 있을 뿐 아니라 이 권리와 자유의 목록을 단계의 형태로, 즉 추상적 권리로부터 세계시민권까지 논리적으로 제시하는 헤겔의 의도와 그의 자유 개념과는 아무런 상관도 없다. 전체적으로 보면 헤겔의 사유는 논리적·철학적으로 정초된 자유권의 총체계라고 말해도 될 것이다.

7. 권리(/법) 혹은 지식의 위엄: 국가와 종교―국가와 학문

우리는 종교를 어떻게 생각하는가? 우리는 국가를 어떻게 생각하는가? §270에 간략하게 다뤄지고 있는 이 문제는 오늘날 대단히 현실적으로 적용할 수 있는 서술을 담고 있다. 왜냐하면 이 절은 국가와 종교의 분리라는 핵심 주제 아래서 현대 국가가 다양한 종교와 맺어야 할 관계를 드러내고 있기 때문이다. 그리고 이는 현재 활동 중에 있는 **종교적·**

---

274 특수한 연합체들(소공동체(지역교회 등), 조합 등)을 통해 매개된다.
275 이 역시 현대적 헌법에서 무조건적으로 요구되는 것은 아니다. 스위스의 준직접 민주주의에서는 선택적 국민투표가 교정장치로 작동한다.
276 Siep, *Praktische Philosophie im Deutschen Idealismus*, S. 280; ders., *Aktualität und Grenzen der praktischen Philosophie Hegels*, a.a.O., S. 112; Getrude Lübbe-Wolff, Über das Fehlen von Grundrechten in Hegels Rechtsphilosophie, *Hegels Rechtsphilosophie im Zusammenhang der europäischen Verfassungsgeschichte*, a.a.O., S. 421~66.

정치적 광분(Fanatismus), 어떤 형태든지 등장하고 있는 **근본주의** 등에 대한 날카로운 비판을 수행하고 있으며, **신국**의 건설을 날카롭게 공격하고 있다. 『법철학』에서 전개되고 있는, 객관정신과 절대정신의 관계를 필연적으로 주제화하는 데까지 이어지는 지식 단계에 대해 이미 여러 번 언급했더랬다. 국가의 목적을 **도야(/형성, 교육, 문화)** 형식을 통해 진행되어 가는, **자기를 알고 의지하는** 정신으로 삼는 것, 혹은 국가를 **지식(/앎)에 근거한 자기규정**의 표현으로 이해하는 것 등 이러한 관점은 국가와 종교의, 국가와 학문의 특별한 관계로 이어진다. 해석을 위해 『종교철학강의』와 『엔치클로페디』§522에 나오는 상응하는 해설 역시 참조할 것이다.[277]

7.1 종교와 교회, 그리고 현대 국가

내용적 숙고 이전에 체계 속에서 이 주제의 위치에 대해 간단하게나마 질문할 필요가 있다. 이 질문의 답은 한편으로 『법철학』에서, 다른 한편 『엔치클로페디』와 『종교철학강의』에서 서로 다르게 나타난다. §270은 국내법 맥락에서 국가와 종교의 관계를 다루기 위한 장이다. 이에 반해 『엔치클로페디』에서는 이 문제가 객관정신에서 절대정신으로의 이행의 문제를 다루는 장에 위치하며(Enz §552, 355f.), 따라서 세계사 영역에서 등장한다. 이러한 사실은 『종교철학강의』 한곳에서 아주 분명하게 강조한다. 즉 "아주 자세하게 말하자면 이 문제 설정은 세계사의 철학에 속한다."[278] 체계 구성의 관점에서 보면 확실히 두 번째 안이 선호되기는 하지만, §270에서 나타나는 선행적 취급은 자기의식, 지식 그리고 도야(/형성) 등의 주제와 관련할 때 무시할 수 없을 만큼 중요하다. §270의 주석은 국가가 예술, 종교 및 학문과 맺는 관계, 객관정신이 절대정신과

---

277 가톨릭과 개신교의 관계에 대한 상세한 서술은 1830년 『엔치클로페디』에 처음으로 등장한다.

278 PhRel 16, 237.

맺는 관계를 다루는데, 여기서 국가의 원리를 원래의 영역으로 하는『법철학』에서는 절대정신의 형식과의 관계가 "임시적으로"만 언급할 수 있을 뿐임을 시사한다. 이러한 사실은 '국가에 대해 아주 구체적으로 다루는 글'에서는 '아주 상세하게' 다루는 것이 유보되어야 함을 의미한다 (§270, 417).

1) 국가와 종교의 공동의 토대, 공동의 내용

국가와 종교, 이 두 문제 영역에서 우리는 정신의 구조와 관계하고 있으며, 이는 공동의 내용을 말할 수 있는 조건이 된다. 여기서 다뤄지는 것은 인간의 자기인식과 자기규정의 실제적 방식이다. 정신의 본질이 자유인 한에서, 그리고 지적이고 제도적인 자기입법(자율)인 한에서 국가와 종교의 참된 형태에서는 '타자 속에서 자기 내 머묾'에 도달할 수 있다. "그것은 종교와 국가의 형식으로 나타나는 자유의 **한** 개념이며", 이 자유는 "인간이 가지고 있는, 그리고 인간에 의해 실현된 최고의 것이다."[279] 우리는 삼각구조로 있는 일반 정신(추론의 삼각형)의 상이한 형태를 다룬다.[280] 인륜적 자기의식과 종교적 자기의식은 '둘이 아니라'(Enz §552, 355), **하나의** 자기의식, 하나의 심정의 두 차원, 자유로운 사상과 자유의지의 두 차원, 문화의 두 계기이며, 그것은 통일과 차이의 동일성을 표현한다.

2) 종교와 국가의 비동일성, 분리

'일반적 정신의 현존의 요소'라는 공식에는 국가와 종교의 구분을 위한 기준이 놓여 있다. 국가에서는 "정신적 현실이 내적인 것과 외적인 것 전체 범위 안에서" 서술되며(§341), 세계 안에서 자유의 최고의 형식이

---

279 Ebd.
280 이에 대해서는 다음을 보라. Enz §§564~577. 특히 §§564~571. 종교도 철학도 추론삼각을 매개로 사유된다.

다. 그것은 '스스로를 세계의 현실적 형태로 전개하는 현재적 정신'으로
서의 자유의지이며, '자기의식적 자유의 이성적 삶'(§270, 417f., 422)이
다. 차이는 정신의 **형식**에, 자기규정 행위의 상이한 형태에 있다. 이때 객
관정신과 절대정신 사이에서도 또한 절대정신의 방식 사이에서도 구분
이 있을 수밖에 없다. 한편으로 우리는 종교에서 절대정신의 표현형식을
본다. 개별적인, 그리고 집단적인 종교적 자기이해는 객관정신으로 나타
나는, 그래서 특별한 매체를 입고 나타나는 유한자를 넘어선다는 의미에
서 자유로운 존재의 보다 고차적 형식의 표현으로 간주된다. 종교적 자
기의식은 표상 속에서 그리고 제의 속에서 분리를 지양하며, 최고의 신
적 의지 속에서 자기 자신으로 머무를 수 있다. 다른 한편 실제적 내용은
개념적 사유를 통해서가 아니라, 표상함이나 느낌이라는 결핍된 방식으
로만 현재화된다. 이런 모호함 ── 표상과 신앙 대 개념적 사상, 보다 고
차적 자기이해 대 국가의 토대와의 형식규정적 차이 ── 은 현대 국가와
종교 사이의 어렵고도 갈등 유발적 관계를 포함한다.

 종교의 이론적 매체인 '표상'과 '상'이라는 개념은 헤겔의 표상과 구
상력 이론에 따를 경우[281] 종교를 특정한, 특수한 표상의 세계로 이해한
다는 것을, **특수한 종교의 다양성, 종교적인 것 일반의 다수성과 다양성**을
함의한다. 헤겔의 『정신현상학』은 본질적으로 이러한 문제 영역을 밝히
는 데 도움을 준다. 보편자를 표상한다는 것은 사상을 포함하고, 또 사
상을 지시하기는 하지만, 아직 개념적 사유 단계에서 존재하는 것이 아
니라, 그 내용을 내적인 논리적 필연성이 없이 가지며, 개념의 형식 대
신 외면성의 형식도 작용한다.[282] **특정한** 형태를 가진 모든 종교에는 모
인 형태 중 하나가 지배적인 형태가 된다. **하나의** 규정, **하나의** 독특성, **하**

---

281 이에 대해서는 다음을 보라. Vieweg, The Gentle Force over the Pictures, a.a.O.
    und ders., *Religion und absolutes Wissen*, a.a.O.
282 "신적 존재와 삶은 외면성의 형식에서 파악되며, 환상에게 그리고 이 모든 형식
    에는 낯섦, 외면성 등이 있다." Hegel, *Einleitung zur Enzyklopädie-Vorlesung*, a.a.
    O., S. 410.

나의 특수성은 모든 다른 계기에 공동의 특징을 각인한다. 따라서 『정신현상학』의 사유 과정을 각인하고 있는 '하나의 노선'의 계열과는 완전히 다르게 몇몇 형태의 전혀 새로운 질서가 주어진다. **표상의 원리적 다양성**의 결과로 인해 『정신현상학』에 나타나는 **하나**의 계열, **하나**의 길은 깨지고, **다양한** 길로, **다양한** 노선으로 흩어지는데, 이것은 **종교의 원리적 다양성**으로, **다종교성** 내지 **복수의 종교성**이라는 다신론으로 표현된다. 하지만 다양한 표상 세계의 체계나 논리적 전체가 아니라 그것의 느슨한, 우연적 연관을 서술하는 신의 영역도 있다. 하지만 이 다수는 전체의 개별 계기를 대표하는 그때의 특정적인 사상의 지위에 의지하여 다시 하나의 종교 '연합'으로, 종교 영역으로 요약 내지 종합적으로 통합될 수 있다(PhG 3, 501). 여기에 우선 현재의 종교의 필연적 다수성의 근거가 놓여 있으며, 둘째, 상호존중의 불가피성과 특정 종교의 **배타성 요청의 지속 불가능성**이 놓여 있다.

3) 종교의 일반적 내용과 특수한 내용—시민체의 다종교성

종교적 자기이해가 종교공동체라는 테두리 안에서 집합적 형식으로 기술되고 이 공동체가 예배공동체와 교회 등으로 조직되는 한 후자(예배공동체와 교회)는 특별한 법률적 지위(공공법의 원리를 따르는 조합, 재단의 형식 등)를 가지며, 독일에서 공법(公法)의 한 부분으로서 이른바 국가교회법(종교체제법, Religionsverfassungsrecht)으로 성문화된다. 이 종교 연합체는 — 종교행위의 자유의 원리에도 불구하고 — 신앙과 제의를 수행하는 데 있어 국가의 감독하에 놓인다(재산, 교육 등). 이러한 긴장으로부터 예컨대 공공장소에서 종교적 상징을 드러내는 것과 관련하여 문제와 갈등이 생겨난다. 보다 구체적으로 예를 들면, 학교에 십자가를 걸어놓는 것, 또는 동물의 도살과 같은 특정한 제의를 실행하거나 공공영역에서 특정한 의복을 입는 것 등이 그것이다. 실체적인 인륜적 연관에서, 헤겔은 맹세 혹은 결혼을 예로 드는데, 국가는 무조건적 권리를 갖는다. 결혼에 대한 교회의 확인은 '내적인, 추상적인 측면'으로만 진입할 수 있지, 국가적 행위를 대체할 수 없다(§270, 420).

확신으로서의, 교설로서의 종교와 관련하여 현대 국가는 자기의식의 주관적 자유의 권리를 존중해야 하며, 국가 영역을 이루지 않는 종교적 내면성이라는 이 영역을 존중해야 한다(§270, 422). 이것이 **종교의 자유 원리**이다. **모든** 종교공동체에는 신앙의 자유로운 실행의 권리가 주어진다. 이러한 맥락에서 종종 헤겔의 국가는 기독교 국가로 기술할 수 있지 않은지 물음이 제기된다. 지프는 새로운 논문에서 이 문제에 대한 긍정과 부정이라는 이중의 관점에서 논의한다.[283] 역사적·발생적 의미에서 다뤄지는 것은 기독교 국가이며, 현대 국가들은 우선 기독교적으로 각인된 인민 속에서 생겨났다.[284] 하지만 이러한 사실은 우선 한갓 역사적인 논증으로 머문다. 역사적 진리는 **옳음**(Richtigkeit)의 의미, 외적인 것의 정확한 보고라는 의미만을 갖는다. 즉 옳음의 의미에 대한 판단은 하지 않으며, 따라서 한갓 질적이고 양적인 판단만을 하지, 그 필연성과 그 개념에 대해서는 어떤 판단도 (⋯⋯) 허용하지 않는다(Enz §549).[285] 둘째 현대(내지 문화적인 모든 새로운 형태)는 상이한 문화의 계기가 조합하여, 종합해서 발생했다는 사실이 배경에 작용하고 있다.[286] 두 번째 확증

---

283 Ludwig Siep, Ist Hegels Staat ein christlicher Staat?, *Aktualität und Grenzen der praktischen Philosophie Hegels*, München 2010.

284 자유 이념은 "기독교를 통해 세계로 왔다. 기독교에 따르면, 개인이 신의 사랑의 대상이자 목적이라고 함으로써 개인 그 자체가 무한한 가치를 가진다. 개인은 정신으로서의 신과 절대적 관계를 갖도록 규정되며, 이 정신을 자기 안에 거주하게 해야 하는 자로 규정된다. 말하자면 기독교에 따르면, 인간은 그 자체로 최고의 자유로 규정된다"(Enz §482). 적어도 우리는 여기서 기독교의 실체에 대한 그만의 완고한 해석을 보고 있다.

285 "이성의 물음은 역사적 정당성의 문제와 다르다"(Gr 91).

286 모든 문화적 진보는 문화 사이의 결합의 결과이다. 헤겔은 이러한 사실을 그리스 문화로의 이행에서 탁월하게 시연해 보였다. 유럽 르네상스의 경우 기독교적 유형과 고대 그리스의 유형 외에 아랍, 중국, 라틴아메리카 등의 영향이 본질적으로 작용했다. 바로 여기서 결과하는 '고도의 분화'로부터 현대 유럽의 특수한 힘이 성장했다. 이에 대해서는 여전히 통찰을 주는 클로드 레비스트로스(Claude Lévi-Strauss)의 연구 「인종과 역사」를 보라(*Französische Essays der Gegenwart*, hg.

적 논의는 국가는 "특정한 형태의 기독교와만 함께 존립하고 안정적일 수 있다"는 주장의 본질을 이룬다. 따라서 헤겔에게 종교의 참된 복수성은 궁극적으로 생각할 수 없을 것이다. 다른 한편 우리는 지프를 따라서 그것이 기독교 국가라고 말할 수 없다. 왜냐하면 "헤겔의 논리학도, 그의 객관정신의 철학도 종교적 표상과 계시진리 없이 진행되기"[287] 때문이다. 이러한 타당성 이론적 찬성논변에 대해서도 그리고 반대논변에 대해서도 이의를 제기할 수 있을 것이다. 헤겔은 §270에서 국가가 표상의 내면에 관계하는 한 어떤 내용에도 관여할 수 없다고 주장한다. 즉 어떤 종류의 내용에 대해서도, 따라서 **기독교적인 내용에 대해서도**(그것이 표상의 내면에 관한 한) 국가는 관여할 수 없다. 이렇듯 종교의 **일반적** 내용과 그 **특수한** 내용이 구별되어야 한다. 종교의 일반적 내용은, 이것이 본질적으로 인간적인 것을 표현하는 한, 절대적 정신으로서 국가의 근저에 놓이게 되지만, 그 내용은 구별되는 특수한 내용이 아니며, 종교적 이해의 특별한 형태가 아니다. '종교와 독립하여 법(/권리)에 대해 정당화함'이라는 주장은 정교화될 필요가 있으며, 또한 정당화가 종교의 **특수성**을 통해 주어지지 않은 한에서만 이 독립성이 주어진다는 사실이 덧붙여져야 한다. 『법철학』에는 기독교적 혹은 유신론적 진리라는 전제하에서만 이해할 수 있고 타당한 어떤 단락도 없다. 지프는 이어서 다음과 같이 평가한다. "하지만 종교에 대한 국가의 자율화는 여전히 유지되고 있는 헤겔 실천철학의 결과에 속한다."[288] 이러한 요약에 온전히 동의할 수 있지만, 출발 문제에 대한 대답만은 다르게 말해야 할 것이다. 즉 헤겔의 국가 이념은 기독교의 특수한 내용에 의존하지 않으며, 헤겔의 국가는 결코 '기독교적인 것'으로 기술되어서는 안 된다고 말이다. 이러한 사실은 역사적·문화적 체제에서 근본적으로 기독교에 의해 각인된 특수한 국

---

v. Alain Lance/Maurice Regnaut, Berlin 1985).

287 Ludwig Siep, Ist Hegels Staat ein christlicher Staat?, a.a.O., S. 109.

288 Ebd., S. 111, 110, 114.

가가 있다는 사실을 배제하지 않는다. 다시 한 번 그 핵심 문장을 보자. '국가가 표상의 내면에 관계하는' 한, 국가는 어떤 내용에도 (그리고 '기독교적으로' 특수하게 형성된 내용에도) 관여할 수 없다.

이렇듯 **국가에는** 종교의 위계가 없으며, 기독교나 다른 종교의 예외적 지위를 위한 여지가 없다.[289] 가장 진기한 종교형식에서도 이성적인 것을 인식할 수 있으며, 그 안에 내재한 '이 이성적인 것, 인간적인 것은 우리의 것'이기도 하다. 종교가 그 직접적인 내용에서 '미신이라는 가장 완고한 예속'을 특징으로 간직할 수 있다는 사실에도 불구하고, 모든 '세계종교'에는 인간적인 것, 인문적인 것이 원천적으로 내재해 있다.[290] §270은 (일견 그렇게 보이고 그 문자가 그렇게 생각하게 함에도 불구하고) 국가가 기독교나 기독교적 신앙공동체와 맺는 관계만을, 그리고 몇몇 특수한 국가만을 다루지는 않는다. 또한 여기서는 이러한 사상의 내적 논리에 천착해야 하며, 『법철학』에 내재한 이 사유구조의 부분적인 혹은 비일관적인 해명 방식은 비판받아야 한다. 여기서 중요한 것은 특정한 표상세계를 발판으로 삼을 수 없는 **국가 이념** 그 자체이다. 헤겔에 따르면, 종교는 특정한 형식, 즉 표상의 형식, 이야기의 형식, 뮈토스의 형식으로 명료해지며, 상응하는 제의를 실행한다. 이에 반해 국가를 개념적으로 파악하는 것은 '자유로운 인식의 운동'이다. "국가의 본성이 이성적인 것, 보편적인 것 자체를 타당하게 만드는 것이라는 사실을 통해서만" 현대 국가는 "사랑의 형식, 신앙의 형식과 분리하여 말할 수 있다"(Rin

---

289 이러한 사실은 종교의 '인지적' 위계라는 헤겔의 시각과 모순되지 않는다. 이 경우 이 체계에서 한 종교의 위치는 사변적 사유와의 '근접성'에 따라 규정된다. 종교를 '인지적으로' 위치설정하는 것과 '실천적으로' 위치설정하는 것 사이의 구별은 역사와 현대성을 이해하기 위해 아주 의미 있어 보인다. 이 외에, 불교는 엄격히 말해서 종교와 철학 사이에 자리한 자신의 위치로 인해 기독교보다 더 고차적인 '인지적 선구자'로 서 있다.

290 PhRel 16, 82. "그러나 우리는 이 종교적 표상과 습속을 **미신, 오류** 그리고 **사기** 등으로 배척하면서 이 문제를 그렇게 간단하게 다루거나 그렇게 피상적으로 이해해서는 안 된다."

162). "믿어지는 것, 느껴지는 것과 국가가 분리됨을 통하여 비로소 국가는 자신의 참다운 형태를 보유하게 된다"(Bl 225).

이러한 입장으로부터 헤겔은 유대공동체를 동등한 종교공동체("특수한 종교당파"-§270, 428)로 인정해야 한다고 한다. 그런 종교공동체를 배제하는 것은 전 현대적 국가이해를 드러내는 것이며, 권리(/법)와 헌법을 위반하는 차별을 함축하며, 여기에서 타자, 이웃이 배제된다. 그런데 누구도 자신의 신앙 때문에 차별받거나 배제되어서는 안 되며, 동시에 공동체의 이러한 권리로부터 국가질서를 위한 의무도, 예컨대 신앙인을 통해 수행되는 헌법과 법률의 인정 등이 성장한다. 이 두 측면은 권리**만**이 아니라 그리고 의무**만**이 아니라 특정한 권리와 의무를 만들어내는데, 이는 본질적으로 국가와 종교의 인정에 귀속된다. 국가가 참된 종교를 존중하듯이 종교 역시 자유로운 국가와 그 원리와 그 법전을 인정해야 한다. 종교공동체는 이렇듯 **자유로운 헌법의 본질**을 존중해야 하며, 따라서 모든 차원에서의 차별 금지를 존중해야 한다. 이것은 물론 다른 종교 집단에 대해서도 타당하다. 하나의 종교공동체가 다른 종교공동체를 침해하거나 방해하거나 모욕을 주거나 추방해서는 안 된다. 국가가 개혁과 변화와 현대화 등을 할 수 있어야 종교와 교회 역시 그래야 하는데, 잘 알려져 있듯이 이 두 과정은 갈등 없이는 이뤄질 수 없다(정치적 격변, 헌법의 개정, 교회의 분열, 대개혁 등).

자기인식의 두 계기인 종교적 자기의식과 정치적 자기의식(공민의식)의 관점에서 '국가와 교회는 직접 마주'하며, 서로 순응**하거나** 날카로운 대립에 이르기까지 서로 갈등한다(§270, 423). 국가는 신앙의 자유 속에서 교회를 **보호해야** 하지만, 교회의 특수한 교설에 대한 무조건적인 존중을 보여서는 안 된다(§270, 423). 국가와 종교 내지 교회의 이 특별한 연관 속에 이 관계 형성의 상이한 가능성과 엄청난 갈등의 잠재력이 내재하며 역사적으로는 일방적이고 유지할 수 없는 일련의 입장이 등장한다.

"황제에게 황제의 것을, 신에게는 신의 것을 주라." 국가와 종교의 분리를 드러내는 이 형식은 둘 사이의 한갓 무관심을 포함하고 있다. 첫째,

절대정신과 객관정신의, 종교적 자기이해와 인륜적 자기이해의 상호관계를 경시하고 있다. 둘째, 이 문장은 세속의 지배도, 성직자들의 지배도 월권과 자의에 떨어질 수 있다는 사실을 주목하지 않는다. 개인이나 집단의 종교자유의 권리, 세계관과 종교에 대한 국가의 중립성의 의무 등은 종교와 교회의 복수성을 포함하며, 따라서 국가에서 그것의 평등을 함의한다. 권리(/법)는 모든 교회에 유효해야 한다. 따라서 현대 국가에서 종교의 위계질서는 없다. 혹은 헤겔의 표현으로 좀 더 분명하게 말하면 다음과 같다. **종교의 다양성**(특히 기독교의 분리)을 통해서만, "특수한 교회를 넘어서서만, 국가는 사상의 **보편성**, 자신의 형식 원리를 획득했다." 분화에 근거해서만 국가는 "자신의 규정에 적합하게 될 수 있고, 자기의식적 이성성과 인륜법에 이를 수 있다"(§270, 428). 현대 국가는 자유로운 시민의 다종교성과 다문화성에 기초한다. "국가는 자신을 교회로부터 떨어내어 상이한 신앙고백의 공동체가 자기 안에서 존립하게 할 때에야 비로소 국가로 구성된다"(BI 225).

7.2 종교와 테러— 종교적 근본주의에 대한 헤겔의 비판

"공정한 자에게, 참된 신자에게는 어떤 법률도 주어져 있지 않다." 이것은 국가에 대한 종교의 우선성과 지배의 태도를 표현한다. 국가와 국가의 법률은 유한한 것으로, 사라질 것으로, 세상의 것으로, 불완전한 것으로, 제약된 것으로 강등된다. 인륜적인 것은 종교적인 것의 절대적 영역으로 제시되는데, 이는 지상에 하늘나라를 세우기 위함이다. 교회와 국가의 분리 없는 통일과 더불어 국가는 사라진다. 이러한 방식으로 세워진 신정정치 혹은 신의 국가는 현대 국가의 헌정이라는 기준을 결코 채우지 못한다. 왜냐하면 종교적 권리는 특수성에 기반하고 있기 때문에 이 권리는 자유로운 시민의 보편적 권리를 대체할 수 없기 때문이다. 엄밀하게 말해서 이 권리는 권리가 아니라 기껏해야 종교적 규정을 서술하고 있을 뿐이다. 이러한 정치 구성체는 필연적으로 근본주의적 폭정으로, 종교적으로 추동되는 독재로 향하며, 신의 국가는 결코 국가라는 기호를 받을 자격이 없다.

"경건하라, 그러면 너희들은 너희가 원하는 것을 추동할 수 있을 것이다." 지상에서의 불가피한 행위는 자의에 넘겨져 있으며, 사상에 기초해 있지 않다. §270은 여러 번 §140에, '자신을 절대자로 아는 주체'라는 원리에 의존해 있다. 우리는 광분(Fanatismus)에서 신앙을 통해 자신을 절대자로 이해하는, 따라서 ─ 냉소주의자들처럼 ─ 한갓 사념과 자의에 붙박여 있는 종교적 자기를 본다. §140은 그러한 모델의 초석을 서술한다. 즉 '나는 탁월한 자, 인류의 거장이며', 모든 것은 내가 그것을 의지하는 한에서만, 그것이 신적인 것을 순수한 형식으로 말하는 나의 마음에 드는 한에서만 타당하다. 이런 절대적 자기만족에서 **아름다운 영혼**은 **아름답지 않은 영혼**에 대해 '신적인 뻔뻔함'의 태도, '자기절대화'의 태도를 취한다.[291] 종교적 영혼은 변덕스럽고 비신앙적인 영혼에 반항하며, **참된 신앙인**은 거짓 이교도에 반항한다. 『엔치클로페디』의 유명한 §571은 계시된 종교를 다루는 마지막 문단인데, 이 문단은 아이러니와 종교 사이에 존재하는 처음에 매우 놀랄 만한 이런 병렬에 대해 심오한 해명을 담고 있다.[292] 만약 정신이 "즉자대자적으로 존재하면서 동시에 객관적으로 자기를 전개하는 자로 알려지지 않는다면", ─ 이것은 객관정신과 실천이성을 지시한다 ─ "저 무한한 주체는 자기를 자기 안에서 절대적으로 아는, 형식적일 뿐인 자기의식, 즉 아이러니이다." 그런데 이 아이러니는 모든 객관적 내용을 무화하고 스스로 '우연적이고 임의적인 내용'만을 발생시키며, 종교와 철학이라는 최고의 꼭대기에 서는 것을 보장하는 가운데 공허한 자의로 후퇴하고 만다. 헤겔은 §571의 주 문단에서 정신의 자기 자신과의 결합, 즉 '타자 속에서 자기에게 머묾'으로서의 자유가 신앙과 감정적 경건함이라는 단순성으로뿐 아니라 **개념적 사유로**

291　Scheier, *Hegel: Die Moralität*, a. a. O.

292　Klaus Vieweg, Ironie und absolute Religion, in: Pierini/Sans/Valenza/Vieweg, *L'assoluto e il divino. La teologia cristiana di Hegel*, Rom-Pisa 2011.

도 이끈다는 것을 강조한다.

활동적인 종교적 광분의 뿌리는(광분(Fanatismus)과 근본주의는 동의어로 사용할 수 있다) 특수한 종교적 확신을 공유하지 않는 것들을 배제하는 것, 특수한 종교의 관점에서 볼 때 이 땅의 **모든** 사람이 속하게 되는 **비신앙인**을 제외하는 것이다. 모든 인간은 이 비신앙인 공동체에 속한 자일 것이다. 이는 마치 모든 사람이 이 관점에서 볼 때 외국인인 것과 같다. 이런 절대적 추상(§5)과 더불어 일종의 종교적 전제정치로부터 모든 특수한 것이 공격받으며, 일관적인 근거도 없이 보편성으로 고양된 **자기만의 특수성을 제외**하고 그런 특수한 것을 당연히 모두 파괴하고자 한다. 타자 혹은 타자들은 파괴와 무화에 떨어진다. 헤겔은 "구체적인 것으로부터의 도피",[293] 소멸과 파괴의 분노 등과 같은 용어를 사용하며, 모든 다른 특수한 것과 함께하지 못하는 것을 표현하기 위해 '경악'(Schrecken)이라는 단어를 사용한다. "종교와 테러"라는 말도 그것이다.[294] 혐의자들과 (죄의 본질은 이미 이교도로 의심된다는 사실에 놓여 있다) 종교적 통제에 반박하는 개인은 종교재판, 화형을 위한 장작더미, 종교적 차별, 종교적 동기로 추동된 모든 종류의 테러 등을 수단 삼아 제압당한다. 헤겔은 그런 광분이나 근본주의에서 전제정치로 이끄는 그리고 현대 국가를 위험에 빠뜨릴 수 있는 무서운, 파괴적인, 황폐케 하는 힘을 본다. 왜냐하면 현대 국가는 법률에 기초하여 작용해야 하기 때문이다. 이렇듯 법은 무법자에 대항해서 서 있다.

7.3 자유와 테러(/공포)—정치적 근본주의에 대한 헤겔의 비판

종교적 광분은 정치적 광분에 상응한다. 헤겔은 '정치적 삶과 종교적 삶에서 나타나는 활동적인 광분'과 같이 대체로 이 둘을 함께 언급한다. 즉 그는 자유와 테러 그리고 종교와 테러와 같이 쓴다. 여기에서도 모든

---

293   PhRel 16, 397.
294   PhilG 12, 431.

차이, 모든 특수한 것, 동등하지 않은 모든 것 등의 목을 치는 추상적 사상의 독재, 의심의 문화, 추상적 평등이 지배한다. 특수한 심정을 통한 특수한 통제만을 의미할 뿐인 덕의 지배의 경악스러움은 '지상의 하늘나라'를 산출한다는 개념에 의해 동반된다. 말하자면 같지 않은 모든 것(/불평등)은 지상에서 극복되어야 한다. 그런데 헤겔에 따르면, 이러한 사실은 평등(/같음)과 불평등(/같지 않음)에 대한 현저한 오해이다. 종교적 광분에서는 자신의 자유의지를 부정하는 반면, 여기서는 **추상적 의지의 절대화**가 이뤄진다. 경악과 테러(/공포)는 이런 추상에서 벗어나 있는 모든 것에 방향을 맞추고 있으며, 종교에 대해서도 그러하다. 조제프 이냐스 기요탱(Joseph-Ignace Guillotin) 박사의 발명품인 기요틴은 추상적 자유 활동의 수행도구로서 공포를 상징하며, 부정에 대한 순수한 경악을 상징한다. 20세기의 독재자들에게는 자신과 다른 생각을 가진 자들에 대한 의심과, 테러라는 야만에 기대었으며, 정치적 숙청과 인종적 '청소'가 중요한 의제였다. 그래서 '획일화'에 엄청난 노력을 기울였으며, 예술과 종교와 학문 등의 자유를 대규모로 제한하는 데 힘을 쏟았다. 종교적 측면과 정치적 측면에서 같이 나타나는 이 두 광분 내지 근본주의에는 원리상 자신의 "주체성을 진리의 인식으로, 그리고 객관적 권리의 지식으로의 (……) 고양이 결여되어 있다"(§270, 419). 그런데 그런 고양을 위해서는 **특수자, 타자에 대한 사유와 인정**이 반드시 포함되어야 한다.

7.4 종교―학문―국가

종교와 국가는 이성적인 것의 내용, 즉 인륜적 자기규정과 종교적 자기규정의 **내용**이라는 측면에서 분리 내지 대립되어 있지 않지만, 그 **형식**에서 구별된다. 이것은 사소한 문제가 아니며, 종교적 확신, 종교적 자기해석이 인륜을 재가하고 정당화하는 데 결정적인 역할을 수행함을 의미한다. 물론 이때 표상, 감정, 느낌, 신앙 등의 형식으로, 주관적 특수성의 형식으로 그렇게 한다. 현대 국가는 특정한, 특수한 종교 위에서만 정초할 수 있는 것이 아니다. 현대 국가는 특수자의 다양성에 근거하여 "환상의 다신"(Enz §552, 363), 현대의 다신론의 특수한 대리자일 뿐이다. 헤겔에 따르면, 표상적 현재화는 현대에 이르러 자유롭게 되었다. 현재 중요성을 인정받은 종교 중 하나에서 **누구나** 절대자에 대한 자신의 형상화와 표상 세계에서의 자신의 재결합을 **자유롭게** 발견할 수 있다. 하지만 그런 **특수한** 형태는 현대 공동체의 통합적 유대를 **혼자서** 묶어낼 수 없으며, 어떤 개별 종교도 모든 개별자에 대한 구속력을 요구할 수 없다. 그때의 종교적 표상의 내용에 대한 검토가 있은 이후에야 그것으로 나아갈 수 있으며, 개념적 사유에서야 비로소 표상의 특정한 내용이 정당화될 수 있다. 이것은 특정한 상이 사유에 의해 지지되는 정당성을 결여할 수 있다는 사실을 함의한다. 동시에 헤겔은 종교를 확신의 형태로 존재하는 실체적 지식의 형식으로 이해하는데, 이러한 그의 이해가 오성의 지식의 환원론적(/축소된) 입장에 대한 비판적 시각을 간직한다. 따라서 종교적인 것에서는 허구가 한갓 소외된 혹은 노예적 의식만이 다뤄진다.

종교적 자기이해라는 표상 세계에서만이 아니라 개념적 사유에서도 국가, 즉 시민존재라는 사상은 자신의 깊은 근거를 가지며, 그것은 한갓 주관적인 확신에가 아니라 사유에 의해 지지되는 객관성과 보편성에 근거함을 의미한다. 국가는 "**아는 자**(das Wissende)이다. 국가의 원리에는 내용이 본질적으로 감정과 신앙의 형식으로 머물러 있는 것이 아니다. 오히려 그 내용은 특정한 사상에 속한다." 따라서 표상의 형식으로 존재하는 자기인식은 개념의 형식으로 번역되어야 한다(§270, 425). 이미 언급한 『엔치클로페디』 §571에서 §572로의 이행에 따르면, 그리고 『정신현상학』의 마지막 두 장의 테두리 안에서 종교에서 철학으로의 엄격한 이행이 수행된다. 철학에서 진리는 자유로운 개념적 사유의 형식을 갖는다. 그 안에서는 사유가 스스로를 자신의 내용으로 갖는 형식만이, 즉 **사유의 사유**만이 완전히 성공한 자기관계, 최고의 자유로서의 자기에 머묾을 대표한다. 특수성은 여기서 구체적 보편성으로 지양되며, 학문적 이성은 "대자적으로 자유로울"(Enz §552) 수 있다. 실천철학에 결정적인 결과는 다음과 같다. 지식은 "국가와 동일한 형식의 요소를 가지며, 인식함이라는 목적을 갖는데, 그것도 사유된 객관적 진리와 이성성, 즉 사유하는 인식을 갖는다"(§270, 426f). 자유로운 국가와 자유로운 학문 사이의 인정, 즉 **학문의 자유의 권리와 학문의 객관성의 의무**는 바로 여기에 기초한다. 본질적 목표는 개념적 자기인식이며, 자유 개념의 획득이고, 자유 세계의 구축이다. 이로부터 **개념적으로 파악하는 사유하는 자기규정에 대한 권리**의 특별한 중요성, 즉 철학함의 자유의 권리, 따라서 동시에 **자유의 사유로서의 현대의 법(/권리)철학**에 대한 노고의 의무 등이 주어진다.

8. 외적 국가법—헤겔의 국제법 이론에서 인정의 원리

평화에 기회를 주라

(Give Peace A Chance)

국가를 세 추론 체계로 본 이 책의 「국가」 장 첫 부분에서 이 삼각추론의 첫 번째 형태는 (근본적으로 칸트의 정치의 세 영역(권력분립론)에 경도되어 있다) 다음과 같이 명명되었다. a) 국내법(ius civitatis), b) 국제법(ius gentium, 국가 상호간의 법), c) 세계사, 정치적 세계공동체 그리고 세계시민권(ius cosmopoliticum). 따라서 국가라는 이념에는 처음부터 국제적인 것과 세계사적인 것이 내재해 있으며, 이 두 규정은 그저 덧붙여진 것이 아니라 첫 번째 규정성으로부터 엄격하게 이끌려 나온 것이다. 즉 이 두 규정은 부가된 것이 아니라 논리적으로 도출되었다. 사유규정은 이미 지적한 자유의지와 법(/권리)에 적합하게 그 필연성 속에서 제시된다. 시민사회에서처럼 논리적인 배경은 삼단논법 체계의 두 번째 유형인 반성추론에 있다. 시민사회에서처럼 모든 개별 국가는 개별자(E)로서 추리의 중심을 대표하며, 보편자(국가성)를 활동케 하고, 보편자를 **외적으로 실존하게(외적** 국가법, 즉 국제법) 한다. 인륜적 존재(A)는 실재의 극단으로 넘어가며, 이들 개별자는 특수자(B)의 연합, 즉 **상호국가성**

(Interstaatlichkeit)을 구성한다. 개별자는 특수성을 보편자와, 즉 상호국가(국제적인 것), 국가의 맥락과 결합한다. 개별자는 주권과 자립성을 다른 특수한 국가들과의 관계(계약, 국제법, 국가연합 등)와 결합한다. 전체성 — 모든 개별 국가 — 추론은 귀납추론과 유비추론으로 나아간다. 즉 모든 국가는 평화를 위해 존재하며, 모든 국가는 특히 국제연맹을 위해 존재한다. 온전함이 보증될 수 없는 한 그것은 당위로, 요청으로 머무르며, 이와 연관된 논리적 수선의 시도는 논리적으로 불충분한 유비추론에서 끝난다. 즉 아직 자신의 결단에 이르지 못한 국가들(결정되지 않음과 미래의 것)은 이 목적에 찬성하게 될 것이다.

외적, 국가 상호간의, 국제적인 법론이라는 논리적 장소 — 즉 특수성의 중간단계 — 에서 그리고 인륜법 단계의 중간(가족과 국가의 중간)에 위치한 시민사회라는 이미 제시된, 비교 가능한 구조적·논리적 입장에서 출발하여 우선 증명할 수 있는 핵심 주장이 제시되어야 한다. 즉 특수성의 논리적 유형으로 나타나는 외적 국가법은 **자신의 계기와 극단으로 분리된, 찢긴, 상실된 인륜의 현실과 이 찢김의 극복의 시작**을 대표한다. 외적 국가법은 계약론적으로 정초된다. "보편적 법과 실증법의 혼합, 우연과 폭력의 혼합"(Wan 247)을 체현한다. 시민사회에서는 두 가지 본질적 단계가 산출되었다. a) 소외된 인륜성(욕구 체계)과 b) 분리된 극단의 연결을 시작함(조정, 사법, 조합). 외적 국가법에서 우리는 상응하는 모형을 본다. a) 자립적으로 지배하는 국가들, 이들 간의 경쟁과 전면적 의존, 국가 안녕의 체계와 b) 국가 간 관계의 조정, 계약적 국제법 형태로 등장하는 사법, 그리고 국제조직이나 연대 형태로 등장하는 협업.

『법철학』에 대해 정확한 독해와 해석을 해보면 국제법에 대한 일반적 가치평가를 발견할 수 있다. 국제법은 자신에 귀속된, 아직 덜 규정된 현실로 인해 법의 핵심규정을 특정한 조건하에서만, 그리고 소외된 형식으로만 충족할 수 있다. 이는 다른 특수성의 왕국인 시민사회에서도 확인했다. 『엔치클로페디』 §543에서 §547까지는 외적 국가법의 보편성을 명료화하고 있는데, 이 보편성은 "이들 인격체의 자율적 총체성"(Enz

§545)을 위해서만 존재해야 하며, 따라서 이 외적 국가법에는 "참다운 현실이 결여되어"(Enz §547) 있다. 한갓 요청으로서의 이 당위의 관점에서 『법철학』은 이 외적 국가법의 현실이 "**상이한 주권적 의지들**"(§330)에 의존한다는 사실, 이 법은 구성된 보편적 의지에서가 아니라 '특수한 의지에서만 자신의 현실을 갖는다는 사실, **그런 한에서** 국가들은 "서로 적대적인 자연 상태"에 놓여 있다는 사실(§333) 등을 기록한다.

이들 핵심어에는 주된 참고자인 칸트 외에 현대 계약이론의 핵심 이론가들, 특히 홉스가 주요하게 등장한다. 헤겔은 의식적으로 법(/권리)을 효력론적(/타당성 이론적) 정당화*의 관점에서 설명하는 홉스의 계열에 서서 개인주의적·원자론적 유형의 계약론적 요소를, 특히 파편적으로 흩어져 있는 국가들이 국제법 정초의 출발을 이룬다는 기본 주장을 원리적으로 비판함으로써 홉스에서 루소로 이어지는 국제법 이론의 딜레마를 극복하고자 한다. 헤겔은 칸트를 이어받아 세계시민권 내지 세계사라는 세 번째 단계에서 표현되는 보편주의적·세계시민적 관점으로의 근본적인 패러다임 변환을 꿈꾼다. 이때 홉스 이론이 중요한 참조점으로 등장한다. 홉스 이론의 근본 가정에 따르면, "인간의 자연권과 국가의 자연권(즉 국제법) 원칙과 규범은 근본적으로 동일한데, 다만 규범의 수신자의 관점 내지 규범의 적용 영역의 관점에서만 서로 상이하며, 또한 개인의 자연 상태와 국가의 자연 상태는 구조상 동등하며, "만인에 대한 만인의 투쟁"으로 이해할 수 있다."[295] §321에 따르면 국가는 개인성의 규

---

* 예컨대 '착오'가 법률적으로 무슨 의미인지를 설명하는 다양한 이론이 있다. 하나는 의지론(의사론, Willenstheorie)적 입장, 즉 착오의 본질이 그 의사에 있다는 것이고, 다른 하나는 표시론(Erklärungstheorie)적 입장, 즉 착오의 본질이 실제 표현에 있다는 것이며, 또 다른 하나는 효력론(Geltungstheorie)적 입장, 즉 앞의 두 경우를 동시에 고려해야 한다는 것이다. ─ 옮긴이

295 Dieter Hüning, "Inter arma silent leges"(전시에 법은 침묵한다). Naturrecht, Staat und Völkerrecht bei Thomas Hobbes, in: *Der Leviathan*, hg. v. Rüdiger Vogt, Baden-Baden 2000, S. 246. 이어지는 숙고는 디터 휘닝의 이 탁월한 논문에 빚지고 있다.

정을 가지며, '국가라는 인격체'(Staatsperson)는 자신의 자립성으로, 자신의 '배타적 대자존재'(§322)로 자신을 특징짓는다. 이 배타적 대자존재는 타자가 부정적인 외적인 것과 맺는 관계로서의 부정적인 자기관계이다(§323). 홉스에게서 국가는 자신의 주권과 더불어 "개별성이라는 규정을 소유한다. 즉 국가는 낯선 국가의 의지를 자신의 권능 영역에서 배제함으로써 스스로 국가가 된다. 따라서 국가의 상호관계는 원리상 부정적 본성, 즉 정치적 배제 요청을 통해 규정되는 본성을 갖는다."[296] 개인의 자연 상태와 국가 사이의 자연 상태 사이에 존재하는 구조적 유비의 토대 위에서 국가 간의 관계는 우선 '항구적 전쟁'(Hobbes)으로만 기술할 수 있다.[297] 이 단계에서는 국가보다 위에 있는 어떤 집정관도 없으며, 위에서 질서를 잡아주는 어떤 힘도 없다. 국가는 국가 자신의 '재판관'이다. "국가 사이의 자연 상태의 딜레마"의 본질은 '자기참조의 원리'(ipse-iudex-Prinzip)이다.[298] 잠재적 전쟁 상태인 자연 상태에서 이성적으로 탈출하는 법을 홉스는 계약론적 공리에 근거하여 설명한다. 헤겔은 이 공리를 비난하지는 않지만 일면적인 것으로, 즉 국가 사이의 차원만을 파악하는 것으로, 그리고 방법론적 개인주의라는 허용되지 않은 가설에 의지하는 것으로 비판한다.

이제 생각할 수 있는 국가 상호간의 법 상태는 — 시민사회와 유사하게 — 우선 찢기고 소외된 방식으로 등장한다. 그것도 칸트와 헤겔이 한목소리로 지적하듯이, 주권자의 경쟁 형태를 취하는 특수자의 상호대립적 관계로 나타나며, 그 극단적 형태는 전쟁, '무법 상태'(§338)를 체현한다. 구조적인 '만인에 대한 만인의 투쟁'은 시민사회(특히 '욕구 체계'에서)와 국제법이라는 이 두 자연 상태를 특징짓는다. 시민사회와 마찬가지로 국가 사이의 구조 역시 찢김을 극복하고자 하는 최초의 형식(계

---

296   Ebd., S. 248.

297   "자연법과 국가의 법은 동일하다"(Hobbes).

298   Dieter Hüning, "Inter arma silent leges", a.a.O., S. 264.

약, 평화조약, 국제법, 국가연합 등)을 발생시킬 수 있다. 계약론적 입장에 내재한 이미 언급한 딜레마 혹은 아포리아(Aporia)는 홉스와 루소의 이론에서 분명히 드러난다. 홉스는 국내법과 반대로 어떤 포괄적 심급의 질서도 기획하지 않으며, 루소는 이와 반대로 국가 간의 계약, 즉 입법부와 행정부를 가지고서 활동하는 다양한 형태의 초국가적 정치구조(연대, 연합, 국가연합 등)로서의 국제적 정치체(corps politique)[299]라는 사상을 생각했지만, 도달할 수 없거나 관철할 수 없는 것으로 간주한다.[300]

국제법에 대한 헤겔의 서술이 몇 단락되지 않지만 그 부분은 국제법과 관련하여 이론적으로 아주 적절한 텍스트로 간주된다. 그 단락들은 현대의 국제법 논쟁(Hobbes, Rousseau, Kant)과 연결되어 있으며, 서로 연결된 광범위한 논리적 범주를 간직하고 있는데, 이들 범주가 개시됨으로써 국제법 영역의 섬세한 조합이 비로소 가능해진다. 중요한 것만을 열거하자면 특수성, 현존, 생성(/됨),* 대자존재, 타자에 마주한 어떤 것, 배타적 일자와 다수성, 부정성, 이상과 실재, 유한성과 무한성, 실존, 현상 세계, 관계, 당위, 가능성, 우연성, 현실, 변화, 과정, 발생, 반성추론 등을 들 수 있다. 이렇듯 『논리학』의 전체 목록이 여기서 등장하며, 특히 그때마다의 중간 단계, 이행 단계인 베타(beta, 혹은 b)가 특별히 주목된다. 국제법은

---

299 루소는 새로운 정치체는 "최상급의 재판정을 소유"해야 하며, "모든 국가가 공동의 결단에 복종하게 할 수 있는 강제력을 가져야 한다"고 말한다. 이것은 다음에서 재인용한 것이다. Olaf Asbach, Staatrecht und Völkerrecht bei Jean-Jacques Rousseau, *Jean-Jacques Rousseau. Vom Gesellschaftvertrag oder Prinzipien des Staatsrechts*, hg. v. Reinhard Brandt und Karlfriedrich Herb, Berlin 2000, S. 256f.

300 국가법과 국제법의 아포리아에 대해서는 다음을 보라. Olaf Asbach, Staatrecht und Völkerrecht bei Jean-Jacques Rousseau, a.a.O., S. 261. 아스바흐는 "국가에 탈출을 명령하면서 금하는 것이 국제법의 아포리아"라고 말한다.

* '생성'으로 번역한 독일어 'Werden'(영어, becoming)은 그저 '됨'을 의미한다. 없는 것이 있는 것으로 되기도 하고(생성), 있는 것이 없는 것으로 되기도 한다(소멸)는 의미에서 사용된다. 우리의 일반적 번역어인 '생성'은 이 후자의 의미를 놓치고 있으며, 논리학의 또 다른 범주인 'Entstehung'(생성, 발생)과의 구별을 불가능하게 한다. 여기서는 일반적 번역어인 '생성'을 따랐지만, 의미를 명확히 하기 위해 '됨'을 병기하였다. ─옮긴이

이 중간 영역, 매개하는 것 중에서 최고 영역이며, 특수자의 마지막 왕국이고, 따라서 앞선 중간의 지양이기도 하다.

외적 국가법은 우선 본질논리학, 특히 반성과 매개의 논리에, 개념의 현상에, 말하자면 논리학의 '중간층'에 '상응한다.' 중간층 b) 즉 '현상'에서는 존재논리학의 '현존재'의 범주[301]와 그 차원이 다시 참조점으로 등장한다. 두 번째 단계가 결합의 상실, 찢어짐을 대표한다는 관점에서만 세 번째 단계, 즉 '대자존재'와 '현실성'에 대한 이해가 고찰되어야 하며, 특히 '현실성'의 범주는 본질논리학에서 고려되어야 한다. 마지막으로 우리는 개념논리학에 따라서 상호국가적인 것을 첫 번째 추론의, 즉 국내법(ius civitatis)의 판단으로 볼 수 있으며, 따라서 반성추론 및 '화학작용'(Chemismus)을 정치적으로 선거와 유사한 형태로, 예컨대 국가연합 형태로 볼 수 있다.

『법철학』에서 중간 단계의 토대는 §6이다. 왜냐하면 의지는 §5로부터 논리적으로 추론되면서 진행해야 하며, 따라서 **상이한, 특정한, 특수한** 그리고 **유한한 것**으로 취해져야 하고, 주체가 다수임이 사유되어야 하기 때문이다(이에 대해서는 §5와 §6에 대한 해석을 참고하라). 시민존재는 보편적인, 규정되지 않은 정치성이라는 추상적 평등에 제약될 수 없으며, 필연적인 부정 속에서 — '모든 규정은 부정이다' — 특수한 시민존재로, 규정된 시민존재로 사유되어야 하며, 많은 특수한 시민이 특수한 국가에 참여함이라는 것으로 사유되어야 한다. 이 규정성, 즉 그 내용과 대상은 국가의 경우에도 자연에 의해 소여된 것으로 혹은 문화적으로 산출된 것으로 간주할 수 있다(§6). 시민에 대한 자연적·인류학적 파악, 지리학적·기후론적 특수성 및 스스로 조직된 문화적 특징 등은 국가의 특

---

301 이에 대해서는 다음을 참고하라. Anton Friedrich Koch, Dasein und Fürsichsein (Die Logik der Qualität), *G. W. F. Hegel, Wissenschaft der Logik*, hg. v. Anton Friedrich Koch/Friederike Schick, Berlin 2002, S. 27ff.

수성을 구성하게 된다. 이는 범주적으로 논리적 술어인 '현존재'를 가지고 있는 §6과 §322에서도 드러난다. 국가의 대자존재는 자신의 현존을 자신의 자립성에서 가지며, 이러한 주권성과 독립성에서 시민공동체의 자유, 이 공동체의 자기규정의 권리가 놓여 있다. 지금 다루고자 하는 것을 다루기 전에 사유가정을 좀 더 살펴볼 필요가 있다. 다른 곳에서와 마찬가지로 여기서도 특별한 범주에 대한 논리적 이해의 특징만 간단히 말할 수 있을 뿐이다.

a)

규정된 현존재는 국가의 즉자존재, 국가의 **내적 주권성**과 동시에 그 안에서 나타나는 대타존재, 국가 간의 외적인 법, 정치적 자유의 실재 등이다. 자신의 존재에 따라 고찰된 현존재는 실재를 가지며, 유한자는 우선 실재의 규정이다. 이상성(§321)은 실재성의 진리이며, 실재성과 이상성은 "동등한 자립성을 가진 쌍"(Enz §96, Z)으로 이해할 수 없다. 왜냐하면 실재로 규정된 현존재에는 어떤 진리도 대자적으로 귀속되지 않으며, 이 현존재는 변화하고 유한하기 때문이다(Enz §§95, 96). 변화(Veränderung)('다른 것으로 됨'(Ver-Änderung), WdL 5, 198) 속에서 현존재의 모순이 드러나며, 그것은 과정성이다. 모든 유한한 것은 변화하며, 아래로 내려가 '몰락한다'('근거로 내려간다'). 국가는 이렇듯 생성으로, 과정으로, 발생으로 고찰되어야 하는데, 자신의 역사 속에서, 자신의 세계사 속에서 그렇게 된다. 인간과 국가가 현실적으로 존재하고자 하는 한에서 이 양자는 존재해야 하며, 결국 이 둘은 한정되어야 하고, 특수화되어야 하며, 규정되고, 유한화되고, 시간화되어야 한다(Enz §92). 국제법에서 우리는 정치적 자유의 실재를 보며, 특수한 국가의 시간성과 공간적 한정성을 본다. 이 현존재에서 **국가가 자신과 맺는 부정적 관계**는 타자와의 관계로 현상하는데, 마치 부정적인 것이 외적인 것이라도 되듯이 현상하지만, 특정한 자기 자신만을 서술한다. 이 부정적 관계의 실존은 "발생 형태와 **외부에서 온** 우연적 소여와 연루된 형태를 갖는다"(§323).

b)

§6을 §§322~323에 적용해 볼 때 다음의 주장은 정당하다. 즉 나는 자기 자신과의 단순한 관계이면서 단적으로 타자와의 관계이며, 동일하게 나는 자연세계와 정신세계의 모든 내용과 관계를 맺는다. 외견상 외적인 것, 외부의 것, 부정적인 것 등은 국가의 이상성의, 국가의 대자존재의 결정적 계기를 형성한다. 그런 이상적인 것, **국가의 정신, 민중정신**은 자연의 추상적 피안으로 취해질 수 있는 것이 아니다. 오히려 이 이상적인 것은 국가가 자연을 지양된 것으로 포함할 경우 참되다. 즉 이상성은 지양된 존재로, 무한한 것은 유한자의 진리로 존재한다. 지양된 이 자연규정성은 자연적 욕구로부터 국가에서 최종 결정자의 자연적 상태에 이르기까지 『법철학』의 전체 사유 과정을 관통해 간다. 헤겔은 이상성에서, 유한자의 무한성에서 '철학의 주명제'(Enz §95)를 본다. 모든 참된 철학은 이런 의미에서 **관념론(이상주의)**이어야 한다.[302] 국가의 대자존재는 이렇듯 **자기관계** 속에 놓여 있으며 ── 여기서 국가는 '하나'로, 개별자 내지 개별성으로(§321) 존재한다 ── 그리고 동시에 타자를 자기 자신으로부터 **배제**함에 놓여 있다(§321, Enz §428). 후자는 자신의 표현을 특히 군사적 구성체에서, 국가의 특수한 부분으로서의 군사력에서 발견한다(§326).

c)

배제는 현존하는 국가의 다수성을 경험적으로 확인할 수 있다는 데 의존하는 것이 아니다. 국가가 다수로 주어져 있다고 하는 것을 이처럼 수용하는 것은 허용되지 않은 가설이며, 널리 알려진 현상일 뿐이다. §6과 §323 사이의 긴 도정에서 타자와의 이 관계는 **상호주관성의 형식과 형태**로 제시할 수 있었다. 일자의 사유는 다수의 사유, (시민체로서의 국가

302　헤겔의 철학은 실재론으로 특징지을 수 없다. 그것은 실재론적 원리를 자기 안에 지양된 것으로 간직한다.

의) 자기 구별, 특수한 개별자로 '일자가 되뜀'(Enz §97), 하나(통일)의 근원적 분리(판단), 많은 국가가 서로를 배제하는 자로 정립함(그런 한에서 모두에게 동등한 주권이 부여된다) 등을 함축한다. **정치적인 것의 원자**(Enz §97)는 더 나아간 정초작업 없이 내적으로는 많은 구체적 인격체를, 외적으로는 많은 국가들, 많은 유아론적 국가들을 전제한다. 이렇듯 다양성은 추상적 외면성의 측면에 따라서만 취해질 수 있다. 헤겔은 여기서 선택을 근본적으로 바꾸는데, 즉 하나의 보편적 국가(시민체(Bürger-Sein)의 국가)를 특수한 국가들(시민체의 특수한 형태)로, 논리적으로 정초된 구체적 예를 만들어내려고 하며, 여기서 우선 특수자의 적대적 상호관계가 등장한다. 헤겔은 여기서 '보편적 인간국가의 시민'으로 간주되는 국가에 대한 칸트의 생각에 의존하며, 이러한 사실은 무엇보다 계약과 연관이 있는 것으로 사유되어야 한다. 배제는 순수한 부정이 아니다. 그 역시 상호관계이며, 배척은 포함을 의미한다. 즉 자립적 국가의 관계라는 형태로 나타나는 '끌어들임'(Attrahieren, WdL 5, 194)을 의미한다. 이를 통해 국내정치와 국외정치(외교)는 정치의 두 계기로 드러나며, 국외정치는 세계 내 정치가 된다.

관계는 우선 조약, 계약의 형태를 가지지만, 국제계약은 양 당사자가 이 계약을 유지하는 한에서만 구속력을 갖는다.[303] 정확히 말하자면 그것은 **양해각서**, 즉 합의를 유지하기 위한 공식적 **보장**이다. 헤겔은 피히테를 따라서 계약은 **당위**의 구속력만을 가지며, 말하자면 당위적으로 유지되어야 한다고 말한다(§333). 이는 곧바로 홉스와 연결되며, 법 제정과 법의 관철은 구분된다. 말하자면 국제적 계약은 구속력을 산출하지만, '실행'을 보다 높은 단계에서 보장하지 않기 때문에, 즉 상위의 법적 심급이 부재함으로써 그것은 그저 내적인, 도덕적인 의무로 머문다. "자연적 정의의 법정은 없으며, 그곳에는 그저 양심만 있을 뿐이다" (Hobbes). 헤겔은 언급한 단락에서 '계약의 유효함과 계약의 보증'을 분

---

303 Fichte, *Grundlage des Naturrechts*, GA I. 3, §10.

명하게 구별한다.[304] 이런 국가적 상황으로부터 전쟁의 항상적 가능성, 즉 국가 간에 지속되는 냉전 내지 자연 상태가 생겨나는데,[305] 전쟁은 두 번째 강제로서, 긴급방어로서 정당성을 획득한다. 다층적 형식으로 등장하는 간섭의 권리(경멸, 외교적 저항, 엠바고 등으로부터 최후수단으로서의 군사적 개입에 이르기까지)는 정당화될 수 있다. 그런데 전쟁은 법(/권리) 없음의 상태, 폭력과 우연성의 상태(§338)에 머물며, 따라서 극복되어야 한다. 국가라는 인격체로서의 국가는 개인 인격체와 같은 지위를 갖지 않는다. 이 차원에서는 제도적 재판관이 존재하지 않는다.[306] "국가 간의 관계는 자립적으로 상호간에 협정을 맺지만, 동시에 이 협정을 넘어서 있다"(§330, Z). 상호적 배제가 모든 국가의 특징을, 따라서 국가의 동등성을 표현하는 한에서 '함께 가야 한다'(Enz §111, Z)는 당위와 요청을 포함한다. 하지만 그것은 인정이라는 헤겔의 사유모형을 가져온 이후에야 비로소 명료하게 해명할 수 있다.

d)

국제법에는 **참된 현실**이 결여되어 있다. 왜냐하면 그 법의 현실은 주권국가의 특수한 의지에만 의존하기 때문이다. 관철하는 심급이 없을 경우 우리는 계약론이 말하는 자연 상태에서 제도적 판단자와 보증 없는 규칙과 합의만을 갖게 된다. 우리는 현실의 이런 결핍된 형식에 대한 규정을 본질논리학의 '현상'(Erscheinung)의 범주, 즉 개념을 비추

---

304 이 구별에 대해서는 다음을 보라. Julius Ebbinghaus, Die Idee des Rechts, Julius Ebbinghaus, *Gesammelteschriften*, Bd. II, hg. v. Georg Geismann und Hariolf Oberer, Bonn 1988, S. 38. 또한 다음도 보라. Hüning, "Inter arma silent leges", a.a.O., S. 268.

305 Ebd., §13.

306 따라서 국가 간의 계약은 "시민 간의 계약 방식으로 고찰되어서는 안 된다. 그 계약은 어떤 구속력도 없으며, 그런 구속력을 지양하는 측면을 갖는다. 협약을 체결하고 의무를 지우는 것 그리고 이런 의무를 다시 사라지게 할 수 있는 것 등은 이런 항상적 기만이다"(Hegel, *Jenaer Systementwürfe*, GW 8, 274f.).

(Scheinen)는 것에서 본다. 국가의 개별성과 주권성은 "다른 국가들과의 관계에서 현상으로"(Bl 278) 나타난다. 국가의 본질은 현상의 배후나 너머에 머무는 것이 아니라 — 헤겔이 시적 아이러니로 말하듯이 — 직접성의 가상을 벗어나 국가에 자신의 현존의 기쁨을 선사할 수 있는 무한한 가치를 갖는다(Enz §131, Z). 아직 덜 규정된 현실은 '**현상의 세계**'인데, 이 세계는 **실존**과 **관계**라는 진척된 반성규정과 연관되어 있는 개념의 현상으로서의 대자존재이다. §330은 계약법으로서의, 즉 **자립적 국가의 관계**로서의 국제법의 특징을 드러내고 있다. 여기서도 아주 잘 짜인 『법철학』의 구조를 볼 수 있다. 이미 §108은 관계, 당위 혹은 요구 등의 입장, 즉 차이, 유한자와 현상 등의 입장을 다루는데, §123에서 이 입장으로부터 주체가 상이하게 규정되고 따라서 특수자로 간주된다는 사실이 도출된다. 이러한 사실은 국가 사이의 관계에 전이될 수 있다.

실존(Existenz, **현존**(Dasein) 범주의 더 나아간 규정)이라는 술어와 더불어 실존하는 무수히 많은 주권국가가 서술되는데, 이들 국가는 "타자로의 비춤"(Enz §123) 속에, 즉 관계 속에 서 있으며, 따라서 상대적이며 독립적이지 않다. 이러한 관계성으로부터 독립적 국가의 연관이 **상호의존과 경쟁의 세계**라는 형식으로 나타나는데, 이는 시민사회에서 구체적 인격체의 전면적 의존 체계와 유사하다고 할 수 있다. 실존하는 특수한 국가 개별자의 '총체'로서의 국가의 세계의 그런 화려한 놀이에서(Enz §123, Z) 처음에는 어떤 확고한 정착점도 없다. 즉 "모든 것은 여기서 단지 상대적인 것으로만, 타자를 통해 제약되고 타자를 제약하는 것으로만 현상한다"(Enz §123, Z). 이런 관계의 영역, 상대성의 영역에는 반성하는 오성이 대응한다. 이 오성은 외교정책에서 전면적 연관을 탐구하기 위한 도구로 나타나는데, 이 외교정책에서 각각의 국가는 최고의 이익이라는 원리에 따라 움직이며, 따라서 결과론적·공리주의적 원리가 지배한다. 그런데 "한갓 상대성"(Enz §123, Z)이라는 이런 입장으로부터 목적에 대한 질문, 즉 '우리는 어떤 목적을 위해 이 맥락을 성찰하는가?'와 같은 질문에 대답하지 않은 채 남아 있다. 이때 — 욕구 체계에서처럼 — 질서를 부여하는 보이지 않는 손이, 여기서는 국가 사이의 보이지 않는 손이 작동한다고 대답할 수도 있다. 국제법은 국가와 연관 있는 것이 극단으로 상실된 현실로 이해할 수 있다. 국가의 관계, **현상적** 국가의 세계, 즉 국제적인 것은 그 근거를 자기 안에 갖지 않으며, 자신의 문제에서 재판관이 아니고, 자신을 충분히 제어하고 합리적으로 형성할 수 없다. 이러한 사실은, 헤겔이 홉스와 루소가 국제법과 관련하여 난점과 딜레마에 빠졌다고 진단하는 가운데 보여 주듯이, 외적 국가법에 내재한 허약한 점, 위험요소, 난점 등을 함축한다. 이때 외적 국가법은 국가의 '자기 내 단절'을 보여 주며, 자신의 존재를 중재에서만 드러낼 뿐 스스로는 드러내지 못한다(Enz §131, Z). 시민사회의 욕구 체계에서 나타나는 조화도, 영구 평화도 **이 수준에서는** '환영'에 불과하다. 외적 국가법(국제법)의 근거가 국가의 특수의지에 기반을 두고 있기 때문에 이들의 관계는 **상호적 내지 전면적 의존**으로 드러난다. 이는 자립성과 자기규정과는 반대되는 상황이다. 이로써 국제법은 현상의, 외견상 완전한 주권의, 성찰된 유한성의 세계로 특징지을 수 있으며(Enz §132), 특수한 국가에 **당위**로, **요청**으로 특징지을 수 있다. 따라서 **반성추론**은 개념논리적으로 확인할 수 있으며, 객체성 범주의 차원에서 등장하는 국제적 형태는 국가의 친화성 내지 국가의 가족들로 간주할 수 있다.

첫 번째 단계, 즉 한갓 계약적 관계에 따라 다뤄지는 (분리된 것들의 최초의 결합을 지시하는 것으로서의) 국제법(Völkerrecht)에서도 여전히 이러한 **한갓 당위의 양태** 혹은 **요청의 양태**는 유지된다. 그러나 이제 내적인 것과 외적인 것, 내적 국가법(국내법)과 외적 국가법(국제법)은 통일된 것으로 이해할 수 있으며, 이로써 세계시민법으로의 이행이 시작된다. 내적인 것과 외적인 것, 국내정치와 외교정치는 동일한 내용을 가지며, 국내정치 없이 외교정치 없으며, 그 역도 마찬가지다. 그리고 내적 주권과 외적 주권은 대립하지 않으며, 국가는 피히테가 말하듯이 완전히 폐쇄된 국가, 폐쇄적인 상업국가가 아니다. **현실성**의 범주에서[307] 외적인 것과 내적인 것은 즉자대자적으로 동일하며, 현실에서 존재와 반성의 통일이 정립되고, 자기와 동일하게 된 관계(내적이고 외적인 국가법)로 정립된다. 인류의 현실(국가)은 타자의 표현으로서가 아니라 자기 자신의 표현으로 사유할 수 있으며, 국가는 비로소 자기 자신에 머물게 되며, 따라서 자유롭게 된다(Enz §135). 계약론적 모형을 넘어서는 바로 그다음 단계, 즉 세계시민법, 세계사, '세계시민적 헌정' 등의 사유에서야 비로소 국가의 참다운 자기규정이 가능하다. 이때 그 국가는 처음부터 세계시민적 맥락의 참여자로, '보편적 인간국가'(Kant)의 구성원으로 사유된다.

인정하는 자기의식과 국제적 인정

간단히 서술한 논리적 정초는 인정의 공리에서 제시할 수 있다. 인정은 헤겔 자유의 철학 기둥으로 간주된다. 이런 인정 개념의 잠재력을 그 정신과 문자를 고려하여 해명할 경우 계약론적 모델과 방법론적 개인주의 내지 '방법론적 국가주의'(Ulrich Beck)를 극복할 수 있으며, 더 나아가 현실적인 문제 영역을 해명하기 위한 자극을 제시할 수 있다.[308] 국가는 그 근거에서 볼 때 우선 보편적 이념으로, '유'로, '보편적 인간국가'로, 세계사적 맥락에서 보는 세계연관으로 사유할 수 있다(§259). 헤겔의 인정원리는 인류적 공동생활의 형식에 대한 재구성적 판단의 가능성을 제시하며, 그것을 평가하기 위한 규범적 척도를 제시한다. 이들 형식의 성공, 모든 기구의 정당성은 수행된 인정의 지위와 연결되어 있다. 헤겔적 시각의 현실성은 "기구(/제도)를 이성적 자기이해의 형성을 위한 조건으로 이해하고 비판할 수 있게 하는, 그리고 동시에 자기 안에 침전한 역사적 규범에 대한 비판을 포함하는 기구(/제도)이론을 전개할 수

---

307 WdL 6, 200~216.

308 이에 대해서는 다음을 참조하라. Manfred Riedel, *Studien zu Hegels Rechtsphilosophie*, Frankfurt 1969: Ludwig Siep, *Anerkennung als Prinzip der praktischen Philosophie. Untersuchungen zu Hegels Jenaer Philosophie des Geistes*, Freiburg/München 1979; ders., *Praktische Philosophie im Deutschen Idealismus*, Frankfurt 1992; ders., *Aktualität und Grenzen der praktischen Philosophie Hegels*, München 2010.

있는지"[309]에 달려 있다.

외적 국가법, 혹은 특수한 국가의 인정의 문제는 지금까지 거의 다
뤄지지 않은 헤겔 인정 사상 차원에 속한다.[310] 이 주제에 대한 탐구는
§§331~339를 통해 정당화되며, 『엔치클로페디』§547의 언술에서 특
별한 방식으로 논의되고 있는데, 여기서 『엔치클로페디』§430을 참고
하라고 지시하고 있다. "자유로운 국가 개별자의 상호인정이 작용한다"
(§430). 이 부분, 특히 괄호 속 문구는 국제법 영역에서 인정문제를 탐구
하도록 자극한다.

헤겔은 『엔치클로페디』§547에서도, 『법철학』에 상응하는 문단에서
도 국가 사이의 관계를 위한 인정모형의 다양한 국면, 복잡성, 의미 영역
의 다양성 등을 서술하지 않는다.[311] 그럼에도 불구하고 독자는 『엔치클
로페디』§430을 참고하라는 사실을 통해 인정 사상을 새로운 문제 영역

---

309 Ludwig Siep, *Praktische Philosophie im Deutschen Idealismus*, S. 181.

310 여기 다뤄지는 텍스트는 다음의 논문에 의존한다. El principio de reconocimiento
en la teoria filosofica del derecho politico externo de Hegel, *Anales del
Seminario de Historia de la Filosofia 13*, 1996; Das Prinzip Anerkennung in
Hegels universalistischer Theorie des äusseren Staatsrechts, *Metaphysik der
praktischen Welt. Perspektiven im Anschluss an Hegel und Heidegger*, hg. v. Andreas
Grossmann und Christoph Jamme, Amsterdam/Atlanta 2000; El gran teatro del
mundo. Hegels Philosophie der Weltgeschichte als denkende Betrachtung des
menschlichen Geschehens in vernünftiger, freiheitlicher und weltbürgerlicher
Absicht, Klaus Vieweg, *Skepsis und Freiheit*, München 2007.
이 문제에 대해 참고할 또 다른 자료들은 다음과 같다. Ludwig Siep, Das Recht
als Ziel der Geschichte. Überlegungen im Anschluss an Kant und Hegel, *Das Recht
der Vernunft. Kant und Hegel über Denken, Erkennen und Handeln*, hg. v. Christel
Fricke, Peter König, Thomas Petersen, Stuttgart-Bad Cannstatt 1995; Adrian
Peperzak, Hegel contra Hegel in his Philosophy of Right: The Contradictions of
International Politics, *Journal of the History of Philosophy 32*, 1994, S. 241~63;
Wolfgang Schild, Menschenrechtsethos und Weltgeist. Eine Hegel-Interpretation,
Würde und Recht des Menschen, hg. v. Heiner Bielefeldt/Walter Brugger/Klaus
Dicke, Würzburg 1992.

311 외적 국가법을 다루는 글은 『엔치클로페디』에서는 이 문단들이 유일하며, 『법철
학』에서는 아주 제한적이고 간단하게 서술되어 있다.

에 '적용'하지 않을 수 없다. 여기서 등장하는 주관정신에서 객관정신으로의 차원의 변화라는 문제에도 불구하고, 그리고 자기의식과 국가의 이론적 지위의 차이에도 불구하고 인정의 특별한 의미내용을 국제적 영역에서 밝힐 수 있는 외삽이 시도되어야 한다. 국가 사이의 인정에 대한 헤겔의 해명은 전쟁과 평화를 다루는 맥락(Enz §547)에서, 홉스와 루소를 고려하면서, 특히 칸트의 영구평화론과 국가연합을 고려하면서 이뤄진다. 역사철학의 경우에서처럼 칸트는 이 경우에도 가장 중요한 논의 상대자로 등장하는데,[312] 여기서도 두 개념 사이의 차이에도 불구하고 헤겔의 은밀한 혹은 잠재적 칸트주의를 지적할 수 있다.[313] 좀 더 정확히 하자면 **지양된** 칸트주의라고 하는 것이 좋겠다. "역사철학의 이해는 여기서 그 원리상 **칸트적**이다. 말하자면 역사는 국가의 이념에서 고찰해야 한다."[314] 칸트는 평화사상가, 헤겔은 전쟁옹호자라는 그간에 고정된 편견은[315] 근본적 고찰을 견뎌낼 수 없다. 헤겔 이론에서는 계약적 국가공동체라는 이념이 결여되어 있다는 주장도 동일하다.[316] 헤겔의 외적 국가법 이론이 오늘날의 국제문제와 국제법 논쟁에 어느 정도나 자극을 줄 수 있는지 밝혀져야 한다.

외적 국가법은 『법철학』에서 서술된 인정 과정의 필수적 단계를 이룬다. 『법철학』에서 인정 과정은 그 핵심만 이야기하자면 인격체로서, 도

---

312 하지만 헤겔은 몇몇 요점에서 외적 국가법에 대한 피히테의 견해도 참고한다.

313 Rolf-Peter Horstmann, Der geheime Kantianismus in Hegels Geschichtsphilosophie, *Hegels Philosophie des Rechts*, a.a.O., S. 56~71. 칸트와 헤겔의 관계에 대해서는 다음을 보라. Ludwig Siep, Das Recht als Ziel der Geschichte. a.a.O. "헤겔의 법철학과 역사철학은 칸트의 사상에 대단히 붙박여 있다. 헤겔에게서도 역사는 합리적 법질서를 향한 합목적적 발전으로만 파악할 수 있다. 이러한 생각은 그 근본에 있어서 — 기본권, 권리평등, 권력분립 등에서 — 칸트의 사상과 일치한다." S. 364.

314 Rosenkranz, *Georg Wilhelm Friedrich Hegels Leben*, a.a.O., S. 331.

315 예컨대 다음의 논문이 그렇다. Georg Geismann, Kants Rechtslehre vom Weltfrieden, *Zeitschrift für philosophische Forschung* 37, 1983, S. 364. Fussnote 6.

316 Adrian Peperzak, Hegel contra Hegel, a.a.O., S. 257ff.

덕적 주체로서, 가족구성원으로서, 시민사회 구성원으로서, 공민으로서의 인정을 포함한다. 이를 칸트적으로 다음과 같이 공식화할 수 있다. 즉 인간 사이의 충분한, 완전한 인정에의 도달은 이런 인정을 성공적으로 수행할 수 있게 하는 외적인 국가관계의 성립에 의존하며, 그런 성립이 없을 경우 해결할 수 없다. 『엔치클로페디』§436은 국가와 국제관계라는 문제 영역을 다루는 출발점으로 기능한다. "자기의식의 이 보편적 반영은, 즉 자신을 자신의 객체 속에서 자신과 동등한 주체로, 따라서 보편적으로 아는 개념은 모든 본질적인 정신성의 **실체**라는 의식의 형식, 즉 가족, 조국, 국가 및 모든 덕, 사랑, 우정, 용기, 명예, 명성 등의 의식의 형식이다." **본질적으로 정신적**인 이러한 것들 ── 심정과 기구 ── 은 여기서 명시적으로 모이는데, 그것도 한편이 자유로운 타자 속에서 인정된다는 것을 알게 하는 형식으로, 그리고 그 한편이 타자를 자유로운 자로 인정하는 한에서만 이러한 사실을 알게 하는 형식으로 모인다. 이것이 바로 **상호인정**이다. 자기의 자유 내지 인격성의 자유의 획득으로서의 인정은 여기서 개별자에 의해 선취된 자율의 자기귀속성을 통해, 그리고 자아와 타자에 의해 실현된, 서로 다른 공동체에의 동등한 참여의 귀속(친구 동아리에의 귀속, 상호적 가치평가와 존중, 가족에의 참여 혹은 국가에의 귀속 등)을 통해 수행된다. 인격체를 다룬 곳에서 **상호인격체**성이 은연중에 사유되고 있는 것과 마찬가지로 국가를 다룬 곳에는 이미 **상호국가성**이 사유되고 있다. 국가연합은 마찬가지로 철저히 그 자체로 '본질적으로 정신적인 것'으로 파악할 수 있다. "존립하는 것의 동등한 권리가, 새로운 유럽에서처럼, 국가연합을 이끌어간다."[317] 헤겔이 현대 유럽 국가들을 표기하기 위해 사용한 '가족'(친화성의 한 형태[318])이라는 기호는 이에 대한 작은 참조가 될 것이다. "자립적인 것의 다수의 다른 측면과 갖는 **친족성**(Verwandtschaft)은 더 이상 무관심한 관계가 아니라 **친화성**

---

317   PhilG 12, 374.
318   Enz §333; WdL 6, 429.

(Wahlverwandtschaft)이다"(WdL 5, 420). 헤겔이 시민사회에서의 조합을 '제2의 가족'이라고 말하기 때문에 국가연합은 '국가가족의', 혹은 '국가조합의' 형식(국가의 가족, 국가 동아리, 연방)으로 간주할 수 있을 것이다. 여기에 국제법적 요소뿐 아니라 보편주의적·정신적 요소도 간직해야 하는 초국가적 국가연대의 이념을 위한 최초의 맹아가 놓여 있다. 그것은 일종의 연방이며, 자신의 입법의 보편적 원리(헌법)에 따라서 보더라도, 그 습속과 문화의 관점에서 보더라도 하나의 국가 가족이다.[319] 시민사회에서의 조합과 유사하게 그런 국가연대 혹은 민족연대에는 임시적 역할이 부여되는데, 즉 보다 높은 형태로의, 여기서는 세계시민법으로의 이행점의 기능이 부여된다.

『엔치클로페디』§430은 'b) 인정하는 자기의식'이라는 제목 아래 자기의식 차원에서의 인정투쟁을 다룬다. 텍스트 해석에 특별히 주의하며 볼 때 두 절은 b)의 수준에 정박해 있으며, 그때의 중간 위치, 중간의 규정,[320] 즉 국가라는 이념 내지 자기의식을 해명할 때 나타나는 매개항을 대표한다. 자기의식은 세 단계를 거쳐 간다. a) 개별자로서의 직접적 자기의식, b) '개별자와 보편자의 최초의 통일'로서의 인정하는 자기의식 (다른 특수자와 연관되어 있는 특수자) ── 여기서 '최초의'라는 단어에 방점이 있어야 한다 ── 그리고 c) 보편적 인정됨의 수행으로서의 보편적 자기의식. 이 세 번째 단계에서 자기들은 자신의 자율성 속에서 자신의 동일성을 갖는다. 국가의 이념은 첫째, 개별 국가에서 직접적 현실을, 즉 내적 국가법, 시민체(Bürger-Sein) 일체를 가진다. 둘째, (혹은 b)에서) 국가의 이념은 외적 국가법, 특수한 국가의 관계의 총체, 그리고 특수자와 보편자의 최초의 매개 등을 포함하며, 시민은 이러한 국제적 구성체의 구성원으로 간주된다. 이러한 국제법은 전체의 합의(consensus gentium)

---

319 §339의 「보론」. 여기서 루소의 유럽연방(Corps Européen) 사상과의 연결점을 볼 수 있다.

320 WdL, 6, 502~503.

에 기초하며, 만장일치라는 의미에서의 합의적·계약적 타당성만을 요청할 수 있다.[321] "국가 사이에 즉자대자적으로, 보편적으로 유효해야 하는 법으로서의 국제법의 원칙"은 "국가 상호간의 의무를 지우는 계약이 **유지되어야 한다**"(§333)는 사실에 근거한다. 따라서 이 차원은 계약 체결자들이 계약을 유지할 경우에만 구속력이 있는 계약 패러다임에 머물러 있다. 전쟁의 정당성은 바로 여기에 근거하며,[322] 국가의 특수의지가 어떤 일치점도 발견하지 못하는 한, 갈등은 전쟁을 통해서만 해결될 수 있다(§334). 중요하고 필연적인 단계임에도 불구하고 계약의 모형은 이 경우에, 이미 피히테가 지시하듯이, 자신의 불충분함을 드러낸다.[323] 따라서 국가의 이념은 보편적 이념으로, 유로, 세계공동체적 전체로, 보다 고차적인 국가의 주권으로 사유되어야 한다. 즉 세계시민법, 세계시민으로서의 시민의 권리, '보편적 인간국가'의 귀속자로서의 국가의 법 등, 여기서 이전의 형식은 계기로 지양된다.

헤겔 인정모형의 법전은 『논리학』의 범주적 규정의 도움을 통해서만 해독할 수 있다. 달리 말하자면 이 국면의 다양성을 밝힘으로써 비로소 헤겔의 인정 사상은 자기만의 고유하고 적절한 토대를 획득한다. 그의 인정 사상은 여기에서야 비로소 자신의 고유한 위엄에 도달한다. 국가의 이념을 해명함에 있어 외적 국가법을 다루는 절은 b)의 차원, 즉 특수성의 논리적 구조를 포함하며, 이 관점으로부터 이들 문구를 해석해야 한다. 이는 또한 국가 간의 인정이론의 전체 내용이 이 b)단계로 축소될 수 없다는 것을 의미한다. 왜냐하면 여기서 중요한 것은 이제야 비로소 **시작하는** 매개이지, 결코 인정의 완전한 수행이 아니기 때문이다.

인정하는 자기의식의 관점에서도 특수성으로서의 국가의 관점에서도 '발생함'(Geschehen)이라는 술어는 체계적 중요성을 갖는다. 헤겔에

---

321   Enz §71. "그런데 **보편적으로** 현존하는 것으로 드러난 것을 필연적인 것으로 알고자 하는 사유의 욕구에 대해 전체의 합의는 충분하지 않다."

322   Fichte, *Grundlage des Naturrechts*, GA I, 3, §§10, 13.

323   Ebd., §22.

따르면 '특수성'은 역사[Geschichte, 이 단어는 발생함(Geschehen)에서 파생되어 나온다]에 속하며, '시간 안으로 떨어'진다.[324] "인정투쟁과 한 주인 아래로의 복종은 국가의 시작인 인간의 공동생활을 산출하는 **현상**이다. (……) 그것은 국가의 외적인, 현상하는 시작이지, 그것들의 실체적 원리는 아니다"(Enz §433). 인정투쟁은 가장 외적인 것으로까지, 특수자를 무화할 수 있는 위험에까지 나아가는 형식에서 수행되며, 개별자가 한갓 파편적 개별자로 존재하는 자연 상태에서 수행된다. 이 자리에서 두 가지 관점을 구별할 수 있다. a) 현대 세계와 그에 상응하는 국가의 헌정과 관련하여, 즉 현대 국가 사이의 관계에서 투쟁 형식으로 나타나는 인정에의 노력이 결여되어 있다. 왜냐하면 투쟁의 결과라고 하는 것, 즉 **인정됨**(Anerkanntsein)이 이미 현재하기 때문이다. 우리는 여전히 현대의 시초에 서 있다는 이런 관점으로부터 현대 국가와 비현대 국가 사이의 관계 역시 고려되어야 한다. 현대 국가의 내면의 관점에서, 즉 현대적 시민체의 관점에서 헤겔은 다음과 같이 강조한다. "나는 시민으로서 나 개인의 개별성을 보편성으로 침잠시켰으며, 이렇게 나의 참된 자유의 증거를 부여한다. 따라서 인간이 시민으로 있다는 사실을 통해 자기의식의 개별성의 이러한 지양은 현재한다. 시민사회는 인정투쟁을 더 이상 알지 못한다."[325] 국가공동체에서 그 사이 인정이 추월되고 남겨졌다는 사실로부터 추론하는 것은[326] 헤겔적 시각의 핵심적 요점을 숨기는 것이며, 특

---

324 시간과 역사성에 대한 헤겔의 이해에 대해서는 랄프 보이탄(Ralf Beuthan)의 탁월한 다음의 글을 보라. *Eine Zwischenüberlegung zu Hegels Metaphysik der Zeit*(미간행 수고). 나는 친구이자 동료이며, 헤겔 전문가인 랄프 보이탄에게 이러한 통찰의 가능성을 준 것에 대해 감사한다.

325 Hegel, *Vorlesungen über die Philosophie des subjektiven Geistes*, Kolleg 1823, Nachschrift Hotho, in: *Hegel, Gesammelte Werke*, Bd. 25, 1, hg. von Christoph J. Bauer, Hamburg 2008, S. 113.

326 발터 예슈케(Walter Jaeschke)가 이러한 입장을 대변한다. Walter Jaeschke, Riconoscimento in quanto principio dell'ordinamento statale e interstatale, *Riconoscimento e Communita. A Partire da Hegel*, hg. v. Claudia Mancini, Pierluigi Valenza, Paolo Vinci (Archivo di Filosofia). Pisa/Roma 2009.

히 인정**추구**와 인정**투쟁** 사이의 차이를 무시하는 것이고, 어떤 논증적 토대도 가지지 않는다. 현대 국가에서도 인정을 얻고자 하는 노고는 결정적인 중요성을 가진다. 그 노고는 비록 인격체의 인정을 함유하지만, 자신의 전체와의 연관에 서 있는 공민과 관계하지만, 투쟁의 형식으로 수행되지 않는다. 엄격한 헤겔적 의미에서의 투쟁은 지배와 예속으로 귀결되는 생사를 건 대결을 의미한다.[327] '문명화된' 비투쟁적 형식을 이와 구별할 수 있다. 말하자면 소수 인종의 인정에의 노고, 장애인이나 사회적 약자의 포섭에의 요청, 다양한 종교와 문화의 인정에의 노고, 존중과 명예로서의 인정에의 추구 등이 비투쟁적 형식에 속한다.[328] **인정을 박탈**(Aberkennung)하는 인종주의적, 쇼비니즘적 혹은 민족주의적 입장과 대결하는 가운데서도 역시 인정은 실체적으로 형성될 수 있다.

현대 국가의 내부 영역, 즉 내적인 정치와 관련하여 실체적 인정의 원리는 자유의 사상을 '머리로 형성'하고 또 이를 '세계로 형성'하는 과정에 있다. 극단으로 나뉜 인류인 시민사회를 각인하고 있는 만인에 대한 만인의 투쟁이라는 내적 구조는 현대 국가에서도, 초국가연대에서도 이성적 형태를 통해 지양되어야 하고, '자연 상태'는 이성적 제어를 통해 극복되어야 한다. 여기에 현대 국가에 거하는 인간에게 **항구적인** 도전이 놓여 있다. 초국가적 제도화를 통한 형성과 제어 없는 시민사회의 한갓된 국제화는 '방종과 궁핍'(§185)의 연극으로, 국제성의 옷을 입은 현대사회의 실존적 자기위협으로 나아간다. 세계화를 정치적으로 제도화하는 (이는 초국가적 기업의 효율적 네트워크와는 명백하게 구별된다) 재난적 상황에 직면하여, 그리고 국제법의 엄청난 결핍과 현대적 국제연합의 심각한 결여에 직면하여 새로운 초국가적 인정질서에 대한 숙고는 그 어느 때보다 필요한 것으로 보인다.

그런데 국가들은 자신들의 상호관계에서 아직 자연 상태의 적대성에

---

327 이에 대해서는 『정신현상학』의 「지배와 예속」의 장을 보라.
328 인정의 상이한 형식은 이 연구의 모든 장에서 논쟁거리가 되고 있다.

기초한 특정한 관점을 가진다(§333). 이렇듯 자기 시대에 대한 헤겔의 소견은 현대가 막 시작했다는 것이다. 그런데 전쟁과 평화문제를 외적 국가법의 중간 단계에 위치시킨 것을 고려하지 않을 경우 헤겔은 전쟁을 희망찬 것으로 여기고 전쟁을 영속화한 사상가로 현상할 수도 있을 것이다. 그러한 해석은 헤겔이 전쟁을 다루는 이런 체계적 위치(§330에서 §340까지, 그리고 Enz §547), 즉 b) 단계를 고려하지 않는다. 외적 국가법의 전체 구상과 c)단계와의 연관은 충분한 주목을 받지 못하고 있다.[329]

내적 국가법은 개별성으로서의 국가의 자기규정, 국가의 헌정을 포함하며, 외부를 향해 자립성을 표시하는 국가의 **내적 주권성**을 포함한다. 국가의 내적 주권성은 국가의 본질적 기호로, "**타자에 대한** 존재"(Enz §431)로, 즉 **외부를 향한 주권성**으로 간주된다. 자기결정에서 우선 타자의 부정, 즉 다른 주권자의 부정이 따라 나온다. 개별자 자체는 자신을 보유하는데, 왜냐하면 "이 개별자는 자기 없는 객체와 부정적으로만 관계하며", 따라서 이 객체를 배제하기 때문이다(Enz §428). 국가는 우선 배제하는 대자존재로서의 개별성이다. 국가에는 배제하는 자립성과 독립성이 부여된다. 자기의식의 비의존성에 국가의 비의존성이 대응한다. 이는 국가 사이의 일종의 자연 상태를 의미하는데, 여기서 **독립적인 것**으로서의 각각의 다른 국가 개별자는 아직 산출될 수 없고, 상호적 생존 투쟁이 정상을 이루게 된다. 타자는 자연적으로 주어진 적으로 여겨진다. 하지만 동시에 복종이나 무화와 더불어서는 도달하고자 한 타자에 의한 인정에 이를 수 없다. 따라서 인정의 있지 않음이 언제나 재산출될 수밖에 없을 것이다. 배제와 인정의 성공적 결합은 타자의 자유로운 주권적 등장을 요청한다. 그럴 경우에만 상호적 인정을 수행할 수 있다.

국가는 다른 국가에 대해 우선 직접적으로 타자에 대한 타자로(Enz §430) 존재하며, 자신의 개별성은 타자 속에서 지양된다. 국가는 특수자

---

329 Geismann, Kants Rechtslehre vom Weltfrieden, a.a.O.

로서, 다른 특수한 개별자와의 관계 속에 있는 특수한 개별자로서 이해되어야 한다. 이 국가는 다른 국가에서 자기 자신을 인식하며, 헌정체라는 공통성을 인식한다. 동시에 타자는 대립해서 서 있는 절대적 주권국가로 머무르며, 따라서 특수한 국가 사이의 대립이 지속된다. 이런 충돌로부터 인정 과정이 처음에는 **투쟁**의 형식을 취하는 역사적 진행으로 성장해 간다. 타자가 어떤 국가에 직접적으로 다른 현존재로 존재하는 한, 이 국가는 이 타자 속에서 자신을 알 수 없다. 이럴 경우 국가 스스로도 이러한 타자이며, 어떤 주권자도 아니다. 그리고 이 국가가 타자를 인정하지 않으면, 이 국가는 스스로도 인정하지 않는다. 여기서 결정적으로 중요한 것은 상호성의 사상이다. 따라서 국가는 이러한 직접성의 지양 위에서만 건립된다. 국가는 직접적인 것으로 인정될 수 없고, 다만 국가가 직접성을, 순수 자연성을 지양하는 한에서만, 그리고 이를 통해 자신의 주권성에 현존을 부여하는 한에서만 인정될 수 있다. 헤겔에 따르면, 상호적 인정은 국가의 직접성, 즉 특수한 자연적이고 특이한 정체성을 추상하고 제거해야 한다는 사실을 전제한다. 등장한 대립은 위험천만한 놀이로 현상하며, 여기서 국가의 자립성은 우연에 노출되며, 심지어 무화의 위험에 던져진다. 국가의 몰락은 한갓된 자연성은 지양될 필요성이 있음을 보이는 증거일 것이다. 그러나 타자의 무화, 거친 부정은 국가 차원의 인정의 좌초를 의미하며, 인정 수행의 주체로서의 타자는 더 이상 유효하지 않고, '무화자'는 따라서 자기 자신의 인정의 가능성을 무화한다.

전쟁은 국가의 자립성이 위험에 빠질 수 있음을 보이는 결정적 형식이다. 이미 말했듯이, 전쟁은 헤겔에게 **폭력**의 상태, **법(/권리) 없음**의 상태, **우연성**의 상태이다(§338). 투쟁은 우선 일방적 부정에서, 불평등의 상태에서 끝난다. 패한 자에게 인정됨은 없으며, 극도로 제약된 존중, 즉 노예로서의 지위만을 얻으며, 전쟁의 승자를 '주인'으로 존중해야 한다. 즉 주인으로서의 국가와 종으로서의 국가가 생겨난다. 주인국가도 종의 국가도 이 상태에서 국가로서의 자신의 고유한 실체를, 자신의 참된 인정을 획득할 수 없다. 노예가 더 이상 인간으로 간주되지 않듯이 이 노예국가 역시 국가로 간주되지 않는다. 이 국가는 기껏해야 주인국가의 부속물(식민지, 보호령, 속주)이 되거나 주권적 타자로부터 어떤 인정도 받을 수 없는 주인국가의 일부가 될 뿐이다. 이 두 국가는 필연적 상호성을 결하고 있기 때문에 인정을 결하고 있다.

『엔치클로페디』§434와 §435에서 선취된 이러한 상태로 있는 자기의식의 필연적 지양 과정에 대한 서술은 외적 국가법의 단계에 '외삽'(/적용)될 수 있다. 욕구의 공통성 때문에 거친 파괴의 자리에 자립적 존재와 비자립적 존재라는 대립된 극단의 보존이 들어선다. 이것은 지배하는 국가와 예속된 국가의 공동의 관심사다. 보편자로의 이행의 시작으로서의 '지혜의 시초'는 지배자의 시각에서도(직접적 대자존재의 지양의 직관과 공포) 피지배자의 시각에서도(개별자의 직접성의 지양과 자유 이념) 성장한다. 한편으로 필연적인 **자유방임** 사상이, 다른 한편 **독립** 사상이 성장한다. 이 과정으로부터 다른 국가를 하나의 주권자로 인정하게 된다. 국가는 자기 자신을 **다른 국가**에서 긍정적으로(확고하게) 알게 되고, 여기서야 비로소 자신의 주권성을 얻는다. 모든 국가는 이제 자유로운 개별자로서 절대적 자립성을 가지지만, 직접성의 부정의 결과로 인해 두 국가행위자는 그때그때의 타자의 관점에서 다르지 않고, 이제 특정한 정체성을 가진다(Enz §436, Z). 헤겔은 예속관계와 국가의 예속 형식인 식민관계 사이의 유비를 확고히 한다. "노예해방이 주인에게 엄청난 장점으로 드러나듯이 식민지 해방은 모국을 위해 엄청난 장점으로 드러난다."[330] "전쟁 그리고 마침내 해방"은 이러한 상태에서 걸어나왔다(§248, Z). 19세기와 20세기에 나타난 민족독립투쟁(해방전쟁 형식으로 나타난다)은 해방 내지 국가 건립의 본질적 형식을 재현하며, '모국들'의 식민지 개

---

330 다른 곳에서는 다음과 같이 쓰여 있다. "북미는 예컨대 자유롭게 만들어졌다." 그것은 잉글랜드에게 "가장 큰 장점"이다(Ho 707). 이렇듯 두 행위자는 상호인정을 수행할 수 있다.

척자의 지위와 지배자의 지위를 표현하고, 따라서 이전의 식민지를 통한 이들의 존중을 드러낸다. 그럼으로써 비로소 두 측면은 현대 국가가 될 수 있으며, 식민지 권력은 원칙에 반하고, 따라서 매우 제한적으로만 현대 국가질서로 여겨질 수 있다.

이 자리에서 국가의 인정 과정에 중요한 두 측면이 강조된다. 역사적 전망과 인격체와 국가의 차이가 그것이다. 국가 간의 인정투쟁을 고찰할 때 역사성 사상이 적절히 고려되어야 한다. 헤겔은 국가의 이념 일반을 전개하며, 동시에 §260은 국가의 본분을 근본적으로 자유 이념의 실현으로 보는 현대 국가의 원리를 지시한다. 국가의 헌정체제의 역사적 차원과 더불어 동시에 역사적 요소가 국가관계의 형태에 주어진다. 즉 국가의 상호적 인정은 현대 세계 역사의 본질적 요소를 형성한다. 현대 국가의 내면에서는 모든 종류의 예속 내지 노예로서의 지위는 극복되어야 하고, 공민공동체 형태의 '인간연합'이 구성된다. 이때 자기규정성은 철저히 보증된다. 이와 마찬가지로 국가 사이의 이 평화 상태 역시 **국가의 공동체**라는 형식으로 실현되어야 한다. 로마의 노예가 자유인들에 의해 인간으로 인정되지 않았듯이, 로마가 다른 나라들과 맺은 관계는 "순수한 폭력 관계였다. 오늘날에도 나타나듯이, 개별 민족은 로마인들에게 존경을 요청하지 않았다. 민족들은 아직 합법적인 것으로 간주되지 않았고, 국가들은 아직 서로 본질적으로 실존하는 것으로 인정되지 않았다. 존립하는 것의 동등한 권리는 국가연합을 산출한다. 새로운 유럽에서처럼."[331]

8.1 형식적·추상적 인정과 내용적·실체적 인정

"국가의 상호관계의 법에 관해 말하자면, 이것은 철저히 불완전하다" (Gr 740). 외적 국가법은 국가의 상이한 주권적 의지에 근거한다. 헤겔에 따르면, 국가는 자기 내 분절된 자립적·법적 주체이다. 국가 사이의

---

331   PhilG 12, 374.

관계 조정의 직접적 현실은 우선 계약 형태를 갖는다. 만약 외적 국가법과 관련하여 "모든 국가의 국가공동체에의 참여 내지 국제법에서 이들의 주체성이 어쨌거나 인정"된다면,[332] 그것은 **형식적·추상적 인정**과 **내용적·실체적 인정** 사이의 의미 있는 차이를 무시하며, 따라서 국가 간의 법(국제법)과 세계시민법 사이의 차이로서의 인정 단계 역시 무시한다. 이 경우 현대 국가 사이에 있을 수 있는 갈등도, 현대 국가와 그 이전 국가 사이에 있을 수 있는 갈등도 눈에 들어온다. 즉 현대 민주주의 국가인 타이완은 오늘날까지 국제법의 주체라는 관점에서 빈곤한 지위를 유지하는데, 그것은 국가인가 아닌가? 이것은 어떤 방식에서 보면 몇몇 국가(예컨대 스페인)에 의해 오늘날까지 인정되지 않는 코소보에도 적용된다. 우리는 자기 국가를 건립하고자 하는 국가 내의 일부 내지 특정 인종 집단의 의도에 대해 어떤 태도를 취하는가? 예컨대 바스크족, 스코틀랜드, 체첸, 타밀, 티베트 등의 움직임에 대해 말이다. 문제는 분리주의인가, 국민국가적 인정의 추구인가? 하나의 형태는 인정하면서 다른 형태는 거부할 수 있는가? 여기서 영토적 통합과 자기규정의 권리는 갈등에 봉착한다.[333] 인종차별 종식 이전 남아프리카공화국의 국제법적 지위는 제한적이었다(유엔의 온전한 회원국이 아니었다). 내적인 변혁을 통해 과거 지배가 무너진 이후에야 이 국가는 가능한 인정을 경험했다. 유엔의 몇몇 회원국의 경우에도 인정을 제약받고 있다. 예컨대 유엔이 행정을 담당하거나(보스니아 헤르체고비나), 제재를 받거나(북한, 이란), 혹은 군사개입(이라크전쟁)을 받음으로써 제약된다.

지금까지의 숙고에서 인정은 국가 사이의 형식적·추상적 인정으로,

---

332 지지될 수 없는 이러한 이해는 다음의 글에서 나타난다. Walter Jaeschke, Riconoscimento in quanto principio dell'ordinamento statale e interstatale, *Riconoscimento e Communita*, a.a.O., S. 189~98.

333 갈등 상황에서 국가 간의 권력지형이 결정된다. 이에 대한 좋은 연구는 다음과 같다. Jörg Fisch, *Das Selbstbestimmungsrecht der Völker. Die Domestizierung einer Illusion*, München 2010.

즉 국가존재의 한갓 형식적 규정성 관점에서 본 국가의 상호적 인정으로 주제화되었으며, 철저한 분리를 의식하는 주권적 자립성을 주장한다. "그 자체로 타자에 대해 있는 것, 즉 타자에 의해 인정되는 것은 그것(국가)의 최초의 자격(권리, Berechtigung)이다. 그러나 이 자격은 동시에 형식적일 뿐이며, 국가가 그저 국가라는 이유 때문에 생겨나는 이 국가의 이러한 인정요구는 추상적이다"(§331). 이 숙고들은 형식적 권리(/법) 영역에서 다룬, 예컨대 외적 국가법의 근본요소인 계약의 근저에 놓여 있는 **형식적·추상적** 인정 위에 구축된다. 여기서 한갓 전도된 인정을 수행할 수 있다. **계약적 상호인격성**은 여기서 **계약적 상호국가성**으로 진전된다.

형식적 인정은 한갓 추상적 국가, 인격체로 말하자면 '국가인격체'와 관련되지, 아직 국가의 그때의 형식과, 기본법의 특성과, 문화적 본질과 관계하지 않는다. "새로운 시대에 국가를 내버려두는, 국가의 내면을 염려하지 않는 추상이 훨씬 더 많이 등장했다"(Ho 834). 오늘날의 유엔은 형식적·추상적 인정을 수행하는 **주권적 국가의 그런 유대**를 체현하고 있지만, 결코 유엔헌장에서 제시하는 실체적·내용적 인정을 충분히 구현하는 **자유로운 국가의 유대**를 체현하고 있지는 않다.

인정함은 "구체적 의미를 가지며, 인정될 수 있는 것은 무엇인가라는 물음에서 이 '무엇'에는 많은 단계가 있다"(Gr 741). 헤겔은 인정의 중요한 두 번째 단계, 즉 내용적·실체적 인정을 주장한다. 국가 사이의 상호인정은 구체적 전체로서의 그들에 관계하며, 타자와의 관계에서 척도는 법(/권리)에, 그리고 그때그때의 **국가의 안녕**에 놓여 있다. 국가의 이념에서 추상적 자유로서의 권리와 "충족된 특수한 내용, 즉 안녕"(§336)의 대립은 지양된 것으로 간주할 수 있다. 이것이 내용적·실체적 인정을 구성한다(§330). 실체적 안녕, 즉 특정한 특수성으로 이뤄진 안녕은 국가적 행위의 원리로서, 정치의 원리로 간주해야 한다. 왜냐하면 인륜적 실체인 국가는 여기서 자신의 현존을, 자신의 권리를 가지기 때문이다. 후자(국가현존)는 한갓 추상적인 형식적 실존, 법률적 국가주체, 국가인격체에 근거하는 것이 아니라, 제도적·국제법적 규정과 문화적 규정의 통일로서의 구체적 실존에 근거한다. §337에서 간단히 언급한, 가르베와 칸트의 논쟁적 입장을 포함하고 있는[334] 도덕과 정치의 관계라는 관점에서 도덕적인 것과 정치적인 것에 대한 지금까지의 해명에서 볼 때, 정치는 한갖 도덕법에 정향될 수 없지만, 공민체에서, 즉 정치적 주체의 행위에서 도덕법은 행위의 차원으로 지양되어야 한다는 사실을 확고히 할 수 있다.

우리는 지금 헌법의 내적 실체성, 즉 자신의 헌법과 상대의 헌법을 주제로 다루고 있다. 국가가 "실제로 그렇게 즉자대자적으로 존재하는 것인지는 그 내용, 헌법, 상태 등에 달려 있고, 양자의 정체성을 유지하는 것으로서의 인정은 동일하게 타자의 견해와 의지에 달려 있다"(§331). 언급된 양자의 정체성은 여기서 한갖 추상적 국가라는 것으로 축소되는 것이 아니라 국가의 근본적·내용적, 특히 문화적 규정과 관련한 유사성을 포함한다. 인정의 경우 "구체적인 것이 중요하며, 양측이 서로에 대해 취하는 태도는 대체로 동일한 단계에 서 있다는 사실이 중요하다"(Gr 741). '대체로 동일한 단계'라는 말로 헤겔은 문화적 차이에도 불구하고 다른 문화의 특수성을 존중하는 가운데서도 인문적인 것의 근본원리를 수용하고 실제로 적용하는 어떤 일치점을 목표로 한다. 즉 그는 **보편주의적 최소합의**를 목표로 한다. 헤겔의 이해에 따르면, 내용적·실체적 인정은 자신의 원칙을 자유로운 시민사회에서 개별자의 자유를 보호하는 데서 보는 현대 국가 사이에서만 수행할 수 있으며, 이는 문화적 관용을 포함한다. 오늘날의 예로는 유럽연합의 가입을 위한 주된 기준을 들 수 있다. 민주적 헌정국가와 인권의 존중이 그것이다.

국가의 정당성은 내적인 것과 외적인 것의 규정에 따라서 이중의 성격을 갖는다. 한편으로 내부문제에 대한 타자의 비간섭의 원리가 중요한

---

334 이에 대해서는 다음을 참고하라. Michael Wolff, *Moral in der Politik. Garve, Kant, Hegel*(미간행 원고. 이 글을 사용할 수 있게 해준 볼프에게 감사드린다).

데, 왜냐하면 이 타자는 그 자체로 국가이며, 따라서 주권적이기 때문이다. 다른 한편 인정은 합의된 것에 대한 확실한 존중을 요구한다. 따라서 타자의 내부에서 일어나는 일이 아무것도 아닌 것일 수 없으며, 따라서 타자의 내부 일에 대한 간섭이 (예컨대 근본적으로 인정 조건과 관련한 일이 발생할 경우) 필요한 것으로 나타난다. 그런데 (경제적·정치적·군사적 형식의) **간섭**을 정당화할 수 있는 조건에는 어떤 것이 있는가? 이렇게 말할 수 있다면, 그런 근거들은 국제적인 국가연합에 의해 입안된 유효한 국제법에 대한 현저한 위반인가? 하지만 바로 여기서 국제법, 이 법의 유효성 그리고 이 법의 관철력 등의 관점에서뿐 아니라 그에 상응하는 정치적·법적 제도화(형식적 인정의 공동체로서의 유엔, 국제사법재판소 등)의 문제에서도 엄청난 결함이 명백하게 존재한다.[335] 특히 유엔 회원국에서 군사적 공격 권한(/자격)에 대해서는 논쟁이 되고 있으며, 국제법적으로 불충분하게 규칙이 정해져 있다. 왜냐하면 문제가 특수한 국가의 관계이기 때문이다. 내부적인 일에 대한 불간섭의 원리 문제는 최근의 역사에서 아주 분명하게 드러난다. 즉 모든 국가는 이 원리의 일방적 해석을 통해 자신의 행동의 자의성을 정당화할 수 있고, 타자를 국제법에 대한 비존중의 문제로 질책할 수 있다. "주권의 원리는 야만을 다듬는 데 이용된다. 그것은 질책에 민감해지지 않기 위해 사용되어야 한다."[336] 하지만 또한 간섭의 정당화에 대한, 간섭의 구체적 형식에 대한, 그리고 수단의 적절성에 대한 질문이 제기된다. 현대적 헌법에 대한 강제적 관철 혹은 '자유를 위한 마지막 성전'은 어떤 정당성도 결하고 있다. 또한 간섭의 일치된 원리는 제약이 없어야 하며, 따라서 **언제나** 중대한 위반의 **모든** 원인

---

335 이라크가 쿠웨이트를 침공했을 때 위반의 가치에 대한 그리고 적절한 대응에 대한 결정권한은 유엔의 손에 놓여 있었다. 결정된 군사행위는 다른 주권적 회원국가에 의한 주권적 회원국가로의 침공을 방어하기 위한 것이었으며, 이라크의 영토로까지 연장되었다. 쿠웨이트의 해방을 위한 결정과 침공의 방어는 국가의 폭넓은 의견의 일치 아래 이뤄졌다.

336 Theo Sommer, Der eitle Traum vom Frieden, *Die Zeit* 18, 28. April 1995, S. 54.

제공자에게 적용되어야 한다. 여기서는 폭탄공격하고 저기서는 아무것도 하지 않으면서 관망하는 것은 수용할 수 없는 전략일 수 있다. 특정한 독재자들과 테러리스트들, 혹은 의도적인 법 위반자 혹은 의도하지 않은 법 위반자라는 결단, 방어능력이 있는 법 위반자와 방어능력이 없는 위반자(예를 들어 원자폭탄의 소유자와 비소유자)라는 결정 등, 이러한 사안을 경제적 혹은 정치적 동기로 인해 법정에 세우는 것은 행동의 신뢰성을 파괴하며, 국제법의 원리적 결핍, 국제법의 불완전성을 보여 준다. 왜냐하면 이 법은 "체제화된 일반의지에서 자신의 현실을 갖는 것이 아니기"(Hom 340) 때문이다.

보다 고차적인 정당성과 주권성은 내부 업무에 대한 폭력적이지 않은 상호적 간섭의 가능성을 포함하고 있는 내용적·실체적 인정의 수행 이후에야 생겨난다. 국가들이 자유로운 국가들로 간주되는 한에서 국가들의 '직접성'의 상호적 부정을 통해 다르지 않음, 즉 **특정한** 정체성이 발생한다. 실제적 보편성은 상호성으로 명시할 수 있으며, 둘 혹은 그 이상의 국가들의 연합, 세계연합의 원초적 형식으로서의 국가들의 가족이 생겨난다. 이와 더불어 보다 고차적인 인정 영역에의 귀속이라는 상호적 속성이 생겨나며, 현대 세계의 국가들은 권리공동체 내지 공동체들을 구성할 수 있다. 상호적 존중은 법적 구성물로서의 정치적 현존재에만 관계하는 것이 아니라 특수자의 실체, 문화적인 것에도 관계한다. 내용적 정체성은 정신적 총체로서의 국가의 토대와 관계하며, 그 원리적 유사성으로 인해 상호존중을 가능하게 하는 헌법의 근본 구조와 관계한다. 여기서 문화의 상대성에 대한 존중이 철저하게 주어지지만, 그때그때의 문화적 정체성에 대한 존중은 공동의 토대의 실체가 손상되지 않는 한에서만 효력이 있다. 여기서 만약 인간의 생명에 대한 존중이나 여성의 동등한 자격과 같은 가치가 보장되지 않을 경우 갈등은 피할 수 없다.

헤겔은 동시에 그런 '보편적 정체성'을 산출하는 것이 얼마나 어려운 일인지 의식했다. 그는 방해물로서 상이한 역사적 형성물과 인륜적 형성물을 거론한다.[337] 또한 특히 종교의 대립에서 오는 문화의 차이를 거론하기도 한다(§331). 문화적 특성의 핵심요소로서의 종교적 관점은 "인정에 속하는 보편적 정체성을 용인하지 않는 보다 고차적 대립을 포함할 수 있다"(§331). 이때 중요한 것은 "본질적으로 양 국가의 내용이며, 이때 국가들은 대립 상태로 오래가지 못한다는 것이 세상의 이치이다. (……) 한편으로 내용은 한갓 형식적인 인정을 방해하며, 다른 한편 사람들은 그것이 필요하지 않다 하더라도 인정의 형식적인 측면에 스스로 국한될 수 있다"(Ho 834). 현대 국가는 헤겔에게서 보편적 법(/권리)토대와 문화적 독특성과 다양성 등의 혼합물로 간주된다. 상이한 나라들, 인종들, 문화들이 하나의 국가(정치체)를 형성할 경우 '**혼합**'(오늘날은 '통합'이라 부른다)하는데 수백 년이 걸릴 수 있다(Wan 247).

8.2 특수한 국가의 세계시민적 공동체—헤겔의 지양된 칸트주의

우선 헤겔이 칸트에 의해 결정적으로 입안된, 민족적·원자적 계약주의로부터 세계시민적·보편주의적 사유양식으로의 패러다임의 변경을 수용한다는 사실이 부각되어야 한다. 헤겔이 수용하는 칸트의 사상은 "인간과 국가가 서로 외적인 관계에 서 있으면서도 보편적 인간국가의 시민으로 간주되어야 한다"는 핵심공리에 의지한다.[338] 헤겔의 국가삼분론에도 국가의 이념은 특수한 개별 국가를 위한 보편적 이념으로, '유'로, 타당성의 토대로 재현되며, 이들 국가는 이 원리로부터 생각되어야 한다.

특수한 국가의 이성적인 내적·외적 법질서, 이 국가들의 세계시민적 공동체의 상태에서 헤겔은 (칸트를 이어서) 역사의 목적을 본다.[339] "그런

---

337 '인륜성의 정도' 때문에 인정은 좌초할 수 있다. "이렇듯 유럽인들은 멕시코인과 페루인을 인정하지 않았다"(Hom 339).

338 Kant, *Zum ewigen Frieden*, AA VIII, 349.

339 Siep, *Das Recht als Ziel der Geschichte*, a.a.O., S. 371. "그런데 목적은 현존의 질서로서의 법률적 세계질서이다. 역사의 길은 산재함으로부터 전쟁과 평화 형태의 한갓된 실제적 접촉을 넘어 지상에 법(/권리)을 통한 현실적 통일의 형태로 등장하는 공동의 삶으로 나아간다." Karl Jaspers, *Vom Ursprung und Ziel der*

데 이 목적으로의 길에서 특수한 나라들과 이들의 문화들은 칸트에게서보다 훨씬 더 중요한 의미를 가진다."[340] 법(/권리)적인 것과 문화적인 것의 종합이라는 비전과 관련하여 헤겔은 "그들의 헌정과 그들의 **상태의 전체 넓이**에서 해석되고 현실성을 갖는" 특수한 특정 원리를 말한다(§344). 평화는 국가의 정당성이라는 공동의 원리에서만 성장하는 것이 아니라, 공화제적·민주적 정당성으로부터 비로소 성장한다. 칸트 식으로 말하자면, 국가 간의 이성적 질서를 수립하는 문제는 국가의 헌정체제의 보편적·실체적 정체성의 산출에 의존하며, 그런 정체성이 없을 경우 그 문제는 해결할 수 없다. 헤겔이 대체로 은연중으로만 민족의 연대라는 이념을 입안하기는 하지만, 칸트와의 대결에서 발전시킨 자신의 이론의 핵심 사상은 이 주제를 앞으로 다룰 때 중요한 요점을 제공한다.

a) 내용적·실체적 인정이라는 구상(아주 간단하게만 여기서 소개했다)과 더불어 은연중에 **국가의 아주 오래 지속될 평화질서**의 가능성이 개시된다. 외적 국가법의 두 번째 요소로서 그리고 자연 상태의 극복을 위한 발걸음으로서 헤겔은 국제법을 탐구한다. "**외적 국가법**은 부분적으로 이 실정적 계약법에 기초하며, 그런 한에서 참된 현실과 괴리된 법(/권리)만을 포함하며(§545), 또 부분적으로 국가의 전제된 **인정**을 자신의 보편적 원리로 갖는, 따라서 그렇지 않을 경우 서로 구속력 없는 행동을 제약하여 평화의 가능성을 남기는 국제법에 의존한다"(Enz §547). 국가의 연합은 한갓 형식적 인정과 실체적 인정의 차원을 결합해야 한다. 헤겔의 전쟁에 관한 산문은 자신의 논증 논리와 배치되며, 결국에 따라 잡힌다.[341]

Geschichte, München/Zürich, S. 317.

340 Siep, Das Recht als Ziel der Geschichte, a.a.O., S. 371.

341 §324. 그러나 이에 반해 그의 강의록에는 현대 국가 사이의 전쟁을 거부하는 다음의 문구도 있다. "유럽의 나라들은 자기 입법, 습속, 문화 등의 보편적 원리에 따라 하나의 가족을 형성하며, 이에 따라 국제법적 행동은 그렇지 않을 경우 서로 악을 가하는 일이 지배하게 될 상태에 놓이게 된다"(§339, Z). "왜냐하면 유럽에서 이제 모든 민족은 다른 민족에 의해 제한당하고, 당연히 다른 유럽 나라

헤겔은 전쟁을 내용적으로 법 없음의 상태, 악의 상태로 표시하고, 그의 기본적 관심사는 평화의 가능성의 조건을 형성하는 것이며, 전쟁에 대한 최고의 장벽을 입안하는 것이다. 따라서 그에게 중요한 것은 인간적 세계를 위해 평화를 가능한 한 가장 잘 보증하고 보호하는 것이다. 국내정치를 수단으로 특수성의 영역, 소외된 인류의 영역으로서의 시민사회가 이성적 형태를 필요로 한 것과 마찬가지로, 국가와 연관된 인류가 극단으로 상실된 현실로서의 외적 국가법 역시 이성적 형태를 필요로 한다. 내면에서도 외면에서도 평화 상태가 목표이다.

b) 칸트의 영구평화 이념과 평화를 산출하고 지키기 위한 국가연합(Bund)의 이념에 대한 헤겔의 입장은 상이한 측면을 포괄한다. 이 연합은 '국가들의 **동의**'를 전제해야 하며, 따라서 국가들의 자의에 기초한다(§333). 헤겔은 연합의 활동에서, 또는 "국가들 사이의 심판과 중재자"(§333)로서의 초국가적 법정의 활동에서 **상대성**과 **우연성**이 작동한다는 사실을 지적한다. 여기서 차이는 자연 상태에서 이성 상태로의 이행의 필연성, 즉 만인에 대한 만인의 투쟁의 극복 필요성의 관점에서가 아니라 국가들의 **통일된 의지**의 형태라는 양식에서 존립한다. 여기서는 칸트가 인정한 국가에 대한 상응하는 권력이 결여되어 있다. 민족연합은 부정적 대용물로 간주된다. 그런 연합은 『법철학』에서 거부되는 것이 아니라 칸트를 이어받아 그 가능성의 한계만이 거론된다. 민주주의가 자신의 자기지양이라는 극단적 가능성을 자기 자신 안에 간직하고 있듯이, 국가연합도 독재나 전쟁의 형식으로 등장하는 붕괴로부터 완전히 보호될 수는 없다. 경고는 '영원한'이라는 형용사에만 관계가 있으며, 특히 무한한

와의 어떤 전쟁도 시작해서는 안 된다"(Ästh 15, 353). 또한 『법철학』에서 희생의 수사학은 강의노트에 다르게 기록되어 있다. "개체가 있을 수밖에 없고 또 가족의 복지가 희생될 수밖에 없는 곳에서 국가는 어떤 보증도 하고자 해서는 안 된다. 그런 비극적 덕은 아주 잘 정비된 국가에서 불필요할 수밖에 없다"(Wan 229). "국가는 한갓 자신의 영예를 위해, 신에게만 영광을 바친다고 개인의 희생을 요청할 수 없다"(Hom 338).

접근이라는 결핍된 사유양식, 여기서는 강력한 귀납추론 때문에 사용이 금지된 사유양식에 관계한다. 그 결과는 가상 내지 '환영'일 뿐이다. 그러나 다음의 사실 역시 타당하다. 민주주의에서 모호함이 가장 적게 지배하듯이 **자유로운 국가의 연방(연합)체**는 지속적인 평화 유지를 위한 최선의 기회를 제공한다. 또한 한갓 형식적일 뿐인 어떤 국가도 이 연합체에 들어올 수 있는 가능성은 없다. 구성원이 되기 위한 필연적 조건은 수행된 내용적·실체적 인정이다. 이 연합체를 점차 전 지구상으로 확대해가는 것이 목표이어야 한다.

c) 칸트와 달리 헤겔은 (이미 설명했듯이) 예외상황, 비상상황에서 최종적 수단으로서 폭력적 간섭권을 배제하지 않는다. 내적 국가법에서와 유사하게 국가 간의 법에서도 특이한 긴급상황은 간섭권을 '저항권'으로 정당화할 수 있다. 하지만 이 간섭권이 '두 번째 강제'로서 그리고 비례적으로 간주할 수 있을 경우에만 그것은 국제법적으로 인정된 구조(예컨대 유엔)에 의해 승인될 수 있다. 이 권리(/법)의 원리는 권리 정립과 권리 관철을 포함해야 하며, 한갓 도덕적인, 경제적인 혹은 외교적인 압력은 불충분한 것으로 머문다. 이는 마치 국가 내부의 문제에서 참주가 한갓 격리와 멸시로 처벌될 수 없는 것과 마찬가지다. 긴급권(/위급권)에 대한 헤겔의 이해에서 칸트와는 분명히 다르게, 만약 인간의 기본권이 무차별하게 침해당하고, 다른 국가의 존립이 막대하게 위협을 받는 한에서 참주살해도, 극단적 참주국가에 대한 간섭도 정당화된다(오늘날 그 가능근거로 대량살상, 세계평화에 대한 명백한 위협 등을 들 수 있다).

d) 칸트에 의해서처럼 헤겔에 의해서도 '하나의 세계국가'의 이념은 부정적으로 평가된다. 이것은 국가의 주권성의 제거와 국가 개념에 내재한 특수성의 제거를 함축하는데, 이는 논리적으로 허용되지 않는다. 그리고 이것은 특수자를 아주 심각하게 무화하게 되고, 따라서 문화의 다양성과 그 모든 독특성을 충분히 고려할 수 없게 하며, 특수자의 힘과 창조성을 평이하게 만들고 말 것이다. 또한 이 보편국가는 자신의 자기지양을, 예컨대 세계독재를 원리적으로 막을 수 없을 것이다. 따라서 국제

적 '권력분립' 체계는 다양한 국가 사이의, 혹은 연방체 사이의 힘의 분할이라는 의미에서 선호될 것이다.

e) 또한 헤겔은 국가연합을 가족 이미지를 사용하여 설명함으로써 이 연합을 한갓 계약적 결합으로 이해하는 것이 아니라 유사한 문화적 형태를 가진 국가의 공동체로 이해한다. 이것은 인문적인 것의 규정과 관련하여 일치로, 보편주의적 최소 합의로, 그리고 이에 기초한 특수성의 존중으로 표현된다. 헤겔의 체계 건축물에서 '마지막' 역사적 국가들(자유국가들) 사이의 실체적 인정을 해명하면서 외적 국가법에서 세계사로의 이행이 이뤄지는데, b) 단계에서 c) 단계로 나아가며, 다시 세계시민법으로 나아간다. 국제적인 국가공동체에 대한 헤겔의 구상은 이로써 결국 계약이론의 한계를 넘어간다. 개별 국가가 보편적 인정됨의 지위를 획득하는 한 이들 국가는 보편자와 관계있는 특수자, 국가의 보편적 이념과 관계있는 특수자로 드러난다. 이들의 최종적 인정은 보다 높은 인정 영역에 귀속됨으로써 도달하며, 특수한 국가는 '보편적 인간국가의 시민'으로 이해되어야 한다. 선택지의 결정적 변화를 자기 안에 포함하고 있는 이 위치로부터 상호국가라는 사유는 시작한다. 즉 사유의 출발점은 파편적인 개별 국가와 이들의 계약이 아니라 세계맥락으로서의, 세계사로서의 국가이다. 국가들은 특수한 국가들로서, 나라들로서, 민족정신으로서, 세계공동체의 계기로서, 보편적 정신인 세계정신의 특수자로서 존재한다. 여기서 헤겔이 말하는 보편주의, 세계시민주의, 세계시민적 의도 등의 핵심 사상이 놓여 있다.

'외적 국가법' 부분의 해석은 여기서 **상호국가성**이 **상호주관성**의 형식으로 등장한다는 사실을 개시할 수 있다. 여기서 상호주관성은 『법철학』의 전체 사유도정을 근본적으로 각인하고 있으며, **인정** 사상이 이 저작의 암호를 이루고 있다. 인정 사상은, 『엔치클로페디』가 보여 주고 있듯이, 자유의지 개념에 이미 기록되어 있다. 따라서 §5에서 §7에 인정 사상은 이미 현재하고 있으며, 자유의지의 규정 단계를 계속 따라간다. 즉 인격체로서의 행위자의 인정과 상호인격체성의 인정으로부터 도덕법과 인륜법에서 나타나는 상이한 유형의 대칭적·비대칭적 인정 유형을 거쳐 공민과 세계시민으로서의 인정에 이르기까지 그 단계는 상승해 간다.

9. 세계시민법과 인륜적 이념의 보편적-전 지구적 현실. '자유 개념의 발전'으로서의 세계사

세계사는 세계법정이다.
—실러, 「체념」

세계는 바다에 비유된다.
인류는 굴곡진 만을 가로질러 항해해 가는 배에 비유된다.
우리의 영민함은 돛이며, 예술과 학문은 키로 봉사하며,
행운과 불운은 호의적인 혹은 불쾌한 바람으로 봉사한다.
판단은 조타기다. 조타기 없는 항해는 파도 위에 떠 있는 놀이공이다.
—올리버 골드스미스, 「세계시민」

§259에서 이미 세계사는 **국가 이념의 세 번째 계기**로 규정하며, 국가의 **보편적** 이념으로, '세계사의 과정에서 자신의 현실을 부여받은' 정신으로, 세 추론 체계로서의 국가에 내재한 결론으로, 이 전체 결합에서 최종 형태로 규정된다. 세계사로 이행하는 『법철학』의 구절은 법철학의 한갓 부록으로 이해할 수 없으며, 주 텍스트에 그저 붙어 있는 부가물일 수 없다.[342] 역사성은 국가를 개념적으로 사유하는 데 있어 반드시 필요한 요

---

342 세계사의 철학은 "철학적 국가학의 테두리 내에" 있으며, 헤겔에게서 "세계사가 국가의 역사로, 국가가 유기체로 이해되는 정도만큼은 학으로, 이론적 인식으로 가능하다. 국가가 '의지의 산물'인 한에서 목적론적 이념은 국가라는 조직체에 구성적이다. 즉 목적론적 이념은 국가에 대한 한갓 인식근거가 아니라 실존근거

소로 드러나며, 그 주제는 역사적·현실적 구성체에 내재한 자유 개념이다. §259를 해석하는 가운데 이미 설명했듯이 여기서 결정적인 관점이 변경된다. 말하자면 근본적 사유 유형이 이론적으로 탁월하고 중요하게 변하게 된다. 즉 상호국가성은 더 이상 계약론적으로 정초될 수 없다. 상호국가성은 오히려 현대에 근본적으로 세계시민, 세계시민법, 세계시민권의 관점으로부터, 즉 헤겔이 세계사의 범주로 파악한 국가의 전체 맥락에서 분석되고 사유되어야 한다. 세계사는 정치적 세계 전체('세계사회')와 이 전체에 내재한 역사적 역학을 개시한다.

이렇듯 『법철학』의 종결부에서 독자들은 탁월한 마지막을 마주하게 되는데, 간스는 이를 탁월하게 다음과 같이 묘사했다. 『법철학』의 **가장 중요한 가치**는 법(/권리)이론이 앞선 학문의 한갓 시작이나 토대가 아니라 이어 나오는 학문으로의 수로이자 갑문이 된다는 사실에 있다. 법(/권리) 사상은 시간 속으로, "역사라는 세계의 흐름 속으로" 오며, 여기서 이 객관정신의 철학은 정점에 이르고, 자신의 '종말(/목적)'[343]에 도달한다. 그리고 여기서 동시에 이 국가 철학이 유한정신의 이론과 절대정신의 이론 사이의 중간적·매개적 기능을 함을 보게 된다. "그런데 이 책의 마지막에 주어진 것은 그 얼마나 엄청난 광경이던가! 사람들은 국가의 높이(이념)로부터 개별적 국가를 보게 된다. 이는 마치 여러 작은 강들이 역사라는 세계 바다로 돌진하는 것과 같다. 그리고 역사 발전의 짧은 윤곽만으로도 이 토대에 속한 보다 중요한 관심사를 예감할 수 있다."[344] 역사철학은 의심의 여지없이 헤겔 실천철학의 내적 구성요소로 간주할 수 있으며, 나아가 그의 실천철학의 왕관으로, 이 실천철학의 본래적 토대로 간주할 수 있다. 여기서 '세계시민화'라는 요소는 일관성을 얻게 된다. 역사의 "근본 대상과 주도적 원리"는 정신이며, 그것도 "자신의 본질

이다"(Wolff, *Hegels staatstheoretischer Organizismus*, a.a.O., S. 164).

343 이 '종말'(/목적, Ende)은 여기서 실러나 헤겔의 의미에서 사용된다. 어떤 종말인지에 대해 우리는 세계사를 연구한다.

344 Gans, *Vorrede*, a.a.O., S. 5f.

에 따라, 즉 자유 개념에 따라" 존재하는 정신이다. 세계사는 "자유 의식을 자신의 내용으로 갖는 원리의 발전 단계"를 서술한다.[345]

이어지는 해석의 노력은『법철학』끝에 나온 이 '짧은 윤곽'에 국한될 것이며, 부분적으로는『엔치클로페디』, 법철학 강의노트들, 그리고『역사철학강의』의 중요한 부분을 끌어올 것이다. 앞에 언급한 처음 두 자료에서 세계사의 개념은 압축된 형식으로 등장한다. 베를린 시기(1818~31년) 헤겔은 세계사에 대한 자신의 이해를 다섯 차례의 강의로 청중에게 제공했다. 1822~23년부터 이 강의는 2년의 간격을 두고 겨울학기에 진행되었는데, 매번 강의를 손질했더랬다. 이 강의는 직접 출판을 위해 기획된 것은 아니지만(1830년에야 비로소 헤겔은 출판을 계획한다) 헤겔은 서론도, 그리고 상이한 판본과 강의노트 모음집, 그리고 헤겔의 보충작업 등도 엄청난 반향을 불러일으켰다. 그 텍스트는 진실로 정신적 도발이었고, '용의 이빨'(분쟁)의 핵심 계기가 되었다. 이 분쟁을 근절하기 위해 헤겔의 청년기 친구인 셸링이 베를린으로 초빙되었다. 셸링은『신화철학』과『계시철학』, 그리고『제2철학』등의 베를린 강의에서 헤겔에 대립하면서 등장하지만, 헤겔 사유에 대한 심오한 근거 없이 그리하며(K. Rosenkranz), 셸링의 베를린 등장은 "의지와 반대로 헤겔에게 명예로운 기념비가 되었고"(Varnhagen von Ense),[346] '그 용'의 불은 분명히 더 강해졌다. (숙고한 체계 건축술적인 중간 위치로 인해) 역사철학에 대해 포괄적으로만 해명할 것이며, 여기서 그 테두리를 폭파하게 될 것이다. 따라서

---

345 PhilG 12, 76f.

346 Varnhagen von Ense, *Tagebücher*, zit. nach Tilliette, Xavier, *Schelling im Spiegel seiner Zeitgenossen*, Torino 1974~81, S. 549, 436f. 뵈메주의자인 철학자 프란츠 토마스 브라트라네크에 따르면, (그는 베를린에서 셸링을 방문한 적이 있다) 아이러니는 베를린의 셸링의 특징인 것 같다. 즉 그는 "이제 셸링이 갑자기 자기는 베를린 사람들에게 자신의 계시철학으로 최선의 것을 다했다고 말한다 해도 결코 놀랍지 않을 것"이라고 한다. 브라트라네크가 무명의 인사에게 1843년 12월 2일에 보낸 편지. 프라하 PNP 문서보관소, I. J. Hanus-Nachlass, Transskription von Jaromir Louzil.

이 구상의 기본 뼈대만이 스케치될 것이며, 거대한 대륙에 대한 간단한 지도만이 제작될 것이다.

어쨌거나 간스는 제1판 서문에서 이 역사철학이 어떤 공격을 가하고 논쟁점을 가져올 것인지, 어떤 신비화나 오해 그리고 악마화 과정이 있을 것인지를 분명하게 예견했다. 즉 "외견상 변화무쌍한 자의라는 토대에 기초한, 그리고 그런 불안정하고 불을 뿜어대는 화산 위에 있는" 역사에서 "규칙, 사상, 신적인 것, 영원한 것 등을 발견하려는 모든 시도는 부가된 궤변, 선험적 구성물의 비누거품, 혹은 상상력의 놀이 등에 불과한 것으로 간주할 것이다." 이 모든 선언은 오늘날까지 유지되고 있다. 비록 간스가 경험에 대한 존중과 "모든 역사적인 것을 형식적 틀에 집어넣는 것"[347]에 대한 회피를 이 역사철학의 주된 공헌이라고 열거함에도 불구하고 말이다. 오늘날 지배적인 것은 이 역사철학에 대한 비웃음인 것 같다. 이성, 진리 그리고 전체성 등과 같은 이념은 '거대서사' 등과 마찬가지로 사양화되고 있다. 파리의 다리 수와 완두콩의 수를 계산하는 역사실증주의자들은 헤겔에게서 기원하는 역사성의 이론적 내용을 경멸하였고 또 경멸한다. 역사성에 대한 이런 구상은 시대에 뒤진 것으로 제시되는데, 사실 그들은 이런 구상의 지적인 내용을 철저히 경시한다. '전체로 진행해 감'이라는 의미에서의 인간적 사건에 대한 사유가 벽에 핀 작은 꽃의 좋은 삶과 별로 상관이 없다. 하지만 여기 이 저작의 거의 끝부분에서 다시 한 번 니체를 마주하게 된다. 즉 헤겔과 특히 그의 역사 개념은 우리 시대에 대개 추월되거나 극복된 것으로, 유행하지 않는 것으로, 최신의 것이 아닌 것으로, 경향적이지 않은 것으로, 말하자면 시대에 뒤진 것으로 간주된다. 그리고 바로 이러한 의미에서 이런 시대착오성이

---

347   이에 대해서는 다음을 보라. Klaus Vieweg, Gegen eine 'in Puncte zersprungene Geschichte'. Zur Debatte um das Verständnis des Historischen in den "Jahrbüchern für wissenschaftliche Kritik" (1827-1832), *Die Jahrbücher für wissenschaftliche Kritik*, *Hegels Berliner Gegenakademie*, hg. v. Christoph Jamme, Stuttgart 1994.

지지되고 있다. 참으로 시대착오적인 것은 "시대에 대항하고, 이를 통해 시대에, 그리고 다가오는 시대를 위한다는 희망으로 영향을 끼치는 것이다."[348]

'전체 저작의 기본 계기'로서의, 그리고 이 저작의 '유일한 재료'로서의 자유는 실천적인 것(객관정신)의 최고 형식인 역사철학의 테두리 내에서 개념적으로 사유할 수 있다. '세계라는 무대'에서 정신은 "자신의 가장 구체적인 현실"[349]에 거하며, 그 속에서 정신을 두드러지게 하는 자신의 특성을 갖는다. 역사에 대한 헤겔의 기본 공리는 **자유 개념의 발전**이다.[350] §5에서 §7에 이르는 화강암처럼 단단한 초석에서 시작한 사유 건축물의 순환은 자유의지의 요체인 세계사라는 이 마무리돌에서, 세계 공민의 자유에서, 자유의식의 성장에서 종결된다. "그런데 이렇듯 한 철학의 출발은 그 철학의 출구이다."[351] 국가 이념과 법(/권리)과 자유 이념에 대한 상세한 서술은 정점에 이르게 되는데, 이 정점은 동시에 절대정신, 즉 예술과 종교와 철학적 학으로의 체계적 다리를 구축한다. "이념에서 구별은 배타적으로 정립되는 것이 아니라 이 구별은 하나와 타자의 이러한 자기결합 속에서만 존재한다."[352] '역사라는 세계바다로의 돌진'과 더불어 특수한 국가는 다시 결합된 것으로 이해할 수 있으며, 극단으로 갈리고 찢긴 인류의 현실은 지양되고, 내적 국가법과 외적 국가법은 통일로 사유되고, 특수한 국가들은 그들 사이의 연관에서 사유된다. 이와 더불어 보다 고차적인 법(/권리), 즉 참으로 **보편적인 법**인 세계시민법, 세계정신의 법이 생겨난다. 헤겔의 술어로 말하자면 우리는 이 마지막 장에서 세계라는 인류의 현실, 인류적 이념의 보편적·전 지구적 현실

---

348 Friedrich Nietzsche, *Unzeitgemässe Betrachtungen, Zweites Stück*, a.a.O., S. 207, 210.

349 PhilG 12, 75, 29.

350 Ebd., 540.

351 Hegel, *Aphorismen aus Hegels Wastebook*, a.a.O., S. 550.

352 PhRel 17, 228. 오성만이 사유규정을 단적으로 '서로 분리된 것'으로 본다.

과 마주하는데, 이는 역사적·구체적 자유의 형식으로 나타난 국가의 이념이고, "세계사의 과정에서 자신의 현실을 부여받은"(§259) **보편적** 정신이다. 자신의 특수성을 가진 개별 국가는 보편성을 통해 결합되며(B-A-E), 보편자는 중심, 즉 필연성의 추론이라는 논리적 구조로 진입한다. 이 필연성의 추론을 전개함에 있어 모든 추론의 요소는 중심과 극단으로 되며, 따라서 세 추론 체계, 여기서는 국가 일반의 이념 체계를 위한 조건이 충족된다(§259).

이것은 아주 강력한 상대주의의 다양한 유희를 위해 보편주의적·세계시민적 사유와 단절한 시대에 대한 강력한 주장으로 현상한다. 보편주의와 세계시민적 사유에 대한 전반적 의심은 '보편자의 테러'라는 말로 집약된다. 사람들은 대개 보편자 없는 특수자, 무한성 없는 유한성, 통일성 없는 다양성을 생각할 수 있듯이 행하는데, 이는 명백히 '특수자의 테러'로 나갈 수밖에 없는 논리적 추태이다. 헤겔에 따르면, 세계사와 세계시민법은 인종적 혹은 문화적 특수성으로서만 사유되어서는 안 되고, 모든 인종적·문화적 특수성이나 한계를 포괄하는 보편성으로서 사유되어야 한다.[353] 헤겔은 삼각추론의 토대 위에서 일방적인, 그리고 논리적으로 불충분한 입장을 피하는 데 성공한다. 즉 보편자의 테러도 특수자의 테러도, 그리고 '공허한 세계시민주의'[354]도 문화적·인종적 상대주의도 피한다. '구체적 국가 삶'에 마주한 세계시민주의라는 첫 번째 항은 문화와 인종의 특수성을 무시하고 부정하는 추상적인 오성의 보편성에 머무른다. 내직 국가법과 관련하여 이 공허한 애국주의는 **형식적·추상적 애국주의**라는 술어로 서술할 수 있으며, 세계시민법과 관련해서는 **형식적·추상적 보편주의**(공허한 세계시민주의)라는 표기가 적절해 보인다. 반대로 문화적·인종적 상대주의, 논리적으로 말하자면 오성의 추상적 보

---

353 Hans Friedrich Fulda, Geschichte, Weltgeist und Weltgeschichte bei Hegel, *Annalen der internationalen Gesellschaft für dialektische Philosophie Societas Hegeliana II*, Köln 1986, S. 70.

354 §209.

편성은 두 가지 양식으로 등장한다. 하나는 문화적으로 혹은 종교적으로 형성된 '중심주의' 형태(예, 유럽중심주의)로 나타나고, 다른 하나는 어떤 일반성이나 보편성도 거부하는 형태(총체적 문화상대주의)로 나타난다.[355] 첫 번째 형태는 **하나의** 특수성을 절대화하고, 두 번째 형태는 **다수의** 특수성을 절대화한다. 헤겔의 구상에서 보편성과 특수성은 사변적 통일 속에서 사유할 수 있으며, 두 계기는 자신의 일면성에서 벗어나며, **상호국가적인 것**은 **상호문화적인 것**과 결합된다(내용적·실체적 인정). 이렇듯 세계시민성의 정치적·제도적 차원과 문화적 차원은 결합할 수 있다. 세상이라는 위대한 극장, 인류의 드라마는 다양한 형태를 한 **하나의** 무대, 즉 이 땅이라는 무대 위에서 상연되며, **하나의** 행위자는 다양한 주체와 이들의 역할 형태로 공연한다. 이 한 행위자는 곧 **하나의** 유로서의 인간이다. 다양성 속에서의 이러한 통일성은 '세계의 정신'(세계정신)의 범주로 표현된다. 실천적 우주(Universum)는 동시에 다중우주(Pluriversum)으로도 사유되어야 한다. 여기서도 역시 동일성과 비동일성의 동일성이 나타나며, 서로 실질적으로 인정하는 다양한 국가의 맥락으로서의 세계사회가 등장한다. 참된 상호문화성으로서의 참된 보편성(Universalität)은 어떤 상호문화적 행위에서도 타자에 대한 상호적 존중을 전제하는데, 이때 이 타자는 자유의지를 가진 주체로 간주된다. 여기에서 헤겔 자유철학의 핵심내용이 현재한다.

9.1 세계사와 세계정신

세계사에 대한 이 '짧은 윤곽'을 탐구하는 데 있어 편견, 천편일률 혹은 전설은 큰 방해가 된다.[356] 이 단락들의 핵심 계기를 탈신비화하는 것

---

355 이에 대해서는 다음을 참고하라. Wolfgang Welsch, Alte und neue Gemeinsamkeiten der Menschen, *Universalismus*, hg. v. Klaus Vieweg, a.a.O.

356 특히 헤겔의 세계정신 개념에 대해서는 형언할 수 없는 조소와 비아냥거림이 판을 친다. 여기서는 그저 한 예만을 들고자 한다. 이것은 대개 사태에 대한 완전한 무지나 **정신**과 **세계**라는 범주의 내용에 대한 무시에 기초한다. 사람들은 세

이 우선 전면에 등장해야 한다. 이를 위한 출발로서 §340이 추천된다. 이 절은 다시 눈에 띄는 몇몇 범주를 끌어모으고 있는데, 이들 범주에 대한 고려가 없을 경우 어떤 성공적 주석도 불가능할 것이다. 이를 위해 우리는 §340에서 헤겔 실천철학의 마지막 다리인 c) 세계사 절로의 이행 지점을 보자.

대립적 관계에 서 있는 국가들은 **특수자**로 존재하기 때문에 이 관계에서 가장 활발하게 움직이는 게임은 열정과 이해관계와 목적, 재능과 덕, 폭력, 무법 그리고 악덕 등과 같은 내적 특수성으로 떨어지며, 현상의 가장 큰 차원에서는 외적인 우연성에 떨어지고 만다. 이 게임에서는 인륜적 전체, 국가의 자립성조차도 우연성에 노출된다. 실존하는 개별자로서의 **민족정신**은 자신의 객관적 현실과 자기의식을 자신의 특수성 속에서 갖는데, 바로 이런 특수성으로 인해 **민족정신**이라는 원리는 제한적일 수밖에 없으며, 이들의 상호관계 속에 놓여 있는 이들의 운명과 행위는 이 정신들의 유한성의 변증법을 현상하게 한다. 바로 이 변증법으로부터 무제약자로서의 **보편**정신, 즉 **세계의 정신**이 무제약적인 것으로 산출되며, 이로써 이 정신은 **세계 법정**인 **세계사**에서 특수한 국가에 최고의 법인 자신의 법을 행사하게 된다.

여기서 이미 다루었던 외적 국가법의 논리적 규정이 세계사의 개념 규정과 결합된다. 즉 특수성, 외적 우연성, 실존하는 개별자, 현실, 현상하는 변증법, 보편성 등이 그것이다.

계 위에 부유하는 신적 존재, 세계사를 관통하며 떠도는 유령, 역사의 두더지 등을 시사한다. 혹은 헤겔은 자신이 **세계정신**이 말을 타고 예나를 관통해 가는 것을 보았다고 말한다. 헤겔이 나폴레옹을 보고서 위대한 인간이라는 의미에서 **세계 영혼**이라고 묘사했는데, 이러한 사실은 대개의 경우 '간과된다.' Hegel, Brief an F. I. Niethammer vom 13. Oktober 1806, *Briefe von und an Hegel* (Bd. 1), hg. v. Johannes Hoffmeister, Hamburg 1969, S. 120.

a) §340 첫 부분에 외적 국가법의 핵심 내용이 요약되어 있다. 인륜의 찢어진, 낯선 현실이 게임 형태로 표현되고 있는데, 이 게임에서 인륜적 전체, 국가의 자립성은 우연성에 노출되어 있다. 우선 단수로 쓰인 '국가' 내지 '인륜적 전체'라는 용법은 중요하다. 특수한 국가의 형식으로 존재하는 이 인륜적 전체는 역사적 도박과 우연에 내맡겨진 것처럼 보인다. 그것은 예컨대 상이한 이해관계, 재능과 덕, 폭력, 무법 그리고 전쟁 등에 노출되어 있다. "전쟁은 이 관계에서 우연이며, 자립성이 우연적인 것이 되게 하는 계기이다"(Rin 198). 현실을 우선 의식에 제공하는 형태인 이 세계게임, 세계행정은 종종 현실과 혼동된다(Enz §145, Z). 그럼에도 불구하고 중요한 것은 다만 현실의 일방적 형식이며, 타자로의 반성과 한갓 가능성으로서의 현실, 즉 있을 수도 그렇지 않을 수도 있는, 이렇게 있을 수도 저렇게 있을 수도 있는 어떤 것(Etwas)일 뿐이다. 헤겔이 시사한 바에 따르면, 실천 영역에서 의지의 우연성에, 자의에 머물러서는 안 된다. 왜냐하면 그렇게 함으로써 다만 행위의 한갓 가능성 영역만이 서술되며, 한계 없는 다양성으로서의 이 '가능성의 왕국'은 부정을 자기 안에 갖는다(WdL 6, 203). 그럼에도 불구하고 의지와 연관 속에 있는 "우연성에 부여된 존엄"(Enz §145, Z), 우연성의 형식으로 등장한 의지인 자의의 존엄(§15)은 생겨나지 않을 수 없다.

어쨌거나 이 자의는 국가 상호간의 법의 영역에서 활동하며, 국가의 자유를 위해 필연적이지만 일방적이고 충분하지 않은 조건이다. 상이한 자립적 국가의 의지와 행위의 내용은 국가의 특수한 안녕에 방향을 맞춤으로써 생겨나며, 이렇듯이 소여된, 우연적인 혹은 외부 환경에 제약된 내용일 수 있다. 가능성의 왕국으로부터 선택이 일어나며, 이것은 결코 자기규정을 획득하는 데 충분하지 않다. 주권자들은 서로 갈등할 수 있고, 나아가 서로를 무화할 수 있다. 우연은 법(/권리)의 형태(Enz §145, Z) 속에서도 엄청난 역할을 하며, 단적으로 제거할 수 없다. 자의는 —— 이미 여러 번 강조했듯이 —— 자유의지의 필연적 계기로 사유되어야 한다. 우연적인 것은, 시민사회의 형성과 유사하게, 개념적으로 파악할 수 있고, 이성적 형태를 가질 수 있으며, 제어하고 '순화'할 수 있다. "우연의 가상 아래에 은폐된 필연성은 발견할 수 있다"(Enz §145, Z).

b) 먼저, 특수한 개별적 국가의 행동과 동등한 주권을 가진 모든 국가의 행동 사이에 서로 무관심함(Gleichgültigkeit)*의 관계 형태로 아직 매개되지 않은 대립이 드러난다. '게임'이라는 말을 해명하기 위해 『정신현상학』을 잠깐 볼 필요가 있다. 개별성의 게임은 개별성의, 즉 실존하는 국가의 게임으로 드러난다. 이로부터 새로운 형식의 우연성과 현실이 등장한다. 즉 세상의 이치는 국제적인 힘 관계의 게임이라는 형태로 등장한다. 국제적인 것의 특수한 형식은 추상적 보편성을 위한 파편화 작용 혹은 행동 작용의 결과일 수 있다. 국가의 아직 특수화되지 않은 하나로서의 내면, '형태 없는 존재'는 많은 자립적 국가의 '외면에', 이들의 '멈춤 없는 현상'과 '근거 없는 다양성'에 대립해 서 있다(WdL 6, 186). 한갓 한 방향으로 목표를 설정하는 것은 다른 방향을 놓치며, 실존하는 개별적 국가는 이 단계에서 자기 자신과 타자를 기만하게 될 것이다. 실체없는 이윤과 손실 게임이 세계의 이러한 이치를 특징짓고 있으며, 이기적인, 하지만 자기가 없는 국가들은 자신의 참된 주권성을 결하고 있다. 왜냐하면 이들은 자신의 고유한 본질을 충분하게 인식할 수 없으며, 따라서 스스로에게 참된 이성적 법칙을 부여할 수 없기 때문이다. 이들의 활동은 하나의 행동이기는 하지만, 아직 자유로운 행위로 간주할 수는 없다.

주권성과 자기규정이란 사념된 난점을 극복하기 위해서는 개념적 사유를 통해서만 이뤄질 수 있으며, 내적 국가법의 한계 및 추상적 보편자의 일면성도, 고립된 특수성, 예컨대 파편적 국가의 한계도 인식되어야 한다. 추상적 현실과 반성된 현실, 내적인 것과 외적인 것, 대자존재와 대타존재 등, 결핍된 이 두 현실은 통일체로 사유되어야 하며, 국가는 세계를 자기 것으로, 모든 국가의 현실이자 성좌로 알아야 한다. 이로부

---

* 동등하게 타당함은 곧 무차별적임, 무관심함이라는 의미임을 강조한 것이다.

터 보다 고귀한 방식의 보편자, 보다 높은 단계의 현실, 즉 **"전개된 현실"**
(Enz §147)이 성장한다.

c) 현실적인 것의 구성체로서의 **작품**(Werke, 일)은 헤겔의 철학적 행위
이론에서, 그의 역사철학, 예술철학 그리고 종교철학에서 엄청난 중요성
을 갖는다.[357] **행동과 행위를 통한 개인적인 것-주관적인 것의 객체화**라고
하는 따라가기 어려운 발걸음이 수행되는데, 이를 객관정신이라고 표시
한다. **세계 그리고 역사는 우선 게임(/유희)하는 주관적 개별성의 작품**으
로, 작품 **창조자**의 창조행동의 작품으로 간주된다. 물론 그것은 아직 작
품**대가**(Meister)의 행동은 아니다. 역사의 작품(/활동), 특정한 것, 그리고
행동에 의해 자유롭게 방임된, 현존하는, 외적인 현실 등을 경험하는 가
운데 회의론적·유아론적, 아이러니한, 순수 유희적인 주체라는 아킬레
스건이 나타난다.[358] 형식적 자기활동성과 공허한 추상적 보편자의 결함
이 이제 분명하게 드러난다. 이제 보편자는 정립된 규정성, 특수성, 유한
성 등에 대립해 서 있고, 행동이 이 구별을 구성했기 때문에 특수한 국가
가 다른 국가들과, 다른 작품(/활동)과 그리고 다른 개별성과 경쟁할 가
능성이 주어진다. 그러나 그것은 양자의 실체적 가치평가의 가능성이 아
니며, 타당성 질문에 대한 답은 결코 아니다. 여기에는 작품을 판단하기
위한 척도가 결여되어 있으며, 국가들은 자기 자신만 판단할 수 있을 뿐
인데, 이는 하나의 역설에 다름 아니다. 특수한 국가 혹은 국가연합은 결
코 절대적인 자기정당성을 실현할 수 없다.

창조된 세계에서 개별 국가의 실재는 완료된 것으로 서술되는 것이
아니라 언제든 사라지는 것으로 서술된다. 국가는 자신의 공허한 개념
과 실재의 부적합성을 경험하며, 자기 자신의 참된 모습이 되며, 자기 자
신에 대한 자신의 공허한 개념은 사라져야 한다(PhG 3, 301f.). 그 자체

---

357 Klaus Vieweg, *Das geistige Tierreich oder das schlaue Füchslein*, a.a.O. 곧이어 나오
     는 상세한 설명은 본질적으로 이 논문의 사유 과정을 따른다.
358 본 연구서에서 「아이러니」에 대한 연구를 참고하라.

로 실재하는 개별성의 진리는 작품의 기본 모순에 놓여 있는데, 이 모순에서 한편으로는 우연성과 자의가 표현되고, 다른 한편으로는 국가라는 작품이 개념에서 사라진 낯선 현실로, 따라서 다시 외적인 세계로 현상한다. 동시에 영속하는 것, 단적으로 타당하거나 참된 것의 본질은 사라짐일 수 없으며, 사라짐은 개별적인 특수한 국가와 함께 사라진다. 이러한 부정의 부정에서, 외적 국가법의 부정에서 다시 사변적 관념론의 가장 내면이 표현되며, 자기관계하는 부정성으로서의 무한성의 사상이 표현된다. 부정성을 이렇게 부정성에 적용함으로써 우리는 헤겔에게 전형적으로 나타나는 상대주의에 대한 반론, 외적 국가법에서 국가의 관계를 절대화하는 것에 대한 반론을 보게 된다. 상대성(/관계성) 논증은 상대성(/관계성) 논증에 대립한다. 이성적 자기의식은 자기 안에서 자신의 과거 작품들로부터 자신을 반성하며, 자신의 개념과 확신이 행동의 우연성에 대한 경험에 **반하여** 존재하고 유지되는 것이라고 주장한다(PhG 3, 303f.).

d) 국가의 행위에 대한 척도 혹은 '재판관'에 대한 질문에 대해 널리 퍼진 일상적 답변은 그런 기준이 현존할 수 없다는 것, (시장에서와 마찬가지로) 특수한 이해관계가 마주치는 이 게임장에서, 이 힘의 충돌 영역에서 어떤 더 나아간 연관, 법칙이 존재하지 않는다는 것, 따라서 '거대서사'는 쓸데없는 것이라는 것이다. 『논리학』, 『엔치클로페디』, 『법철학』 등은 이와는 다른 해결책을 제시한다. 말하자면 헤겔은 극단으로 상실된 찢긴 인륜의 현실로부터, 즉 오성 현실인 합의적·계약적 상호국가성으로부터 이성 현실의 형식으로 나타나는 '발전한 현실'로의 이행, 전면적 의존과 자의의 우글거림으로부터 인륜적 결합으로의 이행, 그리고 국제법[359]으로부터 세계시민법으로의 이행의 논리정연한 추론을 제시한다. 가능성과 현실성은 우연 속에서 하나의 통일이 되며, 그것도 지속적 운

---

359 'ius gentium'(국제법)으로 축소하는 것의 오늘날의 변형태는 프랑크푸르트학파에 널리 퍼진 입장인 '의사소통적 패러다임'인데, 이것은 'consensum gentium'(인민의 합의)과 동일한 결함을 갖는다.

동의 형태로, '두 규정의 생성이라는 절대적 불안'의 형태로 그렇게 된다. 그러나 이들 규정 각자는 다른 규정으로 돌변하며, 이렇게 구성된 동일성은 스스로를 필연성으로 정의한다(WdL 6, 206). 우연성이 현상하는 가운데 은폐된 필연성이 노출될 수 있다. 즉 "발전한 현실은 내적인 것과 외적인 것의 **하나로의** 변화로서, **하나의** 운동으로 통일되는 대립적 운동의 변화로서 필연이다"(Enz §147). 이 현실은 "자신의 외면적인 것에서 자기 자신으로 있으며, 이 외면에서만 존재한다. 말하자면 이 현실은 자기를 자기 자신과 구별하면서 규정하는 운동으로서만 존재한다"(WdL 6, 201). 이것이 곧 필연적인 것과 이성적인 것의 표현으로서의, 외적 국가법과 내적 국가법의 통일로서의 **세계의 역사성**이다. 특수한 국가들은 보편적 이성이 유한한 형식으로 표현된 것이며, 이 이성에 자신의 근거와 심연(/파멸)이 놓여 있다(WdL 6, 186). **보편정신의 현실화**(§342)로서의 세계사의 전체 구조에 대한 무시는 한갓 양적인 판단과 질적 판단에 머문다는 것을 함축하며, 따라서 필연성과 개념의 판단은 허용되지 않는다. 이 논리적 공백은 헤겔에 의해 대규모로 논박된다(Enz §549). 하지만 이런 논리적 근거로부터 국가 행위에 대한 판단과 '심판관'을 사유하는 것은 필수적이다. 추리논리를 되돌아볼 때 국제법은 반성추론에 붙박여 있으며, 최고의 추론인 **필연성의 추론**으로의 이행이 요구된다.

  e) 삼각추론의 마지막 유형인 필연성의 추론에서 보편자(A), 즉 세계사는 중심으로 기능한다. 이 중심에 개별 국가(E)와 이들 국가의 특수한 안녕(B)의 수행이 놓여 있다. 세계연관, 즉 세계시민법은 개별 국가(E)의 주권성의 극단을 국가의 특수한 안녕(B)에 대한 관심과 **결합**하는 중심을 의미한다. 세계시민법은 구체적인 전 지구적 자유의 현실로, 세계공민의 실체적 의지의 현실로 기술할 수 있다. 자유로운 행위자는 여기서 인정의 정점을, 즉 세계의 자유로운 시민임을 경험한다. 세계사에서 자신의 현실을 아주 포괄적으로 갖는 보편정신(§341)은 객관적 보편성으로, 필연성으로 존재하는 이성적인 것의 힘으로 사유되어야 한다. 세계정신에 실천적 우주에서의 최고의 권리(/법)가 부여된다(§340). 세계

공동체의 공동의 관심사는 불가피한 운명이라는 과거의 필연성을 발생시키지 않는다. 피핀은 "헤겔의 정신을 역사 과정에서 한 나라에서 다른 나라로 도약하는 일종의 우주적 혹은 신적 정신으로 실체화하는 이해방식에 동의하기"[360] 전에 주의할 필요가 있다고 강조한다. 세계정신을 "맹목적 운명이라는 추상적이고 비이성적인 필연성"(§342)[361]으로, 국가가 복종해야 하는 강제적·운명적 요청으로 생각해서는 안 된다. 대신 세계연관의 구성은 특수한 국가의 의지에 의지한다(가언추리). "우리는 역사적 시간 위에서 활동하는 실제 행위자가 된다."[362] 슈테켈러-바이트호퍼에 따르면, 문화적 형식, 규범 그리고 판단과 추리의 기준 등에 대한 심층적 판단과 관련하여 이성적인 것은 다음의 주장을 포함한다. 즉 "헤겔에 따르면, 한 이념의 한 가지 (문화적) 발전은 이 발전이 필연적인(notwendig) 경우에만 이성적이다. 그리고 이것은 그 발전이 불가피하다는 것을 의미하는 것이 아니라 궁핍(Not)이나 문제를 전통보다 잘 해결한다는 것을 의미한다."[363] 필연성은 **사태의 개념**으로부터, 의지의 개념으로부터, 행위의 개념으로부터, **자유**의 개념으로부터 주어진다. 이 개념의 '충족'은 자유의 모습을 띤 성공적 행위에 있으며, 여기에 자유의 오류 가능성이 놓여 있다.

동시에 '자기 자신과 관계하는 부정성'으로서의 개별성 안에 보편적 연관의 수행, 세계공동체의 통일의 수행이라는 사상이 숨어 있다. 특수

---

360 Robert Pippin, *Die Verwirklichung der Freiheit. Der Idealismus als Diskurs der Moderne*, Frankfurt/New York 2005, S. 16.

361 헤겔의 필연성 개념을 이해하기 위해서는 이러한 사실을 계산해야 한다. 간단하게는 『엔치클로페디』 §§148~149를 보라. 보다 상세한 설명은 WdL 6, 202~217을 보라.

362 Pippin, *Hegel's Practical Philosophy*, a. a. O., S. 17. 피핀에 따르면, 주체성은 자기정당화로, 즉 "자기 자신의 규범적 토대 혹은 스스로에게 권한을 부여하는 토대로 존재하는 것"으로 이해할 수 있다.

363 Stekeler-Weithofer, Warum ist der Begriff sowohl Urteil als auch Schluss? a. a. O., S. 45.

한 개별적 국가의 행위에 매개가 놓여 있는데, 왜냐하면 이 개별자들은
외적인 상이함에도 불구하고 현대 국가로 생각할 수 있고, 따라서 이러
한 관점에서 실체적으로 **동일한 것**으로 생각할 수 있기 때문이다. 필연
적인 것, 보편적인 것은 이렇듯 중심이 되어야 한다. E—A—B. 이 선언
추론은 필연성의 **사유**가 (이 사유는 단순한 추리나 반성이 아니다) 복종, 운
명적인 것을 해소할 수 있다는 사실을, 그리고 스스로를 해방으로, '타
자 속에서 자신과 함께 감'으로 드러낸다는 사실을 제시할 수 있다. 선언
추론에서 세계시민은 보편자, 특수자, 개별자의 통일로 규정된다. 이 말
은 모든 개별적이고 특수한 인간 행위자는 반드시 우선 세계시민으로 간
주되어야 함을 의미한다. 그리고 이 술어(세계시민)는 논리적 필연적으로
그에게 내재한다. 자기규정된 자로 생각할 수 있는 개별 주체는 독일, 이
탈리아, 브라질 등과 같은 국가의 시민으로 머무르지만, 언제나 필연적
으로 세계의 시민으로 인정되어야 한다. 현대 국가는 세계사회의 계기로
서, 세계시민사회의 개별적이고 특수한 행위자로 조명된다. 이와 더불어
민족(/국민)국가라는 사유 모형은[364] 극복될 수 있다. **세계정신**은 **세계시**
민체로, **세계시민성**으로 이해해도 된다. 그리고 그것은 자신의 대자존재
가 지(/앎)를 구성하는 이성으로, 국가의 다양성과 복수성 속에서 국가
의 전 지구적 전체로 실존하는 보편자로, 그리고 국가 상호간 관계의 구
조로 이해해도 된다. 이성과 이성적 절차에서 획득된 지는 사유할 수 있
기 때문에 세계사는 자유의 의식(지식)에서의 진보로 이해할 수 있다. 이
의식에 도달하는 한, 세계사의 과정은 어떤 명확한 의미에서 논리적으로
끝난 것으로 고찰되어야 한다. 그런 다음 인류적 우주의, 문화적 우주의
형태가 자유의 의식과 더불어 시작된다(역사의 종말을 다루는 장을 참고하
라.) 세계시민체는 이 자기의식 외에, 즉 세계시민적 사유 외에 그에 상
응하는 제도(세계법, 국가연합체, 국제조직 등) 속에서도 표현된다. 이 보편
적·이성적 의지는 자유 개념에서 출발하여 판단, 즉 특수한 국가의 자격

---

364   올리히 벡은 극복되어야 하는 이 패러다임을 '방법론적 민족주의'라고 부른다.

에 대한 판단, 말하자면 일종의 역사적 정의에 대한 판단의 척도를 나타낸다. 이것이 세계법정으로서의 세계사라는 말의 의미이다.

f) 현존하는 개별자로서의 특수한 국가는 자신의 개별적 파편성을 필연적으로 '상호간의 화해'로 가져오지 않을 수 없으며(Rin 197), 국가와 민족정신은 국가의 보편성의 특수한 분화이다. "민족정신의 유한성의 변증법의 출현"(§340)으로부터 엄격하게 (따라서 논리학에 의존한다) 무한자, 보다 고차적인 보편자가 제시되며, 국가의 하나(하나로서의 국가, 이념으로서의 국가)를 자신의 특수한 분화(특수한 국가)와 결합하는 이성적인 것이 제시된다(마지막 매개사로서의 보편성). 보편주의적 세계 개념의 의미는 인종적으로 그리고 문화적으로 결합된 인류의 상대성을 상대화하는 데 그 본질이 있다.[365] 이와 더불어 새로운 법, 즉 최고의 절대적인 법, 세계정신의 법, 절차성과 역동성을 간직한 **이성의 법** 등이 구성된다. 이것이 바로 '이성의 간지(奸智)'로서의 세계사적 정세이다.

g) 자유가 법(/권리)의 내용을 이루고 있는 한, 중요한 것은 자신의 전개 과정에서, 즉 세계사에서 자기 자신에게로, 즉 자기 고유한 것에로 되돌아오는 정신, 따라서 점진적 자유를 획득하는 정신의 **해방**이다. **자유**는 특수한 국가에 대한 판단의 핵심기준으로 드러난다. **보편적 자유**, 즉 **다수 내지 만인의 자유**는 역사의 목표 혹은 최종목적으로 간주되며, 현대 세계는 '역사의 종말'로 여겨진다. "주체의 자유란 주체는 양심을 갖고, 도덕법을 갖는다는 것, 그리고 주체는 자신을 타당하게 만드는 대자적인 보편적 목적을 갖는다는 것, 그리고 주체는 무한한 가치를 갖고, 이런 극단성을 의식하기도 한다는 것 등을 의미한다. 세계정신의 이런 실체적 목적은 모두의 자유를 통해서 도달한다."[366] 종종 헤겔에 대한 공격의 근거가 되는 신비적 실체성은 여기서 완전히 '탈마법화'된다. 정신의 실체

---

365 Fulda, Geschichte, Weltgeist und Weltgeschichte bei Hegel, a.a.O., S. 70f.

366 G. W. F. Hegel, Vorlesungen über die Philosophie der Weltgeschichte 1, Teilband: *Die Vernunft in der Geschichte*, hg. v. Johannes Hoffmeister, Hamburg 1955, S. 64.

적인 것은 자유로 파악되어야 하고, 최고의 그리고 마지막 단계에서 그 것은 '모두의 자유'(Freiheit eines jeden)로 파악되어야 한다. **현대의 세계시민체**로서의 시민체에서 주체는 자유의지와 행위의 최고 형식을 획득한다. '최종 국가'로서의 현대 국가는 "주체성의 원리를 인격적 특수성의 **자립적** 극단으로까지 완수할 수 있게 하는, 그리고 동시에 이 원리를 **실체적 통일로 되돌릴 수** 있는, 그리고 이 원리 속에서 그런 통일을 획득할 수 있는 강력한 힘을 갖는다"(§260). 이로 인해 세계사를 자유의 진보로, '이성적 법질서를 향한 합목적적 발전'으로 이해할 수 있게 된다.[367] 이 보편적 정신, 즉 세계정신, 세계사적 정세는 (이것은 결코 초인간적 심급이 아니다) 국가의 정당성에 대해, 국가의 안녕과 고통에 대해 결정하며, 세계정신은 실천적 우주에서 최고의 심판관 역할이 주어진다. 당연히 이 세계정신은 독자적인 주체가 아니라 자신의 특수한 정세 속에서 '상위의' 원리를 체현한 특수한 민족과 국가 형태를 한 주체이다. "그것(세계정신)은 행위주체에 낯선 것이 아니라 이들 주체의 고유한 본질임을 드러내 주는 그런 힘으로서만"(§147) 인륜적 실체이다. 그러므로 "그것(세계정신)은 인륜적 주체가 스스로 형성한 자기 자신의 법칙에 복종하도록 작용하는 힘이다."[368]

이런 의미에서 헤겔은 실러를 따라서 세계사를 "세계법정"(§340)이라고 말한다. 이성은 여기서 "자신의 세계를 의식하며, 세계를 자신의 것으로 의식한다"(PhG 3, 324). 헤겔은 역사철학을 인간의 현상을 이성의 현상으로 재구성하는 것으로 파악한다. 정신은 현실적인 그리고 작용하는 이성으로, 즉 "스스로를 규정하면서 실현하는 개념 자체로, 말하자면 자유로 파악할 수 있다"(Enz §552). 이 이성적인 것은 자신의 정신 구조에서 출현한다. 그것은 절차적 자기규정성, 스스로를 전개하는 자기관계로서의 자유, 그리고 근거로의 진행으로서의 근거지움(정당화) 등이다. 이

367 Siep, Das Recht als Ziel der Geschichte, a. a. O., S. 364.
368 Fulda, Geschichte, Weltgeist und Weltgeschichte bei Hegel, a. a. O., S. 73.

때 현대는 이 근거(/토대)로 (따라서 단계의 종말로) 드러나며, 보편적 자유를 가능하게 하는 것으로 드러난다. 다시 자유는 헤겔의 사유가 담금질되는 **하나의** 금속으로 드러난다.

h) 현실의 이념에서 (직접적으로 현존하는 것의 공동의 현실이 아니라) 헤겔은 아리스토텔레스 철학의 원리를 본다. 이념은 본질적으로 에네르게이아, 내적인 것과 외적인 것의 통일, "강조된 말의 의미에서의"(Enz §142, Z) 현실이다. 보편적 정신의 현존의 요소는 "**세계사에서 내면성과 외면성의 전 영역에서 등장하는 정신적 현실**"이다. 반대로 예술에서는 직관과 상(이미지)이, 종교에서는 감정과 표상이, 철학에서는 순수한, 자유로운 사상이 현존의 요소이다(§341). 이 위치에는 두 관점이 결합되어 있다. 하나는 정신의 모든 계기를 자신의 구체적 현실에서 포괄하는 세계사에 대한 강조이다. 절대정신의 형태들 —— 즉 예술과 종교와 철학 —— 은 근본적으로 역사의 이해를 위해 존립한다. 우리는 어떠한 경우에도 보편적 정신의 현존과 관계하며, 이 현존의 요소, 매체, 표현형식 등과의 관계에서만 차이가 존재한다. 다른 하나는, 객관정신과 절대정신의 차이에 대해 주목하게 한다. 보편정신은 즉자대자적으로 이성이며, 세계사는 대자존재로 있는 **지식**이고, 따라서 자유 개념으로부터 주어진 이성의 **계기들**(개별성, 특수성 그리고 보편성)의 발전은 **보편적 정신의 표현이자 현실화**로 간주할 수 있다(§342). 이 현실은 이성적인 것으로 이해해도 된다. 이성적이지 않은 것은 현실적이지 않고, 그 역도 성립한다. 여기에 **역사에서의 이성**을 이해하기 위한 출발점, 즉 이성적 의도를 가진 세계사라는 사유를 위한 출발점이 놓여 있다. 이성적인 것의 이러한 형태화, 즉 자유의 내적·외적 형성은 자신의 행운을 스스로 담금질하는 인간의 손에 달려 있다. 세계사는 "작품 마이스터인 인간의 작품으로, 인류의 보편적 노동으로부터 산출된 작품으로"[369] 간주된다. 이러한 실현에

---

[369] "인간은 자기 운명과 사명(/규정)의 주인이다. 그는 자신의 활동을 통해 도덕적 세계의 아름다운 도정을 촉진할 수도, 방해할 수도 있다. 거지에서 왕에 이르는 전

서 인간은 스스로를 인식하고 규정하며, 자신의 위치에 상응하여 자기만의 프로젝트를 기획하며, 자기 자신을 구성하고 '체제화'한다. 헤겔은 이렇듯 맹목적 운명의 추상적·비이성적 필연성이라는 주장과 대립하여 나아가며, 역사적 운명주의에 맞선다. 우리는 세계정신을 "민족정신을 자기 부분으로 통합하는 발전의 한 전체라고 생각할 수 있다. 따라서 여기서 중요한 것은 이 정신을 민족개별자의 변하지 않는 유로 고찰해서는 안 된다는 것이다. 만약 그렇게 고찰할 경우 세계정신은 민족의 운명이라는 전개도 없고 맹목적인 힘으로만 존재하게 될 것이다."[370] 이성적 필연성은 세계사적인 도정의 단계와만 관계한다. 이 도정은 **개별자의 자유에서 특수자의 자유를 거쳐 세계시민의 보편적 자유로, 자유의 역사의 최종 단계로서의 현대로** 나아간다. 국가의 정의와 덕, 무법과 폭력, 죄와 무죄, 그리고 이들의 행운과 불운 등은 "의식적 현실 영역에서 자신의 특정한 의미를" 가지며, "여기서 이들의 판단과, 물론 이들의 불완전한 정의"(§345)를 발견한다. 여기서 절대적 자유는 객관정신의 영역에서, 의지함과 행위의 영역에서, 그리고 **삶의 작업일**(Werktag des Lebens)에는 도달할 수 없다는 사실이 시사된다. 이 자유는 절대정신의 형식(예술과 종교와 철학)을 위해, **삶의 일요일**(Sonntag des Lebens)을 위해 유보된다.[371] 여기서도 아리스토텔레스와 헤겔은 일치하며, 최고의 자유는 이론적 삶에 속하며, 그것의 본질은 **사유의 사유**이다.

9.2 자유의 진보로서의 세계사라는 사유와 '역사의 종말'

예스터데이
(Yesterday)
길고도 험한 길
(The Long And Winding Road)

체 인류는 도덕적 세계의 작품을 만드는 장인이다." Hegel, *Wastebook*, 2, S. 555.

370 Fulda, Geschichte, Weltgeist und Weltgeschichte bei Hegel, a.a.O., S. 73.

371 Hegel, *Einleitung zur Enzyklopädie-Vorlesung*, Bd. 10, S. 412.

A) 이성적 의도

혜겔에게 역사철학은 인간의 사건에 대한 사유하는 통찰에 다름 아니다. 여기서는 역사의 로고스에 대한 서술, 세계사적인 것에 내재한 이성이 문제시된다. 종교적·신학적 시각은 비판되며, 섭리와 신정론 등에 대한 믿음의 소매상들, 그리고 역사를 문학 형식으로, 세계 오디세이아로, 변칙의 희극으로, 임의적인 소설적 역사로 이해하는 것(Enz §549) 등은 비판의 대상이 된다. 비록 혜겔이 자기 강의들의 직관성과 생동성을 위해 다양한 은유를 사용하고 있기는 하지만 말이다(신정론, 신적 비극, 드라마, 극장, 그림, 양탄자 등).[372] 어쨌거나 혜겔은 역사철학을 자의적 구성이라는 의미에서의 선험적 허구로 강등하는 것에 반대한다. 경험 없이, 사실에 대한 인식 없이, 오성 없이 이성은 있을 수 없다. "하지만 우리는 역사를 있는 그대로 취해야 하며, 역사적·경험적으로 진행해 가야 한다."[373] 역사적인 것은 사실에 충실하게 파악되어야 한다. 다만 **충실한, 파악** 등과 같은 보편적 표현에는 애매함과 고유한 문제가 놓여 있다. 역사를 다루는 누구나 수용적으로만 행동하지 않고, '소여된 것에만 붙들려 있지 않다.' "왜냐하면 어떤 저자도 그가 역사를 다루는 한, 역사에서 수동적이지 않기 때문이다. 그는 자신의 범주를 사용하며, 자신의 파악을 가져온다." 그는 그것들과 더불어서, 그것들을 통해서 현존하는 것을 본다.[374] 하나의 조합체계를 이처럼 도입함으로써 철학적인 역사이해의 가능조건이 생겨난다. 혜겔은 세계사의 철학을 이성의 프리즘을 통한 사건의 재구성으로, 지나간 것의 '다시 봄'(Re-Vision)으로 이해한다. 혜겔

---

372 "전기 작품의 관심사는 (……) 보편적 목적과 곧바로 대립해 있는 것처럼 보인다. 그러나 전기 작품은 역사적 세계를 배경으로 하며, 이 배경과 개인은 서로 얽혀 들어간다. 주관적-원본적인 것, 아주 재미있는 것조차도 보편적인 목적의 내용 속에서 이뤄지며, 이를 통해 자신의 관심사를 고양한다"(Enz §549).

373 PhilG 12, 22.

374 Ebd., 23. 이와 관련하여 경험주의에 대한 혜겔의 입장도 보라(Enz §§37~39).

은 다음의 언어유희로 이런 변화규정을 고착시킨다. 즉 "세계를 이성적으로 보는 사람을 세계 역시 이성적으로 본다."[375]

다른 극단적 입장에서는 이른바 '**순수한 개별적 사태**'(Enz §39)의 실존을 주장한다. 그 주장은 상상으로서의 역사에 대항하여 사태물신주의를 가져오는데, 이에 대한 모형은 '날것의 진리'라는 신화에 의존한다. 독일 역사학자 레오폴트 랑케(Leopold Ranke)와 헤겔의 적대자의 신념은 다음과 같다. "어떤 치장도 없는 날것의 진리, 개별적인 것에 대한 철저한 탐구, 그리고 나머지는 모두 안녕!"[376] 헤겔은 자신의 세계사 강의에서 이러한 절차의 핵심을 다음과 같이 분명히 한다. "모든 개별 특징이 공정하고 생동적으로 서술되어야 한다. 자신의 가공으로가 아니라 세심한 충실함으로 과거의 상이 주어져야 한다."[377] 여기서 '충실함-파악'의 애매함이 나타난다. '수많은 다채로운 세밀함', 많은 우연적인 개별성으로의 착종 등을 말하는 이런 양식은 모든 특징을 수집하는 가운데 등장하는 무한한 진행에, 시시포스의 헛된 노동에 비유되며, 결국 연관이나 전체를 볼 수 없는 지경에, 주된 관심사를 인식할 수 없는 지경에 이른다.[378] 정신에서 해방된, 따라서 정신과 상관없이 세밀한 것만 신경 쓰는 학문 풍토와 소매상과 더불어서는 거대한 세계혼란에서 어떤 정신도, 어떤 이성도 획득할 수 없고, 역사적 세계미궁을 빠져나오게 할 수 있는 어떤 붉은 줄도 발견할 수 없다. 따라서 역사는 에피소드와 작은 이야기들로 이뤄진 한갓 분절된 다양한 계열에 머문다. 역사적 사실의 순수성이라는 가정은 말이 되지 않거나 사기이다. 서술, 전달, 이야기 등은 이미 언제나 반성이고 가공이지, **결코 사태 자체가 아니다**. 역사에서 순수한 사실이라고 하는 것만을 보는 사람은 사건을 선택하기 위한 어떤 원리도, 연관의

---

375 G. W. F. Hegel, *Die Philosophie der Geschichte*, *Vorlesungsmitschrift Heimann* (Winter 1830/1831), hg. v. Klaus Vieweg, München 2005, S. 32.

376 Leopold von Ranke, *Zur Kritik neuerer Geschichtsschreiber*, Leipzig/Berlin 1824, S. 28.

377 PhilG 12, 553.

378 Ebd.

기준도 갖지 않으며, 역사를 '분쇄'하여, 정신과 상관없이 파편을 수집하고, 에피소드를 모으며, 주관적 자의와 우연의 왕국으로 이끌어갈 뿐이다. 역사는 정신적으로 반성된 것으로 간주되어야 하며, 정신은 '작곡가'[379]이다. 헤겔의 역사이론은 '한 점에까지 파열된 역사'[380]에 반대하는 자로, 정신의 관점에서 출발하는 사건 해석학의 옹호자로, 그리고 이성의 의도로 역사 파악을 옹호하는 자로 등장한다.

B) 자유에 입각한 의도

삶은 살기 위해 있고, 사는 것은 자유다

(Life Is For Living And Living Is Free)

세계사를 가장 내적으로 붙들고 있는 것, 즉 역사의 실체 혹은 세계문화는 보편적 정신으로서의 정신이다. 이 정신은 자기 자신을 세계로 구성하며, 세계의 역동성을 구성한다. 우리는 세계사에서 이처럼 현실로 존재하는 자유를 목도한다. 그리고 자유는 특정한 규정 속에서 인간을 형성하였는데, 우리는 바로 그 규정 속에 존재하는 자유를 목도한다. 세계사는 우리에게 자신의 구체적 현존 속에 있는 자유가 무엇인지를 우리에게 가르친다.[381] 우리가 정신의 이념과 관계하는 한에서 우리는 현재적인 것과만 관계하며, 정신은 '**지나가는 것이 아니라 그리고 아직 아닌 것이 아니라 본질적으로 지금, 현재이다.**' 정신의 현재 형태는 그 이전의 모든 단계를 자신 안에 품고 있다. 현재적 정신의 삶은 한편으로는 여전히 병렬적으로 존립하고, 다른 한편으로는 지나간 것으로만 현상하는 단계의 순환이다. 정신은 자신이 자기 뒤에 가지는 것처럼 보이는 계기를

---

379 Hegel, *Wastebook*, 2, S. 561.

380 이에 대해서는 다음을 보라. Klaus Vieweg, Gegen eine 'in Puncte zersprungene Geschichte', a.a.O.

381 Hegel, *Die Philosophie der Geschichte* (*Heimann-Mitschrift*), a.a.O., S. 37.

현재의 심연에서도 가지고 있다.[382] 헤겔 역사철학의 주도적 사상은 자유의 역사성이라는 형식에 있으며, 세계정신은 시대의 옷을 입은 이성의 개념적 형식을 표현한다. 따라서 세계사는 자유의식의 진보로 파악할 수 있다. "세계 역사는 정신이 자신의 자유에 대해 아는 것을 서술하는 것이다."[383] 이 인간의 사건은 이러한 근거로부터서만, 자기의식적 자유의 원리에 의해서만 의미 충만하게 구성 내지 이해할 수 있다. '세계사의 전체 업무'는 자유 개념을 의식으로 가져오고 세계로서 현실화하는 노동에 있다.[384]

세계사는 국가 이념의 계기로 상론되었다. 여기서 국가는 자유의식의 최고 형태이다. 헤겔의 국가는 현실적·인륜적 삶을 표현하며, 인간은 자신의 고유한 법칙을 스스로에게 부여하고, 헌법은 '자신의 이 체제를 시간 속에' 고정한다. 국가의 이념은 자신의 근거를 자기의식적, 개별적 자유의 원리에서 가지며, 자유는 여기서 자신의 객체성을 획득한다. 역사적 변화는 이러한 자유 형식의 변화이며, 그것은 행위하는 자의 의식에서, 그리고 이들의 입법에서 나타난다. 여러 정세 가운데 놓인 국가는 따라서 세계사의 철학이라는 보다 특정한 대상이며, 세계사는 본질적으로 **국가의 역사로 파악**된다. 국가에서야 비로소 '분명한 행동과 규정'이, 그리고 이 행위와 규정에 대한 명료한 의식이 드러나며, 따라서 '**보존**' (Aufbewahren)의 능력과 욕구가 성장한다. 그렇지 않으면 '**사유하는 추억**' 외에 어떤 역사도 없으며, 기억을 위한 어떤 대상도 없다. 보편적 사명(/규정) 위에 정초된 공동체인 국가는 이성적 행동을 지속적으로 하도록 요구한다. 기억은 영속적 목적을 위해 지속적 행위에 추억의 지속을 덧붙이며, **이와 더불어 비로소 시간과 역사를 구성한다**.[385]

가장 구체적이고 풍부한 형태를 가진 인륜적 실체로서의 세계정신

382   PhilG 12, 105.

383   Hegel, *Die Philosophie der Geschichte* (*Heimann-Mitschrift*), a.a.O., S. 37.

384   PhilG 12, 39f.

385   PhilG 12, 83ff.

은 인간 문화의 역사에서 자기 자신에 대한 완고히 투쟁하는 가운데 현실화되며, '자기 자신의 소외를 통해'(PhG 3, 359) "자기 자신과의 완고한 무한한 투쟁"[386]을 수행하며, 이 길은 결코 아무런 "상처도 없고, 투쟁도 없는 산출"[387]이 아니다. 역사는 또한 가장 고귀한 형태의 악과 파괴의 상을 제시하며, "민족의 덕을 희생하는 도살대"[388]로 나타난다. 하지만 헤겔은 첫째, "무의미한 죽음을 냉정하게 두는 제국주의적 잔혹함"(Ortega y Gasset)의 사상가로 평가할 수 없고, 둘째, 인류의 역사는 판도라의 상자로서만, 혹은 "악마가 파괴된 가치로 포장한 도로"(Max Weber)로서만 오는 것이 아니다. 비지성적인 것과 폭력적 행위의 결과로 '역사라는 폭넓은 제단' 위에서 수많은 개인과 민족의 행운이 희생되었으며, 수많은 이상은 완고한 현실과 냉철한 실재의 낭떠러지에서 산산조각이 난다. 가장 찬란하고 성공적이며 아름다웠던 형식의 몰락은 '가장 가공할 만한 그림'이다. '이전 영광의 이런 폐허'는 과거에 대한 심오한 슬픔, 말할 수 없는 슬픔을 산출한다. 그러나 역사는 우둔함의 연속, 혹은 '저주의 고통의 연극'에 비교되는 것이 아니라 '아주 다양한 생동적 형태가 자유롭게 성장하는 연극'에 비교된다. 헤겔은 "조용한 연안에 정박하여, 이 안전한 거리에서 폐허더미를 바라보며 즐기는"[389] 이기적 태도를 공격한다. 숭고함의 설교자의 관점 및 심리학적 시종의 관점은 일면적이고 생산성이 없다. 헤겔에 따르면, 이들은 동양인들이 인상적인 불사조 이미지로 서술한 정신의 갱신과 회춘이라는 긍정적 측면을 오인한다. 이 세계 드라마에서, 이 '다채로운 밀침' 속에서는 무의미한 것으로 보이는 것에서 의미 있는 것이 산출될 수 있다. 바로 이런 것에서, 행위와 변화의 이 엄청난 그림에서, 개인과 민족, 그리고 국가의 이 다양성 속에서, 덕과 몰상식의 이 연극에서 서서히 점차 성공적인 인간의 상호인정을

---

386 Ebd., 12, 76.
387 Ebd.
388 Ebd., 34f.
389 Ebd., 34.

자유의 진보로 여기는 붉은 줄(출구를 알리는 선)을 발견할 수 있다.

C) 세계시민적·전 지구적 의도와 '역사의 종말'

세계정신은 하나의 인륜적 통일체의 모든 개별적 자기이해에서, 따라서 모든 민족정신에 포함된 보편적인 인륜적 의식을 대표한다. 헤겔은 역사의 커다란 사건에 정신과 그 시대의 본질적 성격이 포함되어 있음을 본다. 세계시민적·인륜적 의식으로서의 세계정신은 **현대**의 정신에서 자신의 적절한 형식으로 구성되며, 바로 여기서 인간은 자신의 자유를 자신의 본질로 의식한다. 인간은 자신이 타당하다고 여기는 이 세계에서 인정되는데, 왜냐하면 그는 인정받는 **세계시민, 세계인**이기 때문이다. 이 세계시민성의 원리로부터 역사철학에서 모든 것은 고찰되어야 하며, 이것은 개별적인 국가적·문화적 공동체 형식과 초국가적 구조의 상태를 평가하는 기준이 된다. 모든 인간의 자유의식의 진보라는 원리는 역사적 사건의 불변의 실체가 아니라, 개별적 자유가 보편적으로 인정되고 보증될 수 있는 한에서 법(/권리)의 형성물인 현대 세계에서 정점에 도달한 발전 과정의 결과이다. 헤겔의 회고적 역사해석의 출발로서의 현대 국가의 원리는 보편적 자유의 실현에 의존하며, 현대 국가는 자유의지의 개념의 실현으로, 자유국가로 간주할 수 있어야 한다. 헤겔은 자유로운 정신이라는 사상에서 현대의 출발을 본다. 세계정신은 자신의 개념에 적합한 형태를 경험할 수 있으며, 인간은 자신의 본질에 어울리는 실존양식을 발견할 수 있다. 헤겔은 완전한(perfekt) 국가라고 말하는 것이 아니라 '**완성된**(vollendete) **국가**'라고 말한다. 이는 "**즉자적으로** 자기 안에 있는 모든 것, 즉 자신의 개념(즉 국가의 개념) 속에 있는 모든 것이 발전하여 권리와 의무로, **법률**로 되었다는 것을 의미한다."[390]

세계의 정신은 정신으로서 자신의 활동적 자기산출의 과정, 자신에게

---

[390]   PhRel 16, 81f.

돌아옴의 역동성이다. "인륜적 관계의 실체는 (⋯⋯) 성숙하지 않은 사회에서도 완성된 국가에서처럼 현재한다. 다만 도야 단계에서 이 실체적인 것의 특정한 형식만이 상이하다."[391] 이 과정과 도정의 중간 지점에서 개념의 규정이 결여되어 있지는 않다. 다만 개념에 대한 지식, 그 의식은 처음부터 완전한 것이 아니며, 아직 참다운 것이 아니다. "이 단계의 보다 자세한 규정은 자신의 보편적 본성에서 논리적으로, 보다 구체적인 정신의 철학에서 제시할 수 있다."[392] 정신의 도야 단계는 우선 **의식 단계**로 파악해야 하며, 세계사는 자유의식의 진보로 파악해야 한다. (이중의 중심을 가진) **세계사의 세 주된 단계**를 확정하는 것은 자유 상태에 맞춰져 있다. 특정한 개별자(한 사람)의 자유로부터 특수자의 자유(여러 명)를 거쳐, 보편적 자유('다수', '만인')로 역사는 발전한다. 다른 곳에서 이 구조는 다음과 같이 서술된다. 1) '정신이 자연에 침잠되어 있음.' 2) 정신은 부분적으로 그리고 특수하게 자신의 자유의식으로 진입함. 3) '아직 특수한 이 자유로부터 자유의 순수한 보편성으로 고양함.'[393]

§352는 지식으로의 도정이라는 의미에서 두 번째 척도를 확고히 한다. 즉 정신은 "자신을 절대적으로 알고, 따라서 자신의 의식을 자연적 직접성의 형식으로부터 해방하며, 결국 자기 자신에게로 돌아오는 활동의 운동으로 존재한다. 따라서 자기의식의 이러한 상이한 형태의 원리는 자신의 해방 과정에서 드러나듯이, 네 가지이다. 그것이 곧 세계사적 나라의 원리이다." 언급한 두 관점에 상응하여 헤겔은 세계사의 건축물을 입안한다. 세 개의 주된 단계와 네 개의 나라들. 1) 최초의 직접적 표현은 실체적 정신, 즉 실체적·자연적 정신성의 원리에 의해 규정된다. 여기서 개체성은 그 자체로 자격이 주어지지 않으며, 역사적으로 동양을 대표

---

391   PhRel 16, 81f., 78f.
392   PhilG 12, 77.
393   Ebd.

하지만, 모든 국가의 출발 형식으로 존재한다(§353, §355). 2) 두 번째 원리는 이 실체적 정신을 아는 것에 그 본질이 있으며, **아름답고 인륜적인 개별성**, 유쾌한 인륜성으로 고대 그리스에서 범례적으로 등장한다. 인격적 개별성이라는 독특한 원리는 의지의 최종 결정이 자신의 주체성에 놓여 있지 않고, 또 근본적인 불평등의 형식이 현재한다는 것에서 자신의 한계를 갖는다. "특수한 욕구가 아직 자유롭게 수용되지 않고, 노예계층으로 분리되어 할당된다"(§353, §356). 3) 지식을 가진 대자존재가 **추상적 보편성**으로, 그리고 정신이 떠난 객체성과의 대립으로 심화하는 것은 고대 로마에서 나타나는 세 번째 구성체의 특징이다. "인륜적 삶은 **인격적·사적 자기의식이라는 극단과 추상적 보편성이라는 극단으로 무한히 찢어지는 형식의 구별**"(§357)을 취하는데, 이것은 인륜적 삶의 죽음과 연결되어 있으며, 모든 개별자가 사적 인격체로 강등되고, 자의에 의해서만 서로 결합하는 형식적 권리를 가진 동등체로 강등된다는 사실과 연결되어 있다. 민족이라는 개별자는 판테온의 통일체 안에서 몰락한다(§353, §357). 4) 네 번째 형태의 원리는 첫 번째 실체로의 귀환 및 두 번째와 세 번째 단계를 규정하는 주체성과 객체성의 대립으로부터 **자기의식적** 실체라는 객체성으로의 귀환을 포함한다(§355). 이 현대 세계에서 진리는 사상으로, **개념적 사유**로, 그리고 **정립된(법률적) 현실** 세계로, 법(/권리)의 세계로 드러나게 된다(§353). 이것이 바로 "주체성과 자기의식적 자유라는 원리"이다(§355).

헤겔은 이 맥락에서 칸트에게도 기댈 수 있다. 그는 국가 구성체의 세 형식을 구별하는데, 즉 전제정(개체), 귀족정(특수자), 그리고 민주정(다수, 만인)이 그것이다. 현대의 헌법에서 세 형식은 보편성의 토대 위에서 하나로 결합되며, 현대 국가는 군주제적·귀족제적, 그리고 민주제적 요소를 자기 안에 통합하여 자신의 일면성을 지양한다. 즉 **최종 결정권자로서의 국가수장을 가진, 교육 지배적 대의민주주의**가 그것이다. 국가 구성은 도야된 의원에 의해 각인된 국민회합의 결정이라는 의미에서 **지식민**

주주의로, 사유하는 자의 우위, 전문가의 중요성 등 때문에 **정신귀족주의**로, 개념적으로 파악하는 사유에 경도된다는 점에서 **전제정적·군주제적인 것**으로 간주할 수 있다.

헤겔은 사유 속에 정초된 자유의지 원리를 명백하게 '**최종적 원리**'로 묘사한다. '자유의지가 모든 법의 실체적 토대'라고 하는 이 '**가장 심오한 최종적**' 의식은 이제부터 파악된다.[394] 자유의 원리와 더불어 "우리는 세계사의 최종 단계, 즉 우리 정신의 형식으로, 우리의 날(Tage)의 형식으로 이행한다."[395] 현대 세계는 역사의 종말, 세계의 **최종적인 역사적 구성체**를 표현하며, '완전히 끝난'(voll-endeten, 즉 완성된) 국가를 대표한다. 이것은 '유토피아적 모라토리움'(Ernst Bloch) 내지 '미래의 배제'(Ortega y Gasset)도, 새로운 단계로의 개시도 함의하지 않는다. 자유원리에 기초한 세계 형성의 단계와 관련하여 현대의 자유원리보다 더 고차적인 단계가 있다는 생각은 헤겔의 **역사** 개념에 대립된다. 그 개념은 대체로 인간의 사건에 관계하는 것이 아니라 단계 과정, '**층**'과 관련이 있으며, 우리의 오늘날의 사용과 본질적으로 구별된다. 지질학적 용어로 말하자면, 역사적인 **세계-사건층**은 자신의 **최종적·종결적** '단층'에 도달했으며, 보편적인 자유의식을 통해 역사는 이 최고 단계와 더불어 **자기 자신의 근거**(토대)로 오며, 이로써 — 유한한 과정으로서의, 단계로서의 — 역사는 **근저로 내려간다**(즉 몰락한다). 현대 국가는 완성된 국가로서, 즉 **자기 개념에 적합한** 국가로서 자기 개념에 맞게 구성되고 파악할 수 있다. 헤겔은 이에 대해 다음과 같이 쓴다. "인간은 스스로를 형성해야 한다. 역사적이라면, 시간에, 자유 이전의 역사에 속한다면, 거기에 역사가 있다"(§57, A). 은유적으로 표현하면 다음과 같다. 아이가 인간으로

---

394 G. W. F. Hegel, *Dictat über die Philosophie der Geschichte* (Ackersdijck), in: Hegel, *Die Philosophie der Geschichte* (*Heimann-Mitschrift*), a.a.O., S. 237.

395 Ebd.

서는 즉자적 존재이듯이, 인류도 발전되지 않은 추상적 즉자존재에 붙들려 있을 수 있다. 아이와 인류는 처음에는 자유롭게 존재하고 현실적으로 될 수 있는 기질, 능력만을 체현하고 있다. 처음에 즉자적으로 있는 것, 즉 자유로운 이성적 존재는 **대자적**으로 되어야 한다. 인류는 **자기 자신의 개념**을 대자적 발전과 도야를 통해 산출해야 한다. 즉 자유롭게 되어야 한다. 즉자적 국가, 즉 아직 전개되지 않은 가부장적 국가에서 국가 개념에 놓여 있는 정치적 기능은 아직 개념에 적합하게 구성되어 있지 않다(Enz §124, Z). 이런 국가에서 **즉자대자적으로 존재하는 완성된** 국가, 이런 의미에서 국가 개념에 상응하는 헌법을 가진 '**최종**' 국가로, 따라서 자유로운 국가로 전개되어야 한다. '세계사'라는 식물의 역사적 삶은 자신의 최고 형식에 도달했으며, 자유의 씨앗이 변형되는 가운데 우리는 활짝 핀 꽃에 거하게 된다. 식물의 경우와 마찬가지로 보다 고차적인 '삶의 노년', '세계 노년'은 있을 수 없다. 자신의 삶을 반드시 완성하고 마는 식물과 달리 인간은 자신의 행위를 어떻게 가져갈 것인가 하는 선택 앞에 서 있다. '꽃'이라는 이성적 형태냐 몰락이냐의 문제가 인간에게는 남아 있다.

역사의 종말이라는 헤겔의 말은 완전한 상태라는 의미에서의, 또는 모든 세계 중 최상의 세계의 현존이라는, 또는 이 땅의 낙원이라는 의미에서의 인간적 사건의 절대적 종결을 포함하지 않는다. 현대 시기에 인간의 사건은 도달한 세계 테두리 내에서 **본질적 생활연관의 국제화**라는 의미의 **전 지구화**의 형태로 수행되며, 이는 세계시장, 국제법, 세계정치 등의 창출에 의해 각인되며, 국제조직 등에 의해 구성된다. 현대의 자유 원리는 의식으로 들어와 형성될 수 있고, 세계로 나가 형성할 수 있다. 역사의 종말에는 더 이상 '**사건층**'(Ge-Schichtung, 역사-층)이 아니라 보편적 자유의 전 지구적 '**형성**'(Gestaltung)이 중요하다. 인식된 자유 개념에는 그에 적합한 형태가 주어질 수 있다. 자유의 실체적 현존인 개인의 권리(/법)에 현대성이라는 가치척도가 놓여 있다. 계속되는 인간의 사건은 **보편적** 자유의 **우주적** 형성의 시대로 현상한다. 그 단계의 정점은 도달했고, 이제 문제는 자유의 원리라는 척도에 따라 정복된 이 고지대를 형성하는 것이다. 사람들은 지금을 자유의 개념이 참되고 매우 빠르게 비행하기 시작하여 현실화하고 있는 세계사의 여명기라고 말할 수도 있다. 정신은 이전에 매우 느리게, 달팽이처럼 나아갔지만, 이제는 마법의 신처럼 빨리 달린다.[396] 아테나(지혜의 여신)는 이제 아테네 도시만이 아니라 세계공동체와 그 세계시민적 정신을 상징한다. 헤겔의 용어를 사용하여 표현하자면 다음과 같다. 즉 아테나(미네르바)의 부엉이는 외적인 정신이 아니라, 살아 있는, 현재하는, 세계의 시민 속에 실제로 살아 있는 정신, 이 개인에 내재한 정신이다. 삶의 한 가지 형태, 즉 역사는 '성숙해'졌고, 역사에는 이전 형식으로의, 아마도 서정적인 형식으로의 회귀는 없으며, 실질적으로 새로운 단계로의 진입도 없다. 인간에게는 '다만' 인간 공동체의, 실체적 인륜성의 참된 원리인 자유사상에 대한 인식과 세계 차원에서의 실현만이 남겨져 있다. "대자적으로 존재하는 자기의식의 자유는 바로 이 실체적 인륜성과 동일하다"(Enz §552, §364).

종말(Ende)이란 말은 실러적인 의미에서 목적, 목표를 뜻한다. 역사의 종말, 즉 '완전히 끝난'(즉 완성된) 국가는 ― 그리고 이것이 바로 헤겔 사유의 주된 의도이다 ― 인간적 실존의 본래적 시작으로, 인간이 **새로운, 최고의 그리고 최종적인 신성한 자**로 간주되는 시대의 시작으로 해석할 수 있다. **현대를 참으로 인간적으로 형성된 자유로운 실존의 시작으로** 이해하는 이러한 구상의 핵심은 바로 여기에 있다. 자유, 법(/권리), 인간성 등의 사상은 자기이해와 자기해석 및 제도적·문화적 구성체 등의 근본원리로 전개되어야 한다. 자유는 좌우명으로 되어야 하며, 인륜적 우주는 여기에 정향되어 있다. 자유는 정신적 우주에서 태양이어야 한다. 이러한 사실은 헤겔이 미래에 대해 말한 유일한 것이다. 그는 최종 전투에서 결국 패하고 만 지상의 낙원이라는 유토피아적 약속도 하지 않았고, 하늘나라로 위로하지도 않았다. '완성된' 국가는 결코 완전한 국가를

396   GdPh 20, 62.

의미하지 않는다. 그것은 예언적 중얼거림 혹은 미래 세계나 천년왕국에 대한 믿음의 형식으로 나타나는 신비적 미래 비전이 아니다. 인간의 조건인 자유를 개념적으로 파악하고 그에 맞는 형태를 만드는 것, 바로 이런 도전 앞에 인간은 서 있다. 헤겔의 관점에서 이것은 단순한 길을 편하게 걷는 일이 결코 아니며, 고대 그리스의 아름다운 숲을 거니는 것도 아니고, 토스카나의 포도나무 숲이나 교토의 사원을 산책하는 것도 아니며, 케임브리지나 예나를 관조하며 걷는 것도 아니다. 오히려 그것은 인류에게 가장 어렵고도 위험부담이 있는 도전이다. 이러한 의도는 대담한 기획에, 그물이 없는 줄타기에, 장비 없이 에베레스트 산을 오르는 것에 비유할 수 있다. 이 기획은 또한 비록 단번에 멀리까지 가는 마법의 신발을 신고 있지만, 아이의 신발과 같은 이 신발을 신고서 출발선에 서 있는 (20세기는 이를 고통스럽게 보여 준다), 그리고 그 성공을 확신할 수 없는 일과 비슷하다. 자유의 기획이 실패한다면, 헤겔의 답은 다음과 같을 것이다. 즉 전체 인간에게 훨씬 더 심각해진다고.

하지만 이 맥락에서 가장 중요한 헤겔의 임무는 다시 **사유를 추구하도록** 요청하는 것, 인간의 사건에 대해 언제나 새롭게 필연적·사변적 통찰을 하도록 요청하는 것이다. '사유하지 않음'을 의미하는 알지 못함, 사유로부터 벗어나라는 간청의 수용 내지 사유로부터의 죽음을 다한 이탈 등은 반성된 인류성을 가질 수 없다. 반성된 인류성(/숙고된 이성적인 인류적 공동체)은 맹목적 신앙, 신탁, 본능이나 요청 등에 세워지거나 세워질 수 있는 것이 아니라 선과 악, 정의 혹은 인간적인 것 등에 대한 검토와 숙고 위에 세워진다. 이런 사유하는 검토 작업은 장밋빛으로 가득한 근본주의의 핵심 결점이다. 사유의 포기는 종종 확신에 찬 종교적·정치적 사명감과 결합되며, 보다 고차적이라고 사념한 덕과 선의 심급에 대한 단순한 의탁과 결합된다. 이를 통해 자칭 이 선의 수호자들의 모든 십자군 원정이 정당화된다. 헤겔에 따르면, 사유를 통해 정당화되지 않은 추상적 관념의 힘은 열광주의로, '파괴와 무화라는 분노'의 지배로 나아간다.

헤겔의 관점에서 역사의 종말은 자유가 실천적 논리의 중심에 서게 된다는 것, 자유의 규정이 다시 새롭게 파악할 수 있고 또 세계라는 극장에 자유를 구성하는 새로운 형식이 사유할 수 있다는 것을 의미한다. 이성적인, 자유에 기초한 그리고 세계시민적 의도를 가진 사유는 인간이 **자유롭게 사는 것을 배우도록** 도울 수 있다.

* *

"하지만 헤겔에게서 실제로 빠져나오기 위해 그와의 결별 비용이 어느 정도나 되는지를 우리는 계산해야 한다. 우리는 헤겔이 얼마나 멀리까지 우리를 은밀히 미행하는지, 그리고 헤겔에 대항하는 우리의 사유 속에 여전히 그에게서 기원하는 것이 무엇인지를 알아야 한다. 또한 우리는 헤겔에 대항하는 우리의 싸움이 어느 정도까지 그의 간계인지를 계산해야 한다. 그는 이 간계 뒤 어딘가에 미동도 않은 채 잠복하여 우리를 기다리고 있다."[397]

397 Michel Foucault, *Die Ordnung des Diskurses*, Frankfurt a.M. 1991, S. 45.

요약과 전망

끝

(The End)

　실천적 세계에 대한 헤겔의 사유는 가장 위대한 경이로운 별이며,『법철학』은 별빛 찬란한 시대의 철학이자, 실천이성의 현대적 이해 중에서 빛나는 보석이다. 이 철학자의 마지막 말은 아마도 1831년에 행한 법철학 강의에서 했을 터인데, 자신의 신념을 아주 분명하게 드러내고 있다. "자유는 가장 내적인 것이며, 이 자유로부터 정신세계의 전체 건축물이 세워진다"(Str 925). 자유로운 사유와 자유로운 의지, 혹은 자기인식과 자기규정은 그의 철학의 영혼이며, '화강암처럼 단단한 토대'이고, 전체 건물을 떠받치는 '**하나의** 철근'이다. 그리고 실천적 세계를 가장 내적으로 결합해 주는 것은 자유이다. 자유에 대한 헤겔의 현대적 사유는 창조적으로 진보해 나갈 것이며, 전 지구적으로 영향력을 행사해 나갈 것이다. 의심의 여지없이!

> 당신은 내가 몽상가라 말할지 모르지
> 하지만 내가 유일한 사람은 아니라오
> 당신도 언젠가 우리와 함께하기를!
> 그러면 세계는 하나로 살아가겠지
>
> ──존 레논

참고문헌

헤겔(Georg Wilhelm Friedrich Hegel)

a) 전집

Werke in zwanzig Bänden. Theorie Werkausgabe. Auf der Grundlage der Werke von 1832~
　　1845.
Neu edierte Ausgabe. Redaktion Eva.Moldenhauer und Karl Markus Michel. Frankfurt a.M.
　　1969ff. [=TWA](주어캄프판 전집).
Gesammelte Werke. In Verbindung mit der Deutschen Forschungsgemeinschaft hg. von der
　　Nordrhein-Westfälischen Akademie der Wissenschaften, Hamburg 1968ff. [=GW](비평본
　　전집).

b) 단행본

Grundlinien der Philosophie des Rechts oder Naturrecht und Staatswissenschaft im Grundrisse
　　(TWA 7) [=RPh; Grundlinien](법철학).
Grundlinien der Philosophie des Rechts oder Naturrecht und Staatswissenschaft im
　　Grundrisse. Nach der Ausgabe von Eduard Gans herausgegeben und mit einem Anhang
　　versehen von Hermann Klenner, Berlin 1981(법철학(간스 편집본)).
Phänomenologie des Geistes (TWA 3) [=PhG](정신현상학).
Wissenschaft der Logik (TWA 5~6) [=WdL](논리학).
Enzyklopädie der philosophischen Wissenschaften (TWA 8~10) [=Enz](엔치클로페디).

Vorlesungen über die Philosophie der Geschichte (TWA 12) [=PhilG](역사철학강의).

Vorlesungen über die Ästhetik (TWA 13~15) [=Ästh](미학강의).

Philosophie der Religion (TWA 16~17) [=PhRel](종교철학).

Vorlesungen über die Geschichte der Philosophie (TWA 18~20) [=GdPh](철학사강의).

Die Positivität der christlichen Religion (Zusätze) (1795/1796) (=TWA 1, 190~229)(기독교의 실정성).

Differenz des Fichteschen und Schellingschen Systems der Philosophie (1801) (TWA 2, 9~138) [=Differenzschrift](피히테와 셸링 철학 체계 차이).

Verhältnis des Skeptizismus zur Philosophie. Darstellung seiner verschiedenen Modifikationen und Vergleichung des neuesten mit dem alten (1802) (=TWA 2, 213~71) [Skeptizismus-Aufsatz](회의주의와 철학의 관계).

Über die wissenschaftlichen Behandlungsarten des Naturrechts, seine Stelle in der praktischen Philosophie und sein Verhältnis zu den positiven Rechtswissenschaften (1802/1803) (TWA 2, 434~532) [=Naturrechtsaufsatz](자연법).

System der Sittlichkeit. Reinschriftentwurf (1802/1803) (=GW 5)(인륜성의 체계).

Jenaer Systementwürfe I-III (1803~1806) (=GW 6~8)(예나체계기획).

Aphorismen aus Hegels Wastebook (1803~1806) (=TWA 2, 540~67).

Jenaer Realphilosophie. Vorlesungsmanuskripte zur Philosophie der Natur und des Geistes von 1805~1806, hg. v. Johannes Hoffmeister, Berlin 1969 [=Jenaer Realphilosophie].

Texte zur Philosophischen Propädeutik. Philosophische Enzyklopädie für die Oberklasse (1808ff.) (TWA 4, 9~294) [= Philosophische Enzyklopädie für die Oberklasse].

Rechts-, Pflichten- und Religionslehre für die Unterklasse (1810 ff.) (=TWA 4, 204~74).

Notizen und Aphorismen (1818~1831) (=TWA 11, 556~74).

Über die englische Reformbill (1831) (TWA 11, 83~128) [=Reformbillschrift](영국개혁법안).

Briefe von und an Hegel. 4 Bde., hrsg. v. Johannes Hoffmeister und Friedhelm Nicolin, Hamburg 1981.

c) 헤겔 법철학 강의 수고 및 학생 노트

Georg Wilhelm Friedrich Hegel: *Vorlesungen über Rechtsphilosophie 1818~1831*, ed. u. komm. v. Karl-Heinz Ilting, 4 Bde., Stuttgart-Bad Cannstatt 1973ff.

Bd. 1: *Der objektive Geist. Aus der Heidelberger Enzyklopädie 1817. Naturrecht und Staatswissenschaft nach der Vorlesungsmitschrift* von C. G. Homeyer. Mit Hegels Vorlesungsnotizen 1818~1819 [=Hom].

Bd. 2: Die "Rechtsphilosophie" von 1820. Mit Hegels Vorlesungsnotizen 1821~1825.

Bd. 3: Philosophie des Rechts. Nach der Vorlesungsnachschrift von H. G. Hotho 1822/23 [=Ho].

Bd. 4: Philosophie des Rechts. Nach der Vorlesungsnachschrift K. G. v. Griesheims 1824/24

[=Gr].

Philosophie des Rechts. Nach der Vorlesungsmitschrift von D. F. Strauß 1831 mit Hegels Vorlesungsnotizen [=Str].

Vorlesungen über Naturrecht und Staatswissenschaft Heidelberg 1817/18 mit Nachträgen aus der Vorlesung 1818/19. Nachgeschrieben von P. Wannenmann, hg. v. C. Becker et al., eingel. v. Otto Pöggeler, Hamburg 1983 [=Wan].

Philosophie des Rechts. Die Vorlesung von 1819/20 in einer Nachschrift, hg. v. Dieter Henrich, Frankfurt a. M. 1983 [=Bl].

Vorlesungen über die Philosophie des Rechts. Berlin 1819/1820. Nachgeschrieben von J. R. Ringier, hg. v. E. Angehrn, M. Bondeli und H. N. Seelmann, Hamburg 2000 [=Rin].

Philosophie des Rechts. Nachschrift der Vorlesung von 1822/23 von K. L. Heyse, hg. v. E. Schilbach, Frankfurt a. M. u. a. 1999 [=Hey].

Die Philosophie des Rechts. Vorlesung von 1821/22, hg. v. Hansgeorg Hoppe, Frankfurt a. M. 2005 [=Kiel].

d) 헤겔 강의 수고 및 학생 노트

Die Philosophie der Geschichte. Vorlesungsmitschrift Heimann (Winter 1830/1831), hg. v. Klaus Vieweg, München 2005 (역사철학, 하이만의 강의노트).

Vorlesungen. Ausgewählte Nachschriften und Manuskripte, Bde. 3~5: *Vorlesungen über die Philosophie der Religion*, Teil 3, hg. v. Walter Jaeschke, Hamburg 1984 (종교철학강의 수고).

Vorlesungen. Ausgewählte Nachschriften und Manuskripte, Bde. 6~9: *Vorlesungen über die Geschichte der Philosophie*, Teil 4, hrsg. von W. Jaeschke und P. Garniron, Hamburg 1986~1990 (철학사강의 수고).

Gesammelte Werke, Bd. 25, 1 : *Vorlesungen über die Philosophie des subjektiven Geistes. Nachschrift v. Heinrich Gustav Hotho zum Kolleg 1822*, hg. von Christoph J. Bauer, Hamburg 2008 (주관정신철학강의, 호토의 첨가).

Vorlesungen über die Philosophie der Weltgeschichte, Bd. 18a, 1. Teilband: *Einleitung. Die Vernunft in der Geschichte*, hg. v. Johannes Hoffmeister, Hamburg 1955 (세계사철학강의 서론: 역사에서의 이성).

헤겔 철학과 연관 있는 고전 철학자들

Böhme, Jacob, *Mysterium Magnum oder Erklärungen über Das Erste Buch Mosis (1623). Anfang bis Capitel 43*, in: *Sämtliche Schriften*, hg. v. Will Peuckert, Bd. 7, Stuttgart 1958.

Cassirer, Ernst, *Vom Mythos des Staates*, Zürich 1949.

Dewey, John, *Human Nature and Conduct. An Introduction to Social Psychology*, New York 1922.

Engels, Friedrich, *Ludwig Feuerbach und der Ausgang der klassischen deutschen Philosophie* (MEW Bd. 21) (포이어바흐와 독일고전철학의 종말).

Ferguson, Adam, *An Essay on the History of Civil Society (1767)*.

Fichte, Johann Gottlieb, [GA] Gesamtausgabe der Bayerischen Akademie der Wissenschaften. Hg. von Reinhard Lauth und Hans Jacob, Stuttgart-Bad Cannstatt 1962ff. (ab 1970 hrsg. von Reinhard Lauth und Hans Gliwitzky unter Mitwirkung verschiedener Autoren).

Einige Vorlesungen über die Bestimmung des Gelehrten (1794), in: GA I, 3, S. 1~68.

Grundlage des Naturrechts nach Principien der Wissenschaftslehre: Zweiter Theil oder Angewandtes Naturrecht (1797), in: GA I, 4, S. 1~165.

Grundlage des Naturrechts nach Principien der Wissenschaftslehre (1796), in: GA I, 3, S. 291~460.

Das System der Sittenlehre nach den Principien der Wissenschaftslehre (1798), in: GA I, 5, S. 1~317.

Foucault, Michel, *Über Ordnung des Diskurses*, Frankfurt a. M. 1991.

Garve, Christian, *Über die Moden*, hg. v. Thomas Pittrof, Frankfurt a. M. 1987.

Heidegger, Martin, *Sein und Zeit*, Halle 1927 (Tübingen 2006).

Hobbes, Thomas, *Vom Menschen / Vom Bürger. Elemente der Philosophie II/III*, übers. u. hg. v. Günter Gawlick, Hamburg 1966.

Hume, David, *Ein Traktat über die menschliche Natur*, übers. v. Theodor Lipps, hg. v. Reinhard Brandt, Hamburg 1978.

Jaspers, Karl, *Vom Ursprung und Ziel der Geschichte*, München/Zürich 1983.

Jean Paul, *Vorschule der Ästhetik*, in: ders., *Sämtliche Werke*, hg. v. Norbert Miller, Bd. 5, Darmstadt 2000.

Kant, Immanuel, Kant's Gesammelte Schriften (Akademie-Ausgabe). Herausgegeben von der Königlich Preußischen Akademie der Wissenschaften (AA), Berlin 1902ff.

Anthropologie in pragmatischer Hinsicht (실용적 관점에서 본 인간학).

Grundlegung zur Metaphysik der Sitten (도덕형이상학의 토대).

Kritik der praktischen Vernunft (실천이성비판).

Kritik der reinen Vernunft (Erstauflage 1781) (순수이성비판, 초판).

Kritik der reinen Vernunft (Zweitauflage 1787) (순수이성비판, 재판).

Metaphysik der Sitten (도덕형이상학).

Kritik der Urteilskraft (판단력비판).

Zum ewigen Frieden (영구평화론).

Kierkegaard, Sören, *Über den Begriff der Ironie: mit ständiger Rücksicht auf Sokrates*, in: ders., *Gesammelte Werke*, hg. v. Emanuel Hirsch u. Hayo Gerdes, 31. Abteilung, Köln 1961 (아이러니 개념).

Locke, John, *Zweite Abhandlung über die Regierung*, hg. u. kommentiert v. Ludwig Siep, Frankfurt a. M. 2007 (통치론).

Machiavelli, Niccolò, *Discorsi. Staat und Politik*, Frankfurt a. M. 2000 (국가와 정치).

Mann, Thomas, *Dr. Faustus*, Frankfurt a. M. 2007 (파우스트 박사).

Marx, Karl u. Friedrich Engels, [MEW] *Werke*, Berlin 1962.

    Das Kommunistische Manifest, MEW, Bd. 4, a.a.O. (공산당 선언)

    Die Deutsche Ideologie, MEW, Bd. 3, a.a.O. (독일 이데올로기).

    Die Heilige Familie oder Kritik der kritischen Kritik, MEW, Bd. 2, a.a.O. (신성가족).

Marx, Karl, *Grundrisse der Kritik der politischen Ökonomie*, MEW, Bd. 42, a.a.O. (정치경제학 비판 강요).

Niethammer, Friedrich Immanuel, "Der Streit des Philanthropinismus und Humanismus in der Theorie des Erziehungsunterrichts unsrer Zeit (1808)", in: ders., *Philanthropinismus – Humanismus: Texte zur Schulreform*, bearb. v. Werner Hillbrecht, Weinheim u.a. 1968.

Nietzsche, Friedrich, *Unzeitgemäße Betrachtungen*, in: ders., *Werke in drei Bänden*, hg. v. Karl Schlechta, Bd. 1, München 1966 (반시대적 고찰).

Ranke, Leopold von *Zur Kritik neuerer Geschichtsschreiber. Eine Beylage zu desselben romanischen und germanischen Geschichten*, Leipzig/Berlin 1824 (새로운 역사서술자 비판).

Rosenkranz, Karl, *Georg Wilhelm Friedrich Hegels Leben*, Berlin 1844, Nachdruck Darmstadt 1977 (헤겔의 생애).

Rosenzweig, Franz, *Hegel und der Staat*, 2 Bde., München/Berlin 1920 (헤겔과 국가).

Rousseau, Jean-Jacques, *Abhandlung über die Politische Ökonomie* (정치경제학 논문), in: ders., *Kulturkritische und politische Schriften in zwei Bänden*, hg. v. Martin Fontius, Berlin 1989.

    Der Gesellschaftsvertrag, 5. Aufl., Leipzig 1984 (사회계약론).

Schlegel, Friedrich, *Transcendentalphilosophie*, eingel. v. Michael Elsässer, Hamburg 1991 (초월철학).

Smith, Adam, *An Inquiry into the Nature and Causes of the Wealth of Nations* (1776) (국부론).

Weber, Max, *Wirtschaft und Gesellschaft*, 5. rev. Aufl., Tübingen 1990 (경제와 사회).

2차문헌

Agamben, Giorgio, *Ausnahmezustand*, übers. v. Ulrich Müller-Schöll, Frankfurt a. M. 2004.

Arndt, Andreas, Christian Iber u. Günter Kruck (Hg.), *Hegels Lehre vom Begriff, Urteil und Schluss*, Berlin 2006.

Asbach, Olaf, Staatsrecht und Völkerrecht bei Jean-Jacques Rousseau. Zur Frage der völkerrechtlichen Vollendung des 'Contrat social', in: *Jean-Jacques Rousseau. Vom Gesellschaftsvertrag oder Prinzipien des Staatsrechts*, hg. v. Reinhardt Brandt und Karlfriedrich Herb, Berlin 2000, 241~69.

Audi, Robert, *The Good in the Right: A Theory of Intuition and Intrinsic Value*, Princeton/Oxford 2004.

Bauer, Wilko, Hegels Theorie des geistigen Eigentums, in: HST 41 (2006), 51~90.

Becker, Jurek, *Jakob der Lügner*, Frankfurt a. M. 1982.

Beuthan, Ralf, Eine Zwischenüberlegung zu Hegels Metaphysik der Zeit (미간행 수고).

Grundzüge und Perspektiven von Hegels *phänomenologischem* Bildungsbegriff, in: *Bildung zur Freiheit. Zeitdiagnose und Theorie im Anschluss an Hegel*, hg. v. Eberhard Eichenhofer u. Klaus Vieweg, Würzburg 2010, 33~46.

Bieri, Peter, *Das Handwerk der Freiheit. Über die Entdeckung des eigenen Willens*, München 2001.

Bleisch, Barbara u. Peter Schaber (Hg.), *Weltarmut und Ethik*, Paderborn 2007.

Bockelmann, Paul, *Hegels Notstandslehre*, Berlin/Leipzig 1935.

Brandt, Reinhard, Kants Ehe- und Kindesrecht, in: *Deutsche Zeitschrift für Philosophie* 2 (2004), 199~219.

Brauer, Sabine, *Natur und Sittlichkeit: Die Familie in Hegels Rechtsphilosophie*, Freiburg i. Br./ München 2007.

Das Substanz-Akzidens-Modell in Hegels Konzeption der Familie, in: HST 39/40 (2004/2005), 41~60.

Bude, Heinz u. Andreas Willisch (Hg.), *Das Problem der Exklusion. Ausgegrenzte, Entbehrliche, Überflüssige*, Hamburg 2006.

Carlowitz, Hans Carl von, *Sylvicultura oeconomica, oder Haußwirthliche Nachricht und Naturgemäße Anweisung zur wilden Baum-Zucht*, Leipzig 1713.

Castel, Robert, *Die Metamorphosen der sozialen Frage. Eine Chronik der Lohnarbeit*, Konstanz 2000.

u. Klaus Dörre (Hg.), *Prekarität, Abstieg, Ausgrenzung. Die soziale Frage am Beginn des 21. Jahrhunderts*, Frankfurt a. M. 2009.

Cervantes Saavedra, Miguel de, *Don Quijote*, Düsseldorf 2003.

Cesa, Claudio, "La 'seconda natura' tra Kant e Hegel", in: *Natura*, hg. v. Delfina Giovanozzi u. Marco Veneziani, Florenz 2008, 485~502.

Entscheidung und Schicksal: die fürstliche Gewalt, in: *Hegels Rechtsphilosophie*, hg. v. Dieter Henrich u. Rolf-Peter Horstmann, a.a.O, 185~205.

Cobben, Paul, *Das Gesetz der multikulturellen Gesellschaft: eine Aktualisierung von Hegels "Grundlinien der Philosophie des Rechts"*, Würzburg 2002.

Dawkins, Richard, *The God Delusion*, London 2007.

Dennett, Daniel C., *Ellenbogenfreiheit: die wünschenswerten Formen von freiem Willen*, Weinheim 1994.

Derrida, Jacques, *Gesetzeskraft. Der "mystische Grund der Autorität"*, Frankfurt a. M. 1991.

Der Schacht und die Pyramide. Einführung in die Hegelsche Semiologie, in: ders., *Randgänge der Philosophie*, hg. v. Peter Engelmann, Wien 1988, 85~118.

Die weiße Mythologie. Die Metapher im philosophischen Text, in: ders., *Randgänge der Philosophie,* hg. v. Peter Engelmann, Wien 1988, 205~58.

de Vos, Lu, Institution Familie. Die Ermöglichung einer nicht-individualistischen Freiheit, in: HST 41 (2006), 91~112.

D'Hondt, Jacques, *Hegel in seiner Zeit. Berlin 1818~1831*, Berlin 1973.

Dörpinghaus, Andreas, Andreas Poenitsch u. Lothar Wigger (Hg.), *Einführung in die Theorie der Bildung*, Darmstadt 2006.

Düsing, Klaus, *Das Problem der Subjektivität in Hegels Logik*, 2. Aufl., Bonn 1984.

Ebbinghaus, Julius, Die Idee des Rechts, in: ders., *Gesammelte Schriften*, hg. v. Georg Geismann und Hariolf Oberer, Bd. 2, Bonn 1988, 141~98.

Edwards, Jeffrey, "Disjunktiv- und kollektiv-allgemeiner Besitz: Überlegungen zu Kants Theorie der ursprünglichen Erwerbung", in: *Recht, Staat und Völkerrecht bei Immanuel Kant*, hg. v. Dieter Hüning u. Burkhard Tuschling, Berlin 1998, 121~40.

Eichenhofer, Eberhard, *Sozialer Schutz unter den Bedingungen der Globalisierung*, Berlin 2009.

Das soziale Menschenrecht auf Bildung.

Eppler, Erhard, *Auslaufmodell Staat?*, Frankfurt a. M. 2005.

Esposito, Elena, *Die Verbindlichkeit des Vorübergehenden: Paradoxien der Mode*, übers. v. Alessandra Corti, Frankfurt a. M. 2004.

Euchner, Walter, *John Locke zur Einführung*, Hamburg 1996.

Fisch, Jörg, *Das Selbstbestimmungsrecht der Völker. Die Domestizierung einer Illusion*, München 2010.

Foucault, Michel, *Überwachen und Strafen. Die Geburt des Gefängnisses*, Frankfurt a. M. 1976.

Fraenkel, Ernst, "Gewaltenteilung", in: ders., *Gesammelte Schriften*, hg. v. Alexander v. Brünneck, Bd. 5, Baden-Baden 2007.

Frankfurt, Harry G., *Bullshit*, Frankfurt a. M. 2006.

Fries, Jakob Friedrich, *Ueber die Gefaehrdung des Wohlstandes und Charakters der Deutschen durch die Juden. Eine aus den Heidelberger Jahrbüchern der Litteratur besonders abgedruckte Recension der Schrift des Professors Rühs in Berlin: "Über die Ansprüche der Juden an das deutsche Bürgerrecht"*, Heidelberg 1816.

Froriep, Ludwig Friedrich von, *Darstellung der neuen, auf Untersuchungen der Verrichtungen des Gehirns gegründeten, Theorie der Physiognomik des Hn. Dr. Gall in Wien*, Weimar 1802.

Fulda, Hans Friedrich, [Hegel] *Georg Wilhelm Friedrich Hegel*, München 2003.

Geschichte, Weltgeist und Weltgeschichte bei Hegel, in: *Annalen der internationalen Gesellschaft für dialektische Philosophie Societas Hegeliana II*, Köln 1986, 58~105.

[Spekulative Logik] "Spekulative Logik als die 'eigentliche Metaphysik'. Zu Hegels Verwandlung des neuzeitlichen Metaphysikverständnisses", in: *Hegels Transformationen der Metaphysik*, hg. v. Detlev Pätzold u. Arjo Vanderjagt, Köln 1991, 9~27.

Hegels Logik der Idee und ihre epistemologische Bedeutung, in: *Hegels Erbe*, hg. v. Christoph Halbig, Michael Quante u. Ludwig Siep, Frankfurt a. M. 2004, 78~137.

Beansprucht die Hegelsche Logik, die Universalmethode aller Wissenschaften zu sein?, in: *Die Folgen des Hegelianismus. Philosophie, Religion und Politik im Abschied von der Moderne*, hg. v. Peter Koslowski, München 1998, 13~27.

Philosophisches Denken in einer spekulativen Metaphysik, in: *Hegels Transformationen der*

Metaphysik, hg. v. Detlev Pätzold u. Arjo Vanderjagt, Köln 1991, 62~82.

Methode und System bei Hegel: Das Logische, die Natur, der Geist als universale Bestimmungen einer monistischen Philosophie, in: *Systemphilosophie als Selbsterkenntnis. Hegel und der Neukantianismus*, hg. v. ders. u. Ch. Krijnen, Würzburg 2006, 25~50.

Geismann, Georg, Kants Rechtslehre vom Weltfrieden, in: *Zeitschrift für philosophische Forschung* 37 (1983), 363~88.

Gerhard, Myriam, *Wider die Gewohnheit des Skeptikers. Hegels Kritik des geistigen Mechanismus* (미간행 수고).

Geschichtliche Grundbegriffe: Historisches Lexikon zur politisch-sozialen Sprache in Deutschland, hg. v. Otto Brunne, Werner Conze u. Reinhart Koselleck. Bd. 4, Stuttgart 1978.

Guess, Raymond, *Können die Geisteswissenschaften den Neo-Liberalismus überstehen?* (미간행 원고).

Gosepath, Stefan, *Gleiche Gerechtigkeit. Grundlagen eines liberalen Egalitarismus*, Frankfurt a. M. 2004.

Grawert, Rolf, Verfassungsfrage und Gesetzgebung in Preußen. Ein Vergleich der vormärzlichen Staatspraxis mit Hegels rechtsphilosophischem Konzept, in: *Hegels Rechtsphilosophie im Zusammenhang der europäischen Verfassungsgeschichte*, hg. v. Otto Pöggeler u. Hans-Christian Lucas, Stuttgart-Bad Cannstatt 1986, 257~309.

Grober, Ulrich, *Die Entdeckung der Nachhaltigkeit. Kulturgeschichte eines Begriffs*, München 2010.

Guyer, Paul, The Unity of Nature and Freedom: Kant's Conception of the System of Philosophy, in: *The Reception of Kant's Critical Philosophy: Fichte, Schelling, and Hegel*, hg. v. Sally Sedgwick, Cambridge 2000, 19~53.

Hamann, Johann Georg, Philologische Einfälle und Zweifel über eine akademische Preisschrift (1772), in: ders., *Sämtliche Werke*, hist.-krit. Ausg. v. Josef Nadler. Bd. 3, Wien 1949~1953.

Hartmann, Klaus, Ideen zu einem neuen systematischen Verständnis der Hegelschen Rechtsphilosophie, in: *Perspektiven der Philosophie* 2 (1976), 167~200.

Linearität und Koordination in Hegels Rechtsphilosophie, in: *Hegels Rechtsphilosophie*, hg. v. Dieter Henrich u. Rolf-Peter Horstmann, a.a.O., 305~16.

Henrich, Dieter, Hegels Theorie über den Zufall, in: ders., *Hegel im Kontext*, Frankfurt a. M. 1971, 157~86.

Konzepte. Essyays zur Philosophie in der Zeit, Frankfurt a. M. 1987.

Between Kant and Hegel. Lectures on German Idealism, hg. v. David Pacini, Cambridge 2003.

Dieter Henrich u. Rolf-Peter Horstmann (Hg.), [Hegels Rechtsphilosophie] *Hegels Philosophie des Rechts. Die Theorie der Rechtsformen und ihre Logik*, Stuttgart 1982.

Selbstverhältnisse. Gedanken und Auslegungen zu den Grundfragen der klassischen deutschen Philosophie, Stuttgart 1982.

Ethik der Autonomie, in: ders. *Selbstverhältnisse*, a.a.O., 6~56.

Hegels Grundoperation. Eine Einleitung in die, 'Wissenschaft der Logik', in: *Der Idealismus und seine Gegenwart,* hg. von Ute Guzzoni, Bernhard Rang und Ludwig Siep, Hamburg 1976, 208~30.

Logische Form und reale Totalität. Über die Begriffsform von Hegels eigentlichem Staatsbegriff, in: *Hegels Rechtsphilosophie,* hg. v. ders. u. Rolf-Peter Horstmann, a.a.O., 428~519.

Zur Aktualität von Hegels Ästhetik, in: HST Beih. 11 (1974), 295~301.

Hippel, Theodor Gottlieb von, *Lebensläufe nach aufsteigender Linie nebst Beylagen A. B. C.,* 4 Bde., Berlin 1778~1781.

Hoffmann, Thomas Sören, Freiheit, Anerkennung und Geist als Grundkoordinaten der Hegelschen Staatsphilosophie, in: *Der Staat – eine Hieroglyphe der Vernunft. Staat und Gesellschaft bei Georg Wilhelm Friedrich Hegel,* hg. v. Walter Pauly, Baden-Baden 2009, 49~69.

Honneth, Axel, Georg Wilhelm Friedrich Hegel, Grundlinien der Philosophie des Rechts (1821), in: *Geschichte des politischen Denkens. Ein Handbuch,* hg. v. Manfred Brocker, Frankfurt a. M. 2007, 403~18.

Leiden an Unbestimmtheit: eine Reaktualisierung der Hegelschen Rechtsphilosophie, Stuttgart 2001.

Zwischen Aristoteles und Kant. Skizze einer Moral der Anerkennung, in: ders., *Das Andere der Gerechtigkeit. Aufsätze zur praktischen Philosophie,* a.a.O., 171~92.

Das Andere der Gerechtigkeit. Aufsätze zur praktischen Philosophie, Frankfurt a. M. 2000.

Das Recht der Freiheit, Grundriss einer demokratischen Sittlichkeit, Berlin 2011.

Horstmann, Rolf-Peter, Hegels Theorie der bürgerlichen Gesellschaft, in: *Grundlinien,* hg. v. Ludwig Siep, a.a.O., 193~216.

Der geheime Kantianismus in Hegels Geschichtsphilosophie, in: *Hegels Rechtsphilosophie,* hg. v. Dieter Henrich u. ders., a.a.O., 56~71.

Wahrheit aus dem Begriff. Eine Einführung in Hegel, Frankfurt a. M. 1990.

Hösle, Vittorio, *Hegels System. Philosophie der Natur und des Geistes,* Bd. 2, Hamburg 1988.

Das abstrakte Recht, in: *Anspruch und Leistung von Hegels Rechtsphilosophie,* hg. v. Christoph Jermann, Stuttgart-Bad Cannstatt 1987, 55~99.

Houlgate, Stephen, Phänomenologie, Philosophie und Geschichte: Zu Hegels Deutung der französischen Revolution, in: HST Beih. 50 (2009), 265~86.

Hüning, Dieter, Inter arma silent leges – Naturrecht, Staat und Völkerrecht bei Thomas Hobbes, in: *Der Leviathan,* hg. v. Rüdiger Voigt, Baden-Baden 2000, 129~63.

Jaeschke, Walter, Riconoscimento in quanto principio dell'ordinamento statele e interstatale, in: *Riconoscimento e Communitá. A Partire da Hegel,* hg. v. Claudia.Mancini, Pierluigi Valenza, Paolo Vinci (*Archivo di Filosofia*), Pisa/Roma 2009, 189~98.

James, Daniel, *Holismus und praktische Vernunft. Hegels Moralitätskritik im Lichte seiner Urteils- und Schlusslehre* (미간행 수고).

Jamme, Christoph u. Elisabeth Weisser-Lohmann (Hg.), *Politik und Geschichte. Zu den*

Intentionen G.W.F. Hegels "Reformbill"-Schrift, HST Beih. 35 (1995).

Kastner, Hannes, Noch einmal: Die Stellung des Monarchen. Oder: Hegels 'versteckte' Demokratietheorie, in: HST 43 (2008), 67~85.

Kersting, Wolfgang, *Macht und Moral. Studien zur praktischen Philosophie der Neuzeit,* Paderborn 2010.

Polizei und Korporation in Hegels Darstellung der bürgerlichen Gesellschaft, in: *Hegel-Jahrbuch* 1986, 373~82.

Kervégan, Jean-François, *L'effectif et le rationnel Hegel et l'esprit objectif,* Vrin 2008.

Kneip, Sascha, Starke und schwache Verfassungsgerichte: Gibt es eine optimale Verfassungsgerichtsbarkeit für die Demokratie?, in: *Gewaltenteilung und Demokratie. Konzepte und Probleme der 'horizontal accountability' im interregionalen Vergleich,* hg. v. Sabine Kropp u. Hans-Joachim Lauth, Baden-Baden 2007, 91~109.

Knowles, Dudley, *Hegel and the Philosophy of Right,* London/New York 2002.

Koch, Anton Friedrich, Dasein und Fürsichsein (Die Logik der Qualität), in: *G. W. F. Hegel. Wissenschaft der Logik,* hg. v. ders. u. Friedrike Schick, Berlin 2002, 27~49.

Die Problematik des Übergangs von der Schlusslehre zur Objektivität, in: *Hegels Lehre vom Begriff, Urteil und Schluss,* hg. v. Andreas Arndt et al., a.a.O., 205~15.

Köpke, Rudolf, *Ludwig Tieck: Erinnerungen aus dem Leben des Dichters nach dessen mündlichen und schriftlichen Mittheilungen,* Leipzig 1855.

Kropp, Sabine u. Hans-Joachim Lauth, Einleitung: Zur Aktualität der Gewaltenteilung. Überlegungen zu einem bleibenden Thema, in: *Gewaltenteilung und Demokratie. Konzepte und Probleme der 'horizontal accountability' im interregionalen Vergleich,* hg. v. dens., Baden-Baden 2007, 7~27.

Koselleck, Reinhart, *Preußen zwischen Reform und Revolution. Allgemeines Landrecht, Verwaltung und soziale Bewegung von 1791 bis 1848,* 3. Aufl., München 1989.

Köstler, Josef, *Grenzen des Kapitalismus in der Forstwirtschaft,* München 1927.

Lévi-Strauss, Claude, Rasse und Geschichte, übers. v. Traugott König, in: *Französische Essays der Gegenwart,* hg. v. Alain Lance u. Maurice Regnaut. Berlin 1985, 254~302.

Li, Xiaorong, Making Sense of the Right to Food, in: *World Hunger and Morality,* hg. v. William Aiken u. Hugh LaFollette, 2. Aufl., Upper Saddle River 1996, 153~70.

Losurdo, Domenico, *Hegel und das deutsche Erbe. Philosophie und nationale Frage zwischen Revolution und Reaktion,* übers. v. Erdmute Brielmayer, Köln 1989.

Hegel und die Freiheit der Modernen, Frankfurt a. M. 2000.

Lübbe-Wolff, Gertrude, Über das Fehlen von Grundrechten in Hegels Rechtsphilosophie. Zugleich ein Beitrag zum Verständnis der historischen Grundlagen des Hegelschen Staatsbegriffs, in: *Hegels Rechtsphilosophie im Zusammenhang der europäischen Verfassungsgeschichte,* hg. v. Otto Pöggeler u. Hans-Christian Lucas, Stuttgart-Bad Cannstatt 1986, 421~46.

Martin, Christian Georg, *Ontologie der Selbstbestimmung. Eine operationale Rekonstruktion von Hegels Wissenschaft der Logik* (Inaugural-Dissertation, Universität München).

Maurer, Reinhart Klemens, *Hegel und das Ende der Geschichte. Interpretationen zur "Phänomenologie des Geistes"*, Stuttgart 1965.

Menegoni, Francesca, Elemente zu einer Handlungstheorie in der 'Moralität', in: *Grundlinien*, hg. v. Ludwig Siep, a.a.O., 125~46.

Merle, Jean-Christophe, Was ist Hegels Straftheorie?, in: *Jahrbuch für Recht und Ethik* 11 (2003), 145~76.

Michelet, Carl Ludwig, *Naturrecht oder Rechts-Philosophie als die praktische Philosophie, enthaltend Rechts-, Sitten und Gesellschaftslehre*, Leipzig 1870.

  Das System der philosophischen Moral mit Rücksicht auf die juridische Imputation, die Geschichte der Moral und das christliche Moralprinzip, Berlin 1828.

Mihm, Stephen u. Nouriel Roubini, *Das Ende der Weltwirtschaft und ihre Zukunft*, Frankfurt a. M./New York 2010.

Mohr, Georg, Unrecht und Strafe (§§82~104, 214, 218~20), in: *Grundlinien*, hg. v. Ludwig Siep, a.a.O., 95~124.

Möllers, Christoph, *Gewaltengliederung – Legitimation und Dogmatik im nationalen und übernationalen Rechtsvergleich*, Tübingen 2005.

  Die drei Gewalten, Weilerswist 2008.

Moretto, Antonio, Die Hegelsche Auffassung des Maßes in der *Wissenschaft der Logik* gemäß der *Lehre vom Sein* von 1832, in: *G. W. F. Hegel: Wissenschaft der Logik*, hg. v. Anton Friedrich Koch u. Friederike Schick, Berlin 2002, 75~98.

Muratori, Cecilia, *Der erste deutsche Philosoph: Hegels Interpretation des spekulativen Mystizismus Jakob Böhmes*, (Diss.), Jena 2009.

  Il Figlio caduto e l'origine del male. Una lettura del §568 dell'Enciclopedia, in: *L'assoluto e il divino. La teologia cristiana di Hegel*, hg. v. Tommaso Pierini et al., *Archivio di Filosofia*, Pisa-Roma 2011.

Nagl-Docekal, Herta, *Liebe in unserer Zeit. Unabgegoltene Elemente der Hegelschen Ästhetik* (미간행 수고).

Neuhouser, Frederick, *Foundations of Hegel's Social Theory: Actualizing Freedom*, Cambridge 2000.

Neuweiler, Gerhard, *Und wir sind es doch–die Krone der Evolution*, Berlin 2008.

Nicolin, Günther (Hg.), *Hegel in Berichten seiner Zeitgenossen*, Hamburg 1971.

Nussbaum, Martha C., *Gerechtigkeit oder Das gute Leben*, Frankfurt a. M. 1999.

  Die Grenzen der Gerechtigkeit. Behinderung, Nationalität und Spezieszugehörigkeit, Berlin 2010.

Nuzzo, Angelica, Freedom in the Body: The Body as Subject of Rights and Object of Property in Hegel's 'Abstract Right', in: *Beyond Liberalism and Communitarianism. Studies in Hegel's Philosophy of Right*, hg. v. Robert R. Williams, New York 2001, 111~24.

Oehler-Klein, Sigrid, *Die Schädellehre Franz Joseph Galls in Literatur und Kritik des 19. Jahrhunderts: zur Rezeptionsgeschichte einer medizinisch-biologisch begründeten Theorie der Physiognomik und Psychologie*, Soemmerring-Forschungen, Bd. 8, Stuttgart/New York 1990.

Ottmann, Henning, Die Weltgeschichte (§§341~60), in: *Grundlinien*, hg. v. Ludwig Siep, a.a. O., 267~86.

Pawlik, Michael, *Person, Subjekt, Bürger. Zur Legitimation von Strafe*, Berlin 2004.

Peperzak, Adriaan, Hegel contra Hegel in his Philosophy of Right: The Contradictions of International Politics, in: *Journal of the History of Philosophy* 32 (1994), 241~64.

Petersen, Thomas, *Subjektivität und Politik. Hegels ,Grundlinien der Philosophie des Rechts als Reformulierung des 'Contrat Social' Rousseaus*, Frankfurt a. M. 1992.

Widerstandsrecht und Recht auf Revolution in Hegels Rechtsphilosophie, in: *Archiv für Rechts- und Sozialphilosophie* 82 (1996), 472~84.

Pierini, Tommaso, *Theorie der Freiheit. Der Begriff des Zwecks in Hegels Wissenschaft der Logik*, München u.a. 2006.

Die Beobachtung der Natur, in: *Phänomenologie*, hg. v. Klaus Vieweg u. Wolfgang Welsch, a.a.O., 311~24.

Pinkard, Terry, Der sich selbst vollbringende Skeptizismus und das Leben in der Moderne, in: *Skepsis und literarische Imagination*, hg. v. Bernd Hüppauf u. Klaus Vieweg, München 2003, 45~62.

German Philosophy 1760 ~1860. The Legacy of Idealism, Cambridge 2002.

Pippin, Robert B., *Hegel's Practical Philosophy. Rational Agency as Ethical Life*, Cambridge 2008.

Idealism as Modernism: Hegelian Variations, Cambridge 1997.

Die Verwirklichung der Freiheit. Der Idealismus als Diskurs der Moderne, Frankfurt a.M./New York 2005.

Hegel's practical philosophy: the realization of freedom in: *The Cambridge Companion to German Idealism*, hg. v. Karl Ameriks, Cambridge 2000, 180~99.

Platzeck, Matthias, *Zukunft braucht Herkunft. Deutsche Fragen, ostdeutsche Antworten*, Hamburg 2009.

Pogge, Thomas, *World Poverty and Human Rights. Cosmopolitan Responsibilities and Reforms*, Cambridge 2002.

Real World Justice, in: *Journal of Ethics* 9/1~2 (2005), 29~53.

Anerkannt und doch verletzt durch internationales Recht: Die Menschenrechte der Armen, in: *Weltarmut und Ethik*, hg. v. Barbara Bleisch u. Peter Schaber, a.a.O., 95~138.

Poynter, John Riddoch, *Society and Pauperism. English Ideas on Poor Relief, 1795 ~1834*, London 1969.

Prantl, Heribert, *Der Terrorist als Gesetzgeber. Wie man mit Angst Politik macht*, München 2008.

Quante, Michael, *Einführung in die allgemeine Ethik*, 3. Aufl., Darmstadt 2008.

Hegels Begriff der Handlung, Stuttgart-Bad Cannstatt 1993.

'Die Vernunft unvernünftig aufgefaßt'. Hegels Kritik der beobachtenden Vernunft, in: *Phänomenologie*, hg. v. Klaus Vieweg u. Wolfgang Welsch, a.a.O., 325~49.

'Die Persönlichkeit des Willens' als Prinzip des abstrakten Rechts. Eine Analyse der begriffslogischen Struktur der §§34~40 von Hegel *Grundlinien der Philosophie des Rechts*, in: *Grundlinien*, hg. v. Ludwig Siep, a.a.O., 73~94.

Hegel's Planning Theory of Agency, in: *Hegel on Action*, hg. v. Arto Laitinen u. Constantine Sandis, Houndmills/Basingstoke 2011, 212~31.

Die Wirklichkeit des Geistes. Studien zu Hegel, Berlin 2011.

Ranke, Leopold von, *Zur Kritik neuerer Geschichtsschreiber. Eine Beylage zu desselben romanischen und germanischen Geschichten*, Leipzig/Berlin 1824.

Rawls, John, Two Concepts of Rules, in: *The Philosophical Review* (64) 1955, 3~32.

Das Recht der Völker, übers. v. Wilfried Hinsch, Berlin/New York 2002.

Regan, Tom, *The Case for Animal Rights*, Los Angeles 1983.

Riedel, Manfred, *Bürgerliche Gesellschaft und Staat: Grundprobleme und Struktur der Hegelschen Rechtsphilosophie*, Neuwied/Berlin 1970.

(Hg.), *Materialien zu Hegels Rechtsphilosophie*, 2 Bde., Frankfurt a. M. 1975.

Zwischen Tradition und Revolution. Studien zu Hegels Rechtsphilosophie, Frankfurt 1982.

Die Rezeption der Nationalökonomie, in: ders., *Zwischen Tradition und Revolution. Studien zu Hegels Rechtsphilosophie*, Frankfurt 1982, 75~99.

Ritter, Joachim, *Hegel und die französische Revolution*, Frankfurt a. M. 1972.

Person und Eigentum. Zu Hegels *Grundlinien der Philosophie des Rechts* (§§34~81), in: *Grundlinien*, hg. v. Ludwig Siep, a.a.O., 55~72.

Rosa, Hartmut, *Beschleunigung. Die Veränderung der Zeitstrukturen in der Moderne*, Frankfurt a. M. 2005.

Rosenberg, Alfred, *Der Mythus des 20. Jahrhunderts*, München 1930.

Rozsa, Erzsebet, *Hegels Konzeption praktischer Individualität*, hg. v. Kristina Engelhard u. Michael Quante, Paderborn 2007.

Ruda, Frank, *Hegels Pöbel. Eine Untersuchung der Grundlinien der Philosophie des Rechts*, Konstanz 2011.

Samjatin, Jewgenij, *Wir*, übers. v. Thomas Reschke, Chemnitz 1994.

Sans, Georg, *Die Realisierung des Begriffs. Eine Untersuchung zu Hegels Schlusslehre*, Berlin 2004.

Hegels Schlusslehre als Theorie des Begriffs, in: *Hegels Lehre vom Begriff, Urteil und Schluss*, hg. v. Andreas Arndt et al., a.a.O., 216~32.

Hegels Begriff der Offenbarung als Schluss von drei Schlüssen, in: *L'assoluto e il divino. La teologia cristiana di Hegel*, hg. v. Tommaso Pierini et al., *Archivio di Filosofia*, Pisa-Roma 2011.

Schäfer, Rainer, Hegels identitätstheoretische Deutung des Urteils, in: *Hegels Lehre vom Begriff, Urteil und Schluss*, hg. Andreas Arndt et al., a.a.O., 48~68.

Scheier, Claus-Artur, *Hegel: Die Moralität. Dokumente zum Kapitel Moralität* (미간행 수고).

Schick, Friedrike, Die Urteilslehre, in: *G. W. F. Hegel. Wissenschaft der Logik*, hg. v. Anton Friedrich Koch u. dies., Berlin 2002, 203~24.

Schild, Wolfgang, Menschenrechtsethos und Weltgeist. Eine Hegel-Interpretation, in: *Würde und Recht des Menschen*, hg. v. Heiner Bielefeldt, Walter Brugger u. Klaus Dicke, Würzburg 1992, 199~222.

Hegels Lehre vom Notrecht, in: *Die Rechtsphilosophie des deutschen Idealismus*, hg. v. Vittorio Hösle, Hamburg 1989, 146~63.

Schmidt am Busch, Hans-Christoph, *Hegels Begriff der Arbeit*, Berlin 2002.

"*Anerkennung*" *als Prinzip der Kritischen Theorie*, Berlin/New York 2011.

Schmidt, Steffen, *Hegels System der Sittlichkeit*, Berlin 2007.

Schmitt, Carl, *Staat, Bewegung, Volk: die Dreigliederung der politischen Einheit*, Hamburg 1933.

Schnädelbach, Herbert, *Hegels praktische Philosophie. Ein Kommentar der Texte in der Reihenfolge ihrer Entstehung*, in: *Hegels Philosophie*, hg. v. ders., Bd. 2., Frankfurt a. M. 2000.

Die Verfassung der Freiheit (§§272~340), in: *Grundlinien*, hg. v. Ludwig Siep, a.a.O., 243~66.

Schulze, Gottlob Ernst, Ueber Galls Entdeckungen die Organe des Gehirns betreffend, in: *Chronik des neunzehnten Jahrhunderts*, hg. v. Gabriel G. Bredow, Bd. 2, Altona 1807, 1121~1152.

Schwägerl, Christian, *Menschenzeit. Zerstören oder gestalten? Die entscheidende Epoche unseres Planeten*, München 2010.

Seidel, Wolfgang, *Die alte Schachtel ist nicht aus Pappe. Was hinter unseren Wörtern steckt*, München 2007.

Shesol, Jeff, *Supreme Power. Franklin Roosevelt vs. The Supreme Court*, London/New York 2010.

Shue, Henry, Solidarity among Strangers and the Right to Food, in: *World Hunger and Morality*, hg. v. William Aiken u. Hugh LaFollette, 2. Aufl., Upper Saddle River 1996, 113~32.

Siep, Ludwig, *Praktische Philosophie im Deutschen Idealismus*, Frankfurt a. M. 1992.

Aktualität und Grenzen der praktischen Philosophie Hegels, München 2010.

Anerkennung als Prinzip der praktischen Philosophie. Untersuchungen zu Hegels Jenaer Philosophie des Geistes, Freiburg/München 1979.

Leiblichkeit, Selbstgefühl und Personalität in Hegels Philosophie des Geistes, in: ders., *Praktische Philosophie*, a.a.O., 195~216.

Hegels Theorie der Gewaltenteilung, in: ders., *Praktische Philosophie*, a.a.O. 1992, 240~69.

(Hg.), *G. W. F. Hegel: Grundlinien der Philosophie des Rechts*, Berlin 1997.

Was heißt 'Aufhebung der Moralität in Sittlichkeit' in Hegels Rechtsphilosophie?, in: HST 17 (1982), 75~96.

Das Recht als Ziel der Geschichte. Überlegungen im Anschluß an Kant und Hegel, in: *Das Recht der Vernunft. Kant und Hegel über Denken, Erkennen und Handeln*, hg. v. Christel Fricke, Peter König u. Thomas Petersen, Stuttgart-Bad Cannstatt 1995, 355~79.

Intersubjektivität, Recht und Staat in Hegels 'Grundlinien der Philosophie des Rechts', in: *Hegels Rechtsphilosophie*, hg. v. Dieter Henrich u. Rolf-Peter Horstmann, a.a.O., 255~76.

Kehraus mit Hegel? Zu Ernst Tugendhats Hegel-Kritik, in: *Zeitschrift für philosophische Forschung* 35/3 (1981), 518~31.

Ist Hegels Staat ein christlicher Staat?, in: ders., *Aktualität*, a.a.O., 93~114.

Spahn, Christian, *Lebendiger Begriff. Begriffenes Leben. Zur Grundlegung der Philosophie des Organischen bei G. W. F. Hegel*, Würzburg 2007.

Stekeler-Weithofer, Pirmin, Warum ist der Begriff sowohl Urteil als auch Schluss?, in: *Hegels Lehre vom Begriff, Urteil und Schluss*, hg. v. Andreas Arndt et al., a.a.O., 24~47.

Stewart, Jon Bartley (Hg.), *The Hegel Myths and Legends*, Evanston 1996.

Stiglitz, Joseph, *Im freien Fall: vom Versagen der Märkte zur Neuordnung der Weltwirtschaft*, München 2010.

Sunstein, Cass R. u. Martha C. Nussbaum (Hg.), *Animal rights: Current Debates and new directions*, Oxford 2004.

Taylor, Charles, *Multikulturalismus und die Politik der Anerkennung*, übers. v. Reinhard Kaiser, Frankfurt a. M. 1993.

Ten, Chin Liew, *Crime, Guilt, and Punishment: a philosophical introduction*, Oxford 1987.

Thaulow, Gustav, *Hegel's Ansichten über Erziehung und Unterricht*, Kiel 1854, Nachdruck Glashütten im Taunus 1974.

Theunissen, Michael, Die verdrängte Intersubjektivität in Hegels Philosophie des Rechts, in: *Hegels Rechtsphilosophie*, hg. v. Dieter Henrich u. Rolf-Peter Horstmann, a.a.O., 317~81.

Tubbs, Nigel: *Education in Hegel*, London/New York 2008.

Varnhagen von Ense, Karl-August, *Tagebücher*, zit. nach: *Schelling im Spiegel seiner Zeitgenossen*, hg. v. Xavier Tilliette, Torino 1974~81.

Vieweg, Klaus, *Philosophie des Remis. Der junge Hegel und das "Gespenst des Skepticismus"*, München 1999.

　Skepsis und Freiheit. Hegel über den Skeptizismus zwischen Philosophie und Literatur, München 2007.

　Il pensiero della libertà, Pisa 2007.

　La idea de la libertad. Contribuciones a la filosofía práctica de Hegel, Mexico D. F. 2010.

　Georg Wilhelm Friedrich Hegel. Die Philosophie der Geschichte (Hg.), München 2005.

　Hegels Jenaer Naturphilosophie (Hg.), München 1998.

　Inventions of the Imagination, hg. v. Richard T. Gray, Klaus Vieweg et al., Seattle 2011.

　Hegels Phänomenologie des Geistes. Ein kooperativer Kommentar zu einem Schlüsselwerk der Moderne (Hg. Klaus Vieweg u. Wolfgang Welsch), Berlin 2008.

　Das Interesse des Denkens. Hegel aus heutiger Sicht (Hg. Wolfgang Welsch und Klaus Vieweg), München 2003.

　L'assoluto e il divino. La teologia cristiana di Hegel (Hg. Tommaso Pierini, Georg Sans, Pierluigi Valenza u. Klaus Vieweg), *Archivio di Filosofia*, Pisa-Roma 2011.

　Gegen das unphilosophische Unwesen. Das Kritische Journal der Philosophie von Schelling und Hegel (Hg.), Würzburg 2002.

　Die freie Seite der Philosophie. Skeptizismus in Hegelscher Perspektive (Hg. Brady Bowman u. klaus Vieweg), Würzburg 2006.

　Hegel und Nietzsche. Eine literarisch-philosophische Begegnung (Hg. Klaus Vieweg u. Richard

T. Gray), Weimar 2007.

Bildung und Freiheit (Hg. Eberhard Eichenhofer und Klaus Vieweg), Würzburg 2010.

Das geistige Tierreich oder das schlaue Füchslein—Zur Einheit von theoretischer und praktischer Vernunft in Hegels *Phänomenologie des Geistes*, in: HST Beih. 50 (2008), 206~18.

Das Prinzip Anerkennung in Hegels universalistischer Theorie des äußeren Staatsrechts, in: *Metaphysik der praktischen Welt. Perspektiven im Anschluß an Hegel und Heidegger*, hg. v. Andreas Großmann u. Christoph Jamme, Amsterdam/Atlanta 2000, 23~40.

Pyrrho and the Wisdom of the Animals, in: *Wisdom and Academic Education*, hg. v. Filip Buekens, Tilburg 2006.

Gegen eine 'in Puncte zersprungene Geschichte', Zur Debatte um das Verständnis des Historischen in den Jahrbüchern für wissenschaftliche Kritik (1827~1832), in: *Die "Jahrbücher für wissenschaftliche Kritik", Hegels Berliner Gegenakademie*, hg. v. Christoph Jamme, Stuttgart 1994, 489~504.

Zum Stellenwert der Natur in Hegels praktischer Philosophie, in: *Nach der Natur – After Nature. Limbus. Australisch-deutsches Jahrbuch für germanistische Literatur- und Kulturwissenschaft*, hg. v. Franz-Josef Deiters et al., Bd. 3., Freiburg u.a. 2010.

Der Anfang der Philosophie—Hegels Aufhebung des Pyrrhonismus, in: *Das Interesse des Denkens. Hegel aus heutiger Sicht*, a.a.O., 131~46.

Solus ipse—Skeptizismus und Solipsismus, in: ders., *Skepsis und Freiheit. Hegel über den Skeptizismus zwischen Philosophie und Literatur*, a.a.O., 69~84.

Religion und absolutes Wissen. Der Übergang von der Vorstellung zum Begriff, in: *Phänomenologie*, hg. v. Klaus Vieweg u. Wolfgang Welsch, a.a.O., 581~600.

The Gentle Force over the Pictures. Hegels on Imagination, in: *Inventions of the Imagination*, hg. v. Richard T. Gray et al., Seattle 2011.

Ironie und absolute Religion, in: *L'assoluto e il divino. La teologia cristiana di Hegel*, a.a.O.

El gran teatro del mundo. Hegels Philosophie der Weltgeschichte als denkende Betrachtung menschlichen Geschehens in vernünftiger, freiheitlicher und weltbürgerlicher Absicht, in: ders., *Skepsis und Freiheit. Hegel über den Skeptizismus zwischen Philosophie und Literatur*, a.a.O., 237~56.

El principio de reconocimiento en la teoria filosofica del derecho politico externo de Hegel, in: *Anales del Seminario de Historia de la Filosofia* 13 (1996), übers. v. Antonio Gómez Ramos, 181~208.

Wandschneider, Dieter, Die Möglichkeit von Wissenschaft. Ontologische Aspekte der Naturforschung, in: *Philosophia Naturalis* 22 (1985), 200~13.

Elementare Formen des Psychischen. Eine systemtheoretische Skizze im Anschluss an Hegels Deutung des Organismus, in: *Bewusstsein zwischen Natur und Geist*, hg. v. ders. u. Wolfgang Lenski, Würzburg 2010.

Naturphilosophie, Bamberg 2008.

Waszek, Norbert, *The Scottish Enlightenment and Hegel's Account of 'Civil Society'*, Dordrecht u.a. 1988.

Der junge Hegel und die 'querelle des anciens et des modernes': Ferguson, Garve, Hegel in: *Idealismus mit Folgen. Die Epochenschwelle um 1800 in Kunst und Geisteswissenschaften*, hg. v. Hans-Jürgen Gawoll und Christoph Jamme, München 1994, 37~46.

Zwischen Vertrag und Leidenschaft. Hegels Lehre von der Ehe und die Gegenspieler: Kant und die Frühromantiker (Schlegel, Schleiermacher), in: *Gesellschaftliche Freiheit und vertragliche Bindung in Rechtsgeschichte und Philosophie*, hg. v. Jean-François Kervégan u. Heinz Mohnhaupt. Frankfurt a. M. 1999, 271~99.

Weber, Martin, *Zur Theorie der Familie in der Rechtsphilosophie Hegels*, Berlin 1986.

Welsch, Wolfgang, *Vernunft. Die zeitgenössische Vernunftkritik und das Konzept der transversalen Vernunft*, Frankfurt a. M. 1996.

Zwei Probleme in Hegels Idealismus, in: *Das Interesse des Denkens. Hegel aus heutiger Sicht*, a. a. O., 247~82.

Alte und neue Gemeinsamkeiten der Menschen, in: *Universalismus*, hg. v. Klaus Vieweg, Weimar 2011, 14~34.

Wende, Peter, Die Diskussion der Reformvorschläge im britischen Parlament, in: *Politik und Geschichte*, hg. v. Christoph Jamme et al., a.a.O., 41~60.

Westphal, Kenneth R., Metaphysische und pragmatische Prinzipien in Kants Lehre von der Gehorsamspflicht gegen den Staat, in: *Recht, Staat und Völkerrecht bei Immanuel Kant*, hg. v. Dieter Hüning u. Burkhard Tuschling, *Schriften zur Rechtstheorie* 186, Berlin 1998, 171~202.

Wild, Markus, *Tierphilosophie zur Einführung*, Hamburg 2008.

Winkler, Michael, Erziehung—ein Verhängnis? Heydorn und Hegel über Grundlagen der Pädagogik, in: *Neue Praxis* 1/38 (2008), 110~19.

Anerkennung des Lebens—Denken des anderen. Pädagogische Anregungen im Jenaer Werk Hegels, in: *Erziehungswissenschaft oder Pädagogik?*, hg. v. Winfried Böhm u. Angelika Wenger-Hadwig, Würzburg 1998, 145~64.

Wirsching, Andreas, Das englische Armenrecht vor 1834, in: *Politik und Geschichte*, hg. v. Christoph Jamme et al., a.a.O., 23~28.

Das Problem der Repräsentation im England der Reformbill und in Hegels Perspektive, in: *Politik und Geschichte*, hg. v. Christoph Jamme et al., a.a.O., 105~26.

Wolf, Jean-Claude, *Verhütung oder Vergeltung? Einführung in ethische Straftheorien*, Freiburg 1992.

Wolf, Ursula (Hg.), *Texte zur Tierethik*, Stuttgart 2008.

Wolff, Michael, Hegels staatstheoretischer Organizismus. Zum Begriff und zur Methode der Hegelschen 'Staatswissenschaft', in: HST 19 (1985), 147~77.

Das Körper-Seele Problem. Kommentar zu Hegel, Enzyklopädie (1830), §389, Frankfurt a. M. 1991.

Moral in der Politik. Garve, Kant, Hegel (미간행 수고).

Wood, Allen W., Hegel's Critique of Morality (§129~141), in: *Grundlinien*, hg. v. Ludwig Siep, a.a.O., 147~66.

Hegel on Education, in: *Philosophy as Education*, hg. v. Amélie O. Rorty, London 1998, 300~17.

Zander, Folko, *Anerkennung als Moment von Hegels Freiheitsbegriff* (미간행 수고).

신문기사

Bernstein, J. M., *Hegel on Wall Street*, in: *New York Times*, 03.10.2010.

Gespräch mit Kenneth Rogoff, in: *Süddeutsche Zeitung*, 01.12.2009.

Grefe, Christiane, Der Anwalt der Hungernden, in: *Die Zeit*, 04.03.2010.

Habermas, Jürgen, *Die Freiheit, die wir meinen*, in: *Der Tagesspiegel*, 14.11.2004.

Jessen, Jens, *Jetzt heißt es betteln lernen*, in: *Die Zeit*, 21.01.2010.

Kammertöns, Hanns-Bruno u. Stephan Lebert, *Manchmal könnte ich schreien. Gespräch mit Hans Joachim Schellnhuber*, in: *Die Zeit*, 26.03.2009.

Prinz, Wolfgang, *Im Nebelgebiet des Geistes*, in: *Die Zeit*. 05.06.2008.

Schmidt, Helmut, *Der Markt ist keine sichere Bank*, in: *Die Zeit*, 25.09.2008.

Sommer, Theo, *Der eitle Traum vom Frieden*, in: *Die Zeit*, 28.04.1995.

Tomuschat, Christian, *Die Karlsruher Republik*, in: *Die Zeit*, 12.05.2010.

약어

헤겔 전집 및 단행본

TWA Georg Wilhelm Friedrich Hegel. Werke in zwanzig Bänden. Theorie Werkausgabe. Auf der Grundlage der Werke von 1832~1845 neue edierte Ausgabe. Redaktion Eva Moldenhauer und Karl Markus Michel. Frankfurt a. M. 1969ff. (주어캄프판 전집).

GW Georg Wilhelm Friedrich Hegel. Gesammelte Werke. In Verbindung mit der Deutschen Forschungsgemeinschaft hg. von der Nordrhein-Westfälischen Akademie der Wissenschaften, Hamburg 1968ff. (비평본 전집).

PhG Phänomenologie des Geistes (정신현상학, TWA 3).

WdL Wissenschaft der Logik (논리학, TWA 5~6).

RPh Grundlinien der Philosophie des Rechts oder Naturrecht und Staatswissenschaft im Grundrisse (법철학, TWA 7).

Enz Enzyklopädie der philosophischen Wissenschaften (엔치클로페디, TWA 8~10).

PhilG Vorlesungen über die Philosophie der Geschichte (역사철학강의 , TWA 12).

Ästh Vorlesungen über die Ästhetik (미학강의, TWA 13~15).

PhRel Philosophie der Religion (종교철학, TWA 16~17).

GdPh Vorlesungen über die Geschichte der Philosophie (역사철학강의, TWA 18~20).

법철학 강의노트

Hom 호마이어 (C. G. Homeyer)의 노트

Der objektive Geist. Aus der Heidelberger Enzyklopädie 1817. Naturrecht und Staatswissenschaft nach der Vorlesungsmitschrift von C. G. Homeyer. Mit Hegels Vorlesungsnotizen 1818~1819. In: Georg Wilhelm Friedrich Hegel: Vorlesungen über Rechtsphilosophie 1818~1831, ed. u.

komm. v. Karl-Heinz Ilting, 4 Bde., Stuttgart-Bad Cannstatt 1973ff. (Ilting Bd. 1).

Ho 호토(H. G. Hotho)의 노트

Philosophie des Rechts. Nach der Vorlesungsnachschrift von H. G. Hotho 1822/23, in:
Ilting, Bd. 3.

Gr 그리스하임(K. G. v. Griesheim)의 노트

Philosophie des Rechts. Nach der Vorlesungsnachschrift K. G. v. Griesheims 1824/24, in:
Ilting Bd. 4.

Str 슈트라우스(D. F. Strauß)의 노트

Philosophie des Rechts. Nach der Vorlesungsmitschrift von D. F. Strauß 1831 mit Hegels
Vorlesungsnotizen, in: Ilting Bd. 4.

Wan 반넨만(P. Wannenmann)의 노트

Vorlesungen über Naturrecht und Staatswissenschaft Heidelberg 1817/18 mit Nachträgen
aus der Vorlesung 1818/19. Nachgeschrieben von P. Wannenmann, hg. v. C. Becker et al.,
eingel. v. Otto Pöggeler, Hamburg 1983.

Bl 블루밍턴(Bloomington)의 노트

Philosophie des Rechts. Die Vorlesung von 1819/20 in einer Nachschrift, hg. v. Dieter
Henrich, Frankfurt a.M. 1983 (Nachschrift Bloomington).

Rin 링기어(J. R. Ringier)의 노트

Vorlesungen über die Philosophie des Rechts. Berlin 1819/1820. Nachgeschrieben von J.R.
Ringier, hg. v. E. Angehrn, M. Bondeli und H.N. Seelmann, Hamburg 2000.

Hey 하이세(K. L. Heyse)의 노트

Philosophie des Rechts. Nachschrift der Vorlesung von 1822/23 von K. L. Heyse, hg. v. E.
Schilbach, Frankfurt a.M. 1999.

Kiel 킬(Kiel)의 노트

Die Philosophie des Rechts. Vorlesungen von 1821/22, hg. v. Hansgeorg Hoppe, Frankfurt
a.M. 2005.
(Nachschrift Kiel).

칸트 전집 및 단행본

AA Kant's Gesammelte Schriften (Akademie-Ausgabe). Herausgegeben von der Königlich
Preußischen Akademie der Wissenschaften, Berlin 1902ff. (전집).

GMS Grundlegung zur Metaphysik der Sitten (도덕형이상학).

KdpV Kritik der praktischen Vernunft) (실천이성비판).

KrV A Kritik der reinen Vernunft (Erstauflage 1781) (순수이성비판 초판).

KrV B Kritik der reinen Vernunft (Zweitauflage 1787) (순수이성비판 재판).

MdS Metaphysik der Sitten (도덕형이상학).

KdU Kritik der Urteilskraft (판단력비판).

1. 헤겔 『법철학』에 대한 일반적 평가

근대철학의 완성자이자 체계로서의 철학을 주장한 최후의 철학자로 평가되는 게오르크 빌헬름 프리드리히 헤겔(Georg Wilhelm Friedrich Hegel, 1770~1831)의 주요 작품으로 사람들은 대체로 『정신현상학』(1807)과 『논리학』(1817)을 꼽는다. 사실 이들 저작은 헤겔이 출판을 목적으로 저술한, 즉 체계적인 서술양식을 갖춘 그의 몇 안 되는 작품에 속할 뿐만 아니라 사변적 심오함과 내용의 방대함에서 그런 평가를 받을 자격이 충분하다. 하지만 어떤 철학자들, 예긴대 생존하고 있는 최고의 헤겔 전문가로 평가되는 디터 헨리히(Dieter Henrich)는 다른 시각에서 헤겔의 『법철학』(1821)이야말로 이후 서구 세계에 지적으로, 그리고 현실적으로 가장 강력한 영향을 주었다고 평가한다. 오늘날 사회정치철학의 중요한 한 분야인 시민사회이론, 현대의 위대한 유산인 자유주의와 공화주의의 한계와 이를 극복하기 위한 노력으로서의 사회적 국가의 이념, 20세기 세계사의 중심에 있던 마르크스의 사회주의 등이 그 기원을 헤겔에 두고 있다는 이유에서이다.

헤겔의 많은 저작, 예컨대『종교철학』,『미학』,『철학사』등이 그러하
듯『법철학』역시 자신의 강의를 묶어놓은 것이다. 헤겔은『법철학』저
서 출간을 요청받고 강의안을 기초로 체계적인 저술을 계획했지만, 그
방대함과 지난한 과정을 이유로 포기하고 자신의 강의노트에 주석을 달
고 긴 서문을 추가하는 식의 타협안으로 지금의『법철학』을 출판하였다.
간단한 주제들만을 나열하고 있는 자신의 강의노트는 주석을 참고한다
고 하더라도 상세한 내용과 논리적 연관성 등을 찾기 어려운 경우가 많
다. 헤겔은 자신의 법철학이『논리학』을 기초로 하고 있음을 서문에서
밝히고 있으며, 상세한 사항에 대한 해명을 위해 이 저작을 참고할 것을
권한다.

　　하지만『논리학』자체가 이해하기 어려울 뿐만 아니라『논리학』을 이
저작에서 어떻게 적용할 것인지에 대한 문제도 항상 제기되었다.『법철
학』에 대한 풍부하고 올바른 이해를 위해 당시 헤겔에게 강의를 들었던
학생들의 강의노트가 주목을 받는 이유이며, 과거 헤겔 자신이 수행한
사회정치철학 관련 글이나 강의 등에 주목하는 이유이기도 하다.

　　헤겔『법철학』의 이런 구성으로 인해 이해의 어려움이 있을 뿐만 아니
라 심지어 엄청난 오해와 곡해를 불러일으켰다. 예컨대 인류 최악의 범
죄로 기록된 20세기 두 차례의 세계대전의 중심에 있던 독일의 전체주
의의 뿌리를 찾으려는 일단의 서구 지식인들은 헤겔 철학에서 그 특성
을 보고자 한다. 대표적으로 칼 포퍼(Karl Popper)는『열린사회와 그 적
들』(1945)에서 이상적 사회인 열린사회의 대척점에 폐쇄사회를 두고 있
는데, 폐쇄사회에 극좌와 극우의 전체주의를 배치한다. 그리고 열린사회
의 적으로 헤겔은 극우전체주의(나치즘)를, 카를 마르크스(Karl Marx)는
극좌전체주의(스탈린주의)를 대변하는 것으로 그린다. 이러한 해석은 이
후 헤겔을 전체주의, 국가주의, 인종주의로 해석하는 한 전형을 이루면
서 재생산된다. 사실 헤겔 철학의 겉면만 슬쩍 보더라도 이런 해석이 얼
마나 오해이자 심지어 왜곡인지를 금방 알 수 있다. 헤겔『법철학』의 핵
심 내용을 간략히 살펴보고자 한다.

2. 법철학의 대상 및 주제: 의지, 법(/권리), 자유

헤겔『법철학』의 주제는 법(권리, Recht)이다. 여기서 법으로 번역된 'Recht'(영어로는 'right'로도, 'law'로도 번역된다)는 가장 넓은 의미에서 '옳음'을 의미한다. 이론철학이 진리의 문제에 의해 인도된다면, 실천철학은 옳음의 문제에 의해 인도된다. 예컨대 "그 행위는 옳아(recht)"라고 말해야지, "그 행위는 참(wahr)이야"라고 말할 경우 어딘지 어색하다. 이것은 옳음의 문제가 진리문제, 즉 대상과의 일치문제가 아니라 사회적 규범과의 일치문제임을 시사한다. 이론철학이 존재의 이성적 필연성, 즉 진리를 추구한다면, 실천철학은 당위의 이성적 필연성, 즉 옳음을 추구한다. 헤겔이 자연의 법칙과 법(권리)의 법칙을 구별하면서 자연에 대해서는 이성적 필연성을 추구하면서 인륜적 세계, 법(권리)의 세계에 대해서는 그렇지 않은 것을 한탄한 이유가 여기에 있다.

> 자연에 관해 말하자면 철학은 있는 그대로의 것을 인식하는 것이다. (……) 자연에 대한 앎은 자연 속에 현전하는 현실적 이성, 말하자면 표면적으로 드러난 어떤 형태나 우연적인 것이 아닌 자연의 영원한 조화를 (……) 개념적으로 파악한 것이다. 이에 반해 인륜적 세계에 대해서는 (……) 실제로 이 지반 위에서 힘과 위력을 지니고 자기를 고수하며 거기에 내재하는 것이 이성이라는 사실을 인정받고 있지 못하다(『법철학』, S. 15).

헤겔은 법(권리) 개념으로 자연과 구분되는 정신의 세계 전체를 아우른다. 즉 그것은 좁은 의미의 법뿐만 아니라 도덕과 인륜의 세계 전체를 포괄한다. "자유야말로 법의 실체와 사명을 이루며, 또한 법의 체계(System des Rechtes)는 실현된 자유의 왕국이다"(『법철학』, §4). 말하자면 법철학은 정신의 영역, 그것도 이론이성이 아닌 실천이성, 즉 의지(Wille)의 전체 영역, '자유에 관한 모든 규정의 현존재'(§486)를 다룬다. 우리는 여기서 법의 체계가 좁은 의미의 법의 영역, 즉 법률의 체계가 아님을 알 수 있다. 그것은 객관정신, 말하자면 실천이성의 세계 전체에서 일어나는 현상을 지칭한다. 그가 법철학의 이름으로 좁은 의미의 법(즉 추상법)뿐만 아니라 도덕과 인륜적 제도(가족, 사회, 국가) 전체를 다루는 이유는 여기에 있다. 그의 『법철학』은 인간의 실천적 삶의 영역 전체, 즉 개인적 영역, 가족 영역, 사회 영역, 국가 영역, 나아가 세계사 모두를 포괄한다는 점에서 '법철학'이라는 제목보다 '실천철학'이라는 제목이 더 어울릴지도 모르겠다.

그런데 헤겔은 실천이성, 즉 의지의 내적 본성을 '자유'라고 말한다. "그는 의지가 강한 사람이다"라는 말은 그가 어떤 강제에 구속되지 않고 자신의 의사에 따라 행동하는 자임을 말하듯이, 의지에 따른 행동이란 외적·내적 강제 없이 스스로 하는 행위를 의미한다. "의지는 어떤 다른 것, 외적인 것, 낯선 것에 의지하지 않고 (……) 오직 자기 자신에 의지할 경우에만 자유롭다." 따라서 실천이성이 옳음의 문제를 다룬다면 의지에 따르는 행위만이 진정한 의미에서 옳다(recht). 의지의 본성은 자유이며, 자유는 모든 옳음(Recht, 법, 권리)의 본질이 된다. 혹은 법, 권리는 자유의 다른 표현이다. 따라서 하고자 하는 모든 것을 하는 것이 자유가 아니라 옳은 것(Recht)을 수행하는 것, 즉 권리를 따르는 것이 곧 자유이다. 오늘날 자유의 이름으로 수행되는 권리를 짓밟은 언행은 자유와 권리의 관계를 전혀 이해하지 못한 처사이다. 권리에 반하는 행위는 자유의 이름을 가질 자격이 없다. 권리와 자유가 헤겔에게서 등가로 간주되는 이유이다.

그런데 의지가 자유를 본질로 갖는다는 것은 의지가 '자의'(Willkür)가 아님을 의미한다. 자의로 행위한다는 것은 "행위주체가 원하는 것을 마음대로 선택한다"라는 것으로, 사실 고전적 자유주의자들의 자유 개념과 연결되어 있다. 하지만 우리가 하고자 하는 대부분의 것은 내적·외적 강제가 섞여 있음을 확인할 수 있다. 예컨대 특정한 음식을 선택하는 행위는 내가 선택하지 않은 배고픔이라는 내적 강제에 어느 정도는 순응하는 행위이다. 그런 점에서 자의는 엄격한 의미에서 자기규정(자유)의 능력을 가질 수 없으며, 적어도 어느 정도는 내적·외적 강제에 순응하는 것이다. 그것은 의지의 입장에서 보면, 자유의 그림자일 뿐이다. 자유의 지에 따른 행동이란 전통(외적 강제)이나 자연(본성, 내적 강제)에 의하지 않고 순수하게 이성에 의해, 사유에 의해 행동할 때 나타난다. 그가 『철학사』 강의에서 자유와 사유를 등치시킨 이유가 바로 그것이다.

> 자유는 엄밀히 말해서 사유 그 자체이다. 사유를 부정하면서 자유를 말하는 사람은 누구나 자신이 말하고 있는 것을 알지 못한다. 사유의 자기 자신과의 통일은 자유, 자유의지이다. 의지는 사유하는 의지일 때만 자유롭다(『철학사』, S. 528f.).

헤겔의 이러한 표현은 헤겔이 자기소유(Selbsteigentum)로서의 자유를 말하는 자유주의자들이 아니라 자율성(Autonomie)으로서의 자유를 말하는 장-자크 루소(Jean-Jacques Rousseau)와 이마누엘 칸트(Immanuel Kant)의 전통에 서 있음을 보여 준다. 의지와 사유, 혹은 이성의 이러한 일치는 '법(/권리)의 토대'(Boden des Rechtes, §4)가 되는 의지가 이성적임을, 법철학의 대상이 되는 모든 인륜적 체계와 제도가 그 본질을 합리적 의지, 즉 자유에 두고 있음을 드러내기 위한 예비 작업이다.

헤겔은 『법철학』 초반부를 '추상법'과 '도덕법'의 분석에 할애한다. 그 이후 '인륜법', 즉 가족과 시민사회 그리고 국가를 분석하는 데로 나아간다. 여기서 인륜법으로 번역한 헤겔의 '인륜성'(Sittlichkeit) 개념은 습속, 관습, 윤리 등을 의미하는 '지테'(Sitte)에서 온 말로, 자연적 삶이 아니라 인간의 공동체가 유지될 수 있게 하는 인간적 삶의 원리를 지칭하기 위해 사용된다. 따라서 그것은 반드시 인간 공동체를 전제한다. 여기서 가족은 그 구성원들이 귀속감에서 행위하는 1차 집단을, 시민사회는 그 구성원들이 서로 경쟁적으로 행위하는 2차 집단을 대표하며, 국가는 양자의 종합을 지시한다. 이는 확실히 인륜성과 도덕성을 정확히 구별하지 않았던 칸트와는 대비된다. 칸트에게서 도덕법은 공동체와 상관없이 개인이 자기 자신과 맺는 관계를 지칭하기 위해 준비된 개념이다. 헤겔은 도덕법을 인륜법 이전의 단계에 배치함으로써 개별자의 자기관계와 공동체에서의 개인 삶의 양식을 분명히 구별한다.

이들 공동체가 자연적으로 주어진 동물의 군집과 달리 인간 세계에서만 발견된다는 점에서 자연이 아니라 (인간의) 정신의 산물이며, 공동체를 매개로 개별자들을 서로 관계시킨다는 점에서 이 공동체들은 객관정신 영역에 위치한다. 그리고 헤겔은 그 공동체에 위계를 부여한다. 즉 가족보다는 시민사회가, 시민사회보다는 국가가 더 고차적인 정신의 구현체라는 것이다. 그 위계는 그 공동체가 얼마나 정신적인가에 의해 결정된다. 사실 자연에서는 우리가 가족이라 할 수 있는 것과 유사한 무리를 발견할 수 있고, 또한 경우에 따라서는 내부 규율을 가진 사회라 할 만한 것(군집)도 발견할 수 있는 데 반해, 국가라는 것을 발견할 수 없다는 사실은 국가가 자연에서 가장 먼 공동체, 따라서 가장 정신적인 공동체임을 시사한다. 이 말은 국가는 현실에서 자유를 가장 구체화시키고 있는 제도임을 의미한다. 이것이 바로 "국가는 자유를 억압하는 기구이며, 따라서 국가의 힘을 최소화해야 한다"라는 자유주의자들의 논리와 구별되는 헤겔 국가관의 기본 틀이다.

3. 시민사회와 국가의 차이

헤겔 정치철학의 탁월함은 그가 현대에 속한 사상가 중 최초로 국가와 시민사회를 유의미하게 구별했다는 데서 찾을 수 있다. 이 말은 국가와 시민사회 각자가 고유한 운동원리를 갖는다는 것을, 그리고 우리는 그 두 세계에 동시에 산다는 것을 의미하며, 다른 한편 현대의 정치철학자들, 예컨대 고전적 자유주의자와 공화주의자들은 이 양자의 고유성을 확인하지 못했다는 것을 의미한다. 예컨대 고전적 자유주의자들이 말하는 국가는 시민사회와 크게 다르지 않으며, 공화주의자들은 시민사회의 역사적 의미와 그 고유한 논리를 올바로 알지 못해 사적인 삶을 모두 정치적 삶으로 환원하려는 우를 범했다는 것이다. 『법철학』, §258 주석은 헤겔의 정치철학이 현대의 다른 정치철학 전통과 어떻게 구별되는지를 명료하게 보여 준다. 그는 자유주의자들을 비판하면서 다음과 같이 말한다.

> 만약 국가가 시민사회와 혼동되어 국가의 사명이 재산과 개별적 인격체의 자유 보호에 있는 것으로 정립된다면, 각 개별자들의 이익이 그들을 서로 연합시킨 궁극적 목적이 될 것이다. 이로부터 국가 구성원이 되는 것은 임의적인 것이라는 사실이 따라 나온다. 하지만 국가는 개인과 전혀 다른 관계를 갖는다(§258, 주석).

이 구절은 국가의 사명을 시민사회 구성원의 사적 삶의 보호에 국한시킨 현대 자유주의 국가와 시민사회를 혼동하고 있다는 것, 좀 더 정확히 말하자면 자유주의적 국가는 국가라기보다는 하나의 시민사회에 머물러 있다는 것을 의미한다.

헤겔이 말하는 시민사회는 개인의 이익을 위해 서로 결합한 집단, 좀 더 구체적으로는 경제적 이해관계로 서로 결합해 있는 개별자의 연합이다. 시민사회는 개인의 이익을 위해 상대와 경쟁하는 인륜체이다. 영국 고전경제학자인 제임스 스튜어트(James Stewart)와 애덤 스미스(Adam Smith)의 이론이 그의 시민사회의 모델이 되었다. 그것이 인륜체, 객관정신의 구현체라는 점에서 그 본질을 자유에 두고 있지만, 최고의 인륜체인 국가 이전에 위치하고 있다는 점에서 불완전한 자유의 구현체이다. 말하자면 시장에서의 자유 및 경제적 자유는 국가에서의 자유, 즉 정치적 자유에 비해 불완전하고 열등하다.

가족이나 국가 구성원이 소속감에 의해 행동한다면, 시민사회 구성원은 독립적 개체로 행동한다. 만약 가족 구성원이 독립적 개체로 행동한다면, 그리고 국가의 구성요소인 국가기관이 유기적 일부로 기능하지 않는다면 그런 인륜체는 유지될 수 없을 것이라는 것이다. 이에 반해 시민사회에서 사람들은 개별적 인격으로, 헤겔 식으로 말하자면 추상적 권리의 담지자로 서로 관련을 맺는다. "인간은 자신이 유대인이나 가톨릭교도, 프로테스탄트교도, 독일인 혹은 이탈리아인이기 때문이 아니라 자신이 인간이라는 이유로 인간으로 간주된다"(§209, 주석).

사람들이 시민사회를 구성하는 이유는 자신의 욕구를 충족하기 위함이다. 그런데 시민사회 구성원은 모두 자신의 욕구를 충족하기 위해 행동하지만, 자신의 욕구를 충족하기 위해서라도 타자와 관계를 맺지 않을 수 없다. 자신의 욕구를 충족하기 위한 지극히 사적인 행위도 동시에 타자의 욕구를 충족시키는 행위와 분리될 수 없다는 말이다. 바로 이런 점에서 헤겔은 시민사회를 '욕구 체계'(§188, 189)이자 '전면적 의존 체계'(§183)라고 말한다.

문제는 욕구 체계로서의 시민사회가 유지되기 위해서는 경제적 관계를 보호하는 장치가 필요하다. 그런 장치로 헤겔은 사법제도와 경찰행정 및 직능단체를 든다. 그가 사법제도와 경찰행정을 국가에 두는 것이 아니라 시민사회에 두는 것이 이채롭기는 하지만, 이러한 제도는 시민사회의 역기능을 방지하기 위한 시민사회 내부의 조직체로 간주된다. 사법제도는 개개인의 권리 보호에 목적이 있으며, 경찰행정과 직능단체는 질서 유지와 길드 내의 빈곤한 자들을 도움으로써 시민사회가 붕괴되는 것을 막기 위한 장치이다. 시민사회 내의 이런 부조의 형식, 혹은 복지시스템은 헤겔이 이미 '사회적 국가'를 머릿속에 구상하고 있음을 의미한다.

헤겔은 시민사회에서 이익집단의 자기유지를 위한 장치인 협동과 부조의 형태가 등장하기는 하지만, 그런 장치로는 시민사회의 자기파괴적 역동성, 말하자면 인구와 생산의 무한한 증식에서 오는 부와 빈곤의 양극화를 피할 수 없다고 진단한다(§243). 시민사회의 역동성은 천민(Pöbel)의 양산을 통해 결국 시민사회를 천민사회로 만들게 될 것이며, 이로 인해 붕괴할 것이다(§244). 이때 천민은 단순히 경제적 약자만을 의미하지 않는다는 점이 강조되어야 한다. 천민은 부의 문제보다는 법(/권리)의 문제와 연관이 있다는 점에서 마르크스의 프롤레타리아트 개념과 대비된다. 어떤 점에서 그런가? 헤겔의 논리를 좀 더 따라가 보자.

시민사회는 권리 담지자의 연합체로 출발했다. 권리 담지자란 개별자가 노동할 권리 담지자라는 것, 즉 자신의 노동을 통해 실존해야 하는 자임을 전제한다(§244, 「추가」). 시민사회 구성원이 자신들의 그런 권리를 요구할 수 없는 상황을 헤겔은 권리 없음(Rechtlosigkeit) 혹은 무법(Unrecht) 상태라고 한다. 법의식과 도덕의식의 상실을 의미하는 이런 무법 상태는 과도한 빈곤의 상황에서만 오는 것이 아니라 동일하게 **과도한 부(富)**의 측면에서도 나타난다. 빈곤한 자의 측면에서는 노동의 기피와 권리(법) 감정의 소실이 생겨나며, 부유한 자의 측면에서는 법(권리)을 훼손해도 된다는 생각이 생겨난다. 헤겔이 "빈곤 그 자체가 사람을 천민화하지는 않는다"(§244, 「추가」)라고 한 이유는 여기에 있다. 그리고 루트비히 지프는 이를 다음과 같이 해석한다. "더 이상 잃을 것이 없는 사람들에게서는 법에의 순종 대신 '분노/폭동'(Empoerung)이 발생하고, 모든 것을 살 수 있는 사람들에게서는 오만함이 나타난다"(Ludwig Siep, *Praktische Philosophie im Deutschen Idealismus*, 1992, S. 301). 이는 시민사회가 권리 담지자에서 출발하지만 권리상실자를 양산하는 것으로 끝난다는 것을 의미한다. 이렇듯 헤겔은 시민사회에서 부의 양극화의 진정한 위험을 경제적 불평등 그 자체에서가 아니라 무법(권리 없음) 상태에 빠진 사회 자체의 천민성에서 본다.

이처럼 시민사회의 진정한 문제는 직능단체의 사회적 부조와 같은 자구 노력에도 불구하고 결국 천민사회로, 무법 상태로 전이된다는 데 있다. 시민사회는 기본적으로 추상적 권리 담지자인 개인 내지는 이들 집단의 특수한 이익 추구에 그 목적이 있기 때문에 결국 그 자체로서는 몰락할 수밖에 없다. 따라서 시민사회가 원래의 목적인 경쟁을 통한 개인의 이익 추구가 가능하려면 스스로를 파괴시키는 역동성을 간직한 시민사회 자체의 논리에 맡겨서는 안 되고 좀 더 상위의 기관, 즉 국가의 통제로 들어가야 한다. 헤겔은 그 이행의 필연성을 다음과 같이 말한다.

직능단체의 목적은 제한적이고 유한한 것으로서, 그 진리는 절대적인 공동의 목적과 이 목적의 실현 속에 비로소 존재한다. (……) 이렇게 해서 시민사회 영역은 국가로 이행한다(§256).

4. 구체적 자유의 실현으로서의 국가

우리는 시민사회 스스로 자신의 한계를 인식하고 붕괴를 피하고자 하는 부조와 구제와 같은 자구책을 마련했음을 보았다. 이런 자구책 마련으로 인해 시민사회 역시 '국가'라는 칭호를 받는데, 시민사회의 그런 자구 노력이 '보편적으로 제도화된 것'이 아니라 어떤 우연의 요소에 의해 지속된다는 점에서 그것은 '오성적 국가', 혹은 '부정적 국가'라고 불린다. 말하자면 진정한 국가는 이성적 국가, 긍정적 국가이어야 하는데, 그런 사회적 부조와 구제, 협조를 **보편적 제도**로 갖추고 있는 인륜적 제도이다. 즉 헤겔은 국가에 의해 제정된 보편적 복지를 통해서만, 말하자면 시민사회에서 이미 그 흔적이 나타난 자구 노력을 정치적·법률적으로 보편화시킴으로써만 시민사회의 천민화와 해체의 동력을 억제시킬 수 있다는 것이다. 그리고 이러한 보편적 복지를 통해서야만 시민사회에서의 추상적 자유보다 더 위대한 구체적 자유가 실현될 수 있다고 한다.

국가는 구체적 자유의 현실태이다. 구체적 자유는 개인의 개별성과 특수이익이 온전하게 전개되고 또한 그 권리가 명시적으로 인정된다는 데 그 본질이 있다. 그뿐만 아니라 한편으로 이 개별성과 특수이익은 보편자의 이익과 조응하는 데로 이행하고, 다른 한편으로는 이 보편자를 알고 의지한다. 즉 그것은 보편자를 자신의 고유한 실체적 정신으로 인정하며, 자신의 최종목적으로 삼아 활동한다(§260).

이 인용문에서 구체적 자유가 무엇인지 분명하게 드러난다. 특수한 의지가 온전하게 확보되면서도, 그것이 보편자의 이익과 조응할 때 비로소 구체적 자유에 이른다. 헤겔이 국가와 사회의 영역, 정치의 영역과 경제의 영역을 나누는 이유는 여기에 있다. 그는 국가가 사적 삶의 보호에만 그 목적이 있다고 하는, 즉 정치의 고유 영역을 폄하하는 자유주의를 비판하는 이유를 살펴보았다. 그는 "독일은 더 이상 국가가 아니다"(『독일헌법론』, 1802)라고 말한 바 있는데, 그는 이 말로 국가를 단순히 도구로 보는 개인주의적·자유주의적 국가관을 비판한다. 자유주의는 국가의 목적을 개인의 자유 보호에 둠으로써 국가 자체의 일, 이른바 공공성에 대한 의식에 둔감함을 드러낸다.

하지만 그는 동시에 공화주의 역시 공격한다. 공화주의는 일반의지의 이름으로 국가공동체에서 일어나는 거의 모든 일을 처리하고자 한다는 점에서 정치과잉의 정치체를 추구한다. 사적으로 추구할 수 있는 너무나 고귀한 것을 정치를 통해 희생할 수 있다는 것이다. 헤겔이 가는 길은 시민사회의 영역 구획, 말하자면 사적 삶의 상대적 자율성을 부여하면서 동시에 공적 삶을 추구할 수 있는 체제를 지향하고 있다. 헤겔의 다음의 진술은 그의 국가론의 이러한 위상을 잘 요약해 준다.

현대 국가의 본질은 보편자가 특수자의 완전한 자유 및 개별자의 복지와 결합되어 있다는 것, 따라서 가족과 시민사회의 이해관계가 국가로 결합되어야 한다는 것, 하지만 자신의 권리를 유지해야 하는 특수자 스스로가 목적의 보편성을 인지하고 의지하지 않을 경우 이 목적이 지속될 수 없다는 것이다(§260,「추가」).

바로 이것이 유럽의 현대인들이 추구하던 '사회적 국가'(Sozialstaat)의 이상이다. 베르너 마이호퍼(Werner Maihofer)는 헤겔이 사회적 국가 모델을 최초로 제시했다는 점에서 그를 단순히 시대의 아들이 아니라 시대를 뛰어넘는 사상가로 올려놓았다고 평가한다.

5. 사회적 국가

사실 헤겔의 국가를 사회적 국가의 원형으로 간주하는 오랜 전통이 있었다. 하지만 한편으로 그 전통은 마르크스주의의 강력한 힘 앞에서 마르크스주의의 결핍된 전사(前史)로 간주되었고, 다른 한편으로는 자유주의자에 의해 국가주의의 원형으로 배척되었다. 그런데 헤겔의 국가 개념에서 '사회적 국가'의 상을 읽어낸 사람은 헤겔의 『법철학』을 알고 있었고, 또 마르크스와 동시대인이었던 로렌츠 폰 슈타인(Lorenz von Stein, 1815~90)이다. 그는 노동문제 등 사회문제에 직면하여 "질병과 늙음의 문제는 국가가 보장해야 한다"라는 생각을 피력함으로써 당대의 사회적 긴장을 해소하고자 했는데, 이러한 생각은 오토 폰 비스마르크(Otto von Bismarck)에게 영향을 주어 법제화되었고, 이들 영역은 오늘날까지도 사회적 국가의 중요한 공공영역으로 남아 있다.

독일 사민당 총리를 지낸 헬무트 슈미트(Helmut Schmidt)는 생전에 한 인터뷰에서 "제2차 세계대전 이후 비록 부작용도 있었지만 유럽인의 최고의 문화적 업적은 사회적 국가의 성립이다"라는 말을 한 적이 있다. 이 말은 진보든 보수든, 좌든 우든 상관없이 자신들의 정책을 사회적 국가에 의지하여 정당화해 왔다는 것을 의미한다. 물론 그의 이 진술은 여전히 그 유효성을 가지고 있는 유럽의 '최고의 문화적 업적'이 신자유주의와 더불어 심각하게 훼손되는 것에 대한 분노를 드러낸 것이다.

사회적 국가란 헌법에 따라 기본권과 개인적 자유와 경제적 자유를 보장할 뿐만 아니라(법치국가, Rechtsstaat), 사회적 적대와 긴장을 완화하기 위해 법적·재정적·물질적 조치를 취하는 민주주의 국가로 정의된다. 다른 말로 하면 사회적 국가는 민주적 체계 내에서의 삶의 위기와 자본주의적 시장경제의 사회적 파급효과를 정치적으로 제어할 수 있는 체계를 구축하고 있는 국가이다. 독일헌법은 독일연방공화국을 '사회적 연방국가'(sozialer Bundesstaat, Art. 20, 1)로, 혹은 '사회적 법치국가'(sozialer Rechtsstaat, Art. 28, 1)로 표기함으로써 사회적 국가 개념을 그 체제로서

받아들이고 있다. 사회적 국가의 이념에 따르면, 시장의 과정은 상품의 공급 외에 시장 자체에 의해서는 제어될 수 없는 사회적 위기와 문제에 대해서도 신경을 써야 한다. 그런데 시장경제의 그런 사회적 영향에 대한 정치적·국가적 극복은 시장경제를 훼손하지 않고서 수행되어야 한다.

사회적 국가는 일단 정치와 경제, 시민적·공적 삶과 사적 삶을 철저하게 구분하며, 여기서 더 나아가 정치의 우위를 강조한다. 물론 이때 경제가 정치에 종속된다는 말은 아니다. 정치와 경제가 구분된다는 것은 자본주의적 시장경제를 정치가 간섭하지 않는다는 것을 의미한다. 사회적 국가는 경제 이외의 영역을 설정함으로써 경제 영역을 한계짓지만, 경제 자체에 직접 개입하지는 않는다는 점에서 사회주의 국가와 다르다. 말하자면 시장에서 수행되는 경제 영역을 정치적으로 설정하여, 경제가 그 영역을 벗어나지 못하게 한다는 것이다. 공공영역으로 구별할 수 있는 삶의 특정한 영역, 예컨대 교육과 의료의 영역을 경제 영역에서 정치적으로 제외함으로써 그 영역을 국가 영역에 둘 수 있을 것이다. 이러한 생각은 정치(공적 영역)에 대한 경제(사적 영역)의 우위를 강조하는 전통적 자유주의(시장경제)뿐만 아니라 삶의 모든 영역을 경제원리로 운용해야 한다는 신자유주의(시장사회)와 구별되며, 시장의 자율성을 철저히 부정하는 사회주의적 시도와도 구별된다.

6. 논리학, 법철학, 저자 그리고 ……

오늘날 헤겔 르네상스라고 할 만큼 헤겔은 빈번히 호명된다. 헤겔을 순전히 극복의 대상으로만 보는 자들도 있지만 대개는 헤겔 철학에서 자기 이론의 긍정적 맹아를 발견하고자 한다. 물론 이들이 헤겔 철학을 그 정신과 논리로부터 온전히 받아들이는 것은 아니다. 대개는 헤겔 체계의 논리형이상학적 특성을 제거하고자 한다. 좀 먼 과거로는 헤겔 체계를 폐쇄적인 긍정변증법으로 진단하고서 역사의 계속적 발전을 부정을 통해 진행시켜야 한다고 하는 테오도어 W. 아도르노(Theodor W.

Adorno)의 부정변증법을 한 예로 들 수 있다(『부정변증법』). 현재의 예로는 악셀 호네트(Axel Honneth)를 들 수 있는데, 그는 자신의 인정이론의 단초를 헤겔 철학에서 찾지만, 헤겔에게서 새로운 것을 취하고 옛것을 버리는 전략을 취하는 가운데 헤겔의 형이상학, 특히 헤겔의 논리학을 철저히 무시한다(『인정투쟁』). 또 한 명의 대표적 헤겔주의자인 비토리오 회슬레(Vittorio Hösle)는 객체논리학(존재론과 본질론)과 주체논리학(개념론)이라는 2가 논리학으로 구성된 헤겔의 논리학을 근대의 주체성 철학에 여전히 붙박인 증거로 여기며, 그래서 상호주체논리학을 전개함으로써 변증법적인 3가 논리학을 완성하고자 한다(『헤겔의 체계』).

클라우스 피베크의 이 책은 이러한 헤겔 연구의 동향과 철저하게 거리를 둔다. 그는 한편으로 헤겔의 『법철학』을 그 정신으로부터 이해함으로써 헤겔에게서 전체주의적 특성을 이끌어내는 자유주의자들의 왜곡을 바로잡고 있으며, 다른 한편으로는 강의록을 기본으로 하는 헤겔『법철학』 전체를, 아마도 최초로, 그의 『논리학』의 관점에서 총체적으로 재구성하고 있다. 그는 철저히 헤겔의 논리 안에서 헤겔을 읽고자 함으로써 이른바 현대의 신헤겔주의자들과 거리를 둔다. 물론 그의 의도가 이 저술을 통해 성공을 거두고 있는지는 학자들의 논의와 평가의 대상이 되겠지만, 이 저서는 헤겔의 『법철학』을 더 이상 큰 주목을 끌지 못하는 헤겔의 『논리학』이라는 하나의 실로 완성해 낸 거대한 업적임을 부인할 수 없다.

피베크는 동독 출신으로, 통독 이후 헨리히나 오토 푀겔러(Otto Pöggeler) 같은 서독의 헤겔 전문가들에게 배우고 교류하면서 헤겔이 우리 시대에 어떤 의미가 있는지를 꾸준히 추적해 오고 있다. 이 책의 원제인 "자유를 생각함: 헤겔의 법철학 강요"(*Das Denken der Freiheit: Hegels Grundlinien der Philosophie des Rechts*, München 2012)가 보여 주듯이, 그는 헤겔의 『법철학』을 현대의 이념인 '자유'를 실마리로 해석한다. 물론 이 저술의 가장 중요한 비판의 대상 중 하나가 '자유'를 자신의 이름으로 간직한 (신)자유주의라는 점에서 그의 혹은 헤겔의 자유 개념은 통상적 이해와 차이가 있다. 한편으로 삶의 다층적 차원에서 자유가 각기 다른 방식으로 현상한다는 점에서, 즉 개인적 차원에서뿐만 아니라 가족과 시민사회 및 국가 차원에서 자유의 구현양태가 다르다고 한 점에서 자유를 일의적으로 개인의 자유로 국한한 자유주의와 구별된다. 다른 한편으로는 '자유'를 인간의 자연(/본성)이 아니라 정신의 본성, 즉 칸트 식으로 표현하자면 (이성의) 이념으로 본 점에서 전통적인 계약론적 자유주의와 구별된다. 자유주의의 선구자인 영국의 계약론자들은 인간이 자연 상태에서 자유롭다고 한다. 즉 인간은 본성상 자유롭다는 것이다. 하지만 공리주의자인 제러미 벤담(Jeremy Bentham)이 말하듯이, 그것은 존재진술이 아니라 그저 "인간은 자유로워야 한다"라는 당위진술에 지나지 않는다. 사실 자연에는 자연필연성만 존재할 뿐 자유가 들어설 여지가 없다, 혹은 없다고 상정된다. 자유는 자연에서 오는 것이 아니라 그와 구별되는 정신에서, 혹은 이성에서 비롯된다는 것이 헤겔의 생각이다.

다른 한편, 피베크는 헤겔의 자유의 사상을 사회주의와의 대결에서 이해한다. 저자의 방점이 고서고(古書庫)에 잠들어 있는 사회주의에 대한 비판에 있기보다 현실적으로 강력한 힘을 발휘하는 신자유주의에 대한 비판에 있기는 하지만, 유년기와 청년기를 보낸 사회주의 동독에서의 자신의 실존적 경험은 마르크스로 대변되는 사회주의가 자유의 실현이 아니라 자유의 억압이며, 현대의 위대한 발견인 개인의 자유가 속절없이 희생될 수밖에 없는 구조를 갖는다고 결론한다. 이 실존적 경험은 이 저작 각 장과 각 절의 첫머리에 1960~70년대 자유와 평화의 상징으로 서양 젊은이들의 아이돌이었던 비틀스의 노래제목 내지 노랫말을 앉혀놓음으로써 이 저작이 개인주의뿐만 아니라 전체주의를 비판과 혐오의 대상으로 삼고 있음을 분명히 한다.

* * * *

이 책은 독일에서 출판된 이후 서구학계에서 논쟁과 토론의 대상이 되고 있으며, 이탈리아·스페인·중국·일본 등에서 현재 번역이 이뤄지고 있다. 이 책을 처음 접했을 때 한국에서 헤겔의 사회정치사상에 대한 논의 수준을 높일 수 있다는 생각에 번역의 욕심이 있기는 했지만, 내용의 난해함은 물론이고 그 두꺼운 분량에 감히 엄두를 낼 수 없었다. 하지만 저자와 직접 만나게 되면서, 그리고 그사이 이 일에 집중할 수 있는 조건이 만들어지면서 번역을 시작해 이미 2년 전에 초고를 완성했더랬다. 출판을 차일피일 미루다 저자의 방한에 맞춰야겠다는 생각에 지난겨울 작업을 마무리했다. 경제적 이윤을 기대하기 어려움에도 대중의 인문학적·철학적 소양을 고양하고자 하는 사명감으로 뭉친 도서출판 길에 마음으로 감사를 드린다. 인문서적, 특히 철학서의 출판에 대한 이승우 실장의 열정을 다시 확인할 수 있어서 좋았고, 짧은 기간이지만 집중적으로 교정을 보며 중요한 지적을 해주신 이남숙 선생님과 전체 원고를 꼼꼼하게 읽고 놓친 부분을 지적해 주신 박우정 대표를 알게 된 것도 기뻤다. 이분들께 감사를 드린다. 더불어 이 작품이 출판사에 부담이 되지 않기를 진심으로 바란다.

번역을 꾸준히 해왔지만 번역은 언제나 어렵다. 용어 선택의 어려움, 복잡한 문장구조나 저자의 오기(誤記)에서 오는 이해의 어려움, 전혀 생각하지 못한 내용에서 오는 어려움 등이 대표적이다. 저자와 오랜 지인인 명지대 철학과 랄프 보이탄(Ralf Beuthan) 교수는 나의 물음에 실시간으로 답해 주어 그런 어려움을 이겨내는 데 큰 힘이 되었다. 이 자리를 빌려 다시 한 번 감사드린다.

이 작업을 하면서 돌봐야 할 많은 것들에 소홀했다. 공부가 현실적 삶을 방해할 때가 너무 많다는 것을 깊이 느낀다. 그리고 역으로 우리 사회에서 공부에 집중한다는 것이 얼마나 어려운 일인가! 어려운 환경에서도 꿋꿋이 자리를 지켜준 우리 가족, 특히 막내 준오와 부모님께 죄스럽

778

다. 이 결과물이 어떤 큰 위로가 될 리 없지만 손에 들렸을 때 작은 기쁨이라도 되었으면 좋겠다.

이 저작은 이제 인큐베이터에서 나와 세상으로 나간다. 저자나 옮긴이가 더 이상 통제할 수 없는 세상에서 이제 홀로 이런저런 말들로 흔적을 남기며 돌아다닐 것이다. 교환되는 말 중에는 학문적 논의의 언어도 내재하기를 바란다. 그리고 무엇보다도 번역에서 불가피하게 발생하는 오역(誤譯)도 독자들의 책읽기와 논의의 장에서 언급되고 지적되어 출판사나 옮긴이에게 전달될 수 있기를 바란다. 이런 소통은 더 좋은 번역본으로 나아가게 될 것이고, 번역 문화에도 크게 기여할 것이라고 믿는다.

2019년 5월
매지리 청송관 연구실에서
옮긴이 정대성

찾아보기